D1691536

Werner Pepels (Hrsg.)

Moderne Marktforschungspraxis
Handbuch für mittelständische Unternehmen

Werner Pepels (Hrsg.)

Moderne Marktforschungspraxis

Handbuch für
mittelständische
Unternehmen

Luchterhand

Die Deutsche Bibliothek – CIP-Einheitsaufnahme

Moderne Marktforschungspraxis : Handbuch für mittelständische Unternehmen / Werner Pepels (Hrsg.). – Neuwied ; Kriftel : Luchterhand, 1999.
　ISBN 3-472-03417-3

Projektleitung: Dr. rer.pol. Thomas Hermann

Alle Rechte vorbehalten.
© 1999 by Hermann Luchterhand Verlag GmbH, Neuwied, Kriftel.
Das Werk einschließlich aller seiner Teile ist urheberrechtlich geschützt. Jede Verwertung außerhalb der engen Grenzen des Urheberrechtsgesetzes ist ohne Zustimmung des Verlages unzulässig und strafbar. Das gilt insbesondere für Vervielfältigungen, Übersetzungen, Mikroverfilmungen und die Einspeicherung und Verarbeitung in elektronischen Systemen.
Umschlaggestaltung: Art + Work, Frankfurt am Main
Satz: Hümmer GmbH, Waldbüttelbrunn
Druck: Wilhelm & Adam, Heusenstamm
Binden: Buchbinderei Fikentscher, Darmstadt
Printed in Germany, April 1999

∞ Gedruckt auf säurefreiem, alterungsbeständigem und chlorfreiem Papier.

Vorwort und Hinweise für den Nutzer

Eins ist klar: Je besser die Informationsbasis, desto sachkundigere Aktivitäten können eingeleitet werden, im Bereich der Vermarktung bedeutet dies naturgemäß, je besser die vorliegenden Marktinformationen, desto sachkundigere Marketingaktivitäten sind möglich. Dies leuchtet nicht nur unmittelbar ein, sondern unterlegt auch die hohe Bedeutung der Marktforschung für die Praxis.

Dagegen stehen jedoch weitverbreitete Vorbehalte vieler Manager gerade in klein- und mittelständischen Unternehmen gegen fundierte Marktforschungsaktivitäten. Wenn man nach Gründen für diese Vorbehalte sucht, wird immer wieder angegeben, daß die Marktforschung methodisch komplex ausgelegt ist, was ihre Inhalte und Vorgehensweisen für Nicht-Eingeweihte oftmals schwer nachvollziehbar macht.

Diese Vorbehalte werden noch durch die oft betont wissenschaftlich verbrämte Darstellung der Marktforschung in der einschlägigen Literatur geschürt. Eine solche zwar sehr exakte, aber komplizierte Darstellung schreckt denn auch eher von einer notwendigen Auseinandersetzung damit ab, als daß sie zur Beschäftigung motiviert. Hinzu kommt das Selbstverständnis vieler Marktforscher, die sich als Wissens-Elite verstehen und nur ungern in die Geheimnisse ihrer Wissenschaft Einblick gewähren.

Diese Einstellung hat mit diesem Handbuch ausgedient. Ziel des nunmehr vorliegenden Handbuches ist es, in verständlicher Weise, jedoch auf professionellem Niveau, Marktforschung praktisch umsetzbar zu erläutern und konkrete Handlungsempfehlungen zu geben. Und zwar nicht nur für Mafo-Spezialisten, sondern für alle Manager, die in marktorientierten Funktionen Verantwortung für Mitarbeiter und Anteilseigner tragen und deshalb ihre Kenntnisse updaten oder sich zielgerichtet in diese für sie neue Materie einarbeiten wollen.

Erreicht wird dies durch die Integration systematisch-strukturierten Fachwissens einerseits und umsetzungsbezogener Beispiele und Arbeitshilfen andererseits. Indem es die Fachkompetenz angesehener Autoren bündelt, wird dieses Handbuch ein fast unentbehrliches Arbeitsmittel und praktischer Ratgeber in Wirtschaft und Verwaltung. Die Autoren verfügen ausnahmslos über langjährige Managementerfahrung im Bereich von Marktforschung und Marketing-Service. Die meisten von ihnen sind zusätzlich durch hohe Lehr- und Trainingskompetenz ausgewiesen.

Dadurch steht Ihnen als Leser erstmals das konzentrierte Know-how von über 30 Fachgelehrten und Praktikern in kompakter Form zur Verfügung, eine Konzeption, wie sie im deutschsprachigen Raum aktuell einzigartig ist.

Die Inhalte des Handbuchs gliedern sich in 10 Kapitel. Kapitel I befaßt sich mit den begrifflichen Grundlagen. In Kapitel II geht es schon ganz handfest um den Einsatz der Auswahlverfahren in der Marktforschung. Daran schließen sich in Kapitel III die verschiedenen Erhebungsverfahren an. Dieser erste Kernbereich ist in zahlreiche Unterkapitel gegliedert, die neben der kompletten Übersicht auch den zielgerichteten Zugriff auf einzelne Fragestellungen erlauben. Kapitel IV beschäftigt sich mit der statistischen Auswertung der solcherart erhobenen Daten. Wie diese Ergebnisse zweckmäßig dargestellt werden, zeigt anschließend Kapitel V auf. In Kapitel VI geht es um die Prognose von Istdaten in die Zukunft. Kapitel VII macht in breiter Varietät Spezialanwendungen der Marktforschung deutlich. Zu denken ist dabei etwa an Marktsegmentierung und Handelsforschung. In Kapitel VIII werden, teilweise erstmals in der Literatur, Sonderformen der Marktforschung gezeigt und näher erläutert, so daß auch spezieller Wissensbedarf befriedigt werden kann. Kapitel IX befaßt sich mit der internen und externen Organisation der Marktforschung. Und Kapitel X schließlich mit deren rechtlichen und ethischen Rahmenbedingungen.

Jeder der über 60 Beiträge ist in seinem Inhalt auf das Wesentliche fokussiert, das spart Ihnen als Leser Zeit und entlastet von Ballast. Zugleich wird durch die starke Spezialisierung der einzelnen Unterkapitel eine große Wissenstiefe erreicht. Für ganz eilige Leser gibt es vorweg jeweils eine Zusammenfassung der Inhalte. Wer doch noch tiefer in eine Materie einsteigen will, erhält am Ende Hinweise auf weiterführende Fachliteratur.

Die Texte sind didaktisch planvoll aufgebaut und haben eine anschauliche, präzise Sprache. Sie kommen rasch auf den Punkt und erklären unerläßlich verwendete Fachbegriffe. Das Handbuch Moderne Marktforschungspraxis ist damit konkurrenzlos in seiner Spezies und macht sich bei Nutzung schon eines Bruchteils der Anregungen in der Praxis rasch gleich mehrfach bezahlt.

Damit dieses Leistungsprofil zustandekommt, bedurfte es vielfältiger Unterstützung. Mein Dank gilt an dieser Stelle zuerst meinen geschätzten Mitautoren, die nicht nur materiell exzellente Beiträge zu diesem Werk beigesteuert haben, sondern sich auch formal sehr zur Einhaltung gemeinsamer Standards diszipliniert haben. Ohne ihre Mitwirkung wäre dieses Handbuch undenkbar gewesen, zumal es in den meisten thematischen Bereichen gelungen ist, die im deutschsprachigen Raum führenden Autoren an der Schnittstelle zwischen Praxis und Theorie zu gewinnen. Weiterhin gilt mein Dank aber auch dem Hermann Luchterhand Verlag, dort besonders dem Lektorat um Dr. Th. Hermann, für die spontane und nachhaltige Unterstützung dieses Vorhabens, was für die Verlagslandschaft durchaus nicht selbstverständlich ist.

Meine besten Wünsche aber gelten Ihnen als Leser, der sie nunmehr die Erkenntnisse dieses Handbuchs nutzen und ertragreich für Ihr Unternehmen und/oder ihre berufliche Karriere umsetzen können. Sie halten damit eine Chance in Händen, die für Sie persönlich von großem potentiellen und tatsächlichen Nutzen ist. Falls Sie jedoch Schwächen oder Stofflücken wahrnehmen, die der Aufmerksamkeit und Sorgfalt des Herausgebers entgangen sind, möchte ich Sie hiermit herzlich bitten, diese mitzuteilen (Adresse: Hermann Luchterhand Verlag, Gutenbergstr. 8, 6 58 30 Kriftel/Taunus, z. Hd. Herrn Dr. Th. Hermann, Fax: 0 61 92 / 40 82 48, e-mail: Thomas.Hermann@Luchterhand.de). Sie können sich darauf verlassen, daß jedem einzelnen Hinweis gewissenhaft nachgegangen wird. Ganz im Sinne des Satzes von B. Franklin: »Unsere Kritiker sind unsere Freunde, denn sie zeigen uns unsere Fehler auf.« Ihnen aber zunächst weiterhin viel Erfolg und alles Gute.

Krefeld, im März 1999
Werner Pepels

Schnellübersicht

Kapitel I	Grundlagen der Marktforschung	
	Werner Pepels	
1.	Was ist und womit beschäftigt sich Marktforschung?	3
	Harald Ehrmann	
2.	Informationen und Entscheidungen	12
Kapitel II	**Auswahlverfahren in der Marktforschung**	
	Hans-Jürgen Rogge	
1.	Grundgesamtheit/Repräsentanz	33
	Hans-Jürgen Rogge	
2.	Erhebungsverfahren	44
	Heinrich Holland	
3.	Stichprobengüte	61
Kapitel III	**Erhebungsverfahren in der Marktforschung**	
	Hans-Jürgen Rogge	
1.	Sekundärerhebung (Informationsquellen)	79
	Wilhelm Mülder	
2.	Marketing-Informationssystem	95
	Peter Sauermann	
3.	Qualitative Befragungstechniken	116
	Jürgen Bruns	
4.	Befragung als Instrument der primärforscherischen Datengewinnung	129
	Werner Pepels	
5.	Befragungsstrategie und -taktik	148
	Karin Schmitt-Hagstotz/Werner Pepels	
6.	Schriftliche Befragung	156
	Rötger Nötzel	
7.	Praxis der schriftlichen Umfrage	170
	Werner Pepels	
8.	Computergestützte Befragung	182

Gerhard Schub von Bossiazky
9. Online-Befragung 191

Werner Hagstotz/Karin Schmitt-Hagstotz
10. Omnibusbefragung/Mehrthemenbefragung 204

Fritz Unger
11. Panel-Forschung 213

Peter Sauermann
12. Apparative Beobachtungsverfahren 231

Fritz Unger
13. Experiment: Die Frage nach den Ursachen 246

Werner Hagstotz/Karin Schmitt-Hagstotz
14. Konzepttest 261

Gerhard Schub von Bossiazky
15. Kommunikationstest 270

Werner Pepels
16. Testmarktsimulationen 281

Werner Pepels
17. Mikromarkttest 291

Kapitel IV Statistische Datenauswertung in der Marktforschung

Peter Steinmetz
1. Statistische Grundbegriffe – Typen von Merkmalen
   und Skalierungsarten 303

Peter Steinmetz
2. Häufigkeitsverteilungen 310

Hans-Dieter Hippmann
3. Maßzahlen zur Beschreibung von Häufigkeitsverteilungen 325

Hans-Dieter Hippmann
4. Multivariate Dependenzanalyse 340

Hans-Dieter Hippmann
5. Multivariate Interdependenzanalyse 355

Peter Steinmetz
6. Testverfahren 375

Kapitel V Ergebnisdarstellung in der Marktforschung

Hans-Dieter Hippmann
1. Statistische Tabellen und Diagramme 395

Schnellübersicht

                Werner Hagstotz
            2. **Marktforschungspräsentation** 406

                Karin Christof
            3. **Datenauswertung mit SPSS** 416

                Thomas Wolf
            4. **Computerunterstützung bei der Auswertung von Befragungen in der Marktforschung** 429

Kapitel VI   **Prognoseverfahren in der Marktforschung**

                Rolf Wöller
            1. **Qualitative Prognosen** 441

                Rolf Wöller
            2. **Quantitative Prognosen** 455

Kapitel VII   **Spezialanwendungen der Marktforschung**

                Heinrich Holland
            1. **Die Marktsegmentierung** 477

                Werner Pepels
            2. **Lifestyle-Typologien** 488

                Klaus Heinzelbecker
            3. **Strategische Marktforschung** 525

                Wolfgang Oehme
            4. **Standortforschung im Handel** 538

                Jakob Wolf
            5. **Handelsmarktforschung** 556

                Bernd Hallier
            6. **Scanning im Handel** 566

                Jörg Koch
            7. **Werbekontaktanalysen** 580

                Wolfgang J. Koschnick
            8. **Werbewirkungsforschung** 592

                Fritz Unger
            9. **Einstellungsforschung** 609

                Ulla Meister/Holger Meister
           10. **Zufriedenheitsforschung und -management** 625

                Georg Felser
           11. **Motivforschung** 635

E. Georg Walldorf
12. Auslandsabsatzforschung 647

Frank Blom
13. Beschaffungsmarktforschung 666

Marcus Pradel
14. Trend- und Zukunftsforschung 679

Thomas Siebe
15. Makroökonomische Konsumprognosen mit Fehlerkorrekturmodellen 697

Kapitel VIII Sonderformen der Marktforschung

Werner Hagstotz
1. Car Clinic 715

Susanne Stark
2. Marktforschung im Handwerk 725

Rötger Nötzel
3. Spezifische Kunden- und Besucherbefragungen 738

Gustav Bergmann/Marcus Pradel
4. Marktforschung als Beitrag für ein lernendes Unternehmen .. 749

Thomas Baaken
5. Simultane Marktforschung 770

Kapitel IX Organisation der Marktforschung

Jörg Koch
1. Instituts- und Fremdmarktforschung 785

Jörg Koch
2. Betriebliche Marktforschung 796

Kapitel X Rahmenbedingungen der Marktforschung

Brunhilde Steckler
1. Datenschutzrechtliche Aspekte der Marktforschung 813

Brunhilde Steckler
2. Wettbewerbsrechtliche Aspekte der Marktforschung 829

Gustav Bergmann
3. Ethik in der Marktforschung 840

Kapitel XI Service

1. Autorenverzeichnis 861
2. Stichwortverzeichnis 869

Inhaltsverzeichnis

Kapitel I	**Grundlagen der Marktforschung**	1
	Werner Pepels	
	1. Was ist und womit beschäftigt sich Marktforschung?	3
	1.1 Bestandsaufnahme	4
	1.2. Funktionen, Arbeitsphasen und Dimensionen der Marktforschung	8
	1.3 Literaturverzeichnis	11
	Harald Ehrmann	
	2. Informationen und Entscheidungen	12
	2.1 Informationen und Entscheidungen	13
	2.1.1 Entscheidungen (Begriffsabgrenzung)	13
	2.1.2 Entscheidungsfeld	13
	2.1.3 Hauptelemente der Entscheidungen	13
	2.1.4 Entscheidungsträger	15
	2.1.5 Entscheidungsarten	16
	2.1.6 Entscheidungsprozeß	17
	2.2 Informationen als Grundlage von Entscheidungen	18
	2.2.1 Informationsarten	18
	2.2.2 Informationsstand	20
	2.2.3 Informationsbedarf	20
	2.2.4 Informationsquellen	22
	2.3 Unterschiedliche Entscheidungssituationen in Abhängigkeit vom Informationsstand	24
	2.3.1 Entscheidung bei Sicherheit	25
	2.3.2 Entscheidung bei Unsicherheit	25
	2.3.3 Entscheidung bei Risiko	27
	2.4 Verbesserung von Entscheidungen durch den Einsatz von Entscheidungshilfen	27
	2.5 Literaturverzeichnis	28
Kapitel II	**Auswahlverfahren in der Marktforschung**	31
	Hans-Jürgen Rogge	
	1. Grundgesamtheit/Repräsentanz	33
	1.1 Begriffe	34
	1.1.1 Untersuchungszweck	35
	1.1.2 Zielgruppenentsprechung	36
	1.1.3 Datenmaterial	38
	1.1.4 Erhebungsmethodik	39

		1.2	Datenbasis	40
			1.2.1 Geographie	40
			1.2.2 Adressen	41
		1.3	Probleme bei der Auswahl von Beschreibungsmerkmalen	42
		1.4	Literaturverzeichnis	43

Hans-Jürgen Rogge
2. Erhebungsverfahren 44
    2.1 Grundüberlegungen 45
    2.2 Zufallsauswahl 46
        2.2.1 Sicherstellung der Gleichwahrscheinlichkeit 46
        2.2.2 Komplexe Auswahlverfahren 49
        2.2.3 Probleme der Zufallsauswahl 53
    2.3 Bewußte Auswahltechniken 55
        2.3.1 Quotenverfahren 55
        2.3.2 Vereinfachungen 58
    2.4 Literaturverzeichnis 60

Heinrich Holland
3. Stichprobengüte 61
    3.1 Grundbegriffe der Stichprobenverfahren 62
        3.1.1 Voll- und Teilerhebung 62
        3.1.2 Sicherheitsgrad 63
        3.1.3 Stichprobenfehler 64
    3.2 Intervallschätzung 64
        3.2.1 Konfidenzintervall für Anteilswerte 64
        3.2.2 Konfidenzintervall für Mittelwerte 67
    3.3 Stichprobe und Stichprobenumfang 68
        3.3.1 Stichprobenziehung 68
        3.3.2 Stichprobenumfang für Anteilswerte 69
        3.3.3 Stichprobenumfang für Mittelwerte 71
        3.3.4 Beispielrechnungen zur Bestimmung des Stichprobenumfangs 72
        3.3.5 Bestimmung des Stichprobenumfangs in der Praxis . 73
    3.4 Literaturverzeichnis 75

Kapitel III Erhebungsverfahren in der Marktforschung 77

Hans-Jürgen Rogge
1. Sekundärerhebung (Informationsquellen) 79
    1.1 Grundlagen 80
        1.1.1 Begriffliche Abgrenzungen (Zusammenhänge zwischen Sekundär- und Primäranalyse) 80
        1.1.2 Zielsetzung der Sekundärforschung 82
    1.2 Verfahrensablauf 83

		1.2.1	Bestimmung des Datenbedarfs	84
		1.2.2	Quellenerschließung/Arbeitstechnik	85
	1.3	Arten von Quellen		86
		1.3.1	Interne Quellen	86
		1.3.2	Externe Quellen	86
	1.4	Beurteilungs- und Auswahlkriterien		88
	1.5	Literaturverzeichnis		94

Wilhelm Mülder

2. Marketing-Informationssystem 95

	2.1	Grundlagen von Marketing-Informationssystemen		96
		2.1.1	Definition	96
		2.1.2	Abgrenzung zu benachbarten Begriffen und Systemen .	97
		2.1.3	Entwicklungsstand von Marketing-Informations- systemen	98
	2.2	Aufbau von Marketing-Informationssystemen		102
		2.2.1	Benutzer und Benutzungsschnittstelle	102
		2.2.2	Datenbank	104
		2.2.3	Methoden- und Modellbank	105
		2.2.4	Dialog- und Systemprogramme	106
		2.2.5	Auswertungen und Abfragen	106
	2.3	Entwicklungsperspektiven		106
		2.3.1	Marketing im Internet	106
		2.3.2	Data Warehouse, Data Mart	108
		2.3.3	Data Mining	110
	2.4	Praktische Anwendungsbeispiele		110
		2.4.1	Data Warehouse für ein Pharma-Unternehmen	110
		2.4.2	Vertriebsinformationssystem für ein Versicherungs- unternehmen	110
		2.4.3	Data Warehouse bei einem Textilhandelsunternehmen	112
	2.5	Erfolgreiche Einführung eines Marketing-Informations- systems		112
	2.6	Literaturverzeichnis		113

Peter Sauermann

3. Qualitative Befragungstechniken 116

	3.1	Grundprinzipien und Anwendungsmöglichkeiten qualitativer Befragungstechniken		117
	3.2	Methodenbeschreibung		118
		3.2.1	Gruppendiskussion	118
		3.2.2	Exploration (Tiefeninterview)	119
		3.2.3	Projektive, asssoziative und Zuordnungsverfahren . . .	121
	3.3	Beispiele für erfolgreiche Informationsbeschaffung durch qualitative Befragungstechniken		123

		3.3.1	Fallstudie zum Einsatz von Gruppendiskussionen	...	123

	3.3.2	Fallstudien zum Einsatz von Explorationen	....	125
3.4	Bewertung der praktischen Einsatzmöglichkeiten: Kosten-Nutzen-Verhältnis	....		127
3.5	Literaturverzeichnis	....		128

Jürgen Bruns

4. Befragung als Instrument der primärforscherischen Datengewinnung 129

4.1	Möglichkeiten der Datengewinnung	....	130
4.2	Formen der Befragung	....	131
4.3	Mündliche Befragung (Interview)	....	132
	4.3.1 Befragungsstrategien	....	132
	4.3.2 Befragungstaktiken	....	136
	4.3.3 Befragungsumfang	....	137
	4.3.4 Befragungshäufigkeit	....	138
	4.3.5 Befragtenanzahl	....	139
	4.3.6 Befragtenkreise und Befragtenauswahl	....	140
	4.3.7 Neutralität in der mündlichen Befragung	....	141
4.4	Telefonische Befragung	....	145
	4.4.1 Traditionelle telefonische Befragung	....	145
	4.4.2 Computergestützte telefonische Befragung (CATI)	..	146
4.5	Literaturverzeichnis	....	147

Werner Pepels

5. Befragungsstrategie und -taktik 148

5.1	Fragestrategie	....	149
5.2.	Fragetaktik	....	150
	5.2.1 Offene Fragen	....	150
	5.2.2 Geschlossene Fragen	....	150
	5.2.3 Fragetypen	....	152
	5.2.4 Fragefunktionen	....	153
5.3	Literaturverzeichnis	....	155

Karin Schmitt-Hagstotz/Werner Pepels

6. Schriftliche Befragung 156

6.1	Typische Anwendungssituationen für schriftliche Befragungen.	157
6.2	Beurteilung der schriftlichen Befragung	....	158
6.3	Ursachen des Rücklaufproblems	....	160
6.4	Möglichkeiten zur Lösung des Rücklaufproblems	....	161
6.5	Hinweise zur Fragebogengestaltung	....	162
6.6	Hinweise zur Anschreibengestaltung	....	163
6.7	Kombiniert-schriftliche Befragungsformen	....	166
6.8	Leserbefragung als kleine Fallstudie	....	167
6.9	Literaturverzeichnis	....	169

Rötger Nötzel
7. Praxis der schriftlichen Umfrage 170
   7.1 Vorbemerkung zum Einsatz schriftlicher Umfragen 171
   7.2 Vergleich der Probleme der schriftlichen Umfrage mit der mündlichen Umfrage 171
      7.2.1 Kommunikationsproblem 171
      7.2.2 Motivationsproblem 172
      7.2.3 Repräsentanzproblem 173
      7.2.4 Methodenprobleme 175
      7.2.5 Stichprobenprobleme 175
      7.2.6 Kosten der schriftlichen Umfrage 176
   7.3 Vorgehensweise bei schriftlichen (postalischen) Umfragen .. 177
   7.4 Erfahrungen mit der schriftlichen Umfrage 181
   7.5 Literaturverzeichnis 181

Werner Pepels
8. Computergestützte Befragung 182
   8.1 Bildschirmbefragung 183
   8.2 Computerbefragung 185
   8.3 Online-Befragung 188
   8.4 Literaturverzeichnis 189

Gerhard Schub von Bossiazky
9. Online-Befragung 191
   9.1 Möglichkeiten und Grenzen der Online-Befragung 192
   9.2 Technik 195
      9.2.1 Formulareingabe 195
      9.2.2 Texteingabe 196
      9.2.2 Forum 196
   9.3 Einsatzbereiche 197
      9.3.1 Nutzerbefragung 197
      9.3.2 Verbraucherbefragung 197
      9.3.3 Produkt-Test 197
      9.3.4 Kommunikations-Test 197
      9.3.5 Kreativitätsunterstützende Forschung 198
      9.3.6 Zukunftsforschung 198
   9.4 Perspektive 203
   9.5 Literaturverzeichnis 203

Werner Hagstotz/Karin Schmitt-Hagstotz
10. Omnibusbefragung/Mehrthemenbefragung 204
   10.1 Grundsätzliche Charakterisierung der Omnibus-/Mehrthemenbefragung 205
   10.2 Nutzen und Einsatzmöglichkeiten speziell für den Mittelstand 206

10.3 Mögliche Stichproben
(Gesamtbevölkerung oder spezielle Zielgruppen) 207
10.4 Befragungsmethoden (face-to-face-Interviews, CAPI,
Telefoninterviews) 207
10.5 Tips zur Institutswahl 209
10.6 Durchführungsschritte (Checkliste) 210
10.7 Umsetzung der Ergebnisse 210
10.8 Fallstudie als Praxisbeispiel 211
10.9 Besonderheiten 211
10.10 Literaturverzeichnis 212

Fritz Unger
11. Panel-Forschung 213
11.1 Einführung 214
11.2 Endverbraucherpanel (Haushaltspanel) 215
11.2.1 Methode 215
11.2.2 Aussagekraft 217
11.2.3 Konsequenzen für das Marketing 218
11.3 Handelspanel 221
11.3.1 Methoden 222
11.3.2 Aussagekraft 223
11.3.3 Konsequenzen für das Marketing 228
11.4 Spezialpanel 229
11.5 Literaturverzeichnis 230

Peter Sauermann
12. Apparative Beobachtungsverfahren 231
12.1 Laborbeobachtung in der Marktforschung – Vorteile und
Kritikpunkte 232
12.2 Methodenbeschreibung 234
12.2.1 Aktualgenetische Verfahren (Tachistoskop, Schnellgreifbühne) 234
12.2.2 Physiologische Verfahren (Hautwiderstandsmessung,
Pupillometrie) 237
12.2.3 Mechanische Verfahren (Einwegspiegel, Kameraaufzeichnung) 238
12.3 Anwendungsmöglichkeiten 240
12.3.1 Beispiele für die Produktentwicklung 240
12.3.2 Beispiele für die Verpackungsgestaltung 242
12.3.3 Beispiele für die Werbewirkungsmessung 242
12.4 Kosten-Nutzen-Bewertung und Durchführungsmöglich-
keiten 244
12.5 Literaturverzeichnis 245

Fritz Unger
13. Experiment: Die Frage nach den Ursachen 246
    13.1 Experiment als Instrument kausal-analytischer Forschung .. 247
    13.2 Experimenteller Aufbau 248
    13.3 Analyseverfahren 252
    13.4 Praktische Beispiele 253
        13.4.1 Experimentelle Werbewirkungsforschung 253
        13.4.2 Experimentelle Produktforschung 254
        13.4.3 Experimentelle Vertriebsforschung 255
        13.4.4 Experimentelle Preisforschung 258
        13.4.5 Markttests als Feldexperimente 258
    13.5 Literaturverzeichnis 260

Werner Hagstotz/Karin Schmitt-Hagstotz
14. Konzepttest 261
    14.1 Nutzen und Einsatzmöglichkeiten speziell für den Mittelstand 262
    14.2 Was wird getestet: Konzepte für Produkte, Verpackungen, Dienstleistungen oder Werbekonzepte? 263
    14.3 Stichprobe: bei wem wird getestet? 264
    14.4 Testort: Studiotest oder Inhome-Test? 264
    14.5 Grundsatzentscheidung: quantitative oder qualitative Methoden? 265
    14.6 Apparative Verfahren 266
    14.7 Durchführungsschritte 267
    14.8 Auswertung, Interpretation und Ergebnisumsetzung 267
    14.9 Fallstudie als Praxisbeispiel 268
    14.10 Literaturverzeichnis 269

Gerhard Schub von Bossiazky
15. Kommunikationstest 270
    15.1 Aufgabe von Kommunikationstests 271
        15.1.1 Ziele 271
        15.1.2 Verfahrenskonzipierung / Verfahrensauswahl 271
    15.2 Verfahren 272
        15.2.1 Konzeptionstest 272
        15.2.2 Pretest 273
        15.2.3 Post-Test 278
        15.2.4 Tracking-Verfahren 278
    15.3 Aussagen-Gültigkeit 279
    15.4 Literaturverzeichnis 280

Werner Pepels
16. Testmarktsimulationen 281
    16.1 Testmarktersatzverfahren 282

	16.2 Verfahren Designor	283
	16.3 Verfahren TESI	285
	16.4 Verfahren BASES	286
	16.5 Verfahren Microtest	287
	16.6 Verfahren Quartz	289
	16.7 Kritische Bewertung	290
	16.8 Literaturverzeichnis	290

Werner Pepels
17. Mikromarkttest 291
    17.1 Testmarkt- und Testmarktersatzverfahren 292
    17.2 Storetest und Minimarkttest 293
    17.3 GfK BehaviorScan 294
    17.4 Chancen von GfK BehaviorScan 297
    17.5 Risiken von GfK BehaviorScan 297
    17.6 Literaturverzeichnis 299

Kapitel IV Statistische Datenauswertung in der Marktforschung 301

Peter Steinmetz
1. Statistische Grundbegriffe – Typen von Merkmalen und Skalierungsarten 303
    1.1 Statistische Grundbegriffe 304
    1.2 Typen von Merkmalen und statistische Maßskalen 306
        1.2.1 Beispielhafte Darstellung unterschiedlicher Merkmale 306
        1.2.2 Qualitative Merkmale 307
        1.2.3 Quantitative Merkmale 307
        1.2.4 Häufbare und nichthäufbare Merkmale 309
    1.3 Literaturverzeichnis 309

Peter Steinmetz
2. Häufigkeitsverteilungen 310
    2.1 Typen von Häufigkeitsverteilungen 311
    2.2 Häufigkeitsverteilungen von nominalskalierten Merkmalen . 312
    2.3 Häufigkeitsverteilungen von ordinalskalierten Merkmalen .. 313
    2.4 Häufigkeitsverteilungen von quantitativ-diskreten Merkmalen 316
    2.5 Häufigkeitsverteilungen von quantitativ-stetigen Merkmalen 318
        2.5.1 Überlegungen zur Klassenunterteilung 318
        2.5.2 Histogramm bei unterschiedlicher Klassenbreite ... 320
        2.5.3 Kumulierte Häufigkeitsverteilung – Das Summenpolygon oder die Summenlinie 323
    2.6 Literaturverzeichnis 324

Hans-Dieter Hippmann
3. **Maßzahlen zur Beschreibung von Häufigkeitsverteilungen** 325
   3.1 Einleitung 326
   3.2 Typen von Maßzahlen 327
       3.2.1 Mittelwerte 327
       3.2.2 Streuungsmaße 329
       3.2.3 Schiefemaße 331
       3.2.4 Konzentrationsmaße 332
   3.3 Sonderprobleme der Berechnung von Maßzahlen 334
       3.3.1 Klassifizierte Ausgangsdaten 334
       3.3.2 Mittelwertbildung mit Verhältniszahlen und Wachstumsraten 337
   3.4 Literaturverzeichnis 339

Hans-Dieter Hippmann
4. **Multivariate Dependenzanalyse** 340
   4.1 Einleitung 341
   4.2 Kontingenzanalyse 341
       4.2.1 Statistische Abhängigkeit von Merkmalen 342
       4.2.2 Quadratische Kontingenz 343
       4.2.3 Kontingenzkoeffizient 343
       4.2.4 Chi-Quadrat-Unabhängigkeits-Test 344
   4.3 Regressionsanalyse 344
       4.3.1 Multiple Regressionsanalyse 344
       4.3.2 Schrittweise Regressionsanalyse 345
       4.3.3 Lineare Einfachregression 345
   4.4 Varianzanalyse 347
   4.5 Diskriminanzanalyse 350
   4.6 Literaturverzeichnis 354

Hans-Dieter Hippmann
5. **Multivariate Interdependenzanalyse** 355
   5.1 Einleitung 356
   5.2 Korrelationsanalyse 356
       5.2.1 Korrelationsanalyse metrischer Merkmale 357
       5.2.2 Korrelationsanalyse ordinal skalierter Merkmale 359
       5.2.3 Korrelationsanalyse bei nominal skalierten Merkmalen 360
       5.2.4 Korrelationsanalyse bei unterschiedlicher Skalierung der Merkmale 360
   5.3 Hauptkomponenten- und Faktorenanalyse 361
       5.3.1 Korrelationsmatrix 361
       5.3.2 Hauptkomponentenanalyse 363
       5.3.3 Zahl der Faktoren 363
       5.3.4 Faktorenanalyse 365

		5.4	Clusteranalyse	366
			5.4.1 Distanz- und Ähnlichkeitsmaße	367
			5.4.2 Clusterverfahren	368
			5.4.3 Dendrogramm	368
		5.5	Multidimensionale Skalierung	370
		5.6	Conjoint-Analyse	372
		5.7	Literaturverzeichnis	374

Peter Steinmetz

	6.	**Testverfahren**	375
		6.1	Arten und Aufgaben von Testverfahren	376
		6.2	Einseitige- und zweiseitige Problemstellung	376
		6.3	Entscheidungen aufgrund des Tests	377
		6.4	Symbole und statistische Voraussetzungen	379
		6.5	Test eines arithmetischen Mittelwert	381
			6.5.1 Verfahrensweise	381
			6.5.2 Anwendungen	384
		6.6	Testen von Anteilswerten	388
			6.6.1 Symbole, statistische Grundlagen und Verfahrensweise	388
			6.6.2 Anwendungen	389
		6.7	Literaturverzeichnis	391

Kapitel V Ergebnisdarstellung in der Marktforschung 393

Hans-Dieter Hippmann

	1.	**Statistische Tabellen und Diagramme**	395
		1.1	Grundelemente des Tabellenaufbaus	396
		1.2	Aufbau und Verwendung unterschiedlicher Diagrammtypen	397
		1.3	Elemente einer Graphik und Möglichkeiten der Manipulation	401
		1.4	Literaturverzeichnis	405

Werner Hagstotz/Karin Schmitt-Hagstotz

	2.	**Marktforschungspräsentation**	406
		2.1	Anmerkungen zum Stellenwert	407
		2.2	Datenquellen: Sekundärforschung oder Primärforschung?	407
		2.3	Berichterstattung ist Informationsverdichtung oder Die Kunst des Weglassens	407
		2.4	Berichterstattung bei quantitativen Daten	409
		2.5	Berichterstattung bei qualitativen Daten	409
		2.6	Zur Visualisierung von Ergebnissen: Tabellen und Grafiken	410
		2.7	Praxisbeispiel: der Aufbau eines Marktforschungsberichts ..	412
		2.8	Präsentation der Ergebnisse: Erweiterung des Praxisbeispiels	413

		2.9	Umsetzung der Ergebnisse	414
		2.10	Literaturverzeichnis	415

Karin Christof

3. Datenauswertung mit SPSS ... 416
    3.1 SPSS-Funktionen für den Einsatz in der Marktforschung ... 418
    3.2 Dateneingabe- und import ... 419
    3.3 Export/Weiterverwendung von Ergebnissen ... 420
    3.4 Ad-hoc-Auswertungen ... 421
    3.5 Standardisierte Auswertungen ... 422
    3.6 Auswertungsbeispiele ... 423
        3.6.1 Mehrdimensionale Pivot-Tabellen ... 423
        3.6.2 Varianzanalyse ... 425
    3.7 Finanzielle und personelle Rahmenbedingungen ... 427
    3.8 Literaturverzeichnis ... 428

Thomas Wolf

4. Computerunterstützung bei der Auswertung von Befragungen in der Marktforschung ... 429
    4.1 Notwendigkeit von Computerunterstützung in der Marktforschung ... 430
    4.2 Zielsetzung von MSM – Marktstudienmanager ... 431
    4.3 Planung einer computerunterstützten Marktstudie ... 432
    4.4 Durchführung einer computerunterstützten Marktstudie ... 433
    4.5 Möglichkeiten computerunterstützter Auswertung ... 434
    4.6 Erweiterte Möglichkeiten durch neue Technologien ... 436
        4.6.1 Individuelle Software für Sonderaufgaben ... 436
        4.6.2 Datenerfassung durch den Befragten selbst ... 436
        4.6.3 Marktforschung aus bestehenden Datenbeständen ... 437
    4.7 Literaturverzeichnis ... 437

Kapitel VI Prognoseverfahren in der Marktforschung ... 439

Rolf Wöller

1. Qualitative Prognosen ... 441
    1.1 Begriff und Bedeutung von Prognosen ... 442
    1.2 Arten von Prognosen ... 442
    1.3 Wesentliche Elemente von Prognosen ... 445
    1.4 Prognosen in Entscheidungsprozessen ... 446
    1.5 Befragungen für Prognosen ... 448
        1.5.1 Befragung von Mitarbeitern des Unternehmens ... 448
        1.5.2 Befragung von Kunden ... 448
        1.5.3 Befragung von Experten ... 449
    1.6 Spezielle Befragungsmethoden mit besonderen Regeln ... 449

		1.6.1	Delphi-Methode	449
		1.6.2	Brainstorming	451
		1.6.3	Methode 635	451
		1.6.4	Synektik	451
	1.7		Morphologisches Vorgehen	452
	1.8		Analogien	452
	1.9		Szenarios	453
	1.10		Literaturverzeichnis	454

Rolf Wöller

2. Quantitative Prognosen 455
    2.1 Grundlagen quantitativer Prognosen 456
    2.2 Berechnung von Durchschnitten 459
    2.3 Berechnung von Trends 461
        2.3.1 Lineare Trends 461
        2.3.2 Nicht-lineare Trends 462
    2.4 Exponentielle Glättung 463
        2.4.1 Exponentielle Glättung 1. Ordnung 463
        2.4.2 Exponentielles Glättung 2. Ordnung 465
    2.5 Regressionsanalysen 467
        2.5.1 Einfache Regression 467
        2.5.2 Multiple Regression 469
    2.6 Prognosen bei Saisonschwankungen 470
    2.7 Sonstige Verfahren 471
    2.8 Der Einsatz der EDV für Prognosen 472
    2.9 Beurteilung und Interpretation von Prognoseergebnissen .. 473
    2.10 Literaturverzeichnis 474

Kapitel VII Spezialanwendungen der Marktforschung 475

Heinrich Holland

1. Marktsegmentierung 477
    1.1 Marktsegmentierung als Grundlage für das differenzierte Marketing 478
    1.2 Kriterien der Marktsegmentierung 479
        1.2.1 Geographische Marktsegmentierung 479
        1.2.2 Soziodemographische Marktsegmentierung 480
        1.2.3 Marktsegmentierung nach Verhaltenskriterien 480
        1.2.4 Benefit-Segmentierung 481
        1.2.5 Psychographische Marktsegmentierung 482
        1.2.6 Lifestyle-Segmentierung 483
    1.3 Multivariate statistische Verfahren zur Identifikation homogener Segmente 484
    1.4 Literaturverzeichnis 487

Werner Pepels
2. **Lifestyle-Typologien** 488
   2.1   Warum gibt es Typologien? 489
   2.2   Was sind Typologien? 490
   2.3   Lifestyle-Typologie von M. C. & Leo Burnett 491
   2.4   Typologie Sozialer Milieus 493
   2.5   Euro Socio Styles-Typologie 499
   2.6   RISC-Eurotrends-Typologie 501
   2.7   Kritische Bewertung der Typologien 503
   2.8   Literaturverzeichnis 524

Klaus Heinzelbecker
3. **Strategische Marktforschung** 525
   3.1   Entwicklung von Marketingstrategien 526
   3.2   Strategisches Marketing 526
   3.3   Strategische Planung 527
   3.4   Strategisches Management 528
         3.4.1   Controlling 528
         3.4.2   Investitionsentscheidungen 529
         3.4.3   Akquisition von Unternehmen 531
         3.4.4   Forschung und Entwicklung 533
   3.5   Organisation und praktische Durchführung 536

Wolfgang Oehme
4. **Standortforschung im Handel** 538
   4.1   Standortforschung – Datenbasis für die Standortpolitik ... 539
         4.1.1   Absatzregionen als unvollkommene Märkte mit Standorten unterschiedlicher Qualität 539
         4.1.2   Mangelhafte Transparenz der Märkte als Problem der Standortpolitik 540
         4.1.3   Risiken und Investitionen als verstärkendes Motiv ... 540
   4.2   Untersuchungsgegenstände der Standortforschung 541
         4.2.1   Absatz- und Beschaffungsmärkte 541
         4.2.2   Wettbewerb 541
         4.2.3   Quantität und Qualität der Standorte 542
   4.3   Unterschiede in der Standortpolitik und Standortforschung . 542
   4.4   Anforderungen an einen Handelsstandort als Vorgaben für die Standortforschung 543
         4.4.1   Anforderungen an einen Standort für ein Handelsunternehmen 543
         4.4.2   Standortforschung und Vertriebsform 545
         4.4.3   Standort-Kategorien 545
   4.5. Methoden der Standortforschung und Entscheidungen der Standortpolitik des stationären Einzelhandels 546
         4.5.1   Marktstrukturanalyse 547

		4.5.2	Standort-Netzanalyse	550
		4.5.3	Punktuelle Standortanalyse	551
	4.6		Die Strategien des Standortmarketing	554
	4.7		Literaturverzeichnis	555

Jakob Wolf

5. Handelsmarktforschung 556
	5.1	Einleitung	557
	5.2	Begriff und Bedeutung der Handelsmarktforschung	557
	5.3	Besonderheiten der Handelsmarktforschung	557
	5.4	Beschaffungsmarktforschung	559
	5.5	Absatzmarktforschung	560
	5.6	Methoden der Handelsmarktforschung	560
		5.6.1 Primärforschung (Field Research)	561
		5.6.2 Sekundärforschung (Desk Research)	562
	5.7	Literaturverzeichnis	564

Bernd Hallier

6. Scanning im Handel 566
	6.1	Einleitung	567
	6.2	Diffusion des Scanning	568
	6.3	Datenanbieter	569
		6.3.1 Centrale für Coorganisation (CCG)	570
		6.2.2 Kommerzielle Institute	570
		6.3.3 Handelsunternehmen	572
	6.4	Aktuelle Anwendungen der Scannermarktforschung	572
	6.5	Schnittstelle zu angrenzenden Bereichen	574
	6.6	Ausblick	576
		6.6.1 Operative Entwicklungen	576
		6.6.2 Der nächste strategische Quantensprung	577
	6.7	Literaturverzeichnis	579

Jörg Koch

7. Werbekontaktanalysen 580
	7.1	Einleitung	581
	7.2	Aufgaben und Funktionen von Copy-Tests	581
	7.3	Wiedererkennungstest (Recognition)	581
	7.4	Erinnerungstest (Recall)	583
	7.5	Kombinierte Verfahren	585
	7.6	Maskierungstest (Hidden-Test)	588
	7.7	AdVantage	588
	7.8	Anbieter von Copy-Tests	590
	7.9	Literaturverzeichnis	591

Wolfgang J. Koschnick

8. Werbewirkungsforschung 592
    8.1 Einleitung 593
    8.2 STAS-Formel 595
    8.3 Advertising Response-Modell (ARM) 599
    8.4 Werbewert 600
    8.5 Werbewirkungskompaß 604
    8.6 Fazit 608

Fritz Unger

9. Einstellungsforschung 609
    9.1 Begriffe Einstellung und Attitüde 610
    9.2 Image, Wert und weitere verwandte Konzepte 612
    9.3 Ausgewählte Methoden der Einstellungsmessung 615
    9.4 Entstehung und Änderung von Einstellungen 620
    9.5 Messung von Veränderungen im Zeitablauf 622
    9.6 Einstellung und das Marktverhalten 623
    9.7 Literaturverzeichnis 624

Ulla Meister/Holger Meister

10. Zufriedenheitsforschung und -management 625
    10.1 Einleitung 626
    10.2 Zufriedene Kunden als Erfolgsfaktor 626
    10.3 Verschiedene Verfahren der Zufriedenheitsforschung 626
        10.3.1 Merkmalsorientierung 627
        10.3.2 Varianten multiattributiver Verfahren 628
        10.3.3 Ereignisorientierung 630
        10.3.4 Konsequenzen erforschter Ergebnisse 632
    10.4 Literaturverzeichnis 634

Georg Felser

11. Motivforschung 635
    11.1 Einleitung 636
    11.2 Wann braucht man Motivforschung? 636
    11.3 Zur Struktur von Motiven: Wie wird der motivierte Mensch handeln? 637
        11.3.1 Unter welchen Umständen werden nachgewiesene Bedürfnisse nicht verhaltenswirksam? 638
        11.3.2 Unbewußte Motive: Die wahren Bedürfnisse? 640
    11.4 Methoden der Motivforschung 641
        11.4.1 Direkte Verfahren 641
        11.4.2 Indirekte Verfahren 642
        11.4.3 Direkte und indirekte Verfahren im Vergleich 645
    11.5 Literaturverzeichnis 646

E. Georg Walldorf
12. Auslandsabsatzforschung 647
    12.1 Einführung 648
    12.2 Begriffliche Grundlagen 648
        12.2.1 Stellung der Auslandsabsatzforschung im System der betrieblichen Informationswirtschaft 648
        12.2.2 Auslandsabsatzforschung 649
        12.2.3 Auslandsabsatzforschung (AAF) und Binnenabsatzforschung (BAF) 652
    12.3 Ziele und Aufgaben der Auslandsabsatzforschung 654
    12.4 Inhaltliche Schwerpunkte der Auslandsabsatzforschung ... 655
    12.5 Informationsquellen/-möglichkeiten und -methoden der Auslandsabsatzforschung 656
        12.5.1 Betriebsforschung 656
        12.5.2 Auslandsabsatzmarktforschung 658
    12.6 Bestimmungsfaktoren von Zielen, Aufgaben, Inhalten und Methoden (plus Informationsquellen) der Auslandsabsatzforschung (AAF) 661
    12.7 Prozeß der Auslandsabsatzforschung 661
    12.8 Literaturverzeichnis 664

Frank Blom
13. Beschaffungsmarktforschung 666
    13.1 Einführung 667
    13.2 Ziele 668
    13.3 Anlässe 668
    13.4 Methoden der Datensammlung 670
    13.5 Grundsätze der Durchführung 671
    13.6 Informationsspektrum 671
        13.6.1 Produktspezifischer Informationsbedarf 671
        13.6.2 Lieferantenspezifischer Informationsbedarf 672
        13.6.3 Branchen- und länderspezifischer Informationsbedarf 674
    13.7 Informationsquellen der Beschaffungsmarktforschung 675
        13.7.1 Informationsquellen lieferantenspezifischer Informationen 676
        13.7.2 Beispiel: Ermittlung lieferantenspezifischer Informationen 676
        13.7.3 Informationsquellen für Brancheninformationen ... 676
    13.8 Organisationsformen der Beschaffungsmarktforschung 677
        13.8.1 Institutionalisierte Beschaffungsmarktforschung 677
        13.8.2 Eingekaufte Beschaffungsmarktforschung 677
        13.8.3 Kooperative Beschaffungsmarktforschung 677
    13.9 Literaturverzeichnis 678

Marcus Pradel

14. Trend- und Zukunftsforschung 679
    14.1 Der Zukunft auf der Spur – die Gefahren der Beschleunigungs- und Innovationsfalle 681
    14.2 Trend, Moden, Szenen und Milieus 683
    14.3 Trendindikatoren und -deskriptoren 685
    14.4 Verfahren und Methoden der Trend- und Zukunftsforschung 686
        14.4.1 Scanning und Monitoring 687
        14.4.2 Diskontinuitätenanalyse 688
        14.4.3 Trendlebenszyklus-Analyse 689
        14.4.4 Delphi-Methode 690
        14.4.5 Szenario-Methode 691
        14.4.6 Trendscouting 693
    14.5 Trendforschung und Trendscouting in und mit neuen Medien 694
    14.6 Literaturverzeichnis 695

Thomas Siebe

15. Makroökonomische Konsumprognosen mit Fehlerkorrekturmodellen 697
    15.1 Konsumprognosen in der empirischen Wirtschaftsforschung . 698
    15.2 Keynes'sche Konsumfunktion als Ausgangspunkt 699
    15.3 Stationarität, Kointegration und Fehlerkorrekturdarstellung . 701
    15.4 Prognoseeigenschaften 705
    15.5 Fazit 709
    15.6 Literaturverzeichnis 710

Kapitel VIII Sonderformen der Marktforschung 713

Werner Hagstotz

1. Car Clinic 715
    1.1 Grundsätzliche Charakterisierung 716
    1.2 Möglichkeiten der Produktpräsentation 717
    1.3 Anwendungsbedingungen im Mittelstand 718
    1.4 Methoden-Mix als Grundlage der Car Clinic sowie der Product Clinic allgemein 719
    1.5 Durchführungsschritte einer Car Clinic 720
    1.6 Übertragung auf mittelstandsbezogene Fragestellungen: eine (fiktive) Fallstudie 721
    1.7 Low-Budget-Ansätze: geht das? 722
    1.8 Ausblick 723
    1.9 Literaturverzeichnis 724

Susanne Stark
2. Marktforschung im Handwerk 725
    2.1 Marketingorientierung im Handwerk 726
        2.1.1 Ausgangspunkt: Das Handwerk im Umbruch 726
        2.1.2 Marktforschung im Handwerk: Situation und Voraussetzungen 727
    2.2 Ansätze für Marktforschungsaktivitäten von Handwerksbetrieben 729
        2.2.1 Marktforschungsziele: Wer und was ist Forschungsgegenstand? 729
        2.2.2 Marktforschungsmethoden 731
    2.3 Kundenanalyse 732
        2.3.1 Aktueller Kundenstamm: Intelligente Kundenkartei und Kundenzufriedenheitsanalyse 732
        2.3.2 Potentielle Kunden 734
    2.4 Konkurrenzanalyse 735
        2.4.1 Identifizierung der relevanten Konkurrenz 735
        2.4.2 Wettbewerbsvorsprung als Ziel der Konkurrenzanalyse 736
    2.5 Analyse von Marktreaktionen auf Marketingaktivitäten ... 736
    2.6 Fazit: Marktforschung als Chance 736
    2.7 Literaturverzeichnis 737

Rötger Nötzel
3. Spezifische Kunden- und Besucherbefragungen 738
    3.1 Repräsentative Stichproben 739
    3.2 Befragung von Veranstaltungsbesuchern 739
        3.2.1 Notwendigkeit von Kundenbefragungen 739
        3.2.2 Befragungsform des Einreißfragebogens 740
        3.2.3 Stichprobenziehung und Auswertungsprobleme 743
        3.2.4 Einzelne Erkenntnisse aus Publikumsuntersuchungen . 744
    3.3 Zum richtigen Einsatz von Passanteninterviews 744
        3.3.1 Vor- und Nachteile 744
        3.3.2 Passanten als Grundgesamtheit 745
        3.3.3 Auswahlbasis 746
        3.3.4 Passantenauswahl 747
        3.3.5 Einsatz von Passanteninterviews 747
    3.4 Ausblick 747
    3.5 Literaturverzeichnis 748

Gustav Bergmann/Marcus Pradel
4. Marktforschung als Beitrag für ein lernendes Unternehmen .. 749
    4.1 Marktforschung als Beitrag zum organisationalen Lernen .. 750
    4.2 Kreislauf der Erkenntnis 751
    4.3 Orientierungsgrundlagen 753

		4.4	Mustererkennung und Marktforschung	756
		4.5	Lernzyklus des Gelingens: Informationsgewinnung im Dialog	759
		4.6	Methodenorientierte Anwendung des Lernzyklus	764
			4.6.1 Universelle Umsetzungsmethoden	764
			4.6.2 Spezielle Marktforschungsmethoden	766
		4.7	Synopse	768
		4.8	Literaturverzeichnis	769

Thomas Baaken

5. Simultane Marktforschung 770
    5.1 Zeitnahe Bereitstellung entscheidungsrelevanter Informationen 771
    5.2 Abnehmende Berechenbarkeit und Planbarkeit von Strategie und Instrumenten 773
    5.3 Künftige Herausforderungen: schnelle Lösungen in hochkomplexen Systemen 774
        5.3.1 Umsetzungsforschung 774
        5.3.2 Prozeßsimulator 775
        5.3.3 Simultane Marktforschung 775
    5.4 Geeignete Geschäftstypen 777
    5.5 Ausgewählte Instrumente der Realisierung einer simultanen Marktforschung 779
        5.5.1 Integrationserfordernis von Verkaufsgespräch und Interview 779
        5.5.2 User-Circle oder Kundenparlament 779
    5.6 Konsequenzen für Marktforscher und Informationsnutzer 780
    5.7 Literaturverzeichnis 782

Kapitel IX Organisation der Marktforschung 783

Jörg Koch

1. Instituts- und Fremdmarktforschung 785
    1.1 Voraussetzungen für Institutsmarktforschung 786
    1.2 Definition des Informationsbedarfes 786
    1.3 Selektion geeigneter Institute 787
    1.4 Angebotsaufforderung 790
    1.5 Auftragserteilung 791
    1.6 Kosten für Fremdmarktforschung 792
    1.7 Beispiele für Low-Budget-Marktforschung 793
    1.8 Vor- und Nachteile der Institutsmarktforschung 794
    1.9 Literaturverzeichnis 795

Jörg Koch

2. Betriebliche Marktforschung 796
    2.1 Einleitung 797

	2.2	Voraussetzungen für Eigenmarktforschung	797
	2.3	Situation der betrieblichen Marktforschung in der BRD . . .	798
	2.4	Implementierung und Organisation betrieblicher Marktforschung	799
	2.5	Aufgaben der betrieblichen Marktforschung	801
	2.6	Beispiele für Low-Budget-Marktforschung	802
	2.7	Marketing-Informationssysteme	807
	2.8	Kosten der Eigenmarktforschung	808
	2.9	Vor- und Nachteile der Eigenmarktforschung	808
	2.10	Literaturverzeichnis	809

Kapitel X Rahmenbedingungen der Marktforschung 811

Brunhilde Steckler

1. **Datenschutzrechtliche Aspekte der Marktforschung** 813
   1.1 Systematik des Datenschutzrechts 816
   1.2 Informationelles Selbstbestimmungsrecht 815
       1.2.1 Personenbezogene Daten 816
       1.2.2 Akten, Dateien und Datenbanken 817
       1.2.3 Datengeheimnis 817
   1.3 Datenschutzrechtlich relevante Vorgänge 818
       1.3.1 Erhebung personenbezogener Daten 818
       1.3.2 Verarbeitung personenbezogener Daten 818
       1.3.3 Nutzung personenbezogener Daten 820
   1.4 Verbot mit Erlaubnisvorbehalt 821
       1.4.1 Vorbehalt des Gesetzes 821
       1.4.2 Informierte Einwilligung 821
       1.4.3 Forschungsprivileg 821
       1.4.4 Medienprivileg 822
   1.5 Verantwortung und Kontrolle 822
       1.5.1 Auftragsdatenverarbeitung 822
       1.5.2 Markt- und Meinungsforschung 823
       1.5.3 Datenschutzrelevante Rechte Betroffener 823
       1.5.4 Überwachung des Datenschutzes 824
       1.5.5 Maßnahmen der Datensicherung 824
   1.6 Informations- und Kommunikationsdienste 825
       1.6.1 Teledienste und Internet 825
       1.6.2 Telekommunikation und Mediendienste 827
   1.7 Literaturverzeichnis 828

Brunhilde Steckler

2. **Wettbewerbsrechtliche Aspekte der Marktforschung** 829
   2.1 Regelungsbereich des Wettbewerbsrechts 830
   2.2 Generalklausel unlauteren Wettbewerbs 830
   2.3 Irreführende Werbung 832

	2.4 Interessenkollisionen im Wettbewerb	833
	2.5 Rechtsprechung zum Direktmarketing	834
	2.6 Besondere Formen der Marktforschung	836
	2.7 Möglichkeiten der Internet-Präsentation	837
	2.8 Literaturverzeichnis	839

Gustav Bergmann

3. **Ethik in der Marktforschung** 840
   3.1 Marktforschung – kultiviert und erfolgreich 841
   3.2 Chancen und Probleme einer Ethik in der Marktforschung . 841
       3.2.1 Ethik als Chance zur praktischen Orientierung 841
       3.2.2 Allgemeine Probleme bei der Entwicklung einer Unternehmensethik 844
       3.2.3 Konkrete Marktforschungs – Probleme 846
       3.2.4 Eckpunkte einer kommunikativen Ethik 848
   3.3 Grundformen der Systemethik 848
       3.3.1 Klassische Konzeptionen 848
       3.3.2 Neuere Ansätze der Systemethik 849
   3.4 Kommunikative Ethik: Dialoge, Partizipation und Spielräume 850
   3.5 Win/Win-Prinzip: Kooperative Lösungen 852
   3.6 Ethik als Lernprozeß: Integratives Vorgehen 853
   3.7 Kultivierte Marktforschung als Erfolgsfaktor 855
   3.8 Literaturverzeichnis 856

Kapitel XI **Service** 859

Autorenverzeichnis 861

Stichwortverzeichnis 869

Kapitel I Grundlagen der Markforschung

Werner Pepels
1. Was ist und womit beschäftigt sich Marktforschung?   3

Harald Ehrmann
2. Informationen und Entscheidungen 12

1. Was ist und womit beschäftigt sich Marktforschung?

Werner Pepels

Inhaltsübersicht

1.1 Bestandsaufnahme
1.2 Funktionen, Arbeitsphasen und Dimensionen der Marktforschung
1.3 Literaturverzeichnis

1.1 Bestandsaufnahme

Um sich dem komplexen Sachgebiet der Marktforschung systematisch zu nähern, ist es erforderlich, zunächst eine Bestandsaufnahme der begrifflichen Fassung in der einschlägigen Literatur vorzunehmen. Dazu im folgenden einige relevante Beispiele.

Marktforschung:
- *Salcher* (Psychologische Marktforschung, Berlin 1978, S. 16): Marktforschung ist »die systematische (kurzzeitige oder kontinuierliche) Analyse des Marktes, um die gegebene Marktstruktur (Produktangebot, Konkurrenzsituation, Preissituation, Vertriebswege) sowie die spezifischen Verhaltensweisen des Verbrauchers in diesem Markt (Kauf- und Konsumgewohnheiten) zu verdeutlichen, so daß – auf Basis dieser Erkenntnisse – die Art des zu planenden Produktes sowie der Umfang der Produktion optimal auf diesen Markt abgestimmt werden kann.«
- *Lehmann* (Market Research and Analysis. 2. Auflage, Homewood/Ill. 1985, S. 3): »Marktforschung ist die Sammlung, Verarbeitung und Analyse von Informationen über Gegenstände, die für das Marketing relevant sind. Sie beginnt mit der Definition des Problems und endet mit einem Bericht und Handlungsempfehlungen.« (Übersetzung Kamenz 1997)
- *Churchill* (Marketing Research, 4. Auflage, Chicago 1987, S. 10): »Marktforschung ist die systematische Sammlung, Aufzeichnung und Analyse von Daten über Probleme, die in bezug stehen zum Marketing von Gütern und Dienstleistungen.« (Übersetzung Kamenz 1997)
- *Nieschlag/Dichtl/Hörschgen* (Marketing, 16. Auflage, Berlin 1988, S. 607): Marktforschung »umfaßt die Erlangung von Informationen sowohl über die Absatz- als auch über die Beschaffungsmärkte einer Organisation, und zwar hinsichtlich deren Größe, Konturen und Struktur. Marktforschung ist somit der Oberbegriff für die Absatz- und die Beschaffungsmarktforschung.« (in Anlehnung an Hüttner)
- *Berekoven* (Grundlagen der Absatzwirtschaft, 4. Auflage, Herne 1989, S. 149): Bei der Marktforschung »geht es um (externe) Informationen über die Märkte der Unternehmung, insbesondere natürlich über die Absatzmärkte.« (im Original teilweise hervorgehoben)
- *Leitherer* (Betriebliche Marktlehre, 3. Auflage, Stuttgart 1989, S. 74): »Marktforschung kann als wissenschaftliche Beschäftigung mit den Methoden zur Informationsgewinnung über den Markt angesehen werden, wobei diese in einer Datensammlung, -verarbeitung und -interpretation besteht. Das Erkenntnisobjekt der Marktforschung ist demnach der informative Zugangsweg zum betrieblichen Markt.«
- *Jaspert* (Marketing, 7. Auflage, München-Wien 1991, S. 156): Marktforschung kann erklärt werden »als die systematische Gewinnung von Erkenntnissen über konkrete betriebliche Teilmärkte.« Jaspert (S. 157) kennt Marktuntersuchung als Oberbegriff für die theoretische Marktuntersuchung/Markttheorie (»Gesamtheit der Tauschbeziehungen zwischen Anbietern und Nachfragern«, ebd.) und die empirische Marktuntersuchung als Markterkundung (»gelegentliche(s) Gewinnen von empirischen Marktkenntnissen für betriebliche Zwecke«, ebd.) oder eben Marktforschung.

- *Weis/Steinmetz* (Marktforschung, Ludwigshafen 1991, S. 14): »Unter Marktforschung soll die systematische Erhebung, Analyse und Interpretation von Informationen über Gegebenheiten und Entwicklungen auf Märkten verstanden werden, um relevante Informationen für Marketing-Entscheidungen bereitzustellen.«
- *Berndt* (Marketing Band 1, 2. Auflage, Berlin 1992, S. 113): »Marktforschung kann allgemein als Beschaffung und Verarbeitung von Informationen bezüglich der Unternehmensmärkte definiert werden.«
- *Böhler* (Marktforschung, 2. Auflage, Stuttgart 1992, S. 17): »Marktforschung ist die systematische Sammlung, Aufbereitung, Analyse und Interpretation von Daten über Märkte und Marktbeeinflussungsmöglichkeiten zum Zweck der Informationsgewinnung für Marketing-Entscheidungen.«
- *Rogge* (Marktforschung, 2. Auflage, München 1992, S. 18): »Marktforschung ist ... die Lehre von der Gewinnung, Ordnung und Nutzung von Daten sowie deren Interpretation aus einer bestimmten Zielsetzung heraus.«
- *Hill/Rieser* (Marketing-Management, 2. Auflage, Bern-Stuttgart 1993, S. 490): »Unter Marktforschung soll ... die Gewinnung und Auswertung externer Marktinformationen verstanden werden.«
- *Hammann/Erichson* (Marktforschung, 3. Auflage, Stuttgart 1994, S. 24): Marktforschung ist »eine systematische, empirische Untersuchungstätigkeit, mit dem Zweck der Informationsgewinnung oder -verbesserung über objektiv bzw. subjektiv bedingte Markttatbestände und -phänomene als Grundlage beschaffungs- und absatzpolitischer Entscheidungen.«
- *Hüttner/Pingel/Schwarting* (Marketing-Management, München 1994, S. 47): »Marktforschung kann definiert werden als systematischer Prozeß der Gewinnung und Analyse von Daten zur nicht-personenbezogenen Verwertung für Marketing-Entscheidungen.« (Zitat aus Hüttner: Marktforschung, in: Diller: Vahlens Großes Marketinglexikon)
- *Preißner/Engel* (Marketing, München 1994, S. 6): »Marktforschung ist die zielbewußte Untersuchung eines konkreten Marktes. Marktforschung, die sich auf den Absatzmarkt bezieht, heißt Absatzforschung.«
- *Scharf/Schubert* (Marketing, Stuttgart 1995, S. 332): »Unter Marktforschung versteht man die systematische Gewinnung, Aufbereitung und Interpretation von für die Marketingplanung relevanten Informationen über Absatz- und Beschaffungsmärkte sowie über Möglichkeiten zu ihrer Beeinflussung.«
- *Koch* (Marktforschung, München 1996, S. 7): »Marktforschung ist die Lehre von der Gewinnung (Erhebung), Ordnung und Nutzung von Informationen sowie deren Analyse und Interpretation. Die Vorgehensweise (Prozeß) der Marktforschung ist systematisch und zielorientiert.«
- *Hüttner* (Marktforschung, 5. Auflage, München 1997, S. 1): »Marktforschung ist der systematische Prozeß der Gewinnung und Analyse von Daten für Marketing-Entscheidungen.« Wichtig ist die Betonung des systematischen Charakters, im Unterschied zur Markterkundung als bloß zufälligem, gelegentlichem Abtasten des Markts, die Hervorhebung des Prozeßcharakters und die Verdeutlichung des Zwecks zur Unterstützung der Entscheidungsvorbereitung (ebd.).

- *Kamenz* (Marktforschung, Stuttgart 1997, S. 6): »Marktforschung erzeugt systematisch auf der Basis wissenschaftlicher Methoden (Erhebung, Analyse, Interpretation und Präsentation) Informationen für Marketingentscheidungen, welche das Management und die Gestaltungsalternativen aller Kunden-Lieferanten-Beziehungen sowohl materieller als auch immaterieller Güter betreffen.« (im Original hervorgehoben)
- *Meffert* (Marketing, 8. Auflage, Wiesbaden 1998, S. 89 f.): »Marktforschung ist die systematisch betriebene Erforschung der Märkte (Zusammentreffen von Angebot und Nachfrage), insbesondere die Analyse der Fähigkeit dieser Märkte, Umsätze hervorzubringen. Der Begriff Marketingforschung ist einerseits umfassender, andererseits enger als der Begriff der Marktforschung. Umfassender ist der Begriff der Marketingforschung, weil er die gesamten zur Absatzgestaltung eines Unternehmens zu lösenden Informationsprobleme zum Gegenstand hat. ... Enger als der Begriff Marktforschung ist dagegen der Begriff Marketingforschung, weil Marketingforschung nur die Absatzmärkte des Unternehmens berührt. Marktforschung bezieht sich auch auf die Beschaffungsseite eines Unternehmens.«

Vom Begriff Marktforschung wird regelmäßig der, fälschlicherweise oft als Wechselvokabel verwendete, Begriff der Absatzforschung oder, als Übersetzung aus dem englischen Begriff Marketing Research, der Begriff der Marketingforschung unterschieden (vgl. Abbildung 1). Dazu ebenfalls jeweils einige relevante Definitionen:

Absatzforschung:
- *Nieschlag/Dichtl/Hörschgen* (Marketing, 16. Auflage, Berlin 1988, S. 607): Absatzforschung »kennzeichnet ... den gesamten Bereich der Gewinnung und Analyse von Informationen, die zur Identifikation von Marketing-Problemen von Bedeutung sein können.« (in Anlehnung an Green/Tull) »Die Absatzforschung wird häufig auch Marketing-Forschung genannt« (S. 608).
- *Berekoven* (Grundlagen der Absatzwirtschaft, 4. Auflage, Herne 1989, S. 149): Absatzforschung hat die »Beschaffung, Aufbereitung und Analyse solcher (für Marketingentscheidungen geeigneter, d.Verf.) Informationen ... (als) Aufgabe bzw. Inhalt.« Dabei handelt es sich um »unternehmensinterne und -externe Informationen ...« (ebd.).
- *Jaspert* (Marketing, 7. Auflage, München 1991, S. 159): Absatzforschung »erstreckt sich auf Beschaffungs-, Finanz- und Personalmärkte.«

Marketingforschung:
- *Hill* (Marketing, Band 1, Bern 1973, S. 106): »Als Marketingforschung ... kann man die Beschaffung und Verarbeitung von für Marketingentscheide relevanten Informationen bezeichnen.
- *Green/Tull* (Methoden und Techniken der Marketingforschung, 4. Auflage, Stuttgart 1982, S. 4): Marketingforschung besteht in der »systematischen und objektiven Gewinnung und Analyse von Informationen, die zur Erkennung und Lösung von Problemen des Marketing dienen.«
- *Kotler/Bliemel* (Marketing-Management, 7. Auflage, Stuttgart 1992, S. 143): »Marketingforschung ist die systematische Anlage und Durchführung von Datenerhe-

bungen sowie die Analyse und Weitergabe von Daten und Befunden, die in bestimmten Marketingsituationen von Unternehmen benötigt werden.« (Im Original hervorgehoben)
- *Böcker* (Marketing, 5. Auflage, Stuttgart 1994, S. 11): »Die Marketingforschung umfaßt die Sammlung und Verarbeitung beliebiger Informationen für absatzpolitische Zwecke, demgegenüber wird mit Marktforschung die Sammlung und Verarbeitung dem Markt entnommener Daten für beliebige Zwecke verstanden.«
- *Weis* (Marketing, 9. Auflage, Ludwigshafen 1995, S. 92): Marketingforschung umfaßt »alle Aktivitäten zur Sammlung und Auswertung von Informationen für Marketingentscheidungen ...«
- *Koch* (Marktforschung, München 1996, S. 8): »Die Marketingforschung befaßt sich mit der systematischen Erhebung von externen und internen Informationen, speziell in den Absatzmärkten. Man spricht deshalb auch von Absatzforschung«.
- *AMA* (American Marketing Association): »Marketingforschung ist diejenige Funktion, die Konsumenten, Käufer und die Öffentlichkeit mit dem Marketingmanagement durch Informationen verbindet – Informationen, die dazu dienen, Marktmöglichkeiten und -probleme zu definieren, Marketingaktivitäten zu entwickeln, zu verbessern, zu bestimmen und zu bewerten; Marketingleistungen zu überwachen und das Verständnis des Marketing als Prozeß zu verbessern.« (zitiert nach Busch/Dögl/Unger: Integriertes Marketing, 2. Auflage, Wiesbaden 1997, S. 598)
- *Bruhn* (Marketing, 3. Auflage, Wiesbaden 1997, S. 89): »Marketingforschung umfaßt die Gewinnung, Auswertung und Interpretation von Informationen über jetzige und zukünftige Marketingsituationen und -entscheidungen einer Unternehmung.«

Marketingforschung (Absatzforschung)		
innerbetrieblich marketingrelevante Sachverhalte	Absatzmarkt	Beschaffungsmarkt
	Marktforschung	

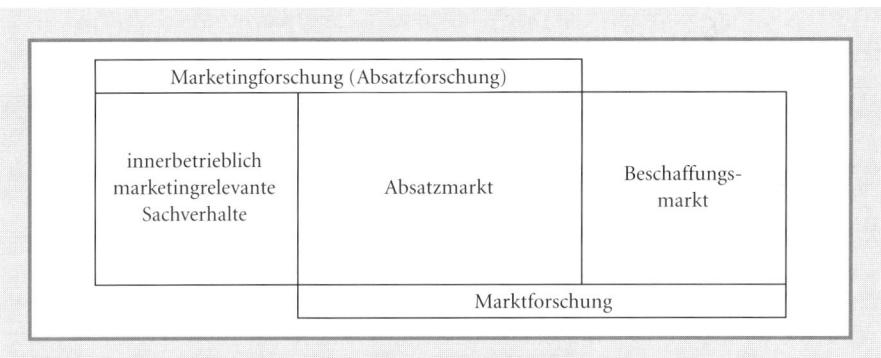

Abb. 1: Abgrenzung Marktforschung und Marketingforschung

Weitere **Begriffe**, die im Zusammenhang mit Marktforschung zuweilen auftauchen sind die
- Marktanalyse als statische, empirische Untersuchung eines Marktzustands, also einmalig oder in bestimmten Intervallen (komparativ-statisch).

- Marktbeobachtung als dynamische, empirische Untersuchung der Marktentwicklung, also im Zeitablauf begleitend.
- Markterkundung als unsystematische, nur zufällige und gelegentliche Analyse der Markt- und Absatzentwicklung.

Weiterhin werden die
- Meinungsforschung, deren Gegenstand Motive, Absichten, Handlungen sind, und die
- Verbrauchsforschung, die den privaten (Konsumtivgüter) und gewerblichen Verbrauch (Produktivgüter) als Marktentnahme betrifft, erwähnt.

Im folgenden soll es jedoch beim Begriff Marktforschung belassen werden, obgleich es im Rahmen des Marketing gerechtfertigt ist, diese Marktforschung Marketingforschung zu nennen, da sich die Erkenntnisse nur auf Marketingtatbestände beziehen sollen. Dagegen spricht jedoch der allgemeine Sprachgebrauch. So müßte dieses Handbuch eigentlich Handbuch Moderne Marketingforschungspraxis heißen, aber der (hier definitorisch falsche) Begriff Marktforschung hat sich so stark durchgesetzt, daß so etwas akquisitorisch kaum Sinn macht, sondern eher zur weiteren Verwirrung beiträgt. Das ist wie mit einigen anderen Begriffen im rapiden Veränderungen unterworfenen Fachgebiet Marketing auch, so müßte es eigentlich Kommunikationsagentur heißen, aber der Begriff Werbeagentur hat sich aus Tradition durchgesetzt, obgleich längst integrierte Kommunikationsprogramme abgeliefert werden, oder es müßte Direktwerbeagentur heißen, statt dessen ist von Direktmarketingagentur die Rede, was aber definitorisch auch Distributionsmaßnahmen beinhaltet, um die sich solche Berater nicht kümmern. Und das Marktforschungsinstitut müßte aus den genannten Gründen eigentlich Marketingforschungsinstitut heißen, es sei denn, es befaßt sich wirklich mit Beschaffungsmarktforschung, etwa für Finanzen, Personal oder Güter. Dagegen spricht aber auch das semantische Problem, daß Marketingforschung als Forschung über das Marketing, die wesentlich umfassender angelegt ist als die Forschung in bezug auf Informationen, mißverstanden werden kann.

Wie dem auch sei, im folgenden wird jedenfalls von Marktforschung die Rede sein.

1.2 Funktionen, Arbeitsphasen und Dimensionen der Marktforschung

Die Marktforschung hat vielfältige **Funktionen** im Unternehmen (*Pepels* 1995, S. 144 f.). Sie sorgt dafür, daß Risiken frühzeitig erkannt und abgeschätzt werden können (Frühwarnfunktion). Dies ist vor allem infolge rasch wechselnder Umfeldfaktoren von hoher Bedeutung für die Planung und Steuerung. Sie trägt dazu bei, daß Chancen und Entwicklungen aufgedeckt und antizipiert werden, bietet also Anregungen (Innovationsfunktion). Denn meist sind nur noch Vorstöße am Markt in der Lage, Konkurrenzvorsprünge zu generieren. Sie trägt im willensbildenden Prozeß zur Unterstützung der Betriebsführung bei (Intelligenzverstärkerfunktion). Mehr Wissen führt tendenziell zu sachgerechteren, besseren Entscheidungen. Sie schafft bei der Entscheidungsfindung Präzisierung und Objektivierung von Sachverhalten (Unsicherheitsreduktionsfunktion). Damit werden die typischerweise schlecht strukturierten Problemstellungen im Marketing besser beherrschbar. Sie fördert das Verständnis von Zielvorgaben und Lernprozessen im Unternehmen (Strukturierungsfunktion). Durch die Transparenz von Daten und darauf basierenden Schlußfolgerungen kommt es zu einer verbesserten Abstimmung von Aktivitäten. Sie selektiert aus der Flut umweltbedingter Informationen die relevanten Informationen und bereitet diese auf (Selektionsfunktion). Dies gilt freilich nur bei entsprechend geeigneter Anlage der Informationsgewinnung. Und sie hilft, Veränderungen des marketingrelevanten Umfelds abzuschätzen und Auswirkungen auf das eigene Geschäft aufzuzeigen (Prognosefunktion). Dies ist bedeutsam für die zielgerichtete Steuerung des Unternehmens (*Meffert* 1992, S. 17).

Die einzelnen **Arbeitsphasen** der Marktforschung können folgendermaßen unterschieden werden. Die Anregungsphase dient der Identifizierung von Informationsbedarfen und der Themenstrukturierung. Die Anregung kann durch Märkte verursacht werden oder durch betriebsinterne Überlegungen, sie kann aus der Marktforschungsabteilung selbst kommen oder aus dem Management. Die Definitionsphase betrifft die Formulierung des Untersuchungsziels und dessen Umsetzung in ein Forschungsproblem. Auf dieser Basis erst können operationale Erhebungsziele definiert werden. Daraus ergibt sich der Set der erforderlichen Variablen und ob diese in funktionalen Beziehungen zueinander stehen und ausreichend kontrollierbar sind. Häufig machen erkennbare Informationslücken eine Pilotstudie zur Klärung des eigentlichen Informationsbedarfs erforderlich. Während der Forschungsphase geht es um die Erstellung eines detaillierten Forschungskonzepts, in dem Datengewinnung, -verarbeitung und -auswertung dargelegt sind. Dazu werden Hypothesen gebildet und an der Realität überprüft. Dabei ergeben sich nacheinander ein Abriß der Entscheidungsfrage, eine Kurzbeschreibung des Forschungsproblems, eine Kennzeichnung des Informationsstands, die Formulierung von Forschungshypothesen, die Kurzdarstellung der einzusetzenden Methoden, Dauer und Zeitbedarf des Projekts sowie dessen Finanzaufwand. Hierzu gehören im Fall der Feldarbeit auch der Fragebogentext und -aufbau, die Auswahl und Entwicklung der Erhebungsmethode, die abstrakte Bestimmung der Erhebungseinheiten. Die Datenerhebungsphase umfaßt die unmittelbare Datengewinnung durch eigene Felderhebung, durch Organisation Externer (Marktforschungsinstitut) oder durch Schreibtischrecherche (Sekundärquellen). Die Aufbereitungsphase betrifft die Dokumentation der Daten und ihre Kontrolle auf Schlüssigkeit sowie die Datenträgerverschlüsselung. Zu diesen Arbeiten gehört weiterhin die Paginierung von Unterlagen und deren Überprüfung auf Vollständigkeit und Verwertbarkeit. Es folgt die grobe Überprüfung der Ergebnisse auf logische Konsistenz. Bei computergestützter Auswertung sind die Daten in maschinenlesbarer Form zu verschlüsseln und auf Datenträger zu übertragen, Codierungsfehler sind zu korrigieren. Für die Auswertung werden anspruchsvolle, mathematisch-statistische Rechenverfahren eingesetzt. Die Interpretationsphase stellt die eigentliche Denkleistung durch Analyse und Schlußfolgerung der gewonnenen Daten dar. Dabei kommt es zugleich wieder zu einer Subjektivierung der objektivierten Forschungsdaten. Die Kommunikationsphase schließlich betrifft die Präsentation von Empfehlungen auf Basis der gewonnenen Erkenntnisse. Wichtig ist dabei die zielgruppengerechte Aufbereitung der Resultate, denn von einer wirksamen Kommunikation hängt der Erfolg der gesamten Marktforschung in hohem Maße ab (*Pepels* 1995, S. 146 f.).

Im weiteren können vielfältige **Dimensionen** der Marktforschung unterschieden werden.

Als zu erforschende Umfelder gelten die Mikro- und die Makroumwelt. Zur Mikroumwelt gehören vor allem Größen wie Nachfrage, Konkurrenz, Interessengruppen, zur Makroumwelt gehören Größen wie Technik, Politik, Recht, Ökologie.

Als Quellen für die Informationsgewinnung kommen betriebsinterne und betriebsexterne in Betracht. In beiden Fällen sind die Voraussetzungen für Informationen bereits gegeben, sie müssen jedoch noch aktiviert werden.

Die Informationsinhalte sind demoskopischer oder ökoskopischer Natur, das heißt es handelt sich um subjektiv-persönliche Daten wie z. B. Geschlecht, Alter, Beruf, oder um objektiv-sachliche Daten wie z. B. Umsatz, Marktanteil, Mitarbeiterzahl.

Bei den untersuchten Leistungen handelt es sich um Konsumtiv- oder Produktivgüter sowie Dienstleistungen. Entsprechend den Besonderheiten dieser Märkte hat die Forschung jeweils ausgerichtet zu sein.

Nach den relevanten Marketinginstrumenten beziehen sich Untersuchungen auf die Marketing-Mix-Parameter, also die Produkt- und Programmpolitik, die Preis- und Konditionenpolitik, die Distributions- und Verkaufspolitik sowie die Kommunikations- und Identitätspolitik.

Bei der Art von Informationen kann es sich um betriebswirtschaftliche oder volkswirtschaftliche Daten handeln, also solche, die vorwiegend einzelbetrieblich oder eher überbetrieblich ausgerichtet sind.

Nach der Erhebungsform kann man danach unterscheiden, ob Daten eigens für einen spezifischen Zweck erhoben werden, dann spricht man von Primärforschung (oder auch Field Research), oder ob sie bereits vorhanden sind, dann spricht man von Sekundärforschung (oder auch Desk Research).

Nach der räumlichen Erstreckung handelt es sich um Binnen- oder Auslandsmärkte, erstere im Rahmen der lokalen, regionalen oder nationalen Marktforschung, letztere im Rahmen der internationalen Marktforschung.

Nach der zeitlichen Ausdehnung handelt es sich um Größen, die vergangenheitsbezogen, gegenwartsbezogen oder zukunftsbezogen sind. Die zukunftsbezogene Forschung heißt auch Markt-/Marketingprognose.

Nach der Häufigkeit unterscheidet man Forschungen, die einmalig durchgeführt werden und solche, die mehrmalig, meist regelmäßig, durchgeführt werden. Dabei kann weiterhin danach unterschieden werden, ob es sich um gleiche Auskunftsträger handelt, wie z. B. bei Panels, oder um verschiedene, wie z. B. bei Wellenerhebungen.

Als Träger der Forschungsaktivitäten kommen die eigene Organisation, also die betriebliche Marktforschung oder Externe, also die Instituts-Marktforschung, in Betracht. Häufig findet auch eine Arbeitsteilung zwischen beiden statt.

Nach den Subjekten können Gruppen wie Käufer im privaten und gewerblichen Bereich, Absatzmittler als Groß- und Einzelhändler und Absatzhelfer, Hersteller, Konkurrenten, Lieferanten, Anspruchsgruppen unterschieden werden.

Nach dem Gegenstand der Marktforschung schließlich können Meinungen (Meinungsforschung), Motive (Motivforschung), Images (Imageforschung), Verhaltensweisen (Verhaltensforschung), Käufer (Käuferschaftsforschung) unterschieden werden (*Pepels* 1995, S. 145 f.).

1.3 Literaturverzeichnis

Berekoven, Ludwig: Grundlagen der Absatzwirtschaft, 4. Auflage, Herne 1989
Berndt, Ralph: Marketing Band 1, 2. Auflage, Berlin 1992
Böcker, Franz: Marketing, 5. Auflage, Stuttgart 1994
Böhler, Heymo: Marktforschung, 2. Auflage, Stuttgart 1992
Busch, Rainer/Unger, Fritz/Dögl, Rudolf: Integriertes Marketing, 2. Auflage, Wiesbaden 1997
Bruhn, Manfred: Marketing, 3. Auflage, Wiesbaden 1997
Green, Peter E./Tull, Donald S.: Methoden und Techniken der Marketingforschung, 4. Auflage, Stuttgart 1982
Hammann, Peter/Erichson, Berndt: Marktforschung, 3. Auflage, Stuttgart 1994
Hill, Wilhelm: Marketing, Band 1, Bern, 1973
ders./Rieser, Ignaz: Marketing-Management, 2. Auflage, Bern/Stuttgart 1993
Hüttner, Manfred: Marktforschung, 5. Auflage, München 1997
ders./Pingel, Anette/Schwarting, Ulf: Marketing-Management, München 1994
Jaspert, Friedhelm: Marketing, 7. Auflage, München/Wien 1991
Kamenz, Uwe: Marktforschung, Stuttgart 1997
Koch, Jörg: Marktforschung, München 1996
Kotler, Philip/Bliemel, Friedhelm: Marketing-Management, 7. Auflage, Stuttgart 1992
Leitherer, Eugen: Betriebliche Marktlehre, 3. Auflage, Stuttgart 1989
Meffert, Heribert: Marketing, 8. Auflage, Wiesbaden 1998
ders.: Marketingforschung und Käuferverhalten, 2. Auflage, Wiesbaden 1992
Nieschlag, Robert/Dichtl, Erwin/Hörschgen, Hans: Marketing, 16. Auflage, Berlin 1988
Pepels, Werner: Käuferverhalten und Marktforschung, Stuttgart 1995
Preißner, Andreas/Engel, Stefan: Marketing, München 1994
Rogge, Hans-Jürgen: Marktforschung, 2. Auflage, München 1992
Salcher, Egon: Psychologische Marktforschung, Berlin 1978
Scharf, Andreas/Schubert, Bernd: Marketing, Stuttgart 1995
Weis, Hans Christian: Marketing, 9. Auflage, Ludwigshafen 1995
ders./Steinmetz, Peter: Marktforschung, Ludwigshafen 1991

2. Informationen und Entscheidungen

Harald Ehrmann

Inhaltsübersicht

2.1 Informationen und Entscheidungen
2.1.1 Entscheidungen (Begriffsabgrenzung)
2.1.2 Entscheidungsfeld
2.1.3 Hauptelemente der Entscheidungen
2.1.4 Entscheidungsträger
2.1.5 Entscheidungsarten
2.1.6 Entscheidungsprozeß
2.2 Informationen als Grundlage von Entscheidungen
2.2.1 Informationsarten
2.2.2 Informationsstand
2.2.3 Informationsbedarf
2.2.4 Informationsquellen
2.3 Unterschiedliche Entscheidungssituationen in Abhängigkeit vom Informationsstand
2.3.1 Entscheidung bei Sicherheit
2.3.2 Entscheidung bei Unsicherheit
2.3.3 Entscheidung bei Risiko
2.4 Verbesserung von Entscheidungen durch den Einsatz von Entscheidungshilfen
2.5 Literaturverzeichnis

Auf einen Blick

In nahezu allen Unternehmen werden fast täglich den Leitungsebenen wichtige Entscheidungen abverlangt. Diese Entscheidungen betreffen entweder wichtige Teile des Unternehmens oder das gesamte Unternehmen, nicht selten tangieren sie die Existenz des Unternehmens. Es ist deshalb nicht verwunderlich, daß die Entscheidungsträger bei ihren Entscheidungsaufgaben nach höchstmöglicher Sicherheit streben und bestrebt sind, vorhandene Unsicherheiten bei der Entscheidungsfindung zu beseitigen oder zu minimieren.

Es kann bereits an dieser Stelle festgestellt werden, daß Entscheidungen bei völliger Sicherheit relativ selten sind. Neben vorhandenen Unabwägbarkeiten im Unternehmen ist mit Reaktionen der Umwelt zu rechnen, die nicht sofort und oft nur unter Schwierigkeiten abzusehen sind.

Es gibt jedoch eine Reihe von Überlegungen, wie der Entscheidungsprozeß erfolgreich gestaltet werden kann, und es sind Verfahren und Techniken entwickelt worden, die den Entscheidungsträger bei seiner verantwortlichen Aufgabe unterstützen.

Der folgende Beitrag will Lösungsmöglichkeiten bieten, den Entscheidungsprozeß erfolgreich zu gestalten. Zu diesem Zweck wird der Leser mit den Entscheidungsfeldern, den

Hauptelementen von Entscheidungen, den Entscheidungsarten, den Aufgaben des Entscheidungsträgers und dem Ablauf des Entscheidungsprozesses vertraut gemacht. Im Anschluß daran werden Fragen der Informationen als Grundlage von Entscheidungen behandelt, um den Entscheidungsträger in die Lage zu versetzen, mit dem Instrument Informationssystem zielentsprechend umzugehen. Die Darstellung unterschiedlicher Entscheidungssituation und zur Bewältigung dieser Situationen entwickelter Entscheidungsregeln und Entscheidungshilfen sollen den Beitrag abrunden.

2.1 Informationen und Entscheidungen

2.1.1 Entscheidungen (Begriffsabgrenzung)

Nahezu alle wirtschaftlichen Aktivitäten bedingen ein permanentes Wählen zwischen verschiedenen Handlungsalternativen. Ob es sich um eine Frage der Fertigung, des Verkaufs, der Beschaffung oder Finanzierung handelt, fast immer muß zwischen zwei oder mehreren Möglichkeiten gewählt werden. Wird diese Wahl bewußt vorgenommen, liegt ein Akt der Willensbildung vor, man entschließt sich, etwas in einer bestimmten Weise und nicht anders zu tun. Dieser Akt der Willensbildung wird als Entscheidung bezeichnet.

2.1.2 Entscheidungsfeld

Entscheidungen resultieren aus einer Reihe von Handlungsmöglichkeiten, die vom Entscheidungsträger beeinflußbar sind und aus Gegebenheiten der Umwelt, die nicht oder nur sehr schwer beeinflußt werden können. Die Aktionsfelder und die Umwelt bilden zusammen das Entscheidungsfeld. Dieses kann definiert werden als die Menge und Art der Personen und Sachen, die sich durch einen Willensakt direkt oder indirekt beeinflussen lassen, sowie die Gegebenheiten der Umwelt, die den Erfolg der Willensakte beeinflussen (*Engels, W.* 1962, S. 94).

Aus dem Aktionsfeld filtert der Entscheidungsträger die Alternativen und Aktionen, die aus einem Tun oder Lassen bestehen können, heraus, die die Erreichung der angestrebten Ziele am ehesten ermöglichen.

Die Wirksamkeit, aber auch die Qualität einer Entscheidung werden wesentlich beeinflußt von den Einflüssen bzw. Begrenzungen der Umwelt. Die Umweltfaktoren, die wirtschaftlicher, politischer, rechtlicher oder sozialer Art sein können, müssen folglich rechtzeitig und vollständig erkannt werden und sind nach Möglichkeit nutzbar zu machen.

2.1.3 Hauptelemente der Entscheidungen

In dem Kapitel über das Entscheidungsfeld kristallisierten sich die wichtigsten Elemente von Entscheidungen bereits heraus, nämlich die
- Ziele,

- Alternativen und
- Informationen.

Den **Zielen** fallen bei Entscheidungen gleich mehrere Rollen zu, sie wirken als Ausgangsbasis, als Steuerungsgrundlage und als Beurteilungsmaß der Qualität von Entscheidungen (*Bronner* 1989, S. 23). Wegen ihrer besonderen Bedeutung bei der Entscheidungsfindung sei auf einige wichtige Fragen der Zielbildung eingegangen.

Ziele stellen Absichtserklärungen der Leitungsfunktionen von Unternehmen dar, durch die ein künftiger Zustand angepeilt wird. Nur durch eine eindeutige Zielformulierung ist eine vernünftige Planung und Steuerung möglich. Dabei sind folgende Anforderungen an Ziele zu beachten:

- Realistik: Die Ziele müssen unter Einsatz normaler Anstrengungen erreichbar sein.
- Ordnung: Beim Vorhandensein mehrerer Ziele, was die Regel ist, muß eine Rangordnung der Ziele erkennbar sein.
- Konsistenz: Die Ziele müssen aufeinander abgestimmt sein, wenn Zielkonflikte in Kauf genommen werden.
- Aktualität: Ziele müssen ständig auf ihre Aktualität hin überprüft werden.
- Vollständigkeit: Ziele müssen vollständig formuliert werden.
- Durchsetzbarkeit: Ziele müssen durchsetzbar sein. Dies ist in der Regel nur dann der Fall, wenn sie von den einzelnen Funktionsbereichen akzeptiert werden.
- Organisationskongruenz: Die Ziele müssen sich organisatorischen Einheiten zuordnen lassen.
- Transparenz und Überprüfbarkeit: Die Ziele müssen konkret, eindeutig und verständlich formuliert und überprüfbar sein.

Von entscheidender Bedeutung ist, daß Ziele konkretisiert und quantifiziert werden und daß der Grad ihrer Erreichung meßbar ist. Die Konkretisierung der Ziele erfolgt nach drei Kriterien:

- Der Zielinhalt beantwortet die Frage, was erreicht werden soll. Er besitzt eindeutig Vorschriftscharakter.
- Das Zielausmaß gibt Antwort auf die Frage, wieviel davon erreicht werden soll.
- Die Zielperiode beschäftigt sich mit der Frage, wann ein Ziel (zeitpunkt- oder zeitraumbezogen) erreicht werden soll.

Der Entscheidungsprozeß wird wesentlich von den Zielbeziehungen geprägt:

- Von einer komplementären Zielbeziehung spricht man, wenn das Erreichen eines Zieles auch zur Erreichung eines anderen Zieles führt. Ein Beispiel dafür ist das Umsatz- und Gewinnziel.
- Von konkurrierenden Zielen ist die Rede, wenn das Erreichen eines Zieles das Erreichen eines anderen verhindert oder dessen Zielerreichungsgrad reduziert. Konkurrierende Ziele sind etwa das Liquiditätsziel und das Rentabilitätsziel.
- Indifferente Ziele, die in den Unternehmen recht selten zu finden sind, liegen vor, wenn sich die Erfüllung eines Zieles auf die Erreichung eines anderen Zieles nicht auswirkt.

Sind Ziele mit Konkurrenzbeziehungen vorhanden, muß eine Gewichtung der Ziele erreicht und eine Rangordnung vorgenommen werden. Stärker gewichteten Zielen wird ein höherer Rang zugewiesen, sie stellen Hauptziele dar, die niedriger eingestuften Ziele sind Nebenziele.

Eine Zielgewichtung bei mehrfacher Zielsetzung kann problematisch werden. Der Einsatz der Nutzwertanalyse kann bei der Problemlösung wertvolle Dienste leisten.

Zielhierarchien entstehen, wenn Ober- und Unterziele gebildet werden. Legt man Ober- und Unterziele fest, wird der Entscheidungsprozeß so gesteuert, daß bei Erfüllen der Unterziele das Oberziel ständig im Blickpunkt bleibt.

Legt man die Ziele in Form von Kennzahlen fest, ergibt sich ein hierarchisches Zielsystem in Form einer Kennzahlenpyramide. An der Pyramidenspitze erscheint eine Kennzahl, die eine Kernaussage macht. Oft ist die Spitzenkennzahl das Ergebnisziel (z. B. Rentabilität, Return-on-Investment). Die Pyramidenform entsteht durch ein rechnerisches Zerlegen der Kennzahlen.

Die zweite wichtige Elementengruppe von Entscheidungen besteht aus den **Alternativen**. Diese werden durch ihre Konsequenzen beschrieben und sind aus diesem Grunde nur durch Beurteilung dieser Konsequenzen einer Entscheidung zugänglich (*Bronner* 1989, S. 28).

Um Konsequenzen von Alternativen zu erkennen und zu bestimmen, ist viel Sachkenntnis und Erfahrung, manchmal auch Intuition erforderlich. Für komplexe Entscheidungsprozesse wurden einige Verfahren und Techniken entwickelt, die sehr hilfreich sein können. Im Kapitel 2.4 »Verbesserung von Entscheidungen durch den Einsatz von Entscheidungshilfen« auf Seite 27 werden einige dieser Verfahren erklärt.

Die dritte Gruppe von Elementen von Entscheidungen sind die **Informationen**. Da davon ausgegangen werden kann, daß Entscheidungen weitgehend als Informationsproblem anzusehen sind, werden die Informationen in einem eigenen Kapitel dargestellt (vgl. Kapitel 2.2 »Informationen als Grundlage von Entscheidungen«, Seite 18).

2.1.4 Entscheidungsträger

Entscheidungsträger können Einzelpersonen oder Gruppen von Personen sein. Wer welche Entscheidungen zu treffen hat, hängt in erster Linie von
- der Art der Entscheidung,
- der Größe des Unternehmens,
- der organisatorischen Struktur des Unternehmens,
- der Rechtsform des Unternehmens,
- den Verflechtungen des Unternehmens und
- der Unternehmensphilosophie ab.

Grundsätzlich kann festgestellt werden, daß Entscheidungen mit Konsequenzen für das ganze Unternehmen auf einer hohen hierarchischen Ebene zu fällen sind. Entscheidungen, die keinen konstitutiven Charakter haben, also primär Durchführungsentscheidungen darstellen, sind auf nachfolgende hierarchische Ebenen zu delegieren.

Die Frage, wer im einzelnen als Entscheidungsträger in einem Unternehmen fungieren soll, wird durch die **Organisation des Entscheidungsprozesses** geklärt. Diese wird sich primär auf die Komplexe
- Entscheidungen durch Einzelpersonen oder Gruppen von Personen,
- zentrale oder dezentrale Entscheidungen und
- simultane oder sukzessive Entscheidungen konzentrieren.

Werden Entscheidungsbefugnisse einzelnen Personen übertragen, haben diese nicht nur die alleinige Kompetenz, sondern sind auch Träger der Verantwortung.

Werden Entscheidungen von Gruppen von Personen getroffen, sind die Kommunikationsbeziehungen, Kompetenzen und Verantwortlichkeiten zu klären.

Ein Entscheidungsprozeß läßt sich zentral oder dezentral organisieren. Eine Zentralisation ist gegeben, wenn die Entscheidungen von einer Person, Stelle oder Abteilung getroffen werden. Bei einer Dezentralisation werden Entscheidungsbefugnisse delegiert. Wird dieser Form der Organisation der Vorzug gegeben, ist die Koordination der Entscheidungen von großer Bedeutung, was ein funktionierendes Kommunikationssystem voraussetzt.

Bei simultanen Entscheidungsprozessen erfolgt eine völlige Abstimmung in zeitlicher und sachlicher Sicht der Entscheidungsbedingungen.

Sukzessive Entscheidungen sind dadurch gekennzeichnet, daß die einzelnen Entscheidungen in zeitlichen Stufen hintereinander getroffen werden. Es kann davon ausgegangen werden, daß simultane Entscheidungen zentrale Entscheidungen und sukzessive Entscheidungen dezentrale Entscheidungen sind.

2.1.5 Entscheidungsarten

Wie bereits erwähnt wurde, hat die Entscheidungsart einen wesentlichen Einfluß auf die Bestimmung von Entscheidungsträgern im Unternehmen. Die Art der Entscheidungen hat aber noch weitere Bedeutungen. Aus der Entscheidungsart kann auf die Konsequenzen der Entscheidungen für Bereiche des Unternehmens oder auf das ganze Unternehmen geschlossen werden. Darüber hinaus gibt die Art der Entscheidung an, mit welcher Sicherheit Konsequenzen eintreten. Schließlich läßt sich noch auf den Aufwand schließen, den die jeweilige Entscheidung verursacht. Wenn man einen Katalog von Entscheidungen entwickelt, erhält man eine Reihe von wertvollen Hinweisen, die für das Verständnis der Entscheidungen und deren Bildung von Bedeutung sein können. Man muß sich aber auch darüber im klaren sein, daß die Kenntnis der Entscheidungsarten allein den komplexen und manchmal komplizierten Entscheidungsprozeß noch nicht verständlich macht.

Ein Katalog wichtiger Entscheidungen kann folgendes Aussehen haben wie Tabelle 1 zeigt:

Zuordnungs-Kriterien	Entscheidungsarten
Entscheidungsträger	– Individual-Entscheidungen – Kollektiv-Entscheidungen
Anlaß	– Initial-Entscheidungen – Anpassungs-Entscheidungen – konstitutive Entscheidungen – situationsbedingte Entscheidungen
Häufigkeit	– gelegentliche Entscheidungen – laufende Entscheidungen
Zeitbezug	– langfristige Entscheidungen – mittelfristige Entscheidungen – kurzfristige Entscheidungen
Geltungsbereich	– Total-Entscheidungen – Partial-Entscheidungen
Tragweite	– strategische Entscheidungen – operative Entscheidungen
Wiederholbarkeit	– programmierbare Entscheidungen – nichtprogrammierbare Entscheidungen
Stufen	– simultane Entscheidungen – sukzessive Entscheidungen
Zielsetzung	– Entscheidungen bei monovariabler – Entscheidungen bei multivariabler Zielsetzung
Information	– Entscheidung unter Sicherheit – Entscheidung unter Unsicherheit – Entscheidung unter Risiko

Tab. 1: Entscheidungsarten

2.1.6 Entscheidungsprozeß

Es wurde bereits darauf hingewiesen, daß sich die Entscheidungsfindung in mehreren Phasen abspielt, also ein Prozeß abläuft. Die Art und Bedeutung des Entscheidungsproblems bestimmt, in welchen Phasen sich der Entscheidungsprozeß vollzieht.

Grundsätzlich läßt sich die Entscheidungsfindung in drei Phasen unterteilen:
1. Während der *Anregungsphase* wird ein Problem erkannt, die Ausgangssituation analysiert und die Entscheidungsaufgabe festgelegt (*Olfert/Rahn* 1997 a, S. 273). Während dieser Phase müssen die Entscheidungsträger Initialinformationen gewinnen und sich nutzbar machen.
2. In der *Suchphase* werden die Entscheidungen vorbereitet, die Entscheidungskriterien werden bestimmt und alternative Lösungsmöglichkeiten gesucht. Für die einzelnen Alternativen sind die Konsequenzen zu ermitteln bzw. zu prognostizieren. Auch in der Suchphase spielt die Informationsgewinnung und Informationsauswertung eine große Rolle.

3. Die *Optimierungsphase* ist dadurch gekennzeichnet, daß die im Hinblick auf die Zielsetzung zulässigen Alternativen beurteilt werden. Dies geschieht dadurch, daß man sie in eine Rangordnung bringt und die Alternative als die beste bestimmt, die bei Beachtung der angestrebten Ziele von keiner anderen übertroffen werden kann.

2.2 Informationen als Grundlage von Entscheidungen

Die vorstehenden Ausführungen sollten einen Überblick über die Bedeutung von Entscheidungen, ihre Elemente und den Ablauf des Entscheidungsprozesses geben. Die folgenden Ausführungen befassen sich mit den Informationen als Grundlage von Entscheidungen.

Die Qualität von Entscheidungen hängt im wesentlichen von den verfügbaren Informationen und von deren Güte ab. Neben den Zielen stellen die Informationen den wichtigsten Einflußfaktor auf Entscheidungen dar.

Dem Entscheidungsträger steht in der Regel eine Fülle von Informationen zur Verfügung, aus denen er die für sein Problem relevanten herausfiltern muß. Nicht selten ist eine Informationsflut vorhanden, die auch irrelevante Informationen umfaßt, weil diese entweder nicht aktuell, unpräzise, mehrdeutig oder nicht zuverlässig sind oder schlecht formuliert wurden.

Aus den genannten Gründen ist es unabdingbar, daß den Entscheidungsträgern die richtigen Informationen, zum richtigen Zeitpunkt, in der richtigen Form verfügbar sind. Um dies zu erreichen, ist es erforderlich, einen Überblick über die Informationsarten zu haben, den Informationsstand festzustellen, den Informationsbedarf zu ermitteln sowie die richtigen Informationsquellen in Erfahrung zu bringen. Außerdem ist es notwendig, Systeme aufzubauen, die die Beschaffung, Bearbeitung, Speicherung und Weitergabe von Informationen ermöglichen bzw. erleichtern (*Ehrmann* 1997 a, S. 39).

2.2.1 Informationsarten

Eine Information ist zweckorientiertes Wissen, das die Entscheidung des Informationsempfängers beeinflußt, Handlungen in einem bestimmten Sinne vorzubereiten oder durchzuführen. Informationen treten in den unterschiedlichsten Arten und Formen auf; es ist deshalb zweckmäßig, sich einen Überblick über die Informationsvielfalt zu verschaffen, will man sie sich optimal nutzbar machen.

Informationen können grundsätzlich in originäre oder primäre und derivative Informationen eingeteilt werden:

Originäre oder primäre Informationen sind durch:
- aktive oder passive Informationssuche unmittelbar wahrgenommene Informationen über das betriebliche Geschehen und die Umwelt.

Derivative Informationen ergeben sich aus:
- *Transmission*: Wiedergabe von Informationen in unveränderter Form in schriftlicher oder akustischer Art,
- *Translation*: in der Form geänderte Informationen z. B. durch Kodierung,
- *Transformation*: Änderung sowohl des Inhaltes als auch der Form von Informationen durch Umformung von Einzelinformationen in andere Informationen, Verdichten, Urteilen oder Schließen.

Sowohl die originären als auch die derivativen Informationen können unterschiedlichster Art sein und lassen sich somit verschiedenen Kriterien zuordnen. Die wichtigsten Zuordnungen seien in Tabelle 2 wiedergegeben:

Kriterium	Informationsart
Informationsquellen	– interne Informationen – externe Informationen
Häufigkeit des Anfallens	– regelmäßige Informationen – unregelmäßige Informationen
Zeitlicher Abstand	– tägliche Informationen – monatliche Informationen – quartalsweise Informationen – jährliche Informationen – mehrjährige Informationen
Hierarchische Stellung des Empfängers	– Führungsinformationen – Ausführungsinformationen
Rolle im Entscheidungsprozeß	– Planungsinformationen – Steuerungsinformationen – Kontrollinformationen
Charakter	– Tatsacheninformationen – Prognoseinformationen – Trendinformationen
Objekt	– Erlösinformationen – Finanzinformationen – Kosteninformationen – Rentabilitätsinformationen – Personalinformationen – Produktinformationen – Materialinformationen – Marketinginformationen
Informationszustand	– Vollkommene Informationen, die Sachverhalte lückenlos wiedergeben – Unvollkommene Informationen als unsichere und/oder unvollständige Informationen.

Tab. 2: Die wichtigsten Zuordnungen

Diese sicherlich nicht vollständige Liste verschiedener Informationsarten läßt erkennen, daß es häufig nicht einfach ist, aus der Informationsvielfalt die für das Entscheidungsproblem relevanten Informationen zu beschaffen und auszuwerten.

Es sei noch einmal ausdrücklich darauf hingewiesen, daß die Qualität der Entscheidung und damit ihre Sicherheit von den richtigen und richtig genutzten Informationen abhängt.

2.2.2 Informationsstand

Vor jeder Entscheidung ist zu prüfen, ob der vorhandene Informationsstand den Entscheidungsträger auch tatsächlich in die Lage versetzt, seine Entscheidungsaufgabe zielgerecht zu erfüllen.

Es handelt sich bei der Ermittlung des Informationsstandes noch nicht um die Feststellung des Informationsbedarfs, sondern um die Erhebung des gegenwärtigen Informationsanfalls und der Informationsinhalte.

Bei der Ermittlung des Informationsstandes bewähren sich **Checklisten**. Sie können im wesentlichen folgenden Inhalt haben:
- Welche externen und internen Informationen werden regelmäßig und welche nur sporadisch gewonnen?
- Sind die Informationen vollkommen?
- Worauf erstreckt sich eine etwaige Unvollkommenheit?
- Sind die Informationen zuverlässig und richtig?
- Sind die Informationen präzise?
- Erfüllen die vorhandenen Informationen ihren Zweck?
- Sind die Informationen auswertbar?
- Sind die Informationen bereits entscheidungsrelevant?
- Müssen die Informationen noch verändert werden?
- Liegen überflüssige Informationen vor?
- Liegen nicht auswertbare Informationen vor?
- Sind bestimmte Informationen zu teuer?
- Ist bei bestimmten Informationen der Beschaffungsweg zu lang?
- Werden Informationen dem Entscheidungsträger vorenthalten?

2.2.3 Informationsbedarf

Besteht Gewißheit über den Informationsstand, erfolgt als nächster Schritt bei der Entscheidungsvorbereitung die Informationsbedarfsermittlung. Diese hat den Zweck, Informationslücken zu verhindern.

Informationsbedarf, Informationsnachfrage und Informationsangebot sind in der Regel nicht identisch (vgl. Abbildung 1).

Informationen und Entscheidungen

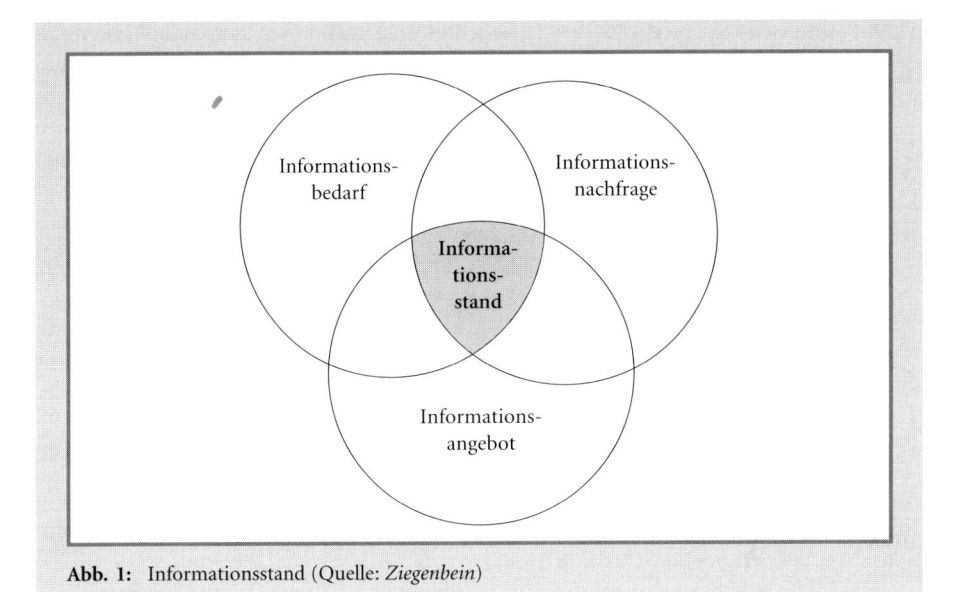

Abb. 1: Informationsstand (Quelle: *Ziegenbein*)

Die **Ermittlung** des Informationsbedarfs ist nicht unproblematisch, da vielfach zwischen der zur Problemlösung erforderlichen Informationsmenge und dem vom Entscheidungsträger empfundenen Informationsbedarf eine Diskrepanz existiert.

Die Ermittlung des Informationsbedarfs kann sich auf mehrere Bereiche erstrecken (*Olfert/Rahn* 1997 b, S. 350) u. a. auf:
- Informationsempfänger,
- Informationsarten,
- Informationszeit,
- Informationsort,
- Informationsgrund,
- Informationsmittel,
- Informationsmenge,
- Informationsqualität,
- Informationskosten.

Zur **Analyse** des Informationsbedarfs können zwei Ansätze gewählt werden:
- Der *datenorientierte Ansatz* verkörpert eine induktive Vorgehensweise. Man analysiert bereits vorhandene Unterlagen wie Stellenbeschreibungen, Aufgabenbeschreibungen, Organisationspläne u. a. und ergänzt diese Analyse durch die Analyse von Beobachtungen von Arbeitsabläufen, des Datenflusses, schriftlicher Befragungen und Interviews. Vervollständigt werden diese Analysen durch empirisch-statistische Methoden der quantitativen Ermittlung, wie Hochrechnungen, Rückrechnungen oder Extrapolationen.

- Der *entscheidungsorientierte Ansatz* bedeutet eine deduktive Vorgehensweise. Man geht davon aus, daß die Entscheidungsträger in der Lage sind, den exakten Informationsbedarf eindeutig zu kennen. Es wird eine Aufgabenanalyse durchgeführt, während der Aufgaben in Teilaufgaben zerlegt werden, bis man den einzelnen Teilaufgaben bestimmte Informationen zuordnen kann. Diese werden auf der Basis gewonnener Erfahrungen, Expertenurteile oder Modellvorstellungen deduktiv abgeleitet.

Die Praxis kombiniert normalerweise die beiden Ansätze.

2.2.4 Informationsquellen

Auf die Feststellung des Informationsstandes und die Ermittlung des Informationsbedarfs folgt die Erschließung der Informationsquellen. Diese liegen im:
- internen Bereich und im
- externen Bereich.

Als **interne Informationsquellen** gelten alle Stellen, die im Betrieb oder vom Betrieb aus Informationen geben. Dabei spielt es keine Rolle, ob die Informationen auf das interne Betriebsgeschehen oder auf das Geschehen auf dem Markt gerichtet sind.

Die wichtigsten internen Informationsquellen sind:
- das Allgemeine Rechnungswesen,
- die Kostenrechnung,
- Statistiken,
- das betriebliche Berichtswesen,
- Ergebnisse der Primärforschung der eigenen Marktforschungsabteilung und
- sonstige interne Informationsquellen.

Das *Allgemeine Rechnungswesen*, das heißt die Geschäfts- oder Finanzbuchhaltung, ist in der Lage, wichtige Informationen über:
- Bestände,
- finanzielle Mittel,
- Umsätze,
- Außenstände,
- Verbindlichkeiten,
- Kapitalquellen,
- Aufwendungen für die einzelnen Produktionsfaktoren,
- Erträge und
- Verflechtungen mit anderen Unternehmen

zur Verfügung zu stellen.

Verknüpft oder verbindet man Einzelinformationen des Allgemeinen Rechnungswesens miteinander, ergeben sich aussagefähige Kennzahlen, wie
- die Wirtschaftlichkeit
- die Produktivität
- die Rentabilität
- die Liquidität

- der Cash-flow
- der Return-on-Investment
- der Verschuldungsgrad
- die Umschlagshäufigkeit des Kapitals, der Forderungen des Lagers
- verschiedene Intensitätskennzahlen.

Die *Kostenrechnung* spiegelt im Gegensatz zum Allgemeinen Rechnungswesen, das die Außenbeziehungen des Unternehmens darstellt, den innerbetrieblichen Leistungserstellungsprozeß wider. Sie ist eine der wichtigsten Informationsquellen für den Entscheidungsprozeß.

Die Kostenrechnung liefert u. a. die folgenden Entscheidungsgrundlagen:
- die entstandenen Kosten insgesamt,
- die Kosten verschiedener Verfahren,
- die Kosten verschiedener Funktionen,
- die Kosten und Deckungsbeiträge einzelner Produkte, Produktgruppen. Kunden, Kundengruppen, Verkaufsgebiete,
- die Zahlen für die Preisbildung, einschließlich der Zahlen zur Ermittlung von Preisuntergrenzen,
- Zahlen zur Ermittlung des Break-even-Points,
- Zahlen zur Ermittlung optimaler Losgrößen,
- Zahlen zur Ermittlung von Mindestauftragsgrößen,
- Zahlen zur Ermittlung des deckungsbeitragsoptimalen Sortiments,
- Zahlen für Wirtschaftlichkeitsberechnungen,
- Zahlen für Berechnungen zur Entscheidung Eigenfertigung/Fremdbezug und
- Zahlen für die Investitionsrechnung

(*Ehrmann* 1997, Kostenrechnung).

Statistiken stellen ebenfalls wertvolle Informationen für betriebliche Entscheidungen zur Verfügung. Von besonderer Bedeutung sind neben Statistiken über das innerbetriebliche Geschehen die Marketingstatistiken.

Im einzelnen sind folgende Statistiken von hohem Informationswert zu nennen:
- Auftragsstatistiken,
- Angebotsstatistiken,
- Auftragseingangsstatistiken,
- Reklamationsstatistiken,
- Materialstatistiken,
- Produktionsstatistiken,
- Personalstatistiken,
- Kostenstatistiken,
- Umsatz- und Absatzstatistiken,
- Statistiken über Tätigkeiten des Außendienstes, wie Umsätze je Kunde, Reisenden/Vertreter, Auftrag, Bereich, Produkt, Produktgruppe, Branche, Reisetag,
- Statistiken über Zahlungsgepflogenheiten und
- Statistiken über Zahlungsausfälle.

Berichte sind unentbehrliche Informationsquellen, sie werden in den unterschiedlichsten Unternehmensbereichen erstellt und lassen sich nach:
- Sachgebieten (Material, Produktion, Absatz, Personal),
- dem Berichtszeitpunkt (regelmäßig, sporadisch),
- der Funktion,
- dem Grad der Verdichtung,
- der Art der Darstellung,
- dem Empfänger und
- dem Grad der Vertraulichkeit u. ä.

einteilen.

Als *sonstige* interne Informationsquellen kommen u. a.:
- Kundenkarteien,
- Interessentenkarteien,
- Anlagenkarteien,
- Lagerbestandsübersichten,
- die Arbeitsvorbereitung,
- Kapazitäts- und Kapazitätsbelegungsangaben,
- Kapitalbedarfsrechnungen,
- Investitionsrechnungen und
- Planungsunterlagen der verschiedensten Bereiche in Frage.

Externe Informationsquellen befinden sich außerhalb des Unternehmens; es handelt sich dabei um Untersuchungsergebnisse, Veröffentlichungen der unterschiedlichsten Art, Verzeichnisse, Datenbanken, Auskunfteien, Mitteilungen verschiedener Personen und Personengruppen, Prospekte, Kataloge usw.

Die Beschaffung, Speicherung, Bearbeitung und Weitergabe von Informationen stellt den Informationsprozeß dar. Wird dieser planvoll, zielgerichtet, systematisch initiiert, organisiert und gesteuert, spricht man von einem Informationssystem. Dessen Funktionieren ist Grundlage jeder qualifizierten Entscheidung.

2.3 Unterschiedliche Entscheidungssituationen in Abhängigkeit vom Informationsstand

Es wurde bereits ausgeführt, daß eine Entscheidung nur so gut sein kann wie die dafür herangezogenen Informationen. Der Ausdruck *gut* bezieht sich in diesem Zusammenhang nicht nur auf die Qualität der Informationen, sondern auch auf deren Quantität.

Entscheidungen können weitgehend als Informationsproblem angesehen werden. Berücksichtigt man den jeweiligen Informationsstand im Hinblick auf die Umwelt, ergeben sich im Prinzip drei unterschiedliche Entscheidungssituationen:
- Entscheidung bei Sicherheit,
- Entscheidung bei Unsicherheit und
- Entscheidung bei Risiko.

2.3.1 Entscheidung bei Sicherheit

Eine Entscheidung bei Sicherheit ist gegeben, wenn der Entscheidungsträger bei jeder Handlung weiß, in welchem Ausmaß sie zur Erreichung des angestrebten Zieles beiträgt. Es liegt vollkommene Information vor und nur eine einzige Konstellation ist relevant. Bei einer solchen vorliegenden Sicherheit und Eindeutigkeit spricht man von einem deterministischen Fall. Die Wahrscheinlichkeit des Eintritts eines Zustandes ist entweder 1 (100%) oder 0. Folglich werden im Entscheidungsfall die mit einer Wahrscheinlichkeit von 1 eintretenden Zustände miteinander verglichen, um das Optimum zu erhalten.

Zur Lösung deterministischer Fälle werden häufig Verfahren der mathematischen Programmierung, in erster Linie die Lineare Optimierung eingesetzt.

2.3.2 Entscheidung bei Unsicherheit

Eine Entscheidung bei Unsicherheit liegt vor, wenn keine Anhaltspunkte über die Wahrscheinlichkeit des Eintritts von Zuständen vorhanden sind. Der Entscheidungsträger kann keine Angaben über die Wahrscheinlichkeit des Eintritts von möglichen Umweltkonstellationen machen.

In der Marketingpraxis stehen Entscheidungen bei Unsicherheit in erster Linie immer dann an, wenn neue Aufgaben zu lösen sind, für die keine Erfahrungen und damit auch keine Eintrittswahrscheinlichkeiten vorliegen.

Auch wenn Anhaltspunkte über die Eintrittswahrscheinlichkeit nicht vorliegen, sind die Entscheidungsträger nicht von der Aufgabe entbunden, Entscheidungen zu fällen. Zu diesem Zwecke ist eine Reihe von Entscheidungsregeln entwickelt worden. Auf einige wird im folgenden kurz eingegangen.

Diesen Regeln ist gemeinsam, daß sie die Nutzenwerte vergleichen, die durch eine Aktion bei einem bestimmten Umweltzustand verursacht werden. Voraussetzung ist, daß für einen Nutzen reelle Zahlen bestimmt werden. Wegen der guten Übersichtlichkeit wird eine Nutzenmatrix verwendet (vgl. Abbildung 2).

z_j \ a_i	Z_1	Z_2	....	Z_m
a_1	e_{11}	e_{12}	....	e_{1m}
a_2	e_{21}	.		.
.	.	.		.
.	.	.		.
.	.	.		.
a_n	e_{n1}		....	e_{nm}

Abb. 2: Nutzenmatrix (Quelle: *Bronner*)
a_i bezeichnet Aktionen, e_{ij} den Nutzenwert, z_i den Umweltzustand.

Die MAXIMIN-REGEL von *A. Wald* geht davon aus, daß die zweckmäßigste Alternative die ist, die in der Matrix das Maximum der Zeilenminima aufweist. Es handelt sich dabei um den Wert, der für den Entscheidungsträger bei den ungünstigsten Umweltbedingungen noch am günstigsten erscheint. Die MAXIMIN-Regel geht von einem Pessimismus aus. Sie ist nur realistisch, wenn böse Gegenspieler das Ergebnis sehr negativ beeinflussen wollen.

Bei der MAXIMAX-REGEL ist als zweckmäßigste Alternative die gegeben, die das Maximum der Zeilenmaxima aufweist. Diese Regel basiert auf einem großen Optimismus und auf Risikofreude. Die Aktion, die bei den günstigsten Umweltbedingungen den größten Nutzen erbringt, stellt das Optimum dar.

Die HURWICZ-REGEL wird auch als Pessimismus-Optimismus-Regel bezeichnet. Sie ist ein Kompromiß zwischen der MAXIMIN-Regel und der MAXIMAX-Regel. Es wird ein Optimismus Parameter l eingeführt, der das Risikobewußtsein des Entscheidungsträgers repräsentiert, er liegt zwischen 0 und 1. Je höher er angenommen wird, um so optimistischer ist die Einstellung des Entscheidungsträgers. Die Zeilenmaxima werden mit l, die Zeilenminima mit $l-1$ multipliziert. Der höchste sich ergebende Wert ist der optimale.

Die SAVAGE-NIEHANS-REGEL ist die Regel des kleinsten Bedauerns. Sie geht davon aus, daß sich der Entscheidungsträger nicht an den absoluten Nutzwerten orientiert. Maßgeblich für die Entscheidung ist die Minimierung des höchstmöglichen Nachteils, der durch eine Fehleinschätzung der Umweltsituation bedingt ist. Es wird also das nachträgliche Bedauern des Entschlusses zu einer falschen Aktion minimiert. Entscheidungskriterium sind mithin die Opportunitätsverluste.

Die rechnerische Vorgehensweise besteht darin, daß erst die Spaltenmaxima ermittelt werden (Nutzenwerte bei einer bestimmten Umweltsituation bei Einsatz der besten Handlungsmöglichkeiten). Als nächstes wird der maximal mögliche Nachteil ermittelt. Er ergibt sich aus der Differenzbildung des jeweiligen Spaltenmaximumwertes mit dem jeweiligen Nutzenwert. Anschließend wird für jede Alternative der maximale Betrag (Zeilenmaximierung) festgestellt. Er stellt das maximale Risiko dar. Schließlich wird aus den ermittelten Werten der minimale Wert ausgewählt. Er steht für die Aktion, bei der das maximale Risiko am kleinsten ist.

Die LAPLACE-REGEL wird auch als Regel des unzureichenden Grundes in der Literatur dargestellt. Sie basiert auf der Annahme, daß sämtliche Umweltzustände gleich wahrscheinlich sind. Aus diesem Grund werden alle Aktionen mit den gleichen Wahrscheinlichkeiten gewichtet. Die Nutzensummen für die einzelnen Aktionen werden miteinander verglichen. Optimal ist die Aktion, die die größte Nutzensumme für sämtliche Zustände aufweist.

2.3.3 Entscheidung bei Risiko

Entscheidungen bei Risiko liegen bei Vorhandensein eines unvollkommenen Informationssystems vor. Es lassen sich jedoch objektive oder subjektive Wahrscheinlichkeiten für einzelne Umweltsituationen angeben. Es liegt ein stochastischer Fall vor. Von einer objektiven Wahrscheinlichkeit spricht man, wenn sie auf logischen Überlegungen oder Tests beruht. Eine subjektive Wahrscheinlichkeit ist gegeben, wenn Meinungen, Vermutungen oder Expertisen ihre Basis sind (*Nieschlag/Dichtl/Hörschgen* 1997, S. 877).

Eine Entscheidungsregel, die für Entscheidungen bei Risiko vielfach eingesetzt wird, ist das **Bayes-Theorem**. Die Entscheidung basiert auf einem Erwartungswert, deshalb wird diese Regel auch als Erwartungswertprinzip bezeichnet.

Für alle in Frage kommenden Aktionen wird ein Erwartungswert bestimmt. Die Aktion ist die günstigste, die den höchsten mathematischen Erwartungswert der Zielerreichungsgrade hat. Zielerreichungsgrad ist häufig der Gewinn oder der Deckungsbeitrag (ausführlicher bei *Bronner, Heinen, Kotler/Bliemel, Nieschlag/Dichtl/Hörschgen, Sieben/Schildbach, Szyperski/Winand*).

Unsichere Informationen, vor allem über die Umweltsituation, erschweren Entscheidungen sicherlich, doch dürfen sie nicht als unabdingbar hingenommen werden. Die Unternehmen müssen versuchen, einerseits die Umweltsituation durch entsprechende Marketingmaßnahmen zu beeinflussen und zum anderen ihre Informationssysteme ständig zu verbessern und auszubauen.

2.4 Verbesserung von Entscheidungen durch den Einsatz von Entscheidungshilfen

Im Abschnitt: Informationen als Grundlage von Entscheidungen wurde auf einige Entscheidungsregeln eingegangen. Diese stellen zweifellos eine gewisse Unterstützung des Entscheidungsträgers dar, können die Unsicherheiten und Risiken jedoch nicht beseitigen.

In den letzten Jahren wurden einige Techniken und Verfahren entwickelt bzw. im Marketing eingesetzt, die hier unter dem Begriff Entscheidungshilfen zusammengefaßt werden. Sie haben die Aufgabe, die Erfassung, Speicherung, Weitergabe und Verarbeitung von Informationen zu erleichtern und zu verbessern. Sie dienen damit gleichzeitig der Erleichterung und Verbesserung des Entscheidungsprozesses.

Von der Vielzahl der Techniken und Verfahren seien in Tabelle 3 die wichtigsten und am meisten angewandten genannt:

Qualitative Techniken und Verfahren	Quantitative Techniken und Verfahren

– Entscheidungsbaumverfahren
– Entscheidungstabellen
– Delphi-Modelle
– Szenario-Technik
	– Zeitreihenanalysen
	  – Exponentielle Glättung
	  – Trendextrapolation
	  – Technik der gleitenden Durchschnitte

– Kreativitätstechniken
  – Brainstorming
  – Methode 635
  – Synektik
  – Morphologische Analyse
	– Regressionsanalyse

	– Mathematische Optimierungsverfahren
	  – Lineare Programmierung
	  – Nichtlineare Programmierung
	  – Dynamische Programmierung
	  – Parametrische und stochastische Programmierung

	– Experimentelle Verfahren des Operations Research
	  – Heuristische Programmierung
	  – Simulation

	– Spezielle Optimierungsverfahren
	– Netzplantechnik
	– Nutzwertanalyse

Tab. 3: Techniken und Verfahren

Die **qualitativen Techniken** und Verfahren basieren auf Kenntnissen, Erfahrungen, Einsichten, Überlegungen aber auch auf Intuition. Man wendet sie bei Aufgaben, wie der Analyse, der Suche nach Alternativen und deren Bewertung und gegen Ende des Entscheidungsprozesses an.

Die **quantitativen Techniken** und Verfahren gehen von mathematisch-statistischen Verfahren aus. Sie erstrecken sich von einfachen Verfahren der Zeitreihenanalysen bis zu mathematisch anspruchsvollen Optimierungsverfahren.

In den Kapiteln 6 und 7 dieses Buches wird auf die genannten Verfahren näher eingegangen.

2.5 Literaturverzeichnis

Bronner, R.: Planung und Entscheidung. Grundlagen – Methoden – Fallstudien, 2. Auflage, München/Wien 1989
Ehrmann, H.: Marketing-Controlling, 3. Auflage, Ludwigshafen 1995 a
Ehrmann, H.: Unternehmensplanung, 2. Auflage, Ludwigshafen 1997 a
Ehrmann, H.: Logistik, 2. Auflage, Ludwigshafen 1999
Ehrmann, H.: Kostenrechnung, 2. Auflage, München Wien 1997

Engels, W.: Betriebswirtschaftliche Bewertungslehre im Licht der Entscheidungstheorie, Köln/Opladen 1962
Heinen, E.: Grundlagen betriebswirtschaftlicher Entscheidungen, Das Zielsystem der Unternehmung, 3. Auflage, Wiesbaden 1976
Heinen, E. (Hrsg.): Industriebetriebslehre, 9. Auflage, Wiesbaden 1991
Kotler, Ph./Bliemel, F.: Marketing-Management, 9. Auflage, Stuttgart 1995 a
Nieschlag, R./Dichtl. E./Hörschgen, H.: Marketing 18. Auflage, Berlin 1997
Olfert, K./Rahn, H.-J.: Lexikon der Betriebswirtschaftslehre, 2. Auflage, 1997 a
Olfert, K./Rahn, H.-J.: Einführung in die Betriebswirtschaftslehre, 4. Auflage, Ludwigshafen 1997 b
Sieben, G./Schildbach, Th.: Betriebswirtschaftliche Entscheidungstheorie, 3. Auflage, Düsseldorf 1989
Szyperski, N./Winand, U.: Entscheidungstheorie, Stuttgart 1974
Ziegenbein, K.: Controlling, 6. Auflage, Ludwigshafen 1998

Kapitel II
Auswahlverfahren in der Marktforschung

Hans-Jürgen Rogge
1. Grundgesamtheit/Repräsentanz 33

Hans-Jürgen Rogge
2. Erhebungsverfahren 44

Heinrich Holland
3. Die Stichprobengüte 61

1. Grundgesamtheit/Repräsentanz

Hans-Jürgen Rogge

Inhaltsübersicht

1.1 Begriffe
1.1.1 Untersuchungszweck
1.1.2 Zielgruppenentsprechung
1.1.3 Datenmaterial
1.1.4 Erhebungsmethodik
1.2 Datenbasis
1.2.1 Geographie
1.2.2 Adressen
1.3 Probleme bei der Auswahl von Beschreibungsmerkmalen
1.4 Literaturverzeichnis

Auf einen Blick

Die Grundgesamtheit stellt die Basis jeder empirischen Untersuchung dar. Die richtige Abgrenzung entscheidet über die Möglichkeit der Verallgemeinerung und Weiterverarbeitung von Ergebnissen. Grundgesamtheiten spielen nicht nur bei Stichprobenuntersuchungen eine Rolle, sondern auch bei Vollerhebungen. Der Beitrag schildert das Verfahren zur Definition und Ableitung geeigneter Grundgesamtheiten. Die notwendigen Vorüberlegungen werden eingehend geschildert. Insbesondere wird auf die Bedeutung von Zielgruppen als Wesensbestandteil der Grundgesamtheit eingegangen. Danach werden die Einflüsse von Datenmaterial und Untersuchungsmethodik auf eine problemgerechte Definition der Grundgesamtheit behandelt und Hinweise für die praktische Umsetzung gegeben.

1.1 Begriffe

Marktforschung befaßt sich mit der Gewinnung, Ordnung und Nutzung von Daten sowie deren Interpretation aus einer bestimmten Zielsetzung heraus (*Rogge* 1992, S. 18). Nicht alle Daten, die verfügbar sind oder erhoben werden können, nutzen dieser Zielsetzung. Es ist daher sinnvoll, zwischen Informationen und Daten zu unterscheiden. Informationen sind zweckbezogenes Wissen und kennzeichnen die Datenmenge, die zur Lösung der definierten Probleme notwendig ist. Daten, die dem Informationsbedarf nicht entsprechen, sind überflüssig, verursachen unnötige Kosten und behindern die Entscheidungsfindung durch ein Überangebot an Fakten. Fehlende Daten verringern den Informationsstand und vergrößern das Risiko einer Fehlentscheidung. Es ist daher sinnvoll, den Informationsbedarf vor Beginn einer Untersuchung zu bestimmen (*Rogge* 1992, S. 33 ff.).

Die **Grundgesamtheit** stellt in der Marktforschung die Basis für die Datenerhebung dar. Diese wird sich in der Regel aus verschiedenen Gründen nur auf einen Teil (Stichprobe) der Gesamtheit beziehen. Im eigentlichen Sinne stellt jedoch die Grundgesamtheit selbst auch nur eine Stichprobe aus einer übergeordneten Gesamtheit dar (*Rogge* 1992, S. 101). Vor allem bei sogenannten unendlichen Grundgesamtheiten kann die für die konkrete Untersuchung definierte Grundgesamtheit nur eine Stichprobe sein (*Chou* 1969, S. 8). Durch die Auswahl einiger Definitionsmerkmale werden alle Einheiten, die diese Merkmale nicht aufweisen, aus der Gesamtmenge ausgeschieden (vgl. Abbildung 1). Im Unterschied zur Zufallsauswahl entscheiden systematische Überlegungen über die Auf-

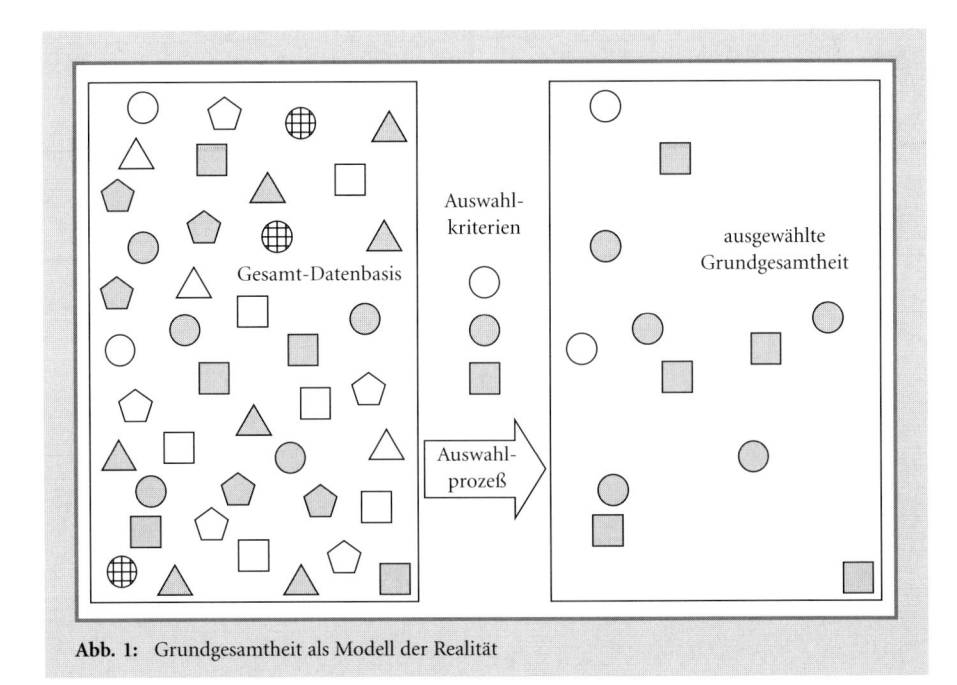

Abb. 1: Grundgesamtheit als Modell der Realität

nahme in die Gesamtheit. Jede Grundgesamtheit kann als Modell der Problemsituation angesehen werden. Modelle sind Abbilder der Wirklichkeit. Wie bei allen Bildern können natürlich Unterschiede zwischen Realität (Objekt) und Bild (Modell) bestehen. Diese Unterschiede werden nicht allein durch die Beziehungen zwischen Objekt und Modell bestimmt, sondern auch durch die Beziehungen der Verwender (Subjekt) von Modellen. Die Sichtweise von Marktforschern (Datensammlern) und Verwendern von Marktforschungsergebnissen kann unterschiedlich sein. Die Folge ist ebenfalls eine unterschiedliche Einschätzung der Brauchbarkeit von Grundgesamtheiten.

Die sogenannte **Repräsentanz** (Repräsentativität) kennzeichnet die Übereinstimmung von Modell und Realität. Ist Repräsentanz gegeben, so lassen sich verallgemeinerte Rückschlüsse von dem Modell (Grundgesamtheit) auf die Wirklichkeit (Untersuchungsziel) ziehen. Zur Beurteilung der Brauchbarkeit der Grundgesamtheit einer Untersuchung und damit der Brauchbarkeit der Ergebnisse der Untersuchung ist es daher notwendig, daß die vollständige Beschreibung (Merkmalskombination) den Verwendern offengelegt wird. Ohne genaue Kenntnis der Grundgesamtheit ist eine Beurteilung von Ergebnissen nicht möglich.

1.1.1 Untersuchungszweck

Die Grundgesamtheit einer Untersuchung wird bestimmt durch die Menge der zu untersuchenden Merkmale. Die einzelnen Untersuchungsobjekte bzw. Merkmalsträger können Personen oder Sachen sein. Die Grundgesamtheit ist die Menge aller Einzelobjekte, über die man sich Erkenntnisse im Zusammenhang in bestimmten Problemsituationen verschaffen möchte (*Schaich* 1977, S. 8). Die Bestimmung einer Grundgesamtheit im konkreten Fall kann man sich als einen gestuften Auswahlprozeß vorstellen. Zunächst wird der Untersuchungszweck definiert, der seinerseits die einzelnen Erhebungsmerkmale bestimmt. Danach werden den Einzelmerkmalen Merkmalsträger zugeordnet. Schließlich werden aus einer übergeordneten Gesamtmenge die relevanten Merkmalsträger isoliert (vgl. Abbildung 2).

Sowohl die Definition der Grundgesamtheit als auch die Charakteristik der einzelnen Merkmalsträger, als Gegenstand der Untersuchung, sind abhängig von der Natur des

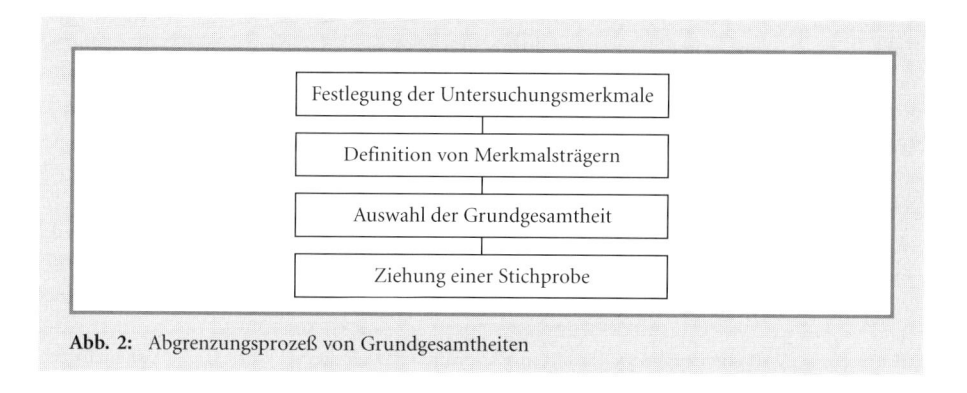

```
┌─────────────────────────────────────┐
│ Festlegung der Untersuchungsmerkmale │
└─────────────────────────────────────┘
                  │
┌─────────────────────────────────────┐
│   Definition von Merkmalsträgern    │
└─────────────────────────────────────┘
                  │
┌─────────────────────────────────────┐
│    Auswahl der Grundgesamtheit      │
└─────────────────────────────────────┘
                  │
┌─────────────────────────────────────┐
│     Ziehung einer Stichprobe        │
└─────────────────────────────────────┘
```

Abb. 2: Abgrenzungsprozeß von Grundgesamtheiten

Entscheidungsproblems. In der Praxis gibt es daher eine Vielzahl von Grundgesamtheiten. Für jedes Entscheidungsproblem existiert grundsätzlich eine eigene (andere) Auswahl von Erfahrungsobjekten. Gegebenenfalls können bestimmte definierte Grundgesamtheiten auch mehrfach für verschiedene Problemstellungen genutzt werden. Eine vorherige Prüfung auf Eignung ist jedoch erforderlich. Stimmen die Merkmale von bereits vordefinierten Grundgesamtheiten mit denen der gewünschten überein, dann können diese für eigene Zwecke verwendet werden.

Im Rahmen der Planung eines Marktforschungsprojektes ist es notwendig, zunächst den Zweck der Untersuchung festzulegen. Dazu gehört eine klare Formulierung des eigentlichen Problems.

1.1.2 Zielgruppenentsprechung

Die Aktivitäten zur Erreichung der gesetzten Ziele (Marketing allgemein, Werbung, Produktgestaltung) richten sich in der Regel an Personen aus. Da alle Maßnahmen Teile einer ökonomischen Gesamtfunktion sind und systematisch vollzogen werden sollen, erscheint es sinnvoll, den Adressatenkreis (Zielgruppe) nach bestimmten Effektivitätskriterien zu beschränken. Zielgruppen sind Umschreibungen und Definitionen für Zusammenfassungen von Personen, Institutionen (und gegebenenfalls Dingen) nach bestimmten Merkmalen, die die Ziele verwirklichen helfen sollen (*Rogge* 1979, S. 85). Bei Zielgruppenmitgliedern wird eher und leichter mit einer Zielerreichung gerechnet als bei Nicht-Zielgruppenmitgliedern. Für die Marktforschung gilt grundsätzlich ähnliches.

Der Zielgruppengedanke läßt sich auf die Auswahl von Grundgesamtheiten übertragen. Allerdings kann nicht daraus gefolgert werden, daß die Zielgruppen der Marktforschung diejenigen sind, bei denen sich die Marktforschungsaufgabe besonders leicht bewältigen ließe und Daten relativ problemlos erfaßt werden könnten. Das würde der Aufgabe der Marktforschung nicht gerecht, brauchbare Daten als Grundlage für Entscheidungen (Informationen) bereit zu stellen. Die **Abgrenzung** der Grundgesamtheit muß sich vielmehr an den Zielgruppen orientieren, die den Entscheidungsproblemen zugrunde liegen. Sind Grundgesamtheit und (Marketing-)Zielgruppen nicht miteinander vergleichbar, dann sind die späteren Erhebungsergebnisse nicht mehr oder nur beschränkt verwendbar. Bei falscher Grundgesamtheit sind auch bei sonst richtiger Stichprobenbildung die Ergebnisse der Untersuchung nicht für den eigentlichen Untersuchungszweck brauchbar. Unbedingte Voraussetzung für die richtige Abgrenzung der Grundgesamtheit ist daher die Kenntnis der relevanten Zielgruppe einerseits und die korrekte Definition der Zielgruppe andererseits. Beide Bedingungen sind nicht immer einfach zu erfüllen. Für jeden Instrumentalbereich im Marketing kann es unterschiedliche Zielgruppen geben. Die Gesamtbeschreibung (Zusammensetzung) kann ebenso verschieden sein wie die Beschreibungsmerkmale im einzelnen. In der Werbung könnte z. B. eine Zielgruppe von Käufern nach demographischen und psychologischen Gesichtspunkten gewählt werden, während für die Produktgestaltung Verwender nach Verhaltensmerkmalen bestimmt würden und für die Distribution rein geographische Kriterien eine Rolle spielen könnten. Konzentriert sich ein Marktforschungsprojekt nur auf einen Teilaspekt, so könnte die Basis für die Bildung der Grundgesamtheit die entsprechende Teilzielgruppe sein. Soll die Marktforschung jedoch mehreren Funktionsbereichen zur Entscheidungsfindung dienen, so muß aus den verschiedenen Teilzielgruppen eine neue Gesamtzielgruppe gebildet werden, die die Grundlage für die Abgrenzung der Marktforschungsgrundgesamtheit bildet. Es gelten grundsätzlich die gleichen Probleme wie bei der Bestimmung von Zielgruppen im allgemeinen (*Rogge* 1996 a, S. 99 ff.). Die Grundgesamtheit ist dann am besten so umfassend zu formulieren, daß eine spätere Aufteilung in Teilgesamtheiten möglich ist. Die spätere Aufteilung ist im Prinzip ein Stichprobenproblem. Eine ähnliche Schwierigkeit ergibt sich dann, wenn die Marktforschung erst die Grundlagen für die spätere Definition der Zielgruppe(n) liefern soll. Auch hier ist nur ein Arbeiten mit einer global definierten Grundgesamtheit möglich, die alle Möglichkeiten für eine spätere Teilgruppenbildung zuläßt. Damit eine spätere Aufteilung möglich ist, muß jedoch bei jedem Element der Grundgesamtheit, das später in die tatsächliche Auswahl (Stichprobe) kommt, eine Reihe von Merkmalen erhoben werden, die für eine Differenzierung und Diskriminierung geeignet sind.

Für die Beschreibungsmerkmale von Grundgesamtheiten und Stichproben gelten die gleichen Regeln wie bei der Abgrenzung von Zielgruppen. Probleme ergeben sich dann, wenn es nicht gelingt, die jeweilige Gesamtheit eindeutig abzugrenzen. Beurteilungs- und Auswahlkriterien sind die Problementsprechung einerseits und die intersubjektive Unveränderlichkeit andererseits (*Rogge* 1992, S. 102). Problementsprechung liegt vor, wenn aus der Menge aller grundsätzlich möglichen Elemente der Gesamtheit eine Teilgesamtheit (Grundgesamtheit) ausgewählt werden kann, die sowohl eine Segmentbildung als auch die Verfolgung des ursprünglichen Ziels (hier: Gewinnung von entscheidungsrelevanten Daten) erlaubt.

Segmentbildung bedeutet, daß die Teilgesamtheit in sich gleichartig (homogen) ist und eine klare Unterscheidung (Trennschärfe) zu anderen Elementen zuläßt, die nicht in der Teilgesamtheit sind. Die Gleichartigkeit muß sich nicht allein auf statistische (formale) Beschreibungsmerkmale beziehen, sondern sollte auch an den Erhebungs- und Informationszielen (vermutetes Verhalten, Einstellungen) gemessen werden. Kenntnisse über den Prozeß der Zielgruppenabgrenzung und Zusammenhänge (Korrelationen) unterschiedlicher Zielgruppenmerkmale (*Rogge* 1996 a, S. 105 f.) können in diesem Zusammenhang sehr wertvoll sein.

Eine Grundgesamtheit ist trennscharf, wenn für jedes Element eindeutig entschieden werden kann, daß es zur Gesamtheit gehört, während für alle anderen ebenso entschieden werden kann, daß sie nicht dazu gehören. Voraussetzung dafür ist die Verwendung von meßbaren, überprüfbaren und eindeutigen Merkmalsbeschreibungen. Die Gefahr unterschiedlicher Auslegung der Merkmale muß auf jeden Fall vermieden werden. Das läßt sich am besten verwirklichen, wenn zu jedem Merkmal eine genaue Beschreibung unter Angabe der Grenzen geliefert wird. Nicht nur für die Abgrenzung der Grundgesamtheit selbst ist das notwendig, sondern auch für die spätere Beurteilung der Erhebungsergebnisse. Altersangaben müssen die genaue Maßeinheit enthalten (Geburtsjahr, volle Jahre, angefangene Jahre, Altersklassen mit eindeutigen Grenzen). Verwender könnten nach Intensität (Einmal- oder Mehrfachverwender, Erstverwender) unterschieden werden. Insofern gehört die genaue Beschreibung der Grundgesamtheit einer Untersuchung ebenso in die Methodenbeschreibung einer Untersuchung wie die Beschreibung der Stichprobe. Nur so ist eine Beurteilung der Güte (Repräsentanz) möglich. Eine Stichprobe kann später nicht besser sein als die zugrunde liegende Grundgesamtheit.

Die Forderung nach **intersubjektive Unveränderlichkeit** gründet sich auf der Tatsache, daß in der Regel mehrere Personen mit der Grundgesamtheit in den verschiedenen Stadien einer Erhebung arbeiten. Sie stellt sicher, daß eine einmal bestimmte Grundgesamtheit im Laufe der Arbeit mit ihr definitionsgemäß nicht geändert wird. Das Problem der realen Veränderbarkeit z. B. bei unendlichen Gesamtheiten bleibt davon unberührt. Die Unveränderlichkeit kann an der Möglichkeit der Wiedererkennbarkeit und der Realisierbarkeit gemessen werden.

Wiedererkennbarkeit setzt voraus, daß alle Personen, die mit den Abgrenzungsmerkmalen bzw. Elementbeschreibungen arbeiten, darunter auch das gleiche verstehen. Das ist am ehesten bei quantitativ meßbaren Merkmalsausprägungen der Fall. In jeden Fall sollte jedoch eine klare Definitionsregel existieren um Problemfälle behandeln zu können. Auf diese Weise lassen sich dann auch Fragen klären, ob zur Gesamtheit der deutschen Konsumbevölkerung auch Personen gehören, die in Deutschland leben aber aus verschiedenen Gründen keinen deutschen Paß besitzen. Je nach Aufgabenstellung ist das Festhalten an solchen formalen Kriterien sinnvoll oder aber auch nicht. Die Möglichkeit der Wiedererkennung ist eine der Voraussetzungen der Erreichbarkeit und Umsetzung einer Grundgesamtheit in Marktforschungsaktivitäten sowohl bei Vollerhebungen als auch bei Stichprobenbildungen.

Eine weitere Voraussetzung für die tatsächliche Einsetzbarkeit von Grundgesamtheiten ist die Möglichkeit, die definierten Elemente der Grundgesamtheit später auch tatsächlich im Feld zu lokalisieren (**Realisierbarkeit**). Die Elemente müssen tatsächlich existieren und auch erreichbar sein. Nur so ist eine Erhebung der gewünschten Daten bei den Elementen der Grundgesamtheit möglich und lassen sich Stichproben ziehen. Grundgesamtheiten, die nur einer Idealvorstellung entsprechen, Idealtypen, sind für empirische Aufgabenstellungen wenig brauchbar (*Rogge* 1996 a, S. 106). Darüber hinaus ist es denkbar, daß zwar die beschriebenen Elemente in der Merkmalskombination tatsächlich vorhanden sind, aber es entweder gar nicht oder nur sehr schwer möglich ist, die Merkmalsträger im konkreten Fall zu benennen. Die Auswahl im Stichprobenfall wäre dann ebenso behindert wie im Vollerhebungsfall. Alle äußerlich nicht sichtbaren und im Vorhinein registrierten Merkmale gehören dazu. Auch hier kann das Problem nur gelöst werden durch eine möglichst globale Definition. Erst im Nachhinein kann dann durch den Einsatz bestimmter Erhebungstechniken (Befragung, Beobachtung) am Objekt entschieden werden, ob das gewählte Element zur Grundgesamtheit gehört oder nicht.

1.1.3 Datenmaterial

Die Ableitung einer real einsetzbaren Grundgesamtheit hängt nicht zuletzt auch von der Möglichkeit ab, Hinweise auf ihre tatsächliche Existenz zu erhalten. Neben Informationen über den Untersuchungszweck und die angestrebte Zielgruppe ist es daher auch sinnvoll, Informationen über die Möglichkeit der Erfassung von Merkmalen und über die Verteilung bzw. das Vorkommen von Elementen möglicher Grundgesamtheiten zu sammeln. Quellen für die Bildung von Beschreibungen von Gesamtheiten können grundsätzlich alle Arten von statistischen Datensammlungen sein. Im Prinzip handelt es sich hier bereits um Grundgesamtheiten, die einmal für andere Zwecke gebildet worden sind. Insofern besteht eine enge Parallele zur Sekundäranalyse. Es gelten die gleichen Einschränkungen hinsichtlich Verwendbarkeit wie dort (*Rogge* 1992, S. 66; *Rogge* 1995, Sp. 2282). Definiert man die Grundgesamtheit nach den gleichen Kriterien wie in bereits verfügbaren Statistiken, so sollte zumindest das Problem der grundsätzlichen Realisierbarkeit weitgehend ausgeräumt sein. Die Prüfung des Methodenteils der verfügbaren Statistiken und der Vergleich mit der eigenen Problemstellung liefert Hinweise darauf, ob die von anderer Seite definierte Grundgesamtheit die Basis für eigene Untersuchung bilden kann. Gegebenenfalls kann die gleiche Population verwendet werden.

Stimmt die Grundgesamtheit aus anderen Untersuchungen mit der für die eigenen Untersuchungszwecke definierten überein, so kann es sogar möglich sein, daß ganze Erhebungsergebnisse für die eigenen Problemlösungen verwendet werden können. Es ist daher durchaus denkbar, daß bereits bei den Überlegungen über die Bestimmung der Grundgesamtheit entschieden werden kann, ob eine Untersuchung überhaupt noch notwendig ist. Die Notwendigkeit eigener Erhebung wird um so größer sein, je stärker sich die jeweils abgeleiteten Gesamtheiten von einander unterscheiden.

Die Verfügbarkeit von Diskriminierungsdaten für spätere Unterscheidungen ist nicht unwesentlich für die Bestimmung der Beschreibungsmerkmale einer Population. Wenn bekannt ist, daß bestimmte Merkmale zwar vorhanden, aber nicht oder nur mit großen Schwierigkeiten isolierbar sind, wird schon allein aus Effektivitätsgründen eine Definition auf dieser Basis nicht in Frage kommen.

1.1.4 Erhebungsmethodik

Einen nicht zu vernachlässigenden Einfluß auf die Bestimmung der Grundgesamtheit und die spätere Stichprobenziehung hat die geplante Erhebungsmethode der Daten und die Art der Stichprobenbildung, soweit keine Vollerhebung geplant ist. In gewisser Hinsicht schränkt bereits die Erhebungsmethode die reale Grundgesamtheit ein, da bestimmte Teile der theoretischen Grundgesamtheit bei bestimmten Erhebungstechniken gar nicht erfaßbar sind. Vor allem der Einsatz technischer Hilfsmittel setzt das Vorhandensein und die Bereitschaft zur Nutzung dieser Hilfsmittel voraus. Besonders deutlich wird das am Beispiel der Befragung über das Medium Computer und Internet. So kann nicht davon ausgegangen werden, daß die überwiegende Mehrheit der Bevölkerung oder Haushalte einen Computer oder gar einen Internetanschluß besitzt. Selbst wenn der Anschluß vorhanden sein sollte, ist damit noch lange nicht die Bereitschaft gegeben ihn auch zu nutzen, geschweige denn an einer Befragung teilzunehmen. Die Mitglieder der Grundgesamtheit haben die Möglichkeit selbst zu entscheiden, ob sie dazu gehören wollen oder nicht. Für die Beurteilung der Repräsentanz einer Grundgesamtheit für die zugrunde liegende Untersuchungsproblematik ist demnach eine vorhergehende Analyse der Folgen der Erhebungstechnik auf die endgültige Zusammensetzung und die Merkmale der Grundgesamtheit notwendig. Am besten geschieht das im Anfangsstadium, wenn die

Grundgesamtheit als Basis für die gesamte Untersuchung geplant wird. Spätestens jedoch nach Durchführung der Untersuchung muß noch einmal geprüft werden, ob die angestrebte Grundgesamtheit auch der eigentlichen Zielsetzung entspricht. Im Methodenteil der Untersuchung muß deutlich werden, welche Grundgesamtheit schließlich realisiert worden ist.

Für eine solche Prüfung könnte folgende Einteilung der Erhebungstechniken nützlich sein:
- Befragung
    - mündlich
    - schriftlich
    - telefonisch
    - Internet
- Beobachtung
    - durch Personen
    - durch Maschinen
    - Experiment

1.2 Datenbasis

Nachdem eine (statistische) Grundgesamtheit definiert worden ist, muß auf die einzelnen Einheiten der Gesamtheit real zugegriffen werden können. Es sollte die Möglichkeit bestehen, aus einer Datenbasis die einzelnen Elemente zu isolieren. Jede Grundgesamtheit muß sachlich, geographisch und zeitlich eindeutig abgegrenzt sein.

1.2.1 Geographie

Eine einfache Möglichkeit für die Abgrenzung von Grundgesamtheiten sind geographische Merkmale. So stehen in vielen Fällen Karten, Pläne oder andere Hinweise auf die Zugehörigkeit zu geographischen Einheiten zur Verfügung. Die geforderte Eindeutigkeit ist damit gegeben. Darüber hinaus existieren in vielen Fällen außerdem bereits statistische Vergleichsdaten, die die Stichprobenziehung erleichtern oder die spätere Interpretation ermöglichen. Sie bieten darüber hinaus noch den Vorteil, die Auswahl der einzelnen Elemente einer Stichprobe besser steuern zu können, da sie *exakt* definiert sind. Leider sind mit der Verwendung geographischer Abgrenzungskriterien verschiedene Nachteile verbunden.

Die Grenzen geographischer Gebiete stimmen in vielen Fällen nicht mit den Vorstellungen über den Untersuchungsgegenstand überein. Die Problematik ist ähnlich der bei Sekundäranalysen. Der ursprüngliche Zweck der Grenzziehung hat mit den jetzigen Fragestellung nichts oder wenig zu tun. Politische Grenzziehungen haben nicht unbedingt etwas mit Käuferverhalten zu tun. Das Stadtgebiet einer Stadt und die dazugehörige Einwohnerzahl kann weitaus niedriger sein als das einer anderen, die die Randgemeinden eingemeindet hat. Berücksichtigt man auch die (nicht eingemeindeten) Umlandgemeinden, könnte sich eine etwa gleich große Gesamtheit ergeben. Im Ruhrgebiet z. B. ist die

Trennung der einzelnen Städte zwar politisch möglich, eine Grenzziehung bezüglich Zugehörigkeitsgefühl der Einwohner oder Kaufkraftorientierung dürfte auf dieser Basis jedoch sehr schwierig sein. Eine weitere Schwierigkeit ergibt sich aus fließenden Grenzen. In allen Fragen von Kaufkraftströmen stellt sich dieses Problem.

Die geographische Abgrenzung stellt zwar eine gute formale Abgrenzung dar und auch der Zugriff auf die einzelnen Elemente kann unter Berücksichtigung der oben genannten Einschränkungen relativ einfach geschehen. Es kann jedoch nicht davon ausgegangen werden, daß das Merkmal räumliche Abgrenzung als alleiniges Beschreibungsmerkmal ausreicht. Die Elemente der auf dieser Basis gebildeten Gesamtheit werden in der Regel in bezug auf den Untersuchungsgegenstand nicht homogen sein. Abgesehen von einigen Ausnahmen (Mieten, Nutzung öffentlicher Verkehrsmittel, von geschlossenen Gruppen bevorzugte Wohngebiete) fehlt in den meisten Fällen eine hinreichende Korrelation zwischen dem Abgrenzungskriterium der Datenbasis und den untersuchungsrelevanten Merkmalen. Es ist demnach zusätzlich eine weitere Abgrenzung nötig. Diese kann, wie bereits angedeutet, meist erst im Zuge der Erhebung überprüft werden.

1.2.2 Adressen

Eine andere Möglichkeit, im konkreten Fall die Grundgesamtheit zu formulieren, besteht in der Verwendung von Adressenlisten oder Datenbanken. Diese können sowohl im eigenen Hause zusammengestellt worden sein als auch aus anderen Quellen stammen. **Adressenlisten**, die im eigenen Unternehmen bzw. unter eigener Verantwortung zusammengestellt worden sind, haben den Vorteil, daß sie bereits den Anforderungen der geplanten Untersuchung weitgehend entsprechen können, sofern sie unter diesen Gesichtspunkten aufgebaut worden sind. Adressen von Kunden und Interessenten können vor diesem Hintergrund bereits frühzeitig aufgebaut werden. Es ist hier aber darauf hinzuweisen, daß streng zwischen Kommunikation zur aktiven Erreichung (Beeinflussung) ökonomischer Ziele (Werbung, Verkaufsförderung) und Kommunikation zur Gewinnung von Informationen zur Planung von Zielen und Maßnahmen (Marktforschung) unterschieden werden muß. Eine Verknüpfung von Marktforschung und aktiver Absatzpolitik schadet nicht nur dem Ansehen der Marktforschung, sondern entspricht auch nicht Ethikgrundsätzen der Marktforschung (*Wyss* 1991, S. 58 f.).

Datenbanken besitzen den Vorteil, daß sie nicht nur Hinweise auf die Erreichbarkeit der Elemente enthalten, sondern auch Informationen über weitere Beschreibungskriterien enthalten und somit die Möglichkeit zur Selektion nach diesen Kriterien bieten. Viele Adressenlisten bieten in eingeschränktem Maße diese Möglichkeit ebenfalls.

Adressenlisten und Datenbanken grenzen ebenso wie Räume die Elemente der Gesamtheit stark ein. Es handelt sich um Auswahlen aus der übergeordneten Gesamtheit aller denkbaren Elemente. Der bereits angesprochene Charakter der Grundgesamtheit als Stichprobe kommt klar zur Geltung. Die Stichprobe gehorcht jedoch nicht den Gesetzen des Zufalls, sondern ist aufgrund systematischer Entscheidungsregeln gebildet worden. Das kann sowohl Vorteile als auch Nachteile haben. Von Vorteil ist es, wenn die Datenbasis bereits eine brauchbare Grundgesamtheit im Sinne des Entscheidungsproblems darstellt (Telefonbücher für Kommunikationsverhalten, Kundenlisten für Zufriedenheitsanalysen). Die Einschränkung der Datenbasis auf ganz spezielle Grundgesamtheiten (Besitzer von Telefonanschlüssen, Mitglieder von Verbänden, gemeldete Einwohner in Adreßbüchern) ist als Nachteil zu werten, wenn die eigentliche Gesamtheit umfangreicher ist als die in den Listen erfaßten Elemente (*Rogge* 1992, S. 83). Hinzu kommt, daß die Datenbasen selbst bei exakter Definition unvollständig und bereits veraltet sein können (*Rogge* 1992, S. 66). Es ist daher bei der Verwendung von Datenbanken und Adreßlisten vorher zu prüfen, inwieweit die Listenelemente den Definitionsmerkmalen der gewünschten Grundgesamtheit entsprechen und wie vollständig, verläßlich und aktuell die Listen sind und ob sich Differenzierungen und Teilauswahlen (Selektionen) vornehmen lassen. Gegebenenfalls müssen mehrere Listen von unterschiedlichen Quellen herangezogen und abgeglichen werden.

Mögliche **Quellen** als Datenbasis für die Bildung von Grundgesamtheiten für Erhebungen sind:
- amtliche Listen
- Mitgliedslisten von Industrie- und Handelskammern
- Mitgliedslisten von Verbänden und Vereinen
- Telefonbücher
- Adreßbücher
- eigene Kundendaten
- Listen aus Fachveröffentlichungen
- Kataloge und Dienste von Adreßhändlern

1.3 Probleme bei der Auswahl von Beschreibungsmerkmalen

Die oben dargestellte Eindeutigkeit der Definition von Grundgesamtheiten ist nicht in allen Fällen gegeben. Es kommt nicht selten vor, daß für eine Problemsituation verschiedene Auswahldefinitionen zugrunde gelegt werden können. Für die Bestimmung von Marktanteilen beispielsweise kann die Menge der Verkaufspunkte mit den Daten über Abverkaufszahlen Ausgangsbasis sein ebenso wie die Menge der Bedarfsträger mit ihren Einkäufen. Weitere Abgrenzungsmöglichkeiten und daraus folgende Schwierigkeiten sind offensichtlich. Die Entscheidung für die richtige Gesamtheit liegt dann bei denen, die letztlich die Konsequenzen für die Verwendung der Daten zu tragen haben. Bei der Ableitung von Grundgesamtheiten ist daher nicht nur statistisches Know-how erforderlich, sondern auch eine umfangreiche Kenntnis vom Umfeld des gesamten Untersuchungsgegenstandes. Marktforscher sollten daher nicht nur Methodenexperten sein, sondern sich auch in den untersuchten Märkten auskennen. Überprüfbare Vorurteile sind die Basis für eine vernünftige Methodenwahl und nachfolgende Interpretation der Ergebnisse. In jedem Fall sollten Marktforscher (Statistiker, Erhebungsspezialisten) und Datenverwender (Planer, Entscheider, Marktspezialisten) eng zusammen arbeiten. Am besten eigenen sich dafür Projektteams und Staborganisation (*Chou* 1969, S. 9; *Rogge* 1996 b, S. 133 ff.).

1.4 Literaturverzeichnis

Chou, Ya-lun: Statistical Analysis, with Business and Economic Applications, London/New York/Sydney/Toronto 1969

Rogge, Hans-Jürgen: Grundzüge der Werbung, Ein Leitfaden für Studium und Praxis, Berlin 1979

Rogge, Hans-Jürgen: Marktforschung, Elemente und Methoden betrieblicher Informationsgewinnung, 2. Auflage, München/Wien 1992

Rogge, Hans-Jürgen: Sekundäranalyse, in: Tietz/Köhler/Zentes (Hrsg.): Handwörterbuch des Marketing, 2. Auflage, Stuttgart 1955, Sp. 2275–2284

Rogge, Hans-Jürgen: Werbung, 4. Auflage, Ludwigshafen(Rhein) 1996a

Rogge, Hans-Jürgen: Organisationsformen und Organisationsstrukturen im Marketing, in: Fackler, Hartmut et al.: Marketing, Management, Analyse, Politik und Recht, Osnabrück 1996b, S. 133–167

Schaich, Eberhard: Schätz- und Testmethoden für Sozialwissenschaftler, München 1977

Wyss, Werner: Marktforschung von A-Z, Eine Einführung aus der Praxis für die Praxis, Adligenswil 1991

2. Erhebungsverfahren

Hans-Jürgen Rogge

Inhaltsübersicht

2.1   Grundüberlegungen
2.2   Zufallsauswahl
2.2.1 Sicherstellung der Gleichwahrscheinlichkeit
2.2.2 Komplexe Auswahlverfahren
2.2.3 Probleme der Zufallsauswahl
2.3   Bewußte Auswahltechniken
2.3.1 Quotenverfahren
2.3.2 Vereinfachungen
2.4   Literaturverzeichnis

Auf einen Blick

Die meisten empirischen Erhebungen sind Stichprobenerhebungen und keine Vollerhebungen. Wenn die Auswahl der Untersuchungselemente nicht richtig vorgenommen wird, ergeben sich Probleme bei der Auswertung und Übertragung der Untersuchungsergebnisse. Es gibt verschiedene Möglichkeiten, die Stichprobenauswahl so zu gestalten, daß die Ergebnisse der entsprechenden Untersuchungen beurteilbar sind und verallgemeinert werden können. Verfahren der Zufallsauswahl stellen sicher, daß eine allgemeine Repräsentativität zur Grundgesamtheit gegeben ist, während andere Auswahlverfahren eine Vergleichbarkeit zu Teilgruppen gewährleisten. Zufallsauswahl und bewußte Auswahltechniken werden ausführlich in den Untergliederungen beschrieben. Die Diskussion der Vor- und Nachteile der einzelnen Varianten verdeutlicht die Einsatz- und Anwendungsbereiche von Stichprobenauswahlverfahren. Neben dem Grundverständnis für die Bildung von Stichproben vermittelt der Beitrag die notwendigen Techniken und Verfahrensschritte zur praktischen Umsetzung im Zusammenhang mit empirischen Marktforschungsvorhaben.

2.1 Grundüberlegungen

Nach Festlegung der Grundgesamtheit einer Marktforschungsaufgabe werden bei den einzelnen Elementen dieser Gesamtheit die Informationen entsprechend des Untersuchungszwecks erhoben. Wenn alle Elemente der definierten Grundgesamtheit in die Untersuchung einbezogen werden, spricht man von einer **Totalerhebung**. Bei Totalerhebungen stehen Globalaussagen gegenüber Aussagen zu individuellen Sachverhalten der Grundgesamtheit im Vordergrund. Die eingesetzten Methoden sind eher beschreibender Natur und werden der deskriptiven Statistik zugeordnet (*Schaich* 1977, S. 8).

Totalerhebungen sind jedoch nicht die Regel. Häufig ist es entweder überhaupt nicht möglich, alle Elemente der definierten Grundgesamtheit in einer Erhebung zu berücksichtigen oder andere Gründe sprechen gegen eine Vollerhebung. Die Grundgesamtheit kann von vornherein als unendliche Menge definiert sein. Die Menge aller denkbaren Käufer eines Produktes in Vergangenheit, Gegenwart oder Zukunft läßt sich ebenso wenig bestimmen, wie die Menge der Ergebnisse von fortdauernden Qualitätskontrollen und Reklamationsäußerungen. Eine Grundgesamtheit, deren vollständige Erfassung von vornherein unmöglich ist, nennt man hypothetische Grundgesamtheit (*Schaich* 1977, S. 9). Aber auch die mit einer Totalerhebung verbundenen Kosten lassen es bei großen Grundgesamtheiten in vielen Fällen sinnvoll erscheinen, nur einen Teil der Gesamtheit in die Untersuchung einzubeziehen. In allen Fällen, in denen nur ein Teil der eigentlichen Grundgesamtheit erfaßt wird, spricht man von Stichproben.

Stichproben sollen so aufgebaut sein, daß sie die wesentlichen Merkmale der übergeordneten Grundgesamtheit enthalten (repräsentieren) und ihrerseits ein Modell der Gesamtheit darstellen. Eine Teilmenge ist dann repräsentativ, wenn die Verteilung aller interessierenden Merkmale der übergeordneten Gesamtmasse (Grundgesamtheit) entspricht (*Berekoven/Eckert/Ellenrieder* 1996, S. 50).

Repräsentativität bedeutet also, daß die Ergebnisse der Stichprobenerhebung auf die Gesamtheit übertragen werden können. Die schließende Statistik stellt das notwendige Instrumentarium zur Verfügung, um die vermutete Repräsentanz zu überprüfen.

Andererseits beinhaltet der Begriff der Repräsentativität ein Problem, das als Stichprobenparadoxon bezeichnet wird (*Bausch* 1995, Sp. 156). Ohne die vollständige Kenntnis der Eigenschaften einer Grundgesamtheit ist eine Überprüfung der Qualität einer Stichprobe nicht möglich. Das heißt, nicht nur die Definitionsmerkmale der Grundgesamtheit, sondern auch die Erhebungsmerkmale müssen bekannt sein. Andererseits würde die Kenntnis dieser Merkmale die Erhebung an sich und damit die Stichprobe überflüssig machen. Daher ist das Qualitätsmerkmal Repräsentativität einer Stichprobe weder eindeutig definiert noch können allgemein gültige Qualitätskriterien festgelegt werden (*Bausch* 1995, Sp. 157). Nach der Stichprobentheorie wäre Repräsentativität nur gegeben, wenn die Stichprobe durch einen Zufallsvorgang aus der Grundgesamtheit gewonnen wurde (*Schaich* 1977, S. 147). In der empirischen Marktforschung wird der Begriff jedoch (zu Recht) nicht so eng ausgelegt.

Das **Auswahlprinzip** legt das grundsätzliche Verfahren fest, nach dem aus der Grundgesamtheit die Teilgesamtheit (Stichprobe) bestimmt wird. Durch das Auswahlprinzip wird das Regelsystem für die Auswahl der Erhebungselemente definiert. Im Vordergrund steht dabei der Versuch, die Übertragbarkeit der Stichprobenergebnisse (Verallgemeinerung von Aussagen) auf die Gesamtheit im oben genannten Sinne sicher zu stellen.

Es lassen sich folgende Hauptgruppen von Auswahlverfahren unterscheiden:
- Verfahren auf der Basis von Zufallsmechanismen
- Verfahren auf der Basis vorgegebener Merkmalskriterien

2.2 Zufallsauswahl

Bei Zufallsauswahlen geht man von der Vorstellung aus, daß die Zufallsstichprobe – von kleinen Stichprobenfehlern abgesehen – im Prinzip die gleichen Merkmale wie die Grundgesamtheit aufweist. Die Verteilung der Merkmale der Stichprobe spiegelt genau die Verteilung der Merkmale in der Grundgesamtheit wider. Das trifft selbst dann noch zu, wenn die Merkmale der Grundgesamtheit nicht bekannt sind. Bei genügend großer Stichprobengröße und entsprechend kleiner Fehlerspanne kann daher die für Teilerhebungen geforderte Repräsentativität angenommen werden (*Rogge* 1992, S. 102). Voraussetzung ist allerdings, daß die Grundgesamtheit bereits richtig definiert wurde. Bei einer falsch definierten Grundgesamtheit hilft auch eine Zufallsauswahl nicht weiter. Die Repräsentativität wäre zwar in bezug auf die definierte Gesamtheit gegeben, aber nicht bezogen auf das eigentliche Untersuchungsproblem.

2.2.1 Sicherstellung der Gleichwahrscheinlichkeit

Das Wesensmerkmal einer Zufallsauswahl ist die Tatsache, daß jedes einzelne Element der Grundgesamtheit grundsätzlich die gleiche Chance hat in die Stichprobe zu gelangen. Verschiedene Stichprobenziehungen führen zwar zu unterschiedlich zusammengesetzten Teilmengen, jedes Element der Grundgesamtheit könnte jedoch mit gleicher Wahrscheinlichkeit in der Stichprobe enthalten sein. Die Stichproben sind frei von subjektiven und/oder systematischen Einflüssen. Man spricht in diesem Zusammenhang von uneingeschränkter Zufallsauswahl. Eine uneingeschränkte Zufallsauswahl kann mit unterschiedlichen Techniken erreicht werden (*Berekoven/Eckert/Ellenrieder* 1996, S. 51 ff.; *Rogge* 1992, S. 102 ff.).

Die **klassische Methode** ist das Auslosen. Die Grundgesamtheit kann man sich als eine Art Urne vorstellen, in der jedes Element auf einem Zettel vermerkt ist. Durch Entnehmen einzelner Zettel aus der Urne werden dann einzelne Elemente der Stichprobe bestimmt (vgl. Abbildung 1). Der Vorgang läßt sich beliebig oft wiederholen und auf verschiedene Grundgesamtheiten anwenden, wenn vorher jedem Element eine Nummer zugeordnet wird. Durch Ziehen der Nummern werden die dazugehörigen Elemente eindeutig beschrieben. Das Urnenverfahren ist außerordentlich umständlich und nur auf begrenzte Gesamtheiten anwendbar. Es sind daher eine Reihe von Varianten entwickelt worden.

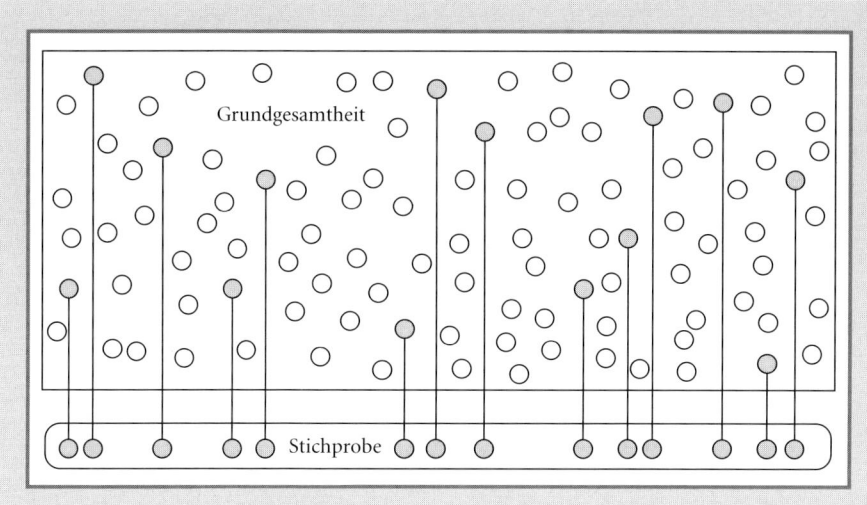

Abb. 1: Einfaches Stichprobenmodell

Ein ähnliches Ergebnis wie beim Ziehen aus einer Urne läßt sich durch den Einsatz eines Würfels erzielen. Die Elemente der Grundgesamtheit werden in einer Reihe geordnet. Dann wird durch Würfeln entschieden, welches Element der Reihe als nächstes in die Auswahl gelangt. Dieses Verfahren eignet sich am besten bei kleinen und überschaubaren Grundgesamtheiten. Das Urnenmodell läßt sich auch in sogenannten Zufallszahlen abbilden. Zufallszahlen sind Zahlen, die so geordnet sind, daß sie keiner (sichtbaren) Gesetzmäßigkeit folgen. Sie werden entweder durch ein Urnenmodell direkt auf Vorrat produziert werden oder mit Hilfe mathematischer Rechenverfahrens berechnet (*Eiselt/von Frajer* 1977, S. 320 ff.). Zufallszahlen aus mathematischen Prozessen sind zwar nicht in jeder Beziehung strenge Wahrscheinlichkeitswerte, können aber im Prinzip genau so behandelt werden.

Durch die Verwendung von **Zufallszahlentabellen** (vgl. Abbildung 2) läßt sich das Ziehungsverfahren vereinfachen. In Zufallszahlentabellen sind Zahlenwerte enthalten, für die das gewünschte Verteilungsgesetz (in der Regel Gleichverteilung) gilt. Die möglichen Elemente der Grundgesamtheit werden durchnumeriert. An einer beliebiger Stelle wird der Tabelle eine Ziffernfolge entnommen, die eine Zahl ergibt, die mindestens so viel Stellen hat wie die zugrunde liegende Gesamtheit (vermindert um eins). Die gezogene Zahl bestimmt das Element, das in die Stichprobe aufgenommen werden soll. Anschließend wird die nächste Zahl aus den folgenden Ziffern gebildet. Der Prozeß wird solange wiederholt, bis der Stichprobenumfang erreicht ist. Werden Ziffernfolgen gezogen, die zu Zahlen führen, die größer als die korrespondierenden Zahlen sind, so werden diese vernachlässigt (*Rogge* 1992, S. 103 f.). Das Gleiche gilt, wenn eine Zahl bereits gezogen wurde.

Auswahlverfahren

8572	8448	9060	0079	5633	0388	9623	1694	6614	2802
7245	8673	9770	8346	9333	9368	4390	5368	8324	6634
0787	2616	6460	9258	4275	9127	7982	4834	4933	7102
5476	8770	7390	2335	2677	4597	7797	8760	5522	0374
7715	3563	4950	3707	8933	3102	1587	7336	7943	2301
3454	5165	5122	7100	5089	1244	5316	2230	3731	4669
5173	2842	5529	0841	7762	4943	5279	4453	6010	7884
6982	3868	0176	8023	7819	4782	5676	7465	8792	7513
0130	3536	0034	6191	0704	7602	3990	2271	8877	6844
1198	3035	9335	9699	4403	3048	8234	1416	3706	9143
4999	4950	4053	6294	0680	3117	4294	2768	1003	1568
3922	9964	3487	8903	6533	5209	2952	5523	0274	9608
0974	3689	7763	5119	6602	4891	5275	5181	2128	5327
4153	8232	9981	9184	2291	5232	6985	4320	2048	9300
3392	6048	5311	1391	8125	9314	5933	6146	7525	2079
3621	5593	7559	8211	6141	8419	3933	7992	6591	6890
1087	2714	8663	8057	1587	7347	9831	0485	7876	3919
9456	8382	2860	2270	9033	5050	5825	5589	8277	1817

Abb. 2: Auszug aus einer Zufallszahlentabelle (Quelle: *Rogge* 1992, S. 104)

Bei größeren Datenmengen empfiehlt sich der Einsatz von **Datenverarbeitung**, da dann das Handhaben der Tabellen und das Aussortieren bereits verwendeter oder unbrauchbarer Zahlen vereinfacht werden kann. Heute enthält im Prinzip jedes Tabellenkalkulationsprogramm eine Funktion nach der Zufallszahlen generiert werden können. Daher ist auch schon bei kleineren oder Kleinststichproben, bei denen aber auf die Einhaltung des Zufallsprinzips Wert gelegt wird, das Zufallszahlenprinzip zur Absicherung angebracht.

Neben den Verfahren der reinen Zufallsauswahl können auch Auswahlverfahren eingesetzt werden, die zwar nicht im eigentlichen Sinne Zufallsauswahlen sind, aber Eigenschaften besitzen, die einer Zufallsauswahl sehr nahe kommen. Aus einer vorher bestimmten Ordnung der Elemente der Grundgesamtheit wird nach einem formalisierten Verfahren ein Element gewählt, das sich an einer bestimmten Stelle befindet. In gewisser Hinsicht lehnen sich diese Verfahren an den Zufallszahlentabellen an. Dort wird die Ordnung durch die Reihenfolge der Zufallszahlen gebildet und dann eine Reihe aufeinander folgender Elemente gewählt. Vor Aufstellung der Ordnung sind genauere Überlegungen anzustellen und Kontrollen durchzuführen, ob das Zufallsprinzip auch tatsächlich eingehalten werden kann.

Bei der systematischen Auswahl wird jedes x-te Element (z. B. jedes 10-te) in die Stichprobe übernommen, wobei x sich aus dem Anteil der Stichprobe an der Gesamtheit ergibt. Im Prinzip ähnlich verhält es sich mit dem **Schlußziffernverfahren**, bei dem durch das vorausgehende Festlegen der letzen Ziffern der Ordnungsziffer die Auswahl vorgenommen wird (z. B. alle Elemente mit der Endziffer 3 und 8 in der Ordnungsziffer). Die Schlußziffern müssen so gewählt werden, daß der angestrebte Auswahlsatz erreicht werden kann. Einzelne Schlußziffern (0, 1, 2, ..., 9) entsprechen einem Auswahlsatz von 10%, eine Gruppe von zwei Ziffern (00, 01, ..., 99) repräsentiert einen Stichprobenanteil von 1%.

Auch ohne die Zuhilfenahme von Zahlen können Zufallsauswahlen nach dem beschriebenen Prinzip vorgenommen werden. Es muß nur möglich sein, eine gewisse Ordnung oder Reihenfolge im Vorhinein fest zu legen. Beim **Buchstabenverfahren** wird z. B. die Auswahl nach Anfangsbuchstaben der Bezeichnungen für die Elemente (Familiennamen, Städtenamen) vorgenommen. Alle Elemente mit einer bestimmten Anfangsbuchstabenkombination (ähnlich dem Schlußziffernverfahren) gelangen in die Auswahl. Voraussetzung ist, daß kein Zusammenhang zwischen den Bezeichnungen bzw. gewählten Buchstaben und den Merkmalen des Untersuchungsgegenstandes besteht. Eine entsprechende Untersuchung müßte vorgeschaltet werden. Buchstabenverfahren eignen sich besonders gut, wenn auf Material zurück gegriffen werden kann, das bereits in alphabetisch aufbereiteter Form vorliegt (Adreßbücher, Telefonbücher, Mitgliedslisten). Selbst Verfahren, bei denen das Geburtsdatum (Tag im Jahr) der Auswahl zugrunde gelegt wird, kann noch als Zufallsauswahl angesehen werden (*Kellerer* 1963, S. 60 ff.), wenn man von der Annahme ausgeht, daß kein Zusammenhang zwischen dem Geburtsdatum und den für die Untersuchung relevanten Merkmalen besteht. Bei allen Verfahren der Zufallsauswahl ist daher bereits im Vorfeld zu untersuchen, ob die gewählten Auswahlkriterien auch dem Zufallsanspruch genügen können.

2.2.2 Komplexe Auswahlverfahren

In vielen Fällen reicht das einfache Verfahren der Ziehung von Stichproben nicht aus. Das Zufallsprinzip ist zwar grundsätzlich gewährleistet, aber die Wahrscheinlichkeit für bestimmte Elemente, in die Auswahl zu gelangen wird, doch relativ klein. Das ist der Fall bei kleineren Stichprobengrößen und/oder sehr komplexen Merkmalskombinationen der Elemente. Für diese Fälle stehen Techniken zur Verfügung, die in mehreren Schritten das Auswahlproblem lösen (*Berekoven/Eckert/Ellenrieder* 1996, S. 52 ff.; *Rogge* 1992, S. 106 ff.; *Wettschureck* 1974, S. 194 ff.).

Bei Gesamtheiten, die insgesamt heterogen sind, und sehr unterschiedliche Gruppen von Elementen enthalten, ist eine **geschichtete Stichprobe** angebracht. Es ist zu untersuchen, ob die Gesamtheit sich in Teilgruppen aufspalten läßt, die in sich gewisse Ähnlichkeiten in den Merkmalen aufweisen aber untereinander sehr verschieden sind. Die im Zusammenhang mit der Beschreibung der Grundgesamtheit behandelte Zielgruppenüberlegungen sind hierfür eine sinnvolle Ausgangsbasis. Wenn die Einteilung in relativ homogene Untergruppen möglich ist, die sich jeweils voneinander unterscheiden, dann können diese Untergruppen als getrennte (eigenständige) Grundgesamtheiten behandelt werden. Die Stichproben werden jeweils aus diesen Untergruppen (Schichten) getrennt gezogen (vgl. Abbildung 3). Auf diese Weise lassen sich für jede Schicht auch bei relativ geringen Fallzahlen repräsentative Schlüsse ziehen. Die Abweichung der ermittelten Durchschnittswerte für die Gesamtstichprobe liegen grundsätzlich näher an den wahren (unbekannten) Werten der Gesamtheit. Der Zufallsfehler, der jeder Stichprobe zugrunde liegt, kann dadurch wesentlich verringert werden.

Auswahlverfahren

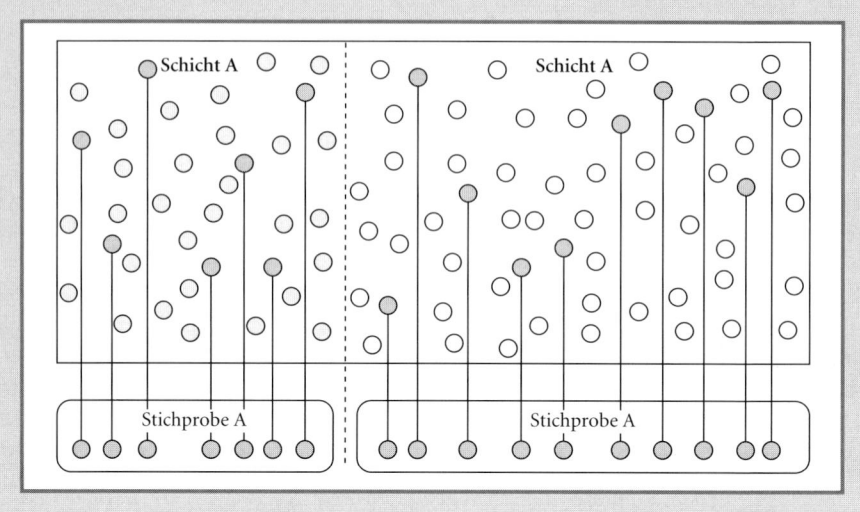

Abb. 3: Geschichtete Stichprobenauswahl

Der **Auswahlsatz** (Stichprobengröße) braucht in den verschiedenen Schichten nicht der gleiche zu sein. Bei stark unterschiedlicher Größe der Schichten können auch unterschiedliche Auswahlsätze zugrunde gelegt werden. Man spricht in diesen Fällen von disproportional geschichteten Stichproben. Bei umfangreicheren Schichtengrößen kann er niedriger ausfallen. Bei kleineren Teilgrundgesamtheiten (Schichten) müssen die Fallzahlen größer ausfallen und können sogar die Vollerhebung erreichen. Insgesamt lassen sich die Fallzahlen in der Regel reduzieren.

Die Schichtung der Grundgesamtheit ist im Prinzip eine Vorstufe der Konzentrationsauswahl (Klumpenauswahl). Bei der späteren Zusammenfassung der Ergebnisse aus den einzelnen Schichten ist darauf zu achten, daß bei unterschiedlichen (disproportionalen) Auswahlsätzen die Schichten entsprechend ihrer tatsächlichen Wichtigkeit in der Gesamtheit bewertet werden. Die disproportionale Schichtung erfordert eine Gewichtung der Ergebnisse im umgekehrten Verhältnis der Auswahlsätze. Wenn die Ergebnisse der Teilstichproben miteinander verglichen werden, ist eine Gewichtung nicht notwendig.

Als **Voraussetzungen** und Arbeitsanleitung für geschichtete Zufallsauswahlen kann folgendes gelten (*Rogge* 1992, S. 106 f.):

- Die Zahl der Schichten sollte möglichst klein gehalten werden (3–5).
- Die Schichtung sollte nur anhand äußerlich leicht erkennbarer, leicht definierbarer Merkmale vorgenommen werden.
- Unter den verschiedenen Möglichkeiten der Schichtung muß diejenige herausgefunden werden, die einen möglichst großen Schichtungseffekt ergibt. Das heißt, die Schichten müssen untereinander möglichst heterogen sein.
- Die zur gleichen Schicht gehörenden Elemente sollten einander hinsichtlich der Untersuchungsmerkmale möglichst gleichen.

- Zur Überprüfung der Homogenität innerhalb der Schichten müssen Vorstudien angestellt werden.

Als Sonderform der Stichprobenschichtung kann die **Klumpenauswahl** angesehen werden. Die Grundgesamtheit wird so geordnet, daß jeweils Gruppierungen von Elementen entstehen, die sich streng voneinander trennen lassen. In die Auswahl wird dann jeweils eine solche Gruppe komplett in die Stichprobe aufgenommen (vgl. Abbildung 4). Die Art der Klumpen entscheidet über die Anzahl der insgesamt auszuwählenden Klumpen. Wenn die Schichten und Klumpen so abgegrenzt werden können, daß sie für sich gesehen als Abbild (Modell) der gesamten Grundgesamtheit betrachtet werden können, genügen wenige Klumpen, um eine ausreichende Gesamtstichprobe aufzubauen. Es besteht eine gewisse Ähnlichkeit zum Buchstabenverfahren. Klumpenauswahlen lassen sich besonders gut auf der Basis von *Flächenstichproben* (*Wyss* 1991, S. 501) durchführen. Städte lassen sich nach Stadtteilen oder Straßen oder Häuserblocks ordnen. Das Abgrenzungskriterium Zeit (Zeitpunkt, Zeitspanne) läßt sich ebenfalls verwenden (alle Besucher einer Veranstaltung zu einer bestimmten Zeit).

Vor der Festlegung von möglichen Auswahlclustern (Klumpen) muß, wie in allen anderen Fällen auch, eine eingehende Untersuchung der möglichen Gruppierungen stattfinden. Es besteht grundsätzlich die Gefahr, daß die abgegrenzten Teilgesamtheiten (Cluster) in sich so ähnlich (homogen) sind, daß sie von der eigentlichen Grundgesamtheit sehr stark abweichen. Die Merkmalsverteilung im Cluster repräsentiert dann nicht mehr die Grundgesamtheit. Dieser Sachverhalt wird als **Klumpeneffekt** bezeichnet und führt zu einer starken Verzerrung der Erhebungsergebnisse (*Berekoven/Eckert/Ellenrieder* 1996, S. 54). Der Gefahr eines Klumpeneffektes kann entgegen gewirkt werden. Wenn die Art der Verzerrung und die Ähnlichkeitsmerkmale der Klumpen vorher analysiert worden sind, kann

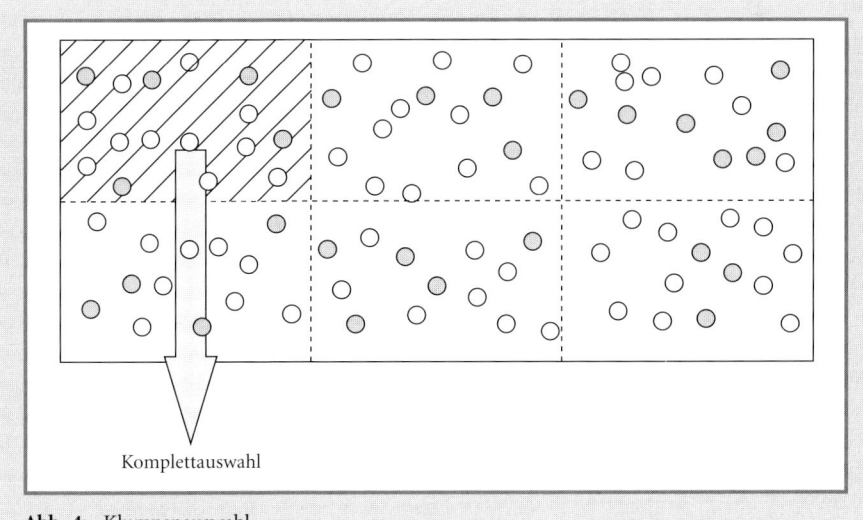

Abb. 4: Klumpenauswahl

durch eine genügend große Anzahl von unterschiedlichen Klumpen wieder Repräsentativität hergestellt werden. Das Risiko eines Klumpeneffektes steigt mit dem Umfang der Klumpen. Die Verzerrung einzelner Klumpen wird durch die Gesamtheit der Cluster wieder ausgeglichen. Klumpenverfahren werden meist aus Vereinfachungs- und ökonomischen Gründen eingesetzt (*Chou* 1969, S. 365).

Während bei der Schichtenauswahl die verschiedenen Teilstichproben völlig unabhängig voneinander sind, bauen bei der **mehrstufigen Auswahl** verschiedene Stichproben aufeinander auf. In einem ersten Schritt werden aus einer übergeordneten Gesamtheit nach dem Zufallsprinzip Teilgesamtheiten bestimmt, die mehrere Elemente enthalten. Der Vorgang ist prinzipiell der gleiche wie bei der Klumpenauswahl. In den folgenden Schritten werden dann jedoch nicht komplette Teilgesamtheiten in die Stichprobe aufgenommen. Vielmehr werden in den folgenden Schritten aus den komplexen Stichproben weitere Unterstichproben gezogen (vgl. Abbildung 5). Je nach Größe der Haupt- und Teileinheiten kann der Prozeß beliebig wiederholt werden. Das gestufte Auswahlverfahren bietet sich an, wenn der Zugriff auf die einzelnen Teilelemente der Grundgesamtheit nicht oder nur schwer direkt vorgenommen werden kann (*Wettschureck* 1974, S. 201). Die Verfügbarkeit unterschiedlich ausführlicher Datenbasen ist ein weiterer Grund. So können in einem ersten Schritt auf der Basis von Adressenlisten Haushalte bestimmt werden und in einem zweiten Schritt die jeweils zu befragende Person innerhalb des Haushaltes.

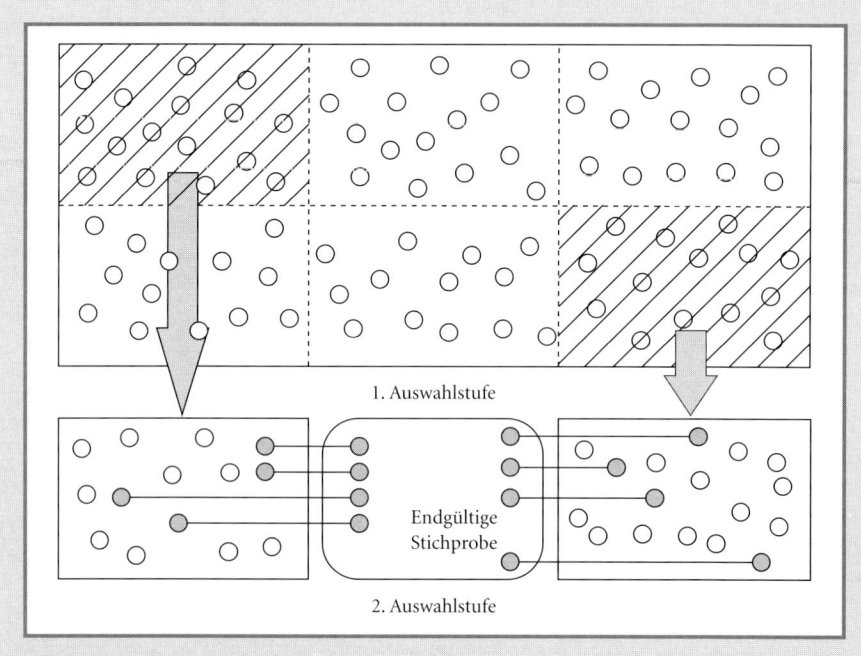

Abb. 5: Prinzip der gestuften Auswahl

Die Verfahren der gestuften Stichprobenbildung lassen sich mit den Verfahren der Schichtenbildung und der Klumpung kombinieren. Desgleichen sind Kombinationen aus Datenbasisstichproben und Flächenstichproben, z. B. beim Random Route Verfahren (*Wyss* 1991, S. 507 ff.), möglich.

2.2.3 Probleme der Zufallsauswahl

Zufallsstichproben sollen in erster Linie die Grundgesamtheit vollständig repräsentieren. Nur so sind Schlüsse aus der Erhebung auf die Gesamtheit aus Marktforschungssicht sinnvoll. Diese Forderung läßt sich auch bei strenger Einhaltung von Zufallsprinzipien nicht immer einhalten.

Grundsätzlich müssen neben der Einhaltung der zufälligen Auswahlprinzipien einige weitere **Voraussetzungen** (*Rogge* 1992, S. 106 ff.; *Schäfer/Knoblich* 1978, S. 206; *Wyss* 1991, S. 499) erfüllt sein:

Die Grundgesamtheit muß genau definiert sein, um einerseits die Stichprobenelemente bestimmen zu können und andererseits die Basis für spätere Erhebungsdaten angeben zu können.

- Die endgültige Stichprobe muß Erhebungsdaten enthalten, die einen Vergleich der Stichprobe mit bekannten Daten aus der Grundgesamtheit zulassen, um so die Ähnlichkeit überprüfen zu können.
- Es muß eine vollständige Datenbasis (auf der Grundlage von Adressen oder Gebieten/Flächen) vorhanden sein, um darauf die Auswahlprozedur anwenden zu können.
- Die ausgewählten Stichprobenelemente müssen auch tatsächlich in die endgültige Stichprobe gelangen (Ausschöpfung). Die einzelnen Mitglieder eines Samples dürfen sich diesem weder vorher noch nachher entziehen können.
- Die Stichprobe muß genügend groß sein. Bei zu kleiner Stichprobe gilt zwar für die Stichprobe als solche das Zufallsprinzip, aber eine Übertragung der Erhebungsergebnisse auf die Grundgesamtheit ist problematisch, da es viele unterschiedliche (auch nach Merkmalen) Stichproben gleicher Größe gibt. Je kleiner die Stichproben werden, um so größer wird die Wahrscheinlichkeit der Ungleichheit.

Die beiden ersten Bedingungen gehören in den Bereich der Abgrenzung der Grundgesamtheit und müssen bereits dort gelöst und geprüft werden. Sie machen den engen Zusammenhang zwischen Untersuchungsgegenstand und Auswahlverfahren deutlich.

Reale Stichprobenelemente können nur bestimmt werden, wenn die dazugehörige Datenbasis bekannt und verfügbar ist. Als Datenbasen für die Ziehung von Stichproben kommen grundsätzlich Adressenlisten (Datenbanken) und geographisch abgegrenzte Gebiete (Flächen) in Frage. Als Sonderfall können zeitlich abgegrenzte Einheiten gelten.

Probleme ergeben sich dann, wenn entweder entsprechende Ausgangsdaten für den Auswahlprozeß nicht zur Verfügung stehen oder das Ausgangsmaterial die Grundgesamtheit nicht genügend repräsentiert.

Häufig vorkommende **Unzulänglichkeiten** von Datenbasen sind:
- Das Datenmaterial ist nicht vollständig. Es fehlen wichtige in der Grundgesamtheit definierte Elemente. Adreßbücher enthalten häufig zwar *normale* Haushalte, Wohngemeinschaften und Studenten werden aber nicht erfaßt. Telefonbücher enthalten in zunehmendem Maße nur noch einen Teil der tatsächlichen Teilnehmer.
- In der Datenbasis sind Mehrfacheintragungen enthalten. Telefonbücher enthalten unter verschiedenen Stichworten die gleichen Eintragungen (Doppelnamen). *Zusammenlebende* Haushalte werden mehrfach erfaßt. Adreßfehler führen zu Doppeleintragungen.
- Das Datenmaterial entspricht nicht mehr den tatsächlichen Gegebenheiten (Aktualität). Die Angaben über die Elemente entsprechen nicht mehr dem letzten Stand. Möglicherweise entsprechen die Beschreibungsmerkmale nicht mehr den Tatsachen. Hausbesitzer in Adreßbüchern geben nicht den aktuellen Stand wieder. Elemente werden zwar aufgeführt, sind aber gar nicht mehr enthalten. Neue Elemente sind noch nicht aufgenommen worden.
- Die Zuordnung der Elemente ist falsch oder ungenau. Die Menge der Einwohner einer Stadt in städtischen Agglomerationen umfaßt Randgemeinden und Vororte. Tatsächlich orientieren diese sich wegen räumlicher Nähe jedoch an anderen Oberzentren.
- Die Datenbasis stimmt zwar generell mit der definierten Grundgesamtheit überein, aber einzelne Merkmale der Elemente lassen sich wegen fehlender Angaben nicht isolieren. Schichtungs- oder Stufungsprozesse sind also nicht einsetzbar. Aus den Eintragungen in Telefonbüchern läßt sich das Geschlecht nicht eindeutig bestimmen. Private und geschäftliche Anschlüsse sind schwer zu identifizieren. Adreßbucheintragungen enthalten keine Hinweise auf das Alter, Berufsangaben sind zu allgemein.

Es ist daher in jedem Fall vorher zu prüfen, inwieweit die **Datenbasis** mit der definierten Grundgesamtheit übereinstimmt. Der Aufbau und die Pflege einer eigenen Datenbank (auf Adreß- oder Flächenbasis) ist zu empfehlen (*Wyss* 1991, S. 505 ff.).

Mit der Bestimmung einer Stichprobe ist die Marktforschungsaufgabe noch nicht beendet. Die gewählte Stichprobe muß auch tatsächlich realisiert werden. Von einer im Vorhinein bestimmten Auswahl steht in der Regel nur ein Teil später auch tatsächlich für Auskünfte und Messungen zur Verfügung. Es muß damit gerechnet werden, daß ein Teil der Elemente nicht erreicht werden kann oder aus anderen Gründen nicht zur Verfügung steht. Die tatsächliche Erhebungsmasse ist geringer als die ursprüngliche Stichprobe. Den Anteil der Erhebungsmasse an der Stichprobe bezeichnet man als **Ausschöpfungsquote**. Nur bei einer vollständigen Ausschöpfung kann auch tatsächlich davon ausgegangen werden, daß die Zufallskriterien voll eingehalten werden.

Als Ursachen für eine geringere Ausschöpfung können unterschieden werden (*Rogge* 1992, S. 121):
- die Erreichbarkeit und Identifizierbarkeit der Elemente,
- die Antwortbereitschaft der Auskunftspersonen und
- Störungen im Erhebungsablauf.

Im ersten Fall liegt ein Problem vor, daß bereits im Zusammenhang mit der Stichprobenbildung gelöst werden kann. Die Grundgesamtheit, der Auswahlprozeß oder das Datenmaterial waren fehlerhaft. In den anderen Fällen liegt eher ein Rücklaufproblem vor, das auf andere Art gelöst werden muß (*Rogge* 1992, S. 120 f.).

Je genauer die Grundgesamtheit definiert und je besser die Qualität der Datenbasis ist, um so größer wird auch die Ausschöpfung sein können. In jedem Fall ist darauf zu achten, daß die einmal festgelegte Stichprobe auch tatsächlich realisiert wird. Wenn ein bestimmtes Stichprobenelement auch tatsächlich existiert, sollte bei Nichterreichen oder Verweigerung versucht werden, das Element durch wiederholte Ansprache für die Erhebung zu gewinnen. Eine geringe Ausschöpfungsquote hat auch Auswirkungen auf die endgültige Stichprobengröße. Auf keinen Fall sollte versucht werden, bei niedriger Ausschöpfung die Stichprobe nachträglich zu verändern, insbesondere zu vergrößern. Die steigende Fallzahl hat mit dem ursprünglich angestrebten Zufallsprinzip nichts mehr zu tun.

Eine Ausschöpfung von weniger als 100 Prozent kann akzeptiert werden, wenn die Rücklaufstichprobe die Ausgangsstichprobe repräsentiert (*Wyss* 1991, S. 506). Wenn die ausgefallenen Elemente die gleichen Merkmale aufweisen wie die Elemente in der endgültigen Stichprobe, kann weiterhin von einer Zufallsstichprobe ausgegangen werden. Lediglich der Stichprobenumfang fällt geringer aus. Die Beurteilung dieser Frage kann jeweils nur im konkreten Fall vorgenommen werden und ist neben dem Stichprobenauswahlverfahren von der Art der Erhebungstechnik sowie dem Inhalt und dem Gegenstand der Untersuchung abhängig.

2.3 Bewußte Auswahltechniken

Das Prinzip der Chancengleichheit läßt sich aus verschiedenen Gründen nicht immer einhalten. An die Stelle des Zufalls tritt eine bewußte, entscheidungsgesteuerte Auswahl. Trotzdem wird versucht, die entstehende Stichprobe so zu gestalten, daß sie repräsentativ für die Gesamtheit gelten kann. Die Grundgesamtheit wird gleichermaßen in einer Stichprobe mit den gleichen Strukturmerkmalen nachgebildet (*Wyss* 1991, S. 501). Voraussetzung ist, daß die Zusammensetzung der Grundgesamtheit bekannt ist. Außerdem muß die Möglichkeit bestehen, auf die Elemente mit den gewählten Merkmalskombinationen zuzugreifen.

2.3.1 Quotenverfahren

Das Quotenverfahren stellt die Hauptalternative zur Zufallsauswahl dar. Während sich bei einer Zufallsstichprobe die Verteilung der Merkmalsausprägungen in der Stichprobe mehr oder weniger automatisch der Grundgesamtheit annähert und damit Repräsentativität erreicht wird, versucht man die Verteilung der Merkmalsausprägungen bei Quotenauswahl bewußt und gezielt zu erreichen.

Die Grundgesamtheit wird nach ihren Wesensmerkmalen auf der Grundlage von statistischem Material beschrieben. Aus diesen Merkmalen werden einige ausgewählt, die in der Stichprobe in jedem Fall enthalten sein sollen. Für jedes Merkmal wird entsprechend der Ausgangsverteilung eine Quote bestimmt, die in der Stichprobe realisiert sein soll. Auf

Auswahlverfahren

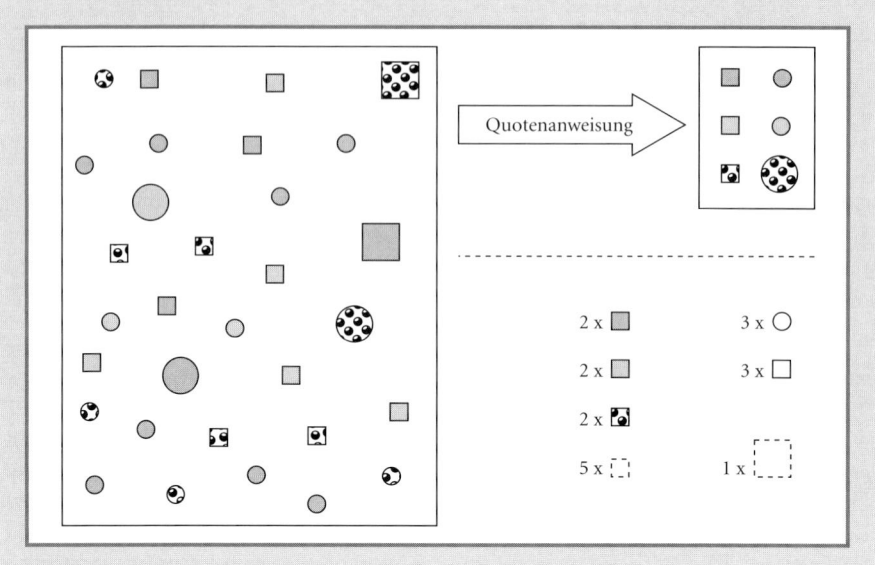

Abb. 6: Nachbildung der Grundgesamtheit durch Quotenanweisung

dieser Basis wird eine Auswahlanweisung (Quotenanweisung) formuliert, die bestimmt, welche Art von Elementen in die Stichprobe übernommen werden sollen (vgl. Abbildung 6).

Der eigentliche Auswahlprozeß ist unmittelbar mit der Erhebung verbunden. Die **Quotenanweisung** enthält die Identifikationsmerkmale zusammen mit der notwendigen Häufigkeit (vgl. Abbildung 7). Die Erhebungsperson sucht sich ein Element, von dem sie annimmt, daß es die Merkmalsvoraussetzung erfüllt. Alle Merkmale werden geprüft. Sind alle gewünschten Merkmale vorhanden, wird die Erhebung durchgeführt und das Element wird in die Stichprobe aufgenommen. In der Quotenweisung wird die Ausschöpfung des Teilmerkmals notiert, damit die Gesamtquote erreicht wird. Anderenfalls muß ein anderes Element gesucht werden. Das Verfahren wird solange fortgesetzt, bis die Quoten erfüllt sind. Wichtig ist, daß es nur auf die Quotenerfüllung innerhalb eines jeden einzelnen Merkmales ankommt. In welcher Weise die Merkmale letztlich miteinander kombiniert werden ist unerheblich. Die Qualität einer Quotenstichprobe hängt von der Art und Anzahl der gewählten Merkmale ab. Grundsätzlich steigt die Qualität mit der Anzahl der verwendeten Merkmale. Zu viele Merkmale können jedoch Probleme bereiten, wenn die Kombinationsmöglichkeiten dadurch eingeschränkt werden.

Die Stichprobenbildung auf der Basis von Quoten ist mit einer Reihe von Vor- und Nachteilen verbunden. Als **Vorteile** sind zu nennen (*Rogge* 1992, S. 110):
- Stichprobe und Grundgesamtheit stimmen hinsichtlich der gewählten Strukturmerkmale nicht nur annähernd (zufällig), sondern vollständig überein.

Gesamtzahl der Interviews: 10							
Stadtteil:	A	1	2	③	4	5	
	B	1	2	3			
	C	1	2				
Geschlecht:	männlich	1	2	3	4	⑤	6
	weiblich	1	2	3	4		
Alter:	16 – 19	1	②				
	20 – 29	1	2				
	30 – 39	1	2				
	40 – 49	1	2				
	50 – 59	1	2				
Beruf:	Arbeiter	1	2				
	Angestellter						
	Beamter	1	2				
	Selbständig	1	2				
	Ohne Beruf	1	2	3	4	⑤	
Einkommensklasse:	bis 500 DM	1	②				
	501 – 1000	1	2	3	4		
	1001 – 2000	1	2				
	2001 – 3000	1	2				

Abb. 7: Beispiel einer Suchanweisung für Quotenauswahl (Quelle: *Rogge* 1992, S. 109)

- Eine nachträgliche Anpassung der Stichprobe an die Grundgesamtheit ist möglich, wenn sich herausstellen sollte, daß bestimmte Teile über- oder unterrepräsentiert sind (Redressement). Für Zufallsverfahren ist eine nachträgliche Änderung oder zusätzliche Aufnahme von Elementen ohne Störung des Wahrscheinlichkeitscharakters nicht möglich.
- Die Stichprobenausschöpfung ist (nahezu) hundertprozentig, da die Auswahl solange fortgesetzt werden kann, bis die angestrebte Stichprobengröße erreicht ist. Lediglich nicht realistische Restkombinationen von Merkmalen können die Vollausschöpfung behindern.
- Der Zeitaufwand ist nicht so groß wie bei Zufallsverfahren, da Auswahl und Befragung eine Einheit darstellen.
- Wiederholungsbesuche eines Stichprobenteilnehmers bei Nichtantreffen entfallen.
- Wegen geringerem Zeit- und Wegeaufwand sinken die Erhebungskosten.
- Der Auswahlmechanismus im Quotenmodell ist relativ unkompliziert und wenig aufwendig.
- Eine feste Datenbasis zur Auswahl der Elemente ist nicht notwendig. Die Auswahl kann im Feld erfolgen.
- Die Auskunftspersonen können anonym bleiben, wenn die Quotenauswahl nicht auf Adressenbasis vorgenommen wird.

Die möglichen **Nachteile** einer Quotenauswahl (*Berekoven/Eckert/Ellenrieder* 1996, S. 56; *Rogge* 1992, S. 110) liegen hauptsächlich darin, daß die angestrebte Repräsentativität nicht sichergestellt werden kann:
- Formale Repräsentativität besteht hinsichtlich der vorgegebenen Merkmale und Quoten. Da die Quotenmerkmale aber äußerlich feststellbar sein müssen, bleiben innere Merkmale unberücksichtigt. Repräsentativität ist also nur gegeben, wenn die ausgewählten Merkmale auch relevante Merkmale für die Untersuchung sind. Eine Zufallsstichprobe würde automatisch die richtige Verteilung der relevanten Merkmale liefern. Eine genaue Kenntnis der Merkmale ist dort nicht notwendig.
- Die Gültigkeit der gewählten Merkmale ist nicht gewährleistet, wenn das statistische Ausgangsmaterial der Grundgesamtheit zeitlich überholt ist. Die Repräsentativität betrifft dann nur einen bereits nicht mehr gültigen Zustand.
- Aus Praktikabilitätsgründen können in der Regel nur einige wenige Merkmale quotiert werden.
- Die mathematisch-statistisch fundierten Fehlerberechnungen sind ebenso wie die auf dem Wahrscheinlichkeitsprinzip beruhenden Auswertungs- und Testverfahren streng genommen nicht einsetzbar.
- Leichte Merkmalskombinationen werden anfänglich bevorzugt, das heißt, dies kann zu einer Verzerrung (Überrepräsentation) von Merkmalskombinationen führen.
- Die übrigbleibenden Merkmalskombinationen sind möglicherweise überhaupt nicht mehr realisierbar.
- Verzerrungen in der Quote durch Ausfälle, Verweigerungen sind nicht quantifizierbar.
- Bei mündlichen Befragungen werden leicht ansprechbare Personen bevorzugt ausgewählt. Nichtauskunftswillige können sich dem Interview leichter entziehen. Andere können versuchen mehrfach in die Auswahl zu gelangen. Entsprechend sind die Auskunftfreudigen eher überrepräsentiert.
- Nachlässigkeit und Bequemlichkeit beim Erhebungspersonal begünstigen regionale und lokale Klumpenbildungen und Verzerrungen.
- Schwierige Merkmalskombinationen werden sehr großzügig ausgelegt (21 Jahre anstelle 19).
- Nachbefragungen und Interviewerkontrollen sind wegen der fehlenden Adressenbasis und wegen der Anonymität der Befragten äußerst schwierig.
- Doppelbefragungen sind nicht auszuschließen.

Die meisten Nachteile sind auf die an der Erhebung mitwirkenden Personen zurückzuführen. Die Kenntnis der möglichen Problemstellen macht es möglich, entsprechende Fehler zu vermeiden. Durch Schulung und Motivation des Erhebungspersonals lassen sich schon wesentliche Mängel beheben (*Rogge* 1992, S. 151 f.).

2.3.2 Vereinfachungen

Das Prinzip der Nachbildung von Grundgesamtheiten in Stichproben durch relevante Merkmale läßt sich vereinfachen. Das ist besonders dann der Fall, wenn die Anzahl der möglichen Beschreibungsmerkmale sehr groß und komplex ist.

Eine Möglichkeit besteht in dem **Abschneideverfahren**. Aus der Menge der möglichen Elemente werden die ausgeschieden, die nur unwesentlich zum Ergebnis beitragen. Die Auswahlkriterien entscheiden nicht nur darüber, ob ein Element in die Auswahl gelangt, sondern vorrangig, ob das Element nicht in die Auswahl kommt. Man konzentriert sich auf die Haupteinflußfaktoren zum Ausdruck. Alle Elemente, die die Eigenschaften nicht erfüllen, werden nicht berücksichtigt, das heißt, sie werden einfach abgeschnitten. Es handelt sich gewissermaßen um ein Quotenverfahren, bei dem die Quoten nicht nach der Verteilung der Merkmale in der Grundgesamtheit, sondern nach ihrer Wichtigkeit für die erwarteten Ergebnisse festgelegt werden.

Bei einer Befragung über Leistungseigenschaften werden nur Personen befragt, die bestimmte Leistungen regelmäßig in Anspruch nehmen. Bei Erhebungen zur Verwendung von Entscheider-Informations-Systemen werden Unternehmen mit niedrigen Beschäftigtenzahlen im Management nicht in der Erhebung berücksichtigt. Die unwichtigen Elemente werden eliminiert. Das Verfahren ähnelt einem geschichteten Verfahren, wobei bestimmten Schichten der Auswahlsatz Null zugeordnet wird. Formal wird die Grundgesamtheit reduziert. Man konzentriert sich praktisch auf einen kleinen Teil der Grundgesamtheit, der jedoch insgesamt einen großen Anteil repräsentiert. Die Auswahl der Ausscheidungsmerkmale ist vom Untersuchungsgegenstand abhängig und nicht frei von subjektiven Elementen.

Bei der **typischen Auswahl** wird aus der Gesamtmenge der möglichen Elemente eine Anzahl herausgegriffen, von der man annimmt, sie sei besonders typisch. Die Merkmalsbeschreibung dieser sogenannten Typen sind ebenfalls vom Untersuchungsgegenstand und den Untersuchern abhängig. So könnten typische Besucher einer Diskothek mit bestimmten Bildungs- und Altersmerkmalen beschrieben werden, mit der Folge, daß Angehörige von bestimmten Schulen oder Stadtteilen ausgewählt werden. Testmärkte sind ebenfalls Beispiele für typische Auswahlen. Das wahrscheinlichkeitstheoretische Äquivalent der typischen Auswahl ist die Klumpenauswahl. Einerseits scheint die systematische Stichprobe hinsichtlich der angestrebten Untersuchungsmerkmale repräsentativer als eine einfache Zufallsstichprobe zu sein, andererseits steigt aber die Gefahr einer systematischen Verzerrung in den Merkmalen durch Falschauswahl (*Chou* 1969, S. 366).

Wenn die Grundgesamtheit relativ klein ist, aber in der Realität nur schwer abgegrenzt werden kann, leistet die Auswahl nach dem **Schneeballsystem** gute Dienste. Dabei geht man von einer kleinen Stichprobe aus, die anläßlich einer anderen Erhebung gezogen wurde oder die durch Befragung und Ausscheiden (ähnlich einer Quotenstichprobe) zustande gekommen ist. Anschließend wird jedes Element daraufhin überprüft, ob weitere Beziehungen zu anderen Elementen bestehen, die ebenfalls zur Grundgesamtheit gehören könnten. Auf diese Weise multipliziert sich die Stichprobe zu einer relativ großen Zahl von Elementen. Bei Personen ist die Grundidee, daß die einzelnen Mitglieder der Stichprobe mit anderen (Gleichgesinnten) über ihre *Merkmale* kommunizieren. Daher ist auch anzunehmen, daß die jeweils neu hinzukommenden Mitglieder sich auch relativ ähnlich sind. Bei Sachelementen kann auf ähnlicher Grundlage gearbeitet werden. Wenn die Repräsentativität auf der niedrigeren Auswahlstufe gegeben war, dann pflanzt sich diese weiter fort. Das gleiche gilt aber auch für etwaige Fehler. Eine Erhöhung der Fallzahl bedeutet nicht eine Erhöhung der Repräsentativität, wie sie bei anderen Auswahlverfahren angenommen werden kann.

2.4 Literaturverzeichnis

Chou, Ya-lun: Statistical Analysis with Business and Economic Applications, London/New York/Sydney/Toronto 1969

Bausch, Thomas: Auswahlverfahren in der Marktforschung, in: Tietz/Köhler/Zentes (Hrsg.): Handwörterbuch des Marketing, 2. Auflage, Stuttgart 1995

Berekoven, Ludwig/Eckert, Werner/Ellenrieder, Peter: Marktforschung, Methodische Grundlagen und praktische Anwendung, 7. Auflage, Wiesbaden 1996

Eiselt, Horst A./Frajer, Helmut von: Operations Research Handbook, Standard Algorithms and Methods with Examples, Berlin/New York 1977

Kellerer, Hans: Theorie und Technik des Stichprobenverfahrens, Eine Einführung unter besonderer Berücksichtigung der Anwendung auf soziale und wirtschaftliche Massenerscheinungen, 3. Auflage, München 1963

Rogge, Hans-Jürgen: Marktforschung, Elemente und Methoden betrieblicher Informationsgewinnung, 2. Auflage, München/Wien 1992

Schäfer, Erich/Knoblich, Hans: Grundlagen der Marktforschung, 5. Auflage, Stuttgart 1978

Schaich, Eberhard: Schätz- und Testmethoden für Sozialwissenschaftler, München 1977

Wettschureck, Gert: Grundlagen der Stichprobenbildung in der demoskopischen Marktforschung, in: Behrens, K.Chr. (Hrsg.): Handbuch der Marktforschung, Wiesbaden 1974, S. 171–205

Wyss, Werner: Marktforschung von A–Z, Eine Einführung aus der Praxis für die Praxis, Adligenswil 1991

3. Stichprobengüte

Heinrich Holland

Inhaltsübersicht
3.1   Grundbegriffe der Stichprobenverfahren
3.1.1   Voll- und Teilerhebung
3.1.2   Sicherheitsgrad
3.1.3   Stichprobenfehler
3.2   Intervallschätzung
3.2.1   Konfidenzintervall für Anteilswerte
3.2.2   Konfidenzintervall für Mittelwerte
3.3   Stichprobe und der Stichprobenumfang
3.3.1   Stichprobenziehung
3.3.2   Stichprobenumfang für Anteilswerte
3.3.3   Stichprobenumfang für Mittelwerte
3.3.4   Beispiele zur Bestimmung des Stichprobenumfangs
3.3.5   Bestimmung des Stichprobenumfangs in der Praxis
3.4   Literaturverzeichnis

Auf einen Blick

In der Marktforschung werden Untersuchungen im allgemeinen nicht als Vollerhebung sondern an Stichproben durchgeführt. Damit die Stichprobenergebnisse auf die Grundgesamtheit übertragen werden können, man also in der Lage ist, von der Teilmasse auf die dahinterstehende Gesamtmasse zu schließen, muß die Stichprobe repräsentativ sein. Die Repräsentativität wird durch geeignete Auswahlverfahren erreicht.

Der statistische Schluß von einer Stichprobe auf die Grundgesamtheit basiert auf der Wahrscheinlichkeitsrechnung und der Normalverteilung. Aus der Tabelle der Normalverteilung läßt sich ein Wert für einen bestimmten Sicherheitsgrad ablesen. Üblicherweise arbeitet man in der Marktforschung mit einem 95prozentigen Sicherheitsgrad.

Bei Erhebungen und Auswertungen von Marktforschungsstudien sind die systematischen von den Zufallsfehlern zu unterscheiden.

Mit Hilfe der Konfidenzintervalle werden Stichprobenergebnisse dazu genutzt, Intervalle zu schätzen, in denen die wahren Werte der Grundgesamtheit liegen. Hierbei werden Intervalle für Anteilswerte und Mittelwerte unterschieden.

Um eine vorgegebene Qualität der Aussage zu erreichen, muß die Stichprobe nicht nur repräsentativ und frei von systematischen Fehlern sein, sondern der Stichprobenumfang muß auch einen bestimmten Mindestwert erreichen. Dieser Stichprobenumfang läßt sich für qualitative (Anteilswerte) und quantitative Fragestellungen (Mittelwerte) errechnen.

3.1 Die Grundbegriffe der Stichprobenverfahren

3.1.1 Voll- und Teilerhebung

Bei einer **Vollerhebung** werden alle Untersuchungsobjekte, auf die die Fragestellung der Erhebung zutrifft, in die Untersuchung einbezogen.

Wenn beispielsweise alle Mitarbeiter eines Unternehmens nach der Zufriedenheit mit dem Kantinenessen oder alle Schüler einer Schule nach dem Verkehrsmittel gefragt werden, mit dem sie ihren Schulweg zurücklegen, handelt es sich um eine Vollerhebung. Auch die Volkszählung des Statistischen Bundesamtes gehört in diese Gruppe von Erhebungen.

Das bei einer Vollerhebung gewonnene Datenmaterial entspricht genau der Zielsetzung der Untersuchung. Vollerhebungen sind sehr kostspielig, und die genannten Beispiele machen schon deutlich, daß eine echte Vollerhebung, die wirklich jede Person, oder allgemein jedes Untersuchungsobjekt erfaßt, unrealistisch ist. Es gibt immer **Ausfälle**, da in den oben genannten Beispielen Personen krank oder verreist sind. Bei der Volkszählung gab es außerdem einen erheblichen Prozentsatz von Personen, die eine Beantwortung verweigert haben (*Holland, Scharnbacher* 1998, S. 13).

Oft ist auch die Gesamtheit aller betroffenen Untersuchungsobjekte nicht bekannt. Ein Markenartikelhersteller von beispielsweise Lebensmitteln oder Bekleidung kann keine Vollerhebung zur Zufriedenheitsmessung durchführen, da er keine Kenntnis über alle seine Kunden hat.

Bei **Teilerhebungen** wird nur eine Teilmenge der betroffenen Untersuchungsobjekte in die Erhebung einbezogen, diese Vorgehensweise ist wesentlich kostengünstiger und in kürzerer Zeit abzuwickeln. Allerdings besteht die Gefahr, daß die wirklichen Gegebenheiten der Grundgesamtheit nicht exakt widergespiegelt werden, weil sich die Teilmenge von der Gesamtmenge in der Struktur unterscheidet.

Aus diesem Grund ist darauf zu achten, daß die gewählte Teilmasse repräsentativ für die Gesamtmenge ist (*Berekoven et al.* 1986, S. 42 f.).

> Eine repräsentative Stichprobe ist dann erreicht, wenn die Teilmenge ein verkleinertes aber wirklichkeitsgetreues Abbild der Grundgesamtheit darstellt und die gleichen Merkmale aufweist.

Die Repräsentativität kann durch geeignete **Auswahlverfahren** erreicht werden (vgl. Beitrag von Hans-Jürgen Rogge, Erhebungsverfahren, S. 44). Wenn die Stichprobe durch zufallsgesteuerte Verfahren aus der Grundgesamtheit gezogen wird, hat jedes Untersuchungsobjekt die gleiche Chance, in die Stichprobe zu gelangen. Man kann dann eine Repräsentativität annehmen, wenn der Stichprobenumfang groß genug ist.

Die Verfahren der Zufallsauswahl setzen voraus, daß die Grundgesamtheit vollständig bekannt ist. Dazu müßten beispielsweise die Namen aller der Grundgesamtheit angehörigen Elemente in einer Kartei oder Datei vorliegen. Damit scheidet die Zufallsauswahl in sehr vielen Fällen von vornherein aus.

Im Gegensatz zu den Verfahren der Zufallsauswahl wird bei den Verfahren der bewußten Auswahl die Stichprobe nach bestimmten Regeln »konstruiert«. Die Auswahl erfolgt gezielt nach relevanten Merkmalen (z. B. Alter, Geschlecht, Berufsgruppen). Es geht auch hier darum, die Auswahl so vorzunehmen, daß die Stichprobe hinsichtlich der interessierenden Merkmale möglichst repräsentativ für die Grundgesamtheit ist (*Berekoven et al.* 1986, S. 51).

Für die Marktforschung werden **Quoten** entsprechend der Grundgesamtheit berechnet, und für die Stichprobe wird beispielsweise gefordert, daß von den 1000 zu befragenden Kunden 65 % weiblich sein müssen, 25 % zwischen 20 und 29 Jahren alt sein müssen, usw.

3.1.2 Sicherheitsgrad

Wenn im Zuge einer Marktforschungsstudie eine Teilerhebung durchgeführt wurde, und beispielsweise 2000 Personen nach ihrer Zufriedenheit mit einem bestimmten Waschmittel oder nach ihren Wahlabsichten (»Wen würden Sie wählen, wenn am nächsten Sonntag Bundestageswahlen wären?«) gefragt werden, so ist nicht interessant zu wissen, was gerade diese 2000 Befragten zu dem Thema gesagt haben, sondern man möchte das Stichprobenergebnis auf die Grundgesamtheit hochrechnen.

Wenn bei der Wahlforschung nun in einer Stichprobe von 2000 Personen 800 angegeben haben, sie würden die Partei X wählen, so kann dieser Anteil nicht einfach auf die Grundgesamtheit übertragen werden. Man kann nicht behaupten, daß 40 % aller Wahlberechtigten die Partei X wählen würden, da dieses Ergebnis in der Stichprobe gemessen wurde und es sich dabei um ein Zufallsexperiment handelt. Es muß auf der Basis der Wahrscheinlichkeitsrechnung argumentiert werden.

Der Schluß von einer Stichprobe auf die dahinterstehende Grundgesamtheit wird in der induktiven Statistik als **Repräsentationsschluß** bezeichnet. Er ist nur dann möglich, wenn die Stichprobe repräsentativ für die Grundgesamtheit ist.

Die induktive (schließende) Statistik kann dabei auf die Gauß'sche **Normalverteilung** zurückgreifen, die für die Statistik eine überragende Bedeutung hat und übrigens auf dem 10-DM-Schein abgebildet ist.

Ohne daß an dieser Stelle auf die Normalverteilung näher eingegangen werden kann, läßt sich aus der Tabelle dieser Verteilung ein Wert ablesen, der den Sicherheitsgrad einer statistischen Aussage ausdrückt.

In der praktischen Marktforschung wird im allgemeinen mit einem 95-prozentigen Sicherheitsgrad gearbeitet, was einem Wert von $t = 1{,}96$ aus der Tabelle der Standardnormalverteilung entspricht.

Dieser Wert wird bei den folgenden Berechnungen unterstellt.

3.1.3 Stichprobenfehler

Systematische Fehler können in allen Phasen der Erhebung und Auswertung auftreten. Sie sind nicht zufallsbedingt und sollten unbedingt minimiert werden (*Hippmann* 1997, S. 32).

Systematische Fehler können dadurch hervorgerufen werden, daß eine veraltete und unkorrekte Unterlage zur Berechnung oder zur Ziehung der Stichprobe Verwendung findet. Sie können auch durch einen ungeschickten Fragebogen (Suggestivfragen) oder falsche Antworten verursacht werden.

Der **Zufallsfehler**, der immer dann auftritt, wenn eine Teilerhebung durchgeführt wird, kann nicht vermieden werden. Er läßt sich jedoch bei Verfahren der Zufallsauwahl berechnen.

Stichprobenerhebungen erbringen in der Regel nicht den wahren Wert. Dieser wird überlagert durch systematische und zufällige Fehler.

Wenn ein Wert von $t = 1{,}96$ aus der Standardnormalverteilung unterstellt wird, so daß Aussagen über die Verhältnisse der Grundgesamtheit mit einer Wahrscheinlichkeit von 95 % gemacht werden können, bleiben 5 % Wahrscheinlichkeit, eine fehlerhafte Aussage zu treffen.

Das Stichprobenergebnis (z. B. 40 % Anteil für die Partei X in der Wahlforschung) kann nicht genauso auf die Grundgesamtheit übertragen werden. Ausgehend von dem Stichprobenergebnis ist es aber möglich, ein Intervall (einen Bereich) abzuschätzen, in dem der wahre Wert der Grundgesamtheit (bei allen Wahlberechtigten liegen wird).

Man kommt dann zu einem Ergebnis, das etwa wie folgt zu interpretieren ist:

Wenn in der Stichprobe ein Wähleranteil von 40 % für die Partei X gemessen wurde, kann daraus geschlossen werden, daß mit 95 prozentiger Sicherheit der Anteil dieser Partei in der Grundgesamtheit, also bei allen Wahlberechtigten, zwischen 38 % und 42 % liegen wird.

Die Berechnung dieser Intervalle wird im folgenden Kapitel erläutert.

3.2 Intervallschätzung

3.2.1 Konfidenzintervall für Anteilswerte

Wenn im Rahmen der Marktforschung eine Erhebung mit einem ausreichenden Stichprobenumfang und einer repräsentativen Auswahl der Stichprobe durchgeführt wurde, kann aus dem Ergebnis mit einem Repräsentationsschluß auf die Grundgesamtheit geschlossen werden.

Die Vorgehensweise soll hier anhand von Mailingtests erläutert und exemplarisch berechnet werden.

Wenn Werbebriefe (Mailings) testweise an eine Stichprobe aus einer Grundgesamtheit verschickt werden und bei diesem Test beispielsweise ein zweiprozentiger Rücklauf (Response) erzielt wurde, kann nicht darauf geschlossen werden, daß der Response der Hauptaussendung auch genau 2 % beträgt. Bei einem Test handelt es sich um ein statistisches Stichprobenverfahren, das den Gesetzen des Zufalls gehorcht und mit Hilfe der **Wahrscheinlichkeitsrechnung** erfaßt werden kann.

Es ist allerdings möglich, aus einem Stichprobenergebnis ein Intervall (Konfidenzintervall, Vertrauensbereich) abzuschätzen, in dem mit einer vorgegebenen Wahrscheinlichkeit das Ergebnis der Hauptaussendung liegen wird. Die Breite dieses Intervalls wird durch den Stichprobenfehler (e) bestimmt.

Wenn der Test abgeschlossen ist und eine Responsequote berechnet wurde, kann nach der folgenden Formel der Anteil der Reagierer in der Hauptaussendung ermittelt werden:

$$p - t \cdot \sqrt{\frac{p \cdot q}{n}} \leq P \leq p + t \cdot \sqrt{\frac{p \cdot q}{n}}$$

Die Symbole bedeuten (Scharnbacher 1997, S. 212):
p = Prozentsatz der Reagierer (Responsequote) im Test
q = Gegenwahrscheinlichkeit, Prozentsatz der Nichtreagierer
n = Größe der Stichprobe
t = Sicherheitsgrad aus der Tabelle der Standardnormalverteilung. Bei 95 % Sicherheit ist $t = 1{,}96$
P = Prozentsatz der Reagierer (Responsequote) bei der Hauptaussendung.

Über die Formel wird ein Intervall abgeschätzt, in dem P bei vorgegebener Sicherheit (t) liegt.

Bei dieser Formel für den qualitativen Fall handelt es sich um die vereinfachte Formel, die für den **Modellfall mit Zurücklegen** gilt. Es wird also unterstellt, daß ein Element (eine Person) aus der Grundgesamtheit gezogen wird, testweise angeschrieben wird und anschließend vor der Ziehung der nächsten Adresse in die Grundgesamtheit zurückgelegt wird. Es besteht die Chance, daß eine Person zwei- oder mehrmals für die Stichprobe ausgewählt wird.

Das entspricht natürlich nicht der Realität, da in der Praxis der Testgruppenermittlung die Stichprobe in einem Zug gezogen wird.

Wenn die Grundgesamtheit aber im Verhältnis zur Stichprobe sehr groß ist, kann auf die obige vereinfachte Formel zurückgegriffen werden. Erst wenn der Auswahlsatz 5 % übersteigt, also mehr als 5 % der Grundgesamtheit in den Test aufgenommen werden, muß ein **Korrekturfaktor** in der Berechnung berücksichtigt werden.

Falls also **ohne Zurücklegen** (auf einen Zug) die Stichprobe entnommen wird, wie dies in der Praxis üblich und sinnvoll ist, und mehr als 5 % der Adressliste für den Test ausgewählt werden, muß der Endlichkeitskorrekturfaktor multiplikativ unter der Wurzel ergänzt werden.

Die Formel lautet dann:

$$p - t \cdot \sqrt{\frac{p \cdot q}{n} \cdot \frac{N-n}{N-1}} \leq P \leq p + t \cdot \sqrt{\frac{p \cdot q}{n} \cdot \frac{N-n}{N-1}}$$

Dabei steht das Symbol N für den Umfang der Grundgesamtheit.

1. Beispiel: Ein Unternehmen hat in einer Testaussendung von 5000 Mailings aus einer Adressliste von 500 000 Personen einen Response von 3 % erzielt. Welcher Rücklauf ist bei der Hauptaussendung an alle 500 000 Adressen (bzw. an die verbleibenden 495 000) zu erwarten?

Da der Auswahlsatz in diesem Fall 1 % beträgt (nur 1 % der 500 000 Adressen werden in dem Test angesprochen), kann auf die vereinfachte Formel zurückgegriffen werden. Der Sicherheitsgrad soll, wie meist üblich, auf 95 % festgesetzt werden.

Die Werte betragen:
$p = 0{,}03$ Responsequote im Test 3 %
$q = 0{,}97$ Quote der Nichtreagierer 97 %
$n = 5000$ Stichprobenumfang
$t = 1{,}96$ Sicherheitsgrad 95 %
$P = ?$ Responsequote bei der Hauptaussendung

$$0{,}03 - 1{,}96 \cdot \sqrt{\frac{0{,}03 \cdot 0{,}97}{5000}} \leq P \leq 0{,}03 + 1{,}96 \cdot \sqrt{\frac{0{,}03 \cdot 0{,}97}{5000}}$$

$$0{,}03 - 1{,}96 \cdot 0{,}002412 \leq P \leq 0{,}03 + 1{,}96 \cdot 0{,}002412$$

$$0{,}025272 \leq P \leq 0{,}034728$$

Das **Testergebnis** läßt also die folgende Aussage zu:

Mit einer Wahrscheinlichkeit von 95 % wird bei der Hauptaussendung ein Response erzielt, der zwischen 2,53 und 3,47 % liegen wird.

Es wurde ein symmetrisches Intervall (± 0,47 Prozentpunkte) um den Testwert von 3 % ermittelt. Die Breite des Intervalls entspricht dem Stichprobenfehler, sie kann durch eine Vergrößerung des Testumfangs verringert werden.

2. Beispiel: Aus einer Adressliste von 60 000 wurden 6000 für einen Test ausgewählt. Der Test erbrachte einen Rücklauf von 0,5 %.

Da hier ein Auswahlsatz von 10 % gilt, muß der **Endlichkeitskorrekturfaktor** berücksichtigt werden.

$$0{,}005 - 1{,}96 \cdot \sqrt{\frac{0{,}005 \cdot 0{,}995}{6000} \cdot \frac{60\,000 - 6000}{60\,000 - 1}} \leq P \leq 0{,}005 - 1{,}96$$

$$\cdot \sqrt{\frac{0{,}005 \cdot 0{,}995}{6000} \cdot \frac{60\,000 - 6000}{60\,000 - 1}}$$

$$0{,}005 - 1{,}96 \cdot 0{,}000864 \leq P \leq 0{,}005 + 1{,}96 \cdot 0{,}000864$$

$$0{,}003307 \leq P \leq 0{,}006693$$

Testergebnis: Mit einer Wahrscheinlichkeit von 95 % wird bei der Hauptaussendung ein Response erzielt, der zwischen 0,33 und 0,67 % liegen wird.

Das symmetrische Intervall (± 0,17 Prozentpunkte) ist zwar **absolut** nicht sehr breit. Durch den geringen Response ergibt sich aber eine große relative Streuung um den Stichprobenmittelwert. Ein Stichprobenfehler von 0,17 Prozentpunkten bedeutet eine **relative Streuung** von 34 Prozent bezogen auf den Mittelwert.

3.2.2 Das Konfidenzintervall für Mittelwerte

Über die Technik der Konfidenzintervalle lassen sich nicht nur Prozentsätze, wie Responsequoten, sondern auch andere Stichprobenergebnisse hochrechnen.

Wenn **Mittelwerte** wie Umsätze, Bestellwerte, Kosten oder andere Durchschnittswerte auf die Grundgesamtheit übertragen werden sollen, entspricht dies in der Statistik dem quantitativen Fall und die oben angegebenen Formeln passen sich an die veränderte Fragestellung an.

$$\overline{x} - t \cdot \sqrt{\frac{s^2}{n}} \leq \mu \leq \overline{x} + t \cdot \sqrt{\frac{s^2}{n}}$$

Die Symbole bedeuten:
$\overline{x}$ = Durchschnittswert (z. B. Durchschnittsumsatz) in der Stichprobe
s = Standardabweichung (Streuung) in der Stichprobe
n = Größe der Stichprobe
t = Sicherheitsgrad aus der Tabelle der Standardnormalverteilung. Bei 95 % Sicherheit ist
    $t = 1{,}96$
μ = Durchschnittswert der Grundgesamtheit

Über die Formel wird ein Intervall abgeschätzt, in dem μ bei vorgegebener Sicherheit (t) liegt.

Falls die Ziehung ohne Zurücklegen entnommen wurde und der Auswahlsatz über 5 % liegt, muß auch hier der **Endlichkeitskorrekturfaktor** berücksichtigt werden, der analog dem qualitativen Fall multiplikativ unter dem Wurzelzeichen ergänzt wird.

3. Beispiel: Bei dem Test des Beispiels 1 haben die 150 Reagierer einen Durchschnittsumsatz von 200,– DM realisiert. Die durchschnittliche Abweichung vom Mittelwert, die Standardabweichung, beträgt 50,– DM. (Zur Berechnung der Standardabweichung vgl. *Holland/Scharnbacher* 1998, S. 50)

Welcher Durchschnittsumsatz ist bei der Hauptaussendung zu erwarten?

$$200 - 1{,}96 \cdot \sqrt{\frac{50^2}{150}} \leq \mu \leq 200 + 1{,}96 \cdot \sqrt{\frac{50^2}{150}}$$

$$200 - 1{,}96 \cdot 4{,}082483 \leq \mu \leq 200 + 1{,}96 \cdot 4{,}082483$$

$$191{,}9983 \leq \mu \leq 208{,}0017$$

Testergebnis: Mit einer Wahrscheinlichkeit von 95 % wird in der Hauptaussendung an alle zur Verfügung stehenden Adressen ein Durchschnittsumsatz erreicht, der zwischen 192 DM und 208 DM liegt.

Es fällt auf, daß die relative Breite des Intervalls hier wesentlich kleiner ist als bei der Abschätzung von Responsequoten. Aufgrund der höheren Durchschnittswerte fallen die Abweichungen nicht so stark ins Gewicht.

3.3 Stichprobe und Stichprobenumfang

3.3.1 Die Stichprobenziehung

Damit aus einem Stichprobenergebnis auf die Grundgesamtheit geschlossen werden kann, muß die Teilmenge wie bereits erläutert repräsentativ sein. Die Stichprobe muß die gleichen Merkmale aufweisen wie die Grundgesamtheit.

Die Repräsentativität der Stichprobe erreicht man dadurch, daß diese nach dem **Zufallsprinzip** ausgewählt wird.

Bei einer Zufallsauswahl, einem **Random-Verfahren**, wird entweder ein Zufallszahlengenerator eingesetzt, oder man entnimmt jedes x-te Element, hier jede x-te Adresse, aus der Grundgesamtheit, wobei der Faktor x wie folgt berechnet wird:

$$x = \frac{\text{Grundgesamtheit}}{\text{Stichprobengröße}}$$

Wenn 5000 Adressen aus einer Menge von 285 000 für den Test gezogen werden sollen, so muß ausgehend von einem zufällig gewählten Startwert jede 57. Adresse angeschrieben werden.

$$x = \frac{285\,000}{5000} = 57$$

Man sollte also nicht aus einer Adressliste die ersten oder letzten 5000 Personen auswählen, sondern eine zufällige Auswahl treffen. Die ersten Personen auf der Liste stellen möglicherweise keine Zufallsauswahl dar, sondern die Adressen können nach bestimmten

Kriterien sortiert sein. Eventuell enthält die Liste eine Sortierung nach Umsätzen, Bestandsdauer oder Region. Auch eine alphabetische Sortierung entspricht nicht unbedingt einer repräsentativen Stichprobe.

Neben der Zufallsauswahl (Random-Verfahren) wird in der Marktforschung auch häufig die **Quotenauswahl** zur Stichprobenauswahl genutzt.

Dabei werden Quoten der Grundgesamtheit vorgegeben, die auch in der Stichprobe realisiert werden müssen (*Weis/Steinmetz* 1998, S. 53 f.).

Beispielsweise könnte die Liste von Abonnenten einer Zeitschrift nach Kriterien wie
- Geschlecht
- Region
- Dauer des Abonnements gegliedert werden.

Die Stichprobe wird dann so konstruiert, daß sie die gleiche prozentuale Zusammensetzung wie die Gesamtheit aller Abonnenten aufweist. Die Kriterien, die für die jeweilige Quotenbildung heranzuziehen sind, orientieren sich an den vorhandenen Daten und an dem Ziel des Tests.

3.3.2 Der Stichprobenumfang für Anteilswerte

Zur Bestimmung der notwendigen Größe der Stichprobe für den Test muß auf die Stichprobentheorie der induktiven Statistik zurückgegriffen werden, die auf der Wahrscheinlichkeitsrechnung und der Normalverteilung basiert (*Scharnbacher* 1997, S. 214 ff.).

Nur wenn die Stichprobengröße einen bestimmten Wert überschreitet, kann aus dem Testergebnis mit vorgegebener Wahrscheinlichkeit (z. B. 95 % oder 99 %) auf das Ergebnis der Grundgesamtheit geschlossen werden.

Die vereinfachte Formel für den notwendigen Stichprobenumfang beruht auf dem statistischen **Urnenmodell mit Zurücklegen**.

Der **notwendige Stichprobenumfang** berechnet sich aus dem Sicherheitsgrad (t aus der Standardnormalverteilung), dem geschätzten Anteil P, der Gegenwahrscheinlichkeit Q und dem Stichprobenfehler e.

$$n \geq \frac{t^2 \cdot P \cdot Q}{e^2} \quad \text{Modell mit Zurücklegen}$$

Auswahlverfahren

n = Größe der Stichprobe

t = Sicherheitsgrad aus der Tabelle der Standardnormalverteilung. Der Sicherheitsgrad muß vom Bearbeiter vorgegeben werden; bei einer Sicherheit von 95 % beträgt $t = 1{,}96$.
Bei 99 % lautet der Wert für $t = 2{,}58$.

P = Gesuchter Prozentsatz, der sich aus der Erfahrung ergibt oder geschätzt werden muß.

Q = Gegenwahrscheinlichkeit zu P. Wenn man mit einem Prozentsatz von 5 % rechnet, ist $P = 0{,}05$ und $Q = 1 - P = 0{,}95$.

e = Der Stichprobenfehler gibt den Genauigkeitsgrad (die Fehlertoleranz) der Schätzung an. Wenn der Prozentsatz auf 0,1 Prozentpunkte genau geschätzt werden soll, ist $e = 0{,}001$.

Beim Urnenmodell mit Zurücklegen ist es möglich, daß in der Stichprobe mehrmals das gleiche Element zu finden ist.

In der Praxis der Marktforschung liegt dieses Urnenmodell natürlich nicht vor. Die Stichprobe wird in einem Zug aus der Grundgesamtheit entnommen. Oder sie wird zwar Element für Element entnommen aber dazwischen nicht wieder in die Grundmenge zurückgegeben (analog zur Ziehung der Lottozahlen). Es ist nicht denkbar, daß die gleiche Adresse mehrmals ausgewählt wird.

Diese Vorgehensweise läge auch nicht im Interesse des Test. In der Marktforschung wird meist das **Urnenmodell ohne Zurücklegen** unterstellt.

Die Formel für die notwendige Stichprobengröße im Modellfall ohne Zurücklegen lautet:

$$n \geq \frac{t^2 \cdot P \cdot Q \cdot N}{(N-1) \cdot e^2 + t^2 \cdot P \cdot Q} \quad \text{Modell ohne Zurücklegen}$$

Als zusätzliches Symbol zur obigen Formel erscheint hier:

N = Größe der Grundgesamtheit

> Nach einer Faustregel muß diese Formel jedoch nur dann angewandt werden, wenn im Modellfall ohne Zurücklegen mehr als 5 % der Grundgesamtheit in die Stichprobe aufgenommen werden sollen.

$$\text{Auswahlsatz} = \frac{n}{N} > 0{,}05 \quad \rightarrow \quad \text{Formel ohne Zurücklegen}$$

Falls der Auswahlsatz unter 0,05 beträgt, kann man davon ausgehen, daß die entnommenen Elemente nur einen so geringen Teil der Grundgesamtheit darstellen, daß es keinen entscheidenden Unterschied ausmacht, ob das Ziehen mit oder ohne Zurücklegen ausgeführt wird. Der Korrekturfaktor geht bei einem Auswahlsatz unter 5 % gegen 1 und kann damit vernachlässigt werden.

Natürlich weiß man die Stichprobengröße nicht vor der Anwendung der Formel, aber aus der Erfahrung läßt sich der Auswahlsatz abschätzen. Falls der berechnete notwendige Stichprobenumfang dann jedoch mehr als 5 % der Grundgesamtheit beträgt, muß eventuell noch einmal mit der exakten Formel gerechnet werden.

Dadurch ergibt sich ein geringfügig kleinerer Wert, so daß beim Umgang mit der **vereinfachten Formel** möglicherweise ein zu großer Wert ausgewiesen wird. Man macht also keinen schwerwiegenden Fehler, wenn der Test etwas umfangreicher wird als er sein müßte. Der Aussagewert des Tests wird nicht beeinträchtigt.

Aus diesen Gründen wird in der **Praxis** im allgemeinen mit der vereinfachten Formel (mit Zurücklegen) gearbeitet.

3.3.3 Stichprobenumfang für Mittelwerte

Wenn es in einer Marktforschungserhebung darum geht, **Mittelwerte** (quantitative Merkmale) zu erheben, wie durchschnittliche Umsätze, Kosten, Gewichte oder Längen, ändern sich die Formeln für den notwendigen Stichprobenumfang analog der Vorgehensweise bei den Konfidenzintervallen für quantitative Merkmale.

> Der notwendige Stichprobenumfang für den quantitativen Fall berechnet sich aus dem Sicherheitsgrad (t aus der Standardnormalverteilung), der Streuung (Standardabweichung δ) und dem Stichprobenfehler e.

$$n \geq \frac{t^2 \cdot \delta^2}{e^2} \quad \text{Modell mit Zurücklegen}$$

Als neues Symbol erscheint in dieser Formel δ:
δ = Standardabweichung, Streuung der Verteilung

Auch hier muß für den Fall des Ziehens ohne Zurücklegen der Endlichkeitskorrekturfaktor berücksichtigt werden, wenn der Auswahlsatz 5 % übersteigt.

Die Formel für die notwendige Stichprobengröße im **Modellfall ohne Zurücklegen** lautet:

$$n \geq \frac{t^2 \cdot \delta^2 \cdot N}{(N-1) \cdot e^2 + t^2 \cdot \delta^2} \quad \text{Modell ohne Zurücklegen}$$

Bei der Berechnung des Stichprobenumfangs für quantitative Fragestellungen ergibt sich das Problem, daß die Streuung δ der Verteilung in die Formel eingeht, diese aber vor der Erhebung im allgemeinen nicht bekannt ist.

Hier muß der Wert aus der Erfahrung oder über eine Pilotstudie geschätzt werden.

3.3.4 Beispielrechnungen zur Bestimmung des Stichprobenumfangs

Einige Beispielrechnungen bei denen immer – wie in der Praxis üblich – von einem Sicherheitsgrad von 95 % ($t = 1{,}96$) ausgegangen wird, sollen den Umgang mit den Formeln erläutern.

1. Beispiel: Ein Unternehmen plant eine Testaussendung eines Mailings, das einen prognostizierten Response von 2 % erbringen wird.

Die **Rücklaufquote** soll auf ± 0,1 Prozentpunkte genau geschätzt werden.

Der Sicherheitsgrad, mit dem das Testergebnis tatsächlich eintreten wird, soll 95 % betragen.

$$n \geq \frac{t^2 \cdot P \cdot Q}{e^2}$$

$P = 0{,}02$ (Response 2 %)
$Q = 0{,}98$ ($Q = 1 - P$)
$t = 1{,}96$ (Tabelle der Standardnormalverteilung)
$e = 0{,}001$ (Stichprobenfehler ± 0,1 %)

$$n \geq \frac{1{,}96^2 \cdot 0{,}02 \cdot 0{,}98}{0{,}001^2} = 75\,295{,}36$$

Testergebnis: Der Stichprobenumfang muß mindestens 75 296 Adressen umfassen, da grundsätzlich aufgerundet werden muß.

Wenn bei dem Test ein Responsewert von 2 % erreicht wird, wäre folgende Aussage möglich:

Mit einem Sicherheitsgrad von 95 % wird auch bei der Hauptaussendung eine Rücklaufquote zwischen 1,9 % und 2,1 % eintreten.

In diesem Beispiel ist der notwendige Testumfang wegen des geringen Stichprobenfehlers sehr groß. Wenn die Menge der insgesamt vorliegenden Adressen 1 000 000 beträgt und 75 000 Testadressen ausgewählt werden, bedeutet das einen Auswahlsatz von 7,5 %, so daß nach der Faustregel die andere Formel (ohne Zurücklegen) für die Berechnung der Stichprobengröße herangezogen werden müßte.

$$n \geq \frac{t^2 \cdot P \cdot Q \cdot N}{(N-1) \cdot e^2 + t^2 \cdot P \cdot Q} = \frac{1{,}96^2 \cdot 0{,}02 \cdot 0{,}98 \cdot 1\,000\,000}{999\,999 \cdot 0{,}001^2 + 1{,}96^2 \cdot 0{,}02 \cdot 0{,}98} =$$

$$= \frac{75\,295{,}36}{1{,}07529436} = 70\,023{,}02$$

Durch die Anwendung der exakten Formel wird der notwendige Stichprobenumfang um über 5000 Adressen geringer.

2. Beispiel: Der große Testumfang des ersten Beispiels läßt sich durch einen größeren Wert für e reduzieren.

Falls in dem obigen Beispiel eine **Fehlertoleranz** von 0,4 % akzeptiert würde, ergäbe sich nach der Formel ohne Korrekturfaktor:

$$n \geq \frac{1{,}96^2 \cdot 0{,}02 \cdot 0{,}98}{0{,}004^2} = 4\,705{,}96$$

Testergebnis: Es müßten mindestens 4706 Mailings versandt werden.

Mit einem Sicherheitsgrad von 95 % wird dann bei der Hauptaussendung eine Rücklaufquote zwischen 1,6 % und 2,4 % eintreten.

Bei geringerem Stichprobenumfang sinkt somit die Genauigkeit des Ergebnisses.

3. Beispiel: Ein Unternehmen möchte seinen Bekanntheitsgrad mit einem Sicherheitsgrad von 95 % auf ± 5 Prozentpunkte genau erheben.

In die Formel fließt dieser Bekanntheitsgrad P allerdings bereits ein. Falls kein Schätzwert dafür existiert, wird eine 50prozentige Bekanntheit unterstellt.

$P = Q = 0{,}5$ stellen für die Statistik den »**worst case**« dar, da das Produkt aus P und Q in diesem Fall den größtmöglichen Wert annimmt. Der Stichprobenumfang wird also eventuell zu groß berechnet, aber auf keinen Fall zu klein. Die Genauigkeit der Schätzung, der Stichprobenfehler, wird keinesfalls unpräziser als gefordert.

$$n \geq \frac{1{,}96^2 \cdot 0{,}5 \cdot 0{,}5}{0{,}05^2} = 384{,}16$$

Wenn die Grundgesamtheit so groß ist, daß der Auswahlsatz unter 5 % liegt, wovon man ausgehen kann, müssen 385 Personen in die Befragung einbezogen werden.

4. Beispiel: Das Unternehmen aus dem 3. Beispiel möchte neben seinem Bekanntheitsgrad auch die durchschnittliche Umsatzhöhe seiner Kunden erfragen.

Aus einer früheren Erhebung ist bekannt, daß der Durchschnittsumsatz bei 200 DM liegt mit einer durchschnittlichen Streuung (Standardabweichung) von 60 DM.

Der Stichprobenfehler soll ± 5 DM und der Sicherheitsgrad 95 % betragen.
Das Unternehmen hat 1 Millionen Kunden, so daß von einem Auswahlsatz unter 5 % ausgegangen werden kann.

$$n \geq \frac{1{,}96^2 \cdot 60^2}{5^2} = 553{,}13$$

Testergenis: Es müssen 554 Personen in die Befragung einbezogen werden.

3.3.5 Bestimmung des Stichprobenumfangs in der Praxis

In der Praxis wird meist mit Tabellen oder graphischen Darstellungen gearbeitet, die die Werte für den **notwendigen Stichprobenumfang** für alternative P (prognostizierte Anteile) und e (Stichprobenfehler) angegeben.

Auswahlverfahren

Wie die Formeln für n deutlich machen, muß für unterschiedliche Mittelwerte und Anteilswerte ein unterschiedlicher Stichprobenumfang gewählt werden. Da im allgemeinen bei einer Marktforschungserhebung aber nicht nur eine Fragestellung erhoben wird, sondern ein umfangreicher Fragebogen mit vielen unterschiedlichen Problemstellungen eingesetzt wird, geht man vom worst case ($P = Q = 0{,}5$) aus. Der Stichprobenumfang wird auf diesen Fall ausgerichtet.

Die in Tabelle 1 beispielhaft angegebenen Werte geben einen Überblick über die Größenordnungen und zeigen, daß vor allem bei hohen Anteilen bei vertretbarem Stichprobenumfang nur große Stichprobenfehler realisierbar sind (*Holland* 1993, S. 52). Die Daten im rechten oberen und linken unteren Teil der Tabelle sind nicht relevant.

Dabei ist zu beachten, daß der Stichprobenfehler in Prozentpunkten gemessen wird und bei größeren Anteilen relativ kleiner wird. Es ist eher angemessen, bei einem 5 % Anteil einen Stichprobenfehler von 0,5 %-Punkten in Kauf zu nehmen als bei einem Anteil von 1 %. Im ersten Fall schwankt der Schätzwert zwischen 4,5 % und 5,5 %, im zweiten zwischen 0,5 % und 1,5 %.

Anteile in %	Stichprobenfehler in Prozentpunkten					
	0,05	0,1	0,2	0,5	1,0	2,0
0,1	15 352	3 838	960	154	39	10
0,5	76 448	19 112	4 778	765	192	48
1,0	152 128	38 032	9 508	1 522	381	96
1,5	227 039	56 760	14 190	2 271	568	142
2,0	301 182	75 296	18 824	3 012	753	189
3,0	447 163	111 791	27 948	4 472	1 118	280
4,0	590 070	147 518	36 880	5 901	1 476	369
5,0	729 904	182 476	45 619	7 300	1 825	457
6,0	866 665	216 667	54 167	8 667	2 167	542
7,0	1 000 353	250 089	62 523	10 004	2 501	626
8,0	1 130 968	282 742	70 686	11 310	2 828	707
9,0	1 258 509	314 628	78 657	12 586	3 147	787
10,0	1 382 976	345 744	86 436	13 830	3 458	865
20,0	2 458 624	614 656	153 664	24 587	6 147	1 537
30,0	3 226 944	806 736	201 684	32 270	8 068	2 017
40,0	3 687 936	921 984	230 496	36 880	9 220	2 305
50,0	3 841 600	960 400	240 100	38 416	9 604	2 401

Tab. 1: Notwendiger Stichprobenumfang bei einem Sicherheitsgrad von 95 % ($t = 1{,}96$) für alternative Anteile (P) und Stichprobenfehler (e) nach der Formel für den Fall mit Zurücklegen

3.4 Literaturverzeichnis

Berekoven, L./Eckert, W./Ellenrieder, P.: Marktforschung, Methodische Grundlagen und praktische Anwendung, 2. Aufl., Wiesbaden 1986
Hippmann, H.-D.: Statistik für Wirtschafts- und Sozialwissenschaftler, 2. Aufl., Stuttgart 1997
Holland, H.: Direktmarketing, München 1993
Holland, H./Scharnbacher, K.: Grundlagen der Statistik, 3. Aufl., Wiesbaden 1998
Scharnbacher, K.: Statistik im Betrieb, 11. Aufl., Wiesbaden 1997
Weis, H.-C./Steinmetz, P.: Marktforschung, 3. Aufl., Ludwigshafen 1998

Kapitel III
Erhebungsverfahren in der Marktforschung

Hans-Jürgen Rogge
1. Sekundärerhebung (Informationsquellen) 79

Wilhelm Mülder
2. Marketing-Informationssystem 95

Peter Sauermann
3. Qualitative Befragungstechniken 116

Jürgen Bruns
4. Befragung als Instrument der primärforscherischen Datengewinnung 129

Werner Pepels
5. Befragungsstrategie und -taktik 148

Karin Schmitt-Hagstotz/Werner Pepels
6. Schriftliche Befragung 156

Rötger Nötzel
7. Praxis der schriftlichen Umfrage 170

Werner Pepels
8. Computergestützte Befragung 182

Gerhard Schub von Bossiazky
9. Online-Befragung 191

Werner Hagstotz/Karin Schmitt-Hagstotz
10. Omnibusbefragung/Mehrthemenbefragung 204

Fritz Unger
11. Panel-Forschung 213

Peter Sauermann
12. Apparative Beobachtungsverfahren 231

Fritz Unger
13. **Experiment: Die Frage nach den Ursachen** 246

Werner Hagstotz/Karin Schmitt-Hagstotz
14. **Konzepttest** 261

Gerhard Schub von Bossiazky
15. **Kommunikationstest** 270

Werner Pepels
16. **Testmarktsimulationen** 281

Werner Pepels
17. **Mikromarkttest** 291

1. Sekundärerhebung (Informationsquellen)

Hans-Jürgen Rogge

Inhaltsübersicht

1.1 Grundlagen
1.1.1 Begriffliche Abgrenzungen (Zusammenhänge zwischen Sekundär- und Primäranalyse)
1.1.2 Zielsetzung der Sekundärforschung
1.2 Verfahrensablauf
1.2.1 Bestimmung des Datenbedarfs
1.2.2 Quellenerschließung/Arbeitstechnik
1.3 Arten von Quellen
1.3.1 Interne Quellen
1.3.2 Externe Quellen
1.4 Beurteilungs- und Auswahlkriterien
1.5 Literaturverzeichnis

Auf einen Blick

Die Sekundäranalyse ist ein Datenerhebungsverfahren, das im Gegensatz zu Primärerhebungen häufig ein Schattendasein fristet. Tatsächlich ist die vorhergehende Analyse von bereits vorhandenem Material vor umfangreichen Direktuntersuchungen ein Schritt der viel Arbeit und Kosten ersparen kann. Gerade für kleinere und mittlere Unternehmen kann daher die Sekundäranalyse von großer Wichtigkeit sein. Die Datensammlung und Auswertung muß dabei jedoch genauso systematisch, möglicherweise sogar noch genauer, erfolgen wie bei Ersterhebungen. Der Beitrag zeigt die Wesensunterschiede zwischen Sekundär- und Primärforschung. Die grundsätzlichen Zielsetzungen und Einsatzbereiche werden dargelegt, um bereits im Vorfeld der Entscheidung eine günstige Methodenauswahl treffen zu können. Die Arbeitsmethodik zur Informationsbedarfsbestimmung und Erschließung konkreter Datenquellen und Daten wird erläutert. Zur Erleichterung des Zugangs zu der Vielzahl von Quellen, werden diese nach Arten klassifiziert. Beispiele und Hinweise auf Quellenkataloge geben Hilfestellungen für den konkreten Untersuchungsfall. Eine Zusammenstellung von Kriterien zur Einschätzung der Brauchbarkeit von Quellen und Daten soll das Instrumentarium zur Verfügung stellen, um der Datenvielfalt die relevanten Informationen heraus zu filtern.

1.1 Grundlagen

1.1.1 Begriffliche Abgrenzungen (Zusammenhänge zwischen Sekundär- und Primäranalyse)

Aufgabe der Marktforschung ist die Beschaffung von Daten, die die Grundlage für Problemlösungen liefern. Grundsätzlich stehen zur Beschaffung dieser Daten verschiedene Methoden zur Verfügung. Wenn die Daten direkt am Erhebungsobjekt und für konkrete Fälle erfaßt werden, spricht man von **Primärforschung** oder Feldforschung.

Daten lassen sich jedoch in vielen Fällen auch auf indirektem Wege sammeln. Gegenstand der **Sekundärforschung** ist die Zusammenstellung und Auswertung von Datenmaterial, das bereits zu einem früheren Zeitpunkt erhoben worden ist. Der ursprüngliche Erhebungszweck ist dabei in der Regel nicht der Gleiche, wie der der späteren Auswertung. Das Datenmaterial wird einer erneuten (zweiten, dritten oder weiteren) Analyse unterzogen. Der aktuelle Untersuchungszweck unterscheidet sich häufig von dem ursprünglichen Erhebungszweck, so daß im Rahmen der Sekundäranalyse völlig neue Zusammenhänge untersucht werden können. Für die Analyse im Rahmen der Sekundärforschung ist eine Arbeit im Feld nur bedingt notwendig. Daher ist der Name Schreibtischforschung oder Desk-Research für diesen Arbeitsbereich ebenfalls üblich. Sekundärforschung jedoch im Vergleich zur Primärforschung als zweitrangig oder Forschung aus zweiter Hand oder als nicht realitätsbezogen zu kennzeichnen, wäre falsch (*Rogge* 1992, S. 49; *Wyss* 1991, S. 281).

Sekundärforschung und Primärforschung ergänzen sich gegenseitig. Die Sekundärforschung ist die logisch konsequente Fortführung von Primärerhebungen. Alle Daten müssen zunächst einmal am Erhebungsobjekt direkt erhoben (Primärforschung) worden sein. Nach einer ersten zweckbezogenen Auswertung wird das Material systematisiert und archiviert. Zu einem späteren Zeitpunkt kann dann das vorhandene Material unter neuen Fragestellungen analysiert werden (vgl. Abbildung 1). Gegebenenfalls gehen die Ergebnisse mehrerer Primärerhebungen in die spätere Sekundäranalyse ein. Ohne Primärerhebungen wären Sekundäranalysen nicht möglich. Andererseits wird der Wert von Primärerhebungen durch die Mehrfach- und Wiederverwendung von Daten erhöht. Dann kann man sich diesen Zusammenhang zunutze machen und quasi Daten auf Vorrat erheben (*Rogge* 1992, S. 58).

In der Marktforschungspraxis ergibt sich daneben noch ein anderer Zusammenhang zwischen Sekundär- und Primärforschung, der die gedankliche Reihenfolge umkehrt. Im Rahmen der zeitlichen Aufeinanderfolge der Teilmaßnahmen (Sekundäranalyse, Primäranalyse) findet häufig die Sekundärforschung vor Primäranalysen statt (*Büning et al.* 1981, S. 67).

Für eine konkrete Problemstellung wird ein Untersuchungsziel definiert, das die Grundlage des Datenbedarfs liefert (vgl. Abbildung 2). Der Datenbedarf muß nicht endgültig definiert sein. Zur Deckung des **Grundinformationsbedarfes** zieht die Sekundäranalyse bereits vorhandenes oder relativ leicht zugängliches Datenmaterial heran. Damit wird der Informationsbedarf mehr oder weniger stark befriedigt. Während der Sekundäranalyse kann ein Bild von dem Untersuchungsgegenstand gezeichnet werden, das schließlich dazu führt,

Sekundärerhebung (Informationsquellen)

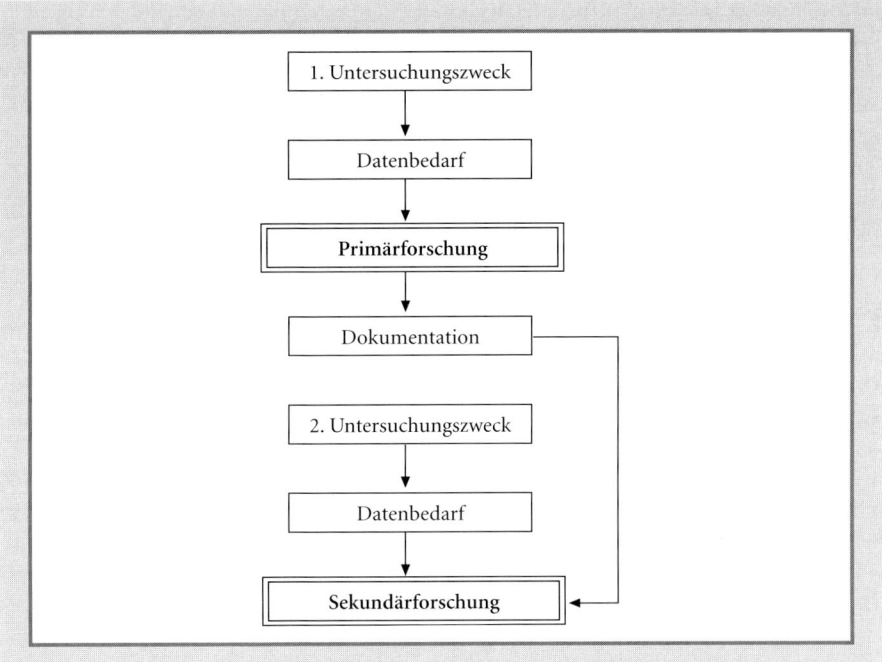

```
        1. Untersuchungszweck
                 ↓
           Datenbedarf
                 ↓
         Primärforschung
                 ↓
          Dokumentation ──┐
                          │
        2. Untersuchungszweck
                 ↓        │
           Datenbedarf    │
                 ↓        │
         Sekundärforschung ←┘
```

Abb. 1: Logischer Zusammenhang zwischen Sekundär- und Primärforschung (Quelle: *Rogge* 1992, S. 51)

```
      ┌──── Untersuchungszweck
      │            ↓
      │       Datenbedarf
      │            ↓
      └──→  Sekundärforschung
                   ↓
      ┌──→  weiterer Datenbedarf ←──┐
      │            ↓                │
      └──── Primärforschung ────────┘
```

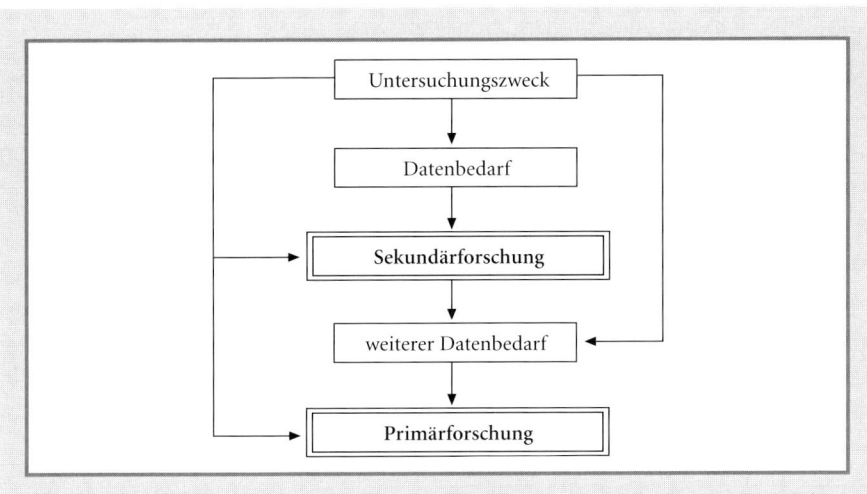

Abb. 2: Arbeitsablauf zwischen Sekundär- und Primärforschung (Quelle: *Rogge* 1992, S. 52)

daß zusätzlicher Informationsbedarf entsteht. Weitere Sekundäranalysen mit der Erschließung zusätzlicher Datenquellen können sich anschließen. Da die eigentliche Problemstellung und die Problemstellung der bei der ursprünglichen Datenerhebung der Sekundärdaten in den meisten Fällen nicht identisch sein werden, verbleibt ein Rest an Informationsbedarf. Darüber hinaus kann mittels theoretischer Überlegungen auf der Grundlage des Datenmaterials der ursprüngliche Informationsbedarf konkretisiert und erweitert werden. Die Primäranalyse setzt die Sekundäranalyse einerseits sinnvoll fort. Andererseits schafft die Sekundäranalyse überhaupt erst die Voraussetzungen für eigene Primäranalysen.

1.2 Zielsetzung der Sekundärforschung

Aus der Abgrenzung von Primär- und Sekundärerhebungen lassen sich die grundsätzlichen Zielsetzungen von Sekundärerhebungen ableiten (*Rogge* 1995, Sp. 2276). Sekundäranalysen können eigene Primärerhebungen ersetzen und damit zur Kostenreduzierung beitragen. Andererseits sind sie Ergänzungen zu Primärerhebungen und tragen somit zur Verbesserung der Qualität der empirisch gesammelten Daten bei. Unter dieser Betrachtungsweise lassen sich **Teilzielkategorien** bilden:

- Die Beschaffung von Erstinformationen dient der Festlegung des Informationsbedarfs und bildet die Ausgangsbasis für weitere Marktforschungsaufgaben. Sekundärforschung hat dann die Aufgabe von Pilotstudien. Die weiteren Aktivitäten können sowohl zusätzliche Sekundäranalysen sein als auch Primärerhebungen. Zu Beginn einer jeden Marktforschungsaufgabe sollte in diesem Sinne eine Sekundäranalyse stehen. Sekundäranalysen bestimmen den nachfolgenden Informationsbedarf.
- Die Beschaffung von Zusatzinformationen auf dem Wege der Sekundäranalyse dient dem Ziel, Informationslücken in anderen Bereichen zu schließen. Die Aussagekraft anderer Untersuchungen kann dadurch gesteigert werden. Sekundärforschung macht Anpassungen an einen veränderten Informationsbedarf während unterschiedlicher Erhebungsphasen möglich. Der Informationsbedarf der Sekundäranalysen wird durch andere Bereiche bestimmt.
- Die Beschaffung von Kontrollinformationen dient der Absicherung von bereits vorhandenem Datenmaterial. Sekundärdaten können sowohl die Brauchbarkeit von Daten, die aus verschiedenen Quellen stammen, überprüfen helfen als auch Hinweise zur Qualität von Primärergebnissen liefern. Daten aus Sekundärquellen können verwendet werden, um die Plausibilität anderer Daten zu überprüfen und theoretische Erklärungsmodelle für empirisch festgestellte Zusammenhänge liefern.
- Schließlich kann die Sekundäranalyse das Ziel verfolgen, Ersatzinformationen zu beschaffen. Die Sekundäranalyse tritt dann voll oder teilweise an die Stelle der Primärerhebung. Dieses Ziel steht immer dann im Vordergrund, wenn keine andere Möglichkeit der Datenerhebung besteht. Tatsächlich kann durch den Einsatz von Sekundäranalysen auch entschieden werden, daß Primärerhebungen nicht notwendig sind, weil die Daten bereits in anderen Quellen vorhanden sind. Außerdem kann sich eine Sekundäranalyse als schneller und kosteneffektiver als eine Primärerhebung gestalten. Das wird sich jedoch erst während oder nach erfolgter Analyse herausstellen. So gesehen ist die Funktion des Methodenersatzes latent in den anderen Zielkomplexen

enthalten. Der Ersatz von Primärforschung durch Sekundärforschung, vor allem wegen der vermuteten Kostenersparnis, sollte nicht das vorrangige Ziel sein.

Aus den genannten Hauptkomplexen lassen sich konkrete Teilaufgaben und Ziele ableiten, die mit dem Einsatz der Verfahren der Sekundäranalyse verbunden sind:
- Sammlung und Formulierung von Hypothesen für konkrete Marktforschungsaufgaben und Problemstellungen,
- Bestimmung des Informationsbedarfs für Sekundär- und Primärerhebungen,
- Festlegung von Erhebungsschwerpunkten und wichtigen Datenbereichen,
- Bestimmung der Erhebungsmethodik,
- Verknüpfung und Interpretation von empirischen und theoretischen Ergebnissen,
- Bestätigung von Hypothesen,
- Erhöhung und Erweiterung der Informationsbasis für Entscheidungen,
- Absicherung von Entscheidungen durch Analogieschlüsse,
- Beseitigung von Unsicherheit durch die Beschaffung von Zusatz- und Parallelinformationen,
- Erstellung einer Datenbasis (Datenbank) für spätere Entscheidungsfälle,
- Schaffung einer Basis für Zeitanalysen im Vergleich zu Querschnittsanalysen und
- Aufbau eines Prognosesystems auf der Grundlage von Daten und Theorien.

1.2 Verfahrensablauf

Das Verfahren der Sekundäranalyse folgt insgesamt einem bestimmten Ablaufschema (vgl. Abbildung 3). Zunächst wird das Ziel der Untersuchung definiert. Daraufhin wird der Informationsbedarf für das Projekt bestimmt. Es folgt eine Auflistung der möglichen

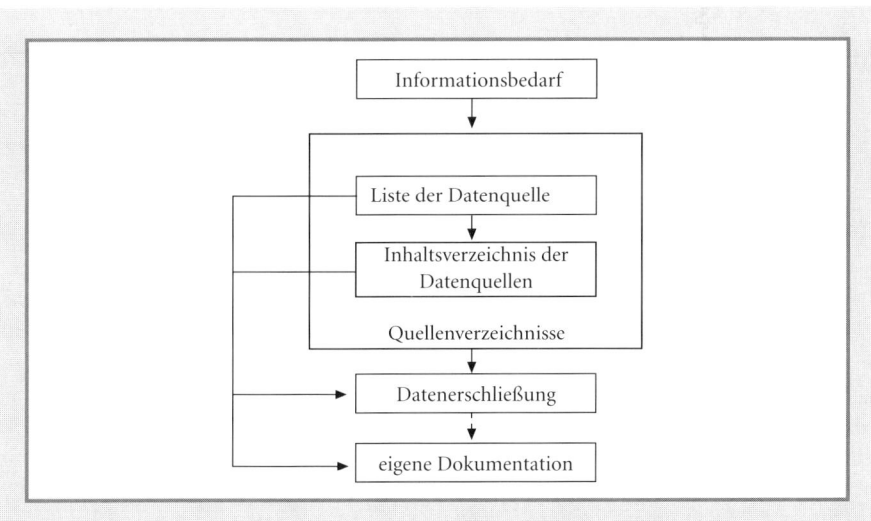

Abb. 3: Prozeß der Erschließung von Datenquellen (Quelle: *Rogge* 1992, S. 54)

Quellen und Auswahl von bestimmten Quellen aus der Gesamtmenge. Die Erschließung der Quellen im Einzelnen umfaßt eine Analyse der Inhalte, Selektion und Ordnung einzelner Daten und Verknüpfung bzw. Interpretation. Die Sekundäranalyse wird abgeschlossen mit der Erstellung eines Berichtes und der Dokumentation sowie Speicherung von Daten für spätere Zwecke.

1.2.1 Bestimmung des Datenbedarfs

Die Basis für alle Sekundäranalysen stellt die Bestimmung des Informationsbedarfes dar. Durch Art und Menge der notwendigen Informationen wird die gesamte weitere Vorgehensweise bestimmt. Informationen sind zweckbezogenes (neues) Wissen. Es gilt daher zunächst festzustellen, welche Daten für die Lösung von konkreten Problemstellungen notwendig sind und welche davon bereits vorhanden sind. Ausgangspunkt der Festlegung des Informationsbedarfs ist für den Marketingbereich die Marketingplanung. Ein Teil der notwendigen Planungsdaten betrifft das planende Unternehmen selbst mit den verschiedenen Informationsbereichen (*Berekoven et al.* 1996, S. 43 ff.; *Berthel/Moews* 1970, S. 86 ff.; *Rogge* 1992, S. 38 ff.):

- Absatz/Marketing (Vergangenheitsabsatz, Absatzerwartungen, Abnehmermerkmale, Marketinginstrumente, Budget),
- Produktion/Fertigung/Entwicklung (Kapazitäten, Kosten, Entwicklungszeiten, technische Möglichkeiten),
- Beschaffung (Materialqualitäten, Lieferzeiten) und
- Rechnungswesen/Controlling (Kostenvorgaben, Deckungsbeiträge).

Dieser Teil der Daten/Informationen ist meist in dem Unternehmen bereits vorhanden und muß nur erschlossen werden.

Ein anderer Datenbereich betrifft das äußere Umfeld und den Markt als Ganzes mit Informationen aus Bereichen wie:

- Endabnehmer (Mengennachfrage, Marktanteile, Bedürfnisse, Kaufabsichten, Verwendungsverhalten, Image),
- Marktpartner/Distribution (Absatzkanäle, Kooperationen/Konzentrationen, Aktivitäten, Lagerhaltung, Konditionen, Marktanteile) und
- Mittwettbewerber (Anzahl, Größe, Stärken/Schwächen, Marketinginstrumente).

Diese Daten werden in der Regel aus externen Quellen beschafft.

Je nach Planungsproblem werden die Informationsbedarfskataloge unterschiedlich umfangreich ausfallen und den einzelnen Bestandteilen kommt unterschiedliche Bedeutung zu. Der Informationsbedarf ändert sich während der Informationsbeschaffung. Paradoxerweise steigt der Bedarf in vielen Fällen während der Informationsammlung und Datenaufbereitung, da durch bessere Problemerkenntnis neue Informationswünsche entstehen (*Rogge* 1992, S. 41). Die Notwendigkeit und Wichtigkeit einiger Informationsarten ist von **Kriterien** (*Berthel/Moews* 1970, S. 93 ff.; *Rogge* 1992, S. 42) abhängig, die ihrerseits wieder Informationsbedarf darstellen können. Es ist daher sinnvoll derartige Kriterien im Vorhinein zu prüfen:

- Marktstellung/Marktanteil des Unternehmens,

- Aktionsradius für Marketingaktivitäten,
- Anzahl und Größe der Mittwettbewerber,
- Existenz/Bedeutung präferenzschaffender Faktoren (Qualität, Image, Vertrauen),
- Marktdynamik/Innovationsdruck,
- Breite des Angebotsprogramms,
- Zahl der Abnehmer,
- Existenz saisonaler Einflüsse,
- Exportanteil/Exportabhängigkeit,
- Produktcharakter (Konsumgut, Investitionsgut, Dienstleistung),
- Angebotscharakter (Auftragsfertigung, anonymer Markt),
- Lagerfähigkeit der Erzeugnisse,
- Anpassungsmöglichkeiten in Fertigung und Entwicklung,
- Auslastung von Kapazitäten,
- eigene Lieferfristen und
- Planungshorizont.

1.2.2 Quellenerschließung/Arbeitstechnik

Nachdem der Informationsbedarf festgelegt worden ist, kann mit der eigentlichen Datensammlung begonnen werden. Dazu müssen zunächst die Quellen erschlossen werden. Da die Daten aus unterschiedlichen Quellen stammen können, entscheidet die Kenntnis der möglichen Quellen über den Erfolg der Datensuchaktivitäten. Häufig kann der Informationsbedarf nicht befriedigend gedeckt werden, obwohl die Daten verfügbar gewesen wären, weil Datenquellen dem Planer nicht bekannt oder zugänglich waren (*Rogge* 1992, S. 37 f.; *Rogge* 1995, Sp. 2277). Ein erster Schritt besteht demnach in der Erstellung und Auswertung von Quellenverzeichnissen.

Quellenverzeichnisse enthalten Hinweise auf Art, Umfang und Fundstellen von konkreten Daten sowie die Möglichkeiten, Zugang zu den gewünschten Daten zu erlangen. Die Quellenverzeichnisse können Teile der Datenquellen sein (Inhaltsverzeichnisse) oder eigenständigen Charakter haben (Kataloge, Quellenlexika, Suchmaschinen im Internet). Je ausführlicher die Quellenverzeichnisse sind, um so besser lassen sie sich einsetzen für die Entwicklung des Informationsbedarfs einerseits und die gezielte Informationsbedarfsdeckung anderseits (*Hüttner* 1979, S. 26). Mit der Zusammenstellung der verfügbaren (und brauchbaren) Quellen ist in der Regel bereits die Hauptarbeit der Sekundärforschung geleistet.

In einem nächsten Schritt werden die Daten aus den ausgewählten Quellen selbst gesichtet. Eine erneute **Beurteilung der Qualität** schließt sich an. Gegebenenfalls müssen die Daten durch Vergleiche angepaßt und berichtigt werden. Soweit das Material es zuläßt, können Verknüpfungen und mathematisch/statistische Analysen (Korrelation, Regression, Faktorenanalyse, Prozentuierungen, Umgruppierungen) vorgenommen werden, die zu neuen Daten führen und gegebenenfalls einen weiteren Informationsbedarf auslösen. Auch die Zusammenfassung und Interpretation von Einzeldaten und qualitativen Angaben aus verschiedenen Quellen gehören dazu (*Büning et al.* 1981, S. 77; *Rogge* 1992, S. 59).

1.3 Arten von Quellen

Die Quellen für Sekundärdaten lassen sich nach verschiedenen Kriterien ordnen. Traditionell wird nach der Herkunft der Daten eingeteilt. Grundsätzlich lassen sich innerbetriebliche und außerbetriebliche Daten und Quellen für Sekundäranalysen unterscheiden.

1.3.1 Interne Quellen

Die Daten der innerbetrieblichen Quellen werden vom und im Unternehmen verwaltet. Sie enthalten einerseits (interne) Angaben über das Unternehmen selbst und andererseits Daten, die bereits zu einem früheren Zeitpunkt gesammelt und für zukünftige Zwecke gespeichert worden sind. Durch eine Auswertung der bereits vorhandenen Informationen kann ein erster Überblick über den Markt gewonnen werden. Doppelarbeiten lassen sich vermeiden, denn die Erschließung bestimmter externer Quellen erübrigt sich dann, wenn die darin enthaltenen Informationen bereits im Unternehmen bekannt sind. Quellen marktforschungsrelevanter Daten können sein:
- Auftragseingänge,
- Absatzstatistiken,
- Vertriebskostenrechnung,
- Reklamationen,
- Besuchsberichte,
- eigene Datenbanken,
- Messe und Ausstellungsberichte,
- Produktionsstatistiken und
- Forschungs- und Entwicklungsnachrichten.

Damit die gespeicherten Daten auch später leicht abgerufen werden können, ist eine systematische Datenspeicherung erforderlich. Bei großem Informationsbedarf ist zu überlegen, ob die innerbetriebliche Datensammlung und Speicherung nicht institutionalisiert werden sollte (*Hüttner* 1979, S. 26; *Rogge* 1992, S. 58). Die Erhebung von Betriebs- und Marktdaten würde dann ständig und nach vergleichbaren Kriterien für eine festumrissene Fragestellung erfolgen. Das innerbetriebliche Berichtswesen ändert damit kontinuierlich seinen Charakter als Instrument der Sekundäranalyse zu einem Instrument der Primärforschung.

1.3.2 Externe Quellen

Als Datenlieferanten außerhalb des Unternehmens steht eine Vielzahl von Institutionen zur Verfügung, die eine Reihe sich auch zum Teil überschneidender Informationen anbieten (*Berekoven et al.* 1996, S. 44 ff.; *Büning et al.* 1981, S. 69 ff.; *Hüttner* 1979, S. 26; *Rogge* 1992, S. 53 ff.):
- Statistische Ämter (Bund, Länder, Bezirke, Kreise, Gemeinden/Städte),
- Wirtschaftsverbände, Industrie- und Handelskammern,
- Wirtschaftswissenschaftliche Institute,

- Kommerzielle Marktforschungsinstitute,
- Kreditinstitute,
- Marketingabteilungen großer Verlage und Zeitschriften,
- Fachverlage, Fachliteratur,
- Fachzeitschriften, Zeitungen, Zeitschriften,
- Nachschlagewerke, Handbücher, Lexika, Adreßbücher,
- Messe- und Ausstellungskataloge und
- Firmenveröffentlichungen (Mitwettbewerber, Handelspartner).

Das Datenmaterial ist von unterschiedlicher Natur. **Quantitative Daten** (Zahlen, Zahlenreihen) liefert zumeist die amtliche Statistik. Markt- und Branchenanalysen kommen von wirtschaftswissenschaftlichen Instituten und kommerziellen Informationsanbietern. Diese Daten stehen meist in vergleichbaren und hinreichenden Mengen zur Verfügung um weitere eigene Analysen durchführen zu können. Statistisch aufbereitete und komprimierte Daten sind bei Verbänden und Serviceanbietern erhältlich. Einzelinformationen und **qualitative Informationen** finden sich verstärkt in Nachschlagewerke, Fachliteratur, Zeitungen. Die Sammlung und Auswertung von Einzelinformationen kann ebenfalls institutionalisiert werden Alle Nachrichten, die im Zusammenhang mit dem eigenen Unternehmen oder seinem Markt stehen und dem Informationsbedarf entsprechen, werden für die eigene Dokumentation fest gehalten.

Die klassische Einteilung der Quellen nach Datenlieferanten (intern/extern) muß gegenwärtig durch eine Einteilung nach dem Medium ersetzt oder zumindest ergänzt werden. Traditionell lagen die Daten in gedruckter Form vor. Durch neue Speichermedien und Zugriffsmöglichkeiten hat sich das wesentlich geändert, so daß eine folgende Einteilung sinnvoll erscheint:

- gedruckte Medien,
- elektronische Medien,
- Offline-Zugriff (CD, Diskette) und
- Online-Zugriff (Datenbanken, Internet).

Der Zugriff über **elektronische Medien** kann schneller sein und die Daten sind unter Umständen aktueller. Nachteilig ist in diesem Zusammenhang, daß der Zugang zu den Daten nicht unbedingt einfacher geworden ist. Neben einer entsprechenden technischen Ausrüstung sind bestimmte Anforderungen an den Nutzer zu stellen. Er muß mit Datenverarbeitungseinrichtungen umgehen können und darf keine Angst (Kyberphobie) vor Datenverarbeitung haben. Datenbanken erfordern darüber hinaus Kenntnisse in bestimmten Abfragesprachen. Das Datenangebot im internationalen Datennetz ist inzwischen derartig groß, daß nahezu jede Information verfügbar wäre, wenn man die Wege zu ihr kennen würde. Hier liegt das eigentliche Problem. Es hat sich daraus ein eigenes Berufsfeld des Informationsvermittlers und Informationsbrokers entwickelt (*Berekoven et al.* 1996, S. 46).

Alle Anbieter klassischer Daten und Statistiken machen inzwischen von den neuen Medien Gebrauch etwa:

- Bundes- und Länderinstitutionen:
  - www.bundestag.de
  - www.bundespraesident.de
  - www.bmwi.de
- Verbände und Kammern:
  - www.ihk.de
  - www.handwerk.de
- Institute:
  - wuzz.diw-berlin.de
  - www.hwwa.uni-hamburg.de
  - www.nielsen.de
  - www.gfk.cube.net
  - www.infratest.burke.com
- europäische Datenanbieter:
  - europa.eu.int
  - europa.eu.int www2.echo.lu
- Internationale Datenanbieter:
  - www.worldbank.org
  - www.oecd.org
  - www.odci.gov/cia/publications
- Zeitungen/Zeitschriften:
  - www.zeit.de
  - www.spiegel.de
  - www.focus.de
  - www.welt.de

Daneben ist inzwischen eine Vielzahl von Unternehmen im Internet präsent. Die Adresse enthält in der Regel den Namen des Unternehmens. Zusammenstellungen von verschiedenen Quellen und Links finden sich inzwischen an vielen Stellen im Internet (z. B. www.wi.fh-osnabrueck.de/~rogge/material/quellen). Zusätzliche Hilfen (Quellen) können die inzwischen sehr zahlreichen Suchmaschinen (Yahoo, Lycos, Excite) liefern. Voraussetzung zur sinnvollen Erschließung dieser Quellen ist allerdings eine genaue Beschreibung des Informationsbedarfs und vor allem die vorherige Abstimmung der Suchkriterien (Stichworte). Geschieht das nicht, dann ist entweder die Suche weitgehend erfolglos oder man erstickt in der Datenflut.

1.4 Beurteilungs- und Auswahlkriterien

Da **Sekundärdaten** aus Untersuchungen stammen, die in der Regel zu früheren Zeitpunkten zu anderen Zwecken erhoben worden sind, können sie naturgemäß nicht die Qualität haben, wie Daten, die ganz gezielt gewonnen werden. Als wesentliche Nachteile von Daten aus Sekundärquellen (*Berekoven et al.* 1997, S. 47 f.) können in dem Zusammenhang genannt werden:

- Die Daten können wegen ihres weit zurückliegenden Erhebungszeitraumes bereits veraltet sein. Den Daten fehlt die Aktualität.
- Wenn über die Umstände der Datenerhebung wenig bekannt ist, kann die Sicherheit und Genauigkeit der Daten nur unzulänglich beurteilt werden. Die Objektivität der Daten könnte in Zweifel gezogen werden.
- Sekundärdaten stammen häufig aus unterschiedlichen Quellen. Unterschiedliche Definitionen und Abgrenzungen können die Vergleichbarkeit von Daten behindern. Bestehende Zusammenhänge können nicht exakt nachgewiesen werden oder verschiedene Datenmengen stehen isoliert neben einander.
- Der Umfang und die Differenziertheit der Daten richten sich nach den ursprünglichen Erhebungsumständen. Da die Sekundärerhebungen in der Regel nicht selbst durchgeführt wurden, entspricht das vorliegende Material in vielen Fällen nicht den Vorstellungen der Verwender. Der Informationsbedarf bleibt weitgehend ungedeckt.

Die Nachteile müssen jedoch nicht zum Tragen kommen. Wenn die Verwender von Sekundärdaten um die genannten Nachteile wissen, können entsprechende Gegenmaßnahmen ergriffen werden, um die Unzulänglichkeiten von Sekundärquellen und des Datenmaterials zu relativieren. Maßstab der Brauchbarkeit von Sekundärdaten ist in jedem Falle die Verwendungsmöglichkeit der Daten für die konkrete Problemsituation. Für jede Aufgabenstellung und für jeden Verwender ist daher die Frage zur Datenqualität wieder neu zu beantworten. Eine generelle Klassifizierung von Datenquellen und Daten als brauchbar oder unbrauchbar bzw. gut oder schlecht ist in der Regel kaum möglich. Der Beurteilungsprozeß als solcher und die dazu gehörigen Kriterien können jedoch verallgemeinert werden.

Als Hauptkriterien für eine **Beurteilung der Qualität von Sekundärquellen** und Daten können die folgenden verwendet werden (*Rogge* 1992, S. 59 ff.):
- Glaubwürdigkeit,
- Erhebungsgrundlagen,
- Erhebungs- und Verarbeitungsmethodik und
- Weiterverarbeitungsmöglichkeiten der Daten.

Eine Beurteilung von Sekundärmaterial schließt neben einer Analyse der einzelnen Datenwerte das gesamte Umfeld der Datenerhebung und der Quellen mit ein. Die Informationen zu den einzelnen Kriterien werden aus dem Vergleich mit anderen Datenquellen und den Angaben über das Methodenumfeld gewonnen. Grundsätzlich sollten Datenverwender sich daher nicht nur für die Daten selbst, sondern auch um den Methodenteil interessieren.

Die **Glaubwürdigkeit** von Daten und Datenquellen ist im Prinzip ein subjektiver Bewertungsmaßstab. Die Glaubwürdigkeit des Materials hängt davon ab, welches Ziel die ursprüngliche Untersuchung verfolgte und von wem sie veranlaßt und durchgeführt wurde. Besteht auf der Verwenderseite der Verdacht, daß die Daten erhoben wurden, um irgendwelche Vorurteile zu untermauern, dann ist es denkbar, daß die Daten und Aussagen subjektive Verzerrungen aufweisen. Im einzelnen sind Kenntnisse über:
- die Auftraggeber der Datenerhebung,

- den Zweck der Datensammlung,
- die durchführenden Instanzen der Datensammlung,
- die fachliche Qualifikation der Bearbeiter des Datenmaterials,
- die Aufbereitungsmethodik und
- die Verfügbarkeit von Kontroll- und Vergleichsuntersuchungen von Nöten.

Kennt der spätere Verwender allerdings die entsprechenden Hintergründe, dann braucht die Untersuchung für ihn keineswegs unbrauchbar zu sein. Die Verzerrungsmöglichkeiten können erkannt und unter Umständen (subjektiv) dem neuen Verwendungszweck angepaßt werden. Eine solche Korrektur kann die Verwendungsqualität wesentlich erhöhen. Nicht kompetente Aufbereitungs- und Sammelinstanzen lassen Zweifel an der Richtigkeit der Daten entstehen und schaden damit ihrer Verwendbarkeit, auch wenn die Daten tatsächlich echt und unverfälscht sein sollten. Das gleiche gilt für methodisch unzulässige Aufbereitungsverfahren und die mangelnde fachliche Qualifikation der Bearbeiter. Hinweise auf Kontrollmöglichkeiten, Vergleichsdaten und die Offenlegung des Erhebungsumfeldes fördern das Vertrauen in die Richtigkeit und den Wert von Sekundärdaten.

Aus den Informationen über das **Erhebungsumfeld** lassen sich Hinweise auf die konkrete problembezogene Verwendbarkeit der Sekundärdaten ableiten. Im einzelnen sind für eine Beurteilung Informationen über
- den Erhebungszweck,
- die Übereinstimmung von Erhebungszweck und Verwendungszweck,
- den Erhebungszeitraum,
- die Erhebungsumstände und
- Erhebungsmethode

auszuwerten.

Sekundärmaterial wurde ursprünglich zu einem anderen Zweck erhoben. Es ist daher sinnvoll, die ursprüngliche Zielsetzung zu kennen. Daraufhin kann die Übereinstimmung von Erhebungszweck und Verwendungszweck als Maßstab für die Datenqualität herangezogen werden. Je mehr die Zwecksetzungen übereinstimmen, um so größer wird der Nutzen des Datenmaterials sein können. Die allgemeine Verwendungshäufigkeit und Vielseitigkeit der Verwendung von Quellen kann als weiteres Indiz verwendet werden. Je allgemeiner die Quellen sind, um so geringer ist in der Regel ihre Aussagekraft. Die Informationen können aber vielseitiger verwendet werden. Eine sehr spezielle Aufgabenstellung der Ersterhebung vermindert die Wahrscheinlichkeit einer vielseitigen Verwendung. Die Informationen werden im allgemeinen für Unternehmen von geringerem Wert sein. Für konkrete Fragestellungen hingegen kann das Material entweder relativ gut oder aber auch relativ schlecht nutzbar sein. Der Grad der Übereinstimmung der Zwecksetzungen ist für spezialisierte Aufgabenstellungen entweder sehr hoch oder sehr niedrig. Grundsätzlich kann bei Kenntnis der eigentlichen Erhebungszwecke eine angepaßte Interpretation der Daten vorgenommen werden.

Die Kenntnis des Erhebungszeitraumes und der Begleitumstände einer Erhebung ist eine weitere Voraussetzung für die Beurteilung von Daten. Anderseits können auch jüngere Daten relativ wertlos sein, wenn der Erhebungszeitraum ungünstig war oder andere Ereignisse die Ergebnisse verzerren. Untersuchungen über die Parksituation in Innenstädten an Tagen mit besonderen Verkehrsaufkommen (samstags, vor besonderen Feiertagen) sind genau so wenig allgemeingültig wie die Einschätzung der Sicherheit eines Verkehrsmittels kurz nach einem größeren Unglücksfall.

Schließlich bestimmt der Charakter der **Erhebungsmethoden** die Qualität von Sekundärdaten. Wenn die zu beurteilenden Daten das Ergebnis systematischer und wissenschaftlicher Sammelmethoden sind, kann, in Abhängigkeit von den anderen genannten Kriterien, eher davon ausgegangen werden, daß es sich um gesicherte Erkenntnisse handelt, als wenn die Daten lediglich auf der Grundlage von Intuition oder subjektiven Annahmen abgeleitet worden sind. Ungeprüfte Hypothesen lassen sich zwar als Ausgangsbasis für weitere Untersuchungen verwenden, können aber nicht selbst als gesicherte Daten angesehen werden.

In den Bereich der engeren Methodik fallen Begriffe und Kriterien wie:
- Repräsentativität,
- direkte oder indirekte Messung,
- Objektivität,
- Validität,
- Zuverlässigkeit (Reliabilität) und
- Signifikanz.

Die Repräsentativität kennzeichnet die Übereinstimmung von Modell und Realität. Ist Repräsentanz gegeben, so lassen sich verallgemeinerbare Rückschlüsse von dem Modell (hier Ergebnisse der Sekundärerhebung) auf die Wirklichkeit (spezielles Problem) ziehen. Zur Beurteilung der Brauchbarkeit der Grundgesamtheit einer Untersuchung und damit der Brauchbarkeit der Ergebnisse ist es daher notwendig, daß die vollständige Beschreibung der Ausgangsuntersuchung dem Verwender zugänglich ist. Repräsentativität ist dann der Ausdruck der Übertragbarkeit von Aussagen aus der Sekundärerhebung auf das aktuelle Problem. Wenn die Sekundärdaten-Stichprobe grundsätzlich die gleichen Merkmale und Verteilungen wie die Grundgesamtheit des neuen Problems aufweist, können auch die aus ihr abgeleiteten Aussagen auf die neue Problemsituation übertragen werden.

Die genaue Kenntnis der Erhebungs-, Meß- und Verarbeitungsmethodik erlaubt eine differenziertere Beurteilung von Daten. Je nach Untersuchungsziel kann eine direkte oder indirekte Erhebung sinnvoll sein. Für psychologische Sachverhalte und Tabuthemen kann die indirekte Vorgehensweise vorteilhafter und genauer sein (*Rogge* 1992, S. 125 ff.). Die verwendeten Aufbereitungsmethoden und das Meßniveau (*Berekoven et al.* 1996, S. 70 f.) von Daten entscheiden über ihre Qualität. Je höher das Meßniveau, um so genauer können die Daten sein. Anderseits erfordern bestimmte Verarbeitungsverfahren, wie Korrelations- und Regressionsanalysen, Faktoranalysen, sowohl ein entsprechend hohes Meßniveau als auch eine bestimmte Anzahl von Meßdaten, um überhaupt sinnvoll eingesetzt werden zu können. Sind die Voraussetzungen nicht gegeben, sind die Ergebnisse häufig wertlos. Aufbereitete Daten können im allgemeinen nicht genauer und besser sein als die Eingangsdaten. Zur Aufdeckung von Scheingenauigkeiten und Vermeidung von Fehlinterpretationen ist ein eingehendes Studium des Methodenteils einer Untersuchung notwendig Objektivität bedeutet, daß die aufgezeichneten Variablenwerte frei von subjektiven Einflüssen sind. Verschiedene Erhebungsinstanzen würden bei gleichem Meßgegenstand unabhängig voneinander zu gleichen oder ähnlichen Ergebnissen kommen. Erfolgt der Meßvorgang mit apparativen Einrichtungen oder sind die Daten das Ergebnis eines reinen Zählvorganges (Geschwindigkeitsmessungen mit Tachometern, Gewichtsangaben, Verbrauchsmessungen in Kilogramm, Liter) dann ist in der Regel die Objektivität der Messung gegeben. Offensichtliche Meßfehler durch ausfallende Apparaturen oder Übersehen fallen nicht darunter. Die Objektivität kann in Frage gestellt sein, wenn Bewertungen (Alterseinstufungen, Geschmacksbeurteilungen, Gesamturteile von Produkttests, Qualitätsurteile) vorgenommen werden und unterschiedliche individuelle Bewertungssysteme zugrunde liegen. Wenn die (subjektiven) Wertungssysteme und Kriterien nicht bekannt sind, leidet die Qualität der Daten in bezug auf weitere Verwendungen, weil Hinweise für die Interpretationsrichtung fehlen. Die Problematik ist ähnlich wie bei der Glaubwürdigkeitsbeurteilung.

Validität oder Gültigkeit eines Meßverfahrens liegt vor, wenn Meßergebnis und Untersuchungsziel übereinstimmen. Die Daten kennzeichnen dann das, was auch tatsächlich gekennzeichnet und ausgedrückt werden soll. Das ist nicht immer der Fall. Das Problem tritt um so eher auf, je weniger genau der Untersuchungsgegenstand beschrieben ist. Intelligenz ist nicht eindeutig definiert. (Der Intelligenzquotient mißt nicht die Intelligenz, sondern Intelligenz ist das, was der Quotient mißt.) Die Existenz von exakten Meßdaten ist kein Kriterium für Validität. Z. B. wird häufig nur eine Genauigkeit vorgetäuscht, die nicht gegeben ist. Die Messung der Anzahl der Kirchenbesucher oder der Höhe der Kirchensteuer ist in bezug auf die Glaubensfestigkeit oder den Grad des Christentums nicht valide.

Von Zuverlässigkeit oder Reliabilität von Daten und Meßverfahren spricht man dann, wenn bei wiederholten Erhebungen gleiche Ergebnisse erzielt werden. Reliabilität ist ein Ausdruck der Fehlerfreiheit von Daten. Das Auftreten von Registrier- und Meßfehlern geht ebenso zu Lasten der Reliabilität des Datenmaterials wie auch die Instabilität bestimmter Variablen im Zeitverlauf bei sonst gleichen Rahmenbedingungen. Zeigen Vergleiche mit Kontrollmessungen die gleichen oder zumindest ähnliche Werte, dann kann in der Regel von der Zuverlässigkeit der Daten in diesem Sinne ausgegangen werden.

Signifikanz steht für Testgrößen, mit deren Hilfe Daten darauf überprüft werden können, ob die Daten (Stichprobenergebnisse) sich aus mehr oder weniger zufälligen Mechanismen ergeben oder ob ihnen tatsächlich nichtzufällige Zusammenhänge zugrunde liegen. Nur im letzten Fall wären die Ergebnisse der Sekundarerhebung (Stichprobe) für die konkrete Problemsituation (Gesamtheit) repräsentativ und übertragbar.

Die Möglichkeit der **Weiterverarbeitung von Sekundärdaten** ist ein wesentliches Qualitätsmerkmal. Je mehr die allgemein verfügbaren Daten den individuellen Informationsbedürfnissen angepaßt werden können, um so besser werden sie. Das ist nicht zuletzt abhängig von folgenden Sachverhalten:
- Die Übereinstimmung von Erhebungs- und Verwendungsdefinitionen begünstigt die Weiterverarbeitung. Je größer die Übereinstimmungen sind, um so weniger Anpassungen müssen vorgenommen werden.

- Eindeutige Datendefinitionen und Abgrenzungen tragen dazu bei, das spätere Verwender von der gleichen Interpretationsbasis ausgehen. Fehlinterpretationen lassen sich vermeiden, wenn mögliche Unterschiede in Erhebungs- und Verwendungsdefinitionen entdeckt werden können. So ist es nicht unwichtig, ob unter Konsumenten sowohl Käufer als auch Verwender oder nur Verwender verstanden werden.
- Die den Daten zugrunde liegenden Datenklassifikationen entscheiden über weitere Auswertungsmöglichkeiten. Stark aggregierte Daten lassen sich zwar leichter erfassen, sind aber einer weiteren Analyse in der Regel nicht mehr zugänglich. Je weiter sich das vorhandene Datenmaterial aufgliedern läßt, um so leichter lassen sich neue Zusammenfassungen und Teilmengen für weitergehende Analysen bilden. Am besten ist das Sekundärmaterial, daß neben aggregierten Daten zur schnellen übersichtlichen Darstellung den Zugriff auf das Originalmaterial (Rohdaten) zuläßt. Bei Daten aus amtlichen Quellen ist dies häufig gegen zusätzliche Kostenerstattung möglich. Stammt das Sekundärmaterial seinerseits aus verschiedenen Sekundärquellen, ist diese Möglichkeit in den seltensten Fällen gegeben.
- Die Vollständigkeit des Datenmaterials ist eine weitere Voraussetzung zielgerechter Verwendbarkeit. Je weniger Daten am definierten Informationsbedarf fehlen, um so brauchbarer ist das Material. Die Ergebnisse der Sekundäranalyse werden an den Informationslücken und den Möglichkeiten ihrer Schließung gemessen. Gründe für das Fehlen von Daten können Fehler, Unzulänglichkeiten oder Unmöglichkeiten bei der Erhebung sowie die Nichtberücksichtigung möglicher Datenkategorien sein. Die Vollständigkeit der Quellen kann an der Verfügbarkeit anderer Quellen oder Bearbeitungsmethoden gemessen werden. Fehlende Zeitreihenwerte können unter Umständen durch Interpolationen und Trendanalysen gewonnen werden. Die Qualität einzelner Daten läßt sich durch zusätzliche Quellen zur Ergänzung und Kontrolle verbessern. Die Möglichkeit der Auswertung weiterer Quellen zur Ergänzung fehlender Daten der gleichen Datenkategorie relativiert zwar den Beitrag der einzelnen Quelle, erhöht aber den Wert der Quellen im Gesamtzusammenhang. So lassen sich Adreßlisten von potentiellen Kunden durch Zusammenfassung und Abgleichung verschiedener für sich unvollständiger Verzeichnisse auf ein befriedigendes Niveau bringen. Die Hinzuziehung anderer Quellen kann zu neuen oder zusätzlichen Interpretationen führen und neue Daten durch Verknüpfungen liefern.
- Die Zeitspanne zwischen der Erhebung und Veröffentlichung von Datenmaterial bestimmt die Aktualität von Daten. Je schneller Entwicklungsprozesse ablaufen und je mehr instabile Daten in einer Quelle enthalten sind, um so größer wird die Wahrscheinlichkeit, daß die Daten nicht mehr verwendbar sind. Auch ältere Daten können für Marktforschungszwecke brauchbar sein. Aktualität darf letztlich nicht nur an der absoluten Zeit gemessen werden. Für Daten, von denen angenommen werden kann, daß sie nur geringen Änderungen unterliegen, können auch größere Zeitabstände zwischen Erhebung und Verwendung die Aktualität nur geringfügig beeinflussen. Je jünger das Material ist, um so eher kann man von seiner Brauchbarkeit ausgehen. Daten, die an sich wenig veränderlich sind veralten weniger leicht. Die Beurteilung der Aktualität ist daher neben der Zeit auch von dem Charakter der Daten selbst abhängig. Datenmaterial für das die (dynamischen) Entwicklungsgesetze bekannt sind, lassen sich durch Trendanalysen und Prognoseverfahren aktualisieren. Durch die Auf-

nahme der Prognoseinformation wird die Zeitachse nach vorn verlängert. Außerdem kann durch einen Vergleich der Prognosewerte mit inzwischen eingetretenen realisierten Werten die Qualität der Untersuchung mit überprüft werden.

1.5 Literaturverzeichnis

Berekoven, Ludwig/Eckert, Werner/Ellenrieder, Peter: Marktforschung, Methodische Grundlagen und praktische Anwendung, 7. Auflage, Wiesbaden 1996

Berthel, Jürgen/Moews, Dieter: Information und Planung in industriellen Unternehmungen, Berlin 1970

Bünung, Herbert/Haedrich, Günther/Kleinert, Horst/Kuß, Alfred/Streitberg, Bernd: Operationale Verfahren der Markt- und Sozialforschung, Datenerhebung und Datenanalyse, Berlin/New York 1981

Hüttner, Manfred: Informationen für Marketing-Entscheidungen, München 1979

Rogge, Hans-Jürgen: Marktforschung, Elemente und Methoden betrieblicher Informationsgewinnung, 2. überarb. und erw. Auflage, München/Wien 1992

Rogge, Hans-Jürgen: Sekundäranalyse, in: Tietz/Köhler/Zentes (Hrsg.): Handwörterbuch des Marketing, 2. Auflage, Stuttgart 1995, Sp. 2275–2284

Wyss, Werner: Marktforschung von A–Z, Eine Einführung aus der Praxis für die Praxis, Adligenswil 1991

2. Marketing-Informationssystem

Wilhelm Mülder

Inhaltsübersicht

2.1 Grundlagen von Marketing-Informationssystemen
2.1.1 Definition
2.1.2 Abgrenzung zu benachbarten Begriffen und Systemen
2.1.3 Entwicklungsstand von Marketing-Informationssystemen
2.2 Aufbau von Marketinginformationssystemen
2.2.1 Benutzer und Benutzungsschnittstelle
2.2.2 Datenbank
2.2.3 Methoden- und Modellbank
2.2.4 Dialog- und Systemprogramme
2.2.5 Auswertungen und Abfragen
2.3 Entwicklungsperspektiven
2.3.1 Marketing im Internet
2.3.2 Data Warehouse, Data Mart
2.3.3 Data Mining
2.4 Praktische Anwendungsbeispiele
2.4.1 Data Warehouse für ein Pharma-Unternehmen
2.4.2 Vertriebsinformationssystem für ein Versicherungsunternehmen
2.4.3 Data Warehouse bei einem Textilhandelsunternehmen
2.5 Erfolgreiche Einführung eines Marketing-Informationssystems
2.6 Literaturverzeichnis

Auf einen Blick

Computergestützte Marketing-Informationssysteme (MAIS) sind unverzichtbare Hilfsmittel im Vertriebs- und Marketingbereich. Ein MAIS ist kein isoliertes Teilsystem, sondern verbindet Absatz-, Beschaffungs- und Fertigungsbereich. Das MAIS unterstützt strategische Marketingentscheidungen und berücksichtigt auch Informationen aus externen Quellen. Eng verwandt mit MAIS sind Vertriebsinformationssysteme, Database-Marketing und Computer-Aided Selling (CAS).

Im Mittelpunkt des MAIS steht eine Datenbank. Dialog- und Systemprogramme, Methoden- und Modellbank sowie Auswertungen und Abfragen sind Software-Module, die auf die gemeinsame Marketing-Datenbank zugreifen. Die Interaktion zwischen Benutzer und MAIS erfolgt über eine einheitliche Benutzungsschnittstelle.

Neuere technische Entwicklungen, wie Internet, Data Warehouse und Data Mining werden zukünftige MAIS stark beeinflussen. Durch die Internet-Anbindung wird es möglich, noch stärker als bisher externe Daten für Marktforschungszwecke zu nutzen. Data Warehouse und Data Mining erleichtern die managementgerechte Aufbereitung und Analyse großer Datenmengen im Marketing.

2.1 Grundlagen von Marketing-Informationssystemen

2.1.1 Definition

Marketing-Informationssysteme (MAIS) haben die Aufgabe, den gesamten Entscheidungsprozeß im Marketingbereich zu unterstützen und den Entscheidungsträger durch eine aktuelle Datenbasis sowie eine systematische und entscheidungsorientierte Informationsversorgung aus dem Dilemma der Informationsarmut im Informationsüberfluß zu befreien (*Jahnke et al.* 1993, S. 10). MAIS ermöglichen die Verknüpfung **interner** und **externer Marketingdaten** unter einer einheitlichen Benutzeroberfläche sowie die flexible Auswertung der Daten nach bestimmten Kriterien wie geographischem Gebiet, Kunden, Produktgruppen oder Perioden.

Der Aufbau eines computergestützten MAIS ist eine wichtige Aufgabe für Unternehmen, die im internationalen Wettbewerb ihre Position ausbauen und ihren Fortbestand langfristig sichern möchten. Während es für die operativen Tätigkeiten der Auftragsbearbeitung und des Vertriebs schon recht lange leistungsfähige computergestützte Vertriebsinformationssysteme gibt, sind für Marketingentscheidungen in den Bereichen Produktpolitik, Marktforschung und Werbung standardisierte EDV-Lösungen schwieriger zu realisieren. Der Entscheidungsträger benötigt ein Instrumentarium, das ihn bei wichtigen Entscheidungen unterstützt (*Scheer* 1997, S. 540 f.). Ein MAIS ist ein derartiges Hilfsmittel.

Typische Fragestellungen, die mit Hilfe eines MAIS beantwortet werden können, sind:
- Festlegung von produktbezogenen Preis- und Werbestrategien,
- Analyse neuer Marktsegmente oder
- Untersuchung unterschiedlicher Produktideen und -eigenschaften.

An moderne MAIS werden drei grundlegende **Anforderungen** gestellt (*Gabriel et al.* 1995, S. 283):
1. Das MAIS darf nicht länger ein isoliertes Teil-Informationssystem für Vertrieb und Marketing sein, sondern sollte als *integrierender* Bestandteil zwischen Absatz, Beschaffung und Fertigung verstanden werden.
2. Um den Charakter eines wirklichen Management-Informationssystems zu erlangen, muß das MAIS nicht nur operative sondern auch *strategische* Unternehmensziele unterstützen.
3. Für eine marktorientierte Unternehmensführung reicht die alleinige Berücksichtigung quantitativer und unternehmensinterner Informationen nicht aus. Vielmehr müssen vom MAIS zusätzlich *externe* und *qualitative* Informationen aufgenommen und verarbeitet werden.

Die zentrale Bedeutung eines MAIS im Unternehmen mit seinen internen und externen Informationsflüssen wird in Abbildung 1 verdeutlicht:

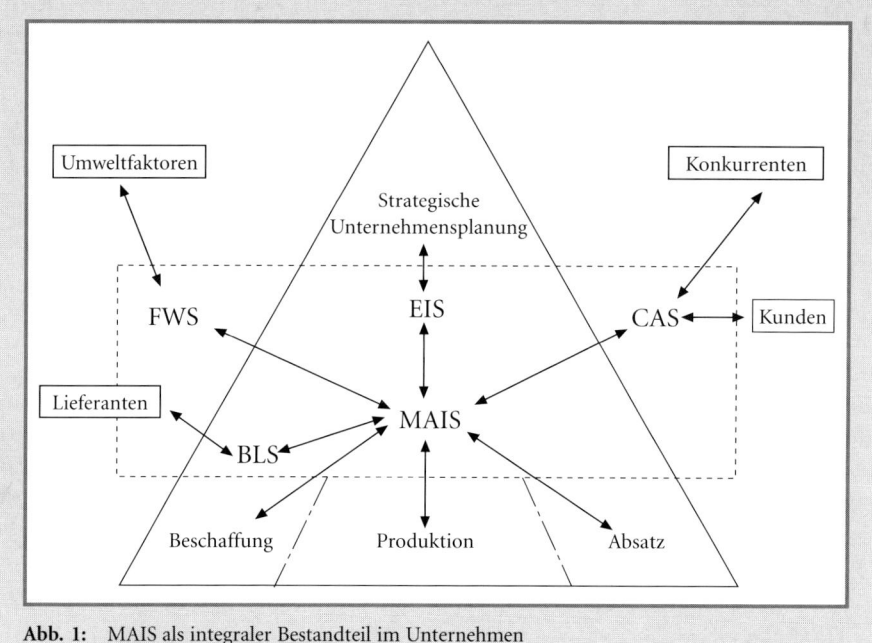

Abb. 1: MAIS als integraler Bestandteil im Unternehmen
(Quelle: *Gabriel et al.*, 1995, S. 284)
BLS = Beschaffungs- u. Lagerhaltungssystem
FWS = Frühwarnsystem
EIS = Executive Information System
CAS = Computer Aided Selling

2.1.2 Abgrenzung zu benachbarten Begriffen und Systemen

Die dynamische Entwicklung der Informations- und Kommunikationstechnik beeinflußt in besonderem Maße auch das Marketing als informations- und kommunikationsintensives Aufgabenfeld (*Hermanns/Flegel* 1992, S. 2). Die enge Verzahnung zwischen Marketing und Informationstechnik wird deutlich anhand von Begriffen wie Electronic Marketing, Computer Aided Marketing oder Computerintegriertes Marketing (*Mülder/Weis* 1996). Neben dem MAIS existieren weitere Ansätze zur Computerunterstützung im Marketing, die hier kurz vorgestellt werden sollen.

Vertriebsinformationssysteme (VIS) konzentrieren sich auf die Bereitstellung und Auswertung unternehmensinterner Vertriebsdaten, wie Umsatz, Rabatte, Aufträge, Außendienstkontakte, Kundenverluste, Neukunden (*Mülder/Weis* 1996, S. 170). VIS sind flexible Werkzeuge, um Daten aus den Bereichen Auftragsbearbeitung und Vertriebsabwicklung zu sammeln, zu verdichten und auszuwerten. MAIS sind im Unterschied zu VIS umfassender konzipiert, das heißt neben unternehmensinternen Daten spielen die externen Daten (Marktforschungsdaten) eine wichtige Rolle. Außerdem sollen MAIS strategische Marketingentscheidungen unterstützen. In der betrieblichen Praxis läßt sich eine derartige Abgrenzung allerdings kaum aufrechterhalten. Hier konzentrieren sich MAIS ebenso wie VIS immer noch auf operative Fragestellungen der Vertriebsdurchführung (*Gabriel et al.* 1995, S. 282).

Database Marketing bedeutet Marketing auf der Basis kundenindividueller, in einer Datenbank gespeicherter Informationen (*Mülder/Weis* 1996, S. 399; *Link/Hildebrand* 1994, S. 5). Ausgangspunkt des Database Marketing sind Überlegungen, alle geschäftlichen Aktivitäten an den Kundenbedürfnissen auszurichten (Kundenorientierung) sowie individuell auf kundenspezifische Besonderheiten einzugehen (Individual-Marketing).

Im Mittelpunkt des Database Marketing steht die **Kundendatenbank**, in der alle Informationen gesammelt werden, die für Marketingaktivitäten von Bedeutung sein können. Im Laufe der Zeit entsteht somit ein Kundenprofil mit Hunderten von Merkmalen (*Link/Hildebrand* 1995, S. 32). Die in der Datenbank gespeicherten Merkmalsprofile von aktuellen und potentiellen Kunden bilden den Ausgangspunkt des Database Marketing, das im Prinzip wie ein Regelkreis aufgefaßt werden kann (vgl. Abbildung 2). Zwischen Database Marketing und Marketing-Informationssystemen gibt es zahlreiche Überschneidungen, weil in beiden Ansätzen die Datenbank im Mittelpunkt steht, wobei wiederum die Kundendaten von zentraler Bedeutung sind.

Systeme zum **Computer Aided Selling** (CAS) unterstützen den gesamten Verkaufsprozess, von der Phase der Verkaufsvorbereitung über den eigentlichen Verkauf bis hin zur Nachverkaufsphase. Ihre besondere Leistungsfähigkeit beweisen CAS-Systeme beim Einsatz im Verkaufsgespräch (*Link/Hildebrand* 1995, S. 33). In einer weiter gefaßten Begriffsauslegung umschließt CAS neben der direkten Unterstützung des Außendienstmitarbeiters die Abwicklung von Marketing- und Vetriebsaktivitäten sowie von Serviceleistungen in der After-Sales-Phase.

Im Vergleich zu Database Marketing unterstützt CAS primär die Verkaufstätigkeit. Database Marketing erstreckt sich auf die gesamte Marketingplanung von der Produktpolitik über die Werbung bis hin zur Vertriebspolitik, wobei der Schwerpunkt im Bereich Direktmarketing liegt (*Link/Hildebrand* 1994, S. 3). Beide Ansätze werden auch als **kundenorientierte Informationssysteme** bezeichnet. Eine exakte Abgrenzung zu Marketing-Informationssystemen ist kaum möglich und hat in der Praxis auch keine Bedeutung. Seit Beginn der 90er Jahre werden in der Literatur die Begriffe CAS und Database Marketing am häufigsten genutzt.

2.1.3 Entwicklungsstand von Marketing-Informationssystemen

Empirische Erhebungen belegen, daß in den letzten Jahren entscheidende Fortschritte bei der Nutzung von Marketing-Informationssystemen gemacht wurden.

Spang führte eine empirische Erhebung bei den 100 größten deutschen Industrieunternehmen zur Anwendung von MAIS durch. Die Response-Rate betrug 72%. Demnach haben sich fast alle Unternehmen (90%) bereits mit der MAIS-Idee beschäftigt. Für die Bereiche Vertriebserfolgsanalyse, Vertriebsunterstützung, Lagerhaltung/Transport sowie

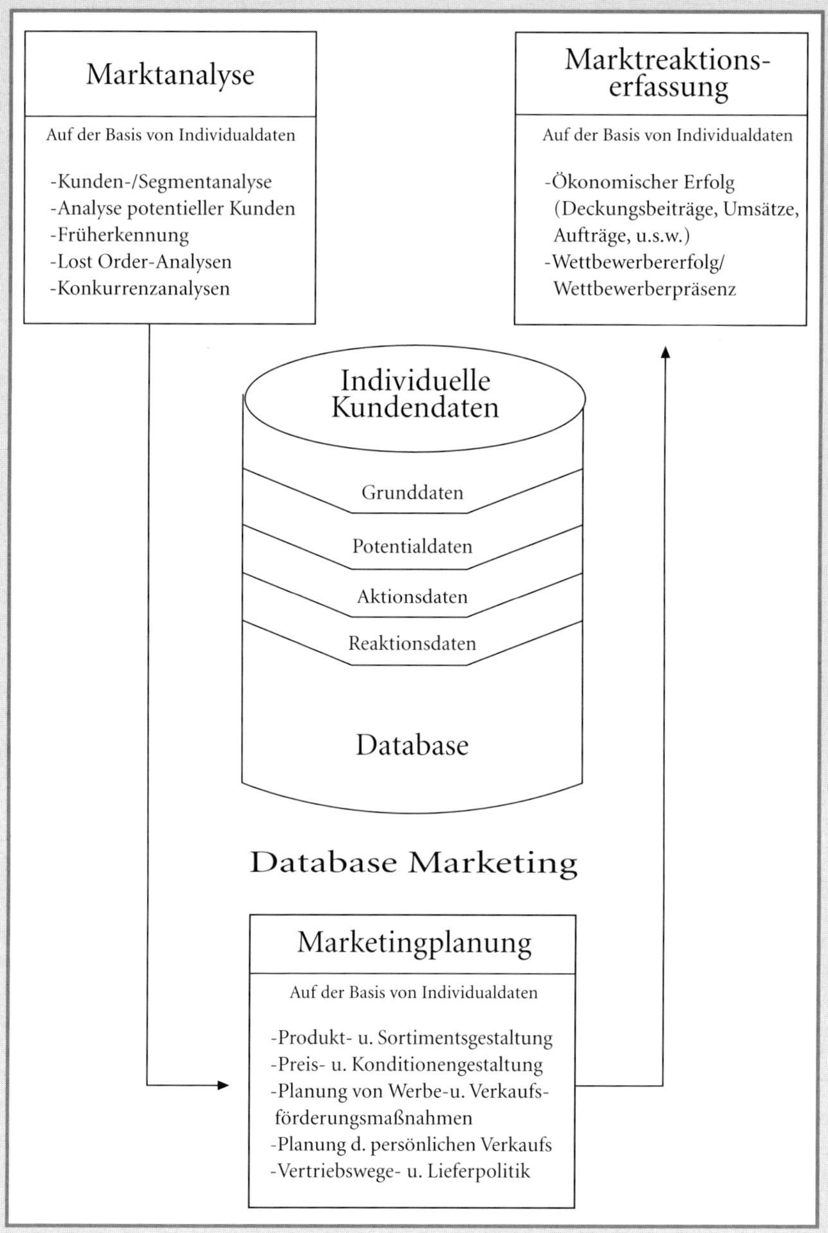

Marketing-Informationssystem

Marktanalyse

Auf der Basis von Individualdaten

- Kunden-/Segmentanalyse
- Analyse potentieller Kunden
- Früherkennung
- Lost Order-Analysen
- Konkurrenzanalysen

Marktreaktionserfassung

Auf der Basis von Individualdaten

- Ökonomischer Erfolg
  (Deckungsbeiträge, Umsätze, Aufträge, u.s.w.)
- Wettbewerbererfolg/ Wettbewerberpräsenz

Individuelle Kundendaten

- Grunddaten
- Potentialdaten
- Aktionsdaten
- Reaktionsdaten

Database

Database Marketing

Marketingplanung

Auf der Basis von Individualdaten

- Produkt- u. Sortimentsgestaltung
- Preis- u. Konditionengestaltung
- Planung von Werbe- u. Verkaufsförderungsmaßnahmen
- Planung d. persönlichen Verkaufs
- Vertriebswege- u. Lieferpolitik

Abb. 2: Aufgaben und Elemente des Database Marketing (Quelle: *Link/Hildebrand* 1993, S. 45)

Erhebungsverfahren

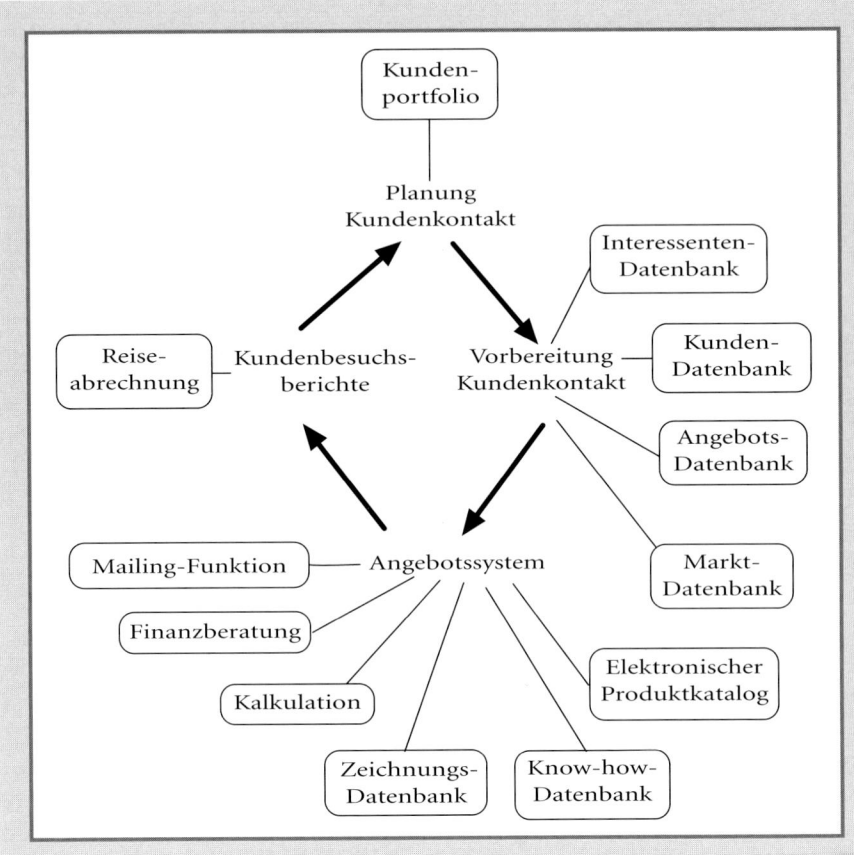

Abb. 3: Unterstützungsmöglichkeiten eines CAS-Systems für den Außendienst (Quelle: *Breuker* 1994, S. 6)

Marktforschung nutzen die meisten Unternehmen MAIS (*Spang* 1993, S. 28). Seltener werden dagegen Werbung/ Verkaufsförderung, Produktkonzeption und Preisgestaltung durch ein Computersystem unterstützt (vgl. Abbildung 4).

Die meisten Unternehmen beziehen externe und interne Daten in ihr Marketing-Informationssystem ein. Generell werden externe Daten jedoch seltener berücksichtigt. Interne Daten stammen häufig aus dem Rechnungswesen oder werden vom eigenen Außendienst geliefert. Für die Auswertungen verfügen alle MAIS über einfache mathematische Verfahren, wie Summierung, Prozentrechnung und Streuungsmaße. Bei weitergehenden Verfahren bestehen jedoch starke Unterschiede. Während statistische Prognosemethoden immerhin noch bei 74% zur Verfügung stehen, sind multivariate Verfahren nur bei 21%, Operations Research-Verfahren bei 16% der Unternehmen nutzbar. 84% verfügen über grafische Darstellungsmöglichkeiten.

Marketing-Informationssystem

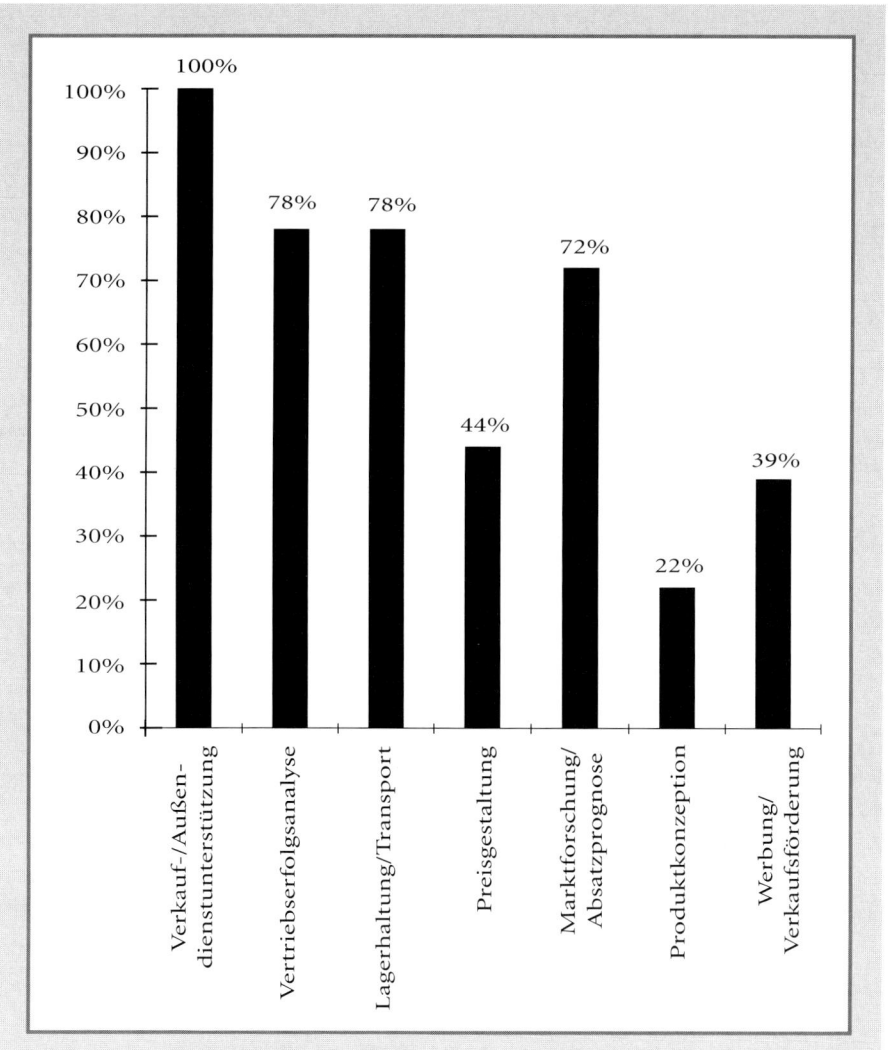

Abb. 4: Einsatz von Marketing-Informationssystemen in Deutschland (Quelle: *Spang* 1993, S. 30)

Link/Hildebrand kamen in einer Befragung von 198 Unternehmen zu dem Ergebnis, daß 46% bereits über Systeme des Database Marketing verfügen, wobei die Bandbreite vom Versandhandel mit 80% bis hinunter zu Produktionsgüterunternehmen mit 27% reicht. Weitere 30% planten zum Zeitpunkt der Befragung die Einführung eines solchen Systems. Als wichtigster Verwendungszweck des *Database Marketing* wird die Selektion der erfolgversprechendsten **Kunden und Zielgruppen** bezeichnet (*Link/ Hildebrand* 1994, S. 31).

Etwas geringer ist der Entwicklungsstand von CAS. 41% der befragten Unternehmen verfügen über derartige Anwendungssysteme, wobei die Versicherungen mit 91% am häufigsten, die Anbieter von EDV-Komponenten und -Dienstleistungen mit 8% am wenigsten CAS-Systeme einsetzen. Als wichtigster Verwendungszweck von *CAS* wird die **Marketing- und Vertriebserfolgskontrolle** genannt (*Link/Hildebrand* 1994, S. 41).

2.2 Aufbau von Marketing-Informationssystemen

In diesem Kapitel werden die wichtigsten Elemente eines MAIS erläutert (*Mülder/Weis* 1996, S. 170 ff.; *Abts/Mülder* 1998, S. 231 ff.)

Dialog- und Systemprogramme, Methoden- und Modellbank werden hierbei als eigenständige Softwaremodule begriffen, die über eine gemeinsame Datenbank miteinander verknüpft werden und dem Benutzer über eine einheitliche Benutzungsschnittstelle präsentiert werden (vgl. Abbildung 5).

2.2.1 Benutzer und Benutzungsschnittstelle

Mehrere Benutzergruppen können Zugriff auf ein MAIS erhalten, wobei der Informationsbedarf unterschiedlich ist:
- Marketing-Stabsstellen: Typisch für diese Gruppe ist ein detaillierter Informationsbedarf und eine intensive, direkte Nutzung.
- Marketing- und Vertriebsleiter: Hierbei handelt es sich um Stellen mit vertrieblicher Führungsverantwortung, wie Vertriebsleiter, Key-Account-Manager. Ihr Informationsbedarf ist unstrukturiert und sporadisch.
- Produktmanager: Der Informationsbedarf ist unregelmäßig
- Sachbearbeiter im Vertriebs- und Verkaufsbereich: Diese Stellen rufen gezielte Informationen aus einem MAIS ab. Die Benutzung erfolgt direkt und häufig.
- Assistenzkräfte, Sekretärinnen, Schreibkräfte: Häufig werden die Marketingdaten in Textdokumenten für Berichte und Präsentationen weiterverarbeitet.

Die Gestaltung der **Benutzungsschnittstelle** ist wichtig für die Akzeptanz des MAIS. Die Interaktion zwischen MAIS und Benutzer sollte nach den Kriterien der Software-Ergonomie erfolgen.

Eine ergonomische Benutzungsschnittstelle ist gekennzeichnet durch:
- Grafische Benutzungsoberfläche
- Menüs und grafische Symbole (Icons) zur Auswahl einzelner Programme
- Variabilität der Benutzerführung (Auswahl über grafische Symbole und Menüschritte, Anfänger- und Expertenmodus)
- Prüfung der Eingabedaten auf Plausibilität
- Verfügbarkeit von Lernhilfen (Lernprogramme, Tutorials)
- Online-Hilfesystem
- Verständliche Fehlermeldungen.

Marketing-Informationssystem

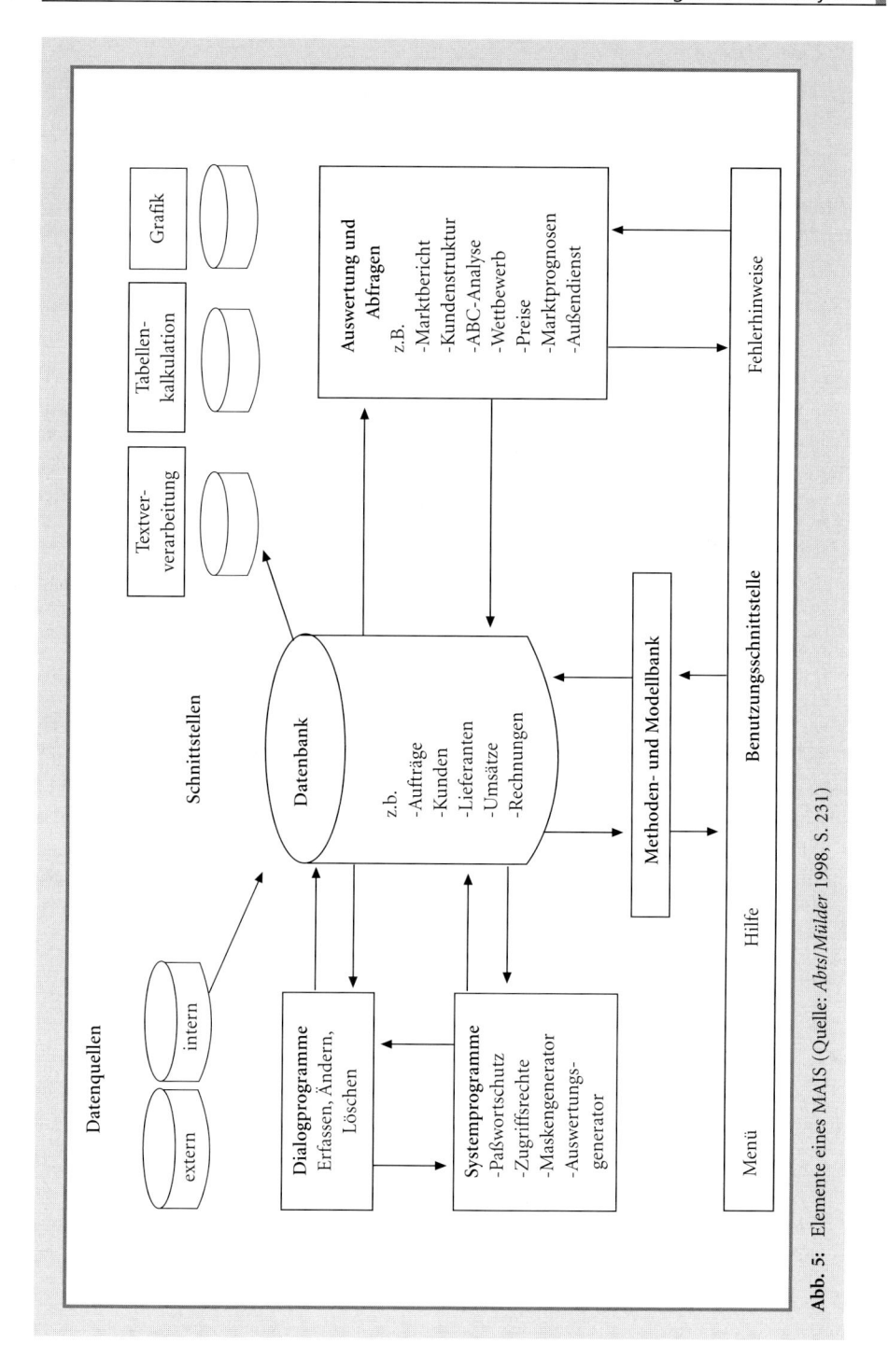

Abb. 5: Elemente eines MAIS (Quelle: *Abts/Mulder* 1998, S. 231)

103

2.2.2 Datenbank

Eine Datenbank ermöglicht die integrierte Speicherung und Wiedergewinnung aller Daten, die für Vertrieb und Marketing von Bedeutung sind. Die Datenbank ist wichtigster Bestandteil eines MAIS (*Mülder/Weis* 1996, S. 157 ff.). Die Flexibilität bei spontanen Abfragen (ad-hoc-Abfragen) und die Verknüpfbarkeit von verschiedenen Datenelementen bei umfangreichen Selektionen sind wichtige Forderungen an die Datenbank. Ihr Aufbau muß daher sorgfältig geplant werden, damit später nicht umfangreiche Anpassungsmaßnahmen erforderlich werden.

Ein Datenbankverwaltungssystem (Data Base Management System, DBMS) ist ein Programmsystem zur Verwaltung der Daten in einer Datenbank.

Je nachdem, ob Daten primär aus internen oder externen Quellen stammen, wird zwischen internen und externen Datenbanken unterschieden. Interne Datenbanken enthalten Daten, die bei der Geschäftstätigkeit des Unternehmens entstehen. Externe Datenbanken (Marktforschungsdaten) sind über nationale und internationale Datennetze online verfügbar (daher auch die Bezeichnung Online-Datenbanken) oder über Datenträger (vor allem: CD-ROM) zu beziehen.

Der genaue **Inhalt einer Marketing-Datenbank** wird im Rahmen einer Informationsbedarfsanalyse festgelegt. Hierbei sind Art, Umfang, Verdichtungsgrad und zeitlicher Horizont der zu speichernden Informationen festzulegen.

Beispielsweise können folgende **Kundendaten** Bestandteil einer Marketing-Datenbank sein:
- Name,
- Adresse,
- Branche,
- Größe,
- Bonität,
- Ansprechpartner und
- bisherige Kontakte.

Nicht nur die Stammkunden sondern auch Interessenten werden hierunter gefaßt.

Zu den **Produktdaten** gehören sämtliche Merkmale der eigenen Erzeugnisse:
- Art,
- Produktbeschreibung,
- Qualitätsdaten,
- Produktmengen und
- Varianten.

Es werden die **Aktionsdaten** sämtlicher Kundenmaßnahmen gespeichert:
- Produktpräsentationen,
- Werbebriefe und
- Telefonate.

Reaktionsdaten geben Aufschluß über die Wirksamkeit von Werbemaßnahmen beim Kunden:
- Eingang von Bestellungen und
- Kundenanfragen.

Sämtliche **Angebots- und Auftragsdaten** der Auftragsabwicklung:
- Liefertermine und -bedingungen,
- Fakturierung,
- Versand und
- Zahlungsweise

zählen zu dieser Gruppe.

Vertriebsleistungsdaten sind Angaben über:
- Kundenkontakte (persönlich, telefonisch, schriftlich),
- Besuchsplanung,
- Besuchsdurchführung und
- Besuchsnachbearbeitung.

Wettbewerbsdaten dienen dazu, die Wettbewerber zu beurteilen.

Umsatzdaten bilden die Grundlagen zur quantitativen Beurteilung der Vertriebstätigkeit.

Preisdaten geben Informationen über:
- Preise und Preisklassen von Produkten,
- Rabatte,
- Zahlungsbedingungen und
- Deckungsbeiträge.

2.2.3 Methoden- und Modellbank

Die **Methodenbank** enthält die im Marketing erforderlichen mathematischen und statistischen Auswertungsverfahren. Hierzu zählen Methoden für Vergleichsrechnungen und zur Kennzahlenermittlung (*Heinzelbecker* 1985, S. 79 ff.).

Vergleichsrechnungen sind:
- Objektvergleich (Rangreihe des Umsatzes bei verschiedenen Produkten)
- Gebietsvergleich (Preisdifferenzen in verschiedenen Absatzbezirken)
- Subjektvergleich (Abweichung der Vertriebskosten pro Außendienstmitarbeiter vom Sollwert)
- Zeitvergleich (Werbeaktionen je Produktgruppe im Vergleich zu den Vorperioden)

Die Kennzahlenberechnung umfaßt die Ermittlung von
- absoluten Kennzahlen (Deckungsbeitrag, Umsatz, Mitarbeiterstand),
- Gliederungszahlen (Umsatz pro Außendienstmitarbeiter) und
- Beziehungszahlen (Umsatzrendite).

In einer **Modellbank** sind Strukturen von Marketingmodellen gespeichert, z. B. die Gleichungen eines Prognosemodells für den Umsatz einzelner Produktgruppen mit den relevanten Zeitreihen und Verknüpfungen. Immer noch bestehen bei den Verantwortlichen in den Unternehmen große Vorbehalte gegenüber betriebswirtschaftlichen Modellen. In der Praxis dürften daher ausschließlich einfache Modelle eine Chance innerhalb eines MAIS haben (*Heinzelbecker* 1985, S. 88; *Jahnke et al* 1993, S. 15 ff.). Hauptanwendungsgebiet von Modellen ist die Unterstützung der Entscheidungsfindung im Bereich der strategischen Marketingplanung.

2.2.4 Dialog- und Systemprogramme

Mit Hilfe von Dialogprogrammen erfolgt die Erfassung, Änderung und Löschung von Datensätzen in der Marketingdatenbank. Falls die erforderlichen Daten bereits in anderen Datenbanken vorhanden sind, kann über Schnittstellen hierauf zugegriffen werden. Die mehrfache Pflege derselben Daten sollte möglichst vermieden werden. Schnittstellen bestehen außerdem zu Textverarbeitung und Tabellenkalkulation.

Systemprogramme unterstützen bestimmte Dienstfunktionen, wie die Festlegung von Zugriffsrechten unterschiedlicher Benutzer, die Verwaltung von Paßwörtern, die Nutzung verschiedener Drucker. Kommunikationsschnittstellen sind erforderlich, wenn eine Datenübertragung zwischen dem MAIS und externen Stellen (Marktforschungsinstitute, Außendienstmitarbeiter) erfolgen soll.

2.2.5 Auswertungen und Abfragen

Auswertungen enthalten verdichtete und statistische Informationen in Form einer Liste oder Bildschirmanzeige.

Über Abfragen werden bestimmte Informationen selektiert. Die Ergebnisse werden am Bildschirm oder als Liste ausgegeben. Es lassen sich unterscheiden (*Mertens/Griese* 1993, S. 4):

- Standardabfragen, die vorprogrammiert sind (»Mit welchem Produkt haben wir im letzten Monat den höchsten Umsatz in der Region Süddeutschland erzielt?«)
- Freie Abfragen, wobei der Benutzer seine Abfrage im Bedarfsfall mit Hilfe einer Abfragesprache formuliert.

2.3 Entwicklungsperspektiven

2.3.1 Marketing im Internet

Das Internet besteht aus mehreren Millionen Rechnern (Servern), die untereinander verknüpft sind und Informationen austauschen können. Während im Internet öffentlich zugängliche Informationen ausgetauscht werden, versteht man unter einem Intranet ein unternehmensinternes Netz unter Nutzung der Internet-Technologie (Browser, TCP/IP-Protokoll). Der freie Zugang von außen ist hierbei nicht möglich.

Das Internet-Surfen war in der Vergangenheit eine beliebte Freizeitbeschäftigung von Computerfreaks und Studenten. Die kommerzielle Nutzung erfolgt seit kurzem in allen Bereichen des Unternehmens, allen voran im Marketing. In der Produktpolitik bietet das

Internet eine hervorragende Möglichkeiten, dem Kunden Zusatzinformationen und Hilfen zu den Produkten zur Verfügung zu stellen. In News-Groups können die Anwender Probleme und ihre Lösungsmöglichkeiten öffentlich diskutieren. Man richtet an die entsprechende News-Group eine Frage und hofft auf eine Antwort. In aller Regel antworten nicht nur die angesprochenen Supportmitarbeiter des Herstellers, häufig werden auch andere Kunden die Anfragen beantworten und kommentieren. Das Internet eröffnet außerdem neue Vertriebswege im Rahmen der *Distributionspolitik*. Mit relativ geringem Aufwand ist eine globale Präsenz durch eigene Web-Seiten möglich. Dieser Vertriebsweg steht 24 Stunden an 7 Tagen in der Woche zur Verfügung. Der größte Vorteil des Online-Vertriebswegs ist seine Aktualität. Preis- und Angebotsänderungen sind sofort sichtbar. Der Schwerpunkt der kommerziellen Internet-Nutzung liegt derzeit in der *Kommunikationspolitik*. Die Firmen werben für ihr Unternehmen und neue Produkte, bieten Karriere-Angebote und stellen Zusatzinformationen für Händler, Kunden, Kundendienst zur Verfügung. Durch die Interaktionsmöglichkeit, die das World Wide Web (WWW) bietet, soll der Internet-Nutzer für die Inhalte der Web-Pages interessiert werden. Er entscheidet letztlich per Mausklick, ob er dem Informationsangebot weiter folgt oder nicht. Internet-Nutzung ist keine Einbahnstraße. Der Benutzer hinterläßt stets eine digitale Spur, die es ermöglicht, wichtige Daten über den Benutzer zu gewinnen. Die Aufzeichnung der Online-Verbindung in einem Log-File umfaßt die abgerufenen Dokumente (Web-Seiten), die Verbindungsdauer und Nutzerdaten. Auch per E-Mail kann der Nutzer direkt mit dem Unternehmen Kontakt aufnehmen. Das Internet ist somit zu einem **wichtigen Medium der Informationsgewinnung für das Marketing-Informationssystem** geworden. Ein Zugriff auf marktforschungsrelevante Informationen ist im Internet an vielen Stellen möglich:

Mit **Online-Fragebögen** können Unternehmen die Reaktion auf ihre Webseiten systematisch erheben. Auch Marktforschungsgesellschaften führen derartige Analysen im Auftrag ihrer Kunden durch.

Bei **Cookies (Keksen)** handelt es sich um Informationen im Umfang bis zu 4000 Byte, die ein Webserver auf der Festplatte des Internet-Besuchers hinterlegt und auf die er später wieder zugreifen kann. In den Cookies werden in der Regel Benutzerinformationen gespeichert, die der Browser bei einem erneuten Besuch der Web-Seite automatisch an den Server überträgt. Hierdurch ist der Server in der Lage, zwischen unterschiedlichen Benutzern zu unterscheiden (*Schirmer* 1998, S. 8). Cookies werden eingesetzt, um Informationen zielgerichteter anzubieten.

Die **Web-Traffic-Analyse** dient zur Messung der Erfolgskontrolle der eigenen Internet-Präsenz. Es gibt inzwischen Programme, die eine umfassende Analyse des Besucherverhaltens ermöglichen:
- Wer besuchte eine Web-Site (Herkunft der Benutzer, sortiert nach Ländern)
- Wann wird die eigene Web-Site am häufigsten besucht (an welchen Stunden, Wochentagen)
- Wie oft wird auf welche Seite zugegriffen (welche Seiten sind (un)interessant?)
- Wie viele Besucher wurden von wichtigen Suchmaschinen auf die eigenen Web-Seiten weitergeleitet.

2.3.2 Data Warehouse, Data Mart

Der Wunsch, Informationen wie in einem Lager geordnet und griffbereit zu haben, führte zum Konzept des **Data Warehouse**. Die Übersetzung dieses Begriffs in *Datenwarenhaus* suggeriert das Bild eines Selbstbedienungsladens für Informationen. Tatsächlich ist der Vergleich mit einem Waren- oder Handelshaus zutreffend, wenn man den Datenfluß in einem Unternehmen mit dem Warenfluß im Handel vergleicht (*Muksch/Behme* 1997, S. 35):

Datenlieferanten sind die operativen Anwendungssysteme, wie Auftragsbearbeitungs- oder Materialwirtschaftssysteme sowie externe Datenquellen. Zwischenlager sind Datei- und Datenbanksysteme. Aus diesen wird das an den Bedürfnissen der Endverbraucher ausgerichtete Handelshaus (Data Warehouse Speicher) mit entsprechenden Informationen beliefert und dort für die verschiedenen Kunden bereitgestellt (Datenauswertung, vgl. Abbildung 6).

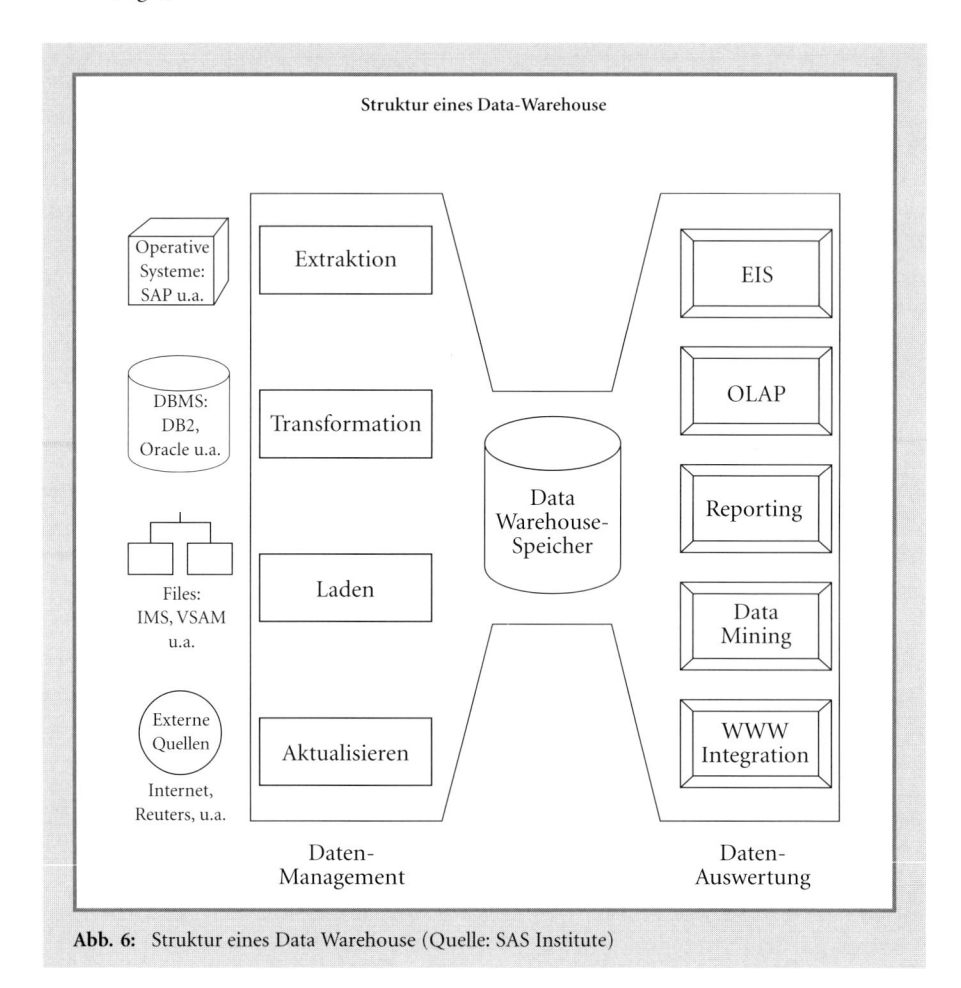

Abb. 6: Struktur eines Data Warehouse (Quelle: SAS Institute)

Marketing-Informationssystem

Mit dem Begriff Data Warehouse wird somit eine von den operationalen DV-Systemen isolierte Datenbank umschrieben, die als **unternehmensweite zentrale Datenbasis** für alle Ausprägungen managementunterstützender Systeme dient (*Muksch/Behme* 1997, S. 34). Executive Information Systems (EIS) versorgen die obere Führungsebene mit relevanten Informationen. Im Mittelpunkt steht die intuitive Bedienung und managementgerechte Informationspräsentation. OLAP (Online-Analytical Processing) ist hierbei eine Technik, die es erlaubt, betriebswirtschaftliche Kennzahlen mehrdimensional auszuwerten, wie Umsätze nach Kundengruppen, Regionen, Zeiträumen, Außendienstmitarbeitern. OLAP wird abgegrenzt gegenüber der bisherigen, transaktionsorientierten Datenverarbeitung (OLTP = Online Transaction Processing), die sich auf die Bearbeitung einzelner Transaktionen, z. B. Anlegen oder Suchen eines Kundenstammsatzes konzentrierte.

Ein **Data Mart** ist ein subjektspezifisches oder abteilungsspezifisches Data Warehouse. Im Gegensatz zu einem zentralen Data Warehouse wird dem Anwender hierbei nicht ein großer Datenpool zur Verfügung gestellt, sondern es werden mehrere dezentrale Datenbestände aufgebaut (*Schinzer/Bange* 1998, S. 45). Data Marts werden entweder aufgebaut, um Datenbestände gleichzeitig an mehreren Orten schneller bereitzustellen (bei Konzernen mit zahlreichen Niederlassungen) oder um einzelnen Fachabteilungen ihre eigenen, sehr speziellen Datensammlungen zu ermöglichen. Ein Data Mart für den Marketingbereich könnte Daten in detaillierterer und speziellerer Form beinhalten als dies bei einem unternehmensweiten zentralen Data Warehouse der Fall wäre (vgl. Abbildung 7).

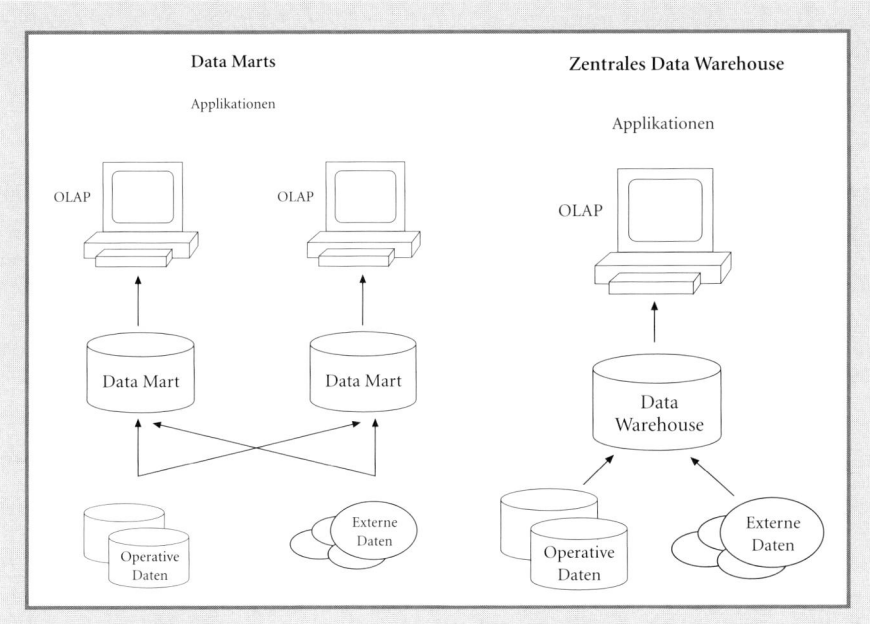

Abb. 7: Unterschiedlicher Aufbau von Data Warehouse und Data Mart (Quelle: *Schinzer/Bange* 1998, S. 43)

2.3.3 Data Mining

Data Mining steht für die Erforschung und Analyse großer Datenbestände hinsichtlich sinnvoller Muster oder Regeln. Mit Hilfe dieses Verfahrens können aus gewaltigen Datenmengen sinnvolle Informationen herausgefiltert werden Eine geeignete Datenquelle für Data Mining im Einzelhandel sind beispielsweise die Kassenbons. Eine Analyse der Bondaten kann Auskunft darüber geben, welche Zusammenhänge zwischen Produkten und Sortimentsbereiche bestehen (z. B. wird an Samstagen häufig Babynahrung/-windeln gemeinsam mit Bier gekauft – ein Indiz für den typischen Großeinkauf der Familie). Aus den gewonnenen Informationen können Produkte umplaziert werden oder es erfolgen Zweitplazierungen.

2.4 Praktische Anwendungsbeispiele

2.4.1 Data Warehouse für ein Pharma-Unternehmen

Die 3M Medica setzt ein Data Warehouse ein, um interne und externe Datenbestände für zielgenaue Marketingaktivitäten besser nutzen zu können (*Bastian* 1997, S. 30 f.). Die verfügbaren Markt- und Kundendaten im Pharmabereich sind sehr umfangreich, so daß die Fülle allein zu einem Problem wird. Aus den eigenen, internen Marketingaktivitäten ergeben sich 500 000 Datensätze mit einem jährlichen Zuwachs von 100 000. Die Berichte der Außendienstmitarbeiter von Besuchen bei Apotheken und Ärzten summieren sich auf insgesamt 2,4 Mio. Datensätzen bei einem Wachstum von 500 000 Sätzen pro Jahr. Aus der Auftragsabwicklung sind 530 000 Datensätze von Bedeutung (bei 200 000 Neuzugängen jährlich). Außerdem sind umfangreiche externe Datenmengen relevant, z. B. 1,3 Mio. Datensätze des IMS (Institut für Medizinische Statistik).

Das Data Warehouse wird aus heterogenen Datenquellen gespeist, die sich außerdem auf verschiedenen Hardware-Plattformen und unterschiedlichen Datenbanken befinden (vgl. Abbildung 8). Mit dem neuen Analysetool ist es möglich, Abfragen, die vor Einführung des Data Warehouse nur mit erheblichem Zeitaufwand zu bearbeiten waren, kurzfristig zu beantworten. Für die Herstellung eines Zusammenhangs zwischen der Zahl der Arztbesuche in einem Segment (kleinste geographische Markteinheit) und dem dort erzielten Umsatzvolumen, müssen nicht mehr Millionen Datensätze in den Hostsystemen durchforstet werden, sondern man greift auf vorselektierte und voraggregierte Daten des Data Warehouse zurück.

2.4.2 Vertriebsinformationssystem für ein Versicherungsunternehmen

Das auf dem Hostrechner verfügbare Auskunftssystem bot den Anwendern im Vertrieb des Haftpflichtverbandes der Deutschen Industrie (HDI) keine direkten Zugriffsmöglichkeiten auf Datenbanken mit eigenen Auswertungen (*Henning* 1997, S. 63 f.). Die häufigen Sonderauswertungswünsche des Vertriebs führten zu Engpässen bei der internen DV-Abteilung. Außerdem waren die geforderten Berichte nur mit sehr hohem Aufwand zu erstellen.

Marketing-Informationssystem

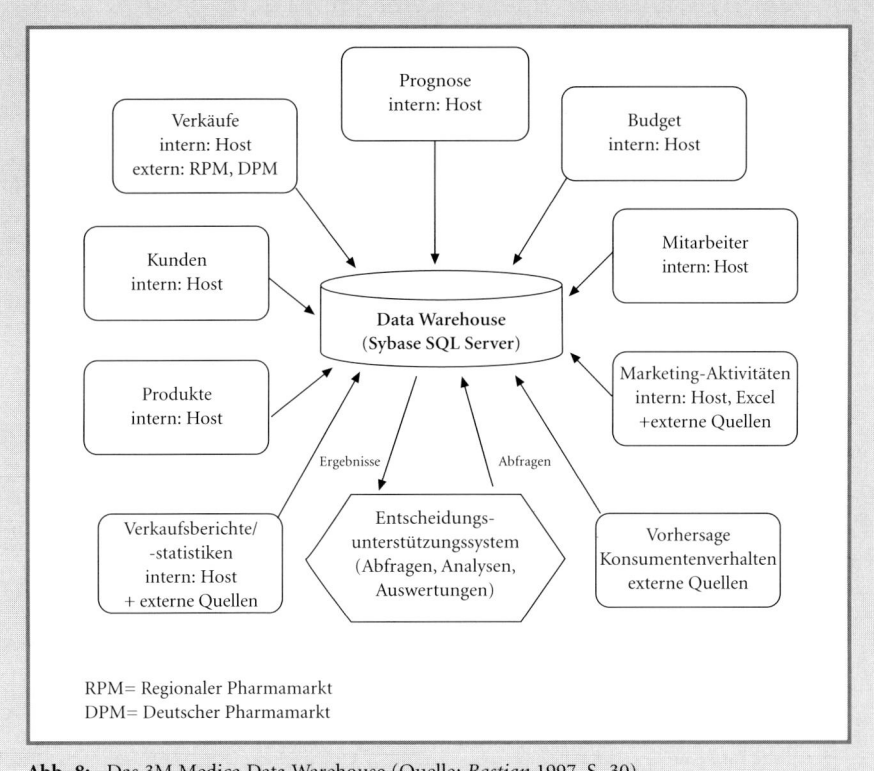

Abb. 8: Das 3M Medica Data Warehouse (Quelle: *Bastian* 1997, S. 30).

Das neue VIS sollte drei zentrale Anforderungen erfüllen:
1. Einrichten eines eigenen Datenpools mit allen vertriebsrelevanten Informationen
2. Verbesserung des bisherigen Berichtswesens für das Vertriebscontrolling
3. Monatliche Erstellung aller Auswertungen und Berichte ohne großen Aufwand.

Im Rahmen der Konzeption des neuen VIS erfolgte eine differenzierte Kategorisierung der Vertriebswege, Regionen, Niederlassungen, Angebote und Zielgruppen. Die Führungskräfte im Vertrieb bei HDI sind inzwischen in der Lage, Analysen wesentlich schneller und effizienter vorzunehmen. Ist beispielsweise der Absatz in einer Sparte rückläufig, kann innerhalb kurzer Zeit festgestellt werden, welche Regionen und Vertriebswege davon betroffen sind. Umgekehrt kann bei Absatzrückgängen in einer bestimmten Region sofort erkannt werden, in welcher Sparte oder in welchem Vertriebsweg das Geschäft zurückgeht.

2.4.3 Data Warehouse bei einem Textilhandelsunternehmen

Die Größe der Datenbestände hat die Sinn-Leffers-WHG dazu bewogen, ein Data Warehouse einzurichten. Die auszuwertenden Datenbestände über Artikel, Lieferanten, Sortimente, Umsätze in verschiedenen Regionen und insgesamt 46 Modehäusern sind riesig. Außerdem verfügte Sinn-Leffers über keine einheitliche Datenhaltung, sondern über gewachsene Insellösungen.

Mit Hilfe des Data Warehouse und den neuen Analysetools ist es möglich, multidimensionale Datenanalysen durchzuführen. Es läßt sich genau feststellen, warum ein Sakko in einer Filiale hervorragend, in einer anderen aber nur schleppend verkauft wird. Damit läßt sich auch der Warenstrom besser steuern (vgl. *Langen* 1997).

2.5 Erfolgreiche Einführung eines Marketing-Informationssystems

Zur Einführung eines MAIS muß ein Unternehmen im Regelfall eine erhebliche Investition vornehmen. Fehler, die bei der Auswahl und Implementierung gemacht werden, sind später oft nur mit erheblichem Aufwand zu beheben.

Nachfolgend werden einige **praktische Hinweise** zur erfolgreichen Einführung eines MAIS gegeben (*Münzberg* 1995, S. 6; *Gabriel et al.* 1995, S. 292):
1. Stellen Sie ein Projektteam mit zukünftigen Benutzern, eigenen EDV-Fachleuten, Beratern des Software-Unternehmens, einem unabhängigen Berater und einem Entscheidungsträger Ihres Unternehmens zusammen.
2. Bei Projektstart sollte ein Projektleiter ernannt werden, es sollten Projektziele, Projektlaufzeit und ein Budgetrahmen definiert sein.
3. Unterteilen Sie die Projektaktivitäten in einzelne Phasen. Führen Sie am Ende jeder Phase ein Review durch. Lassen Sie keine Zweifel daran, daß Projekte jederzeit abgebrochen werden können, wenn keine erfolgversprechenden Zwischenergebnisse vorgelegt werden können.
4. Führen Sie regelmäßig Projektsitzungen gemeinsam mit der Projektgruppe durch, damit Sie jederzeit über den aktuellen Projektstand, Probleme und Terminverzögerungen informiert sind.
5. Das bisherige Informations- und Berichtssystem im Marketing eignet sich schlecht als inhaltliche Vorgabe für das neue System. Lassen Sie sich vielmehr von den technischen und fachlichen Möglichkeiten neuer MAIS inspirieren.
6. Führen Sie eine Informationsbedarfsanalyse durch. Welche Informationen benötigen Sie bei Marketing-Entscheidungen?
7. Trennen Sie sich von Listen, mit denen ohnehin niemand arbeitet.
8. Setzen Sie möglichst Standardsoftware ein. Viele Vertriebsprozesse laufen standardisiert und routinemäßig ab. Standardsoftware ist im Regelfall kostengünstiger als Individualsoftware.
9. Informieren und schulen Sie rechtzeitig die künftigen Benutzer und Informationsempfänger.

10. Testen Sie ein bis max. zwei Softwaresysteme intensiv, bevor Sie sich endgültig für eine Lösung entscheiden. In einem Realtest fallen viele Details auf, die bei Schulungen und Präsentationen nicht erkannt bzw. vertuscht werden. Die Testphase ist für den Software-Anbieter immer noch Akquisitionsphase. In dieser Zeit lernen Sie auch den Support des Software-Unternehmens kennen.

Erfolgreich wird die Einführung eines MAIS letztlich dann sein, wenn der Nutzen die Kosten übersteigt. In Tabelle 1 sind **Nutzeffekte** einiger Unternehmen zusammengestellt, die Informationssysteme in Vertrieb und Marketing erfolgreich einsetzen (s. S. 114):

2.6 Literaturverzeichnis

Abts, D./Mülder, W.: Grundkurs Wirtschaftsinformatik, 2. Auflage, Braunschweig/Wiesbaden 1998

Bastian, R.: Riesige Datenfülle in den Griff bekommen – Zielgenaues Database Marketing bei 3M Medica, in: Computerwoche – Focus, Ausgabe Nr. 2 vom 6. Juni 1997, S. 30 f.

Breuker, S: Eine effiziente Systemarchitektur für ein CAS-Softwarepaket (Diss.) Erlangen-Nürnberg 1994

Gabriel, R./Bergmann, H./Krizek, I.: Informationsintegration von Absatz und Fertigung durch Marketing-Informationssysteme (MAIS), in: Wirtschaftsinformatik 37/1995 3, S. 282–293

Heinzelbecker, K.: Marketing-Informationssysteme, Stuttgart 1985

Henning, R.: Feintuning für Marketing, Vertriebsstruktur und Produkte, in: Computerwoche, Heft 20/1997, S. 63 f.

Hermanns, A./Flegel, V.: Electronic Marketing – Grundlagen, Einsatzfelder, Chancen und Risiken, in: dies., Handbuch des Electronic Marketing, München 1992

Jahnke, B./Groffmann, H.-D./Vogel, E.: Konzeption von Maketinginformationssystemen in: HMD 173/1993, S. 9–25

Langen, G: Data-Warehouse bei Sinn-Leffers, Renner und Penner im Visier, in: Logistik heute 11/1997, S. 89–91

Link, J./Hildebrand, V.: Database Marketing und Computer Aided Selling – Strategische Wettbewerbsvorteile durch neue informationstechnische Systemkonzeptionen, München 1993

Link, J./Hildebrand, V.: Verbreitung und Einsatz des Database Marketing und CAS – Kundenorientierte Informationssysteme in deutschen Unternehmen, München 1994

Link, J./Hildebrand, V.: Mit IT immer näher zum Kunden, in: HARVARD BUSINESS manager 3/1995, S. 30–38

Mertens, P./ Griese, J.: Integrierte Informationsverarbeitung 2. Planungs- und Kontrollsysteme in der Industrie, 7. Auflage, Wiesbaden 1993

Mülder, W./ Weis, H. C.: Computerintegriertes Marketing, Ludwigshafen 1996

Münzberg, H.: Vertriebsinformationssysteme – Stiefkind oder Haupterfolgsfaktor, in: Diebold Management Report 1/1995, S. 3–8

Muksch, H./Behme, W.:Das Data Warehouse-Konzept als Basis einer unternehmensweiten Informationslogistik, in: Muksch, H./Behme, W. (Hrsg.) Das Data Warehouse- Konzept, Architektur-Datenmodelle-Anwendungen, 2. Auflage, Wiesbaden 1997

Scheer, A.-W.: Wirtschaftsinformatik, 7. Auflage, Heidelberg 1997

Schinzer, H. D./ Bange, C.: Werkzeuge zum Aufbau analytischer Informationssysteme – Marktübersicht, in: Chamoni, P./ Gluchowski, P. (Hrsg.) Analytische Informationssysteme, Berlin 1998, S. 41–58

Schirmer, T.: Datensicherheit im Internet, in: Online-Praxis – Internet und Online-Dienste (Loseblatt-Sammlung), Gruppe 9.3, 1998

Spang, S./Scheer, A.-W.: Zum Entwicklungsstand von Marketinginformationssystemen, in: ZfbF 3/1992, S. 183–208

Spang, S.: Informationsmodellierung im Investitionsgütermarketing, Wiesbaden 1993

Zentes, J.: EDV-gestütztes Marketing. Ein informations- und kommunikationsorientierter Ansatz, Berlin 1987

Erhebungsverfahren

Anwendung	Quantitative Nutzeffekte		Qualitative Nutzeffekte		
	Einsparungen/ROI	Absatzsteigerung	Kundenzufriedenheit durch		sonstige
			bessere Beratung	objektivere Beratung	
VIS d. Reemtsma GmbH	1,4 Mio. jährl./2,5 Jahre				Weniger Fehler
BS f. Nutzfahrz. d. Mercedes Benz AG/ MAN AG	ROI: 2 Jahre, weniger Nachrüst-/Umbaukosten u. Gewährleistungsfälle			Objektiviert das Preisgespräch	Aktualität, Imageplus, Entlastung des Innendienstes, Selbstschulung der Verkäufer
Präsentationssystem VIDIS (Video Digital system) der Volkswagen AG		Mehr Verkäufe von Zusatzeinrichtungen	Gespräche zwischen Verkäufer und Kunde können substanzieller geführt werden.		Selbstschulung der Verkäufer
BS u. VIS der Winterthur-Versicherung	Durchschnittliche Produktivitätssteigerungen von 20–25 %	22 % mehr Verträge	Höhere Beratungsqualität, systematische Verkaufsaktivitäten, bessere Gesprächsverarbeitung		
BS d. Transatlantischen Allg. Vers. AG u. d. Telcon Allg. Vers. AG			Qualität der Beratung ist besser geworden		
BS u. VIS einer Versicherung	ROI: 3 Jahre	Im Durchschnitt 5,5 % mehr Vertragsabschlüsse u. Steigerung d. Vertragshöhe um 3,3 %	Sehr positive Einstellung zum Einsatz des Beratungscomputers auch seitens der Kunden		Schnellere Vorgangsbearbeitung, weniger Fehler, aktuellere und übersichtlichere Informationen
CAS-Allgemein	10–33% Einsparungen; ROI ca. ein Jahr				Weniger Kundenreklamationen

Tab. 1: Nutzeffekte der Informationstechnik in Marketing und Verkauf (Quelle: *Breuker* 1994, S. 4)

3. Qualitative Befragungstechniken

Peter Sauermann

Inhaltsübersicht

3.1 Grundprinzipien und Anwendungsmöglichkeiten qualitativer Befragungstechniken
3.2 Methodenbeschreibung
3.2.1 Gruppendiskussion
3.2.2 Exploration (Tiefeninterview)
3.2.3 Projektive, assoziative und Zuordnungsverfahren
3.3 Beispiele für erfolgreiche Informationsbeschaffung durch qualitative Befragungstechniken
3.3.1 Fallstudie zum Einsatz von Gruppendiskussionen
3.3.2 Fallstudien zum Einsatz von Explorationen
3.4 Bewertung der praktischen Einsatzmöglichkeiten: Kosten-Nutzen-Verhältnis
3.5 Literaturverzeichnis

Auf einen Blick

Qualitative Befragungstechniken (vornehmlich Gruppendiskussionen und Tiefeninterviews) erheben den Anspruch, im Gegensatz zu den üblichen standardisierten Befragungsarten in die Tiefe zu gehen, das heißt auch solche Motive, Einstellungen zu erfassen, die dem Befragten vordergründig nicht bewußt sind, oder die er nicht so ohne weiteres preisgeben würde.

Es wird im folgenden Kapitel aufgezeigt, wie diese Verfahren auf der Grundlage psychologischer Erkenntnisse arbeiten. Es wird aber auch auf die damit verbundene Problematik, z. B. hinsichtlich des hohen Anspruchsniveaus an den Interviewer oder der statistischen Sicherheit der ermittelten Ergebnisse eingegangen.

Nach einigen ausführlichen Beispielen für den Einsatz von qualitativen Befragungstechniken wird abschließend das Kosten-Nutzen-Verhältnis derartiger Methoden in der Marktforschung dargestellt. Die Verfahren haben ihren Wert insbesondere als Pretest für strukturierte Untersuchungen oder als *Ideen-Pool* für Produkt- oder Werbegestaltungsstrategien.

3.1 Grundprinzipien und Anwendungsmöglichkeiten qualitativer Befragungstechniken

Qualitative Befragungstechniken stellen eine wichtige und zugleich umstrittene Gruppe von Untersuchungsmethoden in der Marktforschung dar, die folgendermaßen gekennzeichnet werden kann:

- Sie erforschen Motive des Verhaltens, Einstellungen und Erwartungen und liefern daher Erklärungsansätze für Kaufentscheidungen und -verhalten.
- Sie sind für eine intensive zeitliche wie inhaltliche Auseinandersetzung mit der Auskunftsperson charakteristisch, man kann daher schon aus Kostengründen nicht mit großen Stichproben arbeiten.
- Sie bedienen sich psychologischer Verfahren und erfordern vom Marktforscher und Interviewer überdurchschnittliches Können, das auf entsprechender Ausbildung und Erfahrung beruht.
- Sie liefern Ergebnisse, die sich kaum in den gewohnten statistischen Aussageformen darstellen lassen, im Unterschied zu quantitativen Befragungen, die alle Möglichkeiten der statistischen Datenauswertung benutzen können.

Warum wird dann diesen Verfahren hier ein gleichwertiger Platz eingeräumt? Die Antwort lautet: Weil ohne sie im Marketing und Handel die Wahl der richtigen kundengerichteten Entscheidung (*Kamenz* 1997, S. 109) nicht möglich ist. Bevor durch quantitative Analysen statistische Sicherheiten erarbeitet werden können, muß erst einmal die **motivationale Erklärungsbasis** gefunden sein, auf der dann Fragebogen entwickelt und eingesetzt werden können.

Beispiele: Eine Werbeagentur will Ansatzpunkte für eine neue Werbekampagne für ein Konsumgut finden. Die qualitative Vorgehensweise kann feststellen, welche möglichen Kaufmotive der Kunde hat, wie er das Produkt gefühlsmäßig erlebt.

Der Hersteller eines hochwertigen Hightech-Produktes benötigt Informationen, um dieses besser an den Kundenbedürfnissen und -erwartungen auszurichten. Die Ergebnisse qualitativer Befragungen stellen einen Ideenvorrat dar, aus dem die Konstruktion wertvolle Anregungen entnehmen kann.

Die Geschäftsführung eines Baumarktes möchte die Verkaufsräume sortiments- und dekorationsmäßig so gestalten, daß dem Besucher eine Erlebniswelt präsentiert wird und nicht ein nüchternes Warenangebot. Durch den Einsatz qualitativer Befragungstechniken erhält sie Hinweise zur konzeptionellen Gestaltung im Sinne des Erlebnismarketings und kann dadurch auf vermehrte Besucherzahlen und Kaufabschlüsse hoffen.

Die früheren Gegner der qualitativen Marktforschung bezeichneten diese gern als Arbeitsfeld der »Tiefenheinis« und wollten damit ausdrücken, daß es sich hier um einen Tummelplatz von suspekten, psychologisch angehauchten Forschern handelt, denen jedes methodisch saubere quantitative Denken fehle. Allerdings mußten sie sich ihrerseits den Vorwurf gefallen lassen, daß sie seelenlose Nasenzähler seien, die zwar statistisch relevante Verhaltensunterschiede der Konsumenten feststellen, sie aber nicht in ihren motivationalen Hintergründen erklären können.

Gottlob ist dieser Streit inzwischen beigelegt. Jede Seite braucht auch die andere. Die qualitative Marktforschung liefert eine **Basis**, auf der die quantitative Befragung aufbauen kann. Ihr wird z. B. gesagt, welche möglichen Kauf- (oder auch Nichtkauf-)gründe der Kunde hat, und sie kann dann exakt feststellen, wie sich diese Motive statistisch verteilen. Es ist aber genauso denkbar, daß die qualitative Marktforschung ausschließlich zum Zuge kommt, wenn z. B. nur ein kreativer Ideenkatalog für anstehende Marketingkampagnen benötigt wird.

Vereinfachend kann die qualitative Marktforschung auch als Motivforschung bezeichnet werden. Motive sind die Beweggründe des Verhaltens oder Faktoren, die für die Aktivierung und Steuerung von Verhaltensweisen verantwortlich sind. Mit den Erlebens- und Verhaltensweisen der Menschen beschäftigt sich die Psychologie. Sie hat hierzu spezielle Erfassungsinstrumente entwickelt, und es ist nur logisch, daß diese auch in der Marktforschung eingesetzt werden. Wenn also tatsächliche oder mögliche Kaufmotive erfaßt werden sollen, bedeutet das den Einsatz psychodiagnostischer Verfahren, die auch der Auskunftsperson zunächst nicht bewußte Motivstrukturen am ehesten erhellen können.

Im folgenden werden drei Befragungsmethoden beschrieben, die am häufigsten in der qualitativen Marktforschung zum Einsatz kommen. Um ihre Brauchbarkeit richtig einschätzen zu können, sind dazu einige Erläuterungen aus der psychologischen Diagnostik notwendig.

3.2 Methodenbeschreibung

3.2.1 Gruppendiskussion

Die Methodik der Gruppendiskussion ist durch folgende Kriterien gekennzeichnet:
- Eine Anzahl von Personen (in der Regel ca. 5–8) unterhalten sich gemeinsam etwa 1–2 Stunden über ein oder mehrere Themen, von dem/denen alle Beteiligten in irgendeiner Weise berührt sind (z. B. Mütter über Babynahrung oder Autofahrer über Sicherheitsfragen beim Auto).
- Die jeweilige Gruppe muß in sich homogen sein, das heißt es dürfen keine Unterschiede zwischen den Teilnehmern bestehen, die zur Dominanz einzelner Personen aus welchen Gründen auch immer führen könnte (z. B. Akademiker und ungelernte Arbeiter in der gleichen Gesprächsrunde).
- Die jeweilige Diskussionsrunde wird von einem erfahrenen und entsprechend ausgebildeten Moderator geführt, der selbst strikt neutral bleiben muß und sich jeglicher persönlicher Meinungsäußerung zu enthalten hat. Er hat vielmehr dafür zu sorgen, daß die Spielregeln für eine faire Diskussion eingehalten werden (ausreden lassen, Einhalten der Reihenfolge der Wortmeldungen, keine demotivierenden Killerphrasen einzelner Beteiligter).
- Der Gesprächsverlauf wird üblicherweise per Tonband mittels Stereomikrophonen aufgenommen. Die Teilnehmer erhalten aus Anonymitäts- und Datenschutzgründen Decknamen, brauchen also nicht mit ihren richtigen Namen angesprochen zu werden.

Es wäre nun ein Mißverständnis, den Vorteil der Gruppendiskussionsmethode in ökonomischen Gesichtspunkten zu sehen, da man in der gleichen Zeit wesentlich mehr Meinungen erfahre als in entsprechenden Einzelinterviews. Dieses Verfahren erfaßt vor allem **gruppendynamische Aspekte** und macht deutlich, wie individuelle Meinungen durch die Diskussion in der Gruppe beeinflußt werden. Dies ermöglicht eine Simulation des Prozesses der Meinungsbildung in der sozialen Umwelt (die Beeinflussung durch Arbeitskollegen, Kameraden im Sportverein oder junge Mütter in der Nachbarschaft). Außerdem zeigt die Erfahrung, daß in der Gruppendiskussionssituation Meinungen geäußert werden, die die Betreffenden im Einzelinterview nie kundgetan hätten; hier werden Ängste und Hemmungen leichter abgebaut. Ebenso werden tiefer liegende Motive und Einstellungen eher aufgedeckt als in einer standardisierten Befragung auf der Straße oder an der Haustür.

Der praktische Nutzen von Gruppenexplorationen besteht in erster Linie in der Einarbeitung in die tiefer liegende Problematik eines für den Marktforscher noch unbekannten Untersuchungsobjektes. Ebenso werden sie als sehr geeignete Pretestmethode für nachfolgende Untersuchungen auf breiterer statistischer Basis angesehen.

Untersuchungsmöglichkeiten der Einstellungen, Motivationen, Beurteilungen, Präferenzen und Argumentationen mittels der Gruppendiskussionsmethode zu:
- Kaufverhalten (z. B. Entscheidungsprozesse für den nächsten Urlaub)
- Produktbeziehungen (z. B. das Angebot an Babynahrungsmitteln aus der Sicht junger Mütter)
- Verpackungen und Werbemittel (z. B. die Beurteilung einer völlig neu gestalteten Gewürzdose oder von Anzeigenentwürfen für einen neuen Sportwagen)
- Markenimages (z. B. das Image einer Biermarke im Vergleich zum Wettbewerb in einem regionalen Biermarkt)
- Preisgestaltung (z. B. die Beurteilung des Preisniveaus eines Kaufhauses im Vergleich zu den Mitbewerbern am lokalen Standort).

Der Moderator hat zur Diskussionsrunde einen Reizfragenkatalog oder eine Themenliste vorliegen, die aber nur dazu dienen, das Gespräch in Gang zu bringen und die Teilnehmer gemäß der Untersuchungsthematik zu aktivieren. Im übrigen hat jede Gesprächsrunde ihre eigene Dynamik, und deshalb sind auch statistische Vergleiche zwischen mehreren durchgeführten Gruppendiskussionen kaum möglich. Außerdem gibt es diverse Sonderformen von Gruppendiskussionen (Kreativ-workshops oder Focus-Groups) wie auch von Teilnehmerzusammensetzungen (heterogene Gruppen: Verwender – Nichtverwender), über die *Salcher* (1978, S. 53 ff.) im einzelnen berichtet.

3.2.2 Exploration (Tiefeninterview)

Bei der Explorationstechnik handelt es sich nicht um die üblichen voll strukturierten Befragungen mit genauer Festlegung der Reihenfolge der Fragen und diversen Antwortvorgaben, sondern um eine **non-direktive Gesprächstechnik**, die in ihren Ursprüngen auf den bekannten Psychoanalytiker **Sigmund Freud** zurückgeht.

Hierbei sind folgende **Merkmale** zu nennen:
- Die Gespräche sind sehr zeitaufwendig (1–2 Stunden) und verlangen vom Befrager wie von der Auskunftsperson ein hohes Maß an Konzentration. Entsprechend müssen die räumlichen Gegebenheiten eine ungestörte und entspannte Atmosphäre gewährleisten.
- Der Befragte hat entscheidenden Anteil am Gesprächsverlauf, der Explorierende ist nur der Antrieb, der durch offene Fragen (W-Fragen) die Auskunftsperson aktiviert. Er selbst hat sich jeder Stellungnahme oder Meinungsäußerung zu enthalten. Er hat lediglich die Äußerungen des Befragten zusammenzufassen und gegebenenfalls zu wiederholen, wenn die Gefahr von Mißverständnissen oder Unklarheiten besteht. Diese Vorgehensweise nennt man non-direktiv.
- Eine Themenliste oder ein Themenleitfaden liegt zwar allen Explorationen zugrunde. Statistische Auswertungen sind aber kaum möglich, da der Gesprächsverlauf von Befragtem zu Befragtem völlig unterschiedlich sein wird. Zweckmäßigerweise werden die Äußerungen per Tonband aufgenommen und hinterher protokolliert. Ein Notieren der Antworten während der Exploration ist nicht sinnvoll, da es die Konzentration auf beiden Seiten schwer beeinträchtigen würde.
- Die Anforderungen an den Befrager sind hoch. Gemäß *Salcher* (1978, S. 43) sollten nur Diplom-Psychologen oder zumindest psychologisch geschulte Akademiker eingesetzt werden.»Die Gründlichkeit und Tiefe der Exploration wird durch die gemeinsame Reflektion der Antworten erreicht, wobei der Interviewer (...) den Befragten dazu anregt, seine Antworten selbst zu reflektieren, zu interpretieren, zu bewerten und möglicherweise auch abzuändern oder zu ergänzen« (*Gutjahr* 1985, S. 63). Dieses Zitat belegt den hohen Anspruch an die Qualität des Befragenden.

Der Versuch, mittels dieser non-direktiven Befragungstechnik in die Tiefe zu gehen und Einstellungen, Erfahrungen und vor allem Bedürfnisstrukturen zu erfassen, die das Kaufverhalten erklären können, führte wohl zu der Bezeichnung Tiefeninterview auch in der Marktforschung, wenngleich diese Vorgehensweise mit dem eigentlichen Tiefeninterview in der Psychotherapie nicht vergleichbar ist. Dort wird diese Technik im Sinne der Psychoanalyse Sigmund Freuds dazu benutzt, in zahlreichen und ausdauernden Sitzungen im Gespräch zwischen Therapeut und Patient langsam zu den Wurzeln bestimmter seelischer Krankheiten (z. B. Neurosen) vorzudringen und durch ihre Offenlegung den Ansatz zur Aufarbeitung und Bewältigung meist ins Unbewußte verdrängter Konflikte zu ermöglichen. Ausgangspunkt ist hier der Leidensdruck des Patienten.

Selbstverständlich kann dies nicht auf eine Marktforschungssituation übertragen werden. Hier wird lediglich der Versuch gemacht, etwa zur Erklärung bestimmten Kaufverhaltens nicht nur oberflächliche Beweggründe zu erkennen, sondern auch unterbewußtere, die der befragten Person bis zum Zeitpunkt des Interviews selbst nicht klar bewußt waren. Hier allerdings ergibt sich eine **Problematik**: Selbst wenn es gelingt, bei einer Auskunftsperson auch tiefer liegende Beweggründe zu erfassen, erhebt sich die Frage der Verallgemeinerbarkeit. So wie beim psychotherapeutisch behandelten Patienten der Grund seines Fehlverhaltens sein ganz persönlicher ist (meist in frühkindlichen Phasen entstanden) und bei anderen Patienten mit der gleichen Symptomatik (z. B. Waschzwang) keineswegs zutreffen muß, läßt sich auch die individuelle Motivationsstruktur einer

Auskunftsperson nicht verallgemeinern (vgl. den Beitrag von Georg Felser: Motivforschung, S. 635).

Das Unbehagen am **Begriff** Tiefeninterview und an der Technik selbst bei der Verwendung in der Marktforschung führte dazu, daß viele Marktforschungsinstitute abgespeckte Versionen dieser Explorationstechnik einsetzen, die mit Formulierungen wie qualitatives Interview oder psychologische Exploration gekennzeichnet sind. Der Interviewer hat sich an einen »aufgeschlüsselten und differenzierten Themenleitfaden zu halten, dessen einzelne Punkte im Gesprächsablauf auch weitgehend behandelt werden sollten« (*Salcher* 1978, S. 48). Der Interviewer muß hierbei häufiger steuernd in das Gespräch eingreifen, wenn die Äußerungen des Befragten zu weit von den Fragen abweichen oder zu ausführlich sind (halb-direktive Technik). Eine statistische Aufbereitung der Ergebnisse ist dann aber eher möglich.

3.2.3 Projektive, assoziative und Zuordnungsverfahren

Bei der nun vorgestellten Methodengruppe wird der fachpsychologische Hintergrund besonders deutlich, handelt es sich doch um Anleihen direkt aus dem umfangreichen Gebiet der **Testpsychologie**. Auch hier hat der Befragte uneingeschränkte Antwortfreiheiten, entscheidend ist bei diesen Verfahren insbesondere die Veranlassung spontaner und nicht auf rationaler Ebene gesteuerter Antworten. Entsprechend schwierig wird dann allerdings wieder eine statistische Auswertung. Auch darf man keinen intensiven Einsatz dieser aus der psychologischen Diagnostik stammenden Verfahren in der Marktforschung erwarten. Sie werden meist nur begleitend bei Explorationen und gelegentlich auch standardisierten Befragungen eingesetzt.

Gemäß *Johannsen* (1968, S. 183) sind **projektive Verfahren** folgendermaßen zu charakterisieren:

- sie sind in der Regel für die Auskunftsperson nicht durchschaubar,
- sie erschweren eine rationale, also verstandesmäßige Zensur und Kontrolle der Antworten,
- sie ermöglichen Einblicke in die wirklichen Wünsche, Einstellungen, Erwartungen der Befragten, und
- sie bedürfen überwiegend der Interpretation durch Fachpsychologen und sind in ihren Ergebnissen schwer quantifizierbar.

Wie sehen solche Verfahren in der Marktforschung aus? Es können zunächst projektive Fragen sein, bei denen die Auskunftsperson nicht direkt angesprochen wird, sondern der Frageinhalt auf anonyme dritte Personen verlagert wird, wobei unterstellt wird, daß in den Antworten die eigene Meinung des Befragten zum Ausdruck kommt.

Beispiel 1: Statt »Was halten Sie persönlich von Sex in der Werbung?« wird projektiv »Was denkt man wohl so in Ihrem Bekanntenkreis über Sex in der Werbung?« gefragt. Durch diese Technik sollen Antwortbarrieren beseitigt werden, die in diesem Fall durch Hemmungen begründet sein könnten.

Es wird aber auch mit Bildvorlagen gearbeitet, die bewußt sehr einfach und in keine offensichtliche Interpretationsrichtung führend gestaltet sind. Meist werden zwei Personen in einer bestimmten Situation gezeigt. In Form einer Sprechblase ist eine Aussage einer der beiden Personen vorgegeben. Der Befragte soll in die leere Sprechblase der anderen Person hineinschreiben, welche Antwort wohl von dieser zu erwarten ist.

Beispiel 2: Der Ehemann kommt nach Hause und ruft seiner Frau zu: »Ich habe mich entschlossen, ab heute die XY-Zigaretten (eine bestimmte Marke wird genannt) zu rauchen.« Was wird die Frau antworten?

Wenn solche unbestimmten Reizvorlagen in der Marktforschung eingesetzt werden, spricht man auch vom Ballontest (in Anlehnung an den aus der Testpsychologie stammenden Picture-Frustration-Test).

Weitere Möglichkeiten in Form von unbestimmten visuellen Reizen sind der Bildererzähltest (in Anlehnung an den thematischen Apperzeptionstest), wo dem Befragten unklare oder verschwommene Skizzen oder Fotos vorgelegt werden und er erzählen soll, was sich auf dem Bild zutragen könnte, wie es zu der Situation gekommen sei und wie es wohl weitergehen könnte. Wenn Szenen mit einem speziellen Produkt gezeigt werden, können die den abgebildeten Personen unterstellten Beweggründe erfaßt werden, die sie zum Kauf oder zur Ablehnung des Produktes veranlaßten. Die Auskunftsperson verrät damit ihre eigene Einstellung. Auch der Einkaufslistentest arbeitet projektiv: Der Befragte muß aufgrund eines fiktiven Einkaufszettels die Person beschreiben, die diese Waren einkauft.

Bei **assoziativen Verfahren** geht es um (meist verbale) Verfahren, bei denen der Befragte auf ein gebotenes Reizwort mit einem ihm einfallenden Gedanken antworten soll. Dabei wird die spontane Verknüpfung einzelner Gedächtnis- und Gefühlsinhalte deutlich. Da unsere Denkprozesse vielfach assoziativ ablaufen, sind auch Informationen hierzu bei den Befragten für die Marktforschung interessant.

Aus dem reichhaltigen Arsenal assoziativer Verfahren seien folgende kurz vorgestellt:
- Freie Assoziation, etwa: »Was fällt Ihnen zu dem Stichwort ›Eierlikör‹ ein?«
- Lückentest: In einem vorformulierten Text werden Lücken gelassen, die der Befragte ausfüllen muß. Beispiel: »Der Mercedes-Fahrer ist ein Mensch, der ... Den BMW-Fahrer dagegen kann man als jemanden beschreiben, der ...«
- Satzergänzungstest: »Ich achte beim Benzintanken darauf, daß ...«

Bei **Zuordnungsverfahren** müssen aus Listen Begriffszuordnungen zu verschiedenen Reizvorgaben vorgenommen werden. Der Freiraum der Versuchsperson ist also sehr eingeschränkt. Von Vorteil ist hier allerdings wieder die mögliche statistische Verarbeitung der Befragungsergebnisse.

Beispiele: Vorlage von typischen Äußerungen verschiedener Personen zu einem Meinungsgegenstand, etwa Thema Hausarbeit:
»Frauen, die Freude an der Hausarbeit haben, sind dumm.«
»Zu meiner Zeit haben wir alles noch selber gemacht. Heutzutage haben die Hausfrauen mit den modernen Haushaltsgeräten doch kaum noch Arbeit.«
Welche Aussage ärgert die Befragte am meisten, welche am wenigsten?

Vorlage verschiedener Personentypen mittels Fotos, aus denen der Befragte den typischen Verwender eines Produktes auswählen und beschreiben soll:
»Wer ist wohl der typischste Volvo-Fahrer? Beschreiben Sie mir den Menschen!«

Vorlage verschiedener Verpackungsformen und verschiedener Produktbezeichnungen:
»In welche Verpackungsform paßt am ehesten die Margarine A (Marke genannt), in welche die Buttermarke B?«

Die projektiven, assoziativen und Zuordnungsverfahren, wie sie hier beispielhaft genannt worden sind, stellen sicher eine amüsante Bereicherung einer Befragung dar und lockern diese auf. In größerem Umfang werden sie allerdings nicht eingesetzt, was den Skeptiker befriedigt, da die wissenschaftlichen Gütekriterien bislang nicht geklärt sind (*Sauermann* 1980, S. 182). Projiziert der Befragte tatsächlich die eigenen Gefühle in das unbestimmte Reizmaterial? (Problem der Gültigkeit). Ist die Interpretation der offenen Antworten durch den Marktforscher korrekt? (Problem der Objektivität).

3.3 Beispiele für erfolgreiche Informationsbeschaffung durch qualitative Befragungstechniken

Damit sowohl die Methodik als auch der praktische Nutzen qualitativer Befragungstechniken nachvollzogen werden können, sollen im folgenden an zwei Beispielen der sinnvolle Einsatz von Gruppendiskussionen und Explorationen gezeigt werden.

3.3.1 Fallstudie zum Einsatz von Gruppendiskussionen

Um ihre Beratungskompetenz zu erhöhen, möglicherweise auch gegenüber Herstellern klare Forderungen zu **Produktentwicklungen** für spezielle Zielgruppen erheben zu können, überlegen sich verbandsmäßig organisierte Augenoptiker, Informationen über die Situation von Brillenträgern und die damit verbundenen Probleme in speziellen Situationen zu erhalten (z. B. beim Autofahren), um in der Angebotsgestaltung und Beratung zukünftig noch gezielter auf diese Kunden eingehen zu können. In Vorüberlegungen wurde auch das Segment *Skilaufende Brillenträger* ausgewählt. Es ergaben sich dabei folgende Fragestellungen:

- Welche Funktion hat die Brille für den skilaufenden Träger? Hier standen drei Gesichtspunkte im Vordergrund:
   1. der optisch-technische Aspekt
   2. der soziologische und psychologische Aspekt
   3. der ästhetisch-modische Aspekt
- Wer kommt für diese Zielgruppe als Berater beim Brillenkauf in Frage?
- Welche Erwartungen werden an diesen Berater herangetragen?
- Durch welche werblichen Maßnahmen kann der skifahrende Brillenträger angesprochen werden?

Ein Marktforschungsinstitut wurde beauftragt, eine Reihe von **Gruppendiskussionen** mit brilletragenden Skifahrern durchzuführen. Die Teilnehmer wurden über die Mitglie-

derdateien von Sportvereinen gefunden und nach folgenden Kriterien in homogene Gruppen eingeteilt:
- Geschlecht, Familienstand, Alter, Beruf,
- Art der Fehlsichtigkeit, Zeitraum und Gelegenheiten des Brilletragens,
- Häufigkeit des Skifahrens, bevorzugte Art des Skilaufens, getragene Brille beim Skilaufen.

Es werden im folgenden die einzelnen Diskussionsabschnitte mit jeweils einigen Beispielen von **Reizfragen** vorgestellt:
1. Anforderungen des Skilaufens an die Augen
   »Was muß beim Pistenlauf gesehen werden? Wie stellen sich die entsprechenden Probleme beim Tourenlauf? Besondere Schwierigkeiten bei verschiedenen Lichtverhältnissen? Zweitbrillen erforderlich? Spezielle Probleme mit der Brille bei Schneefall/Schneesturm? Bei körperlicher Anstrengung?«
2. Sturzgefahr und Brilletragen
   »Furcht vor Zersplitterung des Glases und möglichen Augenverletzungen? Vor Beschädigung von Brillenglas oder Gestell? Gefahr des Verlustes der Brille beim Sturz im Schnee?«
3. Skilaufen und das Selbstbild des brilletragenden Läufers
   »Ist die Brille dem Bild des jung und sportlich erscheinenden Skiläufers zu- oder abträglich? Erscheint man durch Brille älter und weniger attraktiv? Diesbezügliche Probleme für Männer und Frauen unterschiedlich?
4. Die ideale Skibrille und der Weg zu ihr
   »Ist eine ideale Skibrille überhaupt vorstellbar oder sind verschiedene Brillen je nach Gegebenheiten notwendig? Beratungskompetenz für die ideale Skibrille bei Augenarzt, Optiker oder Sportfachgeschäft? Erwartungen an Optikerfachgeschäft, speziell auch im Hinblick auf Sehen beim Skifahren?«

Ergebnisse der Gruppendiskussion/Forderungen an eine gute Skibrille in Kurzform:
- Sie soll beim Schneetreiben nicht verkleben,
- sie soll nicht beschlagen,
- sie soll sich beim Sturz als robust erweisen,
- sie soll bei Spiegelung keine örtlichen Sonnenbrände verursachen,
- sie soll sich rasch auf verschiedene Helligkeiten einstellen.
- Eine Colormatic-Brille in stabilem Rahmen wird als die optisch-technisch ideale Skibrille bezeichnet.

Die Brille stellt für den Skiläufer weder soziologisch noch psychologisch eine Belastung dar, ist vielmehr Teil seiner Persönlichkeit. Auch Nichtbrillenträger müssen Schutzbrillen tragen, sogar Skilehrer oder Demonstrationsläufer tun dies.

Angst vor Brillenbruch, Augenverletzung oder Verlust ist nicht im Bewußtsein präsent, man verdrängt mögliche Gefahren (wie z. B. auch beim Autofahren). Ausnahme: Kontaktlinsenträger.

Durch die Verwendung von Colormatic-Gläsern ist die Korrekturbrille der Sonnenbrille ziemlich ähnlich; für Männer kann eine derartige Alltagsbrille auch eine geeignete Skibrille sein. Frauen hätten dagegen gern für jede Gelegenheit eine spezielle Brille (ähnlich wie Handtaschen).

Der Optiker gilt als Anlaufstelle zur Beratung über eine Brille auch für Skifahrer, die Beratung sollte allerdings gezielter erfolgen und nicht nur optische, sondern auch modische und sportliche Gesichtspunkte berücksichtigen. Hier besteht noch Schulungsbedarf.

Aus den Ergebnissen der Gruppendiskussionen ergaben sich folgende absatzfördernde **Maßnahmenvorschläge:**
- Produktgestaltung: Robuste Rahmen und Gläser, die rasch reagieren (Colormatic) und beschlagfrei sind, sportliche, moderne Gestelle
- Werbegestaltung: Nennen der geforderten Vorzüge im assoziativen Rahmen: Skifahren – »Abschied vom Alltag«. Betonen der umfassenden Beratungskompetenz des Optikers.
- Preisgestaltung: Hohe Preise für Brillen sind akzeptabel, wenn die geforderten Eigenschaften gegeben sind. Spezielle Zielgruppe skifahrende Damen: modische Skibrillen zu attraktivem Sonderpreis (Zweitbrille).

3.3.2 Fallstudien zum Einsatz von Explorationen

Im folgenden sollen Beispiele für den Frageninhalt psychologischer Explorationen, aber auch ein Ergebnisbeispiel hierzu dargestellt werden.

Tiefeninterviews – so *Berth* (1959, S. 171) – »helfen uns, auf die grundlegenden Kräfte zu stoßen, die hinter den menschlichen Handlungen stehen. Die Mehrzahl der Fragen ist so abgefaßt, daß sie den Befragten zwingen – ohne daß er sich immer dessen bewußt ist – über seine echten Motive etwas auszusagen.«

Zum Beleg hierfür hat *Berth* (1959, S. 172 f.) einen Fragebogen veröffentlicht, der die allgemeinen Hintergründe aufdecken soll, die zum Erwerb eines Autos führen, aber auch die psychologische Bedeutung der einzelnen Marken darlegen soll. Der Fragebogen enthält 35 Fragenkomplexe, die jeweils vom Befragten ausführliche Antworten fordern, die sich fast nie auf ein Wort oder einen Satz beschränken, vielmehr durch fortwährendes Nachfragen umfassende Aussagen produzieren. Inhaltlich betrachtet gehen die Fragen von der Oberfläche zunehmend in die *Tiefe*.

Beispiele aus dem umfangreichen Fragenkatalog:
- »Welche Automarke, welches Modell haben Sie? Wie lange besitzen Sie es?«
- »Wie kamen Sie darauf, Ihr jetziges Auto zu kaufen? Warum kauften Sie gerade diesen Typ?«
- »Was halten Sie heute von Ihrem Wagen? War es ein guter Kauf?«
- »Wie behandeln Sie Ihren Wagen? Wer belegt ihn am meisten mit Beschlag?«
- »Was glauben Sie, beeinflußt die Menschen am stärksten, wenn sie sich einen neuen Wagen kaufen?«
- »Wenn sich die Leute über Autos unterhalten, worüber sprechen sie dann am meisten?« (projektive Frage!)

- »Denken Sie einmal an eine Automobilanzeige, die Sie unlängst gesehen haben. Was haben Sie da gesehen, wo war das und was halten Sie davon?«
- »Was hält Ihre Familie von dem Auto?«
- »Nehmen Sie an, Sie hätten jede Menge Geld zur Verfügung, welchen Wagen würden Sie dann kaufen? Warum gerade diesen?«
- »Denken Sie einmal an einen Freund, der ein wirklich guter Autofahrer ist, was ist das für ein Mensch? Beschreiben Sie ihn mir mal nach Beruf, Alter, Charakter und Gewohnheiten.«
- »Was empfinden Sie, wenn Sie ein Bekannter bittet, ihm Ihr Auto zu leihen?«

Gutjahr (1985, S. 65 ff.) hat ein Explorationsbeispiel veröffentlicht, das auch die Äußerungen der Auskunftsperson enthält. Thema war das graphische Zeichen *Wollsiegel des Internationalen Wollsekretariats*. Die Befragte »soll alles mitteilen, was sie in Verbindung mit diesem Zeichen denkt, fühlt, sich vorstellt oder weiß.«

Beginn der Exploration:

»Frau Schumann, betrachten Sie bitte dieses Zeichen in aller Ruhe. – Sagen Sie mir, was Sie dabei denken, auch welche Vorstellungen und Gefühle das Zeichen bei Ihnen weckt. Sagen Sie bitte alles, was Ihnen in den Sinn kommt, auch wenn es Ihnen nebensächlich erscheint.«
»Wenn ich das Zeichen sehe, dann fällt mir dazu ein: Wollknäuel, ineinander verschlungene Fasern, Gewebe, Wolle, Naturprodukt, Qualität. Das ist ein Symbol, keine reale Darstellung.«

Später:
»Sie haben zu diesem Zeichen Symbol gesagt?«
»Das ist eine symbolische Darstellung für ein Wollknäuel nach meiner Ansicht. Ein Symbol steht ja für etwas Reales, man hat Assoziationen, auf den Gegenstand bezogen, den es symbolisiert. Bei diesem Zeichen assoziiere ich eben Wollknäuel, und das ist wohl auch das, was es aussagen soll ... also es bezieht sich ja auf reine Schurwolle.«

Im weiteren Verlauf der Exploration:
»Sie nannten hochwertige Wolle aus Schottland. Können Sie zu diesem Thema – typische Woll-Länder, Schafe, hochwertige Wollstoffe – noch etwas sagen?«
»Ich kann mir vorstellen, daß in verschiedenen Ländern – je nach Klimaunterschieden – die Tiere auch unterschiedliche Felle haben und daß deshalb auch verschiedene Wollqualitäten zustande kommen. Schottland hat ein feuchtes, kühles Klima, und deshalb entwickeln die Tiere wahrscheinlich sehr viel Wolle, ein festes Fell ... und daher vielleicht eine höhere Qualität.«

»Kennen Sie das Zeichen schon lange?«
»Ja, schon sehr lange. Schon als Kind ist mir das Zeichen irgendwann einmal aufgefallen.«
»Wo haben Sie's zuerst gesehen?«
»In Mänteln, glaube ich, in Wollmänteln.«
...

Schließlich noch ein **Ergebnisbeispiel** für Explorationen:
Die Regionalpresse, die Marketingorganisation der lokalen und regionalen Abonnementzeitungen, stellte auf einer Pressekonferenz (September 1994) die Ergebnisse einer qualitativ-morphologischen Studie zum Medienumgang und zur Werbewirkung vor, bei der insgesamt 120 Personen in den westlichen und östlichen Bundesländern von in Gesprächstechniken ausgebildeten Psychologen mittels qualitativer Leitfadengespräche befragt wurden. Es ging um den Umgang mit den verschiedenen Medien, die damit verbundenen Erwartungen und die Erfüllung dieser Erwartungen und schließlich um den Umgang mit diesen Medien zu verschiedenen Tageszeiten.

Im Hinblick auf die Bedeutung der regionalen Zeitung ergaben sich für den Leser derselben sechs verschiedene Dimensionen:
1. Persönliche Entfaltung (man kann sich nach Belieben mit einzelnen Themen beschäftigen)
2. Seriosität/Fundierung (glaubwürdige und umfassende Informationen)
3. Autorisierung (durch die Artikelauswahl stellt sich der Leser seine »ganz persönliche Zeitung« zusammen)
4. Orientierung (über das Leben vor Ort)
5. Fortschreibung/Update (in der Berichterstattung eine regelmäßige Aktualisierung aktueller Gegebenheiten)
6. Wiedererleben (garantierte Beständigkeit durch regelmäßiges Erscheinen und gleichbleibendes Erscheinungsbild)

Gemäß den Ergebnissen dieser Untersuchung geht die Regionalkompetenz so weit, daß sogar Werbung in der Tageszeitung im Gegensatz zum Widerstand gegenüber Werbung in Fernsehen und Hörfunk so gut wie auf keine Kritik stößt.

3.4 Bewertung der praktischen Einsatzmöglichkeiten: Kosten-Nutzen-Verhältnis

Da die qualitativen Befragungstechniken psychologisch geschulte Marktforscher und Interviewer/Moderatoren benötigen, empfiehlt sich für die Beauftragung und Durchführung die Zusammenarbeit mit einem Marktforschungsinstitut (vgl. die Beiträge von Jörg Koch zur Organisation der Marktforschung, S. 785 und S. 796). Wie bei jedem Marktforschungsauftrag hängt die Höhe der Kosten von der Größe der Stichprobe, aber auch vom **Anspruchsniveau** der Untersuchungsmethode und der eingesetzten Interviewer ab. Im folgenden wird versucht, das Kosten-Nutzen-Verhältnis für die beiden Methodenarten Gruppendiskussion und Exploration darzustellen, dies kann aber verständlicherweise nur in Form von Streubreiten erfolgen.

Im Durchschnitt kostet eine **Gruppendiskussion** zwischen DM 3000,– und 4000,– bei max. 10 Teilnehmern (*Rehorn* 1988, S. 10; *Pepels* 1995, S. 184). Je nach Aufgabenstellung und Population empfehlen sich diverse Gesprächsrunden.

Wenn es sich um einen ersten Orientierungsbedarf zum Eindenken in die Motivationsstrukturen oder um kreative Workshops zu Ideenfindung für Produkt- oder Werbegestaltung handeln soll, mögen bis zu fünf Sitzungen ausreichen. Durch den gruppendynamischen Effekt bedingt können tiefer liegende Ergebnisse als Basis für die Weiterarbeit erwartet werden, die ihr Geld wert sind.

Wenn aber eine gewisse Endgültigkeit der Ergebnisse im statistischen Sinn erwartet wird, ist eine ungleich höhere Anzahl von Diskussionsrunden erforderlich, wobei dann die Frage entsteht, ob nicht Einzelinterviews günstiger sind, da man für dasselbe Geld doppelt so viele Befragungsfälle erhält und noch dazu die Gefahr des Klumpungseffekts (bestimmte Merkmalsträger sind in den Gruppen überproportional vertreten) vermieden wird (*Rehorn* 1988, S. 10).

Pepels (1995, S. 187) gibt für **psychologische Explorationen** einen Kostensatz von DM 200,– pro Befragten und eine Mindestgröße von 60 Personen an. Trotz der Kosten von dann über DM 12 000,– seien die Ergebnisse statistisch nicht repräsentativ und valide. Da auch diese Befragungstechniken (einschließlich der ergänzenden Verfahren aus der Psychodiagnostik wie z. B. projektive Verfahren) primär zur Erarbeitung von Motivationsstrukturen bzw. als Pretest gedacht sind, die dann die Basis für strukturierte und statistisch gesicherte Befragungen größeren Umfangs darstellen, sind die genannten Bedenken nicht so schwerwiegend und die Kosten zu akzeptieren.

Koch (1996, S. 62) nennt für das qualitative Interview folgende Einsatzgebiete im Bereich der Motiv- und Einstellungsforschung:
- Image,
- Produktanmutungen,
- Markenpräferenzen, Kauf- und Verwendungsverhalten.

Er gibt eine notwendige Stichprobengröße von 30 bis ca. 200 Fälle an.

3.5 Literaturverzeichnis

Berth, Rolf: Marktforschung zwischen Zahl und Psyche. Eine Analyse der Marktbeobachtung in Westdeutschland, Stuttgart 1998
Gutjahr, Gert: Psychologie des Interviews in Praxis und Theorie, Heidelberg 1985
Johannsen, Uwe: Das Marken- und Firmen-Image, Berlin 1968
Kamenz, Uwe: Marktforschung. Einführung mit Fallbeispielen, Aufgaben und Lösungen, Stuttgart 1997
Koch, Jörg: Marktforschung. Begriffe und Methoden, München 1996
Pepels, Werner: Käuferverhalten und Marktforschung. Eine praxisorientierte Einführung, Stuttgart 1995
Rehorn, Jörg: Werbetests, Neuwied 1988
Salcher, Ernst F.: Psychologische Marktforschung, Berlin 1978
Sauermann, Peter: Marktpsychologie. Einführung in die Praxis der Wirtschaftspsychologie, Band 2, Stuttgart 1980

4. Befragung als Instrument der primärforscherischen Datengewinnung

Jürgen Bruns

Inhaltsübersicht

4.1	Möglichkeiten der Datengewinnung
4.2	Formen der Befragung
4.3	Mündliche Befragung
4.3.1	Befragungsstrategien
4.3.2	Befragungstaktiken
4.3.3	Befragungsumfang
4.3.4	Befragungshäufigkeit
4.3.5	Befragtenanzahl
4.3.6	Befragtenkreise und Befragtenauswahl
4.3.7	Neutralität in der mündlichen Befragung
4.4	Telefonische Befragung
4.4.1	Traditionelle telefonische Befragung
4.4.2	Computergestützte telefonische Befragung (CATI)
4.5	Literaturverzeichnis

Auf einen Blick

Das mündliche Interview ist – trotz des starken Vordringens des telefonischen Interviews – nach wie vor das wichtigste Instrument der primärforscherischen Datengewinnung. Dies gilt sowohl für das standardisierte Interview der Konsumgütermarktforschung, als auch für das überwiegend im Business Bereich eingesetzte nicht-standardisierte Interview. Ziel des Interviews ist es, vollständige und wahre Antworten zur Themenstellung zu erhalten. Dies erfordert Sorgfalt bei der Auswahl, Schulung und Kontrolle der Interviewer, bei der Auswahl der Befragten sowie bei der Frageformulierung und der Erstellung eines Fragebogens. Die Erhöhung der Telefondichte und die Fortschritte in der Kommunikationsdichte haben dazu geführt, daß das Computergestützte Telefoninterview neue Möglichkeiten der Datengewinnung eröffnet hat und damit an die Seite der klassischen mündlichen Befragung getreten ist.

4.1 Möglichkeiten der Datengewinnung

Die Datengewinnung als Grundlage für Marketing-Entscheidungen kann primärforscherisch oder sekundärforscherisch erfolgen.

Man spricht von einer **Primärerhebung**, wenn keine Daten zur Verfügung stehen, auf die zurückgegriffen werden kann. Dies ist der Fall, wenn Daten bisher nicht erhoben worden sind oder (von Unternehmen und Instituten) erhobene Daten nicht veröffentlicht worden sind. Die Daten sind also zunächst originär zu erheben, das heißt am Träger des zu untersuchenden Merkmals zu gewinnen. Als Instrumente der Datengewinnung stehen dabei die Befragung, die Beobachtung und das Experiment zur Verfügung.

Eine **Sekundärerhebung** liegt dann vor, wenn auf vorhandene interne oder externe Quellen zurückgegriffen werden kann. Die Daten, die benötigt werden sind also bereits erhoben worden. Sie können unverändert übernommen werden oder müssen statistisch neu aufbereitet werden, sie sind zu selektieren, klassifizieren oder umzugruppieren. Oder sie unterliegen statistischen Operationen wie Mittelwertbildung, Clusterbildung oder Regressionsberechnungen. Die Schwierigkeit liegt hier oftmals darin die Quellen zu erschließen, in denen diese Daten zu finden sind.

Wenn es darum geht **Marktkenndaten** zu erheben, die einen Markt charakterisieren wie Marktgröße, Marktwachstum, Export- oder Importquoten, Anzahl, Umsätze und Marktanteile der Wettbewerber, so liegen in aller Regeln Informationen vor, auf die zurückgegriffen werden kann. Gleiches gilt, wenn Daten über das Angebot der Konkurrenz erhoben werden sollen wie Art und Qualität der angebotenen Produkte, Preise oder Vertriebswege.

Sollen hingegen **Verhaltensweisen, Bedürfnisse, Motive oder Einstellungen** von Verbrauchern gewonnen werden, so gibt es hierzu keine Informationen. Diese Informationen müssen gewonnen werden, in dem die Zielpersonen befragt oder beobachtet werden oder indem man sie einem Experiment unterzieht (vgl. Abbildung 1).

So lassen sich beispielsweise sekundärforscherisch Informationen gewinnen über die Anzahl der im letzten Jahr neu zugelassenen PKW nach Marke, Hubraum oder Preisklasse, über die Aus- und Einfuhren von PKW nach Herstellermarken und Ländern. Will man

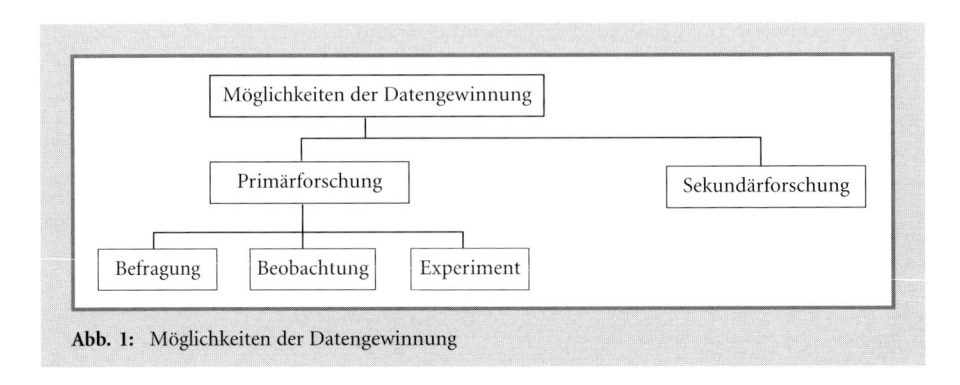

Abb. 1: Möglichkeiten der Datengewinnung

jedoch wissen warum ein Käufer ein Mercedes einem BMW vorgezogen hat oder was er für Ansprüche an ein Fahrzeug hat, so muß der Untersuchende ihn danach fragen. Statistiken hierzu gibt es nicht. Auch nachdem diese Daten erhoben worden sind, sind sie nicht allgemein zugänglich, denn kostenintensiv gewonnene Primärdaten werden üblicherweise von Unternehmen nicht veröffentlicht.

4.2 Formen der Befragung

Bei der Befragung lassen sich nach der **Form der Datengewinnung** konventionelle Befragungen und computergestützte Befragungen unterschieden. Bei den computergestützten Befragungen werden mehrere Varianten unterschieden (vgl. Abbildung 2):
- CATI (Computer Assisted Telephone Interviewing)
- CAPI (Computer Assisted Personal Interviewing)
- CSAQ (Computerized Self Administered Questionnaires)

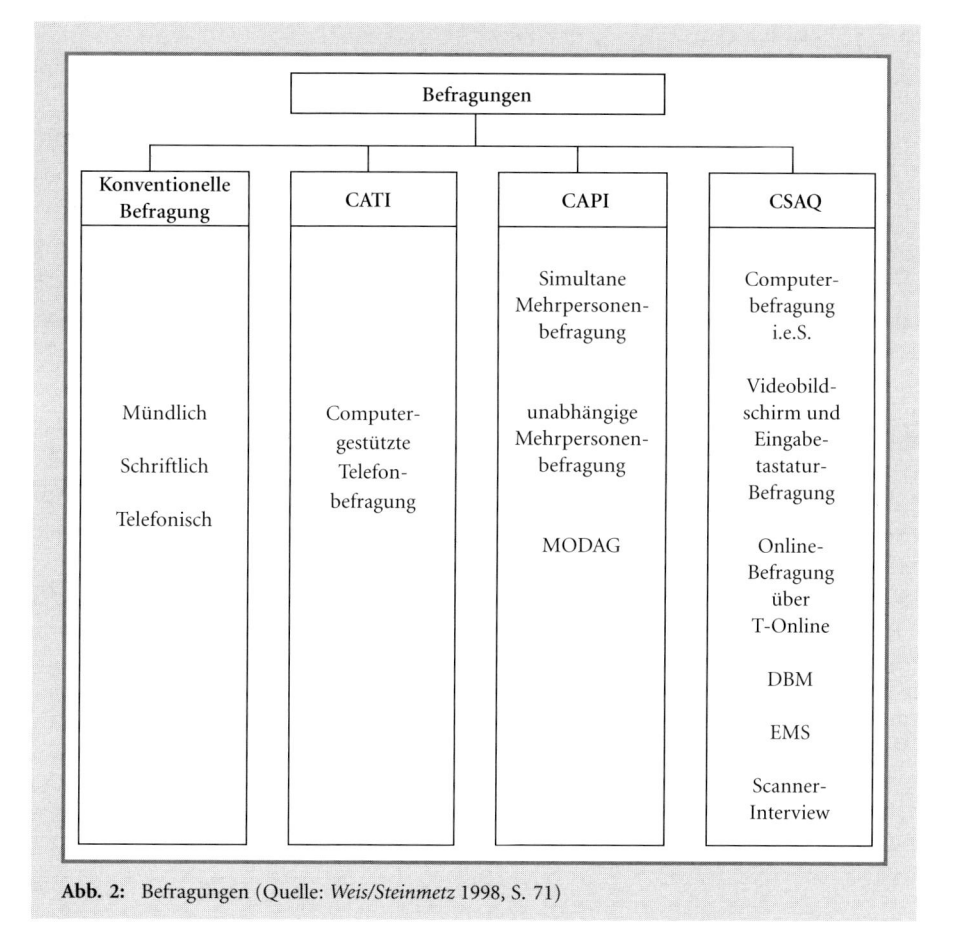

Befragungen			
Konventionelle Befragung	CATI	CAPI	CSAQ
		Simultane Mehrpersonenbefragung	Computerbefragung i.e.S.
Mündlich Schriftlich Telefonisch	Computergestützte Telefonbefragung	unabhängige Mehrpersonenbefragung MODAG	Videobildschirm und Eingabetastatur-Befragung Online-Befragung über T-Online DBM EMS Scanner-Interview

Abb. 2: Befragungen (Quelle: *Weis/Steinmetz* 1998, S. 71)

Bei CATI handelt es sich um eine computergestützte telefonische Befragung, bei der dem Befragten Fragen vom Interviewer vorgelesen werden, die dieser dem Computer entnimmt. Die Antworten werden vom Interviewer ebenfalls direkt in den Computer eingegeben.

Bei CAPI liegt ein persönliches Interview vor, bei dem der Interviewer die Fragen wiederum direkt vom Bildschirm abliest und die Anworten in den PC eingibt.

Bei CASQ entfällt der Interviewer. Der Befragte entnimmt die Fragen selbst dem Computer und gibt auch selbst die Antworten ein.

Diese Befragungsformen weisen verschiedene **Befragungsdimensionen** auf (vgl. Tabelle 1):

Dimension	Form
Kommunikationsform	mündlich, schriftlich, telefonisch, telefonisch computergestützt
Befragungsstrategie	standardisiert, teil standardisiert, nicht standardisiert
Befragungstaktik	Direkte oder indirekte Befragung
Befragungsumfang	Ein-Themen-, Mehr-Themen-Befragung (Omnibus-Befragung)
Befragungshäufigkeit	Einmal-, Mehrfach-Befragung (Panel)
Befragtenanzahl	Einzel-, Gruppeninterview
Befragtenkreis	Verbraucher-, Mitarbeiter, Angestellte, Unternehmer, Experten
Befragtenauswahl	Vollerhebung, Teilerhebung (Zufallsauswahl, Systematische Auswahl)

Tab. 1: Dimensionen der Befragung (Quelle: *Weis/Steinmetz* 1998, S. 71; *Pepels* 1995, S. 81)

4.3 Mündliche Befragung (Interview)

Die mündliche Befragung gibt keinen unmittelbaren Aufschluß über das wirkliche Verhalten, die wirklichen Bedürfnisse oder Einstellungen; sie vermittelt subjektiv gefärbte Informationen der Auskunftsperson. Diese Informationen, die einen sozialen Filter durchlaufen haben, können bewußt oder unbewußt bewertend gefärbt sein (*Atteslander* 1975, S. 88 f.). Das ist stets zu beachten, wenn von den Befragungsdaten auf tatsächliche Werte geschlossen werden soll.

4.3.1 Befragungsstrategien

Nach dem Bewegungsspielraum, der dem Interviewer und dem Befragten im Interview gelassen wird, unterscheidet man zwischen standardisiertem oder nicht-standardisiertem Interview. Zwischen diesen beiden reinen Strategien gibt es halb-standardisierte (gelenkte) Interviewformen.

Das **standardisierte Interview** ist wie folgt gekennzeichnet:
- alle Fragen sind in einem Fragebogen ausformuliert festgehalten.
- der Interviewer hat die Fragen wörtlich vorzulesen und die Antworten zu notieren.
- der Interviewer hat sich dabei an die im Fragebogen vorgegebene Reihenfolge zu halten.
- alle Erklärungen und Erläuterungen, die ein Interviewer geben darf oder muß, sind ebenfalls im Fragebogen festgehalten. Ergänzende Bemerkungen sind nicht erlaubt.

Das strukturierte Interview, bei dem der Interviewer die Fragenreihenfolge selber festlegen darf, spielt in der Praxis keine große Rolle, da dieses Vorgehen leicht zu Auslassungen und Irrtümern führen kann.

Voraussetzungen für eine standardisierte Befragung ist, daß
- die Befragtengruppe so homogen ist hinsichtlich Bildung, Interessen oder Erfahrungen, daß alle Befragten die Fragen verstehen und gleich interpretieren. Fragen zu Sachverhalten, die Kenntnisse auf einem speziellen Gebiet voraussetzen (Fotografie, Briefmarken oder Computer) können nur einem ausgewähltem Personenkreis gestellt werden.
- die Befragten auf alle Fragen gleich emotional reagieren, da die Reaktion den weiteren Gesprächsverlauf beeinflussen kann. Gerade dies ist oftmals nicht gegeben, denn die emotionale Reaktion wird stark von persönlichen Lebensumständen geprägt. Eine Frage nach den Arbeitsumständen kann eine unzufriedene oder arbeitslose Person negativ berühren und den weiteren Gesprächsablauf negativ beeinflussen. Eine beruflich erfolgreiche Person kann hingegen durch die Frage für den weiteren Gesprächsverlauf positiv motiviert werden.

Der Vorteil der standardisierten Befragung liegt in folgendem:
- Der Interviewereinfluß wird weitgehend ausgeschaltet, da Fragenreihenfolge und Fragenformulierung vorgegeben sind.
- Die Anforderungen an die Qualifikation des Interviewers sind gering.
- Die Ergebnisse der Befragung eignen sich gut für eine statistische Aufbereitung (Auszählung, Verdichtung, Verknüpfung, grafische Darstellung).

Da allen Befragten dieselben Fragen gestellt wurden, sind eindeutige Aussagen zu erfragten Sachverhalten möglich (z. B. 60 % der Befragen haben ein bestimmtes Produkt schon mindestens einmal gekauft oder die Ausgaben für ein bestimmtes Produkt steigen mit zunehmendem Alter der Käufer).

Die standardisierte Befragung eignet sich damit besonders zur Überprüfung von Hypothesen und kausalen Zusammenhängen. Wie bei jedem statistischen Verfahren kann eine Kausalität nicht aufgedeckt werden, sondern nur ein als sinnvoll erachteter Zusammenhang statistisch gesichert werden. Nur wenn ein Zusammenhang zwischen Alter, Einkommen oder Geschlecht und dem Kauf eines Produktes sinnvoll vermutet werden kann, kann eine Befragung dies bestätigen oder nicht bestätigen.

Der Nachteil der standardisierten Befragung ist darin begründet, daß
- der Befragtenkreis (Abgrenzung der Grundgesamtheit aus der die Stichprobe der zu Befragenden gezogen wird) sorgfältig daraufhin zu überprüfen ist, ob die erforderliche

Homogenität gegeben ist, das heißt ob erwartet werden kann, daß alle Befragten die Fragen gleich verstehen und gleichartig darauf reagieren.
- die strenge Interviewführung einer Auskunftsperson wenig Entfaltungsmöglichkeiten läßt. Aktive, eloquente Personen, die den Hintergrund erhellende Ausführungen machen könnten, können sich frustriert und zu Antwortautomaten degradiert fühlen.
- Sachverhalte, die im Fragebogen nicht berücksichtigt wurden, weil sie für unbedeutend gehalten wurden oder weil sie vergessen wurden, nicht mehr berücksichtigt und in Erfahrung gebracht werden können.

Gerade das letzte Argument hat zu der Forderung geführt, daß vor der endgültigen Erstellung eines Fragebogens Probeinterviews als halb-standardisierte Interviews durchgeführt werden sollten, die die Möglichkeit eröffnen, Sachverhalte in den Fragebogen aufzunehmen, an die vorher nicht gedacht wurde.

Das standardisierte mündliche Interview stellt die wichtigste Form der Datengewinnung in der Konsumgütermarktforschung dar. Befragte sind hier einzelne Personen in Haushalten, die über ihre Produktkenntnisse, Produktbeurteilungen, Einstellungen zu Produkten und Marken, über ihr Kaufverhalten oder Verwenderverhalten berichten.

Das **nicht-standardisierte Interview** ist wie folgt gekennzeichnet:
- Das Interview ist ein freies Gespräch zwischen Interviewer und Auskunftsperson, in dem der Interviewer die Fragen frei formuliert.
- Der Verlauf des Gesprächs wird von der Auskunftsperson mit gestaltet, da der Interviewer seine Fragestellung auf den Antworten des Befragten aufbauen kann.
- Dem Interviewer werden lediglich die Themenstellung vorgegeben und ein Gesprächsleitfaden, mit einzelnen Punkten, die er im Laufe des Interviews ansprechen soll.

Die Voraussetzung für den Erfolg des nicht-standardisierten Interviews liegt allein in der Person des Interviewers begründet:
- Der Interviewer muß kompetent genug sein, um die Antworten zu bewerten. Er hat zu entscheiden, ob er nach weitergehenden Informationen zu fragen hat.
- Der Interviewer muß in der Lage sein, wichtige von unwichtigen Aussagen zu trennen und die wichtigen Antworten aussagegenau im Sinne des Antwortenden festzuhalten.
- Der Interviewer muß die Fähigkeit haben, sich dem Wissensstand und dem Ausdrucksvermögen des Befragten mit seiner Fragestellung anzupassen.

Der Vorteil der nicht-standardisierten Befragung, liegt in folgendem:
- Der Gesprächsverlauf ist sehr flexibel, neue Ideen und Anregungen der Auskunftsperson können weiter verfolgt werden. Es können also Erkenntnisse gewonnen werden, an die der Auftraggeber und der Interviewer vorher nicht gedacht haben.
- Der Befragtenkreis kann heterogen sein, das heißt es können zu demselben Thema technische oder kaufmännische Experten oder Laien befragt werden. Der Interviewer kann seine Frageformulierung dem Wissensstand und der Sprache des Befragten anpassen.
- Die freie Gesprächsform wirkt bei selbstbewußten Befragten motivierend, sie können eigene Vorstellungen und Anregungen in die Befragung einbringen.

Der Nachteil der nicht-standardisierten Befragung ist, daß
- die Qualifikation der Interviewer – bezogen auf den Untersuchungsgegenstand – so hoch sein sollte, wie die der Befragten, denn der Interviewer muß in der Lage sein, ein Fachgespräch zu führen.
- der Interviewer versucht sein könnte, durch suggestive Fragestellung seine Meinung bestätigen zu lassen.
- der Interviewer selektiv und gefiltert wahrnehmen könnte, das heißt er nimmt insbesondere die Aussagen wahr, die seine Auffassung unterstützen.
- eine statistische Auswertung weitgehend nicht möglich ist, da jedes Interview anders verlaufen ist, da bei jedem Interview andere Fragen gestellt wurden. Eine Auszählung ist bestenfalls bei den Fragen möglich, die im Leitfaden vorgegeben waren, die also von allen Interviewern gestellt werden sollten. Ansonsten können aus den Gesprächsprotokollen nur qualitative Tendenzen abgelesen werden.

Die nicht-standardisierte Befragung ist die vorherrschende Befragungsstrategie im Business-to-Business Bereich. Sobald Produktions- oder Laborleiter, Leiter von Forschungs- und Entwicklungsabteilungen oder Konstruktionsabteilungen zu technischen Problemen, Werkstofffragen oder zukünftigen Tendenzen gefragt werden sollen, kann dies nur durch kompetente Fachleute im Rahmen freier Gespräche geschehen. Durch Interviewer, die etwas vom Sachverhalt verstehen und damit gleichzeitig eine eigene Meinung zum Befragungsgegenstand haben (vgl. Tabelle 2).

	Kennzeichnung	Anwendbarkeit	Vorteile	Nachteile
Standardisierte Befragung	Frageformulierung und Fragefolge sind im Fragebogen festgelegt. Geringer Interviewerspielraum	Der Befragtenkreis muß hinsichtlich Bildung, Interessen homogen sein, damit alle die Fragen gleich verstehen	Gute vergleichbare Ergebnisse, einfache statistische Aufbereitung Geeignet zur Überprüfung von Hypothesen, geringer Interviewerqualifikation erforderlich	Nur zu den erfragten Sachverhalten werden Informationen gewonnen
Nicht-Standardisierte Befragung	Freies Gespräch, lediglich Themenstellung und Gesprächsleitfaden werden vorgegeben	Der Befragtenkreis kann heterogen sein, da Fragen erläutert und Sachverhalte erklärt werden können	Fragen können dem jeweiligen Gesprächsverlauf angepaßt werden. (elastische Gesprächsführung) Geeignet für neue Erkenntnisse und Hypothesen	Gefahr der Interviewereinflußnahme durch suggestive Fragestellung und selektive Wahrnehmung Schwierigkeiten bei der Fragebogenauswertung

Tab. 2: Befragungsstrategien

4.3.2 Befragungstaktiken

Nach der Festlegung der Befragungsstrategie (vgl. Abbildung 4) ist im Falle der standardisierten Befragung über die
- Gestaltung des Fragebogens (Fragenablauf) und
- Art der Frageformulierung zu entscheiden (*Meffert* 1992, S. 204).

Die **Gestaltung des Fragebogens** soll den motivierenden Ablauf der Befragung sicherstellen und jegliche Monotonie, die zu einem Interviewabbruch führen könnte vermeiden. Die Auskunftsbereitschaft soll durch thematische Abwechslung und Variation der Fragetechnik gesteigert werden. Auch sollen Störeffekte ausgeschaltet werden, die durch Ausstrahlung einer Frage auf eine andere ausgelöst werden können.

Dabei handelt es sich um (*Pepels* 1995, S. 195):
- Präsenzeffekte, vorangegangene Fragen aktualisieren bestimmte Vorstellungen und Denkraster und engen dadurch den Antwortspielraum für nachfolgende Fragen ein.
- Konsequenzeffekte, der Befragte sieht seine Antworten im Zusammenhang und bemüht sich um interne Widerspruchsfreiheit bei seine Antworten, obwohl dies nicht seinem tatsächlichen Verhalten entspricht.
- Lerneffekte, vorangegangene Fragen vermitteln Wissen, etwa über den Fragenablauf, und verzerren Antworten durch mangelnde Unvoreingenommenheit.

Der Fragebogen ist ferner so zu gestalten, daß er dem Interviewer den *Befragungsablauf* erleichtert. Dies wird erreicht durch:
- instrumentelle Fragen (Gabelungs- und Filterfragen) und
- Interviewerhinweise (Kartensätze bereit halten, dem Befragten eine Liste, ein Bild oder ein Muster überreichen, noch einmal auf die absolute Vertraulichkeit hinweisen)

Bei der **Art der Frageformulierung** können folgende Fragegruppen unterschieden werden (*Berekoven/Eckert/Ellenrieder* 1986, S. 107):
- Einleitungsfragen (Kontakt-, Eisbrecherfragen), die den Auskunftspersonen vor allem eine eventuelle Befangenheit nehmen und Aufgeschlossenheit für weitere Fragen herbeiführen sollen.
- Sachfragen, die den Gegenstand der Befragung, das eigentliche Thema behandeln.
- Kontrollfragen, die in gewissem Umfang zur Überprüfung der Auskünfte oder zur Interviewerkontrolle dienen sollen.
- Fragen zur Person (Identitätsfragen), die sozio-demographische Informationen (Alter, Geschlecht, Wohnort) erfassen.

Die Taktik der direkten Befragung erfragt den zu erhebenden Sachverhalt unmittelbar. Eine solche Frage wäre: »Wie hoch ist ihr Einkommen?«

Bei Fragen , bei denen man damit rechnen muß, daß sie nicht oder nicht wahrheitsgemäß beantwortet werden, wendet man die indirekte Befragungstaktik an. Man versucht Indizien für bestimmte Sachverhalte anstelle unmittelbarer Auskünfte zu erhalten. Anstatt direkt nach der Einkommenshöhe zu fragen, fragt man: »Wo wohnen Sie?«, »Wie hoch ist Ihre Miete oder ihre monatliche Hypothekentilgung?« »Wieviel geben Sie im Jahr für Ihren Urlaub aus?« und »Wieviel sparen Sie?«

Die indirekte Befragung bietet sich dann an, wenn heikle, tabuisierte oder durch Konventionen belastete Tatbestände zu erheben sind. Die zu erwartende fehlende Auskunftsbereitschaft soll auf diese Weise umgangen werden. (*Berekoven/Eckert/Ellenrieder* 1986, S. 105).

Es entsteht jedoch ein Operationalisierungs- und Übersetzungsproblem. Zunächst sind Fragen zu entwickeln, die geeignet sind auf den zu erfragenden Sachverhalt Rückschlüsse zuzulassen, zum anderen sind die Ergebnisse im Hinblick auf das Untersuchungsziel zurück zu übersetzen. Das bedeutet:
- Sind die Fragen nach der Mietbelastung und den Ausgaben für den Urlaub grundsätzlich geeignet Rückschlüsse auf die Einkommenshöhe zuzulassen?
- Auf welche Einkommenshöhe schließt man, wenn der Befragte wahrheitsgemäß antwortet, das er monatlich DM 1400 für Miete und 6 000 DM im Jahr für den Urlaub ausgibt?

Da die Art der Frageformulierung bereits an anderer Stelle behandelt wird, soll hierauf nicht weiter eingegangen werden (vgl. den Beitrag von Werner Pepels: Befragungsstrategie und -taktik, S. 148).

4.3.3 Befragungsumfang

Die Befragung kann als Ein-Themenbefragung oder Mehr-Themenbefragung durchgeführt werden.

Die **Ein-Themenbefragung** herrscht im Business-to-Business Bereich vor. Wenn ein Institut im Auftrag eines Unternehmen andere Unternehmen befragt, so können nur Fragen aus einem Themenbereich gestellt werden. Wenn für einen Werkzeughersteller Baumärkte oder für einen Kunststoffhersteller Kunststoffverarbeiter befragt werden, so kann nur ein Themenkreis behandelt werden. In der Praxis kommt es allerdings des öfteren vor, daß mehrere Unternehmen einer Branche eine gemeinsame Datenerhebung durchführen lassen.

Von **Mehr-Themenbefragung** oder **Omnibusbefragung** spricht man dann, wenn ein Personenkreis zu mehreren Themen befragt wird. So wird dieselbe Person für einen Waschmittelhersteller nach ihren Waschgewohnheiten, für einen Verlag nach ihren Lesegewohnheiten und für einen Reiseveranstalter nach ihren Urlaubswünschen befragt.

Eine Reihe von Instituten führt solchen Omnibus als ständige Einrichtung in regelmäßigen Abständen durch. Teilweise handelt es sich um Eigenuntersuchungen, die anschließend potentiellen Interessenten angeboten werden, meist aber um Untersuchungen, an denen mehrere Auftraggeber (mit jeweils anderen Themen) exklusiv beteiligt sind. Häufig werden dabei gleichbleibende Fragegrundgerüste verwendet, die um Sonderfragen der einzelnen Auftraggeber erweitert werden.

Die Omnibusbefragung bietet folgende Vorteile:
- kostengünstige Untersuchung,
- schnell durchzuführende Untersuchung und
- befragungstaktische Vorteile durch Themenwechsel.

Nachteile sind:
- Themenauswahl muß wechselseitige Beeinflussung vermeiden, und
- der Fragenumfang ist begrenzt.

Die Verteilung der Erhebungs-Fixkosten auf mehrere Auftraggeber führt zu einer solchen Kostenreduktion, daß auch Klein- und Mittelbetrieben die Möglichkeit erschlossen wird, spezielle Informationen mittels repräsentativer Massenerhebung zu gewinnen.

Da die Befragungen im allgemeinen regelmäßig durchgeführt werden, beträgt die Zeit zwischen Auftragsvergabe und dem Vorliegen der Ergebnisse oft nicht mehr als 4 Wochen.

Durch die Möglichkeit des häufigen Themenwechsels können Präsenz-, Lern- und Konsistenzeffekte weitgehend vermieden werden. Eine Mehr-Themenbefragung erhöht außerdem die Auskunftsbereitschaft und vermindert die Gefahr der Ermüdung und des Nachlassens des Auskunftsinteresses.

Der Nachteil der Befragung (aus Sicht der Institute) liegt darin, daß die Befragungsthemen so kombiniert werden müssen, daß keine wechselseitige Beeinflussungen entstehen können. Eine gleichzeitige Befragung für eine Brauerei über die Trinkgewohnheiten und eine Befragung für die Anonymen Alkoholiker zur Beurteilung der Ziele dieser Vereinigung würde sicher zu einer gegenseitigen Themenbeeinflussung führen.

Je mehr Unternehmen sich einer Omnibusbefragung anschließen, um so eingeschränkter ist für jeden Teilnehmer die Zahl der Fragen, die zu seinem Thema gestellt werden können. Umfassende Informationsbedarfe zu speziellen Anliegen können also auf diese Weise nicht gedeckt werden. (*Berekoven/Eckert/Ellenrieder* 1986, S. 111 ff.; vgl. den Beitrag von Werner Hagstotz: Omnibusbefragung, S. 204)

4.3.4 Befragungshäufigkeit

Die Befragung kann **einmalig** oder **fallweise** zur Erhebung von Marktdaten, von Verbraucherreaktionen auf eingesetzte Marketing Instrumente (Preisreaktionen, Messung der Werbewirkung) oder zur Gewinnung von Konkurrenzdaten erfolgen. Eine solche Datenerhebung kann im Anschluß an eine Preisveränderung oder nach dem Auftreten eines neuen Konkurrenten erfolgen. Eine erneute Befragung wird erst dann wieder durchgeführt, wenn sich neue Datenänderungen ergeben.

Daneben können Daten regelmäßig in vorgegebenen Zeitintervallen gewonnen werden, z. B. monatliche Absatzdaten, Auftragseingangsdaten oder Reklamationsdaten. Werden diese Daten
- regelmäßig,
- mit gleicher Fragestellung und

- bei den gleichen Stichprobenteilnehmern (Personen, Geschäfte) erhoben, so spricht man von einer **Panelerhebung**.

Paneldaten werden beispielsweise regelmäßig bei Einzelpersonen, Haushalten (Ausgaben für die Lebenshaltung) und Handelsgeschäften (Absatz nach Marken, Zukäufe, Lagerbewegungen) erfaßt.

Die wiederholte Befragung gleicher Stichprobenteilnehmer kann dabei aufgrund von *Paneleffekten* zu Verfälschungen führen. Die Befragte Person lernt aufgrund mehrfacher Befragung den erfragten Sachverhalte besser kennen, sie kann ihr Verhalten deshalb ändern oder auch nur eine Verhaltensänderung berichten (vgl. den Beitrag von Fritz Unger: Panel-Forschung, S. 213).

4.3.5 Befragtenanzahl

Bei der mündlichen Befragung kann es sich um
- ein Einzelinterview,
- ein Gruppeninterview,
- ein Gruppendiskussion oder
- ein Gruppenexploration handeln.

Die am weitesten verbreitete Form der mündlichen Befragung ist zweifellos das **Einzelinterview**, bei dem eine ausgewählte Zielperson zu einem Gespräch aufgesucht wird, oder die zu einem Interview eingeladen wird. Bei dieser – einem normalen Gespräch angenäherten Situation – können dennoch vielfache Verzerrungen auftreten, die die Aussagekraft der Ergebnisse einschränken. Diese Verzerrungen können in der Person des Interviewers, in der Auskunftsperson, in der Art der Frageformulierung oder in externen Einflüssen (Interviewumgebung, Störungen) begründet sein. Die Durchführung des Einzelinterviews erfordert somit eine sorgfältige Planung.

Ein **Gruppeninterview** mit mehreren Personen kann als Gruppendiskussion oder Gruppenexploration durchgeführt werden.

Die **Gruppendiskussion** ist eine explorative Befragungsmethode und dient oft zu Beginn eines Forschungsprojekts zur Aufklärung des Sachverhalts. Dabei diskutiert eine Gruppe von 6 bis 8 Personen (Mitglieder einer Zielgruppe, Anwender oder Verbraucher und Experten) unter Führung eines Diskussionsleiters bis zu max. 4 Stunden über eine vorgegebene Problemstellung. Der Diskussionsleiter soll Spontaneität und Aktivität der Gesprächsteilnehmer fördern (*Pepels* 1995, S. 181 f.). Kommunikation und Diskussion zwischen den Gruppenmitgliedern ist ausdrücklich erwünscht.

Man geht dabei von der Annahme aus, daß im Zuge der Diskussion gewisse Hemmungen beseitigt werden und sich die Teilnehmer zu gegenseitigen Äußerungen anregen und hinreißen lassen (gruppendynamischer Prozeß) (*Hüttner* 1989, S. 62 f.). Der Abbau von Widerständen, Ängsten und Hemmungen führt dazu, daß die Interviewsituation in den Hintergrund tritt und von den Teilnehmern Meinungen geäußert und Reaktionen gezeigt werden, die sie in Einzelgesprächen nicht offenlegen (*Meffert* 1992, S. 230).

Gegenstand von Gruppendiskussionen können z. B. die Erfahrungen mit einem Produkt oder die Wünsche an ein Produkt sein. In einer Gruppendiskussion wird jemand eher bereit sein zuzugeben, daß er Probleme mit seinem Auto oder seinem Computer hat, wenn er auf Personen mit gleichen Problemen trifft. Im Einzelinterview müßte er befürchten, daß er alleine dieses Problem hat, und daß es damit sichtbar wird, daß er nicht mit dem Produkt richtig umgehen kann. Er wird also viel größere Hemmungen haben seine Probleme zuzugeben (vgl. den Beitrag von Peter Sauermann: Qualitative Befragungstechniken, S. 116).

Die **Gruppenexploration** stellt ein tiefenpsychologisches Interview zur Untersuchung von Einstellungen, Wünschen oder Motiven bei verschiedenen Personen dar. Ziel ist es Bewußtseinsebenen und emotionale Zusammenhänge zu erforschen, die sich einer direkten Befragung entziehen. So ist es möglich einen Raucher zu fragen, seit wann er raucht, und wieviel Zigaretten er täglich raucht. Will man in Erfahrung bringen warum er raucht, so entzieht sich dies einer direkten Befragung, weil Raucher sich oftmals selbst nicht über die Gründe im klaren ist.

Es wird angenommen, daß Gruppenexplorationen mehr Informationen liefern als Einzelinterviews mit derselben Befragtenzahl, daß sie alltägliche Kommunikationsstrukturen besser nachbilden als Einzelgespräche, und daß sie zu tiefer gehenden Erkenntnissen führen. Die Gruppe wird vom Forscher zusammengestellt, der alle verbalen und nonverbalen Äußerungen durch Tonband- und Mitschnitte zur späteren Auswertung festhält (*Pepels* 1995, S. 182; vgl. den Beitrag von Peter Sauermann: Qualitative Befragungstechniken, S. 116).

Vorteile von Gruppendiskussionen sind:
- Unmittelbare Beobachtbarkeit der spontanen Reaktion der Beteiligten.
- Intensivere Auseinandersetzung mit dem Objekt der Befragung als bei einer passiven Abfrage.
- Die Interaktion der Gruppen führt zu vielfältigeren Meinungsäußerungen.
- Gruppendynamische Prozesse drängen die Interviewsituation in den Hintergrund und
- Gruppendiskussionen können schnell und kostengünstig durchgeführt werden.

Nachteile von Gruppendiskussionen sind:
- Die Ergebnisse sind interpretationsbedürftig.
- Fehlende Repräsentanz, das heißt Rückschlüsse auf eine übergeordnete Grundgesamtheit können nicht gezogen werden.
- Die Willkürlichkeit des Ablaufs kann dazu führen, daß unwichtige Aspekte breit diskutiert werden, wichtige Aspekte aber nicht angesprochen werden.
- Eine quantitative Auswertung ist nicht möglich.

4.3.6 Befragtenkreise und Befragtenauswahl

Hinsichtlich der **Befragtenkreise** kann man zwischen Kunden-, Verbraucher-, Anbieter-Experten- oder Konkurrenzbefragungen unterscheiden.

Die Befragten können die gesamte Grundgesamtheit repräsentieren (Vollerhebung) oder eine Auswahl von Elementen aus der Grundgesamtheit (Teilerhebung oder Stichprobe) (vgl. den Beitrag von Heinrich Holland: Stichprobengüte, S. 61).

Man wird alle Elemente in die Befragung einbeziehen, wenn die Grundgesamtheit klein ist. Dies ist oftmals bei Anbietern im Business-Bereich der Fall. So wird man bei einer Befragung von Banken, Versicherungen, Telekommunikationsanbietern, Mineralölgesellschaften, Stahlherstellern oder Kosmetikherstellern alle Anbieter befragen, denn die Grundgesamtheit umfaßt oftmals nur 10, 20 oder 100 Anbieter.

Bei einer Befragung von Verbrauchern insbesondere im Konsumgüter- und Dienstleistungssektor, beträgt die Zahl der Zielpersonen oftmals mehrere Millionen. Hier wird regelmäßig nur eine Auswahl von Personen in der Größenordnung von rd. 2000 (Stichprobenumfang) befragt.

Bei der **Auswahl von Befragten** ist darauf zu achten, daß die Stichprobe repräsentativ ist, daß die Stichprobenelemente so aus der Grundgesamtheit gezogen werden, daß von den späteren Stichprobenergebnissen auf die übergeordnete Grundgesamtheit geschlossen werden kann und daß die Ergebnisse *hochgerechnet* werden können (vgl. den Beitrag von Hans-Jürgen Rogge: Erhebungsverfahren, S. 44).

Es gibt in der Marktforschung eine Reihe von Auswahlverfahren die diese Forderung erfüllen. Die Auswahl kann nach dem Zufallsverfahren (einfache, geschichtete oder mehrstufige Auswahl) oder in Form einer bewußten (gesteuerten) Auswahl (Konzentrationsverfahren, typische Auswahl) erfolgen.

4.3.7 Neutralität in der mündlichen Befragung

Bei der mündlichen Befragung oder dem persönlichen Interview stehen einem Interviewer ein oder mehrere Befragte (Gruppeninterview) gegenüber. Die Befragungssituation ist somit einer alltäglichen Gesprächssituation ähnlich, in der zwei oder mehr Personen verbalen Kontakt und damit eine soziale Beziehung eingehen. Das Einzelinterview kann – analog einer normalen Gesprächssituation – schematisch als Prozeß einer sozialen Interaktion dargestellt werden (vgl. Abbildung 3).

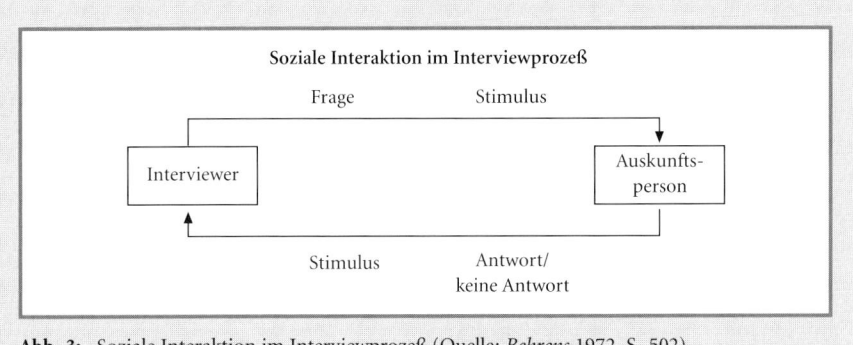

Abb. 3: Soziale Interaktion im Interviewprozeß (Quelle: *Behrens* 1972, S. 502)

Ziel eines Interviews ist die Gewinnung vollständiger und wahrer Informationen. Diese scheinbare Alltäglichkeit und damit Vertrautheit der Situation enthält zugleich die größte Gefahr der Befragungsmethode. Denn dieselbe Frage kann unterschiedlich beantwortet werden, je nachdem wann, von wem und wie sie gestellt wird.

Das Fragen ist also kein rein objektiver Vorgang. Vielmehr sind Fragender und Antwortender miteinander in einer sozialen Situation verknüpft und beeinflussen sich gegenseitig bewußt oder unbewußt. Gerade diese gegenseitige Beeinflussung, die im Alltagsgespräch irrelevant ist, gilt es in der wissenschaftlichen Befragungssituation zu kontrollieren (*Atteslander* 1975, S. 88 f.).

Von der Person des Interviewers können Verzerrungen ausgehen, durch
- das Auftreten des Interviewers,
- durch seine Erscheinung, Geschlecht, Alter, Kleidung, Sprechweise (Diktion, Mundart),
- das Verhalten des Interviewers,
- sprechende Aktionen (wie Kopfschütteln, zustimmendes Lächeln, reflexartige Bewegungen, stilles Verhalten),
- durch selektive Wahrnehmung oder
- durch Unehrlichkeit.

Untersuchungen haben gezeigt, daß die Art der Fragenbeantwortung je nach Fragestellung von diesen Faktoren beeinflußt werden kann. So weiß man, daß Frauen leichter mit anderen Frauen über ihre Haarprobleme sprechen können, daß jüngere Befragte jüngere Interviewer bevorzugen oder daß ein ungepflegt auftretender Interviewer Abneigung sowohl im privaten als auch im Business-to-Business Bereich hervorruft. Aber auch ein Kopfschütteln des Interviewers kann Irritationen beim Befragten oder ein zustimmendes Lächeln eine Bestätigung signalisieren.

Die selektive Wahrnehmung führt dazu, daß jeder Mensch gefiltert wahrnimmt, er nimmt besonders das wahr, was seine eigene Meinung bestätigt. Eine Eigenschaft, die besonders beim nicht-standardisierten Interview zu Verfälschungen führen kann.

Es sollte auch nicht verkannt werden, daß **Ergebnisverfälschungen** dadurch auftreten können, daß der Interviewer unehrlich ist also Anworten abändert oder selbst eingibt.

Von der Auskunftsperson können Verzerrungen ausgehen durch
- den Auftraggebereffekt (Sponsorshipeffekt),
- den Experteneffekt,
- Ermüdung,
- mangelnde Auskunftswilligkeit oder
- mangelnde Auskunftsfähigkeit.

Ein Auftraggebereffekt entsteht dadurch, daß sich der Befragte überlegt was der Interviewer gerne hören möchte und in diesem Sinne antwortet. Wenn er beispielsweise ein neues, noch nicht eingeführtes Produkt zur Beurteilung überreicht bekommt, so bezeichnet er dieses Produkt als formschön, angenehm oder preiswert, also als ein Produkt, das er sich wahrscheinlich kaufen würde. Er ist im Grunde gegenteiliger Ansicht und äußert sich nur deshalb positiv, um einer nachfolgenden Begründung seiner Ablehnung auszuweichen oder um eventuelle Konflikte mit dem Interviewer zu vermeiden.

Bei dem Experteneffekt kommt es zu einer gegenteiligen Reaktion. Der Befragte, der vielleicht nie nach seiner Meinung gefragt wird, schlüpft in die Rolle eines Kritikers und antwortet kritischer als es seinem tatsächlichen Verhalten entspricht. Wird er z. B. um die Beurteilung von Fernsehsendungen gebeten, so äußert er sich sehr negativ, obwohl er tatsächlich fünf Stunden vor dem Gerät gesessen hat und sich diese Sendungen in voller Länge angesehen hat.

Der Ermüdung und der mangelnde Auskunftswilligkeit versucht man durch die Gestaltung des Fragebogens zuvorzukommen.

Beruht eine mangelnde Auskunftsfähigkeit auf Unkenntnis, so ist dies nicht zu beheben. Beruht hingegen die fehlende Auskunftsfähigkeit auf mangelndem Ausdrucksvermögen, so kann dies oft durch die Art der Fragestellung überwunden werden. Soll ein komplexer Sachverhalt geschildert werden (»Beschreiben Sie einmal Ihr Wahlverhalten« oder »Wie kommen zu der Entscheidung ein bestimmtes Auto zu kaufen?«), so kann man durch Dialogfragen die Formulierungsschwierigkeiten überwinden. Bei diesen Fragen werden vorformulierte Antworten vorgegeben, und der Befragte muß sich dann nur noch einer Alternative anschließen.

Man versucht die Verzerrungen auf Interviewerseite durch eine gezielte Intervieweraus- wahl, – schulung und -kontrolle und einen geplanten Interviewereinsatz abzuschwächen, um die **Neutralität des Interviews** zu sicherzustellen.

Die Intervieweraus wahl wird vom Institut unter Gesichtspunkten wie Fachkompetenz, räumliche Nähe zu den Auskunftspersonen und sonstigen demographischen Merkmalen vorgenommen. So spielt es eine Rolle, ob das Alter, das Geschlecht oder Mundart bezogen auf den jeweiligen Untersuchungsgegenstand zu den Auskunftspersonen passen. Große Bedeutung kommt auch der Aus- und Fortbildung der Interviewer zu, da eine Verzerrung des Umfrageergebnisses nur dann vermieden werden kann, wenn alle Interviewer nach gleichen Grundsätzen vorgehen. Es ist deshalb allgemein üblich, daß mit neuen Interviewern anfangs Übungsinterviews durchgeführt werden. Außerdem werden den Interviewern grundsätzliche Verhaltenshinweise in Form von Interviewer-Handbüchern an die Hand gegeben (*Hüttner* 1998, S. 53).

Die Interviewerschulung bezieht sich auf
- die Erläuterung des Erhebungsziels,
- den Kreis der zu befragenden Personen,
- Erläuterung der Auswahlmethoden,
- die praktische Ausfüllung des Fragebogens,
- die räumliche Abgrenzung des Interviewgebiets,
- den Zeitraum der Durchführung,
- die Art der Vorstellung, der Bekanntmachung und des Gesprächsbeginns,
- weitere festzuhaltende Beobachtungen während der Befragung,
- Angaben zur Person des Befragten,

- den Hinweis der Kontrolle der Interviewtätigkeit und
- die Modalität der Vergütung.

Die Interviewerschulung hat zum Ziel den Interviewer für seine Tätigkeit zu sensibilisieren, ihn auf mögliche Einflüsse, die von seinem Verhalten ausgehen können, hinzuweisen und das Verhalten und die Reaktionen der Befragten besser verstehen zu lernen.

Die Interviewerkontrolle dient dazu, möglichen Fälschungen vorzubeugen und Fälschungen aufzudecken. Hierzu werden folgende Maßnahmen ergriffen (*Pepels* 1995, S. 200):

- Einbau von Fangfragen, die Widersprüchlichkeiten im Verlauf des Interviews aufdecken sollen. Dabei ist zu berücksichtigen, daß scheinbar widersprüchliches Verhalten aber durchaus einem tatsächlichen Verhalten entsprechen kann.
- Quittierung des Interviews durch den Befragten.
- Telefonisches, stichprobenartiges Nachfassen beim Befragten.
- Vorgabe teilweiser falscher Adressen, die bei Ablieferung eines Fragebogens eindeutig auf eine Fälschung hinweisen.
- Durchführung echter Nachinterviews mit gleichartiger Fragestellung, was zu hohen Kosten und hohen Verweigerungen bei den Befragten führt.
- Auswahl motivierter Interviewer, Beschränkung des Zeitdrucks auf den Interviewer und leistungsfördernde Honorierung.
- Ausschluß unzuverlässiger Interviewer.
- Beschränkung der Anzahl der Interviews je Interviewer.

Bei der mündlichen, standardisierten Befragung umfaßt eine Intervieweranweisung folgende Vorgaben (*Pepels* 1995, S. 199):
- Ungefragte und exakte Ausweisung des Interviewers.
- Interview nur mit fremden Personen, also keine Freunde oder Bekannte.
- Freundliches Auftreten und sympathische Ausstrahlung vermitteln.
- Entspannte Durchführung des Interviews, dem Befragten Zeit zum Überlegen lassen.
- Wörtliches Vorlesen der Fragen und genaue Vorlage von Hilfsmitteln, keine Fragen selbst interpretieren, bei Unverständlichkeit nochmals vorlesen und von der Auskunftsperson selbst interpretieren lassen.
- Genaue Einhaltung der Fragenreihenfolge.
- Die Antworten wörtlich notieren, auch unaufgeforderte Anworten notieren.
- Das Interview vor Ort auf Vollständigkeit überprüfen, keine Kompromisse in bezug auf die Qualität eingehen.
- Keine Interviewbögen selbst vervollständigen.
- Keine persönlichen Ansichten in die Befragung einbringen.
- Befragungen nicht mit anderen Tätigkeiten wie Verkauf oder Beratung kombinieren.
- Keine dritten Personen mitnehmen.
- Nicht von der vorgegebenen Stichprobenstruktur abweichen.
- Jede Person zum gleichen Sachverhalt nur einmal befragen.
- Beim Ausfüllen des Fragebogens nicht vom Befragten über die Schulter sehen lassen oder die Auskunftsperson den Fragebogen oder die Antworten lesen lassen.

Die **Verzerrungen**, die von der **Auskunftsperson** ausgehen können, versucht man zum Teil durch Probeinterviews zu erkennen und zu vermeiden. Hierzu zählen
- die Länge bzw. zeitliche Dauer des Interviews darf zu keiner Ermüdung führen,
- die Fragen sollten verstanden, Rückfragen vermieden werden und
- die Formulierung der Fragen sollte eine Auskunftsbereitschaft sicher stellen.

Es sollte ferner:
- das Interview an einem Ort stattfinden, an dem sich der Befragte sicher fühlt und auskunftsbereit zeigt (das kann für einzelne Befragte die eigene Wohnung, die Arbeitsstätte oder eine Institutsbüro sein) und
- sichergestellt werden, daß Störungen durch Dritte (Telefonanrufe) vermieden werden.

4.4 Telefonische Befragung

4.4.1 Traditionelle telefonische Befragung

Mit der Erhöhung der Telefondichte in der Bundesrepublik auf über 90% und der dadurch bedingten Gewährleistung der Repräsentativität hat das traditionelle und in den letzten Jahren das computergestützte Telefoninterview zunehmend an Bedeutung gewonnen.

Die wesentlichen Vorteile liegen in der schnellen Erreichbarkeit der Zielpersonen und der damit schnellen und kostengünstigen Durchführung des Interviews.

Wie beim mündlichen Interview kann der Interviewer das Interview durch die Fragenreihenfolge steuern und kontrollieren. Da der Interviewer nicht sichtbar wird, sind eine Reihe von Verzerrungsmöglichkeiten durch das Auftreten, die Erscheinung oder Reflexe des Interviewers nicht gegeben. Der Befragte wiederum kann Rückfragen stellen, somit ist ein Dialog gewährleistet.

Nachteil ist, daß der Umfang der Befragung kurz sein muß, da die Auskunftsperson nur einige Minuten am Telefon festgehalten werden kann. Auch entfällt für den Interviewer die Möglichkeit zusätzliche non-verbale Reaktionen zu erfassen und situative Beobachtungen durchzuführen (vgl. Abbildung 4).

Vorteile	Nachteile
– Befragungen können schnell durchgeführt werden – Befragungen sind relativ kostengünstig – Feedback möglich – Interviewer bestimmt Ablauf der Befragung	– Befragungen können nur relativ kurz sein – Nur akustische Kommunikation ist möglich (Ausnahme: Bildtelefon) – Situation der Befragten ist nicht ersichtlich – eindeutige Legitimation des Interviewers nicht möglich

Abb. 4: Traditionelle telefonische Befragung (Quelle: in Anlehnung an *Weis/Steinmetz* 1998, S. 76)

4.4.2 Computergestützte telefonische Befragung (CATI)

Die unterstützen Befragungssysteme werden in Deutschland in computergestützte Befragungssysteme und Bildschirmbefragungssysteme unterschieden, während in den USA die Unterscheidung in CATI, CAPI und CASQ üblich ist (vgl. Abbildung 1).

Bei einem Computer Assisted Telephone Interview (CATI) werden vom Interviewer die vor ihm auf dem Bildschirm erscheinenden Fragen dem Befragten am Telefon vorgelesen und dessen Antworten eingegeben. Daraufhin wird vom Programm entsprechend des Fragebogenaufbaus die nächste Frage am Bildschirm generiert. Unzulässige Antworten werden reklamiert. Verzweigungen im Fragenablauf werden in Abhängigkeit von den jeweiligen Antworten unmittelbar eingeschlagen.

Der Computer übernimmt den gesamten Ablauf der Befragung von der Anzeige der Telefonnummer bis zur automatischen Anwahl der Zielpersonen. Nicht erreichte Anschlüsse werden vermerkt oder neu angezeigt und angewählt. Abgebrochene Interviews können gespeichert werden und zu einem festgesetzten Zeitpunkt fortgesetzt werden.

Da parallel zur Datengewinnung eine Datenanalyse erfolgt, muß der Stichprobenumfang nicht von vornherein festgelegt werden. Die Befragung kann so lange durchgeführt werden, bis sich eine Stabilisierung der Ergebnisse einstellt (*Hüttner* 1989, S. 48; *Pepels* 1995, S. 210).

Die computerunterstützte Telefonbefragung erfordert allerdings eine vorherige Programmierung des Fragebogens und der Fragenabläufe. Die Möglichkeiten der Fragestellung sind insofern eingeschränkt, als man sich im wesentlichen auf standardisierte Fragen beschränkt, ferner können Bilder, Grafiken oder Muster nicht vorgelegt werden.

Dennoch hat die Möglichkeit der schnellen und kostengünstigen Durchführung zu einer wachsenden Bedeutung dieser Befragungsform geführt (vgl. Abbildung 5).

Vorteile	Nachteile
– Einsparung von Interviewern, damit kostengünstig – Ständige parallele Auswertung bis zur Ergebnisstabilisierung – Geringer Interviewereinfluß – Ständige Plausibilitätskontrolle der Eingabedaten – zeitlich schnelle Durchführung	– Hohe Anfangsinvestitionskosten zur Einrichtung des Systems – Programmieraufwand – Bilder, Karton, Produktmuster können nicht präsentiert werden – Eingeschränkte Untersuchungsmöglichkeit durch weitgehende Beschränkung auf standardisierte Fragen

Abb. 5: Computergestützte Telefonbefragung (CATI) (Quelle: in Anlehnung an *Berekoven/Eckert/Ellenrieder* 1986, S. 120)

4.5 Literaturverzeichnis

Atteslander: Methoden der empirirschen Sozialforschung, Berlin 1975, S. 87
Behrens, Christian: Marktforschung im Marketing, Wiesbaden 1972, S. 502
Berkhoven, Ludwig/Eckert, Werner/Ellenrieder, Peter: Marktforschung, 2. Auflage, Wiesbaden 1986, S. 107, S. 120
Hüttner, Manfred: Grundzüge der Marktforschung, 4. Auflage, Berlin 1989, S. 62 ff.
Meffert, Heribert: Marketingforschung und Käuferverhalten, Wiesbaden 1992, S. 204 f.
Pepels, Werner: Käuferverhalten und Marktforschung, Stuttgart 1995, S. 105, 181 ff.
Weis, Hans-Christian/Steinmetz, Peter: Marktforschung, 3. Auflage, Ludwigshafen 1998, S. 71 ff.

5. Befragungsstrategie und -taktik

Werner Pepels

Inhaltsübersicht

5.1   Fragestrategie
5.2   Fragetaktik
5.2.1   Offene Fragen
5.2.2   Geschlossene Fragen
5.2.3   Fragetypen
5.2.4   Fragefunktionen
5.3   Literaturverzeichnis

Auf einen Blick

Fragestrategie und -taktik dienen gemeinsam der motivierenden Dramaturgie des Fragebogens und sollen Monotonie vermeiden. Die Auskunftswilligkeit soll ebenso durch thematische Abwechslung und Variation der Fragetechniken gesteigert werden. Auch sollen Störeffekte ausgeschaltet werden wie Präsenzeffekte, das heißt vorangegangene Fragen aktualisieren bestimmte Vorstellungen und Denkraster und engen damit den Antwortspielraum für nachfolgende Fragen ein, Konsequenzeffekte, das heißt der Befragte sieht seine Antworten im Zusammenhang und bemüht sich um interne Widerspruchsfreiheit, obgleich er ansonsten im Einzelfall anders antworten wollte, und Lerneffekte, das heißt vorangegangene Fragen vermitteln Wissen, etwa über den Frageablauf oder auch Sachverhalte, und verzerren Antworten durch mangelnde Unvoreingenommenheit.

5.1 Fragestrategie

Eine bedeutsame Rolle innerhalb der Fragestrategie spielt auch die Frageformulierung. In bezug darauf sind folgende **Grundsätze** zu beachten:
Der Grundsatz der Einfachheit bedeutet, daß der Fragebogen mit einem minimalen Wortschatz auskommen soll. Die Fragen sollen kurz und einfach gehalten sein. Dabei soll ein allgemein verständlicher Stil beachtet werden, wobei sich das sprachliche Niveau immer an der Umgangs- und Fachsprache der jeweiligen Befragtengruppe ausrichtet. Fragen sollen Wissensstand, Bildungsniveau und Erinnerungsfähigkeit der Befragten nicht überfordern. Fremdwörter, Abkürzungen und Eigennamen sind zu vermeiden oder zu erläutern.

Der Grundsatz der Eindeutigkeit meint, daß eine Frage so gestellt sein soll, daß sie von mehreren Befragten gleichartig verstanden werden kann. Mehrdeutigkeiten sind zu vermeiden, auch in bezug auf Orts- und Zeitangaben. Dazu bedarf es einer präzisen, semantisch eindeutigen und logisch klaren Formulierung. Es darf dabei zu keiner Vermischung verschiedener Frageaspekte kommen.

Der Grundsatz der Neutralität bedeutet, daß jede Beeinflussung der Antwort durch die Fragestellung ausgeschlossen sein sollte. Suggestionen entstehen bereits bei unterschiedlichen Formulierungslängen von Antwortalternativen, durch den Einsatz wertender Wörter, durch Ungleichheit positiver und negativer Ausprägungen der Antworten, durch einseitige Betonung in Text oder Vortrag.

Hinzu kommen spezielle strategische Aufgaben in bezug auf die Art eingesetzter Themen/Fragetypen und die **Abfolge** dieser Themen/Fragetypen:
Die Themenkomposition soll bei Mehrthemenbefragungen Art und Inhalt der in einer Mehrthemenbefragung eingebrachten Themen auflockern. Dabei ist jedoch darauf zu achten, daß die beinhalteten Themen möglichst unabhängig voneinander sind, da es ansonsten zu gegenseitigen Beeinflussungseffekten kommen kann. Problematisch ist, daß Themen intersubjektiv abweichend eingeschätzt werden.

Die Fragetypenkomposition soll Abwechslung durch die Art der eingesetzten Fragetypen erreichen, um Ermüdungserscheinungen und Lerneffekten zu begegnen. Dies darf allerdings nicht zur Spielerei verkommen, die allein kontraproduktiv wirkt.

Die Themensequenz soll die Abfolge der einzelnen Themen bei Mehrthemenbefragungen steuern, um eine gegenseitige Überstrahlung der Themen zu vermeiden. Dabei gibt es die These, Themen ähnlicher Konnotation aufeinander abfolgen zu lassen oder im Gegenteil möglichst kontrastierende Themen zu wählen. Fraglich ist auch, ob das spannendste Thema an den Anfang der Befragung oder mit steigender Dramaturgie an deren Ende gehört. Darüber liegen keine generalisierbaren Erkenntnisse vor.

Die Fragetypensequenz soll die Abfolge der unterschiedlichen Fragetypen im Fragebogen steuern. Dabei ist darauf zu achten, daß der Ablauf nicht zu kompliziert wird, da dann Interviewerfehler bei der Erhebung wahrscheinlich sind.

5.2. Fragetaktik

5.2.1 Offene Fragen

Offene Fragen (inkategoriale Fragen) lassen eine frei formulierte Antwort des Befragten auf die Fragestellung zu. Es handelt sich zumeist um W-Fragen (Was, Wer, Welche, Wann, Wo, Wie?).

Vorteile offener Fragen sind folgende:
Die Auskunftsperson wird in ihrer Informationsabgabe und -bereitschaft nicht eingeschränkt und hat daher mehr Entfaltungsmöglichkeiten für aussagefähige Ergebnisse. Dadurch kommt es zu einer genaueren Erfassung von Antworten. Die Auskunftsperson wird nicht durch vorgegebene Antwortkategorien zu einer teilweise unpassenden oder gar falschen Antwort veranlaßt. Dies gilt um so mehr, je komplexer und differenzierter ein Befragungsgegenstand ist. Antworten werden nicht durch Vorgaben programmiert, also in eine bestimmte Richtung verzerrt. Darin liegt eine große Gefahr, etwa durch Formulierung oder Anzahl vorgegebener Antwortalternativen. Es erfolgt keine Überbetonung durch überschneidende Mehrfachformulierungen einer Antwortart im Antwortkatalog. Denn dadurch steigt automatisch auch die Wahrscheinlichkeit ihrer Nennung. Der Befragungsgegenstand wird vollständig abgebildet, weil keine Gefahr durch ausgelassene Antwortkategorien besteht. Damit können alle Facetten eines Objekts erfaßt werden.

Nachteile offener Fragen sind hingegen folgende:
Der Einfluß des Interviewers macht sich in vielfältiger Weise auf die Art der Antworten bemerkbar. Dies liegt etwa schon in der Betonung der Frageformulierung und seiner physischen Anwesenheit begründet. Die Antworten der Auskunftspersonen hängen stark von deren Ausdrucksvermögen ab. Dies erfordert mehr geistige Anstrengung und führt zu überlegteren Antworten oder auch zur Antwortverweigerung. Die Ausführungen der Auskunftsperson treffen oft nicht den Kern der Frage und schweifen in irrelevante Nebenbereiche ab. Ihre Verwertbarkeit ist dann mehr oder minder stark eingeschränkt. Bei der späteren Klassifizierung von Antworten entstehen Schwierigkeiten hinsichtlich ihrer Zuordnung. Denn die Vielzahl differenzierter Antworten muß zur Auswertung letztlich wieder in passende Kategorien zusammengefaßt werden. Dies induziert Fehlinterpretationen. Der Vergleich der Antworten untereinander gestaltet sich schwierig, wenn die Klassifizierung nicht einwandfrei gelingt. Eine maschinelle Auswertung ist erst nach aufwendiger Codierung möglich. Dazu müssen die Antworten zunächst einmal alle gesichtet und dann nach passenden Gesichtspunkten gruppiert werden. Antworten werden nur unvollständig oder verkürzt aufgezeichnet, wenn es sich um lange, wortreiche Einlassungen der Befragten handelt. Damit geht aber gerade ein Teil der gewünschten Differenzierung wieder verloren (*Pepels* 1995, S. 190 f.).

5.2.2 Geschlossene Fragen

Geschlossene Fragen (kategoriale Fragen) lassen nur die Auswahl unter begrenzt vielen Antwortvorgaben zu. Dies ist generell nur nach entsprechenden Vorstudien mittels offener Fragen sinnvoll, da ansonsten entscheidende Antwortaspekte mangels angebotener

Kategorie verlorengehen können. Diese werden dennoch, meist aus pragmatischen Gründen, überwiegend eingesetzt.

Vorteile geschlossener Fragen sind folgende:
Die Antwortvorgabe reduziert die erforderliche Denk- und Arbeitsleistung der Auskunftspersonen und erleichtert damit die Antwort. Die Ergebnisse sind besser auf dem Punkt als bei offenen Fragen. Es sind keine besonderen Ansprüche an das Ausdrucksvermögen der Auskunftspersonen zu stellen. Denn dieses limitiert oft die aussagefähige Verwertung von Antworten und führt zu Fehlinterpretationen. Ebenso sind keine besonderen Anforderungen an die Interviewer im Hinblick auf deren Schreib- und Aufnahmekapazitäten zu stellen. Sie können sich vielmehr voll auf die Gesprächsführung konzentrieren. Eine schnelle Protokollierung der Ergebnisse ist gewährleistet. Das verkürzt Befragungszeiten und führt zu geringerer Abbruchquote und zu mehr bearbeitbaren Inhalten je Interview. Bei der Auswertung ist eine Rationalisierung durch Zeit- und Kostenersparnis erreichbar. Die Antworten können unmittelbar, also schon im Fragebogen, für die maschinelle Erfassung codiert werden. Die Auswertung kann schnell und unter Einsatz technischer Hilfsmittel erfolgen. So erlaubt bereits ein rascher Blick über den Fragebogen einen ersten Eindruck von der Tendenz der Ergebnisse. Die Antworten verschiedener Auskunftspersonen können problemlos miteinander verglichen werden, da sie alle auf denselben, vorformulierten Antwortkategorien beruhen. Fehlinterpretationen sind weitestgehend ausgeschlossen. Allerdings kann es zu Fehlern im Verständnis der Antwortvorgaben kommen, was dann zu Verzerrungen führt.

Nachteile geschlossener Fragen sind hingegen folgende:
Es besteht die Gefahr, daß einzelne Antwortalternativen unbemerkt weggelassen werden. In diesem Fall ist eine erhebliche Verzerrung gegeben, da Auskunftspersonen ihre Position gar nicht repräsentiert sehen. Die Anzahl der zur Auswahl stehenden Alternativen ist oft nicht ausgewogen. Überwiegen positive oder negative Statements, kommt es zwangsläufig zu einer Verlagerung der Gesamtaussagen in diese Richtung. Die Formulierung der Antwortalternativen ist nicht neutral gehalten. Es fällt etwa leichter, etwas zu bejahen als zu verneinen. Zudem weisen, jedoch vermeidbare, Suggestivfragen eine explizite Ja-Tendenz auf. Die Reihenfolge der Nennung der Antwortalternativen führt zu gegenseitiger Überstrahlung. Dadurch werden Antworten verzerrt (*Pepels* 1995, S. 191).

Diese Nachteile geschlossener Fragen können durch Beachtung einiger Regeln weitgehend vermieden werden:
Die Alternativenzahl soll nicht zu klein gehalten werden, um der Auskunftsperson genügend Entfaltungsspielraum zu belassen. So kann trotz der Vorgaben eine differenzierte Meinungserfassung erfolgen. Die Antwortkategorien sollen alle realistisch denkbaren Antwortmöglichkeiten abdecken. Vor allem ist wichtig, daß die Antwortvorgaben aus der Sicht der Befragten tatsächlich zur Frage passen. Die Antwortalternativen sollen sich möglichst in der gleichen Dimension bewegen. Müssen mehrere Dimensionen abgedeckt werden, sollen diese annähernd ausgewogen oder auf mehrere geschlossene Fragen verteilt angelegt sein. Eine offene Antwortalternative soll Raum für Antworten lassen, die durch die Vorgaben nicht abgedeckt sind. Dadurch gehen vom Befragten als wichtig erachtete, jedoch nicht vorgegebene Antworten zumindest nicht verloren. Diese werden

dann in wörtlicher Formulierung vermerkt. Bei der Reihenfolge der Antwortpositionen sind Verzerrungen durch Rotation der Reihenfolge zu vermeiden. So können gegenseitige Überstrahlungseffekte, wenn schon nicht vermieden, so doch zumindest ausgeglichen werden.

5.2.3 Fragetypen

Bei den geschlossenen Fragen unterscheidet man bei genauerer Differenzierung verschiedene Fragetypen:
- Alternativfragen lassen nur die Wahl zwischen zwei Antwortalternativen, nämlich »ja/trifft zu« oder »nein/trifft nicht zu«. Eine Kategorie »Weiß nicht« ist insofern problematisch, als sie bei Befragten Ausweichbewegungen unter Entscheidungsdruck provoziert und bei der späteren Auswertung schwer interpretierbar ist. Außerdem besteht eine latente Ja-Tendenz bei Antworten durch ihren Suggestivcharakter.
- Selektivfragen lassen die Wahl zwischen mehr als zwei Antwortalternativen (Multiple Choice). Dabei sind Mehrfachnennungen nur bei einander ausschließenden Alternativen vermeidbar.

Eine weitere Unterscheidung kategorialer Fragen betrifft folgende:
- Kategorieneutrale Fragen decken alle denkbaren Antwortmöglichkeiten ab. Allerdings ist zu bezweifeln, daß wirklich alle denkbaren Antworten auch wirklich ausgewiesen werden können.
- Kategorieinneutrale Fragen decken demgegenüber nur einen Ausschnitt der Antwortmöglichkeiten ab. Darin liegt allerdings eine erhebliche Gefahr für Verzerrungen allein daraus, daß nicht alle Antwortmöglichkeiten anwählbar sind. Daher wird oft eine Kategorie »sonstiges« für Nennungen, die durch die begrenzten Antwortvorgaben nicht abgedeckt sind, vorgesehen. Dies ist dann wieder eine offene Antwort, die bei der späteren Datenauswertung und -codierung aufwendig zu verarbeiten ist.

Außerdem kann nach der Reihenfolge der Antwortvorgaben unterschieden werden:
- Sequenzinneutrale Fragen sehen keine Rotation der Antwortvorgaben vor. Darin liegt insofern eine Verzerrungsgefahr, als es zu Positionseffekten und gegenseitiger Überstrahlung zwischen Fragen kommen kann. So beeinflussen vorhergehende Antwortalternativen die nachfolgenden.
- Sequenzneutrale Fragen sehen daher eine Rotation der Antwortvorgaben innerhalb der Befragung vor.

Bei Selektivfragen kann zudem die Zahl der Antwortmöglichkeiten vorgegeben werden:
- Soll eine definierte Anzahl von Antwortalternativen ausgewählt werden, handelt es sich um eine fixierte Zahl von Nennungen.
- Soll aus einer vorgegebenen Liste eine nach unten oder oben begrenzte Anzahl zulässiger Nennungen ausgewählt werden (also im Sinne von mindestens/höchstens), handelt es sich um eine einseitig begrenzte Zahl von Nennungen.
- Soll aus einer vorgegebenen Liste eine Bandbreite der Anzahl zulässiger Nennungen ausgewählt werden (von – bis / zwischen), handelt es sich um eine zweiseitig begrenzte Zahl von Nennungen.

Eine Unterscheidung auf einer anderen Ebene betrifft direkte und indirekte Fragen. Bei direkten Fragen gibt die Auskunftsperson offenkundig und für sie erkennbar ihre eigene Meinung wieder. Die Antworten lassen direkt auf die interessierenden Sachverhalte schließen. Bei heiklen, tabuisierten und normenbeladenen Themen treten dabei allerdings oft Antworthemmungen auf. Daher werden verbreitet indirekte Fragen eingesetzt, die sich projektiver Techniken bedienen. Die Auskunftsperson gibt also scheinbar nicht über sich selbst, sondern über Dritte Auskunft. Dadurch kann ihre Antwortbereitschaft und -fähigkeit gesteigert werden (vgl. Abbildung 1).

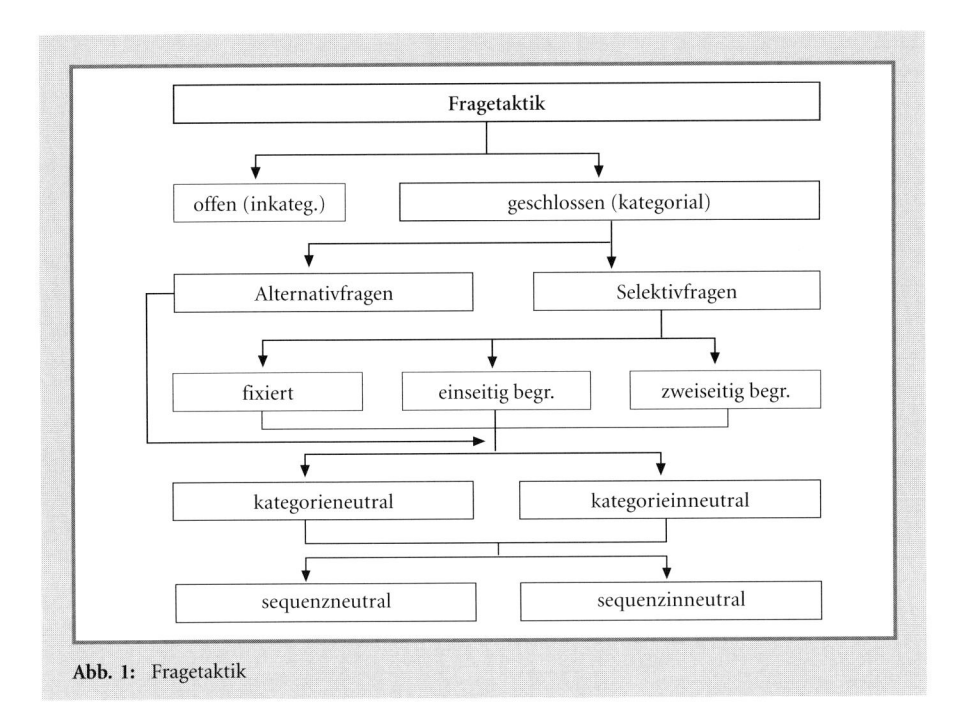

Abb. 1: Fragetaktik

5.2.4 Fragefunktionen

Auch im Fragebogenablauf nehmen Fragen unterschiedliche Funktionen wahr. Instrumentalfragen beinhalten solche Fragen, die keine unmittelbare Aussage über bestimmte Sachverhalte zulassen, aber für den Erfolg der Erhebung entscheidend sind. Dazu gehören im einzelnen analytische, Ablaufordnungs- und methodische Fragen.

Analytische Fragen sind solche, die den Befragungsgegenstand betreffen. Zu unterscheiden ist in folgende:
- Korrelationsfragen bilden die Grundlage für Untergruppen und Kreuztabellierungen. Dies betrifft vor allem die Soziodemographie der Befragten, die in Zusammenhang mit auswertbaren Ergebnisfragen gestellt wird.

- Erhebungskontrollfragen stellen die Sorgfalt der Interviewdurchführung sicher. Meist handelt es sich um Fälscherfragen, die feststellen sollen, ob Antworten an verschiedenen Stellen des Fragebogens einander widersprechen. Dies deutet dann auf evtl. Fragebogenfälschungen hin.
- Auskunftskontrollfragen stellen Inkonsistenzen in den Antworten der Befragten fest. Die Ergebnisse der betreffenden Personen sind dann kritisch zu durchleuchten. Bei Abweichung steht zu vermuten, daß bei den Antworten nicht immer die Wahrheit angegeben worden ist.

Ablaufordnungsfragen sind solche, die den Befragungsvorgang steuern. Dabei sind folgende zu unterscheiden:

- Filterfragen beenden die Befragung bzw. scheiden Personen aus der weiteren Befragung zu einem Thema aus. Damit werden unsinnige Fragestellungen vermieden. Z. B. richten sich Fragen zu Gartengeräten nur an Personen, von denen vorher gesichert wurde, daß sie über einen Garten verfügen. Alle anderen überspringen diesen Fragenkomplex und gehen zum nächsten über.
- Gabelungsfragen steuern den Ablauf, indem je nach Antwortkategorie an einer anderen Stelle im Fragebogen weitergearbeitet wird. Somit werden Untergruppen der Befragungsgesamtheit definiert und dann mit jeweils spezifischen Fragefolgen bedient. Z. B. werden gewerbliche und private Nutzer von Gartengeräten getrennt nach ihren jeweiligen Anforderungen an einen Gerätetyp erhoben.

Methodische Fragen sind solche, die ausschließlich fragetaktische Ziele verfolgen. Zu denken ist dabei an folgende:

- Kontaktfragen (Eisbrecherfragen) bauen die Scheu des Befragten gegenüber dem Interview ab und schaffen günstige Voraussetzungen für einen konstruktiven weiteren Befragungsablauf. Sie dienen der Auflockerung der Atmosphäre und der Überbrückung anfänglicher Befangenheit. Den Ergebnissen kommt meist nur »Wegwerf«-Charakter zu.
- Unterweisungsfragen (Lern- oder Trainingsfragen) sichern die notwendige Grundeinstellung und sensibilisieren Auskunftspersonen für den betreffenden Gegenstand. So kann ein angeführtes Beispiel den Befragten helfen, komplexe Sachverhalte besser zu verstehen.
- Füllfragen (Pufferfragen) grenzen Themenkomplexe innerhalb einer Befragung gegeneinander ab und sollen so eine gegenseitige Beeinflussung dieser Komplexe durch Halo-Effekte (Überstrahlungen vom vorherigen auf das nachfolgende Thema) vermeiden.
- Ablenkungsfragen sollen den eigentlichen Fragebogeninhalt verschleiern. Dadurch soll eine nicht-durchschaubare Fragesituation erreicht werden, in der die Befragungsperson keine Auskunftsverzerrungen einbringen kann, weil ihr verborgen bleibt, was das eigentliche Ziel der Frage ist.
- Ausgleichsfragen sind für den Teil der Befragten gedacht, die nach einer Filterfrage von einem Fragekomplex freigestellt sind. Damit soll verhindert werden, daß Befragte lernen, welche Antworten zu einer willkommenen Verkürzung des Interviews führen.

Ergebnisfragen sind solche, die unmittelbar auf die Ermittlung bestimmter Sachverhalte abzielen. Dabei handelt es sich um folgende:
- Präzisionsfragen sollen die zu erhebenden Tatbestände unmittelbar durch direkte Befragung erfassen. Oder mittelbar durch Assoziationsfragen auf die mit einem Untersuchungsgegenstand verknüpften Vorstellungen abzielen und durch Projektionsfragen die Auskunftspersonen veranlassen, Informationen abzugeben, die sie bei direkter Befragung nicht offenbaren können oder wollen.
- Maßstabsfragen sollen Unterschiede zwischen verschiedenen Befragten festhalten und quantifizieren.

Sonderfragen sind für spezielle Zwecke einsetzbar. Dabei handelt es sich um folgende:
- Vorlagenfragen verbinden Text-, Bild- oder Originalvorlagen mit der Frageformulierung. Oft dienen diese als zusätzliche Gedächtnisstützen. Dies ist etwa bei Markt-Media-Analysen durch Vorlage von Setkarten mit den Logos von Werbeträgern bei der Abfrage nach ihrer Nutzung der Fall.
- Vortragsfragen werden ohne stützende Vorlagen gestellt und führen somit zu *härteren* Ergebnissen. Damit kann die aktive Bekanntheit von Produkten/Marken erfragt werden, die spontan in Zusammenhang mit der Frage präsent sind.
- Zitatfragen beinhalten die wörtliche Äußerung einer fiktiven oder realen Person, zu welcher die Befragungsperson Stellung nehmen soll. Häufig handelt es sich um Personen des öffentlichen Lebens (Prominente), deren Aussagen durch die Medien bereits bekannt sind.
- Dialogfragen geben einen Gesprächsaustausch zweier fiktiver Personen wieder und fordern die Befragungsperson auf, einer von ihnen zuzustimmen. Dies wird vor allem bei komplexen Sachverhalten angewandt, die das Ausdrucksvermögen von Probanden ansonsten überfordern.
- Personenfragen werden für gewöhnlich am Ende des Interviews gestellt und dienen der Erfassung soziodemographischer Daten, die dann mit anderen Ergebnissen korreliert werden können.
- Indikatorfragen dienen der Operationalisierung von theoretischen Konstrukten (Motive, Wünsche, Bedarfe) und sollen Hinweise auf das Vorhandensein und die Ausprägung dieser Konstrukte geben.
- Skalierungsfragen bedienen sich Skalen, um Einstellungen, Beurteilungen, Meinungen oder andere verdeckte Inhalte zu messen. Ihr Ziel ist die Quantifizierung hypothetischer Konstrukte.

5.3 Literaturverzeichnis

Pepels, Werner: Käuferverhalten und Marktforschung, Stuttgart 1995

6. Schriftliche Befragung

Karin Schmitt-Hagstotz/Werner Pepels

Inhaltsübersicht

6.1 Typische Anwendungssituationen für schriftliche Befragungen
6.2 Beurteilung der schriftlichen Befragung
6.3 Ursachen des Rücklaufproblems
6.4 Möglichkeiten zur Lösung des Rücklaufproblems
6.5 Hinweise zur Fragebogengestaltung
6.6 Hinweise zur Anschreibengestaltung
6.7 Kombiniert-schriftliche Befragungsformen
6.8 Leserbefragung als kleine Fallstudie
6.9 Literaturverzeichnis

Auf einen Blick

Schriftliche Befragungen bedienen sich verbaler Statements zur Abfrage von Stellungnahmen. Die Zielpersonen erhalten den Fragebogen per Post, entnehmen ihn Zeitschriften, Produktbeipackungen und senden ihn ausgefüllt zurück. Diese Art der Datenerhebung findet in der Praxis ausgesprochen häufig statt, dies gilt vor allem für den gewerblichen (Business to Business-)Bereich. Auch die amtliche Statistik oder die öffentlichen Verwaltungen bedienen sich gerne dieses, für sie bequemen und kostengünstigen Instruments zur Datenerhebung. Im privaten (Business to Consumer-)Bereich finden ca. 30% aller Befragungen in schriftlicher Form statt (*Kastin* 1995, S. 28).

Letztlich stehen bei der Bewertung der schriftlichen Befragung als Erhebungsmethode dem dominanten Argument der Kosteneinsparung eine Reihe methodischer Nachteile gegenüber. Diese sind zwar durch diverse Maßnahmen, die im folgenden geschildert werden, abzumildern, aber nicht wirklich zu vermeiden. Zudem relativiert sich die Kostenersparnis, wenn man die Kosten je verwertbarer Antwort umlegt, was aus den geringen Rücklaufquoten resultiert. Die Antwortbereitschaft bei schriftlichen Befragungen ist zentral abhängig vom Themeninteresse der Zielpersonen. Während bei Erstkäuferbefragungen aus dem Automobilbereich Rücklaufquoten von 50% erreicht oder sogar überschritten werden, gilt es bei eher alltäglichen Gebrauchsgütern bereits als Erfolg, wenn 10% der ausgeteilten und versandten Fragebogen zurückkommen. Zwar gibt es Maßnahmen, um dieses Manko abzumildern, aber nicht entscheidend zu verbessern.

6.1 Typische Anwendungssituationen für schriftliche Befragungen

Schriftliche Befragungen gelten als eine der wichtigsten Methoden der Datenerhebung. Sie begegnen uns in vielfältiger Form als Bürgerbefragungen in Städten und Gemeinden, als Mitgliederbefragungen unterschiedlichster Organisationen, als Käuferbefragungen mittels Beipackzettel in der Verpackung, als Leserbefragungen von Zeitungen und Zeitschriften. Diese Liste ließe sich noch beliebig erweitern. Aber nicht immer laufen diese Erhebungen einfach und problemlos, was oft auch daran liegt, daß Problemstellung und Art der Befragung nicht zusammenpassen. Ebenso wie bei allen anderen Forschungsmethoden muß sich der Anwender auch bei der schriftlichen Erhebung über die Funktionsweise der Befragungsform im klaren sein und darüber, wann eine schriftliche Befragung Erfolg haben kann und wann sie eher zum Scheitern verurteilt ist (*Hafermalz* 1974/1976).

Es gibt eine Reihe von Anwendungssituationen, die als typisch für schriftliche Befragungen gelten. Hier die wohl häufigsten:
- Es steht nur ein kleines Forschungsbudget zur Verfügung. Um Kosten für Interviewer zu sparen, entscheidet man sich für die schriftliche Befragung.
- Das Forschungsprojekt, das mit einer schriftlichen Befragung arbeitet, darf nicht unter Zeitdruck stehen. Rücklaufzeiten der Fragebögen und die sich häufig anschließenden Erinnerungsverfahren dauern.
- Es handelt sich um eine relativ homogene Zielgruppe, die zu befragen ist, so daß ein einheitliches Fragebogenlayout für alle passend ist.
- Die Befragungsthemen lassen sich auch für die Zielpersonen interessant darstellen.
- Den Forschern ist schon einiges über den Forschungsgegenstand und die Zielgruppe bekannt.
- Die Teilnahme an schriftlichen Erhebungen setzt voraus, daß die Zielpersonen schriftliches Arbeiten gewohnt sind.
- Es sollen in erster Linie Fakten und rationale Daten erhoben werden und nicht primär Motive, Emotionen oder Bedürfnisse. Auch Meinungs- und Einstellungsfragen, deren Beantwortung sich nach längerem Nachdenken nochmals ändern kann, sind weniger geeignet (*Wyss* 1991, S. 312).

Die rasche Entwicklung im Bereich der **Telekommunikation** hat darüber hinaus ein weiteres Anwendungsfeld für schriftliche Befragungen erschlossen:
- Durch die schnelle Ausbreitung von Telefax-Geräten kann eine Befragung via Fax bei kurzem Fragebogen und eiligem Informationsbedarf eine Überlegung Wert sein. Ein Telefax ist schneller und kostengünstiger als ein postalischer Fragebogen und sein Beachtungswert ist oft höher. Damit steigt die Chance der Beantwortung.
- Vor allem im internationalen Business to Business-Bereich mit nahezu 100%iger Fax-Abdeckung empfiehlt sich diese Befragungsvariante. Aufgrund der stark zunehmenden Ausstattung der privaten Haushalte mit Telefax-Geräten kann diese Form der Datenerhebung auch hier in Frage kommen. Allerdings sind wir bei einer derzeitigen, geschätzten deutschen Haushaltsabdeckung zwischen 10 und 12% noch weit von einer repräsentativen Stichprobe entfernt. Bei einkommensstärkeren und technisch aufgeschlossenen Haushalten kann die Telefax-Befragung als Schnupper-Marktforschung dennoch sinnvoll sein.

- Eine weitere Möglichkeit bietet die Disc by Mail-Variante, bei der ein Fragebogen via PC-Diskette verschickt und von der Zielperson ausgefüllt wird. Die Vorteile, die denen der Telefax-Befragung prinzipiell ähnlich sind, werden noch ergänzt durch den in der Auswertungsphase, wenn die eingehenden Daten gleich im Computer weiterverarbeitet werden können. Neben den Einschränkungen, wie sie schon für die Telefax-Werbung gelten, kommt noch hinzu, daß mögliche Ängste der Befragten vor Computer-Viren ein besonderes Problem darstellen. Seit der Verbreitung internetfähiger Computer wird diese Variante zunehmend durch Befragungen per E-Mail abgelöst (vgl. den Beitrag von Werner Pepels: Computergestützte Befragung, S. 182).

6.2 Beurteilung der schriftlichen Befragung

Als wesentliche **Vorteile** der schriftlichen Befragung sind folgende zu nennen (*Pepels* 1994, S. 42):
- Es entstehen vergleichsweise geringe Kosten, da ein erheblicher Zeitaufwand bei weit verteilten Erhebungseinheiten vermieden werden kann. Insofern spielt die räumliche Entfernung keine Rolle (wichtig bei der Auslandsmarktforschung). Allerdings muß die Kosteneinsparung durch die weitaus geringere Rücklaufquote relativiert werden.
- Es sind sehr hohe Fallzahlen mit begrenztem Aufwand möglich. Die Abwicklung des Versands der Fragebögen ist zudem weitgehend mechanisierbar, so daß selbst Massenaussendungen schnell und kostengünstig zu bewerkstelligen sind.
- Die nicht auszuschließende Verzerrungsgefahr oder gar Antwortfälschungen durch den Einsatz von Interviewern entfällt. Insofern sind zwei wesentliche Verzerrungsquellen der alternativen mündlichen und fernmündlichen Befragung bereits neutralisiert.
- Die Zusicherung der Anonymität der Auskunftspersonen steigert deren Auskunftsbereitschaft in erheblichem Maße. Wenngleich immer versteckte Kennzeichnungen zur Identifizierung auf dem Fragebogen zu vermuten sind.
- Die Zustellung der Fragebögen erhöht die Erreichbarkeit der Auskunftspersonen. Damit können auch schwer erreichbare Personen, die ansonsten leicht als Stichprobeneinheiten ausfallen, kontaktiert werden (Schichtarbeiter, Landwirte, Reisende).
- Bei Zeitmangel kann die Bearbeitung des Fragebogens unterbrochen und zu einem späteren Zeitpunkt wieder aufgenommen werden. Damit wird das Problem des Erhebungsabbruchs vermindert, allerdings um den Preis damit verbundener systematischer Schwächen.
- Die befragten Personen können den Zeitpunkt, wann der Fragebogen ausgefüllt wird, individuell bestimmen und sich dabei genügend Zeit lassen, die einzelnen Fragen zu beantworten. Die Auskunft wird damit überlegter und präziser, was meist ganz im Sinne des Auftraggebers ist, jedoch auch kognitiv bedingte Verzerrungen bewirken kann.

Als wesentliche **Nachteile** der schriftlichen Befragung sind die folgenden zu nennen (*Pepels* 1995, S. 203 ff.):
- Sofern in einer Voranfrage die Bereitschaft zur Teilnahme an einer schriftlichen Befragung bei Zielpersonen abgeklärt wurde, besteht die Gefahr systematischer Fehler,

- wenn zu vermuten ist, daß darauf reagierende und nicht-reagierende Personen sich in bezug auf die zu untersuchenden Merkmale systematisch unterscheiden.
- Unvermeidliche Unvollkommenheiten im Fragebogen, die ein Interviewer in vertretbarer Weise ausgleichen könnte, bleiben ohne Korrekturmöglichkeit. Der Gegenstand der Befragung beschränkt sich somit auf einfache, klare und leicht verständliche Sachverhalte.
- Es ist davon auszugehen, daß überlegtere Antworten gegeben werden, damit ist ein höherer kognitiver Anteil verbunden, der zu nennenswerten Verzerrungen gegenüber der Realität, die eher durch affektive Einschätzungen geprägt ist, führt.
- Für die Auskunftspersonen ist eine gewisse Schreibgewandtheit vorauszusetzen, was nicht in allen Bevölkerungsschichten ohne weiteres selbstverständlich ist. Außerdem ist die Lesbarkeit bei Antworten offener Fragen (Handschrift) oft problematisch.
- Es ist nicht auszuschließen, daß der Fragebogen nicht von der Zielperson, sondern durch dritte Personen, oder zumindest gemeinsam mit diesen, ausgefüllt wird. Damit ist aber die Repräsentanz der Antworten gefährdet. Dadurch entsteht ein Identitätsproblem bei der Erhebung.
- Fehlinterpretationen infolge falsch verstandener Sachverhalte können nicht aufgeklärt werden und führen so zu unkontrollierten Falschantworten oder Antwortausfällen, welche die Repräsentativität der Ergebnisse wiederum gefährden.
- Interessierende Reaktionen der Probanden beim Ausfüllen des Fragebogens (Spontanreaktionen) sowie einwirkende Umfeldeinflüsse können nicht erfaßt werden. Dabei ist vor allem die mögliche Anwesenheit/Einflußnahme Dritter nicht kontrollierbar.
- Die Reihenfolge der Beantwortung von Fragen ist ebenso nicht kontrollierbar. Grundsätzlich muß man davon ausgehen, daß die Zielpersonen den Fragebogen erst einmal durchlesen oder zumindest überfliegen, bevor sie ihn ausfüllen. Insofern können auch keine Kontrollfragen gestellt werden. Umgekehrt sind Fragen, deren Beantwortung von anderen Fragen abhängig ist, kaum einsetzbar. Dies bedeutet eine erhebliche Einschränkung des Einsatzes der Fragebogentaktik.
- Hinsichtlich der Fragebogentaktik können auch keine die Befragungsabsicht verschleiernden Zielsetzungen angestrebt werden, da der gesamte Fragebogen von Anfang an für Auskunftspersonen offenliegt.
- Stimuli zur Erhöhung der Aufmerksamkeit können nur bedingt eingesetzt werden. Dazu ist allenfalls das Fragebogenlayout in begrenztem Ausmaß in der Lage. Daher kann es rasch zu Ermüdungserscheinungen bei Probanden kommen, die zum Abbruch der Befragung führen. Vielfach werden zur Erhöhung der Auskunftsbereitschaft externe Stimuli, wie kleine Entlohnungen in Form von Geschenken oder auch Gewinnmöglichkeiten, eingesetzt.
- Handlingaufwendige Nachfaßaktionen machen den Kostenvorteil der schriftlichen Befragung ganz oder teilweise wieder zunichte, wenn die erwartete Rücklaufquote nicht im ersten Anlauf erreicht wird.
- Der Umfang des Fragebogens ist begrenzt, da eine unmittelbare Konfrontation mit dem gesamten Fragenumfang stattfindet. Je mehr Fragen die Auskunftsperson dabei erkennt, desto wahrscheinlicher ist, daß sie die Auskunft verweigert.

- Der Zeitpunkt der Beantwortung des Fragebogens läßt sich nur annähernd bestimmen. Um einen ungefähren Anhaltspunkt für das Datum des Ausfüllens zu erhalten, hat es sich in der Praxis bewährt, das Poststempel-Datum der Rücksendung mit zu vercoden. Damit ist zwar kein einheitlicher Erhebungsstichtag nachweisbar, wohl aber eine ungefähre zeitliche Orientierung möglich. Wichtig wird dieser Sachverhalt bei stichtagsbezogenen Erhebungen, denn kurzfristige Einflüsse können auf die Beantwortung mehr oder minder stark einwirken.
- Das Adreßmaterial kann unvollständig sein und allein schon dadurch eine Einschränkung der Grundgesamtheit darstellen. Verzerrungen entstehen etwa durch Faktoren wie verzögerte Wohnsitzmeldung, Umzug, Auslandsaufenthalt, Krankenhausaufenthalt, Nebenwohnsitz.

6.3 Ursachen des Rücklaufproblems

Als der vielleicht größte Nachteil schriftlicher Befragungen stellt sich der mangelnde Rücklauf dar. Dafür sind eine ganze Reihe von Gründen ausschlaggebend:
- So wird der Ergebniseintrag von Auskunftspersonen häufig solange aufgeschoben, bis das Abgabedatum überschritten, oder sogar ganz vergessen oder verdrängt ist, weil Zeitmangel vorliegt oder vorgeschoben wird.
- Der Fragebogen erreicht eine Vielzahl von Zielpersonen erst gar nicht, weil diese im Befragungszeitraum abwesend, verreist, verzogen oder verstorben sind. Dabei ist bereits eine Grundausfallquote vorgezeichnet.
- Die Erhebungsunterlagen können bei den Zielpersonen verlorengehen oder verlegt werden, wie das im alltäglichen Chaos nur zu leicht passiert, wo subjektiv wesentlich wichtigere Dinge zu handhaben sind als irgendeine schriftliche Befragung.
- Häufig werden die Erhebungsunterlagen auch spontan mit unverlangt zugesandten Werbesendungen verwechselt und daher ungelesen entsorgt. Alle Mühe, die sich der Absender bei der Konzeption eines passenden Aufbaus gegeben hat, kommt damit erst gar nicht zum Tragen.
- Der formale Aufbau des Fragebogens und die Formulierung der Fragen können zudem einen erhöhten Schwierigkeitsgrad signalisieren, dem sich Auskunftspersonen nicht gewachsen fühlen oder nicht aussetzen wollen.
- Die Auskunftspersonen sind nur gering involviert, was durch allgemeines Desinteresse, aus Mißtrauen oder auch Bequemlichkeit verursacht sein kann. Oder sie erachten sich zur emotionalen Entlastung im konkreten Fall als nichtbetroffen oder nichtzuständig.
- Wenn in der Befragung Tabuthemen angesprochen werden (dazu gehören auch Politik oder Religion), zu denen man sich nur ungern, erst recht nicht schriftlich äußert, wenn es sich vermeiden läßt, muß von geringem Antwortrücklauf ausgegangen werden.
- Nicht selten sind Auskunftspersonen auch antwortunfähig, weil sie geistig behindert oder sprachunkundig sind. Dann läuft jegliche Befragung von vornherein ins Leere.
- Zudem besteht ein weitverbreitetes Mißtrauen gegenüber einer personenbezogenen Informationsabgabe (vermeintlich ersichtlich aus der Adressierung), gerade auch aus Gründen des Datenschutzes, das von einer Beantwortung absehen läßt.

6.4 Möglichkeiten zur Lösung des Rücklaufproblems

Um diese und andere Probleme zu vermeiden oder zumindest zu verringern, sind eine Reihe von Lösungsmöglichkeiten gegeben. Dazu die folgenden Anregungen (*Pepels* 1995, S. 204 ff.):

- Hilfreich sind etwa eine telefonische oder schriftliche Vorankündigung der Aussendung und die Angabe einer Kontakttelefonnummer für Rückfragen bei Unklarheiten, um derart vermeidbaren Abbruch- oder Zurückweisungsquellen zuvorzukommen.
- Handgeschriebene Zusätze in den Unterlagen zeugen von Individualität, so daß zumindest subjektiv nicht der Eindruck einer Massenaussendung entsteht, sondern vielmehr der, daß Wert auf die individuelle Meinung der jeweils angeschriebenen Person gelegt wird.
- Oft wird die Setzung einer relativ knappen Deadline bis zur Rücksendung des Fragebogens empfohlen. Allerdings ist dies nicht ganz risikolos, denn bei Überschreiten dieser Deadline wird womöglich selbst die Rücksendung bereits ausgefüllter Fragebögen für nicht mehr sinnvoll erachtet.
- Weiterhin wird die Zugabe positiv wirkender Fotos über das Befragungsprojekt zu den Unterlagen empfohlen, denn Bilder wirken informativ und motivieren. Dabei sind Bilder von Personen involvierender als solche von Gegenständen.
- Es kann auch mit der Ankündigung/Androhung eines Interviewerbesuchs operiert werden, falls eine Beantwortung des Fragebogens nicht fristgemäß erfolgt, so daß Auskunftspersonen vielleicht das kleinere Übel wählen und sich an das Ausfüllen des Fragebogens machen.
- Gerade im gewerblichen Bereich ist der Versand an postschwachen Tagen (montags) empfehlenswert, damit die Aussendung nicht allzusehr im Poststapel untergeht. Auch sind Stresszeiten (Jahresende) oder Ferienzeiten zu vermeiden.
- Der Versand sollte trotz der höheren Portokosten nicht als Drucksache, sondern als normaler Brief erfolgen. Dadurch wird eine Aussonderungsgefahr bereits bei der Sortierung des Posteingangs umgangen oder zumindest abgeschwächt.
- Bei ausstehendem Rücklauf kann der gleiche Fragebogen mit geändertem Anschreiben nochmals versandt werden, um die Bearbeitungschance zu erhöhen, wenn die erste Aussendung untergegangen ist.
- Weiterhin kann eine telefonische oder schriftliche Nachfaßaktion als Reminder durchgeführt werden, auch mehrmalig, um bei ausstehendem Rücklauf die Chance auf Response zu erhöhen.
- Für das Portofreimachen empfiehlt es sich, Sonderbriefmarken anstelle üblicher Postfreistempler oder normaler Briefmarken zu verwenden. Auch dadurch kann der Aufmerksamkeitswert der Aussendung erhöht werden.
- Hilfreich kann auch die Zusage eines Ergebnisberichts als Feedback auf die Befragungsaktion sein, damit der Befragte, vor allem im gewerblichen Bereich, von der gesammelten Information, zu der er beigetragen hat, profitieren kann.
- Sinnvoll ist auf jeden Fall ein personalisiertes Anschreiben zum Fragebogen. Dort soll ausdrücklich Anonymität der Antworten zugesagt werden, auch kann ein Vorausdank aufgegeben werden. Wichtig ist zudem die Erklärung des Befragungszwecks.

Absender kann eine Autorität sein, die abhängig von der intendierten Zielgruppe auszuwählen ist.
- Eine häufig anzutreffende Kopplung der schriftlichen Befragung mit kleinen Geschenken oder Gewinnspielen ist allerdings umstritten. Es wird befürchtet, daß durch ein solches Vorgehen Gefälligkeitsantworten provoziert werden könnten oder auch daß eine Ausschreibung mit zu attraktiven Gewinnmöglichkeiten die Struktur der Antwortenden verzerren könnte. Darüber hinaus besteht die Gefahr, daß bei Anforderung von Belohnungen oder durch die Teilnahme an Gewinnspielen die Zusicherung der Anonymität der Befragungspersonen verlorengeht.
- Pflichtbestandteil der Aussendung ist ein freigemachter oder mit Gebühr-bezahlt-Empfänger-Vermerk versehener Rückumschlag, so daß Kostenaufwendungen auf seiten der Befragten abgefangen werden können. Ein persönliches Abholen des Fragebogens ist mit erheblichem Kostenaufwand verbunden.
- Auf dem Umschlag sollte auch gleich die Anschrift des Rückempfängers vorgedruckt sein, so daß das Ausfüllen der Adresse dem Absender erspart und ihm die Angelegenheit so komfortabel wie möglich gestaltet wird.
- Hilfreich sind weiterhin glaubwürdige und neutrale Berichte über Sinn und Zweck des entsprechenden Forschungsvorhabens, welche die Seriosität der kompletten Befragungsaktion unterstreichen.
- Häufig wird die aus Garantiegründen ohnehin erforderliche Rücksendung von Garantiekarten oder Produktbeilagen durch Käufer eines Produkts genutzt, um daran eine, freilich eng begrenzte, Anzahl von Fragen anzuhängen. Dabei handelt es sich meist um soziodemographische Aspekte. Solche produktbegleitenden Fragekarten könnten und sollten aber auch produktbezogene Fragen enthalten, ein Vorgehen, das gerade für den Mittelstand kostengünstige Ansätze zur Messung von Kundenzufriedenheit liefern kann.

6.5 Hinweise zur Fragebogengestaltung

- Selbstverständlich sollte zwischenzeitlich eine optisch ansprechende Fragebogengestaltung sein, die angesichts DTP-Ausstattung eigentlich kein Problem mehr darstellt.
- Komplizierte Fragebogen-Designs, wie sie für mündliche Befragungen durchaus Interviewern zuzumuten sind, verbieten sich hier für schriftliche Befragungen. Eine übersichtliche, gut gegliederte Darstellung ist hingegen unverzichtbar. Wo immer möglich, sollte mit grafischen Elementen anstelle von textlichen gearbeitet werden (ein Bild sagt mehr als tausend Worte). Auch sollen die gewählten Antwortprinzipien und Skalen durchgängig über alle Fragen beibehalten werden. Die Filterführung im Fragebogen muß so einfach wie möglich gehalten werden. Auf komplizierte Fragebogenfilter, die ganze Passagen überspringen, sollte ganz verzichtet werden.
- Es versteht sich von selbst, daß Fragebögen so kurz wie möglich gehalten werden sollen (*Berekoven/Eckert/Ellenrieder* 1989, S. 106 ff.).
- In jedem Fall bedarf auch die schriftliche Befragung eines ausführlichen Tests vorweg, um anderweitig leicht zu übersehenden Durchführungsbarrieren zuvorzukommen.

- Formal hat sich die Anwendung von weniger, dafür größeren Seiten bewährt (DIN-A 3-Bogen). Zumal einzelne Blätter, wenn sie nicht fest verbunden sind, leicht verlorengehen. Dieser Gefahr unterliegt im übrigen auch der Antwortumschlag.
- Bei der Schriftgröße liegt die Verlockung nahe, eine kleinere Typo zu verwenden, um mehr Text auf einer gegebenen Fläche unterzubringen. Dabei sollte man jedoch nicht die weitverbreitete Sehschwäche, schon ab mittlerem Alter, in der Bevölkerung vergessen.
- Farbiges Papier und farbige Fonds mögen zwar aufmerksamkeitssteigernd wirken, zugleich verschlechtern sie aber auch die Lesbarkeit des Textes. Zudem mag die Farbe nicht gerade als Zeichen erhöhter Seriosität der infragestehenden Angelegenheit gedeutet werden.
- Auch die Papierqualität ist ein wichtiges Signal. Aus Portokostengründen wird hier oft leichtes (Florpost-)Papier verwendet, das aber die vorgebliche Bedeutung der Umfrage in den Augen der Zielpersonen konterkarieren dürfte.
- Die Wahl von Typographie, Farbigkeit und Papierart setzt zudem wichtige, non-verbale Signale in bezug auf den Initiator der Befragungsaktion und sein Verständnis über die Auskunftspersonen. Daher sind diese Variablen mit Bedacht auszuwählen.
- Bei der Formulierung der Fragen gelten alle Anforderungen der mündlichen Befragung (vgl. den Beitrag von Jürgen Bruns: Die Befragung als Instrument der primärforscherischen Datengewinnung, S. 129). Für die Antwortangabe ist das Ankreuzen von Antwortalternativen hilfreich, nicht nur wegen einer maschinellen Auswertung, sondern auch wegen Handschrift- und Ausdrucksfähigkeitsproblematik.
- Zwar gilt eine Mehrthemenbefragung grundsätzlich als methodisch vorteilhaft, bei schriftlichen Befragungen führt sie jedoch gerade zu längeren, abschreckend wirkenden Fragenbögen und ist damit kontraproduktiv. Eine Beschränkung auf die wichtigsten Dimensionen eines Themas ist deshalb bei schriftlichen Erhebungen empfehlenswert (vgl. Abbildung 1).

6.6 Hinweise zur Anschreibengestaltung

Das Anschreiben ist obligatorisch für die Durchführung einer schriftlichen Befragung. Dessen Aufbau soll folgenden Anforderungen genügen:
- Wegwerfstopper vorsehen, um zumindest die Lesechance zu erhöhen oder diese auch überhaupt erst zu schaffen,
- Opener formulieren, also eine kurze Einstimmung auf das bevorstehende Befragungsthema,
- positive Verstärker einbauen, also den Nutzen des Lesers aus der Mitwirkung an der Befragungsaktion herausstellen,
- Beweisführung als kurze Argumentation, weil Leser in sensiblen Sachverhalten wie Erhebungen immer nach Sicherheit suchen,
- Führung des Auges über den Text berücksichtigen, sie erfolgt vor allem durch Schlagzeilen, Bilder und Hervorhebungen,
- Vorwegnahme von Einwänden des Adressaten im Text,

Erhebungsverfahren

Fragebogen zu Kauf, Lieferung und Übergabe OPEL

Wir freuen uns, daß Sie vor kurzem bei dem unten angegebenen Händler folgendes Fahrzeug erworben haben
(Bitte ggf. korrigieren)

| CORSA | AUTOHAUS LOUIS DRESEN GMBH - KREFELD |

A. Die Verkaufsberatung Ihres Opel Händlers...   Ja Nein

(Bitte ankreuzen)

1. Falls Sie sich telefonisch an Ihren Opel Händler gewandt haben, wurden Ihre Telefonate zügig und höflich entgegengenommen? ☐ ☐   nicht per Tel. ☐
2a. Als Sie den Händlerbetrieb aufsuchten, fanden Sie gleich einen Ansprechpartner?........................ ☐ ☐
2b. ...und wurden Sie höflich und freundlich bedient?...................... ☐ ☐
3. Waren alle Händlermitarbeiter gut als solche zu erkennen und angemessen gekleidet?........................ ☐ ☐
4. Konnten Sie sich mit den Opel Modellen, an denen Sie interessiert waren, vertraut machen?........................ ☐ ☐
5. Hat Sie der Verkaufsberater bei der Wahl und dem Kauf Ihres Fahrzeugs Schritt für Schritt beraten?........................ ☐ ☐
6. Hat sich der Verkaufsberater ausreichend Zeit genommen, Ihre Wünsche und Anforderungen an das Fahrzeug zu erfragen?........................ ☐ ☐
7. Wurden Ihnen die Produkteigenschaften der von Ihnen in Betracht gezogenen Opel Modelle detailliert vorgestellt?........................ ☐ ☐
8. Konnte der Verkaufsberater Ihre Fragen zum Fahrzeug zu Ihrer Zufriedenheit beantworten?........................ ☐ ☐
9a. Wurde Ihnen eine Probefahrt mit dem Modell angeboten, an dem Sie interessiert waren (oder einem vergleichbaren Modell)?........................ ☐ ☐
9b. **Wenn ja,** haben Sie eine Probefahrt gemacht?........................ ☐ ☐
10. Hat der Verkaufsberater Sie über das passende Zubehörprogramm für Ihr Fahrzeug informiert?........................ ☐ ☐
11. Insgesamt gesehen, wie zufrieden sind Sie mit der Verkaufsberatung?
    gar nicht zufrieden ☐ weniger zufrieden ☐ zufrieden ☐ sehr zufrieden ☐ außerordentlich zufrieden ☐

B. Die finanzielle Abwicklung für Ihren neuen Opel ...   Ja Nein

12. Wurde Ihnen vor Ihrem Verkaufsberater der Gesamtpreis genannt und erläutert?........................ ☐ ☐   keine Finanz.
13. Wurden Ihnen alternativ Finanzierungs- und Leasingmöglichkeiten angeboten und verständlich erläutert?........................ ☐ ☐
14. Falls Sie Ihren Gebrauchtwagen in Zahlung gegeben haben, wurde Ihnen eine detaillierte Wertermittlung erstellt? ☐ ☐   keine Inzahlungnahme
15. Insgesamt gesehen, wie zufrieden sind Sie mit der Art und Weise, wie Ihr Opel Händler die finanzielle Seite Ihres Fahrzeugkaufs abgewickelt hat?
    gar nicht zufrieden ☐ weniger zufrieden ☐ zufrieden ☐ sehr zufrieden ☐ außerordentlich zufrieden ☐

C. Die Lieferung und Übergabe Ihres neuen Opel...   Ja Nein

16. Wurden Ihnen die einzelnen Funktionen und die Bedienung Ihres Fahrzeugs erklärt?........................ ☐ ☐
17. Wurde Ihnen der Garantie- und Wartungsplan Ihres Fahrzeugs (Service Checkheft) erklärt?........................ ☐ ☐
18. Wurde Ihnen das Opel Assistance-Programm erklärt?........................ ☐ ☐   bereits bekannt
19. Wurden Sie über die Händler-Geschäftszeiten inkl. der angebotenen Dienstleistungen informiert?........................ ☐ ☐   bereits bekannt
20. Wurde Ihnen ein Mitarbeiter des Kundendienstes vorgestellt, der als Ansprechpartner bei Service-Fragen zur Verfügung steht? ☐ ☐
21. War die Fahrzeugübergabe für Sie ein schönes Erlebnis, an das Sie sich gerne zurückerinnern?........................ ☐ ☐
22a. War Ihr Fahrzeug bei der Übergabe sauber?........................ ☐ ☐
22b. War Ihr Fahrzeug bei der Übergabe in einwandfreiem Zustand?........................ ☐ ☐

| GEI | 1744136 | 167600 | | | 0 8 0 |

Adam Opel AG 0498   bitte wenden

Abb. 1: Fragebogen zu Kauf, Lieferung und Übergabe (Quelle: *Opel*)

C. Die Lieferung und Übergabe Ihres neuen Opel... (Fortsetzung)   Ja   Nein

23. Wurde der ursprünglich vereinbarte Liefertermin eingehalten?...................................... ☐ ☐
24. Wie lange mußten Sie ab der Bestellung auf Ihr neues Fahrzeug warten?
    bis zu 1 Woche ☐   2-3 Wochen ☐   4-5 Wochen ☐   6-8 Wochen ☐   9-12 Wochen ☐   mehr als 12 Wochen ☐
25. Insgesamt gesehen, wie zufrieden sind Sie mit der Übergabe Ihres neuen Opel?
    gar nicht zufrieden ☐   weniger zufrieden ☐   zufrieden ☐   sehr zufrieden ☐   außerordentlich zufrieden ☐
    ...und mit der Lieferzeit Ihres neuen Opel?
    gar nicht zufrieden ☐   weniger zufrieden ☐   zufrieden ☐   sehr zufrieden ☐   außerordentlich zufrieden ☐
26. Hat sich ein Mitarbeiter des Händlers kurz nach der Auslieferung Ihres Fahrzeugs mit Ihnen in
    Verbindung gesetzt, um zu fragen, ob Sie weitere Wünsche haben?................................. ☐ ☐

D. Der Betrieb Ihres Opel Händlers...   Ja   Nein

27. Ist der Händlerbetrieb für Sie bequem zu erreichen?.. ☐ ☐
28. Gibt es bei Ihrem Händlerbetrieb genügend Parkmöglichkeiten?..................................... ☐ ☐
29. Waren beim Kauf bzw. bei der Auslieferung Ihres Fahrzeugs die Öffnungszeiten für Sie passend?..... ☐ ☐
30. Machte der Händlerbetrieb einen sauberen und ordentlichen Eindruck?........................ ☐ ☐
31. Insgesamt gesehen, wie zufrieden sind Sie mit dem Betrieb Ihres Opel Händlers?
    gar nicht zufrieden ☐   weniger zufrieden ☐   zufrieden ☐   sehr zufrieden ☐   außerordentlich zufrieden ☐

E. Die Zufriedenheit mit Ihrem Opel Händler...

32. Wie zufrieden sind Sie insgesamt mit Kauf, Lieferung und Übergabe bei Ihrem Opel Händler?
    gar nicht zufrieden ☐   weniger zufrieden ☐   zufrieden ☐   sehr zufrieden ☐   außerordentlich zufrieden ☐
33. Würden Sie Ihren Opel Händler, wenn Sie an Kauf, Lieferung und Übergabe denken, einem guten Bekannten weiterempfehlen?
    würde ich auf keinen Fall empfehlen ☐   würde ich wahrscheinlich nicht empfehlen ☐   weder noch ☐   würde ich wahrscheinlich empfehlen ☐   würde ich auf jeden Fall empfehlen ☐

F. Die Zufriedenheit mit Ihrem Opel Fahrzeug...

34. Wie zufrieden sind Sie mit Ihrem neuen Opel?
    gar nicht zufrieden ☐   weniger zufrieden ☐   zufrieden ☐   sehr zufrieden ☐   außerordentlich zufrieden ☐
35. Würden Sie einem guten Bekannten einen Opel empfehlen?
    würde ich auf keinen Fall empfehlen ☐   würde ich wahrscheinlich nicht empfehlen ☐   weder noch ☐   würde ich wahrscheinlich empfehlen ☐   würde ich auf jeden Fall empfehlen ☐

Wenn Sie an Ihren Kauf zurückdenken, welche Anregungen haben Sie für Ihren Händler?
(Diese Frage bitte nur ausfüllen, falls Sie mit der Weitergabe des Fragebogens einverstanden sind.)

_____
_____
_____

Mit den folgenden Angaben helfen Sie uns, den Fragebogen besser auszuwerten...

Sie sind .... männlich ☐   weiblich ☐
Wie alt sind Sie?... unter 30 ☐   30-44 ☐   45-59 ☐   60+ ☐
War Ihr letzter Neu- oder Gebrauchtwagen ein Opel?.................. Ja ☐   Nein ☐   Dies ist mein 1. Fahrzeug ☐
Haben Sie Ihren letzten Neu-/Gebrauchtwagen auch bei diesem Händler gekauft? Ja ☐   Nein ☐   Dies ist mein 1. Fahrzeug ☐
Hatten Sie bereits vorher Erfahrungen mit dem Kundendienst dieses Händlers?... Ja ☐   Nein ☐   Dies ist mein 1. Fahrzeug ☐

Wir würden diesen Fragebogen gerne mit Ihrem Händler durchsprechen, um den Service für unsere Kunden weiter zu verbessern.
(Bitte kreuzen Sie „Ja" an und unterschreiben Sie, wenn Sie damit einverstanden sind, daß Ihr Händler den ausgefüllten Fragebogen erhält.)

Ja ☐   Unterschrift _____   Nein ☐

Abb. 1: (Fortsetzung)

- Telefonnummer mit Auskunftsperson (Projektleiter des Instituts oder Unternehmensmitarbeiter) vorgeben, falls Probleme oder Fragen auftreten, das schafft zusätzliches Vertrauen in die Befragung,
- Reaktionselement (Fragebogen, Antwortumschlag) so anlegen, daß es einfach zu handhaben ist,
- P. S. mit dem wichtigsten Argument und einem Appell zum Handeln, also zur Mitwirkung an der Befragungsaktion,
- Lesekurve/Blickverlauf des Lesers berücksichtigen, typischerweise von oben rechts nach links herüber, dann z-förmig über den gesamten Text, dann zum Textanfang zurück, anschließend vom Briefkopf zur Anrede und zum P. S.,
- Den Briefkopf von unnötigen, nicht das eigentliche Anliegen betreffenden Angaben freihalten (wie Bankverbindung, Bezugszeichen). Der Text soll übersichtlich und gut strukturiert gehalten sein (kurze Absätze, Hervorhebungen). Der Absender muß deutlich hervortreten. Ebenso der Grund, warum man sich gerade jetzt an den Adressaten wendet (Auswahlverfahren). Ausdrücklich ist die erforderliche Reaktion vorzugeben.
- Der Schreibstil soll mit »Sie, Ihr« arbeiten, nicht mit »ich, wir«, also eine adressatenbezogene Form haben. Nichtssagende Anreden sind zu vermeiden, zur Not sollte man lieber gleich mit dem Text loslegen. Zweiseitige Anschreiben sollen am Ende der ersten Seite mit einem weiterführenden Satz enden, damit auf der zweiten Seite weitergelesen wird. Mehr als zwei Seiten Umfang sind für ein Anschreiben nicht zumutbar, möglichst sollte bereits eine Seite ausreichen.
- Zusätzliche Codes auf dem Antwortträger sind tunlichst zu vermeiden, da sie Mißtrauen bei der Befragungsperson provozieren können. Je nach Zielgruppe empfiehlt es sich eine Faxantwort nahezulegen oder zumindest zuzulassen.
- Will man den Rücklauf ausnahmsweise auf einen harten Kern begrenzen, so sind Filter zur Qualifizierung hilfreich: Portofreimachung verlangen, Unterschrift vorsehen, Geburtsdatum/Telefonnummer abfragen.

6.7 Kombiniert-schriftliche Befragungsformen

Hierbei sind im wesentlichen drei Sonderformen zu nennen, die im folgenden kurz dargestellt werden (*Pepels* 1995, S. 206):
- Bei der Klassenzimmerbefragung (In Hall-Befragung) werden an in einem Raum versammelte Personen Fragebögen verteilt, die von diesen simultan schriftlich auszufüllen sind. Dadurch ergibt sich eine Kombination der wesentlichen Vorteile der schriftlichen und der mündlichen Befragung, wobei deren jeweilige Nachteile zugleich weitgehend vermieden werden können. Das Ausfüllen erfolgt unter Anleitung eines Interviewers. Er steht auch zur Klärung von Nachfragen zur Verfügung. Der Interviewereinfluß wird durch die schriftliche Form jedoch zugleich minimiert. Auch ist eine eindeutige zeitliche und personelle Zurechnung der Ergebnisse der Befragung möglich. Unvollständigkeiten im Ausfüllen des Fragebogens können an Ort und Stelle ergänzt werden, so daß eine hohe Ausschöpfungsquote gewährleistet ist.

- Bei der Caravan-Befragung wird dieser Befragungsraum durch ein mobiles Befragungsstudio ersetzt, in dem (mündliche oder meist) schriftliche Interviews durchgeführt werden. Der entscheidende Vorteil liegt hier in der räumlichen Mobilität. So können, falls als ausreichend angesehen, zufällig vorbeikommende Personen unmittelbar nach dem »Baggern« befragt werden. Außerdem können unterschiedliche Standorte variabel abgedeckt werden.
- Die POS-Befragung (Shop Survey) schließlich erfolgt durch das Ausfüllen von Fragebögen am Einkaufsort selbst durch Kunden/Besucher (also im Laden/am Point of Sale). Dort kann je nach Bedarf bei Käufern oder Nichtkäufern erhoben werden. Dabei ist der Einfluß des Kaufentscheids oder dessen Ablehnung noch besonders frisch, was je nach Lage der Dinge erwünscht sein oder verzerrend wirken kann.
- Eine weitere Sonderform der kombiniert-schriftlichen Befragung besteht in der Ergänzung eines längeren Face to Face-Interviews durch einen zweiten Fragebogen, welcher der Zielperson im Anschluß an das persönliche Interview als Selbstausfüller hinterlassen wird. Dieser schriftliche Fragebogen wird entweder durch den Interviewer zu einem späteren Zeitpunkt wieder abgeholt oder durch die Zielperson per Post zurückgesandt. Typische Anwendungsbeispiele für diese Art der Kombinationsmethode liefern groß angelegte Media-Studien.

6.8 Leserbefragung als kleine Fallstudie

Wie bereits ausgeführt, gehört die Leserbefragung zu den weitverbreiteten Formen der schriftlichen Befragung. Deshalb soll hier noch einmal zusammenfassend der Ablauf einer schriftlichen Befragung anhand einer solchen fiktiven Leserbefragung im Zusammenhang dargestellt und ein wenig mit konkreten Inhalten angereichert werden. Die Grundidee dabei ist einfach: das Produkt selbst überbringt der Zielgruppe den Fragebogen.

Als Ausgangspunkt für unser Beispiel wählen wir einen kleineren Verlag, der auf Fachzeitschriften spezialisiert ist. Angesichts neuer Konkurrenten geht der Anzeigenverkauf für das wichtigste Blatt des Verlags zurück. Die Verlagsleitung entschließt sich, eine Leserbefragung durchzuführen. Ziel dieser Befragung soll sein, Erkenntnisse über Nutzung und Bewertung der Fachzeitschrift zu erlangen, die sowohl der Verlagsleitung als auch der Redaktion und dem Anzeigenverkauf dienlich sein können.

Obwohl sicherlich alle Beteiligten genaue Vorstellungen davon haben, was man alles wissen möchte, ist von einem Do it yourself-Verfahren eher abzuraten. Weil in kleineren bis mittelgroßen Verlagshäusern nicht unbedingt eine verlagsinterne Marktforschung zur Verfügung steht, kann professionelle Hilfe durch ein versiertes Institut oder durch einen externen Berater bei der Fragebogenentwicklung und -auswertung als wertvolle Investition angesehen werden.

Zur **Durchführung** im einzelnen:
- Die Befragung sollte nach Möglichkeit bereits auf der Titelseite angekündigt werden, so daß alle Nutzer der Zeitschrift darauf aufmerksam werden und teilnehmen können.
- Eine zusätzliche Motivation der Leser könnte auch durch ein entsprechendes Vorwort des Chefredakteurs und durch ein kleines Gewinnspiel erfolgen.

Erhebungsverfahren

- Der Fragebogen wird mit adressiertem und freigestempeltem Rücksende-Kuvert der Zeitschrift beigelegt.
- Dieser Fragebogen muß, wie wir nun wissen, einer ganzen Reihe von Kriterien gerecht werden: kurz und einfach soll er sein, auch für die Leser interessant, attraktiv im Layout. Außerdem sollte er der Zeitschrift leicht zu entnehmen sein, ohne sie zu beschädigen.
- Die Rücksendefrist muß unübersehbar vermerkt sein.
- Man sollte sich auf Rücklaufquoten zwischen 1 und 12% einstellen. Von 10 000 Lesern unserer Fachzeitschrift antworten vielleicht 300. Bei Hobby-Zeitschriften mit hoher Leser-Blatt-Bindung kann der Rücklauf auch deutlich höher liegen.
- Ganz wichtig: Dieser Rücklauf kann kein repräsentatives Abbild der Leser- und Käuferschaft erbringen. Jahrzehntelange Erfahrungen mit Leserbefragungen zeigen, daß im Regelfall die Kernleser und die besonders engagierten Leser antworten. Dieses Antwortverhalten läßt sich zwar durch attraktive Preise oder durch einen Wettbewerb steigern, erzeugt aber leicht den Las Vegas-Effekt, das heißt durch attraktive Preise und Gewinnmöglichkeiten entsteht eine zusätzliche Verzerrung in der Struktur der Antwortenden.
- Aufgrund der Verzerrung im Rücklauf (hoher Anteil von Kernlesern und besonders engagierten Lesern) wird die Leserbefragung ein eher positiv gefärbtes Bild der bewerteten Zeitschrift erbringen. Bei der Umsetzung in der Verlagsleitung und Redaktion ist es daher wichtig, diese Erkenntnis im Hinterkopf zu behalten. Vergleichsdaten aus früheren Untersuchungen oder von ähnlichen Titeln können hier hilfreich sein.
- Themenbereiche, zu denen Leserbefragungen nützliche Informationen liefern können, sind folgende:
    - Nutzung der Zeitschrift (Leser/in seit wann, durchschnittliche Lesedauer pro Ausgabe, durchschnittliche Anzahl der Leser/innen pro Ausgabe),
    - Bewertung der Zeitschrift,
    - Bewertung der Werbung in der Zeitschrift,
    - Fehlende Themen in der Zeitschrift,
    - Sonstige gelesene Fachzeitschriften
    - Soziodemographie und berufliche Position der befragten Leser.
- Leserbefragungen liefern meist gute Argumentationsgrundlagen für den Anzeigenverkauf, gerade weil sie ein zu positives Bild der Zeitschrift und ihrer Leser aufzeigen.
- Insgesamt gesehen lohnen sich Leserbefragungen einer Zeitschrift immer dann, wenn Daten zum aktuellen Gesamtkonzept einer Zeitschrift gebraucht werden. Bei einer geplanten redaktionellen Überarbeitung eines Titels empfiehlt es sich jedoch, die Leserbefragung durch andere methodische Konzepte zu ergänzen. Zusätzliche Gruppendiskussionen mit Ex-Lesern oder Befragungen abgesprungener Abonnenten wären in diesem Zusammenhang sicher auch angebracht.

6.9 Literaturverzeichnis

Berekoven, Ludwig/Eckert, Werner/Ellenrieder, Peter: Marktforschung, 4. Auflage, Wiesbaden 1989
Hafermalz, Otto: Schriftliche Befragung – Möglichkeiten und Grenzen, Wiesbaden 1976
ders.: Schriftliche Befragung, in: Behrens, Karl Christian (Hrsg.): Handbuch der Marktforschung, Wiesbaden 1974, S. 479–499
Kastin, Klaus S.: Marktforschung mit einfachen Mitteln, München 1995
Pepels, Werner: Marketingforschung und Absatzprognose, Wiesbaden 1994
ders.: Käuferverhalten und Marktforschung, Stuttgart 1995
Wyss, Werner: Marktforschung von A–Z, Adlingswil 1991

7. Praxis der schriftlichen Umfrage

Rötger Nötzel

Inhaltsverzeichnis

7.1   Vorbemerkung zum Einsatz schriftlicher Umfragen
7.2   Vergleich der Probleme der schriftlichen Umfrage mit der mündlichen Umfrage
7.2.1   Kommunikationsproblem
7.2.2   Motivationsproblem
7.2.3   Repräsentationsproblem
7.2.4   Methodenprobleme
7.2.5   Stichprobenprobleme
7.2.6   Kosten der schriftlichen Umfrage
7.3   Vorgehensweise bei schriftlichen (postalischen) Umfragen
7.4   Erfahrungen mit der schriftlichen Umfrage
7.5   Literaturverzeichnis

Auf einen Blick

Die schriftliche Umfrage ist, wenn man damit repräsentative Ergebnisse erreichen will, schwieriger zu handhaben, als andere Verfahren der Umfrage. Die postalische Umfrage dauert länger als alle anderen Befragungen und setzt vor allem vollständige und aktuelle Adressenlisten voraus. Durch geeignete Maßnahmen (Motivation, Kommunikation) kann durch eine hohe Antwortquote (60–70%) auch eine gute Repräsentativität gewährleistet werden. Die schriftliche Umfrage in verschiedenen Erscheinungsformen ist in bestimmten Fällen das geeignetste Befragungsinstrument.

7.1 Vorbemerkung zum Einsatz schriftlicher Umfragen

Obwohl die gängigen Vorurteile gegenüber der schriftlichen Umfrage schon seit vielen Jahren widerlegt werden konnten hat diese Tatsache in den Lehrbüchern noch nicht entsprechenden Platz gefunden (*Noetzel* 1972, S. 41 ff.). Alle Untersuchungen zur schriftlichen Umfrage bestätigen, daß diese Form eigentlich die schwierigste Form ist, weshalb die Abstürze auch nicht verwundern. Die Standardumfrage ist nach wie vor die mündliche Befragung, an deren Fehler sich die Marktforscher gewöhnt haben. Vergleichbar mit dem Infanteristen beim Militär gleicht der Interviewer viele Fehler aus, fügt eigene dazu und im ganzen hat man dann ein äußerlich ausgeglichenes Bild. Die schriftliche Umfrage ist eher mit der Raketentechnik vergleichbar, nach dem Start ist kaum noch etwas korrigierbar. Fehlschüsse werden besonders augenfällig. Dabei soll bei schriftlicher Umfrage in erster Linie an die postalische Umfrage gedacht werden.

Andere Formen der schriftlichen Umfrage (Verteilung von Fragebögen, Umfrage per Fax, elektronische Befragungen ...) sind entweder weniger problematisch oder werden in weiteren Beiträgen behandelt (vgl. den Beitrag von Rötger Nötzel: Spezifische Kunden- und Besucherbefragungen, S. 738).

Aus folgenden Gründen ist man immer noch an der schriftlichen Umfrage interessiert:
- Kostenentwicklung je mündlichem Interview,
- Fehler guter Interviewer,
- abnehmende Antreffquote der Befragten,
- zunehmende Verweigerungen,
- bessere Antwortgenauigkeit bei verschiedenen Fragen,
- schlecht erreichbare Zielgruppen: örtlich verstreut, zeitlich nur kurze Zeit ansprechbar, organisatorisch (Umfragen bei Belegschaften), Ärzte (bei Telefon und in der Praxis durch Sprechstundenhilfen abgeschirmt).

7.2 Vergleich der Probleme der schriftlichen Umfrage mit der mündlichen Umfrage

Für einen richtigen und erfolgreichen Einsatz der schriftlichen Umfrage muß man sich die Unterschiede zur mündlichen Umfrage verdeutlichen. Nur wenn man die Besonderheiten der schriftlichen Umfrage berücksichtigt, stellt die schriftliche Umfrage eine Alternative zu anderen Methoden dar. In den folgenden Abschnitten soll dieser Vergleich die besonderen Probleme darstellen.

7.2.1 Kommunikationsproblem

Bei der schriftlichen Umfrage fehlt leider der Interviewer, der zwar bei der mündlichen Umfrage auch eine Black box ist, aber durch positive Erklärungen für Verständlichkeit und die Fragenabfolge des Umfragebogens sorgt. Ihm gelingt es auch für Fragen, die man schriftlich möglicherweise nie beantworten würde, noch eine Antwort zu erhalten (dieses Lob soll nicht Fälschungen und Beeinflussungen umfassen). Der Interviewer ist in positivem Sinne Verstärker und auch Klärer von Mißverständnissen. Im negativen Sinne ist er Störer und Beeinflusser.

Bei der schriftlichen Umfrage entfallen die positiven Einflüsse: Der Fragebogen muß also lesbarer und verständlicher (für alle in der Zielgruppe) sein. Damit entfallen (fast) alle Filtermöglichkeiten oder komplizierte Intervieweranweisungen. Der Fragebogen darf auch keine mißverständlichen Formulierungen enthalten, da es keine Möglichkeit von Rückfragen gibt. Jede Störung des Kommunikationsprozesses schlägt sich in der Rücksendequote nieder. Bei genauer Betrachtung sind alle Forderungen zu mehr Klarheit auch für die mündliche Umfrage empfehlenswert, da sich dadurch die systematischen Fehler auch des mündlichen Interviews vermindern würden.

7.2.2 Motivationsproblem

Für die Antwortbereitschaft bei einer Umfrage spielt die Distanz zur und die Attraktivität der Befragung eine wichtige Rolle. Bei der mündlichen Umfrage wird die Befragung im wesentlichen durch den Interviewer repräsentiert. Das Thema der Umfrage und auch das Institut spielen dabei eine untergeordnete Rolle, obwohl ein bekannter Institutsname und ein aktuelles Thema die Bereitschaft der Versuchspersonen erhöhen kann. Ausschlaggebend ist jedoch der Interviewer, wie auch sonst die persönliche Kommunikation am stärksten motivieren kann. Wenn der Interviewer durch eine Sprechanlage auf Distanz gehalten werden kann, ist die Antwortbereitschaft deutlich geringer.

Bei der schriftlichen Umfrage wird der Interviewer durch Anschreiben und Fragebogen ersetzt. Die Distanz muß durch entsprechende möglichst persönliche Ansprache verkürzt werden. Auch das Institut und das Thema der Umfrage wird wegen der längeren Überlegenszeit für die Entscheidung zur Antwort wichtiger. Bei Umfragen bei Institutionen und Unternehmen kann die Möglichkeit von telefonischen Rückfragen gewisse Vorbehalte ausräumen.

Um die Antwortbereitschaft zu erhöhen, ist es also erforderlich, durch persönliche Ansprache, durch Eingehen auf die Probleme der Befragten die Distanz zu verkürzen und durch Steigerung der Attraktivität (aktuelle Probleme) die Motivation zur Beantwortung zu steigern. Das kann auch durch Belohnungen, die jedoch sehr vorsichtig zu handhaben sind, da darunter die Seriosität der Befragung leiden kann, gesteigert werden.

Bei Institutionen und Unternehmen kann die Zusendung wichtiger Ergebnisse der Befragung die Seriosität und dadurch die Bereitschaft zur Teilnahme steigern.

Zur Motivation kann auch gehören, daß man durch Mahnungen die Wichtigkeit der Umfrage und des Befragten betont und dadurch nicht nur einen für die Befragung günstigeren Zeitpunkt gewinnt, sondern auch endlich motivieren kann. Das kann auch durch entsprechend variierende Ansprache in den Mahnungen erfolgen. Viele, überlange und unverständliche Itembatterien mindern die Motivation zur Antwort deutlich.

7.2.3 Repräsentanzproblem

In der Stichprobentheorie ist die Antwortverweigerung nicht vorgesehen, ähnliches gilt für andere Befragungsausfälle. Da bei der mündlichen Befragung ein Teil der Verweigerungen sich nicht auf das Thema der Umfrage, sondern eher auf den Interviewer oder die unpassende Zeit beziehen, ist der systematische Fehler in bezug auf den Umfragegegenstand geringer als bei der schriftlichen Umfrage. Wenn durch andere Motivationsfehler oder auch Kommunikationsfehler die Antwortquote weiter sinkt, ist der systematische Fehler bei der schriftlichen Umfrage bezogen auf das Thema wesentlich höher als bei der mündlichen Umfrage. Vor allem diese Tatsache hat der schriftlichen Umfrage ihren schlechten Ruf eingetragen.

Es gibt deshalb nur eine Möglichkeit: Die Rücksendequote (Antwortquote) muß bei der schriftlichen Umfrage um fast jeden Preis erhöht werden. Eine gute schriftliche Umfrage ist deshalb weniger preiswert als viele Marktforscher glauben. Wohlgemerkt es kommt nicht auf die Anzahl der Rücksendungen an, sondern auf den Anteil der Rücksendungen an der Gesamtstichprobe. Im Zweifel sollte die Stichprobe verkleinert werden und die Rücksendequote erhöht werden. Nur bei hoher Rücksendequote (in der Praxis sind Antwortquoten bis 90% erreichbar, Durchschnitt: 60–70%) ist es auch möglich, gewisse Abschätzungen des systematischen Fehlers durch Korrelationen mit der Antwortgeschwindigkeit durchzuführen. Die letzten Antworter ähneln den Nichtantwortern am meisten. Neben den bereits genannten Problemen und den Hinweisen zur Verbesserung der Antworten spielen vor allem Antwortbarrieren und ihre Beseitigung eine besondere Rolle bei der Erhöhung der Antwortquote.

Die schriftliche Umfrage muß ins **Bewußtsein des Befragten** gelangen, das heißt sie darf nicht als Infopost (früher Drucksache) gleich aussortiert werden oder als Werbeschrift ungelesen weggeworfen werden. Der Versand als Brief hat darüber hinaus den Vorteil, daß dieser bei unbekannten oder verstorbenen Adressaten eher von der Post zurückgesandt wird und dadurch eine Korrektur der Stichprobe möglich ist. Eine richtige Adressierung, vor allem bei Befragungen von Personen in Unternehmen, ist wichtig, da sonst einige Briefe erst sehr spät oder überhaupt nicht den Empfänger erreichen. Auch durch die Mahnungen wird der Versuch unternommen, wieder ins Bewußtsein der Befragten zu gelangen.

Die höheren Ausgaben für das Porto werden durch den geringeren systematischen Fehler mehr als ausgeglichen.

Bei **Zielgruppen**, deren schriftliche Fähigkeiten nicht dem Durchschnitt entsprechen oder die gar Analphabeten sind, z. B. integrierte Gastarbeiter, stößt die schriftliche Umfrage auf unüberwindliche Schwierigkeiten. Aus diesem Grund sind über die erwähnten Kommunikationsprobleme hinaus offene Fragen in den meisten Zielgruppen zu vermeiden.

Während heikle Fragen vom Interviewer manchmal noch gestellt werden können, führen Fragen, die eine **Norm verletzen**, bei der schriftlichen Umfrage zur Verweigerung. Was man mündlich noch zu äußern bereit ist, wird auf keinen Fall schriftlich geäußert.

Die Zusicherung der **Anonymität** ist selbstverständlich, jedoch muß sie auch geglaubt werden. Aus diesem Grund kann das Instrument der schriftlichen Umfrage nicht von den

Unternehmen vorgenommen werden, sondern kann eigentlich nur von Instituten durchgeführt werden (ESOMAR-Kodex).

Obwohl die Zeit zur Beantwortung gegeben sein muß, konnte der Umfang des Fragebogens selten als Ursache für eine zu geringe **Rücksendequote** ausgemacht werden. Meist werden die Fragebögen gleich nach der Zusendung des ersten Fragebogens oder der Mahnungen ausgefüllt. Es zeigen sich jedoch jahreszeitliche Schwankungen der Antwortbereitschaft. Zur Urlaubszeit, vor hohen Feiertagen und im 4. Quartal ist weniger Zeit und weniger Antwortbereitschaft zu finden. Manchmal wird im Büro eher geantwortet als zu Hause. Bei schriftlichen Umfragen müssen deshalb zumindest die Hauptferienzeiten und das Jahresende möglichst vermieden werden.

Jede **Handlungsunterbrechung** bei der Beantwortung und der Beförderung des beantworteten Fragebogens beim Befragten führt zu Antwortverlusten nach dem Motto: aus den Augen, aus dem Sinn. Zur Vermeidung von solchen Handlungsumwegen oder -unterbrechungen sind deshalb folgende Maßnahmen unbedingt erforderlich (bei Privatpersonen):

- beigefügter und entsprechend adressierter Rückumschlag,
- mit Briefmarken freigemachter Rückumschlag (eine Briefmarke ist ein *Wertpapier*, das nicht fortgeworfen wird). Ein nicht fortgeworfener Briefumschlag erhöht die Chance, daß der Fragebogen ebenfalls noch nicht fortgeworfen wird. Deshalb haben Mahnungen, die nicht zu spät eintreffen, eine Chance. Experimentell erhöhte sich die Rücksendequote von 60 auf 75%, als man vom Freistempler auf Briefmarken wechselte. Der Aufdruck Porto zahlt Empfänger ergab noch schlechtere Ergebnisse. Diese Befunde entkräften auch das Vorurteil, die Befragten würden bei Briefmarken diese für sich behalten und den Fragebogen überwiegend fortwerfen. Nur bei Firmen, in denen regelmäßiger Postversand durch entsprechende Poststellen erfolgt, kann auf das Rückporto verzichtet werden (ein Versuch, darauf zu vertrauen, daß in Firmen überall Fensterbriefumschläge verwendet werden, scheiterte!).
- bei allen Befragten bewirken Mahnungen, daß man sich der Sache erinnert und nun – vielleicht bei besserer zeitlicher Situation – den Fragebogen beantwortet. Zugleich betont die Mahnung die Wichtigkeit der Sache und der Person des Befragten und motiviert zusätzlich,
- auch die Frageabfolge hat Einfluß auf die Antworten. Nicht alle Befragten lesen zunächst den ganzen Fragebogen durch. Je leichter die ersten Fragen fallen, um so eher hat man einen großen Teil beantwortet. Wenn der Fragebogen bereits weitgehend beantwortet ist, kommt man eher auch über schwierigere Fragen im letzten Dritten des Fragebogens hinweg. Analog zum Zeigarnik-Effekt (Zeigarnik stellte fest, daß unvollendete Aufgaben stärker erinnert werden als abgeschlossene), wird ein zum großen Teil beantworteter Fragebogen eher zu Ende geführt als ein von vornherein unbeantworteter.

Insgesamt zeigt sich, daß durch geeignetes Vorgehen die Antwortquote bei vielen Zielgruppen akzeptabel wird.

7.2.4 Methodenprobleme

Bei der schriftlichen Umfrage sind einige typische Methodenprobleme im Vergleich zur mündlichen Umfrage zu bedenken.

Wegen der **fehlenden Kontrolle** bei der Befragung sind folgende Möglichkeiten bei der schriftlichen Umfrage ausgeschlossen:
- Spontanreaktionen können nicht festgehalten werden,
- da einzelne oder viele Befragte vor der Beantwortung erst alle Fragen durchlesen, können keine Fragen gestellt werden, die sich gegenseitig beeinflussen,
- da der erläuternde Einfluß des Interviewers fehlt, können nur in Ausnahmefällen Fragen gestellt werden, die einer komplizierten Erläuterung bedürfen. Aus dem gleichen Grund entfallen Filterfragen.

Weniger problematisch ist das Fehlen der Kontrolle der Person oder der Befragungssituation. Was die Person anbelangt, so zeigt sich in vielen Fällen, daß die zuständige Person erreicht wurde, also der Fragebogen im Haushalt oder Betrieb an die für den betreffenden Sachverhalt zuständige Person erreicht hatte. Insoweit kann das Weitergeben manchmal die Qualität der Antworten verbessern.
Was die Situation anbelangt, kann davon ausgegangen werden, daß diese im Durchschnitt weniger hektisch ist als bei einem unverhofften Interviewerbesuch.
Der Zwang – auch der moralische – zur Antwort durch die Anwesenheit des Interviewers entfällt. Damit entfallen zwar auch viele Beeinflussungsmöglichkeiten (Interviewer-Bias), aber auch Antworten, insbesondere bei offenen Fragen.

Im Zusammenhang mit der günstigeren **Befragungszeit** ergeben sich zwei Unterschiede zur mündlichen Umfrage:
- die Befragten antworten überlegter, dadurch sind die Antworten auf Polaritätenprofilen anders. Es bedarf deshalb einer neuen Eichung, wenn man sie mit den Ergebnissen einer mündlichen Umfrage vergleicht. Es muß an dieser Stelle offenbleiben, welche Ergebnisse richtiger sind,
- die Befragten antworten, wenn etwas nachgesehen werden muß oder wenn man überlegen muß, genauer.

Sieht man von den besonderen Einschränkungen ab, dann ist das überlegtere und unbeeinflußtere Antwortverhalten der Befragten durchaus als methodisch positiv zu werten. Es fehlt allerdings eine gründliche Untersuchung, inwieweit welche Ergebnisse richtiger sind.

7.2.5 Stichprobenprobleme

Grundsätzlich stellen sich die Probleme gleich dar. Die in der Stichprobentheorie nicht vorgesehenen Antwortausfälle stellen sich jedoch bei der schriftlichen Umfrage als noch problematischer heraus, da die Ausfälle noch weniger themenneutraler oder zielgruppenneutraler sind. Bei einer Stichprobenziehung kann jedoch wie im Lehrbuch vorgegangen werden, wenn eine vollständige und aktuelle Adressenliste vorliegt (Einwohnermeldekartei, Kundenkartei, Mitgliederverzeichnis). Es besteht auch keine Notwendigkeit zu einem mehrstufigen Verfahren mit entsprechenden systematischen Fehlern wie bei allen Klumpenverfahren. Schichtenstichproben sind jedoch möglich, wenn die Adressen entsprechend geordnet sind. Man erreicht mit einer postalischen Umfrage auch Personen, die sonst wenig erreichbar sind. Für Marktforschungszwecke nicht geeignet sind jedoch Adressen von Adreßverlagen. Diese Adressen sind weder vollständig noch entsprechen sie den Marktforschungsanforderungen, da in ihnen normalerweise eine größere Anzahl von Adressen, die nicht zur Zielgruppe gehören, enthalten sind. Solche Falschadressen beeinflussen die Qualität der Stichprobe in einer Weise, die nicht zu kontrollieren ist.

Falls für die eigentliche Zielgruppe keine eigene Adressenliste besteht oder durch die erste Frage erst geklärt werden muß, ob der/die Befragte zur eigentlichen Zielgruppe gehört, dann besteht nur die Möglichkeit, auch die Nicht-Zielgruppe zum Vergleich mit zu erheben. Dies erhöht allerdings die Kosten.

In bestimmten Fällen kann auch nach dem Cut Off-Verfahren gearbeitet werden, wenn z. B. als Adressen die Telefonbesitzer oder Firmen mit Fax-Anschluß genommen werden, kann heutzutage in vielen Fällen auf die Nicht-Eingetragenen verzichtet werden.

Ähnliche Überlegungen wie für die postalische Umfrage gelten auch für viele Formen der schriftlichen Umfrage, bei der die Fragebögen direkt verteilt werden.

Besondere Formen stellen die schriftlichen Befragungen als Nachbefragungen nach einem mündlichen Interview dar oder als Ergänzungsbefragung bei Personen, die vom Interviewer mehrmals nicht angetroffen werden.

7.2.6 Kosten der schriftlichen Umfrage

Beim Kostenvergleich werden normalerweise nur die Einsparungen bei den Interviewern (Abrechnung, Korrespondenz, Honorare, Reisekosten) gesehen und nicht die bei der schriftlichen Umfrage zusätzlich auftretenden Kosten. Man vergleicht gelegentlich das Interviewerhonorar mit dem Porto für eine Befragung. Dabei wird sehr oft nicht daran gedacht, daß bei den mündlichen Interviews nur das tatsächliche Interview bezahlt wird. Im Honorar für den Interviewer sind alle Fehlkontakte mitbezahlt. Bei einer ähnlichen Berechnung für ein schriftliches Interview steigen die Kosten ebenfalls. Wenn man die Kosten für das Porto berechnet, entsteht folgende Tabelle:

• Erstversand	3,–	2,20	1,10
+ Rückumschlag	3,–	2,20	1,10
• 1. Mahnung (an ca. 75% x 1,10 DM)	0,83	0,83	0,83
• 2. Mahnung (wie Erstversand an 60%)	3,60	2,64	1,32
• 3. Mahnung (wie Erstversand ohne Freiumschlag an 50%)	1,50	1,10	0,55
Kosten je Befragten:	11,93	8,97	4,90
Kosten je Antwort bei 70 % Rücklauf	15,50	11,66	6,37
Kosten je Nichtantworter	16,10	12,10	6,60

Tab. 1: Portokosten in DM nach Gewicht gemäß den Postgebühren von September 1998

Im Unterschied zur mündlichen Umfrage sind hier die Interviews am teuersten, die nicht beantwortet wurden. Insgesamt fallen aber noch in folgenden Bereichen bei der schriftlichen Umfrage höhere Kosten als bei der mündlichen Umfrage an:
- Erstellung der Befragungsunterlagen, da die Konzeption selbst sorgfältiger erfolgen muß (Pretest) sowie zusätzliche Anschreiben und Mahnschreiben erstellt werden müssen,
- Vervielfältigung, da die Fragebögen besser lesbar und übersichtlicher sein müssen, um die Befragung seriöser und wichtiger zu machen, ist sowohl der Satz als auch das Druckverfahren kostenintensiver sowie ein höherer Papiereinsatz (qualitativ und quantitativ). Darüber hinaus müssen für die Mahnungen gleichzeitig deutlich mehr Fragebögen gedruckt werden. Bei persönlichen Anschreiben und Mahnungen durch Computer ist ebenfalls mit höheren Kosten zu rechnen,
- Briefumschläge für Versand und Rückumschläge (mit gedruckter Institutsadresse) bei verschiedenen Aussendungen,
- Porto,
- Adressenschreiben und Konfektionierung (Falzen, Eintüten, Briefmarkenkleben) für die verschiedenen Aussendungen.

Keine großen Unterschiede sind im Bereich Kontrolle und Auswertung zu erwarten. Bei der Kontrolle kommt es darauf an, daß nur die gemahnt werden, die noch nicht geantwortet haben und daß bei Versand von weiteren Fragebögen bei den Mahnungen nur eine Antwort ausgewertet wird, falls mehr als ein Fragebogen zurückgeschickt wird.

7.3 Vorgehensweise bei schriftlichen (postalischen) Umfragen

Im folgenden sollen die wichtigsten Probleme bei der Durchführung von schriftlichen Umfragen zusammenfassend dargestellt werden (vgl. Abbildungen 1 und 2):

Erhebungsverfahren

Checkliste 1: Vorprüfung zum Einsatz einer schriftlichen Umfrage

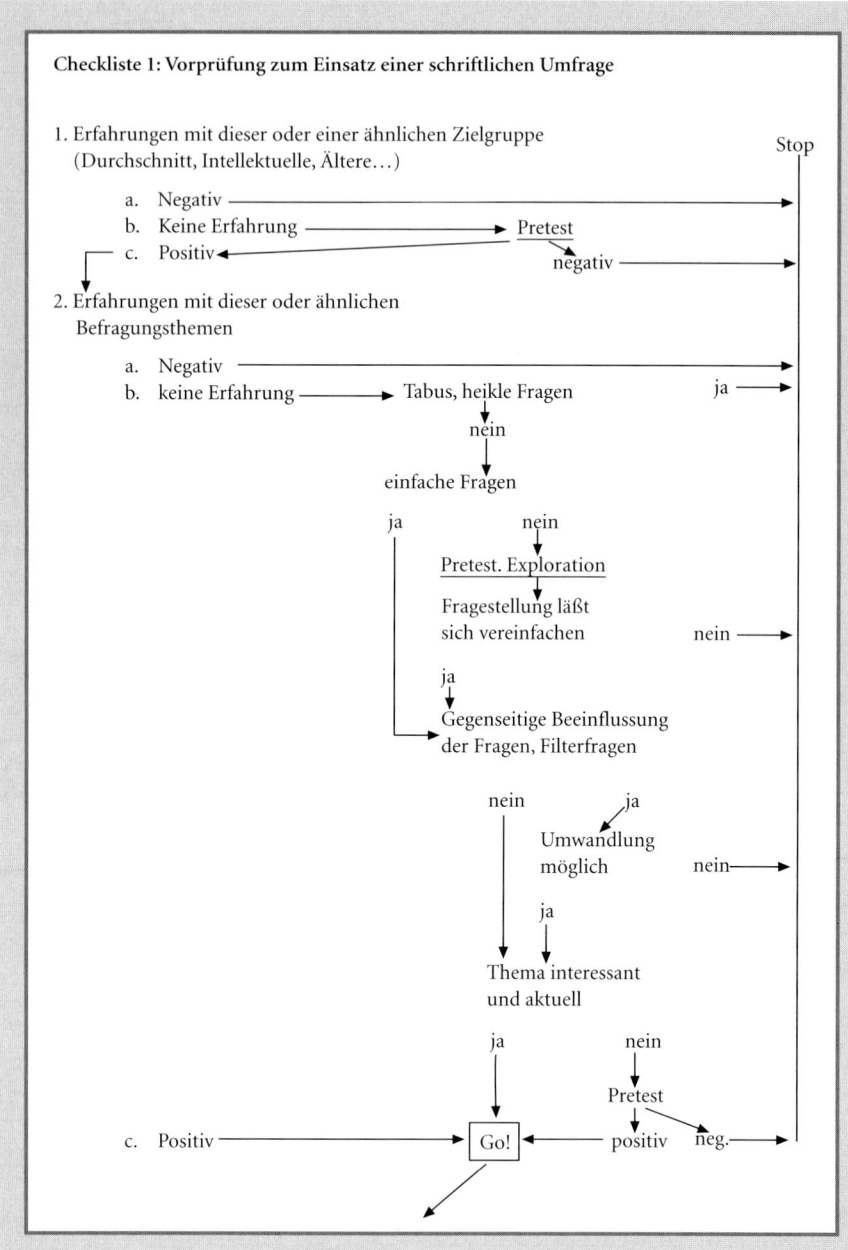

1. Erfahrungen mit dieser oder einer ähnlichen Zielgruppe (Durchschnitt, Intellektuelle, Ältere…)
   a. Negativ ⟶ Stop
   b. Keine Erfahrung ⟶ Pretest
   c. Positiv ⟵ negativ ⟶

2. Erfahrungen mit dieser oder ähnlichen Befragungsthemen
   a. Negativ ⟶
   b. keine Erfahrung ⟶ Tabus, heikle Fragen — ja ⟶
      ↓ nein
      einfache Fragen
      ja / nein
      Pretest. Exploration
      Fragestellung läßt sich vereinfachen — nein ⟶
      ↓ ja
      Gegenseitige Beeinflussung der Fragen, Filterfragen
      nein / ja
      Umwandlung möglich — nein ⟶
      ↓ ja
      Thema interessant und aktuell
      ja / nein
      Pretest
      positiv / neg. ⟶

   c. Positiv ⟶ Go! ⟵ positiv

Abb. 1: Checkliste 1: Vorprüfung zum Einsatz einer schriftlichen Umfrage

Praxis der schriftlichen Umfrage

3. Adressenliste der Zielgruppe ist aktuell und vollständig

   ja → / nein → kann annähernd beschafft werden

   ja → / nein → ist in einer anderen Adressenliste enthalten

   ja → Kosten auch bei erweiterter Zielgruppe noch vertretbar / nein → kann relativ leicht und günstig erworben werden

   ja / nein ↘ / ja ↙ nein →

4. Es ist ausreichend Zeit vorhanden (ca. 6 Wochen Feldarbeit ohne Vorbereitung und Auswertung)

   nein →

   ja ↓

5. Die Feldarbeit fällt in die Urlaubszeit, läuft über Weihnachten/Neujahr, Ostern

   nein / ja → läßt sich verschieben

   ja / nein →

6. Die Kosten sind günstiger als bei einer mündlichen oder telefonischen Umfrage

   ja / nein → die spezifischen Vorteile der schriftlichen Umfrage rechtfertigen dennoch eine schriftliche Umfrage

   ja ↓ / nein →

Durchführung einer schriftlichen Umfrage | mündliche oder telefonische Umfrage

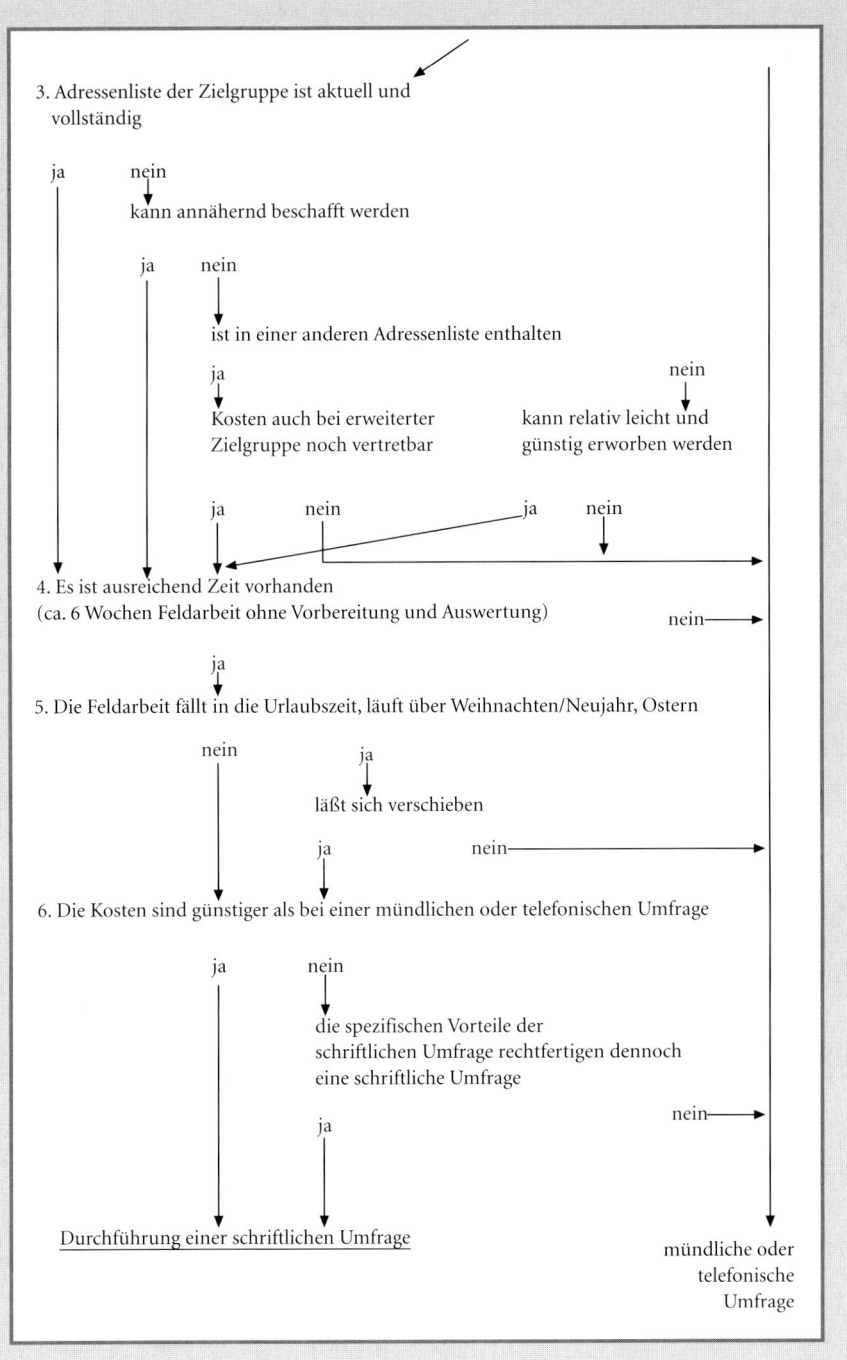

Abb. 1: (Fortsetzung)

a. *Zeitplan:*
   aa. Vorbereitung dauert länger als bei mündlicher Befragung
   bb. Evtl. Vortest der gesamten Befragungsunterlagen (längere Zeitdauer!)
   cc. Beachtung der Versandtermine (Feiertage etc.) Am Besten zum Wochenende für Erstversand und die Mahnungen
   dd. 1. Mahnung nach etwa 8 bis 10 Tagen
   2. Mahnung ca. 1 Woche nach der 1. Mahnung
   3. Mahnung ca. 1 Woche nach der 2. Mahnung

b. *Druck:*
   aa. Fragebögen etwa doppelte Anzahl wie Befragte (zum weiteren Versand bei 2. bzw. 3. Mahnung), bei Unternehmen evtl. gleich ein Zweitexemplar für die Unterlagen des Unternehmens
   bb. Anschreiben
   cc. 1. bis 3. Mahnschreiben
   dd. Rückumschläge mit Institutsadresse als Empfänger (Auflage s. Ziff. aa.)

c. *Schreibarbeiten:*
   aa. Paginierung der Fragebögen (Kontrollziffer) und Adressen (Kontrollisten)
   bb. Adressenschreiben auf Versandumschläge (meist DIN A5)
   cc. Anrede im Anschreiben
   dd. Unterschriften in Anschreiben und Mahnschreiben

d. *Adressen:* Auswahl und Zusammenstellung der Stichprobenadressen

e. *Versand:*
   aa. *Briefmarken* (!) auf Rückumschläge (am besten Briefmarken auf Rolle beziehen), Fragebogen vorher wiegen!
   bb. möglichst auch Briefmarken auf Versandtaschen
   cc. Versandtasche, z. B. DIN A5 und Rückumschläge DIN A6 besorgen
   dd. Zusammenstellung der Befragungsunterlagen: Falzen, Eintüten (außen Anschreiben, dann Fragebogen und Rückumschlag)
   ee. Wiegen der gesamten Unterlagen zur Bestimmung des Portos
   ff. Beförderung an einem Tag zur Post. ggf. Abstimmung mit der Post

f. *Kontrolle:*
   aa. Ankunftsdatum auf Fragebogen vermerken
   bb. Adresse auf Kontrolliste abhaken (falls zwei Fragebögen von einem Befragten zurückgeschickt wurden: nur einen verwenden, da der zweite durch Mahnung an den Befragten kam und von ihm freundlicherweise ein zweites Mal ausgefüllt wurde!)
   cc. Kontrolle auf Vollständigkeit und mißverstandene Fragen
   dd. Rücklaufstatistik
   ee. Evtl. Kontrolle der Postlaufzeiten durch Kontrollbriefe an eigene Adresse

g. *Mahnungen:*
   aa. An alle Adressen (s. Kontrolliste), die noch nicht geantwortet haben wie Ziff. c. (Bei 1. Mahnung ohne Fragebogen)
   bb. Versand wie Ziff. d. Dabei 1. Mahnung nur einfaches Mahnschreiben
   2. und ggf. 3. Mahnung wie Erstversand

h. *Auswertung:*
   Wie normale Befragung ggf. Korrelation mit Rücksendedatum, dabei Möglichkeit von Korrekturen bei zu geringer Rücksendequote (Trend der Antworten)

i. *Belohnung:*
   Falls eine Belohnung versprochen wurde oder die Übersendung der Befragungsergebnisse: Versand an die Antworter laut Kontrolliste

Abb. 2: Checkliste 2: Organisatorischer Ablauf der schriftlichen Umfrage

7.4 Erfahrungen mit der schriftlichen Umfrage

Obwohl nach mehr als 30 Jahren Einsatz der schriftlichen Umfrage eine Vielzahl von Erfahrungen die Theorien zur schriftlichen Umfrage bestätigt haben, so sind bei neuen Fragen oder Zielgruppen immer wieder neue Erfahrungen festzustellen.

Die schriftliche Umfrage ist – wie gezeigt wurde – bei richtigem Einsatz gar nicht so kostengünstig wie ihr Ruf. Es gibt durchaus Fälle, bei denen eine mündliche oder gar eine Telefonumfrage kostengünstiger ist. Die schriftliche Umfrage sollte deshalb nicht nur aus Kostengründen eingesetzt werden, sondern vor allem dann, wenn sie methodisch das bessere Verfahren ist. Bewährt hat sich die schriftliche Umfrage auch in Kombination mit mündlicher und telefonischer Umfrage.

Es ist zu hoffen, daß ein künftiger verstärkter Einsatz dieses Instruments entsprechend sorgfältig vorgenommen wird, sonst werden die Probleme der schriftlichen Umfrage nur zu unbrauchbaren Ergebnissen führen. Die Antwortquote ist bei der schriftlichen Umfrage noch problematischer als bei anderen Umfrageformen. Dieses Problem ist in vielen Fällen auch bei der schriftlichen Umfrage zu lösen, wegen der unpersönlicheren Kommunikation jedoch bei weitem am schwierigsten.

Nicht zur Marktforschung zählt die häufig praktizierte schriftliche Befragung als Selbstbedienfragebogen. Hier gibt es keine Kontrolle über die befragte Zielgruppe und nur ein kleiner Teil wohlmeinender Personen antwortet. Aus anderen Gründen als Marktforschung kann so etwas als Ventil für Kunden sinnvoll sein, als Quelle für seriöse Marketingentscheidungen nicht.

Neue Formen der schriftlichen Umfrage wie Fax-Umfragen oder verschiedene Formen elektronischer Befragungen über Bildschirm haben sich teilweise bewährt, sind aber immer noch auf bestimmte Zielgruppen beschränkt, werden sich aber durchaus ausbreiten und sind auch noch preiswerter als postalische Umfragen. Die Entwicklung der Fernsprechgebühren läßt die telefonische Umfrage aus Kostengründen derzeit besonders preiswert erscheinen. Die schriftliche Umfrage hat aber in bestimmten Feldern weiter besondere Vorteile, wenn sie richtig eingesetzt wird.

7.5 Literaturverzeichnis

Nötzel, R.: Zur Theorie und Technik der schriftlichen Umfrage, in: GFM-Mitteilungen zur Markt- und Absatzforschung, 2/1972, S. 41 ff.

8. Computergestützte Befragung

Werner Pepels

Inhaltsübersicht

8.1 Bildschirmbefragung
8.2 Computerbefragung
8.3 Online-Befragung
8.4 Literaturverzeichnis

Auf einen Blick

Bei der computergestützten Befragung sind mehrere Ausgestaltungsformen zu unterscheiden (*Koch* 1997, S. 70 f.). Im wesentlichen handelt es sich um die Bildschirmbefragung, die Computerbefragung und die Online-Befragung. Bei der Bildschirmbefragung (mit Intervieweranwesenheit) werden folgende wichtige Formen unterschieden:

- Simultane Mehrpersonenbefragung: in einem Studio werden dazu mehrere Personen durch einen Interviewer befragt. Die Antworten werden von ihnen über eine alphanumerische Eingabetastatur oder optische Datenerfassungsgeräte (Handscanner mit Strichcodevorgabe für die Antwortalternativen) parallel an ihren Plätzen eingegeben.
- Unabhängige Mehrpersonenbefragung: mehrere Personen werden getrennt voneinander erhoben. Der Interviewer liest die Fragen jeweils vor und gibt die Antworten der Probanden per Tastatur ein. Denkbar ist auch die zeitgleiche Abgabe von Fragen an alle beteiligten Probanden.
- Mobiles Datenerfassungssystem (Bildschirmbefragung): die Personen werden in ihrem gewohnten sozialen Umfeld per Laptop durch Interviewer befragt. Die Antworten werden auf Datenträger gespeichert. Die Datenträger werden danach eingesammelt und zentral ausgewertet.
- Computergestütztes Telefoninterview (CATI): (vgl. den Beitrag von Jürgen Bruns: Befragung als Instrument der primärforscherischen Datengewinnung, S. 129).

Bei der Computerbefragung (ohne Intervieweranwesenheit, offline) werden folgende wichtige Formen unterschieden (*Weis/Steinmetz* 1998, S. 82 f.):

- Befragung über Videobildschirm: die Fragen werden auf einem Videobildschirm angezeigt. Die Probanden geben ihre Antworten dazu an einem getrennten Terminal zeitgebunden ein.
- Computerbefragung: Fragen werden über Computermonitor zugespielt und die Antworten über alphanumerische Tastatur, Lichtgriffel oder Maus von Probanden direkt eingegeben. Es findet also kein Medienwechsel mehr statt.
- Disk by Mail: anstelle eines Fragebogens wird ein Datenträger übersandt, den der Proband auf seinem Computer herunterlädt und bearbeitet wieder zurücksendet

(Prepared Data Entry). Dies erleichtert gegenüber herkömmlichen schriftlichen Befragungen die Auswertung.
- Voice Computer: ein Voice Mail-System stellt via Telefon Fragen und identifiziert die Antworten der Zuhörer anhand von Sprache (Voice Recognition) oder über (Tonwahl-)Tastatursignal (Touchstone Data Entry). Die Anwahl erfolgt ebenfalls computergestützt.

Bei der Online-Befragung (ohne Intervieweranwesenheit) werden im wesentlichen folgende Formen unterschieden:
- Electronic Mail Survey: Personen erhalten mit Online-Zugang die Fragen auf die E-Mail-Box ihres Computers überspielt, die sie dann anschließend beantworten und über den gleichen Weg wieder zurückschicken.
- Online-Befragung: die Fragesequenzen werden durch Online-Provider im Telefonnetz überspielt. Der Dialog erfolgt entweder über TV-Gerät mit Decoder und Fernbedienung oder Computer mit Modem und Tastatur.
- Interactive TV: bei (breitbandigem) digitalem Kabelfernsehen wird ein (schmalbandiger) Rückkanal zur Überspielung der Antworten von Zuschauern eingesetzt, wobei die Fragen über Bildschirm angezeigt werden. Vor allem können in das laufende Programm Abfragen eingebaut oder gesonderte Frageprogramme eingespeist werden.

8.1 Bildschirmbefragung

Bei der Bildschirmbefragung (auch BBS für Bildschirmbefragungssystem oder Computer Assisted Personal Interviewing/CAPI genannt) handelt es sich um eine Form der Befragung, bei welcher der Fragebogen durch ein PC-Display ersetzt wird und der Eintrag durch Tastaturanschlag/Mausklick erfolgt. Nach wie vor gibt es jedoch einen Interviewer, der die Fragen vom Bildschirm abliest und die Antworten der Auskunftspersonen über eine alphanumerische Tastatur eingibt (abweichend etwa *Berekoven/Eckert/Ellenrieder* 1989, S. 115 sowie alle Autoren, die sich auf diese Quelle beziehen). Allerdings wird die Nomenklatur nicht ganz einheitlich gehandhabt, was auch erklärlich ist, da es sich um einen relativ neuen Bereich handelt, der erratischen, vor allem technologischen, Änderungen unterliegt, die einmal gefaßte Begriffe rasch obsolet werden lassen.

Bei CAPI sind zahlreiche Verfeinerungen denkbar. So ist neben der Sprachausgabe der Fragen auch die Spracheingabe der Antworten anstelle des Eintippens möglich. Der Interviewer kann auch mehreren Personen in einem Teststudio gemeinsam eine Frage vortragen, und diese geben ihre Antworten parallel selbst an einem PC ein. Antwortalternativen können auch auf eine vorgetragene Frage hin als Strichcode auf einem Vordruck ausgewiesen werden, die mit einem Lesestift abgetastet und dadurch eingegeben werden (Scanning).

Diese Form der Befragung hat eine ganze Reihe von **Vorteilen** gegenüber der herkömmlichen Befragung (*Pepels* 1995, S. 206 f.):

- So sind durch leichte Handhabung auch komplexe Befragungsformen möglich, ebenso wie umfangreichere Befragungen. Die Befragungsdurchführung kann zudem individuell auf die Auskunftspersonen zugeschnitten werden.
- Bildvorlagen können durch Einscannen/Überspielen eingebunden werden. Dazu können auch Peripheriegeräte wie Diaprojektor, Videorecorder, Bildplatte befragungssynchron angesteuert werden. Allerdings entsteht dabei ein hoher Handlingaufwand für Inbetriebnahme und Vernetzung.
- Splits und Filterführungen in der Befragung werden automatisch vollzogen. Abhängig von der jeweils gegebenen Antwort wählt das Programm die exakte Folgefrage. Dadurch sind auch kompliziertere Abläufe darstellbar.
- Die Frage- und Antwortkategorien können randomisiert werden, wodurch verzerrende Positionseffekte in der Befragung ausgeschaltet werden können. Dies erfolgt durch zufallsgesteuerte Rotation von Interview zu Interview.
- Offene Fragen sind problemlos einsetzbar, da auch ausführliche Antworten vollständig erfaßt werden können. Eine Kürzung des Antworttextes aus Platzgründen ist nicht erforderlich und die Eingabe in das Computersystem leicht vorzunehmen.
- Parallel können zusätzliche Testsysteme über einen Datenbus angeschlossen werden. Insofern ist eine unmittelbare, integrierte Auswertung der Ergebnisse möglich. Die Datenauswertung wird damit unerhört beschleunigt.
- Die Antworten auf offene Fragen können automatisch kategorisiert und codiert werden. Die Codepläne zur Auswertung werden dazu parallel zur Befragung entwickelt und lassen sich im Verlauf der Umfrage sukzessiv vervollständigen.
- Es sind ständige Plausibilitätskontrollen (hinsichtlich Fehlern, Dateninkonsistenzen) möglich. Dies erfolgt durch programmierten Rückgriff auf vorangegangene Antworten. Widersprechende Ergebnisse werden so erkannt, ungültige Eingaben zurückgewiesen und Zusatzfragen zur Korrektur erzeugt.
- Signifikanzkriterien können laufend beachtet werden. Insofern können Stichproben sequentiell gezogen und Zwischenauswertungen jederzeit abgerufen werden. Über Datenstabilitätsprüfungen kann ermittelt werden, ob die vorliegende Fallzahl bereits für ein gesichertes Ergebnis ausreicht, selbst wenn die Stichprobe noch nicht vollständig ausgeschöpft ist.
- Der Interviewer-Bias wird insgesamt minimiert und der Interviewer entlastet. Er kann sich daher stärker auf die Belange der Befragungsperson konzentrieren, da ihm wesentliche Arbeiten durch den Computer abgenommen werden.
- Eine relativ schnelle Datenbearbeitung mit automatischer, integrierter Auswertung der Ergebnisse ist gegeben. Die Kosten für eine manuelle Übertragung der Daten zur Vorauswertung entfallen dabei.
- Ein mobiler Einsatz ist sehr gut darstellbar, da kompakte Laptops oder Notebooks ohne großen Aufwand portabel einsatzfähig sind. Dem kommt auch die mögliche Verkürzung der Interviewdauer durch höhere Aussageeffektivität entgegen.
- Vercodungsfehler bei der manuellen Datenübertragung aus den Ursprungsdaten in die Vorauswertung entfallen, da Ursprungsdaten und Vorauswertung im Computersystem integriert vorgenommen werden können.

Dem stehen allerdings auch erhebliche **Nachteile** entgegen:
- Die bisher durchgeführten Untersuchungen sind immer noch nicht hinreichend durch Ergebnisvergleiche computergestützter und konventioneller Befragungen validiert. Es steht jedoch zu befürchten, daß die Auskunftsfreudigkeit und -ehrlichkeit durch den Computereinsatz nicht gerade gesteigert wird.
- Bei leistungsfähigem Equipment entstehen immer noch hohe Investitionskosten. Zwar fallen die Preise drastisch, jedoch verkürzt sich zugleich auch der Lebenszyklus der Technologien, so daß zügige Ersatzinvestitionen bei hoher Bestandsentwertung erforderlich sind.
- Es sind weitgehend nur geschlossene Fragen anwendbar. Denn offene Fragen erfordern durch ihren nach wie vor hohen Eingabeaufwand Zeit und Aufmerksamkeit, die für die eigentliche Interviewführung verlorengeht.
- Es ist eine gründliche Interviewerschulung erforderlich, um eine kompetente, persönliche Betreuung zu ermöglichen. Die Technik muß vom Interviewer so souverän beherrscht werden, daß sie möglichst wenig Aufmerksamkeit bei ihm bindet.
- Für jeden Fragebogen entsteht ein hoher Programmieraufwand. Dies betrifft sowohl die Eingabe von Fragen und Antwortkategorien, wie auch die Festlegung der Filterführung, die Rotation und Randomisierung, die Planung von Rückgriffsequenzen auf Vorantworten, die Eingabe von Intervieweranweisungen und Hilfsinformationen, die Gestaltung von Bildschirmlayouts sowie Hintergründen und Hervorhebungen.
- Durch den Energieverbrauch und die Notwendigkeit zur Aufladung ist nur ein eingeschränkter Aktionsradius für den Einsatz gegeben. Dies gilt vor allem für optische und mechanische Komponenten, die nicht selten Stromfresser sind.
- Es sind nur wenige Software-Programme verfügbar, die zudem nicht unbedingt schon als ausgereift zu betrachten sind, so daß systembedingte Limitationen in Kauf genommen werden müssen.
- Die Hardware ist durchaus transport- und handlingempfindlich. Daher sind nicht selten Operator-Kenntnisse beim Interviewer erforderlich, um Störungen an Ort und Stelle beheben und einen Interviewabbruch vermeiden zu können.
- Es ist eine komplexe Datenübertragungskoordination erforderlich. Dabei können Datenträger oder Datenleitungen genutzt werden, in jedem Fall ist jedoch eine perfekte Kompatibilität erforderlich, die sich allerdings schon bei kleinsten Störungen verweigert.

8.2 Computerbefragung

Eine Computerbefragung (auch CBS für Computerbefragungssystem oder Computer assisted self interviewing/CASI oder CSAQ für Computer self administered questionaires genannt) liegt vor, wenn der Interviewer ganz entfällt und die Durchführung durch einen Computer übernommen wird (Mensch-Maschine-Dialog) (davon abweichend *Berekoven/Eckert/Ellenrieder* 1989, S. 111). Auskunftspersonen lesen dazu Fragen selbst vom PC-Display ab und geben ihre Antworten auch selbst, unterstützt durch Helfer, über Tastatur ein. Dabei sind zahlreiche Verfeinerungen denkbar. So können Abfrageplätze derart vernetzt sein, daß ein Zentral-Computer die Fragen ausgibt und mehrere Personen dezentral (an einem oder mehreren Orten), aber parallel ihre Antworten eingeben. Die Antworterfassung erfolgt auf Datenträger, der dann eingesendet oder überspielt wird (Offline).

Diese Form der Befragung bietet eine ganze Reihe von **Vorteilen** gegenüber der herkömmlichen Befragung (*Pepels* 1995, S. 208 f.):

- Die automatische Dokumentation des Befragungstages, des Interviewbeginns und -endes und der Unterbrechungen schließt zumindest diesbezügliche Antwortfälschungen nahezu aus. Die Interviews haben also tatsächlich und zeitgetreu stattgefunden.
- Eine Kostenersparnis ist sowohl im Vergleich zur herkömmlichen Befragung als auch zur Bildschirmbefragung gegeben. Dies begründet sich in der völligen oder zumindest weitgehenden Ersparnis der Personalkosten für Interviewer.
- Das Interview kann jederzeit und beliebig oft unterbrochen und an jeder beliebigen Stelle wieder aufgenommen werden. Vorausgegangene Antworten können dabei wieder vorgelegt und Falscheingaben korrigiert werden, der Befragungsverlauf wird jeweils automatisch entsprechend angepaßt.
- Ein unvermeidlicher Interviewer-Bias kann ganz oder weitestgehend vermieden werden. So wird der Einfluß von sozialer Erwünschtheit und Prestige bei Antworten erheblich reduziert. Dabei stellt sich die Anonymität des Computers als Gesprächspartner hilfreich dar.
- Die Antwortzeit für einzelne Fragen läßt sich problemlos ermitteln. Dadurch können Rückschlüsse auf den Überzeugungsgrad von Antworten gezogen werden. Dazu mißt eine interne Uhr den Zeitabstand zwischen Fragenaufruf am Bildschirm und Antworteingabe über Tastaturanschlag.
- Eine schnelle Verarbeitung, zentrale Koordination und Auswertung der Ergebnisse ist darstellbar. Damit schlagen die datenverarbeitungstypischen Vorteile durch.
- Die Zuverlässigkeit von Antworten kann sofort überprüft und Fehlermeldung abgegeben werden. Zur korrekten Erfassung von objektiven Informationen (Hersteller, Marke) können Hintergrunddateien angelegt werden, die eine automatische Antwortprüfung vornehmen, falsche Antworten zurückweisen und Antwortvorschläge machen.
- Der Spieltrieb und Spaß an der Beschäftigung mit elektronischen Gerätschaften, der weit verbreitet ist, wird genutzt. Bei der Beantwortung herrscht zudem durch die eigenhändige Bedienung autonome Entscheidungsfreiheit. Auch werden Erfolgserlebnisse gefördert.
- Die Einhaltung von Quotenvorgaben kann bei sukzessivem Vorgehen laufend überwacht werden, indem Quotenstichproben noch während der Erhebung auf ihren Erfüllungsgrad hin überprüft werden. Der Abbruch der Erhebung bei Ergebnisstabilisierung ist möglich.
- Fragen können in sämtlichen Sprachen und Schriften präsentiert werden. Damit sind einmal erstellte Programme leicht international einsetzbar (das senkt die Gestehungskosten) sowie auch im Inland lebende ausländische Bewohner erreichbar.
- Fragen können nicht versehentlich übergangen werden, da der Fragenaufruf automatisch gesteuert wird. Dadurch wird eine optimale Standardisierung und damit Vergleichbarkeit des Befragungsablaufs gewährleistet.

- Die Befragungsperson kann die Abfragegeschwindigkeit selbst bestimmen. Insofern spielen verzerrende Elemente durch unterschiedliche Ausbildungs- und Persönlichkeitsmerkmale, wie Auffassungsgabe des Befragten, keine Rolle mehr.
- Reihenfolgeeffekte in den Antworten können durch Randominisierung oder systematische Rotation der Antwortvorgaben vermieden werden. Dies gilt sowohl für Themen als auch für Fragen und Antwortkategorien.
- Bei Bedarf können von der Befragungsperson zu einzelnen Fragen erläuternde Informationen aufgerufen oder aber auch Kommentare und Anmerkungen eingegeben werden. Dazu sind entsprechende Hilfe-Funktionen eingerichtet.

Dem stehen allerdings auch erhebliche **Nachteile** gegenüber:
- Für die Bewegtbilddarstellung sind teure und derzeit noch seltene Computer mit DVD-Laufwerken erforderlich, was Handling und Kosten erhöht. Aber hier führt der technische Fortschritt zu weiterer Miniaturisierung und Verbilligung der Komponenten.
- Die Beantwortung erfolgt unter weitgehend unkontrollierten Bedingungen, vor allem kann der Spieltrieb auch überzogen werden. Das führt dann zur Ablenkung von der eigentlichen Thematik und zur Unübersichtlichkeit des Ablaufs.
- Noch auf lange Zeit hin besteht nur eingeschränkte Repräsentativität für Massenumfragen aufgrund geringer Verbreitung der Hardware. Zudem gibt es Probleme mit der Abwärtskompatibilität neuer Hardware- und Software-Generationen.
- Das Lesen der Fragen zwingt den Probanden zur Konzentration auf die Frageninhalte, was tendenziell zu stark kognitiv gesteuerten Antworten führt. Die ganze Atmosphäre ist sachlicher, rationaler, weniger spontan und emotional.
- Die Validität dieser Form der Befragung durch Vergleich mit herkömmlichen Befragungen ist noch nicht hinreichend gesichert.
- Vor allem besteht ein Identitätsproblem bei der Befragung, da ungewiß bleibt, welche Person im Einzelfall denn nun tatsächlich die Antworteingaben vorgenommen und ob sie dabei Hilfe/Beeinflussung durch andere Personen erfahren hat.
- Es sind weitgehend nur standardisierte Fragen möglich, wenn keine Fingerfertigkeit bei der Tastatureingabe gegeben ist. Dies wird sich freilich mit der Verbreitung von Spracherkennungs- und/oder Handschrifterkennungs-Programmen erübrigen. Derzeit ist jedoch noch ein hoher Eingabeaufwand erforderlich.
- Die Komplexität der Befragung kann Antwortschwierigkeiten bei weniger versierten Befragungspersonen hervorrufen. So besteht die Gefahr, daß der Kontext der Fragen verlorengeht, und auch ein einfaches Vor- oder Zurückblättern ist nicht möglich.
- Es bestehen möglicherweise psychologische Konflikte durch Akzeptanzprobleme. Dies gilt vor allem bei Berührungsängsten mit Technik allgemein und hochgezüchteter Elektronik im besonderen.
- Bei weitverbreiteten Sehproblemen ist die Lesbarkeit von Fragen, gerade auf kleinen Bildschirmen oder Displays von Laptops, reduziert. Daher muß dem durch Schriftwahl und Seitenlayout unbedingt gegengesteuert werden.
- Die Befragungsdauer ist begrenzt, was bei komplexen Themen hinderlich ist. Bei Unverständnis oder Zeitproblemen kommt es zudem leicht zum Befragungsabbruch, da keine Möglichkeit zur individuellen Nachfrage bei nicht verstandenen Fragen besteht.

8.3 Online-Befragung

Online-Befragungen erfolgen über das Telefonnetz sowie Endgeräte mit Modem und ASCII- oder MIME-Standard. Als Host fungiert das Vermittlungssystem des Online-Providers, in das marktforschende Unternehmen und Institutionen Daten eingeben, die seitenweise oder komplett abgerufen und rückübersendet werden können. Dabei erfolgt jeweils ein Durchschleifen zu dezentralen Computersystemen. Die Datenbestände sind auf Wunsch durch Passwords schützbar und damit nur in Geschlossenen Benutzer-Gruppen erkennbar. Allerdings müssen Interessenten immer zunächst aktiviert werden. Dazu bedarf es ihrer Aufmerksamkeitsgewinnung und Beschäftigungsverkettung.

Auch diese Form der Befragung bietet eine ganze Reihe von **Vorteilen** gegenüber der herkömmlichen Befragung.

- Die Antworten sind, bei entsprechender Gestaltung der Seiten, durch bloßes Anklicken oder Tastaturbefehl leicht möglich. Bei dem Personenkreis der Nutzer ist zudem vorauszusetzen, daß der Umgang mit komplexer Technik keine unüberwindliche Hürde darstellt.
- Bildvorlagen und Audiosequenzen, Animationen und Daten können als Unterstützung zur Verfügung gestellt werden. Dadurch kann eine mehrkanalige, multisensorische Ansprache geschaffen werden, die auch komplizierte Sachverhalte erfaßbar macht.
- Das Zurücksenden des Fragebogens ist durch Anklicken eines entsprechend markierten Button leicht möglich. Damit entfallen Schwellen wie Kuvertieren, Frankieren, Postaufliefern, die ansonsten den Rücklauf beeinträchtigen.
- Die Ergebnisse können beim Veranstalter in einer Datenbank abgespeichert und unmittelbar elektronisch ausgewertet werden, so daß eine Zeit- und damit Kostenreduzierung möglich ist. Dies kommt der Wirtschaftlichkeit computergestützter Befragungen zugute.
- Bei einer E-Mail-Box können die Fragen unmittelbar im Computer heruntergeladen und gebührenschonend offline bearbeitet werden. Dies gilt auch für Bewegtbilddateien. Textdateien können zudem ausgedruckt werden.
- Der elektronische Versand des Fragebogens ist vergleichsweise kostengünstig, da nur die Übertragungskosten zum nächsten Knoten (Host) anfallen, der normalerweise im Bereich des Ortsnetzes angesiedelt ist.
- Der elektronische Versand ist auch zeitlich vorteilhaft, da die physische Distribution entfällt. Dies betrifft sowohl Zeiten vom Absender zum Empfänger als auch wieder zurück. Allerdings ist die Frist zwischen Dateneingang und -bearbeitung nur schwer beeinflußbar.
- Der latent verzerrende Interviewereinfluß entfällt vollkommen, da es sich hier um einen reinen Mensch-Maschine-Kontakt handelt.
- Die Stichprobe kann relativ exakt ausgeschöpft werden, indem Personen automatisch angewählt und die Rückläufe beobachtet werden. Bei Erfüllung der Rücklaufkriterien kann der Abruf des Fragebogens gestoppt werden.

Dem stehen jedoch auch eine Reihe von **Nachteilen** entgegen.
- Voraussetzung für die Primärerhebung ist ein Internet-Anschluß bei Zielpersonen. Dieser ist nur bei einem Bruchteil der Bevölkerung gegeben. Außerdem muß bei diesen Personen eine psychographische Verzerrung gegenüber der Restbevölkerung unterstellt werden.
- Die Übertragungsgeschwindigkeit ist (bei meist analogen Modems) begrenzt, so daß eine restriktive Verwendung vor allem übertragungsintensiver Bildsequenzen notwendig ist. Auch ist der Zugang zum Internet häufig überlastet.
- Das Design der Seiten ist von ausschlaggebender Bedeutung. Es ist eine der wenigen Möglichkeiten zur Motivation der Befragungspersonen. Dabei wirkt die interpersonell doch stark abweichende Ansicht über gute Gestaltung erschwerend.
- Eine Abspeicherung als *Microsoft* Word-Dokument setzt beim Adressaten das gleiche Programm voraus. Daher sind Programmierungen vorzunehmen, die wiederum, trotz mächtiger Tools, Spezialkenntnisse erforderlich machen.
- Die Vertraulichkeit von Fragen und Antworten ist durch Hacking latent gefährdet. Insofern eignet sich diese Form der Erhebung nur für nicht sensible Tatbestände.
- Es liegt kein vollständiges Verzeichnis von Internet- oder E-mail-Nutzern vor, so daß die Aussendung immer lückenhaft bleiben muß. Dadurch sind aber wiederum statistische Auswertungen ausgeschlossen.
- Die Repräsentativität der Adressaten ist auf lange Zeit hin nicht gegeben, allenfalls spezielle Zielgruppen, wie Höhergebildete, Besserverdienende, Jüngere können damit halbwegs valide erreicht werden.
- Es können keine oder nur sehr begrenzte Erläuterungen zu Fragen bereitgestellt werden. Damit sind die Inhalte nachhaltig daraufhin zu untersuchen, daß sie problemlos verständlich und eindeutig interpretierbar sind.
- Mit steigender Interviewdauer besteht eine steigende Abbruchgefahr, die durch die Anonymität der Befragung noch erhöht wird. Im übrigen handelt es sich um eine distanzierte Kommunikationsform ohne menschliche Bindung.
- Gegenüber dem unverlangten Versand von E-Mail-Nachrichten bestehen rechtliche Bedenken. Argumentiert wird dabei mit der Gefahr einer Überflutung mit E-Mails (ähnlich wie das im Telefonmarketing und bei Faxangeboten bereits der Fall ist). Zudem entstehen dem Adressaten Kosten für das Herunterladen der Sendungen.

8.4 Literaturverzeichnis

Berekoven, Ludwig/Eckert, Werner/Ellenrieder, Peter: Marktforschung, 4. Auflage, Wiesbaden 1989
Koch, Jörg: Marktforschung – Begriffe und Methoden, 2. Auflage, München/Wien 1997
Pepels, Werner: Käuferverhalten und Marktforschung, Stuttgart 1995
Weis, Hans Christian/Steinmetz, Peter: Marktforschung, 3. Auflage, Ludwigshafen 1998

9. Online-Befragung

Gerhard Schub von Bossiazky

Inhaltsübersicht

9.1   Möglichkeiten und Grenzen der Online-Befragung
9.2   Technik
9.2.1   Formulareingabe
9.2.2   Texteingabe
9.2.3   Forum
9.3   Einsatzbereiche
9.3.1   Nutzerbefragung
9.3.2   Verbraucherbefragung
9.3.3   Produkt-Test
9.3.4   Kommunikations-Test
9.3.5   Kreativitätsunterstützende Forschung
9.3.6   Zukunftsforschung
9.4   Perspektive
9.5   Literaturverzeichnis

Auf einen Blick

Das Internet hat eine Reihe neuer Möglichkeiten geschaffen, Befragungen durchzuführen. Diese Möglichkeiten sind sicherlich sehr interessant, weil im Vergleich zum telefonischen Interview eine sehr viel längere Befragungszeit und mehr Systematik möglich sind. Gegenüber der schriftlichen Befragung hat die Online-Befragung den Vorteil, daß ein Dialog mit einem Interviewer möglich ist.

9.1 Möglichkeiten und Grenzen der Online-Befragung

Die Online-Befragung ermöglicht es insbesondere wesentliche Dialogelemente in die Befragung zu integrieren. Dies kann bis zum Gruppengespräch in einem speziellen Forum gehen. Die vielfältigen Einsatzbereiche sind in Abschnitt 3 differenziert dargestellt.

Die Grenzen liegen heute noch in drei Bereichen. Die Problematik ist:
– daß man auf diesem Wege nur Personen erreicht, die Nutzer des Internet sind,
– daß die Akquisition für das Mitmachen bei der Befragung gewisse Schwierigkeiten aufwirft und
– daß der Kontakt relativ anonym ist (nicht face to face).

Für sehr viele Befragungen spielt es eine entscheidende Rolle, daß man einen repräsentativen Ausschnitt der Population oder bestimmte Zielgruppen befragt. Dies ist heute praktisch nicht möglich. Dies spielt keine Rolle, wenn man grundsätzlich nur Personen befragen möchte, die Internet-Nutzer sind. In der letzten Zeit wurden eine ganze Reihe von Befragungen bei Internet-Nutzern vorgelegt. Dieses Thema spielt aber auch keine Rolle, wenn man sicher ist, daß alle Personen, die befragt werden sollen, über einen Internet-Zugang verfügen. Dies kann beispielsweise der Fall sein bei Expertenbefragungen oder Mitgliedern eines Produkttests. Dennoch liegt hier heute eine entscheidende Einsatzgrenze für Online-Befragungen vor.

Problematisch ist unter dem Gesichtspunkt der Repräsentativität aber auch die Frage der Akquisition der Befragungspersonen. Repräsentativität setzt ein systematisches Verfahren zur Ermittlung der Befragungspersonen und die Ausschöpfung dieser Stichprobe voraus. Die systematische Ermittlung von Befragungsadressen im Internet und die gezielte Befragung dieser Personen gestaltet sich aber überaus schwierig. Die Internet-Nutzer sind nur dann katalogisiert, wenn sie – vorwiegend als Unternehmen – einen Domain-Namen haben, unter dem sie Informationen im Internet anbieten. Die normalen Internet-Nutzer (E-Mail-Adressen) sind nicht systematisch katalogisiert und werden absehbar auch nicht katalogisiert werden, weil sie Angst haben, mit E-Mail zugeschüttet zu werden. Eine systematische Zufallsauswahl von entsprechenden Adressen ist nicht möglich. Praktisch müßte man hier – um Repräsentativität zu erreichen – auf ein Verfahren der Adressenselektion auf einem Wege außerhalb des Internet ausweichen – und in einzelnen Fällen hat man das auch schon getan. Praktisch wird aber häufig nur durch E-Mail zur Beteiligung an der Befragung aufgerufen. Hierbei ist der Weg über E-Mail für die Beteiligung an einer Befragung zu werben, eigentlich nicht zulässig.

Rechtlich zulässig ist es, durch die Eingabe eines entsprechenden Suchbegriffes bei den Suchmaschinen die Möglichkeit zum Auffinden von Befragungen zu schaffen. Hier ist allerdings Voraussetzung, daß der Internet-User aktiv nach Fragebogen sucht. Tatsächlich weist die Suchmaschine *yahoo* praktisch permanent Fragebogenaktionen verschiedener Forschungsinstitute aus. Mit der Anmeldung bei einer Suchmaschine allein wird voraussichtlich keine sehr hohe Zahl von rücklaufenden Fragebogen entstehen.

Einen erheblichen zusätzlichen Effekt erreicht man durch die Plazierung eines Banner's in einer Suchmaschine oder einer Online-Zeitschrift oder anderen stark frequentierten Websites, für die Beteiligung an der Befragung zu werben. Ein solcher Banner ist meist eine kleine Fläche, die graphisch gestaltet ist und dafür wirbt, auf den Banner zu klicken und damit zu der Website zu wechseln, für die der Banner geschaltet worden ist (z. B. an einer Befragungsaktion teilzunehmen). Durch das Anklicken des Banners gelangt dann der Internet-Nutzer unmittelbar auf die Website mit dem Fragebogen und kann diesen ausfüllen.

Die Plazierung der Banner erfordert Einschaltkosten. Die Beträge, die aufzuwenden sind für die Plazierung der Banner, sind sehr unterschiedlich. Die Zahl der Clicks auf den Banner ist je nach Website sehr unterschiedlich und die Zahl der Personen, die dann – nachdem der Fragebogen aufgerufen ist – diesen auch korrekt ausfüllen, ist ebenfalls sehr verschieden.

Die nachfolgende Tabelle 1 zeigt diese Unterschiedlichkeit sehr deutlich an.

Werbekosten und Rücklaufquoten					
Server-Kategorie	Rücklauf	Ad-Clicks	Rücklaufquote	Werbekosten in DM	Werbekosten pro zurückgesandtem Fragebogen DM
Suchmaschinen, Internetverzeichnisse	170	789	22%	3 200	18.80
Computer-Zeitschriften	295	1 235	24%	4 200	14.20
Wirtschaftspublizistik	427	1 437	30%	4 100	9.60
Entertainment	488	2 207	22%	2 900	5.90
Server mit Gewinnspielen, Schnäppchen etc.	973	1 242	78%	0	0
Summe	2 353	6 910	34%	14 400	6.10

Tab. 1: Werbekosten und Rücklaufquoten (Quelle: *Delpho Holger, Vödisch Michael*, Marktforschung via Internet, *prognose* trendletter 1/1988)

Die Rücklaufquote ist abhängig von der angewählten Website (Server) und von dem angebotenen Incentive.

So wurden beispielsweise von der *prognos* im Rahmen einer Befragung von Internet-Nutzern über die zukünftigen Anforderungen an das Internet insgesamt 16 nach der Höhe gestaffelte Geldpreise ausgesetzt, die nach der Durchführung unter den Teilnehmern verlost wurden.

In dieser Studie wurde durch den Einsatz der Banner der Fragebogen ca. 6900mal aufgerufen. Der Rücklauf lag bei 2.300 Fragebögen. Damit lag die erreichte Quote des Rücklaufs mit 34% deutlich höher als bei schriftlichen Befragungen.

Die Rückläufe dürfen nicht überschätzt werden. Die nachfolgende Abbildung 1 von *prognos* zeigt sehr deutlich, daß mit den ersten Banner-Einschaltungen noch nicht die angestrebte Anzahl von rücklaufenden Fragebogen erreicht worden ist. Es mußten weitere Banner geschaltet werden, um auf die angestrebte Fragebogenanzahl zu kommen.

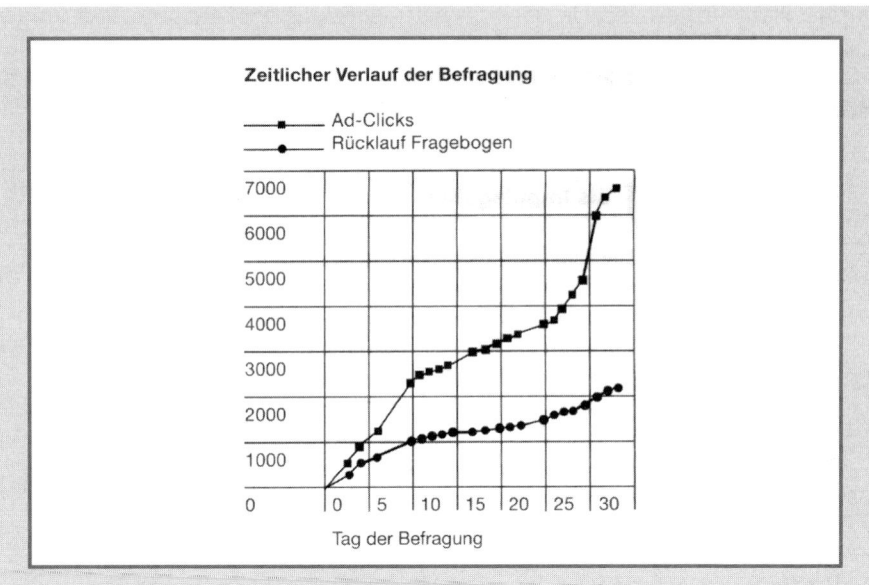

Abb. 1: Ad-Clicks und Fragebogen-Rücklauf (Quelle: *Delpho Holger, Vödisch Michael,* Marktforschung via Internet, *prognose* trendletter 1/1988)

Die Entscheidung, ob die kontaktierte Person mitmacht oder nicht, hängt von der individuellen Disposition ab. Dies ist nicht gerade eine systematische Basis, die zu Repräsentativität der Ergebnisse führt.

Bis zu einem gewissen Grad ist auch problematisch, daß über das Internet – zumeist – nur ein schriftlicher Dialog realisiert wird. Eine face-to-face-Kommunikation führt meist zu deutlich differenzierteren Ergebnissen.

Diese Voraussetzungen werden sich aber in den kommenden zwei bis drei Jahren noch erheblich verbessern. Die Zahl der Personen, die Internet-Nutzer sind, wird noch erheblich ansteigen. In fünf Jahren werden etwa 50% der Haushalte über das Internet erreichbar sein. Darüberhinaus wird die Verbreitung aber nur relativ langsam ansteigen. Ein repräsentatives Erreichen aller Haushalte wird auf absehbare Zeit nicht möglich sein.

Und es werden in erheblichem Umfang Möglichkeiten für Internet-Telefonie und Desktop Videoconferencing entstehen. Hiermit wird face-to-face-Kommunikation möglich.

9.2 Technik

Technisch handelt es sich bei den Fragebogen um Formulareingabe. Im Rahmen einer Website kann man mit HTML (Sprache des Internet) ein Formular anlegen. In diesem Formular kann man eine ganze Reihe von unterschiedlichen Funktionen vorsehen, die für eine Befragung sehr nützlich sind.

9.2.1 Formulareingabe

In den Formularen ist die:
- Übermittlung von Fragen und definierten Eintragungen,
- das Eintragen von freiem Text (offene Frage)
- das Markieren bestimmter Antwortfelder (Kontrollkästchen)
- das Auswählen von Items aus Listen (Dropdown Menü)
- das Zeigen von Bildern und Graphiken sowie
- das Ankreuzen von Vorgaben möglich.

Mit diesen Möglichkeiten können weitgehend die Funktionen eines Fragebogens abgearbeitet werden.

Vorteilhaft ist, daß alle Angaben mit Ausnahme der Eintragung von freiem Text direkt datentechnisch verarbeitet werden können.

Die Befragungsperson hat meist zwei Möglichkeiten, den ausgefüllten Fragebogen an das Befragungsinstitut zurückzusenden:
- durch Anklicken einer Schaltfläche auf dem Fragebogen wird sofort übertragen oder
- durch Übertragung als E-Mail.

Die Erstellung des Fragebogens ist nicht sehr schwierig. Es stehen hier entsprechende Autorenprogramme – wie *FrontPage* – zur Verfügung, mit deren Hilfe normaler Text in HTML übertragen wird und entsprechende Fragebogenseiten aufgebaut werden können.

Ein größeres Problem ist, daß die Seiten auf einem Internet-Server niedergelegt werden müssen. Dieser Rechner muß eine Standleitung zum Internet haben. Sehr häufig wird das befragende Unternehmen nicht selbst über einen derartigen Server und die Standleitung verfügen. Es muß dann auf einen kommerziellen Provider (Rechenzentrum) ausweichen. Hiermit wird aber der Dialog des Studienleiters mit den antwortenden Personen schwierig. Es fehlt die online-Verbindung zwischen dem Provider und dem Studienleiter. Und die Kosten werden dann auch schnell höher.

9.2.2 Texteingabe

Die Texteingabe erfolgt über das mehrzeilige Textfeld. Hier kann auf eine offene Frage beliebig viel Text eingeschrieben werden. Dieser Text muß allerdings, wie bei einer normalen Eintragung in einen Papierfragebogen erst codiert werden, bevor er in die Auswertung einbezogen werden kann.

9.2.2 Forum

Für die Realisierung von Foren stehen sehr verschiedene Möglichkeiten zur Verfügung. Im Vordergrund stehen Chat/IRC (Internet Relay Chat) und neuerdings ICQ. Die ursprüngliche Form des Unterhaltens im Internet (IRC) hat in den letzten Jahren etwas an Attraktivität verloren – es sind zusätzliche, komfortablere Möglichkeiten entwickelt worden, die das IRC zugrundelegen – aber eben komfortablere Zusatzleistungen bieten. Beim IRC ist ein IRC-Server erforderlich (Relay). Dieser Server stellt verschiedene Kanäle – nach Themen unterteilt – zur Verfügung. Die Teilnehmer am Chat müssen bei dieser Technologie ihren Computer mit Hilfe eines IRC-Clients mit dem Relay verbinden. Anschließend wird über einen bestimmten Kanal ein Kommunikationsnetz aufgebaut, über das die verschiedenen Teilnehmer miteinander kommunizieren können. Vorteil dieses – sonst etwas komplizierten Systems – ist, daß die Kommunikation vollkommen synchron erfolgt.

Bei Chat erscheint, was einer der Partner auf seinem Computer schreibt, sofort auf dem Bildschirm aller Partner – soweit sie den Dienst Chat und den entsprechenden Kanal gerade aufgerufen haben. Das Problem dieses Systems ist, daß man sich verabreden muß, wann man sich bei einem bestimmten Server, auf einem bestimmten Kanal zu einer bestimmten Zeit treffen will. Man kennt auch nicht die Adresse des Partners, weil die Teilnehmer jeweils neue Adressen erhalten. Man kann sich gegenseitig also nur im Laufe des Chat erkennen.

ICQ baut auf IRC auf. IRC läuft immer im Hintergrund. Auf dem Server und auf dem Rechner wird jedoch ein Java Applet installiert, das einen erheblichen zusätzlichen Service übernimmt. Der ICQ-Dienst wird immer automatisch gestartet und fährt mit hoch, wenn der Rechner eingeschaltet und eine Internet-Verbindung hergestellt wird. Der Rechner meldet sich bei dem zentralen Server (IRC). Man bekommt angezeigt, welche Partner sich gerade online in dem Dienst befinden. Man kann seine Informationen eingeben und die Partner erhalten die Nachricht sofort auf ihrem Bildschirm und können damit synchron reagieren.

Im Rahmen des Internet gibt es relativ viele in die WWW-Technologie eingebundene, einfach bedienbare Chat-Möglichkeiten, die auch in Websites integriert sein können. Diese WWW-Chats sind nicht ganz synchron (real time Übertragung). Die entsprechenden WWW-Pages, auf der die Chat-Texte stehen, werden nur in bestimmten Zeitabständen (alle 15 oder 20 Sekunden), oder nach Anforderung übertragen und dargestellt. Mit Hilfe von kleinen Programmen, die auf dem Computer des Teilnehmers (Client) liegen (Java-Applets), kann – ähnlich wie bei ICQ – beim Server in sehr kurzen Abständen angefragt werden, ob von den Teilnehmern neue Informationen eingegeben worden sind

– und gegebenenfalls können die neuen Informationen sofort abgerufen werden. Hiermit wird eine annähernd synchrone Arbeit ermöglicht.

Multiper Dialog kann aber auch durch den Einsatz von Mailinglisten entstehen. Hier wird die Funktion des Internet, an bestimmte Personen – auch in größerer Anzahl – Informationen auszusenden und von diesen zurückerhalten zu können, genutzt. Hierfür ist ein Mailing-Server erforderlich.

Mit MUD (multi user dungeons) können virtuelle Welten aufgebaut werden, in denen sich die Gesprächspartner bewegen und unterhalten können.

9.3 Einsatzbereiche

9.3.1 Nutzerbefragung

Es ist naheliegend, daß auf diesem Wege sehr häufig Befragungen über das Verhalten der Internet-Nutzer durchgeführt werden. Die meisten dieser Befragungen haben jedoch das Problem mangelnder Repräsentativität.

9.3.2 Verbraucherbefragung

Für repräsentative Verbraucherbefragungen ist die Online-Befragung heute noch wenig geeignet.

9.3.3 Produkt-Test

Für Produkt-Tests wird das Instrument voraussichtlich in Zukunft erhebliche Bedeutung gewinnen. Es kann in den nächsten Jahren davon ausgegangen werden, daß man in der Personengruppe, die an Produkttest teilnehmen, sehr häufig den Zugang zum Internet vorfinden wird – weil ein Zugang im Haushalt, im Büro, in der Schule, im Internet-Cafe genutzt werden kann.

Vorteilhaft ist an der Durchführung von Produkt-Tests im Rahmen von Online-Befragungen, daß die Daten sehr schnell zur Verfügung stehen und auch ein ergänzender Dialog zu bestimmten Inhalten des Fragebogens möglich ist.

9.3.4 Kommunikations-Test

Für den Kommunikations-Test ist vorteilhaft, daß Bilder und Zeichnungen (Entwürfe; fertige Gestaltungen) übertragen werden können. Es ist auch möglich, den Entwurf wieder verschwinden zu lassen.

Mit Hilfe des Formulars kann sehr gut eine Reaktionsbefragung durchgeführt werden.

9.3.5 Kreativitätsunterstützende Forschung

Die Foren sind eine ausgezeichnete Möglichkeit, um – ähnlich wie in der Gruppendiskussion – über Werbung, Bilder, Textideen – Meinungen zu diskutieren. Wie in einer Gruppendiskussion stoßen die geäußerten Meinungen und Aussagen immer wieder neue Reaktionen an. Der Diskussionsleiter kann durch zusammenfassende Statements und das Aufrufen neuer Fragen die Beiträge im Forum steuern – allerdings nicht ganz so leicht wie in der Gruppendiskussion.

9.3.6 Zukunftsforschung

Von ganz besonderer Bedeutung ist die Online-Technik im Bereich der Zukunftsforschung. Hier spielen Experten eine große Rolle. Diese Experten werden in der Regel einen Zugang zum Internet haben. Der Einsatz von Online-Technik hat den großen Vorteil, daß im Rahmen der Projekte viel mehr Dialog entstehen kann, das Verfahren schneller geht, und damit die Kosten geringer sind. Die Daten können auf der Grundlage der Formulareingabe weitgehend direkt nach dem Ausfüllen des Fragebogens ausgewertet werden. Die Auswertungsergebnisse können auch sehr schnell zurückübermittelt werden.

Ein sehr typischer Anwendungsfall ist in diesem Zusammenhang die Online-Expertenbefragung in der Form des **Online-Delphi**.

Die Logik des Delphi-Verfahrens besteht grundsätzlich darin, einen Fragebogen mit Zukunftsfragen zu erstellen. Dieser wird den Experten gegeben. Die Experten füllen die Fragebögen aus. Sie geben ihre Wertungen ab und erläutern auch, warum sie die Lage so bewerten. Die Antworten werden zumeist deutlich voneinander abweichen. Die Auswertung zeigt die abweichenden Meinungen und die Begründungen, die für die unterschiedliche Einschätzung gegeben worden sind. Da man zukunftsorientierte Entscheidungen aber meist nicht gut auf breit streuenden Erwartungen aufbauen kann, ist es wünschenswert, daß sich die Experten – anhand der vorgetragenen Begründungen möglichst in ihren Meinungen etwas annähern. Um dies zu erreichen, erhalten die Experten die Auswertung und einen zweiten Fragebogen (der mit dem ersten identisch ist), um nochmals neue Bewertungen abgeben zu können. Und danach wird nochmals ausgewertet und nochmals ein Fragebogen verschickt.

Die drei Runden machen den Ablauf zeitaufwendig und kostenaufwendig.

Um ein derartiges Projekt online zu realisieren, muß – nach der Akquisition der entsprechenden Experten – ein Formular-Fragebogen (Formulareingabe) entwickelt und auf einem Server abgelegt werden. Die Experten werden über Fax gebeten, den Fragebogen aufzurufen und ihre Einschätzungen und Kommentare am PC einzutragen. Die Bewertungsdaten werden in einzeilige Textfelder eingetragen. Für das Erfassen der Kommentierungen stehen mehrzeilige Textfelder zur Verfügung. Danach werden die in das Formular eingetragenen Daten durch Anklicken der Schaltfläche »absenden« an den Server geschickt. Dort werden die Daten zunächst als Umgebungsvariablen zwischengespeichert, einer automatischen Variablencodierung unterzogen und dann ausgewertet. Die Erläuterungstexte werden fragenbezogen abgespeichert. Es liegt schnell eine Auswertung vor, die unmittelbar als Input für die zweite Runde eingesetzt werden kann.

Das Verfahren kann damit erheblich effizienter und kostengünstiger durchgeführt werden.

Basis der **Scanning-Verfahren** ist das Wissen, daß sich neue Ideen, neue Technologien nicht schlagartig durchsetzen, sondern immer eine mehr oder minder lange Dauer der Verbreitung haben (Diffusion). Zuerst wird die Information von Innovatoren aufgegriffen, dann von frühen Übernehmern, dann von der frühen Mehrheit, dann von der spätem Mehrheit und schließlich von den Nachzüglern (vgl. Abbildung 2 und 3).

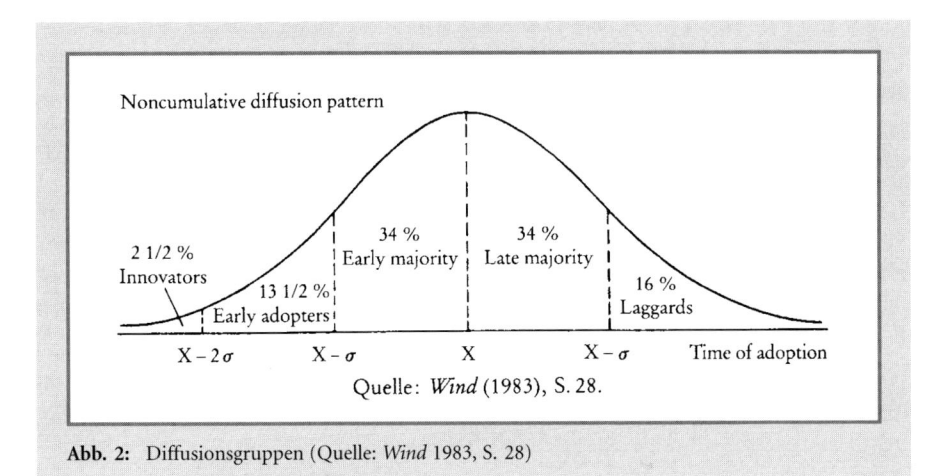

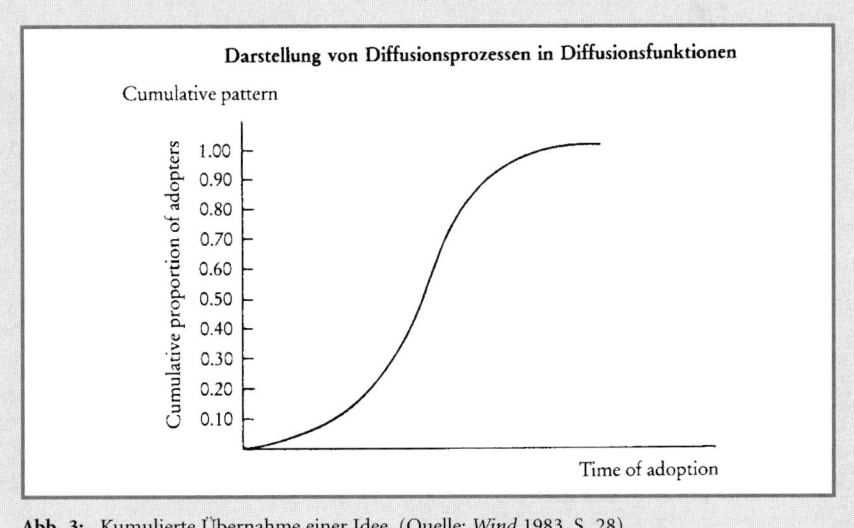

Abb. 2: Diffusionsgruppen (Quelle: Wind 1983, S. 28)

Abb. 3: Kumulierte Übernahme einer Idee (Quelle: Wind 1983, S. 28)

Man kann anhand der **Erfassung schwacher Signale** erkennen, wann ein neuer Trend entsteht, welche neuen Ideen möglicherweise in der Zukunft eine Rolle spielen werden. Neue Ideen und neue Vorstellungen drängen in die Öffentlichkeit, um Resonanz zu finden.

Um die neuen Entwicklungen nicht zu übersehen, sind Scanning-Verfahren sehr wichtig. Es werden eine Anzahl von Personen gebeten mit Hilfe eines kleinen Fragebogens anzugeben, ob Sie bei ihrer täglichen Fachlektüre, in Gesprächen, bei Kongressen Informationen über neue Entwicklungen erhalten haben, die vielleicht in absehbarer Zeit eine gewisse Bedeutung haben könnten. Diese frühen, noch relativ unspezifischen Hinweise werden als schwache Signale bezeichnet (vgl. Abbildung 4).

In der praktischen Arbeit ist für den Erfasser schwacher Signale oft schwierig, aus dem, was er eben gelesen hat, zu entscheiden, ob diese Information schon von einem anderen Erfasser gemeldet worden sind.

Diese Erfassung schwacher Signale und die anschließende Auswertung und Interpretation kann ganz entscheidend verbessert werden durch die Online-Durchführung.

Der Erfasser ruft das Erfassungsformular einmal ab und speichert es auf seinem Rechner. Wenn er ein schwaches Signal eingeben möchte, gibt er zunächst nur das Schlagwort ein und klickt auf die Schaltfläche absenden. Der Server überprüft dann unverzüglich, ob dieses Schlagwort, oder ähnlich lautende Schlagwörter schon gemeldet worden sind. Über E-Mail wird der Erfasser über das Ergebnis des Abgleichs in Kenntnis gesetzt.

Die neu gemeldeten schwachen Signale werden kontinuierlich in den Bestand aufgenommen. Jeder Erfasser kann auch zu jeder Zeit in dem Bestand blättern, um sich einen Eindruck zu verschaffen, welche Signale registriert worden sind.

Eine systematische Zusammenfassung des Bestandes ist die Basis der Entscheidungen des **Auswertungskommittees**, das entscheidet, mit welchen Entwicklungen man sich intensiver auseinandersetzen möchte (vgl. Abbildung 5).

Für die **virtuelle Experten-Besprechung** stehen eine Reihe von Möglichkeiten zur Verfügung. Es sind dies die Möglichkeiten zum Aufbau eines Forums.

Zu erwähnen ist in diesem Zusammenhang auch multiples Desktop Videoconferencing, das die Übertragung von Bild und Text am PC ermöglicht. Dies ist heute schon in geringer Qualität mit einer Minimalausstattung (Minikamera auf dem Monitor und Mikrophon) auf der Grundlage von *Windows 98* möglich. Auch mit Hilfe von Groupware können virtuelle Expertensitzungen realisiert werden. Hierfür ist allerdings das Verfügen über die entsprechende Software erforderlich. Die Sitzungen müssen allerdings differenzierter vorbereitet werden als traditionelle Sitzungen. Sie haben möglicherweise mehr den Charakter eines Hearing, in dem die Experten zu vorgegebenen Themen Stellung nehmen. Neben der entsprechenden technischen Vorbereitung ist erforderlich, daß eine Strukturierung der Themen vorliegt und Statements zu der Thematik vorliegen, die von den Experten bearbeitet werden können. Der entscheidende Vorteil ist, daß auf diesem Wege die Möglichkeiten für Expertenrunden erheblich erweitert werden. Es entfällt das erhebliche Problem der Anreisezeiten und des damit verbundenen erheblichen uneffizienten

MONITORING – Schwache Signale

Stichwort:	Was wird dadurch möglicherweise verändert?
Zusammenfassung:	
	Relevant für:
	strategische Planung ☐
	Operative Planung ☐
	Mediaplanung ☐
	Multimedia ☐
Kommentar:	Konzeption ☐
	Gestaltung / Kreation ☐
	Produktion ☐
	Management ☐
	Kommunikationsforschg. ☐
Quellenangabe:	Controlling ☐
	Sonstiges
	Wann könnte diese Thematik relevant sein?
Autor:	sofort ☐
	1999 ☐
	2000 ☐
	bis 2005 ☐
Titel:	nach 2005 ☐
	Welche weiteren Veränderungen könnten damit verbunden sein?
Stelle:	
Erscheinungsort, -jahr:	Auswirkungen auf den Arbeitsmarkt?
	Erfasser:
	Erfassungsdatum:

Bewertung: 1= sehr wichtig, 6= unwichtig (Eintreten wahrscheinlich/unwahrscheinlich)

Eintrittswahrscheinlichkeit: 1 2 3 4 5 6
  sehr wahrscheinlich   sehr unwahrscheinlich

allgemeine Bedeutung: 1 2 3 4 5 6
  sehr wichtig   unwichtig

Auswirkungen auf Wettbewerbsfähigkeit: 1 2 3 4 5 6
  sehr große Auswirkungen   keine Auswirkungen

Wo finden sich weitere Informationen dazu?

Abb. 4: Formular zur Erfassung schwacher Signale (Kommunikationsmonitor)

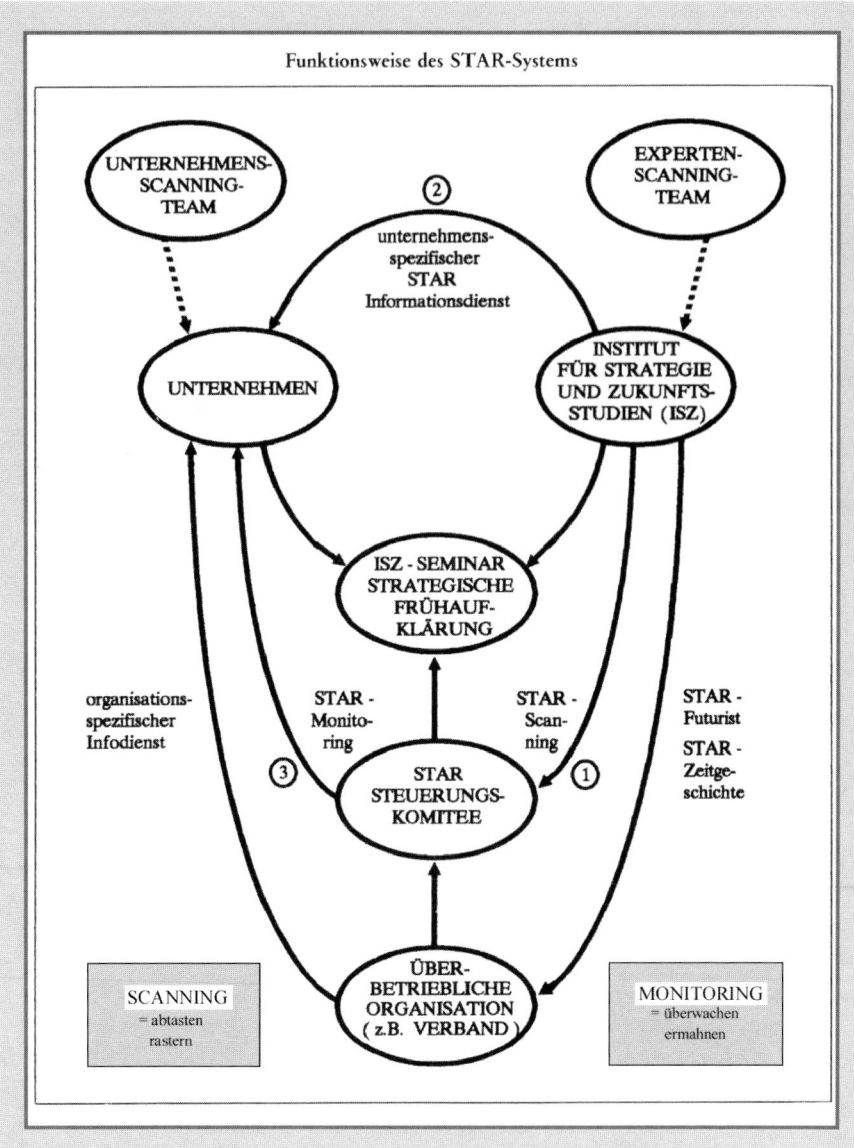

Abb. 5: Scanning-Verfahren (Quelle: *Müller-Stevens*, in: Trux/Müller-Stevens/Kirch 1989, S. 445)

Zeitaufwandes. Möglicherweise könnten virtuelle Expertensitzungen effizienter sein als reale Treffen, da der einzelne Experte seine Argumente systematischer darstellt, weil im Vordergrund der Kommunikation Texte, Graphiken und Bilder stehen. Die Auswertung von virtuellen Expertensitzungen ist einfacher, weil ein sehr erheblicher Teil der Inhalte direkt digital abgespeichert werden kann und dann der Berichterstellung unmittelbar zur

Verfügung steht. Die Bedeutung von verbalen Beiträgen ist geringer als bei realen Sitzungen.

9.4 Perspektive

Es ist davon auszugehen, daß die multimedialen Möglichkeiten in den kommenden Jahren die Forschungs-Aktivitäten sehr entscheidend verändern werden. In ganz besonderen Maße wird dies die Produkttests und die Zukunftsforschung betreffen. Möglicherweise wird ein Teil der Forschung damit in die Unternehmen zurückverlagert.

9.5 Literaturverzeichnis

Bachofer, Michael: Wie wirkt Werbung im Web, stern, Druck- und Verlagshaus, Hamburg 1998
Berndt, Ralph / Hermanns, Arnold (Hrsg.): Handbuch Marketing-Kommunikation, Wiesbaden 1993
Biethahn, Jörg / Bloech, Jürgen / Bogaschewsky, Ronald / Hoppe, Uwe (Hrsg.): Wissensbasierte Systeme in der Wirtschaft 1991, Verlag Gabler, Wiesbaden 1991
Biethahn, Jörg/Hoppe, Uwe (Hrsg.): Entwicklung von Expertensystemen, Wiesbaden 1991
Bins, Elmar K. / Piwinger, Boris-A.: Newsgroups, weltweit diskutieren, Bonn 1997
Bollmann, Stefan (Hrsg.), Kursbuch neue Medien, Bollmann Verlag, Mannheim 1995
Bollmann, Stefan / Christiana Heibach (Hrsg.): Kursbuch Internet, Mannheim 1996
Esch, Franz-Rudolf: Expertensysteme zur Beurteilung von Anzeigenwerbung, Heidelberg 1990
Esch, Franz-Rudolf / Werner, Kroeber-Riel: Expertensysteme für die Werbung, München 1994
Förster, Hans-Peter / Zimmermann, Martin: Multimedia, Neuwied 1993
Forschungsschwerpunkt Kommunikation, Kommunikationsperspektiven, Schriftenreihe der Fachhochschule Düsseldorf 1995
Hünerberg, Reinhard / Heise, Gilbert (Hrsg.): Multi-Media und Marketing, Wiesbaden 1995
Klewes, Joachim: Die Marketing Datenbank, Düsseldorf 1997
Lampe, Frank: Business im Internet, Braunschweig 1997
Mülder, Wilhelm / Weis, Christian (Hrsg.): Computerintegriertes Marketing, Ludwigshafen 1996
Münker, Stefan / Roesler, Alexander: Mythos Internet, Frankfurt 1997
Nagel, Kurt / Ley, Dirk: Unternehmenssignale, Landsberg/Lech 1994
Neibecker, Bruno: Werbewirkungsanalyse mit Expertensystemen, Heidelberg 1990
Pepels, Werner: Kommunikationsmanagement, Stuttgart 1994
Pispers, Ralf / Riedel, Stefan: Digital Marketing, Addison Wesley Longman Verlag, Bonn 1997
Pradel, Marcus: Marketingkommunikation mit neuen Medien, München 1992
Schub von Bossiazky, Gerhard: Psychologische Marketingforschung, München 1992
Segerer, Jürgen: Interaktive Verkaufsförderung, Bonn 1996
Spang, Stefan / Krämer, Wolfgang: Expertensysteme, Wiesbaden 1991
Werner, Andreas / Stephan, Ronald: Marketing Instrument Internet, 2. Auflage, Heidelberg 1998

10. Omnibusbefragung/Mehrthemenbefragung

Werner Hagstotz/Karin Schmitt-Hagstotz

Inhaltsübersicht

10.1 Grundsätzliche Charakterisierung der Omnibus-/Mehrthemenbefragung
10.2 Nutzen und Einsatzmöglichkeiten speziell für den Mittelstand
10.3 Mögliche Stichproben (Gesamtbevölkerung oder spezielle Zielgruppen)
10.4 Befragungsmethoden (face-to-face-Interviews, CAPI, Telefoninterviews)
10.5 Tips zur Institutswahl
10.6 Durchführungsschritte (Checkliste)
10.7 Umsetzung der Ergebnisse
10.8 Fallstudie als Praxisbeispiel
10.9 Besonderheiten
10.10 Literaturverzeichnis

Auf einen Blick

- Omnibus- bzw. Mehrthemenbefragungen werden von etlichen größeren Marktforschungs-Instituten regelmäßig angeboten und (bei genügend Teilnehmern) durchgeführt.
- Das Grundprinzip: das Institut finanziert über etliche Teilnehmer eine Befragung mit hohen Fallzahlen, die deswegen besonders kostengünstig ist, weil jeder Teilnehmer nur wenige Fragen aus dem Gesamtumfang des Fragebogens erhält.
- Die Grundgesamtheit: meist die Wohnbevölkerung ab 14 Jahren. Es gibt aber auch Spezialstichproben wie Befragungen von Pkw-Fahrern, Senioren, Kindern, ausländischer Wohnbevölkerung.
- Die räumliche Differenzierung: es gibt Europa-Busse (ca. 5000 Befragte), Deutschland-Busse (ca. 1000–2000 Befragte, bei Spezialstichproben auch weniger) und regionale Busse.
- Traditionelle Erhebungsmethode sind face-to-face-Interviews, die heute zunehmend als CAPI (Computer Aided Personal Interviewing) durchgeführt werden. Noch häufiger kommt aber, wenn die Fragestellungen das zulassen, CATI (Computer Aided Telephone Interviewing) zum Einsatz.
- Omnibusbefragungen liefern ein kostengünstiges Instrument, um hohe Fallzahlen mit befriedigender Datenqualität zu realisieren.

10.1 Grundsätzliche Charakterisierung der Omnibus-/ Mehrthemenbefragung

Der Begriff Omnibusbefragung symbolisiert bereits den Grundgedanken: ein meist größeres Marktforschungs-Institut organisiert die Durchführung einer fallzahlmäßig umfangreichen Befragung, wobei die Teilnehmer wie beim Omnibus zu mehreren einsteigen können und damit Anteile an der Befragung erwerben. Trifft ein solches Angebot des Instituts auf genügend Mitfahrer, dann wird die Befragung durchgeführt.

Jeder Mitfahrer entscheidet sich für eine bestimmte Anzahl an Fragen, die er einkauft. Hierbei unterscheiden sich die Preise stark nach der Fragenart und der Fragenlänge. Geschlossene Fragen, bei denen alle Antwortmöglichkeiten vorgegeben sind, kosten weniger als offene Fragen. Zur groben Orientierung läßt sich dazu für einen repräsentativen, nationalen Omnibus in Deutschland mit einer Fallzahl von 2000 Befragten folgende Kalkulation aufstellen:

- pro geschlossener Frage   DM 2000,– bis DM 3000,–
- pro offener Frage   DM 3000,– bis DM 4000,–
- darin enthalten sind Feldarbeit, Datenerfassung und einfache Standardauswertung als Tabellenband,
- darin nicht enthalten sind die spezielle Berichterstattung und Präsentation durch das Institut.

Vereinfacht gesagt wird also die vom Institut vorgesehene Befragungsdauer, beispielsweise 50 Minuten, wie ein Kuchen in mehrere Stücke zerlegt und einzeln verkauft. Dies ist für Auftraggeber immer dann von Vorteil, wenn zwar nur wenige Fragen benötigt werden, die erwünschten Fallzahlen aber möglichst hoch sein sollten.

Ein **Beispiel** zur Verdeutlichung: eine Brauerei möchte wissen, ob ihre gerade anlaufende bundesweite Werbekampagne für das neue Light-Hefeweizen bemerkt wird und wie sie ankommt. Sie beteiligt sich deshalb an einer bundesweiten Omnibusbefragung des Instituts XY mit der Zielgruppe Deutsche Bevölkerung ab 14 Jahren und einer Fallzahl von insgesamt 2000 persönlichen Interviews. Würde die Brauerei diese Befragung selbst organisieren und durchführen, kämen Kosten in der Größenordnung von mindestens 100 000 DM auf sie zu. Da sie lediglich fünf bis acht Fragen stellen möchte, entscheidet sie sich für die Beteiligung an der Omnibusbefragung und kommt dadurch mit einem Marktforschungs-Budget in der Größenordnung zwischen DM 15 000 und DM 20 000 aus.

Sie erhält dafür außer den Ergebnissen ihrer eigenen Fragen auch die statistischen Merkmale aller Befragten und ist somit in der Lage, beispielsweise die Seher oder Hörer ihrer Werbekampagne ebenso nach soziodemographischen Merkmalen beschreiben zu können wie die Nichtseher und Nichthörer. Ein weiteres Kennzeichen der Omnibus- oder Mehrthemenbefragung liegt also darin, daß zwar jeder Teilnehmer die Ergebnisse seiner eigenen Fragen exklusiv erhält, der Statistikteil der Befragung aber allen Mitfahrern zugänglich gemacht wird.

Größere im Bereich von Omnibusbefragungen versierte Institute bieten Einstiegsmöglichkeiten im Abstand von acht oder vierzehn Tagen an. Die Ergebnisse liegen den Mitfahrern oft schon wenige Wochen nach Start der Erhebung vor (*Wyss* 1991, S. 109 f.). Bei CATI können die Ergebnisse binnen weniger Tage geliefert werden.

10.2 Nutzen und Einsatzmöglichkeiten speziell für den Mittelstand

Der grundsätzliche Nutzen dürfte bereits klar geworden sein: die Teilnahme an einer Omnibusbefragung kostet nur einen Bruchteil dessen, was die Durchführung derselben Befragung in Eigenregie kosten würde. Omnibusbefragungen eignen sich deshalb gerade für den Mittelstand, der ansonsten Befragungen mit Stichproben zwischen 1000 und 2000 Personen aus Kostengründen kaum durchführen könnte. Dennoch macht der Mittelstand von dieser relativ kostengünstigen Befragungsmethode noch wenig Gebrauch.

Dies mag an Informationsdefiziten bezüglich der Methode liegen, erklärt sich aber auch aus den für den Mittelstand oft eingeschränkten Einsatzmöglichkeiten. Zielgruppe für Omnibusbefragungen ist nämlich meist die Gesamtbevölkerung in ganz Deutschland, und eine so umfassende Zielgruppe haben nur wenige mittelständische Unternehmen. Wer primär Kunden in Baden-Württemberg beliefert oder im Business-to-Business-Bereich Druckmaschinen für Verlage herstellt, dem wäre mit der Beteiligungsmöglichkeit an einer bundesweiten Bevölkerungsbefragung kaum geholfen (vgl. Abbildung 1).

Wichtigste **Vorteile:**	Wichtigste **Nachteile:**
• geringe Fallpreise • minimaler eigener organisatorischer Aufwand • rasche Ergebnisse	Mehrere Teilnehmer bedeutet auch unterschiedliche Themenschwerpunkte. Dies kann zu Lasten der Datenqualität gehen: • Sukzessionseffekte (wechselnde Befragungsthemen beeinflussen sich gegenseitig) • geringes Involvement von Zielperson und Interviewer • geringe Flexibilität diese Instruments

Abb. 1: Zusammenfassung der Vor- und Nachteile von Omnibus-/Mehrthemenbefragungen

Ist allerdings die Zielgruppe nicht ganz so eingeschränkt, dann könnte mit einer Filterfrage die Beteiligung am Omnibus dennoch Sinn machen: wer etwa eine neuartige Espressomaschine an Privathaushalte vermarkten will, könnte bei einer 2000er Bevölkerungsbefragung vom Institut die Filterfrage stellen lassen »Trinken Sie zumindest gelegentlich Espresso oder Capuccino?«. Die Folgefragen nach möglichem Besitz einer solchen Maschine, Kaufabsichten oder Preisgrenzen würden nur im Falle einer Bejahung dieser Filterfrage gestellt, was vermutlich immerhin noch zu einigen hundert Interviews im Rahmen der 2000er Befragung führen würde. Werden dennoch höhere Fallzahlen benötigt, um Verkaufsprognosen zu erarbeiten und unterschiedliche Zielgruppen vertiefend auszuloten, dann spricht nichts gegen die Wiederholung dieser Omnibusbeteiligung auch bei den nächsten Befragungswellen dieses Instituts. Die benötigte Stichprobe von etwa 1000 potentiellen Kunden für die Espressomaschine würde sich somit nach beispielsweise drei Erhebungswellen durch die Zusammenfassung der einzelnen Datensätze ergeben.

10.3 Mögliche Stichproben (Gesamtbevölkerung oder spezielle Zielgruppen)

Die meisten Omnibusbefragungen haben die Gesamtbevölkerung Deutschlands ab etwa 14 Jahren zur Grundgesamtheit. Die Auswahl der Stichprobe erfolgt dabei über Random oder Quota. Das Random-Verfahren basiert auf der zufälligen Auswahl der Befragten aus einer festgelegten Grundgesamtheit, während im Falle der Quoten-Auswahl ganz bestimmte Merkmalsverteilungen zu Grunde gelegt werden. (*Kamenz* 1997, S. 138 ff.) Zu beachten ist, daß es sich bei dieser Grundgesamtheit üblicherweise um die wahlberechtigte deutsche Bevölkerung handelt, in Deutschland lebende Ausländer also nicht berücksichtigt werden. Dies kann je nach Käuferzielgruppe oder Fragestellung eines Auftraggebers eine beachtenswerte Einschränkung mit sich bringen.

Es gibt allerdings auch Institute, die andere Omnibusbefragungen mit anderen Zielgruppen anbieten. Diese unterscheiden sich insbesondere bezüglich folgender Faktoren von der obengenannten üblichen Bevölkerungsstichprobe:
- die Zielgruppe hat eine andere Altersstruktur (Omnibusse speziell für Kids oder Senioren),
- die Zielgruppe ist von vornherein regional begrenzt (auf ein Bundesland),
- sie setzt sich nur aus Personen mit bestimmten Merkmalen zusammen (PKW-Fahrern, Krankenhausärzten oder Führungskräften in der Wirtschaft).

Eine gute Übersicht solcher Stichproben sowie der Angebotsbreite von Omnibusbefragungen überhaupt bietet der vierzehntägig erscheinende Informationsdienst für Marktforscher *Context* in jeder Ausgabe.

Hier die Bezugsadresse: Thomas Marcotty, Context-Informationsdienst, Leostraße 73A, D-40545 Düsseldorf, Tel. 02 11 / 57 60 12.

10.4 Befragungsmethoden (face-to-face-Interviews, CAPI, Telefoninterviews)

Typische Fragestellungen, die sich durch Omnibusbefragungen beantworten lassen, sind (*Kastin* 1995, S. 63):
- Bekanntheitsgrad von Marken, Firmen und Produkten,
- Einkaufsverhalten und Käuferstrukturen,

- Gewohnheiten und Strukturen bei Verbrauchern und Anwendern bestimmter Produkte,
- Überprüfung von Vertriebsstrukturen (nicht für spezielle Märkte),
- Meinungsstudien zu aktuellen Themen (Politikbereich),
- Klärung juristisch relevanter Fragen (Verständnis und Gültigkeit von Begriffen und Vorstellungen in der Öffentlichkeit).

Bis in die 80er Jahre wurden Omnibusbefragungen üblicherweise mit Hilfe von persönlichen Interviews in den Haushalten der Zielpersonen durchgeführt. Mit dem Aufkommen der computergestützten Telefoninterviews, der CATI-Methode, änderte sich dies (CATI steht für Computer Aided Telephone Interviewing). Seitdem stehen die Telefoninterviews als deutlich kostengünstigere Variante der Datenerhebung neben den persönlichen Befragungen, wobei die raschere Durchführung einen weiteren Vorteil von CATI-Interviews darstellt.

Es gibt allerdings je nach Untersuchungsproblem auch Gründe, die für Omnibusbefragungen mit persönlichen Interviews sprechen:

- im Interview sollen auch Produkte getestet werden (ein Geschmackstest von Müsli-Riegeln im Konkurrenzumfeld),
- die spontanen Reaktionen der Interviewpartner sind von hohem Stellenwert,
- aufgrund der langen Interviewdauer der Mehrthemenbefragung insgesamt empfiehlt sich diese Art der Datenerhebung.

In den letzten Jahren sind die persönlichen Interviews durch das Aufkommen der CAPI-Technologie wieder etwas in den Vordergrund getreten. CAPI steht für Computer Aided Personal Interviewing; die Antworten werden nicht mehr auf Papier festgehalten, sondern während des Interviews direkt in den Computer eingegeben. Beim prinzipiellen Entscheid für persönliche Interviews ist also die Wahl zwischen konventioneller Durchführung mit Papierfragebogen oder computergestütztem Interview zu treffen. Bei dieser Entscheidung sollte der Zeit- und Kostengewinn durch CAPI ebenso in Erwägung gezogen werden wie die möglicherweise reservierte Reaktion der Zielpersonen auf das CAPI-Interview (Akzeptanzprobleme bei Personen, die mit Computern wenig oder gar keine Erfahrung haben, z. B. ältere Zielpersonen).

Prinzipiell kommt auch die dritte wichtigste Methode der Datenerhebung, das postalische Interview, für Omnibusbefragungen in Betracht. Während in einigen Ländern, speziell im skandinavischen Raum, auch der Mail-Omnibus sehr gut eingeführt ist (*Wyss* 1991, S. 110), scheitert im deutschsprachigen Raum diese Art der Befragung häufig am Grundproblem postalischer Erhebungen: die Rücklaufquote bleibt in der Praxis meist zu gering. Dies hängt jedoch mit dem Themeninteresse der Befragten zusammen, was bedeutet, daß bei thematisch hoch motivierten Zielgruppen durchaus auch eine Omnibusbefragung auf postalischem Wege (Mail-Omnibus) möglich wäre. Dann sollte allerdings eine solche Erhebung mit Erinnerungs- und Nachfaßaktionen zur Steigerung der Rücklaufquote gekoppelt sein.

10.5 Tips zur Institutswahl

Die regelmäßige Durchführung von Omnibusbefragungen erfordert einen hohen organisatorischen Aufwand. Aus diesem Grund bieten nur größere Institute diese Befragungsform an. Auf die Angebotsübersicht im Marktforscher-Informationsdienst *Context* wurde bereits im 3. Abschnitt hingewiesen; man findet dort die Namen der anbietenden Institute ebenso wie die Zeitplanung der Befragungen, Informationen über die Zielgruppe sowie den Ansprechpartner (vgl. Abbildung 2).

Mehrthemen-Umfragen			
Datum	Institut	Telefon	Zielgruppe
02.06.98	Getas Irw.	0 40-80 09 61 45	1000 F Polen
02.06.98	Ifak	0 61 28-7 47 44	2000 F Gesamtdeutschland
02.06.98	Inra Deutschland	0 45 42-80 12 23	500/1000 F Cati Bevölkerung BRD
03.06.98	Icon	09 11-9 59 31 57	500 Cati Deutschland
03.06.98	Inra Deutschland	0 45 42-80 12 90	1000 F Senioren BRD
03.06.98	GFM-Getas	0 40-80 09 61 40	1000/2000 F Capi BRD
04.06.98	Inra Deutschland	0 45 42-80 13 66	1000 F Kinder 6–13 Jahre
04.06 98	GfK MF	09 11-3 95 31 59	500 F Cati + Autodialing BRD West
04.06 98	GfK MF	09 11-3 95 31 59	500 F Cati + Autodialing BRD gesamt
04.06 98	Forsa	0 30-62 88 20	500 R Cati NRW
04.06.98	Forsa	0 30-62 88 20	500 F Cati Berlin
04.06.98	Forsa	02 31-9 02 20	500 F Cati Schweden
04.06.98	Ifak	0 62 18-7 47 44	500 F Cati Gesamtdeutschland
04.06.98	Link	0 69-94 54 01 20	500 F Cati Bevölkerung BRD
04.06.98	Marplan	0 69-80 5 92 40	2500 F Gesamtdeutschland
04. 06.98	Marplan	0 69-80 5 92 40	2000 F West
05.06.98	Icon	09 11-95 9 31 57	500 Cati Deutschland
05.06.98	Forsa	02 31-9 02 20	500 F Cati Dänemark
05.06.98	Forsa	02 31-9 02 20	500 F Cati Norwegen
05.06.98	Forsa	0 30-62 88 20	500 F Cati Hamburg
05.06.98	GFM-Getas	0 40-80 09 61 46	5000 F Capi Europe
05.06.98	Inra Deutschland	0 45 42-80 12 23	500/1000 F Cati Bevölkerung BRD
08.06.98	Inra Deutschland	0 45 42-80 12 23	1000/2000 F Face-To Face BRD

Abb. 2: Institute, die Omnibusbefragungen anbieten (Auszug), (Quelle: *Context* 11/98, S. 16 ff.)

Da Omnibusbefragungen bei den Interviewern aufgrund der häufigen Themenwechsel und damit befürchteter negativer Reaktionen der Befragten nicht unbedingt beliebt sind, sollte ein potentieller Auftraggeber zunächst das Thema Interviewerschulung und Feldkontrollen ansprechen. Keinesfalls sollte allein der Preis das Kriterium bei der Auswahl des durchführenden Instituts sein, da Mängel in der Feldarbeit die Qualität der gesamten Untersuchung gefährden können. Auf weitere anzusprechende Punkte wird im nächsten Abschnitt hingewiesen.

10.6 Durchführungsschritte (Checkliste)

Nach erfolgter Institutswahl sind folgende Schritte einzuplanen und durchzuführen:
1. Formulierung der Fragen und Antwortmöglichkeiten hierbei wird ein gutes Institut immer Hilfestellung leisten.
2. Endgültige Preisfestlegung bei relativ vielen Fragen könnte man über einen gewissen Rabatt sprechen.
3. Terminplanung: wann geht die Untersuchung ins Feld, wann sind Vorab-Ergebnisse möglich, bis wann erhält der Auftraggeber den Tabellenband mit den Daten?
4. Wie ist der Tabellenband überhaupt aufgebaut? Üblicherweise weist dieser Tabellenband, den das Institut liefert, für jede Frage eine Aufstellung der Ergebnisse sowohl für das Gesamt aller Befragten als auch für bestimmte Teilgruppen auf. Hierbei sollte es sich um Teilgruppen handeln, die für den Auftraggeber von besonderem Interesse sind, also etwa Kernzielgruppen für sein Produkt, begeisterte Nutzer und Kritiker. Eine nur nach soziodemographischen Merkmalsgruppen wie: Geschlecht, Alter, Schulabschluß, Einkommen differenzierende Auswertung, wie sie von manchen Instituten als Standard angeboten wird, würde die vorhandenen Möglichkeiten nicht voll ausschöpfen.
5. Endet die Ergebnispräsentation mit dem Tabellenband, oder wird vom durchführenden Institut auch eine kurze verbale Berichterstattung mit Empfehlungen angeboten? Vieles spricht für ein solches Management Summary, wenn das Institut einschlägige Branchenerfahrung hat: der Rat eines Externen, nicht Betriebsblinden, bringt oft neue Erkenntnisse. Wer noch darüber hinausgehen möchte, sollte die Mehrkosten einer persönlichen Ergebnispräsentation durch das Institut im eigenen Hause nicht scheuen.

10.7 Umsetzung der Ergebnisse

Die Institutspräsentation im Hause des Auftraggebers kann bereits der Einstieg in eine gelungene Umsetzung der Ergebnisse sein. Auf jeden Fall sollten die Erfahrungen des Marktforschungsinstituts Eingang in diesen Prozeß finden, selbst wenn sie nur in Form eines kurzen schriftlichen Berichts eingeholt werden. Da Omnibusbefragungen in der Regel nur wenige Fragen enthalten und keine detaillierte Marktstudie etwa zu einem Produkt oder einer Dienstleistung ersetzen können, wird der Auftraggeber von diesem Zeitpunkt an wieder auf sich gestellt sein. Wichtig ist deshalb, daß auch kritische Aspekte der Befragungsergebnisse nicht ausgeblendet werden, weil sie weh tun, sondern in die Ergebnisumsetzung einbezogen werden. In manchen Fällen wird die Omnibusbefragung im übrigen weiteren Forschungsbedarf nach sich ziehen, weil man nun zwar die wichtigsten Stärken oder Schwächen einer Marketingaktivität oder eines Produkts erkannt hat, aber differenziertes Wissen zur Verbesserung noch nicht vorliegt.

10.8 Fallstudie als Praxisbeispiel

Das im ersten Abschnitt gewählte Beispiel einer Brauerei, die ein neues Light-Hefeweizen mittels bundesweiter Werbekampagne einführt, soll hier erweitert werden. Die Annahme war, daß die Brauerei per Omnibusbefragung feststellen will, ob diese Werbekampagne bemerkt wird und wie sie ankommt. Um ein mittelstandsgerechtes Beispiel zu wählen, soll hier nicht von einer teuren TV-Kampagne ausgegangen werden, sondern von einer Print-Kampagne primär in Publikumszeitschriften wie *Focus* und einigen Special-Interest-Titeln wie *auto motor und sport*.

Zielgruppe könnte die deutsche Bevölkerung ab 14 Jahren sein, wobei die Werbekampagne zwar schwerpunktmäßig Hefebiertrinker ansprechen sollte, möglicherweise aber auch bisherige Nicht-Hefetrinker bekehren könnte. Es empfiehlt sich deshalb die Schaltung einer entsprechenden Filterfrage in einer Omnibusbefragung mit mindestens 1000, besser aber 2000 Fällen: »Trinken Sie zumindest gelegentlich Bier, gleich ob mit oder ohne Alkoholgehalt?« Wer diese Frage bejaht, wird im Folgenden im persönlichen Interview danach gefragt:
- welche Marken von Bier-Herstellern (Brauereien) er oder sie kennt,
- Bier welcher dieser Marken und Arten (Export, Pils, Weizen) getrunken wird,
- ob in letzter Zeit irgendwo Werbung eines Bier-Herstellers (einer Brauerei) aufgefallen ist und – falls ja – in welchen Medien und welches Motiv,
- ob man das vom Interviewer vorgelegte Werbemotiv kenne, wo man es bereits gesehen habe und wie man es bewerte,
- ob man das beworbene neue Light-Hefeweizen schon irgendwo getrunken habe und wie man es bewerte,
- welchen Rangplatz es in der Reihe der anderen bekannten Biere einnehme.

Bereits mit diesen wenigen Fragen und den zugespielten soziodemographischen Merkmalen lassen sich für einen vergleichsweise Low-Budget-Etat wichtige Erkenntnisse für den Auftraggeber gewinnen, und zwar sowohl für Marketing als auch für die Werbeabteilung und den Vertrieb.

10.9 Besonderheiten

An diesem Beispiel kann man zugleich aufzeigen, worauf bei der Beteiligung an Omnibusbefragungen besonders zu achten ist. Die Effekte wechselnder Befragungsthemen (Sukzessionseffekte) sind hier der wichtigste Punkt. In unserem Beispiel könnte das bedeuten, daß das durchführende Institut die erwähnten Fragen im mittleren Bereich des Interviews plaziert hat, direkt davor also der Fragenkomplex eines anderen Auftraggebers abgefragt wird. Im schlechtesten aller denkbaren Fälle könnte es sich hierbei um ein

Projekt der Krankenkassen handeln, die per Marktforschung die Bewertung ihrer auf Hochtouren laufenden TV-Kampagne gegen Alkoholmißbrauch mit dem Slogan »Beim Bier fängt's an« erfahren wollen. Es liegt auf der Hand, daß die im Interview solcherart eingestimmten Befragten im nächsten Fragenkomplex unserer Brauerei zum neuen Light-Hefeweizen nicht mehr ein unverfälschtes Antwortverhalten zeigen, sondern deutlich kritischer werten. Die Ergebnisse wären also insofern verfälscht, als (zumindest) die zu testende Werbekampagne schlechter beurteilt würde als im Falle eines unverfänglicheren Fragenkomplexes zuvor. Nicht auszudenken, wenn nun noch die Agentur für den vermeintlichen Flop verantwortlich gemacht würde.

Um solche Sukzessionseffekte zu vermeiden, sollte der Auftraggeber beim durchführenden Institut die vor den eigenen Fragen plazierten Themenbereiche der anderen Auftraggeber der groben Richtung nach erfragen. Sind dabei solche Beeinflussungseffekte zu befürchten, sollte die Plazierung der eigenen Fragen geändert werden. Bei einem guten Institut dürfte allerdings der Projektleiter bereits von sich aus durch entsprechende Reihenfolge der Befragungsthemen vorgesorgt haben.

10.10 Literaturverzeichnis

Kamenz, Uwe: Marktforschung, Einführung mit Fallbeispielen, Aufgaben und Lösungen, Stuttgart 1997
Kastin, Klaus S.: Marktforschung mit einfachen Mitteln, Daten und Informationen beschaffen, auswerten und interpretieren, München 1995
Koch, Jörg: Marktforschung, Begriffe und Methoden, München 1996
Marcotty, Thomas (Hrsg.): Context-Informationsdienst, Leostraße 73A, D-40545 Düsseldorf, Tel. 02 11 / 57 60 12.
Wyss, Werner: Marktforschung von A–Z, Adlingenswil, Schweiz 1991

11. Panel-Forschung

Fritz Unger

Inhaltsübersicht

11.1   Einführung
11.2   Endverbraucherpanel (Handelspanel)
11.2.1 Methode
11.2.2 Aussagekraft
11.2.3 Konsequenzen für das Marketing
11.3   Handelspanel
11.3.1 Methoden
11.3.2 Aussagekraft
11.3.3 Konsequenzen für das Marketing
11.4   Spezialpanel
11.5   Literaturverzeichnis

Auf einen Blick

Die Panel-Forschung basiert auf Befragungen in wiederkehrenden Zeitintervallen bei immer gleichen Stichproben. Zu den wichtigsten Panel-Stichproben zählen im Marketing Handels-Panel und Endverbraucher-Panel. Marktforschung auf der Basis eines Endverbraucher-Panel wird im folgenden im wesentlichen anhand der Haushalts-Panel von *GfK*, Nürnberg, und *Nielsen*, Frankfurt, dargestellt. Zunächst finden sich methodische Erörterungen, anschließend erfolgt eine Beschreibung der wichtigsten Aussagen, die sich für das Marketing aus der Haushalts-Panel-Forschung ergeben. Die wichtigsten Kennziffern werden beschrieben. Abschließend wird der Nutzen für das Marketing erörtert. Dabei zeigt sich, daß die Haushalts-Panel-Forschung im wesentlichen ein Kontrollinstrument für alle Aktivitäten im Konsumgütermarketing darstellt. Es zeigt sich, wie bestimmte Haushalte auf die Marketingstrategie des eigenen Unternehmens wie auch die der Wettbewerber reagieren.

Das anschließend dargestellte Handels-Panel wird demgegenüber im wesentlichen als ein Kontrollinstrument für den Außendienst im Konsumgütermarketing verstanden. Auch hier wird zunächst die Methode erörtert, anschließend finden sich die wichtigsten Informationen für das Marketing in Form von Kennziffern. Diese werden erläutert, ihre Aussagekraft für das Vertriebsmanagement wird verdeutlicht.

In einem Schlußkapitel werden zwei Arten von Spezial-Panels dargestellt: Test-Panel für Produkttests sowie das Panel zur Untersuchung des Fernsehnutzungsverhaltens privater Haushalte (*GfK*-Fernsehforschung).

11.1 Einführung

Ein Panel ist eine Stichprobe, in welcher, nachdem die Stichprobe einmal gebildet worden ist, in regelmäßigen Abständen Erhebungen aller Art möglich sind. In strenger Auslegung werden in einem Panel, in immer gleichen Abständen, immer wieder die gleichen Erhebungen durchgeführt. Ein solches Panel dient in erster Linie dazu, Veränderungen im Zeitablauf zu erfassen. Es ist aber auch möglich, ein einmal aufgebautes Panel dazu zu benutzen, immer wieder neue Untersuchungen durchzuführen. Schließlich besteht die Möglichkeit, in solchen Panels, in denen in regelmäßigen Abständen immer wieder die gleichen Erhebungen durchgeführt werden, fallweise Sondererhebungen stattfinden zu lassen.

Besondere Probleme in der Panel-Forschung ergeben sich in erster Linie daraus, daß in regelmäßigen Abständen immer wieder die gleichen Personen befragt werden, was dazu führt, daß durch die Mehrfacherhebung möglicherweise Antwortverzerrungen auftreten, welche die Generalisierbarkeit der Aussagen einschränken. Dieser **Panel-Effekt** wird allerdings zunehmend durch den Einsatz elektronischer Befragungen reduziert bis gänzlich vermieden. Der Panel-Effekt ist um so stärker, je bewußter den befragten Personen das den Fragen zugrunde liegende Verhalten wird. Reduzierter Erhebungsaufwand reduziert daher den Panel-Effekt. Ein Beispiel für einen drastisch reduzierten Erhebungsaufwand wird erläutert im letzten Abschnitt am Beispiel der Erfassung des Fernsehnutzungsverhaltens.

Andere Probleme ergeben sich hinsichtlich der Frage der Repräsentativität der Panel-Stichprobe und der Abdeckung des Gesamtmarktes durch die zur Verfügung stehenden Panel. **Repräsentativitätsprobleme** sind allerdings nicht panelspezifischer Art. Sie ergeben sich immer dann, wenn in der Marktforschung auf der Basis von Stichproben gearbeitet wird. Lediglich aus der Tatsache, daß die beteiligten Personen oder Haushalte ihre Bereitschaft in einer regelmäßigen Befragung kundtun müssen, ergibt sich eine höhere Verweigererquote, was die Repräsentativität natürlich negativ beeinflußt. Reduzierbar ist dieses Problem wiederum durch geringeren Erhebungsaufwand. Das Problem der Marktabdeckung (Coverage-Problem) stellt ein generelles Problem der Marktforschung dar. Es ergibt sich aus der Tatsache, daß eine wie auch immer definierte Stichprobe selten den gesamten Markt erfassen kann.

Es gibt eine sehr große Vielzahl unterschiedlich gestalteter Panels. Ein Überblick findet sich bei *Weis* und *Steinmetz* (1998, S. 168 f.). Die wichtigsten Panels lassen sich in drei Kategorien einordnen: Verbraucherpanel, Handelspanel und Spezialpanel. Verbraucherpanels erfassen den mengen- und wertmäßigen Konsum der Letztverbraucher, das können Privatpersonen oder nichtprivate Haushalte (Krankenhäuser, Anstalten, Pflegeheime) sein. Handelspanels erfassen den mengen- und wertmäßigen Warenstrom im Handel. Wir behandeln im folgenden die wichtigsten Panels, also das Haushaltspanel als Beispiel für Verbraucherpanel, das wichtigste Handelspanel, also das Lebensmitteleinzelhandelspanel (LEH-Panel) sowie einige wenige ausgewählte Spezialpanels, z. B. das GfK-Fernsehpanel.

11.2 Endverbraucherpanel (Haushaltspanel)

Während bei Individual-Panels einzelne Personen Gegenstand der Marktforschung sind, gelten im Haushaltspanel ganze Haushalte als Konsumeinheiten unabhängig davon, welche Einzelperson als Käufer oder Verbraucher tätig ist.

Ein Haushaltspanel wird in Deutschland durch die GfK, Gesellschaft für Konsumforschung in Nürnberg, betrieben. Das Panel besteht im Prinzip aus zwei strukturgleichen Stichproben mit jeweils 7500 Haushalten. Beide Panels sind repräsentativ für alle privaten deutschen Haushalte. Bei Bedarf werden beide Panels zu einer großen Stichprobe von 15 000 Haushalten zusammengefaßt. Ein ähnliches Panel auf der Basis von 10 000 Haushalten unter Einbezug nichtdeutscher Haushalte wird von *Nielsen*, Frankfurt, erstellt. Beide Panels erfassen nicht den Verbrauch nichtprivater Haushalte. Hierfür sind aufgrund der völlig andersartigen Verbrauchsstruktur eigene Spezialpanels erforderlich.

11.2.1 Methode

Die Panel-Haushalte berichten täglich unter Verwendung eines kleinen Handcomputers. Dieses Verfahren ist in der Marktforschungspraxis als Electronic Diary geläufig. Dabei werden die von dem jeweiligen Haushalt gekauften Artikel täglich mit Hilfe des bekannten EAN-Codes erfaßt. Nicht mit EAN-Code versehene Artikel werden mit Hilfe einer Tastatur manuell eingegeben. Ebenso werden bei diesen Produkten weitere Informationen wie die Verpackungsart, Produktmerkmale, Herkunftsland und Preis sowie insbesondere der Kaufort mit einer alphanumerischen Tastatur eingegeben. Bei mit EAN-Code versehenen Produkten wird lediglich die Anzahl der gekauften Produkte, die Geschäftsart und der Preis manuell eingegeben. Außerdem wird festgehalten, welches Haushaltsmitglied den Kauf getätigt hat. Der Handcomputer wird nachts an ein Telefonmodem angeschlossen, so daß ein Großrechner die Daten abrufen kann.

Die Haushalte werden nach einer Vielzahl soziodemographischer Merkmale beschrieben (*Unger* 1997, S. 202 f.):
- Bundesland, Ortsgröße,
- Alter der haushaltsführenden Personen (Hausfrau),
- Kinder im Haushalt,
- Berufstätigkeit der Hausfrau,
- Berufsgruppe des Hauptverdieners,
- Soziale Schicht (nach Einkommen, Bildung und Berufstätigkeit),
- Monatliches Haushaltsnettoeinkommen,
- Haushaltsgröße,
- Familienstruktur,
- Familienstand der Haushaltsmitglieder,
- Schulbildung des Hauptverdieners.

Ferner werden einige Verbrauchsmerkmale festgehalten wie:
- Preisbewußtsein,
- Auswertung des Haushaltes mit verschiedenen Geräten (z. B. PKW)

- Gartenbesitz
- Tierhaltung
- Wohn-, Miet- oder Eigentumsverhältnisse

Wenn auch die soziodemographischen Merkmale in ihrer Bedeutung zunehmend durch psychologische Merkmale (Life Style) zurückgedrängt worden sind, so läßt die Berücksichtigung einer Vielzahl derartiger soziodemographischer Faktoren doch eine Reihe von Schlußfolgerungen auf die Merkmale von Konsumzielgruppen oder Marktsegmenten zu.

Aufgrund der per Electronic Diary erfaßten Daten läßt sich das Kaufverhalten anhand folgender Daten beschreiben:
- Art des gekauften Produktes,
- Markenname und Herstellername,
- Art der Packung,
- Gewicht der Packung,
- Zahl der gekauften Packungen,
- Preis pro Packung,
- diverse produktspezifische Eigenschaften,
- Name der Einkaufsstätte,
- Geschäftsart,
- Datum des Einkaufes.

Da die Vielzahl einzelner Geschäfte oder Handelsketten sehr unübersichtlich wäre, faßt man in der Panel-Forschung die Geschäfte zu bestimmten Geschäftstypen zusammen. Am Beispiel der GfK ergeben sich folgende Definitionen:
- Traditioneller Lebensmittelhandel: Alle Lebensmitteleinzelhandelsgeschäfte bis 799 m^2 Ladengröße, ohne Verbrauchermärkte, Supermärkte und Discounter
- Verbraucher- und Supermärkte: Alle Märkte ab 800 m^2, auch wenn sie zu bestimmten Organisationsformen gehören wie Tengelmann oder Toom
- Aldi: Über 3000 Aldi-Märkte werden über die gesamte BRD zusammengefaßt betrachtet. Die Notwendigkeit einer speziellen *Aldi-Analyse* ergibt sich aus der Tatsache, daß Aldi im Bereich der Discounter eine Umsatzbedeutung von über 50% aufweist.
- Restliche Discounter: Alle Discounter ohne Aldi
- Großhandel, Cash und Carry-Märkte: Hier werden aber nur die Ausgaben privater Haushalte erfaßt.
- Kauf- und Warenhäuser: Hertie, Horten, Karstadt, Kaufhof
- Fachgeschäfte: Drogerien, Parfümerien, Apotheken, Elektrogeschäfte, Tabakgeschäfte, Kaffeegeschäfte
- Drogeriemärkte: Drogerien, die als Drogeriemärkte firmieren (Schlecker, dm)
- Restliche Einkaufsstätten: Alle in den oben genannten Gruppen nicht erfaßten Einkaufsstätten wie Werkskantinen, Kauf an der Haustür, Markteinkäufe

Gelegentlich wird bekannt, daß sich einzelne Handelsketten nicht an der Panel-Forschung beteiligen. Dies trifft permanent auf Aldi und traf zeitweise auf Schlecker zu. Es sei an dieser Stelle darauf hingewiesen, daß sich die Geschäfte nicht dagegen wehren können, in der Haushaltspanel-Forschung erfaßt zu werden. Hier ist bekanntlich der einkaufende Haushalt als Informant tätig und nicht die Handelsgeschäfte.

Die Berichte, der Panel-Forschung betreibenden Institute wie die *GfK* und *Nielsen* werden in unterschiedlichen Zeiträumen erstellt, den Berichtsperioden. Diese sind um so kürzer, je häufiger die untersuchten Artikel von den Verbrauchern gekauft werden. Sie ist also am kürzesten bei Frischeprodukten. Hier kann der Bericht alle vier Wochen erfolgen, wie bei Joghurt. Die Berichtsperiode ist am längsten bei längerlebigen Konsumgütern, die über einen längeren Zeitraum benutzt werden. Hier erfolgt der Bericht alle sechs Monate oder auch nur einmal im Jahr.

Neben der permanenten Berichterstattung über das laufende Konsumverhalten, können in größeren Abständen (jährlich) Umfragen zu allgemeinen Konsumeinstellungen durchgeführt werden. Dies dient dazu, die Panel-Haushalte auch psychologisch zu beschreiben und so Zielgruppen und Marktsegmente anhand von psychologischen Merkmalen zu unterscheiden.

11.2.2 Aussagekraft

Die wesentliche Information der Haushaltspanel-Forschung ist die Beschreibung der Käufer- und Nichtkäuferhaushalte bzw. die Beschreibung derjenigen Haushalte, die das betreffende Produkt intensiv oder weniger intensiv gekauft haben. Ein Käuferhaushalt ist ein Haushalt, der das betreffende Produkt innerhalb einer beliebig zu bestimmenden Periode mindestens einmal gekauft hat, ein Nichtkäuferhaushalt hat das Produkt in dieser Periode nicht gekauft. Da nur Kaufdaten und keine Verbrauchsmengen erfaßt werden, ist es natürlich möglich, daß ein Haushalt eine größere Menge gekauft hat und das Produkt im Laufe einer Periode konsumiert, ohne als Käuferhaushalt in Betracht zu kommen. Da aber auch die Kaufintensität und die Menge der gekauften Artikel erfaßt werden, kann derartiges berücksichtigt werden.

Wir können also sagen, welche Haushalte nach soziodemographischen Merkmalen und teilweise auch nach psychologischen Merkmalen beschreibbar zu den Käufer- oder den Nichtkäuferhaushalten zählen. Diese Unterscheidungen sind aufgrund der großen Stichprobe und der durchaus hinreichend gewährleisteten Repräsentatitivität des Panels auf ausreichend zuverlässiger Basis möglich.

Die regelmäßige Berichterstattung pro Periode beinhaltet folgende Kennziffern:
- Käuferreichweiten: Damit ist gemeint, wie viele Haushalte überhaupt das betreffende Produkt wenigstens einmal in der Berichtsperiode erworben haben. Da ein Haushalt verschiedene konkurrierende Marken innerhalb einer Periode erwerben kann, ist die Summe aller Käuferreichweitenanteile der konkurrierenden Marken größer als 100%. Das ist immer dann der Fall, wenn Haushalte Markenprodukte verschiedener Marken innerhalb einer Berichtsperiode erwerben, da sie dann zur Käuferreichweite beider Marken beitragen. Es gibt auch Marken, die eine Käuferreichweite von bis zu 80% in der gesamten Bevölkerung aufweisen und dennoch Marktanteile weit unter 80% erreichen.
- Marktanteil (mengen- und wertmäßig): In dieser Hinsicht sind insbesondere Veränderungen am gesamten Markt von Bedeutung und zwar in erster Linie im Vergleich zu den direkten Wettbewerbern. Die Marktanteile werden in Währungseinheiten, stück-

mäßig oder volumenmäßig erfaßt je nach Produktgattung und Fragestellung. Marktführer, die gleichzeitig Preisführer sind, weisen naturgemäß wertmäßig höhere Marktanteile auf als mengenmäßig.
- Wiederkaufsraten: Hierdurch wird der Wiederholungskauf ausgedrückt. Es kommt nicht nur darauf an, daß Haushalte ein Produkt einmalig kaufen. Für den langfristigen Erfolg ist es maßgeblich zu wissen, wie schnell und wie häufig ein Produkt zum wiederholten Male erworben wird.
- Durchschnittsmengen pro Einkauf und Durchschnittspreis pro Packung je Einkauf;
- durchschnittliche Menge pro Einkauf: Hier geht es also darum, ob häufig eine geringe Menge, selten eine große Menge oder Mischformen davon auftreten und zu welchen Preisen das geschieht.

Zu diesen **Standardinformationen** kommen noch **spezifische Daten** wie die Relation von Einkaufsintensität bezogen auf eine Marke im Vergleich zum Gesamtbedarf der Produktgattung bei den Käuferhaushalten. Hieraus ist ersichtlich, wie groß das Marktpotential für eine Marke ist. Wenn die meisten Käuferhaushalte eine Marke zu 100% durch diese Marke decken, dann ist eine Umsatzausweitung nur durch Hinzugewinnung neuer Käuferhaushalte möglich. Wenn jedoch die Kaufintensität bezogen auf eine Marke nur einen Teil des Gesamtbedarfes ausmacht, den der Haushalt hinsichtlich dieser Warengattung benötigt, dann ist offensichtlich, daß der andere Teil durch Konkurrenzmarken gedeckt wird. In diesem Fall kann der Umsatz durch Stabilisierung des Kaufverhaltens auf die eigene Marke ausgeweitet werden. Es ist auch denkbar, daß das gesamte Kaufverhalten der Haushalte noch nicht den maximal möglichen Bedarf deckt. Dann ist die Umsatzausweitung durch Marktausweitung ohne Verdrängungswettbewerb möglich.

All diese Kennziffern können in Form von Durchschnittskennziffern aber auch in Form von Häufigkeitsverteilungen erfaßt werden.

11.2.3 Konsequenzen für das Marketing

Mit Hilfe vertiefender Analysen lassen sich häufig konkrete Ansatzpunkte für Maßnahmen im operativen Marketing aus der Haushaltspanel-Forschung ableiten. Dies sei anhand von einigen Beispielen angesprochen:

Häufigkeitsverteilungen nach Preisklassen zeigen auf, wie groß die Kaufmenge in unterschiedlichen Preisklassen ist. Die Kaufmenge kann auf 1000 Haushalte bezogen werden. Eine solche in Abbildung 1 dargestellte Häufigkeitsverteilung zeigt, welche Preiserhöhungen keinen Einfluß auf die Menge haben und bei welcher Preiserhöhung dramatische Rückgänge hinsichtlich der Kaufmenge zu erwarten sind.

Für das Marketing ist die Zusammensetzung der Käuferschaft in einem Gesamtmarkt von Bedeutung. Abbildung 2 zeigt die Zusammensetzung eines Marktes anhand der *Einkaufshäufigkeit*. Hier werden die Käuferhaushalte danach unterschieden, wie häufig sie innerhalb einer bestimmten Periode gekauft haben. In unserem Beispiel haben 30% der Käuferhaushalte das Produkt nur einmal im Laufe der Gesamtperiode erworben und machen damit lediglich 7% am (in diesem Fall) mengenmäßigen Gesamtmarkt aus. Weitere 27% haben das Produkt zweimal gekauft und lösen damit 10% des Gesamtmarktes aus. Das

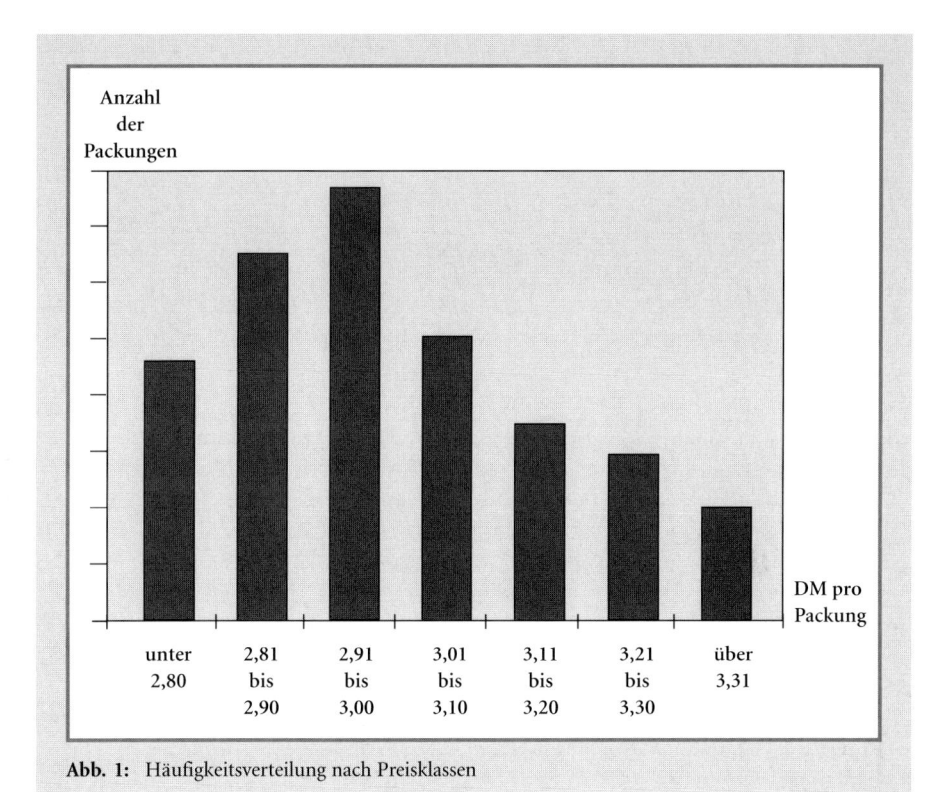

Panel-Forschung

[Bar chart: Anzahl der Packungen vs. DM pro Packung, with bars for price classes: unter 2,80; 2,81 bis 2,90; 2,91 bis 3,00; 3,01 bis 3,10; 3,11 bis 3,20; 3,21 bis 3,30; über 3,31]

Abb. 1: Häufigkeitsverteilung nach Preisklassen

heißt 57% aller Käuferhaushalte vereinigen lediglich 17% des Gesamtmarktes auf sich, wohingegen 10% aller Käuferhaushalte das Produkt sechsmal und öfter erworben haben und damit 40% des Gesamtmarktes ausmachen. Hieraus läßt sich ableiten, wo die derzeitige Kernzielgruppe zu finden ist und welche Zielgruppen möglicherweise noch ausweitbar sind. Es sei darauf hingewiesen, daß hinsichtlich der Käuferhaushalte auch in dieser Analyse genügend Informationen über die Soziodemographie und andere Merkmale vorliegen, um Zielgruppen hinreichend genau zu beschreiben.

In einem weiteren Beispiel wollen wir zeigen, wie sich die Verpackungspolitik anhand der Haushaltspanel-Forschung kontrollieren läßt. Hier wird aufgezeigt, wieviel Prozent aller Kaufhandlungen (Kaufakte) sich auf bestimmte Mengen beziehen und wie groß wiederum der Gesamtanteil dieser Kaufakte am Gesamtmarkt ist. Die Abbildung 3 ist folgendermaßen zu lesen: 5% aller Kaufakte betrafen den Kauf von 100 g des jeweiligen Produktes. Dadurch wird 1% des gesamten Marktes ausgelöst. 25% aller Kaufakte bezogen sich auf 200 g und bewirkten damit 12% des mengenmäßigen Gesamtmarktes.

In unserem Fall wird man sicherlich darüber nachdenken müssen, ob eine 100 g Packung überhaupt sinnvoll ist, es sei denn, es läßt sich nachweisen, daß es sich dabei um eine Probierpackung handelt. Auch das wäre aus der Panel-Forschung leicht ersichtlich. Man

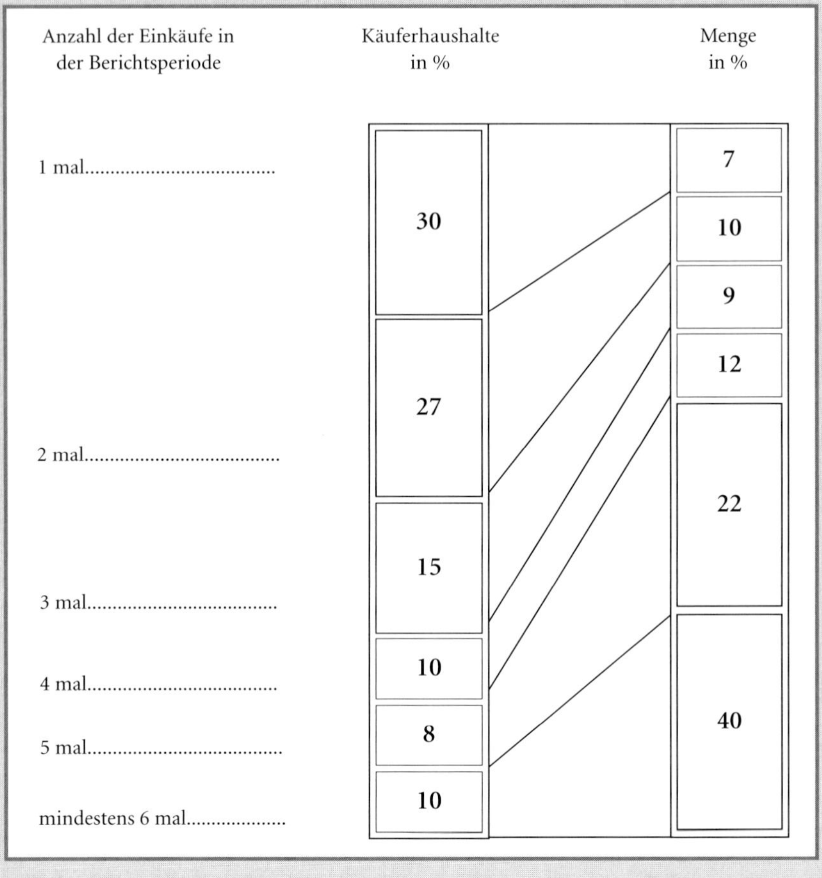

Anzahl der Einkäufe in der Berichtsperiode	Käuferhaushalte in %	Menge in %
1 mal.............................	30	7
		10
		9
2 mal.............................	27	12
		22
3 mal.............................	15	
4 mal.............................	10	
5 mal.............................	8	40
mindestens 6 mal............	10	

Abb. 2: Gruppierung der Käuferhaushalte nach Einkaufshäufigkeit (*Unger* 1997, S. 204)

kann nämlich ermitteln, ob die Käufer von 100 g Packungen Erstkäufer sind und ob diese dann in späteren Folgen zu dauerhaften Käufern geworden sind. Natürlich müßte man auch prüfen, ob die 300 g Kaufhandlung sich aus drei Packungen à 100 g zusammensetzt. Auf jeden Fall gibt eine solche Darstellung im Einzelfall sehr konkrete Hinweise hinsichtlich der optimalen Packungsgröße.

Weitere Analysen betreffen die Unterscheidung der Käuferreichweiten verschiedener Marken nach Altersklassen. Es läßt sich ermitteln, ob jeweils konkurrierende Marken in verschiedenen Alters- oder Einkommensklassen unterschiedliche Schwerpunkte aufweisen.

Gain and Loss-Analysen sind von Bedeutung, wenn Wanderungen zwischen verschiedenen Marken im Zeitablauf untersucht werden. Diese Gain and Loss-Analysen sind vergleichbar mit den bekannten Wählerwanderungsanalysen, wie wir sie nach Landtags- und Bundestagswahlen bekommen. Es läßt sich sehr genau ermitteln, an welche konkur-

Panel-Forschung

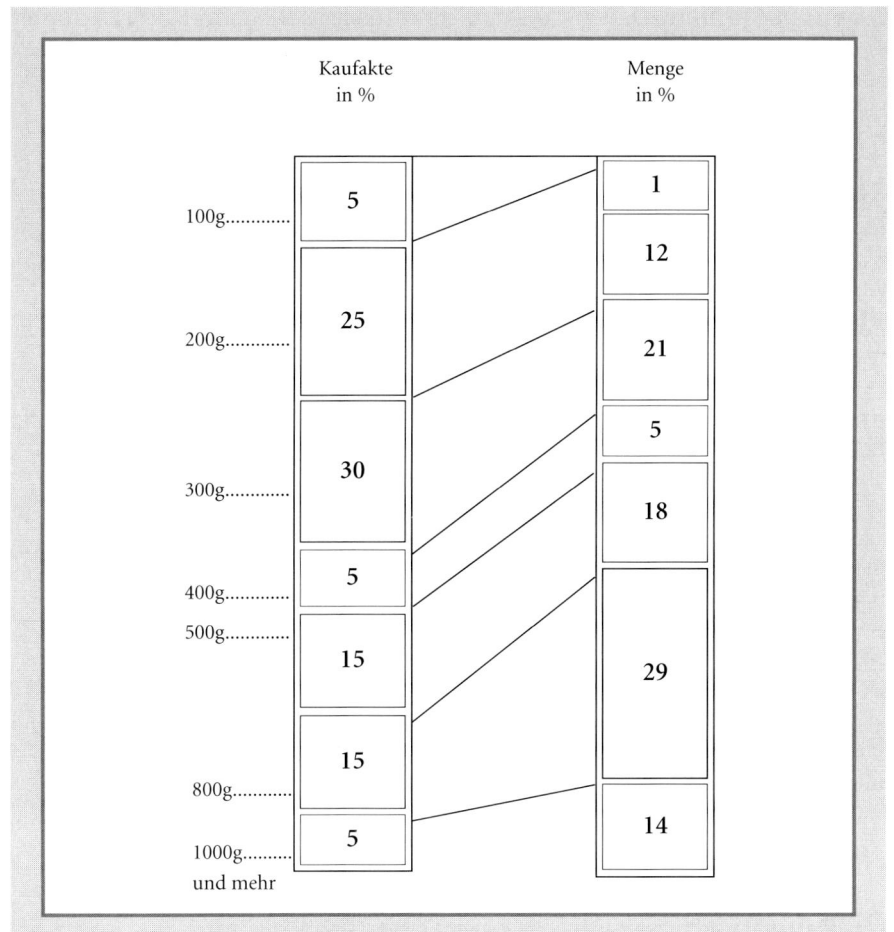

	Kaufakte in %	Menge in %
100g	5	1
		12
200g	25	21
		5
300g	30	18
400g	5	
500g		
	15	29
800g	15	
		14
1000g und mehr	5	

Abb. 3: Darstellung der Menge pro Kaufakt und Marktanteil nach Kaufmenge (*ebenda*, S. 205)

rierenden Marken eine Marke x Käuferhaushalte abgegeben hat und von welchen Marken sie Käuferhaushalte gewonnen hat. Hinter stabilen Marktanteilen können sich durchaus heftige Käuferwanderungen verbergen. Gain and Loss-Analysen liefern Hinweise darauf, welche Konkurrenzmarken eine Gefahr darstellen und von welchen Konkurrenzmarken weitere Marktanteile erkämpft werden können.

11.3 Handelspanel

Während die Verbraucherpanels Informationen als Ausgangspunkt zum Marketing liefern und gleichzeitig als Kontrollinstrument für das gesamte Marketing dienen, besteht die Funktion der Handelspanel in erster Linie darin, alle Vertriebsaktivitäten der eigenen

Organisation zu überwachen und die Vertriebsaktivitäten der Wettbewerber zu beobachten (*Maurer* 1993). Handelspanels bestehen immer aus einer Stichprobe von Geschäften eines bestimmten Handelssektors wie dem Lebensmitteleinzelhandel, dem Drogeriefachhandel und den Baumärkten.

11.3.1 Methoden

Ursprünglich wurden die Daten nach dem Prinzip der Inventur erfaßt. An einem bestimmten Stichtag werden in den am Panel beteiligten Geschäften sämtliche Warenbestände erhoben, nach Ablauf der Erhebungsperiode (meistens acht Wochen) werden erneut alle Bestände erhoben. Dazu kommen alle bis dahin erfolgten Wareneingänge. Anhand dieser Daten läßt sich der Abverkauf (Warenausgang an Verbraucher) errechnen. Heute erfolgt die Datenerfassung zunehmend mit Hilfe der **Scanner-Technologie**. Werden sämtliche Wareneingänge mit Hilfe der Scanner-Technologie auf den Umkartons und sämtliche Warenausgänge an den mit Scannern ausgerüsteten Kassen erfaßt, so lassen sich alle Warenbewegungen im Handel ohne manuelle Überprüfung erfassen. Der Aufbau von Handelspanels, die ausschließlich auf Scannerdaten beruhen, hängt davon ab, in welchem Maße es möglich ist, repräsentative Stichproben im Handel zu rekrutieren, in denen alle Geschäfte mit Scannerkassen ausgerüstet sind. Die Zukunft dürfte sicherlich ausschließlich solchen scannergestützen Panels gehören.

Bei manuell erfaßten Warenbewegungen liegen lediglich Durchschnittswerte auf den Erhebungszeitraum bezogen vor. Man weiß also, wieviel Stück durchschnittlich pro Woche verkauft worden sind. Bei permanenter Überwachung aller Warenbewegungen, auf der Basis von Scannerdaten, lassen sich wesentlich genauere Analysen im Zeitablauf durchführen. So ist die Kontrolle von Verkaufsförderungsmaßnahmen, die lediglich an drei bis vier Tagen stattfinden, ausschließlich mit Hilfe von Scannerdaten möglich.

Lediglich hinsichtlich der Qualität der Warenpräsentation in den Geschäften ist auch weiterhin von manueller Erhebung auszugehen. Dennoch werden die scannergestützten Daten in Zukunft zu wesentlich schnelleren Analysen, auf wesentlich genauerer Basis, bei reduziertem Erhebungsaufwand, führen. So ist es zukünftig denkbar, daß die Unternehmungen die Erhebungsdaten jederzeit direkt vom Großrechner des beauftragten Marktforschungsinstitutes abrufen können und zwar in beliebig kurzen Zeitabständen.

Die Institute bieten jeweils eine Reihe von Handelspanels an, jeweils bezogen auf bestimmte Bereiche des Handels.

Eine Sonderstellung nimmt der **pharmazeutische Bereich** ein. Hier gibt es spezielle Ärzte-, Dental-, Apotheken- und Veterinärpanels. Bei den Apotheken werden die Daten teilweise von Pharmagroßhändlern bezogen, die darüber berichten, in welchem Umfang sie welche Apotheken beliefern. Im Dentalpanel, das sich aus 970 Zahnarztpraxen und 360 Laboratorien zusammensetzt, werden Einkaufsbelege verfilmt, um so die Umsätze und Absätze für pharmazeutische Präparate und dentale Verbrauchsmaterialien zu ermitteln. Nach dem gleichen Prinzip wird im Veterinärpanel vorgegangen, welches 750 Tierärzte umfaßt. Diese pharmazeutischen Panels sind eine Zwischenform von Verbraucher- und Handelspanels.

11.3.2 Aussagekraft

Im wesentlichen wird eine Vielzahl von Kennziffern zur Verfügung gestellt, die es ermöglichen, die Vertriebstätigkeit zu kontrollieren (*Unger* 1997, S. 214 ff.):
- Distribution,
- Abverkauf,
- Hineinverkauf,
- Verkaufspreise,
- Bevorratung und
- Bevorratungslücken.

Die Kennziffer **führende Distributionen** sagt aus, wie viele Geschäfte einen bestimmten Artikel führen. Man unterscheidet dabei die gewichtete und die numerische Distribution. Die numerische Distribution gibt die Anzahl der führenden Geschäfte, als Prozentsatz aller Geschäfte, im zugrunde liegenden Panel an. Die gewichtete Distribution gibt die Marktbedeutung der Geschäfte der führenden Distribution an der betreffenden Warengruppe wieder.

Nehmen wir an, ein Unternehmen habe mit seinem Artikel eine numerische Distribution von 60% und eine gewichtete Distribution von 80%, dann bedeutet das, daß 60% der Geschäfte im Panel den Artikel führen. Diese 60% der Geschäfte haben an der gesamten Warengruppe, zu der der betreffende Artikel zählt, einen Marktanteil von 80%. Immer, wenn die gewichtete Distribution höher ist als die numerische Distribution, bedeutet das, daß der Artikel in überdurchschnittlich großen Geschäften geführt wird.

Ein Artikel wird geführt, wenn er zum Zeitpunkt der Erhebung in dem betreffenden Geschäft auf Lager befindlich ist oder aber seit der letzten Erhebungsperiode wenigstens ein Stück davon verkauft worden ist.

Damit kommen wir zur nächsten Kennziffer, der **Bevorratungslücke**. Als Bevorratungslücke gelten solche Geschäfte, die den betreffenden Artikel zwar führen, jedoch zum Zeitpunkt der Erhebung nicht vorrätig hatten. Das bedeutet, sie haben den Artikel wenigstens innerhalb der letzten Berichtsperiode einmal verkauft. Hohe Bevorratungslücken sind immer ein Zeichen von Schwächen im Vertrieb. Sie zeigen uns an, daß der Hineinverkauf tendenziell geringer ist als der Abverkauf. Beim Hineinverkauf wird die Warenmengen dargestellt, die der Außendienst an den Handel verkauft. Der Abverkauf ist die Warenmenge, die von Verbrauchern aus dem Handel gezogen wird. Auch die Bevorratungslücken werden numerisch und gewichtet ausgedrückt.

Zum Verständnis ist es wichtig, daß alle Prozentsätze immer auf die Grundgesamtheit bezogen werden. Nehmen wir an, die Grundgesamtheit belaufe sich auf 80 000 Lebensmitteleinzelhandelsgeschäfte.
Wir erhalten folgende Daten:
Distribution: numerisch 60%/gewichtet 80%,
Vorratungslücken: numerisch 4%/gewichtet 6%.

Dann bedeutet das, daß wir 48 000 Geschäfte finden, die das Produkt führen (mit einem Marktanteil von 80% an der Warengruppe) und daß 3200 Geschäfte zum Zeitpunkt der

Erhebung nicht bevorratet waren, jedoch aufgrund von Abverkaufszahlen in der vergangenen Periode zur Distribution zählen.

Eine weitere wichtige Kennziffer ist der **durchschnittliche Abverkauf in Stück pro Geschäft**. Hieraus läßt sich der gesamte Abverkauf der Geschäfte der Grundgesamtheit ermitteln. Wenn wir einen Abverkauf von 10 Stück pro Geschäft im Monat haben und eine Distribution von 48 000 Geschäften, bedeutet das, daß 480 000 Stück in diesem Monat verkauft worden sind. Wichtiger als diese abstruse Zahl ist aber die Entwicklung des Abverkaufs im Zeitablauf und dieses wiederum im Vergleich zu den direkten Wettbewerbern, da sich hieraus die Wirksamkeit der Vertriebsmaßnahmen erkennen läßt. Die gesamten Abverkaufskennziffern wiederum liefern uns die Informationen, die wir benötigen, um den Marktanteil bestimmter Produkte innerhalb der Berichtsperiode, bezogen auf das jeweilige Panel, zu ermitteln.

Der Wert des **durchschnittlichen Hineinverkaufs** zeigt den Erfolg gezielter Hineinverkaufsaktionen im Vertrieb. Er liefert im Vergleich mit dem Abverkauf auch Informationen über den Lagerauf- und -abbau des Handels. Werden Umsatzrückgänge im Vertrieb festgestellt, bleiben jedoch die Abverkaufskennziffern konstant, so besteht kein Anlaß, das Marketing gegenüber den Verbrauchern zu ändern. Der Handel baut lediglich Lager ab. Tut der Handel dies mit Waren aller Anbieter, besteht keine Gefahr an Marktpotential zu verlieren. Gefährlich ist die Situation dann, wenn das Lager bezogen auf die eigenen Artikel in stärkerem Maße abgebaut wird als es bei Wettbewerbern der Fall ist. Dann ist damit zu rechnen, daß sich langfristig auch der Abverkauf ungünstiger entwickeln wird. Es zeigt sich nämlich in der Regel ein ziemlich enger Bezug zwischen Lagerhöhe und Abverkauf. Je stärker der Lagerdruck ist, um so stärker ist häufig auch der Abverkauf an die Verbraucher.

Diese Durchschnittskennziffern werden üblicherweise auf acht Wochen oder vier Wochen bezogen. Im Zusammenhang mit dem Abverkauf wird auch der **durchschnittliche Abverkaufspreis pro Artikel** erfaßt. Daraus lassen sich Zusammenhänge zwischen Preispolitik und Konsumentenreaktion (Abverkaufskennziffern) ableiten. Ferner können die eigenen Abverkaufspreise in Relation zu Wettbewerbern gesehen werden. Insbesondere wird in Verbindung mit Abverkaufskennziffern deutlich, bei welchen Preisen welche Abverkaufsmengen erzielt werden und zwar, sowohl bezogen auf die eigenen Produkte als auch auf die der Wettbewerber.

Von besonderer Bedeutung ist in diesem Zusammenhang auch die **Bevorratungszeit**, die daher gesondert ausgewiesen wird. Sie errechnet sich aus der Gegenüberstellung von Lagerbestand zu durchschnittlichem Abverkauf pro Monat:

$$\frac{Lagerbestand}{Abverkauf/Monat} = Bevorratungszeit/Monat$$

Zusätzlich kann erfaßt werden, wo die Artikel im Lager des Handels vorrätig sind: im Verkaufsraum, dort im Normalregal oder in der Zweitplazierung (Promotion-Plazierung) oder im nichtaktiven Lagerraum des Handels außerhalb des Verkaufsraums. Man wird normalerweise daran interessiert sein, einen höheren Anteil der Ware in den

Zweitplazierungen zu haben als die Wettbewerber, da diese Art der Warenpräsentation den höchsten Abverkauf auslöst.

Mit Hilfe der scannergestützten Erhebung in den Panel-Geschäften sind **weitere Informationen** erhältlich:
- Abverkauf pro 1000 Käufer, also nicht mehr monatlich bezogen auf Geschäfte, sondern unter Berücksichtigung der Anzahl der Kunden in einem Geschäft. Diese Kennziffer erlaubt wesentlich genauere Informationen über die Wirksamkeit der Preispolitik. Im Prinzip sind Analysen möglich, die den aus der Volkswirtschaft bekannten Preisabsatzfunktionen schon sehr nahe kommen.
- Verbundkäufe, da im Prinzip alle Kassenzettel elektronisch gespeichert sind, läßt sich präzise sagen, welche Produkte mit welchen anderen Produkten gemeinsam gekauft werden. Solche Verbundkäufe sind eine wichtige Informationsbasis für die Gestaltung von Absatzförderungsmaßnahmen, bei denen ein Produkt mit Hilfe von Niedrigpreisen forciert werden soll. Das ist besonders dann interessant, wenn zusammen mit dem Artikel zum Niedrigpreis andere renditestarre Produkte gekauft werden. Ferner ist erkennbar, welche Produkte untereinander substituierbar sind.

Die Berichterstattung aus dem Handelspanel sei anhand des Beispiels aus Abbildung 4 erläutert.

Die erste Zeile zeigt die Bevorratungsdauer der besuchten Geschäfte. Es folgt der Lagerbestand in absoluten Stückzahlen. In dem anschließenden Block werden die beiden Größen hineinverkauft und Einkäufe des Einzelhandels (Eink. d. EH) und Abverkauf (Endv.-Absatz) einander gegenübergestellt. Die genannten absoluten Zahlen sind jeweils aus dem Panel auf den gesamten stichprobenmäßig erfaßten Markt in 1000 Stück hochgerechnet. Es werden also im Zeitraum Januar/Februar 1997 insgesamt 297 900 Stück von Verbrauchern im Einzelhandel gekauft.

Es folgen die Angaben der prozentualen Veränderung, 1. gegenüber der Vorjahresperiode (Vergleich Januar/Februar 1998 zu 1997) und darunter gegenüber der Vorperiode (Vergleich Januar/Februar 1998 zu November/Dezember 1997). Diese prozentuale Veränderung bezieht sich auf die Veränderung des Endverbraucher-Absatzes.

Als nächstes sind die Zahlen für den durchschnittlichen Abverkauf und Durchschnittspreise pro führendem Geschäft aufgeführt. Jedes einzelne Geschäft, das den betreffenden Artikel führt, hat zum Zeitpunkt von Januar/Februar 1998 im Monatsdurchschnitt 3,5 Stück verkauft zu einem Durchschnittspreis von DM 4,32.

Die letzten vier Zeilen beziehen sich alle auf die Distribution. Zuerst werden die Bevorratungslücken ausgewiesen, und zwar in Prozent, bezogen auf alle Geschäfte, anschließend die vorhandene Distribution, ebenfalls in Prozent, bezogen auf alle Geschäfte. Im Zeitraum Januar/Februar 1998 führten demnach 56% der Einzelhandelsgeschäfte das betreffende Produkt, 3% waren ohne Vorrat. Bezieht man die Bevorratungslücken auf die eigene Distribution, waren also fast 6% ohne Vorrat!

Die letzten beiden Zeilen geben Bevorratungslücken und Distribution gewichtet an.

	1997						1998
Vorrat Monate	3,7	3,4	3,1	3,1	2,9	2,9	3,4
Lagerbestand	549,8	623,7	599,2	537,5	545,6	545,6	545,5
Endv.-Absatz Eink. d. Eh.	297,9 / 249,1	438,0 / 369,6	386,2 / 364,9	346,2 / 278,3	382,5	382,5 / 377,9	329,0 / 325,5
% Veränd. VJP							+ 9
% Veränd. VP		+24	+4	−10	+10	−1	−14
→Absatz	3,1	3,8	4,0	3,7	4,1	4,1	3,5
→Preis	4,24	4,26	4,32	4,28	4,36	4,38	4,32
Num. o. Vorrat	4	4	4	5	5	3	3
Num. führend	56	57	58	57	56	55	56
Gew. o. Vorrat	6	4	4	3	5	5	3
Gew. führend	81	82	83	81	81	80	79
	JF	MA	MJ	JA	SO	ND	JF

Abb. 4: Berichterstattung aus dem Handelspanel (Quelle: *Nielsen*-Unterlagen)

Sämtliche Analysen können differenziert erstellt werden, gegliedert nach verschiedenen Geschäftstypen oder Absatzgebieten wie Bundesländer (bei GfK), Nielsen-Gebiete (Nielsen) oder nach Verkaufsgebieten des jeweiligen Unternehmens.

Nielsen differenziert die Geschäftstypen im Lebensmittelhandel wie folgt:
- SB-Warenhäuser: Einzelhandels-Geschäfte mit wenigstens 5000 m^2 Verkaufsfläche, die ein breites warenhausähnliches Sortiment des Lebensmittel- und des Nichtlebensmittelbereiches in Selbstbedienung anbieten.

Panel-Forschung

Nielsen-Gebiete	Nielsen-Standard-Regionen	Nielsen-Ballungsräume
Gebiet 1: Hamburg, Bremen, Schleswig-Holstein, Niedersachsen	**Nord:** Schleswig-Hostein, Hamburg **Süd:** Niedersachsen, Bremen	① Hamburg ② Bremen ③ Hannover
Gebiet 2: Nordrhein-Westfalen	**Ost:** Westfalen **West:** Nordrhein	④ Ruhrgebiet
Gebiet 3a: Hessen, Rheinland-Pfalz, Saarland	**Ost:** Hessen **West:** Rheinland-Pfalz, Saarland	⑤ Rhein-Main ⑥ Rhein-Neckar
Gebiet 3b: Baden-Württemberg	**Nord:** Nord-Baden, Nord-Württemberg **Süd:** Süd-Baden, Süd-Württemberg	⑦ Stuttgart
Gebiet 4: Bayern	**Nord:** Ober-, Mittel-, Unterfranken, Oberpfalz **Süd:** Ober-, Niederbayern, Schwaben	⑧ Nürnberg ⑨ München
Gebiet 5: Berlin	**5a:** West-Berlin **5b:** Ost-Berlin	⑩ Berlin (West)
Gebiet 6: Mecklenburg-Vorpommern, Brandenburg, Sachsen-Anhalt		
Gebiet 7: Thüringen, Sachsen		

Abb. 5: *Nielsen*-Gebiete (Quelle: *Nielsen GmbH*)

- Große Verbrauchermärkte: Einzelhandelsgeschäfte mit einer Verkaufsfläche zwischen 1500 und 5000 m², deren breites warenhausähnliches Sortiment des Lebensmittel- und Nichtlebensmittelbereiches in Selbstbedienung anbieten.
- Kleine Verbrauchermärkte: Lebensmitteleinzelhandelsgeschäfte mit einer Verkaufsfläche zwischen 800 und 1500 m².
- Supermärkte: Lebensmitteleinzelhandelsgeschäfte mit einer Verkaufsfläche zwischen 400 und 800 m².
- Discountmärkte: Lebensmitteleinzelhandelsgeschäfte, für deren Absatzpolitik das Discountprinzip (Niedrigstpreise, begrenztes Sortiment) maßgebend ist, unabhängig von der Größe der Verkaufsfläche.
- Restliche Geschäfte (unter 400 m²): Lebensmitteleinzelhandelsgeschäfte mit einer Verkaufsfläche unter 400 m².

Außerdem werden bestimmte Organisationsformen des Handels getrennt ausgewiesen, wie Filialisten und große Handelsorganisationen. In weiteren Panels werden auch Kioske, Tankstellen, Bäckereien und Metzgereien spezifisch erfaßt.
Die regionale Aufteilung nach Nielsen-Gebieten ist aus Abbildung 5 ersichtlich.

Nielsen hat die BRD also insgesamt in acht Erhebungsgebiete aufgeteilt. Jedes Erhebungsgebiet wiederum ist in Standardregionen aufgeteilt. Ferner sind zehn Ballungsräume vorhanden, innerhalb derer spezielle Analysen durchgeführt werden können.

11.3.3 Konsequenzen für das Marketing

Ohne umfassende Analysen können Marketingmaßnahmen in die falsche Richtung zielen. Insbesondere die Kombination von Verbraucher- und Handelspanel-Forschung liefert umfassende Informationen. Das Verbraucherpanel liefert Einblick in das Verhalten der Verbraucher und zur Beschreibung von Verhaltensunterschieden in den verschiedenen Marktsegmenten. Das Handelspanel liefert Einblick in die Warenbewegungen im Handel selber. Der Abverkauf als Kennziffer aus dem Handelspanel hat einen direkten Bezug zum Konsumentenpanel, obwohl beide Kennziffern nicht identisch sein müssen. Da in den Handelspanels lediglich der private Konsum erfaßt wird, ist der Konsum nichtprivater Organisationen, wie von Krankenhäusern, nicht einbezogen. Unternehmungen, die einen großen Teil ihres Umsatzes über derartige Organisationen realisieren, benötigen zusätzliche Informationen (z. B. ein Krankenhauspanel).

Die gleichzeitige Nutzung der Kennziffern zur Distribution, des Abverkaufs und des Hineinverkaufs liefern wichtige Informationen hinsichtlich möglicher Ursachen von Umsatzentwicklungen und erlauben daher angemessene Reaktionen im Marketing. Umsatzrückgänge können auf Distributionsabbau, bei gleichem Abverkauf von führendem Geschäft, zurückzuführen sein. Dann hat sich an der Verbraucherakzeptanz eigentlich nichts geändert. Sie ist jedoch möglicherweise zu niedrig, um den Handel nach wie vor dazu zu veranlassen, die Produkte in gleicher Form wie in der Vergangenheit zu führen. Vielleicht liegt auch ein internes Vertriebsproblem vor: nicht ausreichende Versorgung, fehlerhafte Logistik oder mangelhafte Pflege der vorhandenen Verkaufsstellen können ebenfalls zu einem Distributionsabbau geführt haben. Selbst bei konstanter Distribution und konstantem Abverkauf ist ein Umsatzrückgang möglich, nämlich dann, wenn der Handel sein Lager abbaut, also bei sinkendem Hineinverkauf. Wenn dieses lediglich eine Maßnahme zur Lageroptimierung des Handels ist, erscheint die Situation sogar relativ unproblematisch. Es bedarf keiner Änderungen der Marketingstrategie. Probleme können auftreten, wenn durch den Lagerabbau beim Handel in Zukunft häufigere Lieferungen und Besuche der Mitarbeiter des Vertriebs notwendig werden, weil dadurch zusätzliche Betriebskosten entstehen. Andererseits ist auch bei dieser zuletzt beschriebenen Situation die Möglichkeit vorhanden, durch verbraucher-orientierte Marketingmaßnahmen eine Steigerung des Abverkaufs zu bewirken, um so dem Lagerabbau entgegenzuwirken. Im Prinzip liegt jedoch ausschließlich ein Handels- und Vertriebsproblem vor, das sich allerdings mittelfristig auf das Verbraucherverhalten auswirken kann, insbesondere dann, wenn infolge geringerer Bevorratung die Präsenz der Ware in den Regalen nicht mehr ausreichend gewährleistet ist. Ist ein Umsatzrückgang mit nachlassendem Abverkauf in Verbindung zu bringen, bei konstant bleibender Bevorratung und dem Abverkauf angepaßt niedrigerem Hineinverkauf, dann liegt eindeutig ein Problem vor, das durch abnehmer-orientierte Maßnahmen gelöst werden muß. Denkbar sind Maßnahmen im Bereich der Kommunikation der Produkt- oder Preispolitik.

Besonders wichtig ist die Erkenntnis, daß selbst bei steigendem eigenen Umsatz faktisch Marketingprobleme vorliegen können. Das ist dann der Fall, wenn zwar durch erhöhten Hineinverkauf das Lager im Handel aufgebaut wird, dem jedoch nicht ausreichender Abverkauf seitens der Verbraucher entgegensteht. Mittelfristig wird der Handel darauf durch rigorosen Lagerabbau reagieren, was dann ebenso deutliche Umsatzrückgänge zur Folge hat. Insbesondere die scannergestützte Panel-Forschung ist dazu in der Lage, diesbezüglich sehr schnell die relevanten Informationen zu liefern.

11.4 Spezialpanel

Panel können auch für sehr spezielle Zwecke rekrutiert werden. Wir wollen hier zwei Beispiele in knapper Form darstellen:

Testpanel: Marktforschungsinstitute haben teilweise eine größere Anzahl von Haushalten für Tests rekrutiert. Unternehmungen können bei diesem Panel Befragungen oder Produkttests durchführen lassen. Notwendig ist die Beschreibung der Testzielgruppe. Die Institute wählen dann aus dem Adressenpool die Haushalte aus, die dieser Zielgruppenbeschreibung entsprechen. Die Befragungen oder Produkttests können dann unter Nennung der beauftragten Unternehmung oder auch ohne Nennung der Unternehmung bzw. Marke durchgeführt werden. So können einmal längerfristige Produkttests in den Haushalten selbst durchgeführt werden, außerdem besteht die Möglichkeit, Tests durchzuführen, ohne daß sich ein bestehender Markenname auf die Testaussagen auswirkt. Das ist wichtig, wenn ein Unternehmen vermeiden möchte, daß Testprodukte aufgrund eines positiven Markenimages im Test bevorteilt werden. Werden Produkte auf dem Markt eingeführt, die in Tests lediglich aufgrund des Markenimages gut abgeschnitten haben, aufgrund der tatsächlich vorhanden Qualitätseigenschaften dieses Testurteil aber eigentlich nicht verdienen, so leidet mittelfristig darunter das Markenimage, da sich über längeren Zeitraum die weniger gute Qualität doch auf das Markenimage auswirkt.

GfK-Fernsehforschung (*Unger/Durante et al.* 1999): dabei handelt es sich um ein Panel von 6500 Haushalten, bei denen das gesamte Fernsehverhalten mittels eines Aufzeichnungsgerätes (*GfK*-Telemeter) sekundengenau elektronisch aufgezeichnet wird. Es läßt sich präzise ermitteln, welche Sender in welchen Haushalten zu welchen Zeiten eingeschaltet werden. Das Telemeter erfaßt alle Fernsehnutzungsmöglichkeiten, also die Programmauswahl, Videotext oder Btx-Nutzung, Nutzung von Videospielen, das Aufzeichnen oder Abspielen von Fernsehsendungen.

Die Testhaushalte haben außerdem eine spezielle Fernbedienung erhalten, auf der zusätzliche Tastaturen vorhanden sind. Jedem Haushaltsmitglied wird eine Taste zugewiesen. Durch Bedienung dieser Taste soll sich jede Person während der Fernsehnutzung im Raum an- oder abmelden. Dieses Gerät hat die Bezeichnung People Meter. Hiermit soll präzise festgestellt werden, welche Personen wann welche Sendungen nutzen und zwar sekundengenau. Die Daten der *GfK*-Box und des People Meter werden nachts auf den Großrechner der *GfK* übertragen und sind so jederzeit für die werbetreibende Wirtschaft abrufbar.

Umstritten ist allerdings, inwieweit diese People Meter ausreichend genau bedient werden. Dennoch liegen auf der Basis der GfK-Fernsehforschung Nutzungsdaten in bisher nicht gekannter Genauigkeit vor.

11.5 Literaturverzeichnis

Maurer, R.: Marketingforschung im Handel, Wien 1993
Unger, F./Durante, N. et al.: Mediapraxis, 2. Auflage, Heidelberg 1999
Unger, F.: Marktforschung, 2. Auflage, Heidelberg 1997
Koch, J.: Marktforschung, München 1996
Weis, C./Steinmetz, P.: Markftforschung, 3. Auflage, Ludwigshafen 1998

12. Apparative Beobachtungsverfahren

Peter Sauermann

Inhaltsübersicht

11.1 Laborbeobachtung in der Marktforschung – Vorteile und Kritikpunkte
11.2 Methodenbeschreibung
11.2.1 Aktualgenetische Verfahren (Tachistoskop, Schnellgreifbühne)
11.2.2 Physiologische Verfahren (Hautwiderstandsmessung, Pupillometrie)
11.2.3 Mechanische Verfahren (Einwegspiegel, Kameraaufzeichnung)
11.3 Anwendungsmöglichkeiten
11.3.1 Beispiele für die Produktentwicklung
11.3.2 Beispiele für die Verpackungsgestaltung
11.3.3 Beispiele für die Werbewirkungsmessung
11.4 Kosten-Nutzen-Bewertung und Durchführungsmöglichkeiten

Auf einen Blick

Apparative Beobachungsverfahren werden eingesetzt, um Testpersonen in einer kontrollierten Beobachtungssituation in Studioräumen eines Marktforschungsinstitutes mit objektiven Meßmethoden in ihrem Verhalten zu beobachten. Die dabei angewandten Untersuchungstechniken sollen bestimmte Realsituationen im Markt simulieren. Die in der Praxis hauptsächlich angebotenen Verfahren werden vorgestellt und an Beispielen ihre Anwendungsmöglichkeiten demonstriert. Da die Skepsis gegenüber dem Einsatz solcher Verfahren überwiegt, wird auch auf ihre Problematik (marktbezogene Gültigkeit der Ergebnisse) eingegangen.

Kosten und Nutzen stehen am ehesten in einem sinnvollen Verhältnis beim Tachistoskop, bei dem Wahrnehmungsprozesse in bezug auf Printwerbung (z. B. Anzeigenentwürfe) beobachtet und wertvolle Hinweise zur Prognose der Werbewirkung gewonnen werden können.

12.1 Laborbeobachtung in der Marktforschung – Vorteile und Kritikpunkte

Laborbeobachtungen gelten als quasibiotische Beobachtungen (im Gegensatz zu vollbiotischen), da die Testperson zwar weiß, daß sie eine Untersuchung mitmacht, sie jedoch vorab nicht über die Thematik informiert ist. Sie wird oft auch in eine Schein-Versuchssituation gebracht, bei der für sie der eigentliche Versuchszweck nicht deutlich wird (*Sauermann* 1980, S. 174). Eine eindeutige Abgrenzung der Beobachtungsmethode vom Experiment ist beim praktischen Einsatz im Labor nicht immer möglich. Doch worum handelt es sich eigentlich bei apparativen Beobachtungsverfahren in der Marktforschung?

Gemäß *Koschnick* (1995, S. 557) ist die Laborbeobachtung »eine Form der wissenschaftlichen Beobachtung, die unter künstlich geschaffenen Versuchsbedingungen stattfindet und sich in dieser Hinsicht von der Feldbeobachtung unterscheidet, bei der die Beobachtungsobjekte in ihrer natürlichen Umwelt untersucht werden.« Während unter letztere die Beobachtung des Einkaufsverhaltens von Kunden in Kaufhäusern oder Supermärkten einzuordnen wäre, steht bei ersterer der Begriff der Künstlichkeit der Beobachtungsbedingungen im Vordergrund.

Diese werden folgendermaßen erreicht: Testpersonen werden in die Untersuchungsräume (Teststudios) eines Marktforschungsunternehmens gebeten. In diesen Räumen sind Apparaturen vorhanden, die in ihren Entwicklungskonzepten aus der **experimentellen Psychologie** (und auch zum Teil aus der Medizin) stammen und entweder bestimmte Reize vorgeben (kurzzeitige Darbietung einer Anzeige) oder Reaktionen der Probanden (Versuchspersonen) auf bestimmte Reize messen (Pupillenbewegungen). Die Meßwerte sind entweder verbale Äußerungen der Probanden (»Ich sah auf dem Bild einen dunklen Gegenstand, könnte ein Auto gewesen sein.«), Handlungen (Zeitmessung beim Öffnen einer Verpackung) oder körperliche Reaktionen (Erhöhung der Hautfeuchtigkeit beim Betrachten eines Werbefilmes). Die Beobachtungen werden aufmerksam und planvoll registriert durch entsprechend ausgebildete Mitarbeiter.

Vorteile dieser Untersuchungsmethodik in der Marktforschung sind:
- Es werden Prozesse erfaßt, die wichtige Aspekte zur **Erklärung und Beeinflussung des Kundenverhaltens** sind und mittels üblicher Befragungstechniken nur schwer ebenso gültig erfaßt werden können. Es wird hier ganz real die Aufmerksamkeit auf bestimmte Reize wie Anzeigen und Wahrnehmung derselben untersucht; da dies oft schnelle und kaum bewußte Vorgänge sind, würden Befragungen hierzu die tatsächlichen Wirkungen kaum erfassen.
- Die Untersuchungen erfolgen unter kontrollierten Bedingungen. Störvariable, wie sie in Feldbeobachtungen (also in der Realität) möglich sind, werden weitgehend ausgeschlossen. Beispiel: schlechtes Wetter beeinträchtigt die Bereitschaft von Passanten, sich ein Schaufenster genauer anzuschauen; im Labor wäre eine Verhaltensbeobachtung von derartigen Einflüssen unabhängig.
- Entsprechende Einrichtungen vorausgesetzt, sind derartige Laboruntersuchungen kurzfristig durchführbar. Die Ergebnisse liegen wesentlich schneller vor als bei Feld-

beobachtungen, wo allein schon die notwendigen Untersuchungsvorbereitungen viel Zeit erfordern.
- Die Daten sind oft unabhängig vom Ausdrucksvermögen der Testperson erfaßbar, ebenso unverzerrt ermittelbar (also keine prestigegesteuerten Äußerungen), und es gibt auch nicht die Gefahr eines Interviewereinflusses (*Weis/Steinmetz* 1998, S. 127).

Apparative Verfahren »haben in einer Reihe von Tests anhand von empirischen Daten gezeigt, daß sie valide arbeiten« (*Keitz* 1997, S. 40). Und dennoch überwiegen die kritischen Stimmen, von denen einige aufgezählt sind:
- »Bei Laborbeobachtungen ist aufgrund der Künstlichkeit der Beobachtungen das Auftreten von Beobachtungseffekten noch wahrscheinlicher als bei Feldbeobachtungen«, so *Koschnick* (1995, S. 557). Hier wird unterstellt, daß sich der Beobachtete in der Laborsituation anders verhält als in der Realität. Er ist schon beim Betreten des Untersuchungsraumes entsprechend sensibilisiert (ähnlich wie es uns ja auch im Sprechzimmer des Arztes ergeht) und reagiert viel konzentrierter auf die angebotenen Reize.
- Beobachtungsmethoden lassen keinen direkten Schluß auf die Hintergründe des registrierten Verhaltens zu. Man ist hier auf **fehlerträchtige Interpretationen** angewiesen oder muß zumindest durch entsprechende Befragungen nachfassen. Der Schluß von beobachteten Fakten auf die Beweggründe bleibt problematisch. Wenn etwa bei der kurzfristigen Darstellung einer Anzeige ein bestimmtes Element derselben (z. B. die Produktabbildung) immer wieder nicht erkannt wird – warum? Liegt das Problem in der Reizgröße oder Plazierung oder wo sonst?
- Apparative Beobachtungsmethoden sind teuer, denn neben der hochwertigen Untersuchungstechnik (meist auf elektronischer Basis) entstehen Kosten für die Benutzung der Räumlichkeiten und für die qualifizierten Mitarbeiter.
- Zeit- und Kostengründe lassen keine Fallzahlen wie bei der Feldbeobachtung oder auch bei repräsentativen Umfragen zu. Es entsteht dann auch aus statistischen Gründen die Frage, wie weit man den Untersuchungsergebnissen vertrauen darf.
- Nicht zuletzt wird auch auf ethische Probleme hingewiesen. Jede Beobachtung, wenn sie ohne Wissen des Beobachteten vorgenommen wird, stellt einen Eingriff in dessen Intimsphäre dar (*Salcher* 1978, S. 104); eine vorherige Information allerdings kann dann wieder zu dem genannten Beobachtungseffekt führen. Noch skeptischer sehen das Problem *Weis/Steinmetz* (1998, S. 128): »Gerade zu Zeiten, da weite Kreise der Bevölkerung für die Belange des Datenschutzes sensibilisiert sind, erscheint es mehr als fraglich, ob Techniken, die sich für eine mißbräuchliche Verwendung geradezu anbieten, die Zukunft gehören wird«.
- Schließlich muß noch ein ganz pragmatischer Nachteil genannt werden. Laut *Rehorn* (1988, S. 24) gibt es in Deutschland kaum ein Institut, das »alle für ihre sach- und fachgerechte Durchführung erforderlichen Geräte hätte«. Einige wenige Institute hätten ein bis maximal drei derartige Geräte in ihrem Leistungsangebot. »Es ist bezeichnend für die Wertschätzung dieser Forschungsrichtung, daß selbst die Marktforscher, die vom Verkauf von Marktforschung leben, die Marktforschungsinstitute, in diese Art der Marktforschung mit großer Mehrheit nichts investieren.«

Lohnt es sich also überhaupt für den Leser, sich über apparative Beobachtungsverfahren zu informieren? Nachdem neben dem verbal geführten Streit zwischen Befürwortern und

Ablehnern inzwischen auch wissenschaftliche Untersuchungsergebnisse zur Gültigkeit (Validität) apparativer Verfahren in der Marktforschung vorliegen (*Hossinger* 1982; *Keitz* 1997), sollen zur Entscheidungsfindung über den Einsatz apparativer Verfahren in der Marktforschung im folgenden wichtige Methoden näher vorgestellt und sinnvolle Anwendungsmöglichkeiten beschrieben werden. Zumindest sind Untersuchungen mit apparativen Beobachtungsverfahren in Kombination mit verschiedenen Bafragungsverfahren wertvolle Erkenntnisquellen in den Bereichen:

- Werbeforschung (z. B. zur Prognose bestimmter Werbewirkungen von Anzeigenentwürfen),
- Produktentwicklungen (z. B. funktionell sinnvolle und leichte Handhabungsmöglichkeiten) und
- Verpackungsgestaltung (z. B. Ermittlung der ansprechendsten Verpackungsform).

12.2 Methodenbeschreibung

12.2.1 Aktualgenetische Verfahren (Tachistoskop, Schnellgreifbühne)

Eine Werbeagentur hat mehrere Entwürfe für eine neue Werbekampagne entwickelt. Welcher ist der geeignetste? Eine Entscheidungshilfe kann hier eine **tachistoskopische** Untersuchung ermöglichen. Beim Tachistoskop (griechisch: schnell-sehen) handelt es sich um ein auf elektronischer Basis funktionierendes Gerät, mit dem optische Reize extrem kurzzeitig, ab 1/1000 Sekunde aufwärts dargeboten werden. Die Probanden sollen bei jeder Exposition sagen, was sie glauben gesehen zu haben, welche Eindrücke sie hatten, was das Gezeigte wohl sein könnte. Der Wahrnehmungsprozeß wird hier also mikrotomisiert (*Sauermann* 1980, S. 108), künstlich zerlegt.

Dies ermöglicht folgende Überprüfungen des Reizes (meist ein Printwerbeobjekt):
- Welche spontanen frühen Anmutungen werden beim flüchtigen Betrachten ausgelöst? Es hat wenig Sinn, wenn eine Anzeige für ein Erfrischungsgetränk den Eindruck erweckt, es handele sich hier um Werbung für eine Schlagbohrmaschine.
- Welche einzelnen Gestaltungsteile werden unter diesen erschwerten Wahrnehmungsbedingungen wann in welcher Reihenfolge erkannt?
- Sind auch bei nur kurzer Beschäftigung mit dem Werbeobjekt die Bildaussage, der Text (insbesondere die Headlines) und die Werbebotschaft verständlich?

Diese Untersuchungssituation soll die reale Werbewirkungssituation so simulieren, daß heutzutage der Umworbene täglich Hunderten von Werbereizen ausgesetzt ist und weder die Zeit noch die Lust hat, jeden einzelnen aufmerksam zur Kenntnis zu nehmen. Deshalb ist es wichtig zu erfahren, ob die untersuchte Anzeige überhaupt eine Chance hat, den Weg zum Umworbenen zu finden, indem er sie interessant findet (Anmutung) und leicht erkennt, wofür sie werben will (Erkennbarkeit und Verständlichkeit der einzelnen Gestaltungsteile).

Das Verfahren beruht auf einer bereits früh formulierten These (*Sander* 1932, zitiert in *Sauermann* 1980, S. 109), der Theorie der Aktualgenese, nach der unsere Wahrnehmung von Reizen aller Art ein allerdings rasch ablaufender Entwicklungsprozeß von gefühlshaften Vorgestalterlebnissen bis zur rational bestimmten Endgestalt sei, wobei es nur dann zu letzterer käme, wenn die Vorgestalterlebnisse für die betreffende Person nicht negativ oder zumindest nicht uninteressant sind. Bei der tachistoskopischen Untersuchung muß sich ein Reiz unter ungünstigen, der Realität entsprechenden Voraussetzungen behaupten. Laut *Spiegel* (1958), dessen Buch »Werbepsychologische Untersuchungsmethoden« nach wie vor die Bibel für derartige Verfahren ist, können gerade die frühen Formen der Auffassung und die Stufen der Entwicklung bis zur Endauffassung beobachtet werden, wobei speziell für die Werbung das Ankommen der Werbemittel in den tieferen Schichten der Person, das spontane und unreflektierte Angemutetsein, das auf die übliche Art nicht erfragbar sei, von enormer Wichtigkeit sei.

»Praktisch läuft eine tachistoskopische Untersuchung so ab, daß ein Anzeigenentwurf (der Versuchsperson bekannte Anzeigen würden die Erkennungs- und Anmutungsprozesse unzulässig beeinflussen) in ein Tachistoskop gegeben (in Form eines Dias bei Projektionsgeräten oder bei modernsten elektronischen Apparaten in originaler Größe und Beschaffenheit) und in aufsteigenden Expositionszeiten dargeboten wird. Die jeweils dazu gemachten Äußerungen des Probanden werden aufgeschrieben oder auf Tonband aufgezeichnet. In der Werbeforschung sind Zeiten zwischen 1/1000 sec und ca. 10 sec üblich, noch kürzere sind dagegen wenig ergiebig, da eine Anzeige meist ein zu komplexes Reizmaterial darstellt« (*Sauermann* 1980, S. 109).

Die erfaßten **Werbewirkungsfaktoren** Anmutung, Erkennbarkeit der Werbebotschaft und Verständnis derselben sind sicher wichtige Kriterien etwa für Entscheidungen zur Auswahl von Entwürfen oder zum Festhalten an der grundsätzlichen Werbestrategie.

Zweifellos wird von den Marktforschungsinstituten im Rahmen der apparativen Beobachtungsmethoden das Tachistoskop am häufigsten angeboten. Unabhängig von der bereits erwähnten Kritik an der Laborforschung allgemein wird gegenüber der tachistoskopischen Untersuchungsmethode eingewendet, daß sie von der Auffassungs- und Ausdrucksfähigkeit der Probanden abhängig sei. Wahrnehmungsprozesse laufen aber im allgemeinen nach den gleichen psychologischen Gesetzen ab, und das Nichterkennen einer Werbegestaltung ist daher weniger eine Folge unterschiedlicher Rezeptionsgeschwindigkeit oder gar Intelligenz als vielmehr einer unglücklichen Reizgebung. In tachistoskopischen Reihenuntersuchungen sind die Anmutungs- und Erkenntnisprozesse der Befragten immer wieder dieselben, wie die doch reichlich vorliegenden Erfahrungen der Institute zeigen (was im übrigen auch eine relativ kleine Stichprobengröße verantwortbar macht). Die sicher nicht gleichartigen Formulierungsangaben der Probanden werden bei erfahrenen, psychologisch geschulten Versuchsleitern die Gültigkeit der Ergebnisse nicht beeinträchtigen. Der Einwand, der Proband würde bei einer tachistoskopischen Untersuchung gezwungen, sich eine bestimmte Anzeige anzuschauen, während er sie in der Realität einfach überblättern könne, zeugt von Methodenunkenntnis, denn hierbei wird doch gerade die Ausgangssituation simuliert, wo sich entscheidet, ob die betreffende Werbung ignoriert wird oder eine echte Chance hat. »Die Reichhaltigkeit qualitativer wie quantitativer Befunde machen gerade das tachistoskopische Verfahren zu einer Fundgrube für das Studium der Gefühlswelt, die ein optischer Reiz eröffnen kann« (*Sauermann* 1980, S. 177).

Zur Beobachtung von Entscheidungsverhalten auf spontaner Grundlage dient die **Schnellgreifbühne**, deren methodischer Hintergrund sich ebenfalls auf die Theorie der Aktualgenese stützt. Hier werden allerdings lediglich Häufigkeiten von Wahlakten zwischen verschiedenen Gegenständen (z. B. von Verpackungsentwürfen) in einem nur vorübergehend zugänglichen Greiffeld (einige Sekunden je nach Anzahl der Exponate) festgestellt. Durch die kurzzeitige Darbietung der Objekte (z. B. bei einem sich öffnenden und wieder schließenden Vorhang) werden Entscheidungen ohne rationale Überlegungen verlangt. Die beim Betrachten blitzschnell ausgelösten Anmutungen beeinflussen die Greifwahl, der spontane Aufforderungscharakter einer Verpackung oder einer Ware kommt zur Wirkung. Der Artikel mit dem stärksten Aufforderungscharakter wird bevorzugt gegriffen. Bei der modernen elektronischen Greifbühne gibt eine niedergehende Trennwand die Testobjekte auf einer Bühne frei, in ausreichender Höhe und genügendem Abstand zum Probanden, so daß er bequem danach greifen kann. Nach Ablauf der vorprogrammierten Expositionszeit bewegt sich die Bühne nach hinten außer Reichweite.

Die Untersuchungsmöglichkeiten erstrecken sich auf die
- Spontanwahl (zwischen mehreren Entwürfen): »Greifen Sie die Cognacflasche heraus, die wohl am teuersten ist.« (Überprüfung der Etikettengestaltung)
- Spontanzuordnung (mehrere Varianten im Angebot): »Greifen Sie die Flaschenform heraus, die am ehesten Schaumbad enthalten kann.« (Überprüfung der Verpackungsformen)
- Spontanhandhabung: »Öffnen Sie so schnell wie möglich eine Ihnen gleich kurz gezeigte Milchtüte.« (Überprüfung der Handlingsfunktionen)

Auf methodische Einzelprobleme (mögliche Reihenfolgeeffekte und ihre Vermeidung) soll hier nicht näher eingegangen werden, wohl aber auf den Umstand, daß hier lediglich Greifergebnisse (z. B. 60% griffen Flasche 1, 25% Flasche 2 und 15% Flasche 3) erzielt werden und keine Begründungen dazu. Da die Probanden ihre wahren Entscheidungsgründe oftmals gar nicht kennen und von der Ratio überlagerte Motive angeben, ist es wenig sinnvoll, sie hinterher zu fragen. Außerdem werden andere Faktoren, die in der realen Kaufsituation mitentscheiden (wie Preis, Herstellerimage, Wettbewerbssituation) nicht berücksichtigt. Der ausschließlich wirkende Aufforderungscharakter hat darüber hinaus auch nicht für alle Produktarten dieselbe Bedeutung.

Salcher (1978, S. 125) weist zu Recht darauf hin, daß ausschließlich neue Verpackungsentwürfe mit anderen Neuentwürfen verglichen werden dürfen und nicht mit bereits auf dem Markt befindlichen Produkten. Diese werden viel leichter identifiziert und damit eher gegriffen. »Nun ist es aber eine längst erwiesene Tatsache, daß Personen in Entscheidungsnot (Testsituation) eher zu bewährten Lösungen greifen, da man ihre Vorteile und Risiken bereits kennt.«

Die beiden genannten Verfahren dürften als einzige aktualgenetische Methoden öfters im Leistungsangebot von Marktforschungsinstituten (wenn man die Werbeforschung als ein wichtiges Standbein ansieht) aufgeführt sein, wenngleich *Spiegel* (1958) noch drei weitere Verfahren ausführlicher bespricht und *Pepels* (1995, S. 244 f.) sogar neun verschiedene Verfahren erwähnt.

12.2.2 Physiologische Verfahren (Hautwiderstandsmessung, Pupillometrie)

Auf der Suche nach der wahren Antwort eines Probanden richtete sich das Interesse der Psychologie schon sehr früh auf physiologische Verfahren, die Körperreaktionen der Versuchspersonen auf bestimmte Reize erfassen, die diese nicht unterdrücken können und deshalb eine wirklich gültige Antwort seien. Bei verbalen Äußerungen sei der Wahrheitsgehalt nicht gesichert, oder die Antworten resultierten nur aus bewußten Denkprozessen und seien daher nicht vollständig. Verständlicherweise zeigte (in abgeschwächtem Umfang auch heute noch) die Marktforschung Interesse am Einsatz solcher Meßverfahren in der Hoffnung, damit die Validität von Probandenuntersuchungen entscheidend zu erhöhen. Federführend war hierbei in der wirtschaftswissenschaftlichen Forschung das Institut für Konsum- und Verhaltensforschung der Universität Saarbrücken insbesondere in den 70er Jahren unter Leitung des bekannten Werbeforschers Kroeber-Riel. Die seinerzeit durchgeführten zahlreichen Validitätsuntersuchungen (*Hossinger* 1982, S. 117 ff.) führten zu intensiven Diskussionen in der einschlägigen Fachpresse, die bis Ende der 80er Jahre anhielten. Heute wird nur noch sehr selten etwas zu diesem Thema in der Marktforschungsliteratur publiziert.

Im folgenden sollen zwei Verfahren näher dargestellt werden, die im Leistungsangebot mancher Marktforschungsinstitute auftauchen und wohl als einzige in der **kommerziellen Forschung** benutzt werden:

Das **Hautwiderstandsmeßgerät**, auch Psychogalvanoskop, Psychogalvanometer oder früher Lügendetektor genannt, ist sicher am bekanntesten. Es ist eine Tatsache, daß situative Reize auch körperliche Reaktionen hervorrufen (vor Wut zittern), die vom vegetativen Nervensystem gesteuert werden und sich der willentlichen Kontrolle entziehen. Ein besonders empfindlicher physiologischer Indikator psychischer Vorgänge ist die galvanische Hautreaktion. Wenn man die Elektroden des Gerätes an die Haut eines Menschen, vor allem am Finger, anlegt und einen schwachen Fremdstrom zuführt, kann man auf einer Skala jede Änderung der Leitfähigkeit und des Widerstandes gegenüber diesem Strom ablesen. Ein Abfall des elektrischen Hautwiderstandes und ein Anstieg der Leitfähigkeit ist ein Hinweis auf die erhöhte psychische Aktivität. Es würde hier zu weit führen, die einzelnen meßbaren Effekte aufzuführen (*Pepels* 1995, S. 246). Aber die grundsätzliche Meßproblematik soll hier nicht verschwiegen werden.

Worauf sind die aktuellen psychischen Reaktionen, die willkürlich nicht unterdrückt werden können, zurückzuführen? Es sind die unterschiedlichsten Gründe für starke hautgalvanische Reflexe denkbar: Spannung? Schrecken? Überraschung? Furcht? Verwirrung? Widerwillen? Bestürzung? Erregung? Anziehungskraft? Der Lügendetektor ist kein alleiniger Indikator, die Interpretation der Daten bleibt zu vage. Zu Recht ist der Einsatz bei polizeilichen Vernehmungen höchst umstritten. Zumal auch der Grad der gemessenen Aktivierung durch Störfaktoren wie individuelle Muskelaktivität des Probanden, unterschiedliche Hautbeschaffenheit, Tageszeit, aktuelle Luftfeuchtigkeit und Zimmertemperatur beeinflußt werden kann.

Und wie sieht es nun mit den Einsatzmöglichkeiten in der Marktforschung aus? Mit Hilfe dieses Gerätes läßt sich zwar durchaus ein Aktivierungs-Effekt von Reizvorlagen aller Art, z. B. Bildmotive für geplante Anzeigen, Verpackungsentwürfe, Filmszenen für einen vorgesehenen Werbespot messen, die Natur dieses Unter-die-Haut-gehens ist aber nur in Verfahrenskombination mit anderen Methoden (z. B. gleichzeitige Exploration am Tachistoskop) annähernd zu bestimmen. »Lediglich zur Untersuchung des Gedächtniswertes der Werbung kann dieses Gerät ... akzeptiert werden. Die Versuchsperson wird instruiert, sich eine Reihe von Anzeigen anzuschauen und zu überlegen, welche sie schon gesehen hat. Es wurde bewiesen, daß bei solchen Anzeigen vergleichsweise hohe elektrodermale Reaktionen auftraten, die der Versuchsperson tatsächlich bekannt sein mußten« (*Sauermann* 1980, S. 179). *Sauermann* (1985, S. 361 ff.) konnte aber nachweisen, daß die Messung des Aktivierungspotentials durch Befragungsmethoden (hierzu zählt auch die Gedächtniswirkung) genauso möglich ist (vorausgesetzt die Werbereize weisen kein starkes soziales Potential auf, wo z. B. prestigegesteuerte Antworten möglich sind). Dies ist auch »ökonomischer als Messungen auf der physiologischen Ebene, die eine apparative Ausstattung und fachspezifische Ausbildung erfordern. Die Messung der Veränderung der elektrodermalen Reaktion (Hautwiderstandsmeßgerät) ist zu sensibel, als daß sie für Fragestellungen zur Werbewirkung unbedingt benötigt würde.«

Ähnlich gelagert ist die Problematik bei der **Pupillometrie**. »Mit Hilfe eines Pupillometers (Filmkamera) versucht man die Pupillenreaktionen zu messen, um daraus Informationen über die Aktivierung von Personen zu gewinnen.« Dabei stellt man den durchschnittlichen Pupillendurchmesser einer Person fest und vergleicht die durch Reize hervorgerufenen Veränderungen. Man unterstellt dann, daß je größer die gemessene Differenz ist, um so stärker auch eine Aktivierung einer Person erfolgt ist. Überwiegend ist man der Ansicht, daß bei positiven Reizen die Pupillen sich vergrößern, während bei negativen eine Verkleinerung erfolgt. Inwieweit die Befunde Auskunft über die Qualität der Aktivierung geben, ist noch nicht endgültig geklärt.« (*Weis/Steinmetz* 1998, S. 118)

Dem ist eigentlich nicht viel hinzuzufügen. *Pepels* (1995, S. 246) schlägt eine Kombination mit der Augenkamera vor, um zu ermitteln, bei welchen Darbietungselementen (Anzeigen, Verpackungen) die Pupille welche Veränderung zeigt. Aber auch er weist auf die damit verbundenen Interpretationsprobleme und Störeffekte hin.

12.2.3 Mechanische Verfahren (Einwegspiegel, Kameraaufzeichnung)

Mechanische Verfahren werden als **Registrierungsinstrumente** eingesetzt, um in quasibiotischen Situationen eine planvolle Dokumentation der Beobachtungen zu ermöglichen.

Eine Reihe von Marktforschungs-, aber auch Hochschulinstituten verfügen über Laboreinrichtungen, bei denen das Verhalten der Probanden durch nur einseitig durchsichtige Glasflächen beobachtet werden kann. Die im Raum befindlichen Testpersonen wissen nicht, daß sie beobachtet werden. Sie sehen lediglich einen Spiegel an der Wand (**Einwegspiegel** oder auch Durchblickspiegel) und denken sich nichts Arges dabei. Im Nebenraum kann der Beobachter anhand von vorher festgelegten Kriterien (bestimmte Körpersprachemerkmale, Interaktionshäufigkeiten oder Verhaltensmuster) seine Eindrücke in entsprechende Listen notieren. Bei dieser nicht teilnehmenden Beobachtungsmethode können Beeinflussungseffekte praktisch ausgeschlossen werden.

Das Verfahren wird eingesetzt, um Gruppengespräche (vgl. den Beitrag von Peter Sauermann: Qualitative Befragungstechniken, S. 116) vom Beobachtungsraum aus unbemerkt zu verfolgen (eine gute Teilnahmemöglichkeit für Auftraggeber von Gruppendiskussionsstudien). »Der eigentliche Diskussionsraum ist gemütlich und wohnlich eingerichtet, um eine gelockerte Atmosphäre aufkommen zu lassen« (*Salcher* 1978, S. 58). Gegebenenfalls kann auch ergänzend oder ersatzweise eine Videokamera eingesetzt werden. *Spiegel* (1958, S. 148 ff.) berichtet über weitere Anwendungsmöglichkeiten: die Ermittlung bestimmter Verbrauchergewohnheiten bei bereits eingeführten Produkten (Zubereitungsweise eines Puddings) oder die Erfassung von Verhaltensreaktionen bei der geplanten Einführung von Verbesserungen oder von neuen Produkten (z. B. Überprüfung einer Gebrauchsanweisung). In diesem Zusammenhang beschreibt *Spiegel* (1958, S. 150 ff.) auch das Verfahren der Bedürfnissteigerung, bei dem »der unterschiedliche Aufforderungscharakter verschieden gestalteter bildhafter Warendarstellungen oder Warenanordnungen geprüft werden kann«.

Beispiel: Raucher müssen in dem beobachteten Raum bei strengstem Rauchverbot auf eine angebliche Untersuchung warten. An der Wand sind mehrere Werbeplakate für eine Zigarettenmarke angebracht (die Untersuchungsobjekte). Bei »zunehmendem Bedürfnisdruck, der inhaltlich mit dem Warenangebot dieser Werbemittel in Beziehung steht«, werden »ihre Reaktionen gegenüber den Werbemitteln beobachtet und hinterher explorativ erfaßt« (*Spiegel* 1958, S. 151).

Bei der Beobachtungsregistrierung mittels einer **Kamera** gibt es verschiedene Möglichkeiten. Neben der bereits genannten Vorgehensweise mit versteckter Kamera ist vor allem der Einsatz als Blickregistrierungsverfahren zu nennen. Hier wird der Blickverlauf einer Testperson beim Betrachten optischer Reize, z. B. vorgelegte Anzeigenentwürfe oder beim Durchblättern von Zeitschriften registriert, entweder durch eine Spezialbrille, die dem Probanden aufgesetzt wird, oder durch eine in einen Spezialtisch eingebaute Kamera, an dem der Betreffende sitzt und beim Betrachten eines Anzeigenfolders (Mappe mit mehreren Anzeigen) unbemerkt gefilmt wird. Bei letzterem Verfahren (dem Compagnon-Verfahren) werden die Augenbewegungen beim Anschauen des vorgelegten Werbeträgers erfaßt. In der Auswertung erfolgt dann eine Zuordnung zu den Elementen des betreffenden Reizes. Ersteres Verfahren besteht aus einer brillenähnlichen Apparatur (dem Eyemark recorder NAC III), »an der sich pro Auge eine Infrarotlichtquelle und zwei Photozellen befinden. Beim Betrachten eines Bildes wird infrarotes Licht auf die Augen gestrahlt, reflektiert, von einer Photozelle aufgefangen und in elektrisches Potential umgewandelt. Die elektrischen Potentiale werden in mechanische Bewegungen umgewandelt und aufgezeichnet« (*Weis/Steinmetz* 1998, S. 121). *Salcher* (1978, S. 107) weist mit Recht darauf hin, »daß die Testperson durch eine komplizierte Apparatur belastet wird und das Verhalten der Probanden durch den stark experimentellen Charakter der Testsituation nicht mehr der Normalsituation entspricht.« Auf Kommunikationsforschung spezialisierte Institute halten dennoch am bewährten Testeinsatz fest.

Von Keitz (1997, S. 40 f.) meint, mit Hilfe der Blickaufzeichnung über die genannte NAC-Brille Auswertungen zu folgenden Fragen bekommen zu können:
- »Wird meine Anzeige im Umfeld tatsächlich beachtet?«
- »Wie intensiv steigen die Zielpersonen in die Anzeige ein?«
- »Nutzen die Leser die verschiedenen Informations-Angebote und Anzeigenelemente wie Absender, Bild, Headline, Copy und Slogan?«
- »Wie gründlich werden die Texte spontan gelesen?«
- »Gibt es einen bestimmten Weg durch die Anzeige, einen Blickverlauf?«

Die Blickaufzeichnung sei dann einsetzbar, wenn es um Mittel der visuellen Kommunikation ginge, z. B. für den Test von Anzeigen, Beilagen, Titelblättern, aber auch Packungsgestaltungen, Regalgestaltungen, Messestände sowie Bandenwerbung und TV-Spots, wo mögliche Ablenkungseffekte überprüft werden könnten.

Dennoch überwiegen die skeptischen Äußerungen zu diesem Verfahren. Besonders intensiv hat sich *Rehorn* (1988, S. 113 ff.) mit dem Aussagegehalt von Blickregistrierungsverfahren beschäftigt. Seine Untersuchungsergebnisse hierzu kommentiert er mit Schlagworten wie »Keine Bestätigung des behaupteten Aussagegehalts, wirklichkeitsfremd, ergänzungsbedürftig, keine prognostische Gültigkeit«. Für ihn sind Blickregistrierungsverfahren ein Rückschritt, von denen ein fortschrittsbemühter Marktforscher nicht viel halten dürfte.

12.3 Anwendungsmöglichkeiten

Im folgenden sollen Beispiele für den erfolgreichen Einsatz apparativer Beobachtungsverfahren genannt werden, bei denen es nicht um die damit verbundene methodische Problematik geht, sondern um brauchbare Erkenntnisse für den Auftraggeber.

12.3.1 Beispiele für die Produktentwicklung

Ein Kartoffelprodukthersteller will ein neu entwickeltes Fertigprodukt, nämlich vorgefertigte Semmelknödel unter anderem auf die Fragestellung hin untersuchen lassen: »Wie kommen Hausfrauen und Singles (als primär definierte Zielgruppen) aufgrund der vorliegenden Gebrauchsanweisung mit der Handhabung zurecht?« Es wurde versucht, diese Untersuchungsfrage durch eine Reihenbeobachtung an 30 Probanden zu beantworten. Die jeweilige Testperson sollte in einer Versuchsküche die vorgefertigten Semmelknödel gemäß der vorgesehenen Gebrauchsanweisung kochen und kosten. Es wurde ihnen gesagt, daß sie anschließend zu ihrer Meinung bezüglich dieser Kostprobe (Geschmackserlebnis, Preiserwartungen) befragt würden. Die Beobachtung beim Zubereiten erfolgte mittels des Einwegspiegels, die Probanden wußten also nichts von dieser Vorgehensweise. Für diesen Handlingtest wurde vorab ein Beobachtungsschema entwickelt, so daß gewährleistet war, daß die Beobachter ihre Eindrücke nach denselben Kriterien registrierten.

Gemäß der Gebrauchsanleitung sollte man die Knödel der Packung entnehmen, in zunächst kaltem Wasser aufsetzen, zum Kochen bringen und anschließend ziehen lassen. Dann sollte vor dem Servieren der Kochbeutel um den Knödel an zwei Kerbstellen eingerissen und entfernt werden.

Beobachtungskriterien waren:
- Wird angefangen zu kochen, bevor die Gebrauchsanleitung gelesen wurde?
- Wird dadurch der Knödel gleich ins heiße Wasser geworfen?
- Wie werden die Knödel ins Wasser gebracht?
- Wird entsprechend der Gebrauchsanleitung gekocht (Kochzeiten, Wassermenge)?
- Wird die Zeiteinteilung mit Hilfe der Uhr oder nach Gefühl vorgenommen?
- Wie wird der Knödel herausgeholt?
- Erfolgt das Öffnen entsprechend der Gebrauchsanleitung?
- Treten Schwierigkeiten beim Ablösen der Folie auf?
- Ist ein Übungseffekt beim Öffnen zu beobachten?

Ergebnisse der verheimlichten Beobachtung:
Während bei den anschließenden Fragen zu Geschmack und Optik die Populationen Hausfrauen und Singles unterschiedliche Aussagen machten, waren die Beobachtungsergebnisse eindeutig einheitlich:
- Die vorgegebenen Kochzeiten (insgesamt ca. 30 Minuten) waren den Probanden mehrheitlich zu lang, in den meisten Fällen wurde der Knödel schon weit vorher aus dem mehr oder weniger heißen Wasser geholt. Entsprechend negativ fielen dann in der anschließenden Befragung die optischen Beurteilungen (»zu mickrig, zu blaß«) und die Geschmackserlebnisse (»zu zäh, zu trocken, zu fad«) aus.
- Das Herausholen der Knödel aus dem heißen Wasser bereitete überraschend vielen Probanden Schwierigkeiten: sie verbrannten sich an der Hand oder die in Kochbeuteln verpackten Knödel rutschten von der Gabel oder dem Löffel ab und fielen ins Wasser zurück oder auf den Boden.
- Besonders schwer fiel fast allen beobachteten Personen das Öffnen der Folie. Das Aufreißen mit der Hand bereitete schon durch die Wärmeabstrahlung Probleme. Die Kerbstellen waren aber so wirkungslos gestaltet, daß es auch mit Hilfe eines Messers oder einer Schere lange dauerte, bis sich die Folie entfernen ließ. Das vorgesehene Öffnen mit Daumen und Zeigefinger beider Hände mißlang gründlich. Wenn es die Probanden nach langer Zeit endlich geschafft hatten, den Kochbeutel zu entfernen, war der Knödel eingedrückt und auch zermatscht.

Fazit: Die vorgesehene Zubereitungsart bedurfte dringend einer Überarbeitung und Verbesserung. Insbesondere die Beschaffenheit der Folie war für den Auftraggeber Anlaß, sich nach günstigeren Materialien umzusehen.

In der einschlägigen Fachliteratur gibt es zahlreiche weitere Beispiele für Handhabungstests in quasibiotischen Testsituationen. *Salcher* (1978, S. 111 f.) berichtet von einer Untersuchung zur Akzeptanz und zu möglichen Handlingsproblemen bei einem neuen Aufreißverschluß für Bierflaschen (Ergebnis: ältere Menschen hatten hierbei Probleme) oder von einer Beobachtungsserie mit Frauen, die ein Haarspray benutzen sollten. Über dieses war geklagt worden, daß es zu klebrig sei und zu Klumpenbildung neige. Die Beobachtungen ergaben, daß die Frauen in vielen Fällen die Sprühdose zu nah an die Haare hielten, wenn sie einzelne Locken gezielt einsprühten. Folglich wurde ein neues, für kürzeste Distanzen geeignetes Sprühsystem entwickelt.

12.3.2 Beispiele für die Verpackungsgestaltung

Ein französischer Weinabfüller ließ für einen Beaujolais-Wein, der primär im deutschen Lebensmitteleinzelhandel im mittleren Preisniveau vertrieben werden sollte, vier verschiedene Etiketten gestalten, die u. a. auf ihren jeweiligen Aufforderungscharakter überprüft werden sollten. Mittels eines Greifbühnentests wurden die deutschen Probanden mit allen vier Entwürfen gleichzeitig konfrontiert und folgendermaßen instruiert: »Greifen Sie die Rotweinflasche heraus, die den besten Wein beinhaltet!«

Ergebnis: Ein bestimmter Etikettierungsentwurf war in seiner Qualitätsanmutung mit einem Greifergebnis von 64,8% aller Probanden den drei Alternativen (jeweilige Spontanwahl 17,7%, 11,6% und 5,9%) eindeutig überlegen und wurde zur Markteinführung ausgewählt.

Auch zum Einsatz der Schnellgreifbühne gibt es in der entsprechenden Fachliteratur viele weitere Beispiele. So bringt *Spiegel* (1958, S. 92) folgenden Fall für die Spontanzuordnung: »So war einem Sortiment instruktionsgemäß ein Markenessig zu entnehmen. Ein solcher befand sich jedoch gar nicht dabei, hingegen verstreut mehrere Sektmarken. Es wurde bevorzugt eine bestimmte Sektflasche, die als Entwurfsattrappe vorlag, gegriffen, woraus hervorging, daß diese Flaschenausstattung als sauer, – mindestens als saurer als die anderen Flaschenentwürfe – erlebt wurde. Durch systematische Variation ließ sich der Flaschenausstattung dieser ungünstige Charakter nehmen.«

Auch zur Spontanhandhabung kann man bei *Spiegel* (1958, S. 93) ein Beispiel nachlesen. Er berichtet von einer Untersuchung mit der Greifbühne, wo eine Klappschachtel für kleine Schokoladentäfelchen geöffnet werden sollte und fast alle Probanden während der knappen Darbietungszeit versuchten, die Packung an einer falschen Stelle zu öffnen. Eine ungünstige Abbildung eines Schokoladentäfelchens auf der Oberseite der Verpackung wirkte als *Öffnungssignal* und mußte verändert werden.

12.3.3 Beispiele für die Werbewirkungsmessung

Im folgenden sollen Beispiele tachistoskopischer Untersuchungen zur Anmutung, Erkennbarkeit und Verständnisprüfung von Werbekampagnen in Anzeigenform dargestellt werden. Dies ist der häufigste Einsatzbereich apparativer Verfahren in der Praxis, wenngleich es sich hier streng genommen nicht mehr um bloße Beobachtungen handelt, sondern nondirektive Explorationstechniken zum Einsatz kommen (vgl. den Beitrag von Peter Sauermann: Qualitative Befragungstechniken, S. 116).

Zunächst sei der Verlauf einer Exploration am Tachistoskop in Auszügen an einem Beispiel demonstriert. Der Proband wird (beim Einblicktachistoskop) vor einen Kasten gesetzt, in dem sich die zu untersuchende Anzeige befindet. Der Einblick erfolgt durch ein fernglasähnliches Okular. In dem Kasten ist es zunächst völlig dunkel. Durch einen Lichtblitz, dessen Länge der Untersuchungsleiter einstellt (ab 1/1000 sec aufwärts), wird das Werbeobjekt erst sichtbar. Bei jeder Exposition wird der Proband gefragt, was er glaubt gesehen zu haben, welche Eindrücke er hat, wie er das empfindet. Der Explorierende muß ausschließlich mit offenen Fragen arbeiten und darf das vom Probanden Gesagte nur reflektieren (Non-direktive Gesprächstechnik).

Beispiel einer Anzeige eines Lebensmittelherstellers, die für eine neue Eiskremsorte werben soll:
- 1/1000 sec: Proband spricht nur von dunklen Farben, die er wahrgenommen hat.
- 1/500 sec: Er sieht unterschiedliche Farbfelder, die voneinander abgegrenzt sind, ohne sie näher zu identifizieren.
- 1/250 sec: Die Farbfelder haben für ihn unterschiedliche Braun- und Rottöne. Am Rande sieht er ein ovales rotes Zeichen.
- 1/100 sec: Er identifiziert das rote Zeichen als das Firmenlogo des Lebensmittelherstellers, das sehr bekannt ist.
- 1/50 sec: Er kann die Farbfelder immer noch nicht erkennen, vermutet von den Farben her irgend etwas mit Pizza, was er auch mit der Produktpalette des werbenden Unternehmens assoziiert.
- 1/10 sec (Anmerkung: Aufgrund von Erfahrungswerten sollten bei dieser Expositionszeit die Grundaussagen der Werbebotschaft erarbeitet sein, wenn es sich um eine gute Gestaltung handelt): Er sieht jetzt auch einen hellen Gegenstand, der nach oben weist. Die Farbfelder werden für ihn immer bestimmter: »Das muß eine Pizza-Abbildung sein.«
- Erst bei 5 sec Expositionszeit bemerkt der Proband, daß es sich um eine Eiskremwerbung handelt und der helle Gegenstand eine darauf gesetzte Waffel ist.

Da sich bei anderen Probanden ähnliche unkonkrete Anmutungserlebnisse und Schwierigkeiten mit der Identifizierung der Produktbotschaft ergaben, empfahl es sich, die vorgesehene Werbegestaltung gründlich zu überarbeiten.

Tachistoskopische Explorationsverläufe zu anderen untersuchten Beispielen findet man bei *von Rosenstiel/Kirsch* (1996, S. 27 f.), wo es um zwei Verpackungsentwürfe für ein Feinwaschmittel geht, oder bei *Sauermann* (1980, S. 109 ff.), wo der Wahrnehmungsprozeß für eine englische Anzeige für Wodka bei deutschen Probanden überprüft wird. Durchführungs- und Anwendungsbeispiele für tachistoskopische Tests sind auch in vielen Marktforschungslehrbüchern enthalten, so bei *Salcher* (1978, S. 120 ff.).

Abschließend noch einige **Beispiele für Fehlanmutungserlebnisse** in den frühen Expositionsphasen, aufgrund derer eine große Gefahr der Nichtbeachtung der Anzeigen bei den anvisierten Zielgruppen in der Werbestreuung prognostiziert werden kann:
- Eine Anzeige für eine Gesichtscreme zeigt das Produkt vor dem Hintergrund eines Frauenkopfes, der aber nur unvollständig abgebildet ist. Insbesondere die Augenpartie ist dominierend. Sehr viele Probanden kommen aufgrund der überbetonten Augen aber zu dem Eindruck, es handle sich um ein Baby (Kindchen-Schema) und vermuten ein Produkt für Babypflege.
- Ein Dachpfannenhersteller zeigt vor weißem Hintergrund ein Produktmuster. Die Anzeige soll in Illustrierten geschaltet werden. Die Testpersonen interpretierten das

Produkt aufgrund der Form und insbesondere der rotbraunen Farbe als Schokoladentäfelchen.
- Ein Nahrungsmittelhersteller wirbt für sein Produkt Crème fraîche (Neueinführung) und zeigt in seiner Anzeige eine mit Tomatensuppe gefüllte Suppentasse, in der auf der Oberfläche einige Crème fraîche-Häubchen schwimmen. Die Tomatensuppe als solche ist aber so dominierend, daß die Befragten meinen, die betreffende Nahrungsmittelfirma stelle jetzt auch Fertigsuppen her, wovon allerdings keine Rede sein konnte.

12.4 Kosten-Nutzen-Bewertung und Durchführungsmöglichkeiten

Der erhebliche methodische Aufwand und Anspruch an die Qualifikation der Untersuchungsleiter macht deutlich, daß der Einsatz apparativer Verfahren kostspielig ist. Laut *Rehorn* (1988, S. 130) ist im Vergleich zur Befragungsforschung mit 30–50% Mehrkosten für die apparative Vorstufe zu rechnen und das würde zuweilen nicht einmal reichen. Er berichtet von einem Angebot für einen Blickregistrierungstest, durchgeführt an 30 Ärzten, für den bis zu DM 30 000,– zu zahlen seien, »eine im Vergleich zur Befragungsforschung horrende Summe«. An anderer Stelle (1988, S. 24) beschreibt er ein Institutsangebot für ein Werbemittelinterview, wo als Vorstufe eine apparative Meßphase mittels des Lügendetektors (Psychogalvanometer) vorgesehen ist mit anschließenden traditionellen Befragungstechniken, die pro Proband für DM 300,– zu haben sei, ein noch moderater Preis.

Angesichts dieser Kostendimension und unter Einbezug der Problematik der Gültigkeit der Ergebnisse für die Untersuchungsfragen primär im Bereich der Werbeforschung, sollte der **mittelständische Auftraggeber von dieser Methodengruppe so lange Abstand nehmen, als ökonomische und wissenschaftliche Probleme nicht befriedigend gelöst sind.** Dies ist zunächst ein Aufgabenbereich für privatwirtschaftliche und Hochschulinstitute, die sich finanzkräftige Sponsoren suchen sollten.

Eine Methodik apparativer Verfahren sei aber von dieser zurückhaltenden Bewertung ausgenommen: **tachistoskopische Untersuchungen zur Werbewirkung,** wie bereits beschrieben. Vorteile dieses Verfahrens sind:
- handfeste Hinweise zu gefühlshaften und verstandesmäßigen Wirkungen von vorgesehenen Anzeigenkampagnen (gut geeignet als Anzeigen-Pretest),
- kleine Stichproben genügen,
- die Ergebnisse liegen erfahrungsgemäß schnell vor.

Dies ist interessant für Werbeagenturen in der Layout-Phase ihrer Konzeptionsentwicklungen, um rechtzeitig notwendige Korrekturen vornehmen zu können oder für die Marketingabteilungen von Unternehmen, die bei Entscheidungen über vorgelegte Werbeentwürfe (etwa ihrer Hausagentur) nicht nur persönliche Bewertungen berücksichtigen wollen.

Laut *Rehorn* (1988, S. 19) können die meisten der bekannten Marktforschungsinstitute Werbemitteltests per Tachistoskop durchführen. Empfehlenswert ist die Zusammenarbeit mit einem eher qualitativ ausgerichteten Institut, das in seinen Reihen fachpsychologisch ausgebildete Mitarbeiter (Diplom-Psychologen) aufweisen kann.

Die Honorare für Tachistoskoptests streuen nach *Rehorns* Angaben zwischen DM 40,– und DM 100,– pro Fall. Sicher ist letztere Zahl im Hinblick auf die notwendige Qualität der Befrager und Auswerter mehr als berechtigt, vor allem bei schwieriger zu erreichenden Zielgruppen. Die von *Rehorn* als notwendig erachtete Stichprobengröße von 100 Personen ist in den meisten Fällen aber sicher nicht nötig.

12.5 Literaturverzeichnis

Hossinger, Hans-Peter: Pretests in der Marktforschung, Die Validität von Pretestverfahren der Marktforschung unter besonderer Berücksichtigung der Tachistoskopie, Würzburg 1982
von Keitz, Beate: Kommunikations-Tests mit apparativer Unterstützung – the State of the Art, in: Planung und Analyse, 1997, Heft 2, S. 40–43
Koschnick, Wolfgang: Standard-Lexikon für Markt- und Konsumforschung, München 1995
Pepels, Werner: Käuferverhalten und Marktforschung, Eine praxisorientierte Einführung, Stuttgart 1995
Rehorn, Jörg: Werbetests, Neuwied 1988
von Rosenstiel, Lutz/Kirsch, Alexander: Psychologie der Werbung, 3. Auflage, Rosenheim 1996
Salcher, Ernst: Psychologische Marktforschung, Berlin 1978
Sauermann, Peter: Marktpsychologie, Einführung in die Praxis der Wirtschaftspsychologie, Band 2, Stuttgart 1980
Sauermann, Peter: Untersuchungen zur Messung und Bedeutung der Aktivierungswirkung von Werbeanzeigen, in: Planung und Analyse, 1985, Heft 9, S. 361–365
Spiegel, Bernd: Werbepsychologische Untersuchungsmöglichkeiten. Experimentelle Forschungs- und Prüfverfahren. Berlin 1958
Weis, Hans Christian/Steinmetz, Peter: Marktforschung, 3. Auflage, Ludwigshafen 1998

13. Experiment: Die Frage nach den Ursachen

Fritz Unger

Inhaltsübersicht

13.1   Experiment als Instrument kausal-analytischer Forschung
13.2   Experimenteller Aufbau
13.3   Analyseverfahren
13.4   Praktische Beispiele
13.4.1 Experimentelle Werbewirkungsforschung
13.4.2 Experimentelle Produktforschung
13.4.3 Experimentelle Vertriebsforschung
13.4.4 Experimentelle Preisforschung
13.4.5 Markttests als Feldexperimente
13.5   Literaturverzeichnis

Auf einen Blick

Es wird einführend verdeutlicht, warum nur experimentelle Marktforschung dazu geeignet ist, Antworten auf die Frage nach den Ursachen menschlichen Verhaltens zu liefern. Im folgenden Abschnitt werden dann die möglichen Untersuchungsdesigns dargestellt, und es wird aufgezeigt, welche Schlußfolgerungen daraus jeweils gezogen werden können. Insbesondere der Vergleich zwischen Versuchs- und Kontrollgruppen sowie die Anforderungen an Testdesigns wird aufgezeigt. Praktische Anwendungsbeispiele aus den Bereichen der Werbewirkungsforschung, Produkttests, Vertriebsforschung und der experimentellen Preisforschung zeigen den Anwendungsrahmen des Experiments innerhalb der Marktforschung auf. Den Abschluß bilden Ausführungen zur experimentellen Feldforschung. Damit sind Experimente in realen Märkten gemeint.

13.1 Experiment als Instrument kausal-analytischer Forschung

Wir kennen in der Marktforschung drei Basisansätze. In der ersten Stufe finden wir die **deskriptive Forschung**. Hierbei geht es um nichts anderes als um die Beschreibung von Tatbeständen. Die meisten Beobachtungen, beispielsweise im Rahmen der Panel-Forschung (vgl. den Beitrag von Fritz Unger: Panel-Forschung, S. 213), sind nichts anderes als deskriptive Forschung. Die Beschreibung von Marktentwicklungen liefert uns keine Informationen darüber, warum bestimmte Entwicklungen eingetreten sind. Häufig sind beobachtete Entwicklungen recht plausibel auf bestimmte Ursachen zurückzuführen. Wenn wir beispielsweise unseren Werbeanteil innerhalb der Branche gesteigert haben und kurze Zeit darauf sich die Marktanteile in Richtung der neuen Werbeanteile entwickeln, so besteht schon begründete Annahme dahingehend, daß wohl die Erhöhung des Werbebudgets dafür verantwortlich ist. Andere Ursachen sind aber genauso denkbar. Beispielsweise war vielleicht der Außendienst einfach aufgrund der Information über die Erhöhung der Werbung dermaßen hoch motiviert, daß die Vertriebsanstrengungen erhöht wurden und dies die Ursache für steigenden Marktanteil ist. Wenn man darüber Informationen hat, besteht vielleicht die Möglichkeit, kostengünstigere Instrumente der Außendienstmotivation, als die Erhöhung des Werbebudgets, einzusetzen. Es ist also schon vorteilhaft zu wissen, *warum* ein Effekt eingetreten ist.

Bevor ein Forschungsprojekt beginnt, muß man sich Gedanken darüber machen, welche Fragen gestellt werden sollen, welche Aspekte des Verhaltens beobachtet werden sollen, welche Probleme im Rahmen der Werbewirkung man vermutet, welche Probleme Verbraucher mit bestimmten Produkten wohl haben werden. Die Beschaffung der dazu notwendigen Informationen ist die Aufgabe der **explorativen Marktforschung**. Hierbei geht es also nicht darum, Erkenntnisse zu liefern, sondern die Frage zu beantworten, welche Erkenntnisse überhaupt möglich sein werden. Es gibt keine unvoreingenommene Forschung. Jede Frage, jedes Experiment, jede Beobachtung geht von Hypothesen aus. Allein schon die Tatsache, daß bestimmte Fragen in einen Fragebogen aufgenommen worden sind und andere nicht, beinhaltet, wenn auch vielleicht häufig den Marktforschern nicht bewußt, bereits Hypothesen, Annahmen über das, was relevant ist.

Dieses Problem ist unvermeidlich. Es ist aber sinnvoll, sich darüber im klaren zu sein und die einem bestimmten Marktforschungsprojekt zugrunde gelegten Annahmen bewußt zu formulieren, um anschließend angemessene Instrumente der Marktforschung einzusetzen.

Schließlich geht es um die Frage, Verhalten auf den Märkten zu erklären. Gefragt ist nach den Ursachen des Verhaltens. Da Verhalten immer die Folge sehr vieler Faktoren ist, einerseits persönlichkeitsbedingt, andererseits umweltbedingt, und da die Umwelt extrem komplex ist, kann aufgrund einiger weniger Informationen niemals gesagt werden, was tatsächlich die Ursache für eingetretenes Verhalten ist. Antworten auf diese Frage liefert die **experimentelle Forschung**. Das Experiment ist immer dadurch gekennzeichnet, daß verschiedene Testgruppen oder auch eine Testgruppe zu verschiedenen Zeitpunkten unter exakt gleichen Bedingungen bei Variation nur einer oder weniger Variablen beobachtet oder befragt werden. Wenn sich dann zwischen den Versuchsgruppen oder bei der einen

Versuchsgruppe im Zeitablauf Unterschiede in den Beobachtungs- oder Befragungsresultaten finden lassen, dann haben wir guten Grund zu der Annahme, daß die gezielt variierten Faktoren (Werbedruck, Verpackungsgestaltung, Preis oder unterschiedliche Plazierung der Produkte in Regalen) die Ursache für die aufgefundenen Unterschiede sind. Dann können wir mit gutem Grund von Ursachen für Verhaltensweisen sprechen.

Ohne dies hier weiter ausführen zu wollen, sollte aber an dieser Stelle verdeutlicht werden, daß auch bei einem noch so gut aufgebauten experimentellen Design in der Marktforschung, wie auch bei keiner anderen Forschung, Sicherheit geliefert werden kann. Sicherheit ist durch keine Forschung zu erzielen. Alle Erkenntnisse der Menschen auch im Rahmen der Marktforschung, sind letztendlich nichts anderes als ein Gebäude mehr oder weniger gut bewährter Vermutungen.

13.2 Experimenteller Aufbau

Das Kernelement von experimentellen Untersuchungsdesigns besteht darin, daß alle Störfaktoren, also Einflüsse aus der Umwelt, kontrolliert werden. Darunter wird verstanden, daß alle Testabläufe unter exakt gleichen Bedingungen stattfinden. Es werden jeweils nur ein oder mehrere Experimentalfaktoren, das heißt diejenigen Faktoren, deren Wirkung also wirklich gemessen werden soll, variiert.

Der einfachste Testaufbau (vgl. Abbildung 1) besteht darin, daß eine bestimmte Anzahl vergleichbarer Gruppen von Versuchspersonen einem Test unterzogen wird. In jeder Testgruppe wird jeweils nur eine spezifische Veränderung durchgeführt. Nehmen wir an, wir möchten messen, ob ein Sprecher oder eine Sprecherin in einem Werbespot wirksamer ist. Dann wird man zwei Gruppen bilden. Die beiden Testgruppen werden exakt der gleichen Werbung unter exakt gleichen Bedingungen ausgesetzt. Der einzige Unterschied besteht darin, daß in einem Fall der Werbetext von einer Frau und in einem anderen von einem Mann gesprochen wird. Anschließend oder schon während der Werbedarbietung erfolgt die Messung der Werbewirkung entweder verbal, durch Befragung, durch Beobachtung oder apparativer Messung physiologischer Reaktionen. Wenn sich dann herausstellen sollte, daß in einer der beiden Testsituationen eine stärkere Wirkung erzielt worden ist, haben wir guten Grund anzunehmen, daß dieser Wirkungsunterschied auf die Wahl der Sprecherperson zurückzuführen ist. Nehmen wir an, daß die weibliche Person eine stär-

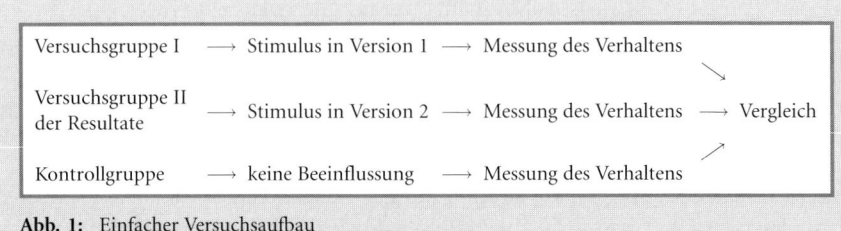

Versuchsgruppe I	⟶ Stimulus in Version 1	⟶ Messung des Verhaltens	
Versuchsgruppe II der Resultate	⟶ Stimulus in Version 2	⟶ Messung des Verhaltens	⟶ Vergleich
Kontrollgruppe	⟶ keine Beeinflussung	⟶ Messung des Verhaltens	

Abb. 1: Einfacher Versuchsaufbau

kere Wirkung ausgelöst hat, dann können wir in diesem konkreten Fall aber immer noch nicht sagen, ob es sich dabei tatsächlich um das Geschlecht der Person, als entscheidenden Wirkungsfaktor, handelt oder ob nicht andere Persönlichkeitsfaktoren wie Alter, Haarfarbe, Augenfarbe oder Gesichtszüge sich ebenfalls ausgewirkt haben. Will man dann tatsächlich lediglich herausbekommen, ob männliche oder weibliche Sprecher/Innen wirksamer sind, dann müßte man ganze Versuchsreihen durchführen und exakt die gleiche Botschaft immer wieder anderen Versuchspersonen von immer wieder anderen Sprecherpersonen männlichen und weiblichen Geschlechtes vorführen, um anschließend die Resultate aller weiblicher und männlicher Sprecherpersonen gegenüberzustellen.

Wenn die Wirkungsmechanismen im Prinzip bekannt sind und man lediglich eine bestimmte Marketingmaßnahme auf ihre mögliche Wirkung hin untersuchen möchte, dann genügt auch ein experimenteller Aufbau mit lediglich einer Versuchsgruppe, wenn wir beispielsweise an einen klassischen Werbetest denken. Es liegt eine fertig gestaltete Anzeige vor, und wir möchten jetzt überprüfen, ob die Anzeige entsprechend unserer Vermutungen wirkt. Dann könnte man daran denken, einer einzigen Versuchsgruppe von 80 bis 100 Versuchspersonen diese eine Anzeige vorzulegen und mit Hilfe des Verfahrens der Blickaufzeichnung und anderer Verfahren experimenteller Werbewirkungsforschung zu überprüfen.

Es tritt immer wieder der Fall ein, daß Effekte zu beobachten sind, die lediglich darauf zurückzuführen sind, daß ein Test durchgeführt wurde. Man spricht von **Testartefakten**. Denken wir einfach daran, daß beispielsweise in einem Werbewirkungstest die Aufmerksamkeit der Versuchspersonen eine andere sein kann als in der üblichen Situation zu Hause.

Will man Meinungsänderungen aufgrund irgendwelcher kommunikativer Maßnahmen testen, so empfiehlt es sich immer zusätzlich mit einer Kontrollgruppe zu arbeiten. Eine **Kontrollgruppe** ist eine Gruppe, die gar nicht mit der eigentlichen Testbotschaft konfrontiert wird, man mißt lediglich die bestehenden Einstellungen in der gleichen Situation, in der sich auch die Versuchsgruppen befinden, lediglich der eigentlich interessierende Stimulus, beispielsweise die Werbebotschaft wird ihnen nicht präsentiert.

Man könnte sich das so vorstellen, daß zwei Testgruppen einen Werbespot vorgespielt bekommen. Zu diesem Zweck werden die Versuchspersonen in einem Studio mit dem üblichen Fernsehprogramm konfrontiert, das dann wie üblich durch einen Werbeblock unterbrochen wird. Es laufen insgesamt zehn Werbespots ab, auf einem definierten Platz, meistens in der Mitte, wird der Testwerbespot plaziert. Die Versuchspersonen wissen also nicht, welches der Testspot ist. Nehmen wir an, die beiden Versuchsgruppen bekommen den Werbespot in zwei unterschiedlichen Versionen präsentiert, und wir möchten herausbekommen, welche der beiden Versionen die wirksamere ist. Die Kontrollgruppe bekommt dann ein TV-Programm präsentiert, in das ebenfalls ein Werbeblock eingebaut worden ist, lediglich statt des Testwerbespots wird irgendein anderer für unsere Zwecke irrelevanter TV-Spot eingebaut.

Anschließend könnte man in allen drei Gruppen dann Sympathiewerte oder Bekanntheitswerte für die entsprechende Testmarke erfragen. In der Kontrollgruppe erhalten wir die Baseline, also die bestehenden Einstellungsstrukturen ohne werbliche Beeinflussung. In den beiden Versuchsgruppen bekommen wir die Ergebnisse in Abhängigkeit der jeweiligen Gestaltung des Werbespots.

Wenn sich nach einem solchen Test Einstellungssympathie oder Produktkenntnisunterschiede messen lassen, dann haben wir guten Grund, diese auf die gezielten Variationen in der Gestaltung zurückzuführen und nicht auf irgendwelchen nicht kontrollierbaren Umweltfaktoren.

Experimente werden danach unterschieden, ob eine Befragung stattfindet oder ob das gemessene Verhalten lediglich beobachtet wird. Ferner wird danach unterschieden, ob die Experimente in Studios unter exakt kontrollierbaren Bedingungen stattfinden oder in der Realität. In diesem letzten Fall sprechen wir von sogenannten **Feldexperimenten** (*Weis/ Steinmetz* 1998, S. 133).

Ein wichtiges Problem bei der Gestaltung von Untersuchungsdesigns ist die Kenntnis der Versuchspersonen über das Experiment. Wenn die Versuchspersonen wissen, daß ein Experiment stattfindet und auch den Zweck des Experimentes kennen, ist in hohem Maße mit Testartefakten zu rechnen. So hat man beispielsweise lange Zeit geglaubt, daß die Reihenfolge der Betrachtung von Bildelementen bei Anzeigen Einfluß auf die Wirksamkeit der jeweiligen Elemente in der Werbung hat. Man nahm an, daß die zuerst fixierten Elemente am wirksamsten sind. Erst später stellte sich heraus, daß dieser Effekt nur dann eintritt, wenn den Versuchspersonen bekannt ist, daß ein Werbetest stattfindet. Daher sollte, wenn möglich, vermieden werden, daß den Versuchspersonen der Zweck des Testes bekannt wird.

Die Problematik kann bei **nichtdurchschaubarer Versuchssituation** (*ebenda* S. 134) gemildert werden. In diesem Fall bemerken die Versuchspersonen zwar, daß ein Test stattfindet, ihnen ist jedoch der Zweck des Testes nicht bekannt. Man kann den Versuchspersonen glaubhaft vermitteln, daß es darum geht, die Qualität des Fernsehprogramms zu testen oder redaktionelle Inhalte von Zeitschriften. Daß sowohl in Fernsehprogrammen als auch in Zeitschriften Werbung eingebaut ist, erscheint den Versuchspersonen durchaus vertraut. Im Falle apparativer Werbewirkungsforschung, beispielsweise mit der Blickaufzeichnung oder der Messung der elektrodermalen Reaktion (Aktivierungstest), bemerken die Bezugspersonen in keiner Weise, daß der eigentliche Test der Werbung gilt. Im Falle einer Befragung bemerken sie es erst dann, wenn die Fragen gestellt werden.

Da die Versuchspersonen in diesem Falle getäuscht werden, stellen sich ethische Probleme (*Irle* 1983). Man geht in der praktischen Marktforschung davon aus, daß die Täuschung die Versuchspersonen in keiner Weise schädigen darf, daß sie zulässig ist, wenn die Täuschung notwendig ist, um realistische Ergebnisse zu erhalten und die Versuchspersonen anschließend über den Zweck des Tests aufgeklärt werden. Die nachträgliche Aufklärung von Versuchspersonen ist für *Irle* ein wesentliches Element der Ethik in marktpsychologischer Forschung.

Als die Tests mit **biotischem Versuchsaufbau** werden Experimente bezeichnet, bei denen die Versuchspersonen nicht einmal darüber Informationen haben, daß sie an einem Test teilnehmen. Nehmen wir folgende Situation: Eine Versuchsperson wird gebeten, an einem

Produkttest teilzunehmen, man erklärt ihr jedoch kurz vorher, daß sie doch etwas warten müsse und gibt ihr in einem Wartezimmer eine Zeitschrift zum Lesen. Sie muß dazu an einem bestimmten Tisch Platz nehmen und kann die Zeitschrift durchsehen. Was sie nicht weiß, ist, daß in der Zeitschrift Testanzeigen montiert sind, und die Marktforschung Informationen darüber haben möchte, welche Aufmerksamkeit diese Testanzeigen spontan auslösen. Sowohl die Zeitschrift selber als auch das Gesicht der Person werden über eine versteckte Kamera gefilmt. Das Leseverhalten gibt anschließend auch Aufschluß über bestimmte Wirkungskomponenten der Anzeigen. Die Versuchsperson erhält während des Tests hierüber keinerlei Informationen. Der einzige Störfaktor in diesem konkreten Fall ist die Tatsache, daß die Versuchsperson in einer Wartesituation eine Zeitschrift durchblättert und das tatsächliche Leseverhalten zu Hause doch ein anderes ist. Dieser Nachteil dürfte zu vernachlässigen sein, da es bei diesem Test darauf ankommt, die spontane Aufmerksamkeit zu messen, die eine Anzeige auslöst, auf die man zufällig stößt.

Fazit: Es gibt beim Testaufbau Versuchs- und Kontrollgruppen. Wesentlich ist, daß alle Gruppen sich in gleicher Situation befinden und in ihrer Zusammensetzung nicht unterscheiden. Wir unterscheiden ferner Beobachtungs- und Befragungsexperimente sowie Studio- und Feldexperimente. Schließlich unterscheiden wir Experimente danach, inwieweit den Versuchspersonen über den eigentlichen Test Informationen vorliegen. Ein wesentliches Problem ist das Verhalten der Versuchsperson, das durch die Testsituation und möglicherweise Kenntnis des Tests selber ausgelöst wird. Damit ist die Frage verbunden, inwieweit experimentell gewonnene Testergebnisse auf die Realität übertragbar sind.

Der **ideale Testaufbau** wäre ein Feldtest unter Kontrolle aller Variablen in Unkenntnis der Versuchspersonen. Ein solcher Test ist praktisch kaum durchführbar. Entscheidend ist dann die Frage, welche Nachteile des konkret realisierten Experimentes in Kauf genommen werden können.

Wenn man sich darüber im klaren ist, daß Marktforschung, und das trifft auch auf experimentelle Marktforschung zu, niemals die Garantie für einen späteren Markterfolg liefern kann, sondern immer nur die systematische Suche nach Fehlern im eigenen Marketingkonzept darstellt, mit dem Ziel, diese zu erkennen und auszumerzen, um so am Ende ein möglichst fehlerfreies Marketingkonzept zu realisieren, dann wird auch deutlich, daß durchaus manche Schwächen in Experimenten in Kauf genommen werden können.

Beispiel 1: Der Verfasser hatte zu seiner Praxiszeit ein Haushaltsgerät zu entwickeln. Dieses Gerät lag als Funktionsmodell vor. Ein Funktionsmodell ist ein handgefertigtes Stück, das funktionsfähig ist und dem späteren Original bereits sehr nahe kommt, aber erkennen läßt, daß es sich dabei um ein Modell handelt. Die Versuchspersonen wußten also, daß hier ein neues Produkt getestet wird. Es gab nur dieses eine Funktionsmodell und keine Varianten davon. Mit 50 späteren möglichen Verwenderinnen wurde nun in einem Studio ein Produkttest durchgeführt. Dieser Test wies so ziemlich alle Probleme auf, die ein Test aufweisen kann. Den Versuchspersonen war bekannt, daß ein Test stattfindet. Sie wußten im Prinzip auch über den Zweck des Testes Bescheid: Ein neues Produkt war auf seine Akzeptanz hin zu testen. Das war aufgrund des Modells erkennbar. Versuchspersonen sind leider in Testsituationen eher positiv gestimmt und neigen häufig zu überzogen positiven Urteilen. Das Produkt wurde im Studio getestet und nicht zu Hause bei der praktischen Hausarbeit. Dennoch brachte der erste Produkttest wesentliche Erkenntnisse für die weitere Produktentwicklung. Es zeigten sich bestimmte Schwierigkeiten bei der Handhabung eines Verschlusses, die sehr schnell und kostengünstig ausgeräumt werden konnten.

Beispiel 2: Wir möchten wissen, ob eine neuartige Verpackung eines Produktes leicht zu öffnen ist und konfrontieren mit dieser Verpackung im Studio eine Gruppe von Versuchspersonen. Wenn sich dabei Schwierigkeiten im Test zeigen, so haben wir allen Grund, diese in der Produktentwicklung auszumerzen. Völlig unabhängig davon, welche Probleme und methodischen Schwächen der Test aufweisen mag, so haben wir dennoch eine Schwäche unserer Produktkonzeption entdeckt und somit die Chance diese zu beseitigen.

Wenn sich bei einem solchen Test, wie in diesen beiden Kurzbeispielen dargestellt, keine Schwächen finden, so haben wir natürlich keine Garantie für einen Produkterfolg. Wir haben lediglich keine Schwächen feststellen können. Die Situation ist vergleichbar mit medizinischer Diagnostik. Das Nichtauffinden bestimmter Antikörper- oder Röntgenbefunde beweist nicht, daß ein Patient gesund ist, es zeigt lediglich, daß bestimmte Krankheiten nicht nachgewiesen werden konnten. Über diese Problematik müssen wir uns in der praktischen Marktforschung immer wieder im klaren sein.

> Marktforschung dient dazu, im Management fehlerfreiere Entscheidungen zu realisieren. Die Sicherheit, richtige Entscheidungen zu treffen, ist nicht möglich.

13.3 Analyseverfahren

Die Auswertung experimentell gewonnener Daten setzt wenigstens ordinal in den meisten Fällen intervallskalierte Daten voraus (vgl. den Beitrag von Peter Steinmetz: Häufigkeitsverteilungen, S. 310). Bei Conjoint-Analysen werden die Resultate mit Hilfe einer Vielzahl ordinalskalierter Daten ermittelt. Wenn Mittelwerte und Varianzen berechnet werden sollen oder Korrelationsmaße, so sind auf jeden Fall intervallskalierte Daten notwendig. Häufig wird man für verschiedene Testgruppen Mittelwerte und Varianzen erfassen, um auf dieser Basis Vertrauensbereiche oder Konfidenzintervalle zu berechnen. Bei Anwendung entsprechender Berechnungen (vgl. Kapitel IV: Statistische Datenauswertung, S. 301; *Weis/Steinmetz* 1998, S. 201 ff.; *Guckelsberger/Unger* 1998) bei Anwendung derartiger Verfahren läßt sich festhalten, ob die eventuell gefundenen Mittelwertunterschiede mit ausreichend hoher Wahrscheinlichkeit (95 oder 99%) als statistisch abgesichert gelten können oder noch im Zufallsbereich liegen.

Beim Home-Use-Test wird den Haushalten das Testprodukt nach Hause geliefert, und sie werden nach einer bestimmten Testzeit postalisch oder schriftlich interviewt. Wenn man nun wieder vergleichbaren Gruppen von Haushalten jeweils unterschiedliche Testprodukte zur Verfügung stellt, so kann, wenn auch nur bedingt, von einem Experiment gesprochen werden, nur bedingt, weil eben doch nur sehr wenige Einflußfaktoren wirklich kontrollierbar sind.

Beim Testaufbau wird ferner danach unterschieden, ob Versuchshaushalte mehrere Produkte gleichzeitig bekommen (Vergleichstest) oder nur jeweils ein Produkt (monadischer Test). Nach Ansicht des Autors werden beim Vergleichstest Beurteilungsunterschiede aufgezeigt, die häufig in keiner Weise verbrauchsrelevant sind. Der Vergleichstest produziert künstliche Unterschiede.

Der Autor hat in seiner eigenen praktischen Marktforschung sehr gute Erfahrungen damit gemacht, jeweils einer Gruppe von Testhaushalten oder Testpersonen (zwischen 80 und 100) eine Variante des zu testenden Produktes zu liefern. Es sind dann so viele Testgruppen wie Produktvarianten erforderlich. Anschließend werden die Testhaushalte befragt und die ermittelten Werte in den verschiedenen Testgruppen gegenübergestellt.

Vergleichsprodukte können Varianten des zu testenden neuen Produktes, aber auch Konkurrenzprodukte oder ein altes bereits auf dem Markt befindliches Produkt sein, das durch ein neues Produkt ersetzt werden soll.

Eine weitere experimentelle Möglichkeit ist dadurch gegeben, daß wir bei einem Teil der Testhaushalte oder Testpersonen im Falle eines Produkttestes die Marke nennen können und bei einem anderen nicht. Der Vergleich der Testergebnisse liefert anschließend sehr gute Informationen darüber, welche Stärken und Schwächen eine Marke aus Sicht der Anwender aufweist.

13.4.3 Experimentelle Vertriebsforschung

Seit die **EAN**-basierten Panel zunehmend bekannt geworden sind, wird auch im Vertrieb eine experimentelle Forschung möglich, da nunmehr doch eine große Anzahl von Variablen kontrollierbar sind. Bisher waren Umsatzresultate, niemals mit hinreichender Wahrscheinlichkeit, ausschließlich auf die getesteten Maßnahmen zurückzuführen. Zu viele andere Faktoren wie beispielsweise die Anzahl der Kunden pro Geschäft, der Gesamtumsatz des Geschäftes, die Frage, ob Umsatz dadurch erzielt wurde, daß wenige Kunden viele Produkte kauften oder viele Produkte von wenigen Kunden erworben worden sind, waren bisher nicht beantwortbar. Da auf der Basis von Scannerkassen alle Kaufhandlungen computergestützt ausgewertet werden können, sind jetzt auch Experimente im Vertrieb möglich.

Wir wollen dies am *Beispiel* von Plazierungsfläche und Display darstellen:
Wir nehmen ein beliebiges Produkt und testen dies in einer reinen Kontrollgruppe mit normaler Plazierungsfläche. In zwei Testgruppen wird einmal die normale Plazierungsfläche auf das Doppelte erweitert, in der zweiten Testgruppe wird die normale Plazierungsfläche durch ein Display außerhalb des üblichen Regals ergänzt.

Die Testdauer beläuft sich auf acht Wochen, jeweils innerhalb einer Woche werden die Daten erhoben, und es finden Kontrollbesuche statt, um sicherzustellen, daß die Plazierungen nach wie vor in der experimentell gewünschten Form vorhanden sind. So muß beispielsweise sichergestellt sein, daß die Plazierungsfläche im Regal in allen Testgruppen in gleicher Regalhöhe und gleicher Regalqualität erfolgt ist. Wir wollen ja wissen, wie stark sich eine Regalflächenerweiterung auf den Umsatz auswirkt. Würde gleichzeitig die Qualität der Regalplazierung verändert, so wäre eine eindeutige Schlußfolgerung in der erwünschten Richtung nicht mehr möglich. Außerdem muß sichergestellt sein, daß für jeden Zeitpunkt der Testdauer in allen Testgeschäften genügend Ware vorhanden ist. Die Testergebnisse wären nicht aussagekräftig, wenn unkontrolliert zeitweise in einzelnen Geschäften keine Ware vorhanden wäre oder aber während der Testphase die Preise verändert werden. Außerdem muß kontrolliert werden, daß in den Testgeschäften keine Aktionen von Wettbewerbern stattfinden, welche ebenfalls die Testresultate verfälschen würden. Um sicherzustellen, daß die drei Testgruppen vergleichbar sind, sollte vor der eigentlichen Durchführung des Tests in allen drei Testgruppen der Umsatz etwa vier Wochen lang beobachtet werden. Der gesamte Beobachtungsaufwand ist mit Hilfe der EAN-Kassen leicht durchführbar. Der Testaufbau und die Resultate sind aus der folgenden Abbildung 2 ersichtlich.

Wie wir sehen, wurden die Verkäufe in Stück auf jeweils 1000 Kunden bezogen, dadurch wird es unerheblich, ob in einem Geschäft mehr oder weniger Kunden einkaufen. Es ist leicht erkennbar, daß Testgruppe 1 (Angebot auf normaler Plazierungsfläche und ein Zusatzdisplay) am erfolgreichsten ist. Testgruppe 2 erzielt zwar mehr Umsatz als die Kontrollgruppe, aber nicht doppelt so viel Umsatz, das heißt die Regalverdopplung hat sich nicht gelohnt.

Es mag auf den ersten Blick eingewendet werden, daß die ganzen im Test kontrollierten Variablen ja in der Realität auch vorhanden sind. Natürlich haben wir in der Realität Konkurrenzmaßnahmen und unterschiedliche Plazierungsqualitäten. Wenn wir aber wissen wollen, wie Ware optimal plaziert werden soll, dann müssen wir dafür sorgen, daß die verschiedenen Plazierungsmöglichkeiten in exakt vergleichbarer Umgebung getestet worden sind. Daß sich später auch andere Maßnahmen auf den Umsatz auswirken, ist richtig und unbestritten, hat jedoch nichts mit der Frage zu tun, was denn nun tatsächlich die optimale Plazierung sei.

Etwas anders ist die Argumentation, wenn zwischen verschiedenen Maßnahmen **Synergieeffekte** möglich sind. So ist es beispielsweise denkbar, daß in einem ähnlichen Experiment lediglich die Preise variiert wurden. Man mag festgestellt haben, daß bei Variation der Preise im Regal kaum Umsatzunterschiede auftreten, sich eine Preissenkung also nicht lohnt. In einem weiteren Experiment mag man aber durchaus feststellen, daß die Kombination von Displayplazierungen außerhalb des Regals und einer Preissenkung sich in ihrer Wirkung gegenseitig ergänzen und insgesamt zu wesentlich höheren Umsatzzuwächsen führen, als wenn man die Umsatzzuwächse einfach addiert, die durch Preissenkung und Displayplazierung außerhalb des Regals erzielt worden sind. Nehmen wir beispielsweise an, die Preissenkung im Regal habe lediglich einen Umsatzzuwachs von 5% ausgelöst, die Plazierung in einem weiteren Display außerhalb des Regals habe eine Um-

Experiment

```
        E           E        E   E   E   E   E
                             K   K   K   K
                             
                             Angebot auf normaler
                             Plazierungsfläche + Display
21 Testgeschäfte  Beobachtung
   z.B.           Warengruppe  Angebot auf dreifach erweiterter
LEH 400qm+                     Plazierungsfläche
                             
                             Angebot auf normaler
                             Plazierungsfläche
                             
                                    1 Woche
```

    4 Wochen   5 Wochen
    Vorperiode   Testphase

E   =   Umsatzerhebung+Kontrolle der Testsituation
K   =   Kontrollbesuch zur Überprüfung der Testsituation
LEH =   Lebensmittel-Einzelhandelsgeschäft

Resultate

Verkäufe in Stück   1.240

                         540

                                          280

Testgruppe 1	Testgruppe 2	Kontrollgruppe
Angebot auf normaler Plazierungsfläche+Display	Angebot auf dreifach erweiterter Plazierungsfläche	Angebot auf normaler Plazierungsfläche

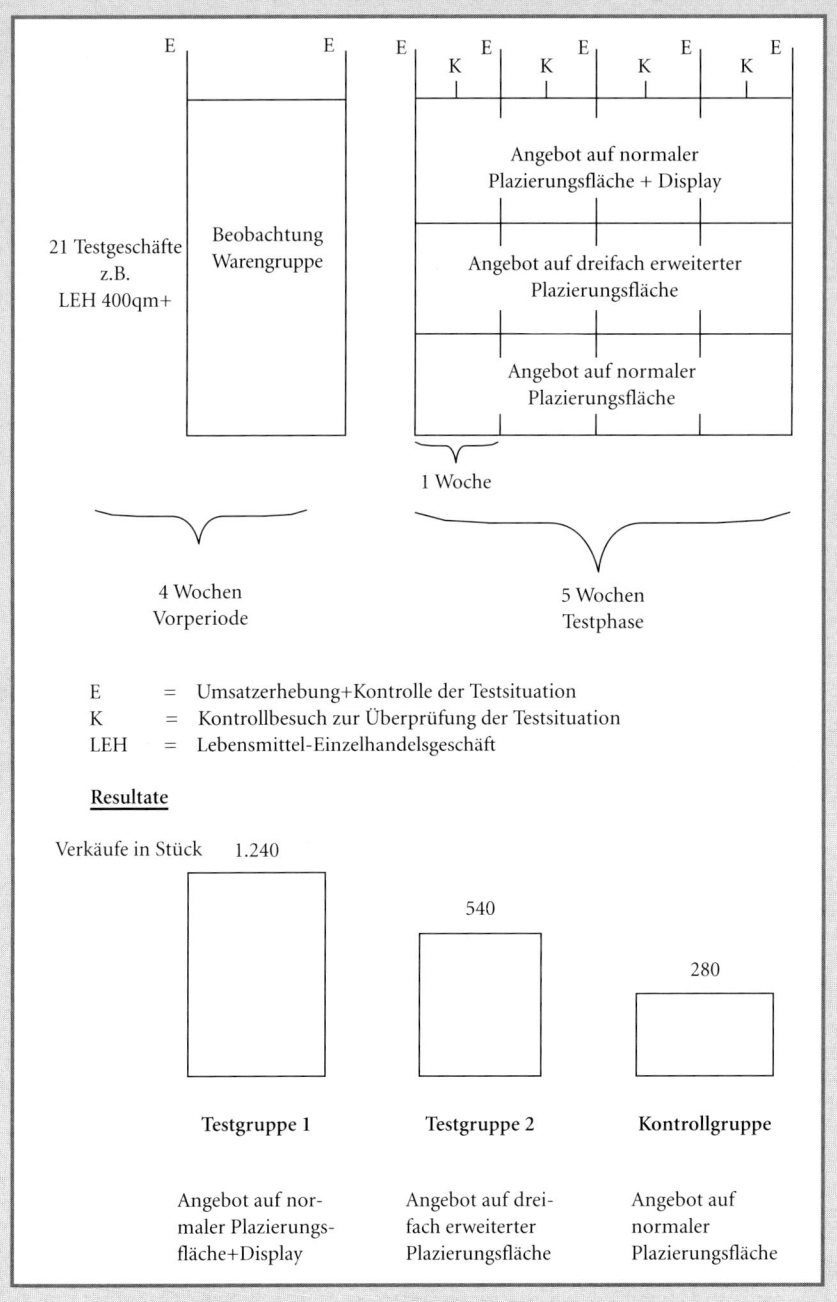

Abb. 2: Untersuchung der Auswirkungen alternativer Plazierungen auf den Abverkauf (Quelle: nach Unterlagen der *GfK*, vgl. *Unger* 1997, S. 301)

satzsteigerung um 100% bewirkt (bei gleichem Preis), dann ist es denkbar, daß die Kombination von Preispolitik und Display zu einer Umsatzausweitung nicht von 105, sondern vielleicht gar 200% beitragen kann. Aber auch diese Fragen lassen sich in weitergehenden Untersuchungen mit Hilfe der EAN-gestützten Panelforschung heute recht leicht beantworten.

13.4.4 Experimentelle Preisforschung

Die Preispolitik läßt sich insbesondere mit Hilfe der **Conjoint-Analyse** optimieren (vgl. den Beitrag von Hans-Dieter Hippmann: Multivariable Interdependenzanalyse, S. 355). Im Rahmen der Conjoint-Analyse werden den Versuchspersonen jeweils ganz bestimmte Produktkonzepte vorgelegt, eine der dabei zu testenden Produkteigenschaften ist der Preis. Jede Versuchspersonengruppe wird mit jeweils nur einem Produktkonzept konfrontiert. Sie wird dabei gebeten, das zu testende Produktkonzept in eine Präferenzrangreihe mit anderen konkurrierenden Produkten zu bringen. So kann man beim Vergleich über viele Testgruppen hinweg ermitteln, bei welchen Produkteigenschaften und Preisen sich die Präferenzen in welcher Richtung verändern. Am Ende ist es möglich, eine kosten/preisoptimale Produktkonzeption herauszufiltern. Die einzelnen Versuchspersonen haben dabei lediglich die Aufgabe, die verschiedenen ihnen vorgelegten Produkte in eine Präferenzrangreihe zu bringen (Ordinalskala). Sie müssen dabei nicht einmal erfahren, welches der ihnen vorgelegten Produktkonzepte das eigentlich interessierende zu testende Produktkonzept darstellt und welches die konkurrierenden Produkte sind.

Dieses Verfahren hat gegenüber herkömmlichen direkten Preisabfragen erhebliche Vorteile. Verbraucher können in üblichen Testsituationen kaum sagen, welchen Preis sie tatsächlich für ein Produkt zu zahlen bereit sind, da sie ihre Preispräferenzen häufig immer erst während der Kaufsituation bilden. Die Fragen: »Welchen Preis würden Sie für das neue Produkt x zahlen?« oder »Welchen Preis halten Sie für das neue Produkt x für angemessen?« sind naiv, da die Antworten kaum Rückschlüsse auf tatsächliche Preisakzeptanz zulassen. Diesen Nachteil weist die Conjoint-Analyse in keiner Weise auf, da hier nicht direkt nach Preisakzeptanz gefragt wird.

Aber auch direkte Preistests sind mit Hilfe der EAN-gestützten Panel-Forschung heute leicht möglich. Man kann in vergleichbaren Märkten ein Produkt zu unterschiedlichen Preisen plazieren. Es ist aber darauf zu achten, daß die Produktplazierung selber in allen Märkten exakt vergleichbar ist. Anschließend werden die stückmäßigen Abverkäufe pro 1000 Kunden ausgewertet. Es ist also unerheblich, wie viele Kunden in einem Markt anwesend waren. Wir beziehen den Absatz immer auf 1000 Kunden. So läßt sich eine klassische Preisabsatzfunktion empirisch ermitteln.

13.4.5 Markttests als Feldexperimente

Eine Reihe experimenteller Testmarktmöglichkeiten wird heute durch die Kombination EAN-gestützer Handelspanelforschung mit der Haushaltspanelforschung zur Verfügung gestellt. Im Prinzip bestehen derartige Testmärkte aus ausgewählten Geschäften, in denen mittels Scannerkassen jede Kaufhandlung elektronisch aufgezeichnet werden kann. Im

Umfeld der Märkte befinden sich mehrere hundert bis tausend Haushalte, die zu einem großen Teil in diesen Geschäften einkaufen. Die Haushalte werden mit Identitätskarten versorgt, die sie bei jedem Einkauf vorzeigen. Dadurch läßt sich das individuelle Kaufverhalten der Haushalte ebenfalls auswerten.

Es besteht die Möglichkeit, in den Geschäften Veränderungen durchzuführen und die Veränderung im Kaufverhalten dem gegenüber zu stellen. So lassen sich beispielsweise auch neue Produkte versuchsweise in diesen Geschäften plazieren. In den meisten dieser experimentellen Testmärkte besteht ferner die Möglichkeit, bestimmte Werbemaßnahmen einzusetzen und teilweise auch gezielt die Testhaushalte mit der Werbung zu konfrontieren.

Am weitesten fortgeschritten ist in dieser Hinsicht das *GfK*-**Behaviorscan** (vgl. den Beitrag von Werner Pepels: Mikromarkttest, S. 291). Standort dieses Testmarktes in Deutschland ist Haßloch. Das Haushaltspanel besteht aus 3000 repräsentativen Testhaushalten. Bei 2000 Haushalten besteht die Möglichkeit, gezielt in das TV-Programm Testwerbung einzuspielen. Die Haushalte selber bemerken dieses nicht. Es werden lediglich die nationalen Werbespots mit Testwerbespots überblendet. Ferner besteht die Möglichkeit den Haushalten über Zeitschriften, die sie kostenlos erhalten, Printwerbung zuzuspielen.

Somit können folgende Kommunikationsinstrumente getestet werden:
- Klassische Werbung in Fernsehen,
- Zeitschriften,
- Tageszeitungen (z. B. *Die Rheinpfalz*),
- Plakatanschlagsstellen und
- Supplements (z. B. *IWZ, Illustrierte Wochenzeitung*),
- ferner besteht die Möglichkeit, in fünf Testgeschäften in Haßloch gezielt Verkaufsförderung und Handelswerbung zu realisieren.

Man kann nun beispielsweise einer bestimmten Anzahl von Haushalten die Werbung a in das Programm einspielen, einer anderen Gruppe die Werbung b und einer dritten Gruppe, die als Kontrollgruppe dient, keine Werbung. Über die Haushaltserkennungskarten läßt sich das anschließende Kaufverhalten feststellen und somit originär der erhaltenen TV-Werbung zuordnen. Wenn sich zwischen diesen drei Testgruppen Unterschiede im Kaufverhalten finden, so kann diese ziemlich eindeutig auf die unterschiedliche Werbung zurückgeführt werden. Ebenso ist es möglich, nicht die Art der Werbung zu variieren, sondern lediglich die Intensität der Werbung. Testgruppe a erhält also beispielsweise einen TV-Spot fünfzehnmal in das Programm eingespeist, Testgruppe b fünfundzwanzigmal und Testgruppe c fünfunddreißigmal. So läßt sich ermitteln, welche Erhöhungen des Werbebudgets vorteilhaft sind.

Ähnliche in Deutschland existierende Testmärkte sind experimentelle Micro-Testmärkte (ERIM), die in Berlin-Hernsdorf, Hannover-Langenhagen, Nürnberg-Röthenbach und in Waiblingen durchgeführt werden können. Diese Testmärkte werden von der *GfK* durchgeführt in Zusammenarbeit mit dem französischen Institut *Emploi Rationel de l'Informatique en Marketing S. A.* (ERIM). Ferner sei das *Nielsen* TELERIM-Testmarktsystem erwähnt. Das sind zwei Testmärkte in Buxtehude und Bad Kreuznach. In beiden Städten existiert ein Haushaltspanel zu je 1000 Haushalten. Experimentell variiert werden können dort: TV-Werbung, Kino-Werbung, Print-Werbung und Verkaufsförderungsmaßnahmen (*Unger* 1997).

13.5 Literaturverzeichnis

Guckelsberger, U./Unger, F.: Statistik in der Betriebswirtschaftslehre, Wiesbaden 1998
Irle, M.: Markenpsychologische Forschung, Ethik und Recht, in: Irle, M. (Hrsg.): Marktpsychologie, 2. Halbband, Göttingen/Toronto/Zürich 1983, S. 839–859
Kroeber-Riel, W./Weinberg, P.: Konsumentenverhalten, 6. Auflage, München 1996
Unger, F.: Marktforschung, 2. Auflage, Heidelberg 1997
Weis, H. C./Steinmetz, P.: Marktforschung, 3. Auflage, Ludwigshafen 1998

14. Konzepttest

Werner Hagstotz / Karin Schmitt-Hagstotz

Inhaltsübersicht

14.1 Nutzen und Einsatzmöglichkeiten speziell für den Mittelstand
14.2 Was wird getestet: Konzepte für Produkte, Verpackungen, Dienstleistungen oder Werbekonzepte?
14.3 Stichprobe: bei wem wird getestet?
14.4 Testort: Studiotest oder Inhome-Test?
14.5 Grundsatzentscheidung: quantitative oder qualitative Methoden?
14.6 Apparative Verfahren
14.7 Durchführungsschritte
14.8 Auswertung, Interpretation und Ergebnisumsetzung
14.9 Fallstudie als Praxisbeispiel
14.10 Literaturverzeichnis

Auf einen Blick

- Wenn man die einzelnen Lebensphasen eines Produkts vor Augen hat, läßt sich der Konzepttest in der Planungsphase ansiedeln.
- Das Ziel: es sollen Daten geliefert werden, die den Markteintritt eines neuen oder eines neu überarbeiteten Produkts (Relaunch eines Produkts) oder einer Dienstleistung besser planbar machen. Man möchte Orientierungsdaten für den möglichen Markterfolg gewinnen.
- Die Stichprobe orientiert sich an der Zielgruppe, die das Marketing für das neue Produkt vorgibt. Sie sollte aber immer möglichst weit gefaßt sein, denn auch Randpotentiale dürfen nicht unterschätzt werden und können im nachhinein zu wichtigen Käufergruppen werden.
- Konzepttests basieren vorrangig auf qualitativen Verfahren. Diese sind besser als quantitative Erhebungsmethoden dazu geeignet, tiefer reichende Einstellungen, Motive und Verhaltensmuster der Verbraucher zu erfassen.
- Je nach zu testendem Produkt sind Inhall-Tests (Studiotests) und/oder Inhome-Tests bei den zukünftigen Anwendern oder Verbrauchern denkbar.
- Konzepttests können ein wichtiges Instrument der Marktforschung zum Schutz vor teuren Flops bieten. Dazu gehören sie jedoch in die Hände von Profis, die Markterfahrung mitbringen und Hilfe bei der Umsetzung leisten können.

14.1 Nutzen und Einsatzmöglichkeiten speziell für den Mittelstand

Ein Konzepttest ist streng genommen der Versuch, vor der teuren Produktion eines neuen Produkts die Akzeptanz des Verbrauchers einer ersten Überprüfung zu unterziehen. Zu diesem Zweck wird eine möglichst plastische Konzeptbeschreibung anhand einer meist kleineren Stichprobe potentieller Käufer überprüft, um daraus Erkenntnisse für die Optimierung der späteren Produktentwicklung ziehen zu können und Flops zu vermeiden.

Ein Unternehmen könnte sich für folgende Fragen interessieren:
- In welche Richtung wollen wir die Entwicklung vorantreiben? (Unternehmensstrategien)
- Wie sollte ein neues Produkt aussehen?
- Wie läßt sich unsere Innovation am Markt anbieten? (Markenauftritt, Verpackung)
- Lohnt sich überhaupt die Entwicklung eines neuen Produkts/einer neuen Dienstleistung? (*Kamenz* 1997, S. 45)

In der Marktforschungsliteratur wird der Begriff Konzepttest allerdings nicht immer vom Produkttest getrennt, obwohl dieser eigentlich zeitlich nachgelagert ist und ein anderes Erkenntnisinteresse hat (z. B. Erfahrungen der Verbraucher mit dem realen Produkt zu ermitteln).

Für den Mittelstand ist der Konzepttest aus folgenden Gründen von hohem Stellenwert:
- Er hat den Charakter eines Frühwarnsystems, wohingegen der Produkttest häufig genug dann einsetzt, wenn der Verkauf stagniert oder zusammenbricht.
- Er arbeitet mit kleineren Stichproben und ist deshalb kostengünstiger als der spätere Produkttest.
- Da meist mit qualitativen Methoden wie Gruppendiskussionen gearbeitet wird, können Marketing und Produktentwicklung die ersten Reaktionen der potentiellen Käufer hautnah miterleben und rasch Schlüsse daraus ziehen.

Es gibt allerdings ein grundsätzliches **Problem**, das sowohl Durchführung als auch Interpretation von Konzepttests betrifft: da das zu testende Produkt noch nicht vorliegt, muß man sich mit einem *Dummy* behelfen. Dies kann ein reales oder virtuelles Modell des endgültigen Produkts sein, manchmal aber auch nur eine verbale Konzeptbeschreibung. Da die gesamte Produktpersönlichkeit auf diese Weise ebenso wenig getestet werden kann wie einzelne Produkteigenschaften z. B. Optik, Geruch oder je nach Produkt auch Geschmack, ist die Aussagekraft eines Konzepttests von vornherein eingeschränkt. Um so wichtiger ist es deshalb, sich professioneller Marktforscher zu bedienen, die sowohl die betreffende Branche gut kennen als auch aus dem Erkenntnisrepertoire anderer schon durchgeführter Konzepttests schöpfen können. Wer hier Geld sparen möchte, sollte besser auf einen Konzepttest ganz verzichten.

14.2 Was wird getestet: Konzepte für Produkte, Verpackungen, Dienstleistungen oder Werbekonzepte?

Prinzipiell kann sich ein Konzepttest auf alle in dieser Überschrift angesprochenen vier Bereiche beziehen. Im Falle eines Produkts ist dies noch relativ einfach, da sich von Produkten Modelle erstellen lassen oder zumindest Abbildungen vorgelegt werden können; von einer rein verbalen Produktbeschreibung ohne jede Visualisierung ist eher abzuraten. Auch das Testen des Entwurfs für eine Verpackung kann nach derselben Vorgehensweise erfolgen.

Mit der schnellen Entwicklung der **multimedialen Technik** gewinnen neue Testmöglichkeiten an Bedeutung. Eine davon soll hier weiter ausgeführt werden: der Konzepttest mittels virtueller Darstellung von Produkt oder Verpackung über den Laptop des Interviewers. Durch die rasante Entwicklung von Hard- und Software ist inzwischen ein sehr hoher Realitätsbezug darstellbar.
Der Forschungsgegenstand:
- kann dreidimensional gezeigt werden,
- kann gedreht werden und
- je nach Software während des Interviews in Form oder Farbe verändert werden.

Bei Bedarf läßt sich ein beliebiges Wettbewerbsumfeld hinzufügen oder variieren. Die Programmierkosten dürften im Regelfall kostengünstiger sein als die Herstellung eines Produktmodells eigens für Forschungszwecke; zudem läßt sich das virtuelle Produkt auch noch für andere Zwecke im Unternehmen einsetzen. Wird bereits für die Produktdemonstration ein Laptop eingesetzt, macht es natürlich Sinn, auch das gesamte Interview per Computerunterstützung abzuwickeln. In der Praxis kommt bei umfangreichen Konzepttests mit größeren Stichproben anschließend häufig die Conjoint-Analyse zum Einsatz, bei der es darum geht, die Gesamtbewertung eines Produkts durch die Präferenzbewertungen einzelner Produkteigenschaften aus Sicht der Testperson zu bestimmen.

Bisher wurden Konzepttests für Produkte oder Verpackungen besprochen. Sind jedoch **immaterielle Güter** wie Dienstleistungskonzepte oder Werbekampagnen zu testen, dann wird die Sache schwieriger. Wie soll beispielsweise eine neue Beratungsleistung eines Finanzdienstleisters beschrieben werden, die es noch gar nicht gibt? Das Problem besteht darin, zumindest eine verbale Beschreibung für den Konzepttest bereitzustellen. Dabei ist auf Anschaulichkeit und Nachvollziehbarkeit ebenso zu achten wie auf die Neutralität. Wichtig ist dabei, das Produktmanagement, dessen Herzblut verständlicherweise an der neuen Dienstleistung hängt, mit der Formulierung nicht allein zu lassen, sondern nach Möglichkeit die Kooperation mit externen Partnern zu suchen. Ein Pretest, ohnehin immer ratsam in der Marktforschung, macht hier besonders viel Sinn.

Der Test von Werbekonzepten arbeitet mit ähnlichen Methoden. Auch hier ist es notwendig, eine Kampagne, die noch im Planungsstadium steckt, erst einmal verbal zu umreißen. Gestützt werden kann diese Beschreibung durch Entwürfe und Storyboards zur Kampagne.

14.3 Stichprobe: bei wem wird getestet?

Aus der Geschichte der Marktforschung sind einige Fälle bekannt, in denen Konzepte beim ersten Test durchfielen, das Marketing aber dennoch nach weitergehender Forschung das entsprechende Produkt herstellen ließ und damit Erfolg hatte. Daraus die Schlußfolgerung abzuleiten, Konzepttests könnten auch entfallen, wäre sicherlich falsch. Der grundlegende Fehler war stets derselbe: getestet wurden neuartige Produkte, aber anhand einer Stichprobe konservativer Verbraucher. Der Durchfall des Designs, Handlings oder sonstiger Eigenschaften von ungewohnten Produkten war deshalb vorprogrammiert. Die Frage der **Stichprobe** ist auch bei Konzepttests von großer Bedeutung. Neuartige, revolutionäre Ideen können nicht mit einer Stichprobe aus Durchschnittsverbrauchern getestet werden. Auch im vorliegenden Fall hätte man bei besonders innovativen und Neuem gegenüber aufgeschlossenen Verbrauchern testen sollen. In der Marketingsprache wird von den Early Adopters und Multiplikatoren gesprochen. Da deren Konsumgewohnheiten über kurz oder lang Orientierungsfunktion auch für breitere Mehrheiten haben, wäre ein heute erfolgreicher Konzepttest bei dieser innovativen Minderheit zugleich Vorbote für den zukünftigen Produkterfolg.

Darüber hinaus ist die Frage zu klären, inwieweit die Stichprobe für den Konzepttest den Wunsch-Zielgruppen des Marketing entspricht. Im Zweifelsfall lautet die Empfehlung, auch außerhalb der potentiellen Kernkäufer laut Marketingplan zu testen, die Stichprobe also weiter zu fassen. Manches Produkt wurde schon bei einer völlig anderen Zielgruppe als ursprünglich eingeplant zum Erfolg.

14.4 Testort: Studiotest oder Inhome-Test?

Konzepttests lassen sich im Studio durchführen, in der Wohnung einer Zielperson oder an anderen Orten, z. B. in einem rollenden Testmobil. In diesem Abschnitt wird auf die beiden erstgenannten wichtigsten Testorte eingegangen.

Die Durchführung in einem eigens angemieteten oder vom Marktforschungsinstitut bereitgestellten **Teststudio** bietet mehrere Vorteile:
- Bessere Technik am Ort des Interviews,
- Raschere Durchführung der Feldarbeit im Vergleich zu Inhome-Interviews,
- Kontrolle der Durchführungsqualität,
- Möglichkeit für den Auftraggeber, den Konzepttest hautnah mitzuverfolgen (Video-Übertragung in den Nebenraum) und
- niedrigere Fallpreise als bei Inhome-Interviews.

Diese Vorgehensweise kommt primär dann in Betracht, wenn im Einzugsbereich des Teststudios genügend potentielle Kunden wohnen, die man zu Testzwecken einladen kann. Allerdings besteht auch die Möglichkeit, Testpersonen von außerhalb anreisen zu lassen (vgl. Abbildung 1).

- Studiotests analysieren in der Regel **Produkte**, wobei das Spektrum von der Fertigsuppe über die Zeitschrift bis zum Auto reicht (Car Clinic).
- Die **Vorteile** gegenüber Befragungen in der Wohnung der Zielperson:
  - genau kontrollierbare Interviewsituation
  - Auftraggeber kann mitbeobachten (Lerneffekt)
  - Geheimhaltung möglich
  - Präsentation von Produkten jeder Größe; von frisch zubereiteten Speisen bis zu Werbespots ist alles möglich.
  - Videoaufzeichnungen und computergestützte Interviews erlauben die lückenlose Aufzeichnung des Interviewablaufs.
- **Nachteile** der Studiotests:
  - bestimmte Zielgruppen lassen sich nicht oder nur schwer ins Studio rekrutieren
  - die Testsituation z. B. bei Produkttests entspricht nicht der »normalen« Produktanwendung
  - die Kosten liegen (zumindest) im fünfstelligen DM-Bereich.
- Die **Rekrutierung** der Zielpersonen erfolgt in der Regel als **Quoten**stichprobe, und zwar entweder auf der Straße vor dem Studio (»Baggern«), durch vorherige Adreßgewinnung und Einladung der Zielpersonen (z. B. Kundenadressen) oder durch Zugriff auf einen Testpersonen-Pool.

Abb. 1: Vor- und Nachteile von Studiotests (In-Hall-Befragungen)

Inhome-**Tests** kommen dagegen immer dann in Betracht, wenn:
- das Konzept für ein Produkt oder eine Dienstleistung für eine zahlenmäßig kleine Zielgruppe überprüft werden soll, die nur unter Schwierigkeiten ins Studio einzuladen ist oder regional weit streut,
- es sich um eine Studie handelt, die speziell als Langzeittest angelegt ist, und der Anwender/Verbraucher die Gelegenheit haben soll, sich mit dem Konzept in gewohnter Umgebung zu befassen (*Meffert* 1998, S. 394 ff.).

Inhome-Interviews bieten generell den Vorteil, daß sich die Zielperson innerhalb der eigenen vier Wände befindet und nicht in einer mehr oder weniger künstlichen Testumgebung. Von daher sind ungezwungenere und natürlichere Reaktionen im Konzepttest zu erwarten.

14.5 Grundsatzentscheidung: quantitative oder qualitative Methoden?

Üblicherweise arbeiten Konzepttests mit kleinen Stichproben und mit qualitativen Methoden. Das liegt in der Natur der Sache: man will tiefer reichende Einstellungen und Motive von Verbrauchern ausloten, spontane Assoziationen erfassen oder den projektiven Umgang mit dem noch gar nicht greifbaren Produkt analysieren. Die Standardisierung der Meßsituation (was für quantitative Methoden sprechen würde) wird dabei nur in Ausnahmefällen eine zentrale Rolle spielen.

Das Instrument zur Erhebung der Daten wird deshalb meist ein zuvor mit dem Auftraggeber abgestimmter Themen-Leitfaden sein, möglicherweise auch ein Fragebogen mit zahlreichen offenen Fragen. Wichtig ist, daß das Antwortverhalten der Zielpersonen in keiner Weise kanalisiert oder gar eingeengt wird; nur so kann der Konzepttest neue Einsichten und Erkenntnisse verschaffen. Je nach zu testendem Produktkonzept kommt außer der Befragung auch die Methode der Beobachtung zum Einsatz, etwa beim Vorhandensein eines Produktmodells, das die Testperson anfassen kann und das möglicherweise schon Simulationen des zukünftig geplanten Produkteinsatzes erlaubt. Damit ist auch klar, daß die Auswertung zeitaufwendig und relativ teuer ist: beispielsweise 30 Tonband-Mitschnitte von Leitfaden-Gesprächen auszuwerten und flankierend ebenso viele Video-Aufzeichnungen vom Produkthandling ist einschließlich Interpretation und Berichterstattung genug Arbeit für ein Team und für mehrere Tage. Daß solcherart Fallpreise von mehreren Hundert DM pro Interview (einschließlich Auswertung und Berichterstattung) zustande kommen können, liegt auf der Hand.

14.6 Apparative Verfahren

Da die apparativen Verfahren in diesem Handbuch an anderer Stelle ausführlich beschrieben werden (vgl. den Beitrag von Peter Sauermann: Apparative Beobachtungsverfahren, S. 231), genügt hier ein kurzes Eingehen auf den Einsatz speziell bei Konzepttests.

Insbesondere beim Konzepttest von Werbekampagnen oder Verpackungen kommen apparative Verfahren in Frage, da sich mit ihrer Hilfe der in der Praxis entscheidende erste Eindruck messen und dokumentieren läßt.

Hierzu ein Praxisbeispiel: eine mittelständische Brauerei möchte die geplante Werbekampagne vor dem Verkauf des neuen Light-Hefeweizen einem Pretest unterziehen. Man ist sich nicht einig, ob für das neue Produkt die bisherige Print-Kampagne in Zeitschriften leicht abgewandelt werden soll (so der Vorschlag der Werbeleiterin der Brauerei) oder ob ein völlig neuer Werbeauftritt sinnvoller wäre (Empfehlung der Agentur).

Mit Hilfe eines speziellen apparativen Verfahrens, der **elektronischen Blickregistrierung**, lassen sich per Studiotest anhand einer kleinen Stichprobe von etwa 50 potentiellen Kunden wertvolle Erkenntnisse gewinnen. Bei diesem Verfahren wird den Testpersonen eine elektronische Spezialbrille aufgesetzt, der NAC eye mark recorder. Damit kann nach einer Eingewöhnungsphase gemessen werden, wie oft, wie lange und in welcher Reihenfolge die verschiedenen Bestandteile einer Anzeige betrachtet werden. Ein nachgeschalteter Computer erfaßt und dokumentiert diese Daten und ermöglicht nach der Testserie für jede untersuchte Anzeige das genaue Aufzeichnen des Blickverlaufs einschließlich der Verweildauer pro Element der Anzeige (*Weis/Steinmetz* 1995, S. 124 ff.). Getestet wird meist anhand eines Folders, der ähnlich einer Zeitschrift unterschiedliche Anzeigen enthält (also nicht nur die strittigen Print-Motive von Werbeleitung und Agentur). Kombiniert wird die Blickregistrierung mit einer Befragung, die beispielsweise nach Durchgang des Folders untersucht, welche Anzeigen überhaupt erinnert wurden, welche Motive dabei genannt wurden, was an den einzelnen Anzeigen gefiel und was nicht. Zusammen mit den Ergebnissen der Blickregistrierung erhält man in der Praxis meist klare Entscheidungshilfen zu den konkurrierenden Werbeauftritten und nachvollziehbare Hinweise zur Optimierung der Kampagnen.

14.7 Durchführungsschritte

Außer der Institutswahl oder der Entscheidung zur Durchführung des Konzepttests in Eigenregie, sind folgende Schritte einzuplanen und durchzuführen:
- Welcher methodische Ansatz ist am besten geeignet? In der Praxis wird meist ein qualitatives Vorgehen zu empfehlen sein; der Einsatz apparativer Verfahren sollte wie beschrieben gleichfalls in Erwägung gezogen werden. Manchmal ist dieser Schritt auch der erste, weil sich daraus die Durchführung in Eigenregie oder per Outsourcing ergeben kann. Unter Outsourcing versteht man das Auslagern von Marktforschungsfunktionen und -aufgaben an externe Marktforscher. Es kann sich dabei sowohl um Marktforschungsinstitute als auch um Marktforschungsberater oder Unternehmensberater handeln. In manchen Fällen kommen auch Feld- und EDV-Organisationen oder Agenturen für Marketing oder Werbung als Outsourcing-Partner in Betracht.
- Festlegung der Stichprobe anhand der aufgezeigten Überlegungen.
- Der Testort ergibt sich häufig durch die Methodenwahl; beispielsweise zieht die Entscheidung für apparative Verfahren aufgrund des technischen Aufwandes in der Regel die Wahl eines Studiotests nach sich.
- Ganz entscheidend ist die Ausgestaltung des zu testenden Konzepts: steht Bild- oder Videomaterial des neuen Produkts zur Verfügung, existiert bereits ein 1:1-Modell, oder muß die Marktforschung mit einer rein verbalen Beschreibung auskommen? Hier gilt der Grundsatz, so nahe wie möglich ans geplante Produkt heranzugehen, auch wenn dadurch erhebliche Kosten anfallen. Vereinfacht gesagt: besser ein Konzepttest mit plastischer Produktdarstellung per Modell und nur 50 Testpersonen, als dasselbe Budget für einen Test mit lediglich verbaler Produktbeschreibung und 100 Testpersonen auszugeben.

14.8 Auswertung, Interpretation und Ergebnisumsetzung

Da bei Konzepttests in der Regel qualitative Methoden zum Einsatz kommen, die eine besonders sorgfältige und produktkundige Auswertung erforderlich machen, sollte diese Schlußphase des Konzepttests sorgfältig zwischen Auftraggeber und durchführendem Institut abgesprochen werden.

Zunächst wird es darum gehen, die anhand unterschiedlicher Erhebungsmethoden gewonnenen Erkenntnisse zu einer einheitlichen Ergebnisdarstellung zusammenzufassen. Beispielsweise können sowohl standardisiert abgefragte Konzeptbeurteilungen vorliegen als auch mittels Tonband festgehaltene Spontanbewertungen, Videoaufzeichnungen vom

Umgang der Testpersonen mit dem Produktmodell oder Aufzeichnungen des Blickverlaufes beim ersten Kennenlernen des Testprodukts. Diese unterschiedlichen Materialien zusammenzufassen und damit vergleichend zu bewerten erfordert profunde Erfahrung in der Marktforschung und ist kein Einsteiger-Job.

Ihren besonderen Stellenwert gewinnt diese Schlußphase des Konzepttests dadurch, daß der Konzepttest am Anfang des Lebenszyklus eines Produkts oder einer Dienstleistung steht: die Erkenntnisse müssen so rasch wie möglich in die Weiterentwicklung des Produkts eingebracht werden. Die **Ergebnisumsetzung** hat deshalb zentrale Bedeutung. Gelingt sie nicht, dann ist der Konzepttest zugleich zum Fenster hinausgeworfenes Geld und Zeitverschwendung. Empfehlenswert ist deshalb die rasche Umsetzung der Marktforschungserkenntnisse in Form von Workshops, in denen sowohl Marktforscher und Marketing vertreten sind als auch die mit der Produktentwicklung betrauten Ingenieure und Techniker. Diese Workshops sollten wenige Tage nach der Ergebnispräsentation des Konzepttests einsetzen, sie sind also vorher schon einzuplanen. Da Marketingleute und Ingenieure/Techniker meist unterschiedliche Sichtweisen auch bezüglich des zu entwickelnden Produkts haben, liegt hier ein beträchtliches Konfliktpotential. Gründliche Vorplanung der Workshops und insbesondere der Einsatz eines erfahrenen Moderators/in hilft hier weiter. Externe Moderatoren sind hierbei vorzuziehen, da sie von den möglicherweise im Unternehmen vorhandenen Konfliktpotentialen unbelastet sind. Hat man ein Institut mit der Durchführung des Konzepttests beauftragt, dann käme der zuständige Projektleiter aufgrund seiner spezifischen Kenntnisse und des Status als Externer auch für diese Moderatorenfunktion in Betracht.

14.9 Fallstudie als Praxisbeispiel

Anhand des fiktiven, aber praxisnahen Beispiels der Einführung einer neuen Reise-Zeitschrift sollen abschließend die wichtigsten Schritte eines Konzepttests mit Leben gefüllt werden. Ausgangspunkt ist ein mittelgroßer Verlag, der sein Sortiment erfolgreicher Special-Interest-Zeitschriften durch eine neue Reise-Zeitschrift speziell für Senioren als Zielgruppe erweitern möchte.

In kurzen Stichworten beschrieben könnte folgendes geschehen:
- Von der Verlagsleitung in Auftrag gegebene Marktanalysen lassen erkennen, daß im Markt der vorhandenen Reise-Zeitschriften eine Nische klafft: es gibt kein Angebot für die Zielgruppe aktiver und einkommensstarker Senioren.
- Die verlagsinterne Entwicklungsredaktion entwickelt aufgrund dieser Analyse unterstützt durch einen branchenerfahrenen externen Journalisten ein Konzept der neuen Zeitschrift. Dieses Exemplar hat bereits das vorgesehene Format und Layout und enthält die Bandbreite der wichtigsten Themen ausformuliert und mit Bildmaterial; der Rest ist noch Blindtext.
- Ein Marktforschungsinstitut, mit dem der Verlag bereits in der Vergangenheit gute Erfahrungen gemacht hat, erhält den Auftrag zur Durchführung eines Konzepttests.
- Entsprechend dem Vorschlag der Marktforscher wird nun anhand des beschriebenen Heft-Dummys der Entwicklungsredaktion die Akzeptanz des Zeitschriftenkonzepts

überprüft. Hierzu sind drei Gruppendiskussionen mit der Zielgruppe aktive Senioren geplant; das eingesetzte Budget beläuft sich auf DM 25 000,–, Zeitdauer des gesamten Konzepttests einschließlich Auswertung und Berichterstattung sind sechs Wochen.

- In den drei Gruppendiskussionen zeigt sich eine hohe Akzeptanz der generellen Konzeptidee, zugleich aber auch eine Fülle von Verbesserungsmöglichkeiten aus Sicht der Zielgruppe.
- Diese Erkenntnisse werden nach dem Test in gemeinsamen Workshops von Marktforschung und Entwicklungsredaktion umgesetzt. Aus dem Heft-Dummy entwickelt sich schrittweise die Null-Nummer der endgültigen Zeitschrift.
- Die Null-Nummer wird in der Regel vor dem endgültigen Markteintritt nochmals einem Produkttest unterzogen. Im Gegensatz zum vorherigen Konzepttest steht nun allerdings eine komplett fertige Zeitschrift zur Verfügung, die man auch bereits am Kiosk verkaufen könnte. Deshalb könnte der Produkttest im Teststudio anhand eines realistischen Zeitschriften-Regals mit dem einsortierten Testheft durchgeführt werden. Die Auffälligkeit der Titelseite im Konkurrenzumfeld wird nun ebenso Untersuchungsgegenstand sein wie die Akzeptanz nach kurzem Durchblättern, die Bewertung der Titelthemen und das Preis-Leistungsverhältnis.

An diesem Beispiel dürfte klar geworden sein, daß Konzepttests ein wichtiges Instrument der Marktforschung zum Schutze vor teuren Flops sein können, und daß dazu keineswegs große Budgets eingesetzt werden müssen. Ein problembezogenes Untersuchungskonzept sowie sorgfältige Durchführung, Interpretation und Ergebnisumsetzung sind allerdings die Grundvoraussetzungen. Konzepttests sind nichts für Marktforschungs-Einsteiger.

14.10 Literaturverzeichnis

Böhler, Heymo: Marktforschung, Stuttgart 1985
Brockhoff, K.: Produktpolitik, 3. Auflage, Stuttgart 1993
Brockhoff, K.: Management von Innovationen: Planung und Durchsetzung, Erfolge und Mißerfolge, Wiesbaden 1996
Kamenz, Uwe: Marktforschung, Einführung mit Fallbeispielen, Aufgaben und Lösungen, Stuttgart 1997
Kastin, Klaus S. von: Marktforschung mit einfachen Mitteln, Daten und Informationen beschaffen, auswerten und interpretieren, München 1995
Koch, Jörg: Marktforschung, Begriffe und Methoden, München 1996
Kroeber-Riel, W.: Konsumentenverhalten, 3. Auflage, München 1984
Meffert, Heribert: Marketing, Grundlagen Marktorientierter Unternehmensführung, Konzepte – Instrumente – Praxisbeispiele, 8. Auflage, Wiesbaden 1998
Schubert, Bernd: Entwicklung von Konzepten für Produktinnovationen mittels Conjoint-Analyse, Stuttgart 1991
Trommsdorff, V. / Werber, G.: Innovation braucht Marktforschung – Marktforschung braucht Innovation, in: Bortz / Döring: Forschungsmethoden und Evaluation, Heidelberg/New York 1995, Seite 56 ff.
Weis/Steinmetz: Marktforschung, 3. Auflage, Ludwigshafen (Rhein) 1998
Wyss, Werner: Marktforschung von A–Z, Adlingenswil, Schweiz 1991

15. Kommunikationstest

Gerhard Schub von Bossiazky

Inhaltsübersicht

15.1   Aufgabe von Kommunikationstests
15.1.1 Ziele
15.1.2 Verfahrenskonzipierung/Verfahrensauswahl
15.2   Verfahren
15.2.1 Konzeptionstest
15.2.2 Pretest
15.2.3 Post-Test
15.2.4 Tracking-Verfahren
15.3   Aussagen-Gültigkeit
15.4   Literaturverzeichnis

Auf einen Blick

Kommunikationstests sind ein wichtiges Thema. In den Bereichen Werbung, Verkaufsförderung, Direktkommunikation wird immer wieder die Forderung nach mehr Leistung, nach mehr Qualität und damit nach mehr Tests erhoben.

Demgegenüber steht die manchmal aggressiv vorgetragene Aussage, daß Tests Kreativität »killen«.

Und sicherlich ist richtig, daß durch Fehler im Einsatz von empirischen Forschungsmethoden schlechte Ergebnisse für ausgezeichnete Gestaltung entstehen.
Und es gibt viele Möglichkeiten etwas falsch zu machen durch:
- falsche Ziele,
- falschen Forschungsansatz,
- mangelnde Wirkungskumulierung,
- falschen Testort,
- falsche Befragungspersonen,
- zu geringe Anzahl von Befragten.

Es ist nicht richtig, einfach die Forderung nach Tests zu erheben. Es müssen auch die richtigen Verfahren sein, sonst macht der Aufwand nicht viel Sinn. Wenn man nicht sicher ist, daß man auch den richtigen Test einsetzt, sollte man lieber auf den Test insgesamt verzichten.

15.1 Aufgabe von Kommunikationstests

Aufgabe der Kommunikationstests ist es:
- evaluative Werte
- diagnostische Erkenntnisse zu ermitteln

Bei den evaluativen (bewertenden) Analysen geht es um das Ermitteln einer Note für die Qualität des Kommunikationsmittels. Diese Ergebnisse sind sehr nützlich, wenn es im Unternehmen benchmarks gibt, an denen die neuen Kommunikationsmittel gemessen werden. Das Testergebnis kann dann die Entscheidung ersetzen. Werte oberhalb der benchmark heißen go und Ergebnisse unterhalb der benchmark stop. Dies ist für die Unternehmen ein sehr komfortabler Weg zu Entscheidungen zu kommen. Allerdings funktioniert dieses Vorgehen oft weit weniger gut als angenommen. Man kann nur vergleichen, wenn man das gleiche Testinstrument einsetzt und dies wiederum setzt voraus, daß man die gleichen gestalterischen Ziele verfolgt hat. Wenn das nicht so ist, dann produziert das Vorgehen unbegründete Entscheidungen.

Diagnostische Ergebnisse sagen etwas über die Wirkweise des Kommunikationsmittels insgesamt und seine einzelnen Teile aus. Diese Erkenntnisse sind eigentlich sehr wichtig, um Informationen darüber zu gewinnen, wie auf bestimmte Gestaltungen reagiert wird. Wenn Erkenntnisse über die Wirkungsweise vorliegen, kann man auch systematisch weiterentwickeln. Letztlich können aber diese diagnostischen Erkenntnisse nur bedingt beitragen zur Entscheidung, das Kommunikationsmittel für den Einsatz freizugeben.

15.1.1 Ziele

- Es ist sicherlich falsch bei einer Anzeige, die einen emotionalen Appeal ausstrahlen soll, die Erinnerung nach verbalen Produktnutzenaussagen abzutesten.
- Ein sinnvoller Test sollte überprüfen, ob die vorgegebene Strategie durch die Gestaltung erfolgreich realisiert worden ist.
- Eine sehr entscheidende Frage ist hierbei, wie gut die Ziele für die Strategie wirklich formuliert worden sind.
- Wie weit sehr allgemein formulierte Ziele – wie beispielsweise »wir wollen eine Strategie, die gut verkauft« – erreicht werden, ist praktisch nicht zu testen.
- Entscheidend ist, daß man sich vor dem Test verdeutlicht, welches Ziel erreicht werden soll und ein Testverfahren konzipiert, das auch in der Lage ist, den Zielrealisierungs-Umfang zu messen.

15.1.2 Verfahrenskonzipierung/Verfahrensauswahl

Es gibt eine Vielzahl von Verfahren – viele sind sogar Standardverfahren und haben einen spezifischen Namen, wie Day After Recall, Presearch, ADVANTAGE oder Final Pretest. Doch Vorsicht: Kein Standardverfahren ist in der Lage, Ergebnisse zu all den spezifischen Zielen , die vielleicht verfolgt werden, wirklich zu erbringen. Erschwerend für die Auswahl wirkt, daß die angebotenen Testverfahren sich gerne als allround Testverfahren empfehlen möchten und nicht darstellen, welche Ergebnisse sie insbesondere erbringen.

Die richtige Verfahrenskonzeption ist eine schwierige Aufgabe. Es stehen uns heute für das Messen der Zielerreichung zum Teil nur relativ unzulängliche Testansätze zur Verfügung. Im Zweifel sollte aber immer gelten, daß man den Test lieber vergessen sollte, wenn es nicht gelingt, ein wirklich angemessenes Verfahren zu entwickeln.

15.2 Verfahren

Aufgaben der Forschung können sein:
– die Auseinandersetzung mit Konzepten
– die Analyse von Animatics und Photomatics
– der Test von fertigen Kommunikationsmitteln, die vor dem Einsatz stehen.

15.2.1 Konzeptionstest

Der Konzepttest ist ein wichtiges Anliegen, das leider nur wenig in der Forschung gesehen wird. Es ist aber eine sehr typische Situation, daß die Agentur 5 oder 7 Konzepte vorlegt, und nun entschieden werden muß, welche 2 oder maximal drei von diesem Konzepten weiterverfolgt werden sollen. Das Problem von Konzeptionstests ist, daß die vorliegenden Materialien meistens nicht testfähig sind. In der Konzeptionsphase liegen nur Storyboards, Scribbles oder Skizzen vor. Wenn man diese Entwürfe einer Testperson vorlegen würde, könnte sich jede von ihnen etwas anderes darunter vorstellen und entsprechend eine Wertung abgeben, die nur ein Reaktion auf die eigene Vorstellung ist.

Hierauf wird auf zwei unterschiedliche Arten eingegangen:
Die naheliegendste Möglichkeit ist es, die Bewertung mit einem Polaritätenprofil von Experten durchführen zu lassen. Diese Experten können die Mitarbeiter der Marketing-Abteilung des Unternehmens oder fremde Experten sein.
Gesichtspunkte für die Bewertung wären beispielsweise:
– Kommunikationswirkung (wieviel bleibt wohl bei den Rezipienten in Erinnerung),
– Comprehensiveness (schnell verständlich),
– Persuasiveness (Überzeugungsfähigkeit),
– Emotional Appeal (wie stark werden die Verbraucher wohl emotional reagieren),
– Image-Shift (in wie weit würde sich das Image in positiver Richtung verändern),
– attraktive Aktualität (Beitrag zur Aktualität der Marke),
– Stimmigkeit zur band heritage (Marken-Erbe),
– Glaubwürdigkeit,
– Competitiveness (Wettbewerbsüberlegenheit),
– Distinctiveness (Unterscheidungsfähigkeit) und
– Erzeugung von Kaufwünschen.

Die **zweite Möglichkeit** in dieser Situation, dem Problem der mangelnden Testfähigkeit auszuweichen, ist, die zwei oder drei in die engere Wahl kommenden Konzepte mit einfacheren Mitteln in eine annähernd testfähige Form zu überführen: Solche testfähigen Formen können sein Moodboards, Animatics oder Photomatics. Moodboards sind Pappen, auf denen Fotos oder Zeichnungen oder auch Texte aufgeklebt sind, die möglichst gut verdeutlichen, wie man sich die Realisierung vorstellen muß. Animatics oder Photomatics werden mit Hilfe einer Videokamera hergestellt. Man malt von den einzelnen Szenen eines Spots fotorealistische Bilder und nimmt diese Bilder mit der Videokamera auf. Bei Fotomatics macht man diese Videoaufnahmen mit Fotos von Bildarchiven.

Storyboards und Scribbles werden meist nur mit Hilfe von Eigenschaftslisten bewertet. Diese Bewertung wird von den Mitarbeitern der Brand (Marketing-Team der Marke) durchgeführt.

Mit Moodboards werden meist Gruppendiskussionen durchgeführt. Es werden in der Gruppendiskussion die Moodboards für die einzelnen durchgesprochen. Hieraus ergeben sich meist gute Hinweise für die Attraktivität der verschiedenen Konzepte.

Für die Auseinandersetzung mit Animatics werden die gleichen Pretests eingesetzt, die auch für fertige Kommunikationsmittel eingesetzt werden.

15.2.2 Pretest

Grundsätzlich ist bei den Pretests zu unterscheiden zwischen
- registrierenden Verfahren,
- beobachtenden Verfahren und
- Interviews.

Die registrierenden Verfahren haben den großen Vorteil, daß die Reaktion nicht durch den Einsatz des Kopfes verfälscht werden kann. Durch das Verfahren der Blickregistrierung beispielsweise oder durch Hautwiderstandmessung wird physiologisch gemessen, wie der einzelne Mensch reagiert hat. Das Ergebnis ist wesentlich sicherer, als wenn jemand nachträglich gefragt wird, wie er auf bestimmte Werbemittel reagiert hat. Nachteilig an den apparativen Verfahren ist, daß sie teurer sind als Interviews (vgl. den Beitrag von Peter Sauermann: Apparative Beobachtungsverfahren, S. 231).

Gelegentlich wird gegen die registrierenden Verfahren eingewandt, daß die Ergebnisse nicht für eine Bewertung des Kommunikationsmittels geeignet sind. Diese Meinung ist sicherlich nicht richtig. Sowohl bei der Aktivierungsmessung (Hautwiderstand) als auch bei der Blickregistrierung können Leistungszahlen berechnet werden.

Beobachtungsverfahren können ebenso gewisse Aufschlüsse über die Reaktion auf bestimmte Kommunikationsmittel liefern. So kann beispielsweise durch eine Videoaufzeichnung genau erfaßt werden, wie lange der einzelne Proband bei einer Anzeige – im Folder – verweilt ist.

Bei den Interviews sind zu unterscheiden:
- Einzelinterviews,
- Gruppengespräche,
- Gruppeninterviews (8 bis 12 Personen werden mit Fragebogen gleichzeitig interviewt) und
- Großgruppen-Befragung (100 bis 300 Personen werden gleichzeitig befragt).

Die Interviews können face-to-face (gleichzeitige Anwesenheit beider Partner am Interviewort) computergestützt, telefonisch, schriftlich oder online durchgeführt werden.

Anliegen der **evaluativen Verfahren** ist es, einen Leistungswert (Schulnote) zu ermitteln, mit dessen Hilfe dann ein Vergleich mit der benchmark durchgeführt und eine go-Entscheidung oder stop-Entscheidung getroffen werden kann.

Ansatzpunkte für derartige Tests sind:
– Studio-Tests
  – Final Pretest
  – individual AD*VANTAGE
  – Pre-Post-Vergleich
– Kino-Test
– Testmarktsimulation
  – Buy-Test
– Testmärkte

Im Final Pretest geht in den meisten Fällen der Test in drei oder vier Schritten vor sich:
- Vorlage eines Testfolders (Zeitschrift mit Anzeigen) oder Vorführung eines Werbeblocks (dieser Werbeblock ist in ein Programm eingebettet): Es werden Fragen zum Recall (spontane Erinnerung; gestützte Erinnerung) gestellt. Danach werden Fragen nach den erinnerten Inhalten gestellt. Möglicherweise schließen sich Fragen nach »Dingen«, die besonders gut gefallen haben (likes) und nach Eindrücken, die nicht gefallen haben (dislikes), an.
Diese Phase hat überaus häufig den Nachteil, daß die »Ausbeute an Informationen« überaus gering ist.
- Einzelvorlage / Einzelvorführung: Es wird nochmals nach Elementen gefragt, die besonders gut oder besonders wenig gefallen haben. Und es werden differenziert Erinnerungen abgefragt.
- Zweite Einzelvorlage: Nochmalige Nachfrage nach der Bedeutung der Informationen.
- Vorlage von Szenenbildern/Detailbildern: Hiermit soll die Reaktion auf einzelne Bilddetails/Szenen/Darsteller erfaßt werden.

Abbildung 1 zeigt die Grundstruktur eines derartigen Tests.

Anliegen der **diagnostischen Verfahren** ist es, möglichst viele Erkenntnisse darüber zu gewinnen, warum auf eine bestimmte Gestaltung in der festgestellten Form reagiert wird. Man lernt etwas über das Warum des Kommunikationsmittels. Hier kommen zum Einsatz stimulierte Gruppengespräche, Aktivierungsmessung und erklärendes Interview und der Programmanalysator.

Ansatzpunkt der meisten Verfahren dieser Richtung ist die Reaktionsmessung und das anschließende Gespräch über diese Reaktionen. Die Reaktionsmessung kann Blickregistrierung, Aktivierungsmessung oder ein Programmanalysator-Verfahren sein. Das heißt konkret, es wird beispielsweise während des Fernsehens und der Wahrnehmung des Werbeblocks eine Aktivierungsmessung durchgeführt. Die Ergebnisse dieser Reaktionsmessung werden den Probanden gezeigt und darüber gesprochen. Dieses Gespräch kann in der Gruppe erfolgen, es kann aber auch ein Einzelinterview sein. Der Vorteil ist, daß die

Kommunikationstest

Die einzelnen Schritte

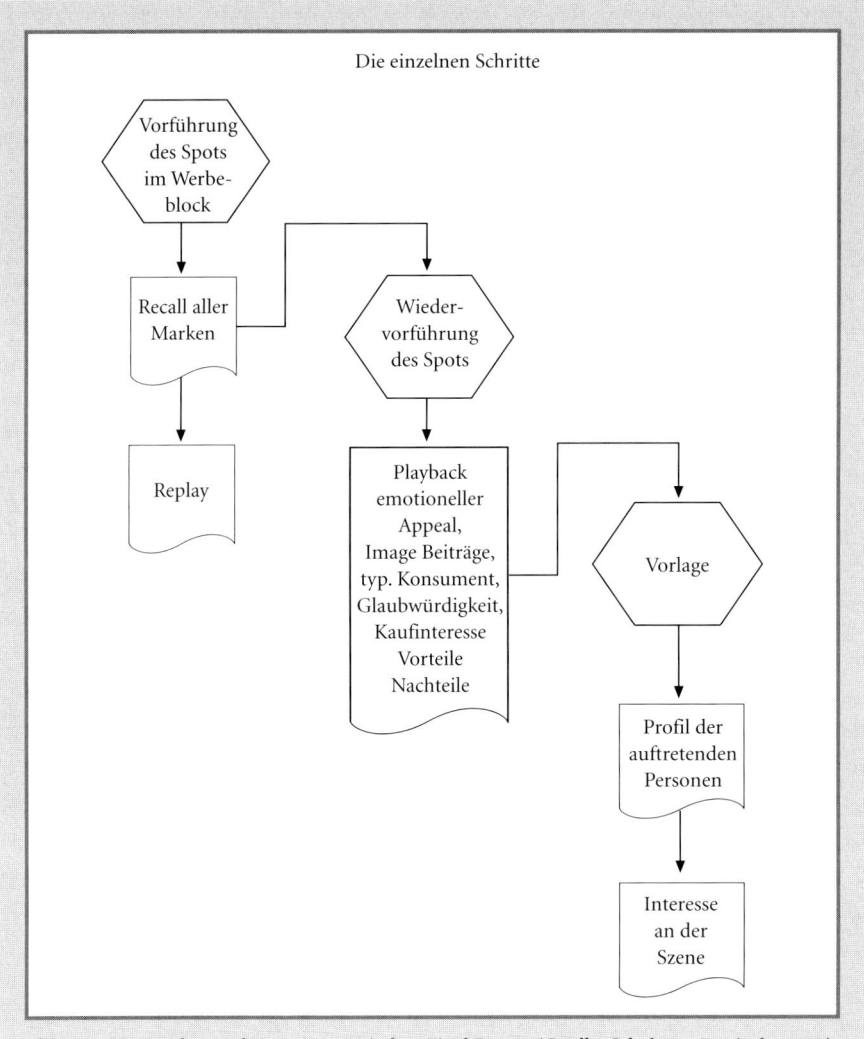

- Vorführung des Spots im Werbeblock
  - Recall aller Marken
    - Replay
  - Wiedervorführung des Spots
    - Playback emotioneller Appeal, Image Beiträge, typ. Konsument, Glaubwürdigkeit, Kaufinteresse Vorteile Nachteile
    - Vorlage
      - Profil der auftretenden Personen
      - Interesse an der Szene

Abb. 1: Die einzelnen Schritte eines typischen Final Pretest (Quelle: *Schub von Bossiazky*, 1992)

Befragungsperson ganz gezielt zu eigenen Reaktionen Stellung nimmt. Damit wird die gemessene Reaktion zusätzlich erläutert. – Wobei allerdings auch hier immer die Frage offen bleibt, wie weit die gegebenen Erläuterungen eine echte Interpretation der Reaktion sind.

Verfahrenskombination verbindet beide Ansätze miteinander. Es ist sicherlich ein legitimes Anliegen, evaluative Werte zu ermitteln, um möglichst problemlos zu einer Einsatz-Entscheidung zu kommen.

Genauso wichtig ist aber auch, etwas über die Wirkung bestimmter Szenen eines Werbespots oder über die Elemente einer Anzeige zu erfahren. Sicherlich nicht deswegen, weil man die gleichen Gestaltungselemente im nächsten Jahr wieder einsetzen will. Auf jeden Fall ist es aber wichtig, etwas über die Funktion der eigenen Kommunikationsmittel in Erfahrung zu bringen. Dies schafft die Voraussetzung für mehr Effektivität in der Kommunikation.

Abbildung 2 zeigt ein Untersuchungskonzept eines kombinierten Pretests.

Konkret läßt sich ein solches kombiniertes Verfahren realisieren, indem während der normalen Durchführung eines Final Pretest auch Aktivierungsmessung durchgeführt und im Nachhinein noch eine stimulierte Kurzbefragung durchgeführt wird. – Hiermit würden sich die Kosten für die Durchführung des Pretest nur unwesentlich erhöhen und der Erkenntnisgewinn wäre sehr erheblich.

Letztlich läßt sich fast jedes Werbemittel noch nachträglich durch Gestaltungsveränderungen oder postproduction (nachträgliche Bearbeitung eines digitalisierten Werbespot) optimieren. Solche Optimierungen können für die Durchsetzung im Wettbewerb überaus wichtig sein.

Expertensysteme in der Werbung haben bedauerlicherweise in der Auseinandersetzung mit der Wirksamkeit von Kommunikationsmitteln nur eine überaus geringe Bedeutung. Dabei haben genaugenommen Expertensysteme gerade in diesem Zusammenhang eine hohe Plausibilität. Qualität hat sicherlich sehr viel mit speziellen Erfahrungen und speziellem Wissen zu tun. Erfahrung und Wissen sowohl im gestalterischen wie auch im strategischen Bereich.

Die Logik von Expertensystemen besteht darin, daß das Wissen von Experten gesammelt und verfügbar gemacht und den weniger erfahrenen Newcomern zur Verfügung gestellt wird. Mit Hilfe von Expertensystemen kann auch die Qualität bestimmter Gestaltungen einer – wenigstens vorläufigen – Analyse unterzogen werden.

Es gibt eine Reihe von Expertensystemen zur Analyse von Kommunikationswirkung. Diese Ansätze haben sich aber bisher nur wenig durchgesetzt. Immerhin hat man in den vorliegenden Systemen versucht, Expertenwissen verfügbar zu machen. In einigen Fällen ist sicherlich das integrierte Expertenwissen etwas einseitig – dennoch aber in jedem Fall interessant (Systeme von *Neibecker, Esch*).

Kommunikationstest

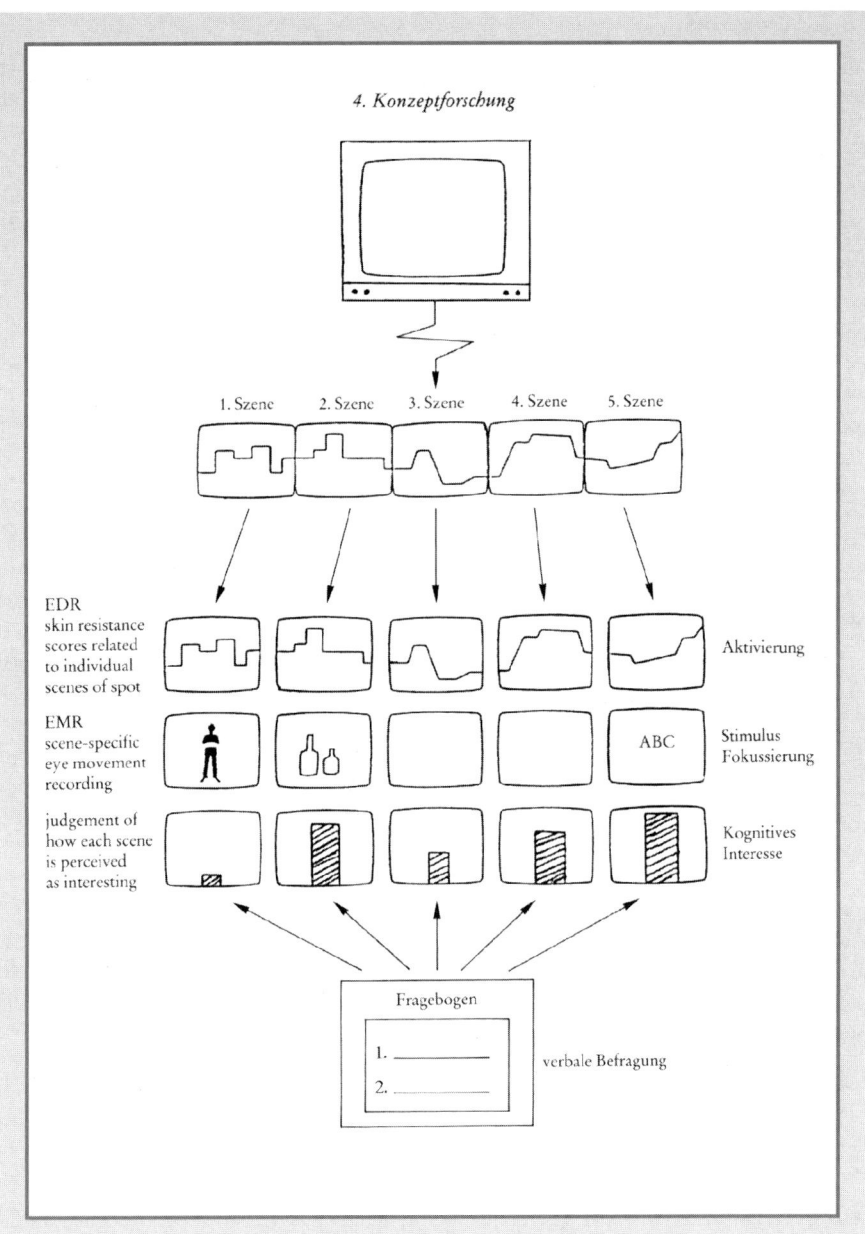

Abb. 2: Verfahrenskombination: evaluativ und diagnostisch (Quelle: *Schub von Bossiazky*, 1992)

15.2.3 Post-Test

Allen Pretests wird immer wieder vorgeworfen, daß die durchgeführten Tests unbiotisch seien (nicht dem normalen Leben entsprechen). Der Test im Institut ist etwas anderes als das Lesen einer Zeitschrift auf dem Sofa im Wohnzimmer. Dieser Vorwurf ist nicht immer begründet, weil sich viele Menschen nur sehr kurze Zeit in ihrer Wahrnehmung ganz anders verhalten können als normal. Post-Tests gehen daher von einer ganz anderen Prämisse aus. Es wird versucht die Reaktion zu erfassen nach einer ganz normalen (biotischen) Wahrnehmung des Kommunikationsmittels.

So wird beispielsweise beim day after recall am Tag nach der ersten Ausstrahlung des neuen Werbespot in dem Sendegebiet eine Telefonbefragung gestartet. Es werden die kontaktierten Personen gefragt, ob Sie an vorhergehenden Abend ferngesehen haben, welches Programm sie zu einer bestimmten Zeit gesehen haben – und wenn das Programm stimmt – ob sie auch den Werbeblock gesehen haben – und für welche Marken in diesem Werbeblock geworben wurde (related recall), was zu sehen und zu hören war.

Die Bedeutung des DAR ist allerdings in den letzten Jahren deutlich zurückgegangen. Hierfür gibt es zwei Gründe:
- Der erste Grund ist sehr simpel. Mit der wachsenden Zahl der Sender wurde es viel aufwendiger am Telefon mit Menschen in Kontakt zu kommen, die wirklich in der fraglichen Zeit den richtigen Sender eingeschaltet hatten und auch während des Werbeblocks im Raum waren. Die Kosten des Verfahrens haben sich notwendigerweise vervielfacht.
- Der zweite Grund ist deutlich komplizierter. Das Verfahren tendierte dazu, für Spots mit einem deutlich herausgestellten USP oder einem Superiority-Anspruch besonders gute Werte zu ergeben. Dies konnte möglicherweise dazu führen, daß Unternehmen immer wieder die gleiche – in diese Richtung liegende – Strategie verfolgen mußten, weil dann immer die guten Werte entstanden.

15.2.4 Tracking-Verfahren

Tracking hat mit dem großen Zug (Reise) der Amerikaner nach Westen (trek westward) wenig zu tun. Es geht bei tracking vielmehr um Spurensuche. Es soll die Entwicklung der Spurenerfassung im Zeitablauf registiert werden.

Die typische Form hierfür ist eine wöchentliche oder monatliche Befragung über die Erinnerung des Werbeslogans, der Impact bestimmter Bilder der Werbung. Ziel ist es im Zeitablauf zu verfolgen, wie sich die Inhalte einer Werbekonzeption im Zeitablauf immer mehr durchsetzen.

Dieser Verfahrensansatz ist theoretisch sehr überzeugend. In der Praxis ist das häufige Wiederholen einer Befragung aber relativ teuer. Und die Ergebnisse der Befragung sind auch gelegentlich nicht ganz so interessant wie erwartet.

15.3 Aussagen-Gültigkeit

Das Problem der Kommunikationstests ist, daß genaugenommen kaum einer den Anforderungen auf Validität, Reliabilität, Repräsentativität entspricht.

Der Test hat seine Entscheidungsrelevanz nur unter der Voraussetzung, daß die Ergebnisse richtig (das richtige messen = valide), repräsentativ (einen Schluß auf die Reaktion der Zielgruppe zulassen) und nicht durch die Art der Durchführung verfälscht sind (Reliabilität = bei einer Wiederholung bei der gleichen Zielgruppe zu identischen Ergebnissen führen).

Man kann nicht sagen, in welcher Richtung am meisten gesündigt wird. Ganz sicherlich ist die **Repräsentativität** ein sehr erhebliches Problem. Meist werden nur 50 bis 100 Interviews durchgeführt. Bei einer so geringen Fallzahl ergibt sich ein Fehlerspielraum, der für benchmarks viel zu hoch liegt. Man kann nicht mit Sicherheit sagen, daß der wirkliche Wert tatsächlich oberhalb der benchmark liegt. Letztlich ist damit die Entscheidung auf der Grundlage der Pretest-Ergebnisse aber überaus wackelig.

Validität (Gültigkeit) setzt voraus, daß wirklich durch das Verfahren gemessen wird, was in diesem konkreten Fall Werbewirksamkeit ausmacht. Methodisch gesehen ist Voraussetzung für wirksame Forschung, daß Hypothesen geprüft werden. Dies heißt in der Praxis, daß die Zielerreichung in bezug auf die Vorgaben der Copy strategy getestet werden müßte. Überaus häufig wird aber tatsächlich nur ein übliches Verfahren eingesetzt, daß bezüglich der konkreten Validität als überaus fraglich anzusehen ist.

Sehr häufig sind die Tests aber auch von dem Ort, an dem sie durchgeführt worden sind, und von dem durchführenden Institut abhängig. Ein Test bei der gleichen Zielgruppe an einem anderen Ort würde möglicherweise ein anderes Ergebnis erbringen. Studiotests sind aber immer von bestimmten Durchführungsorten abhängig.

Ein sehr spezifisches Problem der **Reliabilität** ist die Ja-Sager-Tendenz in bestimmten Testgruppen. Nachweislich haben Menschen eine gewisse Tendenz zu freundlichen Aussagen. Diese Tendenz ist bei den Probanden verschieden stark ausgeprägt. Wie stark sie bei konkreten Menschen ausgeprägt ist, kann durch eine einfache Fragenbatterie erfaßt werden.

Wenn nun in einer Testgruppe besonders viele Ja-Sager enthalten sind – was wegen der Kleinheit der Stichprobe leicht sein kann – sind die Ergebnisse nur eine Konsequenz der Struktur der Stichprobe und keine reliable Ermittlung.

Entscheidend in diesem Zusammenhang ist, daß die Reaktion erfaßt wird. Die Befragungspersonen dürfen nicht zum Gutachter werden, die sagen, was besser oder schlechter ist. Es interessiert letztlich nicht die Meinung, sondern die Wirkung. In diesem Zusammenhang spielt aber auch die viel zu sehr hochgespielte Bedeutung von Irritation und Reaktanz eine Rolle. Es gibt Untersuchungen, die deutlich machen, daß die Hypothese erschreckende Werbung führt zu einem negativen Image – nicht zutrifft. Aufmerksamkeitswert und Imagetransfer sind nicht notwendigerweise miteinander verbunden.

In einer wachsenden Kommunikationskonkurrenz ist Auffälligkeit ein wichtiges Element. Diese Auffälligkeit kann aber immer bei einem Teil der Zielgrupe im Rahmen der Befragung zu Irritationen führen – Irritationen, die im wirklichen Leben vielleicht überhaupt nicht auftreten – weil die Zeit zur Auseinandersetzung fehlt – weil schon die nächste Szene begonnen hat. Hier ist sicherlich über den Spannungsbogen zwischen Auffälligkeit und Imagewirkung in den kommenden Jahren sehr viel mehr nachzudenken, wenn man kreative und erfolgreiche – Werbung machen möchte.

Die **Durchführung von Kommunikationstests** kann leicht dazu führen, daß Werte ermittelt werden, die letztlich falsche Entscheidungen nahelegen. Wegen unzulänglicher Tests kann leicht eine ausgezeichnet gemachte Kampagne gekippt werden, oder – was vielleicht noch gefährlicher ist – man ist unfähig die Strategie zeitgemäß zu ändern, weil man immer die gleichen Tests durchführt, die immer die gleiche Machart favorisieren.

Wenn man nicht sicher ist, daß man mit einem bestimmten Test valide und ausreichend repräsentativ die Zielerreichung der Copy Strategy testen kann, dann sollte man sicherlich von dem Test Abstand nehmen und lieber eine subjektive Entscheidung treffen. Dies soll sicherlich nicht heißen, daß von Tests abgeraten wird. Tests können unerhört viel nützliche Informationen liefern – eigentlich sind sie unverzichtbar. Aber es müssen auch die richtigen Tests sein. Hier sind im Marketing noch erhebliche Defizite aufzuholen.

In diesem Zusammenhang ist auch festzustellen, daß probing (Putzfrauentest) kein akzeptierbares Testverfahren ist. Probing besteht darin, daß man eben mal ein paar Leute (5 bis 30 Personen) ins Büro bittet, und diese über ihre Meinung zu den vorliegenden Entwürfen befragt. Dieses Vorgehen ist inhaltlich falsch, weil keine Reaktion festgestellt wird, sondern in der Regel gutachterliche Votes abgegeben werden. Relevant für die Wirksamkeit ist aber die Reaktion, nicht die Meinung darüber, was aus trivialem Geschmack besser oder schlechter bewertet wird. Außerdem hat ein derartiges Vorgehen nicht den Anflug von Repräsentativität.

Literaturverzeichnis

Schub von Bossiazky, Gerhard: Psychologische Marketingforschung, München 1992
Wolf, Jakob: Marktforschung, Landsberg/Lech 1988

16. Testmarktsimulationen

Werner Pepels

Inhaltsübersicht

16.1 Testmarktersatzverfahren
16.2 Verfahren Designor
16.3 Verfahren TESI
16.4 Verfahren BASES
16.5 Verfahren Microtest
16.6 Verfahren Quartz
16.7 Kritische Bewertung
16.8 Literaturverzeichnis

Auf einen Blick

Markttestverfahren sind zur Absicherung einer Marketingentscheidung vor allem in Form des Testmarkts anzutreffen. Damit sind jedoch eine Reihe methodischer Nachteile verbunden, so daß verstärkt Testmarktersatzverfahren in Betracht gezogen werden, dazu gehören Storetest, Mini-Markttest und Elektronischer Mikromarkttest. Verstärkt kommen Testmarktsimulationen als Verfahren hinzu. Dabei handelt es sich um die wirklichkeitsgetreue Nachbildung der Marktrealität in Modellform und dessen Durchspielen in realitätsnaher Weise im Studio. Es gibt einige standardisierte Verfahren der Testmarktsimulation, vor allem die Verfahren Quartz von *A. C. Nielsen*, TESI von *GfK Testmarktforschung*, BASES von *Infratest Burke*, Microtest von *IVE Research Int'l* und Designor von *M&E Novaction*, die im folgenden näher vorgestellt werden.

16.1 Testmarktersatzverfahren

Die Einführung oder Variation von Produkten am Markt ist gerade für klein- und mittelständische Anbieter mit hohen Risiken behaftet. Daher gehört es zu den alten Wunschträumen des Marketing, die Effektivität von Maßnahmen vorab hinreichend genau und zuverlässig ermitteln zu können. Im Rahmen einer solchen Erfolgsprognose werden etwa Befragungsexperimente (z. B. mit Hilfe des Lateinischen Quadrats), global- und detailanalytische, prognostische Modelle sowie Gebietsverkaufstests eingesetzt. Am weitesten verbreitet ist aber sicherlich der *Markttest*.

Dabei wird ein realer Teilmarkt ausgewählt, um in einem umfassenden **Feldexperiment** Aufschlüsse über die Zweckmäßigkeit eines Marketing-Mix zu erhalten. Oft sind dabei Kontrollmärkte zum Vergleich sinnvoll. Als bevorzugte Testmarktgebiete gelten in Deutschland die Großräume Bremen, Saarland, Stuttgart, Hessen, Rheinland-Pfalz und Berlin. Für Testmarktgebiete sind jedoch die kumulativen Voraussetzungen der Strukturrepräsentanz für Nachfrage und Handel, der vergleichbaren Medienstruktur und vor allem der Ausstattung mit geeigneten Marktforschungs-Einrichtungen zu beachten. Und dies ist selten der Fall. Doch dieses Verfahren hat weitere Nachteile.

So bedingt die relativ große Flächenabdeckung hohe Kosten für:
- Mediaeinsatz,
- Produktvorrat und
- Logistik.

Es ist nur eine mangelnde Geheimhaltung gegenüber Mitbewerbern möglich, mit der Gefahr des vorzeitigen Bekanntwerdens von Produktneuerungen und gezielter Störaktionen. Problematisch ist auch die mangelnde Isolation des Testmarkts gegenüber Pendlern oder Streuwerbung. Testmärkte können zudem bei häufigem Einsatz übertestet werden. Oft bestehen auch regionale Abweichungen im Konsumverhalten zum späteren Distributionsgebiet, oder der Einsatz der Marketingmaßnahmen ist nicht zielgenau genug zu steuern. Bei Produkten mit langen Kaufintervallen ist ein Testmarkt zudem kaum sinnvoll, da die Gefahr besteht, daß der Wettbewerb den Entwicklungsvorsprung zwischenzeitlich aufholt.

Daher liegt es nahe, an **Testmarktersatzverfahren** zu denken. Dafür kommen der Storetest, der Mini-Markttest und der Elektronische Mikromarkttest in Betracht, wenn es um einen realen Markt mit verdeckter Testsituation geht:
- Beim Storetest handelt es sich um den probeweisen Verkauf von neuen/veränderten Produkten unter Einsatz aller/ausgewählter Marketinginstrumente und weitgehend kontrollierten Bedingungen in einigen/wenigen Geschäften, die für den Test eigens angeworben und distribuiert werden (z. B. GfK Store-Test).
- Beim Mini-Markttest werden neben den reinen Abverkaufszahlen auch die Reaktionen der Abnehmer durch Einbeziehung eines Haushaltspanels erfaßt (zweiseitiger Storetest, z. B. GfK Erim).
- Und beim Elektronischen Mikromarkttest handelt es sich um eine Kombination von Haushaltspanel zur Erfassung des Konsumverhaltens, Scannerkasse am POS zur Abverkaufskontrolle in Geschäften, örtlich gesteuertem TV-/Print-Werbeeinsatz sowie

unterstützender Proben- und Handzettelverteilung in ausgewählten Orten (z. B. GfK BehaviorScan/Haßloch).

Diese biotischen Realmarkt-Tests sind jedoch mit einer Reihe von Problemen behaftet. Daher wird in neuerer Zeit verstärkt der Einsatz von **Testmarktsimulationen** herangezogen. Die Testmarktsimulation ist die wirklichkeitsgetreue Nachbildung der Marktrealität in Modellform und dessen Durchspielen in realitätsnaher Weise. Es handelt sich also um einen Studiotest, in dem der Prozeß der Wahrnehmung und des Kauf- und Wiederkaufverhaltens für ein Produkt unter Ausschluß der Öffentlichkeit nachempfunden wird. Er wird vor allem im Konsumgüterbereich zum Testen neuer Verbrauchsgüter und zur Diagnose und Verbesserung bestehender Produkte eingesetzt. Innerhalb der Entwicklung neuer Kampagnen ist die Testmarktsimulation für gewöhnlich die letzte Stufe zur Go/Drop-Entscheidung. Bei On-Entscheidung wird eine Modifikation und ein erneuter Test für erforderlich gehalten. Die Simulation umfaßt sowohl die Datenerhebung im Teststudio als auch computergestützte Methoden und Modelle für deren Analyse. Dabei geht es vor allem um die Simulation des Adoptionsprozesses neuer Produkte über Wahrnehmung, Erstkauf, Einstellungsbildung und Wiederkauf bzw. Verweigerung sowie den Beitrag, den Marketingmaßnahmen dazu leisten können.

Es gibt einige standardisierte Verfahren der Testmarktsimulation, die einerseits einen bewährten Ablauf mit kostengünstigen Erhebungsbedingungen ermöglichen, andererseits aber auch die Relativierung der Ergebnisse eines Produkts durch Vergleich mit unter denselben Bedingungen zustandegekommenen Ergebnissen anderer Produkte (Benchmarking). Die Standardisierung bezieht sich vor allem auf den Phasenablauf aus Werbesimulation, Kaufsimulation, Home Use-Test und Studio-Test.

Im folgenden werden fünf gängige Verfahren vorgestellt, die im Detail mehr oder minder voneinander abweichen (*Gaul/Baier/Apergis* 1996, S. 203 ff.):
- Designor von *M&E Novaction Frankfurt*,
- TESI von der *GfK Testmarktforschung Nürnberg*,
- BASES von *Infratest Burke Frankfurt*,
- Microtest von *IVE Research Int'l Hamburg*,
- Quartz von *A. C. Nielsen Frankfurt*.

Designor und TESI arbeiten mit einem individuell ermittelten Relevant Set of Brands und beziehen sich nur auf die Verwender der Warengruppe, BASES, Microtest und Quartz. Sie arbeiten mit einem weit definierten Konkurrenzumfeld und beziehen sich auf alle haushaltsführenden Personen als Zielgruppe. Ansonsten ergeben sich zahlreiche weitere Ausprägungen, die allerdings nur insoweit dargestellt werden können, wie die Anbieter der Verfahren sie offenlegen. Und das ist eher zurückhaltend der Fall.

16.2 Verfahren Designor

Designor wird an zwei bis drei Testorten über Deutschland verteilt (Nord, Mitte, Süd) durchgeführt. Es handelt sich um einen reinen Labortest. Als Testpersonen werden ca. 300 Verwender der Warengruppe rekrutiert. Die Auswahl vollzieht sich nach soziodemographischen Merkmalen, insbesondere nach Kauf- und Verwendungsverhalten quotiert. Die Anwerbung erfolgt im Umkreis der Teststudios.

In einer **Vorbefragung** wird zunächst der Relevant Set der für wichtig erachteten Marken der Warengruppe erfaßt (Abbildung des relevanten Markts). Dies geschieht über eine Abfrage des gestützten und des ungestützten Bekanntheitsgrads. Innerhalb dieses Relevant Set erfolgt eine Präferenzmessung mit Hilfe einer Konstant-Summen-Skala. Dazu wird ein Chip-Game vorgelegt, bei dem auf zwei Produktalternativen bis zu insgesamt 11 Wertpunkte vergeben werden können. Damit wird eine praktikable Einschätzung erzwungen. Nach Feststellung der Bekanntheit und der Präferenz erfolgt dann die eigentliche Werbevorführung. Dabei kann es sich um die Werbemittel Fernsehspot, Anzeige oder Funkspot handeln. Die Abfolge der Vorführung rotiert dabei innerhalb der Testpersonengruppe, um Positions- und Reihenfolgeeffekte zu neutralisieren. Sollen mehrere Objekte getestet werden, kann die Stichprobe entsprechend geteilt werden, dann allerdings mit geringerer Aussagefähigkeit der Ergebnisse. Nach der Vorführung wird die Einschätzung der beworbenen Produkte abgefragt, insbesondere ihre Likes und Dislikes.

In einer **zweiten Phase** wird die Kaufsituation für jede Person einzeln simuliert. Dazu wird ein künstliches Handelsplatzumfeld aufgebaut, wobei die Regalposition (Plazierung) und die Kontaktstrecke (Facing) nach Absprache mit dem Auftraggeber möglichst realitätsnah gestaltet werden. Gleiches gilt für die Preisauszeichnung. Am so simulierten Handelsplatz befinden sich auch alle regional relevanten und national distribuierten Markenartikel. Bei Teilung der Stichprobe sind wiederum mehrere Preisauszeichnungen und auch Verpackungen abtestbar. Die Bezahlung der gekauften Produkte erfolgt mit einem zur Verfügung gestellten Warengutschein. Testpersonen, die das Testprodukt nicht gekauft haben, werden nach den Gründen für ihren Nichtkauf erhoben. Diese Personen werden dann dahingehend befragt, welches Produkt sie kaufen würden, wenn das von ihnen präferierte nicht verfügbar wäre (Fehlverkaufssituation/zweite Wahl). Die Käufer des Testprodukts erhalten zusätzlich noch das als Hauptkonkurrent angesehene Produkt der Warengruppe als Geschenk hinzu. Die Nichtkäufer erhalten zusätzlich zum gewählten Produkt das beworbene Produkt als Geschenk hinzu.

Nach zwei Wochen Produktbekanntschaft (Home Use-Test) werden ca. 80% der Testpersonen zuhause (telefonisch) oder aber im Teststudio (persönlich) einzeln nachbefragt. Dabei werden das Verwendungsverhalten erfaßt und die Einstellung zum Testprodukt gemessen. Weiterhin erfolgt wiederum eine Präferenzmessung durch Konstant-Summen-Skala. Die Testpersonen werden hinsichtlich eines beabsichtigten Kaufs/Wiederkaufs des infragestehenden Produkts befragt. Außerdem sollen sie wesentliche Likes/Dislikes nennen. Durch diagnostische Fragen wird versucht, Ursachen für diese Einschätzung zu erfahren (Käufer-/Nichtkäuferprofil). Bei unzureichenden Ergebnissen ist auch eine Wiederholung der Testmarktsimulation möglich.

Die **Ergebnisse** werden anhand des Parfitt-Collins-Ansatzes hochgerechnet.

Dieser geht von drei Prognosegrößen aus:
- Käuferpenetration,
- Wiederkaufrate und

- Kaufintensitätsindex,

die miteinander multipliziert eine Absatzprognose erlauben.

Die Käuferpenetration ergibt sich als Produkt aus der bedingten Erstkaufrate, bei einer unterstellten Distribution und einem Bekanntheitsgrad von je 100% (wie im Teststudio gegeben) und dem Erreichbarkeitsfaktor. Dieser wird durch ein Bekanntheitsmodell simuliert, das sich aus voraussichtlichen Werbeausgaben, Probenverteilung und Promotions auf Basis von GRP's (Gross Rating Points/Bruttokontaktsumme) ergibt. Die Käuferpenetration gibt damit den Anteil des Zielpublikums an, der das Testprodukt in sein Relevant Set aufnimmt. Die Wiederkaufrate ergibt sich durch ein Kauf-Wiederkauf-Modell zur Kontrolle, ein Präferenz-Modell (auf Schätzbasis) und ein Einstellungsmodell. Die Kaufintensität wird aus dem Verhältnis der durchschnittlichen Kaufintensität der Käufer des Testprodukts und der durchschnittlichen Kaufintensität aller Käufer der Warengruppe erfaßt. Substitutionseffekte (Käuferwanderungen) innerhalb der Warengattung werden aus der Veränderung der Präferenzen heraus geschätzt (Gaul). Die Prognose bezieht sich auf den Gleichgewichtsmarktanteil des Testprodukts und der Konkurrenzprodukte. Eine Strategiesimulation ist allerdings möglich.

16.3 Verfahren TESI

TESI findet an ein bis drei Testorten in Deutschland einmal pro Jahr mit ca. 300 Personen in eigens dafür angemieteten Räumen statt. Als Testpersonen werden Verwender der Warengruppe nach soziodemographischen Merkmalen ausgewählt und nach Kauf- und Verwendungsverhalten quotiert. Die Anwerbung erfolgt im Umkreis der Teststudios.

In einer **Vorbefragung** wird zunächst der Relevant Set in bezug auf die Produktverwendung abgegrenzt (Abbildung des relevanten Markts). Weiterhin wird die ungestützte/gestützte Bekanntheit der Produkte der betreffenden Warengruppe ermittelt. Innerhalb des Relevant Set erfolgt eine Präferenzmessung mit Hilfe der Konstant-Summen-Skala (Chip-Game). Dann wird die Werbung für das Testprodukt, als Werbemittel kommen dabei nur Fernsehspots in Betracht, in Gruppen von je vier Probanden in rotierender Reihenfolge gemeinsam vorgeführt. Nach der Vorführung wird die Einschätzung des beworbenen Produkts in bezug auf ihre Likes und Dislikes abgefragt.

In einer **zweiten Phase** wird dann die Kaufsituation für jede Person einzeln simuliert. Die Regalposition und die Kontaktstrecke der Konkurrenzprodukte werden dabei proportional zu den tatsächlichen Marktanteilen gebildet. Als Konkurrenzprodukte werden alle national distribuierten Markenartikel plaziert. Die Preisauszeichnung des Testprodukts erfolgt nach Absprache mit dem Auftraggeber. Für die Konkurrenzprodukte werden aktuelle Preise ausgezeichnet. Bei parallelen Stichproben sind wiederum mehrere Preisauszeichnungen und auch Verpackungen abtestbar. Die Bezahlung der gekauften Produkte erfolgt mit zum Test zur Verfügung gestelltem Bargeld. Testpersonen, die das Testprodukt nicht gekauft haben, werden nach den Gründen für ihren Nichtkauf erhoben. Diese Personen werden weiter befragt, welches Produkt sie kaufen würden, wenn das von ihnen präferierte nicht verfügbar wäre (Fehlverkaufssituation/zweite Wahl). Die Käufer des

Testprodukts erhalten noch das Konkurrenzprodukt, das sie als zweite Wahl bezeichnet haben. Die Nichtkäufer erhalten zusätzlich zum gewählten Produkt das Testprodukt als Geschenk.

Nach zwei Wochen Produktbekanntschaft (Home Use Test) werden ca. 80% der Testpersonen im Teststudio (persönlich) einzeln nachbefragt. Dabei wird das Verwendungsverhalten erfaßt und die Einstellung zum Testprodukt sowie zu allen Produkten des Relevant Set gemessen. Weiterhin erfolgt wiederum eine Präferenzmessung durch Konstant-Summen-Skala. Die Testpersonen werden hinsichtlich eines von ihnen beabsichtigten Kaufs/Wiederkaufs des Testprodukts befragt. Außerdem sollen sie dessen wesentliche Likes/Dislikes benennen. Durch diagnostische Fragen wird versucht, Ursachen für diese Einschätzung zu erfahren (Käufer-/Nichtkäuferprofil).

Die **Ergebnisse** werden wiederum anhand des Parfitt-Collins-Ansatzes hochgerechnet. Die Käuferpenetration ergibt sich, wie gehabt, als Produkt aus der bedingten Erstkaufrate, bei einer unterstellten Distribution und einem Bekanntheitsgrad von je 100% wie im Teststudio, und Erreichbarkeitsfaktor. Dieser wird durch ein Bekanntheitsmodell simuliert oder als Funktion der erwarteten gewichteten Distribution und des gestützten Bekanntheitsgrads ausgewiesen. Die ergibt sich jedoch durch ein Einstellungs-Modell nach Wunsch des Auftraggebers und ein Präferenz-Modell (auf Schätzbasis). Die Kaufintensität wird aus Daten zum Kauf-/Verwendungsverhalten der Testpersonen erfaßt. Substitutionseffekte (Käuferwanderungen) innerhalb der Warengattung werden aus der Veränderung der Präferenzen geschätzt (*Gaul*). Die Prognose bezieht sich auf den Gleichgewichtsmarktanteil des Testprodukts und seiner Konkurrenzprodukte.

16.4 Verfahren BASES

BASES findet an den fünf Testorten Bremen, Leipzig, Frankfurt, Düsseldorf und Nürnberg in eigens dafür festinstallierten Teststudios statt. Ca. 300–400 aktuelle und potentielle Käufer in der betrachteten Warengruppe werden als Testpersonen im Umkreis dieser Teststudios angeworben. Dabei liegt eine Quotierung nach soziodemographischen Kriterien zugrunde.

Anstelle einer Vorbefragung findet hierbei ein **Konzepttest** (vgl. den Beitrag von Werner Hagstotz/Karin Schmitt-Hagstotz: Konzepttest, S. 261) statt. Dies beinhaltet noch keinen direkten Vergleich mit Konkurrenzprodukten, daher sind auch noch nicht gefinishte Produkte/Werbemittel möglich. Die Befragung erfolgt einzeln im Teststudio auf Basis einer Konzeptkarte mit Angaben über Produktnutzen und Wirkungs-/Verwendungshinweise, Inhalt und Preis des Produkts. Das Produkt wird durch Packungsabbildung oder Photo konkretisiert. Dann erfolgt die eigentliche Produktkonfrontation (als Werbemittel sind nur Fernsehspots möglich). Bei Teilung der Stichprobe sind auch mehrere Preisstufen und Packungsvarianten testbar. Danach wird die Kaufbereitschaft abgefragt (»Ich würde das Produkt bestimmt/bestimmt nicht kaufen.«). Weiterhin werden die Likes/Dislikes erfaßt (»Gefällt mir äußerst gut/gar nicht.«) sowie die beabsichtigte Kaufmenge und -häufigkeit (z. B. einmal pro Woche, öfter, nie).

Als Globalurteil werden die Größen:
- Gesamtgefallen,
- Preis-Leistungs-Verhältnis (sehr gut/sehr schlecht) und
- Uniqueness (neu und verschieden/überhaupt nicht neu und nicht verschieden) erfaßt.

Die Frage nach der Absatzquelle (Source of Volume) klärt, ob es sich bei einer positiven Entscheidung eher um Neukauf in der Produktgruppe, Erstkauf oder Zusatzkauf handelt. Die beabsichtigte Kaufintensität gibt Aufschluß über die Markentreue. Dann werden noch soziodemographische Daten erfaßt. Diagnostische Fragen sollen die Ursachen für geäußerte Einschätzungen offenlegen. Für den Fall, daß das Testprodukt bereits marktreif ist, erhalten alle Testpersonen mit positiver Kaufbereitschaft eines zur Probe.

Einige Zeit später werden mindestens 150 Personen zuhause telefonisch nachbefragt.

Die Fragen richten sich auf:
- ihre Kaufbereitschaft,
- die Likes/Dislikes nach Vertrautheit mit dem Produkt,
- die Kaufmenge/-häufigkeit,
- das Gesamtgefallen als Globalurteil,
- die Einstufung des Preis-Leistungs-Verhältnisses,
- die wahrgenommene Uniqueness,
- die Absatzquelle.

Dabei werden Veränderungen zu den vorherigen Ergebnissen dieser Kriterien bestimmt.

Weiterhin wird abgefragt, inwieweit das Produkt die gestellten Erwartungen erfüllt und inwieweit die Wiederkaufabsicht mit der Preishöhe schwankt (dazu werden vier alternative Preise genannt/Preiselastizität der Nachfrage). Dann wird die Ähnlichkeit oder Distanz zu Konkurrenzprodukten zu ermitteln versucht (Positionierung), weiterhin das Kauf- und Verwendungsverhalten. Diagnostische Fragen sollen wiederum die Ursachen für Einschätzungen offenlegen (Käufer-/Nichtkäuferprofil). Eine Wiederholung ist zwar möglich, kommt aber praktisch selten vor (*Gaul* u. a. 1996). Das Erstkaufvolumen ergibt sich als Produkt der Anzahl der Haushalte in der Zielgruppe, der Erstkaufrate und dem mittleren Wert des Erstkaufs. Das Wiederkaufvolumen ergibt sich als Produkt aus Anzahl der Erstkäufer-Haushalte, der Wiederkaufrate, der Anzahl der Wiederkäufe und dem mittlerem Wert des Wiederkaufs. Die Schätzung von Erstkaufvolumen und Wiederkaufvolumen ergibt dann das Absatzvolumen. Die Absatzvolumenprognose bezieht sich auf das Testprodukt und die Konkurrenzprodukte. Dabei ist eine Strategiesimulation möglich.

16.5 Verfahren Microtest

Microtest findet an den fünf Testorten Hamburg, Frankfurt, Leipzig, Dortmund und Nürnberg in dafür festangemieteten Teststudios statt. Ca. 300 aktuelle und potentielle Käufer in der betrachteten Warengruppe werden als Testpersonen im Umkreis dieser Teststudios angeworben. Dabei liegt eine Quotierung nach soziodemographischen Kriterien zugrunde.

Anstelle einer Vorbefragung findet wiederum ein **Konzepttest** statt. Die Befragung erfolgt einzeln im Teststudio auf Basis einer Konzeptkarte mit Angaben über Inhalt und Preis des Produkts. Das Produkt wird durch Packungsabbildung oder Photo konkretisiert. Dann erfolgt die eigentliche Produktkonfrontation (möglich sind als Werbemittel nur Fernsehspots, allerdings auch animiert). Bei Teilung der Stichprobe sind auch mehrere Packungsvarianten testbar. Danach wird das Kaufverhalten im Produktfeld erhoben und ein Preismodell (Brand Price Trade Off Model) zu konstruieren versucht. Der relevante Markt wird durch Abfrage des Kaufverhaltens abgebildet. Als Basis dafür dienen die Preiselastizitätskurve sowie Preisschwellen. Weiterhin werden die Likes/ Dislikes erfaßt.

Als Globalurteil werden
- das Konzeptinteresse,
- das Preis-Leistungs-Verhältnis und
- die Uniqueness erhoben.

Von Bedeutung ist außerdem die vermutete Markenherkunft (bei anonymisierten Produkten/Product Clinic). Dann werden noch soziodemographische Daten erfaßt. Diagnostische Fragen sollen die Ursachen für Einschätzungen offenlegen. Dabei spielt die Produkterwartung der Testpersonen ebenso eine Rolle wie ihre Experimentierfreudigkeit (Aufgeschlossenheit zum Ausprobieren neuer Produkte). Für den Fall, daß das Testprodukt bereits marktreif ist, erhalten alle Testpersonen eines zur Probe.

Einige Zeit später werden dann 90–95% der Testpersonen zu Hause telefonisch nachbefragt.

Die Fragen richten sich auf:
- ihre Kaufbereitschaft,
- die Likes/Dislikes nach Vertrautmachung mit dem Produkt,
- die Einstufung des Preis-Leistungs-Verhältnisses,
- die wahrgenommene Uniqueness,
- das Produktinteresse.

Dabei werden Veränderungen zu den vorherigen Ergebnissen bestimmt.

Weiterhin wird die Vorratshaltung abgefragt. Diagnostische Fragen sollen wiederum die Ursachen für Einschätzungen offenlegen (Käufer-/Nichtkäuferprofil). Eine Wiederholung ist möglich (*Gaul* u. a. 1996). Das Absatzvolumen ergibt sich letztlich aus vier hintereinander geschalteten, individuell erhobenen und dann aggregierten Modellen, dem Brand Visibility Model der simulierten Markenpräsenz, dem Trial Model der individuellen Erstkaufwahrscheinlichkeit, dem Adoption Model des Wiederkaufs und dem Intensity Model für das weitere Kaufverhalten. Die Absatzvolumenprognose bezieht sich auf das Testprodukt und die Konkurrenzprodukte.

16.6 Verfahren Quartz

Quartz wird an den sechs Testorten München, Köln, Leipzig, Hamburg, Frankfurt und Rostock, jeweils zuhause, durchgeführt. 400 aktuelle und potentielle Käufer in der betrachteten Warengruppe werden dazu als Testpersonen durch persönlichen Besuch angeworben. Dabei liegt eine Quotierung nach soziodemographischen Kriterien zugrunde. Anstelle einer Vorbefragung findet hierbei wiederum ein **Konzepttest** statt.

Die Befragung erfolgt einzeln zuhause auf Basis einer Konzeptkarte mit Angaben zu
- Auslobung,
- Inhalt und
- Preis des Testprodukts.

Dann erfolgt die eigentliche Produktkonfrontation (möglich sind als Werbemittel zwei verschiedene Fernsehspots). Bei Teilung der Stichprobe sind auch bis zu zwei Preisstufen und vier Packungsvarianten testbar, allerdings bei entsprechend geringerer Aussagefähigkeit. Danach werden die Likes/Dislikes erfaßt. Als Globalurteil wird eine Gesamtbewertung abgefragt. Die Kaufbereitschaft wird durch ein Präferenzranking zwischen dem Testprodukt und seinen Konkurrenzprodukten konkretisiert. Dieses Ergebnis gilt als Ausgangswert. Der relevante Markt wird auf Basis von Haushaltspaneldaten abgebildet, nicht durch Abfrage. Weiterhin wird die beabsichtigte Kaufmenge/-häufigkeit ebenso abgefragt wie die Preisanmutung/-bereitschaft (dies anhand einer 5-stufigen Skala). Es folgt die Erhebung soziodemographischer Daten. Diagnostische Fragen sollen die Ursachen für Einschätzungen offenlegen. Für den Fall, daß das Testprodukt bereits marktreif ist, erhalten alle Testpersonen eines zur Probe.

Einige Zeit später werden dann 90–95% der Testpersonen zuhause durch persönlichen Besuch nachbefragt.

Die Fragen richten sich auf:
- ihre Kaufbereitschaft,
- die Likes/Dislikes,
- die beabsichtigte Kaufmenge/-häufigkeit,
- die Gesamtbewertung als Globalurteil.

Die Kaufbereitschaft wird durch ein Präferenzranking zwischen dem Testprodukt und seinen Konkurrenzprodukten konkretisiert. Dieses Ergebnis gilt als Kontrollwert.

Weiterhin wird abgefragt, inwieweit das Produkt die gestellten Erwartungen erfüllt. Diagnostische Fragen sollen wiederum die Ursachen für Einschätzungen offenlegen (Käufer-/Nichtkäuferprofil). Diese können sich explizit auf einzelne Marketingparameter beziehen. Eine Wiederholung ist möglich (*Gaul* u. a. 1996). Das Absatzvolumen ergibt sich aus der Wahrscheinlichkeit, das Testprodukt am Handelsplatz wahrzunehmen, es dort vorzufinden, ein Produkt der Warengruppe zu kaufen und schließlich das Testprodukt zu kaufen. Die Absatzvolumenprognose bezieht sich auf das Testprodukt und die Konkurrenzprodukte. Eine Strategiesimulation ist dabei möglich.

16.7 Kritische Bewertung

Vom jeweilig eingesetzten Verfahren unabhängige **Vorteile** der Testmarktsimulation bestehen generell vor allem aus folgenden Aspekten. Die Laufzeit des Tests ist recht kurz zu halten, da kein Distributionsaufbau im Handel erforderlich und damit eine schnelle Datenverfügbarkeit (meist innerhalb von ca. zehn Wochen) möglich ist. Der Testablauf läßt sich flexibel gestalten, damit können Ergebnisse durchaus auch international verglichen werden. Die Kosten des Tests sind vergleichsweise (gemessen an den vermeidbaren Werbeausgaben) mit ca. 100.000 DM niedrig. Konkurrenzreaktionen können durch Geheimhaltung der Untersuchung weitestgehend ausgeschlossen werden. Die Beherrschbarkeit der ansonsten störanfälligen Testdurchführung ist sehr hoch. Außerdem können Konkurrenzprodukte sofort nach deren Markteinführung auf ihr Gefahrenpotential für das eigene Angebot hin getestet werden. Der Test ist unabhängig von der Kooperationsbereitschaft des Handels. Zudem ist eine individuelle Reizpräsentation möglich, teilweise sogar auch als Animatic. Es bedarf keiner aufwendigen Vorserien-Produktion zahlreicher Testprodukte, vielmehr reichen teilweise Dummies aus.

Von **Nachteil** sind allerdings auch einige ernstzunehmende Aspekte. So sind nicht alle Marketing-Mix-Instrumente testbar (z. B. Kommunikationswirkung mit 100% Reichweite unterstellt, dafür aber nur einmaliger Kontakt, Distribution mit 100% Ausdeckung unterstellt). Es besteht nur eine geringe externe Validität, da es sich um eine Laborsituation handelt und Ergebnisse mit Feldsituationen schwerlich vergleichbar sind. Außerdem sind neue Produktgruppen durch fehlenden Rückgriff auf Erfahrungswerte nur schwierig zu testen. Die Anwendung beschränkt sich realiter auf Fast Moving Consumer Goods (FMCG's), die allerdings bei der Erfolgsprognose ohnehin im Mittelpunkt stehen. Die Mitwirkung des Handels ist zwar nicht erforderlich, kann deshalb aber auch nicht abgetestet werden. Die Kosten bleiben, relativ zu den Opportunitätskosten eines Flops, überschaubar, sind absolut jedoch so hoch, daß sie sich für viele kleinere Anbieter verbieten. Es besteht ein erheblicher Überschuß an Kommunikationsdruck (Forced Exposure) gegenüber der späteren Realsituation. Es handelt sich weiterhin nur um geäußerte Verhaltensabsichten und simulierte Kaufentscheide, die erheblich von der späteren Realität im Markt abweichen können. Die Bestimmung des Relevant Set der Konkurrenzprodukte ist störanfällig. Und es muß von einer sehr kleinen Fallzahl, erst recht bei Teilung der Stichprobe (Matched Samples), hochgerechnet werden. Insofern sind erhebliche Unwägbarkeiten in Kauf zu nehmen.

16.8 Literaturverzeichnis

Gaul, W./Baier, D./Apergis, A.: Verfahren der Testmarktsimulation in Deutschland, in: Marketing ZFP, Heft 3/1996, S. 203–217

Pepels, Werner: Werbeeffizienzmessung, Stuttgart 1996

17. Mikromarkttest

Werner Pepels

Inhaltsübersicht

17.1 Testmarkt- und Testmarktersatzverfahren
17.2 Storetest und Minimarkttest
17.3 GfK BehaviorScan
17.4 Chancen von GfK BehaviorScan
17.5 Risiken von GfK BehaviorScan
17.6 Literaturverzeichnis

Auf einen Blick

Der Mikromarkttest ist eine Kombination aus Haushaltspanel zur Erfassung des Konsumverhaltens, Handelspanel mit Scannerkasse zur Abverkaufserfassung in Geschäften (über EAN-Code und Haushaltsidentitätskarte), örtlich gesteuertem TV- und Print-Werbemitteleinsatz sowie unterstützender Proben- und Handzettelverteilung in ausgewählten Orten. Damit handelt es sich um einen komplexen Ansatz, der gegenüber traditionellen Testmärkten erhebliche Handlingvorteile und gegenüber anderen Formen von Testmarktersatzverfahren eine erheblich höhere Aussagefähigkeit der Ergebnisse bietet. Zwar können auch Mikromarkttests nicht die grundsätzlichen Unwägbarkeiten jeder Art von Prognose beheben, aber sie machen Vermarktungsentscheidungen, vor allem solche zur Markteinführung oder Produktbewerbung, weniger risikoreich.

17.1 Testmarkt- und Testmarktersatzverfahren

Bei weithin stagnierenden Märkten kommt es allenthalben zu ausgeprägtem Verdrängungswettbewerb der Anbieter. In gleichem Maße, wie Investitionen steigen, steigt auch der Bedarf des Management nach Sicherheit über die zielgerichtete Verwendung dieser Geldmittel. Allerdings sind ökonomische Ziele nicht adäquat zu messen, weil sie von einer Vielzahl, im Einzelfall schwer kontrollierbarer Einflußgrößen, abhängig sind, wie Konkurrenzaktivität und Handelsdisposition.

Als probates Mittel wurde lange Zeit der Markttest in Form eines Gebietsverkaufstest angesehen. Dabei geht es um das probeweise Angebot eines neuen Produkts in einem gut abgegrenzten Marktgebiet unter Einsatz der Marketing-Mix-Instrumente, möglicherweise in direktem Vergleich zu einem vergleichbaren Gebiet ohne Angebot des neuen Produkts. Voraussetzung dabei ist jedoch die Einhaltung der Isomorphie-Bedingung des Testmarkts zum intendierten Gesamtmarkt oder zum Vergleichsmarkt. Das heißt, die kumulative Gleichartigkeit von Nachfrage (Soziodemographie, Bedarf), Handel (Struktur, Sortiment), Konkurrenz (Art, Größe) und Medien (Verfügbarkeit, Nutzung). Denn nur dann ist eine Erfolgsprognose durch Gebietsverkaufstest zuverlässig und gültig. In der Praxis sind solche Bedingungen aber so gut wie überhaupt nicht gegeben. Zudem bedingt die Größe vieler Testmärkte auch erhebliche Kosten (Produktvorrat, Streubudget), ganz zu schweigen von der fehlenden Geheimhaltung gegenüber dem Wettbewerb.

Daher werden verstärkt **Testmarktersatzverfahren** genutzt. Diese verzichten auf den hohen, ohnehin nicht einzulösenden Anspruch des Testmarkts und beschreiten praktikablere Wege. Es geht bei ihnen also um eine Erfolgsprognose ohne Testmarkt.

Dazu gehören:
- die Testmarktsimulation,
- der Storetest,
- der Minimarkttest und
- der (elektronische) Mikromarkttest

(*Pepels* 1996 b, S. 156 ff.).

Die **Testmarktsimulation** ist die wirklichkeitsgetreue Nachbildung der Marktrealität in Modellform (durch erzwungene Werbekonfrontation und im Studio nachempfundene Einkaufssituation) und dessen Durchspielen in realitätsnaher Weise (mit Einkaufsgutscheinen für Testpersonen oder Abfrage des Werbeeinflusses auf den Kaufentscheid). Dafür gibt es eine Reihe von Programmpaketen (*TESI/GfK, Sensor/RI, Quartz/Nielsen, Bases/Burke*), die in mehreren Stufen aufgebaut sind. Sie haben zwar eine hohe interne Validität (Schlüssigkeit der Ergebnisse), jedoch ist ihre externe Validität (Übertragbarkeit der Ergebnisse) in Zweifel zu ziehen (vgl. den Beitrag von Werner Pepels: Testmarktsimulation, S. 281).

17.2 Der Storetest und Minimarkttest

Gerade um eine bessere Übertragbarkeit der Testergebnisse auf die mutmaßliche spätere Realität zu gewährleisten, werden verstärkt anstelle von Studiotests Feldtests eingesetzt, wobei allerdings die Einwirkung externer Störfaktoren allenfalls abgemildert, keinesfalls jedoch ausgeschlossen werden kann und Ergebnisse somit anfällig für Verzerrungen macht.

Beim **Storetest** handelt es sich um den probeweisen Verkauf von Produkten unter weitgehend kontrollierten Bedingungen in 30 bis 50 realen Geschäften, die zu diesem Zweck eigens angeworben und distribuiert werden. Nach Bevorratung dieser Geschäfte mit dem Testprodukt erfolgt der Einsatz der Werbemaßnahmen in deren Einzugsgebiet (also durch lokale Werbeträger). Daraufhin wird der Abverkauf des Testprodukts gemessen. Häufig wird dabei das Latin Square-Design eingesetzt (zwei Testgebiete wechselweise ohne und mit Werbung bzw. mit alter und neuer Werbung). Das Kernproblem, neben der Repräsentanz des Storetests für den intendierten Gesamtmarkt, ist jedoch offensichtlich, daß nicht festzustellen ist, wer die Produkte kauft, wie häufig und in welchen Mengen. Gerade dies wäre aber wichtig zu wissen, um sicherzustellen, daß die richtigen Zielpersonen sich angesprochen fühlen und Wiederholungs- und Intensivkäufe initiiert werden. Doch dazu fehlt es an der Einbeziehung der Nachfrageseite. Insofern sind zweiseitige Testmarktersatzverfahren notwendig.

Beim **Minimarkttest** wird daher neben der Abverkaufsseite auch die Reaktion der Nachfrager durch Einbeziehung von Haushaltspanels realistisch erfaßt. Diese Anlage erfüllt daher Single Source-Bedingungen. Dazu weisen sich Stammkäufer in den Testgeschäften beim Einkauf mit einer ihnen zugewiesenen Identifikationskarte aus, so daß die getätigten Verkäufe einzelnen Abnehmern über Scannererfassung am Kassen-Check Out verursachungsgerecht zugerechnet werden können. Insofern werden beide Marktseiten erfaßt.

Der bekannteste Minimarkttest ist das *GfK*-Erim-Panel, das in Deutschland seit 1977 besteht. Untersucht werden dabei die Stammkunden (Einkaufsfrequenz mindestens 2- bis 3mal pro Woche) von vier großen Verbrauchermärkten (VM's) in den Städten Nürnberg, Hannover, Köln und Berlin. Im direkten Umfeld dieser Märkte werden jeweils 600 Testhaushalte angeworben, die ihren täglichen Bedarf weitgehend in diesen VM's decken. Diese Haushaltsstichprobe ist repräsentativ nach dem Quotaverfahren zusammengestellt. Die Nutzung der Identifikationskarte wird durch Incentives gefördert, ebenso ist die Plazierung der Testprodukte im Regal sichergestellt. Als Werbemittel werden Zeitungsanzeigen, Handzettel, POS-Plakate und Verkaufsförderungsmaßnahmen. eingesetzt. Die dabei gewonnenen Daten beziehen sich auf Käuferreichweite, Käuferschaftsstruktur, Wiederkaufrate, Einkaufsintensität, Einkaufsmenge auf der Nachfrageebene sowie Ladenmarktanteil und Verkaufspreis auf der Angebotsebene.

Allerdings liegt das große Problem darin, daß die Käuferschaft von VM's keineswegs repräsentativ für die Zielgruppe sein muß, wenngleich VM's immer größere Käuferschaftsanteile auf sich vereinen. Unabhängig davon ist weiterhin problematisch, daß keine Kongruenz zwischen werbeerreichten und einkaufenden Personen vorliegen muß. Das heißt, es kaufen einerseits solche Personen ein, die nicht durch Werbemaßnahmen erreicht worden sind, ihre Käufe sind also nicht der Werbung als Erfolg zuzurechnen, und andererseits wählen Personen, die sehr wohl durch Werbung erreicht worden sind, andere Einkaufsstätten als die Testgeschäfte, ihre Käufe (oder Kaufbereitschaft bei neuen Produkten) werden also nicht dem Erfolg der Werbung zugerechnet. Zudem ist die Reizpräsentation durch lokale Werbeträger recht begrenzt und entspricht, zumindest bei national zu distribuierenden Produkten, nicht dem späteren Medien-Mix. Insofern ist eine Verfeinerung unerläßlich.

17.3 GfK BehaviorScan

Beim (elektronischen) Mikromarkttest handelt es sich denn auch um eine Kombination aus Haushaltspanel zur Erfassung des Konsumverhaltens, Handelspanel mit Scannerkasse zur Abverkaufserfassung in Geschäften (über EAN-Code und Haushaltsidentitätskarte), örtlich gesteuertem TV- und Print-Werbemitteleinsatz sowie unterstützender Proben- und Handzettelverteilung in ausgewählten Orten. Dies ist also ein komplexer Ansatz als experimentelles Mikro-Testmarkt-System.

Der bekannteste Mikromarkttest stammt von der *Gesellschaft für Konsumforschung*, Nürnberg (GfK), und wird seit 1985 mit über 200 erfolgreichen Projekten in Haßloch durchgeführt. Dies ist ein Ort in Südwestdeutschland (Nähe Ludwigshafen), der über in Europa einzigartige Voraussetzungen zur Erfolgsprognose verfügt. Haßloch ist nämlich noch aus der Zeit des Kabelpilotprojekts der damaligen *Deutschen Bundespost* (EPF) voll verkabelt. Dies erlaubt einen flächendeckenden Einsatz von TV-Werbung zur Reizpräsentation. Haßloch liegt relativ isoliert im Pfälzer Wald, die Einwohner von Haßloch kaufen zum größten Teil in Haßloch ein (zumindest gilt dies für Produkte des täglichen/täglich häufigen Bedarfs) und Bewohner außerhalb haben wenig Anlaß, nach Haßloch hinein zu fahren (es gibt allerdings eine Irritation durch den ortsansässigen *Holiday-Park*). Mit knapp 20 000 Einwohnern ist Haßloch überschaubar genug, um vertretbare Kosten im Marketing-Mix-Einsatz, hier vor allem im Werbebudget, zu erlauben. Zugleich ist die Bevölkerung jedoch weitgehend repräsentativ zur Gesamtbevölkerung Deutschlands, und der Kaufkraftindex beträgt exakt 100. Die **Handelslandschaft** (6 Geschäfte: *Real* VM, 2 × *Lidl* Discounter, 2 × *Penny* Filialist, *Nutzkauf* Supermarkt, *Aldi* Discounter und *Idea* Drugstore nur mit Einschränkung) in Haßloch deckt die relevanten Betriebstypen ab, wenngleich es eine starke Umsatzkonzentration auf den örtlichen Verbrauchermarkt gibt (was aber durchaus nicht untypisch für die gesamte Handelslandschaft Deutschlands ist). Durch Kooperationsvereinbarung werden somit 90 bis 95% des örtlichen Lebensmitteleinzelhandels-(LEH-)Umsatzes erfaßt (Coverage).

Die Abdeckung der **Nachfrageseite** erfolgt durch insgesamt 3000 Haushalte, die jahresweise teilausgetauscht werden. In einem Split Run werden davon 2000 Haushalte durch TV-Testwerbung erreicht und 1000 Haushalte nicht (wohl jedoch durch die übrigen klassischen und nichtklassischen Medien). Dadurch ist der Einfluß von Fernsehspots auf den Abverkauf nachweisbar. Es ist außerdem möglich, die 2000 Haushalte mit TV-Testwerbung in experimentell gebildete Gruppen (Matching) zu splitten, etwa für verschiedene Fernsehspots, und zwar spezifisch für jede Warengruppe. Alle Haushalte sind mit Identifikationskarten (GfK-Korrespondenzkarte) ausgestattet, die sie beim Einkauf an der Scannerkasse des Handels (die Geschäfte wurden dazu teilweise erst mit Scanner-Check Out umgerüstet) vorlegen. Die Vorlage wird durch Incentives gefördert. Die Mitwirkung der Haushalte wird auch durch Freieinweisung einer Programmzeitschrift (TV-Nutzung) und sowie durch Erstattung der Kabelgebühr (tatsächlicher Anschluß) unterstützt (vgl. Abbildung 1).

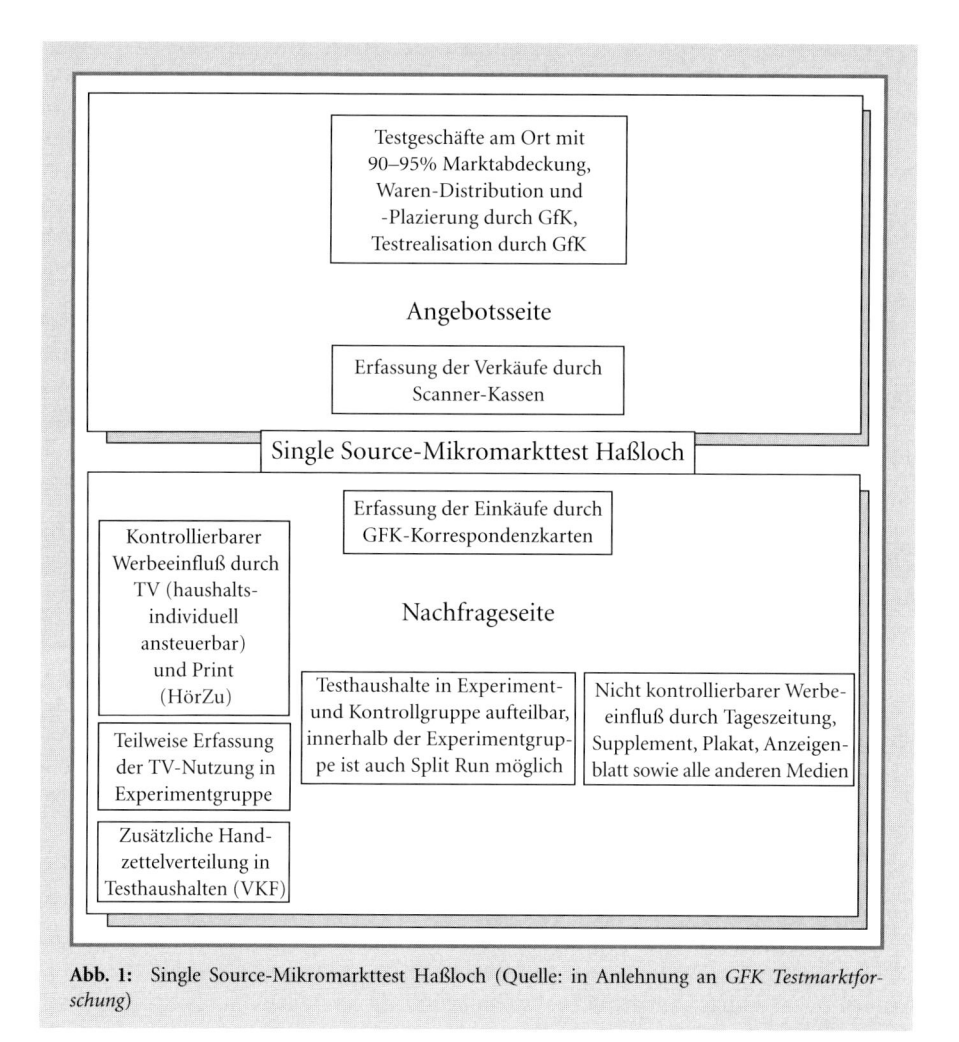

```
┌─────────────────────────────────────────────────────────────────┐
│                                                                 │
│            ┌───────────────────────────────┐                    │
│            │   Testgeschäfte am Ort mit    │                    │
│            │   90–95% Marktabdeckung,      │                    │
│            │   Waren-Distribution und      │                    │
│            │   -Plazierung durch GfK,      │                    │
│            │   Testrealisation durch GfK   │                    │
│            └───────────────────────────────┘                    │
│                                                                 │
│                         Angebotsseite                           │
│                                                                 │
│            ┌───────────────────────────────┐                    │
│            │  Erfassung der Verkäufe durch │                    │
│            │         Scanner-Kassen        │                    │
│            └───────────────────────────────┘                    │
│                                                                 │
│            Single Source-Mikromarkttest Haßloch                 │
│                                                                 │
│                  ┌───────────────────────────────┐              │
│                  │ Erfassung der Einkäufe durch  │              │
│  ┌────────────┐  │    GFK-Korrespondenzkarten    │              │
│  │Kontrollier-│  └───────────────────────────────┘              │
│  │barer       │                                                 │
│  │Werbeeinfluß│            Nachfrageseite                       │
│  │durch TV    │                                                 │
│  │(haushalts- │  ┌─────────────────────┐ ┌───────────────────┐  │
│  │individuell │  │Testhaushalte in Ex- │ │Nicht kontrollier- │  │
│  │ansteuerbar)│  │periment- und Kon-   │ │barer Werbeeinfluß │  │
│  │und Print   │  │trollgruppe aufteil- │ │durch Tageszeitung,│  │
│  │(HörZu)     │  │bar, innerhalb der   │ │Supplement, Plakat,│  │
│  └────────────┘  │Experimentgruppe ist │ │Anzeigenblatt sowie│  │
│  ┌────────────┐  │auch Split Run mög-  │ │alle anderen Medien│  │
│  │Teilweise   │  │lich                 │ │                   │  │
│  │Erfassung   │  └─────────────────────┘ └───────────────────┘  │
│  │der TV-Nut- │                                                 │
│  │zung in Ex- │                                                 │
│  │perimentgr. │                                                 │
│  └────────────┘                                                 │
│  ┌────────────┐                                                 │
│  │Zusätzliche │                                                 │
│  │Handzettel- │                                                 │
│  │verteilung  │                                                 │
│  │in Testhaus-│                                                 │
│  │halten(VKF) │                                                 │
│  └────────────┘                                                 │
└─────────────────────────────────────────────────────────────────┘
```

Abb. 1: Single Source-Mikromarkttest Haßloch (Quelle: in Anlehnung an *GFK Testmarktforschung*)

Außer der TV-Werbung sind auch Tageszeitungsanzeigen (*Rheinpfalz*), Supplementanzeigen (*IWZ*), Plakate, Handzettelverteilung, Lokalblattanzeigen und Sonderplazierungen am POS zur Verkaufsförderung einsetzbar. Die Zeitschrift *HörZu* des *Springer*-Verlags erlaubt zusätzliche Insertionen in nur für Haßloch gedachten Anzeigen im Mittelteil des

Hefts und dessen warengruppenspezifische, adreßgenaue Zustellung. Insofern ist eine Repräsentanz der Bevölkerungs-, Handels-, Konkurrenz- und Mediastruktur zum Bundesgebiet (zumindest in bezug auf die alten Bundesländer) gegeben. Mitarbeiter der GfK sorgen vor Ort zudem für die Realisation und ständige Kontrolle der Testbedingungen.

Wegen der großen, wachsenden Bedeutung von **Fernsehspots** ist vor allem dieser Bereich in der Analyse verfeinert worden. In den 2.000 Testhaushalten ist daher eine spezielle GfK-Box zwischen Kabelbuchse und TV-Empfänger installiert. Sie erlaubt die Überblendung der normalerweise im Programm ausgestrahlten Werbespots durch spezielle Testspots gleicher Länge (Cut In), und zwar völlig unbemerkt für die Zuschauer mit Umschaltung während der Austastlücke des Fernsehbilds. Dazu wird in der Kopfstation der *Telekom* vor Haßloch, die technisch ohnehin erforderlich ist, um das Kabelsignal zu überprüfen und zu verstärken, für jeden Werbeblock ein Mix zwischen regulärer Werbung und Testwerbung vorbereitet. Zudem ist es auf diese Weise möglich, Haushalte individuell mit Werbung zu adressieren, so daß sichergestellt ist, daß nur jeweilige Zielpersonen mit der Testwerbung erreicht werden, während im Einzelfall werblich irrelevante Personen die reguläre Werbung erhalten. Dazu ist die Zusammensetzung der Testhaushalte hinsichtlich der wichtigsten demographischen (aber nicht Einstellungs- oder Verhaltens-) Kriterien bekannt. Die *GfK*-Box weist dazu jedem Haushalt eine Nummer zu, die durch einen Rechner im *GfK*-Sendestudio hinter der Kopfstation der *Telekom* angesteuert werden kann. So ist dann auch ein Split innerhalb der Testhaushalte möglich. Die Aufschaltung bezieht sich auf die Sender *ARD*, *ZDF*, *RTL*, *RTL 2*, *SAT 1*, *PRO 7* und *Kabel 1*.

Zusätzlich sind 200 der 2000 Testhaushalte mit einem Modem zur Erfassung der TV-Nutzung ausgestattet (Telecontrol XL). Insofern kann neben dem Werbeträgerkontakt (Einschaltzustand des Geräts) darüber hinaus auch der Werbemittelkontakt (eingeschalteter Kanal) erfaßt werden, um Werbeerfolge auszuweisen. Im Printbereich erfolgt zusätzlich eine Erhebung des Leseverhaltens zur Kontaktqualität.

Die Erfassung der Produktsituation im Handel erfolgt durch laufende Inventur, das heißt Ausweis des Saldos aus Warenanfangsbestand und Zugängen an Waren während einer Periode einerseits und Warenendbestand andererseits, aus dem sich die Abgänge an Waren ergeben, also der Periodenverkauf. Handelsinformationen umfassen vor allem Umschlaggeschwindigkeit, Bevorratungsdauer und Verkaufsanteil, Sonderauswertungen betreffen Regal- und Zweitplazierung, Angebotsumfeld, Ad+Prom-Aktivitäten und Sonderangebote. Haushaltsinformationen umfassen demgegenüber vor allem Käuferreichweite und -struktur, Wiederkaufrate, Einkaufsintensität und -menge.

Insofern ist die Messung, Integration und Interpretation aller Verkaufs-, Media- und Marketingfaktoren, die das Konsumentenverhalten beeinflussen und die daraus resultierenden Auswirkungen auf den Absatz, möglich. Wichtig ist dabei, daß es sich bei diesen Einkäufen nicht um Testergebnisse handelt, sondern um reales Kaufverhalten zur Deckung des Lebensbedarfs der Haushalte. Typische Fragestellungen zur Erfolgsprognose beziehen sich daher etwa auf die Wirkung alternativer Werbedrucks für ein neues Produkt, auf den Erfolgsbeitrag der TV-Werbung innerhalb des Medien-Mix, auf den Erfolg alternativen Werbedrucks zum Relaunch eines Produkts oder auf die Substitutionsfähigkeit von Werbedruck durch nichtklassische Maßnahmen.

17.4 Chancen von GfK BehaviorScan

Die Anlage als (elektronischer) Mikromarkttest bietet zahlreiche Chancen für die Erfolgsprognose. So ergeben sich vielfältige Ansatzpunkte zum Test des Media-Mix (Print versus Elektronik, klassisch versus nichtklassisch), der alternativen Werbemittelgestaltung und auch des zeitpunkt- und zeitraumbezogenen Werbeträgereinsatzes. Auch bestehen keine aussagebedingten Verzerrungen wie ansonsten bei Haushaltspanels, vor allem in Form von Overreporting oder Underreporting. Denn es handelt sich um realisiertes anstelle nur geäußerten Verhaltens, und dazwischen liegt für gewöhnlich eine erhebliche Differenz. Die Distribution der Testprodukte im Handel wird durch den Veranstalter übernommen. Dies gilt auch für Merchandising, also Plazierung und Auspreisung der beworbenen Waren. Dadurch sind eine jederzeitige Verfügbarkeit und ein zielgerechtes Vermarktungsumfeld der Testprodukte sichergestellt. Als Vorlauf für einen ohnehin geplanten regionalen Markttest können somit Flops bereits im Vorfeld identifiziert und entsprechende Launching-Kosten eingespart werden.

Eine **hohe Validität** der Aussagen ist sowohl intern durch weitgehend kontrollierte Versuchsbedingungen als auch extern durch eine reale Untersuchungssituation gegeben. Gleichfalls ist eine hohe Objektivität gegeben, da es sich um Verfahren der Beobachtung und maschinellen Erfassung handelt und nicht um die Äußerung von vielleicht als sozial wünschenswert erachteten Meinungen. Verzerrungen, die durch das Erfordernis zur Abgrenzung eines Relevant Set von Konkurrenzprodukten/-werbung anderweitig entstehen, sind hier ausgeschlossen, da die Produktwahl/Werbebeachtung innerhalb eines ansonsten ohnehin realen Umfelds mit identischen Wahlmöglichkeiten stattfindet. Die Nebenkosten von Mikromarkttests sind eher gering, da sowohl die bereitzustellenden Testprodukte und die damit verbundene Produktion und Logistik als auch die notwendigen Werbeaufwendungen (Produktion und Schaltung) auf den Ort Haßloch begrenzt bleiben. Allerdings sind gefinishte Werbemittel erforderlich.

Durch die langlaufende Testdauer können Carry Over-Effekte und durch variierten Kommunikations-Mix-Einsatz Spill Over-Effekte zwar nicht ausgeschlossen, wohl aber erfaßt und ausgewertet werden. Störende Konkurrenzaktivitäten, die zur Verzerrung von Ergebnissen führen, sind durch ein Abkommen (IG BehaviorScan) der Haßloch-nutzenden Unternehmen ausgeschaltet. Es besagt, gegenseitig die Aktivitäten nicht zu stören und TV-Werbezeiten äquivalent zu tauschen. So gehören denn auch alle bekannten Markenartikel im FMCG-Bereich (schnelldrehende Konsumgüter) dazu (*Unilever, Procter & Gamble, Coca-Cola, Colgate-Palmolive, Eckes-Granini, Ferrero, Gervais-Danone, Henkel, Kraft-Jacobs-Suchard, Johnson & Johnson, Kellogg, Lingner & Fischer, Mars, Melitta, Storck, Nestlé, Dr. Oetker, Tchibo, Wrigley*).

17.5 Risiken von GfK BehaviorScan

Allerdings gibt es auch eine ganze Reihe von Bedenken, die von Kritikern gegenüber der Anlage des (elektronischen) Mikromarkttests zur Erfolgsprognose vorgebracht werden. Dazu gehört, daß nur eine Eignung für Massengüter des täglichen Bedarfs im LEH

(FMCG) besteht. Zudem nur für solche Einkäufe, die von der haushaltsführenden Person selbst getätigt werden, welche die ID-Card besitzt, nicht jedoch solche von anderen Personen des Haushalts für den Eigen- oder auch Fremdbedarf. Es handelt sich also eigentlich um ein Haushalts- nicht jedoch um ein Individualpanel. Ebenso sind Auftragskäufe für andere Haushaltsmitglieder nicht erkennbar. Bei Nischenprodukten leidet die Aussagefähigkeit stark unter der absolut geringen Fallzahl am Ort. Dies betrifft Premiumprodukte, differenzierte Produktversionen und Luxusbedarf.

Bei Produkten mit größeren Kaufabständen kommt es zu Verzerrungen, weil eine ausreichende Stabilisierung der Wiederkaufrate fehlt und auch nicht abgewartet werden kann. Die Testlaufzeit beträgt üblicherweise 6 oder 12 Monate. Regionale Besonderheiten auf Märkten, auf denen Unternehmen später anbieten wollen, können ebenso nicht nachgebildet werden (Klumpungseffekt). Außerdem ist der Mikromarkttest auf (un-)absehbare Zeit nur für Westdeutschland (ABL) aussagefähig.

Abverkäufe über nicht abgedeckte Absatzkanäle werden nicht offengelegt, z. B. über Verkaufsautomaten, Tankstellen und Kantinen. Dies betrifft besonders Impulswaren. Für diese kommt es zudem durch die Umsatzkonzentration des ortsansässigen Verbrauchermarkts mit bis zu 80% Anteil bei einzelnen Warengruppen zu Verzerrungen. Auch ist die Handelsakzeptanz für neue Produkte/Produktversionen nicht erfaßbar, da die angeschlossenen Outlets sich vertraglich verpflichten, die Testprodukte für den Probezeitraum in ihr Sortiment aufzunehmen.

Es besteht die Gefahr der Übertestung des Gebiets und damit von Paneleffekten, einerseits durch überlegtere Kaufentscheidungen unter dem Eindruck der Beobachtung. Dagegen spricht allerdings, daß sich Verhaltensänderungen meist nach einer Eingewöhnungszeit wieder nivellieren und außerdem eine begrenzte Panelrotation eingesetzt werden kann. Andererseits durch höhere Probierneigung für neue Produkte. Dagegen spricht allerdings, daß den Testhaushalten unbekannt bleibt, welche der angebotenen Produkte genau Testprodukte sind und bei welchen es sich um reguläre neue Angebote handelt.

Die Ausblendung des Werbedrucks durch nicht kontrollierte TV-Sender, wie *DSF*, *Super-RTL*, *Viva*, und Printtitel aller Art, außer *HörZu*, gelingt nicht und führt damit zu Verzerrungen. Auch die Tatsache der Freieinweisung des Titels dürfte zu verändertem Nutzungsverhalten führen. Außerdem ist bei Print kein Split in Test- und Kontrollhaushalte (EA-CA-Design) darstellbar. Auch erfolgt zumeist ein erhebliches Overspending, das heißt in Relation zur späteren Verkaufsrealität werden überproportionale Werbebudgets eingesetzt. Daher ist eine Hochrechnung auf den Gesamtmarkt nur sehr begrenzt möglich, denn ein äquivalenter Werbedruck in der Zielgruppe ist meist national nicht durchhaltbar.

Der Mikromarkttest selbst involviert 200 000 DM Kosten oder mehr für die Beobachtung innerhalb einer Warengruppe. Dieser Betrag ist zwar gering im Vergleich zu den Kosten eines vermeidbaren Flops, aber absolut so hoch, daß er von den meisten werbungtreibenden Unternehmen nicht aufgebracht werden kann.

Durch die rein quantitative Anlage erfolgt keine Aussage über Ursachen für Erfolg oder Mißerfolg von Werbemaßnahmen (Likes/Dislikes). Qualitative Verbraucher- und Handelsdaten müssen vielmehr durch gesonderte Erhebungen erfaßt werden. Ansonsten bleiben nur Indikatoren. Der methodisch unvermeidliche Konkurrenzausschluß je Warengruppe (nur ein Testobjekt zur Zeit) wirkt zudem als Sperre für viele testwillige Anbieter, die in einer Warengruppe tätig sind, die bereits von einem Mitbewerber im Markttest belegt ist (User-Club) (*Pepels* 1996 a, S. 166 ff.; *Pepels* 1996 b, S. 161 ff.).

Insofern handelt es sich zwar um eine elaborierte Anlage der Erfolgsprognose, die aber dennoch einige Mängel aufweist, so daß noch einige Entfernung zwischen Realpunkt und Idealpunkt liegt. Zudem gilt die GfK nach Erfahrungen des Autors als wenig kooperationsbereit und flexibel in der Zusammenarbeit. Diese Ignoranz ist um so bedauerlicher, als ein an sich leistungsfähiges Instrument vielen Interessenten, etwa in der Lehre, dadurch verschlossen bleibt.

17.6 Literaturverzeichnis

Pepels, Werner: Werbeeffizienzmessung, Stuttgart 1996 a
ders.: Kommunikationsmanagement, 2. Auflage, Stuttgart 1996 b

Kapitel IV Statistische Datenauswertung in der Marktforschung

Peter Steinmetz
1. Statistische Grundbegriffe – Typen von Merkmalen und Skalierungsarten 303

Peter Steinmetz
2. Häufigkeitsverteilungen 310

Hans Dieter Hippmann
3. Maßzahlen zur Beschreibung von Häufigkeitsverteilungen ... 325

Hans Dieter Hippmann
4. Multivariate Dependenzanalyse 340

Hans Dieter Hippmann
5. Multivariate Interdependenzanalyse 355

Peter Steinmetz
6. Testverfahren 375

1. Statistische Grundbegriffe – Typen von Merkmalen und Skalierungsarten

Peter Steinmetz

Inhaltsübersicht

1.1 Statistische Grundbegriffe
1.2 Typen von Merkmalen und statistische Meßskalen
1.2.1 Beispielhafte Darstellung unterschiedlicher Merkmale
1.2.2 Qualitative Merkmale
1.2.3 Quantitative Merkmale
1.2.4 Häufbare und nicht häufbare Merkmale
1.3 Literaturverzeichnis

Auf einen Blick

In dieser Darstellung werden die wichtigsten Grundbegriffe erklärt, die bei den Methoden der Datenanalyse von Bedeutung sind. Bei den Begriffen Merkmalsträger und statistische Masse ist vor Beginn einer Untersuchung eine Abgrenzung erforderlich. Es müssen sachliche, räumliche und zeitliche Aspekte überdacht werden. Merkmale kann man in unterschiedliche hierarchische Stufen einteilen. Qualitative Merkmale geben Eigenschaften an, wobei bei den nominalskalierten Merkmalen bezüglich ihrer Ausprägungen keine natürliche Anordnung besteht. Bei ordinalskalierten Merkmalen ist eine Rangfolge der Merkmalsausprägung möglich. Der Abstand zwischen den Rangplätzen ist nicht meßbar. Quantitative Merkmale sind für die Auswertung, Analyse und Interpretation von Untersuchungen die geeignetesten Merkmale. Auch die Abstände zwischen den Rangplätzen sind meßbar. Bei quantitativen-diskreten Merkmalen lassen sich als Merkmalsausprägungen nur bestimmte Zahlenwerte realisieren. Quantitativ-stetige Merkmale sind im physikalischen Sinne Meßgrößen. Bei ihnen kann innerhalb eines Meßbereiches jeder beliebige Zwischenwert realisiert werden und (bei hinreichend genauer Meßgenauigkeit) auch gemessen werden.

1.1 Statistische Grundbegriffe

In diesem Abschnitt werden die vier grundlegenden Begriffe
- Merkmalsträger,
- statistische Masse,
- Merkmal und
- Merkmalsausprägung

definiert und an Beispielen erklärt.

Der Gegenstand bzw. das Einzelobjekt der statistischen Untersuchung (Befragung, Beobachtung, Messung, Zählung) wird Merkmalsträger genannt. Andere üblichen Bezeichnungen sind Beobachtungsobjekte, statistische Einheit, Element, Untersuchungseinheit.

Die Gesamtheit der Merkmalsträger, die Gegenstand der statistischen Untersuchung sind, heißt statistische Masse. Gleichwertige Bezeichnungen findet man häufig wie Grundgesamtheit, Ausgangsgesamtheit, Untersuchungsgesamtheit, Kollektiv.

Die Eigenschaften der untersuchten Einheiten, die bei den Merkmalen in einer statistischen Untersuchung von Interesse sind, werden Merkmale genannt. Gleichbedeutende Bezeichnungen: statistisches Merkmal, Untersuchungsvariable oder Variable.

Die verschiedenen Werte und Ergebnisse, die bei einer statistischen Untersuchung auftreten können, heißen Merkmalsausprägungen.

Beispiele:
1. Durch einen Lebensdauerversuch will man Aufschluß über die Brenndauer von Glühlampen erhalten:
   Merkmalsträger: die einzelne Glühlampe
   statistische Masse: Gesamtheit der beim Lebensdauertest eingesetzten Glühlampen
   Merkmal: Brenndauer in h
   Merkmalsausprägung: 60, 380, ..., 1080, ...

2. 800 Personen werden nach der Zahl ihrer Kinder befragt:
   Merkmalsträger: die einzelne befragte Person
   statistische Masse: 800 befragte Personen
   Merkmal: Kinderzahl
   Merkmalsausprägung: 0, 1, 2, ...

3. Die Beschäftigten eines Betriebes werden nach ihrem Familienstand befragt:
   Merkmalsträger: die einzelnen befragten Beschäftigten
   statistische Masse: Gesamtheit der befragten Beschäftigten
   Merkmal: Familienstand
   Merkmalsausprägung: ledig, verheiratet, geschieden, verwitwet

Bevor die statistische Untersuchung erfolgt, ist vorher genau festzulegen, ob eine bestimmte Person oder Objekt zur statistischen Masse zu zählen ist oder nicht. Wenn man die Personalstruktur eines Unternehmens feststellen will, wäre im voraus zu klären, ob Auszubildende, Werkstudenten oder Zeitbeschäftigte einbezogen werden sollen.

Es sind vorher Abgrenzungs- oder Identifikationsmerkmale festzulegen. Ein Merkmalsträger gehört dann zur statistischen Masse, wenn er über alle Identifikationsmerkmale verfügt. Die Identifikation oder Abgrenzung ist nach:
- sachlichen,
- räumlichen und
- zeitlichen Kriterien vorzunehmen.

Bei dem 3. Beispiel Personalstruktur wäre als sachliche Abgrenzung zu klären: Werden Auszubildende oder Zeitbeschäftigte berücksichtigt? Wie bewertet man Teilzeitkräfte? Als räumliche Abgrenzung wäre zu klären, ob auch die Mitarbeiter in Zweigwerken und verstreuten Filialen berücksichtigt werden sollen. Es könnte auch fraglich sein, ob die Lage des Arbeitsplatzes oder die des Wohnortes gemeint ist. Für die zeitliche Abgrenzung ist die Aufteilung in **Bestands- und Bewegungsmassen** (Ergebnismassen) von Bedeutung:

Bestandsmassen sind zeitpunktbezogen:
a) Gesamtheit der Mitarbeiter des Unternehmens A am 30. 06. 1998 24.00 Uhr
b) Gesamtheit der Einwohner einer Stadt am 30. 06. 1998 24.00 Uhr
c) Zahl der Lastkraftwagen einer Spedition am 30. 04. 1998 24.00 Uhr

Bewegungsmassen sind zeitraumbezogen:
a) Zugang   Abgang
- Neueinstellungen   - Kündigung durch den Mitarbeiter
                                  - Kündigung durch das Unternehmen
                                  - Ruhestand
                                  - Sterbefall

Zwischen 01. 07. 1997 00.00 Uhr bis 30. 06. 1998 24.00 Uhr

b) Zugang   Abgang
- Geburten   - Sterbefälle
- Zuzug   - Wegzüge

c) Zugang   Abgang
- Käufe   - Verkäufe
                                  - Verschrottungen

An den Beispielen erkennt man, daß die zeitliche Entwicklung der Bestandsmassen durch die entsprechenden Bewegungsmassen (Zugänge/Abgänge) bestimmt wird.

Zahlenbeispiel zu a):

| Bestandsmasse (Anfangsbestand) Mitarbeiterzahl | am 01. 07. 1997 | 3300 |

Zugänge zwischen dem 01. 07. 1997 und 30. 06. 1998   280
Abgänge zwischen dem 01. 07. 1997 und 30. 06. 1998   360

| Bestandsmasse (Anfangsbestand) Mitarbeiterzahl | am 30. 06. 1998 | 3220 |

Für die Aufstellung von Identifikationskriterien können keine allgemeingültigen Regeln aufgestellt werden. Sie können nur aus der Aufgabenstellung und dem Ziel der Untersuchung abgeleitet werden.

1.2 Typen von Merkmalen und statistische Maßskalen

1.2.1 Beispielhafte Darstellung unterschiedlicher Merkmale

Werden bei einer statistischen Untersuchung mehrere Merkmale betrachtet, so wird man bei den Merkmalsausprägungen unterschiedliche Eigenschaften und Qualitäten feststellen. Diese Unterteilung in Merkmalstypen ist insofern von Bedeutung, weil man je nach Typ unterschiedliche Verteilungsdarstellungen erhält. Es gibt Merkmale, bei denen eine bestimmte Art der Häufigkeitsverteilung nicht darstellbar ist. Das folgende Beispiel soll einen Einstieg in die Typisierung von Merkmalen geben:

Merkmal
1. Geschlecht
2. Leistungsbeurteilung durch den Vorgesetzten
3. Kinderzahl
4. Körpergewicht

Merkmalsausprägung
männlich/weiblich
vorzüglich/sehr gut/ziemlich gut/ mäßig/schwach
0, 1, 2, ...
x [kg]

Die Ausprägungen der Merkmale im 1. Beispiel können nicht gemessen oder ausgezählt werden. Sie können auch nicht in eine Anordnung gebracht werden. Bei dem 2. Beispiel können die Ausprägungen in eine Rangfolge gebracht werden. Sehr gut ist besser als mäßig, aber die absolute Höhe von sehr gut und mäßig bzw. der Abstand zwischen sehr gut und mäßig kann nicht bestimmt werden. Im 3. Beispiel können die Ausprägungen durch Zahlen bestimmt werden. Es treten nur ganz bestimmte Zahlenwerte (positive ganze Zahlen und Null) auf. Zwischenwerte können nicht realisiert werden. Im 4. Beispiel werden die Merkmalsausprägungen also durch einen Meßvorgang bestimmt. Bei hinreichend genauer Meßmethode kann innerhalb eines Gewichtsintervalles jeder beliebige Wert als Merkmalsausprägung realisiert werden. In den Beispielen 3 und 4 können die Ausprägungen durch Zahlenwerte mit entsprechenden Dimensionen angegeben werden. Die Ausprägungen im 3. und 4. Beispiel besitzen eine natürliche Ordnung und die Abstände zwischen den unterschiedlichen Ausprägungen können bestimmt werden. Diese Beispiele zeigen, daß es Merkmale unterschiedlicher Qualität bezüglich ihrer Meßbarkeit gibt. Eine Messung erfolgt immer mit Hilfe einer Skala, auf der Werte angeordnet sind. Die Merkmalsausprägungen werden den Skalenwerten zugeordnet.

1.2.2 Qualitative Merkmale

Die Merkmale im 1. und 2. Beispiel geben Eigenschaften an, sie können nicht durch Zahlenwerte beschrieben werden. Solche Merkmale nennt man qualitative Merkmale. Im 1. Beispiel können die Ausprägungen in keine natürliche Rangfolge gebracht werden. Die Ausprägung beim Merkmalsträger A ist weder gleich oder ungleich der Ausprägung beim Merkmalsträger B.

$$x_A = x_B \quad \text{oder} \quad x_A \neq x_B$$

Eine Skala, bei der die Skalenwerte nur nach den Kriterien gleich oder ungleich geordnet werden können, heißt Nominalskala.

Im 2. Beispiel können die Ausprägungen des Merkmals Leistungsbeurteilung in eine natürliche Rangfolge gebracht werden. Beim Vergleich der Leistungsbeurteilungen können folgende Anordnungsmöglichkeiten auftreten:

$$x_A = x_B; \quad x_A > x_B; \quad x_A < x_B$$

Eine Skala, bei der die Skalenwerte nach einer natürlichen Rangfolge geordnet werden können, heißt Ordinalskala (Rangskala).

Aber die Abstände zwischen den Rangplätzen kann nicht bestimmt werden.

1.2.3 Quantitative Merkmale

In den Fällen 3 und 4 können die Ausprägungen durch reelle Zahlenwerte mit Dimensionen gemessen werden.

Eine Skala, deren Skalenwerte reelle Zahlenwerte sind, heißt metrische Skala (Kardinalskala).

Merkmale, die metrisch meßbar sind, heißen quantitative Merkmale. Die Ausprägungen lassen sich in eine natürliche Rangfolge bringen, und die Abstände zwischen den Rangplätzen sind meßbar.

Im 3. Beispiel können als Merkmalsausprägungen nur die Zahlen 0, 1, 2, ... realisiert werden. Ein solches Merkmal wird quantitativesdiskretes Merkmal genannt (vgl. Abbildung 1).

Ein Merkmal wird diskret bezeichnet, wenn nur ganz bestimmte Werte realisiert werden können.

Im 4. Beispiel kann bei hinreichender Meßgenauigkeit innerhalb eines Intervalls jeder beliebige Zwischenwert realisiert werden. Ein solches Merkmal wird *stetiges* Merkmal genannt (vgl. Abbildung 2).

Statistische Datenauswertung

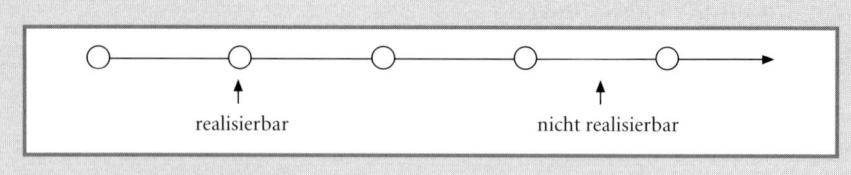

Abb. 1: Merkmalsausprägungen eines quantitativen-diskreten Merkmals

Abb. 2: Merkmalsausprägungen eines quantitativen-stetigen Merkmals

Stetige Merkmale können innerhalb eines bestimmten Bereichs jeden beliebigen Wert als Merkmalsausprägung annehmen.

Da unendlich viele Merkmalsausprägungen realisierbar sind, ist es erforderlich, den gesamten Meßbereich (x_{MAX}-x_{MIN}) in Klassen (Intervalle) einzuteilen (vgl. den Beitrag von Peter Steinmetz: Häufigkeitsverteilungen, S. 310).

Eine grafische Übersicht der qualitativen und quantitativen Merkmale sowie Skalen ist in Abbildung 3 dargestellt.

Häufig wird in der **Praxis** ein diskretes Merkmal wie ein (quasi-)stetiges Merkmal behandelt. Das Jahreseinkommen eines Angestellten kann auf Pfennigbeträge angegeben werden. Zwischen 0 DM/Jahr und 100 000 DM/Jahr liegen 10 Millionen unterschiedliche Merkmalsausprägungen. In der Praxis werden bei Aufstellungen von Häufigkeitsverteilungen solche Merkmale wie ein stetiges Merkmal behandelt. Der Bereich zwischen dem kleinsten und dem höchsten Gehalt wird dann in Klassen eingeteilt.

Umgekehrt werden in der Praxis oft von Natur aus stetige Merkmale wie diskrete erfaßt. Temperaturen werden in °C, Größen von Personen in cm jeweils ohne Nachkommastellen ausgedrückt. Die Temperaturangabe 17 °C heißt in einem solchen Fall: Die exakte Temperatur liegt zwischen 16,5 °C und 17,5 °C. Springt die Anzeige auf 18 °C, so hat dies mit einem Temperaturstoß nichts zu tun. Wenn die Temperatur im Laufe eines Tages steigt, so bedeutet die erste Anzeige von 18 °C, daß in diesem Moment die Temperatur gerade 17,5 °C überschritten hat.

Abb. 3: Übersicht Merkmale und Skalen

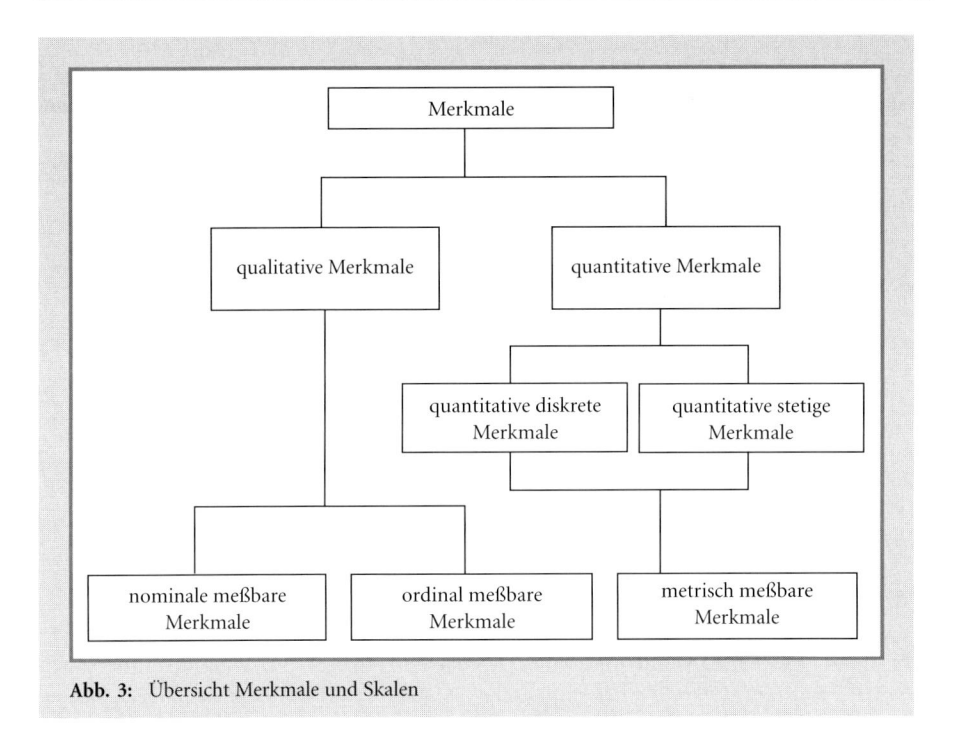

1.2.4 Häufbare und nichthäufbare Merkmale

Bei nominalskalierten Merkmalen unterscheidet man zwischen häufbaren und nichthäufbaren Merkmalen. Ein Merkmal heißt häufbar, wenn ein- und dieselbe statistische Einheit mehrere Merkmalswerte haben kann.

Beispiele für häufbare Merkmale:

Merkmal	Merkmalswerte
Einkommensart	Gehalt als Angestellter, Zinserträge, Mieterträge
Beruf	Gastwirt, Viehhändler
Krankheit	Zahnwurzelentzündung, Pilzinfektion

Das Thema nichthäufbare Merkmale wird im Beitrag von Peter Steinmetz: Häufigkeitsverteilungen, S. 310, behandelt.

1.3 Literaturverzeichnis

Bourier, Günter: Beschreibende Statistik, Wiesbaden 1998
Kobelt, Helmut: Wirtschaftsstatistik für Studium und Praxis, 5. Auflage, Stuttgart 1992
Mayer, Horst: Beschreibende Statistik, 3. Auflage, München/Wien 1995
Puhani, Josef: Statistik, Einführung mit praktischen Beispielen, 7. Auflage, Bamberg 1995
Schwarze, Jochen: Grundlagen der Satistik I, Beschreibende Verfahren, 7. Auflage, Berlin 1994

2. Häufigkeitsverteilungen

Peter Steinmetz

Inhaltsübersicht

2.1 Typen von Häufigkeitsverteilungen
2.2 Häufigkeitsverteilungen von nominalskalierten Merkmalen
2.3 Häufigkeitsverteilungen von ordinalskalierten Merkmalen
2.4 Häufigkeitsverteilungen von quantitativ-diskreten Merkmalen
2.5 Häufigkeitsverteilungen von quantitativ-stetigen Merkmalen
2.5.1 Überlegungen zur Klassenunterteilung
2.5.2 Histogramm bei unterschiedlicher Klassenbreite
2.5.3 Kumulierte Häufigkeitsverteilung – Das Summenpolygon oder die Summenlinie
2.6 Literaturverzeichnis

Auf einen Blick

In dieser Darstellung werden nur eindimensionale Häufigkeitsverteilungen untersucht. Es wird nur ein Merkmal einer statistischen Masse betrachtet. Zu jeder Merkmalsausprägung wird die in der Grundgesamtheit anfallende Häufigkeit gezählt. Diese Häufigkeiten können in Anteile bezogen auf die Grundgesamtheit berechnet werden. Die der Größe nach geordneten Merkmalswerte und deren Häufigkeit können als Häufigkeitsverteilung in einer Tabelle wie in einer Grafik dargestellt werden. Bei einer kumulierten Häufigkeitsverteilung werden die Häufigkeiten beginnend mit der kleinsten Merkmalsausprägung bis zu einem festgelegten Merkmalswert addiert. Bei ordinalskalierten und quantitativ-diskreten Merkmalen erhält man als zeichnerische Darstellung eine Treppenform. Bei nominalskalierten Merkmalen ist eine Kumulierung der Häufigkeiten nicht möglich. Bei quantitativ-stetigen Merkmalen wird der Bereich, in dem die Beobachtungswerte liegen, in Intervalle (Klassen) eingeteilt. Bei der Häufigkeit der Klasse muß die Klassenbreite berücksichtigt werden. Bei der Darstellung der kumulierten Häufigkeit erhält man einen aufsteigenden Streckenzug, wobei jede einzelne Strecke eine Klasse repräsentiert.

2.1 Typen von Häufigkeitsverteilungen

Bei den meisten statischen Untersuchungen treten häufig einige oder alle Merkmalsausprägungen mehrfach auf. Dies gilt besonders, wenn die statistische Masse sehr umfangreich ist und/oder wenn nur wenige unterschiedliche Merkmalsausprägungen vorliegen. Die Anzahl der Beobachtungswerte mit der Ausprägung x_i nennen wir absolute Häufigkeit von x_i und verwenden das Symbol h_i oder genauer $h(x_i)$.

Liegen insgesamt k unterschiedliche Ausprägungen vor, so gilt:

$$h(x_1) + h(x_2) + \ldots h(x_i) + h(x_k) = N$$

oder

$$\sum_{i=1}^{k} h(x_i) = N \qquad (1)$$

N: Anzahl der Beobachtungswerte, Umfang der statistischen Masse

Häufig ist die absolute Häufigkeit nicht so aussagefähig wie der Anteil von $h(x_i)$ bezogen auf N. Diesen Anteil nennen wir relative Häufigkeit und verwenden das Symbol f_i oder $f(x_i)$. Zwischen diesen beiden Häufigkeiten besteht dann der Zusammenhang:

$$f(x_i) = \frac{h(x_i)}{N} \qquad (2\,a)$$

oder in Prozentzahlen ausgedrückt:

$$f(x_i) = \frac{h(x_i)}{N} \times 100 \ [\%] \qquad (2\,b)$$

$f(x_i)$ und $h(x_i)$ unterscheiden sich nur durch den Faktor $\frac{1}{N}$ (bzw. $\frac{100}{N}$). Sie sind also zueinander proportional.

Werden die Anteile aller Merkmalsausprägungen addiert, so erhält man:

$$\sum_{i=1}^{k} f_i = \sum_{i=1}^{k} \frac{h_i}{N} = \frac{1}{N} \sum_{i=1}^{k} h_i = 1 \qquad (3)$$

$f(x_i)$ kann dabei folgende Werte annehmen:

$$0 \leq f(x_i) \leq 1 \quad \text{oder} \quad 0 \leq f(x_i) \leq 100\,\% \qquad (4)$$

$f(x_i) = 0$ heißt: Da $f(x_i) = 0$ ist, muß $h(x_i)$ wegen Gl. (2 a), (2 b) ebenfalls 0 sein.

Die Merkmalsausprägung tritt x_i bei den Beobachtungswerten nicht auf. Der andere Grenzfall $f(x_i) = 1$ bedeutet, daß ausschließlich die Ausprägung x_i auftritt, und keine andere Ausprägungen auftreten.

Ein Unternehmen kann bei einem gesamten Jahresumsatz von 6 Mrd. DM für 4,5 Mrd. DM im Ausland umsetzen, so beträgt der Exportanteil des Umsatzes:

$$f_i = \frac{4{,}5}{6} = 0{,}75 \quad \text{oder} \quad f_i = 75\%$$

Statistische Datenauswertung

Eine Häufigkeitsverteilung entsteht, wenn man den der Größe nach geordneten Merkmalsausprägungen (sofern möglich) deren Häufigkeiten (absolut oder relativ) gegenüberstellt.

Die Darstellungsform kann sowohl tabellarisch wie grafischer Natur sein.

Bei Merkmalen, die mindestens ordinalskaliert sind, treten häufig Fragestellungen auf, wieviel Beobachtungswerte oder Anteile unterhalb bzw. oberhalb eines gewissen Merkmalswertes liegen.

z. B.: Wieviel % der Mitarbeiter des Unternehmens A verdienen mehr als 80 000 DM/Jahr?
Wieviel Familien haben bis zu zwei Kinder?

Hierzu addiert man die Häufigkeiten von der kleinsten Ausprägung bis zu dem vorgegebenen Merkmalswert. Diese Summe nennt man Summenhäufigkeit. Im zweiten Beispiel würde man die Anzahl der kinderlosen Familien, die Anzahlen der Familien mit einem und zwei Kindern aufaddieren. Neben der einfachen gibt es also auch die Summenhäufigkeits- bzw. kumulierte Häufigkeitsverteilung, die ausführlich in 3. betrachtet werden.

Wird nur ein einzelnes Merkmal betrachtet, spricht man von eindimensionalen Häufigkeitsverteilungen. Werden bei jedem Merkmalsträger der statistischen Masse mehrere Merkmale betrachtet, so erhält man eine mehrdimensionale Häufigkeitsverteilung. In dieser Darstellung sollen nur eindimensionale einfache und kumulierte Häufigkeitsverteilungen von nicht-häufbaren Merkmalen betrachtet werden.

2.2 Häufigkeitsverteilungen von nominalskalierten Merkmalen

1. Beispiel: Ein Automobilkonzern bietet von einer Marke die Typen Alfa, Beta, Gamma und Delta an. Ein Vertragshändler stellt für eine Zeitperiode folgende Verkaufsstatistik (in Auszügen) auf:

Typ x_i	abgesetzte Stückzahlen h_i	prozentuale Anteile f_i (%)
(1)	(2)	(3)
Alfa	200	40
Beta	175	35
Gamma	75	15
Delta	50	10
$\sum$	500	100

Tab. 1: Häufigkeitstabelle eines qualitativ-nominalskalierten Merkmals

Die Spalten (1) und (2) in Tabelle 1 sind vorgegeben. Addiert man die Absatzzahlen in Tabelle 1, so wurden in dem betrachteten Zeitraum 500 Autos verkauft, das heißt 500 Stück entspricht 100%. Für die Merkmalsausprägungen nominalskalierter Markmale gibt es keine natürliche Anordnung. So könnte man die Reihenfolge in Spalte (1) beliebig ändern, z. B. Beta, Delta, Gamma, Alfa. Es ist üblich, bei den grafischen Darstellungen von Häufigkeitsverteilungen, auf der waagerechten Achse (x-Achse) die Merkmalsausprägungen und auf der vertikalen Achse (y-Achse) die (absolute und/oder relative) Häufigkeit abzutragen. Man kann über den einzelnen Ausprägungen Linien oder Säulen zeichnen, wobei die Breite der Säulen unbedeutend ist (vgl. Abbildung 1).

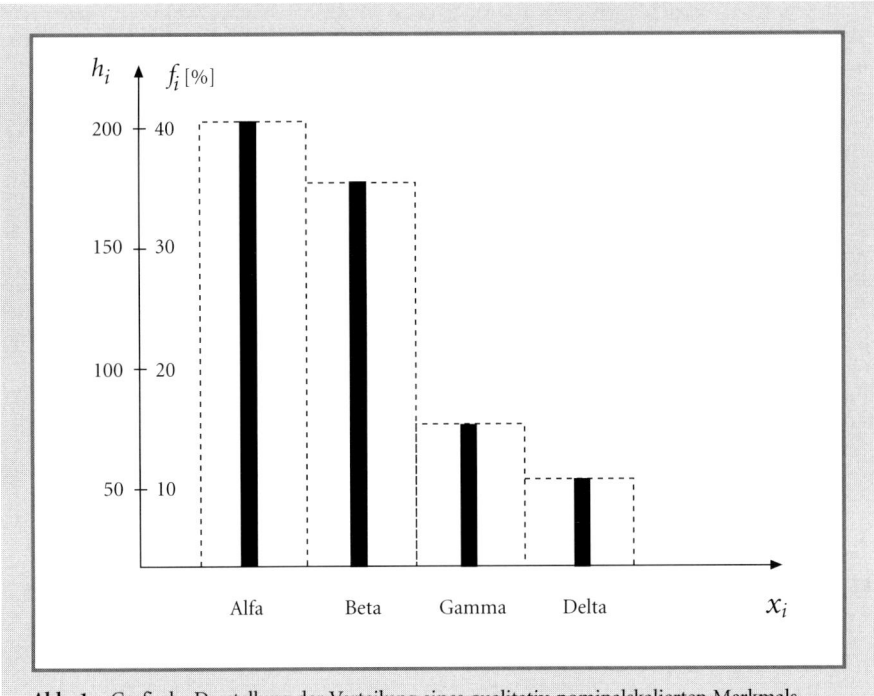

Abb. 1: Grafische Darstellung der Verteilung eines qualitativ-nominalskalierten Merkmals

2.3 Häufigkeitsverteilungen von ordinalskalierten Merkmalen

2. Beispiel: Die Tarifgehälter für kaufmännische Angestellte innerhalb eines Tarifgebiets werden in sechs Gruppen von $K1$ (unterste Tarifgruppe) bis $K6$ (höchste Tarifgruppe) eingeteilt. Ein Betrieb stellte eine Zuordnung der Zahl der kaufmännischen Angestellten zu den einzelnen Gehaltsgruppen auf:

Statistische Datenauswertung

Gehaltsgruppe $x_i \triangleq K_i$	absolute Häufigkeit h_i	relative Häufigkeit f_i [%]	absolute kum. Häufigkeit H_i	relative kum. Häufigkeit F_i [%]
(1)	(2)	(3)	(4)	(5)
K1	10	5	10	5
K2	20	10	30	15
K3	40	20	70	35
K4	60	30	130	65
K5	40	20	170	85
K6	30	15	200	100
$\sum$	200	100	610	305

Tab. 2: Beispiele von einfachen und kumulierten Häufigkeitsverteilungen eines qualitativ-ordinalskalierten Merkmals

Die Gehaltsgruppen als Merkmalsausprägungen in diesem Beispiel können in eine Rangfolge geordnet werden. Mitarbeiter in K2 verdienen mehr als die Mitarbeiter in K1,..., die Mitarbeiter in K6 verdienen mehr als die Mitarbeiter in K5. Die Spalten (1) und (2) sind vorgegeben. Es wurden insgesamt 200 Mitarbeiter erfaßt ($N = 200$). Die Daten in Spalte (3) erhält man durch Division der Daten in Spalte (2) durch 2. Die absolute Häufigkeit (Summenhäufigkeit) $H(x_i)$ in (4) erhält man durch Addition der Daten in Spalte (2). In der Zeile von K4 steht in (4) die Zahl 130, das heißt:
130 Mitarbeiter waren bis maximal K4 eingruppiert:

$$H(K4) = h(K1) + h(K2) + h(K3) + h(K4)$$
$$H(K4) = 10 + 20 + 40 + 60$$
$$H(K4) = 130$$

Allgemein erhält man die absolute kumulierte Häufigkeit durch Addition der absoluten Häufigkeiten von der kleinsten Merkmalsausprägung bis zum gefragten Merkmalswert x_i. Allgemein:

$$H(x_i) = h(x_1) + h(x_2) + \ldots h(x_i)$$

$$H(x_i) = \sum_{j=1}^{i} h_j \quad (5)$$

Analog dazu erhält man für die relative kumulierte Häufigkeit $F(x_i)$ in Spalte (5) durch Addition der Daten in (3). Es gilt entsprechend Gl. (5):

$$F(x_i) = \sum_{j=1}^{i} f_j \quad (6)$$

Natürlich kann man auch $F(x_i)$ aus $H(x_i)$ in Spalte (4) bestimmen:

$$F(x_i) = \frac{H(x_i)}{N}; \quad F(x_i) = \frac{H(x_i)}{N} \times 100 \ (\%) \quad (7)$$

Häufigkeitsverteilungen

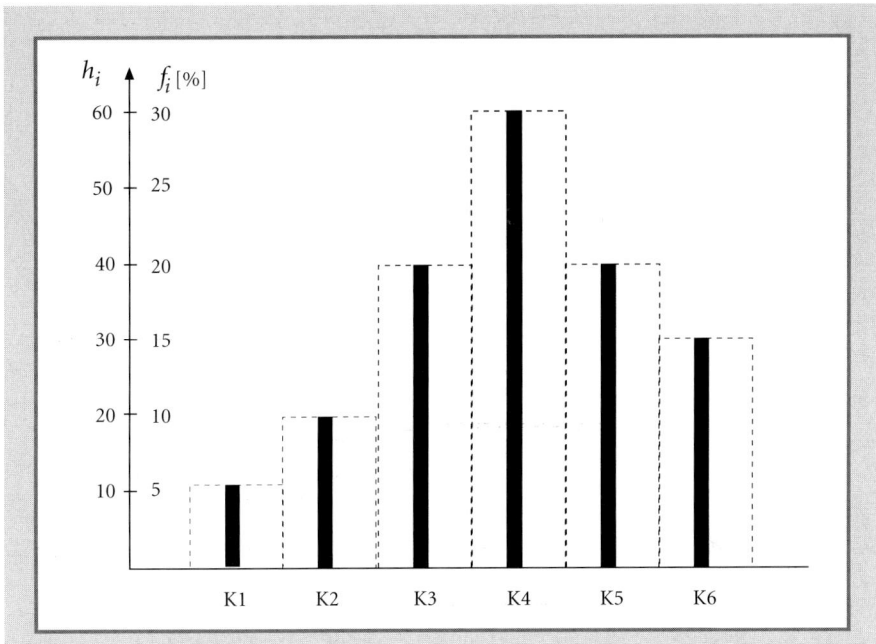

Abb. 2a: Einfache Häufigkeitsverteilung eines qualitativ-ordinalskalierten Merkmals (2. Beispiel)

Erfaßt man die einfachen Häufigkeiten über alle Merkmalsausprägungen, wobei k die Zahl der unterschiedlichen Merkmalsausprägungen kennzeichnet, so erhält man (vgl. Abbildung 2a):

$$H(x_k) = N; \quad F(x_k) = 1; \quad bzw. \quad F(x_k) = 100 \, (\%) \tag{8}$$

Als Darstellung der kumulierten Häufigkeiten erhält man in Abbildung 2b einen steigenden treppenförmigen Kurvenverlauf, genannt Summentreppe. Die statistische Interpretation der einzelnen Stufen soll am Beispiel des Punktes (K4; 130) oder (K4; 65%) aufgezeichnet werden:

$$H(K4) = h(K1) + h(K2) + h(K3) + h(K4)$$

$H(K3)$ stellt den unteren Punkt der Stufe bei $K(4)$:

Für $H(K3)$ erhält man:

$$H(K3) = h(K1) + h(K2) + h(K3)$$

Durch Differenzenbildung erhält man:

$$H(K4) - H(K3) = h(K4)$$

$$h(K4) = 130 - 70; \quad h(K4) = 60 \, \textit{Mitarbeiter}$$

Statistische Datenauswertung

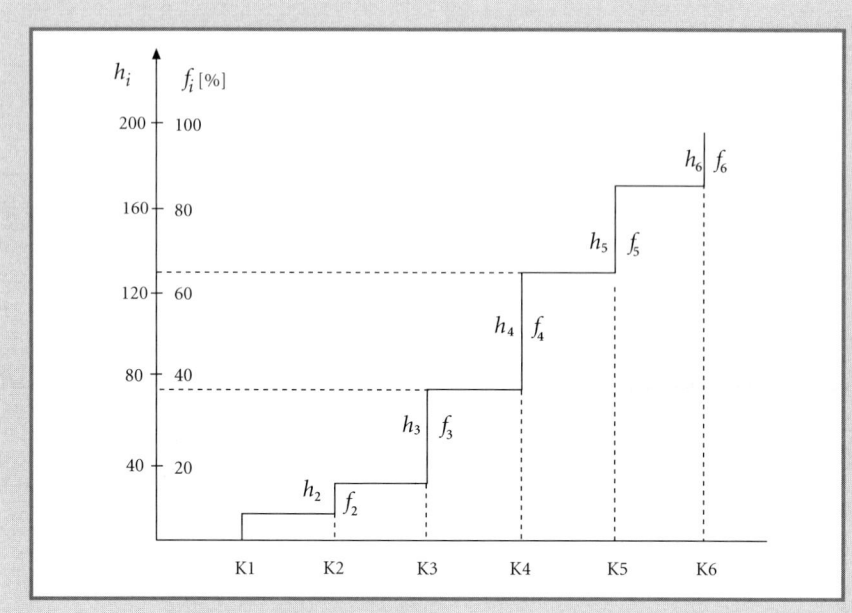

Abb. 2b: Verteilung der kumulierten Häufigkeit eines qualitativ-ordinalskalierten Merkmals (2. Beispiel)

Dieses Ergebnis kann verallgemeinert werden:

$$H(x_i) - H(x_{i-1}) = h(x_i) \tag{9}$$

und

$$F(x_i) - F(x_{i-1}) = f(x_i) \tag{10}$$

Die Höhen der Treppenstufen über der Merkmalsausprägung x_i stellen also die einfache Häufigkeit $h(x_i)$ bzw. $f(x_i)$ dar.

2.4 Häufigkeitsverteilungen von quantitativ-diskreten Merkmalen

3. Beispiel: Bei einem Elektrogroßhandelsunternehmen wurden über einen bestimmten Zeitraum die täglichen Reklamationen über verkaufte Waschmaschinen innerhalb der Garantiezeit aufgezeichnet, und man erhielt folgende verdichtete Darstellung:

Häufigkeitsverteilungen

Zahl der täglichen Reklamationen x_i	absolute Häufigkeit h_i	relative Häufigkeit f_i [%]	absolute kum. Häufigkeit H_i	relative kum. Häufigkeit F_i [%]
(1)	(2)	(3)	(4)	(5)
0	3	15	3	15
1	6	30	9	45
2	5	25	14	70
3	4	20	18	90
5	1	5	19	95
7	1	5	20	100
$\sum$	20	100		

Tab. 3: Beispiele der einfachen und kumulierten Häufigkeitsverteilung eines quantitativ-diskreten Merkmals

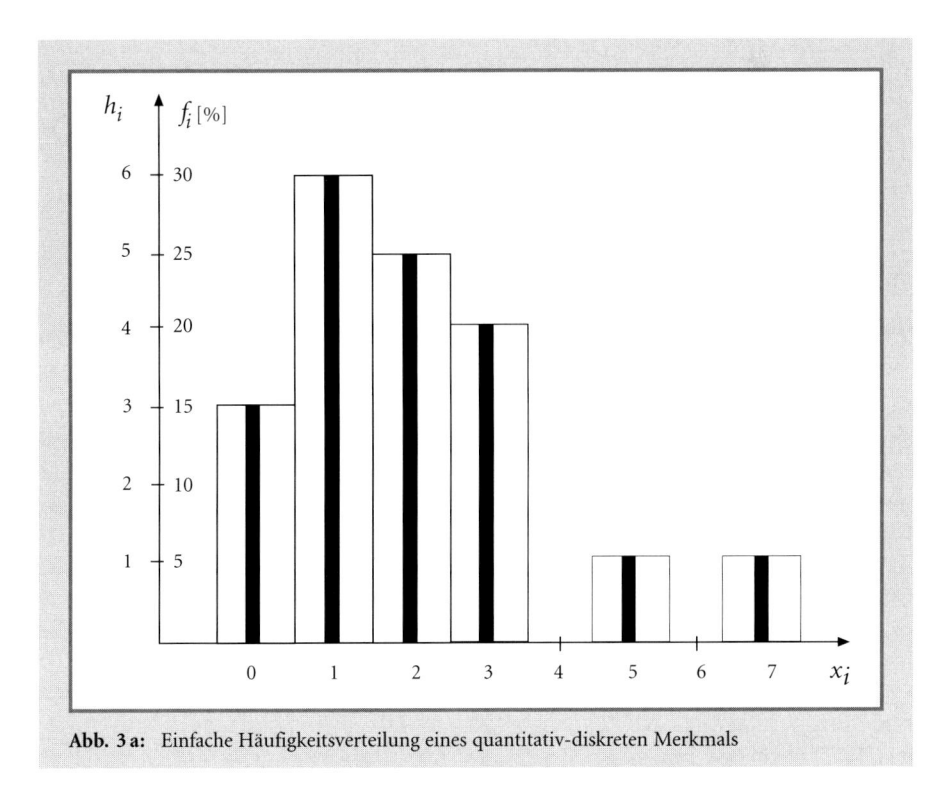

Abb. 3a: Einfache Häufigkeitsverteilung eines quantitativ-diskreten Merkmals

Spalten (1) und (2) sind vorgegeben. Alle anderen Häufigkeiten werden wie die in Kapitel 2.3 berechnet. Auch hier gelten die Gleichung (5) bis (10) (vgl. Abbildung 3a und 3b).

Statistische Datenauswertung

Abb. 3 b: Kumulierte Häufigkeitsverteilung eines quantitativ-diskreten Merkmals

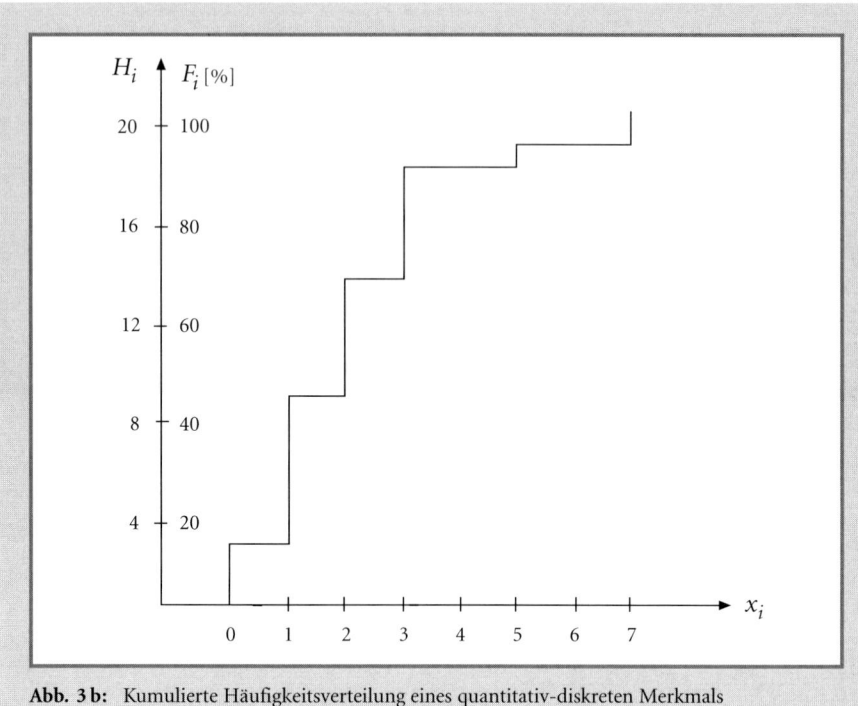

2.5 Häufigkeitsverteilungen von quantitativ-stetigen Merkmalen

2.5.1 Überlegungen zur Klassenunterteilung

Bei stetigen Merkmalen kann zwischen dem kleinsten und dem größten Wert einer Meßreihe jeder beliebige Zwischenwert realisiert werden. Bei einer hinreichend genauen Meßmethode würde man bei 500 Beobachtungen auch 500 unterschiedliche Meßwerte erhalten. Das hieße, bei der Darstellung von Häufigkeitsverteilungen erhielte man 500 Linien der Höhe 1. Um dieses zeitaufreibende Verfahren und letztlich unübersichtliche Darstellung zu vermeiden, wird der gesamte Bereich, in dem die Merkmalswerte liegen, in Intervalle oder Klassen eingeteilt.

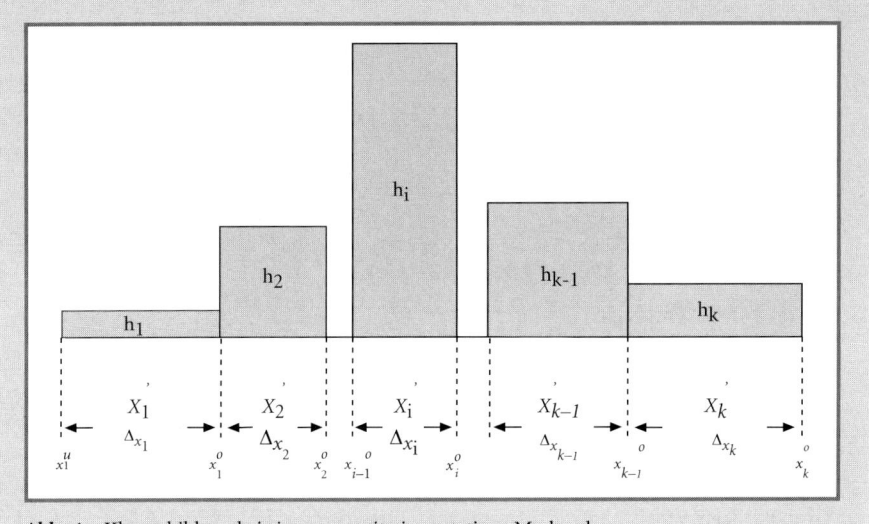

Abb. 4: Klassenbildung bei einem quantitativen-stetigen Merkmal

Es sollen zunächst die benötigten Symbole definiert werden:

i : Laufindex für die Klasse
x_i : Mitte der i. Klasse
x_i^o : Obergrenze der i. Klasse
x_i^u : Untergrenze der i. Klasse
$\Delta x_i = x_i^o - x_i^u$: Breite der i. Klasse
k : Anzahl der Klassen
h_i : Besetzungszahl der i. Klasse
f_i : Anteil der Werte innnerhalb der i. Klasse bezogen auf den Gesamtumfang N

Bei der Klasseneinteilung sollen folgende Aspekte beachtet werden:

1. Die Klassen sollen den Meßbereich möglichst überdecken. Es reicht nicht, wenn die Klasseneinteilung nur z. B. 70% der Beobachtungswerte erfaßt.
2. Zwischen den Klassengrenzen dürfen keine Zwischenräume entstehen. Man könnte sonst nicht alle Werte erfassen. (Bildet man bei der Messung von Geschwindigkeiten von Autos in km/h die Klasseneinteilung: 80–89; 90–99;100–109;... könnte man z. B. den Wert 89,4 km/h nicht erfassen.) Das heißt: Jede Klassenobergrenze ist Untergrenze der nächstfolgenden Klasse (Ausnahme: Obergrenze der k. Klasse).
3. Trifft ein Merkmalswert auf eine Klassengrenze, so bieten sich zwei Zuordnungsmöglichkeiten:
    a) Die Untergrenze gehört zur betreffenden Klasse, die Obergrenze rechnet man zur nächstfolgenden Klasse. Im Tabellenkopf stünde dann: von ... bis unter ... Mathematisch würde man das i. Intervall definieren:

$$x_i^u \leq x_i < x_i^o \qquad (11)$$

b) Die Untergrenze der i. Klasse rechnet man zur $(i-1)$. Klasse, die Obergrenze x_i^o gehört zur i. Klasse. Man schreibt in den Tabellenkopf:
von über... bis...
oder:
$$x_i^u \leq x_i < x_i^o \qquad (12)$$

4. Über die Klassenanzahl geben Praktiker Richtwerte an:
$$k \approx \sqrt{N} \qquad (13)$$
(bei N = 100 sollen 10 Klassen gewählt werden)

Bei großer Datenmenge ($N \approx 10\,000$)
$$k \approx \sqrt[3]{N} \qquad (13)$$

Die DIN-Vorschrift 55-302 besagt:

bis 100 Werte: mindestens 10 Klassen
von 101 bis 1000 Werte: mindestens 13 Klassen
von 1001 bis 10 000 Werte: mindestens 16 Klassen
von 10 001 bis 100 000 Werte: mindestens 20 Klassen

5. Die Klassenbreite wird durch die Meßgenauigkeit begrenzt. Wenn eine Waage ein Gewicht bis ±1 g genau bestimmt, wäre es sicher nicht sinnvoll, Klassenbreiten von weniger als 2 g zu wählen.
6. Wählt man für alle Klassen eine konstante Klassenbreite, so gewinnt man schnell eine Vorstellung über die Häufigkeitsverteilung des Merkmals. Das Berücksichtigen der Klassenbesetzungszahl h_i an der jeweiligen Klassenbreite ist nicht erforderlich. Treten innerhalb einer Verteilung Bereiche mit sehr schwacher Besetzung und (meist enge) Bereiche mit sehr dichter Besetzung auf, wäre die Wahl von konstanten Klassenbreiten nicht sinnvoll. In den Bereichen sehr schwacher Besetzung würde man breite Klassen wählen, in den sehr dicht besetzten Bereich würde man kleinere Klassenbreiten wählen.
7. Um das Rechnen mit klassifizierten Verteilungen möglichst einfach zu gestalten, wird eine Gleichverteilung innerhalb einer Klasse postuliert (z. B. in der unteren Klassenhälfte liegen genauso viel Werte wie in der oberen Klassenhälfte). Diese Arbeitshypothese ist in der Praxis nie genau zu erfüllen, aber die Abweichungen sind bei hinreichend feiner Klassenbreite zu vernachlässigen.

2.5.2 Das Histogramm bei unterschiedlicher Klassenbreite

Beim 4. Beispiel und in Tabelle 4 finden Sie eine klassifizierte Häufigkeitsverteilung eines stetigen Merkmals mit unterschiedlicher Klassenbreite:

4. Beispiel: Bei Fernsehgeräten eines bestimmten Herstellers erhielt man für die Lebensdauer der Bildröhren gemessen in Jahren [a] folgende Darstellung: (Spalte (1) und (2) von Tabelle 4 sind vorgegeben.)

Häufigkeitsverteilungen

Klassen $> x_i^u \leq x_i^o$	absolute H'keit	relative H'keit	Klassen-breite	absolute H'keits-dichte	relative H'keits-dichte	absolute kumulierte H'keit	relative kumulierte H'keit
[a]	h_i	f_i [%]	Δx_i	$h_i^* \left[\dfrac{1}{a}\right]$	$f_i^* \left[\dfrac{\%}{a}\right]$	H_i	F_i [%]
(1)	(2)	(3)	(4)	(5)	(6)	(7)	(8)
> 0 ≤ 4	20	10	4	5	2,5	20	10
> 4 ≤ 7	60	30	3	20	10,0	80	40
> 7 ≤ 9	60	30	2	30	15,0	140	70
> 9 ≤ 13	40	20	4	10	5,0	180	90
> 13 ≤ 17	20	10	4	5	2,5	200	100
Σ	200	100					

Tab. 4: Beispiel einer einfachen und kumulierten klassifizierten Häufigkeitsverteilung

Addiert man in Spalte (2) alle Werte h_i, so erhält man den Wert 200. Es wurden also insgesamt 200 Bildröhren betrachtet. Damit kann man leicht die prozentualen Anteile in Spalte (3) berechnen. Es wäre nicht sinnvoll, bei der Konstruktion der einfachen Häufigkeitsverteilung auf der vertikalen Achse die Klassenbesetzungszahl h_i abzutragen. Würde man z. B. die 2. und die 3. Klasse vereinigen, so würde sich die Säulenhöhe verdoppeln. Oder: Würde man die beiden letzten Klassen vereinigen, so erhielte man eine Säule, die nun genau so hoch ist wie die 2. und 3. Säule.

Man erhielte je nach Wahl der Klassenbreite in den einzelnen Bereichen unterschiedliche Formen ein und derselben Häufigkeitsverteilung. Die höhenproportionale Darstellung erweist sich als ungeeignet.

Die flächenproportionale Darstellung erweist sich als geeignet. Wie in Abbildung 4 bereits angedeutet sollen die Flächeninhalte der einzelnen Säulen den Klassenbesetzungszahlen entsprechen. Das heißt:

$$\text{Säulenhöhe} \times \text{Klassenbreite} = \text{Klassenbesetzungszahl}$$

Für die i. Klasse gilt:

$$\text{Säulenhöhe}_i = \frac{h_i}{\Delta x_i}$$

Die Säulenhöhe $\dfrac{h_i}{\Delta x_i}$ bzw. gibt die Anzahl der Merkmalsträger an, die in der i. Klasse auf eine Einheit der Merkmalsdimension entfällt. Diese Größe wird als absolute Häufigkeitsdichte bezeichnet (Symbol h_i^*). Im vorliegenden Beispiel bedeutet h_i^* konkret:

$$\text{Anzahl der Bildröhren pro Jahr}$$

Zahlenbeispiel: 60 Bildröhren erreichten eine Lebensdauer von über sieben bis zu neun Jahren. Die Häufigkeitsdichte beträgt in dieser Klasse 30 Bildröhren pro Jahr. Bei 30 Bildröhren betrug die Lebensdauer zwischen über sieben bis acht Jahren, und bei 30 Bildröhren lag die Lebensdauer zwischen über acht bis neun Jahren (Gleichverteilung innerhalb einer Klasse).

allgemein: $\quad h_i^* = \dfrac{h_i}{\Delta x_i} \quad (i = 1, 2, \ldots k)$ \hfill (15)

Um die flächenproportionale Häufigkeitsverteilung zeichnerisch darstellen zu können, werden in Tab. 4 bei Spalte (4) die Klassenbreiten Δx_i bestimmt. In der Spalte (5) trägt man die Werte für h_i^* ein, indem man die Zahlenwerte in (2) durch die entsprechenden Werte in (4) dividiert. Dividiert man die relative Häufigkeit durch die Klassenbreite, so erhält man die relative Häufigkeitsdichte:

$$f_i^* = \dfrac{f_i}{\Delta x_i} \tag{16}$$

f_i^* gibt den Anteil der Merkmalsträger an, die in der i. Klasse auf eine Einheit der Merkmalsdimension entfällt. Die Daten in (6) erhält man, indem man die Werte in (3) durch die entsprechenden Zahlen in (4) dividiert. Durch Vergleich der Daten in (5) und (6) erkennt man, daß h_i^* und f_i^* zueinander proportional sind.

$$f_i^* = \dfrac{f_i}{\Delta x_i} = \dfrac{h_i/N}{\Delta x_i} = \dfrac{1}{N} \times h_i^* \quad \text{oder} \quad f_i^* = \dfrac{100}{N} h_i^* \left[\dfrac{\%}{Einheit} \right] \tag{17}$$

Diese flächenproportionale Darstellung eines quantitativ-stetigen Merkmals nennt man Histogramm (vgl. Abbildung 5 a).

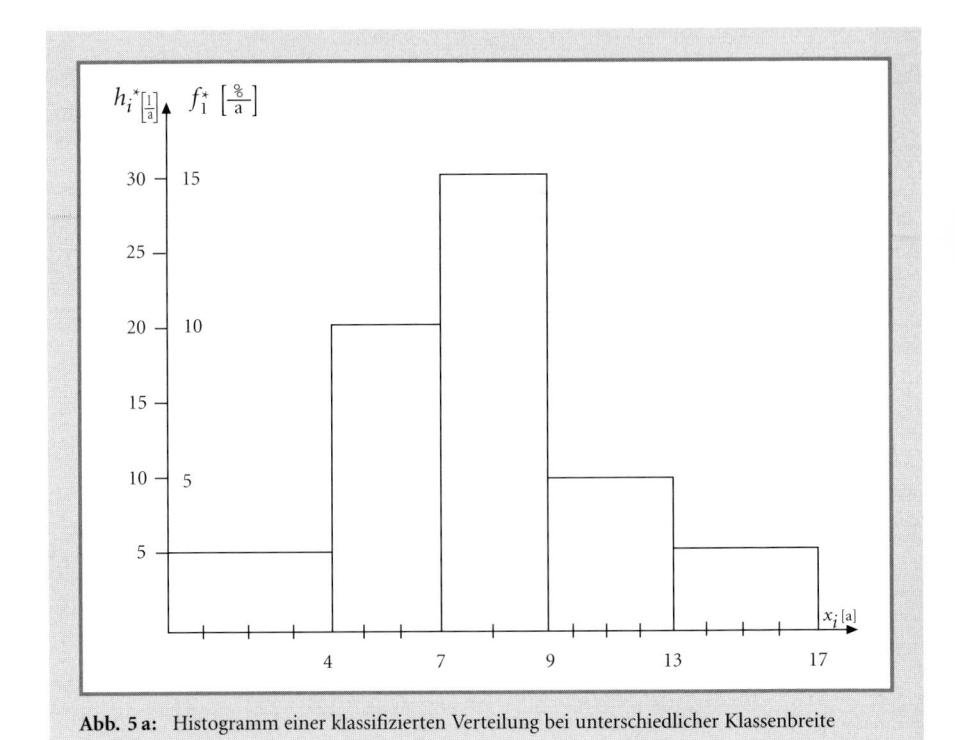

Abb. 5 a: Histogramm einer klassifizierten Verteilung bei unterschiedlicher Klassenbreite

2.5.3 Die kumulierte Häufigkeitsverteilung – Das Summenpolygon oder die Summenlinie

Will man die in (7) und (8) berechneten kumulierten Häufigkeiten darstellen, trägt man zunächst die Klassenobergrenzen und die bis zur jeweiligen Klassenobergrenze berechneten kumulierten Werte als Punkte in Abbildung 5 b ein:

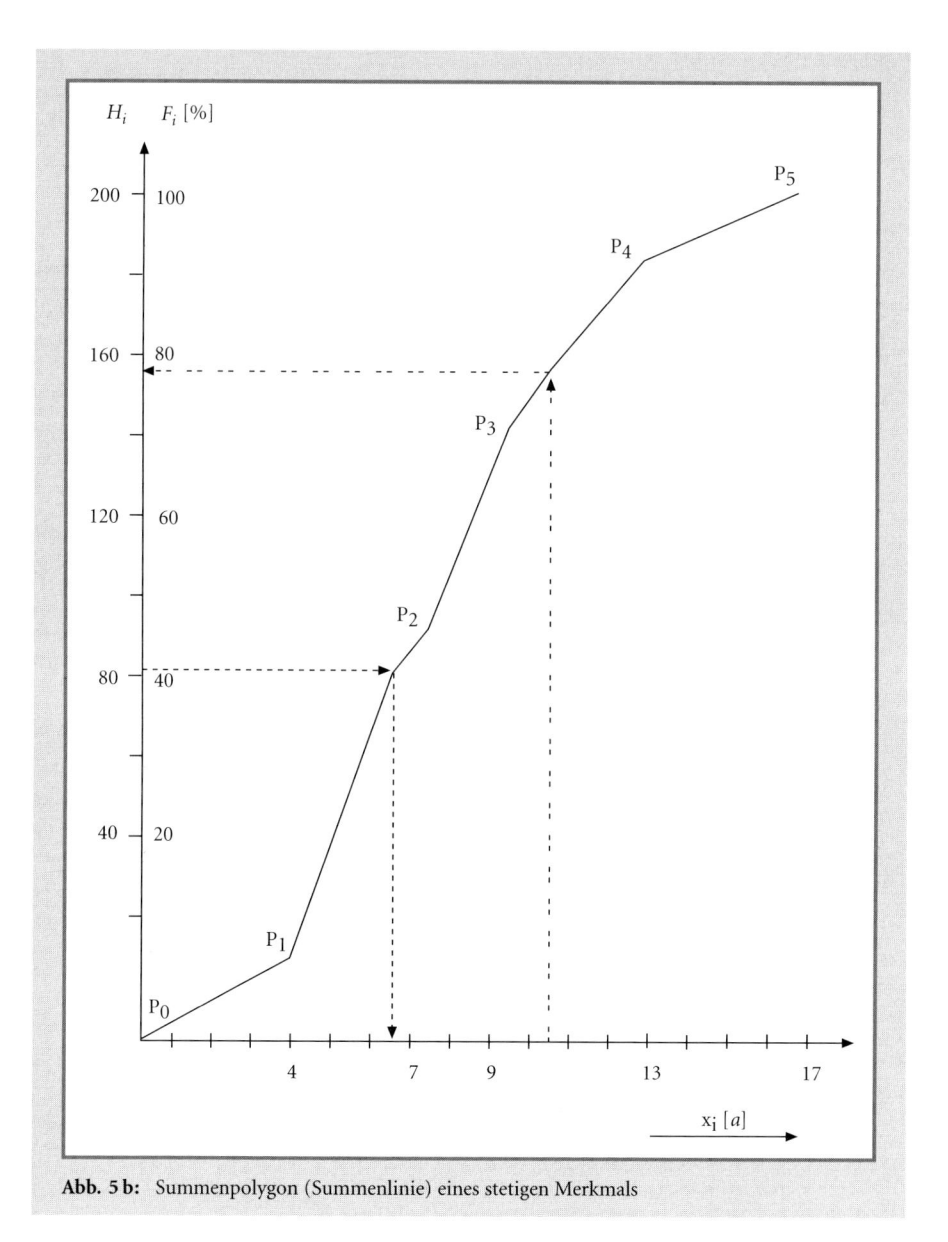

Abb. 5 b: Summenpolygon (Summenlinie) eines stetigen Merkmals

Man erhält aus Tabelle 4:
P_0 (0; 0); Nach null Jahren kann noch keine Bildröhre ausgefallen sein.
Nach vier Jahren sind 20 (10%) der Bildröhren ausgefallen.
P_1 (4; 20) bzw. P_1 (4; 10%)
nach sieben Jahren : P_2 (7; 80) bzw. P_2 (7; 40%)
nach neun Jahren : P_3 (9; 140) bzw. P_3 (9; 70%)
nach 13 Jahren : P_4 (13; 180) bzw. P_4 (13; 90%)
nach 17 Jahren : P_5 (17; 200) bzw. P_5 (17; 100%)

Nach der in 5.1 unter Punkt 7 postulierten Arbeitshypothese »Gleichverteilung innerhalb einer Klasse« können die benachbarten Punkte linear verbunden werden. Man erhält in diesem Beispiel bei fünf Klassen auch fünf Strecken. Jede Strecke repräsentiert eine Klasse. Diesen Streckenzug nennt man Summen(häufigkeits-)polygon, Polygonzug oder Summenlinie.

Aus dem Streckenzug kann von einem Merkmalswert x_i auf die kumulierte Häufigkeit geschlossen werden.

1. Beispiel: Wieviel % der Bildröhren erzielten eine Nutzungsdauer bis zu 10,5 Jahren ?

Lösungsweg: Beim Merkmalswert 10,5 a zeichnet man eine (gestrichelte) Linie senkrecht bis zum Schnittpunkt mit der Summenlinie. Dann zeichnet man eine zur Merkmalsachse Parallele in Richtung auf die Skalierung der kumulierten Häufigkeiten.

Lösung: 77,5 % (155 Stück) erzielten eine Lebensdauer bis zu 10,5 Jahren, und 22,5 % (45 Stück) waren länger als 10,5 Jahre funktionsfähig.

Man kann aber auch aus einem vorgegebenen Wert der kumulierten Häufigkeiten auf den Merkmalswert schließen:

2. Beispiel: Nach welcher Zeit fielen 35 % der Bildröhren aus?

Lösungsweg: Ausgehend von dem Wert $F_i = 35\%$ zeichnet man in Abbildung 5 b eine (gestrichelte) zur x-Achse parallele Linie bis zum Schnittpunkt mit der Summenlinie. Vom Schnittpunkt fällt man eine vertikale Linie auf die x-Achse.

Lösung: 35% der Bildröhren fielen nach maximal 6,5 a aus, und 65% der Bildröhren erzielten eine Lebensdauer von mindestens 6,5 a.

2.6 Literaturverzeichnis

Bourier, Günter: Beschreibende Statistik, Wiesbaden 1998
Kobelt, Helmut: Wirtschaftstatistik für Studium und Praxis
Mayer, Horst: Beschreibende Statistik, München/Wien
Puhani, Josef: Statistik, Einführung mit praktischen Beispielen, 7. Auflage, Bamberg 1995
Schwarze, Jochen: Grundlagen der Satistik I, Beschreibende Verfahren, 7. Auflage, Berlin 1994

3. Maßzahlen zur Beschreibung von Häufigkeitsverteilungen

Hans-Dieter Hippmann

Inhaltsübersicht

3.1 Einleitung
3.2 Typen von Maßzahlen
3.2.1 Mittelwerte
3.2.2 Streuungsmaße
3.2.3 Schiefemaße
3.2.4 Konzentrationsmaße
3.3 Sonderprobleme der Berechnung von Maßzahlen
3.3.1 Klassifizierte Ausgangsdaten
3.3.2 Mittelwertbildung mit Verhältniszahlen und Wachstumsraten
3.4 Literaturverzeichnis

Auf einen Blick

Häufigkeitsverteilungen können unterschiedliche Erscheinungsformen besitzen. Zur Messung und Beschreibung der Charakteristika von Verteilungen und für den Vergleich verschiedener Häufigkeitsverteilungen gibt es in der Statistik eine Vielzahl von Maßzahlen. Die wichtigsten von ihnen sind der bekannte Mittelwert und die Streuung. Für die richtige Wahl einer Maßzahl sind Kenntnisse über die Skalierungsarten notwendig.

3.1 Einleitung

Die Ausführungen dieses Kapitels beschränken sich auf die Darstellung von Maßzahlen **univariater Häufigkeitsverteilungen**, die jeweils nur ein Merkmal betrachten. Methoden zur Beschreibung multivariater Verteilungen, die zwei oder mehr Merkmale zum Gegenstand haben, werden in den darauf folgenden zwei Kapiteln behandelt (vgl. die Beiträge von Hans-Dieter Hippmann: Multivariate Dependenzanalyse, S. 340 und Multivariate Interdependenzanalyse, S. 355).

Mit den Häufigkeitsverteilungen wird meist ihre Darstellung in einem statistischen Schaubild verbunden. Die visualisierten Verteilungen zeigen die Häufung beobachteter Fälle auf nur wenige oder viele unterschiedliche Ausprägungen des betrachteten Merkmals. Je nach Erscheinungsbild entsteht der Eindruck schmaler oder breiter, symmetrischer oder schiefer Verteilungen. Der verbalen Beschreibung der Häufigkeitsverteilungen sind jedoch Grenzen gesetzt. Sehr hilfreich für die Charakterisierung der Verteilungsform und für den Vergleich von Verteilungen sind daher statistische Maßzahlen. Die wichtigsten Maßzahlen werden im folgenden erläutert und an Hand von Beispielen berechnet.

Mittelwerte sagen etwas über die typische oder mittlere Merkmalsausprägung aus. Sie beschreiben die statistische Mitte – das Zentrum – der Verteilung. Mittelwerte werden als Lageparameter bezeichnet, wenn nicht alle Urdaten zu ihrer Bestimmung verwendet werden. Dies ist zum Beispiel bei der Berechnung des arithmetischen Mittels aus klassifizierten Daten oder der Bestimmung des Medians der Fall.

Streuungsmaße beschreiben die Abweichung der einzelnen Ausprägungen von der Mitte der Verteilung und ergänzen dadurch die Aussagen der Mittelwerte ganz wesentlich. Je nach Ausmaß der Streuung wird eine breite oder enge Verteilung der einzelnen Werte um die Mitte angezeigt.

Mit Hilfe von Streuungsmaßen, aber auch mit speziell hierfür konstruierten **Formparametern** (Schiefemaße, Wölbungsmaße) wird die Verteilungsform charakterisiert. Von besonderem Interesse ist hierbei, ob Verteilungen symmetrisch oder unsymmetrisch (schief) sind.

Konzentrationsmaße beschreiben Phänomene, bei denen die Summe der Merkmalsausprägungen (zum Beispiel der Branchenumsatz) auf nur wenige Merkmalsträger (zum Beispiel Unternehmen) verteilt ist.

Die **Skalierung** spielt eine wichtige Rolle bei der Auswahl der richtigen Maßzahl und Formel. Die meisten Maßzahlen lassen sich für metrische, einige wenige auch für nicht metrische Merkmale bestimmen. Die in diesem Kapitel verwendeten Beispiele zur Berechnung der Maßzahlen gehen von einem metrischen Merkmal aus. Auf die Anwendbarkeit der Maßzahlen im Falle nicht metrischer Merkmale wird hingewiesen.

Besondere Formeln sind zur Berechnung der Maßzahlen aus klassifizierten metrischen Daten notwendig. Diese kommen dann zur Anwendung, wenn die Ausgangsdaten nicht mehr zur Verfügung stehen.

Gesondert betrachtet wird auch die Berechnung von aussagefähigen Mittelwerten aus Verhältniszahlen oder Wachstumsraten. Die Anwendung einer ungeeigneten Berechnungsformel führt in diesen Fällen zu falschen Resultaten.

3.2 Typen von Maßzahlen

Tabelle 1 zeigt die Verteilung der Kundenankünfte für die zwei Filialen A und B. Ausgewertet wurden jeweils 40 Geschäftsstunden. Im Verlauf von acht Geschäftsstunden trafen in der Filiale A genau vier Kunden ein, in zwei Fällen trafen sogar zehn Kunden innerhalb einer Stunde ein.

Kundenankünfte je Stunde X	1	2	3	4	5	6	7	8	9	10
Häufigkeit h (Filiale A)	2	7	9	8	4	4	1	2	1	2
Häufigkeit h (Filiale B)	0	0	0	0	1	7	19	10	3	0

Tab. 1: Kundenankünfte je Stunde in den Filialen A und B

Welches sind die Charakteristika der beiden Verteilungen? Wie unterscheiden Sie sich? Die Berechnung geeigneter statistischer Maßzahlen soll die Fragen beantworten.

3.2.1 Mittelwerte

Zur Beschreibung der Lage des Zentrums der Häufigkeitsverteilung werden Mittelwerte berechnet. Die verschiedenen in der Praxis verwendeten Mittelwerte beschreiben dieses Zentrum oder die Mitte der Verteilung auf unterschiedliche, aber sich ergänzende Art und Weise.

Im folgenden werden die Mittelwerte
- das arithmetische Mittel,
- der Modus und
- der Median vorgestellt.

Der Konstruktion des Medians folgend läßt sich eine Häufigkeitsverteilung durch Quartile und Perzentile weiter unterteilen.

Das **arithmetische Mittel** $\bar{x}$ ist die Summe aller beobachteten Merkmalsausprägungen x_1, x_2, ..., x_n, geteilt durch deren Anzahl n. Es gilt:

$$\bar{x} = \frac{x_1 + x_2 + \ldots + x_n}{n}$$

$$\bar{x} = \frac{1 + 1 + 2 + 2 + 2 + 2 + 2 + 2 + \ldots + 8 + 8 + 9 + 10 + 10}{40} = \frac{171}{40} = 4{,}3$$

Statistische Datenauswertung

Ergebnis: Danach treffen in Filiale A durchschnittlich 4,3 Kunden je Stunde ein. In Filiale B treffen dagegen 7,2 Kunden je Stunde ein, das sind in der Stunde rund 3 Kunden mehr.

Kommen verschiedene Merkmalsausprägungen mehrfach vor, so wird zur einfacheren Berechnung das **gewogene arithmetische Mittel** herangezogen:

$$\bar{x}_{\text{gew}} = \frac{x_1 h_1 + x_2 h_2 + \ldots + x_k h_k}{h_1 + h_2 + \ldots + h_k}$$

Die Anzahl der dabei aufgetretenen verschiedenen Ausprägungen ist k, wobei k kleiner n ist. Für den Fall $k = n$ sind alle Häufigkeiten h Eins und es ergibt sich wieder die Grundformel des arithmetischen Mittels.

Die Verwendung des gewogenen arithmetischen Mittels ist auch für das Beispiel empfehlenswert, wirkt sich jedoch nicht auf das Ergebnis aus:

$$\bar{x}_{\text{gew.}} = \frac{1 \cdot 2 + 2 \cdot 7 + 3 \cdot 9 + 4 \cdot 8 + 5 \cdot 4 + 6 \cdot 4 + 7 \cdot 1 + 8 \cdot 2 + 9 \cdot 1 + 10 \cdot 2}{2 + 7 + 9 + 8 + 4 + 4 + 1 + 2 + 1 + 2}$$

$$= \frac{171}{40} = 4,3$$

Das arithmetische Mittel gibt an, welche Merkmalsausprägung jeder Merkmalsträger hätte, wenn die Summe der Merkmalsausprägungen gleichmäßig auf alle Merkmalsträger verteilt wäre. Hierbei muß die Maßzahl nicht unbedingt realisierbare Werte annehmen. Die Angabe »durchschnittlich 4,3 Kunden je Stunde« ist eine statistische Angabe. In der **Praxis** ist das arithmetische Mittel der am häufigsten benutzte Mittelwert.

Der **Modus** – auch häufigster oder dichtester Wert – gibt an, welche der beobachteten Merkmalsausprägungen am häufigsten vorkommt und beschreibt auf diese Weise das Zentrum der Verteilung.

In Filiale A kommt der Fall 3 Kunden je Stunde neunmal und damit am häufigsten vor. Das Ergebnis lautet daher: Mo = 3. Für Filiale B ergibt sich: Mo = 7.

Der Modus läßt sich auch für nicht metrische Merkmale als häufigste Ausprägung angeben.

Der **Median** oder Zentralwert bezeichnet die Merkmalsausprägung desjenigen Merkmalsträgers, der in der Mitte der nach der Größe des Merkmals geordneten Folge aller Merkmalsträger steht.

Für sieben Personen mit Alter 21, 24, 23, 30, 40, 42 und 45 Jahre hat der Median den Wert 30.

Bei geradem n existiert kein mittleres Element. Deshalb wird der Median als Durchschnitt aus den Ausprägungen der beiden mittleren Elemente gebildet.

Für sechs Personen mit Alter 20, 21, 24, 30, 40 und 42 Jahre beträgt der Median $\frac{24 + 30}{2} = 27$ Jahre. Wahlweise kann in diesem Fall auch die letzte Position der ersten Hälfte als Markierung der Mitte angegeben werden. Definitionsbedingt lautet das Ergebnis dann: Me = 24. Bei einer großen Anzahl von Beobachtungswerten spielt dieser definitorische Unterschied praktisch keine Rolle mehr.

Der Median teilt die Häufigkeitsverteilung in zwei Hälften. Die ersten 50 Prozent der Merkmalsträger besitzen eine Merkmalsausprägung, die kleiner oder gleich dem Median ist. Die andere Hälfte der Merkmalsträger besitzt eine Ausprägung, die gleich oder größer als der Median ist. In Filiale A treffen in der Hälfte der Fälle vier oder weniger Kunden pro Stunde ein (Me = 4), in Filiale B sind es sieben oder weniger Kunden in der Stunde (Me = 7).

Der Median läßt sich auch für ordinal skalierte aber nicht für nominal skalierte Merkmale bestimmen.

Außer dem Median, der auch als 50-Prozent-Marke der Häufigkeitsverteilung bezeichnet wird, lassen sich in gleicher Weise die **Quartile** der Verteilung ermitteln. Das erste Quartil entspricht der 25-Prozent-Marke, das zweite Quartil dem Median und das dritte Quartil der 75-Prozent-Marke. Mit Hilfe der Quartile wird die Verteilung geviertelt. Zur Berechnung gelten die Regeln für die Ermittlung des Medians entsprechend. Für das Beispiel der Filiale A gilt: $Q_1 = 3$, $Q_2 = 4 (= Me)$, $Q_3 = 5{,}5$.

Perzentile stellen die Verallgemeinerung dieser Betrachtungsweise dar. Ihre Aussage ist auf einen beliebig wählbaren Prozentsatz bezogen.

3.2.2 Streuungsmaße

Indem Streuungsmaße das Ausmaß der Abweichung – die Streuung – der beobachteten Merkmalsausprägungen von der Mitte beschreiben, ergänzen sie die Aussage des Mittelwertes wesentlich.

Gebräuchliche Streuungsmaße sind die
- empirische Varianz,
- die Streuung und
- die Spannweite.

Für den Vergleich von Streuungen verschiedener Verteilungen ist
- der Variationskoeffizient geeignet.

Die **empirische Varianz** errechnet sich aus der Summe aller quadrierten Abweichungen zwischen den beobachteten Merkmalsausprägungen und dem arithmetischen Mittel (aus diesen Merkmalsausprägungen), geteilt durch deren Anzahl n.

$$S^2 = \frac{(x_1 - \bar{x})^2 + (x_2 - \bar{x})^2 + \ldots + (x_n - \bar{x})^2}{n}$$

Kommen verschiedene Merkmalsausprägungen mehrfach vor (wie dies auch im Beispiel der Fall ist), so kann eine Berechnung der Varianz über die gewogene Formel durchgeführt werden:

$$S^2 = \frac{(x_1 - \bar{x})^2 \cdot h_1 + (x_2 - \bar{x})^2 \cdot h_2 + \ldots + (x_k - \bar{x})^2 \cdot h_k}{n}$$

Hierbei stellt n die Anzahl der Beobachtungen und k die Anzahl der auftretenden verschiedenen Ausprägungen dar.

Mit den Angaben des Beispiels errechnet sich die Varianz für Filiale A folgendermaßen:

$$S^2 = \frac{(1-4{,}3)^2 \cdot 2 + (2-4{,}3)^2 \cdot 7 + \ldots + (9-4{,}3)^2 \cdot 1 + (10-4{,}3)^2 \cdot 2}{2 + 7 + \ldots + 1 + 2} = \frac{210}{40} = 5{,}3$$

Je höher die Varianz ist, um so stärker ist auch die Streuung der Einzelwerte um den Mittelwert. Bei einer Varianz von Null sind alle Einzelwerte (Merkmalsausprägungen) identisch.

Die **Streuung** oder **empirische Standardabweichung** ist definiert als die Quadratwurzel aus der Varianz. Es gilt: $S = \sqrt{S^2}$

Für Filiale A ergibt sich demnach $S = \sqrt{5{,}3} = \pm 2{,}3$. Das Ergebnis wird meist zusammen mit dem Mittelwert angegeben: In Filiale A treffen pro Stunde durchschnittlich 4,3 Kunden ($\pm 2{,}3$ Kunden) ein. Mit der Angabe in den Klammern wird auf die durchschnittliche Abweichung der Einzelwerte um den Mittelwert hingewiesen.

Die Höhe der Standardabweichung gibt Aufschluß über die **Verteilungsform**: Bei geringer Standardabweichung liegt ein großer Anteil der Merkmalsträger mit den Ausprägungen in der Nähe des Mittelwertes; die Verteilung ist steil, da die einzelnen Elemente stark um den Mittelwert zentriert sind. Verteilungen mit hoher Standardabweichung verlaufen flacher; ein Großteil der Merkmalsträger liegt in diesem Fall weiter entfernt vom Mittelwert (vgl. Abbildung 1).

Standardabweichungen verschiedener Grundgesamtheiten sollten nicht direkt verglichen werden, denn die Höhe der Werte hängt von der Größenordnung der betrachteten Daten ab. Eine Lösung bietet der Variationskoeffizient.

Der **Variationskoeffizient** ist das Verhältnis aus Standardabweichung (Streuung) und arithmetischem Mittel. Dieses relative Streuungsmaß ist für den Vergleich verschiedener Grundgesamtheiten mit unterschiedlichen Mittelwerten geeignet.

$$V = \frac{S}{\overline{X}}$$

Ein Vergleich der beiden Filialen A und B bezüglich ihrer Kundenankünfte pro Stunde ergibt:

Filiale A: $V = \dfrac{2{,}29}{4{,}28} = 0{,}54$ Filiale B: $V = \dfrac{0{,}89}{7{,}18} = 0{,}12$

Die Streuung der Einzelwerte um den Mittelwert ist folglich bei Filiale A wesentlich höher als bei Filiale B. Abbildung 1 verdeutlicht dieses Ergebnis. Die Verteilung der Kundenankünfte pro Stunde verläuft bei Filiale A wesentlich flacher und streut stärker um die Mitte. Die Verteilung der Filiale B verläuft dagegen steiler und ist auf einen engeren Bereich begrenzt.

Die **Spannweite** gibt die Differenz zwischen der größten und der kleinsten aufgetretenen Merkmalsausprägung an.

$$SPW = x_{max} - x_{min}$$

Maßzahlen

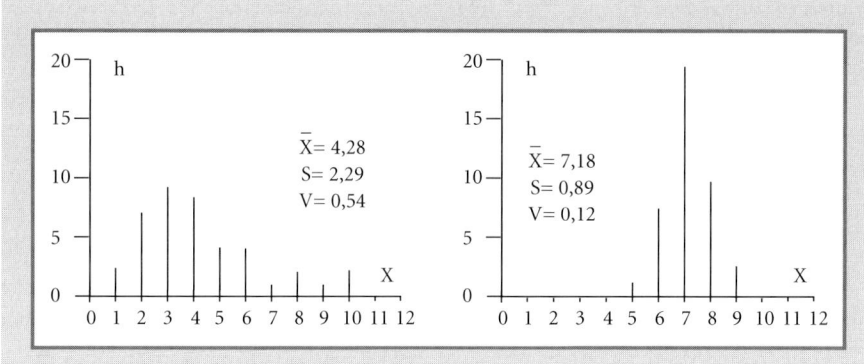

```
20 ┐ h                              20 ┐ h
15 ─                                15 ─
           X̄ = 4,28                         X̄ = 7,18
10 ─       S = 2,29                 10 ─    S = 0,89
           V = 0,54                         V = 0,12
 5 ─                                 5 ─
                      X                              X
 0 ─┼┼┼┼┼┼┼┼┼┼┼┼┼                    0 ─┼┼┼┼┼┼┼┼┼┼┼┼┼
   0 1 2 3 4 5 6 7 8 9 10 11 12       0 1 2 3 4 5 6 7 8 9 10 11 12
```

Abb. 1: Häufigkeitsverteilungen mit unterschiedlich starker Streuung der Einzelwerte um den Mittelwert

Ergebnis: Für Filiale A beträgt die Spannweite 9 Kunden pro Stunde für Filiale B 4 Kunden pro Stunde.

Bei der Berechnung der Spannweite ist darauf zu achten, daß die Ausgangsdaten um die Ausreißer bereinigt werden, da die Maßzahl sonst nicht sinnvoll interpretierbar ist. Für einen Vergleich verschiedener Gesamtheiten sollte die Anzahl der Beobachtungen übereinstimmen. Die Spannweite läßt sich auch für ordinal skalierte Merkmale (verbal) angeben.

3.2.3 Schiefemaße

Häufigkeitsverteilungen können symmetrisch oder unsymmetrisch verlaufen und demzufolge schief sein. Diese Eigenschaft der Verteilungen wird durch die Schiefemaße angezeigt. Weil die verschiedenen Konstruktionen zum gleichen Ergebnis führen, wird im folgenden nur ein Vertreter, und zwar das Schiefemaß nach Pearson, dargestellt. Zusätzlich führt auch der als Fechnersche Lageregel bezeichnete Vergleich von Mittelwerten zu einer Beurteilung der Symmetrieeigenschaft einer Häufigkeitsverteilung.

Das (zweite) **Schiefemaß nach Pearson** wird aus der dreifachen Differenz aus arithmetischem Mittel und Zentralwert, geteilt durch die Standardabweichung, gebildet.

$$SMP = \frac{3(\bar{x} - Me)}{S}$$

Der Wertebereich liegt zwischen -3 und $+3$.
Die Rechenergebnisse sind folgendermaßen zu interpretieren:

SMP ist kleiner als Null	⇒	linksschiefe Verteilung (rechtssteile Verteilung)
SMP ist gleich Null	⇒	symmetrische Verteilung
SMP ist größer als Null	⇒	rechtsschiefe Verteilung (linkssteile Verteilung)

In dem vorangestellten Beispiel führt die Berechnung des Schiefemaßes nach Pearson zu folgenden *Ergebnissen*:

$$\text{Filiale A:} \quad SMP = \frac{3(4{,}3 - 4)}{2{,}3} = 0{,}39$$

$$\text{Filiale B:} \quad SMP = \frac{3(7{,}2 - 7)}{0{,}89} = 0{,}67$$

Beide Werte sind positiv und liegen relativ nahe an der Null. Die Verteilungen sind folglich nicht symmetrisch sondern rechtsschief (linkssteil). Das Ausmaß der Unsymmetrie ist allerdings nicht sehr stark ausgebildet.

Die **Fechnersche Lageregel** bietet eine weitere Möglichkeit zur Beurteilung der Schiefe einer Verteilung durch den Vergleich von arithmetischem Mittel, Modus und Median. Es gelten folgende Entscheidungsregeln:

$\bar{x} < Me < Mo$ $\Rightarrow$ linksschiefe Verteilung
$\bar{x} = Me = Mo$ $\Rightarrow$ symmetrische Verteilung
$\bar{x} > Me > Mo$ bzw. $Mo < Me < \bar{x}$ $\Rightarrow$ rechtsschiefe Verteilung

In den Ungleichungen stehen die Zeichen < für »kleiner als« und > für »größer als«. In den Ungleichungen kann auch anstelle zweier identischer Ungleichheitszeichen ein Ungleichheits- und ein Gleichheitszeichen auftreten.

Im Beispiel gelten folgende Konstellationen:
Filiale A: $Mo = 3 < Me = 4 <= \bar{x} = 4{,}3$
Filiale B: $Mo = 7 = Me = 7 <= \bar{x} = 7{,}2$

Beide Verteilungen sind somit rechtsschief. Fechnersche Lageregel und Schiefemaße führen in ihren Aussagen stets zum gleichen Ergebnis.

3.2.4 Konzentrationsmaße

Unter Konzentration wird die ungleiche Verteilung eines metrisch skalierten Merkmals auf wenige Merkmalsträger verstanden. Beispiele hierfür sind die ungleiche Verteilung des Einkommens bei Personen (wenige haben ein hohes, viele dagegen ein niedriges Einkommen) oder unterschiedlichen Marktanteile von Unternehmen (wenige Unternehmen haben zusammen einen großen Marktanteil, die übrigen dagegen einen sehr geringen).

Tabelle 2 zeigt die ungleiche Verteilung des Umsatzes auf die verschiedenen Kunden eines mittelständischen Unternehmens. Für einen Vergleich mit anderen Unternehmen der Branche soll der Grad die Umsatzkonzentration untersucht werden.

Maßzahlen

Kunden-Nr.	Kunden (sortiert nach Jahresumsatz)	Umsatz/Jahr	Umsatz (kumuliert)	Prozent der umsatzstärksten Kunden	Prozent des Umsatzes
1	Müller OHG	200 000 DM	200 000 DM	2,0	26,1
2	Fa. Kaiser	150 000 DM	350 000 DM	4,0	45,6
3	Fa. März	150 000 DM	500 000 DM	6,0	65,2
4	Woll GmbH	80 000 DM	580 000 DM	8,0	75,6
5	Carl & Co	50 000 DM	630 000 DM	10,0	82,1
6	Schretter AG	50 000 DM	680 000 DM	12,0	88,7
7	Kohl	20 000 DM	700 000 DM	14,0	91,3
8	Schmidt	10 000 DM	710 000 DM	16,0	92,6
9	S. Kolben	10 000 DM	720 000 DM	18,0	93,9
10	Kranz GmbH	2 000 DM	722 000 DM	20,0	94,1
11–50	40 Kleinkunden	45 000 DM	767 000 DM	100,0	100,0

Tab. 2: Umsatzverteilung und Umsatzkonzentration von 50 Kunden

Die Konzentrationsmessung unterscheidet zwischen zwei Betrachtungsweisen, der absoluten und der relativen Konzentration:
- Bei der **absoluten Konzentration** vereinigt eine kleine Anzahl m von n Merkmalsträgern einen relativ großen Anteil der Merkmalssumme auf sich. Zur Messung werden die Konzentrationsraten C_m verwendet. Im Beispiel bringen die drei größten Kunden 65,2 Prozent des Jahresumsatzes. Die Konzentrationsrate beträgt $C_3 = 0,652$.
- Eine hohe **relative Konzentration** (Disparität) liegt vor, wenn ein großer Teil der Merkmalssumme auf einen geringen Anteil der Merkmalsträger entfällt. Im Beispiel sind es nur 10 Prozent der Kunden, die 82,1 Prozent des Umsatzes einbringen. Zur Berechnung der relativen Konzentration werden in der Literatur eine Reihe von Maßzahlen angeboten.

Die relative Konzentration läßt sich graphisch mit Hilfe der **Konzentrationskurve** darstellen (vgl. Abbildung 2). An dieser Kurve ist abzulesen, welchen Anteil an der gesamten Merkmalssumme ein bestimmter Anteil der größten Merkmalsträger auf sich vereinigt. Je größer die Fläche zwischen der Konzentrationskurve und der Diagonalen ist, um so größer ist auch die relative Konzentration (Disparität).

Statistische Datenauswertung

Abb. 2: Konzentrationskurve

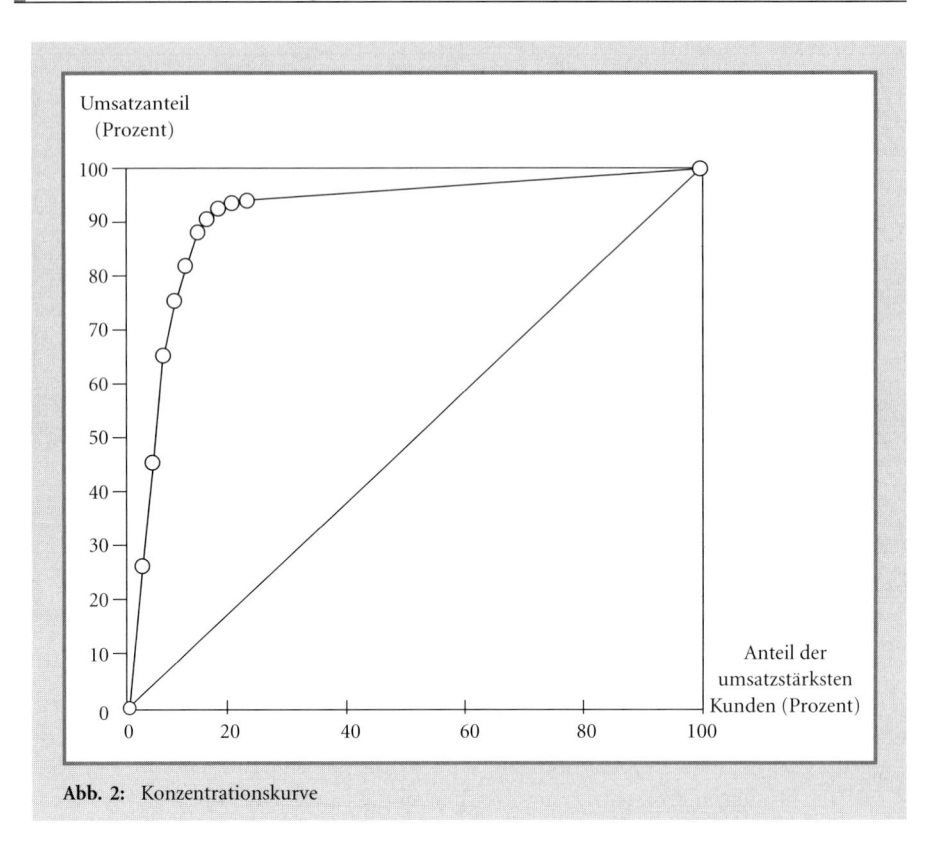

3.3 Sonderprobleme der Berechnung von Maßzahlen

3.3.1 Klassifizierte Ausgangsdaten

Liegen die Daten eines metrisch skalierten Merkmals nur in klassifizierter Form vor, können die zuvor beschriebenen Formeln nicht oder nur eingeschränkt verwendet werden. Zur Berechnung des arithmetischen Mittels und der Streuung werden anstelle der fehlenden Urdaten die Klassenmitten als Stellvertreter verwendet. Hierbei wird unterstellt, daß die Klassenmitte etwa dem Durchschnitt der nicht vorhandenen Einzelwerte entspricht. Zur Bestimmung von Modus und Median werden spezielle Formeln verwendet.

Tabelle 3 zeigt für Filiale C die Umsatzverteilung eines Tages, entstanden durch insgesamt 27 Kunden. Bestimmt werden sollen:
- der durchschnittlicher Umsatz je Kunde (arithmetisches Mittel),
- der Median,
- der Modus und
- die Streuung.

Für den Vergleich mit einer anderen Filiale ist die Symmetrie der Umsatzverteilung zu beurteilen.

Umsatzklassen in DM (x_u bis unter x_o)	Zahl der Kunden (h)
0 bis unter 400	1
400 bis unter 800	2
800 bis unter 1200	4
1200 bis unter 1600	8
1600 bis unter 2000	10
2000 und mehr	2
Insgesamt	27

Tab. 3: Tagesumsätze der Filiale C

Liegen die Urdaten nicht vor, so führt das **gewogene arithmetische Mittel** unter Verwendung der Klassenmitten und Klassenhäufigkeiten als Gewichtungsfaktor zu einer Schätzung des Mittelwertes der Urdaten.

$$\bar{x}_{\text{gew.}} = \frac{200 \cdot 1 + 600 \cdot 2 + 1000 \cdot 4 + 1400 \cdot 8 + 1800 \cdot 10 + 2200 \cdot 2}{1 + 2 + 4 + 8 + 10 + 2}$$

$$= \frac{39\,000}{27} = 1444{,}44$$

Ergebnis: Der durchschnittliche Tagesumsatz liegt demnach bei 1444,44 DM.

Bei vorliegender Klasseneinteilung wird der **Modus** nach folgender Formel bestimmt:

$$\text{Mo} = x_{u\,(\text{Mo})} + c\,\frac{d_1}{d_1 + d_2}$$

mit:

$x_{u\,(\text{Mo})}$ Klassenuntergrenze der Modalklasse (Klasse mit den meisten Fällen, höchste Säule im Histogramm)

d_1 Häufigkeit in der Modalklasse abzüglich der Häufigkeit in der darunterliegenden Klasse (Klasse mit den niedrigeren Ausprägungen)

d_2 Häufigkeit in der Modalklasse abzüglich der Häufigkeit in der darüberliegenden Klasse (Klasse mit den höheren Ausprägungen)

c Klassenbreite

Im Beispiel ist die fünfte Klasse die Modalklasse. Dann gilt:

$$\text{Mo} = 1600 + 400\,\frac{(10 - 8)}{(10 - 8) + (10 - 2)} = 1680$$

Ergebnis: Der am häufigsten aufgetretene Tagesumsatz ist mit 1680 DM anzugeben.

Statistische Datenauswertung

Bei einer klassifizierten Häufigkeitsverteilung ist der **Median** nach folgender Formel zu bestimmen:

$$Me = x_{u(Me)} + c \, \frac{h' - (\Sigma h)_{Me}}{h_{Me}}$$

$x_{u\,(Me)}$ Klassenuntergrenze der Medianklasse
h' n/2 (Position von Me)
$(\Sigma h)_{ME}$ Summe aller Häufigkeiten in den Klassen unterhalb der Medianklasse (Klassen mit den niedrigeren Ausprägungen)
h_{ME} Häufigkeit in der Medianklasse
c Klassenbreite

Die Medianklasse ist diejenige Klasse, in der bei einer Kumulation die Hälfte der Merkmalsträger erreicht wird, und somit die 50-Prozent-Marke der Verteilung liegt. Der Median gibt die Ausprägung in der Mitte der Verteilung an.

Die Umsatzverteilung des Beispiels umfaßt 27 Fälle. Die Mitte der Verteilung liegt demnach zwischen dem 13. und 14. Fall. Die ersten drei Klassen umfassen 7 Fälle, zusammen mit der vierten Klasse werden 15 Fälle erreicht. Damit ist die vierte Klasse die Medianklasse. Der Median kann dann folgendermaßen berechnet werden:

$$Me = 1200 + 400 \, \frac{\frac{27}{2} - 7}{8} = 1525$$

Ergebnis: Die Hälfte der Kunden gaben bis zu 1525 DM aus, die andere Hälfte 1525 DM oder mehr.

Aus der Lage der drei Mittelwerte arithmetisches Mittel, Median und Modus ist auf eine linksschiefe Verteilung zu schließen:

$$\bar{x} = 1444 < Me = 1525 < Mo = 1680$$

Dies wird durch das Schiefemaß nach Pearson in Höhe von $-0{,}51$ bestätigt (vgl. Abbildung 3).

Die Verallgemeinerung des Medians führt zum **Perzentil**. Es liefert die Merkmalsausprägung x, die von p Prozent der Merkmalsträger nicht überschritten wird (p-Prozent-Marke).

$$x_p = x_u + c \, \frac{\frac{n \cdot p}{100} - (\Sigma h)_{x_p}}{h_{x_p}}$$

x_u Klassenuntergrenze der Perzentil-Klasse
$\frac{n \cdot p}{100}$ Position von x_p
$(\Sigma h)_{x_p}$ Summe aller Häufigkeiten in den Klassen unterhalb der betrachteten Perzentil-Klasse
h_{x_p} Häufigkeit in der betrachteten Perzentil-Klasse
c Klassenbreite

Maßzahlen

```
10 ┐  Zahl der Kunden h
 8 ─
 6 ─
 4 ─
 2 ─
 0 ─
     0 bis   400    800    1200   1600   2000
     unter   bis    bis    bis    bis    bis
     400     unter  unter  unter  unter  unter
             800    1200   1600   2000   2400

                    Tagesumsatz X (DM)
```

Abb. 3: Linksschiefe Umsatzverteilung

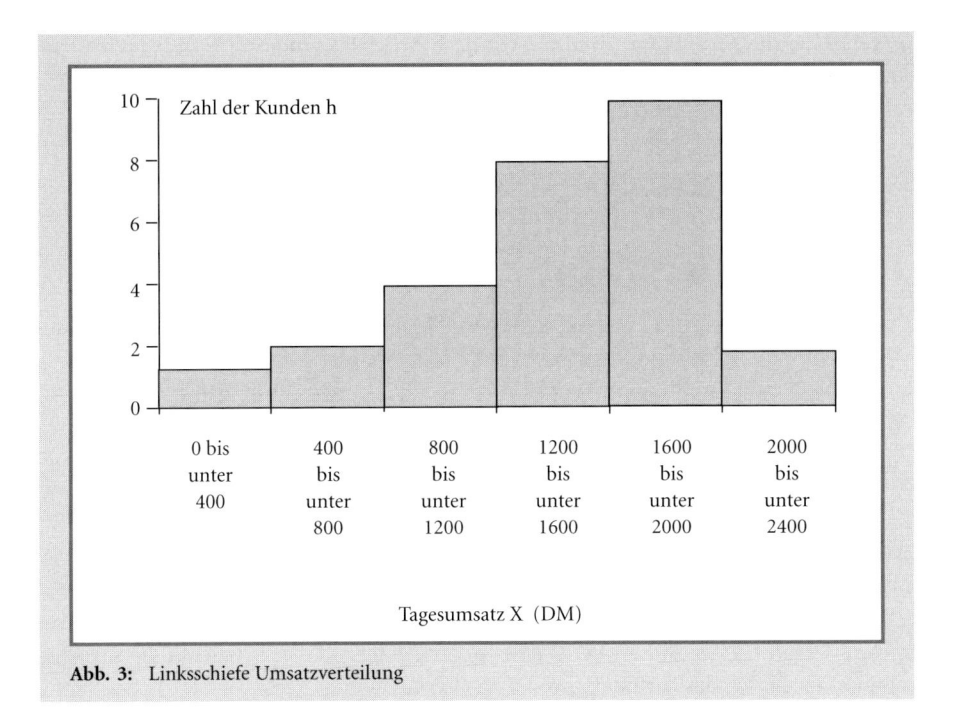

Die Berechnung der **Streuung** der klassifizierten Häufigkeitsverteilung erfolgt analog zum gewogenen arithmetischen Mittel unter Verwendung der Klassenmitten und der Klassenhäufigkeiten als Gewichtungsfaktor.

$$S = \sqrt{\frac{(200 - 1444)^2 \cdot 1 + (600 - 1444)^2 \cdot 2 + \ldots + (1400 - 1444)^2 \cdot 10 + (2200 - 1444)^2 \cdot 2}{1 + 2 + \ldots + 10 + 2}}$$

$$= \sqrt{\frac{6\,186\,667}{27}} = \pm 479$$

Ergebnis: Die Streuung beträgt demnach ± 479 DM.

3.3.2 Mittelwertbildung mit Verhältniszahlen und Wachstumsraten

Werden alle Beobachtungswerte für die Berechnung eines Mittelwertes verwendet, bezeichnet man diesen als Durchschnittsparameter (im Gegensatz zu den Lageparametern, für deren Bestimmung nicht alle Urdaten verwendet werden). Durchschnittsparameter sind nur für ein metrisches Skalenniveau definiert.

Dieser Gruppe von Maßzahlen gehören
- arithmetisches,
- geometrisches und
- harmonisches Mittel an.

Statistische Datenauswertung

Anwendung und Berechnung erfolgt nicht nach Belieben, sondern ist im Einzelfall auf einen bestimmten Mittelwert beschränkt. Welcher Durchschnittsparameter im konkreten Fall anzuwenden ist, hängt von der Art der zu mittelnden Daten ab.

Das **harmonische Mittel** H ist der Quotient aus der Anzahl der Beobachtungen n und der Summe aller reziproken Merkmalsausprägungen x_i.

$$H = \frac{n}{\frac{1}{x_1} + \frac{1}{x_2} + \frac{1}{x_3} + \ldots \frac{1}{x_n}}$$

Das harmonische Mittel muß angewendet werden bei der Mittelung von Verhältniszahlen in Verbindung mit einer vorgegebenen Zählergröße. In diesem Fall führt das arithmetische Mittel zu einem falschen Ergebnis.

Beispiel 1: Ein Kraftfahrer kauft bei drei Tankstellen jeweils für 50 DM Benzin. Bei der ersten muß er für den Liter 1,50 DM bezahlen, bei der zweiten 2,00 DM und bei der dritten 1,85 DM. Wieviel hat er im Durchschnitt bezahlt?

Die zu mittelnden Merkmalsausprägungen sind in dem betrachteten Beispiel Verhältniszahlen vom Typ Preis je Liter bzw. Wertangabe pro Mengenangabe. Über die Vorgabe des Rechnungsbetrages in Höhe von 50 DM ist die Zählergröße der Verhältniszahl eingeschränkt. Daher ist das harmonische Mittel zu verwenden.

$$H = \frac{3}{\frac{1}{1,50} + \frac{1}{2,00} + \frac{1}{1,85}} = 1,757$$

Ergebnis: Je Liter wurden durchschnittlich 1,76 DM bezahlt.

Beispiel 2: Bei gleichen Literpreisen wurden an jeder Tankstelle 70 Liter getankt.

Ist bei der Mittelwertbildung von Verhältniszahlen die Nennergröße vorgegeben, so ist das **arithmetische Mittel** zu verwenden.

$$\overline{X} = \frac{1,50 + 2,00 + 2,85}{3} = 1,783$$

Ergebnis: Für einen Liter wurden durchschnittlich 1,78 DM bezahlt.

Das **geometrische Mittel** G ist die n-te Wurzel aus dem Produkt von n beobachteten Merkmalsausprägungen $x_1, x_2, \ldots, x_n$.

$$G = \sqrt[n]{x_1 \cdot x_2 \cdot x_3 \cdot \ldots \cdot x_n}$$

Dieser Mittelwert muß für die Berechnung durchschnittlicher Wachstumsraten verwendet werden. Hierbei erfolgt die Durchschnittsbildung der Wachstumsraten über die Berechnung durchschnittlicher Wachstumsfaktoren.

Es gilt: Wachstumsfaktor = 1 + Wachstumsrate

Rechenbeispiel: WR = 3,5% = 3,5/100 = 0,035 ⇒ WF = 1 + 0,035 = 1,035

Beispiel: In sieben aufeinanderfolgenden Jahren wurde in einer Branche das folgende Umsatzwachstum erzielt (vgl. Tabelle 4):

Tab. 4: Wachstumsraten als Ausgangsdaten für die Mittelwertbildung

Jahr	1	2	3	4	5	6	7
Umsatz (Veränderung zum Vorjahr)	–	3,5%	4%	5,5%	– 4%	2,1%	2%

Wie hoch fiel in dem betrachteten Zeitraum die durchschnittliche Umsatzentwicklung aus?

$$G = \sqrt[6]{1,035 \cdot 1,040 \cdot 1,055 \cdot 0,960 \cdot 1,021 \cdot 1,020} = 1,0214$$

Ergebnis: Das durchschnittliche Umsatzwachstum betrug 2,14 Prozent pro Jahr.

In allen Fällen der hier vorgeführten Mittelwertberechnung kann eine Proberechnung zur Bestätigung des Ergebnisse durchgeführt werden: Der errechnete Mittelwert, n-mal angewendet, muß zum gleichen Ergebnis führen wie die Rechnung mit den n Originalwerten.

3.4 Literaturverzeichnis

Bleymüller, J./Gehlert, G./Gülicher, H.: Statistik für Wirtschaftswissenschaftler, 9. Auflage, München 1994
Hippmann, Hans-Dieter: Statistik für Wirtschafts- und Sozialwissenschaftler, 2. Auflage, Stuttgart 1997
Hochstädter, D.: Einführung in die statistische Methodenlehre, Frankfurt 1991
Schulze, Peter M.: Beschreibende Statistik, 2. Auflage, München/Wien 1994
Wonnacott, T. H./ Wonnacott, R. J.: Introductory statistics for business and economics, New York 1977

4. Multivariate Dependenzanalyse

Hans-Dieter Hippmann

Inhaltsübersicht

4.1   Einleitung
4.2   Kontingenzanalyse
4.2.1   Statistische Abhängigkeit von Merkmalen
4.2.2   Quadratische Kontingenz
4.2.3   Kontingenzkoeffizient
4.2.4   Chi-Quadrat-Unabhängigkeits-Test
4.3   Regressionsanalyse
4.3.1   Multiple Regressionsanalyse
4.3.2   Schrittweise Regressionsanlyse
4.3.3   Lineare Einfachregression
4.4   Varianzanalyse
4.5   Diskriminanzanalyse
4.6   Literaturverzeichnis

Auf einen Blick

Multivariate Verfahren betrachten gleichzeitig mehrere Merkmale. Eine wichtige Untergruppe stellen die dependenzanalytischen Verfahren dar. Deren Anwendung setzt immer einen vermuteten Kausalzusammenhang zwischen den untersuchten Merkmalen oder Variablen voraus: Eine oder mehrere Variable erklären oder bestimmen die Ausprägungen anderer Variabler. Insofern wird zwischen unabhängigen und abhängigen Variablen unterschieden. Die Auswahl des geeigneten Analyseverfahrens hängt von der Skalierung der Merkmale ab. Aufgabe der dependenzanalytischen Verfahren ist die Überprüfung von Datenstrukturen und der statistische Nachweis von Abhängigkeiten oder der Unabhängigkeit zwischen den Variablen.

4.1 Einleitung

Multivariate Verfahren dienen der Untersuchung einer größeren Zahl von Variablen (Merkmalen) und Objekten. (Die Begriffe Variable und Merkmal werden in der Literatur in gleicher Bedeutung verwendet. Im Zusammenhang mit der formalen Beschreibung eines Modells wird besser von der Variable gesprochen. Der Merkmalsbegriff taucht dagegen häufiger im Zusammenhang mit der Beschreibung der mit den Modellen untersuchten Objekte, beispielsweise Personen, auf. Variable sind im Modell die Platzhalter für die betrachteten konkreten Merkmale.)

Mit **univariaten Verfahren** werden dagegen nur einzelne Variablen und damit nur Verteilungen eines Merkmals analysiert. Zur einfacheren Darstellung multivariater Verfahren wird im folgenden vorwiegend der Zwei-Variablen-Fall dargestellt. Diese auch als bivariate Verfahren bezeichneten Methoden arbeiten vom Grundsatz her gleich.

Bei den multivariaten Analysemethoden unterscheidet man zwei Formen:
- Mit **dependenzanalytischen Verfahren** werden vermutete Abhängigkeiten zwischen zwei oder mehreren Variablen untersucht.
- Verfahren zur Untersuchung mehrerer Variablen, zwischen denen keine Abhängigkeit vermutet wird, werden der **Interdependenzanalyse** zugeordnet.

Die Auswahl des geeigneten Verfahrens für eine Dependenzanalyse wird durch die Skalierung der unabhängigen und der abhängigen Variablen bestimmt. Eine abhängige Variable ändert ihre Ausprägung als Folge der Veränderung der unabhängigen Variable. Die unabhängige verändert dagegen ihre Ausprägung nicht als Folge einer Veränderung der abhängigen Variable. Tabelle 1 zeigt die Einordnung der wichtigsten Verfahren der Dependenzanalyse nach der Skalierung der verwendeten Variablen.

Skalierung der unabhängigen Variable	Skalierung der abhängigen Variable	
	nicht metrisch	metrisch
nicht metrisch	Kontingenzanalyse	Varianzanalyse
metrisch	Diskriminanzanalyse	Regressionsanalyse

Tab. 1: Verfahren der Dependenzanalyse

4.2 Kontingenzanalyse

Die Kontingenzanalyse dient dazu, Zusammenhänge zwischen mehreren nominal skalierten Merkmalen aufzudecken. Hierzu werden die Ergebnisse der Befragung in Kontingenz- oder Häufigkeitstabellen (Kreuztabellen) dargestellt. Der abgebildeten Kontingenztabelle (vgl. Tabelle 2) liegt das Resultat einer Befragung von 90 Personen zugrunde. Dargestellt sind die beiden Merkmale Alter und Verwendung von Jodsalz. Vor dem Hintergrund verstärkter Aufklärungsmaßnahmen über die Wirkung von jodiertem Speisesalz kommt die Frage auf, ob es einen Zusammenhang zwischen dem Schulabschluß und der Verwendung von Jodsalz gibt.

Für den Fall zweier Merkmale zeigt die erste Spalte (Vorspalte) der Kontingenztabelle die möglichen Ausprägungen des ersten und der Tabellenkopf die Ausprägungen des zweiten Merkmals. Im Zahlenteil der Tabelle 2 stehen die gemeinsamen absoluten Häufigkeiten der paarweisen Kombination der Merkmalsausprägungen, und am Rande erfolgt deren Summation.

Schulabschluß (Merkmal 1)	Verwendung von Jodsalz (Merkmal 2)			Summe
	ja	nein	Jodsalz nicht bekannt	
Hauptschulabschluß	26	29	4	59
Realschulabschluß	9	8	1	18
FH-/Hochschulreife	7	5	1	13
Summe	42	42	6	90

Tab. 2: Verwendung von Jodsalz und Schulabschluß

4.2.1 Statistische Abhängigkeit von Merkmalen

Ob eine Abhängigkeit zwischen zwei Merkmalen besteht oder nicht, kann schon die Auswertung der bedingten relativen Häufigkeitsverteilungen zeigen. Man erhält sie, in dem die Kontingenztabelle in einzelne Zeilen oder einzelne Spalten zerlegt wird. Tabelle 3 wurde aus Tabelle 2 mittels Division der gemeinsamen absoluten Häufigkeiten durch die zugehörige rechte Randsumme abgeleitet. Auf diese Weise entsteht eine zeilenweise Normierung (in diesem Fall auf 100 Prozent). Unter der Bedingung, daß nur Personen mit Hauptschulabschluß betrachtet werden, verwenden 44,1 Prozent Jodsalz. Von den Realschulabsolventen verwenden 50 Prozent Jodsalz, unter den Personen mit Hochschulreife sind es sogar 53,8 Prozent.

Schulabschluß	Verwendung von Jodsalz			Summe
	ja	nein	Jodsalz nicht bekannt	
Hauptschulabschluß	44,1	49,2	6,8	100,0
Realschulabschluß	50,0	44,4	5,6	100,0
FH-/Hochschulreife	53,8	38,5	7,7	100,0
Alle Befragten	46,7	46,7	6,7	100,0

Tab. 3: Bedingte relative Häufigkeiten (Prozent)

Die Höhe des Anteils der Personen, die Jodsalz verwenden, hängt offenbar von der Art des Schulabschlusses ab: Die beiden Merkmale Verwendung von Jodsalz und Schulabschluß sind daher statistisch abhängig. Der Begriff statistische Abhängigkeit deutet darauf hin, daß mit der formalen Argumentation anhand bedingter Häufigkeiten keine Aussage über tatsächliche Zusammenhänge getroffen wird. Dies ist vom Benutzer der statistischen Methode zu leisten.

4.2.2 Quadratische Kontingenz

Die quadratische Kontingenz χ^2 (χ = griechischer Buchstabe Chi) beschreibt die Stärke des Zusammenhangs zweier nominal skalierter Merkmale. Bei statistischer Unabhängigkeit ist die quadratische Kontingenz Null, bei Abhängigkeit größer als Null. Je höher der Wert, um so größer auch der Grad der statistischen Abhängigkeit zwischen den betrachteten Merkmalen. Für die Maßzahl läßt sich allerdings keine Obergrenze angeben. Demzufolge ist die Interpretation schwierig. Die Größe der Maßzahl hängt von der Anzahl der Beobachtungswerte n ab. Kontingenztafeln mit unterschiedlichen Grundgesamtheiten lassen sich daher mit Hilfe der quadratischen Kontingenz nicht vergleichen.

$$\chi^2 = \sum_{i=1}^{r} \sum_{j=1}^{c} \frac{(h_{ij} + h_{ij}^*)^2}{h_{ij}^*}$$

r Anzahl der Zeilen und c = Anzahl der Spalten des Zahlenteils der Kontingenztabelle (ohne Summen).
h_{ij} Gemeinsame absolute Häufigkeit in der i-ten Zeile und der j-ten Spalte
h_{ij}^* Bei statistischer Unabhängigkeit der Merkmale erwartete gemeinsame absolute Häufigkeit.

$$h_{ij}^* = \frac{\text{Zeilensumme i} \times \text{Spaltensumme j}}{\text{Gesamtsumme}}$$

Bei vollständiger statistischer Unabhängigkeit der in Tabelle 2 betrachteten Merkmale tritt beispielsweise an die Stelle von $h_{11} = 26$ der theoretische Wert $h_{11}^* = \frac{59 \cdot 42}{90} = 27{,}53$. Für die quadratische Kontingenz errechnet sich ein Wert von 0,61. Da er größer als Null ausfällt, ist von einer Abhängigkeit der Merkmale auszugehen.

4.2.3 Kontingenzkoeffizient

Der Kontingenzkoeffizient dient ebenfalls der Beschreibung der Stärke des Zusammenhangs zweier nominal skalierter Merkmale. Er wird auf der Basis der quadratischen Kontingenz berechnet. Für diese Maßzahl läßt sich jedoch eine Unter- und Obergrenze angeben.

$$C = \sqrt{\frac{\chi^2}{n + \chi^2}}$$

Untergrenze: 0
Obergrenze: $C_{max} = \sqrt{(m-1)/m}$
m = Minimum aus der Zeilen- und Spaltenzahl der Kontingenztabelle (ohne Randsummen)

Auch für den Kontingenzkoeffizienten gilt: Je höher der Wert, um so größer auch der Grad der statistischen Abhängigkeit zwischen den betrachteten Merkmalen. Anhand der berechenbaren Obergrenze läßt sich der Grad der statistischen Abhängigkeit abschätzen. C ist Null, wenn vollständige statistische Unabhängigkeit vorliegt. C ist gleich C_{max}, wenn die Abhängigkeit am stärksten ist.

Im dem betrachteten Beispiel hat der Kontingenzkoeffizient den Wert 0,08 und liegt zwischen 0 und 0,82. Damit wird für die Gruppe der Befragten nur eine sehr geringe statistische Abhängigkeit der untersuchten Merkmale angezeigt.

4.2.4 Chi-Quadrat-Unabhängigkeits-Test

Die bisher dargestellten Maßzahlen dienen ausschließlich der Beschreibung des Zusammenhangs zweier Merkmale innerhalb einer betrachteten Stichprobe oder einer Gesamtheit. Für den Schluß von einer Zufallsstichprobe auf die Grundgesamtheit ist der Chi-Quadrat-Unabhängigkeits-Test (χ^2-Test) das passende Instrument. Durch den Vergleich von χ^2 mit einer Prüfgröße (die einer χ^2-Verteilung folgt) läßt sich feststellen, ob der durch die Stichprobe ermittelte Zusammenhang zwischen den Merkmalen zufällig auftrat oder nicht, also auch für die Grundgesamtheit anzunehmen ist.

4.3 Regressionsanalyse

Die Regressionsanalyse ist ein Verfahren zur Bestimmung eines funktionalen Zusammenhangs zwischen den Variablen. Der Name Regression leitet sich von dem Gesetz der universalen Regression (*Galton* 1889; *Hartung et al.* 1992, S. 78) ab. Die Form des Zusammenhangs kann linear oder nicht linear sein. Zur Beschreibung der möglichen Beziehungen bietet die Statistik verschiedene Regressionsmodelle an. Die folgenden Ausführungen beschränken sich auf die Darstellung des linearen Modells und unter Verwendung metrischer Variabler.

4.3.1 Multiple Regressionsanalyse

Die multiple Regressionsanalyse beschreibt den Zusammenhang zwischen mehreren unabhängigen metrischen Variablen X_i (erklärende Größen) und einer abhängigen metrischen Variable Y (zu erklärende Größe). Ein Beispiel hierfür ist die in einer Region abgesetzte Menge eines Produktes Y, die sich durch den Preis des Produktes X_1, die örtliche Kaufkraft X_2, die Zahl der regionalen Niederlassungen X_3 und andere Größen erklären läßt.

Solche Zusammenhänge lassen sich durch das multiple lineare Regressionsmodell

$$Y = b_0 + b_1\,X_1 + b_2\,X_2 + \ldots + b_k\,X_k$$

formulieren. Die Regressionsparameter b_i sind so zu bestimmen, daß die Regressionsgleichung eine optimale quantitative Beschreibung des beobachteten Zusammenhangs liefert. Hierbei ist besonders darauf zu achten, daß zwischen den einzelnen erklärenden Variablen keine lineare Abhängigkeit untereinander (Multikollinearität) auftritt. Theoretisch sind die Regressionsparameter in diesem Fall nicht bestimmbar. Dennoch lassen sich bei teilweiser Multikollinearität praktisch Werte berechnen, die jedoch dann keine sinnvolle Aussage liefern.

Die berechnete Regressionsfunktion liefert eine quantitative Abschätzung des betrachteten Zusammenhangs. Bei einer guten Wiedergabe der Realität durch das Regressionsmodell und unter der Voraussetzung konstanter Rahmenbedingungen läßt sich durch die Vorgabe der erklärenden Größen der Wert der abhängigen Größe ermitteln. Im Beispiel ließe sich aus den drei Angaben Preisniveau, Kaufkraft und Zahl der Niederlassungen die abgesetzte Menge schätzen.

4.3.2 Schrittweise Regressionsanalyse

Meist hat man aufgrund von Beobachtungen eine Vorstellung, welche sozio-ökonomischen Größen das Zustandekommen einer dritten Größe bedingen. Stehen mehrere Variablen zur Auswahl, so wird in der Praxis häufig eine schrittweise Regressionsanalyse (stepwise regression) durchgeführt, um die Auswahl der unabhängigen Variablen zu erleichtern. Ausgehend von einer erklärenden Variable, die den höchsten Erklärungswert von allen in Frage kommenden erklärenden Variablen besitzt, werden Schritt für Schritt weitere erklärende Variablen in die Regressionsbeziehung aufgenommen. Die Auswahl einer hinzukommenden erklärenden Variable erfolgt so, daß sie von allen möglichen aufzunehmenden Variablen den höchsten Erklärungsanteil beisteuert. Das Verfahren gilt dann als abgeschlossen, wenn eine weitere Aufnahme von Variablen keinen signifikanten Einfluß mehr auf die zu erklärende Variable erkennen läßt. Neben dem hier geschilderten Ablauf gibt es weitere Vorgehensweisen zur optimalen Auswahl unabhängiger Variablen.

4.3.3 Lineare Einfachregression

Zur Erläuterung der formalen Grundlagen des Regressionsansatzes wird im folgenden das einfache lineare Regressionsmodell verwendet. Es setzt eine erklärende und eine zu erklärende Variable in Beziehung und hat die Form

$$Y = b_0 + b_1\,X_1$$

Die Bestimmung der unbekannten Parametern b_0 und b_1 erfolgt auf Grund folgender Überlegungen:

Für jedes Wertepaar (x_i, y_i) gilt:

$$y_i = b_0 + b_1\,x_i + u_i$$

Statistische Datenauswertung

Die Gleichung enthält auf der rechten Seite neben der Konstante b_0 (autonomer Teil) und dem erklärten Teil $b_1\, x_i$ zusätzlich den *Restwert* u_i. Dieser beinhaltet alle übrigen, nicht eigens aufgeführten Einflüsse auf die zu erklärende Variable. Außerdem wird berücksichtigt, daß zwischen abhängigen ökonomischen Größen niemals exakte lineare Zusammenhänge zu beobachten sind, sondern diese immer nur näherungsweise linearen Verläufen folgen.

Damit das ganze Modell nicht in Frage gestellt wird, dürfen die Restgrößen nicht sehr groß ausfallen. Die optimale Bedingung für die Regressionsgerade lautet daher:

$$\sum_{i=1}^{n} u_i^2 = \sum_{i=1}^{n} (y_i - y_i^*)^2 \rightarrow \text{Minimum}$$

Für alle n beobachteten x_i gilt: Die quadrierten Abweichungen zwischen den beobachteten y_i und den auf der Regressionsgeraden liegenden y_i^* sollen minimal sein. Nach dieser auch mit **Methode der kleinsten Quadrate** bezeichneten Vorgehensweise errechnen sich die unbekannten Regressionsparameter mit:

$$b_0 = \frac{\Sigma y\, \Sigma x^2 - \Sigma x\, \Sigma x y}{n\, \Sigma x^2 - (\Sigma x)^2} \quad \text{und} \quad b_1 = \frac{n\, \Sigma x y - \Sigma x\, \Sigma y}{n\, \Sigma x^2 - (\Sigma x)^2} \quad \text{mit} \quad \Sigma = \sum_{i=1}^{n}$$

Kfz-Nr.	Baujahr[1]	Preis in DM	Kfz Nr.	Baujahr[1]	Preis in DM	Kfz Nr.	Baujahr[1]	Preis in DM
1	88,5	6 300	9	92,0	14 500	17	95,5	18 000
2	89,5	8 800	10	92,3	10 900	18	96,0	20 000
3	89,6	11 500	11	92,9	15 000	19	96,0	17 500
4	89,8	11 500	12	93,0	13 500	20	96,7	22 000
5	90,5	8 300	13	93,3	13 200			
6	90,5	10 500	14	94,0	15 100			
7	91,5	14 500	15	94,5	19 500			
8	91,8	10 500	16	94,8	15 900			

1) Darstellung dezimal, z. B. 90,5 = Juni 1990

Tab. 4: Ausgangsdaten für eine Regressionsanalyse: Baujahr und Preis von 20 Gebrauchtfahrzeugen

Tabelle 4 zeigt die Angaben zu Baujahr und Preis von 20 gebrauchten Kraftfahrzeugen eines bestimmten Herstellers und Typs. Ausgegangen wird von der Überlegung, daß das Baujahr (und damit das Alter) den Gebrauchtwagenpreis ganz wesentlich bestimmt. Außerdem wird näherungsweise Linearität des Zusammenhangs unterstellt.

Die Anwendung des einfachen linearen Regressionsmodells ergibt dann folgende Beziehung zwischen den betrachteten Variablen:

$$\text{Preis} = -130{,}1 + 1{,}554 \cdot \text{Baujahr}$$

Abbildung 1 zeigt Daten und berechnete Regressionsgerade. Die Gerade beschreibt den Verlauf der Punktewolke relativ gut. Dies bestätigt auch ein Korrelationskoeffizient von 0,91 (vgl. den Beitrag von Hans-Dieter Hippmann: Multivariate Interpendenzanalyse, S. 355). Mit den Mitteln der Teststatistik kann überprüft werden, ob das Steigungsmaß von Null verschieden ist oder nicht. Der für die in diesem Fall kleine Stichprobe geeignete t-Test liefert einen Kritischen t-Wert von 2,1. Ein aus der Stichprobe berechneter größerer t-Wert von 9,4 bestätigt ein von Null verschiedenes Steigungsmaß und damit die Abhängigkeit von Baujahr und Preis.

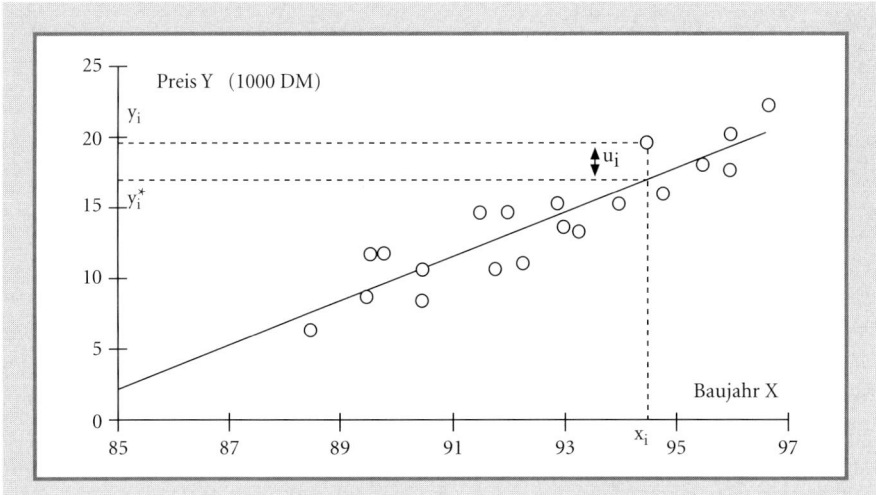

Abb. 1: Regressionsbeziehung zwischen Baujahr und Preis einer Stichprobe von Gebrauchtfahrzeugen

Mit Hilfe der berechneten Beziehung zwischen Baujahr und Preis kann beispielsweise der Preis eines weiteren gebrauchten Fahrzeugs des gleichen Herstellers und Typs geschätzt werden. So ist für ein Fahrzeug, daß Mitte 1992 hergestellt wurde ein Preis von rund 13 600,– DM zu erzielen:

$$-130,1 + 1,554 \cdot 92,5 = 13,645 \text{ (Tausend DM)}$$

4.4 Varianzanalyse

Mit der Varianzanalyse können die Wirkungen nicht metrischer Variablen auf metrische Variablen untersucht werden. Die Verwandtschaft zur Regressionsanalyse, bei der sowohl abhängige als auch unabhängige Variable metrisch skaliert sein müssen, ist hoch. Bei der multiplen Varianzanalyse werden mindestens zwei unabhängige Variablen betrachtet. Das Prinzip des Verfahrens wird im folgenden am Beispiel der einfachen Varianzanalyse mit nur einer unabhängigen Variablen beschrieben.

Statistische Datenauswertung

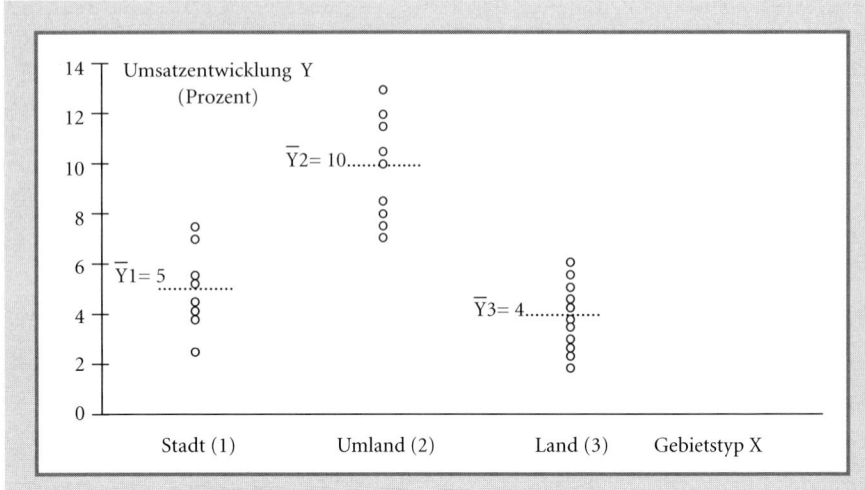

Abb. 2: Umsatzentwicklung in verschiedenen Gebietstypen

Im Mittelpunkt des Fallbeispiels steht die Umsatzentwicklung in 30 Absatzgebieten. Mit Hilfe einer Varianzanalyse soll geklärt werden, ob die Entwicklung des Umsatzes Y vom Gebietstyp X (= Grad der Verstädterung) abhängig ist. Zu diesem Zweck werden die Absatzgebiete in die drei Typen Stadt, Umland und Land eingeteilt (vgl. Abbildung 2 und Tabelle 5).

Gebiets-Nr.	Gebietstyp X^1	Umsatzentwicklung Y in Prozent	Gebiets-Nr.	Gebietstyp X^1	Umsatzentwicklung Y in Prozent	Gebiets-Nr.	Gebietstyp X^1	Umsatzentwicklung Y in Prozent
1	1	4,00	11	3	2,50	21	2	8,50
2	1	4,50	12	3	4,50	22	1	5,50
3	2	12,00	13	3	5,50	23	1	2,50
4	2	10,00	14	3	3,75	24	1	7,50
5	1	5,20	15	1	3,80	25	2	7,50
6	3	3,50	16	1	7,00	26	2	12,00
7	3	6,00	17	2	10,50	27	3	3,00
8	2	8,00	18	3	5,00	28	3	1,75
9	3	2,75	19	2	11,50	29	3	5,50
10	2	7,00	20	2	13,00	30	3	4,25

1) Gebietstyp: 1 = Stadt, 2 = Umland, 3 = Land.
Tab. 5: Umsatzentwicklung in 30 Absatzgebieten

Die unterschiedlichen Stichprobenmittel für die einzelnen Gebietstypen weisen auf eine Abhängigkeit der Variablen Y von X hin. Für die drei Typen erhält man als durchschnittliche Umsatzentwicklung $\overline{Y}_1 = 5{,}0$; $\overline{Y}_2 = 10{,}0$ und $\overline{Y}_3 = 4{,}0$ (Prozent). Der Umsatz entwickelt sich demnach im Umland der Städte stärker als in den Städten und in den ländlichen Gebieten.

Zur Überprüfung dieser Hypothese wird die gesamte Variation von Y zerlegt.

$$\underbrace{\sum_{i=1}^{m}\sum_{j=1}^{n_i}(y_{ij}-\overline{Y})^2}_{\substack{\text{Gesamte}\\\text{Quadratsumme}\\\text{(GQS)}}} = \underbrace{\sum_{i=1}^{m}\sum_{j=1}^{n_i}(y_{ij}-\overline{Y}_i)^2}_{\substack{\text{Fehler-}\\\text{quadratsumme}\\\text{(FQS)}}} + \underbrace{\sum_{i=1}^{m}n_i(y_{ij}-\overline{Y})^2}_{\substack{\text{Quadratsumme}\\\text{zwischen den}\\\text{Gruppen (ZQS)}}}$$

mit:
m = Anzahl der Kategorien der nicht metrischen Variablen X
n = Anzahl der Elemente insgesamt
n_i = Anzahl der Elemente in jeder Kategorie i

Es gilt: $n_1 + n_2 + \ldots + n_m = n$

$\overline{Y}_i$ = Durchschnittliche Ausprägung des Merkmals Y für die Elemente der Kategorie i
$\overline{Y}$ = Durchschnittliche Ausprägung des Merkmals Y aller Elemente

Die gesamte Quadratsumme (GQS) beschreibt die Abweichungen aller Stichprobenwerte vom Gesamtmittelwert. Sie setzt sich zusammen aus:
- der Fehlerquadratsumme (FQS), das ist die Summe der quadratischen Abweichungen innerhalb der einzelnen Gruppen und
- der Quadratsumme zwischen den Gruppen (ZQS).

Die abschließende Beurteilung der Abhängigkeit erfolgt über das Verhältnis der Varianzen zwischen und innerhalb der Kategorien (F-Wert). Die Varianz zwischen den Kategorien mißt den durch X erklärten Teil der Varianz von Y; die Varianz innerhalb der Kategorien mißt die durch X nicht erklärte Fehlervarianz von Y.

$$F = \frac{V_Z}{V_F}$$

Eine Abhängigkeit der Variablen Y von der Variablen X ist dann festzustellen, wenn die Varianz innerhalb der Kategorien, V_F, relativ gering und diejenige zwischen den verschiedenen Kategorien, V_Z, relativ hoch ist. Tabelle 6 zeigt die Ergebnisse der Varianzanalyse für das Fallbeispiel.

Quadratsumme	GQS 294,4	FQS 80,5	ZQS 213,9
Freiheitsgrad (Anzahl der unabhängigen Größen)	$n-1$ 29	$n-m$ 27	$q-1$ 2
Varianz (Quadratsumme/Freiheitsgrad)	V_G 10,2	V_F 2,98	V_Z 106,9

Tab. 6: Ergebnisse der Varianzanalyse

Danach errechnet sich ein F-Wert von $106,9/2,98 = 35,9$. Ein Vergleich mit dem kritischen Wert F^* der F-Verteilung zeigt, ob auf Basis der Stichprobe eine Abhängigkeit zwischen X und Y zu bestätigen oder zu verwerfen ist. Der kritische Wert beträgt bei $m-1 = 2$ und $n-m = 27$ Freiheitsgraden $F^* = 3,354$. Der aus der Stichprobe errechnete Wert ist mit $F = 35,9$ größer als der kritische Wert. Somit kann von einer Abhängigkeit zwischen dem Verstädterungsgrad der Absatzgebiete und der Umsatzentwicklung ausgegangen werden.

Der F-Test sagt jedoch nicht aus, welche Mittelwerte der einzelnen Gruppen voneinander verschieden sind, sondern er besagt nur, daß nicht alle Gruppenmittelwerte gleich sind. Für die Prüfung der Einzeleffekte kann der Scheffé-Test zur Anwendung kommen (*Bahrenberg et al.* 1992, S. 107 f.).

4.5 Diskriminanzanalyse

Die Diskriminanzanalyse wird zur bestmöglichen Trennung vorgegebener Gruppierungen verwendet (lat. discriminare trennen). Die Zugehörigkeit der Merkmalsträger zu den einzelnen Gruppen wird mit Hilfe der Diskriminanzfunktion bestimmt. Im Unterschied zur Regressionsanalyse, die metrische Daten voraussetzt, beschreibt die abhängige Variable der Diskriminanzfunktion die Gruppenzugehörigkeit und damit ein nicht metrisches Merkmal. Dieses wird im Verlauf der Diskriminanzanalyse durch zwei oder mehrere metrisch skalierte Variablen erklärt.

Die Diskriminanzanalyse unterscheidet sich somit von der Clusteranalyse, die zur Gruppierung ungruppierter Objekte eingesetzt wird. Sie wird allerdings häufig zur Optimierung einer durch die Clusteranalyse gewonnenen Gruppierung eingesetzt.

Das Grundprinzip der Diskriminanzanalyse läßt sich anschaulich unter Verwendung einer linearen Diskriminanzfunktion und zweier unabhängiger Variabler zur Trennung zweier Gruppen darstellen.

$$Y = b_0 + b_1 X_1 + b_1 X_2$$

Dabei sind b_1 und b_2 die Parameter der Funktion, und die beiden unabhängigen Variablen. Gesucht wird die Variable Y, durch die beide Gruppen möglichst gut getrennt werden. Geometrisch stellt Y die Diskriminanzachse der Form

$$X_2 = \frac{b_2}{b_1} X_1$$

dar. Für den kritischen Diskriminanzwert Y^* (siehe unten) läßt sich aus der Diskriminanzfunktion die Trenngerade

$$X_2 = -\frac{b_0}{b_2} - \frac{b_1}{b_2} X_1$$

zwischen den Gruppen bestimmen.

Die Diskriminanzkoeffizienten b_1 und b_2 werden so bestimmt, daß das arithmetische Mittel der Gruppe 1, $\overline{Y}_1$, möglichst weit vom arithmetischen Mittel der Gruppe 2, $\overline{Y}_2$, entfernt liegt, die beiden Gruppen also möglichst unterschiedlich ausfallen. Speziell für zwei Gruppen gilt als Kriterium:

$$\frac{|\overline{Y}_1 - \overline{Y}_2|}{s_Y} \to \text{Maximum}$$

$\overline{Y}_1$ und $\overline{Y}_2$ sind die Gruppenmittelwerte, s_Y ist die Standardabweichung der Diskriminanzwerte. Zur Erzielung eindeutiger Werte für die Parameter der Diskriminanzfunktion ist zusätzlich eine Normierung der Koeffizienten erforderlich (*Backhaus et al.* 1996, S. 111).

Als Beispiel dient die Untersuchung zweier Gruppen Jugendlicher mit Angaben zum Alter und der Zahl der Kinobesuche im Jahr (vgl. Tabelle 7).

Gruppe 1			Gruppe 2		
Person Nr.	Alter	Kinobesuche im Jahr	Person Nr.	Alter	Kinobesuche im Jahr
1	10	9	13	14	5
2	11	6	14	15	2
3	11	8	15	16	4
4	12	10	16	16	8
5	13	6	17	17	6
6	13	9	18	18	2
7	13	12	19	18	4
8	14	7	20	18	8
9	15	9	21	19	5
10	15	11	22	19	7
11	16	6	23	20	3
12	17	10	24	20	6

Tab. 7: Daten zum Beispiel

Die beiden Merkmale Alter und Anzahl der Kinobesuche, die offensichtlich zwischen den Gruppen differieren, werden zur Erklärung der Gruppenunterschiede herangezogen und bilden die beiden Variablen und der Diskriminanzfunktion. Mit den Angaben der Tabelle 1 erhält man:

$$Y = -3{,}682 + 0{,}388\, X_1 - 0{,}340\, X_2$$

Durch Einsetzen der Diskriminanzparameter in die zuvor beschriebenen Gleichungen sind die Diskriminanzachse

$$X_2 = -0{,}874\, X_1$$

und die Trenngerade

$$X_2 = -10{,}843 + 1{,}144\, X_1$$

bestimmt.

Abbildung 3 zeigt das Ergebnis der Trennung der beiden gegebenen Gruppen. Die vorgegebene Gruppierung wird durch die Diskriminanzanalyse nahezu bestätigt.

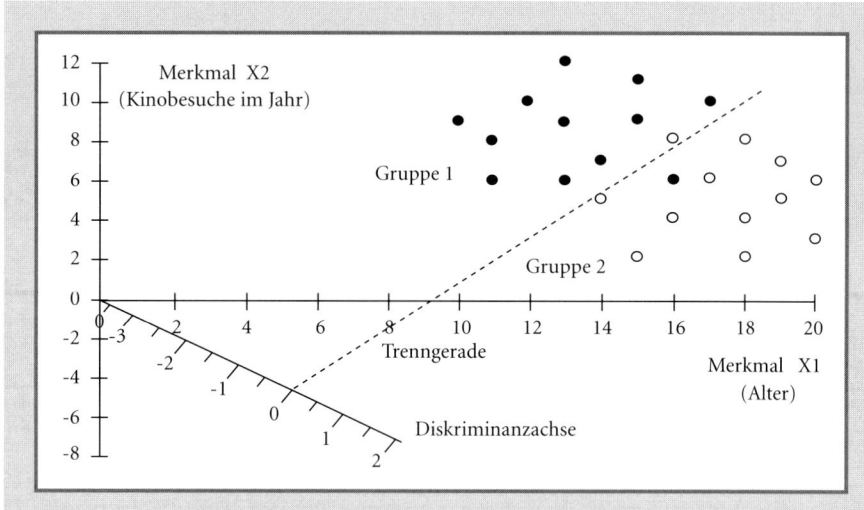

Abb. 3: Struktur der Diskriminanzanalyse

Die Unterschiedlichkeit der beiden Gruppen läßt sich durch die Differenz der Gruppenmittelwerte messen. Der kritische Diskriminanzwert Y^* liegt zwischen den Gruppenmittelwerten:

$$Y^* = \frac{\overline{Y}_2 + \overline{Y}_1}{2} + \overline{Y}_1$$

Person Nr.	Gruppe	Alter X_1	Besuche X_2	Diskriminanzwerte
1	1	10	9	−2,85
2	1	11	6	−1,45
3	1	11	8	−2,13
4	1	12	10	−2,42
5	1	13	6	−0,67
6	1	13	9	−1,69
7	1	13	12	−2,71
8	1	14	7	−0,62
9	1	15	9	−0,91
10	1	15	11	−1,59
11	1	16	6	0,50[1]
12	1	17	10	−0,47
13	2	14	5	0,06
14	2	15	2	1,47
15	2	16	4	1,17
16	2	16	8	−0,18[1]
17	2	17	6	0,88
18	2	18	2	2,63
19	2	18	4	1,95
20	2	18	8	0,59
21	2	19	5	2,00
22	2	19	7	1,32
23	2	20	3	3,07
24	2	20	6	2,05

1) Kennzeichnung der Elemente, die durch die Diskriminanzanalyse abweichend von der Ausgangsgruppierung zugeordnet wurden.

Tab. 8: Ergebnisse der Diskriminanzanalyse

In dem betrachteten Beispiel beträgt der kritische Wert Null. Elemente der Gruppe 1 müssen daher negative und die der Gruppe 2 positive Diskriminanzwerte erreichen. Andernfalls liegt eine falsche Zuordnung vor. Dies ist bei den Elementen 11 und 16 der Fall, die nach den in Tabelle 8 dargestellten Ergebnissen jeweils der anderen Gruppe zuzuordnen sind.

Die *Trefferquote* der Diskriminanzanalyse liegt damit unter 100 Prozent. Korrekt und falsch zugeordnete Elemente werden üblicherweise in einer Klassifikationsmatrix dargestellt (vgl. Tabelle 9):

Vorgegebene Gruppenzugehörigkeit	Gruppenzugehörigkeit nach Diskriminanzanalse		Anzahl der Fälle
	Gruppe 1	Gruppe 2	
Gruppe 1	11 (91,7%)	1 (8,3%)	12
Gruppe 2	1 (8,3%)	11 (91,7%)	12

Tab. 9: Klassifikationsmatrix

Im betrachteten Beispiel wurden in beiden Gruppen rund 92 Prozent der Personen richtig zugeordnet. Die Beurteilung der Trefferquote erfolgt durch Vergleich mit derjenigen Trefferquote, die man bei einer zufälligen Zuordnung der Elemente zu den Gruppen erzielen würde. Eine hohe Trefferquote bringt zum Ausdruck, daß die Diskriminanzfunktion und damit die erklärenden Variablen die vorgegebene Gruppierung gut erklären.

Die Diskriminanzanalyse läßt sich auch zur Klassifizierung von neuen Elementen verwenden. So ergibt sich in dem vorliegenden Beispiel für eine weitere Person mit Alter = 15 und Anzahl der jährlichen Kinobesuche = 4 durch Einsetzen der Zahlen in die Diskriminanzfunktion ein Diskriminanzwert von Y = +0,79. Die Person ist daher der zweiten Gruppe zuzuordnen. In der Abbildung läge der repräsentierende Datenpunkt für diese Person unterhalb der Trennlinie.

4.6 Literaturverzeichnis

Backhaus, Klaus/Erichson, Bernd/Plinke, Wulff/Weiber, Rolf: Multivariate Analysemethoden, Eine anwendungsorientierte Einführung, 8. Auflage, Berlin 1996
Bahrenberg, Gerhard/Giese, Ernst/Nipper, Josef: Statistische Methoden in der Geographie, Band 2, Multivariate Statistik, 2. Auflage, Stuttgart 1992
Förster, E./Rönz, B.: Methoden der Korrelations- und Regressionsanalyse, Berlin 1979
Hartung, Joachim/Elpelt, Bärbel: Multivariate Statistik, Lehr- und Handbuch der angewandten Statistik, 4. Auflage, München/Wien 1992

5. Multivariate Interdependenzanalyse

Hans-Dieter Hippmann

Inhaltsübersicht

5.1 Einleitung
5.2 Korrelationsanalyse
5.2.1 Korrelationsanalyse metrischer Merkmale
5.2.2 Korrelationsanalyse ordinal skalierter Merkmale
5.2.3 Korrelationsanalyse bei nominal skalierten Merkmalen
5.2.4 Korrelationsanalyse bei unterschiedlicher Skalierung der Merkmale
5.3 Hauptkomponenten- und Faktorenanalyse
5.3.1 Korrelationsmatrix
5.3.2 Hauptkomponentenanalyse
5.3.3 Zahl der Faktoren
5.3.4 Faktorenanalyse
5.4 Clusteranalyse
5.4.1 Distanz- und Änlichkeitsmaße
5.4.2 Clusterverfahren
5.4.3 Dendrogramm
5.5 Multidimensionale Skalierung
5.6 Conjoint-Analyse
5.7 Literaturverzeichnis

Auf einen Blick

Verfahren der Interdependenzanalyse dienen der Untersuchung gegenseitiger Abhängigkeiten mehrerer Merkmale. Die Untersuchung wird meist ohne eine Vorstellung über den Zusammenhang zwischen den Variablen begonnen. Die Verfahren unterscheiden daher auch nicht zwischen abhängigen und unabhängigen Variablen. Die Auswahl des geeigneten Verfahrens hängt ebenso wie bei den dependenzanalytischen Verfahren von der Skalierung der betrachteten Merkmale ab. Aufgabe der interdependenzanalytischen Verfahren ist die Entdeckung von Datenstrukturen. Im Anschluß an eine Interdependenzanalyse kann gegebenenfalls auch ein dependenzanalytisches Verfahren eingesetzt werden.

5.1 Einleitung

Interdependenzanalytische Verfahren werden zur Untersuchung mehrerer Variablen, zwischen denen keine konkrete Abhängigkeit vermutet wird, herangezogen. Mit Hilfe der Verfahren sollen denkbare in den Daten verborgene Strukturen entdeckt werden.

Tabelle 1 gibt einen Überblick zu den wichtigsten Verfahren und den behandelten Problemen. Mit Ausnahme der Conjoint Analyse, verdichten die Verfahren vorhandene statistischen Informationen und erleichtern damit die Beurteilung der analysierten Daten. Mit Hilfe der Korrelationsanalyse kann die Stärke des gemeinsamen Zusammenhangs zwischen Variablen angegeben werden. Die Faktorenanalyse ist ein Verfahren zur Reduktion einer Vielzahl von gleichgerichteten Variablen und die Clusteranalyse wird typischerweise zur Zusammenfassung von Fällen herangezogen. Die Conjoint Analyse ist dagegen ein zerlegendes Verfahren, das die Informationen über den Nutzen, den die Befragten bestimmten Objekten zuordnen, auf die einzelnen Eigenschaften überträgt. Die multidimensionalen Skalierung hat die einfache graphische Darstellung komplexer Beziehungen zwischen Objekten und die Analyse der Positionierung einzelner Objekte zum Ziel.

Verfahren	Problemstellung
Korrelationsanalyse	Besteht zwischen mehreren Größen eine Abhängigkeit? Wie stark ist die Abhängigkeit?
Hauptkomponenten- und Faktorenanalyse	Welche geringe Zahl zugrundeliegender Größen (Faktoren) beschreibt eine Vielzahl beobachteter Variablen möglichst genau?
Clusteranalyse	Welche geringe Zahl von verschiedenen (aber bezüglich der Objekte in sich einheitlichen) Gruppen läßt sich aus einer Vielzahl von Objekten bilden?
Multidimensionale Skalierung	Auf welche Weise läßt sich eine Vielzahl durch die Befragten wahrgenommener Objekte im Hinblick auf deren verschiedene Eigenschaften möglichst einfach darstellen?
Conjoint-Analyse	Welche metrischen Teilnutzenwerte lassen sich den einzelnen Produkteigenschaften aufgrund abgegebener (ordinaler) Gesamtnutzenurteile der Befragten zurechnen?

Tab. 1: Wichtige Verfahren der Interdependenzanalyse

5.2 Korrelationsanalyse

Unter Korrelation wird die systematische Veränderung der Ausprägung eines Merkmals im Hinblick auf die Veränderung der Ausprägungen anderer Merkmale verstanden. Solche Zusammenhänge können mehr oder weniger stark ausgebildet sein. Mit Hilfe der Korrelationsanalyse läßt sich die Stärke des Zusammenhangs zwischen zwei oder mehreren Variablen messen.

Korrelationsmaße werden häufig zur Unterstützung oder Beurteilung anderer statistischer Verfahren herangezogen. Die verwendeten Maßzahlen unterscheiden sich nach dem Skalenniveau der untersuchten Merkmale:
- Kontingenzmaße beschreiben den Zusammenhang nominal skalierter und
- Assoziationsmaße den Zusammenhang ordinal skalierter Merkmale.

Korrelationsmaße im engeren Sinne sind Maßzahlen zur Analyse metrischer oder quasi metrischer Merkmale. Die Abgrenzung ist in der Literatur nicht ganz einheitlich. Dies liegt an der Einordnung der beispielsweise auch in der Marktforschung häufig verwendeten Ordinalskala, die sowohl nicht metrische als auch metrische Eigenschaften besitzt.

5.2.1 Korrelationsanalyse metrischer Merkmale

Der **multiple Korrelationskoeffizient** mißt den Grad der linearen Abhängigkeit zwischen einer Variablen Y und den Variablen $X_1, X_2, \ldots X_n$. Die Arbeitsweise und Interpretation der Maßzahl kann auch anhand des einfachen **Korrelationskoeffizienten nach Bravais-Pearson R** dargestellt werden. Er mißt den Grad der linearen Abhängigkeit zweier metrischer Merkmale X und Y. In der Praxis häufig verwendet dient er als Grundlage für die Faktorenanalyse, als Ähnlichkeitsmaß im Rahmen der Clusteranalyse oder zur Beurteilung der Ergebnisse einer linearen Regressionsanalyse.

$$R = \frac{\sum_{i=1}^{n}(x_i - \overline{X})(y_i - \overline{Y})}{\sum_{i=1}^{n}(x_i - \overline{X})^2 \sum_{i=1}^{n}(y_i - \overline{Y})^2}$$

mit $\quad -1 \leq R \leq +1$

n Anzahl der Beobachtungen
x_i Beobachtungswerte des Merkmals X
y_i Beobachtungswerte des Merkmals Y
$\overline{X}$ Mittelwert der x-Werte
$\overline{Y}$ Mittelwert der y-Werte

Ein positiver Korrelationskoeffizient zeigt an, daß die Merkmale X und Y gleichläufig variieren, man spricht von positiver Korrelation. Ein negativer Koeffizient zeigt eine gegenläufige Variation der beiden Merkmale an, X und Y sind dann negativ korreliert. Je höher der absolute Wert des Koeffizienten, um so stärker ist der lineare Zusammenhang zwischen X und Y. Liegt der absolute Wert des Koeffizienten nahe Eins, so spricht man von einer hohen oder guten Korrelation. Nimmt der Koeffizient die Werte – 1 oder +1 an, so liegt ein exakter (negativer oder positiver) linearer Zusammenhang zwischen X und Y vor. Liegt der Wert des Korrelationskoeffizienten dagegen nahe bei Null, so spricht man von einer schlechten oder schwachen Korrelation. Bei einem Wert von Null ist kein Zusammenhang meßbar.

Als Beispiel dient die Untersuchung von 14 abgeschlossenen Projekten. Aus den Angaben zur Projektdauer und den Projektkosten ist der Grad der Abhängigkeit der Größen zu ermitteln (vgl. Tabelle 2).

Statistische Datenauswertung

Projekt Nr. i	1	2	3	4	5	6	7	8	9	10	11	12	13	14
Projektdauer X (Tage)	8	5	11	3	4	13	16	18	6	5	12	10	12	17
Kosten Y (1000 DM)	21	13	26	11	14	28	31	33	20	16	24	22	29	34

Tab. 2: Ausgangsdaten für eine Korrelationsanalyse: Angaben zur Dauer und den Kosten von 14 Projekten

Aus den Angaben läßt sich ein Korrelationskoeffizient von

$$R = \frac{476}{\sqrt{322 \cdot 744}} = +0,973$$

berechnen. Es liegt somit eine sehr guter und gleichförmiger Zusammenhang zwischen der Projektdauer und den Projektkosten vor. Abbildung 1 zeigt den hohen Grad der Linearität des Zusammenhangs. Die angedeutete Gerade zeigt das Ergebnis einer Regressionsanalyse und verdeutlicht die Aussage des Korrelationskoeffizienten.

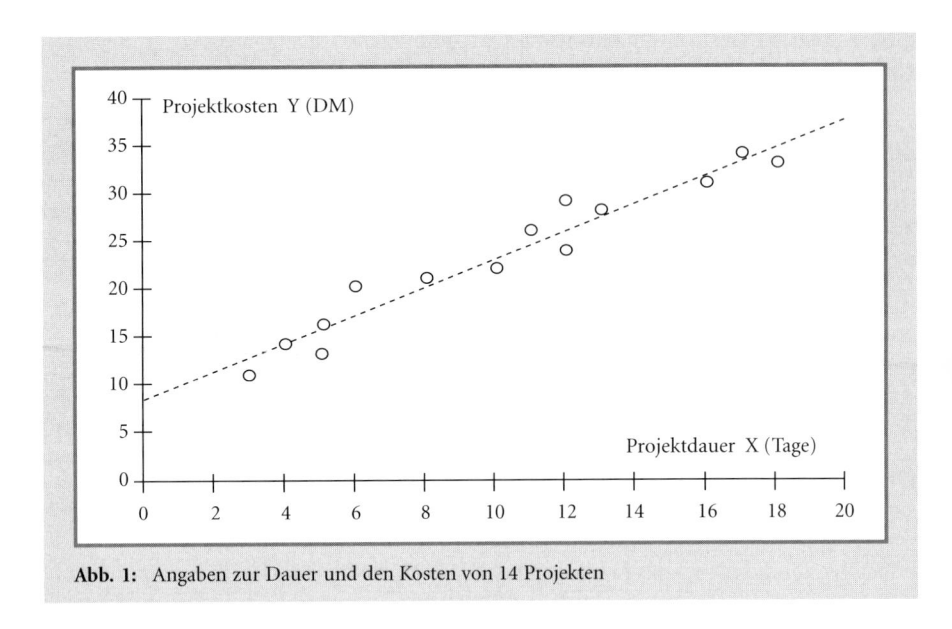

Abb. 1: Angaben zur Dauer und den Kosten von 14 Projekten

Der **kanonische Korrelationskoeffizient** beschreibt den Zusammenhang zwischen mehreren metrisch skalierten Variablengruppen. Im Zusammenhang mit der Diskriminanzanalyse wird die Maßzahl zur Beurteilung der durchgeführten Trennung der Gruppen verwendet. Ein hoher Wert des Koeffizienten deutet auf eine gute Trennung der gebildeten Gruppen hin.

$$R_{kanon} = \sqrt{\frac{ZQS}{ZQS + FQS}}$$

ZQS Quadratsumme zwischen den Gruppen
FQS Fehlerquadratsumme (Quadratsumme innerhalb der Gruppen)

Im Fall von nur zwei Variablen ist der kanonische Korrelationskoeffizient mit dem einfachen Korrelationskoeffizienten nach Bravais-Pearson identisch.

5.2.2 Korrelationsanalyse ordinal skalierter Merkmale

Häufig wird der zuvor beschriebene Korrelationskoeffizient auch für ordinal skalierte Merkmale verwendet. Hierbei wird jedoch nicht beachtet, daß die Ordinalskala auf Beurteilungen wie beispielsweise sehr gut, gut, befriedigend basiert, zwischen denen keine Abstände gemessen werden können. Auch nach einer Vergabe von Rangziffern 1., 2. und 3. oder einer Codierung 01, 02, 03 darf nicht vergessen werden, daß es sich hierbei um eine nicht metrische Skalierung handelt.

Zur Messung des Zusammenhangs ordinal skalierter Merkmale eignet sich der **Rangkorrelationskoeffizient nach Spearman** oder andere speziell zur Untersuchung rangskalierter Merkmale konstruierte Assoziationsmaße.

Als Ausgangsmaterial zur Berechnung des Rangkorrelationskoeffizienten werden die Daten eines Reiseveranstalters verwendet. Von zwei Reisegruppen liegt die Einschätzung der Attraktivität von 11 Urlaubsländern vor. Tabelle 2 zeigt die Rangfolge der Länder, wie sie aus den Nennungen ermittelt wurde. Stehen die Einschätzungen X und Y der beiden Gruppen in einem Zusammenhang oder sind sie unabhängig voneinander (vgl. Tabelle 3).

Urlaubsland	Gruppe A	Gruppe B
	Ermittelte Rangfolge der Urlaubsländer	
	$R(X)$	$R(Y)$
Bundesrepublik Deutschland	1	1
Dänemark	9	9
Frankreich	5	5
Griechenland	6,5	6
Italien	2	3
Niederlande	10	9
Österreich	3	2
Schweiz	8	7
Spanien	4	4
Türkei	6,5	9
Insgesamt	55	55

Tab. 3: Ausgangsdaten zur Berechnung des Rangkorrelationskoeffizienten

Je niedriger die Rangzahl eines Landes ist, um so höher, und je höher die Rangzahl, um so niedriger ist die Attraktivität dieses Landes in der Einschätzung der Befragten. Für Länder mit gleicher Attraktivität wird das arithmetische Mittel derjenigen Rangzahlen eingesetzt, die auf diese Länder entfallen würden, wenn ihre Häufigkeit unterschiedlich wäre. Auf diese Weise bekommen die Länder Griechenland und Türkei in Gruppe A wegen gleicher Attraktivität anstelle der Rangzahlen 6 und 7 die identischen Rangzahlen $(6 + 7)/2 = 6{,}5$. In Gruppe B erhalten drei Länder die Rangzahl $(8 + 9 + 10)/3 = 9$. Die Summe aller vergebenen Rangzahlen unterscheidet sich deshalb bei teilweise gleicher Attraktivität nicht von dem Fall der Unterscheidbarkeit.

Der Rangkorrelationskoeffizient ρ (ρ = griechischer Buchstabe Rho) nach Spearman ist zu berechnen nach:

$$\rho = 1 - \frac{6 \sum_{i=1}^{n} \left[R(X)_i - R(Y)_i\right]^2}{n(n^2 - 1)}$$

mit $\quad -1 \leq \rho \leq +1$
$n \quad$ Anzahl der Beobachtungen
$R(X)_i \quad$ vergebene Rangzahl zu Merkmal X
$R(Y)_i \quad$ vergebene Rangzahl zu Merkmal Y

Der Rangkorrelationskoeffizient nimmt den Wert +1 an, wenn sich die Rangzahlen $R(X)_i$ und $R(Y)_i$ jeweils entsprechen. Er ist positiv, wenn die Rangzahlen gleichsinnig, und negativ, wenn sie gegensinnig verlaufen. Der Wert −1 kommt bei gegenläufigen Rangzahlen zustande.

Für das Beispiel ergibt sich: $\rho = 1 - \dfrac{6 \cdot 10{,}5}{990} = +0{,}936$. Zwischen den beiden Merkmalen X = Einschätzung der Attraktivität durch Gruppe A und Y = Einschätzung der Attraktivität durch Gruppe B besteht somit ein starker positiver Zusammenhang. Beide Zielgruppen schätzen die Attraktivität der genannten Urlaubsländer ähnlich ein.

5.2.3 Korrelationsanalyse bei nominal skalierten Merkmalen

Liegen zwei nominal skalierte Merkmale vor, kann die Stärke des Zusammenhangs zwischen den beiden Merkmalen mit Hilfe der quadratischen Kontingenz oder mit Hilfe des Kontingenzkoeffizienten beschrieben werden. Die Maßzahlen wurden bereits behandelt (vgl. den Beitrag von Hans-Dieter Hippmann: Multivariate Dependenzanalyse, S. 343).

5.2.4 Korrelationsanalyse bei unterschiedlicher Skalierung der Merkmale

Bisher wurde stets davon ausgegangen, daß die Merkmale gleich skaliert sind. Wie geht man jedoch vor, wenn die vorliegenden Merkmale unterschiedlich skaliert sind? Zur Untersuchung von zwei Merkmalen mit einem unterschiedlichen Skalenniveau behilft man sich mit einer Senkung des Skalenniveaus (Niveauregression) bei demjenigen Merkmal mit dem höchsten Skalenniveau (gemessen an den metrischen Eigenschaften der Skala). Nach der vorgenommenen Niveauangleichung wird ein geeignetes Korrelationsmaß verwendet.

Beispiel: Für die Analyse der Korrelation zwischen dem ordinal skalierten Merkmal Benutzung von Produkt A (häufig, selten, nie) und dem metrischen Merkmal Einkommen wird beim Merkmal Einkommen das Skalenniveau gesenkt. Aus den vorgegebenen metrischen Ausprägungen 0 bis unter 2000 DM, 2000 bis unter 4000 DM, 4000 bis unter 6000 DM ... werden die ordinal skalierten Ausprägungen geringes, mittleres, hohes ... Einkommen. Danach kann der Rangkorrelationskoeffizient oder ein anderes Assoziationsmaß angewendet werden.

5.3 Hauptkomponenten- und Faktorenanalyse

Mit Hilfe der **Faktorenanalyse** kann eine Vielzahl von beobachteten Variablen (Merkmalen) auf eine überschaubare Anzahl von Faktoren reduziert werden. Formal wird die einfachste lineare Struktur gesucht, die hinter den miteinander korrelierten Variablen steht. Praktisch werden die Variablen aufgrund der beobachteten Korrelationen durch eine geringe Anzahl von hypothetischen Größen, den Faktoren, ersetzt. Diese sollen die beobachteten Beziehungen auf einfachere Weise so genau wie möglich beschreiben. Ziel einer Faktorenanalyse ist es, möglichst wenige und unabhängige Faktoren mit einem hohen Erklärungswert zu extrahieren und auf diese Weise zu einer Datenreduktion zu gelangen. Die Faktorenanalyse ist nur teilweise wahrscheinlichkeitstheoretisch fundiert. Die Qualität eines Analyseergebnisses zeigt sich praktisch in der Interpretierbarkeit der gefundenen Faktoren. Der **Hauptkomponentenanalyse** liegt eine einfachere Modellstruktur zugrunde als der Faktorenanalyse. Demzufolge ist die mathematische Lösung weniger aufwendig. Das Verfahren wird aber unter dem Oberbegriff Faktorenanalyse eingeordnet.

5.3.1 Korrelationsmatrix

Die Grundlage einer Faktorenanalyse bildet die Korrelationsmatrix der in die Untersuchung einbezogenen Variablen. Hohe Korrelationen zwischen einzelnen Variablen führen zur Erklärung oder Ladung des aus diesen Variablen gebildeten Faktors. Die Zuordnung der Variablen zu den zunächst unbekannten Faktoren, die gewissermaßen als nicht direkt zu beobachtende Größen im Hintergrund stehen, bildet den Grundgedanken der Faktorenanalyse.

Als einfaches Beispiel wird eine Befragung von 30 Personen über die Bedeutsamkeit der Merkmale Preis, Airbag, Antiblockiersystem, Benzinverbrauch und Wiederverkaufswert für den Kauf eines PKW angeführt. Die Antworten waren über eine ordinale Skala von 1 (trifft nicht zu) bis 9 (trifft zu) zu signieren. Ziel ist es, die genannten Eigenschaften auf wenige Faktoren zu reduzieren. Tabelle 4 zeigt die Korrelationsmatrix der betrachteten Variablen.

Statistische Datenauswertung

	Preis	Airbag	ABS[1]	Verbrauch	WVW[2]
Preis	1000				
Airbag	0,022	1,000			
ABS 1)	– 0,201	0,547	1,000		
Verbrauch	0,787	0,044	0,019	1,000	
WVW 2)	0,510	– 0,097	– 0,160	0,635	1,000

1) Antiblockiersystem 2) Wiederverkaufswert
Tab. 4: Korrelationsmatrix für fünf Variablen

Die befragten Personen messen beispielsweise dem Preis und dem Benzinverbrauch einen jeweils ähnlich hohen oder niedrigen Stellenwert bei, der Korrelationskoeffizient der beiden Variablen beträgt 0,787. Die beiden Variablen werden im Verlauf der Analyse einem Faktor zugeordnet. Die Angaben zu Verbrauch und Airbag wurden dagegen nahezu unabhängig voneinander gegeben und sind daher nur mit einem Wert von 0,044 korreliert. Diese beiden Variablen werden nicht zusammen in einen Faktor gelangen.

Abbildung 2 zeigt das Ergebnis einer Faktorenextraktion mit Hilfe der Hauptkomponentenanalyse. Der komplexe Zusammenhang zwischen den verschiedenen Variablen wird auf die zwei Faktoren Sicherheit und Wirtschaftlichkeit reduziert.

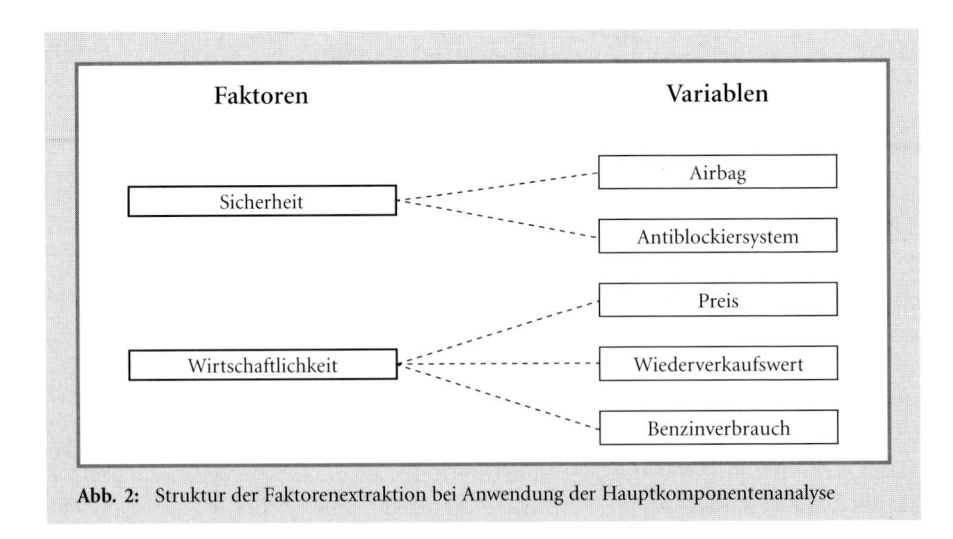

Abb. 2: Struktur der Faktorenextraktion bei Anwendung der Hauptkomponentenanalyse

5.3.2 Hauptkomponentenanalyse

Die Hauptkomponentenanalyse ist die wichtigste Methode zur Faktorenextraktion. Sie unterscheidet sich von der Faktorenanalyse durch die nicht vorhandenen Einzelrestfaktoren, die jeweils nur eine einzige Variable repräsentieren. Im Gegensatz zu den Einzelrestfaktoren vertreten die gemeinsamen Faktoren mehrere Variablen (vgl. Abbildung 2). Die Hauptkomponentenanalyse führt mathematisch zu einer eindeutigen Lösung, ist jedoch als Modell in den meisten Situationen unrealistisch. In der Praxis erweist sich dieses einfache Verfahren als nützlich für eine erste Beschreibung der untersuchten Struktur und zur Bestimmung der Anzahl der Faktoren.

5.3.3 Zahl der Faktoren

Zur Bestimmung der Zahl der zu extrahierenden Faktoren gibt es verschiedene Vorgehensweisen. Allen gemeinsam ist letztlich das Ziel, interpretierbare Faktoren zu erhalten. Im Zweifelsfall ist gerade dieser Umstand ein sehr praktisches Kriterium. Eine gängige Methode ist die Untersuchung der Varianzanteile der Faktoren in bezug auf die Gesamtvarianz. In der Praxis wird die Anzahl der Faktoren danach so festgelegt, daß etwa 90 bis 95 Prozent der Gesamtvarianz bestimmt ist. Ein anderes wegen seiner Einfachheit häufig angewendetes Kriterium verlangt Faktoren mit Eigenwerten, die größer als Eins sind. Die Eigenwerte geben die absolute Varianz der Faktoren wieder (vgl. Tabelle 5).

Faktor	Eigenwert (absolute Varianz)	Varianzanteil in Prozent	Kumulierte Varianzanteile
1	2,330	46,6	46,6
2	1,545	30,9	77,7
3	0,543	10,9	88,4
4	0,434	8,7	97,0
5	0,148	3,0	100,0
	5,000	100,0	–

Tab. 5: Eigenwerte und Varianzanteile zu extrahierender Faktoren

Nach dem Eigenwertkriterium sind in dem betrachteten Beispiel zwei Faktoren zu extrahieren. Knapp 90 Prozent der Gesamtvarianz werden durch drei Faktoren erreicht. Im Hinblick auf die Interpretierbarkeit wird zwei Faktoren der Vorrang gegeben. Tabelle 6 zeigt die Faktorladungen der einzelnen Variablen auf die beiden Faktoren Wirtschaftlichkeit und Sicherheit.

Statistische Datenauswertung

Variable	Faktor 1 »Wirtschaftlichkeit«	Faktor 2 »Sicherheit«
Preis	<u>0,882</u>	0,108
Airbag	– 0,125	<u>0,870</u>
Antiblockiersystem	– 0,269	<u>0,841</u>
Benzinverbrauch	<u>0,900</u>	0,261
Wiederverkaufswert	<u>0,809</u>	0,005

Tab. 6: Extrahierte Faktoren und Faktorladungen der Variablen

Die Taufe der Faktoren ist der spannendste Augenblick einer Faktorenanalyse. Eine sinnvolle Bezeichnung der Faktoren dokumentiert den Erfolg der Analyse. Einem Faktor werden diejenigen Variablen zugeordnet, die dem Wert nach relativ hohe Faktorladungen besitzen (in der Tabelle 6 unterstrichen). Der erste Faktor beinhaltet im Beispiel die Variablen Preis, Benzinverbrauch und Wiederverkaufswert. Es sind somit Wirtschaftlichkeitsüberlegungen, die als Faktor hinter den Kaufentscheidungen der befragten Personen stehen. Ein anderer Faktor ist die Sicherheit, die durch die relativ hohen Ladungen der Variablen Airbag und Antiblockiersystem auf den zweiten Faktor beschrieben wird.

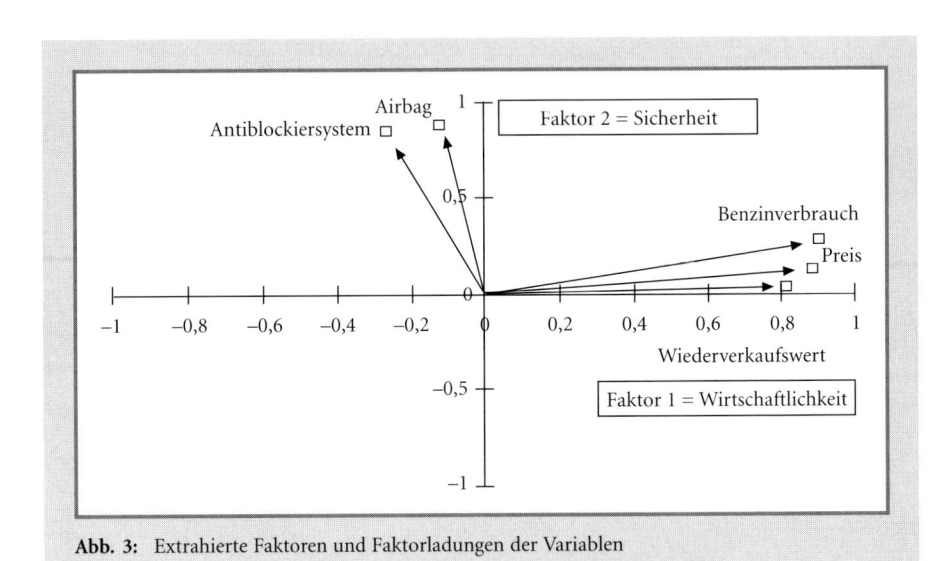

Abb. 3: Extrahierte Faktoren und Faktorladungen der Variablen

Abbildung 3 zeigt die typische Darstellung des Ergebnisses einer Faktorenanalyse. Die Diagrammachsen repräsentieren die einzelnen Faktoren. Deren inhaltliche Bestimmung wird durch die Zuordnung der einzelnen Variablen zu den Achsen erleichtert. Hierbei sind die Koordinaten der einzelnen Variablenpunkte durch die Faktorladungen bestimmt.

5.3.4 Faktorenanalyse

Das vollständige faktorenanalytische Modell fordert im Gegensatz zur Hauptkomponentenanalyse – neben den gemeinsamen Faktoren – für jede Variable einen Einzelrestfaktor. Damit wird auf Grund von Vorüberlegungen bestimmt, daß die gesuchten (gemeinsamen) Faktoren die vorgegebene Variablenstruktur nicht vollständig abbilden, sondern daß noch andere Einflußfaktoren oder Meßfehler eine Rolle spielen.

Die Gesamtvarianz des Modells wird in eine durch die gemeinsamen Faktoren erklärte Varianz und in eine Restvarianz unterteilt. Mit der Berechnung der gemeinsamen Faktoren verbunden ist die Bestimmung der Kommunalitäten. Sie bilden die diagonalen Elemente der Korrelationsmatrix. Die Kommunalität ist der Teil der Gesamtvarianz einer Variablen, der durch die gemeinsamen Faktoren erklärt ist. Die mathematisch nicht ganz einfache Bestimmung der Kommunalitäten entscheidet über die Modellstruktur. Sie wird in der Fachliteratur unter dem Kommunalitätenproblem abgehandelt (vgl. Abbildung 4).

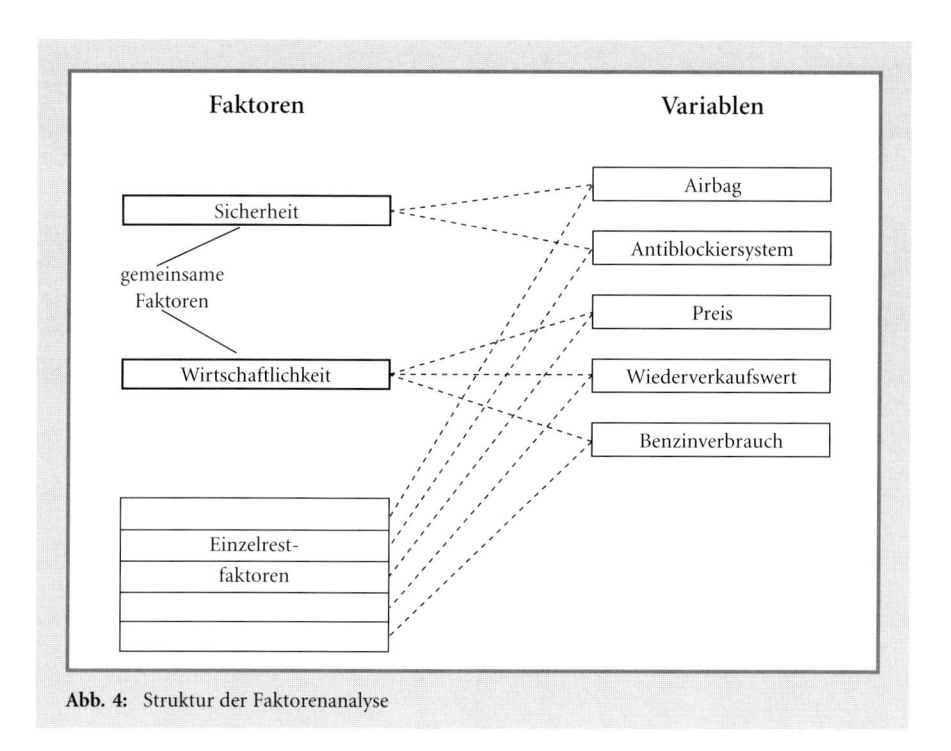

Abb. 4: Struktur der Faktorenanalyse

Geometrisch gesehen entstehen bei der Faktorenextraktion Variablenbündel, die zunächst willkürlich aber als feste Konfiguration in einem Koordinatensystem liegen. Erst durch die **Rotation** der Koordinatenachsen kommt es zu einer optimalen Zuordnung der Variablen zu den Faktoren. Die möglichen Lösungsansätze hierzu werden in der Fachliteratur als Rotationsproblem diskutiert. Die in Abbildung 3 dargestellte Lösung mit zwei Faktoren läßt sich insofern noch optimieren, als das Koordinatensysten entgegen dem Uhrzeigersinn zu drehen ist, bis die Variablenbündel möglichst nahe den Koordinatenachsen zu liegen kommen.

5.4 Clusteranalyse

Ziel einer Clusteranalyse ist die Zusammenfassung einer Vielzahl von statistischen Einheiten, beispielsweise Personen, zu Gruppen. Im Ergebnis sind sich die Einheiten innerhalb der Gruppen sehr ähnlich, die einzelnen Gruppen unterscheiden sich dagegen stark. Die Kriterien für die Zusammenfassung der Einheiten liefern eine Reihe von **Ähnlichkeits- und Distanzmaßen**.

Mit dem Instrumentarium der Clusteranalyse lassen sich die Strukturen in einer Gesamtheit von Einheiten besser erkennen. So lassen sich beispielsweise Verbraucher aufgrund ihres Kaufverhaltens gruppieren: Da gibt es die Gruppe der preisbewußten Käufer, die Gruppe derjenigen, die auf Werbung ansprechen, oder die Gruppe der Individualisten, die sich nicht wie die Masse verhalten.

Die einzelnen Gruppen entstehen nach und nach im Verlauf einer Clusteranalyse. Die Anzahl der Gruppen ist frei wählbar oder mit Hilfe von Abbruchkriterien (stopping rules) indirekt festzulegen. In der Praxis spielt, ähnlich der Faktorenbildung bei der Faktorenanalyse, die Interpretierbarkeit der verschiedenen Gruppenzusammensetzungen für die Bestimmung der optimalen Anzahl der Gruppen eine große Rolle.

Während Varianz- und Diskriminanzanalyse von einer bereits bestehenden Gruppierung ausgehen, dient die Clusteranalyse gerade der Bildung von Gruppen. Die mit Hilfe einer Clusteranalyse gewonnene Gruppierung kann daher die Grundlage für weitere varianz- oder diskriminanzanalytische Untersuchungen sein.

Zur Demonstration der Arbeitsweise einer Clusteranalyse werden 20 Personen betrachtet, die nach ihren Merkmalen Körpergröße und Gewicht gruppiert werden sollen.

Fall Nr.	Körper-größe (cm)	Gewicht (kg)	Fall Nr.	Körper-größe (cm)	Gewicht (kg)	Fall Nr.	Körper-größe (cm)	Gewicht (kg)
1	166	65	9	183	80	17	170	65
2	186	84	10	180	88	18	165	60
3	200	90	11	153	50	19	166	64
4	190	90	12	162	62	20	175	67
5	180	86	13	165	62			
6	177	79	14	160	66			
7	188	80	15	175	65			
8	184	74	16	160	59			

Tab. 7: Körpergröße und Gewicht von 20 Befragten

5.4.1 Distanz- und Ähnlichkeitsmaße

Das einfachste und zugleich anschaulichste Kriterium zur Feststellung der Ähnlichkeit der untersuchten Fälle ist die euklidische Distanz. Sie mißt die Luftlinie zwischen zwei Punkten. Je größer die Distanz ist, desto unähnlicher sind sich zwei Fälle. In Abbildung 5 sind die 20 betrachteten Fälle als Punkte dargestellt. Die Ellipsen markieren verschiedene Gruppen von Punkten/Fällen, die offenbar näher zusammen liegen. Die Fälle innerhalb

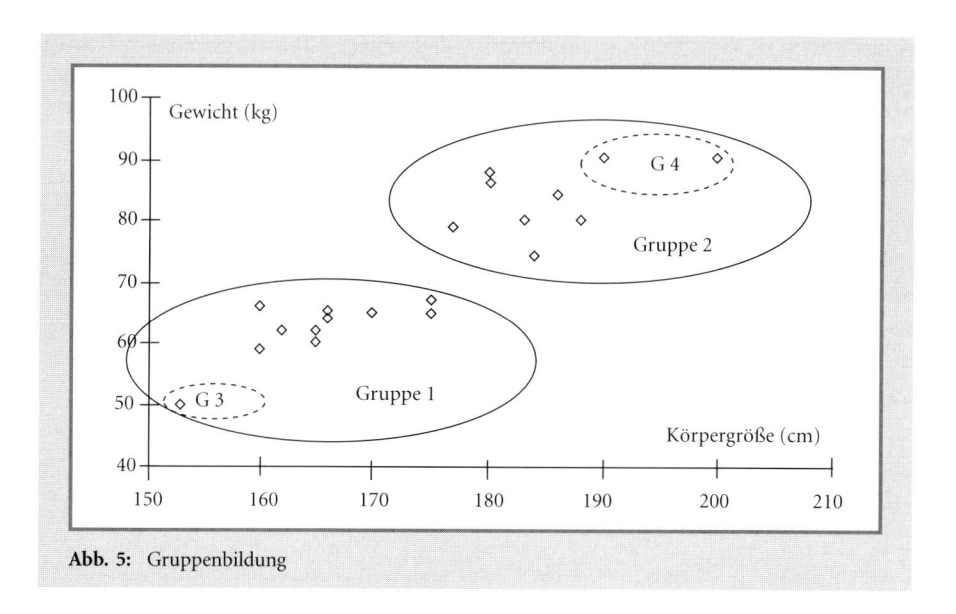

Abb. 5: Gruppenbildung

der Ellipsen (Gruppen) sind sich relativ ähnlich bezüglich der Merkmale Körpergröße und Gewicht. Fälle aus verschiedenen Gruppen weisen dagegen relativ starke Unterschiede bezüglich Körpergröße und Gewicht auf.

Als Ähnlichkeitsmaß können auch Korrelationskoeffizienten verwendet werden. Bei der Auswahl der verwendeten Maßzahl ist auf jeden Fall auf die Skalierung der untersuchten Merkmale zu achten, denn die meisten Maßzahlen sind entweder für metrische oder für nicht metrische Skalen geeignet.

5.4.2 Clusterverfahren

Ausgangspunkt der Clusteranalyse bildet die **Distanz- oder Ähnlichkeitsmatrix**, in der jeder der untersuchten Fälle mit jedem verglichen wird und die Ähnlichkeit per Maßzahl ausgewiesen ist. Für die weitere Vorgehensweise, die eine Zusammenfassung der Fälle zum Ziel hat, gibt es die verschiedensten Verfahren (*Bacher* 1996; *Backhaus et al.*, S. 281 ff.).

In der Praxis werden bei relativ kleinen Datenmengen **agglomerative hierarchische Verfahren** angewendet. Bei diesen Verfahren wird anfangs jeder einzelne Fall als ein Cluster betrachtet. Die beiden ähnlichsten Fälle werden dann zu einem ersten neuen Cluster zusammengefaßt. Von den nun vorhandenen Clustern werden wieder die beiden ähnlichsten zu einem neuen Cluster zusammengefaßt. Der Vorgang wird so lange wiederholt, bis am Ende ein einziges Gesamtcluster übrig bleibt oder durch die Vorgabe eines Kriteriums vorab abgebrochen wird. Ein sinnvolles Kriterium ist der Abstand zwischen den Clustern. Ein sprunghafter Anstieg des Abstandes der für die nächste Zusammenfassung vorgesehenen beiden Cluster ist ein Indiz für die erreichte optimale Anzahl der Cluster. Einmal zugeordnete Fälle werden im Verlauf einer hierarchischen Clusterung nicht mehr neu verteilt. Eine anschließende Optimierung ist beispielsweise mit Hilfe der Diskriminanzanalyse möglich.

5.4.3 Dendrogramm

Abbildung 6 zeigt in einem Dendrogramm den Ablauf der Clusterbildung für die nach Körpergröße und Gewicht befragten 20 Personen. Die Zusammenfassung der Cluster erfolgte so, daß die durchschnittliche Distanz zwischen den Clustern möglichst gering ist.

An der horizontalen Achse sind die Abstände zwischen den Clustern dargestellt. In der Senkrechten sind die betroffenen Fälle aufgelistet. Kurze horizontale Verbindungslinien deuten auf die Zusammenfassung relativ ähnlicher Fälle oder Cluster hin, lange Verbindungslinien auf die Zusammenfassung unähnlicher Cluster. Dies ist bei der Zusammenfassung der beiden letzten Cluster aber auch schon zuvor bei vier erreichten Clustern der Fall.

Die Entscheidung für eine 2-, 3-, oder 4-Cluster-Lösung kann zusätzlich von der Interpretierbarkeit der entstandenen Gruppen abhängig gemacht werden. Die Personen der Gruppe 1 (Fälle 2 bis 10) sind klein und leicht, diejenigen der Gruppe 2 (Fälle 1 und 11 bis 20) sind eher größer und schwerer.

Multivariate Interdependenzanalyse

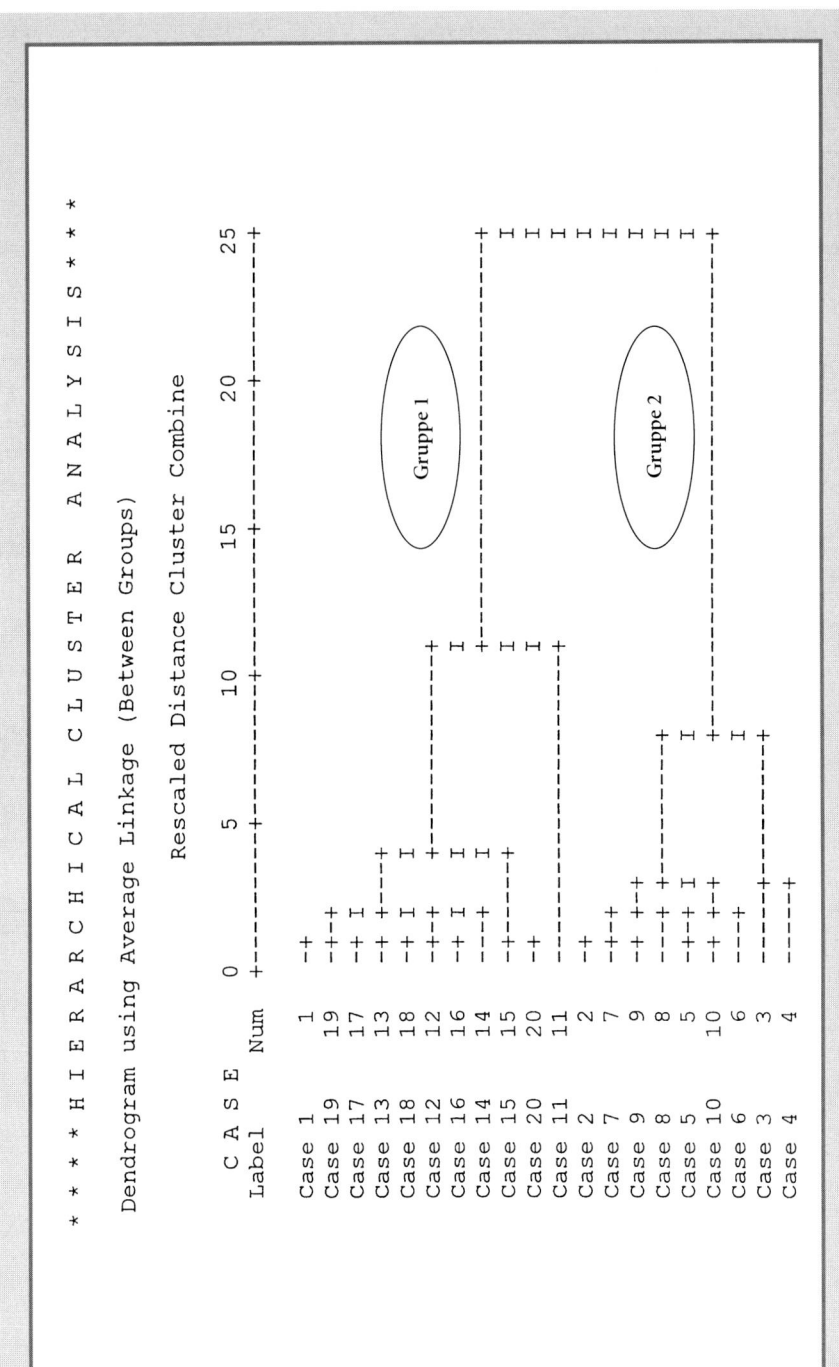

```
* * * * H I E R A R C H I C A L   C L U S T E R   A N A L Y S I S * * * *

 Dendrogram using Average Linkage (Between Groups)

                   Rescaled Distance Cluster Combine

   C A S E        0         5        10        15        20        25
  Label   Num     +---------+---------+---------+---------+---------+

  Case  1    1    -+
  Case 19   19    -+-+
  Case 17   17    -+ I
  Case 13   13    -+ +-+
  Case 18   18    -+ I I
  Case 12   12    -+-+ +-------+
  Case 16   16    -+   I       I
  Case 14   14    ---+-+       I
  Case 15   15    -+-+         +-----------------+
  Case 20   20    -+           I                 I
  Case 11   11    -+           I                 I
  Case  2    2    -+-+         I                 I
  Case  7    7    -+ +-+       I                 I
  Case  9    9    ---+ +-+     I                 I
  Case  8    8    -+-+ I I                       I
  Case  5    5    -+ +-+ +-----+                 I
  Case 10   10    ---+   I                       I
  Case  6    6    -------+                       I
  Case  3    3    -------+                       I
  Case  4    4    -------+                       I
```

Gruppe 1

Gruppe 2

Abb. 6: Dendrogramm *(SPSS Professional Statistics 7.0)*

5.5 Multidimensionale Skalierung

Die Bezeichnung Multidimensionale Skalierung (MDS) steht für eine Gruppe von Verfahren, mit deren Hilfe die vielschichtige Wahrnehmung von Objekten (Produkte) durch Personen (Konsumenten) auf einfache Weise dargestellt werden soll. Hierbei geht man davon aus, daß jedes Objekt eine bestimmte Position im Wahrnehmungsraum einer Person hat. Durch die relativen Positionen der einzelnen Objekte zueinander einstehen charakteristische Konfigurationen, die durch ihrer Anschaulichkeit einer Interpretation zugänglich sind. Die Konfiguration läßt sich über die Beurteilung der Ähnlichkeit der Objekte im Vergleich bestimmen. Hierbei können die abgrenzenden Eigenschaften sogar unbekannt sein.

In Tabelle 8 sind die Ähnlichkeitsdaten für 8 Modelle eines bestimmten Produktes in einer für die MDS typischen Struktur dargestellt. Jede der Dreiecksmatrizen steht für eine Person und enthält deren subjektive Urteile aus 28 möglichen paarweisen Modellvergleichen. Die Antworten wurden mittels einer Ähnlichkeitsskala von Null bis Neun festgelegt. Hierbei bedeuten relativ kleine Werte ein hohes Maß an Ähnlichkeit, große Werte dagegen Unähnlichkeit. Durch Variation der Werte konnte der Grad der Ähnlichkeit/ Unähnlichkeit festgelegt werden. Die Diagonale der Ähnlichkeitsmatrix unterliegt nicht der Bewertung. Sie enthält die Nullen nur zur Kennzeichnung.

Person Nr.	Modell Nr.	1	2	3	4	5	6	7	8
1	1	0							
	2	3	0						
	3	0	7	0					
	4	7	2	9	0				
	5	0	9	3	3	0			
	6	1	7	2	9	0	0		
	7	8	1	7	2	3	2	0	
	8	8	1	7	9	7	7	7	0
2	1	0							
	2	2	0						
	3	0	8	0					
	4	2	3	8	0				
	5	0	9	3	3	0			
	6	0	7	0	8	0	0		
	7	8	0	8	2	4	5	0	
	8	8	0	7	9	7	7	7	0

Multivariate Interdependenzanalyse

Person Nr.	Modell Nr.	1	2	3	4	5	6	7	8
3	1	0							
	2	2	0						
	3	1	9	0					
	4	9	3	9	0				
	5	0	9	3	3	0			
	6	0	7	0	9	0	0		
	7	8	0	6	2	4	5	0	
	8	8	0	7	9	6	6	6	0
4	1	0							
	2	2	0						
	3	0	7	0					
	4	6	2	8	0				
	5	0	8	3	3	0			
	6	1	6	1	9	1	0		
	7	8	1	7	3	4	5	0	
	8	8	0	7	9	7	7	7	0
5	1	0							
	2	2	0						
	3	2	6	0					
	4	8	2	8	0				
	5	0	7	4	4	0			
	6	2	8	3	8	1	0		
	7	4	0	6	2	3	6	0	
	8	7	1	6	7	6	6	5	0

Tab. 8: Ähnlichkeitsdaten für die MDS

Lesebeispiel:
Die befragte Person Nr. 5 bewertet die Modelle 1 und 2 als sehr ähnlich, die Modelle 1 und 4 dagegen als relativ unähnlich.

Die zur Darstellung des Wahrnehmungsraumes verwendete Anzahl der Dimensionen bestimmt der Anwender der MDS. Meist werden ein bis drei Dimensionen verwendet. Eine geringe Zahl ermöglicht eine einfachere graphische Darstellung der Ergebnisse und

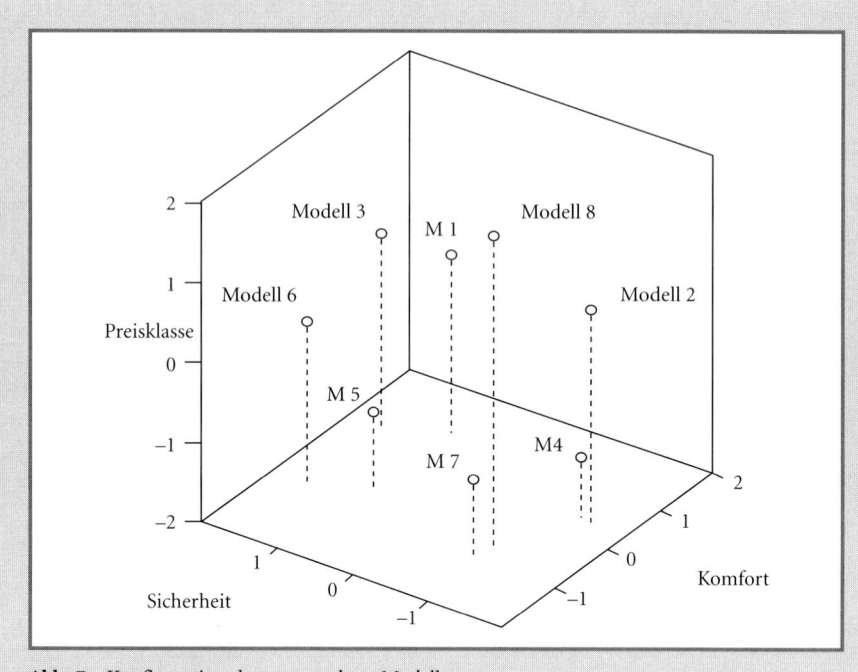

Abb. 7: Konfiguration der untersuchten Modelle

erleichtert die Interpretation. Diese zu finden, ist allerdings wegen des fehlenden direkten Bezugs zu den Eigenschaften der Objekte nicht leicht.

Für das fiktive Beispiel wurden drei Dimensionen gewählt. Mit Hilfe von SPSS wurden die Daten für die in Abbildung 7 dargestellte Konfiguration ermittelt.

5.6 Conjoint-Analyse

Im Gegensatz zu Faktoren- und Clusteranalyse, die einzelne Elemente zusammenführen und anordnen, ist die Conjoint-Analyse ein zerlegendes Verfahren. Auf der Grundlage erhobener Nutzenurteile der Befragten, versucht die Methode den gemessenen Gesamtnutzen eines Produktes in seine einzelnen Bestandteile zu zerlegen und den verschiedenen Merkmalen (Eigenschaften, Komponenten) des Produktes zuzuordnen. Dabei wird meist davon ausgegangen, daß die den einzelnen Produkteigenschaften zugeordneten Teilnutzen summierbar sind und den Gesamtnutzen ergeben.

In einfachen Beispiel werden die beiden als wesentlich erachteten Merkmale Gewicht und Verpackung eines neuen Produktes betrachtet. Auf der Grundlage aller möglichen Kombinationen der Merkmalsausprägungen könnte das Produkt in vier Varianten auf den Markt kommen. Tabelle 9 zeigt das vollständige Design des Beispiels.

Gewicht	Verpackung	
	Plastik	Holz
hoch	Produkt A: schweres Produkt in Plastikverpackung	Produkt B: schweres Produkt in Holzverpackung
niedrig	Produkt C: leichtes Produkt in Plastikverpackung	Produkt D: leichtes Produkt in Holzverpackung

Tab. 9: Fiktive Produktvarianten für zwei Merkmale mit jeweils zwei Ausprägungen

Um zu einer überschaubaren Zahl der fiktiven Produktvarianten zu kommen, sollte die Zahl der Produkteigenschaften (Merkmale) und deren Ausprägungen möglichst gering gehalten werden.

Bereits bei vier Merkmalen und jeweils zwei Ausprägungen ergeben sich $4^2 = 16$ Produktvarianten. Bei einer theoretisch möglichen aber erhebungstechnisch unzweckmäßigen hohen Zahl von Produktvarianten ist durch Ausschluß von Varianten ein reduziertes Erhebungsdesign zu bilden. Das reduzierte Design sollte das vollständige Design möglichst gut repräsentieren. Zur Bildung des reduzierten Designs bietet die Fachliteratur verschiedene Vorgehensweisen (*Backhaus et al.*, S. 506 f.).

Eine Befragung von 30 Personen zielt nun darauf ab, die verschiedenen Produktvarianten beurteilen zu lassen und in eine Rangfolge zu bringen. Tabelle 10 zeigt ausschnittsweise die Struktur des Umfrageergebnisses.

Person Nr.	Produktvariante			
	A	B	C	D
	Rangzahlen			
1	3	1	4	2
2	4	1	3	2
3	3	1	2	4
4	4	2	3	1
.	.	.	.	.
.	.	.	.	.
30	2	1	4	3

Tab. 10: Beurteilung der Produktvarianten durch die Befragten

Aufgabe der Conjoint-Analyse ist es, aus den ordinalen Gesamturteilen der Befragten über die einzelnen Produktvarianten metrische Teilnutzenwerte der Eigenschaften (Merkmalsausprägungen) abzuleiten. Durch Addition der Teilnutzenwerte ist es auch möglich, metrische Gesamtnutzenwerte für die Produkte zu ermitteln.

Für die einzelnen Produkteigenschaften ergeben sich nach Auswertung der bei 30 Personen erhobenen Beurteilungen die folgende Teilnutzenwerte:

Eigenschaftsausprägung	Mittelwert der Teilnutzenwerte (normiert auf 100 Prozent)
Produktgewicht hoch	33,3
Produktgewicht niedrig	27,9
Verpackungsmaterial Plastik	15,2
Verpackungsmaterial Holz	23,6
	100,0

Tab. 11: Mittels einer Conjoint-Analyse abgeleitete Teilnutzenwerte

Die optimale Produktvariante besitzt danach ein hohes Gewicht (33,3%) und als Verpackungsmaterial ist Holz (23,6%)zu verwenden. Nachteilig für eine Produkteinführung wäre eine Plastikverpackung (15,2%) in Verbindung mit einer leichten Ausführung (27,9) des Produkts.

5.7 Literaturverzeichnis

Backhaus, Klaus/Erichson, Bernd/Plinke, Wulff/Weiber, Rolf: Multivariate Analysemethoden, Eine anwendungsorientierte Einführung, 8. Auflage, Berlin 1996
Bacher, Johann: Clusteranalyse, Anwendungsorientierte Einführung, 2. Auflage, München/Wien 1996
Bahrenberg, Gerhard/Giese, Ernst/Nipper, Josef: Statistische Methoden in der Geographie, Band 2, Multivariate Statistik, 2. Auflage, Stuttgart 1992
Fahrmeir, L./Hamerle, A.(Hrsg.): Multivariate statistische Verfahren, Berlin/New York 1984
Förster, E./Rönz, B.: Methoden der Korrelations- und Regressionsanalyse, Berlin 1979
Hartung, Joachim/Elpelt, Bärbel: Multivariate Statistik, Lehr- und Handbuch der angewandten Statistik, 4. Auflage, München/Wien 1992
Marinell, G.: Multivariate Verfahren, 3. Auflage, München/Wien 1990
Steinhausen, D./Langer, K.: Clusteranalyse, Einführung in Methoden und automatische Klassifikation, Berlin/New York 1977
Überla, Karl: Faktorenanalyse, 2. Auflage, Berlin 1971

6. Testverfahren

Peter Steinmetz

Inhaltsübersicht

6.1 Arten und Aufgaben von Testverfahren
6.2 Einseitige und zweiseitige Problemstellungen
6.3 Entscheidungen aufgrund des Tests
6.4 Symbole und statistische Voraussetzungen
6.5 Testen eines arithmetischen Mittelwertes
6.5.1 Verfahrensweise
6.5.2 Anwendungen
6.6 Test von Anteilswerten
6.6.1 Symbole, statistische Grundlagen und Verfahrensweise
6.6.2 Anwendungen
6.7 Literaturverzeichnis

Auf einen Blick

Aus der Fülle der Testverfahren werden in dieser Darstellung nur Testverfahren für den arithmetischen Mittelwert und für Anteilswerte beschrieben. Die Testverfahren sollen Auskunft geben, ob sich eine betriebliche Situation verändert, verbessert oder verschlechtert hat. Bei Veränderungen kann sich der bisher angenommene Wert eines Merkmals nach oben wie nach unten verschoben haben. Bei vielen Präzisionsteilen dürfen sich charakteristische Merkmalswerte nur zwischen einer Ober- bzw. einer Untergrenze bewegen. Bei vielen betrieblichen Fragestellungen ist man an einer Verbesserung des bisherigen Zustands interessiert. Das kann heißen, daß der bisherig festgestellte Mittelwert erhöht werden soll (Brenndauer von Glühlampen, Zahl der Verkäufe, Gutanteil einer Produktionsserie). Man kann aber auch bestrebt sein, einen bisherigen Merkmalswert zu verkleinern (Treibstoffverbrauch eines Autotypen, Reduzierung der Bearbeitungszeit, Schrottanteil). Der Stichprobenbefund soll über einen Test Aufschluß geben, ob die Abweichung zwischen Stichprobenmittelwert (Stichprobenanteil) zu den bisher festgestellten Mittelwerten (Anteilen) zufällig oder signifikant (gesichert) ist. Dazu werden charakteristische Grenzpunkte (Grenzwerte) berechnet, deren Vergleich mit dem Stichprobenbefund entscheidet, ob die Abweichung zufällig oder signifikant ist.

6.1 Arten und Aufgaben von Testverfahren

Statistische Tests dienen der Überprüfung der Richtigkeit von Hypothesen (Annahmen, Behauptungen). Daher wird das Ergebnis einer Zufallsprobe überprüft, ob und mit welcher Wahrscheinlichkeit es mit der Hypothese verträglich ist.
Je nach Art der Hypothese unterscheidet man:
- Parametertestverfahren: Testwerte von Mittelwerten und Streuungsmaßen werden behaupteten Mittelwerten (Streuungsmaßen) von Grundgesamtheiten gegenübergestellt.
- Anpassungstestverfahren: Annahmen über bestimmte Verteilungsformen der Grundgesamtheit werden gegenübergestellt. Beispiel: Tritt bei einem Würfel jedes Augenbild mit der gleichen Häufigkeit (Wahrscheinlichkeit) auf oder ist der Würfel »gezinkt«?
- Unabhängigkeitstestverfahren: Annahmen über die Abhängigkeit zwischen mehreren Merkmalen in der Grundgesamtheit (Kann man eine Tendenz feststellen zwischen Körpergewicht und Körpergröße?).

In dieser Darstellung sollen nur Testverfahren über Mittelwerte und Anteilswerte von Stichproben betrachtet werden.

6.2 Einseitige und zweiseitige Problemstellung

Die zu überprüfende Hypothese (Annahme, Behauptung) wird als Nullhypothese (Symbol H_0) bezeichnet. Die Entscheidung, ob H_0 verworfen oder nicht verworfen wird, erfolgt an Hand der Alternativhypothese (Gegenhypothese) H_1: Diese kann

- konkretisiert sein: sie gibt einen exakten Wert an. z. B.: Die Nullhypothese über das durchschnittliche Einkommen von Angestellten eines Unternehmens lautet:
$H_0 : \mu_0 = 80\,000$ DM/Jahr
Die Alternativhypothese lautet:
$H_1 : \mu_1 = 85\,000$ DM/Jahr

- nicht konkretisiert sein: Die Alternativhypothese kann zweiseitig formuliert sein, das heißt H_0 trifft zu, wenn der Stichprobenmittelwert innerhalb eines vorher zu bestimmenden Intervalls liegt. H_1 trifft zu, wenn der Stichprobenmittelwert (Anteilswert der Stichprobe) oberhalb oder unterhalb des Intervalls liegt.

$$H_0 : \mu_0 = 80\,000 \text{ DM/Jahr}$$
$$H_1 : \mu_1 \neq 80\,000 \text{ DM/Jahr}$$

H_1 ist einseitig formuliert, wenn μ_1 entweder oberhalb oder unterhalb von μ_0 liegt:

$$H_0 : \mu_0 = 80\,000 \text{ DM/Jahr}$$
$$H_1 : \mu_1 > 80\,000 \text{ DM/Jahr}$$

oder

$$H_0 : \mu_0 = 80\,000 \text{ DM/Jahr}$$
$$H_1 : \mu_1 < 80\,000 \text{ DM/Jahr}$$

6.3 Entscheidungen aufgrund des Tests

Bevor über Bereiche für das Verwerfen oder Nichtverwerfen der Nullhypothesen mit den jeweiligen Stichprobenmittelwerten verglichen werden, soll über Fehlentscheidungen nachgedacht werden:

Der Vergleich des Stichprobenmittelwertes (Anteilswert in der Stichprobe) mit dem bisher angenommenen Mittelwert (Anteilswert) der (Annahme/Behauptung) über die Grundgesamtwert, führt zu der Entscheidung, daß die Nullhypothese H_0 nicht verworfen oder verworfen wird (vgl. Abbildung 1).

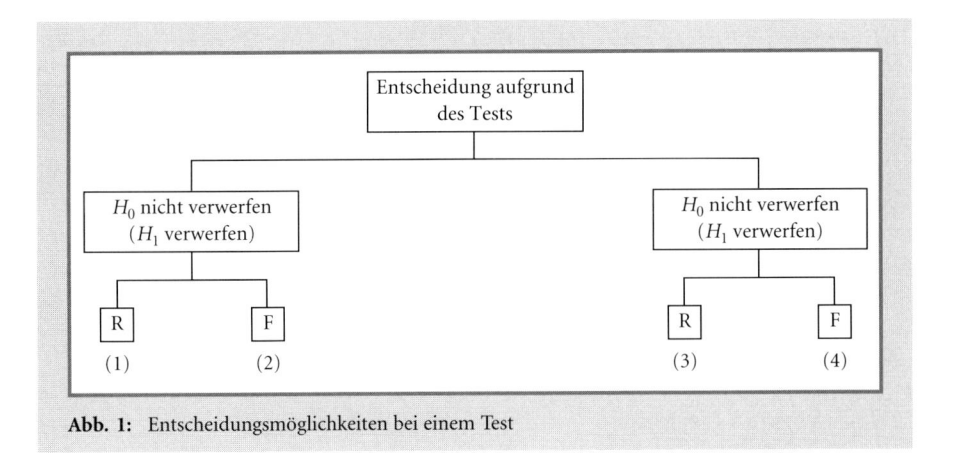

```
                    Entscheidung aufgrund
                         des Tests
          ┌─────────────────┴─────────────────┐
   $H_0$ nicht verwerfen              $H_0$ nicht verwerfen
     ($H_1$ verwerfen)                  ($H_1$ verwerfen)
      ┌──────┴──────┐                    ┌──────┴──────┐
     [R]           [F]                  [R]           [F]
     (1)           (2)                  (3)           (4)
```

Abb. 1: Entscheidungsmöglichkeiten bei einem Test

(1) Gilt H_0 aufgrund des Tests, so ist diese Entscheidung richtig (R), wenn in der Grundgesamtheit H_0 ebenfalls zutrifft. Die Entscheidung ist richtig (R).

(2) Bei Gültigkeit von H_0 im Test tritt eine falsche Entscheidung auf, wenn in der Grundgesamtheit H_0 nicht zutrifft (F). Mann spricht von einem Fehler 2. Art, oder β-Fehler.

Die Nichtablehnung einer falschen Nullhypothese heißt Fehler 2.Art oder β-Fehler.

Liegt der Stichprobenmittelwert $\bar{x}$ im Bereich zwischen 95 und 105, wird die Nullhypothese nicht verworfen. In diesem Beispiel erhielt man einen Stichprobenmittelwert von 103. Die Nullhypothese $H_0 : \mu_0 = 100$ kann daher nicht abgelehnt werden. Tatsächlich wurde die Stichprobe aus einer Grundgesamtheit mit dem Mittelwert $\mu_1 = 110$ gezogen. Es wurde nicht erkannt, daß der Mittelwert der Grundgesamtheit nicht 100 beträgt (vgl. Abbildung 2).

(3) Die Entscheidung ist richtig (R), wenn in der Grundgesamtheit H_0 keine Gültigkeit hat.

(4) Die Entscheidung ist falsch (F), wenn in der Grundgesamtheit H_0 Gültigkeit hat (»seltenes Ereignis«). Diesen Fehler bezeichnet man als Fehler 1. Art oder als α-Fehler (vgl. Abbildung 3).

Statistische Datenauswertung

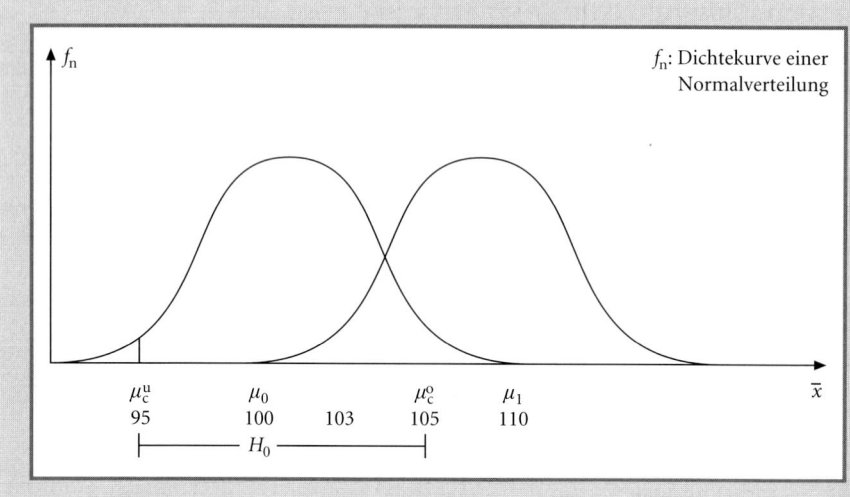

Abb. 2: Darstellung eines β-Fehlers

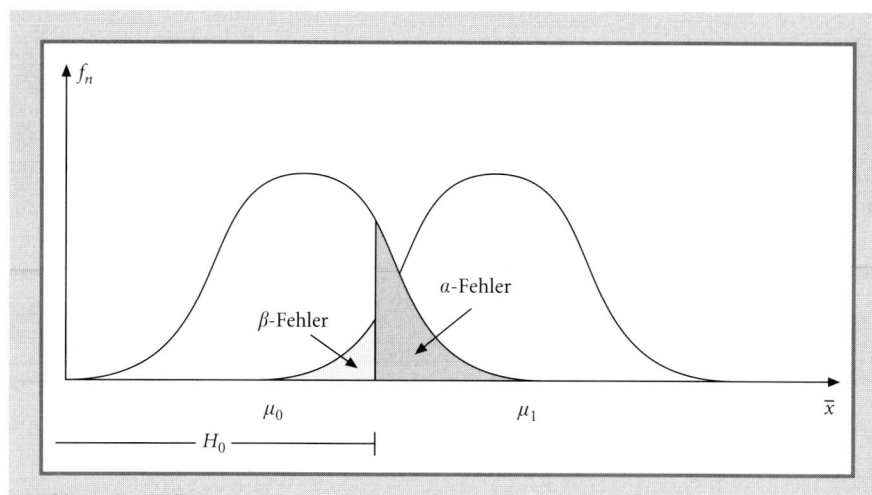

Abb. 3: Darstellung von α- und β-Fehlern

Ein α-Fehler ist das Verwerfen einer richtigen Hypothese.

Abbildung 3 zeigt: Will man die Wahrscheinlichkeit eines α-Fehlers verkleinern, erweitert sich der Gültigkeitsbereich von H_0, und damit wächst die Wahrscheinlichkeit eines β-Fehlers.

6.4 Symbole und statistische Voraussetzungen

Symbole: μ arithmetischer Mittelwert der Grundgesamtheit
$\bar{x}_i$ arithmetischer Mittelwert der Probe i
σ Standardabweichung (Streuung) der Grundgesamtheit
s_i Standardabweichung (Streuung) der Probe i
N Umfang der Grundgesamtheit
n_i Umfang der Probe i

Bei wiederholter Probenahme streuen die einzelnen Probenmittelwerte $\bar{x}_i$ um den Mittelwert der Grundgesamtheit μ. Die Stichprobenmittelwerte $\bar{x}_i$ schätzen den Mittelwert der Grundgesamtheit ohne systematischen Fehler. Für die Standardabweichung (Streuung) der Stichprobenmittelwerte erhält man:

$$\sigma(\bar{x}) = \frac{\sigma}{\sqrt{n}} \times \sqrt{\frac{N-n}{N-1}} \qquad (1)$$

Liegt das Verhältnis vom Stichprobenumfang und Umfang der Grundgesamtheit unter 5%, so kann man für (1) vereinfachend schreiben:

$$\sigma(\bar{x}) = \frac{\sigma}{\sqrt{n}} \qquad (2)$$

das heißt mit wachsenden Probengrößen n nimmt die Standardabweichung der $\bar{x}$-Werte wie $1/\sqrt{n}$ ab. Praktisch liegen demnach die aus großen Proben berechneten Mittelwerte $\bar{x}$ sehr dicht bei μ. Weiterhin erhält man für die Verteilung der Stichprobenmittelwerte $\bar{x}_i$ bei $n > 30$ eine Normalverteilung. Lage und Form der Normalverteilung werden durch die Parameter μ und σ festgelegt. Alle denkbaren Normalverteilungen können auf diejenige mit $\mu = 0$ und $\sigma = 1$ bezogen werden. Diese Normalverteilung wird Standardnormalverteilung genannt. Durch die Merkmalstransformation

$$t = \frac{x - \mu}{\sigma} \qquad (3)$$

kann man jede beliebige Normalverteilung in eine Standardnormalverteilung überführen. Für $x = \mu$ erhält man $t = 0$. Sofern x größer als μ ist, erhält man für t positive Werte. Negative t-Werte erhält man für x-Werte, die kleiner als μ sind.

Zahlenbeispiel: $x = 60$
$\mu = 60$
$\sigma = 5$

Nach (3) erhält man für t den Wert + 2. In Abbildung 4 sind die zu t entsprechenden Flächenanteile unter der Normalverteilung vertafelt. Für $t = +2$ liest man den Wert 0,4772. 47,72 % der Merkmalswerte liegen zwischen $t = 0$ und $t = 2$. Der Anteil der Beobachtungswerte bis $t = 0$ beträgt 0,5 (50%). 97,72 % aller Beobachtungswerte weisen x-Werte bis 60 oder t-Werte bis 2,0 auf. Die Wahrscheinlichkeit, bei einer zufälligen Entnahme eines Elements aus der Grundgesamtheit einen Merkmalswert bis zu 60 vorzufinden, beträgt 0,9772.

Statistische Datenauswertung

t	0	1	2	3	4	5	6	7	8	9
0,0	0,0000	0,0040	0,0080	0,0120	0,0160	0,0199	0,0239	0,0279	0,0319	0,0359
0,1	0,0398	0,0438	0,0478	0,0517	0,0557	0,0596	0,0636	0,0675	0,0714	0,0754
0,2	0,0793	0,0832	0,0871	0,0910	0,0948	0,0987	0,1026	0,1064	0,1103	0,1141
0,3	0,1179	0,1217	0,1255	0,1293	0,1331	0,1368	0,1406	0,1443	0,1480	0,1517
0,4	0,1554	0,1591	0,1628	0,1664	0,1700	0,1736	0,1772	0,1808	0,1844	0,1879
0,5	0,1915	0,1950	0,1985	0,2019	0,2054	0,2088	0,2123	0,2157	0,2190	0,2224
0,6	0,2258	0,2291	0,2324	0,2357	0,2389	0,2422	0,2454	0,2486	0,2518	0,2549
0,7	0,2580	0,2612	0,2642	0,2673	0,2704	0,2734	0,2764	0,2794	0,2823	0,2852
0,8	0,2881	0,2910	0,2939	0,2967	0,2996	0,3023	0,3051	0,3078	0,3106	0,3133
0,9	0,3159	0,3186	0,3212	0,3228	0,3264	0,3289	0,3315	0,3340	0,3365	0,3389
1,0	0,3413	0,3438	0,3461	0,3485	0,3508	0,3531	0,3554	0,3577	0,3599	0,3621
1,1	0,3643	0,3665	0,3686	0,3708	0,3729	0,3749	0,3770	0,3790	0,3810	0,3830
1,2	0,3849	0,3869	0,3888	0,3907	0,3925	0,3944	0,3962	0,3980	0,3997	0,4015
1,3	0,4032	0,4049	0,4066	0,4082	0,4099	0,4115	0,4131	0,4147	0,4162	0,4177
1,4	0,4192	0,4207	0,4222	0,4236	0,4251	0,4265	0,4279	0,4292	0,4306	0,4319
1,5	0,4332	0,4345	0,4357	0,4370	0,4382	0,4394	0,4406	0,4418	0,4429	0,4441
1,6	0,4452	0,4463	0,4474	0,4484	0,4495	0,4505	0,4515	0,4525	0,4535	0,4545
1,7	0,4554	0,4564	0,4573	0,4582	0,4591	0,4599	0,4608	0,4616	0,4625	0,4633
1,8	0,4641	0,4649	0,4656	0,4664	0,4671	0,4678	0,4686	0,4693	0,4699	0,4706
1,9	0,4713	0,4719	0,4726	0,4732	0,4738	0,4744	0,4750	0,4756	0,4761	0,4767
2,0	0,4772	0,4778	0,4783	0,4788	0,4793	0,4798	0,4803	0,4808	0,4812	0,4817
2,1	0,4821	0,4826	0,4830	0,4834	0,4838	0,4842	0,4846	0,4850	0,4854	0,4857
2,2	0,4861	0,4864	0,4868	0,4871	0,4875	0,4878	0,4881	0,4884	0,4887	0,4890
2,3	0,4893	0,4896	0,4898	0,4901	0,4904	0,4906	0,4909	0,4911	0,4913	0,4916
2,4	0,4918	0,4920	0,4922	0,4925	0,4927	0,4929	0,4931	0,4932	0,4934	0,4936
2,5	0,4938	0,4940	0,4941	0,4943	0,4945	0,4946	0,4948	0,4949	0,4951	0,4952
2,6	0,4953	0,4955	0,4956	0,4957	0,4959	0,4960	0,4961	0,4962	0,4963	0,4964
2,7	0,4965	0,4966	0,4967	0,4968	0,4969	0,4970	0,4971	0,4972	0,4973	0,4974
2,8	0,4974	0,4975	0,4976	0,4977	0,4977	0,4978	0,4979	0,4979	0,4980	0,4981
2,9	0,4981	0,4982	0,4982	0,4983	0,4984	0,4984	0,4985	0,4985	0,4986	0,4986
3,0	0,4987	0,4987	0,4987	0,4988	0,4988	0,4989	0,4989	0,4989	0,4990	0,4990
3,1	0,4990	0,4991	0,4991	0,4991	0,4992	0,4992	0,4992	0,4992	0,4993	0,4993
3,2	0,4993	0,4993	0,4994	0,4994	0,4994	0,4994	0,4994	0,4995	0,4995	0,4995
3,3	0,4995	0,4995	0,4995	0,4996	0,4996	0,4996	0,4996	0,4996	0,4996	0,4997
3,4	0,4997	0,4997	0,4997	0,4997	0,4997	0,4997	0,4997	0,4997	0,4997	0,4998
3,5	0,4998	0,4998	0,4998	0,4998	0,4998	0,4998	0,4998	0,4998	0,4998	0,4998
3,6	0,4998	0,4998	0,4999	0,4999	0,4999	0,4999	0,4999	0,4999	0,4999	0,4999
3,7	0,4999	0,4999	0,4999	0,4999	0,4999	0,4999	0,4999	0,4999	0,4999	0,4999
3,8	0,4999	0,4999	0,4999	0,4999	0,4999	0,4999	0,4999	0,4999	0,4999	0,4999
3,9	$\approx$ 0,5000	0,5000	0,5000	0,5000	0,5000	0,5000	0,5000	0,5000	0,5000	0,5000

Abb. 4: Die Standardnormalverteilung
Flächen $F_N^*(t)$ unter der Dichtekurve der Standard-NV von 0 bis t

Testverfahren

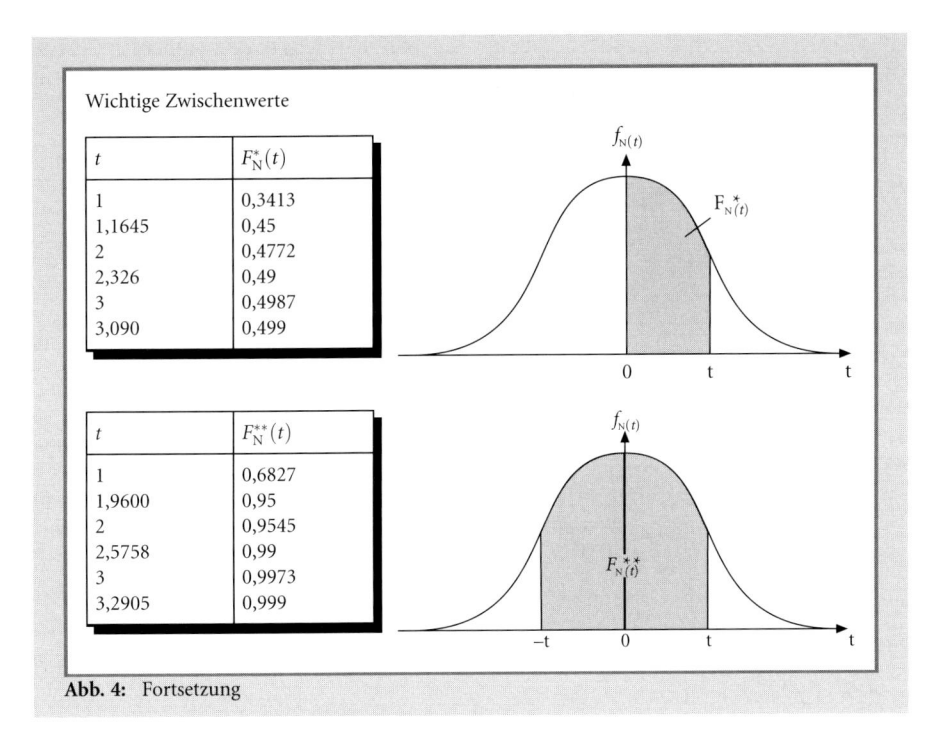

t	$F_N^*(t)$
1	0,3413
1,1645	0,45
2	0,4772
2,326	0,49
3	0,4987
3,090	0,499

t	$F_N^{**}(t)$
1	0,6827
1,9600	0,95
2	0,9545
2,5758	0,99
3	0,9973
3,2905	0,999

Abb. 4: Fortsetzung

Für $x = 40$ erhält man bei dem vorliegenden Beispiel für t den Wert -2. Beim Aufsuchen des entsprechenden Anteils nutzt man die Symmetrieeigenschaft der Normalverteilung. Zwischen $t = 0$ und $t = +2$ erhält man denselben Anteil wie zwischen $t = 0$ und $t = 2$. Die Anteile betragen jeweils 0,4772. Unter $t = -2$ ($x \leq 40$) erhält man einen Anteil von $0,5 - 0,4772 = 0,0228$. 2,28% der Merkmalsträger weisen Beobachtungswerte bis zu 40 auf.

6.5 Test eines arithmetischen Mittelwert

6.5.1 Verfahrensweise

Für die in 2. dargestellten einseitigen und zweiseitigen Problemstellungen sollen für konkrete Zahlenabgaben Bereiche für H_0 und H_1 berechnet werden. Weicht ein Stichprobenmittelwert nur geringfügig von μ_0 ab, so würde man diese Abweichung als zufällig ansehen. Bei sehr großer Abweichung würde man diese Abweichung als gesichert (signifikant) bezeichnen. Der Wert, bei dem die zufällige Abweichung in eine signifikante Abweichung übergeht, muß ermittelt werden. Unter Signifikanz (Signifikanzniveau) versteht man den Grad der Sicherheit, mit dem man eine Entscheidung (H_0 verwerfen/nicht verwerfen) aufgrund des Stichprobenmittelwerts treffen will. Das Sicherheitsniveau wird durch die Wahrscheinlichkeit $S = 1 - \alpha$ vorgegeben. $S = 0,95$ (95%) besagt, daß der Test bei 100 Proben (im Durchschnitt) in 95 Fällen zu einer richtigen Entscheidung und in 5 Fällen zu

Statistische Datenauswertung

einer falschen Entscheidung führt. Fällt bei einem Test $\bar{x}$ nicht in den vorher für H_0 bestimmten Bereich, so liegen signifikante Abweichungen vor. Man kann davon ausgehen, daß der Mittelwert der Grundgesamtheit mit $S = 1 - a$ nicht in diesen Bereich fällt.

Über die Jahresgehälter der Angestellten liegen folgende Angaben vor:
$H_0 : \mu_0 = 80$ TDM/Jahr
$\sigma = 10$ TDM/a
$n = 100$
$S = 1 - a = 0{,}95$

Es sollen Bereiche ermittelt werden, in welche bei wiederholter Probenahmen 95% der Stichprobenmittelwerte liegen.

Zweiseitige Abgrenzung
a) $H_0 : \mu_0 = 80$ TDM/Jahr
b) $H_1 : \mu_1 \neq 80$ TDM/Jahr
c) Zu $S = 1 - a = 0{,}95$ wird das bezüglich $\mu_0 = 80$ TDM/Jahr symmetrische Intervall gesucht, welches 95% aller Stichprobenmittelwerte erfaßt. Je 2,5% der Stichprobenmittelwerte liegen oberhalb bzw. unterhalb des bezeichneten Intervalls. Der Anteil zwischen $t = 0$ und $t = 1 - a/2$ beträgt 0,475. Aus der Tabelle in Abbildung 4 liest man den Wert $t = -1{,}96$ ab. Zwischen $t = +1{,}96$ und $t = +1{,}96$ erfaßt man 95% der Stichprobenmittelwerte. Über (3) erhält man für die Grenzen des gesuchten Intervalls (vgl. Abbildung 5):

$$+1{,}96 = \frac{\bar{x}^o - 80}{\frac{10}{\sqrt{100}}} : \bar{x}^o = 81{,}96 \text{ TDM/Jahr}$$

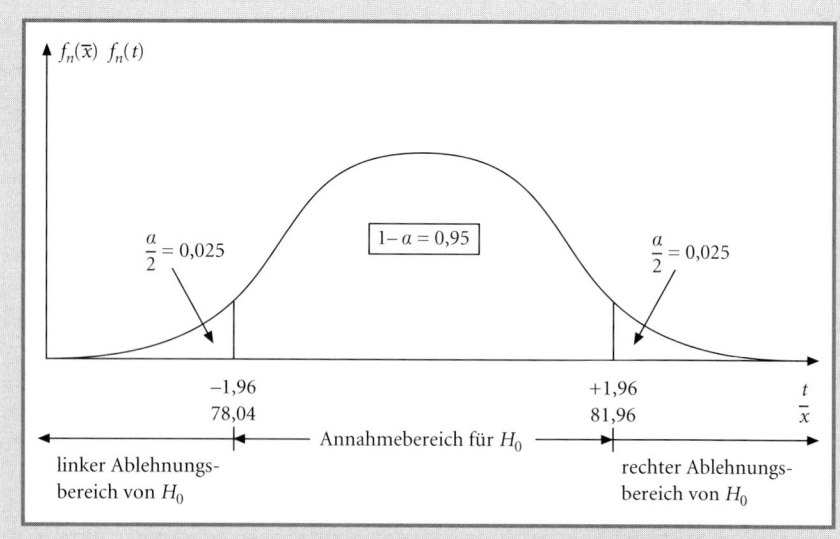

Abb. 5: Bereiche für H_0 bei zweiseitiger Abgrenzung

$$+1{,}96 = \frac{\bar{x}^u - 80}{\frac{10}{\sqrt{100}}} : \underline{\bar{x}^u = 78{,}04 \text{ TDM/Jahr}}$$

d) Entscheidung: bei einem Stichprobenmittelwert von 81 TDM/Jahr wird die Nullhypothese nicht verworfen. Der ermittelte Stichprobenmittelwert ist mit $H_0 : \mu_0 = 80$ TDM/a verträglich.

Einseitige Abgrenzung (Obergrenze)
a) $H_0 : \mu_0 = 80$ TDM/Jahr
b) $H_1 : \mu_1 = 80$ TDM/Jahr
c) Es interessiert die Obergrenze für den Bereich von H_0. 5% der Stichprobenmittelwerte liegen oberhalb des Bereichs. Für den Anteil 0,45 findet man einen vertafelten Wert für t von + 1,645 nach der Tabelle in Abbildung 4 (vgl. auch Abbildung 6).

Mit Gl. (3) erhält man für $\bar{x}^o : +1{,}645 = \dfrac{\bar{x}^o - 80}{\frac{10}{\sqrt{100}}}$

$$\bar{x}^o = 81{,}645 \text{ TDM/Jahr}$$

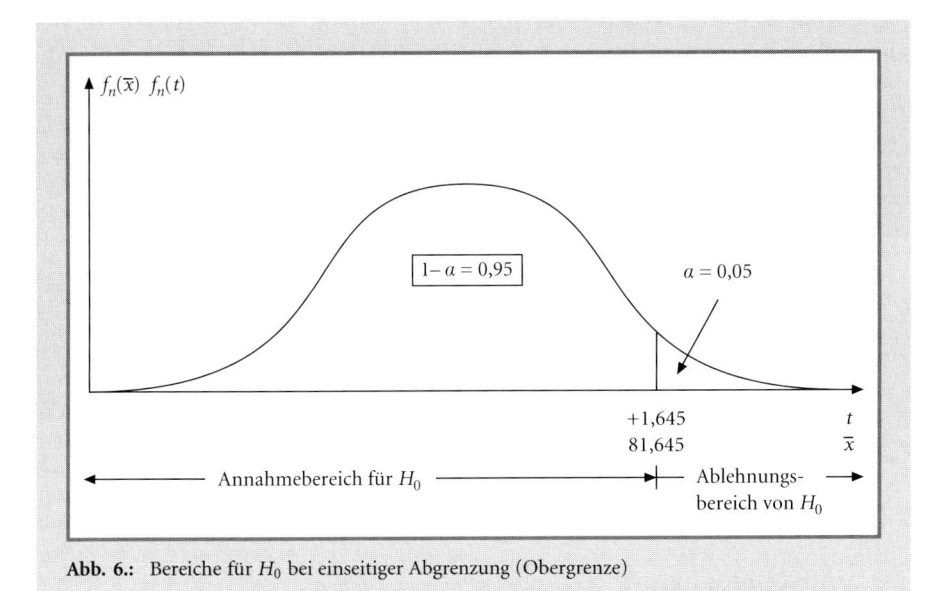

Abb. 6.: Bereiche für H_0 bei einseitiger Abgrenzung (Obergrenze)

d) Entscheidung: Bei einem Stichprobenmittelwert bis 81,645 TDM/Jahr kann die Nullhypothese nicht verworfen werden. Bei z. B. $\bar{x} = 82{,}5$ TDM/Jahr muß H_0 zugunsten von H_1 verworfen werden. Die Abweichung zu $\mu_0 = 80$ TDM/Jahr ist gesichert (signifikant).

Einseitige Abgrenzung (Untergrenze)
a) $H_0 : \mu_0 = 80$ TDM/Jahr
b) $H_1 : \mu_1 < 80$ TDM/Jahr
c) Es interessiert die Untergrenze für den Bereich von H_0. 5% der Stichprobenmittelwerte bei wiederholter Probenahme liegen innerhalb dieses Bereichs. Aus Tabelle 2 erhält man für $t_u = -1{,}645$ (vgl. Abbildung 7):

$$-1{,}645 = \frac{\bar{x}^u - 80}{\frac{100}{\sqrt{100}}}$$

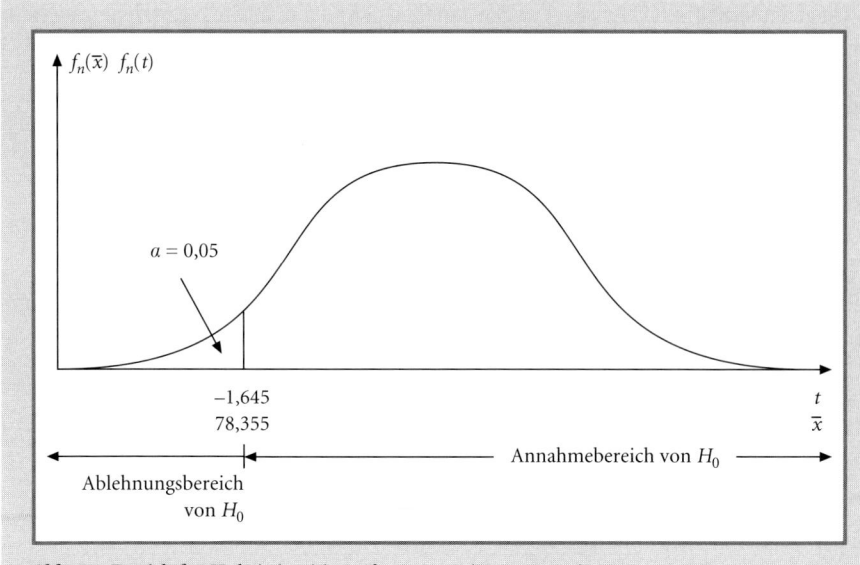

$$\bar{x}^u = 78{,}355 \text{ DM/Jahr}$$

Abb. 7: Bereich für H_0 bei einseitiger Abgrenzung (Untergrenze)

d) Entscheidung: Die Nullhypothese kann bei Stichprobenmittelwerten von mindestens 78,355 TDM/Jahr nicht verworfen werden. Erhielte man für $\bar{x} = 77$ TDM/Jahr, so wäre die Abweichung zu $\mu_0 = 80$ TDM/Jahr signifikant. H_0 müßte zugunsten von H_1 verworfen werden.

6.5.2 Anwendungen

1. Beispiel: Der Sollwert von Maschinenschrauben beträgt 80,0 mm. Aus Erfahrung weiß man, daß die Standardabweichung der einzelnen Schrauben σ 0,3 mm beträgt. Der Abnehmer legt Wert auf Maßhaltigkeit der Schrauben, das heißt Abweichungen des tatsächlichen arithmetischen Mittelwerts vom Sollwert nach oben wie nach unten sind unerwünscht. 25 Schrauben wurden vermessen, und eine durchschnittliche Schraubenlänge von 80,05 mm festgestellt.

a) Ist der festgestellte Stichprobenbefund mit dem Sollwert verträglich bei einer Sicherheit $S = 1 - a = 0{,}90$ (vgl. Abbildung 8):

Lösung: 1) $H_0 : \mu_0 = 80{,}0$ mm
2) $H_1 : \mu_1 \neq 80{,}0$ mm
3) Zur Sicherheit, $S = 0{,}90$ findet man bei zweiseitiger Abgrenzung die Grenzwerte des Gültigkeitsbereich für $H_0 : t_{0,05} = -1{,}645$; $t_{0,95} = +1{,}645$

$$\bar{x}^u = 80{,}0 - 1{,}645 \times \frac{0{,}3}{5}; \ \bar{x}^u = 79{,}9013 \text{ mm}$$

$$\bar{x}^o = 80{,}0 - 1{,}645 \times \frac{0{,}3}{5}; \ \bar{x}^o = 80{,}0987 \text{ mm}$$

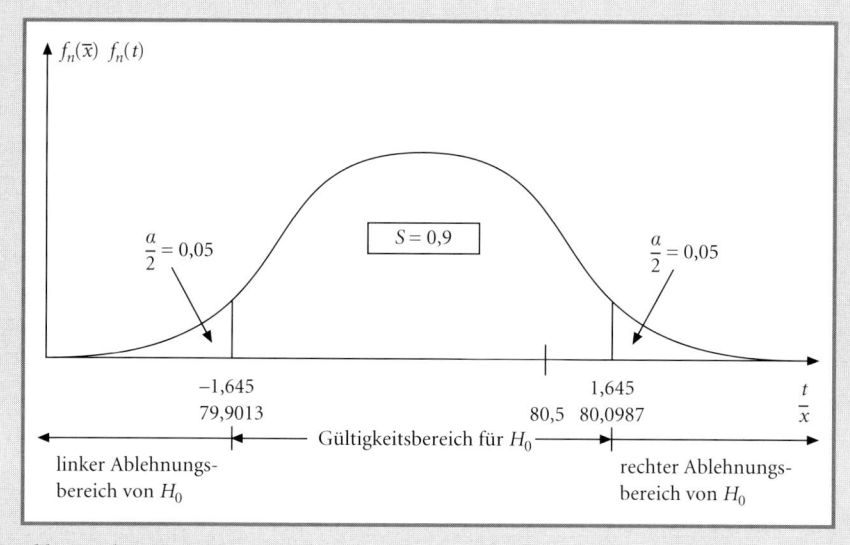

Abb. 8: Schematische Darstellung des Problems im 1. Beispiel

Das Stichprobenergebnis ist mit dem Sollwert verträglich, da der Mittelwert der Stichprobe innerhalb des Gültigkeitsbereichs der Nullhypothese H_0 liegt. H_0 kann nicht verworfen werden.

b) Angenommen man erhielte bei einem Stichprobenumfang von 100 Schrauben wieder den Mittelwert von 80,05 mm. Ändert sich die Entscheidung in a) ?

Lösung: 1) $H_0 : \mu_0 = 80{,}0$ mm
2) $H_1 : \mu_1 \neq 80{,}0$ mm
3) $\bar{x}^u = 80{,}0 - 1{,}645 \times \frac{0{,}3}{10}; \ \bar{x}^u = 79{,}95065$ mm

$$\bar{x}^o = 80{,}0 - 1{,}645 \times \frac{0{,}3}{10}; \ \bar{x}^o = 80{,}04935 \text{ mm}$$

Der Stichprobenmittelwert fällt nicht mehr in den Gültigkeitsbereich von H_0. Der Stichprobenbefund ist mit dem Sollwert nicht verträglich. H_0 muß zugunsten von H_1 verworfen werden.
(Gegenüber a) wurde der Stichprobenumfang vervierfacht, das Gültigkeitsintervall für H_0 hat sich dadurch halbiert.)

c) Bei Erhöhung des Sicherheitsbereichs wird das Intervall für H_0 wieder breiter. Für S = 0,99 erhält für t : $t_{0,005} = -2{,}5758; t_{0,995} = +2{,}5758$

$$\bar{x}^u = 80{,}0 - 2{,}5758 \times \frac{0{,}3}{10}; \quad \bar{x}^u = 79{,}922726 \text{ mm}$$

$$\bar{x}^o = 80{,}0 - 2{,}5758 \times \frac{0{,}3}{10}; \quad \bar{x}^o = 80{,}077274 \text{ mm}$$

Der Stichprobenmittelwert ist mit dem Sollwert verträglich, da er innerhalb des Gültigkeitsbereichs von H_0 liegt.
(Gegenüber b) hat sich das Gültigkeitsintervall für H_0 wegen des höheren Sicherheitsgrades erweitert.)

2. Beispiel: Die Brenndauer von Glühlampen betrug im Durchschnitt 1200 h bei einer Standardabweichung σ von 200 h. Eine neue Technologie wurde erprobt mit der Absicht, die mittlere Brenndauer zu erhöhen. Bei einer Stichprobe vom Umfang 25 Stück wurde eine durchschnittliche Brenndauer von 1250 h ermittelt. Kann man die erhöhte Brenndauer in der Stichprobe als gesichert ansehen ($S = 1 - \alpha = 0{,}95$)? Hier liegt eine einseitige Fragestellung vor, wobei der Abgrenzungspunkt für H_0 oberhalb von μ_0 bzw. $t = 0$ liegt (vgl. Abbildung 9).

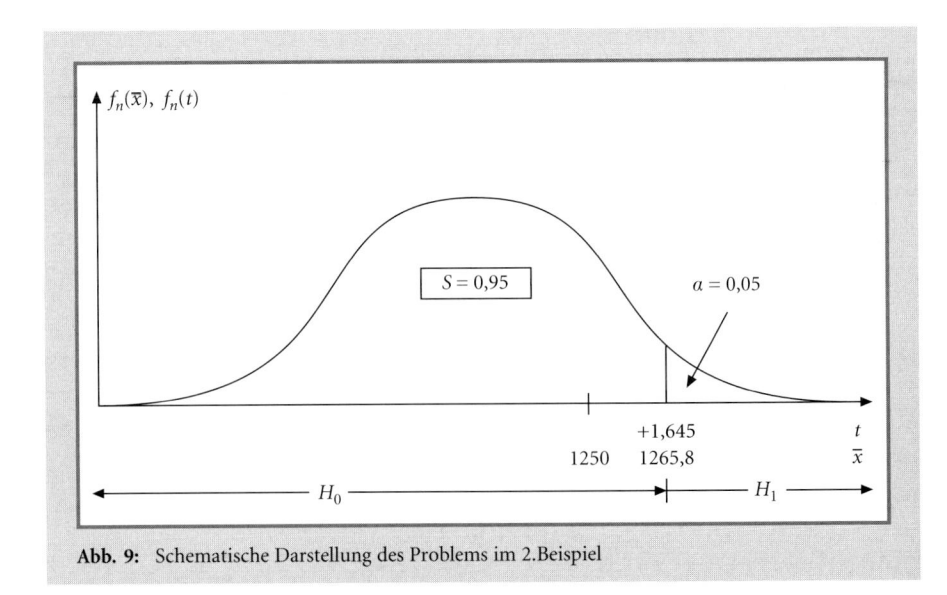

Abb. 9: Schematische Darstellung des Problems im 2.Beispiel

Testverfahren

(1) $H_0 : \mu_0 = 1200\,h$
(2) $H_1 : \mu_1 > 1200\,h$
(3) $t_{0,95} = +1,645$

$$\bar{x}^o = 1200 + 1,645 \times \frac{200}{5}, \quad \underline{\bar{x}^o = 1265,8\,h}$$

Der Stichprobenmittelwert liegt innerhalb des Gültigkeitsbereich von H_0. Die Erhöhung der Brenndauer in der Stichprobe kann nur als zufällig angesehen werden. H_0 kann also nicht verworfen werden.

3. Beispiel: Apfelsinen werden in Netze mit einem Sollwert von 2500 g verpackt. Die Standardabweichung von allen Netzen beträgt 300 g. Es wurden 36 Netze gewogen, und ein durchschnittliches Gewicht von 2400 g festgestellt. Kann man aus dem Stichprobenbefund schließen, daß in der Grundgesamtheit das durchschnittliche Gewicht unter dem Sollwert liegt ($S = 0{,}95$)?

Auch hier liegt eine einseitige Fragestellung vor, wobei der zu bestimmende Grenzpunkt jetzt unterhalb von $t = 0$ bzw. $\mu_0 = 2500\,g$ liegt (vgl. Abbildung 10).

(1) $H_0 : \mu_0 = 2500\,g$
(2) $H_1 : \mu_1 < 2500\,g$
(3) $t_{0,05} = -1,645$

$$-1,645 = \frac{\bar{x}^u - 2500}{\frac{300}{6}}$$

$$\bar{x}^u = 2500 - 1,645 \times 50; \quad \underline{\bar{x}^u = 2417,759}$$

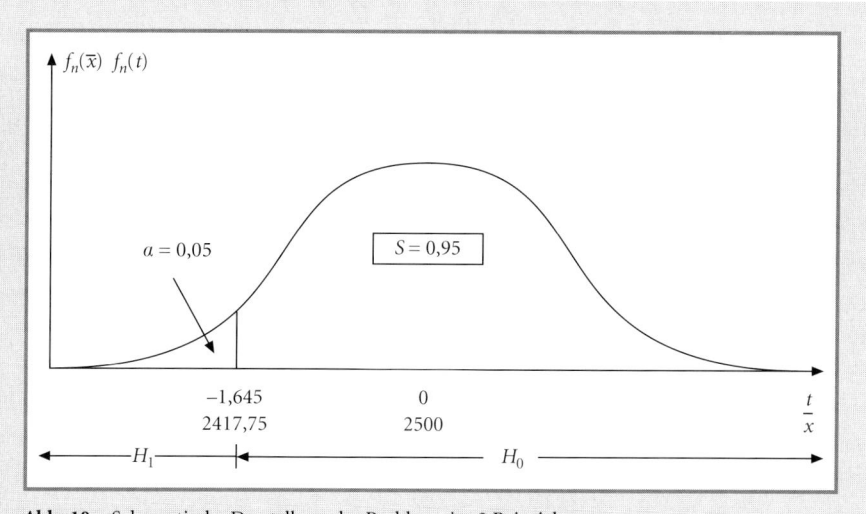

Abb. 10: Schematische Darstellung des Problems im 3. Beispiel

Der Stichprobenmittelwert $\bar{x}$ liegt nicht innerhalb des Gültigkeitsbereichs von H_0. H_0 muß zugunsten von H_1 verworfen werden. Die Abweichung von $\bar{x}$ zum Sollwert ist signifikant. Es wird systematisch zu wenig eingewogen.

6.6 Testen von Anteilswerten

6.6.1 Symbole, statistische Grundlagen und Verfahrensweise

Bei qualitativen Merkmalen treten häufig nur zwei Merkmalsausprägungen auf (Junge, Mädchen; Raucher, Nichtraucher; intakter, defekter Transistor). Aus einer Grundgesamtheit von N Elementen bezeichnen wir den Anteil der einen Ausprägung mit Θ, dann beträgt der Anteil der zweiten Ausprägung $(1 - \Theta)$. Testverfahren sollen überprüfen, ob sich der bisherige Anteilswert Θ im Laufe de Zeit oder nach einer Reihe von Maßnahmen verändert hat. Bei der folgenden Darstellung verwenden wir die Symbole:

Θ: Anteilswert (relative Häufigkeit) in der Grundgesamtheit
p: entsprechender Anteilswert in der Stichprobe
N: Anzahl der Elemente in der Grundgesamtheit
n: Anzahl der Elemente in der Stichprobe

Man kann nachweisen, daß die Anteilswerte p einer Stichprobe bei wiederholten Proben normalverteilt sind bei hinreichendem Stichprobenumfang.

Als Faustregel für den Stichprobenumfang gilt: $n > \dfrac{9}{p(1-p)}$

Die Standardabweichung der Anteilswerte bei wiederholter Probenahme wird berechnet nach:

$$\sigma_p = \sqrt{\frac{\Theta(1-\Theta)}{n}} \times \sqrt{\frac{N-n}{N-1}} \qquad (4)$$

Der Ausdruck $\sqrt{\dfrac{N-n}{N-1}}$ kann näherungsweise 1 gesetzt werden, sofern $\dfrac{n}{N}$ kleiner als 0,05 ist.

Damit vereinfacht sich (4) zu: $\qquad \sigma_p = \sqrt{\dfrac{\Theta(1-\Theta)}{n}} \qquad (5)$

Da unter der genannten Voraussetzung die Anteilswerte p normalverteilt sind, kann man p analog zu $\bar{x}$ in 6.5 standardisieren:

$$t = \frac{p - \Theta}{\sigma_p}; \quad t = \frac{p - \Theta}{\sqrt{\dfrac{\Theta(1-\Theta)}{n}}} \qquad (6)$$

Analog zu den Testverfahren für den arithmetischen Mittelwert treten auch hier drei unterschiedliche Fragestellungen auf:
1. Hat Θ sich verändert? Hier liegt eine zweiseitige Fragestellung vor. Es wird eine um Θ symmetrisches Intervall berechnet, dessen Breite von S, n und von Θ bestimmt wird.

Liegt der in der Stichprobe gefundene Anteilswert außerhalb des berechneten Intervalls, so hat eine gesicherte Veränderung des Anteils stattgefunden.
2. Hat sich Θ vergrößert? Hier wird die Obergrenze für den Geltungsbereich der Nullhypothese H_0 berechnet. Der Anteilswert ist (signifikant) größer geworden, wenn der aus der Stichprobe ermittelte Anteilswert oberhalb der berechneten Obergrenze von H_0 liegt.
3. Hat sich Θ verkleinert? Hier wird die Untergrenze für den Geltungsbereich von H_0 berechnet. Der Anteilswert ist (signifikant) kleiner geworden, wenn der in der Stichprobe festgestellte Anteilswert unterhalb der berechneten Untergrenze von H_0 liegt.

Diese drei Möglichkeiten werden im nächsten Abschnitt an Beispielen untersucht.

6.6.2 Anwendungen

4. Beispiel: Bisher hat man in der Vergangenheit beobachtet, daß bei den Käufern eines bestimmten Produkts der Frauenanteil bei 40% liegt. Man möchte wissen, ob dieser Anteil sich verändert hat. Bei einer Stichprobe vom Umfang $n = 1200$ fand man 495 Käuferinnen. Kann man aus diesem Ergebnis folgern, daß der bisherige Anteil von Käuferinnen sich nicht verändert hat bei einer Sicherheit von $S = 0{,}95$?

Der Anteil kann sich erhöhen oder verringern. Daher liegt hier eine zweiseitige Fragestellung vor:
1. $H_0 : \Theta = 0{,}4$
2. $H_1 : \Theta \neq 0{,}4$
3. $p = \dfrac{495}{1200}$; $p = 0{,}4125$

Zu $S = 0{,}95$ erhält man nach der Tabelle in Abbildung 4 für $t_u = -1{,}96$ und $t_o = +1{,}96$

Mit $t_{o/u} = \dfrac{p_{o/u} - \Theta}{\sigma_p}$ erhält man: $+1{,}96 = \dfrac{p_o - 0{,}4}{\sqrt{\dfrac{0{,}4 \times 0{,}6}{1200}}}$

$$p_o = 0{,}4 + 1{,}96\sqrt{\dfrac{0{,}4 \times 0{,}6}{1200}}$$

$$p_o = 0{,}4 + 0{,}0277; \quad p_o = 0{,}4277$$

$$p_u = 0{,}4 + 0{,}0277; \quad p_u = 0{,}3723$$

Entscheidung: Da der in der Stichprobe ermittelte Anteil von 0,4125 in den Gültigkeitsbereich der Nullhypothese fällt, kann man bei einer Sicherheit von $S = 0{,}95$ nicht schließen, daß sich der Anteil der Käuferinnen verändert hat.

5. Beispiel: Bei einem bestimmten Produkt lag der Bekanntheitsgrad bei 0,25. Durch gezielte Aktionen sollte dieser Anteil erhöht werden. Nach Abschluß diese Aktionen wurden 1000 Personen befragt, von denen 300 angaben, das Produkt zu kennen. Kann man aus diesem Ergebnis schließen, daß sich der Bekanntheitsgrad erhöht hat bei einer Sicherheit von 99%?

Statistische Datenauswertung

Hier liegt eine einseitige Fragestellung (Obergrenze) vor.

1. $H_0 : \Theta = 0{,}25$
2. $H_1 : \Theta > 0{,}25$
3. $p = \dfrac{300}{1000}; \quad p = 0{,}3$

$t_{0,99} = +2{,}33$

$$+2{,}33 = \frac{p_o - 0{,}25}{\sqrt{\dfrac{0{,}25 \times 0{,}75}{1000}}}$$

$$p_o = 0{,}25 + 2{,}33 \times \sqrt{\frac{0{,}25 \times 0{,}75}{1000}}$$

$$p_o = 0{,}2819$$

Entscheidung: Da der aus der Stichprobe ermittelte Anteil (0,30) größer ist als die Obergrenze des Bereichs der Nullhypothese H_0, muß H_0 ($\Theta = 0{,}25$) zugunsten von H_1 ($\Theta > 0{,}25$) verworfen werden. Die Erhöhung des Bekanntheitsgrades kann als gesichert angesehen werden.

6. Beispiel: Bei der Produktion von Kondensatoren lagen die Ausschußanteile bei 11%. Das Management will diesen Anteil unbedingt reduzieren. Durch eine Reihe von Maßnahmen (Mitarbeiterschulung, Überarbeitung der Anlagen) will man diese Zielsetzung realisieren. Nach Abschluß der Aktivitäten wurde eine Stichprobe vom Umfang $n = 1000$ gezogen und 96 defekte Kondensatoren gezählt. Konnte der Ausschußanteil bei einer Sicherheit $S = 0{,}95$ signifikant gesenkt werden?

1. $H_0 : \Theta = 0{,}11$
2. $H_1 : \Theta < 0{,}11$
3. $p = \dfrac{96}{1000}; \quad p = 0{,}096$

$t_u = -1{,}645$

$$-1{,}645 = \frac{p_u - 0{,}11}{\sqrt{\dfrac{0{,}11 \times 0{,}89}{1000}}}$$

$$p_u = 0{,}11 - 1{,}645 \times \sqrt{\frac{0{,}11 \times 0{,}89}{1000}}$$

$$p_u = 0{,}9372$$

Entscheidung: Da der Stichprobenanteil im Gültigkeitsbereich von H_0 liegt, kann die Verringerung des Ausschußanteils in der Stichprobe gegenüber dem Ausschußanteil in der Nullhypothese als nicht gesichert angesehen werden. Die Nullhypothese kann nicht verworfen werden.

6.7 Literaturverzeichnis

Dürr, Walter/Mayer, Horst: Wahrscheinlichkeitsrechnung und Schließende Statistik, München/Wien 1980
Graf, U./Henning, H.-J./Stange, K./Wilrich, P.Th.: Formeln und Tabellen der angewandten mathematischen Statistik, Berlin-Heidelberg/New York/London/Paris/Tokyo 1987
Kobelt, Helmut: Wirtschaftsstatistik für Studium und Praxis, 5. überarb. und erw. Auflage, 1992
Puhani, Josef: Statistik/Einführung mit praktischen Beispielen, 7. Auflage, 1995
Sachs, Lothar: Angewandte Statistik, Anwendung statistischer Methoden, Berlin/Heidelberg/New York/London/Paris/Tokyo/Hong Kong/Barcelona/Budapest 1991
Schwarze, Jochen: Grundlagen der Statistik II, Wahrscheinlichkeitsrechnung und induktive Statistik, 6. Auflage, Berlin/Herne 1997

Kapitel V Ergebnisdarstellung in der Marktforschung

Hans-Dieter Hippmann
1. Statistische Tabellen und Diagramme 395

Werner Hagstotz
2. Marktforschungspräsentation 406

Karin Christof
3. Datenauswertung mit SPSS 416

Thomas Wolf
4. Computerunterstützung bei der Auswertung von
   Befragungen in der Marktforschung 429

1. Statistische Tabellen und Diagramme

Hans-Dieter Hippmann

Inhaltsübersicht

1.1 Grundelemente des Tabellenaufbaus
1.2 Aufbau und Verwendung unterschiedlicher Diagrammtypen
1.3 Elemente einer Graphik und Möglichkeiten der Manipulation
1.4 Literaturverzeichnis

Auf einen Blick

Sowohl in der Aufbereitungsphase als auch für die Präsentation der Ergebnisse einer statistischen Erhebung sind Tabellen und Diagramme das unentbehrliche Handwerkszeug. Zwar gibt es heutzutage PC-Programme, die dem Anwender einen Großteil des mit der Erstellung verbundenen Aufwandes abnehmen. Dennoch sind geeignete Darstellungsformen zu wählen und eine Reihe methodischer Details zu beachten. Hierzu sind spezielle Kenntnisse notwendig. Die wichtigsten formalen Grundlagen der Konstruktion von Tabellen und Diagrammen sind daher in diesem Beitrag zusammengestellt.

Ergebnisdarstellung

1.1 Grundelemente des Tabellenaufbaus

In der Aufbereitungsphase der statistischen Untersuchung und für die Darstellung und Präsentation der statistischen Informationen werden Tabellen benötigt, die dem Betrachter die Ergebnisse der jeweiligen Stufe der Untersuchung möglichst übersichtlich darbieten sollen.

Während in der Aufbereitungsphase Arbeitstabellen erstellt werden, die nicht immer vollständig beschriftet sind und oftmals nur dem Eingeweihten Zugang zu den Informationen verschaffen, müssen Veröffentlichungstabellen mit besonderer Sorgfalt gestaltet werden. Diese Tabellen müssen aus sich heraus lesbar sein, ohne daß zunächst zusätzliche Hinweise gegeben werden (vgl. Abbildung 1).

Einige Faustregeln zur **Tabellentechnik:**
- Jede Tabelle muß mit einer Überschrift versehen sein, die über den sachlichen Inhalt, den Zeitraum oder Zeitpunkt der Erfassung sowie den örtlichen Geltungsbereich informiert.
- Tabellen müssen einen Tabellenkopf und/oder eine Vorspalte enthalten. Diese kennzeichnen die genauen Inhalte der einzelnen Spalten und Zeilen.
- Durch die Unterteilungen der Tabelle in Spalten und Zeilen entstehen die Tabellenfelder des Zahlenteils der Tabelle. Vorspalte und Tabellenkopf begrenzen den Zahlenteil, der die eigentlichen statistischen Informationen enthält.
- Tabellen können Summenzeilen und Summenspalten enthalten. Diese müssen als solche kenntlich gemacht sein. Auch Zwischensummen müssen besonders hervorgehoben werden.

			Überschrift			
		Vorspalten				
Tabellen-kopf	Zeilen-Nr.	Spaltentext	Spaltenübergreifender Text		...	Summen-spalte
			Spaltentext	Spaltentext		
Spalten-Nr.	1	2	3	4	...	...
Vorspalten + Zahlenteil	1					
	2			Zahlen-		
	3			teil		
	...					
	Summenzeile					
	1) Fußnotentext					

Abb. 1: Schema einer Tabelle

- Fußnoten können zur Ergänzung und Erläuterung der Tabellenüberschrift, einzelner in der Tabelle verwendeter Bezeichnungen und Abkürzungen oder für Anmerkungen zu einzelnen Tabellenfeldern verwendet werden.
- Sollen in den Fußnoten oder in einem kommentierenden Textteil einzelne Zeilen oder Spalten sowie Tabellenfelder direkt angesprochen werden, so bietet sich zur besseren Orientierung eine Numerierung der einzelnen Spalten und Zeilen an.

Regeln zum **Tabelleninhalt**:
- Die in der Tabelle enthaltenen Informationen müssen grundsätzlich ohne zusätzliche erläuternde Angaben verstanden werden können. Alle notwendigen Erläuterungen müssen in der Tabelle enthalten sein. Hierzu dienen Überschrift, Zeilen- und Spaltentexte, Fußnoten.
- Abkürzungen, beispielsweise zur Beschreibung der verwendeten Maßeinheiten, sollten vermieden werden. Ausnahmen bilden allseits bekannte Kürzel (DM, Pf, km)
- Die Tabellenfelder des Zahlenteils dürfen bei fehlenden Informationen nicht leer bleiben, sondern müssen durch Sonderzeichen (zum Beispiel – = nichts vorhanden, x = Tabellenfeld gesperrt, weil Angabe nicht sinnvoll) gekennzeichnet werden.
- Angaben der Form 0,0 oder 0,00 entstehen durch Rundung kleiner Werte und bedeuten nicht, daß nichts vorhanden ist. Die Angabe 0 ist in der Praxis mit Vorsicht zu interpretieren, da die Null sowohl durch Rundung eines Wertes unter 0,5 entsteht aber auch im Sinne von nichts vorhanden anstelle von x verwendet wird.
- Die Quellen, aus denen die Informationen stammen, sind anzugeben.
- Die Interpretation der Informationen und Besonderheiten in der Datenstruktur sind in einem zusätzlichen Begleittext, der nicht Bestandteil der Tabelle ist, zu formulieren.

Um Anregungen für die Tabellengestaltung zu erhalten, ist ein Blick in das Statistische Jahrbuch für die Bundesrepublik Deutschland zu empfehlen. Die formalen Grundlagen enthalten die meisten statistischen Lehrbücher.

1.2 Aufbau und Verwendung unterschiedlicher Diagrammtypen

Statistische Diagramme liefern im Gegensatz zu den Tabellen schnelle und einprägsame Informationen über den dargestellten Sachverhalt. Sie lassen sich nach unterschiedlichen Kriterien typisieren, so zum Beispiel nach der Anzahl der dargestellten Merkmale, deren Skalierung oder den Gebieten der Statistik.

Grundsätzlich gibt es nur drei geometrische Grundelemente zur graphischen Darstellung statistischer Informationen: Punkte, Linien (Kurven) und Flächen. Danach lassen sich die im folgenden als Gliederungskriterium verwendeten
- Punkt-,
- Linien- und
- Flächengraphiken unterscheiden.

Mit Hilfe moderner Software ist es zudem möglich, Darstellungen zu erzeugen, die einen räumlichen Eindruck von Verteilungen vermitteln. In Verbindung mit Flächengraphiken kann auch die Intensität des Rasters oder der Einfärbung einer Fläche die statistische Information wiedergeben.

Mit **Punktdiagrammen** können in einem Koordinatensystem die Häufung und Streuung beobachteter Erscheinungen dargestellt werden (vgl. Abbildung 2, oben links und rechts).

Unter Verwendung einer Zeitachse beschreiben Punkte die Entwicklung eines Merkmals im Zeitablauf (vgl. Abbildung 2, unten links). Zur Hervorhebung der Zeitreihe werden die einzelnen Punkte mit Linien verbunden.

Spider Charts eignen sich zur Darstellung multivariater Zusammenhänge, da eine größere Zahl von Merkmalen in einem Diagramm dargestellt werden kann. An den Strahlen des Spinnennetzes werden die Ausprägungen der betrachteten Merkmale abgetragen. Mit den Verbindungsfäden werden die verschiedenen Objekte gekennzeichnet (vgl. Abbildung 2, unten rechts).

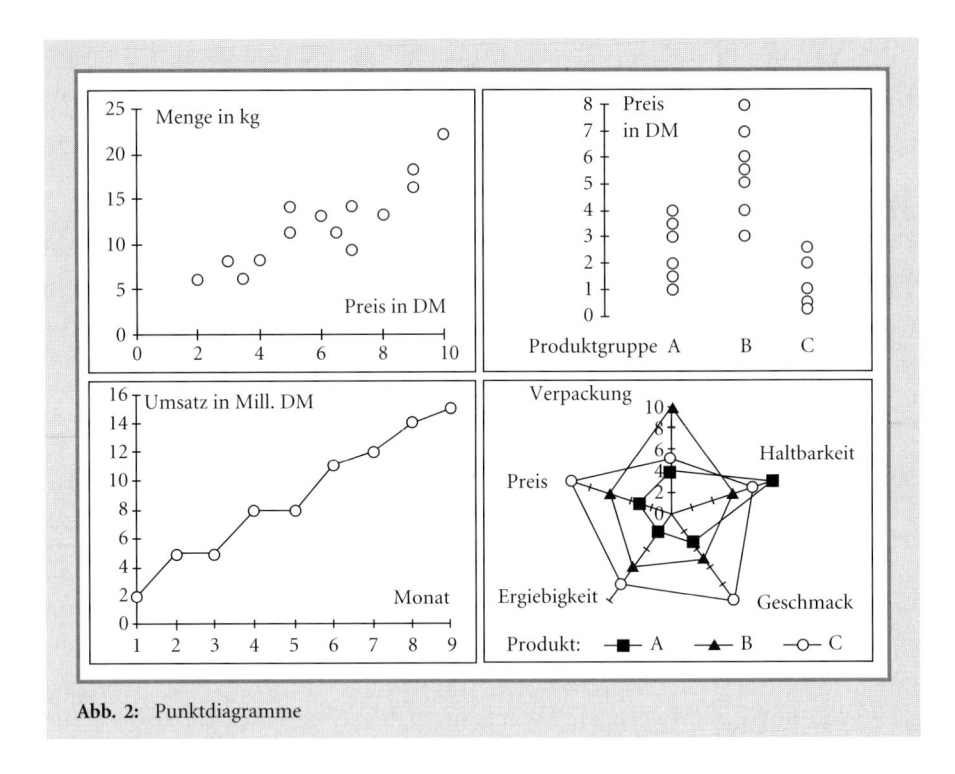

Abb. 2: Punktdiagramme

Allen Punktdiagrammen ist gemeinsam, daß die Lage der Punkte im Koordinatensystem und damit die abzulesenden Skalenwerte die statistische Information vermitteln. Verbindungslinien dienen lediglich zur Hervorhebung oder Abgrenzung verschiedener Informationen. Die Länge der Linien ist für die Interpretation nicht von Bedeutung.

In **Liniendiagrammen** werden die Linien parallel zu einer Achse eingezeichnet. Die Länge der Linien vermittelt die statistische Information. Linien können beispielsweise die Häufigkeit des Auftretens eines Ereignisses oder das Ausmaß der Abweichung zwischen zwei Werten repräsentieren.

Abbildung 3 zeigt hierzu im linken Teil die relative Häufigkeitsverteilung eines metrischen Merkmals und im rechten Teil die Spannweiten der Ausgaben verschiedener Einkommensgruppen.

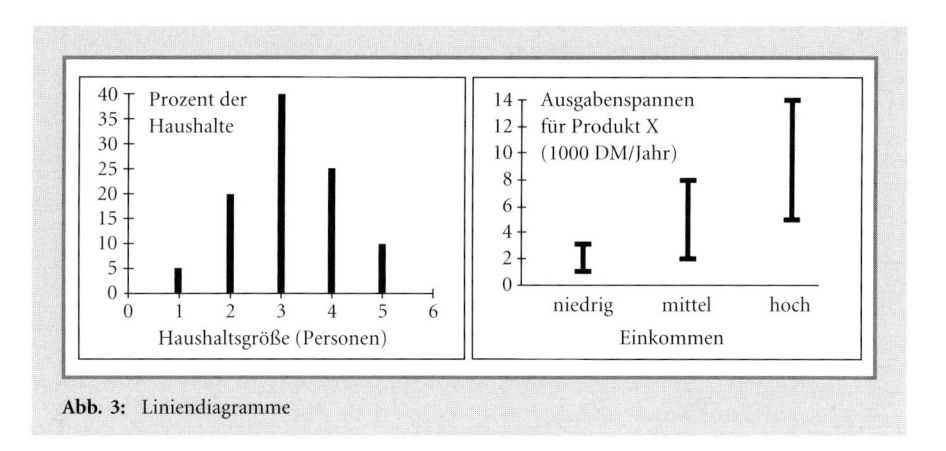

Abb. 3: Liniendiagramme

In **Flächendiagrammen** drücken die Flächen die Höhe des statistischen Wertes aus. Je größer die Fläche, desto höher auch der Wert. Wichtige Grundelemente in Flächendiagrammen sind Rechtecke und Kreise sowie deren Teilflächen, beispielsweise Kreissektoren.

Kreis- und Rechteckdiagramm im oberen Teil der Abbildung 4 zeigen die Verteilung der Stimmen auf die drei Parteien eines Wahlkreises. In beiden Diagrammen repräsentieren die einzelnen Flächen die verschiedenen Stimmenanteile. Das Kreisdiagramm bietet allerdings die ideale Darstellung eines nominalen Merkmals, da alle Ausprägungen gleichberechtigt um die Kreismitte angeordnet sind.

Beim Rechteckdiagramm sollte auf eine neutrale Reihenfolge (beispielsweise alphabetisch) der Ausprägungen geachtet werden, damit die Lage der Merkmalsausprägungen im Diagramm (oben oder unten, bei quer liegenden Diagrammen links und rechts) zu keiner ungewollten Interpretation führt.

Weitere Beispiele für Flächendiagramme sind das Balkendiagramm und das Histogramm (unten links und rechts in Abbildung 4). Dargestellt sind die Häufigkeitsverteilungen eines ordinalen Merkmals (Bewertung eines Produktes oder einer Leistung) und eines metrischen Merkmals mit Klassenbildung (Alter). In beiden Diagrammen vermitteln die Flächen den Eindruck hoher oder niedriger Fallzahlen.

Ergebnisdarstellung

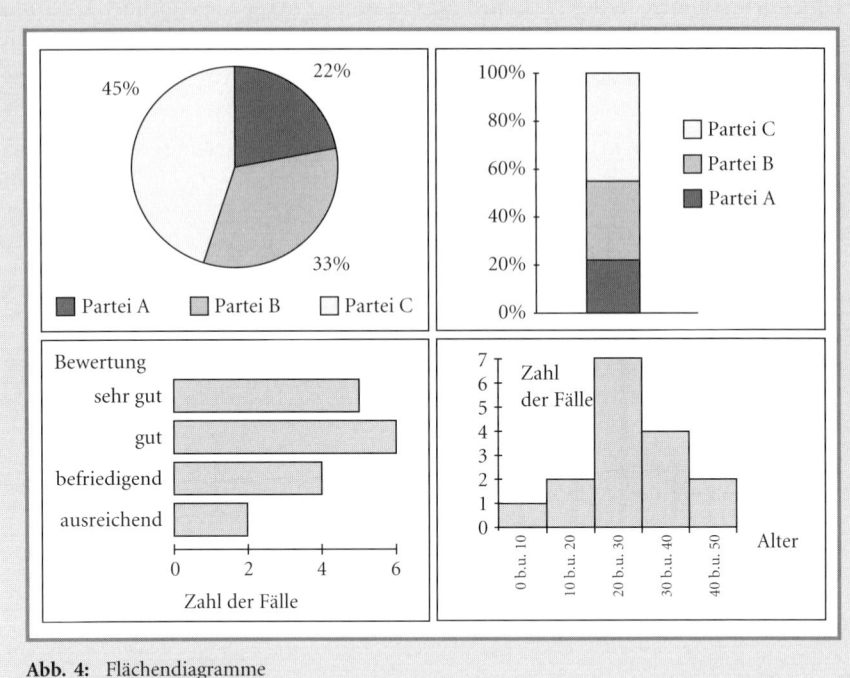

Abb. 4: Flächendiagramme

Das Diagramm zur Darstellung des ordinalen (rangskalierten) Merkmals sollte im Gegensatz zum Histogramm keine Skalenstriche an der Merkmalsachse aufweisen, da für die Ausprägungen des ordinalen Merkmals zwar eine Reihenfolge aber kein Abstand festgelegt werden kann. Teilstriche sind Elemente einer metrischen Achseneinteilung. Sofern PC-Programme die Teilstriche durch die Voreinstellung dennoch erzeugen, sind diese zu löschen.

Bei **räumlichen Darstellungen** ist Vorsicht geboten, da perspektivische Verzerrungen die statistische Aussage verfälschen können. Außerdem kann es vorkommen, daß der Blick auf Teile der Darstellung verdeckt wird, wenn zum Beispiel größere Säulen vor kleineren angeordnet sind. Dadurch wird nur ein Teil der statistischen Information sichtbar. Häufig ist deshalb auch von einer räumlichen Darstellung abzuraten. Anstelle des in der Abbildung 5 verwendeten Körperdiagramms einer Häufigkeitsverteilung zweier Merkmale läßt sich auch ein Flächendiagramm mit mehreren Histogrammen verwenden.

Zur Darstellung regionaler Unterschiede werden am besten **Kartogramme** verwendet. In der Regel wird das betrachtete Gebiet in einzelne Regionen eingeteilt. Hierbei ist die Datenverfügbarkeit maßgebend. Mittels verschiedener Einfärbungen, Raster oder Schraffuren werden die unterschiedlichen regionalen Ausprägungen des betrachteten Merkmals sichtbar gemacht.

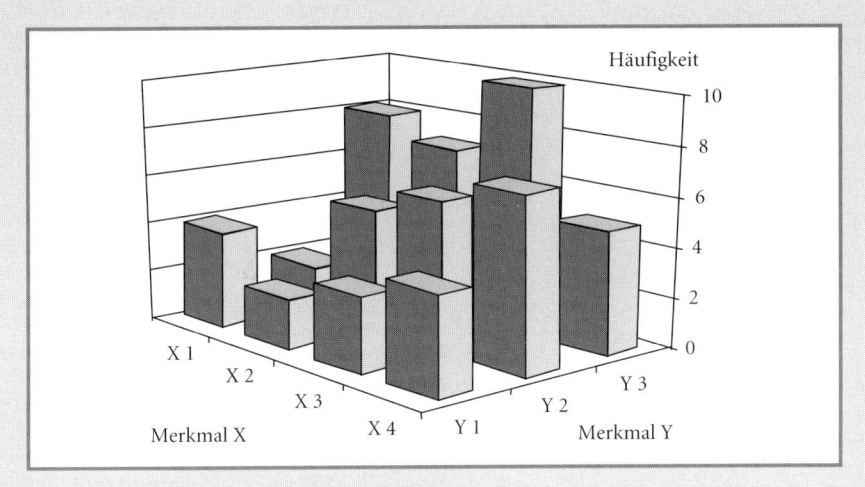

Abb. 5: Häufigkeitsverteilung zweier Merkmale

Abbildung 6 zeigt ein Beispiel für die 36 Kreise und kreisfreien Städte von Rheinland-Pfalz und das klassifizierte metrische Merkmal durchschnittliche Haushaltsgröße. Die Intensität des Rasters kennzeichnet die Regionen mit relativ kleinen (hellere Flächen) und großen Haushalten (dunklere Flächen). Demnach ist leicht zu erkennen, daß geringe Haushaltsgrößen vermehrt in den kreisfreien Städten und größere Haushalte häufiger in den ländlichen Gebieten auftreten.

1.3 Elemente einer Graphik und Möglichkeiten der Manipulation

Die meisten statistischen Schaubilder verwenden ein rechtwinkliges Koordinatensystem, das den äußeren Bezugsrahmen liefert. Mit Hilfe des Koordinatensystems läßt sich die Lage von Punkten, Geraden, Kurven, Flächen sowie bei der räumlichen Darstellung von Funktionen mit zwei Veränderlichen und die Lage von Körpern eindeutig beschreiben.

Von Vorteil für die Darstellung ist ein Hintergrundnetz, das ein einfaches Zuordnen der graphischen Elemente (Punkt, Linie, Fläche, Körper) zu den an den Achsen des Koordinatensystems abgetragenen Skalen und das Ablesen der Skalenwerte ermöglicht (vgl. Abbildungen 5 und 8).

Weitere Elemente sind:
- der Titel der Graphik,
- die Beschriftung der Achsen,
- eine Skaleneinteilung an den Achsen,
- die Bezeichnung der verwendeten Maßeinheit,
- die Erläuterung der unterschiedlichen Schraffuren einzelner Flächen (Legende),

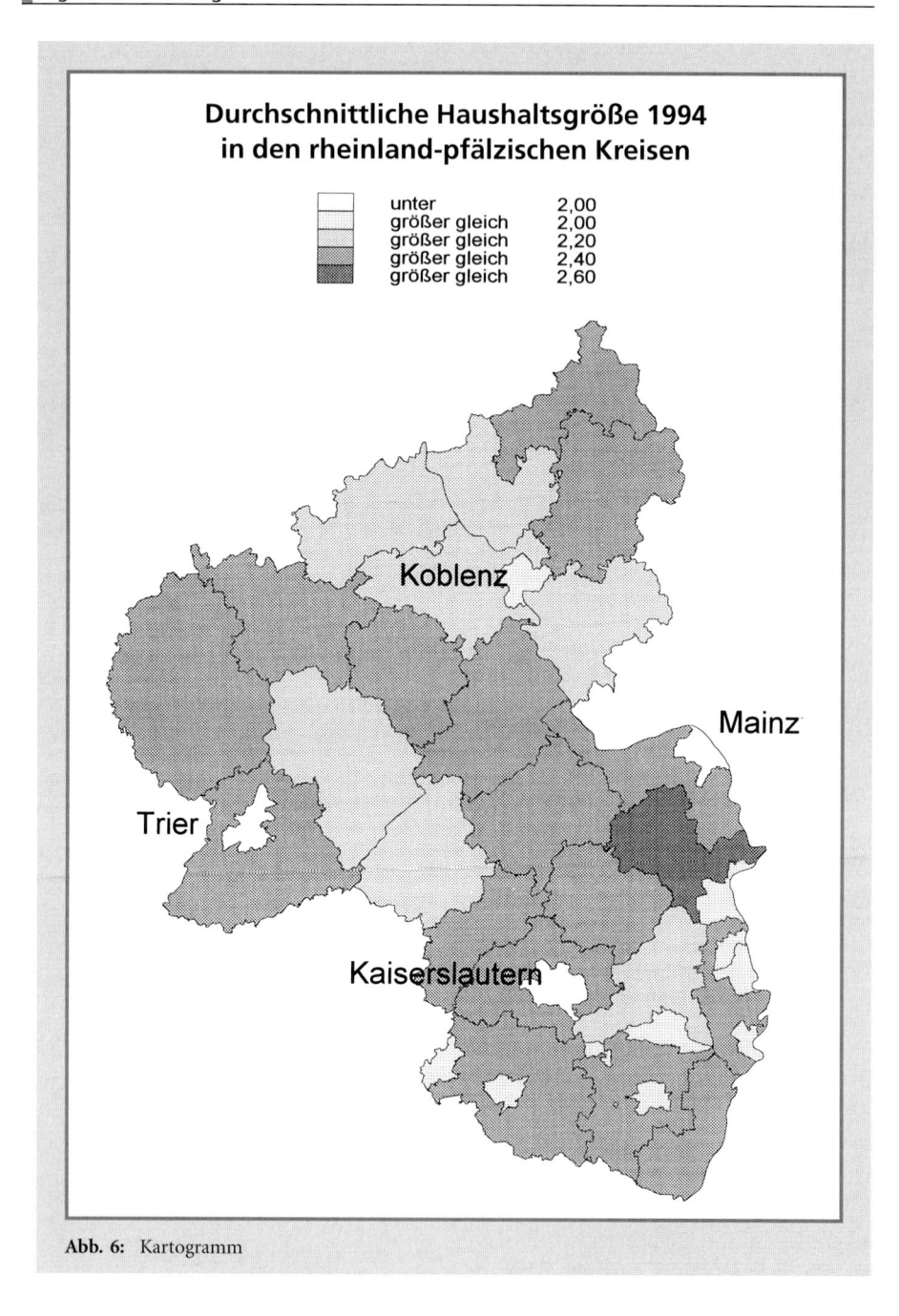

Ergebnisdarstellung

**Durchschnittliche Haushaltsgröße 1994
in den rheinland-pfälzischen Kreisen**

unter 2,00
größer gleich 2,00
größer gleich 2,20
größer gleich 2,40
größer gleich 2,60

Abb. 6: Kartogramm

Tabellen und Diagramme

- Fußnoten, sofern ergänzende Angaben zum Inhalt oder zu Details des Diagramms gegeben werden müssen,
- Quellenangaben.

Neben den Inhalten einer Graphik gibt es noch die äußeren Gestaltungsmerkmale, das **Layout**. Diese können einen erheblichen Einfluß auf die Lesbarkeit der Informationen ausüben, die mit Hilfe der Graphik vermittelt werden sollen. Ohne hierauf näher einzugehen (siehe Literaturangabe), sind folgende Aspekte zu nennen:
- die Verwendung von Farben oder Graustufen in der Graphik,
- die Verwendung von Schraffuren oder Raster,
- die Formatwahl,
- die Wahl der Schriftart und der Schriftgröße,
- die Verwendung von Photographien, Bildsymbolen, Hintergrundzeichnungen bei der graphischen Ausgestaltung von statistischen Schaubildern.

Bewußt oder unbewußt können die Aussagen einer Graphik verzerrt oder sogar verfälscht werden (**Manipulationsmöglichkeiten**). Eine Ursache hierfür ist häufig eine fehlerhafte Skaleneinteilung. Ein ungünstiges Verhältnis zwischen den Unterteilungen der waagerechten und senkrechten Achse des Koordinatensystems kann aus einer mäßigen Entwicklung (vgl. Abbildung 7, oben links) einen (nicht vorhandenen) steilen Trend erzeugen (vgl. Abbildung 7, oben rechts).

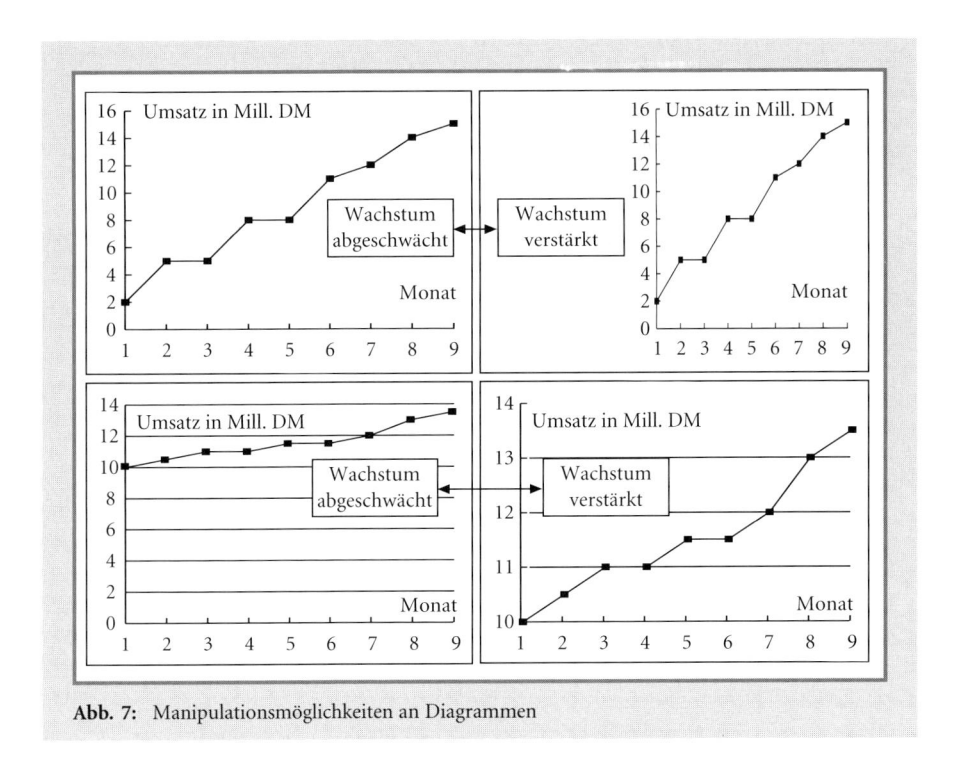

Abb. 7: Manipulationsmöglichkeiten an Diagrammen

Ergebnisdarstellung

Andere Möglichkeiten der Manipulation sind durch die Darstellung eines günstigen Kurvenausschnitts gegeben. Durch die Verkürzung der senkrechten Achse wird aus einer durchschnittlichen Entwicklung auf hohem Niveau ein starkes Wachstum (Abbildung 7 unten links und unten recht).

Objektiv sind die Daten in den vorgestellten Beispielen korrekt dargestellt. Die Diagramme können jedoch bei oberflächlicher Betrachtung subjektiv falsch interpretiert werden. Daher ist auf eine für die Auswertung neutrale Darstellung zu achten.

Eine gewünschte Verzerrung der Achseneinteilung wird durch die Verwendung eines **logarithmischen Maßstabes** erreicht. Die logarithmische Einteilung der Achse wird gewählt, wenn extrem unterschiedliche Werte in einem Diagramm dargestellt werden sollen.

Die Beschriftung der in konstantem Abstand gesetzten Teilstriche erfolgt hierbei nicht wie üblich mit

$$10; 20; 30; \ldots (= 10 \times 1; 10 \times 2; 10 \times 3; \ldots),$$

sondern in der Reihenfolge

$$10; 100; 1000; \ldots (= 10^1; 10^2; 10^3; \ldots).$$

Die Verwendung dieser Einteilung hat zur Folge, daß auch alle extremen Werte an der Achse ablesbar sind, sowohl die sehr kleinen als auch die sehr großen. Die Benutzung von logarithmischen Skalen ist allerdings nur für Fachkundige zu empfehlen, da die darauf basierenden Diagramme vom Laien leicht falsch interpretiert werden können (vgl. Abbildung 8).

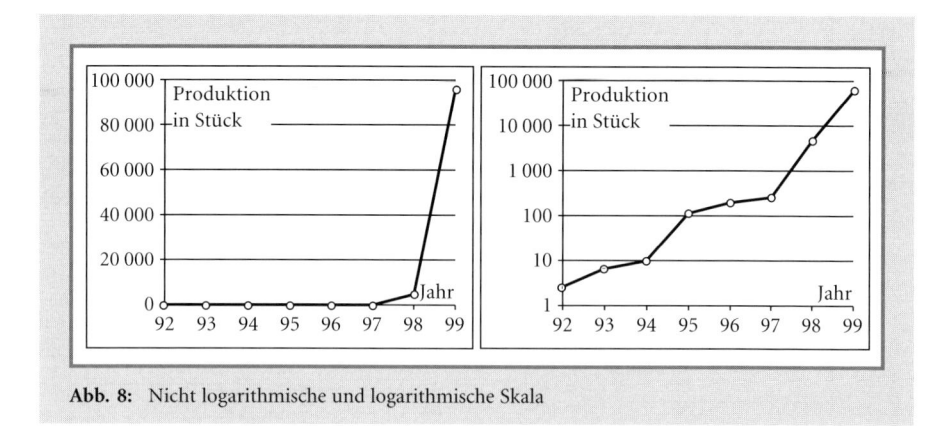

Abb. 8: Nicht logarithmische und logarithmische Skala

Bei **Bilddiagrammen** – eine besondere Form des Flächendiagramms – ist darauf zu achten, daß die Verdoppelung des statistischen Wertes auch mit einer Verdoppelung der darstellenden Fläche einher geht. Dies ist bei der Verwendung kleiner und großer Bildsymbole schwierig, da die Bestimmung der Flächeninhalte in diesen Fällen nur ungenau

Beförderungsleistung FLY & CO

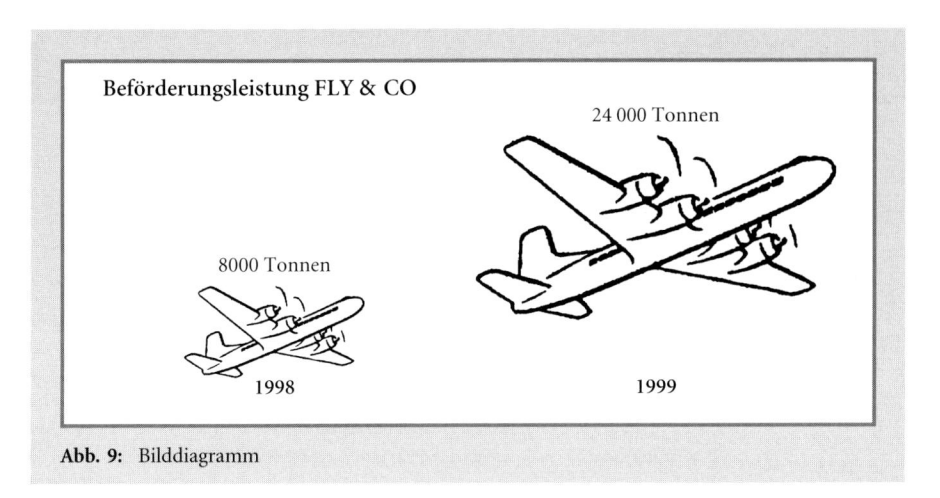

Abb. 9: Bilddiagramm

erfolgen kann. Falsch ist es, der Einfachheit halber anstelle des Flächeninhaltes die Höhe zu verwenden. Der optische Eindruck unterschiedlich hoher Bildsymbole spiegelt unterschiedlich hohe Zahlenwerte subjektiv falsch wieder (vgl. Abbildung 9).

1.4 Literaturverzeichnis

Abels, Heiner/Degen, Horst: Handbuch des statistischen Schaubilds, Konstruktion, Interpretation und Manipulation von graphischen Darstellungen, Stuttgart 1979
Krämer, Walter: So lügt man mit Statistik, 4. Auflage, Frankfurt/Main 1992
Riedwyl, Hans: Graphische Gestaltung von Zahlenmaterial, 2. Auflage, Stuttgart 1979
o. V.: Grafiksünden, in: CHIP Nr. 2, Februar 1989
Statistisches Bundesamt (Hrsg.): Statistisches Jahrbuch für die Bundesrepublik Deutschland 1998, Stuttgart 1998

2. Marktforschungspräsentation

Werner Hagstotz/Karin Schmitt-Hagstotz

Inhaltsübersicht

2.1 Anmerkungen zum Stellenwert
2.2 Datenquellen: Sekundärforschung oder Primärforschung?
2.3 Berichterstattung ist Informationsverdichtung oder Die Kunst des Weglassens
2.4 Berichterstattung bei quantitativen Daten (Schwerpunkt Tabellenband)
2.5 Berichterstattung bei qualitativen Daten (Explorationen und Gruppendiskussionen)
2.6 Zur Visualisierung von Ergebnissen: Tabellen und Graphiken
2.7 Praxisbeispiel: der Aufbau eines Marktforschungsberichts
2.8 Präsentation der Ergebnisse: Erweiterung des Praxisbeispiels
2.9 Umsetzung der Ergebnisse
2.10 Literaturverzeichnis

Auf einen Blick

- Der Erfolg eines Marktforschungsprojekts hängt letztendlich davon ab, daß es gelingt, dem Auftraggeber die gefundenen Ergebnisse verständlich zu übermitteln. Aus diesem Grund sind Marktforschungsbericht und -präsentation ausschlaggebend für den Nutzen eines gesamten Projekts.

- Grundlegend für eine gute Berichterstattung sind die Zusammenfassung der wichtigsten Ergebnisse (Informationsverdichtung), das Herausstellen der wesentlichsten Erkenntnisse im Zusammenhang mit dem Untersuchungsziel sowie deren anschauliche Darstellung (Visualisierung).

- Nicht fehlen sollte außerdem eine klare Empfehlung der Marktforschung, wie sich die objektiven Ergebnisse der Untersuchung in konkretes Handeln im Unternehmen umsetzen lassen. Diese aus Sicht des Forschers/der Forscherin subjektive Empfehlung sollte klar von der Zusammenfassung der Daten abgegrenzt sein.

2.1 Anmerkungen zum Stellenwert

Einschlägige Lehrbücher der Marktforschung enthalten meistens lange Kapitel über statistische Methodenlehre oder multivariate Analyseverfahren, werden aber erstaunlich einsilbig, wenn es um Fragen der Berichterstattung und Präsentation geht. In der Praxis kommerzieller Marktforschung ist es gerade umgekehrt: die eingesetzten Methoden und Analyseverfahren werden (ob zu Recht oder nicht) in der Regel den Marktforschern überlassen, Berichterstattung und Präsentation stehen jedoch im Rampenlicht des Interesses. Da man ein bis dato gut gelaufenes Projekt mittels katastrophaler Präsentation in letzter Minute komplett in den Sand setzen kann, andererseits aber ein mittelprächtiges Projekt nach kreativer und umsetzungsorientierter Ergebnisdarstellung letztendlich positiv bilanziert wird, kann diese Projektphase gar nicht hoch genug bewertet werden.

2.2 Die Datenquellen: Sekundärforschung oder Primärforschung?

Größere Marktforschungsprojekte laufen meistens in mehreren Forschungsschritten ab; die Sekundärforschung ist der erste davon. Dabei geht es darum, aus zahlreichen bereits im Unternehmen oder extern vorhandenen Datenquellen neuen Nutzen zu ziehen: die Materialien werden unter den Problemaspekten der konkreten Forschungs-Fragestellung zusammengefaßt und interpretiert. Dieser Schritt, bei dem nach einiger Suchzeit beträchtliche Mengen sehr unterschiedlicher Daten anfallen, macht ohne zusammenfassende Berichterstattung keinen Sinn. Wenn mit beträchtlichem Aufwand an Personal- und Sachmitteln diverse Unterlagen von der Verbandsstatistik über beispielsweise Außendienst-Berichte bis zu den Ergebnissen von Internet-Recherchen beschafft wurden, dann bringt erst die sorgfältige Auswertung und Abfassung in einen kurzen Sekundärforschungsbericht Nutzen für die weitere Forschung. Es kann sogar Sinn machen, auch eine entsprechende Ergebnispräsentation beim Auftraggeber einzuplanen, wenn die Recherchen besonders ergiebig waren. Was mit den Mitteln der Sekundärforschung bereits an sicheren Erkenntnissen vorliegt, braucht nicht für teures Geld per Primärforschung mit zahlreichen Interviews abgefragt zu werden.

2.3 Berichterstattung ist Informationsverdichtung oder Die Kunst des Weglassens

Bereits am Beispiel des vorigen Abschnitts dürfte der Stellenwert dieser Überschrift klar geworden sein: Berichterstattung ist (nicht nur in der Marktforschung) das Reduzieren auf das Wesentliche. Dieses Need to know vom weniger wichtigen Nice to know unterscheiden zu können, erfordert Praxiserfahrung sowie Branchen- und Produktkenntnis. Nehmen wir ein einfaches Beispiel:
- Ein mittelständischer Produzent von Kaffeemaschinen hat seiner neuen Produktserie einen doppelseitigen Fragebogen zur Messung der Nutzererfahrungen beigelegt. Dank eines Gewinnspiels als Anreizfaktor gehen binnen drei Monaten insgesamt 1000

Ergebnisdarstellung

Fragebogen ein. Das Basismaterial für die spätere Auswertung sind also 2000 Fragebogen-Seiten.

- Durch die Datenerfassung und Vercodung der wenigen offenen Fragen reduziert sich diese Datenmenge; nun liegen ca. 50 Seiten Computerauswertung in Form eines Tabellenbandes vor.
- Für die Endpräsentation beim Auftraggeber erstellt das durchführende Institut daraus eine Präsentation auf Basis von etwa 20 Folien.
- Der Geschäftsführer, am Präsentationstermin leider verhindert, wünscht ein kurzes Management Summary: das Wichtigste auf zwei Seiten.

Im Endeffekt wurde nun das Wesentliche aus 2000 Seiten Ursprungsmaterial auf ganze zwei Seiten gebracht; das entspricht mengenmäßig betrachtet einer Informationsreduktion von Tausend zu eins. Die Kunst der Berichterstattung liegt nun darin, trotz dieser enormen Reduktion der Informationsmenge den Informationsgehalt möglichst hoch zu halten, sagen wir auf mindestens 50% des aus dem Ursprungsmaterial überhaupt ableitbaren Wissens. Hinzu kommt das Eingehen auf das Zielpublikum des Berichts oder der Präsentation. Die zentrale Botschaft eines Projekts etwa der Vertriebsmannschaft nahezubringen ist etwas Anderes als das Überzeugen der Geschäftsführer-Runde (vgl. Abbildung 1).

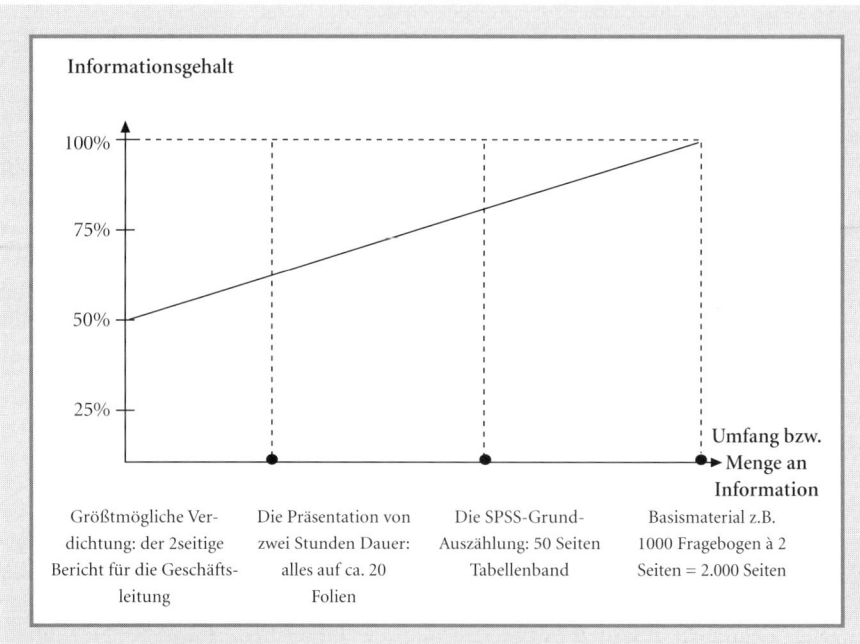

| Größtmögliche Verdichtung: der 2seitige Bericht für die Geschäftsleitung | Die Präsentation von zwei Stunden Dauer: alles auf ca. 20 Folien | Die SPSS-Grund-Auszählung: 50 Seiten Tabellenband | Basismaterial z.B. 1000 Fragebogen à 2 Seiten = 2.000 Seiten |

Abb. 1: Marktforschung als Prozeß der Informationsverdichtung

2.4 Berichterstattung bei quantitativen Daten

Unser kleines Beispiel mit der Kundenzufriedenheits-Forschung eines Herstellers von Kaffeemaschinen läßt sich zum Aufzeigen der wichtigsten Schritte der Berichterstattung wie folgt ausweiten:

- Nach der Dateneingabe der 1000 Fragebögen erfolgt mit Vorliegen der Grundauszählung in aller Regel eine kurze Vorab-Information per Fax oder E-Mail an den Auftraggeber. Dabei sollte hinsichtlich wichtiger Ergebnisse zurückhaltend verfahren werden: man kennt bisher das Antwortverhalten der Befragten im Gesamt, nicht aber das möglicherweise abweichende Verhalten von Teilgruppen.
- Nach Abstimmung dieser für die detaillierte Auswertung heranzuziehenden Teilgruppen bietet der Tabellenband die Datengrundlage zur weiteren Berichterstattung. Nun zeigt sich beispielsweise, daß gerade die wichtige Marketingzielgruppe gutverdienender Singles das Design der neuen Kaffeemaschinen negativ bewertet, wohingegen die zahlenmäßig größere Gruppe älterer und eher konservativer Käufer gerade darin einen wesentlichen Produktvorzug gegenüber dem Wettbewerb sieht. Erst diese differenzierte Analyse und Berichterstattung bringt den wesentlichen Erkenntnisgewinn unseres Marktforschungsprojekts.
- Während der Marktforschungsbericht anhand von Tabellen im verbalen Erklärungszusammenhang überzeugen sollte und dabei auch ins Detail geht, konzentriert sich die per Overhead-Folien, Dias oder Beamer durchgeführte Präsentation auf die wesentlichen Erkenntnisse. Zusammenfassende Schaubilder und Graphiken mit nur wenig Text sind deshalb hier geeignete Träger der Botschaft.

2.5 Berichterstattung bei qualitativen Daten

Das gewählte Beispiel kann in leicht abgewandelter Form auch zur Beschreibung der wichtigsten Phasen bei der Berichterstattung auf Grundlage qualitativer Daten dienen. Gesetzt den Fall, unser mittelständischer Hersteller von Kaffeemaschinen hätte vor dem Markteintritt der neuen Produktserie drei Gruppendiskussionen mit den verschiedenen potentiellen Käufergruppen durchführen lassen, um vor der beschriebenen quantitativen Nutzerbefragung erste Akzeptanzeinschätzungen zu erhalten. Folgende Schritte der Berichterstattung sind nun empfehlenswert:

- Ein wesentlicher Vorteil von Gruppendiskussionen aus Sicht des Auftraggebers besteht in der Möglichkeit, den Diskussionsverlauf per Videoübertragung ins Nebenzimmer live mitzuverfolgen. Die erste Möglichkeit der Berichterstattung findet beim anschließenden informellen Gespräch mit dem Moderator statt: der Auftraggeber möchte zu gerne schon nach der ersten der drei Gruppendiskussionen Interpretationen und Schlußfolgerungen hören. Der Moderator/die Moderatorin sollte sich nun jedoch zurückhalten: er oder sie war aktiver Teilnehmer am Geschehen und nicht neutraler Beobachter, zudem könnte gerade diese erste Gruppe hinterher betrachtet die untypische der drei Gruppen gewesen sein.
- Nach der gründlichen Auswertung der Video-Aufzeichnungen und sonstigen Materialien aus allen drei Gruppendiskussionen wird der Ergebnisbericht erarbeitet. Da im

Gegensatz zur quantitativen Forschung kaum Zahlenwerte zu berichten sind, wird bereits der verbale Schlußbericht sehr viele Originalaussagen und beobachtete Verhaltensweisen z. B. beim Produkthandling enthalten. Er sollte sowohl Querschnitts-Analysen beinhalten (Leitfrage: was haben die unterschiedlichen Teilnehmer zu jeweils einem Thema gesagt?) als auch Längsschnitt-Analysen (Leitfrage: wie und in welcher Reihenfolge haben sich die Teilnehmer mit dem Testprodukt befaßt?).
- Auch in der qualitativen Forschung muß der Marktforschung die Chance zur mündlichen Ergebnispräsentation gegeben werden. Die dabei eingesetzten Charts sollten die Auseinandersetzungen mit den verschiedenen Untersuchungsthemen verdeutlichen, Produktstärken und -schwächen aus Verbrauchersicht plastisch darstellen und dabei insbesondere die dahinterliegenden Motive erhellen. Von der Möglichkeit, die Verbraucher beim Produkthandling zu zeigen, sollte anhand kurzer Video-Sequenzen Gebrauch gemacht werden.

2.6 Zur Visualisierung von Ergebnissen: Tabellen und Graphiken

Eine der wichtigsten Fragen im Aufbau der Ergebnisdarstellung lautet: wann sind graphische Darstellungen (Diagramme) angebracht und wann sind Daten in Tabellenform vorzuziehen? Dazu eine Faustregel:
- Tabellen sind immer dann richtig und wichtig, wenn es auf genaue Zahlen ankommt und diese für sich sprechen. Außerdem werden sie gebraucht, wenn Schaubilder zu umständlich wären, zuviel Information reduzieren würden oder die Daten zur Darstellung auf mehrere Schaubilder aufgeteilt werden müßten.
- Diagramme sind dagegen immer dann vorzuziehen, wenn es um das rasche Erkennen von Sachverhalten geht. Sie bleiben in der Regel länger im Gedächtnis haften als Tabellen.

Aber Graphik ist nicht gleich Graphik. Die Kunst, Sachverhalte verständlich zu präsentieren, erfordert: je nach Aussage muß das richtige Diagramm, die richtige Graphik ausgewählt werden. Deshalb hier ein kurzer Überblick über die verschiedenen **graphischen Grundmuster** und die damit verbundenen Aussagen (vgl. Abbildung 2):
- Torten- oder Kreisdiagramme empfehlen sich, wenn es darum geht, die Struktur von Anteilswerten deutlich zu machen. Aber Vorsicht: diese Art der Darstellung wirkt schnell unübersichtlich, sobald ein Kreis in zu viele Segmente unterteilt wird.
- Balken eignen sich besonders, um Rangfolgen oder Zusammenhänge deutlich zu machen. Vor allem in Kombination mit längerem Begleittext sind Balkendiagramme eine gute Art der Darstellung (Antwortverhalten bei Statementbatterien).
- Zur Darstellung von Zeitreihen oder Häufigkeiten bieten sich Säulendiagramme an.
- Das gleiche gilt für Kurven; auch sie bilden Häufigkeiten und Zeitreihen ab, wobei Kurven vor allem dann zu empfehlen sind, wenn aus der Darstellung eine Trendaussage abgeleitet werden soll.
- Korrelogramme oder Punktdiagramme bilden Zusammenhänge (Korrelationen) ab. Hier ist Vorsicht geboten: bei der Darstellung von Korrelationen liegt der Schluß auf Kausalitäten zwar nahe, ist aber nicht immer richtig!

- Piktogramme mit Symbolen bieten zusätzlich die Möglichkeit, Hintergründe anschaulicher zu machen.
- Organigramme werden genutzt, um Beziehungsgeflechte zwischen Menschen und Sachen bildhaft darzustellen.
- Kartogramme schließlich wählt man, um Daten mit geographischem Bezug zu verdeutlichen (Absatzzahlen in verschiedenen Regionen).

	Kreis	Balken	Säule	Kurve	Punkte
Strukturwerte					
Rangfolgen					
Zeitreihen					
Häufigkeiten					
Korrelationen					

Abb. 2: Die wichtigsten graphischen Darstellungsformen und ihre Anwendung
(Quelle: in Anlehnung an *milo* Lernsoftware 1995)

Unabhängig vom gewählten graphischen Grundmuster gibt es einige sinnvolle **allgemeine Grundregeln**:
- Diagramme bleiben dann besser im Gedächtnis verankert, wenn sie klare Strukturen zeigen und sich in vertraute Wahrnehmungsmuster einordnen lassen.
- Auch das Weglassen von Überflüssigem dient der Konzentration auf das Wesentliche.
- Man sollte das in Mitteleuropas übliche Leseverhalten bei der Konstruktion von Diagrammen berücksichtigen: gelesen beziehungsweise betrachtet wird von links nach rechts und von oben nach unten.
- Jede Graphik oder Tabelle braucht einen einprägsamen Titel!
- Noch ein kurzer Hinweis zur üblichen Graphikerstellung per PC: die Software kann bei der Umsetzung der nackten Zahlen in Bilder ein Feuerwerk aus Farben auf den Bildschirm zaubern. Eine Graphik sollte aber in erster Linie Daten verdeutlichen und nicht die potentiellen Leistungen der Software demonstrieren. Der Einsatz von Farben ist verlockend, sie gehören jedoch nur dahin, wo sie die Klarheit der Darstellung betonen. Das Gleiche gilt für 3-D-Graphiken; man sollte darauf verzichten, wenn es nicht zwingende inhaltliche Gründe für diese Art der Darstellung gibt.

Ergebnisdarstellung

2.7 Praxisbeispiel: der Aufbau eines Marktforschungsberichts

Nach den theoretischen Vorbemerkungen zu Interpretation der Daten und Ergebnisaufbereitung kommen wir nun zur Umsetzung: wie könnte für das Beispiel unseres Kaffeemaschinen-Herstellers ein typischer Untersuchungsbericht aussehen?

- Das Titelblatt jedes Untersuchungsberichts sollte informieren über den Namen der Studie, die Autoren/das Institut, Ort und Datum der Erhebung und des Berichts.
- Auch bei geringem Umfang enthält der Bericht stets eine Gliederung vorab.
- Im Vorspann findet sich eine Darstellung der Untersuchungsziele, wie sie aus dem Briefing zu Beginn des Projekts hervorgegangen sind.
- Die methodische Durchführung sollte kurz und verständlich auf einer Seite abgehandelt werden.
- Für Leser mit wenig Zeit sind die wichtigsten Ergebnisse auf einer Seite zusammengefaßt (Das Wichtigste in Kürze).
- Die Darstellung der inhaltlichen Ergebnisse geht nach dem Prinzip vor: zuerst das Allgemeine, dann das Besondere. Bevor die Ergebnisse der einzelnen Teilgruppen und deren Besonderheiten abgehandelt werden, findet sich eine Beschreibung der Befragten der Studie sowie der Teilgruppen.
- Am Ende des Berichts sollte eine Handlungsempfehlung für den Auftraggeber zur Umsetzung der Ergebnisse keinesfalls fehlen. Wichtig ist, diese Empfehlungen klar von der Berichterstattung basierend auf objektiven Datenmaterial zu trennen, denn

---

| Akzeptanz und Nutzung bei der Kaffeemaschine XY (August 1998) | Institut: MAFO |

Inhaltsübersicht

Der vorliegende Bericht informiert Sie über folgende Themen:
- Die Ziele der Untersuchung
- Überblick über die methodische Durchführung der Studie (qualitativer und quantitativer Teil)
- Das Wichtigste in Kürze
- Teilnehmer und Statistik der Gruppendiskussionen
- Ergebnis der Gruppendiskussionen
- Die Teilnehmer der schriftlichen Befragung
- Ergebnisse für das Gesamt aller befragten Nutzer
- ⎫
- ⎬ Detaillierte Darstellung einzelner Teilgruppen-Ergebnisse
- ⎭
- Empfehlungen an den Auftraggeber
- Anhang:
  - Verwendeter Gesprächsleitfaden bei den Gruppendiskussionen (incl. Statistikbogen)
  - Fragebogen der schriftlichen Befragung
  - ggf. Tabellenband

Abb. 3: Inhaltsübersicht eines möglichen Untersuchungsberichts

hier werden auch zwangsläufig die subjektive Sichtweise und die Erfahrungen, die im Institut im Projektverlauf mit dem Unternehmen gesammelt wurden, mit einfließen. Beispielhaft könnte dem Bericht für die Herstellerfirma der neuen Kaffeemaschine folgende Gliederung voran stehen (vgl. Abbildung 3):

2.8 Die Präsentation der Ergebnisse: Erweiterung des Praxisbeispiels

Bleiben wir beim bewährten Beispiel des Kaffeemaschinen-Herstellers und seines kombinierten Forschungsansatzes mit Gruppendiskussionen als qualitativer Stufe und anschließender Nutzerbefragung per Fragebogen-Beilage beim verkauften Gerät. Die Endpräsentation des durchführenden Marktforschungsinstituts beim Auftraggeber könnte dann folgendermaßen ablaufen (vgl. Abbildung 4):

- Vorstellung aller Teilnehmer an der Endpräsentation, Klärung des Zeitbudgets für die Präsentation und der anschließende Diskussion.
- Vorgehen bei Fragen ebenfalls vorab klären. Empfehlenswert ist es, nur kurze Verständnisfragen während der Präsentation zuzulassen, Fragen mit Diskussionsbedarf aber in Stichworten auf Flipchart festzuhalten und erst nach Präsentationsende zu besprechen.
- Präsentationsbeginn: je nach Medientechnik liegt zunächst das Titelblatt auf Folie, per Dia oder als Beamerpräsentation auf (im folgenden wird aus Vereinfachungsgründen von Overhead-Foliencharts ausgegangen), gefolgt von der Gliederung. Diese ist auch bei kurzen Präsentationen ein absolutes Muß, weil sie den roten Faden für alle Teil-

I.	Erst **beginnen**, wenn ALLES **aufmerksam zuhört** (»Fels in der Brandung«).
II.	**Gliederung** voranstellen, bei längeren Präsentationen wiederholen (»Roter Faden«)
III.	**Medienunterstützung:** selbst ein Fünf-Minuten-Statement wird so einprägsamer.
IV.	Möglichst wenig Tabellen, besser **Graphiken** zur Verdeutlichung der Zusammenhänge.
V.	**Pausen** bei Vortrag, insbesondere zum Betrachten der Graphiken.
VI.	**Publikum einbeziehen,** Blickkontakt, Fragen, Beteiligung.
VII.	**Dramaturgie beachten** (»Spannungskurve«: Highlights zu Beginn und am Ende).
VIII.	**Flexibel sein**, z. B. nicht »Nachkarten«, wenn Ihr Argument bereits überzeugt hat.
IX.	Das **Selbstverständliche** wissen Sie ja ohnehin; einige Stichworte zur Auffrischung: – knappe und prägnante Präsentation mit Ergebniszusammenfassung – Stil entsprechend dem Publikum, aber nicht bis zur Selbstaufgabe – Gestik, Mimik und Körperhaltung wirken ebenfalls.
X.	Vor Präsentationsbeginn mit der Technik vertraut machen (Overhead, Mikro, Beamer etc.).

Abb. 4: Die wichtigsten Anregungen und Tips zum Präsentieren – nicht nur in der Marktforschung

nehmer nachvollziehbar aufzeigt. Bei längeren Präsentationen hat es sich bewährt, die Gliederungsübersicht zwischendurch noch ein- oder zweimal aufzulegen, um den Stand der bisher gezeigten Ergebnisse zusammenzufassen.
- Vor den eigentlichen Forschungsergebnissen sollte kurz auf die eingesetzten Methoden eingegangen werden. In unserem Beispiel wären also die drei Gruppendiskussionen als qualitative Vorstudie ebenso zu erwähnen wie die Hauptstudie mit den 1000 zurückerhaltenen Fragebögen der Kaffeemaschinen-Käufer. Ein Hinweis auf die Gesamtzahl der beigelegten Fragebögen und die daraus resultierende Rücklaufquote sollte ebensowenig fehlen wie die kurze Beschreibung der Teilnehmergruppen an den drei Diskussionsrunden.
- Für die nun folgende eigentliche Ergebnisdarstellung gelten die bereits beim Berichtsaufbau besprochenen Kriterien entsprechend: zuerst die wichtigsten Befunde der Vorstudie, dann die Hauptstudie. Dabei sollte stets der globale Überblick vorangehen (z. B. Wer sind die 1000 Käufer?), die detaillierte Analyse insbesondere für Teilgruppen folgt (z. B. Produkt-Fans und Produkt-Kritiker: ein Vergleich von Extremgruppen).
- Im Unterschied zum schriftlichen Ergebnisbericht gilt bei der Präsentation die Regel, soweit als möglich Schaubilder und Graphiken einzusetzen und nur dann Tabellen, wenn es um die exakten Zahlen geht. Da die Teilnehmer an der Präsentation auch die Art der Ergebnisdarstellung lernen und sich darauf einstellen müssen, sollte man nur wenige Grundmuster dieser Ergebnisvisualisierung wählen und keineswegs ein Feuerwerk der unterschiedlichsten Darstellungsarten abbrennen.
- Da in den Gruppendiskussionen auch Videoaufzeichnungen gemacht wurden, liegt es nahe, in der Präsentation einen kurzen Zusammenschnitt beispielsweise nach dem Motto Die potentiellen Käufer beim Umgang mit dem Produkt vorzuspielen. Erfahrungsgemäß ist der Lerneffekt solcher Szenen gerade für die Produktentwicklung ungleich größer als der von berichteten Prozentzahlen. Um im Beispiel zu bleiben: die ratlosen Gesichter von Verbrauchern beim ergebnislosen Versuch, die Kaffeemaschine in Gang zu setzen, bringen die Produktentwickler rascher zur Änderung der Bedienungselemente als eine Tabelle mit der nüchternen Zahl, 70% hätten Schwierigkeiten bei der Inbetriebnahme.
- Am Präsentationsende sollten die wichtigsten Ergebnisse nochmals schlagwortartig zusammengefaßt und daraus Empfehlungen an den Auftraggeber abgeleitet werden. Es empfiehlt sich, beides zu trennen: die Ergebniszusammenfassung ist das, was sich für jeden objektiv nachvollziehbar aus den Daten ergibt, wohingegen in den Empfehlungen auch die subjektiven Erfahrungen und Wertungen der durchführenden Marktforscher eine Rolle spielen werden.

2.9 Umsetzung der Ergebnisse

Die Präsentation ist zu Ende, was aber ist mit der Ergebnisumsetzung? Sie kommt leider häufig zu kurz, wofür es mehrere Gründe geben kann: die Umsetzung würde schmerzliche Umdenk-Prozesse im Unternehmen erforderlich machen, oder sie könnte zwangsläufig zur Frage führen, wer denn für die von der Marktforschung erkannten Schwachstellen verantwortlich sei. Dasselbe geschieht auch im Falle einer positiven Ergebnisanalyse der

Marktforschung: weil die Grundrichtung ja stimmt, wird nichts umgesetzt und damit die Chance vertan, aus einem aus Verbrauchersicht guten Produkt ein sehr gutes zu machen. Das Berufsverständnis mancher Marktforscher tut ein übriges: man betrachtet sich selbst als Ergebnis-Lieferant und sieht die Umsetzung als unternehmensinterne Angelegenheit oder Einsatzgebiet externer Unternehmensberater.

Dem sollte entgegengewirkt werden. Da der Marktforscher in den Wochen oder Monaten der Projektdurchführung spezielle Kenntnisse bezüglich Markt, Zielgruppen oder Produkt erworben hat, liegt es nahe, ihn oder sie an der Ergebnisumsetzung zu beteiligen. Als Organisationsform für diese Umsetzungsphase haben sich interdisziplinäre Workshops bewährt: Marketing, Werbung und Vertrieb sollten mit den Ingenieuren und Technikern der Produktentwicklung an einen Tisch. Ziel der Workshops ist es, die während der Marktforschung aus Kundensicht aufgetretenen Produktmängel zu beseitigen und die Stärken weiter auszubauen. Wenn dafür praktikable und kostenmäßig vertretbare Vorschläge ausgearbeitet und der Geschäftsführung vorgelegt werden, haben sich die für Marktforschung investierten finanziellen Mittel erst richtig gelohnt.

2.10 Literaturverzeichnis

Böhler, Heymo: Marktforschung, Stuttgart 1985
Kamenz, Uwe: Marktforschung, Einführung mit Fallbeispielen, Aufgaben und Lösungen, Stuttgart 1997
Kastin, Klaus S. von: Marktforschung mit einfachen Mitteln, Daten und Informationen beschaffen, auswerten und interpretieren, München 1995
Koch, Jörg: Marktforschung, Begriffe und Methoden, München 1996
milo Lernsoftware: Wie aus Zahlen Schaubilder werden – Ein Bild sagt mehr als 1000 Worte (ein interaktives Lernprogramm), Klett WBS, Stuttgart 1995
Weis/Steinmetz: Marktforschung, 2. Auflage, Ludwigshafen (Rhein) 1991
Wyss, Werner: Marktforschung von A–Z, Adlingenswil, Schweiz 1991

3. Datenauswertung mit SPSS

Karin Christof

Inhaltsübersicht

3.1 SPSS-Funktionen für den Einsatz in der Marktforschung
3.2 Dateneingabe- und import
3.3 Export/Weiterverwendung von Ergebnissen
3.4 Ad-hoc-Auswertungen
3.5 Standardisierte Auswertungen
3.6 Auswertungsbeispiele
3.6.1 Mehrdimensionale Pivot-Tabellen
3.6.2 Varianzanalyse
3.7 Finanzielle und personelle Rahmenbedingungen
3.8 Literaturverzeichnis

Auf einen Blick

Bei der Auswertung der in der quantitativen Marktforschung anfallenden Daten stellen sich vor allem zwei Aufgaben:
- die Zusammenfassung des Datenmaterials in aussagekräftigen Zahlen und ihre Darstellung in Tabellen und Diagrammen;
- die Durchführung auch multivariater statistischer Auswertungen und die Aufbereitung ihrer Ergebnisse.

Die dafür eingesetzte Software sollte nicht nur diese funktionalen Anforderungen abdecken, sondern auch eine Reihe weiterer Leistungsmerkmale aufweisen, um eine gute Einbindung in die vorhandene Hard- und Softwareumgebung und ein produktives Arbeiten sicherzustellen, so zum Beispiel:
- flexible Verfahren zum Datenaustausch mit anderen Anwendungen,
- die Möglichkeit, wiederkehrende Auswertungen weitgehend zu automatisieren,
- leichte, eingängige Bedienung.

Nicht zuletzt sollte sich auch die Investition für die Anschaffung der Software und entsprechendes Training in vertretbarem Rahmen halten.

Eine Software, die diese Anforderungen in vorbildlicher Weise erfüllt und gerade in der Marktforschung breiteste Anwendung findet, ist **SPSS für Windows**. Dem Anwender bietet SPSS für Windows einerseits eine grafische Benutzeroberfläche (GUI), die weitgehend an *Microsoft*-Anwendungen orientiert ist, andererseits aber auch eine eigene Programmiersprache, die den vollen Funktionsumfang erschließt. Dieser Funktionsumfang, der Datenaustausch mit anderen Anwendungen und die Unterstützung sowohl von Ad-hoc-Auswertungen als auch von standardisierten Auswertungen sollen hier vorgestellt werden. Zwei konkrete Auswertungsbeispiele (Tabellengenerierung und Varianzanalyse) runden die Vorstellung des Programmpakets ab. Im letzten Abschnitt wird – als Orientierungshilfe für Leser, die den Einsatz von SPSS für Windows erwägen – auch auf die finanziellen Rahmenbedingungen eingegangen.

3.1 SPSS-Funktionen für den Einsatz in der Marktforschung

Das Programmpaket SPSS deckt einen Großteil der in der Marktforschung verwendeten statistischen Verfahren für die Datenauswertung ab. Dabei sind die einzelnen Verfahren zu Modulen zusammengefaßt, die getrennt erworben werden können.

Die Hauptkomponente ist das **Base System**, das selbst bereits viele Auswertungsverfahren enthält und zugleich die Voraussetzung für die meisten Zusatzmodule darstellt. Grundsätzlich müssen die Zusatzmodule in derselben Programmversion vorliegen wie das Base System, um einen problemlosen Einsatz zu gewährleisten. Die im folgenden gegebene Übersicht bezieht sich auf die Version 8.0, die seit Sommer 1998 auf dem Markt ist.

Im **Base System** sind alle Funktionen des Datenmanagements und der Datentransformation enthalten. Dazu gehören:
- Umkodieren,
- Berechnen von neuen Variablen,
- Sortieren mit mehreren Schlüsseln und
- Verbinden von Dateien.

Weiterhin findet der Anwender hier auch die Verfahren der *deskriptiven Statistik*, also zur Beschreibung von ein- oder mehrdimensionalem Datenmaterial. Dazu gehören:
- Häufigkeits- und Kreuztabellen,
- die Berechnung von Lage-, Streuungs- und Formparametern und
- Korrelationskoeffizienten.

Zum Bereich der Datenbeschreibung gehören auch die grafischen Darstellungsmöglichkeiten. Hier sind zunächst die interaktiven Grafiken zu nennen, eine neue Technik, die eine besonders flexible Arbeitsweise ermöglicht. Dabei können die in einem Diagramm dargestellten Variablen jederzeit ausgetauscht werden, ohne daß dabei Layouteigenschaften verändert werden. Durch den Einsatz von Farb- und Formelementen läßt sich Information aus bis zu vier Merkmalen in einem Diagramm kombinieren.

Daneben gibt es noch ein weites Spektrum von Grafiken, etwa Streudiagramme für mehrere Variablenpaare, Hoch-Tief-Diagramme oder die Darstellung von Zeitreihendaten, denen eine etwas ältere Technik zugrunde liegt. Insgesamt erhält der Anwender damit einerseits eine umfangreiche Auswahl an Diagrammen und andererseits unvergleichliche Möglichkeiten zur effektvollen grafischen Darstellung.

Von den multivariaten Verfahren zur *Dependenzanalyse* sind im Base System enthalten:
- die Kontingenzanalyse,
- die lineare Regressionsanalyse,
- die Varianzanalyse und
- die Diskriminanzanalyse.

Von den Verfahren der *Interdependenzanalyse* finden sich hier:
- die Korrelations-,
- die Faktoren-, und
- die Clusteranalyse.

Bedarf an **Zusatzmodulen** besteht nur dann, wenn die Auswertungsanforderungen über diese Verfahren hinausgeht. Für die Durchführung von nichtlinearen Regressionsanalysen und Multidimensionaler Skalierung benötigt man das Modul Professional Statistics. Prognoseverfahren wie exponentielle Glättung oder ARIMA-Modelle sind im Modul Trends enthalten. Die Conjoint Analyse bildet ab Version 8.0 das eigenständige Modul SPSS Conjoint.

Abschließend soll noch die Tabellenerstellung angesprochen werden. Tabellen bilden ein ganz wesentliches Element von Marktforschungsberichten. Die Ergebnisse der Auswertungsverfahren in SPSS werden zum größten Teil in Pivot-Tabellen dargestellt. Das sind mehrdimensionale Tabellen, die verschiedene Sichten auf die Ergebnisse erlauben und weitreichende Formatierungsmöglichkeiten bieten. Der Inhalt der Tabellen wird aber weitgehend durch das Auswertungsverfahren bestimmt, oder es stehen nur bestimmte Möglichkeiten der Untergliederung zur Verfügung. Mehr Raum für eigene Gestaltungsmöglichkeiten, vor allem was die Struktur der Tabellen anbelangt, bietet das Modul Tables, dessen Funktion einzig und allein in der Tabellenerstellung liegt.

3.2 Dateneingabe- und import

SPSS benötigt Daten in Form einer Datenmatrix, bei der die Zeilen den Untersuchungseinheiten und die Spalten den Merkmalen entsprechen. Sind die auszuwertenden Daten noch nicht EDV-technisch erfaßt, so können sie direkt in SPSS eingegeben werden. Dazu wird für jedes Merkmal eine Variable definiert, das heißt es werden die Eigenschaften der Variablen, wie numerisch/alphanumerisch, Nachkommastellen, Kodierung fehlender Werte und ähnliches festgelegt. Die Dateneingabe selbst erfolgt in einer Datentabelle, dem Daten-Editor. Dieser Weg empfiehlt sich jedoch nur für kleinere Datenbestände.

Eine Alternative bildet die Eingabe im Datenerfassungsprogramm SPSS Data Entry. Hier erfolgt die Eingabe über Erfassungsmasken, die vorher vom Anwender erstellt werden. Dabei können auch Prüfmechanismen eingebaut werden, die Eingabefehler abfangen. Die eingegebenen Daten werden in SPSS-Format gespeichert. Dieser Weg empfiehlt sich, wenn wiederholt größere Datenmengen einzugeben sind und nicht bereits andere Software zur Datenerfassung im Hause ist.

Grundsätzlich können die erhobenen Daten auch in Tabellenkalkulations- oder Datenbankprogrammen erfaßt werden. Am häufigsten sind hier die *MS Office* Produkte Excel oder Access im Einsatz. Aus diesen und den meisten anderen verbreiteten Anwendungen lassen sich die Daten über die ODBC-Schnittstelle nach SPSS übernehmen. Dafür ist es erforderlich, daß die jeweilige Anwendung den ODBC-Standard unterstützt und ein entsprechender Treiber, der vom jeweiligen Anbieter verfügbar gemacht wird, vorhanden ist.

Auf der Seite von SPSS wird das Importieren der Daten durch einen Assistenten unterstützt, der den Anwender durch die einzelnen Schritte führt. Dabei können die Daten auch aus mehreren Tabellen stammen, sofern diese relational verknüpft sind. Es ist sowohl eine Auswahl der Felder möglich als auch der Datensätze. Dadurch läßt sich erreichen, daß nur die für die Auswertung tatsächlich benötigten Daten übertragen werden. Wegen des weiten Bereichs der damit abgedeckten Datenformate und der Einfachheit der Anwendung ist der Datenimport über ODBC für die meisten Anwender der Weg der Wahl.

Daten, die in Textformat gespeichert sind, können direkt in SPSS eingelesen werden. Dabei wird unterschieden nach Tabulator-getrenntem, freiem und festem Format. Die größte Flexibilität ist bei festem Format gegeben, da die Daten hierbei nicht unbedingt als Datenmatrix vorliegen müssen, sondern auch andere Strukturen, wie hierarchische Daten gelesen werden können. Dazu muß in SPSS ein Einleseprogramm erstellt werden, das dem Anwender fortgeschrittene Kenntnisse der SPSS-Programmsprache abverlangt.

3.3 Export/Weiterverwendung von Ergebnissen

In SPSS werden alle Ergebnisse in einem speziellen Dokument, dem Viewer aufgelistet. Die einzelnen Objekte können dabei Texte, Pivot-Tabellen oder Diagramme sein. Ein Viewer-Dokument kann zwar mit eigenen Texten oder Objekten aus anderen Anwendungen ergänzt werden und auch die Formatierung der Seiten ist möglich, dennoch wird die Berichterstellung eher selten in SPSS erfolgen. Für den Marktforscher von zentraler Bedeutung ist daher die Weiterverwendung der Ergebnisse in anderen Anwendungen, die für die Erstellung von Berichten oder Präsentationen verwendet werden.

Dazu können Objekte der SPSS-Ausgabe in andere Anwendungen eingebettet oder kopiert werden. Einbetten ist möglich, wenn die Zielanwendung ActiveX unterstützt und diese Option in SPSS aktiviert wurde. Die Objekte können nach dem Einbetten in der Zielanwendung aktiviert und wie in SPSS bearbeitet werden.

Zum *Kopieren* in andere Anwendungen wird die Zwischenablage verwendet. Dabei bieten sich grundsätzlich zwei Möglichkeiten: das Kopieren einzelner Objekte und das gleichzeitige Kopieren mehrerer Objekte. Letzteres führt dazu, daß alle Pivot-Tabellen und Diagramme als Grafiken eingefügt werden. Sie können also in der Zielanwendung nicht mehr bearbeitet werden.

Die größere Flexibilität hat der Anwender mit der ersten Option, hierbei ergibt sich nämlich beim Einfügen der Objekte eine größere Auswahl von Formaten. Dies ist insbesondere für Tabellen wichtig und soll deshalb genauer erläutert werden. Beim Einfügen einer einzelnen Pivot-Tabelle in eine Textverarbeitung z. B. in *MS Word* kann diese als Grafik, als Word-Tabelle oder als Text mit Tabulatoren eingefügt werden. Die beiden letzten Optionen erlauben dem Anwender, die Tabelle weitgehend nach eigenen Anforderungen zu gestalten. Beim Einfügen einer einzelnen Pivot-Tabelle in eine Tabellenkalkulation, z. B. *MS Excel* kann diese als Grafik, in BIFF- oder Textformat eingefügt werden. Mit dem BIFF-Format wird erreicht, daß Zahlenwerte in voller Genauigkeit übertragen werden, was besonders dann wichtig ist, wenn mit diesen Werten weitere Berechnungen durchzuführen sind. Für welche Art der Übertragung man sich entscheidet, hängt daher von der Anzahl der Objekte und der gewünschten Weiterverwendung ab.

Durch die Möglichkeit, Teile der Ausgabe in HTML-Format zu speichern, lassen sich Ergebnisse auch schnell über Inter- oder Intranet weitergeben.

Schließlich sei noch erwähnt, daß von anderen Anwendungen, z. B. *MS Excel* auch auf die Ausgabe von SPSS zugegriffen werden kann. Das geschieht über Visual Basic und erlaubt, den Inhalt bestimmter Zellen einer Tabelle gezielt auszulesen. Damit ergibt sich die Möglichkeit komplexe Anwendungen zu erzeugen, die Ergebnisse aus SPSS in Excel integrieren. Da die meisten Anwender jedoch nicht über die hierfür notwendigen Programmierkenntnisse verfügen, empfiehlt es sich auf entsprechende Service-Anbieter zurückzugreifen.

3.4 Ad-hoc-Auswertungen

Unter Ad-hoc-Auswertungen verstehen wir solche, die im Gegensatz zu den im nächsten Abschnitt behandelten standardisierten Auswertungen je nach Bedarf ausgeführt werden. Dabei läßt man sich häufig von den erhaltenen Ergebnissen leiten, indem diese wieder zu neuen Fragestellungen anregen. SPSS unterstützt diese Arbeitsweise durch die interaktive grafische Benutzeroberfläche. Die statistischen oder grafischen Auswertungsverfahren werden aus dem Menü ausgewählt. Jedem Verfahren entspricht ein eigenes Dialogfeld, in dem dann die weiteren Spezifikationen angegeben werden. Dies sind insbesondere die auszuwertenden Variablen, für Verfahren der Dependenzanalyse unterschieden in abhängige und unabhängige, die aus der Liste der verfügbaren Variablen ausgewählt werden. Verfügbar sind dabei die Variablen, die für das jeweilige Verfahren geeignet sind.

Die Dialogfelder sind so konzipiert, daß für viele Auswahlmöglichkeiten Standardeinstellungen verwendet werden, so daß der Anwender nur ein Minimum von Angaben machen muß. Die Standardeinstellungen entsprechen häufig gegebenen Empfehlungen für die jeweiligen Verfahren und sind damit insbesondere für den weniger erfahrenen Anwender hilfreich.

In jedem Dialog kann vom Anwender Hilfe angefordert werden, die sich speziell auf dieses Verfahren bezieht. Die Ergebnisse der Auswertung werden unmittelbar im Ausgabe-Dokument dargestellt und können sofort analysiert werden. Stellt sich dabei heraus, daß das verwendete Verfahren zu modifizieren ist, dann kann dies besonders schnell geschehen, da die vorhergehenden Einstellungen noch im Dialogfeld vorhanden sind.

Ein weitere Unterstützung bei Ad-hoc-Auswertungen ist dadurch gegeben, daß in den Dialogfeldern Information über die verfügbaren Variablen, etwa die Bedeutung einzelner Codes, angefordert werden kann und für jede Variable durch ein Symbol angezeigt wird, von welchem Typ sie ist. Dabei wird für die statistischen Verfahren unterschieden nach numerisch und alphanumerisch und für die neuen grafischen Verfahren nach nominal, kategorial und metrisch.

Um Auswertungen auf einen Teil der Datensätze, etwa Befragte einer bestimmten Altersgruppe, einzuschränken, wird ein Filter definiert. Auch dies geschieht in einem Dialogfeld, durch Angabe der entsprechenden Filterbedingung. Die Filterung wird im Daten-Editor angezeigt, indem die Zeilennummern der nicht ausgewählten Datensätze durchgestrichen werden. Filter können je nach Bedarf aktiviert, verändert oder wieder ausgeschaltet werden und sind damit ein wesentliches Produktivitätselement bei Ad-hoc-Auswertungen.

3.5 Standardisierte Auswertungen

Unter standardisierten Auswertungen werden sowohl Auswertungen verstanden, die wiederholt in der gleichen Form ausgeführt werden, als auch Auswertungen, die eine große Zahl gleichartiger Elemente enthalten. Dabei ist es wünschenswert, daß sowohl die Ausführung der Auswertung möglichst weit automatisiert werden kann als auch daß die Ergebnisse in einer Form ausgegeben werden, die keine oder möglichst wenig Nachbearbeitung erfordert. Beide Ziele lassen sich mit SPSS weitgehend erreichen.

Der Schlüssel zur Erstellung standardisierter Auswertungen liegt in der Programmsprache, der sogenannten Syntaxsprache von SPSS. Alle datenbezogenen Funktionen der grafischen Benutzeroberfläche haben hier eine Entsprechung. Einige Funktionen sind sogar ausschließlich in der Syntaxsprache verfügbar. Die Bedienung von SPSS über die Syntaxsprache erfolgt durch das Ausführen einer Programmdatei. Die Erstellung von Programmen wird den Anwendern dadurch erleichtert, daß sie die Eingaben über die Dialogoberfläche machen können und dann automatisch der entsprechende Programmcode erzeugt werden kann. Bei Bedarf können die Programme noch um Elemente ergänzt werden, die in den Dialogen nicht verfügbar sind. Mit Hilfe solcher Programme lassen sich wiederkehrende Auswertungen, etwa für monatliche Daten, mit wenig Aufwand ausführen. Sie lassen sich sogar mit eigenen Menüeinträgen, die im Menüsystem von SPSS ergänzt werden können, verknüpfen.

Als Ergebnisse werden von SPSS im wesentlichen Pivot-Tabellen und Grafiken erzeugt. Diese können einzeln in umfangreicher Weise editiert werden. Für standardisierte Auswertungen wichtiger sind jedoch die Möglichkeiten der Vorab-Festlegung von Darstellungsmerkmalen, die eine nachträgliche Bearbeitung weitestgehend überflüssig machen.

Für Tabellen gibt es dafür die Tabellenformate als Zusammenfassungen verschiedener Darstellungsmerkmale. Alle Tabellen werden in dem als Standard eingestellten Tabellenformat dargestellt. Der Anwender kann aus einer Reihe vordefinierter Tabellenformate wählen oder eigene definieren.

Darüber hinaus lassen sich mit der SPSS Skriptsprache Programme schreiben, mit denen Formatierungen in Abhängigkeit vom Tabelleninhalt vorgenommen werden können. So können die Werte in allen Spalten mit dem Spaltenkopf »Insgesamt« fett dargestellt werden oder alle Werte oberhalb einer vorgegeben Schwelle unterstrichen oder farbig unterlegt werden. Für die Realisierung ist allerdings umfangreiche Programmiererfahrung in Visual Basic oder verwandten Sprachen vonnöten.

Für Diagramme können ähnlich wie für Tabellen auch Formatvorlagen als Zusammenfassungen bestimmter Darstellungsmerkmale definiert und als Standardformatierung verwendet werden.

3.6 Auswertungsbeispiele

3.6.1 Mehrdimensionale Pivot-Tabellen

Tabellen und Berichte sind für den Marktforscher von zentraler Bedeutung. Deshalb soll hier beispielhaft gezeigt werden, wie mit SPSS mehrdimensionale Pivot-Tabellen erzeugt werden. Bei den Daten handelt es sich um das Ergebnis einer Leserbefragung einer fiktiven Computerzeitschrift. Aus den Bewertungen der einzelnen Rubriken wurden Gesamtbewertungen für den Hard- und Softwareteil ermittelt. Diese sollen aufgegliedert werden nach Alter des Lesers, Betriebssystem, der Art des Abonnements (bezahlt oder frei) und der relativen Wichtigkeit von Artikeln im Vergleich zu Werbung.

Dazu wird das Verfahren *Gegliederte Berichte* verwendet. Abbildung 1 zeigt das entsprechende Dialogfeld nachdem die zu verwendenden Variablen ausgewählt wurden. Im Feld *Auswertungsvariablen* stehen die Hard- und Softwarebewertung und im Feld *Gruppenvariablen* die vier Merkmale, die zur Strukturierung des Berichts verwendet werden.

Im Unterdialog *Statistik* wird spezifiziert, daß die Tabelle die absolute und relative Anzahl der Fälle und den Mittelwert der Bewertung enthalten soll.

Abbildung 2 zeigt das Ergebnis der Auswertung. Es ist die Zusammenfassung über alle Dimensionen, was durch die Angabe »Insgesamt« bei den Strukturvariablen angezeigt wird. Diese Tabelle enthält jedoch die vollständige angeforderte Information. Die Tabelle läßt sich so pivotieren (umstellen), daß genau die interessierenden Kombinationen dar-

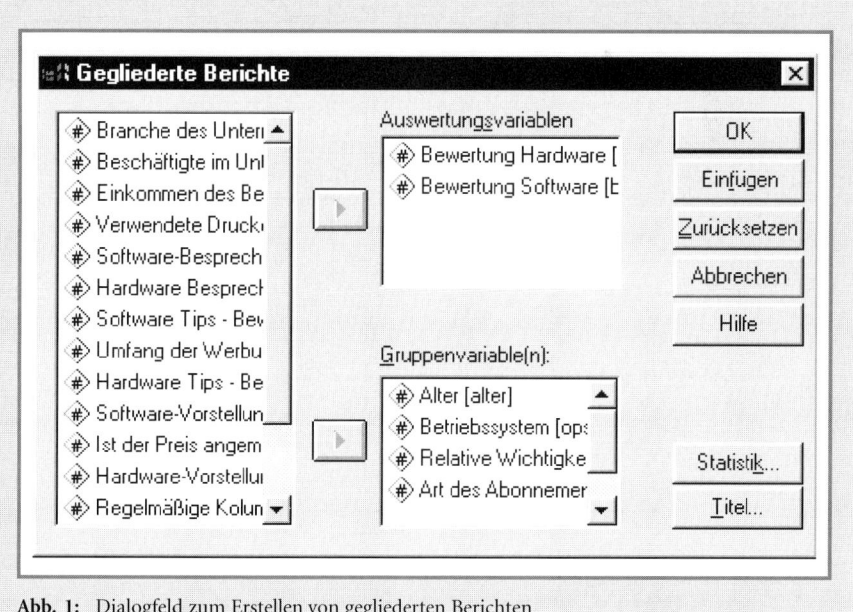

Abb. 1: Dialogfeld zum Erstellen von gegliederten Berichten

Ergebnisdarstellung

gestellt werden können. Abbildung 3 zeigt die Bewertung des Softwareteils aufgegliedert nach Art des Abonnements und Betriebssystem speziell für die Leser, denen Artikel und Werbung gleich wichtig sind.

Alter: Insgesamt
Betriebssystem: Insgesamt
Relative Wichtigkeit von Artikeln zu Werbung: Insgesamt
Art des Abonnements: Insgesamt

	N	Prozent	Mittelwert
Bewertung Hardware	556	100,0%	3,2
Bewertung Software	556	100,0%	3,4

Abb. 2: Gegliederter Bericht mit Übersichtsinformation

Bewertung Software
Alter: Insgesamt
Relative Wichtigkeit von Artikeln zu Werbung: Art 50% Werb 50%

Art des Abonnements	Betriebssystem	N	Prozent	Mittelwert
Bezahlt	Unix	8	1,4%	2,5
	CPM	4	0,7%	2,8
	System 7.3.2	39	7,0%	3,3
	DOS	37	6,7%	3,6
	Windows	30	5,4%	4,0
	Insgesamt	118	21,2%	3,5
Frei	Unix	13	2,3%	2,8
	CPM	1	0,2%	1,3
	System 7.3.2	12	2,2%	3,3
	DOS	11	2,0%	3,6
	Windows	17	3,1%	3,7
	Insgesamt	54	9,7%	3,3
Insgesamt	Unix	21	3,8%	2,7
	CPM	5	0,9%	2,5
	System 7.3.2	51	9,2%	3,3
	DOS	48	8,6%	3,6
	Windows	47	8,5%	3,9
	Insgesamt	172	30,9%	3,5

Abb. 3: Gegliederter Bericht mit Detailinformation

In einer solchen Pivot-Tabelle kann der Anwender frei bestimmen, welche Variablen für die Untergliederung der Zeilen und Spalten verwendet werden sollen. Die übrigen Variablen bestimmen dann die Schichten, von denen jeweils eine sichtbar ist.

3.6.2 Varianzanalyse

Eine Analyse der mittleren Bewertung für die verschiedenen Stufen der oben aufgeführten Faktoren ergibt, daß kaum Unterschiede bei verschiedenen Arten des Abonnements und unterschiedlicher relativer Wichtigkeit der Artikel vorliegen. Über die Altersgruppen und für verschiedene Betriebssysteme zeigen sich dagegen deutlich unterschiedliche Bewertungen. Mit einer Varianzanalyse läßt sich nun untersuchen, ob der Effekt der Faktoren Alter und Betriebssystem auf die Bewertung der Softwareberichterstattung signifikant ist und ob eventuell eine Wechselwirkung zwischen den beiden Faktoren vorliegt.

In SPSS wird dazu das Verfahren *GLM – Allgemein mehrfaktoriell* verwendet. Abbildung 4 zeigt das zugehörige Dialogfeld mit den entsprechenden Angaben für die abhängige Variable und die Faktoren. Weitere Angaben zum Verfahren und der erwünschten Ausgabe können in den Unterdialogfeldern vorgenommen werden, die über die Schaltflächen auf der rechten Seite geöffnet werden. So kann der Anwender das zu verwendende Modell selbst spezifizieren oder Tests zum Vergleich der Mittelwerte anfordern.

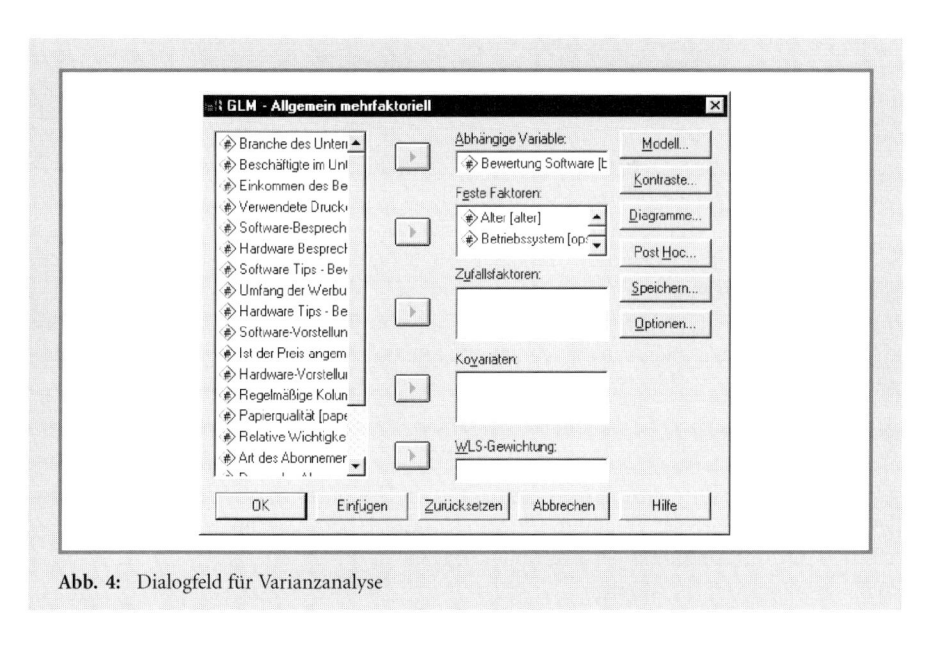

Abb. 4: Dialogfeld für Varianzanalyse

Die folgende Abbildung 5 zeigt einige der Elemente, die bei der Varianzanalyse ausgegeben werden können, so wie sie in der Gliederung der SPSS-Ausgabe stehen. Die mit einem Buchsymbol gekennzeichneten Zeilen stehen dabei für eine Tabelle oder ein Diagramm.

Ergebnisdarstellung

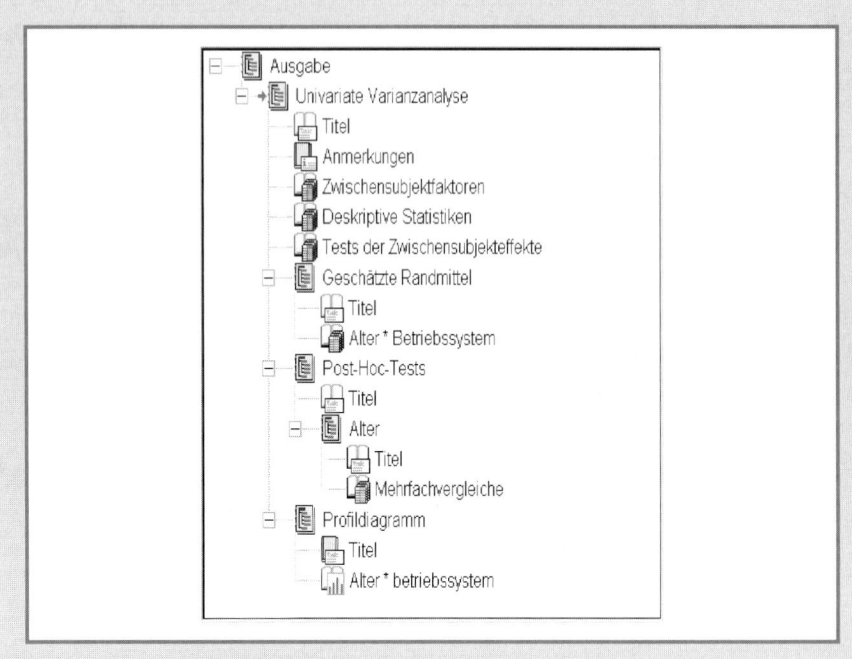

```
⊟ 📄 Ausgabe
  ⊟ → 📄 Univariate Varianzanalyse
       📄 Titel
       📄 Anmerkungen
       📄 Zwischensubjektfaktoren
       📄 Deskriptive Statistiken
       📄 Tests der Zwischensubjekteffekte
    ⊟  📄 Geschätzte Randmittel
          📄 Titel
          📄 Alter * Betriebssystem
    ⊟  📄 Post-Hoc-Tests
          📄 Titel
       ⊟ 📄 Alter
            📄 Titel
            📄 Mehrfachvergleiche
    ⊟  📄 Profildiagramm
          📄 Titel
          📄 Alter * betriebssystem
```

Abb. 5: Gliederung der SPSS-Ausgabe

Die wichtigste Tabelle ist dabei die in Abbildung 6 gezeigte Tabelle mit den Tests der Modelleffekte. Die Tabelle enthält Zeilen für die Komponenten des Modells und in den Spalten die zugehörigen Quadratsummen, Freiheitsgrade (df), mittlere Quadratsummen, F-Werte und Signifikanzen. Aus letzteren läßt sich hier ablesen, daß nur die beiden Haupteffekte Alter und Betriebssystem (OPSYS) von Bedeutung sind, nicht jedoch die Wechselwirkung zwischen beiden, da deren Signifikanz mit 0,303 über der üblicherweise verwendeten Schwelle von 0,05 liegt.

Dieses kurze Beispiel zeigt auch, daß durch die in SPSS realisierte dialoggesteuerte Bedienung die Anwendung der statistischen Verfahren so weit erleichtert wird, daß der Anwender sich nicht mehr mit technischen Details beschäftigen muß, sondern sich ganz der inhaltlichen Seite der Verfahren widmen kann, also der Auswahl der richtigen Optionen und der Interpretation der Ergebnisse.

Datenauswertung mit SPSS

Tests der Zwischensubjekteffekte
Abhängige Variable: Bewertung Software

Quelle	Quadrat-summe vom Typ III	df	Mittel der Quadrate	F	Signifikanz
Korrigiertes Modell	84,488	11	7,681	22,295	0,000
Konstanter Term	1783,728	1	1783,728	5177,594	0,000
ALTER	49,509	3	16,503	47,903	0,000
OPSYS	3,928	2	1,964	5,701	0,004
ALTER * OPSYS	2,489	6	0,415	1,204	0,303
Fehler	165,364	480	0,345		
Gesamt	6427,111	492			
Korrigierte Gesamtvariation	249,853	491			

Abb. 6: Tabelle der Varianzanalyse

3.7 Finanzielle und personelle Rahmenbedingungen

Der finanzielle Aufwand für die Lizensierung von SPSS richtet sich danach, welche Komponenten des Systems eingesetzt werden sollen und von wie vielen Anwendern. Das **Base System** deckt bereits einen großen Teil der in der Marktforschung benötigten Funktionen der statistischen Datenanalyse ab. Für eine Einzelplatzlizenz des Base Systems ist zur Zeit eine Lizenzgebühr von 2500 DM anzusetzen. Pro Zusatzmodul fallen jeweils 1100 DM an. In der Regel verfügt man mit zwei Zusatzmodulen über einen gut ausgestatteten Arbeitsplatz, dafür belaufen sich die Kosten für die Software auf knapp 5000 DM. Werden gleichzeitig mehrere Arbeitsplätze ausgestattet oder zusätzliche Lizenzen angeschafft, dann ist die einzelne Lizenz günstiger. Auch ein Einsatz im Netzwerk mit einer Beschränkung der gleichzeitig nutzbaren Lizenzen ist möglich. Die Anforderungen an die Hardware unterscheiden sich nicht von denen des Betriebssystems *Windows95* und gängiger Bürosoftwarepakete, so daß für den Einsatz von SPSS für Windows in der Regel keine Hardwareaufrüstung erforderlich ist.

Im Hinblick auf die potentiellen Anwender stellt sich auch die Frage nach der erforderlichen Qualifikation und nach dem zeitlichen und finanziellen Aufwand für die Ausbildung. Von Vorteil für die Anwender ist es sicherlich, wenn sie über grundlegende Kenntnisse der Datenanalyse oder Statistik verfügen. Einige Marktforscher bringen auch SPSS-Kenntnisse von der Hochschule mit. Für Anwender, die noch keine Erfahrung mit SPSS haben, ist es meistens effektiver, eine entsprechende Schulung zu besuchen, als sich allein in das System einzuarbeiten. Ganz grob läßt sich sagen, daß die Kenntnisse für einen allgemeinen Einstieg in drei bis vier Kurstagen erworben werden können. Soll SPSS vorwiegend zur Erstellung von Tabellen und Diagrammen oder für die Durchführung bestimmter Verfahren eingesetzt werden, dann können diese speziellen Kenntnisse auch in einem zweitägigen, darauf zugeschnittenen Kurs vermittelt werden. Dabei sind pro Kurstag und Teilnehmer Kosten von rund 600 DM zu veranschlagen.

In den meisten der angebotenen Kurse wird auf die Syntaxsprache nur am Rande eingegangen. Anwender, die hier tiefer vordringen wollen, sind weitgehend auf Eigeninitiative angewiesen. Dabei ist das Handbuch *SPSS Syntax Reference Guide* von unschätzbarem Wert.

Eine praxisnähere Möglichkeit der Einarbeitung in SPSS bietet das Coaching. Dabei arbeitet ein SPSS-Berater mit ein bis zwei Anwendern an einer konkreten Auswertung und vermittelt diesen gleichzeitig das dafür benötigte SPSS-Wissen. Mittlerweile gibt es auch einen kleinen Kreis von unabhängigen SPSS-Beratern, die solche Coaching-Projekte durchführen und weitere Leistungen, wie statistische Beratung und Programmierung in der SPSS-Syntax- oder Skriptsprache anbieten.

Zusammenfassend läßt sich sagen, daß mit SPSS ein Instrument gegeben ist, mit dem sich quantitative Analysen in der Marktforschung flexibel und mit vertretbarem finanziellen Aufwand durchführen lassen. Damit es effektiv eingesetzt werden kann, müssen die Anwender entsprechend ausgebildet sein. Dabei ist es jedoch unrealistisch, von einem einzelnen Anwender die Beherrschung des ganzen Systems zu erwarten. Vielmehr ist hier auf eine sinnvolle Kombination von internem und externem Wissen zu setzen.

3.8 Literaturverzeichnis

SPSS Base 8.0 Benutzerhandbuch
SPSS Base 8.0 Applications Guide
SPSS Base 8.0 Syntax Reference Guide

4. Computerunterstützung bei der Auswertung von Befragungen in der Marktforschung

Thomas Wolf

Inhaltsübersicht

4.1 Notwendigkeit von Computerunterstützung in der Marktforschung
4.2 Zielsetzung von MSM – Marktstudienmanager
4.3 Planung einer computerunterstützten Marktstudie
4.4 Durchführung einer computerunterstützten Marktstudie
4.5 Möglichkeiten computerunterstützter Auswertung
4.6 Erweiterte Möglichkeiten durch neue Technologien
4.6.1 Individuelle Software für Sonderaufgaben
4.6.2 Datenerfassung durch den Befragten
4.6.3 Marktforschung aus bestehenden Datenbeständen
4.7 Literaturverzeichnis

Auf einen Blick

Die Auswertung von Befragungen wird heutzutage durch Computerunterstützung wesentlich erleichtert. Moderne Hard- und Software bietet nicht nur Geschwindigkeits- und Kostenvorteile sowie höhere Zuverlässigkeit der Ergebnisse, sondern eröffnet vor allem auch ganz neue Möglichkeiten der Auswertung und Informationsgewinnung.

Für viele Bereiche von Befragungen existieren heute Softwarepakete. Speziell für Befragungen im Rahmen der Marktforschung wurde das Programm MSM – Marktstudienmanager entwickelt. Es dient dazu, alle relevanten Fragestellungen einer betrieblichen Marktforschungsstudie schnell und zielgerichtet auch ohne größere Computer-Vorkenntnisse beantworten zu können.

Natürlich stellt die Durchführung einer computerunterstützten Befragung einige besondere Anforderungen an die Planung und Durchführung der Marktstudie. Der hierbei entstehende Arbeitsaufwand wird aber bei der Auswertung der Ergebnisse mehrfach wieder eingespart. Zudem ist die Qualität und Aussagekraft der Ergebnisse, die durch Computerauswertung gewonnen werden, um vieles höher als bei einem Verzicht auf Softwareunterstützung.

Computerunterstützung ist bei der Auswertung von Befragungen heute ein unverzichtbarer Grundbaustein geworden. Durch die richtige Vorgehensweise ist es möglich, Zielgruppen einwandfrei zu identifizieren, exakte Produktbewertungen oder Imageanalysen durchzuführen und vor allem spezielle und detaillierte Fragestellungen schnell und eindeutig zu beantworten. Dabei können diese Ergebnisse auch im Betrieb selbst gewonnen werden, ohne daß kostenintensive extern erstellte Studien notwendig sind.

4.1 Die Notwendigkeit von Computerunterstützung in der Marktforschung

Prinzipiell wäre es natürlich möglich, eine Marktstudie ganz ohne Computerunterstützung zu erstellen – vor der breiten Verfügbarkeit preiswerter Hard- und Software wurde dies auch oft praktiziert. In der heutigen Zeit aber wäre es ein schwerer Fehler, die Möglichkeiten moderner Computertechnologie nicht zu nutzen. Dabei ist die Verwendung eines Computers nicht etwa Selbstzweck nach dem Motto »Wir wollen modern sein«, sondern sie ist aus einer Reihe klar ersichtlicher und nachvollziehbarer Gründe unbedingt geboten.

Der **Geschwindigkeits- und Kostenvorteil** computerunterstützter Marktforschung liegt nicht in der Datenerfassung, sondern vor allem in der Auswertung. Das Erstellen einer Strichliste erfordert nur wenig mehr Aufwand als die Datenerfassung per Mausklick, Tastatur oder Touchscreen – man spart sich sogar noch den PC und die Software. Ist die Strichliste aber einmal erstellt, so ist es wesentlich aufwendiger, die Zahlen zu einer brauchbaren Statistik zu verarbeiten – für die erforderlichen Rechenoperationen benötigt ein Mensch mit Taschenrechner einige Minuten oder gar Stunden, ein Computer nur Sekundenbruchteile. Dieser Aufwandsunterschied ist aber nur die Spitze des Eisberges, denn bis zu diesem Zeitpunkt wurde erst eine einzige Auswertung, die Gesamtauswertung, erstellt. Die in der Praxis entscheidenden Fragestellungen, die sinnvolle Marktforschung erst ausmachen, sind aber Kreuzauswertungen wie »Wie denken Frauen zwischen 30 und 45 in Haushalten mit 3000–4000 DM Monatseinkommen über unser Produkt?« oder »Welche Altersgruppen kennen unsere neue Produktlinie am besten?« Für jede dieser Fragen (und in einer Marktstudie gibt es viele) wären bei einer Auswertung ohne Computer jeweils eine eigene Strichliste und eine ganze Menge von Berechnungen erforderlich – mit dem Computer entfällt dieser Aufwand. Es ist offensichtlich, daß selbst bei dem geringsten Stundenlohn für die stupide Tätigkeit der Datenerfassung eine computerunterstützte Lösung sehr bald deutlicher, billiger und um Größenordnungen schneller ist.

Die Methode, mit der Daten erfaßt und ausgewertet werden, ist entscheidend für die Häufigkeit von Fehlern und somit für die Zuverlässigkeit der Ergebnisse. Eine 100%ige **Fehlervermeidung** ist dabei mit praktikablen Mitteln im Normalfall nicht möglich, in der Marktforschung aber auch glücklicherweise meistens nicht erforderlich. Klar sind aber zwei Punkte: zum ersten sind kleinere Fehler möglichst einzuschränken, damit sie sich nicht allzu stark addieren und die Ergebnisse zu ungenau werden, zum zweiten dürfen große Fehler, wie falsche Berechnungen, auf keinen Fall vorkommen. Beides ist bei Computerunterstützung gegeben. Kleine Fehler werden durch automatische Kontrollen minimiert; der PC kann zwar nicht erkennen, ob der Datenerfasser beispielsweise das Alter des Befragten korrekt eingibt, er kann aber eine ganze Reihe von Fehlern automatisch erkennen, wie unausgefüllte Felder oder Mehrfacheingaben bei Fragen mit nur einer möglichen Nennung. Und der noch viel wichtigere zweite Punkt, nämlich die sichere Vermeidung von Fehlberechnungen, ist bei einem Computer natürlich automatisch erfüllt.

Je nach Art der Umfrage kann es möglich und sinnvoll sein, die **Datengewinnung und die Datenerfassung nicht zu trennen**, sondern die erhaltenen Informationen unmittelbar in den Computer einzugeben. Ist dies der Fall, so entfällt einer von zwei Arbeitsgängen völlig. Dadurch entsteht nicht nur eine beachtenswerte Arbeitsersparnis, die Daten liegen auch unmittelbar zur Auswertung vor. Dies ist natürlich immer ein Vorteil, in manchen Fällen wird hierdurch aber sogar eine ganz neue Dimension der Marktforschung eröffnet werden, wenn innerhalb einer Messe-Show oder Radiosendung unmittelbar auf die Wünsche der Zielgruppe eingegangen werden kann.

4.2 Die Zielsetzung von MSM – Marktstudienmanager

Um computerunterstützte Marktforschung betreiben zu können, wurde das Softwarepaket MSM – Marktstudienmanager erstellt, das im Internet auf der Homepage: http://www.softwaregilde.de beheimatet ist. Es dient dazu, schnell und ohne große Vorkenntnisse die Ergebnisse von Befragungen zu erfassen und auszuwerten. Dabei soll es dem Anwender oder Marktforscher möglich sein, alle Fragen in einer Marktstudie, die statistisch erfaßbar sind, computerunterstützt zu beantworten.

Leider wurde die Bedeutung der Marktforschung in der Wissenschaft und in der **Softwareentwicklung** erst spät erkannt. Vor der Erstellung von MSM (und dessen Vorgängersoftware wie MKF und SFA Plus) war es daher erforderlich und üblich gewesen, Marktforschungsergebnisse mit Statistik-Softwarepaketen auszuwerten, die aus verwandten Gebieten wie der Sozialforschung stammten. Dies warf leider eine ganze Reihe von Problemen auf:

- Sozialforscher gehen oft davon aus, daß die von Ihnen verwandten Fragebögen Merkmale exakt und auf geeichten Rationalskalen widerspiegeln. Diese (selbst in der Sozialforschung umstrittene) Annahme ist in der Marktforschung so gut wie nie zutreffend, so daß viele Ergebnisse falsch sind.
- Programme aus der Sozialforschung sind aufgrund der angegebenen Annahmen eher auf stark erweiterte statistische Möglichkeiten als auf Anwenderfreundlichkeit ausgelegt und somit sehr schulungsintensiv.
- Sozialforschungssoftware ist nicht auf einfache, am Fragebogen orientierte Dateneingabe ausgelegt, sondern erfordert aufwendige und komplizierte Eingabemethoden.

MSM – Marktstudienmanager beruht dagegen auf den konkreten Anforderungen der Marktforschung und wurde aus dem Praxiseinsatz heraus und für diesen entwickelt.

Es gibt in der Marktforschung normalerweise zwei unterschiedliche Anwender (oder Gruppen von Anwendern), nämlich den (oder die) Marktforscher und den (oder die) Datentypisten. Die **Anforderungen** dieser Anwender sind in Bezug auf Vorkenntnisse und Sicherheit sehr verschieden. Dieses Problem ist in MSM wie folgt gelöst:

- Der Marktforscher (Hauptanwender) erstellt den Fragebogen und wertet diesen später aus. Er verfügt im Regelfall bereits über die erforderlichen Marktforschungskenntnisse und kann sich die notwendigen Kenntnisse der Software anhand der Bearbeitung eines Beispieles in der Dokumentation schnell aneignen, ohne vertiefte Computererfahrung zu benötigen.

- Der Datentypist führt nur die einfache Aufgabe der Datenerfassung aus. Auch ungeübte Kräfte können dies innerhalb von ca. fünf Minuten erlernen und beherrschen. Falls der Marktforscher einen Zugriffsschutz einstellen möchte, so hat der Datentypist über sein Paßwort zwar Zugriff auf die reinen Daten, kann aber keine Auswertungen erstellen oder betrachten. Natürlich kann es auch vorkommen, daß der Marktforscher die Eingabe der Daten selbst erledigt; in den meisten Fällen wird dies aber entweder der Interviewer oder eine Hilfskraft als Datentypist tun.

Es ist klar, daß nur solche Daten ausgewertet können, die in irgendeiner Form quantifiziert, also als Zahlen erfaßt werden können. MSM unterstützt dies durch das **Prinzip der Ausprägungs- und Gruppenbildung**. Die Antworten auf Fragen, die offen formuliert sind, wie »Was gefällt Ihnen an unserem Produkt nicht?«, können bei der Erstellung des Fragebogens, nach dem Pretest und/oder während der Dateneingabe in sinnvolle Kategorien aufgespalten werden (hoher Preis, mangelnde Qualität). Für die Auswertungen können dann auch einzelne Kategorien zu Gruppen zusammengefaßt werden. Diese Kategorien- und Gruppenbildung erfordert sicherlich Fingerspitzengefühl des Marktforschers, die Aufgabe wird aber automatisiert erleichtert soweit irgend möglich.

4.3 Die Planung einer computerunterstützten Marktstudie

Die wohl wichtigste Aufgabe bei der Durchführung einer Marktstudie ist die Planung des Fragebogens. Dabei sind bei einer geplanten computerunterstützten Auswertung einige wesentliche Punkte zu beachten, die starken Einfluß auf den Aufwand und auch auf die Qualität der zu erwartenden Ergebnisse haben.

Ein Marktforscher wird sicherlich genaue Vorstellungen davon haben, welche Fragen er stellen möchte. Für eine **computerunterstützte Auswertung** ist es aber besonders wichtig, diese Fragen EDV-tolerant zu formulieren. In einzelnen bedeutet dies:
- Die Fragen sind möglichst quantifizierbar zu gestalten. Das bedeutet, daß die Antworten kategorisierbar (durch Ankreuzen beantwortbar) oder mit einer Zahleneingabe beantwortbar sein sollten.
- Es muß immer klar sein, ob bei einer kategorisierten Frage Mehrfachnennungen erlaubt sind oder nicht.
- Das Layout des Fragebogen – falls dieser nicht ohnehin bereits automatisch aus der Software heraus ausgedruckt wurde – ist so zu gestalten, daß genug Platz für die Daten verfügbar ist und somit Eingabefehlern vorgebeugt wird.

Um eine vertiefte und zielgerichtete Informationsgewinnung zu ermöglichen, muß der Fragebogen eine **Abgrenzung der interessanten Grundgesamtheiten** enthalten. Dabei besteht in einem modernen und objektorientierten Modell kein Unterschied zwischen Informationen zur Unterscheidung solcher Grundgesamtheiten und Informationen, die auszuwerten sind. Somit können alle Informationen als normale Fragen behandelt werden. Beispielsweise enthält ein Fragebogen die Fragen: Beurteilung des Produktes von 1–6 (Notenskala) und Geschlecht des Befragten – es ist dann computerunterstützt sowohl die Information gewinnbar »Wie denken weibliche Befragte über das Produkt?« als auch

»Welches Geschlecht beurteilt das Produkt eher mit einer 1?«. Nur die Zielsetzung des Marktforschers, also in diesem Fall einerseits die Beurteilung einer Zielgruppenmeinung oder andererseits die Identifikation einer Zielgruppe, ist wichtig.

Wie schon ausgeführt ist die Quantifizierung einer offenen Frage, also das **Finden geeigneter Kategorien** in den Antworten, eine wichtige Säule für den Informationsgehalt der Auswertung. Hierfür bietet die computerunterstützte Auswertung mit MSM drei Möglichkeiten, die je nach Problemstellung auch kombiniert werden können, und im Idealfall auch alle drei kombiniert werden sollten:

- Kategorienfindung durch Vorkenntnisse: Um die Datenerfassung schneller und leichter zu gestalten, werden Kategorien von Antworten auf eine Frage vorgegeben, auf die schon erwähnte Frage nach dem Grund einer schlechten Produktbeurteilung die Kategorien Preis, Qualität, Service und Angebotspalette. Zusätzlich sind in diesem Fall zusätzliche Kategorien Sonstiges 1, Sonstiges 2 sinnvoll, die dann später noch mit unvorhergesehenen Antworten gefüllt werden können.
- Kategorienfindung durch Pretest: Wird der Pretest einer Marktstudie nicht aus Geld- oder Zeitgründen weggelassen (was meist ein Fehler ist, dennoch aber oft getan wird), so liefert er oft eine bessere Aufgliederung der Antworten, als die alleine vom Marktforscher vorhergesehene. Nach einer sinnvollen Aufteilung der Antwortmöglichkeiten auf der Basis der Ergebnisse des Pretests bleibt es der eigentlichen Befragung oft nur noch überlassen, genaueres statistisches Material zu liefern.
- Kategorienfindung durch Vorauswertung: Je nach Art der Frage kann es sinnvoll sein, die gesamte Antwort oder ein Feld Sonstiges auf dem Fragebogen erst einmal als Textkommentar zu erfassen. Es bleibt dann einer qualitativen Vorauswertung durch den Marktforscher (mittels Durchlesen und Beurteilen der Textantworten) überlassen, sinnvolle Antwortkategorien für die nachfolgende computerunterstützte quantitative Auswertung zu bilden.

4.4 Die Durchführung einer computerunterstützten Marktstudie

Während die Vorbereitungsphase und der Pretest – wie ausgeführt – besondere Bedeutung für eine computerunterstützte Marktstudie haben, sind bei der eigentlichen Durchführung nur weniger bedeutende Punkte zu beachten, die mit der geplanten Computerauswertung in Zusammenhang stehen. Dennoch kann auch hier der Aufwand verringert und die Qualität der Ergebnisse erhöht werden.

Es ist unbestritten, daß die korrekte Schulung der **Interviewer** einen der wichtigsten Grundbausteine für den Erfolg einer Marktstudie bildet. In Hinblick auf die Computerunterstützung der Auswertung sind dabei folgende Regeln wesentlich:
- Es ist immer klar zu beachten, ob Mehrfachnennungen erlaubt sind oder nicht.
- Zahlenangaben sollten nicht gerundet, sondern so exakt notiert werden, wie sie gegeben wurden.
- Es ist zu unterscheiden, ob keine Daten vorliegen (weil z. B. eine Frage dem Befragten als Nicht-Nutzer eines Produktes gar nicht gestellt wurde), oder ob der Befragte ausdrücklich keine Antwort geben wollte; im letzten Fall gehört er nämlich dieser Frage zu

einer eigenen Sondergruppe, deren Meinung durchaus interessant sein kann! Man denke hier an: »Welche Themen finden Befragte wichtig, die auf die Frage nach Ihrer bevorzugten Partei keine Antwort geben konnten oder wollten?«.

Durch die zunehmende Bedeutung von Laptops und telefonischen Befragungen ist es interessant, die **Daten simultan zur Antwort des Befragten unmittelbar im Computer zu erfassen**. Dies macht allerdings nicht in allen Fällen Sinn, sondern erfordert eine Entscheidung des Marktforschers, die dieser im Vorfeld genau abwägen sollte.

Für eine simultane Datenerfassung spricht:
- Die Kosten der Marktstudie verringern sich erheblich, da zwei Arbeitsvorgänge zusammengelegt werden.
- Die Daten sind viel schneller verfügbar, nämlich unmittelbar nach der Befragung.
- Die Fehlerquelle »lesen des Fragebogens und Eintippen der Antworten« wird ausgeschaltet; eine Halbierung der Fehlerrate ist zu erwarten.

Gegen eine simultane Datenerfassung ist einzuwenden:
- Der Fluß des Gespräches kann gestört werden.
- Manche Befragte empfinden eine Datenerfassung per Computer als unangenehm (Assoziationen mit Überwachungsstaat) und antworten gehemmt oder brechen das Interview sogar ab.

In der Regel macht eine simultane Erfassung vor allem dann Sinn, wenn eine größere Zahl von Befragungen – auch per Telefon – und ein kurzer Fragebogen ohne Vorlagen und mit einfachen Fragen geplant sind. Komplexere oder längere Befragungen kleiner ausgewählter Zielgruppen (Befragungen von Topkunden) sollten dagegen mit Ausfüllen eines Fragebogens und getrennter Dateneingabe durchgeführt werden.

Sind die Daten eines Unternehmens so sensibel, daß ein gezielter Angriff auf sie zu erwarten ist (Industriespionage), so sind grundsätzlich – und nicht nur in der Marktforschung – besondere **Sicherheitsmaßnahmen** zu treffen. Im Extremfall müssen diese den Schutz des gesamten Computersystemes beinhalten. Die computerunterstützte Marktstudienerstellung unterstützt dies. MSM bietet einen zweistufigen Paßwortschutz; in der ersten Stufe können Daten erfaßt, in der zweiten auch Auswertungen erstellt und Informationen gesichtet werden. Ein solcher Schutz wird dabei immer projektbezogen erstellt, also ein Softwareanwender kann mit dem Programm immer nur auf Daten zugreifen, wenn er über daß Paßwort eines Projektes verfügt.

4.5 Die Möglichkeiten computerunterstützter Auswertung

Mit dem PC ist man in der Lage, sehr schnell enorme Mengen von Auswertungsdaten zu produzieren. Diese Fähigkeit des Computers ist aber nur dann von Nutzen, wenn sie bewußt und zielgerichtet eingesetzt wird – das ist die wohl wichtigste Aufgabe des Marktforschers. Zunächst wird man eine Gesamtauswertung erstellen, das heißt die Daten aller Befragten für jede Frage statistisch auswerten. Damit sind aber nur sehr allgemeine Fragen beantwortet, und der Vorgang der eigentlichen Marktforschung beginnt erst. Nun gilt es,

Kreuzauswertungen durchzuführen, also die Antworten spezieller Grundgesamtheiten auf spezielle Fragen zu ermitteln.

Eine in fast jeder Marktstudie besonders wichtige Information ist der **Vergleich der Meinungen bestimmter Grundgesamtheiten**. So kann man die Antwort auf interessante Fragen nach Geschlecht, Altersgruppe, Haushaltseinkommen, Bildung und vielen anderen Faktoren getrennt auswerten. Wichtig ist dabei die Nutzung der folgenden Möglichkeiten:

- Aus einer Zahlenfrage (nach dem Einkommen in DM) kann der Marktforscher auch nachträglich in MSM Kategorien bilden, Einkommen bis 2000 DM/Monat, 2000–4000 DM, 4000–6000 DM und über 6000 DM. Die Grenzen für die Kategorien sind frei wählbar, sollten aber möglichst gut den jeweils interessanten Zielgruppen entsprechen.
- Zwei oder drei Faktoren können bei einer Auswertung kombiniert werden. Es wird beispielsweise eine Auswertung für 40- bis 50jährige männliche Befragte erstellt, die 4000–6000 DM im Monat verdienen.
- Verschiedene Kategorien sind zu Gruppen zusammenfaßbar, was besonders bei Kombination von Kriterien wichtig ist, um zu kleine Grundgesamtheiten zu vermeiden. So sollte man im erwähnten Beispiel vielleicht jeweils die oberen und unteren beiden Einkommenskategorien zusammenfassen, und nur zwischen höheren und niedrigeren Einkommen unterscheiden.
- Uninteressante Grundgesamtheiten (unter 18jährige für ein alkoholisches Getränk als Produkt) können ausgefiltert werden.
- Nicht alle Fragen müssen (und sollten) im Rahmen einer Kreuzauswertung betrachtet werden, sondern nur eine Auswahl derjenigen Fragen, deren Unterscheidung nach Grundgesamtheiten Sinn macht.

Bisher wurde eher der Fall betrachtet, daß Grundgesamtheiten und Zielgruppen vom Marktforscher bereits im Vorhinein identifiziert wurden. Oft ist aber noch ergiebiger, die Grundauswertung und die ersten Kreuzauswertungen anhand allgemeiner Kriterien als Basis zu nehmen und den Grund von auffälligen oder wichtigen Ergebnissen hieraus zu suchen. Wird etwa erkannt, daß eine Produktbeurteilung in bezug auf ein Merkmal stark polarisiert (eine hohe Standardabweichung aufweist), so wäre es sicher äußerst nützlich, die beiden Gruppen möglichst gut abzugrenzen, die das Produkt eher gut oder eher schlecht beurteilen. Hierfür ist es hilfreich, daß bei computerunterstützter Marktforschung eine blitzschnelle, interaktive Auswertung der Daten im Dialogbetrieb möglich ist. Mit der relevanten Beurteilungsfrage als Kriterium kann so unmittelbar eine MSM-Kreuzauswertung möglicherweise betroffener Fragen durchgeführt werden. Schritt für Schritt können die so gewonnen Ergebnisse verfeinert, kombiniert und kontrolliert werden. Auf diesem Weg erfährt der Marktforscher schließlich, wie das Profil derjenigen Befragten aussieht, die das betrachtete Produkt gut oder schlecht beurteilt haben.

Es ist sicherlich eine Frage des persönlichen Geschmacks, ob ein Marktforscher selbst seine Ergebnisse lieber als Zahlentabellen oder als Grafiken betrachtet. Für die **Ergebnispräsentation** gegenüber Dritten (der Unternehmensleitung) ist der zweite Punkt aber sicherlich sehr wichtig. Die computerunterstützte Marktforschung mit MSM gestattet es, bei der Anzeige der erzeugten Daten auf dem Bildschirm unmittelbar zwischen Zahlenformat und Grafik (Torte, Balken 2D oder 3D), umzuschalten. Damit kann ein optisch schöner Eindruck gewonnen werden. Ist eine Weiterbearbeitung der Daten in einer Textverarbeitung oder einem Grafikprogramm gewünscht, so kann der Marktforscher sie auch einfach in solche Anwendungen exportieren und dort in ein Dokument einbinden.

4.6 Erweiterte Möglichkeiten durch neue Technologien

Die bisherigen Ausführungen gingen davon aus, daß die computerunterstützte Marktforschung auf dem klassischen Weg betrieben wird, also mittels Interviews, deren Ergebnisse erfaßt und ausgewertet werden. Die neuen Technologien der Gegenwart bieten aber Möglichkeiten, die darüber hinaus gehen können.

4.6.1 Individuelle Software für Sonderaufgaben

Software, die vielseitig einsetzbar und preisgünstig sein soll, muß einen klar abgrenzbaren Einsatzbereich haben. Im Falle von MSM ist dies die erwähnte klassische Marktforschung. Dies bedeutet aber nicht, daß für jeden speziellen Einsatzzweck ein eigenes Softwarepaket entwickelt werden muß. Im Regelfall genügt die Programmierung einer Shell, also eines Zusatzprogrammes, das MSM-kompatible (verwendbare) Datenbestände erzeugt. Die Auswertung kann dann mit dem eigentlichen Programm erfolgen. Auf diese Weise spart man sich die Neuprogrammierung der – sehr komplexen – Verwaltungs- und Auswertungsalgorithmen. Natürlich ist aber auch die Programmierung einer speziellen Shell eine Aufgabe, die mit einigem Aufwand und entsprechend höheren Kosten verbunden ist, als nur die Anschaffung der Grundsoftware. Die Entscheidung, ob die Nutzen dieses zusätzlichen Aufwandes die Kosten rechtfertigen, muß immer im Einzelfall vom Marktforscher selbst getroffen werden.

4.6.2 Datenerfassung durch den Befragten selbst

Gerade in Verbindung mit Online-Technologien (Internet) und neuen Eingabemedien (Touchscreen-Terminals) besteht die Möglichkeit, Befragte selbst zur direkten Eingabe ihrer Meinung zu verlassen. Dies hat einige wesentliche Vorteile:
- Die Kosten für den Interviewer und/oder Datentypisten werden eingespart.
- Es werden Befragte erreicht, die sonst nur schwer identifizierbar sind (wie Aufrufer einer bestimmten Internet-Seite).
- Der Befragte kann sich sicher sein, seine Daten in völliger Anonymität einzugeben; so ist er bereit, offener zu antworten.

Allerdings müssen einige Punkte unbedingt beachtet werden, um diese Vorteile ausschöpfen zu können:
- Der Fragebogen darf nicht zu lang sein, um den Befragten nicht zu ermüden und so zum Abbruch der Eingabe zu veranlassen.

- Einem normalen Anwender können leichter Mißverständnisse oder Eingabefehler unterlaufen als einem geschulten Interviewer. Die Fragen müssen daher absolut klar formuliert sein.
- In manchen Fällen, besonders wenn der Befragte durch ein Preisausschreiben zur Teilnahme an der Befragung veranlaßt wurde, sind bei der Selbsteingabe von Daten Doppeleingaben oder unsinnige Eingaben durch Einhacken auf die Tastatur zu befürchten. Dies erfordert komplexe und intelligente Plausibilitätsprüfungen in der Software.

4.6.3 Marktforschung aus bestehenden Datenbeständen

In machen Fällen, gerade bei kleineren Marktstudien, muß es gar nicht notwendig sein, auf die Ergebnisse einer Befragung zurückzugreifen. Es kann durchaus ausreichen, bestehende Datenbestände, wie Bestell- und Reklamationsdaten oder die Logdateien einer Internet-Website, zur Weiterverwendung in MSM zu konvertieren und dort statistisch auszuwerten. Auch zur Ergänzung einer Befragung kann dies oft sinnvoll sein. Diese indirekte Marktforschung ist oft eine interessante Datenquelle.

4.7 Literaturverzeichnis

Wolf, Jakob: Marktforschung, Landsberg am Lech 1998
Wolf, Thomas R. A.: Handbuch MSM – Marktstudienmanager, Neufahrn bei Freising 1998
Internet-Homepage: http://www.softwaregilde.de (MSM)

Kapitel VI Prognoseverfahren in der Marktforschung

Rolf Wöller
1. Qualitative Prognosen 441

Rolf Wöller
2. Quantitative Prognosen 455

1. Qualitative Prognosen

Rolf Wöller

Inhaltsübersicht

1.1 Begriff und Bedeutung von Prognosen
1.2 Arten von Prognosen
1.3 Wesentliche Elemente von Prognosen
1.4 Prognosen in Entscheidungsprozessen
1.5 Befragungen für Prognosen
1.5.1 Befragung von Mitarbeitern des Unternehmens
1.5.2 Befragung von Kunden
1.5.3 Befragung von Experten
1.6 Spezielle Befragungsmethoden mit besonderen Regeln
1.6.1 Delphi-Methode
1.6.2 Brainstorming
1.6.3 Methode 635
1.6.4 Synektik
1.7 Morphologisches Vorgehen
1.8 Analogien
1.9 Szenarios
1.10 Literaturverzeichnis

Auf einen Blick

Bereits vor Jahrtausenden hatten Prognosen große Bedeutung für Politik und Wirtschaft. Mit zunehmendem Wandel im Umfeld sind heute auch kleine und mittlere Unternehmen auf Prognosen für zahlreiche Entscheidungen angewiesen. Prognosen sind systematische und logisch begründete Aussagen (Vorhersagen) über das zukünftige Eintreffen von Situationen und Ereignissen. Die Aussagen über in Zukunft erwartete Größen von Prognosevariablen beruhen auf bestimmten Bedingungen und werden für einen Zeitpunkt oder ein Zeitintervall gemacht. Prognosen können in verschiedene Arten eingeteilt werden. Die Einteilung in qualitative Prognosen mit geringem Einsatz von Mathematik und Statistik und quantitative Prognosen (vgl. den Beitrag von Rolf Wöller: Quantitative Prognosen, S. 455), die auf bestimmten mathematischen und statistischen Verfahren basieren. Zu den qualitativen Verfahren zählen vor allem Befragungen bei unterschiedlichen Personenkreisen und spezielle Befragungsmethoden mit besonderen Regeln. Das morphologische Vorgehen und Szenarios sind Verfahren, die nicht nur auf Ergebnisse von Prognosen ausgerichtet sind, sondern damit werden häufig Elemente wie Bedingungen und Einflußfaktoren für Prognosen ermittelt.

Prognoseverfahren

1.1 Begriff und Bedeutung von Prognosen

Kleine und mittelständische Unternehmen (KMU) sind wie große Unternehmen darauf angewiesen, frühzeitig Ereignisse und Entwicklungen in der Zukunft zu erkennen. Daher werden vor allem vom Management regelmäßig Prognosen benötigt, die entweder im Unternehmen selbst erstellt werden oder die auf externen Prognosen des Sachverständigenrates oder der Wirtschaftsforschungsinstitute basieren.

Prognosen sind systematische und logisch begründete Aussagen (Vorhersagen) über das zukünftige Eintreffen von Situationen und Ereignissen. Dabei wird von einer bestimmten Lage ausgegangen und erklärt bzw. abgeleitet, welche Aussage sich für einen späteren Zeitpunkt oder ein Zeitintervall ergibt. Die Vorhersagen für KMU beruhen häufig auf praktischen Erfahrungen und/oder theoretischen Erkenntnissen und beziehen sich auf Angaben bei gegebenen oder zukünftig eintretenden Bedingungen. Aufgabe von Prognosen ist die Ableitung von zukünftig erwarteten Größen von Prognosevariablen (der Produktion oder des Umsatzes eines Produktes) auf der Basis von bestimmten Ausgangsbedingungen und Prognosemodellen.

1.2 Arten von Prognosen

Unter qualitativen und intuitiven Prognosen werden von KMU häufig verwendete Verfahren zusammengefaßt, bei denen die Mathematik und Statistik nicht oder nur in geringem Maße eingesetzt wird. Bei den quantitativen Verfahren werden unterschiedliche mathematische oder statistische Methoden verwendet. Das bedeutet jedoch nicht, daß die Qualität der Ergebnisse bei den quantitativen Verfahren grundsätzlich besser ist als bei den qualitativen Methoden. Unter qualitativen Prognosen wird bisweilen auch verstanden, daß nur Art und Richtung der Veränderung ökonomischer Variablen festgestellt wird, während bei quantitativen Prognosen das Ausmaß der Veränderung ermittelt wird.

Nach den **Fristen** der Vorhersagen wird zwischen:
- kurzfristigen Prognosen (bis zu einem Jahr),
- mittelfristigen Prognosen (1 bis 4 Jahre),
- langfristigen Prognosen (4 bis 10 Jahre) und
- säkularen Prognosen (mehrere Jahrzehnte bis zu Jahrhunderten)

unterschieden.

Prognosen, die über Zeiträume von mehr als 10 Jahren hinaus reichen, werden oft der Futurologie zugeordnet.

Unter dem Gesichtspunkt der **Flexibilität** können Prognosen in drei Arten eingeteilt werden:
- statische Prognosen,
- adaptive Absatzprognosen und
- autoadaptive Absatzprognosen.

Qualitative Prognosen

Prognose für 1998

Die erwarteten Veränderungen in Deutschland gegenüber dem vergangenen Jahr in Prozent nach Vorhersage wissenschaftlicher Forschungsinstitute und anderer Prognostiker

		Sachver-ständige[1]	Ifo-Instutut[2]	HWWA[3]	IfW[4]	Gewerk-schaften[5]	IW[6]	RWI[7]	DIW[8]	Gemein-gutachten[9]
Wirtschaftswachstum (BIP, real)		3,0	2,6	2,8	2,8	2,5	3,0	3,0	2,5	2,8
Preise (Lebenshaltung)		2,0	2,2	2,2	2,2	1,8	2,0	2,0	2,0	1,9
Privater Verbrauch (real)		2,0	1,8	1,8	2,0	1,8	2,0	2,0	0,9	2,0
Investitionen (brutto, real)		1,75	1,7	2,9	2,9	–	–	–	2,2	2,6
Ausrüstungen		5,0	6,5	7,0	6,5	6,2	7,0	7,0	6,2	6,5
Bauten		– 0,5	– 1,6	0,0	0,5	– 0,8	0,0	0,5	– 1,3	– 0,2
Exporte (real)		9,25	7,3	9,5	9,1	7,6	8,5	9,0	9,0	8,0
Importe (real)		5,0	5,4	7,5	6,7	5,8	6,5	5,5	4,4	5,9
Einkommen aus										
Arbeitnehmertätigkeit	brutto	1,75	2,2	2,1	1,4	2,4	2,5	2,0	1,5	2,0
	netto	0,5	2,2	2,0	–	1,7	–	1,5	1,4	1,7
Unternehmertätigkeit	brutto	12,0	8,4	9,2	11,7	7,0	8,0	11,0	9,9	9,0
und Vermögen	netto	12,75	7,9	9,1	–	6,6	–	11,5	9,2	8,5
Arbeitslose in Millionen (Jahresdurchschnitt)		4,45	4,45	4,45	4,49	4,45	4,34	4,4	4,51	4,42

1 Jahresgutachten des Sachverständigenrates
2 Ifo-Institut für Wirtschaftsforschung, München
3 HWWA-Institut für Wirtschaftsforschung, Hamburg
4 Institut für Weltwirtschaft, Kiel
5 Wirtschafts- und Sozialwissenschaftliches Institut in der Hans-Böckler-Stiftung, Düsseldorf
6 Institut der deutschen Wirtschaft, Köln
7 Rheinisch-Westfälisches Institut für Wirtschaftsforschung, Essen
8 Deutsches Institut für Wirtschaftsforschung, Berlin
9 Gemeinschaftsgutachten der Arbeitsgemeinschaft deutscher wirtschaftswissenschaftlicher Forschungsinstitute

Abb. 1: Prognosen der Sachverständigen und Forschungsinstitute in der BRD (Quelle: *Schmid* 1997, S. 17)

Prognose und Wirklichkeit für 1997
Erwartete und tatsächliche Veränderungen in Deutschland gegenüber dem Vorjahr in Prozent

		Wirklich-keit... 1997[1]	...und Prognosen für 1997							
			Sachver-ständige[2]	Ifo-Institut[3]	HWW-A[4]	IfW[5]	Gewerk-schaften[6]	IW[7]	RWI[8]	DIW[9]	Gemein-gutachten[10]
Wirtschaftswachstum (BIP, real)		2,3	2,25	2,5	2,5	2,2	1,9	2,5	2,5	2,0	2,5
Preise (Lebenshaltung)		1,8	1,75	1,5	1,5	1,6	1,5	1,5	1,5	1,0	1,5
Privater Verbrauch (real)		0,3	1,75	1,5	1,5	1,5	1,5	2,5	1,75	1,5	1,5
Investitionen (brutto, real)		3,3	1,25	1,0	2,0	2,3	0,5	0,5	–	1,0	1,0
Ausrüstungen		4,2	3,5	4,0	4,5	4,7	2,5	4,0	6,0	3,5	4,0
Bauten		-3,0	-0,25	-1,0	0,0	0,8	-0,5	-1,5	-1,0	-1,0	-1,0
Exporte (real)		11,1	6,75	6,0	6,0	6,7	5,0	5,0	6,5	5,5	6,0
Importe (real)		6,7	4,75	4,0	4,0	5,0	3,5	3,0	4,5	4,0	4,0
Einkommen aus Arbeitnehmertätigkeit	brutto	0,5	2,0	1,5	1,5	2,2	1,5	2,5	2,0	1,5	1,5
	netto	-1,5	0,0	0,0	0,0	–	1,0	–	0,25	0,0	0,5
Unternehmertätigkeit und Vermögen	brutto	10,0	9,75	7,0	7,5	5,5	5,5	6,0	7,5	8,0	7,5
	netto	12,4	10,5	7,5	7,5	–	6,0	–	8,0	8,0	8,0
Arbeitslose in Millionen (Jahresdurchschnitt)		4,38	4,07	4,10	4,1	4,08	4,0	4,0	4,0	4,16	4,00

1 Schätzung des DIW
2 Jahresgutachten des Sachverständigenrates
3 Ifo-Institut für Wirtschaftsforschung, München
4 HWWA-Institut für Wirtschaftsforschung, Hamburg
5 Institut für Weltwirtschaft, Kiel
6 Wirtschafts- und Sozialwissenschaftliches Institut in der Hans-Böckler-Stiftung, Düsseldorf
7 Institut der deutschen Wirtschaft, Köln
8 Rheinisch-Westfälisches Institut für Wirtschaftsforschung, Essen
9 Deutsches Institut für Wirtschaftsforschung, Berlin
10 Gemeinschaftsgutachten der Arbeitsgemeinschaft deutscher wirtschaftswissenschaftler Forschungsinstitute

Abb. 1: Fortsetzung

Nach der geplanten **Zielgröße** werden Punkt- und Intervallprognosen unterschieden. Bei Punktprognosen wird ein zukünftiger Wert einer speziellen ökonomischen Variablen gesucht, während bei Intervallprognosen eine Spanne bestimmt wird, in der der gesuchte Wert mit hoher Sicherheit liegt. Bei Entwicklungsprognosen hängt die Prognosegröße von Faktoren und Variablen ab, die die Unternehmen nicht kontrollieren (die Zeit), während das Ergebnis bei Wirkungsprognosen durch Einflußfaktoren oder Variable bestimmt wird, die die Unternehmen selbst beeinflussen (den Preis). Bei Indikatorprognosen werden vorauseilende, koinzidierende oder nacheilende Indikatoren zur Vorhersage herangezogen.

Nach dem **Inhalt** können folgende für KMU besonderes wichtige Arten von Prognosen angeführt werden:
- Absatz- und Umsatzprognosen,
- Produktionsprognosen,
- Prognose von Lagerbeständen,
- Kostenprognosen,
- Prognosen für den Finanzbedarf,
- Angebots- und Nachfrageprognosen,
- Preisprognosen,
- Konjunkturprognosen,
- Wachstumsprognosen,
- Prognosen des wissenschaftlichen und technischen Fortschritts,
- Bevölkerungsprognosen,
- Beschäftigungsprognosen,
- Prognosen des Energiebedarfs und -verbrauchs und
- Prognosen der Rohstoffvorräte und des Rohstoffverbrauchs.

Wichtige Prognosen für KMU sind die nachstehend für das Jahr 1998 aufgeführten Prognosen des Sachverständigenrates, der wissenschaftlichen Forschungsinstitute sowie das Gemeinschaftsgutachten der Forschungsinstitute. Die Prognosen für 1998 werden durch einen Vergleich der Prognosen und der Wirklichkeit für das Jahr 1997 ergänzt. Diese Tabelle zeigt, daß es trotz des hohen Aufwandes bei der Erstellung dieser Prognosen zu erheblichen Diskrepanzen zwischen den Prognosewerten und den tatsächlich realisierten Zahlen kommen kann (vgl. Abbildung 1).

1.3 Wesentliche Elemente von Prognosen

Prognoseobjekte, -gegenstände oder -variable sind wichtige ökonomische oder andere Sachverhalte für KMU, für die Aussagen oder Zahlen für die Zukunft ermittelt werden. Beispiele hinsichtlich des Inhaltes wurden bereits bei den Arten von Prognosen aufgeführt. Dabei kann es um umfassende Inhalte, die Nachfrage insgesamt oder für ein spezielles Objekt, z. B. Bohrmaschine Typ X gehen. Als Prognoseraum wird der räumliche Geltungsbereich einer Prognose bezeichnet (die Welt oder ein bestimmter Bezirk).

Die zukünftigen Werte einer Prognosevariablen werden oft durch zahlreiche Faktoren beeinflußt. Exogene Einflußfaktoren liegen außerhalb der KMU, endogene Einflußfaktoren finden sich in KMU oder beruhen auf deren Aktivitäten. Nach der Ermittlung potentieller Einflußfaktoren ist zu prüfen, in welchem Maße diese relevant für die zu erstellende Prognose sind. Dabei kann es sich um weitgehend konstante oder stark veränderliche Einflußfaktoren handeln. Außerdem können die Faktoren unabhängig oder abhängig voneinander sein oder sich gegenseitig beeinflussen.

Für die Einflußfaktoren sind häufig Daten zu ermitteln, die teilweise aus vorhandenen Statistiken, z. B. der amtlichen Statistik entnommen werden oder die bisweilen nur mit erheblichem Aufwand mit speziellen Erhebungen gewonnen werden können. Prognosen müssen in KMU mit unterschiedlicher Häufigkeit erstellt werden. Kurze Prognoseintervalle ergeben sich, wenn Prognosen häufig mit entsprechendem Aufwand wiederholt werden. Große Prognoseintervalle (lange Zeitabstände zwischen Prognosen zu gleichem Sachverhalt) haben den Nachteil, daß sich Änderungen bei den Einflußfaktoren ergeben können oder daß Veränderungen der Prognosevariablen nicht rechtzeitig erkannt werden. Für wiederholt zu erstellende Prognosen müssen ständig Daten beschafft, gesammelt, geprüft und in Dateien und Datenbanken gespeichert werden. In KMU gibt es oft Probleme, umfassende und hinreichend lange Datenreihen zu ermitteln und regelmäßig für Prognosen benötigte Daten bereitzuhalten. Unter Umständen können benötigte Daten dem Rechnungswesen, Warenwirtschafts- oder Managementinformationssystemen entnommen werden. Der erforderliche Datenerfassungs- und Datenverarbeitungsaufwand wirkt sich auf die Wirtschaftlichkeit bei Erstellung von Prognosen aus. Erforderliche lange Zeitreihen von Daten haben den Nachteil, daß Ausreißer (weit außerhalb der normalen Entwicklung liegend) oder Strukturbrüche (eine gravierende Änderung der Entwicklungsrichtung) auftreten können. Diese Sachverhalte können dazu führen, daß bestimmte Daten für die Erstellung der Prognose nicht berücksichtigt werden dürfen. Die Auswahl und Zahl der Daten beeinflußt oft die Qualität der Ergebnisse von Prognosen.

Wegen des großen Arbeitsaufwandes und Beschränkungen im Hinblick auf den Einsatz von Zeit und Kosten werden von KMU bei komplexen Sachverhalten nicht alle Einflußfaktoren bei Prognosen einbezogen. In Prognosemodellen werden oft nur ein oder wenige Einflußfaktoren berücksichtigt, während andere Faktoren vernachlässigt werden (vor allem, wenn der Einfluß auf das Prognoseergebnis gering ist). Die Bezeichnung Prognosemodell besagt, daß nicht die Wirklichkeit mit allen Details abgebildet wird, sondern nur wesentliche Faktoren zur qualitativen oder quantitativen Lösung des Prognoseproblems herangezogen werden. Die Beziehung zwischen der Prognosevariablen und ausgewählten Variablen der Einflußfaktoren wird oft mit mathematischen Funktionen (linear oder nicht linear) beschrieben. Die einbezogenen Einflußfaktoren und die gefundenen Beziehungen (Funktionen) stellen wesentliche Elemente des Prognosemodells dar.

1.4 Prognosen in Entscheidungsprozessen

Prognosen sind ein wichtiges Element von Entscheidungsprozessen in KMU. Sie dienen der Vorbereitung sinnvoller und rationaler Entscheidungen der Unternehmensleitung und der Führungskräfte und sind notwendig für die Planung von Aktivitäten oder unternehmenspolitischen Maßnahmen. Unter Entscheidung wird die Auswahl einer Maß-

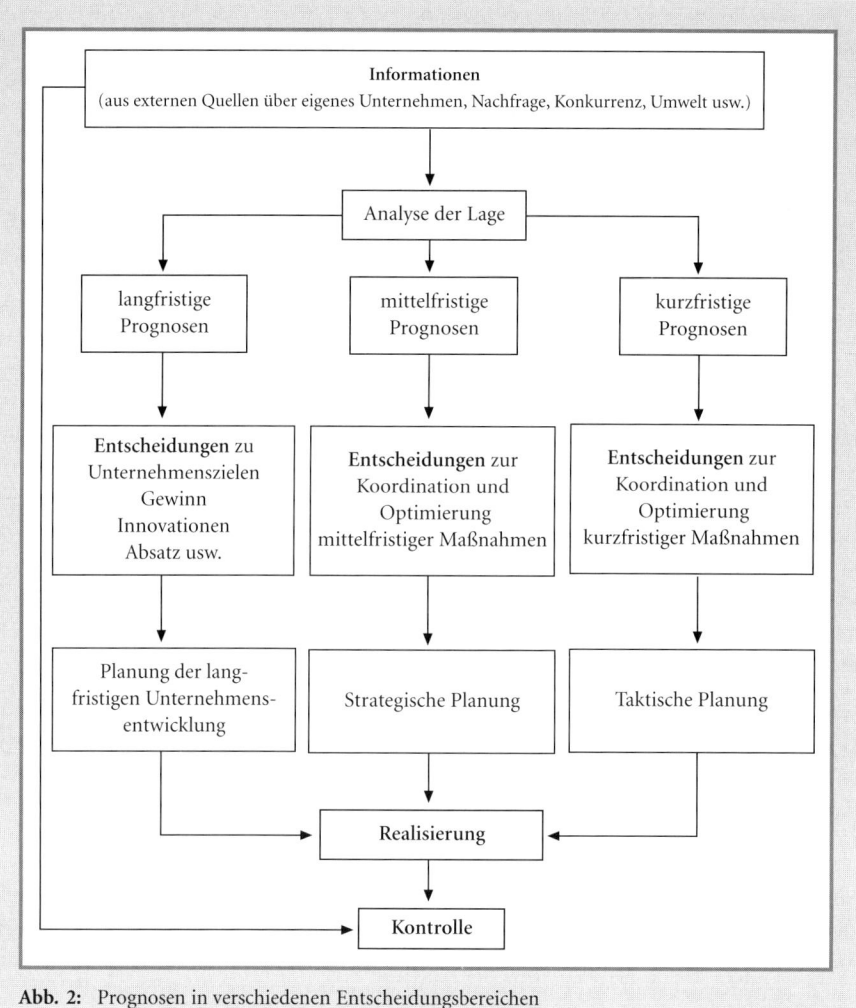

Qualitative Prognosen

```
┌─────────────────────────────────────────────────────────────┐
│                         Informationen                        │
│ (aus externen Quellen über eigenes Unternehmen, Nachfrage,   │
│                  Konkurrenz, Umwelt usw.)                    │
└─────────────────────────────────────────────────────────────┘
                              │
                   ┌──────────▼──────────┐
                   │   Analyse der Lage  │
                   └──────────┬──────────┘
         ┌────────────────────┼────────────────────┐
         ▼                    ▼                    ▼
   langfristige          mittelfristige       kurzfristige
    Prognosen              Prognosen            Prognosen
```

- **langfristige Prognosen** → Entscheidungen zu Unternehmenszielen Gewinn Innovationen Absatz usw. → Planung der langfristigen Unternehmensentwicklung
- **mittelfristige Prognosen** → Entscheidungen zur Koordination und Optimierung mittelfristiger Maßnahmen → Strategische Planung
- **kurzfristige Prognosen** → Entscheidungen zur Koordination und Optimierung kurzfristiger Maßnahmen → Taktische Planung

→ Realisierung → Kontrolle

Abb. 2: Prognosen in verschiedenen Entscheidungsbereichen

nahme aus einer Anzahl gegebener Alternativen unter Berücksichtigung unterschiedlicher Einflußfaktoren der Umwelt und der Unternehmung verstanden. Entscheidungen beruhen auf einem Prozeß der Willensbildung und erfordern einen Entschluß. Sie können eine unterschiedliche Komplexität (gemäß Art und Anzahl der Einflußfaktoren bzw. Variablen und gegebenen Beziehungen) und Determiniertheit (gemäß der Festlegung des Entscheidungsablaufes) aufweisen. Der Entscheidungsprozeß ist der Weg zur Findung und Realisierung von Maßnahmen. Er kann in unterschiedliche Phasen eingeteilt werden:
1) Anregungsphase und Problemdefinition:
- Ausgangssituation mit Entscheidungsnotwendigkeit,
- kurz-, mittel- und langfristige Ziele,

- Wirkungszusammenhänge,
- Prognose externer Umweltbedingungen und
- Prognose interner Situationen des Unternehmens.

2) Suche und Angabe von Alternativen für Maßnahmen,
3) Analyse der Alternativen und deren Konsequenzen mit Prognosen,
4) Entschluß zur Auswahl einer Alternative und
5) Absicherung der Entscheidung und Realisierung.

Entscheidungen basieren auf Informationen über die gegenwärtige Situation und über zukünftige Ereignisse und Entwicklungen. Prognosen in KMU dienen der Reduzierung von Risiken, die bei Entscheidungen in unterschiedlichem Ausmaß auftreten können und die bei einem zunehmenden Wandel in Wirtschaft, Technik und Gesellschaft an Bedeutung gewinnen. Im übrigen können Prognosen mit verschiedenen Fristen gemäß folgender Abbildung als ein Regelkreis angesehen werden, wobei die Kontrolle durchgeführter Maßnahmen in Folge realisierter Entscheidungen künftige Prognosen beeinflußt. Dies gilt vor allem für Entscheidungen, die wiederholt oder in bestimmten zeitlichen Abständen zu treffen sind (vgl. Abbildung 2).

Zahlreiche Entscheidungen gehören zum Aufgabengebiet der Unternehmensleitung. Seit einiger Zeit werden aber verstärkt Entscheidungen und damit die Beschäftigung mit Prognosen an Führungskräfte anderer Hierarchiestufen delegiert (z. B. im Einkauf). Prognosen sind in KMU ein wichtiges Instrument zur Entscheidungsfindung und erleichtern, daß weitgehend abgesicherte, optimale Entscheidungen getroffen werden.

1.5 Befragungen für Prognosen

1.5.1 Befragung von Mitarbeitern des Unternehmens

Grundlagen von Prognosen für bestimmte Sachverhalte können in KMU mit begrenztem Aufwand mit Befragungen gewonnen werden. Derartige Befragungen können bei Mitgliedern der Geschäftsleitung und anderen Führungskräften durchgeführt werden. Diese werden meist einzeln befragt. Bisweilen wird das Prognoseproblem vor der Befragung in einer gemeinsamen Sitzung vorgestellt und diskutiert.

Befragungen können auch bei anderen Personenkreisen durchgeführt werden, z. B. beim Außendienst, der meist für eine bestimmte Region zuständig ist (Reisende, Bezirksleiter, Kundendienstmitarbeiter). Daneben gibt es oft Mitarbeiter, die bestimmte Produkte oder Produktgruppen bearbeiten. Diese können für ihre Aufgabenbereiche Teilprognosen abgeben, die anschließend zu Gesamtprognosen zusammengefaßt werden. Befragungen von Mitarbeitern sind mit Vorteilen (Fachkenntnisse, direkte Erfahrungen) und mit Nachteilen (Arbeitszeit der Mitarbeiter, Voreingenommenheit, Einfluß von Eigeninteressen) verbunden.

1.5.2 Befragung von Kunden

Befragungen von Kunden für Prognosen können bei Produzenten, Händlern, Dienstleistungsbetrieben, Behörden oder Konsumenten vorgenommen werden. Derartige Befragungen sind von Fachleuten, bei KMU oft von Beratern oder Marktforschungsinstituten vorzubereiten. Das Problem und die Aufgaben sind vom Auftraggeber gründlich mit dem Institut oder dem Berater zu besprechen. Nach der Zahl der Themen können Spezialbefragungen oder Omnibusbefragungen unterschieden werden. Vollerhebungen kommen nur bei einer geringen Zahl von Kunden in Frage. In der Regel kann nur eine begrenzte Zahl von Kunden in einer Teilerhebung bei einer Auswahl mit dem Stichproben- oder Quotenverfahren befragt werden. Die Befragungen können schriftlich, d. h. durch Ausfüllen eines Fragebogens oder durch Interviews in standardisierter oder freier Form erfolgen. Beide Formen haben Vor- und Nachteile. Die Ergebnisse der Befragung und die daraus abgeleitete Prognose wird in der Regel in Form eines Berichtes vorgelegt. Die Aussagefähigkeit von so gewonnenen Prognosen ist auch bei repräsentativen Stichproben bisweilen umstritten, wenn die Antworten auf unverbindlichen Absichten beruhen und durch persönliche Motive, Prestige und andere Faktoren beeinflußt sein können. Außerdem ist der Informationsstand der Befragten bisweilen lückenhaft. Für Kaufentscheidungen sind die Befragten oft nicht allein, sondern ein Team oder eine Gruppe zuständig. Auch die Auskunftsbereitschaft ist unter Umständen gering. Es gibt aber auch Beispiele dafür, daß auf diese Weise wichtige Grundlagen für Prognosen für erfolgreiche Marketingstrategien gelegt wurden. Bei einfachen Sachverhalten können Befragungen bei Kunden auch durch eigene Mitarbeiter (Verkäufer, Reisende, Kundendienst) durchgeführt werden. Auf diese Weise werden unter Umständen interessante oder wichtige zusätzliche Informationen gewonnen.

1.5.3 Befragung von Experten

Expertengespräche können mit Personen geführt werden, die mit dem Prognoseproblem, der Branche und technischen Fragen vertraut sind und über eine gute, einschlägige Ausbildung verfügen (Mitarbeiter von Forschungsinstituten, Verbänden, Verlagen, Unternehmen der Branche). Die Qualität der Aussagen hängt außerdem von den Kenntnissen, Erfahrungen und vom Informationsstand der Experten ab. Die Zahl der anerkannten Experten im Hinblick auf eine Prognose ist in der Regel begrenzt. Expertengespräche können frei oder mit einer schriftlichen Anleitung geführt werden. Voraussetzung für den Erfolg dieser Prognosemethode ist, daß der Interviewer von den Experten als Gesprächspartner akzeptiert wird. Bisweilen werden die Experten zu einem gemeinsamen Gespräch eingeladen, um das Expertenpanel mit bestimmten Informationen auf die Aufgabe vorzubereiten.

1.6. Spezielle Befragungsmethoden mit besonderen Regeln

1.6.1 Delphi-Methode

Mit der Delphi-Methode (DM) erhält man Aussagen über die Zukunft durch die Befragung einer oder mehrerer Gruppen von Experten. So gewonnene einzelne Prognosen werden zu einer Gruppenmeinung zusammengefaßt (vgl. Abbildung 3).

Wesentliche Merkmale der DM sind:
- Leitung, Durchführung und Auswertung der Befragung durch eine Person,
- Anonymität der einzelnen Informanten gegenüber anderen Mitgliedern der Gruppe,

Prognoseverfahren

- kontrollierte Information der Mitglieder der Gruppe durch den Leiter (Informationen für die Prognose und über Ergebnisse der letzten Befragung),
- Gewichtung der Einzelaussagen bei der Auswertung gemäß der Kompetenz der Befragten,

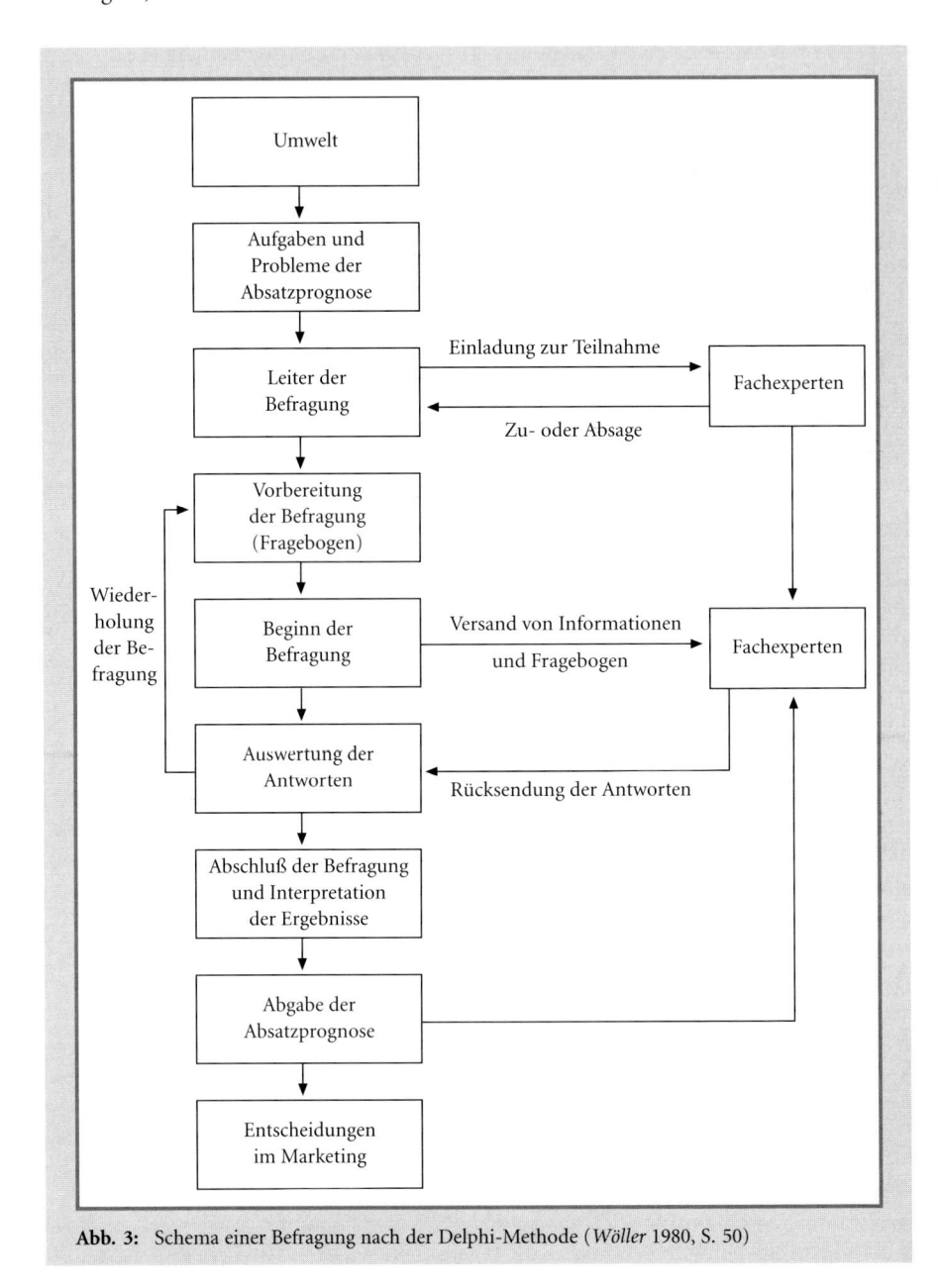

Abb. 3: Schema einer Befragung nach der Delphi-Methode (*Wöller* 1980, S. 50)

- in einer 2. oder 3. Runde Information über die Ergebnisse der letzten Runde sowie Überprüfung der Angaben durch die Teilnehmer und Abgabe einer neuen Prognose (insgesamt zwei oder drei Runden verbessern meist das Ergebnis) und
- statistische Auswertung der Ergebnisse der Befragungen mit verschiedenen Methoden.

Die Qualität der Ergebnisse hängt stark von der Erfahrung, der Auswahl der Informationen, den Frageformulierungen, der Gewichtung der Aussagen und der Anregung der Teilnehmer zu intensiver Mitarbeit durch den Leiter ab. Intuition und Subjektivität lassen sich bei diesem Verfahren nur teilweise ausschalten. Die DM wird trotz des begrenzten Teilnehmerkreises wegen Problemen bei der Gewinnung geeigneter Experten und wegen hoher Anforderungen an den Leiter nicht häufig angewendet.

1.6.2 Brainstorming

Auf einer Gruppensitzung mit maximal 12 Teilnehmern (nicht nur Fachleute) werden diese aufgefordert, spontan und kreativ eine Prognose auf der Basis der schriftlichen Formulierung eines Problems, ergänzt durch zusätzliche Informationen, abzugeben. Voraussetzung für den Erfolg ist ein erfahrener Moderator, der Hemmungen abbaut und die Gedanken der Teilnehmer durch Fragen steuert. Dabei sind die Grundregeln des Brainstorming zu beachten:
- ungewöhnliche und überraschende Ideen sind erwünscht (keine Grenzen für die Phantasie),
- die Quantität von Aussagen ist wichtiger als die Qualität (zur Annäherung an die Realität),
- Gruppenmitglieder können die Gedanken anderer aufgreifen und verwerten und
- Kritik ist nicht erlaubt.

Die Sitzung kann in zwei Phasen verlaufen:
- Aufzeichnung der Gedanken und Ideen (mit sorgfältiger Protokollierung) und
- Diskussion der Vorschläge und Beurteilung der Realisierung.

1.6.3 Methode 635

Die Methode 635 ist eine Abwandlung des vorherigen Verfahrens. Zu Beginn wird das Prognoseproblem von einer Gruppe von meist 6 Teilnehmern definiert und analysiert. Dann werden die Teilnehmer gebeten, auf einem vorbereiteten Formular drei Vorschläge einzutragen. Nach kurzer Zeit gibt jedes Mitglied der Gruppe sein Formblatt an den Nachbarn weiter, der sich über die Angaben der Vorgänger informiert und drei weitere Angaben einträgt. Nach mehrfacher Weitergabe erhält man so bei einer Zahl von 6 Mitgliedern je drei erste Vorschläge, die jeweils fünfmal weiterentwickelt werden. Die Bedeutung dieser Methode liegt wie beim Brainstorming weniger in der direkten Abgabe von Prognosen, sondern in der Ermittlung von Grundlagen für Prognosen, z. B. von Einflußfaktoren.

1.6.4 Synektik

Dieses Verfahren ist ebenfalls eine Weiterentwicklung des Brainstorming. Eine Synektik-Gruppe von 2 bis 6 Personen mit verschiedenen Ausbildungen und Tätigkeiten wird von

einem erfahrenen Moderator geleitet und koordiniert, der für die Einhaltung formeller Regeln sorgt. Die Ergebnisse können verbessert werden, wenn die Teilnehmer vor der Sitzung über Probleme der Prognose informiert werden. Die Probleme werden durch Analogien verfremdet, damit die Teilnehmer neue Ansätze bei Angaben zur Prognose berücksichtigen. Die Steuerung und Kontrolle der Gedanken wird durch ein Schema für den Ablauf des Verfahrens gefördert:
- Problemvermittlung durch einen Experten,
- Problemdefinition und Problemanalyse mit dem Experten,
- Spontanreaktionen,
- Neuformulierung der Probleme der Prognose,
- Suche nach und Formulierung von Analogien,
- Beschreibung von Analogien und
- Formulierung von Ergebnissen.

Auch dieses Verfahren eignet sich besonders für die Ermittlung und Beurteilung von Einflußfaktoren und anderen Elementen von Prognosen.

1.7 Morphologisches Vorgehen

Das morphologische Vorgehen kann von Experten zur systematischen Ermittlung der Struktur von Prognoseproblemen benutzt werden, wobei zunächst auch abwegige Gedanken einbezogen werden. Dieses Verfahren umfaßt folgende Stufen:
- genaue Formulierung der Aufgabe,
- Isolierung und Definition der wichtigen Bestimmungsgrößen der Prognose,
- Kombination der ermittelten Einflußfaktoren mit anderen Komponenten. Bei drei Kriterien kann der morphologische Kasten, bei mehr Kriterien können EDV-Programme verwendet werden,
- Beurteilung der Kombinationen für die Prognose,
- Zusammenfassung realisierbarer Kombinationen mit Angabe von Prognosen.

1.8 Analogien

Bei Analogieverfahren wird die Prognose aus vergleichbaren Entwicklungen abgeleitet, für ein anderes Land, eine andere Region, ein anderes Produkt oder eine andere Periode. Das Analogieverfahren wird oft angewendet:
- wenn es keine Vergangenheitswerte für die Prognose gibt,
- wenn es vergleichbare Entwicklungen (Region oder Produkt) gibt,
- wenn es zwischen der vorausgehenden Entwicklung und der Vorhersage eine hinreichenden zeitlichen Abstand gibt.

Analogien basieren auf der Ähnlichkeit von Entwicklungen, die jedoch meist nicht mathematisch erfaßt werden. Ein Beispiel sind vergleichbare Lebenszykluskurven für verschiedene Produkte oder für ein Produkt in verschiedenen Regionen.

1.9 Szenarios

Herkömmliche Prognoseverfahren mit Ausrichtung auf einen Prognosewert sind bisweilen für die Beurteilung der Zukunft wenig brauchbar oder reichen nicht aus, um die immer komplexer werdende Umwelt zu erfassen. Bereits in den 60 er Jahren wurde von H. Kahn in Zusammenarbeit mit dem *Hudson*-Institut in USA die Szenariotechnik entwickelt. Dabei handelt es sich nicht um ein spezielles Prognoseverfahren, sondern um einen Methodenverbund und um ein Konzept für die Vorgehensweise für eine eher verbale als mathematische Zukunftsbeschreibung des Prognosegegenstandes. Ein Szenario ist eine Methode der Zukunftsforschung, mit der durch systematische Nutzung des gesamten Informationsmaterials, das für den Untersuchungsgegenstand zur Verfügung steht, zukünftige alternative Umweltsituationen und Entwicklungen ermittelt werden. Aufgrund bestimmter Annahmen werden in einem relevanten Feld mögliche Verläufe von Ereignissen eines Aspektes eines Systems dargestellt, um die Aufmerksamkeit auf bestimmte Prozesse und Entscheidungssituationen zu richten. Dabei können unterschiedliche Konstruktionsmöglichkeiten und Beziehungsanalysen benutzt werden. In Szenarios werden von Unternehmen und Instituten bereits seit langem auf plausiblen Annahmen beruhende Zukunftsbilder mit denkbaren alternativen Situationen und Entwicklungsverläufen erarbeitet. Bekannte Beispiele sind die Szenarios Handel 2000, das Auto der 90er Jahre oder die Berichte des *Club of Rome*: Die Grenzen des Wachstums und Menschheit am Wendepunkt.

Szenarios basieren auf bestimmten Voraussetzungen:
- Berücksichtigung wichtiger Felder wie Politik, Gesellschaft, Infrastruktur, Technik, Wettbewerb,
- Verarbeitung qualitativer und quantitativer Aspekte,
- Aufzeigen von Alternativen für mögliche Zukunftssituationen,
- Einsatz von Teams zur Nutzung von umfangreichem vorhandenen Wissen und Durchführung von Recherchen und Datenanalysen für relevante Informationen,
- strikte Ausrichtung von Szenarios auf den konkreten Auftrag,
- hinreichende Zeit für die Erstellung (Dauer meist 6–12 Monate),
- Beachtung von Merkmalen wie Systematik, Nachvollziehbarkeit, Computereinsatz, Integration.

Die Erarbeitung von Szenarios erfolgt in 8 Schritten:
- Definition des Untersuchungsfeldes (Problemanalyse),
- Ermittlung der Einflußfaktoren (Umfeldanalyse),
- Projektion von Kenngrößen (Trendannahmen),
- Konsistenzprüfung und Bündelung der Annahmen (EDV-gestützte Auswahl),
- Interpretation der Szenarios (Zeigen von Entwicklungen),
- Integration von Störereignissen (Störfallanalyse),
- Ableitung von Auswirkungen (Auswirkungsanalyse),
- Konzeption von Aktivitäten und Anpassungsmaßnahmen (Umsetzungsphase).

Der Nutzen von Prognosen auf der Basis von Szenarios liegt vor allem
- im Erkennen von Chancen und Risiken von Geschäftsfeldern,
- in quantitativen und qualitativen Basisinformationen für die strategische Planung,

- in der Prüfung der Ergebnisse vorhandener oder geplanter Strategien,
- in der Beschäftigung der Geschäftsleitung und Führungskräfte mit der Zukunft und dem politischen, gesellschaftlichen, technologischen und wirtschaftlichen Wandel.

Szenarios eignen sich besonders für langfristige Prognosen, sind aber auch mit Risiken im Hinblick auf die Ergebnisse verbunden.

Insgesamt gesehen sind bei den qualitativen Prognosen als Verfahren für KMU besonders Befragungen und Szenarios von Bedeutung. Szenarios werden jedoch von KMU selten selbst erstellt, sondern meist von mit dieser Methode vertrauten Instituten oder Beratungsunternehmen. KMU haben aber zur Absicherung von Entscheidungen externe Szenarios in Hinblick auf die Qualität der Ergebnisse zu beurteilen und damit gewonnene Prognosen zu interpretieren.

1.10 Literaturverzeichnis

Brockhoff, Klaus: Prognoseverfahren für die Unternehmensplanung, Wiesbaden 1977
Hüttner, Manfred: Markt- und Absatzprognosen, Stuttgart 1982
Hüttner, Manfred: Prognoseverfahren und ihre Anwendung, Berlin 1986
Meadows, Dennis et al.: Die Grenzen des Wachstums, Reinbek 1973
Meffert, Heribert: Marketing, 8. Auflage, Wiesbaden 1998
Mesarovic, Mihailo/Pestel, Eduard: Menschheit am Wendepunkt, Reinbek 1977
Tressin, Jürgen: Prognosen im strategischen internationalen Marketing, Berlin 1992
Weber, Karl: Wirtschaftsprognostik, München 1990
Wöller, Rolf: Absatzprognosen – Grundlagen für Entscheidungen im Marketing, Obertshausen 1980
Schmid, Klaus-Peter: Gesucht: Der Weg aus der Talsohle, in: Die Zeit, 1997, Nr. 52, S. 17

2. Quantitative Prognosen

Rolf Wöller

Inhaltsübersicht

2.1 Grundlagen quantitativer Prognosen
2.2 Berechnung von Durchschnitten
2.3 Berechnung von Trends
2.3.1 Lineare Trends
2.3.2 Nicht-lineare Trends
2.4 Exponentielle Glättung
2.4.1 Exponentielle Glättung 1. Ordnung
2.4.2 Exponentielle Glättung 2. Ordnung
2.5 Regressionsanalysen
2.5.1 Einfache Regression
2.5.2 Multiple Regression
2.6 Prognosen bei Saisonschwankungen
2.7 Sonstige Verfahren
2.8 Der Einsatz der EDV für Prognosen
2.9 Beurteilung und Interpretation von Prognoseergebnissen
2.10 Literaturverzeichnis

Auf einen Blick

Bei der Behandlung quantitativer Prognoseverfahren werden im Hinblick auf KMU vor allem klassische Verfahren berücksichtigt, die mit begrenztem Aufwand einzusetzen sind. Außerdem werden diese Verfahren an einfachen, aktuellen Beispielen mit begrenzter Zahl von Ausgangswerten dargestellt, damit die Berechnungen überschaubar bleiben und mit Tabellen oder Taschenrechnern mit Speichermöglichkeiten durchgeführt werden können. Die schrittweise Berechnung quantitativer Prognosen erhöht das Verständnis für den Ablauf und die Wirkung der Methode, die möglichen Fehler und die Qualität der Ergebnisse. Daher bilden die Berechnung von Durchschnitten und Trends, die exponentielle Glättung und Regressionsanalysen die Schwerpunkte des Kapitels. Allerdings ist es heute auch in KMU notwendig, Prognosen mit dem Personalcomputer und dafür geeigneter Software zu errechnen, und zwar vor allem dann, wenn in kurzen zeitlichen Abständen eine große Zahl von Prognosen benötigt wird. Im Hinblick auf mögliche Fehler und begrenzte Zuverlässigkeit bei quantitativen Verfahren werden Prognosen bisweilen kritisiert oder ganz abgelehnt. Dies ist nicht gerechtfertigt, da unternehmerische Entscheidungen und Maßnahmen von KMU durch Prognosen nachhaltig verbessert werden können.

2.1 Grundlagen quantitativer Prognosen

Bei den quantitativen Methoden werden mit Hilfe von mathematisch-statistischen Verfahren Aussagen über die zukünftigen Werte einer Prognosevariablen gemacht. Bei KMU werden in der Regel nur einfache quantitative Prognoseverfahren eigenständig eingesetzt werden. Daher werden in diesem Kapitel nur derartige Methoden behandelt. Der gesuchte Wert der Prognosevariablen ergibt sich aus den Prognoseproblem. Für die Berechnung der Prognose können von KMU unterschiedliche Einflußfaktoren herangezogen werden. Allerdings wird bei vielen Prognoseproblemen davon ausgegangen, daß die Prognosevariable nur von einem Einflußfaktor abhängt und mit einer unabhängigen Variablen beschrieben werden kann. Dies wird unter Umständen von KMU so gehandhabt, obgleich nach dem Sachverhalt weitere Einflußfaktoren zu berücksichtigen wären. Aber durch diese Annahme wird die Ermittlung der Prognosevariablen vereinfacht. Häufig wird der Wert der Prognosevariablen aus bekannten Werten der Vergangenheit berechnet. Dies können interne Daten von KMU sein oder externe Daten, die von KMU aus Statistiken des *Statistischen Bundesamtes*, der *Deutschen Bundesbank*, der Verbände, der Forschungsinstitute entnommen werden. Vergangenheitswerte, die unterschiedlich weit zurück liegen, können bei Prognosen in gleicher Weise berücksichtigt werden oder mit einem unterschiedlichen Gewicht g_t in die Berechnung eingehen. Eine Gewichtung ist sinnvoll, wenn aktuelle Daten größere Bedeutung für die Prognose haben als alte.

Prognosen werden von KMU häufig für das kommende oder ein späteres Jahr (Punktprognose) aus einer **Zeitreihe**, also einer Anzahl bekannter Vergangenheitswerte, ermittelt. Die Prognose kann sich aber auch auf eine Reihe von Jahren oder Werten der Prognosevariablen (Prognosezeitraum oder Prognoseintervall) erstrecken.

Zeitreihen gleichartiger Daten können unterschiedliche Schwankungen aufweisen:
- Langfristige Änderungen der Grundrichtung über einen längeren Zeitraum (Trend),
- zyklische Änderungen mit unterschiedlicher Periode (konjunkturelle oder saisonale Schwankungen) oder
- zufällige und nicht regelmäßige Änderungen (Kriege, Streiks, Naturkatastrophen, Krisen).

Symbole für quantitative Prognosen:
y_t^* = Vorhersage für die Prognosevariable im Zeitpunkt t bei Trends
y_t = Ausgangswerte für die Berechnung $y_t = y_1, y_2, \ldots, y_n$
t = Perioden der Ausgangswerte $t = 1, 2, \ldots, n$ und Prognose
 $t = n + 1, n + 2, \ldots$ (Jahre, Monate, Wochen)
y_i^* = Vorhersage für die Prognosevariable für den Wert i bei Regression
x_{ij} = Ausgangswerte der unabhängigen Variablen bei Regression
i = Zahl der Ausgangswerte $i = 1, 2, \ldots, n$
j = Zahl der unabhängigen Variablen (Einflußfaktoren) $j = 1, 2, \ldots, k$
a_i = Konstante $i = 0, 1, 2, \ldots$
z_t = Restkomponente (Störgrößen, unbekannte Einflußfaktoren, Zufallsschwankungen, die bei Prognosen meist vernachlässigt werden).

$$y_t^* = f(t) + z_t$$

Prognosefunktion, wenn die Prognosevariable mit Vergangenheitswerten berechnet wird. Beispiel: Die Exporte der BRD in die USA sind eine Funktion der Exporte der vergangenen Jahre.

$$y_i^* = f(x) + z_t$$

Die **Prognosevariable** wird mit Werten eines anderen Einflußfaktors (Indikators) ermittelt.

Beispiel: Der Absatz an Waschbecken ist eine Funktion der Baugenehmigungen.

KMU können natürlich die jeweiligen Konstanten oder Funktionen mit Hilfe der Ausgangswerte der erklärenden Variablen schätzen. Einfache quantitative Ansätze für Prognosen sind:

- Der Wert der Prognosevariablen für die kommende Periode entspricht dem letzten bekannten Wert: $y_{n+1}^* = y_n$
- der Wert der Prognosevariablen verändert sich wie im Vorjahr: $y_{n+1}^* = y_n + (y_n - y_{n-1})$
- der Wert der Prognosevariablen ergibt sich durch Multiplikation mit der letzten relativen Änderung:

$$y_{n+1}^* = y_n \cdot \frac{y_n}{y_{n-1}}$$

(*Schwarze* 1994, S. 234)

Außerdem können die Ausgangswerte der erklärenden Variablen gemäß folgender Abbildung 1 in den ersten Quadranten eines Koordinatensystems eingetragen und durch eine freihändig gezeichnete Konstante oder eine passende Funktion ergänzt werden, z. B. eine lineare Funktion (Freihandtrend).

Der Zusammenhang zwischen der gesuchten Prognosevariablen und den erklärenden Variablen, der bisher mit *f* bezeichnet wurde, kann mit unterschiedlichen mathematischen Funktionen beschrieben werden:

- Konstante,
- lineare Funktionen,
- Polynome 2. oder höheren Grades,
- Hyperbeln oder
- Exponentialfunktionen.

Unter Beachtung des Prognoseproblems werden oft vereinfachte Beziehungen benutzt.

Bei den meisten angeführten Prognoseverfahren werden die für die Prognosevariable repräsentativen Konstanten oder Funktionen so berechnet, daß die Summe der Quadrate der Entfernungen der Ausgangswerte von der Prognosevariablen

$$\sum_{t=1}^{n}(y_t - y_t^*)^2$$

ein Minimum wird (Kriterium der Kleinsten Quadrate). Aus der Summe der kleinsten Quadrate läßt sich mit Hilfe der Differentialrechnung die erste Ableitung berechnen. Bei

Prognoseverfahren

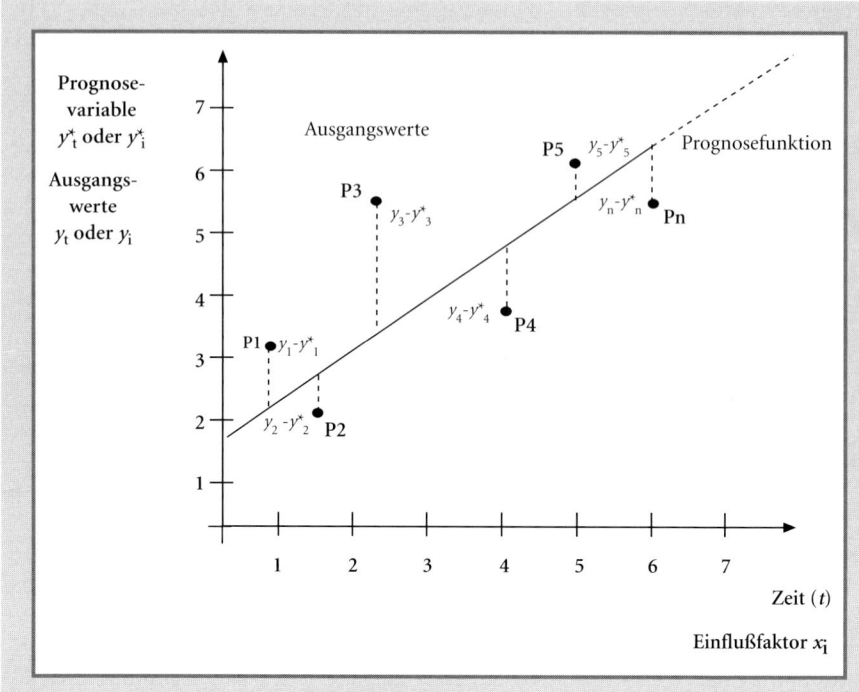

Abb. 1: Ausgangswerte und Prognosefunktion

einem Minimum wird die erste Ableitung = 0. Daraus lassen sich mit Hilfe von Normalgleichen die Konstante a_0^* oder die Konstanten a_0^* bis a_k^* der gesuchten Prognosefunktion bestimmen. Die Ermittlung von Prognosen mit unterschiedlichen Prognoseverfahren wird in den folgenden Abschnitten an einem aktuellen Beispiel gezeigt (vgl. Tabelle 1).

Jahr	Jahr t bei Berechnung	Gewicht g_t	Exporte y_t in Mrd. DM
1992	1	0,05	43
1993	2	0,05	47
1994	3	0,15	54
1995	4	0,2	55
1996	5	0,25	60
1997	6	0,3	77
Summe	21	1	336

Tab. 1: Die Exporte der BRD in die USA in Mrd. DM (abgerundet) (Quelle: *Statistisches Bundesamt* 1997, S. 308 und 1994 S. 322; *Deutsche Bundesbank* Juni 1998, S. 19)

2.2 Berechnung von Durchschnitten

Bei der Berechnung von Durchschnitten wird für die Prognose ein repräsentativer Wert oder eine Konstante $y^*_{n+1} = a_0$ aus t Vergangenheitswerten der gleichen Variablen bestimmt. Eine Berechnung von Durchschnitten ist vor allem dann sinnvoll, wenn die Werte der Zeitreihe etwa auf dem gleichen Niveau liegen, die Werte nicht überwiegend oder ständig steigen oder sinken. Die Prognose $y^*_{n+1} = a_0$ kann mit dem einfachen arithmetischen Mittel für die kommende Periode berechnet werden.

Für die Berechnung des **einfachen arithmetischen Mittels**, das nach der Methode der Kleinsten Quadrate ein Minimum der Abweichungen von den Ausgangswerten aufweist, gilt folgende Formel:

$$y^*_{n+1} = \frac{y_1 + y_2 + \ldots + y_n}{n} = \frac{1}{n} \sum_{t=1}^{n} y_t$$

Für das Beispiel ergibt sich für 1998: $y^*_7 = \frac{336}{6} = 56$ Mrd. DM

Bei der Berechnung des **gewogenen arithmetischen Mittels** für die Prognose werden die Ausgangswerte gemäß den Gewichten in der Tabelle unterschiedlich in die Berechnung einbezogen.

$$y^*_{n+1} = \frac{g_1 y_1 + g_2 y_2 + \ldots + g_n y_n}{g_1 + g_2 + \ldots + g_n}$$

$$y^*_{n+1} = \frac{\sum_{t=1}^{n} g_t y_t}{\sum_{t=1}^{n} g_t}$$

Für 1998 ergibt sich im Beispiel: $y^*_7 = 61{,}7$ Mrd. DM

Das Ergebnis der Prognose mit dem gewogenen arithmetischen Mittel liegt bei dem Beispiel deutlich höher als beim einfachen arithmetischen Mittel, da die hohen Exporte nach den USA in den letzten Jahren (vor allem 1996 und 1997) bei der Berechnung stärker berücksichtigt wurden.

Außerdem können KMU als einfaches Verfahren zur Ermittlung von Prognosen **gleitende Durchschnitte** berechnen. Diese lassen sich als arithmetische Mittel besonders gut aus einer ungeraden Anzahl von m Werten einer Zeitreihe berechnen. Die berechneten Werte des arithmetischen Mittels werden dem mittleren Jahr zugerechnet. Für das angeführte Beispiel werden die gleitenden Durchschnitte für jeweils $m = 3$ Werte ermittelt. In diesem Fall läßt sich für das erste und letzte Jahr der Zeitreihe kein Durchschnitt berechnen. Aus der Zusammenstellung der Ergebnisse aller gleitenden Durchschnitte in Mrd. DM kann die Entwicklung der Prognosevariablen und Werte eines Trends der Ergebnisse abgeleitet werden.

Die Formel für die Berechnung der gleitenden Durchschnitte aus drei Werten für das Beispiel lautet (vgl. Tabelle 2):

Prognoseverfahren

$$y_{dt} = \frac{1}{m}(y_{t-1} + y_t + y_{t+1})$$

Jahre	Periode t	Exporte y_t in Mrd. DM	Berechnung der Durchschnitte y_{dt}	Ergebnisse in Mrd. DM	Differenz $y_t - y_{dt}$ in Mrd. DM
1	2	3	4	5	6
1992	1	43			
1993	2	47	(43 + 47 + 54) : 3	48	– 1
1994	3	54	(47 + 54 + 55) : 3	52	+ 2
1995	4	55	(54 + 55 + 60) : 3	56,3	+ 1,3
1996	5	60	(55 + 60 + 77) : 3	64	+ 4
1997	6	77			

Tab. 2: Berechnung der gleitenden Durchschnitte aus 3 Werten für das Beispiel

Trotz des bei einer angemessenen Zahl von Ausgangswerten großen Rechenaufwandes ist die Berechnung gleitender Durchschnitte eine einfache und für viele Anwendungen in KMU zweckmäßige Methode zur Beurteilung der zukünftigen Entwicklung der Prognosevariablen. Das Ergebnis der Berechnung gleitender Durchschnitte für 1998 ist:

$$y_7^* = y_{d5} = 64 \text{ Mrd. DM}$$

Im Beispiel könnte die Prognose für 1998 auch mit dem einfachen arithmetischen Mittel aus den Ergebnissen in Spalte 5 wie folgt ermittelt werden:

$$y_7^* = \frac{1}{4}(48 + 52 + 56{,}3 + 64) = 55 \text{ Mrd. DM}$$

Das Ergebnis von $y_7^* = 55$ Mrd. DM befriedigt wenig, da die Exporte in den letzten Jahren stark angestiegen sind. Dies kommt auch in dem positiven Wert der Summe der Differenzen $y_t - y_{dt}$ zum Ausdruck. Aus der Summe der Differenzen kann der Durchschnitt der Veränderungen pro Jahr ermittelt und dieser Durchschnitt für 2 Jahre zum letzten berechenbaren Ergebnis für die gleitenden Durchschnitte y_{dt} addiert werden:

$$y_7^* = 64 + 2(-1 + 2 + 1{,}3 + 4) : 4 = 67{,}2 \text{ Mrd. DM}$$

An Stelle dieser Überlegungen können die Ergebnisse der Berechnung der gleitenden Durchschnitte in Spalte 5 auch als Ausgangswerte für eine Trendberechnung für die Prognosevariable benutzt werden. Bei einer hinreichend langen Zeitreihe erleichtern die Ergebnisse der gleitenden Durchschnitte die Auswahl einer dafür geeigneten Prognosefunktion.

Die gleitenden Durchschnitte lassen sich auch aus einer größeren Zahl von Periodenwerten ermitteln (z. B. $m = 5$ oder 7). Dann ist es unter Umständen einfacher, die arithmetischen Mittel nicht jeweils neu, sondern mit Hilfe des vorherigen Mittelwertes zu errechnen. Dabei kann man so vorgehen, daß die Differenz zwischen dem neu hinzukommenden Periodenwert und dem letzten entfallenden Wert ermittelt und das Ergebnis durch die Anzahl der in die Durchschnittsberechnung einbezogenen Werte *m* geteilt und das Ergebnis zum vorhergehenden Durchschnitt addiert wird. Es können auch gleitende Durchschnitte aus einer geraden Anzahl von Ausgangswerten z. B. *m* = 4 oder 6 berechnet werden. Die Rechnung ist dann anders, da es bei einer geraden Zahl von Werten zwei mittlere Zeitpunkte gibt. Bei *m* = 4 wird der gleitende Durchschnitt aus 5 Werten ermittelt, wobei der erste und letzte Wert nur zur Hälfte berücksichtigt werden und die Summe der Werte durch 4 geteilt wird.

Beispiel für 1994:

$$y_{d3} = \frac{1}{4}\left(\frac{1}{2}43 + 47 + 54 + 55 + \frac{1}{2}60\right) = 51{,}9 \text{ Mrd. DM}$$

Ein Vorteil der Berechnung gleitender Durchschnitte ist die Ausschaltung irregulärer und periodischer Schwankungen.

2.3 Berechnung von Trends

2.3.1 Lineare Trends

Ein geeignetes Prognoseverfahren für KMU bei Zeitreihen, die überwiegend steigen oder fallen, ist die Berechnung von linearen Trends. Dabei wird folgende Funktion für die Ermittlung der Prognosevariablen benutzt:

$$y_t^* = a_0 + a_1 t$$

Die Summe der Quadrate der Abweichungen der Prognosefunktion von den Ausgangswerten beträgt dann:

$$S = f(a_0, a_1) = \sum_{t=1}^{n}(y_t - a_0 - a_1 t)^2 = \text{Min!}$$

Aus der Berechnung des Minimums der Quadrate der Abweichungen mit der **Differentialrechnung** ergeben sich zwei Normalgleichungen. Aus diesen beiden Gleichungen können die Konstanten a_0 und a_1 berechnet werden. Auf die Angabe der unteren Grenze $t = 1$ und der oberen Grenze n wird dabei verzichtet.

1) $\sum y_t = n a_0 + a_1 \sum t$

2) $\sum t y_t = a_0 \sum t + a_1 \sum t^2$

Die Summen können mit Hilfe von Tabellen oder direkt mit einem Taschenrechner berechnet werden. Für das Beispiel ergibt sich:
1) $336 = 6 a_0 + 21 a_1$
2) $1281 = 21 a_0 + 91 a_1$

Aus zwei Gleichungen mit zwei Unbekannten lassen sich $a_0 = 35$ und $a_1 = 6$ berechnen. Die Prognosefunktion lautet somit: $y^* = 35 + 6 t$

und die Prognose für 1998: $y_7^* = 35 + 6 \times 7 = 77$ Mrd. DM.

Aus den Normalgleichungen können auch Formeln für die direkte Berechnung von a_0 und a_1 abgeleitet werden:

$$a_0 = \frac{\sum y_t \sum t^2 - \sum t \sum t y_t}{n \sum t^2 - (\sum t)^2} \qquad a_1 = \frac{n \sum t y_t - \sum t \sum y_t}{n \sum t^2 - (\sum t)^2}$$

Nach Ermittlung der Summen und Berechnung der Formeln ergibt sich das gleiche Ergebnis wie aus der Lösung der zwei Normalgleichungen.

Die Berechnung des linearen Trends kann auch mit unterschiedlicher Gewichtung der Ausgangswerte erfolgen. Die Normalgleichungen bei Berücksichtigung der jeweiligen Gewichte lassen sich mit der **Methode der Kleinsten Quadrate** ableiten:

1) $\sum g_t y_t = a_0 \sum g_t + a_1 \sum g_t t$
2) $\sum g_t y_t t = a_0 \sum g_t t + a_1 \sum g_t t^2$

Die einzelnen Glieder der Gleichungen können wieder mit Tabellen oder direkt mit einem Taschenrechner ermittelt werden. Nach Berechnung der Werte erhält man folgendes Gleichungssystem, aus dem sich leicht a_0 und a_1 berechnen lassen:

1) $61{,}7 = a_0 + 4{,}45\, a_1$
2) $288{,}75 = 4{,}45\, a_0 + 21{,}85\, a_1$

Aus diesen Gleichungen ergeben sich $a_0 = 31$ und $a_1 = 6{,}9$.
Die Prognosefunktion für den gewichteten linearen Trend lautet:

$$y_{gt}^* = 31 + 6{,}9 t$$

Für 1998 ergibt sich als Prognose: $y_{g7}^* = 31 + 6{,}9 \times 7 = 79{,}3$ Mrd. DM.

2.3.2 Nicht-lineare Trends

Nicht immer ist eine lineare Funktion am besten als Prognosefunktion geeignet. Dafür kommen auch Polynome (Funktionen höheren Grades), Exponentialfunktionen sowie logistische und andere Funktionen infrage. In unserem Beispiel mit dem starken Anstieg der Exporte in den Jahren 1996 und 1997 paßt sich eine Parabel (Polynom 2. Grades) gut an die Ausgangswerte an:

$$y_t^* = a_0 + a_1 t + a_2 t^2$$

Die Summe der Quadrate der Entfernungen, die ein Minimum ergeben soll, beträgt dann ohne Berücksichtigung der Gewichtung:

$$S(a_0, a_1, a_2) = \sum_{t=1}^{n}(y_t - a_0 - a_1 t - a_2 t^2) = \text{Min.!}$$

Mit Hilfe der **Differentialrechnung** können drei Normalgleichungen abgeleitet werden, bei denen wieder die gleichen unteren und oberen Grenzen nicht angegeben werden:

$$\begin{aligned}
1)\quad & \sum y_t = n\,a_0 + a_1 \sum t + a_2 \sum t^2 \\
2)\quad & \sum t\,y_t = a_0 \sum t + a_1 \sum t^2 + a_2 \sum t^3 \\
3)\quad & \sum t^2 y_t = a_0 \sum t^2 + a_1 \sum t^3 + a_2 \sum t^4
\end{aligned}$$

Die einzelnen Glieder des Gleichungssystems können für das Beispiel mit einer Tabelle oder direkt mit einem Taschenrechner ermittelt werden. Dann erhält man folgende drei Gleichungen, mit denen a_0, a_1 und a_2 berechnet werden können:

$$336 = 6\,a_0 + 21\,a_1 + 91\,a_2$$
$$1281 = 21\,a_0 + 91\,a_1 + 441\,a_2$$
$$5869 = 91\,a_0 + 441\,a_1 + 2275\,a_2$$

Die Lösungen des Gleichungssystems sind:

$$a_0 = 44{,}5,\ a_1 = -1{,}126,\ a_2 = 1{,}018$$

Die Prognosefunktion lautet: $y_t^* = 44{,}5 - 1{,}126\,t + 1{,}018\,t^2$

Für 1998 ergibt sich damit als Prognose:

$$y_7^* = 44{,}5 - 1{,}126 \times 7 + 1{,}018 \times 49 = 86{,}5 \text{ Mrd. DM}$$

Die Prognosefunktion 2. Grades kann auch mit der Gewichtung berechnet werden. Dies würde aber den für diese Funktion typischen erheblichen Anstieg am Ende der Zeitreihe noch verstärken. Außerdem werden für Prognosen bisweilen unterschiedliche Exponentialfunktionen, z. B. $y_t^* = a\,b^t$ für $a > 0$ und $b > 0$ und logistische Funktionen, z. B. $y_t^* = a \ln t + b$ benutzt. Diese Funktionen können für Prognosen des Wachstums und der Bevölkerung eingesetzt werden. Zur Vorhersage des Absatzes oder der Umsätze bei gegebenem Sättigungsniveau von Märkten eignen sich logistische Funktionen und die Gompertzfunktion (*Wöller* 1980, S. 87 ff.).

2.4 Exponentielle Glättung

2.4.1 exponentielle Glättung 1. Ordnung

Die Methode der exponentiellen Glättung 1. Ordnung ist ein einfaches und daher für KMU gut geeignetes Prognoseverfahren, insbesondere für kurzfristige Prognosen. Dabei handelt es sich um ein spezielles gewogenes arithmetisches Mittel: $y_{n+1}^* = a_0$. Der Prognosewert y_{n+1}^* wird mit Hilfe des letzten beobachteten Wertes y_n^* und des für die Periode n früher ermittelten Prognosewertes y_n^* berechnet. Die Gewichtung erfolgt mit einem Glättungsfaktor a. Das exponentielle Glätten 1. Ordnung kann angewendet werden, wenn die Werte der Zeitreihe weder stark steigen oder fallen (kein deutlicher Trend) und keine starken periodischen Schwankungen vorhanden sind. Im übrigen kann nachgewiesen werden, daß auch bei diesem Verfahren die Summe der Quadrate der Abweichungen der Zeitreihe von dem Prognosewert ein Minimum ergibt.

Die Formel für die Berechnung lautet:

$$y_{n+1}^* = y_n^* + a(y_n - y_n^*) \quad \text{oder} \quad y_{n+1}^* = a\,y_n + (1-a)y_n^* \quad \text{für } 0 < a < 1$$

Vorteile des Verfahrens sind:
- Die Zahl der für die Berechnung benötigten Werte ist gering.
- Das Verfahren ist einfach und die Rechenzeiten sind kurz.
- Das Verfahren ist anpassungsfähig (a).

Der Glättungsfaktor a wird bei der Berechnung vorgegeben. Wenn a groß gewählt wird, erhält der Beobachtungswert y_n großes Gewicht und der alte Prognosewert y_n^* hat geringe Bedeutung. Für die Wahl des Glättungsfaktors a sind folgende Sachverhalte zu beachten (vgl. Tabelle 3):

Konsequenzen der Größe von a	großes a z. B. 0,5	kleines a z. B. 0,1
Berücksichtigung der Vergangenheitswerte y_t	gering	stark
Berücksichtigung neuester Werte y_t	stark	gering
Glättung der gesamten Zeitreihe	gering	stark
Anpassung an Veränderungen	schnell	langsam
Reagibilität bei Veränderungen	stark	gering
Länge der erforderlichen Zeitreihe	klein (3 Daten)	groß (19 Daten)

Tab. 3: Wirkungen des Glättungsfaktors a

Ein geeigneter Wert für a kann unter Berücksichtigung des Durchschnittsalters der Zeitreihe bestimmt werden: $a = 2 : (n + 1)$

Für das Beispiel Exporte nach USA ergibt sich für $n = 6 : a = $ ca. 0,3.

Zu Beginn der fortlaufenden Berechnung der Prognosen von Periode zu Periode wird eine Prognose für das erste Jahr benötigt. Diese kann als Durchschnitt aus vorhergehenden Vergangenheitswerten berechnet oder vorgegeben werden (im Beispiel 44 Mrd. DM).

Gemäß Tabelle 4 ergibt die exponentielle Glättung 1. Ordnung mit $a = 0,3$ für 1998 Exporte nach USA in Höhe von 60 Mrd. DM. Dabei zeigt sich, daß bei dieser Methode die Anpassung an starke Steigerungen der Exporte in den letzten Jahren nur langsam erfolgt. Ein Vergleich der Ergebnisse der Berechnungen mit drei verschiedenen Glättungsfaktoren macht deutlich, daß der kleinste Glättungsfaktor zu den niedrigsten und der größte Glättungsfaktor zu den höchsten Prognosewerten führt. Der mit dem besonders geeigneten Glättungsfaktor $a = 0,3$ ermittelte Prognosewert von 60 Mrd. DM liegt niedriger als der gleitende Durchschnitt aus drei Jahren und niedriger als die Ergebnisse bei Berechnung des ungewichteten und gewichteten linearen Trends. Dies ist nicht überraschend, da das exponentielle Glätten erster Ordnung auf die stark steigenden Werte am Ende der Zeitreihe mit zeitlicher Verzögerung reagiert. Für die Zeitreihe der

Exporte nach USA könnte die exponentielle Glättung 2. Ordnung bessere Prognosewerte ergeben.

Jahre	t	Exporte y_t	Berechnung y^*_{n+1} bei $a = 0,3$	Prognose	
				bei $a = 0,5$	bei $a = 0,1$
1992	1	43	$y^*_2 = 0,3 \times 43 + 0,7 \times 44 = 43,7$	43,5	43,9
1993	2	47	$y^*_3 = 0,3 \times 47 + 0,7 \times 43,7 = 44,7$	45,3	43,8
1994	3	54	$y^*_4 = 0,3 \times 54 + 0,7 \times 44,7 = 47,5$	49,7	44,8
1995	4	55	$y^*_5 = 0,3 \times 55 + 0,7 \times 47,5 = 49,8$	52,4	45,8
1996	5	60	$y^*_6 = 0,3 \times 60 + 0,7 \times 49,8 = 52,9$	56,2	47,2
1997	6	77	$y^*_7 = 0,3 \times 77 + 0,7 \times 52,9 = 60$	66,6	50,2

Tab. 4: Exponentielle Glättung 1. Ordnung für das Beispiel: Exporte nach USA

2.4.2 Exponentielle Glättung 2. Ordnung

Für die exponentielle Glättung 2. Ordnung gibt es unterschiedliche Varianten. Das Prinzip des exponentiellen Glättens kann auf die exponentiell geglätteten Werte erster Ordnung noch einmal angewendet werden. Für KMU tritt bei Prognosen häufig das Problem auf, daß die Ausgangswerte einen Trend aufweisen. Daher ist der Ansatz interessant, bei dem die lineare Prognosefunktion $y^*_t = a_0 + a_1 t$ benutzt wird:

$$S(a_0, a_1) = \sum_{t=1}^{\infty} (1-a)^t (y_t - a_0 - a_1 t)^2 = \text{Min!}$$

Mit der **Methode der Minimierung der Quadrate der Entfernungen** können zwei Formeln für die direkte Berechnung von a_0 und a_1 abgeleitet werden. Für die Ermittlung von a_0 und a_1 des laufenden Jahres werden die Werte der Prognosefunktion aus dem Vorjahr a_0° und a_1° benötigt.
1) $a_0 = a(2-a)y_t + (1-a)^2 a_0^\circ + (1-a)^2 a_1^\circ$
2) $a_1 = a^2 y_t - a^2 a_0^\circ + (1-a^2) a_1^\circ$

Die Ergebnisse dieser Formeln für das Beispiel Exporte nach USA können direkt mit einem Taschenrechner ermittelt werden. Die Berechnung erfolgt mit dem Glättungsfaktor $a = 0,3$. Bei der ersten Berechnung der Prognosefunktion müssen die alten Werte a_0° und a_1° geschätzt oder auf andere Weise berechnet werden. Für die Prognosefunktion für 1992 ($t = 1$) gelten $a_0^\circ = 44$ und $a_0^\circ = 0$.

Berechnung der Konstanten a_0 und a_1 der Prognosefunktion für 1992 ($t = 1$):
1) $a_0 = 0,3(2 - 0,3)43 + (1 - 0,3)^2 \times 44 + (1 - 0,3)^2 \times 0 = 43,5$
2) $a_1 = 0,3^2 \times 43 - 0,3^2 \times 44 + (1 - 0,3^2) \times 0 = -0,09$

Prognosefunktion: $y^*_1 = 43,5 - 0,09\, t$

Berechnung der Konstanten der Prognosefunktion für 1993 ($t = 2$):
1) $a_0 = 0{,}3(2 - 0{,}3)47 + (1 - 0{,}3)^2 \times 43{,}5 + (1 - 0{,}3)^2(-0{,}09) = 45{,}33$
2) $a_1 = 0{,}3^2 \times 47 - 0{,}3^2 \times 43{,}5 + (1 - 0{,}3^2)(-0{,}09) = 0{,}23$

Prognosefunktion: $y_2^* = 45{,}33 + 0{,}23\,t$

Die Berechnung der Prognosefunktionen für die folgenden Jahre bis zum letzten Jahr 1997 ($t = 6$) wird nicht aufgeführt.

Berechnung der Konstanten der Prognosefunktion für 1997 ($t = 6$):
1) $a_0 = 0{,}3(2 - 0{,}3)77 + (1 - 0{,}3)^2 \times 52{,}22 + (1 - 0{,}3)^2 \times 1{,}87 = 68{,}22$
2) $a_1 = 0{,}3^2 \times 77 - 0{,}3^2 \times 57{,}22 + (1 - 0{,}3^2)1{,}87 = 3{,}48$

Prognosefunktion: $y_6^* = 68{,}22 + 3{,}48\,t$

Insgesamt ergeben sich folgende Prognosefunktionen für die folgenden Jahre (vgl. Tabelle 5):

Jahr	t	Prognosefunktionen
1992	1	$y_1^* = 43{,}5 - 0{,}09\,t$
1993	2	$y_2^* = 45{,}33 + 0{,}23\,t$
1994	3	$y_3^* = 49{,}86 + 0{,}99\,t$
1995	4	$y_4^* = 52{,}97 + 1{,}36\,t$
1996	5	$y_5^* = 57{,}22 + 1{,}87\,t$
1997	6	$y_6^* = 68{,}22 + 3{,}48\,t$

Tab. 5: Prognosefunktionen für 1992 bis 1997

Mit der Prognosefunktion für 1997 lassen sich die Prognosen für kommende Jahre wie folgt berechnen (vgl. Tabelle 6):

Prognosefunktion 1997	Prognosen in Mrd. DM		
	1998 ($t = 1$)	2000 ($t = 3$)	2003 ($t = 5$)
$y_6^* = 68{,}22 + 3{,}48\,t$	71,7	78,66	85,62

Tab. 6: Prognosen für 1998, 2000 und 2003

Die Prognosewerte fallen in dem Beispiel bei Glättung 2. Ordnung geringer aus als bei Berechnung des einfachen und des gewichteten linearen Trends. Bei dieser Glättung passen sich die Prognosewerte langsamer an die hohen Steigerungen der Exporte in den Jahren 1996 und 1997 an.

2.5. Regressionsanalysen

2.5.1 Einfache Regression

Regressionsanalysen können von KMU als eigenständige Verfahren für Prognosen eingesetzt werden oder um mit anderen Verfahren gewonnene Prognosen zu kontrollieren. Wie Trendberechnungen sind Regressionsanalysen Verfahren der Ausgleichsrechnung, die von bestimmten Annahmen ausgehen. Mit Regressionsanalysen können Aussagen über die Art der Beziehungen zwischen zwei unterschiedlichen Datenreihen gemacht werden, es wird eine Funktion zur Beschreibung des Zusammenhanges ermittelt. Dagegen wird bei der Korrelationsanalyse die Stärke des Zusammenhanges gemessen.

Eine Möglichkeit, sich über den Zusammenhang zwischen zwei unterschiedlichen Merkmalen zu informieren, ist die Eintragung der beobachteten Werte gemäß der Abbildung 1 in ein Koordinatensystem. Die Punkte aus den zusammengehörigen Werten der Variablen bilden ein Streuungsdiagramm bzw. eine Punktwolke. So erhält man eine erste Vorstellung vom Verlauf der Regressionsfunktion. In das Diagramm läßt sich freihändig eine geeignete Kurve bzw. eine Funktion einzeichnen, an der zwischen den oder außerhalb der beobachteten Ausgangswerte Prognosewerte abgelesen werden können. Im übrigen wird das Rechenverfahren an einem Beispiel gezeigt. Die Anzahl der Werte wurde zur Vereinfachung der Berechnung klein gehalten.

Beispiel:
In der BRD wurden in den Jahren 1991 bis 1996 die in der Tabelle 7 aufgeführten abgerundeten Umsätze in Mrd. DM im gewerblichen Hochbau erzielt. Gleichzeitig wurden die genannten Mengen an Mauerziegeln in Mrd. m³ produziert.
Aufgabe:
1) Berechne die Stärke des Zusammenhanges zwischen der abhängigen Variablen (Produktion von Mauerziegeln y_i) und der unabhängigen Variablen (Umsatz des Hochbaus x_i)!
2) Berechne die Produktionsmenge an Mauerziegeln, wenn die geplanten Umsätze des Hochbaus im Jahr 1998 50 Mrd. DM und 1999 60 Mrd. DM betragen!

Jahr	Jahr bei Berechnung i	Mauerziegel in Mrd. m³ y_i	Umsätze im Hochbau in Mrd. DM x_i
1991	1	10,5	45
1992	2	11,5	54
1993	3	12,5	56
1994	4	16,0	59
1995	5	14,5	59
1996	6	13,0	54
Summen	21	78,0	327

Tab. 7: Produktion von Mauerziegeln und Umsätze im Hochbau in der BRD (abgerundet) (Quelle: *Statistisches Bundesamt* 1997, S. 215, 1995, S. 215 und 1994, S. 230)

Prognoseverfahren

Ob ein Zusammenhang zwischen der Prognosevariablen y_i und der unabhängigen Variablen x_i besteht und wie stark dieser ist, kann mit Berechnung des Korrelationskoeffizienten festgestellt werden. Die angegebene Formel hat den Vorteil, daß die gleichen Summen vorkommen, die auch bei der Ermittlung der Regressionsfunktion benötigt werden. Die Glieder der Formel im Zähler und Nenner mit den Summen können mit einer Tabelle oder direkt mit einem Taschenrechner ermittelt werden.

$$r = \frac{n \sum_{i=1}^{n} x_i y_i - \sum_{i=1}^{n} x_i \sum_{i=1}^{n} y_i}{\sqrt{\left(n \sum_{i=1}^{n} x_i^2 - \left(\sum_{i=1}^{n} x_i\right)^2\right)\left(n \sum_{i=1}^{n} y_i^2 - \left(\sum_{i=1}^{n} y_i\right)^2\right)}} \quad \text{für } r \text{ gilt } -1 \leq r \leq 1$$

$$r = \frac{6 \times 4295 - 327 \times 78}{\sqrt{(6 \times 17\,955 - 3272)(6 \times 1034 - 782)}} = 0{,}85$$

Eine hohe **Korrelation** ist vorhanden, wenn r nahe bei $+1$ oder -1 liegt. Dagegen besteht nur ein geringer Zusammenhang zwischen y_i und x_i, wenn r nahe bei 0 liegt. In dem Beispiel besteht also eine hohe Korrelation. Dieser statistische Befund sagt jedoch nichts über die Ursachen des Zusammenhanges (Kausalität) aus. Außerdem besteht eine positive Korrelation. Dies ist der Fall, wenn beide Variablen gleichzeitig steigen oder fallen. Eine negative Korrelation wäre gegeben, wenn eine Variable steigende, die andere fallende Werte aufweist.

Bei der einfachen linearen Regression wird wie beim linearen Trend folgende Funktion für die Prognose benutzt:

$$y_i^* = a_0 + a_1 x_i$$

Die Summe der Quadrate der Entfernungen soll wieder ein Minimum ergeben:

$$S(a_0, a_1) = \sum_{i=1}^{n} (y_i - a_0 - a_1 x_i)^2 = \text{Min!}$$

Aus diesem Ansatz können die folgenden 2 Normalgleichungen abgeleitet werden, mit denen sich a_0 und a_1 berechnen lassen. Die genannten Grenzen werden dabei nicht mehr angegeben:

1) $\sum y_i = n a_0 + a_1 \sum x_i$

2) $\sum x_i y_i = a_0 \sum x_i + a_1 \sum x_i^2$

Für das Beispiel lauten die beiden Gleichungen:
1) $78 = 6 a_0 + 327 a_1$
2) $4295 = 327 a_0 + 17\,955 a_1$

Die Lösungen des Gleichungssystems sind: $a_0 = -4{,}99$ und $a_1 = 0{,}33$
Die gesuchte Regressions- und Prognosefunktion ist: $y_i^* = -4{,}99 + 0{,}33 x_i$

Nach Einsetzen der geplanten Umsätze im Hochbau in der BRD x_i in diese Funktion erhält man folgende Ergebnisse (vgl. Tabelle 8):

Jahr i	Umsätze Hochbau x_i in Mrd. DM	Produktion von Mauerziegeln y_i in Mrd. m³
1998	50	11,51
1999	60	14,81

Tab. 8: Prognosen für die Produktion von Mauerziegeln

Wie bei Berechnung des Trends können bei Regressionsanalysen verschiedene nicht lineare Funktionen benutzt werden, wenn die Ausgangswerte ein entsprechendes Bild zeigen. Es kommen vor allem ganze rationale Funktionen höheren Grades, Exponentialfunktionen und logistische Funktionen in Frage.

2.5.2 Multiple Regression

Bei wirtschaftlichen Sachverhalten wird nur selten eine abhängige Variable von nur einer unabhängigen Variablen beeinflußt. Häufig sind viele Einflußfaktoren zu berücksichtigen. In der Regressionsfunktion können die Variablen additiv oder multiplikativ miteinander verknüpft sein. In den folgenden Ausführungen wird nur auf die additive Verknüpfung eingegangen.

Die Regressionsfunktion kann für zahlreiche Variable bestimmt werden. Hier wird jedoch nur auf den Fall mit zwei Variablen eingegangen. Die lineare Regressionsfunktion für zwei unabhängige Variable lautet dann:

$$y_i^* = a_0 + a_1 x_{1i} + a_2 x_{2i}$$

Die Methode der Minimierung der Quadrate der Abweichungen ergibt folgenden Ansatz:

$$S(a_0, a_1, a_2) = \sum_{i=1}^{n} (y_i - a_0 - a_1 x_{1i} - a_2 x_{2i})^2 = \text{Min!}$$

Daraus lassen sich auf dem üblichen Wege drei Bestimmungsgleichungen zur Berechnung von a_0, a_1 und a_2 ableiten. Auf die Angabe der Grenzen wird wieder verzichtet.

1) $\sum y_i = n a_0 + a_1 \sum x_{1i} + a_2 \sum x_{2i}$
2) $\sum y_i x_{1i} = a_0 \sum x_{1i} + a_1 \sum x_{1i}^2 + a_2 \sum x_{1i} x_{2i}$
3) $\sum y_i x_{2i} = a_0 \sum x_{2i} + a_1 \sum x_{1i} x_{2i} + a_2 \sum x_{2i}^2$

Aus diesem Gleichungssystem mit drei Unbekannten lassen sich a_0, a_1 und a_2 ohne Schwierigkeiten errechnen.

2.6 Prognosen bei Saisonschwankungen

Zeitreihen weisen oft periodische Schwankungen auf. Dabei kann es sich handeln um:
- Konjunkturschwankungen mit einer Periode von mehreren Jahren (4 oder mehr Jahre),
- jährlich wiederkehrende Saisonschwankungen (Jahreszeiten oder Feiertage),
- kurzfristige Schwankungen, z. B. monatlich (hohe Umsätze im Einzelhandel am Beginn des Monats) oder wöchentlich (hohe Umsätze im Einzelhandel am Freitag jeder Woche).

Konjunkturelle Schwankungen werden bei Prognosen oft nicht berücksichtigt, da nicht genügend Ausgangswerte zur Verfügung stehen, um diese Schwankungen zu analysieren. Saisonale Schwankungen durch Jahreszeiten, Wetter, Feste, Ferien oder Ernten treten in Zeitreihen häufig auf und sind ein wichtiges Element von Prognosen. Saisonschwankungen durch Jahreszeiten können einmal oder mehrfach im Jahr auftreten (beim Verkauf von Landmaschinen im Frühjahr und Herbst).

Die Verknüpfung eines Trends und der **Saisonschwankung** kann in unterschiedlicher Weise erfolgen, und zwar additiv oder multiplikativ. Der saisonale Einfluß auf die Prognose kann formal wie folgt beschrieben werden (mit T = Trend, S = Saisonkomponente, z_t = Zufallskomponente):

1) additive Verknüpfung $\qquad y_t^* = T + S + z_t$
2) multiplikative Verknüpfung $\qquad y_t^* = T \times S + z_t$

Bei der additiven Überlagerung des Trends durch periodische Schwankungen geht man davon aus, daß in den gleichen Teilperioden die periodischen Schwankungen in ihrer absoluten Höhe gleich und vom Ausgangsniveau unabhängig sind. In manchen Anwendungsfällen ist eine multiplikative Verknüpfung gegeben, das heißt, daß die Stärke der Schwankung vom Ausgangsniveau der Werte der Zeitreihe abhängt bzw. die periodischen Schwankungen in ihrer relativen Höhe gleich sind. Für die Ermittlung und Prognose der Saisonschwankungen sollen 3 Verfahren angeführt werden:

1) Für die Prognose periodischer Schwankungen können lineare Prognosefunktionen verwendet werden, die mit Trendberechnung oder der exponentiellen Glättung ermittelt werden. An Stelle der Berechnung eines Trends für das gesamte Jahr erfolgen gesonderte Trendberechnungen mit den jeweiligen Vergangenheitswerten für einzelne Quartale, Monate oder Wochen. Diese Prognosefunktionen werden benutzt, um für die Quartale, Monate oder Wochen Vorhersagen für den Prognosezeitpunkt oder das Prognoseintervall zu machen. So wird für das Prognosejahr oder mehrere Prognosejahre die Saisonschwankung im Vergleich mit der Jahresprognose sichtbar und berechenbar.

2) In einem anderen Verfahren wird zunächst eine lineare Prognosefunktion mit der Trendberechnung oder exponentiellen Glättung für das ganze Jahr ermittelt. Dann werden Differenzen aus den jeweiligen Vergangenheitswerten und Werten der Prognosefunktion gebildet und aus der Summe der Differenzen der jeweiligen Periode die arithmetischen Mittel berechnet. Diese arithmetischen Mittel addiert man zu dem

ermittelten Trendwert für das Prognosejahr und erhält so die Prognosewerte mit der Saisonkomponenten (*Bücker* 1997, S. 117).

3) Ein weiteres Verfahren zur Berechnung der Saisonschwankungen ist das Phasendurchschnittsverfahren. Dies kann ebenfalls für unterschiedliche Perioden, Quartale, Monate oder Wochen durchgeführt werden. Das Verfahren kann in 5 Rechenschritte eingeteilt werden:

a) Aus den Ausgangswerten für die jeweiligen Perioden werden Durchschnitte gebildet.
b) Mit Hilfe der Durchschnitte werden Meßzahlenreihen für die Ausgangswerte pro Periode ermittelt.
c) Aus den Meßzahlen der jeweiligen Periode wird ein Saisonindex als arithmetisches Mittel der Meßzahlen berechnet.
d) Die Jahresdurchschnitte pro Periode werden mit der Prognosefunktion durch eine Trendberechnung oder die exponentielle Glättung für den Prognosetermin oder das Prognoseintervall ermittelt.
e) Die Prognosewerte für die jeweilige Periode werden berechnet, indem die durchschnittlichen Prognosewerte für die gesamte Periode mit den Saisonindices multipliziert und die Ergebnisse durch 100 geteilt werden (*Wöller* 1980, S. 115 f.).

Der Rechenaufwand für die Ermittlung der Saisonschwankungen kann erheblich sein. Dies gilt vor allem für das zuletzt dargestellte Phasendurchschnittsverfahren.

2.7 Sonstige Verfahren

Gesamtwirtschaftliche und betriebliche **Verflechtungsmodelle** können ebenfalls für Prognosen verwendet werden. Mit Input-Output-Tabellen werden vor allem Bezüge von Produktionsfaktoren und Lieferungen von Produkten erfaßt. Dies kann für Sektoren der Volkswirtschaft und mit Zunahme der Leistungsfähigkeit der EDV auch für einzelne Unternehmen erfolgen. Modellartig werden in den Zeilen der Tabelle die Lieferungen an Kunden zur Weiterverarbeitung und zum Endverbrauch und in den Spalten die Produktionsstruktur, also die Vorleistungen verbundener Unternehmen und von exogenen Lieferanten (primäre Inputs) in Form einer Matrix dargestellt. Nach Berechnung von Inputkoeffizienten und deren Zusammenfassung in der Produktionsmatrix A ergibt sich folgende Matrizengleichung mit dem Vektor des gesamten Outputs x und dem Vektor der Endnachfrage y:

$$y = x - Ax \quad \text{bzw.} \quad y = (E - A)x$$

Damit können Prognosen der Endnachfrage erstellt werden, wenn der gesamte Output bekannt ist. Außerdem kann die Matrizengleichung nach x aufgelöst werden: $x = (E - A)^{-1} y$. Diese Gleichung ermöglicht Prognosen des gesamten Outputs, wenn die Endnachfrage bekannt ist. Für KMU werden kaum gesonderte Verflechtungsmodelle aufgestellt. Die Ergebnisse von Verflechtungsmodellen für große Unternehmen sind aber für KMU von Bedeutung, wenn diese als Lieferanten oder Kunden Geschäftsbeziehungen mit den Großbetrieben unterhalten.

Unter **Simulation** kann die Entwicklung von Modellen verstanden werden, die Systeme (Strukturen oder Vorgänge) abbilden und mit denen Experimente durchgeführt werden. Die durch Abstraktion gewonnenen Modelle sollen der Wirklichkeit möglichst nahe kommen und alle wesentlichen Merkmale und Eigenschaften berücksichtigen. Simulationen werden mit makro- und mikroökonomischen Modellen durchgeführt. Bei komplizierten Sachverhalten kann die Bildung der Modelle großen Arbeitsaufwand und besondere Kompetenzen und Erfahrungen erfordern. Bedeutung haben physikalische Modelle und Entscheidungsmodelle erlangt. Mit den Modellen werden zielgerichtete Experimente durchgeführt. Die Auswertung der Experimente erfolgt in der Regel computergestützt und schließt oft eine Analyse des Systemverhaltens im Zeitablauf ein. Zur Nutzung der EDV für Simulationen wurden besondere Simulationssprachen entwickelt. Aus den Ergebnissen der Experimente wird auf das Verhalten beim abgebildeten System und auf reale Vorgänge geschlossen. Simulationen können nach Art der Modelle für gesamtwirtschaftliche Prognosen sowie für Vorhersagen für unternehmenspolitische Entscheidungen und Maßnahmen genutzt werden. Simulationen werden bisweilen für Prognosen eingesetzt, wenn Probleme sich nicht mathematisch beschreiben lassen und es keine analytische Lösung gibt oder eine genaue Lösung einen zu großen Rechenaufwand erfordert. Für KMU sind besonders Modelle von Interesse, mit denen Wirkungen von Marketingaktivitäten sowie das Kaufverhalten und Kaufentscheidungen von Abnehmern prognostiziert werden. Mit anderen Modellen werden Auftragseingänge oder die Entwicklung von Marktanteilen analysiert. Große Bedeutung für die entscheidungsorientierte Ausbildung von Mitarbeitern und Führungskräften in KMU haben Planspiele gewonnen.

Für **spezielle absatzbezogene Verfahren** werden Markoff-Modelle für die Prognose zur Wahl von Marken durch Kunden, lerntheoretische Modelle, Warteschlangenmodelle, Kaufeintrittsmodelle sowie Verkaufs- und Produkttests bei der Einführung von neuen Produkten oder Innovationen angeführt.

Prognosen können dadurch verbessert werden, daß **unterschiedliche quantitative Verfahren kombiniert werden**. Die Integration verschiedener Verfahren in komplexen Prognosemodellen kann ebenso wie die Kontrolle der Ergebnisse eines Prognoseverfahrens durch eine andere Methode die Qualität und Zuverlässigkeit von Prognosen erhöhen.

2.8 Der Einsatz der EDV für Prognosen

Für die Ermittlung quantitativer Prognosen wird meist die EDV eingesetzt, um den Arbeitsaufwand und die Kosten zu verringern oder zu begrenzen. Das ist besonders wichtig, wenn Prognosen für eine große Zahl von Problemen benötigt werden und in kurzen Abständen aktualisiert werden müssen. Umsatzprognosen müssen für mehrere Monate oder Jahre und außerdem für alle Produktgruppen und Produkte des Lieferprogramms oder Sortiments erstellt werden. Daher setzen auch KMU für Prognosen geeignete Software in Verbindung mit passender Hardware ein. Einfache Verfahren zur Ermittlung quantitativer Prognosen haben Eingang in Standardsoftware gefunden. Mit dem Programm Excel aus dem Office-Paket können Prognosen durch Berechnung von Mittelwerten, Trends mit linearen, logarithmischen, polynomischen, potentiellen und exponentiellen Prognosefunktionen, durch exponentielle Glättung, gleitende Durchschnitte, Regressionsanlysen sowie Korrelationskoeffizienten ermittelt werden. Außerdem kann spezielle Software für die Statistik für Prognosen verwendet werden, wie die Programme PSTAT oder SPSS (vgl. den Beitrag von Karin Christof: Datenauswertung mit SPSS, S. 416). Das Programmpaket SPSS ermöglicht die Berechnung der vorher behandelten einfachen quantitativen Prognoseverfahren. Außerdem gibt es eine große Zahl spezieller quantitativer Verfahren, z. B. zahlreiche Dekompensationsverfahren zur Trennung der Werte einer Zeitreihe in saison-, trend- und konjunkturbedingte Komponenten. Zusätzlich gibt es eine lange Reihe von Spezialprogrammen für Prognosen (*Karl Weber* 1990, S. 19 ff.). Quantitative Prognoseverfahren sind heute auch in Warenwirtschaftssystemen sowie in Marketing- und Managementinformationssystemen integriert. Somit gibt es eine große Auswahl an Software, die in Verbindung mit einem Personalcomputer für Prognosen eingesetzt werden kann. Daher können KMU die EDV mit begrenzten Kosten für Prognoseverfahren nutzen.

2.9 Beurteilung und Interpretation von Prognoseergebnissen

Prognosen können von KMU intern erstellt werden. Allerdings werden die Entscheidungsträger in KMU die Prognosen nicht immer selbst erstellen, sondern diese Aufgabe wird oft delegiert. Dafür kommen Mitarbeiter in Frage, die mit den Methoden vertraut sind und Erfahrungen mit Prognosen besitzen. Erforderliche Prognosen für Entscheidungen können aber auch extern durch Berater, Sachverständige, Markt- und Wirtschaftsforschungsinstitute, Hochschulinstitute, Wissenschaftler oder Verbände erstellt werden. Für Entscheidungsträger, die Prognosen nicht selbst erstellen, sind neben den Ergebnissen umfassende Prognoseberichte oder zumindest Kurzberichte von großer Bedeutung. Darin werden die Ergebnisse ausführlich und vollständig dargelegt und die Ausgangswerte, das gewählte Prognoseverfahren und der Aussagewert der Prognose analysiert. Prognoseberichte können folgende **Gliederung** aufweisen:
- Auftrag und Prognoseproblem,
- Angabe und Analyse der Ausgangsdaten,
- Beschreibung der Ausgangssituation,
- Darstellung des benutzten Prognoseverfahrens,
- Angabe und Erläuterung der Prognosen für den Prognosezeitpunkt oder das Prognoseintervall,
- Empfehlungen für Entscheidungen und
- statistischer Anhang und Quellenangaben.

Prognoseberichte sind durch Schaubilder und Tabellen, klare Aussagen und sorgfältige Interpretationen verständlich und überzeugend zu gestalten.

Prognoseberichte erleichtern es, die **Ergebnisse von Prognosen** zu beurteilen. Dabei können folgende Kriterien benutzt werden:
- Informationsgehalt und Aktualität,
- Flexibilität und Stabilität des Prognosemodells,

- Eigenschaften (Treffsicherheit) des Prognoseverfahrens,
- Genauigkeit der Ergebnisse unter Berücksichtigung des Prognoseproblems und
- Zuverlässigkeit der Ergebnisse.

Die **Zuverlässigkeit** der Prognosen kann vor allem durch Datenfehler, Annahmefehler und Modellfehler beeinträchtigt werden. Im Hinblick auf die begrenzte Zuverlässigkeit und zahlreiche Fehlerquellen ist die Qualität von Prognosen sorgfältig zu prüfen. Zu diesem Zweck werden Fehleranalysen durchgeführt und Prognosefehler, mögliche Abweichungen und Konfidenzbereiche berechnet.

Weil zutreffende Prognosen beträchtliche Kosten verursachen und ihre Qualität bisweilen nicht den Wünschen entspricht, werden sie häufig kritisiert oder ganz abgelehnt. Dennoch kann auf Prognosen nicht verzichtet werden. Sie tragen trotz vorhandener Mängel dazu bei, unternehmerische Entscheidungen von KMU weitgehend zu verbessern und die Konzeption und Durchführung der Unternehmenspolitik zu optimieren.

2.10 Literaturverzeichnis

Becker, Jochen: Marketing-Konzeption, 6. Auflage, München 1998
Bleymüller, Josef/Gehlert, Günther/Gülicher, Herbert: Statistik für Wirtschaftswissenschaftler, München 1979
Bücker, Rüdiger: Statistik für Wirtschaftswissenschaftler, 3. Auflage, München 1997
Deutsche Bundesbank: Zahlungsbilanzstatistik, Frankfurt Juni 1998
Hüttner, Manfred: Markt- und Absatzprognosen, Stuttgart 1982
Hüttner, Manfred: Prognoseverfahren und ihre Anwendung, Berlin 1986
Meffert, Heribert: Marketing, 8. Auflage, Wiesbaden 1998
Schwarze, Jochen: Grundlagen der Statistik I, 7. Auflage, Berlin 1994
Statistisches Bundesamt: Statistisches Jahrbuch für die Bundesrepublik Deutschland, Wiesbaden 1997 und 1994
Weber, Karl: Wirtschaftsprognostik, München 1990
Wöller, Rolf: Absatzprognosen, Obertshausen 1980

Kapitel VII
Spezialanwendungen der Marktforschung

Heinrich Holland
1. Marktsegmentierung 477

Werner Pepels
2. Lifestyle-Typologien 488

Klaus Heinzelbecker
3. Strategische Marktforschung 525

Wolfgang Oehme
4. Standortforschung im Handel 538

Jakob Wolf
5. Handelsmarktforschung 556

Bernd Hallier
6. Scanning im Handel 566

Jörg Koch
7. Werbekontaktanalysen 580

Wolfgang J. Koschnick
8. Werbewirkungsforschung 592

Fritz Unger
9. Einstellungsforschung 609

Ulla Meister/Holger Meister
10. Zufriedenheitsforschung und -management 625

Georg Felser
11. Motivforschung 635

E. Georg Walldorf
12. Auslandsabsatzforschung 647

Frank Blom
13. Beschaffungsmarktforschung 666

Marcus Pradel
14. Trend- und Zukunftsforschung 679

Thomas Siebe
15. Makroökonomische Konsumprognosen mit Fehlerkorrektur-
    modellen 697

1. Die Marktsegmentierung

Heinrich Holland

Inhaltsübersicht

1.1 Marktsegmentierung als Grundlage für das differenzierte Marketing
1.2 Kriterien der Marktsegmentierung
1.2.1 Geographische Marktsegmentierung
1.2.2 Soziodemographische Marktsegmentierung
1.2.3 Marktsegmentierung nach Verhaltenskriterien
1.2.4 Benefit-Segmentierung
1.2.5 Psychographische Marktsegmentierung
1.2.6 Lifestyle-Segmentierung
1.3 Multivariate statistische Verfahren zur Identifikation homogener Segmente
1.4 Literaturverzeichnis

Auf einen Blick

Um ein erfolgreiches differenziertes Marketing betreiben zu können, müssen die Zielgruppen heute immer feiner segmentiert und spezifisch angesprochen werden.

An die Marktforschung werden hohe Anforderungen gestellt, Kriterien für diese Marktsegmentierung zu entwickeln und für die praktische Anwendung umzusetzen.

Früher war eine Segmentierung nach geographischen und soziodemographischen Kriterien genügend aussagekräftig, sie konnte für die gezielte Kundenansprache genutzt werden. Angesichts der Angebotsvielfalt, der Marktsättigungstendenzen und des Wandels der Werte wurden die Kaufentscheidungsprozesse immer komplexer.

Die Marktsegmentierung nutzt psychographische, Benefit- und Life-Style-Kriterien, um das geänderte Kaufverhalten zu erklären.

Dazu werden empirische Marktforschungsstudien durchgeführt und mit multivariaten statistischen Verfahren, wie der Cluster-, Diskriminanz-, Faktorenanalyse oder der Multidimensionalen Skalierung ausgewertet.

1.1 Marktsegmentierung als Grundlage für das differenzierte Marketing

In der Entwicklung der letzten Jahrzehnte hat sich bei vielen Unternehmen aus einem undifferenzierten Massenmarketing eine immer detailliertere Differenzierung ergeben. Diese Fragmentierung der Märkte ist an der ständig zunehmenden Angebotsvielfalt in den Regalen des Handels erkennbar. Zahlreiche Unternehmen haben die Entwicklung vom Massenmarketing über das Marktlückenmarketing bis hin zum Direktmarketing, bei dem eine individuelle Einzelansprache realisiert wird, erfolgreich praktiziert.

Im Marketing muß heute eine immer feinere Marktsegmentierung erfolgen; die Konsumenten wollen gezielt und spezifisch angesprochen werden.

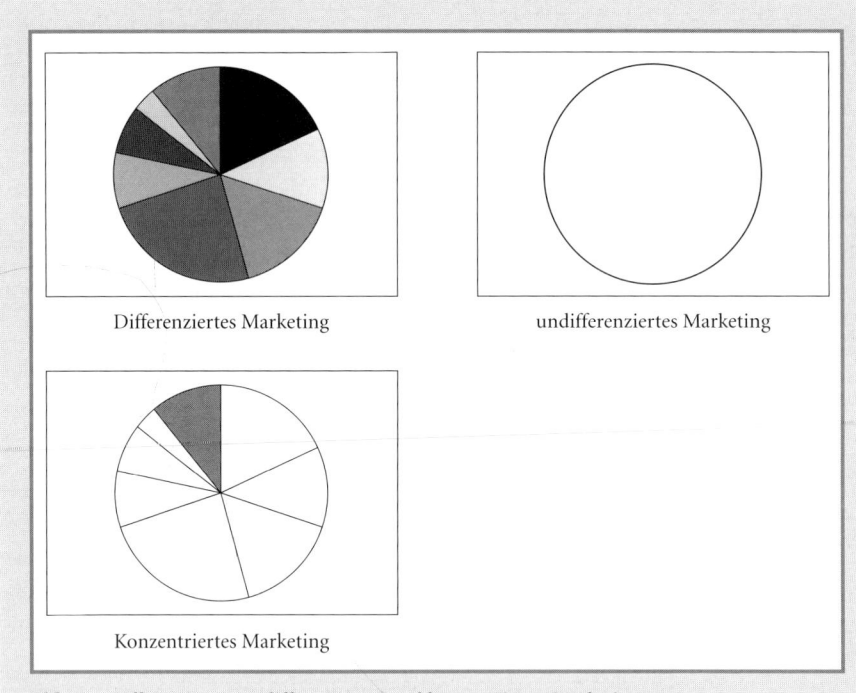

Abb. 1: Differenziertes, undifferenziertes und konzentriertes Marketing

Im **differenzierten Marketing** wird der Gesamtmarkt aller aktuellen und potentiellen Kunden in Segmente aufgeteilt, die Personen mit möglichst ähnlichem Verhalten und ähnlichen Einstellungen enthalten (vgl. Abbildung 1). Die Segmente sollen intern homogen sein und sich von den anderen Gruppen möglichst stark unterscheiden. Diese unterschiedlichen Klassen werden mit einem jeweils darauf abgestimmten Marketing angesprochen. Den Konsumenten in den einzelnen Gruppen werden somit unterschiedliche

Produkte mit einer speziellen Kommunikation oder Distribution und einem unterschiedlichen Preis angeboten (*Weis* 1995, S. 59).

Dagegen spricht das **undifferenzierte Marketing** den Gesamtmarkt mit einem einheitlichen Konzept an. Bei dieser oft abfällig als Gießkannenmethode bezeichneten Vorgehensweise können die Besonderheiten verschiedener Kundengruppen nicht berücksichtigt werden (vgl. Abbildung 1).

Das **konzentrierte Marketing** dagegen segmentiert den Gesamtmarkt genau wie das differenzierte Marketing, konzentriert sich aber auf eines oder wenige der definierten Segmente.

Während die Unternehmen in den vergangenen Jahrzehnten mit einem undifferenzierten Marketing für die Masse aller Konsumenten Erfolg haben konnten, wird dies in Zeiten der Individualisierung und Differenzierung der Bedürfnisse immer schwieriger. Otto Normalverbraucher gibt es heute nicht mehr.

Diese Tendenz wird beispielsweise im Markt für Tierfutter deutlich. Das Unternehmen *Effem* bietet nicht nur die Katzennahrung *Whiskas* an, sondern ist im Laufe der Zeit in immer kleinere **Marktsegmente** und Marktnischen eingedrungen. Produkte wie *Sheba*, *Whiskas Senior* oder *Whiskas für Katzenkinder* sprechen nur einen kleinen Teil, ein kleines Segment, der Katzenhalter an (*Holland* 1993 a, S. 8).

Beispiele für Unternehmen, die ein undifferenziertes Marketing betreiben, sind immer seltener zu finden. Konzentriertes Marketing bietet sich für kleine oder mittelständische Unternehmen an, die eine Marktnische gefunden haben und dort mit einem spezialisierten Angebot agieren.

Um kleine Marktnischen erfolgreich definieren und ansprechen zu können, ist es erforderlich, den Gesamtmarkt zu segmentieren. Wenn nun ein Gesamtmarkt in Segmente aufgeteilt werden soll, stellt sich die Frage, nach welchen Kriterien dieses erfolgen soll.

1.2 Kriterien der Marktsegmentierung

1.2.1 Geographische Marktsegmentierung

Die Kundensegmentierung kann nach unterschiedlichen Kriterien erfolgen, wie die Tabelle 2 verdeutlicht:

Geographie	Soziodemographie	Verhalten	Psychographie	Benefit	Life-Style
Region Wohnort	Alter Geschlecht Einkommen Haushaltsgröße	Kaufverhalten Informationsverhalten Geschäftsstättenwahl Markentreue	Einstellungen Meinungen Persönlichkeitsmerkmale	Nutzenerwartungen	Psychographie Demographie Kaufverhalten

Tab. 2: Kriterien der Kundensegmentierung (Quelle: *Holland* 1994, S. 14)

Die geographische Segmentierung wird angewandt, wenn die Bewohner unterschiedlicher Gebiete ein unterschiedliches Verhalten aufweisen. Stadt- und Landbevölkerung, Einwohner im Norden oder Süden, Westen oder Osten, die unterschiedliche Vorstellungen haben, können so mit unterschiedlichen Angeboten und einem differenzierten Marketing bedacht werden.

Die **mikrogeographische Marktsegmentierung**, die von Adreßverlagen angeboten wird, ermöglicht es, Adressen von Bewohnern ähnlicher Wohngebiete zu selektieren, von denen ein vergleichbares Konsumverhalten unterstellt werden kann (*Holland* 1993 a, S. 82 ff.).

1.2.2 Soziodemographische Marktsegmentierung

Aus Bestellscheinen, Anträgen und telefonischen Auskünften sind den Unternehmen, die einen direkten Kundenkontakt pflegen, eine Reihe von soziodemographischen Merkmalen bekannt, die in einer Datenbank abgelegt werden sollten (Adresse, Geschlecht, Alter, Einkommen, Beruf, Haushaltsgröße, Zahl der Kinder).

Die soziodemographische Marktsegmentierung ist neben der geographischen die älteste Form der Einteilung, die sich ohne großen Aufwand realisieren läßt. Schon früh haben Unternehmen ihre Kunden nach dem Geschlecht, dem Alter, der Haushaltsgröße, dem Einkommen oder nach geographischen Kriterien in Gruppen eingeteilt.

Zum Teil lassen sich aus den Daten des **Kaufverhaltens** Rückschlüsse auf soziodemographische Merkmale ziehen. So kann ein Sortimentsversender aus den Bekleidungsbestellungen einen Überblick über Geschlecht und Alter der zum Haushalt gehörenden Personen erhalten, falls es sich nicht um Sammelbesteller handelt, die für einen größeren Personenkreis mitbestellen.

Die Adressenvermieter bieten ihren Kunden auch Programme an, die aus dem **Vornamen** unter Berücksichtigung modischer Vorlieben für bestimmte Namen mit einiger Sicherheit das Alter abschätzen. Da das Geburtsdatum bei den meisten Adressen nicht bekannt ist, kann dann beispielsweise ein Unternehmen mit einer jugendlichen Zielgruppe durch eine Selektion nach Vornamen den Erfolg seiner Aktion optimieren. Bei der Miete von Fremdadressen zur Neukundengewinnung werden dann nur bestimmte Vornamen ausgewählt.

Viele Banken segmentieren ihre Kunden nach soziodemographischen Kriterien und ordnen diese nach der Phase des **Familienlebenszyklus** in Segmente ein. Die Segmente heißen beispielsweise Jugend-, Nest-, Etablierungs- oder Ruhestandsphase. Für jede Phase gibt es unterschiedliche Angebote und Ansracheformen.

1.2.3 Marktsegmentierung nach Verhaltenskriterien

Zu den Kriterien des beobachtbaren Verhaltens zählt die Nutzung von Medien, das Informationsverhalten, die Einkaufsstättenwahl und das Kaufverhalten.

Durch jede Marketing-Aktion und jeden Kontakt mit den Kunden entstehen beispielsweise bei Versandhändlern neue Informationen, die in die Kundendatenbank aufgenommen werden sollten und damit zu einem immer umfassenderen Wissen führen. Für jede Werbeaktivität läßt sich durch die Werbeerfolgsmessung erfassen, ob und wie die Kunden darauf reagiert haben.

Durch die Berücksichtigung von **Kaufdaten**, wie dem letzten Bestelldatum, dem Umsatz, der Art der bestellten Sortimente, können die persönlichen Präferenzen für spätere Angebote beachtet werden.

Viele Versandhändler arbeiten mit Scoring-Modellen (Punktbewertungsmodelle), die auf der RFMR-Methode aufbauen und aus der Kenntnis der folgenden Kriterien Prognosen über das zukünftige Kaufverhalten erstellen (*Holland* 1993 a, S. 73 f.):
- R: Recency (letztes Kaufdatum),
- F: Frequency (Kaufhäufigkeit),
- MR: Monetary Ratio (Umsatz oder Bestellwert).

Neben diesen drei im Grundmodell enthaltenen Kriterien können viele weitere Informationen zur Prognose des Kaufverhaltens genutzt werden.

So berücksichtigt die FRAT-Methode zusätzlich, aus welchen Sortimenten gekauft wurde:
- F: Frequency (Kaufhäufigkeit),
- R: Recency (letztes Kaufdatum),
- A: Amount of Purchase (Umsatz oder Bestellwert),
- T: Type of Merchandise (Kaufart, Sortimentsbereich).

Allen Kunden in der Kundendatenbank werden nach diesen und vielen weiteren Kriterien Punkte zugeordnet, gewichtet und kumuliert. Der erreichte **Punktwert** entscheidet darüber, welche Werbemittel der Kunden bekommt. Bei Überschreiten einer bestimmte Grenze wird der neue Katalog versandt, weil man davon ausgeht, daß dieser Kunden wieder bestellen wird.

Die Wahrscheinlichkeit, daß der Kunde wieder kaufaktiv wird, ist um so höher:
- F: je öfter er bereits bestellt hat,
- R: je weniger lang die letzte Bestellung zurückliegt,
- A: je höher der bisherige Umsatz war,
- T: je mehr unterschiedliche Sortimente von dem Kunden ausgewählt wurden und je mehr er aus bestimmten Sortimenten gekauft hat.

1.2.4 Benefit-Segmentierung

Die Benefit-Segmentierung orientiert sich an den **Nutzenerwartungen**, die Konsumenten an Produkte haben. Diese Nutzenerwartungen determinieren das Kaufverhalten und können zur Definition von Marktsegmenten herangezogen worden.

So hat *Colgate-Palmolive* für die Einführung der neuen Seife *Irischer Frühling* aufgrund einer Marktforschungsstudie die Meinungen der Konsumenten zu den wichtigsten auf dem Markt befindlichen Feinseifen-Marken erhoben und mit Hilfe multivariater statistischer Verfahren (Multidimensionale Skalierung) zu einer graphischen Darstellung verdichtet.

Auf die vier Achsen eines Koordinatensystems wurden die wichtigsten Eigenschaften abgetragen, die von einer Feinseife erwartet wurden:
- Pflege,
- Deo-Wirkung,
- traditioneller Duft und
- natürliche Frische.

Man erkannte, daß in dem damals aktuellen Segment zwischen den Achsen natürliche Frische und Deo-Wirkung eine psychologische Marktlücke bestand, in die das neue Produkt *Irischer Frühling* positioniert wurde (*Becker* 1992, S. 236).

Wenn man sich die Werbung für Zahnpasta vor Augen hält, wird deutlich, daß auch dort häufig die Nutzenerwartungen der Kunden als Ansatzpunkt für eine Segmentierung dienen. Es gibt Zahnpasta gegen Karies, gegen Parodontose, gegen Zahnfleischbluten, für weiße Zähne, für frischen Atem.

Auch ein Versender kann seinen Zielmarkt nach dem Benefit segmentieren und seine Kataloge und Angebote in die erfolgversprechenden Felder positionieren (*Holland* 1993 a, S. 151 f.).

1.2.5 Psychographische Marktsegmentierung

Bei der psychographischen Marktsegmentierung werden die Personen nach psychologischen Kriterien wie Einstellungen, Persönlichkeitsmerkmalen und nach Verhaltensmerkmalen in möglichst homogene Gruppen zusammengefaßt.

Die psychographische Segmentierung beruht auf der Erkenntnis, daß sich das Kaufverhalten und die Bedürfnisse genauer anhand von **persönlichen Merkmalen** differenzieren lassen als durch soziodemographische und geographische Merkmale. So ist weniger das kalendarische Alter als das psychologische Alter – wie alt der Mensch sich fühlt – relevant für die Analyse und Erklärung von Bedürfnissen.

Die *GfK* (*Gesellschaft für Konsumforschung*) hat in ihrem Bekleidungspanel Haushalte zusammengefaßt, die regelmäßig sämtliche Ausgaben für Bekleidung in Haushaltsbüchern notieren. Zusätzlich bekommen die Panelteilnehmer Fragebögen zu psychologischen Fragestellungen.

Aus diesen Informationen hat die GfK mit statistischen Verfahren (Cluster- und Diskriminanzanalyse) neun verschiedene DOB-Bekleidungstypen ermittelt, die mit den in Tabelle 2 dargestellten Bezeichnungen versehen wurden. Für die Herren-Bekleidung ermittelte die GfK sechs verschiedene HAKA-Typen.

DOB-Bekleidungstypen:

1. Die unauffällig gekleidete ältere Dame
2. Die korrekt Gekleidete
3. Die zweckmäßig sportlich Gekleidete
4. Die anspruchsvolle Dame
5. Die Weiblich-Charmante
6. Die Modeorientierte
7. Die Unkonventionelle
8. Die junge Sportlich-Modische
9. Die junge Modisch-Amüsante

HAKA-Bekleidungstypen:

1. Der Jugendlich-Modische
2. Der Seriös-Unauffällige
3. Der Anspruchsvoll-Korrekte
4. Der Lässig-Jugendliche
5. Der Zweckmäßig-Legere
6. Der Jugendlich-Sportliche

Tab. 2: DOB- und HAKA-Typologie der *GfK* (Quelle: *Holland* 1993 a, S. 61 f.)

Diese Typologie dient den Unternehmen aus dem Bekleidungshandel dazu, die Zielgruppe optimal zu beschreiben und die Angebotsverteilung festzulegen. Jeder Einkäufer eines Handelsunternehmens, das mit dieser Studie arbeitet, bekommt anhand dieser Typologie Vorgaben darüber, wie er seine Sortimente zusammenzusetzen hat. Damit wird die Sortimentsstruktur schon sehr frühzeitig im Planungsprozeß festgelegt.

1.2.6 Lifestyle-Segmentierung

Auch die Lifestyle-Segmentierung beruht auf psychographischen Kriterien, wobei die Breite der verarbeiteten Informationen über die Zielpersonen sehr umfangreich ist, und auch Daten der Soziodemographie und des Kaufverhaltens genutzt werden. Das Marktforschungsinstitut *Sinus* hat auf der Basis von 2000 Interviews zwölf Life-Style-Typen ermittelt, die in Tabelle 3 benannt werden:

Life-Style-Typologie:

1. Wilhelmine, die bescheidene Pflichtbewußte
2. Erika, die aufgeschlossene Häusliche
3. Erwin, der Bodenständige
4. Eddi, der Coole
5. Monika, die Angepaßte
6. Frank und Franziska, die Arrivierten
7. Michael und Michaela, die Aufstiegsorientierten
8. Martin und Martina, die trendbewußten Mitmacher
9. Ingo und Inge, die Geltungsbedürftigen
10. Claus und Claudia, die neue Familie
11. Tim und Tina, die Fun-orientierten Jugendlichen
12. Stefan und Stefanie, die jungen Individualisten

Tab. 3: Life-Style-Typologie (Quelle: *Holland* 1993 b, S. 16)

Diese 12 Typen werden in einem **Koordinatensystem** dargestellt, dem beispielsweise die Dimensionen Soziale Lage und Wertewandel zugrunde liegen. Die einzelnen Typen haben unterschiedliche Konsumschwerpunkte und sind für verschiedene Angebotsformen aufgeschlossen.

Die Automobilindustrie nutzt die Life-Style Segmentierung zur Festlegung, Analyse und Ansprache ihrer Zielgruppen, wie die Abbildung 2 zeigt (*Holland/Heeg* 1998, S. 54).

Das Kaufverhalten wird immer komplexer und läßt sich heute immer weniger durch Schubladendenken vereinfachen. Die Segmentierungsansätze werden zwar laufend verfeinert, aber der hybride Konsument, der sich je nach Situation ganz unterschiedlich verhält, macht den Marktforschern ihre Arbeit immer schwerer.

Es gibt immer mehr Verbraucher, nicht nur unter den jüngeren, die sich in einem Moment sehr preisbewußt verhalten und bei einem Discounter einkaufen, und wenig später den Erlebniskauf in einem teuren Fachgeschäft genießen. Der Kunde einer Fast-Food-Kette besucht am Abend ein exklusives Spezialitätenrestaurant (*Holland/Mienert* 1997, S. 30 ff.).

Es sind heute nicht mehr unbedingt unterschiedliche Menschen in verschiedenen Segmenten, sondern immer häufiger vagabundiert der gleiche Konsument zwischen unterschiedlichen Käufergruppen.

1.3 Multivariate statistische Verfahren zur Identifikation homogener Segmente

Die Statistik stellt eine Reihe von Verfahren zur Verfügung, die dazu dienen, aus Marktforschungsdaten homogene Marktsegmente zu errechnen (*Holland* 1995, S. 28 ff.). Umfangreiche Befragungen von Konsumenten zu bestimmten Themen und Produkten werden mit Hilfe dieser Verfahren analysiert, um Segmente nach den oben beschriebenen Kriterien ermitteln zu können.

Die multivariaten statistischen Verfahren, die in einem späteren Kapitel ausführlich erläutert werden, unterscheiden sich von den einfachen statistischen Verfahren (uni- oder bivariate) dadurch, daß sie an einer Vielzahl von Untersuchungsobjekten (z. B. Personen) mehrere Variablen (Fragestellungen, Verhaltensweisen) messen und diese gleichzeitig auswerten.

Die **Faktorenanalyse** verfolgt das Ziel, aus einer großen Anzahl von Merkmalen einige Hintergrundfaktoren herauszufinden, die die Zusammenhänge zwischen den Merkmalen (Interkorrelationen) berücksichtigen.

In einer Marktforschungsstudie werden beispielsweise Kunden über das Image eines Produktes befragt, das anhand von sehr vielen Merkmalen erhoben wird. Ein Teil dieser Merkmale wird dann im allgemeinen von vielen Interviewten in die gleiche Richtung gehend bewertet.

Beispielsweise gehen bei einer Imageerhebung über Automobile vermutlich die Bewertungen der Merkmale Länge der Wartungsintervalle, Reparaturanfälligkeit, Verbrauch

Marktsegmentierung

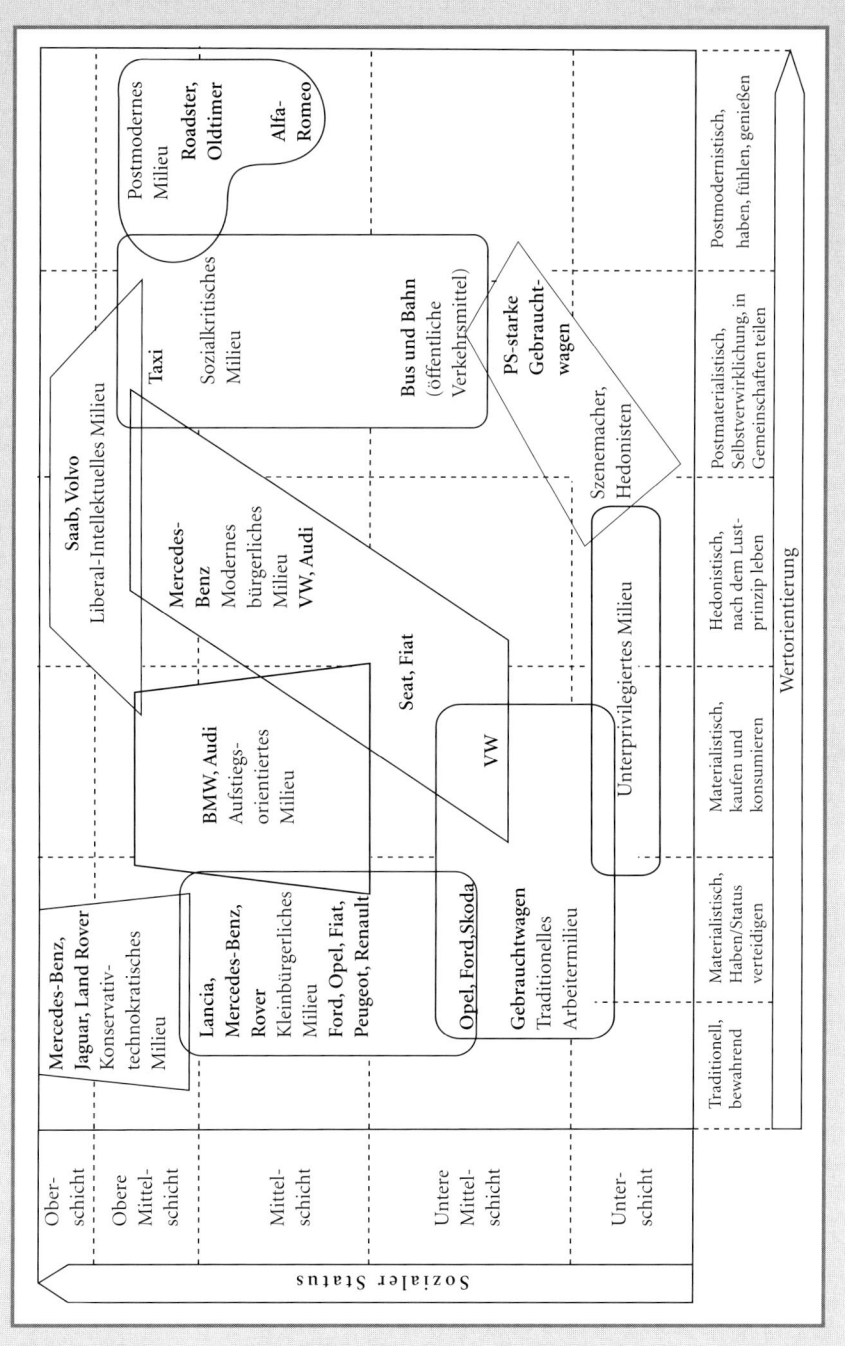

Abb. 2: Zielgruppen der Automobilhersteller (Quelle: *o. V.* 1997, S. 140)

Spezialanwendungen

und Versicherungskosten in die gleiche Richtung. Das heißt, diese Merkmale sind miteinander korreliert. Ein Faktor, der im Hintergrund diese Merkmale beschreibt, könnte als Wirtschaftlichkeit bezeichnet werden. Auch die Bewertung der Merkmale Leistung, Höchstgeschwindigkeit und Zylinderzahl wird durch starke Korrelationen geprägt sein. Hier würde die Faktorenanalyse einen Hintergrundfaktor herausfinden, der sich als Sportlichkeit interpretieren ließe.

Die Verfahren der Faktorenanalyse untersuchen somit, ob der Vielzahl von Merkmalen einige wenige Faktoren zugrunde liegen, mit deren Hilfe eine anschaulichere Beschreibung der Fragestellung (z. B. Image) möglich ist. Die Faktorenanalyse zeigt die Korrelationen zwischen den Merkmalen auf und gibt Faktoren mit der Stärke ihrer Beziehung zu den Merkmalen an. Die Interpretation und Bezeichnung der Faktoren muß vom Bearbeiter gefunden werden.

Typische Fragestellungen der Faktorenanalyse lauten:
- Kann man die Vielzahl von Eigenschaften, die die Kunden mit bestimmten Marken verbinden, auf wenige Faktoren reduzieren?
- Wie lassen sich die unterschiedlichen Marken mit diesen Faktoren beschreiben?

Die **Clusteranalyse** wird vor allem bei der Zielgruppensegmentierung genutzt. Sie hat die Aufgabe, eine Vielzahl von unterschiedlichen Elementen in Gruppen oder Cluster zusammenzufassen, die mit einem differenzierten Marketing angesprochen werden.

Die einzelnen Cluster sollen so gebildet werden, daß sich die Elemente in einer Gruppe möglichst ähnlich sind und sich von den anderen Clustern möglichst stark unterscheiden; es wird eine interne Homogenität und externe Heterogenität angestrebt.

Die Bildung von Käufertypologien basiert auf der Clusteranalyse. Eine repräsentative, genügend große Stichprobe von Konsumenten wird mit Hilfe eines Fragebogens zu zahlreichen Fragestellungen zur Soziodemographie, zum Kaufverhalten, zur Psychographie und anderen Themen interviewt. Die Daten werden dann mit Hilfe der Clusteranalyse daraufhin geprüft, ob es möglich ist, aufgrund der im Fragebogen gemachten Antworten Ähnlichkeiten bei den Interviewten festzustellen, die eine Typenbildung erlauben.

Typische Fragestellungen der Clusteranalyse lauten:
- Läßt sich die Bevölkerung eines Landes nach ihrem Lifestyle in Typen einteilen?
- Lassen sich die Kunden eines Versandhauses nach ihrem Kaufverhalten in Typen einteilen (Mode-, Hartwaren-, Gelegenheitskäufer)?

Mit der **Diskriminanzanalyse** lassen sich die Unterschiede zwischen definierten Gruppen von Untersuchungseinheiten analysieren. Das Verfahren sucht Unterschiede zwischen den Gruppen und ermittelt die unabhängigen Variablen, die möglichst viel zur optimalen Trennung der Gruppen beitragen.

Die Diskriminanzanalyse kann in Verbindung mit der Clusteranalyse zur Abgrenzung der Cluster genutzt werden. Sie legt die Grundlage für die Beschreibung der Cluster oder Personentypen.

Typische Fragestellungen der Diskriminanzanalyse lauten:
- Die in einer Database gespeicherten Kundendaten werden darauf untersucht, ob sich die besonders guten Stammkunden von den Gelegenheitskäufern durch beispielsweise das Alter oder regionale Kriterien unterscheiden.
- In welcher Hinsicht unterscheiden sich Abonnenten einer Zeitschrift von den Kioskkäufern?

Die **multidimensionale Skalierung** (MDS) verfolgt das Ziel, die festgestellten Beziehungen zwischen Objekten graphisch im Koordinatensystem darzustellen.

Durch eine Befragung werden Daten über Objekte (Marken, Zeitschriften) erhoben. Die multidimensionale Skalierung stellt dann die relevanten Eigenschaften oder Nutzendimensionen der Objekte in einem Koordinatensystem dar. Die Objekte werden so in das System positioniert, daß ähnlich beurteilte nah zusammen liegen. Das Ergebnis ist ein Positionierungsmodell, das beispielsweise zur Identifikation psychologischer Marktlücken dienen kann.

Typische Fragestellungen der multidimensionalen Skalierung lauten:
- Welches Image besitzen die Produkte in einem Markt?
- Entspricht das eigene Produkt oder das eigene Unternehmen den Idealvorstellungen der Konsumenten?

1.4 Literaturverzeichnis

Becker, J.: Marketing-Konzeption, 4. Auflage, München 1992
Holland, H.: Direktmarketing, München 1993 a
Holland, H.: Methods of Target Group Selection, in: Direct Mail – the Direct Route to the Customer, Yearbook of Deutscher Direktmarketing Verband, Wiesbaden 1993 b, Page 11–19
Holland, H.: Strategien der Segmentierung, in: Direct Mail – der direkte Weg zum Kunden, Jahrbuch des deutschen Direktmarketing Verband, Wiesbaden 1994, S. 13–20
Holland, H.: Erfolgskontrolle und Zielgruppenbestimmung im Direktmarketing, in: Direkt Marketing, Heft Juni 1995, S. 28–31
Holland, H./Mienert, I.: Generation X, Marketing-Mix für eine schwierige Zielgruppe, in: Markenartikel, Heft 3 1997, S. 30–34
Holland, H./Heeg, S.: Erfolgreiche Strategien für die Kundenbindung, Wiesbaden 1998
o. V.: Audi und Aldi: Wie die deutschen Autmobilhersteller Lebens- und Wertewelten ihrer Kunden erforschen, in: Managermagazin, Heft 9 1997, S. 140–144
Weis, H. C.: Marketing, 9. Auflage, Ludwigshafen 1995

2. Lifestyle-Typologien

Werner Pepels

Inhaltsübersicht

2.1 Warum gibt es Typologien?
2.2 Was sind Typologien?
2.3 Lifestyle-Typologie von *M. C. & Leo Burnett*
2.4 Typologie Sozialer Milieus
2.5 Euro Socio Styles-Typologie
2.6 RISC-Eurotrends-Typologie
2.7 Kritische Bewertung der Typologien
2.8 Literaturverzeichnis

Auf einen Blick

Die Zielgruppenbeschreibung gehört zu den Kernelementen jedes Kommunikationskonzepts. Deshalb sind zahlreiche Instrumente zur Unterstützung entwickelt worden. Ein Instrument, das der Typologie, erfreut sich immer stärkerer Akzeptanz. Typologien basieren auf Lebensstilen und Werten. Lebensstile werden durch beobachtbare Aktivitäten, emotionale Interessen und kognitive Meinungen charakterisiert. Es haben sich unzählige Typologien herausgebildet, übergreifend sind jedoch vier typologische Ansätze von besonderer Bedeutung: die Lifestyle-Typologie, die Typologie Sozialer Milieus, die Euro Socio Styles-Typologie und die RISC-Eurotrends-Typologie. Im folgenden Beitrag werden diese daher näher vorgestellt.

2.1 Warum gibt es Typologien?

Die Marktsegmentierung ist, neben der Markentechnik und dem Beziehungsmanagement, eines der konstitutiven Merkmale des Marketing. Sie führt zur Beschreibung der Zielpersonengruppe, welche die Kaufkraft verkörpert, von der, vereinfacht gesehen, ein Angebot leben will. Für die Abgrenzung des Segments gibt es unterschiedliche Kriterien.

Traditionell wurden demographische Dimensionen zur Abgrenzung eingesetzt, also etwa Geschlecht, Altersklasse, Haushaltsführung, Einkommen, Familienstand, Ausbildung, Tätigkeitsgruppe, Haushaltsgröße, Wohnortgröße. Diese Größen wurden dann einzeln (einstufig) oder gemeinsam (mehrstufig) zur Beschreibung der Zielpersonengruppe herangezogen. Der gesellschaftliche Wandel hat jedoch dazu geführt, daß die Verbindung zwischen Demographie einerseits und Verhalten (meist Kauf) andererseits immer lockerer wurde. So hat sich ein Wandel von der Schichtengesellschaft, die über Jahrhunderte die Gesellschaft strukturiert hat, hin zu einer Lebensstilgesellschaft vollzogen, bei der die demographische Zugehörigkeit keine aussagefähige Verhaltensprognose mehr erlaubt. Das ist leicht nachvollziehbar, wenn man sich nur einmal die Besucher eines Fitness-Centers vor Augen führt. Wollte man diese Personengruppe werblich ansprechen, wären demographische Kriterien dazu völlig untauglich, denn diese Personen eint eben nicht mehr eine gemeinsame Demographie, sondern vielmehr eine gemeinsame Einstellung (Gesundheit/Wellness). Und diese entzieht sich als verborgene Größe (hypothetisches Konstrukt) der offenen Erfassung.

Daher wurden verstärkt psychologische und soziologische Elemente zur Beschreibung von Zielpersonengruppen herangezogen. Bei den psychologischen Elementen handelt es sich etwa um Emotion, Motivation, Einstellung, Involvement, Risikoempfinden, Lernen in verschiedener Form, Denken, Neuheitsübernahme. Bei den soziologischen Elementen handelt es sich etwa um Kultur, Gruppe (Familie, Rollen), Meinungsführerschaft, Diffusion (*Pepels* 1996, S. 235 ff.). Diese Dimensionen sind an sich auch sehr gut geeignet zur Beschreibung von Zielpersonen. Allerdings gibt es bei allen Größen ein offensichtliches Meßproblem, denn da ihnen prinzipiell nicht meßbare hypothetische Konstrukte zugrundeliegen, müssen Indikatoren gefunden werden (intervenierende Variable), die meßbar sind und von denen gesichert angenommen werden kann, daß sie über die verborgen bleibenden Größen zuverlässig und gültig aussagefähig sind. Ob dies dann aber tatsächlich der Fall ist, bleibt umstritten. Zudem führt die Beschreibung von Zielpersonen anhand psychologischer und soziologischer Elemente leicht zu sehr komplexen, abstrakten Formulierungen, die wenig kommunikationsfähig sind und Nicht-Fachleute abschrecken.

Wenn aber kein klares Bild darüber vorhanden ist, wen man sich als Zielperson im Marketing vorzustellen hat, kann nur zufällig so etwas wie Effektivität aufkommen. Deshalb besteht die Gefahr, daß man sich mit einer immer detaillierteren Beschreibung eher vom eigentlichen Ziel entfernt als mit einer weniger komplizierten. Möglicherweise steigt die Effektivität der Arbeit, wenn man bewußt eine Vergröberung der Beschreibung der Zielpersonengruppe in Kauf nimmt, weil diese dadurch hinreichend anschaulich und nachvollziehbar bleibt. Genau diesen Weg gehen Typologien. Daher wird in neuerer Zeit immer stärker auf solche Typologien zurückgegriffen.

2.2 Was sind Typologien?

Typologien basieren zumeist auf Lebensstilen und Werten. Werte (Values) sind ganz allgemein Auffassungen von Wünschenswertem, die explizit oder implizit für ein Individuum oder für eine Gruppe kennzeichnend sind, und die Auswahl der zugänglichen Weisen, Mittel und Ziele des Handelns beeinflussen. Sie unterliegen allerdings stetiger bis sprunghafter Veränderung (Wertewandel). Daraus entstehen auch tiefgreifende Veränderungen im Käuferverhalten. Solche Wertestrukturen kommen in Lebensstilen zum Ausdruck.

Diese enthalten die Komponenten der:
- beobachtbaren Aktivitäten (Activities),
- emotionalen Interessen (Interests) und
- kognitiven Meinungen (Opinions).

Dementsprechend spricht man auch vom AIO-Ansatz, der sich im Marketing in Lebensstil-Typologien niederschlägt. Es handelt sich jeweils um Werte und Persönlichkeitsbezüge, widergespiegelt in Aktivitäten, Interessen und Meinungen gegenüber Freizeit, Arbeit und Konsum einer Person allein und mit anderen zusammen in bezug auf allgemeines Verhalten und spezifisches Kaufverhalten. Zweckmäßigerweise wird der Lebensstil gemeinsam mit sozio-demographischen Variablen erhoben. International wird dabei in den entwickelten Gesellschaften eine Annäherung der Lebensstile innerhalb vergleichbarer Gruppen vermutet (Konvergenz).

Vereinfachte Lebensstil-Gruppen sind mit Bezeichnungen wie Yuppies (Young Urban Professionals), Dinks (Double Income No Kids) oder Taps (Technically Advanced Persons) hinlänglich bekannt bedacht. Sie gehören nicht zu den Typologien, sondern bei ihnen handelt es sich lediglich um (eindimensionale) Klassifikationen. Differenzierte Analysen sind jedoch als (mehrdimensionale) Typologien angelegt.

Käufertypologien entstehen, indem Verbraucher durch mehrere Merkmale simultan beschrieben und einander überdurchschnittlich ähnliche Personen zu Typen verdichtet werden. Dabei handelt es sich meist um demographische, sozioökonomische und psychische sowie Besitz-Merkmale. Im Marketing gibt es dabei zwei Ansätze: Typologien, die allgemein angelegt sind, und Typologien, die produktspezifisch angelegt sind (wie Frauentypologie 5, Dialoge 3). Wesentliche Merkmale sind jeweils:
- Persönlichkeitsvariable wie Selbstbild, Persönlichkeitsstärke, Art der Informationsverarbeitung, Intro-/Extroversion,
- generelle Lebensstilvariable wie Aktivitäten, Interessen, Meinungen in bezug auf Arbeit, Familie, Politik, Konsum, Freizeit,
- je nach Anlage produktspezifische Variable wie Aktivitäten, Interessen, Meinungen in bezug auf Haushaltsführung, Kosmetik, Körperpflege, Nahrungsmittel, Getränke, Gesundheit, Pharma, Wohnen und
- Verhaltensweisen wie generelles Konsumverhalten, Produktbesitz, Leseverhalten, interpersonale Kommunikation, Meinungsführerverhalten, Vorbildverhalten.

Die Typologien werden durch statistische Reduktionsverfahren gebildet. Dabei sind meist eine Faktorenanalyse zur Verringerung der doch erheblichen Redundanzen in den erhobenen Statements, eine Clusteranalyse zur Zusammenfassung intern homogener und externer heterogener Gruppen sowie eine Multidimensionale Skalierung zur Veranschaulichung der sich ergebenden Positionen hintereinander geschaltet.

Durch solche, geeigneten multivariaten Verfahren wird die ansonsten nicht sinnvoll verarbeitbare Vielfalt von Zielpersonen der Realität auf eine bewältigbare Größenordnung eingeschmolzen. Inwieweit diese reduzierte Datenmasse dann noch ein zutreffendes Abbild der Ausgangsbasis ist, hängt von der sachverständigen Anwendung der Verfahren ab. In jedem Fall ist ein erheblicher Detailverlust hinzunehmen. Dafür werden jedoch die wesensbestimmenden Merkmale deutlicher herausgearbeitet (*Böhler* 1995, Sp. 1091 ff.; *Lingenfelder* 1995, Sp. 1377 ff.).

Übergreifend haben sich vier typologische Ansätze durchgesetzt:
- die Lifestyle-Typologie der Werbeagentur *M. C. & Leo Burnett* in Zusammenarbeit mit der *Sinus* Marktforschung,
- die Typologie Sozialer Milieus der *Sinus* Marktforschung, vor allem in Zusammenarbeit mit dem *Spiegel*-Verlag (Outfit),
- die Euro-Styles der *GfK* Nürnberg auf europäischer Basis und
- RISC-Eurotrends des *Research Institute on Social Change*, ebenfalls auf europäischer Basis.

2.3 Lifestyle-Typologie von M. C. & Leo Burnett

Lebensstilforschung hat die ganzheitliche Betrachtung von Individuen zum Inhalt, indem die Lebensführung, der Stil des Verhaltens oder die Lebensweise analysiert werden. Ziel ist herauszufinden, »how people spend their time at work and leisure (activities), what is important to them in their immediate surrounding (interests) and how they feel about themselves and the larger world (opinions)« (*M. C. & Leo Burnett*).

Leo Burnett hat so gemeinsam mit der Chicago University vor über 30 Jahren den Lebensstilforschungs-Ansatz begründet. Sein Ziel war es, durch Überwindung der Schwächen demographischer Zielgruppenbeschreibungen eine bessere Grundlage für kreative Werbung zu schaffen. Abgefragt werden dabei folgende Statements:
- Freizeit und soziales Leben: Freizeitaktivitäten, Freizeitmotive, Ausübung verschiedener Sportarten, bevorzugte Urlaubs-/Reiseart, soziales Netzwerk,
- Interessen: Musikinteressen, Themeninteressen, Gruppenmitgliedschaften,
- Stilpräferenzen: bevorzugter Wohnstil (bildgestützt), bevorzugter Kleidungsstil (verbal und optisch präsentiert),
- Konsum: Öko-Einstellungen, Einstellung zu Essen und Trinken, Einstellung zu Geld und Konsum,
- Outfit: Einstellung zum Outfit, Body-Image,
- Grundorientierung: Lebensphilosophie und Moral, Zukunftsoptimismus, soziale Milieus,
- Arbeit: Arbeitszufriedenheit, Arbeitseinstellungen, Berufserwartungen,
- Familie: Einstellungen zu Familie, Partnerschaft und Emanzipation, Rollenbilder, Wohnsituation,

- Politik: Politisches Interesse und Parteiinteresse, Politikwahrnehmung.

Die Lifestyle-Typologie von M. C. & L. B. erfaßt 27 Lebensstilbereiche für 91 Produktfelder und 74 Medien. Zusätzlich werden kunden-/produktspezifische Items aufgenommen. Sie wird in sieben europäischen Ländern seit 1973 durchgeführt (in Deutschland seit 1977) und ist repräsentativ nur für die westdeutsche Bevölkerung. Befragt werden 2000 Personen ab 14 Jahre mündlich, anhand von Selbstbeschreibung und Soziodemographie, sowie schriftlich, anhand von Haushaltsbuch und Mediennutzung über 250 AIO-Items, 25 demographische Items und 50 Konsumitems nach Produktkategorien getrennt.

Als Output der Analyse ergeben sich Personentypen, die mit Namen und Foto versehen sind, um ihre Prägnanz zu erhöhen. Männliche Namen zeigen an, daß dieser Typ überwiegend, wenngleich nicht ausschließlich, bei Männern vertreten ist, weibliche Namen analog, Pärchen zeigen an, daß die Ausprägung ungefähr gleichermaßen männlich wie weiblich besetzt ist. Die aktuelle Erhebung stammt immerhin schon aus 1990 und unterscheidet folgende Typen (vgl. ab S. 504):

- Traditionelle Lebensstile (37% der Befragten): Erika, Erwin, Wilhelmine,
- Gehobene Lebensstile (20%): Frank/Franziska, Claus/Claudia, Stefan/Stefanie,
- Moderne Lebensstile (42%): Michael/Michaela, Tim/Tina, Martin/Martina, Monika, Eddi, Ingo/Inge.

Bei einer Bewertung sind die folgenden Pros und Cons augenfällig:

Pros:
- Die Lifestyle-Typologie bietet, wie die meisten Typologien, eine ganzheitliche Sichtweise des Menschen als Konsumenten an. Es werden keine isolierenden Betrachtungen angestellt, weil schließlich auch die Marktrealität ganzheitlich ist.
- Die Lifestyle-Typologie ist als Single Source-Analyse angelegt, das heißt sie erfaßt sowohl Aktivitäten, Interessen und Meinungen als auch Soziodemographie und Mediennutzung. Daher ist sie ein praktisches Arbeitsinstrument und nicht nur empirische Lebensstilforschung.
- Die Lifestyle-Typologie veranschaulicht die gefundenen Lebensstil-Typen treffend durch Abbildungen, welche die überlegene optische Wahrnehmung des Menschen nutzen (Imagery-Forschung).
- Die Lifestyle-Typologie ist für unterschiedliche Produktgruppen nutzbar, da sie generalisierend angelegt ist und nicht von vornherein auf eine bestimmte Produktgruppe verengt. Zudem ist das Anhängen von produktspezifischen Fragen gegen Entgelt jederzeit möglich.

Cons:
- Der hohe Erhebungsaufwand erlaubt nur eine seltene Durchführung der Studie (in BRD vordem 1977, 1981 und 1985). Aufgrund des raschen gesellschaftlichen Wandels sind die Aussagen aber mit hoher Wahrscheinlichkeit bereits mit ihrem Erscheinen veraltet.
- Die Anlage ist zu undifferenziert, um tiefergehende Erkenntnisse für eine bestimmte Produktgruppe oder gar für bestimmte Produkte zu erreichen. Dazu ist man dann

wieder auf herkömmliche Markt-Media-Analysen oder eigene marktforscherische Primärerhebungen angewiesen.
- Alle bisherigen Erhebungen beziehen sich ausschließlich auf Westdeutschland (ABL). Deren Erkenntnisse lassen sich aber wegen der erheblich abweichenden Lebensumstände nicht auf die NBL übertragen.

2.4 Typologie Sozialer Milieus

Der Typologie Sozialer Milieus liegt die Hypothese zugrunde, daß der Mensch in seinem Wesen nicht genetisch codiert, sondern ein Produkt seiner Sozialisation ist. Über lange Zeit hinweg war man der Meinung, daß das, was aus einem Menschen wird, bereits in seinem Erbgut veranlagt ist. Dies führte zur typischen Sichtweise der Schichtengesellschaft. Heute hingegen ist man überwiegend der Meinung, daß das, was aus einem Menschen wird, von seiner Umgebung abhängt, das heißt der Mensch wird durch seine Umgebung, insbesondere während der kindlichen Entwicklung, geprägt. Dies unterstellt, kann der Umkehrschluß gewagt werden, nämlich aus der Umgebung, genauer den bevorzugten Lebens- und Konsumstilen, auf den Menschen, der sich darin wohlfühlt, zu schließen, also auf ansonsten verborgen bleibende Eigenschaften, die teils unbewußt, teils bewußt, aber jedenfalls anderweitig nicht abfragbar sind.

Soziale Milieus stellen in gewisser Weise eine Weiterentwicklung des Lifestyle Research-Ansatzes dar. Demzufolge sind Lebensstile nur sinnvoll im Kontext von Milieus zu interpretieren. Sie beziehen sich auf Erscheinungsformen des Alltags, güterbezogene Ästhetik und Präferenzen von Individuen. Die milieuspezifische Wertorientierung steuert demnach Lebens- und Konsumstile, die wiederum das ästhetische Erleben und Verhalten sowie den Geschmack prägen.

Die Typologie Sozialer Milieus der Sinus Marktforschung erfaßt in 4000 Interviews die verschiedenen, nach Vorstudien als relevant erachteten Bausteine der Lebenswelten mit folgenden Inhalten:
- Lebensziel: Werte, Lebensgüter, Lebensstrategie, Lebensphilosophie,
- Soziale Lage: Anteil an der Grundgesamtheit, soziodemographische Struktur der Milieus,
- Arbeit/Leistung: Arbeitsethos, Arbeitszufriedenheit, gesellschaftlicher Aufstieg, Prestige, materielle Sicherheit,
- Gesellschaftsbild: Politisches Interesse, Engagement, Systemzufriedenheit, Wahrnehmung und Verarbeitung gesellschaftlicher Probleme,
- Familie/Partnerschaft: Einstellung zu Partnerschaft, Familie, Kindern, Geborgenheit, emotionale Sicherheit, Vorstellung vom privaten Glück,
- Freizeit: Freizeitgestaltung, Freizeitmotive, Kommunikation und soziales Leben,
- Wunsch-/Leitbilder: Wünsche, Tagträume, Phantasien, Sehnsüchte, Leitbilder, Vorbilder, Identifikationsobjekte,
- Lebensstil: Ästhetische Grundbedürfnisse (Alltagsästhetik), milieuspezifische Stil- und Wohnwelten.

Daraus entstehen zehn bzw. neun Soziale Milieus (vgl. Abbildung 1 und 2):

Spezialanwendung

Die sozialen Milieus in Westdeutschland: Soziale Stellung und Grundorientierung			The Social Milieus in West Germany: Social Status and Basic Orientation			Les milieux de vie en Allemagne de l'Ouest: Position sociale et orientation fondamentale		
Oberschicht	Upper class	Supérieure						
Obere Mittelschicht	Upper middle class	Moyenne supérieure						
Mittlere Mittelschicht	Middle Class	Moyenne moyenne						
Untere Mittelschicht	Lower middle class	Moyenne inférieure						
Unterschicht	Lower class	Inférieure						

Soziale Lage / Social standing / Position sociale

1 — 10%; 2 — 15%; 3 — 5%; 4 — 11%; 5 — 18%; 6 — 8%; 7 — 10%; 8 — 7%; 9 — 11%; 10 — 5%

		Wertewandel	
Traditionelle Grundorientierung »Bewahren«	Materielle Grundorientierung »Haben«	Hedonismus »Genießen«	Postmaterialismus »Sein«	Postmodernismus »Haben, Sein und Genießen«
		Changing values	
Traditional orientation »To Preserve«	Materialistic orientation »To have«	Hedonism »To indulge«	Post-materialism »To be«	Post-modernism »To have, to be, to indulge«
		Evolution des valeurs	
Orientation: traditionelle »Conserver«	Orientation: matérialiste »Avoir«	Hédonisme «Jouir»	Postmatérialisme «Être»	Postmodernisme «Avoir, Être et Jouir»

Wertorientierung / Value orientations / Orientation de valeurs

494

Lifestyle-Typologien

Bevölkerung	Population	Population
14 Jahre und älter	14 years and older	14 ans et plus
50.33 Millionen	50.33 millions	50.33 millions
1 Konservativ-technokratisches Milieu	1 Conservative-Technocratic Milieu	1 Les technocrates conservateurs
2 Kleinbürgerliches Milieu	2 Petty Bourgeois Milieu	2 Les petits bourgeois
3 Traditionelles Arbeitermilieu	3 Traditional Blue-Collar Milieu	3 Les ouvriers traditionnels
4 Traditionsloses Arbeitermilieu	4 Uprooted Blue-Collar Milieu	4 Les ouvriers sans liens tratidionnels
5 Aufstiegsorientiertes Milieu	5 Social Climber Milieu	5 Les ambitieux
6 Modernes bürgerliches Milieu	6 Modern Bourgeois Milieu	6 Les bourgeois moderndes
7 Liberal-intellektuelles Milieu	7 Liberal-Intellectual Milieu	7 Les intellectuels libéraux
8 Modernes Arbeitnehmermilieu	8 Modern No-Collar Milieu	8 Les nouveaux travailleurs
9 Hedonistisches Milieu	9 Hedonistic Milieu	9 Les hédonistes
10 Postmodernes Milieu	10 Post-Modern Milieu	10 Les postmodernes

Abb. 1: Die sozialen Milieus in Westdeutschland (Quelle: Sinus Marktforschung/GfK)

Spezialanwendung

Die sozialen Milieus in Ostdeutschland: Soziale Stellung und Grundorientierung			The Social Milieus in East Germany: Social Status and Basic Orientation	Les milieux de vie en Allemagne de l'Est: Position sociale et orientation fondamentale
Oberschicht	Upper class	Supérieure		
Obere Mittelschicht	Upper middle class	Moyenne supérieure		9 — 7%
Mittlere Mittelschicht	Middle Class	Moyenne moyenne	2 — 7% 7 — 9%	6 — 7% 8 — 4%
Untere Mittelschicht	Lower middle class	Moyenne inférieure	1 — 11% 3 — 22%	5 — 9%
Unterschicht	Lower class	Inférieure	4 — 24%	

← Soziale Lage
Social standing
Position sociale

Traditionelle Grundorientierung »Bewahren«	Materielle Grundorientierung »Haben«	Hedonismus »Genießen«	Postmaterialismus »Sein«	Postmodernismus »Haben, Sein und Genießen«
			Wertewandel	
			Changing values	
Traditional orientation »To Preserve«	Materialistic orientation »To have«	Hedonism »To indulge«	Post-materialism »To be«	Post-modernism »To have, to be, to indulge«
			Evolution des valeurs	
Orientation: traditionelle »Conserver«	Orientation: matérialiste »Avoir«	Hédonisme »Jouir«	Postmatérialisme »Être«	Postmodernisme »Avoir, Être et Jouir«

Wertorientierung
Value orientations
Orientation de valeurs

Lifestyle-Typologien

Bevölkerung	Population	Population
14 Jahre und älter	14 years and older	14 ans et plus
12.79 Millionen	12.79 millions	12.79 millions
1 Bürgerlich-humanistisches Milieu	1 Bourgeois-Humanist Milieu	1 Les bourgeois humanistes
2 Rationalistisch-technokratisches Milieu	2 Rationalist-Technocratic Milieu	2 Les technocrates rationalistes
3 Kleinbürgerlich-materialistisches Milieu	3 Petty Bourgeois-Materialist Milieu	3 Les petits bourgeois matérialistes
4 Traditionsverwurzeltes Arbeiter- und Bauernmilieu	4 Traditional Blue-Collar Milieu	4 Les ouvriers et paysans des milieux traditionnels
5 Traditionsloses Arbeitermilieu	5 Uprooted Blue-Collar Milieu	5 Les ouvriers sans liens traditionnels
6 Hedonistisches Arbeitermilieu	6 Working-Class Hedonistic Milieu	6 Les ouvriers hédonistes
7 Status- und karriereorientiertes Milieu	7 Status- and Career-Minded Milieu	7 Les carriéristes sensibles au standing
8 Subkulturelles Milieu	8 Subcultural Milieu	8 Le milieu de subculture
9 Linksintellektuell-alternatives Milieu	9 Leftist-Intellectual Alternative Milieu	9 Les intellectuels de gauche-alternatifs

Abb. 2: Die sozialen Milieus in Ostdeutschland (Quelle: Sinus Marktforschung/GfK)

- Konservativ-technokratisches Milieu, Kleinbürgerliches Milieu, Traditionelles Arbeitermilieu, Traditionsloses Arbeitermilieu, Aufstiegsorientiertes Milieu, Modernes bürgerliches Milieu, Liberal-intellektuelles Milieu, Modernes Arbeitermilieu, Hedonistisches Milieu, Postmodernes Milieu (alle ABL ab S. 514),
- Bürgerlich-humanistisches Milieu, Rationalistisch-technokratisches Milieu, Kleinbürgerlich-materialistisches Milieu, Traditionsverwurzeltes Arbeiter- und Bauernmilieu, Traditionsloses Arbeitermilieu, Hedonistisches Arbeitermilieu, Status- und karriereorientiertes Milieu, Subkulturelles Milieu, Linksintellektuell-alternatives Milieu (alle NBL ab S. 519) (*Spiegel/Manager Magazin*, S. 32 ff.).

Bei einer Bewertung sind die folgenden Pros und Cons augenfällig:

Pros:
- Die Sozialen Milieus sind stets aktuell, weil sie jährlich (seit 1979) erhoben und damit den dynamischen Veränderungen in der Gesellschaft angepaßt werden. Sie können damit stets als zuverlässige und gültige Datenbasis angesehen werden.
- Die Sozialen Milieus gelten für Gesamtdeutschland, also sowohl für ABL als auch NBL. Dabei wird den massiven Milieuunterschieden durch differenzierte Darstellungen Rechnung getragen.
- Die Sozialen Milieus lassen beliebige Verknüpfungen zu Produktgruppen zu, indem sie als Basis genommen und produktgruppen-spezifische Informationsabfragen aufgesattelt werden.
- Die Sozialen Milieus basieren auf einer hohen Fallzahl, so daß auch für kleinere Milieugruppen hinreichend valide und reliable Aussagen getroffen werden können.

Cons:
- Die theoretische Basis der Milieutheorie ist zwar überwiegend akzeptiert, es gibt jedoch auch erheblich abweichende Ansichten (etwa aus Forschungserkenntnissen über eineiige Zwillinge, die nach der Geburt getrennt wurden).
- Es handelt sich um keine Single Source-Erhebung, die Daten sind nicht unmittelbar zur Mediaplanung und -analyse geeignet. Vielmehr ist dazu eine Umrechnung über demographische Daten erforderlich.
- Der Ausgangspunkt der Alltagsästhetik ist von seiner Tragfähigkeit her fraglich. Es ist durchaus üblich, daß Personen von der Normalität ihres Sozialen Milieus abweichende Auffassungen über die Alltagsästhetik haben, dies führt dann zu einer falschen Zuordnung dieser Personen und damit zu Aussageverzerrungen.
- In der Auswertung wird letztlich wieder eine Anlehnung an das herkömmliche Schichtenmodell der Gesellschaft gesucht, indem die Grundorientierung von Personen mit ihrer sozialen Stellung verknüpft wird.
- Das Forschungsdesign zur Auswertung der Daten ist intransparent, offensichtlich hat das Marktforschungsinstitut (Sinus, Heidelberg) kein Interesse an einer Offenlegung, was zumindest Zweifel über die Datenanalyse aufkommen läßt (auch diese Ausführungen basieren auf Sekundärinformationen, da das Institut nicht bereit war, entsprechende Daten zur Auswertung zu überlassen). Dies ist vor allem problematisch, weil die unterschiedlichen Ebenen des Meßkonzepts nicht mehr isoliert nachweisbar sind.

2.5 Euro Socio Styles-Typologie

Die *GfK* Lebensstilforschung hat durch die Euro Socio Styles-Typologie ein komplexes, dynamisches Portrait von Menschen mit einer Synthese einer Vielzahl von Lebensfacetten in unterschiedlichen wirtschaftlichen und gesellschaftlichen Bereichen angestrebt. Sie basieren auf 24 000 (meist telefonischen) Interviews in zwei Wellen in 15 europäischen Ländern (Belgien, Dänemark, Deutschland, Frankreich, Griechenland, Großbritannien, Irland, Italien, Niederlande, Norwegen, Österreich, Portugal, Schweden, Schweiz und Spanien), repräsentativ für die Bevölkerung beinahe jedes Landes ab 15 Jahren. Die erste Erhebung dieser Art stammt aus 1989 und führte zu 17 Euro Socio Styles, die aktuelle Erhebung stammt aus 1995 und führt zu 15 Euro Socio Styles (verrechnet etwa durch Conjoint-Analyse).

Ziel der Euro Socio Styles ist die Erhebung psychologischer Variabler, demographischer Variabler, psychosozialer, symbolischer und praktischer Variabler, beruhend auf generellen Lifestyle-Statements. Dabei liegt allerdings implizit die Ansicht einer Konvergenz der gesellschaftlichen Strukturen in den europäischen Ländern zugrunde, wie sie etwa im Rahmen des Global Marketing/Advertising (Levitt) vertreten wird. Dabei wird davon ausgegangen, daß die entwickelten westeuropäischen Gesellschaften in der Zeit nach dem 2. Weltkrieg parallel eine gleichartige soziale Entwicklung vollzogen haben, die dazu führt, daß Zielgruppen ländergrenzenübergreifend gleichartig definiert werden können.

Als Basis dienen dabei acht demographische Variable und 3500 AIO-Variable für jede Befragungsperson. Die Aufnahme kunden-/produktspezifischer Items ist möglich. Erfaßt werden ansonsten Besitz, Verbrauchs- und Kaufverhalten (mit Motivationsstrukturen: Mein Privatleben, Mein Berufsleben, Mein gesellschaftliches Leben, Mein politisches Leben, Mein kulturelles Leben, Mein Geschäftsleben, Mein Leben als Verbraucher) sowie Mediennutzung.

Die graphische Darstellung erfolgt in einem zweidimensionalen Koordinatensystem mit den Achsen:
- Ich-Orientierung: die eigene Person steht im Mittelpunkt, Vorrang haben emotionale Wahrnehmungen, das materielle Vergnügen und die Reaktion auf äußere Reize, bzw. als Gegenpol Gesellschafts-Orientierung: die Gemeinschaft steht im Mittelpunkt, es gilt der Vorrang der Vernunft, der Abstraktion von Werten und Ideen, der Suche nach moralischer wie intellektueller Strenge, nach Organisation und Disziplin,
- Gegenwarts-Orientierung: innovativ, beweglich, interessiert, all das zu erforschen, zu entdecken, was woanders unterschiedlich oder auch zukünftig ist, bzw. als Gegenpol Vergangenheits-Orientierung: konservativ, traditionell, sicherheitsorientiert, Bewahrung des Erreichten, Rückzug auf die familiäre Kleingruppe.

Im Ergebnis entstehen daraus folgende 15 Euro Socio Styles:
- **Free Thinkers**: Hierunter hat man sich etwa vierzigjährige, hedonistische Intellektuelle aus Großstädten vorzustellen, die völlig vom System enttäuscht und hinsichtlich der Zukunft skeptisch sind. Sie befinden sich auf der Suche nach Lebensqualität und Entfaltung in der Familie.

- **Reformers:** Dies sind aktive Familien, die liberal und proeuropäisch eingestellt sind. Sie sind entschieden optimistisch, freizügig, fortschrittlich und humanistisch. Sie befinden sich auf der Suche nach persönlicher Entfaltung.
- **Stabilizers:** Dies sind moralisierende Fünfzigjährige, die sich nach den heutzutage verlorengegangenen unveränderlichen und traditionellen Regeln zurücksehnen. Sie suchen den Konsens und predigen Selbstbeherrschung.
- **Pilots:** Dies sind dynamische Vierzigjährige, die in der Gesellschaft auf wirtschaftlicher, aber immer stärker auch auf sozialer Ebene engagiert sind. Sie gelten als gemäßigte Befürworter des Fortschritts, die eigene Überzeugungen und Moral besitzen.
- **Censors:** Dabei handelt es sich um ehemalige beruflich Ehrgeizige, die jedoch enttäuscht und ernüchtert sind und ihre auf materielle und permissive Werte ausgerichtete Lebenswahl in Frage stellen. Stattdessen fordern sie nun traditionelle Moralwerte.
- **Eldest:** Dies sind die bürgerlichen, konformistischen und konservativen Honoratioren, die den Einzelnen, aber auch der an zuviel Freiheiten und Individualismus leidenden Gesellschaft, die Rückkehr zu traditionellen Moralwerten predigen.
- **Unapproachable:** Dies bezeichnet durch die aktuelle Krise verhärtete Cocooners, die sich auf konservative, sogar reaktionäre und fremdenfeindliche Werte zurückziehen, aber in ihrer Lebensweise dennoch modern eingestellt bleiben.
- **Safety-Oriented:** Dies sind Enttäuschte aus einfachen Kreisen, die individualistisch, mißtrauisch und unbeteiligt gegenüber der sie umgebenden Welt eingestellt sind. Ihre Haltung ist bestimmt von Fremdenfeindlichkeit und, aus Gründen der Selbstverteidigung, einem Rückzug auf sich selbst.
- **Easy-Going:** Dahinter verbergen sich junge Unverheiratete und junge materialistische Haushalte auf der Suche nach sozialem Erfolg und Geld. Sie sind hauptsächlich individualistisch und opportunistisch eingestellt, in sozialer Hinsicht leicht repressiv, aber permissiv gegenüber sich selbst.
- **Gamblers:** Dabei handelt es sich um junge Unverheiratete aus einfachen Kreisen, dynamisch und tolerant, zukunftsoptimistisch. Man kann sie als materielle Hedonisten bezeichnen, die das Gleichgewicht zwischen Vergnügen und Vernunft suchen.
- **Bonvivants:** Dies sind modern eingestellte Junge. Sie sind hedonistisch, materialistisch und angeberisch. Ihr Leben ist sehr zweckorientiert, aber von Geldträumen durchsetzt, um in vollem Maße an der modernen Konsumgesellschaft der neuen Technologien teilnehmen zu können.
- **Go-Ahead Fellows:** Dies sind ehrgeizige tolerante Junge, die als verrückte Experimentatoren begierig auf Neuheiten sind und darauf bedacht, Erfolg zu haben und in vollem Ausmaß an der Gesellschaft von Morgen teilzuhaben.
- **Preservers:** Dies sind ältere Menschen, Traditionalisten, die zurückhaltend, enthaltsam und puritanisch sind. Sie sind Protektionisten, ohne in einen ausländerfeindlichen, antieuropäischen Extremismus zu verfallen. Sie sind darauf bedacht, die Welt auf den richtigen Weg der Moral zurückzuführen.
- **Guardians:** Dies sind Landbewohner ohne Hoffnung, in sich und auf die Menschen zurückgezogen, die ihnen ähnlich sind. Als Moralisten bleiben sie stets ihren Überzeugungen treu. Als Konformisten sind sie extrem ausländerfeindlich und verteidigen überkommene Werte.

- **Isolated**: Dabei handelt es sich um ältere, isolierte Menschen, die in Städten leben, puritanisch ausgerichtet und völlig passiv. Sie finden sich in der Gesellschaft nicht mehr zurecht und ziehen sich in ein Schneckenhaus unter Gleichgesinnten zurück.

Bei einer Bewertung sind die folgenden Pros und Cons zu beachten:

Pros:
- Es handelt sich um eine der wenigen europäischen Typologien. Dies ist für alle Anbieter relevant, die zumindest europaweit verkaufen. Zumal für diesen Wirtschaftsraum ein zunehmendes Zusammenwachsen behauptet wird.
- Durch die gleichartige Erhebung über 14 koordinierte Marktforschungs-Institute ist eine unmittelbare Vergleichbarkeit der Ergebnisse gegeben. Damit entfällt die problematische Umrechnung von äquivalenten Typen in verschiedenen Landesmärkten.
- In die Auswertung gehen Daten aus Haushaltspanels ein, also Ergebnisse konkreten Konsums und nicht nur angegebene Präferenzen oder Verhaltensabsichten.

Cons:
- Die These des Global Marketing/Advertising, die der Typologie zugrundeliegt, ist höchst umstritten. Es gibt vielmehr Anzeichen dafür, daß die Zielgruppen international immer eigenständiger werden, weil sie sich vor dem Hintergrund unterschiedlicher Länderkulturen fraktionieren.
- Wenn dem so ist, führt eine gesamteuropäische Typologie zu unklaren Mischtypen, die nur als statistische Fiktion vorliegen, so real aber nirgendwo anzutreffen sind.
- Die Schwierigkeiten der Untersuchungsanlage, die schon national erheblich sind, potentieren sich bei internationaler Anlage. So ist zu vermuten, daß die an sich strikten Interviewanweisungen länderspezifisch verschieden ausgelegt und angewendet worden sind, was die Vergleichbarkeit der so erhobenen Ergebnisse einschränkt (so basieren die Items auf einem französischen Ursprungsfragebogen, der dann adaptiert wurde).
- Die Erhebung ist nicht repräsentativ für Portugal, Griechenland, Spanien und die Türkei, da dort nur in Großstädten erhoben wurde. Aussage für diese Länder sind also nur stark eingeschränkt möglich.

2.6 RISC-Eurotrends-Typologie

RISC steht als Akronym für *Research Institute on Social Change*. Dieses Marktforschungs-Institut führt eine jährliche Studie in Westeuropa hinsichtlich 34 Eurotrends auf Basis von zwei Grundströmungen durch. Die eine Grundströmung wird als Gleichgewicht der Autonomie und Selbstentwicklung, Isolation und Widerstand gegen Wandel verstanden, die andere Grundströmung als Hedonismus, Verwurzelung und Werte. In bezug auf diese Untersuchungsanlage ergeben sich derzeit zehn Cluster wie folgt:
- **Merkmale Ausgeglichenheit und Autonomie**: Diese Zielgruppe hat starke Überzeugungen und ist neuen Ideen gegenüber aufgeschlossen. Sie sucht nach einem reicheren Innenleben und nach reicheren Inhalten im sozialen, intellektuellen und praktischen Lebensbereich. Sie verbindet Ethik mit Weitblick und will sinnvolle und zahlreiche Erfahrungen machen. Sie hat keine utopische, sondern eine pragmatische Einstellung.

Herausforderungen und Gefahren sind ihr bewußt. Sie glaubt an Wandel ohne staatliche Bevormundung (und mit neuen sozialen Regeln und Werten). Ihr Hauptcharakterzug ist Exploration.
- **Merkmale Ethik und Engagement**: Diese Zielgruppe ist beherrscht von dem Bedürfnis nach Selbsterfüllung. Sie wird motiviert durch soziale Anerkennung. Sie besitzt eine ausgeprägte Ethik und starke Zugehörigkeitsgefühle zu großen oder kleinen sozialen Gruppen. Sie verspürt das Bedürfnis nach festen Verankerungen, hat klare Vorstellungen von dem, was *richtig* ist oder *falsch*, was *gut* oder *schlecht*. Ihr Hauptcharakterzug ist Alturismus.
- **Merkmale Individualität und Hedonismus**: Diese Zielgruppe sieht Hedonismus als Mittel, die eigene vielschichtige Persönlichkeit mit all ihren Facetten zu entwickeln. Sie behauptet die persönliche Kreativität und Verwandlungsfähigkeit angesichts aller Modetorheiten und -trends. Sie sieht Intuition, Gefühle und Sensualität als Quellen vielfältigen Vergnügens. Sie verfügt über ein hohes oder mittleres Einkommen. Sie hat ein starkes Interesse an Kultur. Kernzielgruppe für exklusive Produkte und Marken, zweitjüngste Gruppe. Hauptcharakterzug: Sich verwöhnen.
- **Merkmale Ethik und Verwurzelung**: Diese Zielgruppe ist tief verwurzelt und geprägt von einem festen Glauben und Sittenkodex (Pflichtbewußtsein). Sie ist sozial engagiert und besitzt ein starkes Einfühlungsvermögen für Menschen und Gesellschaft. Sie lehnt Materialismus, Konsum und Hedonismus ab. Sie legt Wert auf ein gepflegtes Äußeres. Autorität und Ordnung sind Bedingung für eine harmonische Gesellschaft. Ihr Hauptcharakterzug ist Konservativität.
- **Merkmale Konvention und Zugänglichkeit**: Diese Zielgruppe ist mit einem Mangel an persönlichen Engagement in der Gesellschaft versehen. Sie zieht homogene Gruppen vor, basierend auf gemeinsamen Wurzeln. Sie sieht Konsum als wirtschaftliche Pflicht an. Sie ist wenig flexibel. Das Ertragen von Unsicherheit, Risikobereitschaft, Vergnügen, Gefühlen sind Merkmale, die nur schwach vertreten sind. Sie ist reif und wohlhabend. Ihr Hauptcharakterzug ist Mangel an Vitalität.
- **Merkmal Bürgerlichkeit**: Diese Zielgruppe beansprucht das Recht, das Leben zu genießen. Sie bevorzugt ein gut organisiertes, unverbindliches, gesellschaftliches Leben. Es besteht ein Bedarf, soziales Neuland zu erforschen. Sie hat keine stärker ausgeprägten Überzeugungen und keine besonders ausgeprägte Zielstrebigkeit. Sie sieht Konsum als Erfolgsbeweis. Sie ist jung, verfügt über eine mittlere Bildung und ein Einkommen über dem Durchschnitt. Ihr Hauptcharakterzug ist Materialismus.
- **Merkmale Impulsivität und Hedonismus**: Diese Zielgruppe zeigt eine harte Vitalität: Körper, Gefühle und Verstand sind nicht integriert. Sie hat Lust an Vergnügen und Gefühlen, gibt Impulsen nach. Sie ist anpassungsfähig. Risiko und Komplexität liegen in diesem Typus. Sie zeigt kein gesellschaftliches Engagement. Sie ist die jüngste Gruppe, Studenten oder Berufstätige über 25 mit höherem Einkommen. Ihr Hauptcharakterzug ist Narzißmus.
- **Merkmale Rigidität und Traditionalismus**: Diese Zielgruppe ist autoritär geprägt. Sie sieht sich als Teil einer traditionellen Kultur, fühlt aber kein Bedürfnis nach sozialer Anerkennung und Orientierung. Sie ist bei lokalen Fragen sozial aktiv. Sie ist älter, hat ein geringes Bildungsniveau und ein niedriges Einkommen. Hier Hauptcharakterzug ist Disziplin.

- **Merkmale Anomie und Entwurzelung**: Diese Zielgruppe hat keine festen, richtungsweisenden Werte. Sie läßt sich treiben in einer Gesellschaft, der sie sich nicht zugehörig fühlt. Sie hat einen Mangel an innerem Antrieb und ist empfänglich für Manipulationen. Sie bevorzugt ein kurzfristiges In den Tag hinein-Leben. Sie wird motiviert durch Konsumabhängigkeit und wirtschaftliche Sicherheit. Sie repräsentiert alle Altersgruppen, hat aber ein niedriges Bildungsniveau. Ihr Hauptcharakterzug ist Richtungslosigkeit.
- **Merkmale Isolation und Sicherheitsbedürfnis**: Diese Zielgruppe ist beherrscht vom Bedürfnis nach wirtschaftlicher Sicherheit. Sie hat ihre Wurzeln verloren. Das führt hier zu Ziellosigkeit. Sie sieht Nostalgie als Stärke. Sie trauert einer stabilen, zuverlässigen, geordneten und geregelten Welt nach. Sie respektiert soziale Ordnung und Hierarchie. Sie hat ein ausgeprägtes Statusdenken: Anerkennung der Würde und der äußeren Erscheinung. Sie gehört zu den Randfiguren des Konsumsystems. Sie gehört zur älteren Generation, hat ein niedriges Bildungsniveau und das niedrigste Einkommen. Ihr Hauptcharakterzug ist Entfremdung.

2.7 Kritische Bewertung der Typologien

Gegenüber Typologieansätzen, gleich welcher Art, ist kritisch vorzubringen, daß sie durch ihre Vergröberung der Aussage gegenläufig sind zur immer differenzierteren Struktur der Gesellschaft (Multi Options Society/Naisbitt). Es dürfte nicht nur nicht so sein, daß sich Personen immer weniger in Typologieraster bringen lassen, sondern, daß jeder gefundene Typ bei näherer Betrachtung wiederum in Untertypen zerfällt, deren Erkenntnisse aber im Wege der statistischen Reduktionsverfahren notwendigerweise verloren gehen.

So entsteht der Eindruck einer gewissen Holzschnittartigkeit der gefundenen Typen, ihre Beschreibung wirkt leicht konstruiert und seltsam schablonenhaft. Damit fangen sie die Realität doch wiederum nur begrenzt ein. Dies drückt sich auch in einer gewissen Beliebigkeit der Etikettierung von Typen aus. So bewirken bereits nur andere Algorithmen bei der Berechnung stark abweichende Ergebnisse.

Generell besteht bei anspruchsvollen Marktforschungsanalysen immer die Gefahr des leichtfertigen, nicht fachgerechten Umgangs mit ihnen. Nur, wer die theoretischen Hintergründe der Analyse kennt, kann sie hinlänglich beurteilen. Keinesfalls taugen sie als plakativ vorgehaltene Zielgruppenbeschreibung.

Ansonsten besteht auch die Wahrscheinlichkeit, daß der Erklärungsbeitrag von Typologien zur Erhellung der Struktur von Zielgruppen trotz allen betriebenen Aufwands nicht wesentlich höher ist als bei anderweitig sinnvoll gebildeten qualitativen Zielgruppenbeschreibungen anhand von Demographie, Soziologie und Psychologie.

Die Kaufverhaltensrelevanz von Typologien ist zurückhaltend zu beurteilen (wenn Konsum-Statements nicht ausdrücklich mit erhoben werden), da diese nur bei Annahme der E-V-Hypothese zu unterstellen ist, der Determinierung von Verhalten durch Einstellungen (AIO), was jedoch theoretisch, vor allem in bezug auf gering involvierende Produktgruppen, höchst strittig ist. Insofern haben Typologien nicht für alle Produktgruppen den gleichen Stellenwert.

Gleichfalls bleibt die Indikation für den Einsatz von Marketinginstrumenten, um den es ja eigentlich geht, zweifelhaft. Denn diese ist weiterhin dem Marketingentscheider anheim gestellt, ohne daß er aus der Typologie eine eindeutige Hilfestellung dafür zu erwarten hätte. Davon ist allenfalls der Mediaeinsatz ausgenommen (bei Single Source-Erhebungen).

Fraglich ist, wie die zahlreichen Fälle zu interpretieren sind, in denen Personen fallweise mehreren Typen zugehörig erklärt werden können. Dies ist etwa im weitverbreiteten hybriden Verhalten der Verbraucher gegeben. Solche Überlappungen werden durch statistische Trennverfahren bewußt dahingehend vermischt, daß ein Fall derjenigen Gruppe zugeordnet wird, mit deren definierten Merkmalen er am weitestgehenden übereinstimmt.

Wie bei jeder repräsentativ angelegten Marktforschungstudie dürfte auch hierbei die Problematik in der Felderhebung der Ursprungsdaten liegen. Ungenauigkeiten hier sind im späteren Analyseprozeß nicht wieder zu beheben. Gleiches gilt für die vielfältig einfließenden Werturteile der Marktforscher, die gerade bei qualitativen Analysen wohl unvermeidlich sind. Zumal man es hier mit fast ausschließlich qualitativen Angaben zu tun hat, deren Operationalisierung problematisch ist. Angesichts dieser Probleme stellt sich schließlich auch die Frage nach der Wirtschaftlichkeit der Typologieforschung. Die Methodik verlangt nach einem sehr aufwendigen Forschungsdesign (für die Lifestyle-Typologie von *M. C. & Leo Burnett* etwa jenseits der 1 Mio. DM-Grenze), das zudem in kurzen Zeitabständen wiederholt werden muß, um aktuell zu bleiben. Da stellt sich die Frage, ob mit gleichem Mitteleinsatz nicht auch anderweitig relevante Ergebnisse hervorgebracht werden können.

Insofern sind Typologien alles andere als ein Patentrezept. Aber als ein solches wollen sie auch gar nicht verstanden werden. Sie sind vielmehr ein praktisches Hilfsmittel der Komplexitätsreduktion um den Preis des Detailverlusts. Als solches können sie, neben anderen, eine Säule des Briefings für die Bestimmung von Zielpersonengruppe und Positionierung (also Angebotsanspruch und Anspruchsbegründung) sein. Oder eine Säule der Kreativ-Plattform für die Kampagnenformatierung (also Nutzenversprechen, Nutzenbeweis und kreative Umsetzung) sowie Mediaplanung (also Intermediavergleich und Intramediavergleich).

Daneben gibt es noch den AA-Ansatz (Activities, Attitudes) von *Banning* und den AIOV-Ansatz (Activities, Interests, Opinions, Values) von *Mitchell*, weiterentwickelt von der *Stanford University* und *Young & Rubicam* zum Values and Lifestyles-Konzept (deduktiv).

Lifestyle-Typologie (Quelle: M. C. & Leo Burnett)
- **Erika – Die aufgeschlossene Häusliche (10% der Befragten):**

Erika blickt auf ein pflichterfülltes Leben als traditionelle Hausfrau und Mutter zurück. Sie legt Wert auf ein gepflegtes, bürgerliches Heim und hält mit Umsicht ihre Familie zusammen. Ihre Haltung ist bestimmt von konservativen Werten wie Gehorsam, Fleiß, Sparsamkeit. Sie möchte nicht aus dem Rahmen fallen, aber ist doch offen für neue Erfahrungen und aktuelle Themen der Zeit. Der Altersschwerpunkt liegt bei über 40 Jahren, 70% sind verheiratet und leben meist in 1–2 Personen-Haushalten. Erika hat Hauptschulabschluß und ist überwiegend nicht mehr berufstätig. Ihr persönliches Netto-Einkommen liegt unter 2500 DM. Sie hält an traditionellen Werten wie Zuverlässigkeit, Ordnung, Fleiß, Harmonie fest und findet Ruhe in materieller Sicherheit. Sie bevorzugt eine konventionelle Lebensstrategie und will nicht aus dem Rahmen fallen. Erika ist offen für neue Erfahrungen und Entfaltungsmöglichkeiten und hat Freude an der Natur. Sie ist durch eine traditionelle Rollenverteilung geprägt, bei der Probleme in der Familie zu bleiben haben. Sie verbindet ihre kindorientierte Einstellung mit energischem Erziehungsstil. In der Freizeit bevorzugt sie Erholung und Abwechslung mit gewissem Komfort und Genuß. Sie sucht Gesellschaft und hat den Wunsch nach Liebe und Geborgenheit. Erika geht häuslichen Aktivitäten nach wie Gartenarbeit oder Beschäftigung mit Haustieren. Sie macht gern Ausflüge und wandert viel. Verbreitet sind aber auch Engagement im sozialen Bereich sowie intensiver Medienkonsum (Illustrierte, Zeitschriften, Radio, Zeitungen). Sie hat besondere Freude an leicht verdaulicher Musik. Ihre Interessen drehen sich um die klassischen Frauenthemen wie Gesundheit, Körperpflege, Mode, Kochen, Pflanzen, Tiere, außerdem Ratgeber-Themen wie Wohnen, Einrichten, Natur- und Umweltschutz. Zur Unterhaltung dienen ihr Rätsel oder Horoskop. Erika bevorzugt einen rustikalen Wohnstil. Sie hält an traditionellen Kleiderordnungen fest und will keine falsche Einschätzung aufgrund ihrer Kleidung riskieren. Vorherrschend sind daher Modekonformismus und Mainstream-Orientierung mit korrekt-femininem Kleidungsstil, konventionell und gediegen. Auch im Konsumbereich dominiert die Sicherheitsorientierung durch die Wahl guter Produktqualität. Manchmal gönnt sie sich etwas Schönes. In dieser Gruppe ist eine überdurchschnittliche Fernsehnutzung und eine hohe Radionutzung gegeben, außerdem wirkt ausgiebige Mund-zu-Mund-Propaganda.

- **Erwin – Der Bodenständige (13%):**

Erwin hat in Jahrzehnten harter Berufsarbeit als Facharbeiter, Meister oder Landwirt für sich und die Seinen einen bescheidenen Wohlstand aufgebaut. Er ist der Ernährer und damit das Oberhaupt seiner Familie. Für sich selbst ist er eher anspruchslos, steht mit beiden Beinen mitten im Leben und hat über alles seine unverrückbare Meinung. Der Altersschwerpunkt liegt bei über 40 Jahren, 87% der Erwins sind verheiratet und leben meist in 2–3-Personen-Haushalten. Sie haben Volks- und Hauptschulabschluß mit abgeschlossener Berufsausbildung. Nur noch etwas mehr als ein Drittel aller Erwins ist berufstätig, wenn, dann meist als Arbeiter, Landwirte und Meister. Ihr persönliches Netto-Einkommen beträgt meist über 2000 DM, auch deutlich darüber. Erwin hält an geregelten Verhältnissen im Beruf und im Haus fest. Er hat einen auskömmlichen Lebensstandard mit sozialer und materieller Absicherung erreicht. Sein Wertesystem ist geprägt durch Werte wie Sauberkeit, Ordnung, Disziplin und Gehorsam. Erwin hat keine nennenswerten individualistischen Ansprüche, sondern strebt soziale Anpassung und Integration an. Er umgibt sich gern mit Freunden und Bekannten und hat unbeirrbare Moralvorstellungen. Sein biederer Lebensstil läßt keine Störung der bürgerlichen Ruhe zu. Daraus folgt zudem ein gesundes Maß an Skepsis gegenüber allem Neuen. Erwin hält auch an den traditionellen Geschlechterrollen fest. Er hat eine konservative Sexualmoral und lehnt das weibliche Emanzipationsstreben ab. Sein Vorbild ist vielmehr ein autoritäres Familienmodell. Erwin nimmt rege am sozialen Leben teil, ist für Gesellschaft zu haben, aber auch für den Rückzug ins eigene Heim. Er sucht in der Freizeit einen körperlichen Ausgleich zu seinem meist physisch anspruchsvollen Beruf. Dies führt zu seinem ausgeprägten Wunsch, sich verwöhnen zu lassen. Erwin schaut gern fern, mit Vorliebe für Sport- und Politiksendungen, liest aber auch Illustrierte, Zeitungen und Zeitschriften. Er betreibt in seiner Freizeit Heimwerken, Autobasteln oder Gartenarbeit. Er beteiligt sich stark am Vereinsleben und übt eher geruhsame Sportarten wie Wandern, Angeln, Kegeln aus. Erwin interessiert sich für klassische Männerthemen wie Sport, Politik, Auto, Motor, Technik, Heimwerken. Er hat weiterhin Interesse an der Natur, Tips für den Alltag sowie an älterer und neuerer Unterhaltungsmusik. Jedoch sind eine geringe Radio-Affinität und eine leicht unterdurchschnittliche Fernsehnutzung gegeben. Erwin liebt einen rustikalen, konventionelle Gemütlichkeit ausstrahlenden Wohnstil. Seine Kleidung ist auf das Funktionale reduziert, er lehnt deren Darstellungsfunktion ab und hat Angst vor unpassender Auffälligkeit. Er bringt also keinerlei modische Ambitionen mit, sondern wählt einen praktischen, zweckmäßigen, gepflegten und ordentlichen Kleidungsstil. Der Konsumstil von Erwin ist durch Sparsamkeit geprägt, man gibt nicht mehr aus, als man sich leisten kann. Dies folgt im übrigen auch seiner Sicherheitsorientierung, denn er fühlt sich erst wohl, wenn alles abgesichert ist. Folglich will er bleibende Werte kaufen und verhält sich stark habituell. Er nutzt weniger Radio und Fernsehen, sondern eher Illustrierte und informelle Kommunikation zur Information und Meinungsbildung.

- **Wilhelmine – Die bescheidene Pflichterfüllte (14%):**

Wilhelmines Grundeinstellungen sind von den tugendhaften Werten der guten alten Zeit und den Verzichtserfahrungen der Kriegs- und Nachkriegszeit geprägt. Sie hat sich immer gottergeben in ihr Schicksal gefügt und ist mit dem, was sie hat, zufrieden. Der Altersschwerpunkt liegt bei über 60 Jahren, fast die Hälfte ist verwitwet und lebt in 1–2-Personenhaushalten. Sie hat eine einfache Ausbildung (Volksschulabschluß) und ist überwiegend nicht mehr berufstätig. Früher war Wilhelmine meist als Verkäuferin, Arbeiterin oder Bäuerin tätig, ihr persönliches Netto-Einkommen liegt regelmäßig unter 3000 DM, mit Schwerpunkt sogar unter 1500 DM. Sie hält an traditionellen Werten wie Moral, Pflichterfüllung, Zuverlässigkeit und Höflichkeit fest und hat eine religiös geprägte Grundeinstellung. Wilhelmine ist durch Bescheidenheit und Sparsamkeit geprägt. Sie hat den Wunsch nach Ruhe und Rückzug in die eigenen vier Wände. Damit einher geht der Wunsch nach enger Bindung an den Partner mit einer Aufgabenverteilung nach traditionellem Muster. Sie hat ein starkes Bedürfnis nach emotionaler Sicherheit und betreibt kaum Freizeitbeschäftigungen. Ihre Freizeit ist vielmehr durch den Wunsch nach Ruhe und Erholung sowie gleichzeitig auch Komfort und Genuß gekennzeichnet. Wilhelmine bevorzugt traditionelle häusliche Aktivitäten, wie Beschäftigung mit Haustieren, Pflanzenpflege, hinzu kommen Spazierengehen und ein intensiver Medienkonsum, Fernsehen, Illustrierte, Zeitschriften, Radio, Zeitungen. Sie hat Freude an leicht verdaulicher Musik (Volksmusik). Wilhelmine interessiert sich für die klassischen Frauenthemen wie Medizin, Gesundheit, Kochen, Pflanzen, Tiere, weiterhin Regenbogen-Themen wie Menschen und Schicksale. Bei Unterhaltung präferiert sie Rätsel, Roman oder Serien. Wilhelmines Wohnstil ist die konventionelle Gemütlichkeit. Dem entspricht auch das Festhalten an tradierten Kleiderordnungen, das keine ausgeprägten Mode-, Qualitäts- und Stilansprüche zuläßt. Folglich ist die beste Kleidung die zeitlose, unauffällige, zurückhaltende, aber gepflegte Kleidung. Im Konsum ist Wilhelmine durch Einfachheit und Anspruchslosigkeit geprägt. Sie ist unsicher in Geldfragen und will jedes Risiko vermeiden, am besten, indem sie an Altbewährtem festhalten. Sie hat eine überdurchschnittliche Fernsehnutzung und eine intensive Radio-Nutzung, darüber hinaus liest sie vorwiegend Yellow Press-Titel.

- **Frank und Franziska – Die Arrivierten (7%):**

Frank und Franziska repräsentieren die erfolgreichen, angesehenen und von sich selbst überzeugten Bildungsbürger. Vor dem Hintergrund ausgeprägter Leistungsbereitschaft sind sie mit ihrem hohen Kenntnis- und Erfahrungsstand die Stützen von Wirtschaft, Politik, Technik und Forschung. Ihre konservativ-vernunftsbezogene Weltsicht hat sich durch neue An- und Einsichten erweitert. Umwelt- und gesundheitsbewußtes Verhalten sowie ein dezent-modisches Auftreten sind ebenso wichtig wie Toleranz in der Partnerschaft, geistige Beweglichkeit und materieller Erfolg. Die Altersspanne liegt zwischen 30–60 Jahren, mehr als drei Viertel sind verheiratet, fast die Hälfte hat Kinder und lebt meist in 2–4 Personenhaushalten. Häufig sind Doppelverdiener vertreten. Frank und Franziska haben mittlere Reife, Abitur oder Hochschulabschluß und arbeiten als leitende Beamte und Angestellte sowie Unternehmer. Sie verfügen über gehobene und höchste Netto-Einkommen ab 4000 DM, mit Schwerpunkt sogar bei 7000 DM und mehr. Frank und Franziska haben ein erfülltes, aktives Berufs- und Privatleben und eine anerkannte Stellung in der Gesellschaft erreicht. Sie nehmen aktiv am gesellschaftlichem Leben teil und sind durch ihr Leistungs- und Pflicht-Ethos geprägt. Sie verfügen über ein hochentwickeltes Umwelt- und Gesundheitsbewußtsein. Ihrer Grundorientierung entsprechen materieller Erfolg und Sicherheit. Sie genießen trotz ihres hohen Lebensstandards nur in Maßen. Weiterhin haben sie vielseitige kulturelle und soziale Interessen, pflegen ihren Freundeskreis und nehmen Anteil am kulturellen Leben. Bei Frank und Franziska hat die Familie/Partnerschaft eine zentrale Bedeutung im Lebensentwurf. Für sie ist Gleichberechtigung und Abkehr von traditionellen Rollenklischees eine Selbstverständlichkeit. Das drückt sich auch in einem partnerschaftlichen Erziehungsstil aus. Die Freizeit wird für Fitness und Gesundheit zum Ausgleich von Körper und Geist genutzt. Hinzu kommen familiäre Aktivitäten. Frank und Franziska betreiben kreative Beschäftigungen wie Malen, Töpfern, Schreiben, Heimwerken. Ihre familienbezogene Freizeit nutzen sie, um Ausflüge zu machen, etwas Besonderes zu unternehmen oder einfach nur anregende Gespräche zu führen. Sie sind auch im sozialen Bereich engagiert. Sie lesen intensiv Bücher und Zeitschriften, nutzen Fernsehen und Radio. Zu ihren sportlichen Aktivitäten gehören etwa Wandern, Radfahren, Joggen. Weiterhin sind sie an anspruchsvoller neuerer und älterer Musik (Jazz, Folk) interessiert. Frank und Franziska setzen sich auch mit intellektuellen Themen wie Politik, Naturwissenschaft, Kunst, Kultur, Theater, fremden Ländern, Medizin, Gesundheit, Kochen auseinander. Weiterhin Ratgeberthemen wie Aus- und Weiterbildung, Wohnen, Natur, Umweltschutz. Ihr bevorzugter Wohnstil ist die klassische Modernität. Die Kleidung wird als Mittel der sozialen Profilierung angesehen. Folglich sind gehobene Ansprüche an Wert und Erlebnis gegeben, man schätzt das Exklusive und Erlesene, die klassisch-elegante Kleidung, korrekt und traditionsbewußt. Frank und Franziska haben ausgeprägte Qualitäts- und Stilansprüche und legen auf Differenzierung durch Konsum mit den feinen Unterschieden Wert. Sie pflegen einen sorgfältigen Umgang mit Geld. Ihre Nutzung von Fernsehen und Radio ist unterdurchschnittlich, dafür werden gehobene Printtitel genutzt. Es ist ein hoher Anteil von Meinungsführern gegeben.

- **Claus und Claudia – Die neue Familie (7%):**
Für Claus und Claudia ist ein partnerschaftliches und lebendiges Familienleben der sinnstiftende Lebensinhalt. Das gesellschaftspolitische Engagement ihrer alternativen Vergangenheit bestimmt ihre Ideale von einer neuen Qualität des Privatlebens, die sie selbstbewußt und unverkrampft zu verwirklichen suchen. Dies betrifft die eigene Selbstentfaltung ebenso wie die Beziehung zum Lebensgefährten, zu den Kindern und zu Freunden oder die gelebte Rücksichtnahme auf Natur und Umwelt. Die Altersspanne liegt zwischen 30–50 Jahren, fast 90% sind verheiratet und leben meist in 3–5-Personenhaushalten. Zwei Drittel der Claus' und Claudias haben Kinder, viele sind Doppelverdiener. Ihre Ausbildung endete mit mittlerer Reife, Abitur oder Hochschulabschluß. Sie arbeiten als Beamte und mittlere Angestellte. Ihr Netto-Einkommen liegt zwischen 3000–6000 DM, mit einem Schwerpunkt bei 3000–4000 DM. Claus und Claudia suchen ein harmonisches Familienleben mit Gleichberechtigung der Partner und hoher Flexibilität. Für sie sind kommunikative Werte und soziale Integration sowie die Teilnahme am gesellschaftlichen und kulturellen Leben wichtig. Sie haben eine positive Lebenseinstellung mit vielseitigen Interessen und Aktivitäten. Dazu gehören Umweltbewußtsein, neue Natürlichkeit sowie der Wunsch nach sozialer Gerechtigkeit. Wichtig ist aber auch der Rückzug in die Privatheit mit vielen Hobbies. Claus und Claudia stellen damit das Leitbild der emanzipierten Familie dar und integrieren das Leitbild einer neuen Männer-Rolle. Sie suchen das große Glück im Kleinen mit ihrem Wunsch nach Zusammensein mit der Familie und hohem Körperbewußtsein. Dem entspricht auch ihr Wunsch nach Fitness, Gesundheit und Harmonie. Die Freizeit von Claus und Claudia ist durch Familienorientierung und körperliche Betätigungen, z. B. Radfahren, Kraft- und Ausdauertraining, Schwimmen, gekennzeichnet. Hinzu kommen vielseitige Lese- und Musikinteressen sowie kreative Beschäftigungen, z. B. Handarbeit und Filmen. Sie haben Spaß an moderner Unterhaltungsmusik. Ihr Interesse gilt intellektuellen Themen wie Natur, Umweltschutz, Wissenschaft und Technik, fremden Ländern und Reisen. Aber auch Ratgeber-Themen wie Wohnen, Einrichten, Computer, Erziehung. Legere Gemütlichkeit und repräsentative Individualität charakterisieren den Wohnstil von Claus und Claudia. Bei ihrem Outfit legen sie Wert auf die Individualisierung und Unabhängigkeit von kurzlebigen Modetrends. Ihr Outfit ist Ausdruck ihrer Persönlichkeit. Man bevorzugt bequeme, lockere Kleidung, sportlich-leger, unprätentiös und ungezwungen. Postmaterialismus prägt den Konsumstil von Claus und Claudia. Durch den gesicherten Lebensstandard steht Besitz und Materielles nicht mehr im Vordergrund, vielmehr übt man Verzicht auf Überflüssiges und mißtraut der Konsumwerbung. Vor allem lehnt man die alte Yuppie-Mentalität ab. Es sind eine unterdurchschnittliche Fernseh-Nutzung, aber eine überdurchschnittliche Radio-Nutzung sowie informelle Kommunikation zur Informationsgewinnung gegeben.

Lifestyle-Typologien

- **Stefan und Stefanie – Die jungen Individualisten (6%):**

Stefan und Stefanie sind Intellektuelle eines neuen Typs. Ökologiebewußtsein und kritische Beobachtung des gesellschaftlichen Geschehens auf der einen sowie ein extravertierter Lebensstil, lustvolle Freizeit und frech-extravagantes Outfit auf der anderen Seite erleben sie nicht als Widerspruch. Haben, Sein und Genießen ist ihr selbstverständlicher Anspruch, trotz ihres zum Teil noch niedrigen Studenteneinkommens. Im Vordergrund steht die intensive Beschäftigung mit sich selbst, die Ich-Suche, die originelle Selbstdarstellung und die zielstrebige Verfolgung ihrer Lebenspläne. Der Altersschwerpunkt liegt unter 30 Jahre, 80% sind unverheiratet und leben in Single-Haushalten oder Wohngemeinschaften. Bei Lebensabschnittsgefährten sind meist beide Partner berufstätig. Stefan und Stefanie haben Abitur oder Hochschulabschluß. Es herrscht ein hoher Studentenanteil vor. Bei Berufstätigkeit arbeiten sie als leitende Angestellte, Beamte oder Selbständige. Vorwiegend sind geringe (unter 1500 DM) und gehobene Einkommen (über 5000 DM) gegeben. Stefan und Stefanie streben nach Entfaltung der Persönlichkeit, Selbstverwirklichung und suchen nach neuen Sinnstrukturen und eigener Identität. Ihr Interesse gilt zivilisationskritischen Themen und Philosophien, ihnen ist ein positives Menschenbild zueigen. Sie lehnen traditionelle Moralvorstellungen ab, üben heftige Kritik an der Wachstumsgesellschaft, an überzogenem Konsum und an fortschreitender Umweltzerstörung. Sie streben eine narzißtische Selbststilisierung durch ausgeprägtes Konsumverhalten und postmoderne Lebensphilosophie an. Die Emanzipationsorientierung ist Stefan und Stefanie selbstverständlich, sie üben aber auch Kritik an den neuen Emanzipationsklischees. Sie sind vom Glauben an die individuelle Selbstverwirklichung in der Partnerschaft geprägt und verwirklichen eine hedonistische, ich-bezogene Lebensstrategie. Stefan und Stefanie haben vielseitige soziale und kulturelle Interessen und den Wunsch nach intensivem Leben. Die Freizeit gilt daher als Gegenpol zum reglementierten Alltag. Sie lieben in ihrer Freizeit Kreativität, ausgeprägtes soziales Leben, Medienkonsum und Sport, interessieren sich für Themen wie Kultur und Kunst, Politik, Natur, Technik, Umweltschutz, Reisen, Bildung, Computertechnologie. Der Wohnstil von Stefan und Stefanie kann durch Antikonventionalismus und repräsentative Individualität beschrieben werden. Sie streben Individualisierung und Abgrenzung auch durch die Kleidung an. Dem entspricht Experimentierfreude und Selbstinszenierung im Outfit. Sie schlüpfen gern in verschiedene Rollen, geben sich individuell, frech, pfiffig, originell und jugendlich. Stefan und Stefanie konsumieren eifrig, relativieren aber zugleich die Bedeutung materieller Güter. Ihr Konsum ist individualisiert und verneint gesellschaftliche Konsumnormen. Als Medien zur Information dienen ihnen vor allem Szene-Magazine, Trendkommunikation und Kino.

- **Michael und Michaela – Die Aufstiegsorientierten (8%):**

Michael und Michaela sind die selbstbewußten Vertreter der modernen Konsum- und Leistungsgesellschaft. Sie eröffnet ihnen die Chance, sich aus ihren ursprünglichen, kleinen Verhältnissen emporzuarbeiten und damit materielle Unabhängigkeit und sozialen Status zu erreichen. Deshalb sind Erfolg und Selbstverwirklichung im Beruf wichtiger als Familie und Freizeit, die vorwiegend der Erholung dient. Doch ihr Ehrgeiz ist keineswegs verbissen, sie möchten ihr Leben auch genießen. Ihre Altersspanne liegt zwischen 30–50 Jahren, zwei Drittel sind verheiratet und leben meist in 3–4-Personenhaushalten. Über die Hälfte der Haushalte hat Kinder, zudem sind viele Doppelverdiener-Haushalte darunter. Daraus resultiert eine eher überdurchschnittliche soziale Lage. Michael und Michaela streben nach Status, den ihnen ihr hohes Einkommen gewährt, und Anerkennung durch Abgrenzung vom Durchschnitt. Sie suchen Erfüllung in Konformität mit ihren Rollenerwartungen und im sozialen Leben. Ihr Ziel ist ein hoher Lebensstandard und ein anspruchsvoller Lebensstil. Dafür treiben sie eine sorgfältige Berufs- und Lebensplanung, wozu auch ausgeprägtes Körperbewußtsein und moderne, gesunde Ernährung gehören. Michael und Michaela sehen die Familie als ruhenden Pol an und wollen die modernen Normen der Gleichberechtigung erfüllen. Für die Frau resultiert daraus wegen ihrer Doppelbelastung allerdings durchaus Emanzipationsstreß. Sie streben nach Freiheit, Selbstbestimmung und Erfolg. Michael und Michaela betreiben Outdoor-Aktivitäten und nutzen die modernen Freizeitangebote, sie treiben gelegentlich Sport, insbesondere in geselligen Formen und sehen fern. Ihr Interesse gilt Ratgeberthemen, klassischen Frauen- und Männerthemen, Spannung, Unterhaltung und Reisen. Sie präferieren einen rustikalen, nostalgischen Wohnstil. Ihre Kleidung drückt den hohen Stellenwert ihres Äußeren aus, ist auf soziale Anpassung (Modekonformismus) und Erfolgsorientierung gerichtet. Michael und Michaela halten modische Kleidung für den Schlüssel zum persönlichen Erfolg, ihr Outfit soll immer modisch, trendbewußt, zeitgemäß-gepflegt und individuell sein. Für einen hohen Lebensstandard als Lebensziel sind sie bereit, hart zu arbeiten. Im Konsum befriedigen sie Exklusivitäts- und Prestigebedürfnisse, akzeptieren daher auch intensive Werbung und haben eine geringe Konsumdistanz. Als Medien nutzen sie Illustrierte und Magazine sowie informelle Kommunikation.

- **Tim und Tina – Die fun-orientierten Jugendlichen (7%):**

Tim und Tina sind als Nach-68er-Generation in gesichertem Wohlstand und einem liberalen Klima aufgewachsen, sehen sich aber auch mit Endzeitvisionen konfrontiert. Nachdenklichkeit ist dennoch nicht ihre Sache, sie leben ganz im Hier und Jetzt. Das Leben, inklusive Job, soll Spaß machen. Verstaubte Moralvorstellungen lehnen sie ab. Selbstbewußtsein sowie eine eigene Meinung oder Lebensperspektive sind noch wenig ausgeprägt. Arbeit und Ausbildung sind weniger wichtig als erlebnisintensive Freizeit und Unterhaltung. Ihr Alter liegt unter 20 Jahren, sie sind überwiegend ledig, leben oft in 3–5-Personenhaushalten (bei den Eltern). Sie haben mittlere Reife oder Abitur, aber viele sind noch in der Ausbildung. Bei Berufstätigkeit sind Facharbeiter und mittlere Angestellte überrepräsentiert. Das Nettoeinkommen liegen meist unter 2000 DM. Tim und Tina suchen nach intensivem Leben, Abwechslung und Unterhaltung. Sie pflegen Kommunikation und wollen ein angenehmes Leben haben. Darunter verstehen sie vor allem mit Genuß erfüllte Freizeit, Freude an Luxus und Komfort. Tim und Tina haben den Wunsch nach sozialer Anerkennung und Zugehörigkeit. Sie wollen bessere Verdienstmöglichkeiten erreichen. Dabei herrscht jedoch nicht rigides Karrierestreben vor, sondern der Wunsch nach einer interessanten und abwechslungsreichen Tätigkeit. Die Gleichaltrigen bestimmen dabei die Verhaltensmuster und Geschmacksvorstellungen (Konformismus). Tim und Tina leben meist noch bei den Eltern und verspüren wenig Bereitschaft, eine feste

Bindung einzugehen. Sie mögen sich nicht festlegen und Verantwortung tragen. Sie wollen (noch) keine Kinder, weil diese ihrem Streben nach Unabhängigkeit und Selbstfindung im Weg wären. Es sind wenig profilierte Rollenbilder gegeben. Die Freizeit ist durch den Wunsch nach Spaß, Unterhaltung und Abwechslung gekennzeichnet. Sie gilt dem Ausbruch aus dem langweiligen Alltag gemeinsam mit einem starken Bedürfnis nach Zusammensein mit Gleichgesinnten. Folglich wird die Freizeit gruppenorientiert verbracht, mit Freunden Musik hören, Beschäftigung mit Auto oder Motorrad sowie starkes sportliches Engagement. Die Interessen von Tim und Tina gelten überwiegend Jugendthemen und klassischen Frauen- und Männerthemen, außerdem Spannung und Unterhaltung. Ihr Wohnstil ist als avantgardistisch zu bezeichnen. Trendorientierte Kleidung und Mode hat bei ihnen einen hohen Stellenwert. Sie dient der Selbstdarstellung, was ihrem starken Geltungsbedürfnis entspricht. Dennoch ist bei Tim und Tina verbreitete Stilunsicherheit angesagt, man sucht nach der eigenen Identität, nach dem eigenen Genre. Bevorzugt wird bei Kleidung alles, was supermodern, frech und pfiffig ist. Im Konsum gibt es keine Sicherheitsängste, vielmehr wird spontan gekauft. Eigene Daseinsvorsorge ist noch nicht notwendig und erlaubt einen unbeschwerten Umgang mit dem Geld. Der Konsum dient auch der Abgrenzung von der Erwachsenenwelt. Es werden vor allem die Jugendmedien (*Viva*, *MTV*, *Bravo*, Kino) zur Information genutzt.

- **Martin und Martina – Die trendbewußten Mitmacher (5%):**

Für diesen Typ ist die Freizeitgestaltung der wesentliche Faktor zur Sinnerfüllung des Lebens. Außerhalb beruflicher Zwänge sucht er Lustgewinn und Selbstbestätigung in mannigfaltigen Aktivitäten. Die Auswahl seiner Hobbies ist eindeutig bestimmt durch ihre Aktualität und Prestigeträchtigkeit. Modische bis extravagante Kleidung komplettiert die vorrangigen Interessen dieses konsumfreudigen Trend-Followers. Die Altersspanne reicht von 20–60 Jahren, allerdings mit Schwerpunkt um die 40 Jahre. Zwei Drittel sind verheiratet und leben mehrheitlich in 3- und Mehr-Personenhaushalten mit Kindern. Sie haben mittlere Reife oder Abitur. Ihr Haushaltsnettoeinkommen beträgt 3500–6000 DM, jedoch ohne deutlichen Schwerpunkt. Martin und Martina exerzieren ungenierten Konsummaterialismus, Karriere, Konsum und Status sind für sie wichtig. Bei ihnen steht die Karriereplanung über der Lebensplanung. Sie streben nach vorzeigbaren Erfolgen und wollen sich etwas leisten können. Es besteht jedoch Unsicherheit in ihren Rollenansprüchen und Verhaltensnormen. Die Ästhetik der starken Reize dominiert. Ihre Erfolgsgläubigkeit führt zu übertriebenem Selbstvertrauen in die eigene Leistungsfähigkeit und Kreativität. Daraus wiederum resultieren Versagensängste, den erreichten Status nicht halten zu können. Deshalb versuchen sie, jeden Trend mitzumachen, suchen ständig nach Profil und Individualität. Die neuen Rollennormen überfordern sie, sie sind bindungsschwach und neigen dem Ideal der emanzipierten Beziehung zu. Martin und Martina haben eine starke Freizeitorientierung mit Wunsch nach intensivem Leben, Selbstbestätigung und Erfolg. Sie flüchten damit vor dem Alltag oder ziehen sich zu sich selbst zurück. Sie nutzen moderne Freizeitangebote, vor allem Outdoor- und ein breites Spektrum von Sportaktivitäten. Dem steht die Absicht nach Rückzug und Ruhe gegenüber. Ihr Interesse gilt Society- und Kulturthemen sowie den klassischen Frauen- und Männerthemen. Ihr Wohnstil ist der der klassischen Modernität. Ihr Outfit dient Martin und Martina zur Selbstdarstellung, zum Ausleben von Narzißmus und zur Demonstration ihrer Erfolgs- und Prestigeorientierung. Folglich suchen sie perfekte Kleidung, elegant, exklusiv und sportlich. Sie haben einen hedonistischen Konsumstil, konsumieren gern, viel und spontan. Dies entspricht im übrigen ihrem Wunsch nach Profilierung und Abgrenzung. Hinzu kommt eine starke Trendorientierung. Sie sind durch überdurchschnittliche Fernsehnutzung und unterdurchschnittliche Radio-Nutzung gekennzeichnet, bevorzugen Printmedien und orientieren sich zur Information an Peer Groups.

- **Monika – Die Angepaßte (8%):**

Monika begeistert sich für alles, was mit Mode und Kosmetik zu tun hat. Auch für Lovestories, den neuesten Hit oder Rat in Ehe- und Erziehungsfragen zeigt sie großes Interesse. Sie möchte gerne dazugehören, die neuesten Trends kennen, viele Dinge besitzen und stets jugendlich kokett gekleidet sein. Dabei achtet sie mehr auf Aktualität und Preis als auf Qualität. Ein Einkaufsbummel, Träume von der Luxusjacht, der Prachtvilla oder dem Märchenprinzen und andere kleine Fluchten aus dem Alltag sind die willkommene Abwechslung in ihrem oft unscheinbaren Leben, das sich meist um die klassischen weiblichen Aufgaben wie Hausfrauen- und Mutterpflichten dreht. Ihr Alter liegt unter 40 Jahren, mit Schwerpunkt bei 20–30 Jahren, drei Viertel der Monikas sind verheiratet. Sie lebt in 3–6-Personenhaushalten, häufig mit Kindern, und meist nur mit einem Hauptverdiener. Sie hat überwiegend Hauptschulabschluß mit Lehre. Es ist ein hoher Anteil Teilzeitbeschäftigter und Hausfrauen, Arbeiterinnen und einfacher Angestellter erkennbar. Das Haushaltsnettoeinkommen liegt zwischen 2000–4000 DM, das persönliche Nettoeinkommen jedoch eher unter 1000 DM. Monika hat eine materialistische Grundeinstellung, sie strebt nach Besitz und materieller Sicherheit. Dementsprechend haben Konsumwerte eine große Bedeutung, sie liebt exklusive Freizeitaktivitäten. Monika ist bestrebt, Normen und Konventionen einzuhalten und Anschluß an die Standards gehobener Schichten zu halten. Sie hat klischeehafte Bilder von Reichtum im Kopf. Sie ist einerseits am klassischen Familien-Ideal orientiert, andererseits sind jedoch Fluchttendenzen als Ausbruch aus der Enge der häuslichen Verhältnisse zu beobachten. Ihr Leitbild ist das der Rollenflexibilität und Partnerschaftlichkeit. In ihrer Freizeit sucht sie einen Ausgleich zum unidyllischen Alltag, hat familiäre Ansprüche und ein hohes Bedürfnis nach Liebe und Geborgenheit. Folglich ist ihre Freizeit familienorientiert und ihr Medienkonsum intensiv, sportliche Aktivitäten dagegen sind eher selten. Monika präferiert klassische Frauen- und Ratgeberthemen, darüber hinaus Spannung und Unterhaltung. Ihr Wohnstil ist die legere Gemütlichkeit. In der Mode ist sie konformistisch und hat wenig Individualisierungs- und Abgrenzungsbedürfnisse. Es herrscht eine unkritische Trendorientierung vor, die sicherstellt, daß sie, unabhängig vom persönlichen Geschmack, auf jeden Fall dazugehört. Monikas Kleidung ist zeitgemäß-jugendlich, sportlich, modisch und trendbewußt. Sie sieht Geld als notwendige Voraussetzung für Lebensqualität an, verfügt aber selbst nur über beschränkte finanzielle Verhältnisse. Daher fehlt ihr die Souveränität. Ihr Medienkonsum ist unterdurchschnittlich, eher erfolgt Information durch Schaufensterbummel oder Auslagen.

- **Eddi – Der Coole (7%):**

Eddi möchte sich von niemandem etwas sagen lassen, so wie es sich für einen richtigen Mann gehört. Er liebt Action und Abenteuer, sei es nun im Kino oder vor dem Fernseher. In seiner Freizeit lebt er auch gern in den Tag hinein und tut einfach gar nichts. Seine Interessen gelten Auto und Motorrad, Computer und anderen technischen Spielereien sowie Bodybuilding und Sportveranstaltungen. Er hat zwar nicht sehr viel Geld, aber was er hat, gibt er locker aus. Sein Alter liegt unter 40 Jahre mit Schwerpunkt unter 30 Jahre. 50% sind ledig und leben in 1-Personen- (allein) und 3–4-Personenhaushalten (auch bei Eltern). Knapp die Hälfte hat Kinder, überwiegend ist nur ein Hauptverdiener gegeben. Eddi hat Hauptschulabschluß mit Lehre, oft ist er aber auch noch in der Ausbildung. Seine Berufsperspektive ist die eines Arbeiters oder Facharbeiters. Hier ist zudem der höchste Anteil Arbeitsloser gegeben. Das Haushaltsnettoeinkommen liegt bis 4500 DM, allerdings mit Schwerpunkt unter 3000 DM. Einerseits besteht der Wunsch nach Ungebundenheit und Ablehnung von Sicherheitswerten, andererseits der Wunsch, anerkannt zu werden, dazuzugehören und mithalten zu können. Insgesamt herrscht der Wunsch nach Normalität vor. Eddi sieht eine strikte Trennung von Arbeitswelt und Freizeit. Ihm ist eine belohnungsabhängige Arbeitsorientierung zu eigen. Er hat latent das Gefühl, in der Gesellschaft benachteiligt zu sein. Es treiben ihn Unsicherheiten und soziale Ängste. Zur Kompensation von Minderwertigkeitsgefühlen identifiziert er sich mit traditioneller Männlichkeit und Fremdgruppenfeindlichkeit. Sein bevorzugter Wohnstil ist die legere Geselligkeit. Eddi ist ein typischer männlicher Chauvinist und rettungslos überfordert durch den Rollenwandel. Unabhängigkeitsstreben, Bindungsängste und Problemverdrängung treiben ihn permanent in Konflikte. Seine Freizeit ist durch den Wunsch nach Ausbruch aus den Zwängen des Alltags und dem Wunsch nach Erholung, Rückzug und Ruhe gekennzeichnet. Bevorzugte Aktivitäten sind gruppenorientierte Freizeit, Beschäftigung mit Auto und Technik, Medienkonsum, gelegentlich auch sportliche Aktivitäten. Er hat wenig ausgeprägte Interessen, wenn interessieren ihn klassische Männer- und Jugendthemen. Eddis Kleidung ist leger, ungezwungen, praktisch, zweckmäßig und sportlich. Kleidung wird dabei generell als Low Interest-Bereich angesehen. Hinzu kommt die Geringschätzung der herkömmlichen Kleiderordnung. Der Konsum dient nicht zur Profilierung, sondern dem Nachhängen von Träumen über Freiheit und Unabhängigkeit. Der Umgang mit Geld ist hedonistisch. Eddi zeichnet eine überdurchschnittliche Fernsehnutzung aus, hinzu kommen zur Information Special Interest-Printmedien und informelle Kommunikation.

- **Ingo und Inge – Die Geltungsbedürftigen (7%):**

Ingo und Inge sind mit ihrem Leben nicht besonders zufrieden. Sie haben zahlreiche berufliche und private Enttäuschungen hinter sich und sehen kaum Zukunftsperspektiven. Sie fühlen sich als Versager, sehen die Schuld aber oft bei den anderen. Materiell geht es ihnen, gemessen an ihrem eher niedrigen Bildungs- und Berufsstatus, zwar nicht schlecht, sie drohen jedoch zu vereinsamen, sind resigniert und werden von Selbstzweifeln geplagt. Ihre Altersspanne reicht von 20–50 Jahren, 50% sind verheiratet. Hier ist im übrigen der höchste Anteil Geschiedener zu finden. Meist leben Ingo und Inge in 1–2-Personenhaushalten, ein Drittel haben Kinder. Ingo und Inge haben Volks- und Hauptschulabschluß mit

Lehre und weiterführenden Schulen ohne Abschuß, sie sind als Facharbeiter, einfache Angestellte, oder kleine Selbständige tätig. Es gibt kein erkennbares Schwerpunkteinkommen. Sie ziehen für sich eine negative Lebensbilanz mit privaten und beruflichen Mißerfolgen. Dies führt zu einer pessimistischen Lebenseinstellung. Die durch die Realität erzwungene Zufriedenheit ist mit latenter Verbitterung und Enttäuschung unterlegt. Der Ausgleich erfolgt durch Träume von Geld, Luxus und Prestige. Ingo und Inge orientieren sich an den Standards des sozialen Umfelds. Folglich haben sie eine hohe Wertschätzung für Statussymbole und greifen Trends rasch auf. Ihre Haltung zu Arbeit und Beruf ist instrumentalistisch, ordentlich verdienen, um sich seine Wünsche zu erfüllen (Arbeiten um zu Leben). Ingo und Inge erleben häufig konfliktreiche, problematische Beziehungen gepaart mit Rollenverunsicherung und Bindungsängsten. Sie fühlen wenig Engagement für Ehe und Familie. Es besteht ein dominanter Wunsch nach Selbstbestätigung, Anerkennung und Prestige. Zuweilen wird auch versucht, aus den Zwängen des Alltags auszubrechen. In der Freizeit werden moderne Angebote genutzt, vor allem auch Prestige- und Fitness-Sport. Hinzu kommen repräsentatives Ausgehen und häusliche Hobbies. Ingo und Inge haben wenig Interesse am Lesen, wenn interessieren sie Regenbogenthemen, Heim und Technik. Sie bevorzugen die repräsentative Individualität als Wohnstil. Ihr Outfit ist vom Selbstdarstellungs- und Geltungsbedürfnis geprägt. Ihre Profilierung erfolgt durch starke Reize und übertriebenes Auftreten. Dementsprechend ist ihre Kleidung extravagant und erotisch. Ingo und Inges Konsum sind durch ausgeprägten Haben-Materialismus gekennzeichnet. Damit einher geht ein konventionelles Prestige- und Geltungsbedürfnis und die tradierte Orientierung an Statussymbolen. Ihre Fernsehnutzung ist unterdurchschnittlich, ebenso wie die Printmedien-Nutzung.

Typologie sozialer Milieus ABL (Quelle: Spiegel/Manager Magazin)

- Konservativ-technokratisches Milieu (10% ABL):

Hierbei stehen beruflicher und materieller Erfolg durch Leistung, Zielstrebigkeit, Führungs- und Gestaltungsbereitschaft im Vordergrund. Man fühlt sich zur gesellschaftlichen Elite zugehörig, dokumentiert folgerichtig Statusdenken und Machtbewußtsein. Ein distinguierter Lebensrahmen herrscht vor. Die Personen dieses Milieus sind finanziell unabhängig, haben einen hohen Lebensstandard und ein intaktes Familienleben. Es ist ein überdurchschnittliches Bildungsniveau gegeben. Die berufliche Tätigkeit erstreckt sich auf leitende Angestellte und höhere Beamte, Selbständige, Unternehmer und Freiberufler. Es sind hohe und höchste Einkommensklassen gegeben. Man identifiziert sich mit der übernommenen Aufgabe und ist leistungsbereit. Es herrscht Erfolgsdenken mit Winner-Mentalität vor. Man strebt nach gehobenen hierarchischen Positionen und hat eine ausgeprägte Führungs- und Gestaltungsbereitschaft. Die Abgrenzung erfolgt nach unten, man bleibt demnach im Privatleben und bei der Freizeitgestaltung unter sich. Es besteht eine rege Teilnahme am gesellschaftlichen und kulturellen Leben. Ausgeprägte Exklusivitätsbedürfnisse sind gegeben. Es werden bewußt Traditionsbezüge hergestellt. Dabei wird eine Verbindung nostalgischer Stilansprüche mit Elementen der technischen Moderne hergestellt.

- **Kleinbürgerliches Milieu (15% ABL):**

Hier hält man an den traditionellen Werten wie Pflichterfüllung, Verläßlichkeit, Ordnung und Disziplin fest. Es gilt, bleibende Werte zu schaffen, also Besitz, materielle Sicherheit und den Ausbau des Lebensstandards. Die Orientierung erfolgt am Status quo durch Absicherung des Erreichten und dem Streben nach einem Leben in geordneten Verhältnissen. Die Personen dieses Milieus haben überwiegend Hauptschulabschluß mit abgeschlossener Lehre. Sie sind als kleine und mittlere Angestellte und Beamte sowie als kleine Selbständige und Landwirte tätig. Es besteht ein hoher Anteil von Rentnern und Pensionären. Meist sind kleine bis mittlere Einkommen gegeben. Es herrscht ein Pflichtethos vor, Aufgaben sind zu erfüllen und man darf sich allgemein nichts zuschulden kommen lassen. Eine sichere berufliche Position ist wichtiger als Karriere. Das Statusdenken erschöpft sich im Genuß sozialen Ansehens und darin, es zu etwas zu bringen, ohne daß ein eigentliches Aufstiegsstreben vorhanden ist. Konventionalismus, Anpassung und Sicherheit herrschen vor, weiterhin Selbstbeschränkung und Bereitschaft zum Verzicht. Man bevorzugt zeitlos gediegene Produkte und tritt für Ordnung und Sauberkeit als wichtigste Stilprinzipien ein.

- **Traditionelles Arbeitermilieu (5% ABL):**

Als Lebensziel dienen die Erreichung eines befriedigenden Lebensstandards (ein gutes Einkommen), sicherer Arbeitsplatz und gesichertes Alter. Wichtig ist die Integration in das soziale Umfeld, also anerkannt sein bei Freunden, Kollegen, Nachbarn. Bescheidenheit und die Anpassung an die Notwendigkeiten gelten als erstrebenswert. Die Personen dieses Milieus haben überwiegend Hauptschulabschluß mit abgeschlossener Lehre. Es gibt einen hohen Anteil von Facharbeitern und angelernten/ungelernten Arbeitern. Überdurchschnittlich häufig sind Rentner vertreten. Kleine und mittlere Einkommen dominieren. Es erfolgt eine strikte Trennung zwischen Arbeitswelt einerseits und Freizeit/Feierabend andererseits. Man arbeitet, um zu leben (Arbeit als etwas, das sein muß). Es herrschen Pflichtbewußtsein, Fleiß und Disziplin in Form eines traditionellen Arbeitsethos vor. Eine gewerkschaftliche Orientierung ist gegeben, daraus resultiert der Erhalt/Ausbau des sozialen Besitzstands als solidarisches Ziel. Man macht sich eine pragmatisch-nüchterne Sicht der eigenen sozialen Lage zu eigen, dies bewirkt Einfachheit und Sparsamkeit. Es gibt keine übertriebenen Konsumansprüche und keinen Prestigekonsum. Vielmehr werden solide, handfeste, haltbare Produkte gegenüber modischen Neuerungen bevorzugt.

- **Traditionsloses Arbeitermilieu (11% ABL):**

Hier gilt es, Anschluß zu halten an die Konsumstandards der breiten Mittelschicht. Dies muß sein, um anerkannt zu werden und dazuzugehören. Denn daraus definieren sich Normalität und Bürgerlichkeit. Es gibt den Traum vom besonderen Leben in Geld, Luxus, Prestige. Es ist eine geringe Formalbildung gegeben mit überdurchschnittlich vielen ungelernten und angelernten Arbeitern. Zudem herrscht eine hohe Arbeitslosigkeit. Untere Einkommensschichten sind deutlich überrepräsentiert. Arbeit wird als pure Notwendigkeit, also Mühsal und Belastung empfunden. So ist nur eine geringe Leistungsbereitschaft aufgrund unbefriedigter Möglichkeiten im Beruf gegeben. Es herrscht ein Underdog-Bewußtsein vor, häufig gepaart mit Verbitterung, Enttäuschung und Neid. Dem entzieht man sich häufig durch Krankheit, Jobwechsel oder andere Fluchttendenzen. Die Probleme der Zukunft werden verdrängt, es erfolgt eine Konzentration auf das Hier und Jetzt. Daraus folgt häufig eine unzureichende Daseinsvorsorge. Es sind nur beschränkte finanzielle Möglichkeiten gegeben (von der Hand in den Mund leben), verbreitet drücken auch Schulden durch Leben über den eigenen Verhältnissen. Es gibt einen spontanen Konsumstil mit raschem Aufgreifen neuer Moden und Trends.

- **Aufstiegsorientiertes Milieu (18% ABL):**

Der berufliche und soziale Aufstieg gilt als zentraler Lebensinhalt. Man will vorzeigbare Erfolge haben, mehr erreichen als der Durchschnitt und hohes Ansehen genießen. Daraus folgt eine hohe Bedeutung von Konsumwerten wie Auto, Urlaub, exklusive Freizeitaktivitäten. Häufig ist ein mittlerer Schulabschluß mit abgeschlossener Berufsausbildung gegeben. Im Beruf arbeiten viele Milieuangehörige als Facharbeiter und qualifizierte Angestellte, auch als kleinere Selbständige und Freiberufler. Die gehobenen Einkommensklassen überwiegen. Es herrschen eine hohe Identifikation mit dem Beruf und Karrierestreben vor. Man will sich hocharbeiten (Vision des Selfmade Man). Daraus resultieren eine ausgeprägte Leistungsbereitschaft, hoher Arbeitseinsatz und starke Risikobereitschaft. Häufig ist die Furcht vor dem sozialen Abstieg und Einbußen im Lebensstandard gegeben. Folglich sucht man ständig nach Profilierung. Im Lebensstil erfolgt eine Orientierung an den Standards gehobener Schichten. Man will nicht unangenehm auffallen und ist bestrebt, die Rollenerwartungen im Beruf und im sozialen Leben zu erfüllen. Es ist ein prestigeorientierter Konsumstil mit einer hohen Wertschätzung von Statussymbolen vorzufinden.

- **Modernes bürgerliches Milieu (8% ABL):**

Als Lebensziel gilt hier das harmonische, angenehme, behütete Leben (modernes Biedermeier). Dies bedingt ein umfassendes Sicherheitsstreben (materiell, sozial und emotional). Es besteht der Wunsch nach der privaten Idylle, nach familiärer Harmonie und Kindern als sinnstiftendem Lebensinhalt. Bei grundsätzlicher Bereitschaft, sich anzupassen und einzufügen dominiert dennoch die individuelle Selbstbestimmung und Selbstentfaltung. Es sind oft Mehrpersonen-Haushalte mit kinderfreundlichem Umfeld gegeben. Die Personen dieses Milieus verfügen über qualifizierte mittlere Bildungsabschlüsse und sind meist als einfache/mittlere Angestellte und Beamte tätig. Sie haben ein mittleres Einkommensniveau. Man strebt ein geordnetes Berufsleben an, keine allzu großen Risiken, keine allzu hoch gesteckten Ziele und ein überschaubares Engagement. Eine sichere berufliche Position ist wichtiger als Karriere um jeden Preis, insofern ist ein eher nüchternes Kosten-Nutzen-Denken vorhanden. Es geht um die verantwortungsvolle Erfüllung der gestellten beruflichen Aufgaben. Der Wunsch nach Lebensqualität, Komfort und Genuß ist stilbestimmend (kontrollierter Hedonismus). Man lebt in bürgerlichem Lebensrahmen. Dazu gehört ein gemeinschaftsorientiertes Privatleben mit Familie, Verwandten und Freundeskreis. Soziale Werte haben eine hohe Bedeutung (wie Freundlichkeit, Toleranz, Fairness). Man sucht Ausgleich und Frieden mit Nachbarn und Umwelt. Es wird eine konventionell-moderne Ästhetik bevorzugt, die jedoch kleinbürgerliche Ordnungszwänge ablehnt.

- **Liberales-intellektuelles Milieu (19% ABL):**

Man achtet hier vor allem auf ökologische und politische Korrektheit. Soziale Gerechtigkeit und Versöhnung von Mensch und Natur gelten als vorrangig. Es dominieren postmaterielle Ansprüche wie Selbstverwirklichung, Persönlichkeitswachstum und Individualität. Damit sollen Freiräume für die eigene Person geschaffen werden. Es geht um eine sinnstiftende Identität und Erfolg im Beruf. Dafür gilt das Leitbild der emanzipierten Familie. Die Personen dieses Milieus haben hohe bis höchste Formalbildung (Abitur, Studium) und arbeiten als qualifizierte und leitende Angestellte und Beamte oder Freiberufler, es ist auch ein hoher Studentenanteil gegeben. Insgesamt herrscht ein gehobenes Einkommensniveau vor. Man sucht nach einer kreativen, identitätsstiftenden Arbeit, die Sinn macht und Herausforderungen bietet. Wichtig sind Selbständigkeit, individuelle Freiräume und persönliche Verantwortung. Es besteht ein ausgeprägtes professionelles Ethos, aber kein rigides Karrierestreben. Man achtet auf umwelt- und gesundheitsbewußte Lebensführung und strebt nach Gleichgewichten. Dazu dienen ein bewußtes Einkaufs- und Konsumverhalten sowie Verzicht auf alles Überflüssige. Es herrscht eine Genußphilosophie mit Kennerschaft und Verfeinerung, Understatement und Distinktion vor. Es sind aber auch eine rege Teilnahme am gesellschaftlichen und kulturellen Leben und große Weltoffenheit zu beobachten.

- **Modernes Arbeitermilieu (7% ABL):**

Das Leben soll so angenehm wie möglich gestaltet werden. Und man will sich leisten können, was einem gefällt. Das flexible Anspruchsniveau ist dabei durch realitätsbezogenen Hedonismus gekennzeichnet. Man will kreativ sein, Verantwortung übernehmen und eigenständig handeln (Autonomiestreben). Man will sich auch geistig und fachlich weiterentwickeln. Ein lebenslanges Lernen erlaubt dabei kein Stehenbleiben. Die Personen dieses Milieus sind überwiegend jung (Altersschwerpunkt unter 30 Jahre) und haben mindestens Realschulabschluß, darunter sind aber auch viele Auszubildende, Schüler und Studenten. Viele arbeiten auch als Facharbeiter (meist in High Tech-Industrien) oder als qualifizierte Angestellte und Beschäftigte im Öffentlichen Dienst. Es sind mittlere bis gehobene Einkommen gegeben, häufig sind Doppelverdiener anzutreffen. Arbeit und Beruf werden dem Anspruch auf Freizeit, Lebenslust und Genuß nicht untergeordnet. Damit ist eine Dominanz des individuellen Leistungsprinzips anzutreffen, das sich an Problemlösungen orientiert. Es gibt eine hohe Job-Flexibilität und eine geringe Bindung an Firma oder Position. Die Bereitschaft zu Weiterbildung und Höherqualifizierung sind vorhanden. Man ist aufgeschlossen für Neues und hat keine abgeschlossenen Weltbilder. Außerdem sind hohe Mobilität und Stiltoleranz vorhanden. Es ist der Mainstream der jungen Freizeitkultur mit konventionellem Modernismus im Konsum auszumachen. High Tech wird als selbstverständliches Element im Alltag akzeptiert.

Spezialanwendung

- **Hedonistisches Milieu (11% ABL):**

Als Lebensziele gelten hier Freiheit, Ungebundenheit und Spontaneität. Sicherheits- und Geborgenheitsstreben werden demonstrativ abgelehnt. Es gilt, das Leben zu genießen, intensiv zu leben, Fun, Action oder allgemeiner Kommunikation zu suchen. Man will anders sein als die Spießer und Ausbrechen aus den Zwängen des Alltags. Der Altersschwerpunkt liegt in diesem Milieu unter 30 Jahre, es ist überdurchschnittlich häufig eine geringe Formalbildung gegeben (Abbrecher). Der Anteil von Schülern und Auszubildenden ist hoch, aber auch der Anteil von Arbeitslosen sowie un- oder angelernten Arbeitern. Häufig sind auch ausführende Angestelltentätigkeiten. Kleine bis mittlere Einkommen dominieren. Gegenüber der Arbeit herrscht häufig eine instrumentalistische Haltung, es gilt vor allem, ordentlich zu verdienen, um sich seine Wünsche erfüllen zu können. Dabei steht der subjektive Faktor in Form interessanter, abwechslungsreicher, wenig arbeitsintensiver Tätigkeit im Vordergrund. Es wird das Hier und Jetzt betont, eine Lebensplanung ist jedoch kaum vorhanden. Ein spontaner Konsumstil resultiert aus dem unkontrollierten Umgang mit Geld. Die Freude am guten Leben, an Luxus und Komfort gedeiht. Der Lebensstil ist durch demonstrative Unangepaßtheit und Stilprotest gekennzeichnet.

- **Postmodernes Milieu (5% ABL):**

Es geht um die ungehinderte Entfaltung der eigenen Persönlichkeit mit dem Ausleben der Gefühle, Begabungen und Sehnsüchte. Äußere Zwänge, Normen, Ideologien und Leitbilder werden zurückgewiesen. Allgemein besteht eine Ablehnung, sich festzulegen oder sich zu etablieren. Dagegen werden Körper, Geist und Sinne an existentielle Grenzen getrieben, was als lustvolles Leben betrachtet wird. Das postmoderne ist ein ausgesprochen junges Milieu (Altersschwerpunkt 20–35 Jahre), dementsprechend ist der Anteil von Singles hoch. Es herrschen gehobene Bildungsabschlüsse vor. Die Personen dieses Milieus sind als mittlere Angestellte, kleinere Selbständige und Freiberufler tätig, aber es gibt auch viele Schüler, Studenten und Jungakademiker. Die Einkommensverteilung entspricht fast der Gesamtbevölkerung ABL. Es gibt ein Streben nach Unabhängigkeit, Selbstverwirklichung und Autonomie. Man will sich keinen Hierarchien und Zwängen unterordnen müssen. Eine Vorliebe für freie Berufe besteht, vorzugsweise in den Bereichen Medien, Werbung, Kunst und Architektur. Es entwickeln sich unkonventionelle Karrieren, gebrochene Lebensläufe, phasenweise auch Beschäftigungen unter dem eigentlichen Qualifikationsniveau. Es ist eine Ich-bezogene Lebensstrategie gegeben, die durch Haben, Sein und Genießen, möglichst ohne einschränkende Verpflichtungen, gekennzeichnet ist. Diese Widersprüchlichkeit ist Lebensform, man will in pluralen Identitäten mit unterschiedlichen Lebensstilen experimentieren und in verschiedenen Szenen, Welten und Kulturen leben. Der Konsum dient der narzißtischen Selbstinszenierung. Es besteht ein starkes Bedürfnis nach Kommunikation und Unterhaltung/Bewegung.

Typologie Sozialer Milieus NBL (Quelle: Spiegel/Manager Magazin)

- **Bürgerlich-humanistisches Milieu (11% NBL):**

Hier herrschen christlich geprägte Wertvorstellungen vor, vor allem protestantische Tugenden wie Pflichterfüllung, Disziplin und soziales Engagement. Es geht um das Bewahren und die Weitergabe humanistischer Werte und Traditionen, die Achtung der Würde des Menschen. Weiterhin um Toleranz, Solidarität mit den Mitmenschen und Wertschätzung von Kunst und Kultur. Es sind gehobene und höhere Bildungsabschlüsse (häufig Promotion) gegeben. Die Personen dieses Milieus arbeiten als qualifizierte und leitende Angestellte, Beamte und Selbständige. Häufige Tätigkeitsbereiche sind Wissenschaft, Verwaltung, Ausbildung und Information. Ein Drittel der Milieuangehörigen befindet sich bereits im Ruhestand. Es sind mittlere bis gehobene Einkommen gegeben. Im Vordergrund der beruflichen Tätigkeit stehen Selbstverwirklichung und Selbstbestätigung. Häufig sind auch helfende und pflegende Berufe. Man will berufliche und gesellschaftliche Achtung und Anerkennung erfahren (oftmals Defiziterfahrungen aufgrund der Unterbewertung intellektueller Arbeit in der ehemaligen DDR). Es sind ein ausgeprägter Leistungswille und ein großes Verantwortungsbewußtsein gegeben. Im Lebensstil herrscht ein hoher Traditionsbezug, also Wertschätzung von Antiquitäten, Erbstücken (Möbel, Bilder, Bücher). Auch ist ein ausgeprägtes Harmoniestreben gegeben, man will im Einklang mit sich, der Familie und seinem sozialen Umfeld leben. Zu materiellen Dingen, die im übrigen nur als Surrogate für die eigentlichen Lebenswerte gelten, wird bewußt eine Distanz gewählt. Der Konsum ist wohlüberlegt. Dabei werden langlebige Qualitätsprodukte bevorzugt. Der Lebensstil ist vorausschauend und diszipliniert. Es besteht ein wohlüberlegter und durchdachter Konsum, der kaum spontane Kaufentscheidungen zuläßt. Es kommt zur Bevorzugung vernünftiger und dienender Produkte, zweckmäßige und zeitsparende Konsumgüter sollen Freiräume schaffen. Die Wertschätzung langlebiger Qualitätsprodukte ist hoch, analog auch die Bereitschaft, dafür mehr zu bezahlen. Es besteht eine hohe Bereitschaft (vor allem bei den Jüngeren), die vorhandenen Spargutshaben für zukunftsträchtige Investitionen einzusetzen (Existenzgründung, Haus- oder Wohnungsbau).

- **Rationalistisch-technokratisches Milieu (7% NBL):**

Es herrscht ein technokratisches Weltbild vor, das auf Zukunftsoptimismus, Vertrauen auf Vernunft und wissenschaftlicher Rationalität gegründet ist. Es wird eine rationale und effektive Lebensgestaltung gesucht, man will alles unter Kontrolle haben und nichts dem Zufall überlassen. Ein Elitedenken führt zu leistungsgerechter, materieller und gesellschaftlicher Anerkennung. Höhere Bildungsabschlüsse sind überrepräsentiert. Die Personen dieses Milieus arbeiten typischerweise als qualifizierte und leitende Angestellte, Beamte und Selbständige. Sie verfügen über mittlere und höhere Einkommen. Im Beruf wird die Selbstbestätigung gesucht, man will etwas Besonders leisten, kreativ sein und Erfolg haben. Berufliche Interessen haben Priorität vor privaten. Es besteht ein hohes Maß an Mobilität. Häufig werden Leitungsfunktionen ausgeübt (Manager, Betriebsleiter). Dem Selbstbild entspricht es, als gesuchter Spezialist zu gelten. Man hofft, zukünftig noch besser gestellt zu sein (häufig schon zu DDR-Zeiten privilegierte Stellung). Das Perfektionsstreben bedingt, sich nicht mit dem Mittelmaß zufriedenzugeben (Erfolg haben ist Pflicht). Pragmatismus und Konformismus führen dazu, sich, wenn erforderlich, anzupassen. Dazu gehört auch, sich vorhandene Spielräume nicht durch falsch verstandene Prinzipientreue einzuengen. Man hat Freude am Umgang mit der Technik (auch in der Freizeit). Ein gehobener Konsumstil führt zu ausgeprägtem Anspruchsniveau (Qualitätsorientierung). Gute Einkommen und ein Konsumangebot, das den hohen (Qualitäts-)Ansprüchen oftmals nicht gerecht wurde, haben zu beträchtlichen Sparvermögen geführt. Trotzdem herrscht kontrollierter Konsum vor, man will nicht verschwenderisch sein, nicht für sinnlose Sachen Geld ausgeben. Bevor größere Anschaffungen getätigt werden, prüft man gründlich das Angebot (hohe Qualitätsansprüche, Bereitschaft, dafür auch mehr zu bezahlen). Am bereitwilligsten gibt man sein Geld noch für technische Konsumgüter aus (Automobil, Unterhaltungselektronik, Computer, moderne Haushaltstechnik).

- **Kleinbürgerlich-materialistisches Milieu (22% NBL):**

Es geht um den Ausbau und die Sicherung des Lebensstandards. Schließlich will man keine materiellen Sorgen haben und stolz auf das Erreichte sein können. Man findet Geborgenheit in der Familie, will es sich gemütlich und bequem machen, Streit und Konflikte vermeiden. Dabei gilt es, das Beste aus den Dingen zu machen, nicht zu jammern und zu wehklagen. Man sollte immer das Positive sehen (Zufriedenheit als Lebensprinzip). Es gibt keine deutlichen Bildungsschwerpunkte. Drei Viertel der Milieuangehörigen haben die Grund- und Hauptschule (äquivalent) besucht. Häufig sind Arbeiter und Facharbeiter vertreten, dabei auch in leitenden Funktionen (Meister, Polier), weiterhin mittlere Angestellte, in der staatlichen Verwaltung, in Banken, im Gesundheits- und Bildungswesen. Die Einkommen sind mittelhoch, häufig sind zudem lukrative Nebenverdienste gegeben. Man will eine anerkannte Stellung im Beruf erreichen, sich unentbehrlich machen und das einmal Erreichte halten. Dazu gilt es, fleißig zu sein, zuverlässige und gute Arbeit zu leisten und sich nichts zuschulden kommen zu lassen. Auf exponierte Stellungen wird verzichtet, wenn das Aufwands-Ertrags-Verhältnis dafür nicht stimmt. Konventionalismus und Anpassungsstreben sind dadurch motiviert, nicht aufzufallen und sich nicht zu exponieren. Alles muß seine Ordnung haben. Die Statusdemonstration dient nur der Dokumentation der Zugehörigkeit zum gehobenen Mittelstand. Auf der Grundlage gesicherter materieller Verhältnisse besteht eine ausgeprägte Konsumbereitschaft, man will etwas leisten, sich aber auch etwas gönnen. Das Vorhandensein von beträchtlichen Sparguthaben gibt Sicherheit (für alle Fälle gerüstet zu sein, sich bei Bedarf auch größere Anschaffungen leisten zu können). Auf der Grundlage gesicherter materieller Verhältnisse besteht eine ausgeprägte Konsumbereitschaft, um sich etwas zu leisten, zu gönnen. Ein Ziel ist dabei, den westlichen Konsumstandard möglichst rasch zu erreichen. Vor allem besteht ein Nachholbedarf nach hochwertigen westlichen Konsumgütern. Dagegen stehen starke Vorbehalte, sich zu verschulden, um diese Konsumwünsche zu finanzieren.

- **Traditionsverwurzeltes Arbeiter- und Bauernmilieu (24% NBL):**

Ein sicherer Arbeitsplatz gilt als Grundlage für einen befriedigenden Lebensstandard, man will sich um die elementaren Existenzgrundlagen keine Sorgen machen müssen. Wichtig ist auch die soziale Absicherung im Alter. Dazu will man in intakten Bezügen leben (Familie, Arbeitskollektiv, Dorfgemeinschaft). Meist verfügen die Personen dieses Milieus über eine einfache Bildung. Die Hälfte der Milieuangehörigen ist nicht oder nicht mehr berufstätig (Rentner, Vorruheständler, Arbeitslose). Sie sind ansonsten als Arbeiter oder Genossenschaftsbauern tätig, als einfache oder mittlere Angestellte. Dabei dominieren traditionelle Handwerkerberufe wie Schlosser, Drucker, Tischler, Elektromechaniker. Die Einkommen sind meist gering. Arbeit und Beruf sind dennoch wesentlicher Lebensinhalt und nicht nur Mittel zum Zweck. Es herrscht das traditionelle deutsche Arbeitsethos mit Stolz auf erworbene Fähigkeiten und gute Leistungen. Die sozialen Beziehungen am Arbeitsplatz sind sehr wichtig. Dazu gehört das Zusammengehörigkeitsgefühl und die Solidarität unter Kollegen. Es besteht eine kämpferische Bereitschaft zu kollektiver Interessenvertretung und ein Engagement für den Erhalt der Betriebe. Sparsamkeit, Einfachheit, Nüchternheit sind typisch. Es werden keine überzogenen Ansprüche gestellt. Man lebt nicht über seine Verhältnisse. Solide, handfeste Produkte werden bevorzugt, sie werden, da hart erarbeitet, zudem sorgfältig behandelt. Typisch sind auch Naturverbundenheit und Bodenständigkeit. Man sagt offen und ehrlich, sehr direkt seine Meinung und gibt sich keine Mühe, sich zu verstellen. Teilweise werden die Verhältnisse in der ehemaligen DDR verherrlicht (soziale Gerechtigkeit, Einfachheit, Überschaubarkeit). Sparen wird als Notwendigkeit angesehen, um einen Rückhalt für Notfälle zu haben und sich für größere Anschaffungen nicht verschulden zu müssen. Ein Großteil des vorhandenen Budgets muß allerdings für den Lebensunterhalt ausgegeben werden (Essen, Wohnung, Kleidung). Genügsamkeit als Lebensprinzip führt zu kaum über die finanziellen Möglichkeiten hinausgehenden Konsumansprüchen. Bei besonderen Anlässen (Familienfeiern, Jubiläen) herrscht durchaus eine gewisse Großzügigkeit vor.

- **Traditionsloses Arbeitermilieu (9% NBL):**

Man will in geordneten Verhältnissen leben, seine Ruhe haben und von Problemen verschont bleiben. Dabei steht die materielle Sicherheit im Vordergrund. Man will sich um seinen Lebensunterhalt keine Sorgen machen müssen und sich auch einmal etwas leisten können. Man will nicht bevormundet werden und so leben können, wie man es selbst für richtig hält. Konsum dient dazu, mithalten und ein möglichst angenehmes Leben führen zu können. Die Personen dieses Milieus verfügen über eine einfache Bildung, sie sind als Arbeiter, Facharbeiter in der Produktion (nicht selten in Problemindustrien) tätig. Häufig sind auch Tätigkeiten im Dienstleistungssektor (Post, Bahn, kommunale Verwaltung, Gastronomie). Es gibt einen hohen Anteil von Arbeitslosen/Kurzarbeitern. Das Einkommen ist das geringste im Milieu-Quervergleich. Man hat wenig Freude an der Arbeit und geringe emotionale Bindungen zu ihr (Hauptsache, das Geld stimmt). Das Selbstbild ist das eines Underdog, der die Drecksarbeit der Gesellschaft erledigt, häufig führt die materielle Unzufriedenheit zum Gefühl der Benachteiligung. Man glaubt, daß der Staat für seine Bürger verantwortlich ist. Die Zukunft wird weitgehend verdrängt, man macht sich nicht mehr Gedanken als nötig und läßt alles auf sich zukommen. Es gibt vielfältige Konsumwünsche, die häufig aufgrund beschränkter Finanzressourcen unerfüllt bleiben. Als Bewältigung dieses Defizits wird gelegentlich versucht, sich als bedürfnislos darzustellen (Konsum macht auch nicht glücklich). Es gibt wenig ausgeprägte Stilpräferenzen, man ist leicht beeinflußbar von neuen Moden und Trends. Es herrscht eine starke Konsumneigung vor, die dennoch häufig Unzufriedenheit hinterläßt, weil man sich so wenig leisten kann. Gespart wird allenfalls kurzfristig zur Erlangung teurer Konsumgüter (Videorecorder). Der Konsumstil ist spontan, es kommt zur Bevorzugung von Produkten, die äußerlich viel hermachen. Man hängt Träumen vom plötzlichen Reichtum und dem Wunsch, sich einmal all das leisten zu können, worauf man bislang verzichten mußte, nach.

- **Hedonistisches Arbeitermilieu (7% NBL):**

Man will sich ein angenehmes und schönes Leben machen und sich alles leisten können, was man möchte. Dazu darf man den eigenen Vorteil nicht aus den Augen verlieren (alle Vergünstigungen in Anspruch nehmen). Man will zur modernen (westlichen) Konsum- und Freizeitwelt dazugehören. Die Personen dieses Milieus haben meist eine mittlere Bildung (analog Realschule) mit anschließender Berufsausbildung. Ganz überwiegend handelt es sich um Facharbeiter, aber auch einfache Angestellte und Beamte. Häufig sind auch neue Berufsbilder vertreten. Es überwiegen geringe und mittlere Einkommen. Vor allem Frauen haben oft geringere Einkommen, da sie überwiegend in Niedrigtarif-Branchen tätig sind (wie Textil-, Nahrungsmittelindustrie, Handel). Arbeit ist Mittel zum Zweck des Geldverdienens, das wiederum braucht man für einen vergleichsweise hohen Lebensstandard. Folglich ist die Berufswahl weniger durch Neigung als durch Bezahlung bestimmt. Es gilt, mit dem geringsten Aufwand so viel wie möglich zu erreichen, dabei gehen die alten Arbeitstugenden unter. Man erlebt wenig Bindung an den Beruf, an die Arbeitsstelle oder das Team, häufig sind auch Probleme mit der Ein- und Unterordnung. Der Besitz materieller Güter hat einen zentralen Stellenwert im Leben (ausgeprägtes Haben-Denken). Man will Moden mitmachen und immer im Trend liegen, sich auf das Heute und Jetzt konzentrieren, auf den täglichen Lebensgenuß (gut essen, chic kleiden, Freizeit genießen). Häufig ist ausgeprägtes Selbstbewußtsein gegeben (in der DDR gefördert dadurch, zur dort herrschenden Klasse zu gehören). Die Konsumwünsche übersteigen nicht selten das zur Verfügung stehende Budget, denn es herrscht ungebremster Konsum, man will zugreifen, wenn einem etwas gefällt. Wenn Geld gerade knapp ist, wird auch auf Pump gekauft, wobei zu diesem Zweck nicht selten die Hilfe von Eltern, Verwandten und Freunden in Anspruch genommen wird. Das explosionsartig erweiterte Warenangebot erzeugt dennoch Unzufriedenheit mit den begrenzten finanziellen Spielräumen und weckt Neid auf die besser verdienenden Wessies.

- **Status- und karriereorientiertes Milieu (9% NBL):**

Man will beruflichen und sozialen Aufstieg, Erfolg haben und sich etablieren (dabei dient der westliche Lebensstandard als Maßstab). Gesellschaftliches Ansehen drückt sich in Dimensionen wie viel Geld verdienen und den erreichten Status angemessen nach außen dokumentieren aus. Die alten Werte gelten allerdings nicht mehr, die alten Erfolgsrezepte führen zu nichts, was früher (ehemalige DDR) opportun war, kann heute geradezu kontraproduktiv sein. Daraus resultieren Anpassungsprobleme und Unsicherheit, dadurch wird übertrieben häufig kritiklose Anpassungsbereitschaft gezeigt. Es herrscht ein gehobenes Bildungsniveau vor. Die Personen dieses Milieus sind als Facharbeiter, Handwerker, qualifizierte Angestellte und Selbständige tätig. Sie gehörten früher häufig Führungskadern in Partei und Verwaltung an, verfügen auch heute noch über hilfreiche Beziehungen. Sie erzielen gehobene Einkommen. Es besteht ein hohes Maß an Leistungsbereitschaft, Aktivität, Engagement, Wettbewerbsgeist und Risikoübernahme. Das Privatleben wird den beruflichen Zwängen untergeordnet (Gelderwerb als übergreifendes Motiv). Es herrscht das Selbstvertrauen vor, daß die beruflichen Anstrengungen letztlich schon den gewünschten Erfolg bringen werden. Es erfolgt eine Orientierung an den westlichen Life Style-Normen und Konsumstandards. Ein prestigeorientierter Konsumstil führt zu hoher Wertschätzung von Statussymbolen. Demonstrativer Optimismus führt zu Fortschrittsglaube und High Tech-Faszination. Geld und Konsum haben einen zentralen Stellenwert, sie sind die Haupttriebfeder für das berufliche Erfolgs- und Leistungsstreben. Priorität beim Einkauf haben derzeit immer noch Konsumgüter, die der beruflichen Selbstdarstellung dienen (Kleidung, Auto). Dafür ist man bereit, andere Konsumwünsche erst einmal zurückzustellen (Wohnungseinrichtung). Es besteht eine große Bereitschaft, das vorhandene Kapital in die berufliche Zukunft zu investieren.

- **Subkulturelles Milieu (4% NBL):**

Man will über sich selbst bestimmen können, vollkommen ungebunden und frei sein. Nur das verleiht Eigenständigkeit und Individualität. Man will darüber hinaus Spaß und Freude am Leben haben, das Leben intensiv genießen (Action, Kurzweil) und seine Spontaneität ausleben. Es sind ausgeprägte kommunikative Bedürfnisse gegeben. Dazu gehört das Leben in der Gruppe Gleichgesinnter. Man will unverwechselbar sein, sich nicht in Schablonen pressen lassen und sich von der Normalität eindeutig abheben. Es gibt keine Bildungsschwerpunkte, häufig sind jedoch Abbrecher auf allen Bildungsstufen gegeben. Die Personen dieses Milieus sind als Arbeiter, Hilfskräfte und ausführende Angestellte tätig, häufig auch noch in Schul- oder Berufsausbildung. Vergleichsweise viele sind auf Kurzarbeit, nehmen eine ABM-Stelle ein oder sind in einer Beschäftigungsgesellschaft tätig. So überwiegen die geringen Einkommen. Man lehnt Karrierestreben und Aufsteigertum ab und hat eher geringen beruflichen Ehrgeiz. Bevorzugt werden Tätigkeiten, die möglichst viele Freiräume bieten, die abwechslungsreich und kommunikativ sind. Die Tätigkeit wird häufig gewechselt, man möchte möglichst viel ausprobieren (nur kein Alltagstrott). Man weigert sich standhaft, sein Leben längerfristig zu planen und konzentriert sich auf das Hier und Jetzt. Materielle Güter werden demonstrativ gering geschätzt, man will sich nicht zum Sklaven des Konsums machen. Ebenso wird der individuelle Geschmack/Stil demonstrativ zur Schau gestellt. Die bewußte Abgrenzung zum Rest der Gesellschaft wird durch Stil-Protest und In-Szene-Leben erreicht. Es besteht ein großzügiger Umgang mit Geld, wenn Geld vorhanden ist, wird es auch ausgegeben. Sparen wird als spießig empfunden und widerspricht der milieutypischen Lebensphilosophie (Leben im Hier und Jetzt). Die Konsumprioritäten variieren je nach Zugehörigkeit zu einem bestimmten Jugendstil (Kleidung, Kosmetik, Musikinstrumente, Schallplatten).

- **Linksintellektuell-alternatives Milieu (7% NBL):**

Hier geht es um die Entfaltung der Persönlichkeit, um Selbstverwirklichung und Kommunikation (also postmaterielle Ansprüche). Man will für die Gesellschaft nützliche Dinge verrichten, anderen Menschen helfen und nicht nur blind das Sozialprodukt steigern. Dazu gehört auch, in Frieden zu leben mit anderen Menschen und mit der Natur. Dies manifestiert sich in ausgeprägtem ökologischen Denken. Man hält an den selbstgesteckten Zielen fest und läßt sich nicht entmutigen. Es ist ein hohes Bildungsniveau gegeben, häufig mit abgeschlossenem Hochschulstudium (teils mit mehreren Abschlüssen) in Geisteswissenschaften, Theologie, Kunst. Die Personen dieses Milieus sind als qualifizierte Angestellte und Selbständige tätig, häufig in Bereichen wie Ausbildung/Wissenschaft, technische Forschung, Datenverarbeitung. Sie verdienen ein gehobenes Einkommen. Die Arbeitsmotivation ist eher intrinsisch, man setzt sich selbst Ziele und verfolgt diese unbeirrt zur Entfaltung der Persönlichkeit. Das Mittelmaß wird abgelehnt, vielmehr geht man häufig bis an die Grenzen der Leistungsfähigkeit. Gesellschaftlich sinnvolle Arbeiten werden bevorzugt, dazu gehören der Sozialbereich, der Umweltschutz, die Kunst und Kultur. Sinnhaftigkeit und Selbstverwirklichung sind wichtiger als hohes Einkommen. Es herrscht Konsumaskese und Abwertung materieller Bedürfnisse vor. Man sucht eine einfache, naturnahe Lebensführung. Das Selbstverständnis ist häufig das eines kritischen Intellektuellen, der sich für die eigenen Lebensideale und Wertvorstellungen engagiert und auf das Wesentliche (in Politik, Sozialem, Kunst) konzentriert. Es herrscht das Selbstbild des kritischen Konsumenten vor, der rationale Kaufentscheidungen trifft, sich keine überflüssigen Bedürfnisse einreden und sich auch nicht von der Werbung beeinflussen läßt (kein Konsumrausch, kein Konsumterror). Ein nicht unerheblicher Teil des frei verfügbaren Geldes wird für die Befriedigung geistiger, kultureller Bedürfnisse ausgegeben (Literatur, Theater, Konzerte, Ausstellungen).

2.8 Literaturverzeichnis

Böhler, Heymo: Käufertypologien, in: Tietz, Bruno/Köhler, Richard/Zentes, Joachim (Hrsg.): Handwörterbuch des Marketing, 2. Auflage, Stuttgart 1995, Sp. 1091–1104

Lingenfelder, Michael: Lebensstile, in: Tietz, Bruno/Köhler, Richard/Zentes, Joachim (Hrsg.): Handwörterbuch des Marketing, 2. Auflage, Stuttgart 1995, Sp. 1377 – 1392

Pepels, Werner: Kommunikationsmanagement, 2. Auflage, Stuttgart 1996

Spiegel/Manager Magazin: Online – Offline, Hamburg 1997

3. Strategische Marktforschung

Klaus Heinzelbecker

Inhaltsübersicht

3.1 Entwicklung von Marketingstrategien
3.2 Strategisches Marketing
3.3 Strategische Planung
3.4 Strategisches Management
3.4.1 Controlling
3.4.2 Investitionsentscheidungen
3.4.3 Akquisition von Unternehmen
3.4.4 Forschung und Entwicklung
3.5 Organisation und praktische Durchführung

Auf einen Blick

Die Bezeichnung Strategische Marktforschung resultiert aus der Anfang der 80er Jahre erhobenen Forderung, die Marktforschung aus der Rolle des reinen Datenzulieferers für Marketingentscheidungen herauszulösen und auf die wesentlichen strategischen Aufgaben zu konzentrieren. Je nach Wirkungsgrad und Reichweite lassen sich dabei vier Typen von strategischer Marktforschung unterscheiden:
- Marktforschung für die Entwicklung von Marketingstrategien
- Marktforschung für das strategische Marketing
- Marktforschung für die strategische Planung
- Marktforschung für das strategische Management

Wenngleich die Übergänge zwischen diesen verschiedenen Typen der strategischen Marktforschung in der Praxis fließend sind, wird durch diese Unterscheidung dennoch das Spektrum der Möglichkeiten einer strategischen Positionierung der Marktforschung deutlich.

3.1 Entwicklung von Marketingstrategien

Zu den wichtigsten Aufgaben der Marktforschung für Marketingstrategien gehören die **Marktsegmentierung** und die **Produkt- und Markenpositionierung**. Dementsprechend spielen hier vor allem Verfahren der Clusteranalyse, der mehrdimensionalen Skalierung, der Imagemessung eine besondere Rolle. Auf diesem Feld hat in den vergangenen 2 Jahrzehnten eine Methodenexplosion stattgefunden, die kaum noch überschaubar ist. Andererseits haben sich hier jedoch auch viele spezialisierte Marktforschungsinstitute entwickkelt, die man gezielt einsetzen kann.

Nicht zur strategischen Marktforschung zählen dagegen operative Marktforschungsaufgaben zur Optimierung einzelner Marktforschungsinstrumente, wie Werbe-, Produkt- oder Preistests. Ebenfalls nicht hierzu gehören klassische Controllingaufgaben der Marktforschung, wie die Auswertung von Handels- oder Haushaltspanels.

Bei der gezielten Unterstützung der Entwicklung von Marketingstrategien stellt sich die Frage, ob sich die Marktforschung ausschließlich auf die Bereitstellung von Marktinformationen beschränken kann, oder ob nicht auch unternehmensinterne Daten zu berücksichtigen sind. So erweist sich eine rein auf Marktdaten aufbauende Marktsegmentierung als wenig hilfreich, wenn die Verknüpfung mit unternehmensinternen Kundendaten nicht gelingt oder zumindest unternehmensinterne Gewichtungen der Marktsegmente mit Umsatz- oder Ergebniskategorien möglich sind. Eine erfolgreiche Marktforschung für Marketingstrategien entwickelt sich damit zur *Marketingforschung*.

3.2 Strategisches Marketing

Das strategische Marketing sieht Marketing als Maxime für das gesamte Unternehmen, das sich am Absatzmarkt als kritischen Engpaßfaktor ausrichten muß. Die Marketingstrategie wird damit zur marktorientierten Unternehmensstrategie und die strategische Marktforschung muß dementsprechend auch eine ganzheitliche Ausrichtung erfahren. Wichtige Aufgabenfelder einer Marktforschung für das strategische Marketing sind Wettbewerbsbeobachtung (Competitive Intelligence), Umweltbeobachtung (Environmental Scanning, Issue Monitoring) und Kundenzufriedenheitsmessungen. Im Mittelpunkt stehen hier also weniger strategische Analysen, sondern vielmehr Früherkennungs- und Frühwarnsysteme.

Haupterfolgsfaktoren der **Wettbewerbsbeobachtung** ist die Erfassung aller relevanten Wettbewerber (einschließlich neuer ausländischer Wettbewerber, Substitutionswettbewerber, potentieller Wettbewerber aus vor- und nachgelagerten Branchen), die Einbindung des Außendienstes und des operativen Management in die Informationsbeschaffung sowie die nutzungsorientierte Aufbereitung der Daten (Unternehmensrelevanz).

Die **Umweltbeobachtung** ist ein häufig vernachlässigtes Instrument, da die Aufgaben schwer abgrenzbar erscheinen und der praktische Nutzen nur schwer nachweisbar ist. Dazu kommt, daß die traditionellen volkswirtschaftlichen Abteilungen der Vergangenheit sich bei dieser Aufgabe nur selten durch praxisgerechte Dienste auszeichneten und deshalb in den meisten Unternehmen abgeschafft wurden. Die strategische Marktforschung verfügt jedoch heute mit dem Instrument des *Issue Monitoring* über ein geeignetes Instrument, um diesen Anforderungen gerecht zu werden.

Dabei werden zunächst strategisch relevante Umfeldthemen (issues) definiert:
- Risiken durch Währungskrisen,
- Umweltschutzdiskussionen,
- geplante Gesetzesänderungen,
- technologische Entwicklungen oder
- sozialpolitische Spannungen.

Diese Themen werden mit geeigneten Scanningsystemen (Externe Datenbanken, Internet-Crawler) beobachtet und eingehende Meldungen werden auf Unternehmensrelevanz geprüft und bewertet.

Kundenzufriedenheitsmessungen sollten im Sinne des ganzheitlichen Marketing nicht nur mit unternehmensexternen Kunden, sondern auch unternehmensintern durchgeführt werden. Typische interne Messungen betreffen z. B. Serviceabteilungen wie die hausinterne Datenverarbeitung, die Personalabteilung und den Einkauf, aber auch verschiedene Stellen in einer Prozeßkette wie die Auftragsabwicklung. Wie bei Wettbewerbsbeobachtung und Umweltbeobachtung steht auch bei der Kundenzufriedenheitsmessung weniger die einmalige Analyse, als vielmehr die Beobachtung von Veränderungen im Vordergrund. Dies setzt wiederholte Befragungen im mindestens jährlichen Abstand voraus.

Die Marktforschung für das strategische Marketing wird damit zum *Frühaufklärungssystem*, das nicht nur die Außenwelt des Unternehmens beobachtet, sondern sich an der Innensicht des strategischen Informationsbedarfs orientiert.

3.3 Strategische Planung

Mit der Entwicklung zum strategischen Marketing werden die Unterschiede zwischen der Marketingstrategie und der Unternehmensstrategie immer geringer. Deshalb verwundert es nicht, daß es in vielen Unternehmen keine eigenständige Marketingstrategie mehr gibt und diese statt dessen in der Unternehmensstrategie oder der Geschäftseinheits-Strategie (Business Unit) aufgegangen ist. Parallel dazu hat sich in vielen Unternehmen die strategische Planung von einer finanzorientierten Budgetplanung zu einer marktorientierten Unternehmensplanung entwickelt. Im Zuge dieser Entwicklung kommen auf die Marktforschung völlig neue Aufgaben zu, vor allem dann, wenn der Prozeß der strategischen Planung im Sinne eines *strategischen Dialogs* zwischen den unterschiedlichen Funktionen im Unternehmen und über alle hierarchischen Stufen hinweg geführt wird.

Im einzelnen hat die strategische Marktforschung hier folgende Aufgaben:
- Förderung der Anwendung strategischer Analysemethoden (Portfolioanalyse, Szenarioanalyse),
- Unterstützung bei der systematischen Erfassung des unternehmensinternen Knowhows (mit Hilfe von Scorings, Nutzwertanalysen, Metaplantechnik),

Spezialanwendung

- Gezieltes Schließen von Informationslücken durch Bereitstellen externer Informationen über Märkte, potentielle Kunden, Wettbewerber, Umfeld,
- Problemorientierte Verknüpfung von internen und externen sowie harten und weichen Daten,
- Hinterfragen von Annahmen und Infragestellen traditioneller Paradigmen und
- Förderung des ganzheitlichen Denkens und der Berücksichtigung unerwarteter Ereignisse.

Die strategische Marktforschung ist hier weder in der Rolle des Datenlieferanten noch in der Rolle des Strategieberaters. Sie hat vielmehr die Funktion eines *Katalysators*, der den strategischen Managementprozeß fördert; das heißt, mit Methodik, Systematik sowie mit externen und internen Informationen unterstützt.

Ein Beispiel hierfür ist die **Portfolioanalyse** als typische Teilaufgabe bei der Entwicklung einer Geschäftsfeldstrategie. Hier hat die strategische Marktforschung folgende Aufgaben:

- Entwicklung eines geeigneten, unternehmensspezifischen Portfoliokonzepts (Checklisten/Manuals, Software) und unternehmensweite Einführung (inklusive Schulung/Training).
- Beratung bei der Anwendung/Durchführung der Portfolioanalyse (insbesondere in der Einführungsphase).
- Unterstützung bei der Schließung kritischer Informationslücken, die mit der Portfolioanalyse identifiziert wurden (gezielte Informationsbeschaffung).
- Anpassung und Weiterentwicklung der Methodik (Einführung von Technologie-Portfolios, Ökoeffizienz-Portfolios)

3.4 Strategisches Management

Strategisches Management schließt neben der strategischen Planung auch das strategische Controlling mit ein sowie das Management strategischer Projekte, wie Investitionen in Produktionskapazitäten, Akquisition von Unternehmen und die Steuerung von Forschung, Entwicklung und Einführung neuer Produkte.

3.4.1 Controlling

Die Hauptaufgabe des strategischen Controlling besteht darin festzustellen, inwieweit bei der konkreten Umsetzung der Strategie der vorgegebene Rahmen eingehalten wird und außerdem darin zu überprüfen, inwieweit sich die Strategieprämissen geändert haben und dementsprechend eine Strategieänderung erforderlich ist. Typische Marktforschungsaufgaben für das erstgenannte Thema sind die Überprüfung der Positionierung (Ziel- versus Ist-Image) und die Messung der Kundenzufriedenheit im Verhältnis zum Wettbewerb (Ziel- versus Ist-Index). Darüber hinaus kann die Erreichung bestimmter *Benchmarks* gegenüber den Konkurrenten oder im Vergleich zu Spitzenunternehmen anderer Branchen (Best in Class) verfolgt werden.

Voraussetzung für die Überprüfung der Strategieprämissen ist, daß diese Prämissen bereits während der Planung diskutiert wurden und möglichst im Rahmen einer **Szenarioanalyse** bewertet wurden.

Diese Methodik der strategischen Marktforschung findet trotz des erheblichen Aufwands und einer gewissen Komplexität in der Anwendung zunehmend Verbreitung, da die mit Szenarien zu erzielenden Erfolge für sich sprechen. Die Aufgabe der Marktforschung besteht bei der Szenarioanalyse darin, ein für das jeweilige Unternehmen praktikables Verfahren auszuwählen und bei der Anwendung Unterstützung zu leisten. Je nachdem in welchem Bereich die kritischen Erfolgsfaktoren einer Strategie liegen, sollte man Szenarien für das makroökonomische Umfeld (bei Länderstrategien), für bestimmte Markttrends (bei Branchenstrategien) für spezifische Wettbewerbsreaktionen (bei der Einführung neuer Produkte) für Technologiedurchbrüche (bei der Forschungsstrategie) oder für Änderungen der gesetzlichen Rahmenbedingungen (bei Investitionsstrategien) entwickeln. In der Phase des strategischen Controlling kann dann bei Feststellen einer Prämissenänderung auf ein Alternativszenario umgeschwenkt werden und im Idealfall eine Schubladenstrategie herangezogen werden.

Der Vorteil der Szenariotechnik besteht außerdem darin, daß mit ihrer Hilfe aus den kritischen Erfolgsfaktoren relevante Frühindikatoren abgeleitet werden können, die dann mit Hilfe eines **Frühwarnsystems** zu beobachten sind. Aufgabe der strategischen Marktforschung ist die Einrichtung eines solchen Frühwarnsystems und die Versorgung des Management mit Informationen zur frühzeitigen Erkennung von Chancen und Risiken.

Um schwache Signale in ihrer Bedeutung für das Unternehmen zu bestimmen und sinnvoll zu interpretieren, muß die strategische Marktforschung in alle strategischen Management-Prozesse einbezogen sein. Dies wird jedoch nur gelingen, wenn der Nutzen dieser Funktion immer wieder konkret demonstriert werden kann.

3.4.2 Investitionsentscheidungen

Wie Investitionskontrollen in der Praxis zeigen, liegen die Mißerfolgsgründe von Investitionen in den meisten Fällen weniger bei technischen Problemen, sondern vor allem bei der falschen Einschätzung der Markt- und Wettbewerbssituation. Der strategischen Marktforschung für Investitionsentscheidungen kommt deshalb eine Schlüsselrolle zu. Dies betrifft naturgemäß vor allem größere Investitionsentscheidungen zur Kapazitätserweiterung und Neuinvestition, aber weniger Ersatz- und Rationalisierungsinvestitionen.

Die wichtigsten *Marktinformationen* für Investitionsentscheidungen sind:

- Die Ermittlung der Größe des zugänglichen Marktes,
- Die Prognose von Marktvolumen und Marktpotential,
- Die Einschätzung der zukünftigen Entwicklung der Marktpreise,
- Die Segmentierung des Marktes,
- Die Ermittlung der Produktionskapazitäten der Wettbewerber und die Abschätzung ihrer Investitionspläne,
- Die Beurteilung der eigenen Stärken und Schwächen im Vergleich zum Wettbewerb als Basis für die Formulierung realistischer Marktanteilsziele und
- Das Erkennen möglicher spezieller Risiken, wie das Auftreten neuer Wettbewerber, neuer Technologien, Rohstoffengpässe, wirtschaftspolitischer Risiken.

Diese Informationen dienen letztlich dazu, eine realistische mittel- und langfristige Umsatzerlösprognose für das herzustellende Produkt oder die jeweiligen Produktgruppen

(Sortimentsmix) zu geben. Aber auch dazu, realistische Kostenziele aus den realisierbaren Preisen abzuleiten (*Target Pricing*) und letztlich zu einer aussagefähigen Gewinnprognose zu kommen. Durch die Notwendigkeit der Verknüpfung von externen und internen Daten verläßt die Marktforschung hier eindeutig ihr klassisches Aufgabenfeld und entwickelt sich zur Geschäftsforschung (*Business Research*).

Im Idealfall ist der Marktforscher Mitglied des Investitions-Projektteams, neben dem verantwortlichen Marketing-Manager, dem Produktions- oder Technologie-Manager und dem Controller oder Wirtschaftlichkeitsrechner. In diesem Fall kann er nicht nur Marktinformationen und Methoden-Know how (Prognosetechniken) einbringen, sondern auch das Expertenwissen der anderen Teammitglieder systematisch zur Schließung der Informationslücken heranziehen.

Welche Probleme treten bei der Ermittlung der drei wichtigsten Marktinformationen für Investitionsentscheidungen auf?

Obwohl die **Ermittlung von Marktvolumen und Marktpotential** zu den klassischen Fragestellungen der Marktforschung gehört, wird das how-to-do in der Literatur nur selten beschrieben. In der Praxis treten bereits Probleme auf, wenn es um die Frage der richtigen Marktabgrenzung geht. Schließt der Markt für Schokoladenriegel auch Kekse und Pralinen ein?

Auch die Beschaffung der erforderlichen Daten bereitet in der Praxis häufig Schwierigkeiten, da die theoretisch besten Informationsquellen, wie Verbandsstatistiken entweder nicht existieren oder – wie Gesamterhebungen und Repräsentativbefragungen – aus Geheimhaltungs- oder Kosten-/Zeitgründen nicht durchgeführt werden können. Die strategische Marktforschung sollte hier den Marktverantwortlichen eine Checkliste als Entscheidungshilfe zur Verfügung stellen, anhand deren diese eine Auswahl der geeignetsten Informationsquellen vornehmen können.

Die Grenzen der statistisch-mathematischen Prognoseverfahren, wie Schein- und Interkorrelationen oder zu hohe Anforderungen bezüglich der verfügbaren historischen Daten sind bekannt. Auf der anderen Seite sind aber auch Experten überfordert, wenn sie konkret quantifizierbare Prognosen abgeben sollen, wie sie als Input für alle gängigen Investitionsrechnungen erforderlich sind. Die strategische Marktforschung hat hier die Aufgabe das geeignete statistisch-mathematische Prognoseinstrumentarium mit qualifizierten Expertenschätzungen zu kombinieren. Dabei ist zu unterscheiden, ob sich das Investitionsprojekt auf ein altes Produkt (Kapazitätsausbau) oder auf ein neues Produkt bezieht. Im ersten Fall werden mit der **Marktvolumenprognose** nach der Marktaufbaumethode (*market built-up*) bei einer Kombination aus qualitativen Verfahren (Produktlebenszyklus, Expertenscoring) und quantitativen Verfahren (Trendextrapolation, Regressionsanlage) gute Resultate erzielt. Im zweiten Fall muß man sich spezieller Verfahren zur Marktpotential-Abschätzung bedienen, wie der Opportunitäts- oder der Substitutionsanalyse.

Die strategische Marktforschung bedient sich neben statistisch-mathematischen **Marktpreisprognosen** (in Form von Regressionsanalysen auf der Basis von Vergangenheitsdaten) vor allem der Instrumente der Stärken-Schwächen-Analyse, Erfahrungskurvenanalyse und Kapazitätsanalyse.

In vielen Fällen tendieren die Antragsteller von Investitionsprojekten dazu, der Einfachheit halber konstante Marktpreise zu unterstellen. Bei der Nachkontrolle von Investitionen stellt sich jedoch häufig heraus, daß die Preise sinken. Die Ursachen hierfür sind vor allem:
- temporäre Überkapazitäten, die zu Preisnachlässen anreizen,
- Preisreaktionen von direkten Wettbewerbern, die ihre Marktanteile verteidigen wollen oder von Substitutionswettbewerbern, die sich durch ein neues Produkt bedroht sehen
- sowie unausgeschöpfte Kostensenkungspotentiale (Erfahrungskurveneffekt), die zur Schaffung von Preisspielräumen genutzt werden.

3.4.3 Akquisition von Unternehmen

Im Prozeß einer Unternehmensakquisition kann die strategische Marktforschung in folgenden Phasen einen wesentlichen Beitragen leisten:
- Suche nach potentiellen Akquisitionsobjekten,
- Grobe Analyse und Vorauswahl und
- Detaillierte Kandidatenanalyse.

Im Akquisitionsteam wird die Marktforschung in der Regel nicht beteiligt sein, da sie in den entscheidenden Phasen der Verhandlungen und der Integration des Akquisitionsprojekts keine Rolle spielt.

Bei der Suche nach potentiellen **Akquisitionsobjekten** kann die strategische Marktforschung vor allem in den Fällen helfen, wo es sich um den Einstieg in ein neues Betätigungsfeld (Diversifikation) oder um die Erschließung eines neuen Auslandsmarktes handelt. In allen anderen Fällen verfügen Marketing und Geschäftsleitung in der Regel über genügend Branchen- und Wettbewerbskenntnisse, um potentielle Übernahmekandidaten zu bestimmen. Wichtigste Informationsquellen der strategischen Marktforschung sind in dieser Phase Firmenhandbücher, Firmenbroschüren, Geschäftsberichte, Presseveröffentlichungen und publizierte Marktstudien sowie entsprechende Wirtschaftsdatenbanken. In manchen Fällen wird man sich auch entschließen, einen in der jeweiligen Branche oder im jeweiligen Land erfahrenen Unternehmensberater einzuschalten, der im Rahmen einer umfassenden Branchen- oder Länderanalyse auf potentielle Akquisitionsobjekte eingeht.

Die grobe **Analyse und Vorauswahl** von Akquisitionskandidaten ist auch in den Fällen relevant, wo keine aktive Suche erfolgt, sondern dem Unternehmen Akquisitionskandidaten (z. B. durch Banken) angeboten werden. Die strategische Marktforschung kann hier als Hilfsmittel ein *Akquisitions-Portfolio* (vgl. Abbildung 1) zur Verfügung stellen, das von den beiden Dimensionen Attraktivität der bearbeiteten Märkte, (Vertriebsstärke, Image) und Chancen bzw. Risiken für das übernehmende Unternehmen (Erschließung neuer Märkte/Vertriebswege, Synergien im Sortiment, Finanz-, Umwelt-, Integrationsrisiken) ausgeht. Die Bewertung der potentiellen Akquisitionskandidaten nach diesen Kriterien sollte durch ein funktionsübergreifendes Team aus erfahrenen Mitarbeitern von Marketing, Produktion, F+E und Controlling erfolgen. Die strategische Marktforschung kann dabei helfen, die Portfoliokriterien auszuwählen (Abgleich mit Unternehmensstrategie und Akquisitionszielen), die Moderation der Bewertung übernehmen und besonders kritische Informationslücken durch gezielte Recherchen in externen Datenbanken, publizierten Marktstudien zu schließen.

Spezialanwendung

	Attrakti-vität		Attraktivität	
	Problem-kandidaten	Ideal-kandidaten	Marktposition nach Arbeitsgebieten Marktposition nach Regionen Produktionsstruktur S Technologische Positio renstechnologie Sortimentsstärke Breite, Tiefe, Altersstru Vertriebsstärke Innovationsdynamik Patente, Forschungsau Abhängigkeit von Vorp Abnehmerbranchen Rechtliche Abhängigke Gesellschaften, Mitbes Rentabilität Personal – quantitativ/ Umweltrisiken-Produk Unternehmensimage Finanzielle Risiken-Fir	Chancen/Risiken
	Irrelevant	2. Priorität		Strategische Bedeutung – Erschließung neuer Märkte Zugang zu neuen Technologien – Verhinderung von zu starker Marktmacht von Wettbewerbern
	Risiken	Chancen		Synergien zur eigenen Firma – Sortiment – Vertriebsweg – Produktion/Standorte – Forschung – Einkauf
				Risiken für die eigene Firma – Umwelt –Personal (inkl. Gewerkschaften) – Berichtssysteme – Corporate Culture

Abb. 1: Akquisitions-Portfolio

Die detaillierte **Kandidatenanalyse** erfolgt im Rahmen der *due diligence*, d. h. Prüfung auf Herz und Nieren. Der Kandidat legt dabei alle seine Bücher offen und gewährt dem potentiellen Erwerber Einsicht in alle seine Unterlagen. In vielen Fällen konzentriert sich die Bewertung dabei vorrangig auf bilanzielle, steuerliche und rechtliche Aspekte, während zukunftsgerichtete Bewertungen der Markt- und Wettbewerbssituation oft nur unvollkommen erfolgen. Die strategische Marktforschung hat hier die Aufgabe eine *market due diligence* durchzuführen und festzustellen, wie robust und zukunftsträchtig das Unternehmen im Markt positioniert ist. Eine Besonderheit bildet dabei die Bestimmung des Markenwerts von Produkten des Akquisitionskandidaten oder der Firmenmarke. Hier kann die strategische Marktforschung auf bewährte Markenbilanzmodelle zurückgreifen, die sich in den letzten Jahren durchgesetzt haben.

Abschließend sei noch erwähnt, daß die strategische Marktforschung auch beim **Verkauf von Unternehmen** oder Unternehmensteilen sinnvoll eingesetzt werden kann. Hierbei geht es vor allem darum die Marktstärke des zu verkaufenden Unternehmens für den Käufer mit Hilfe von Marktanteilsübersichten, Marktattraktivitätsbeschreibungen und Markenwertansätzen sichtbar zu machen.

3.4.4 Forschung und Entwicklung

Die Beschäftigung mit neuen Produkten ist ein klassisches Aufgabenfeld der Marktforschung und wird vor allem in Konsumgüterunternehmen häufig als ein Schwerpunkt der Marktforschung angesehen. Bei näherer Betrachtung dieses Aufgabenfeldes wird jedoch deutlich, daß die Marktforschung hier zumeist auf die operativen Aufgaben bei der Absicherung des Markteinführungserfolgs ausgerichtet ist. Typisch sind Testmärkte und Produkttests, die nur noch der Feinoptimierung in der Einführungsphase dienen, während das Potential der Marktforschung in den frühen Phasen des F+E-Prozesses unausgeschöpft bleibt. Hier setzt dagegen die strategische Marktforschung an (vgl. Abbildung 2):
- Absicherung des Einstiegs in neue Arbeitsgebiete,
- Fokussierung der Suche nach Forschungsideen,
- Richtiger Einsatz der F+E-Mittel und
- Beschleunigung der Erreichung der Marktreife.

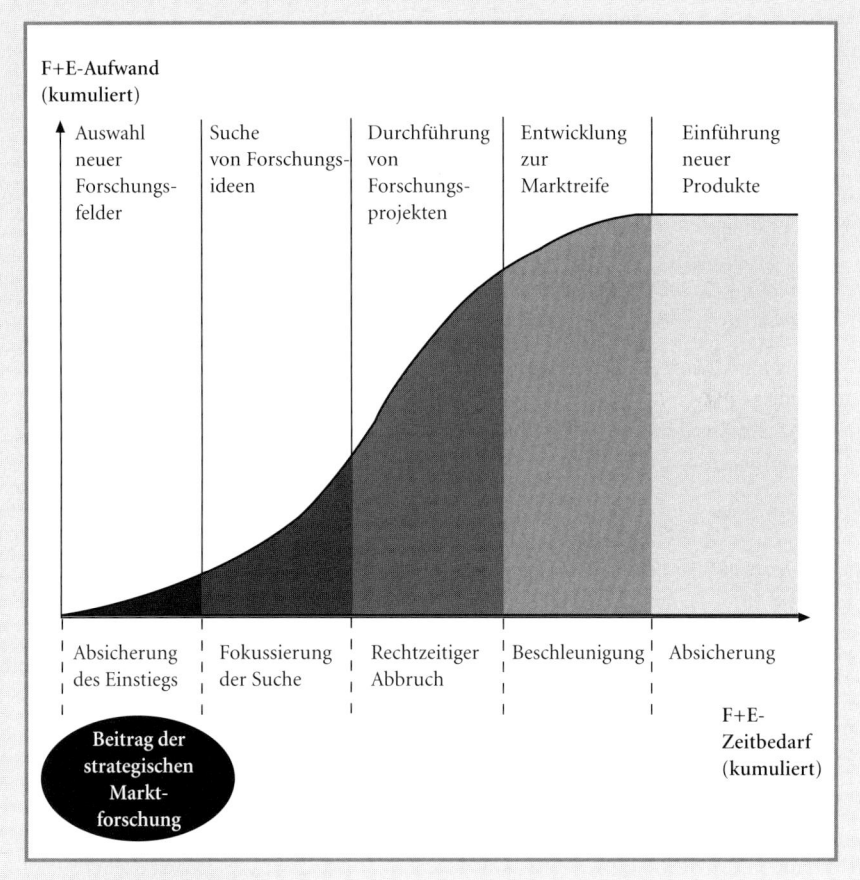

Abb. 2: Strategische Marktforschung

Für die **Suche und Auswahl neuer Arbeitsgebiete** und Forschungsfelder werden häufig *Delphi-Studien* als geeignete Methode genannt. Der hohe Aufwand für die Durchführung einer solchen Studie rechtfertigt jedoch nur in den seltensten Fällen, daß ein Unternehmen solche Erhebungen selbst durchführt. Statt dessen sollte man hier mit anderen Unternehmen (der eigenen Branche oder aus vor- und nachgelagerten Marktstufen) kooperieren. In gewissem Umfang kann auch auf publizierte Delphi-Studien zurückgegriffen werden (MITI, BMFT, IFO), die dann allerdings von einem Expertenteam auf unternehmensspezifische Relevanz und Anwendbarkeit zu prüfen sind. Auch für mittelständische Firmen geeignet ist ein vereinfachtes Verfahren zur Erstellung von Technologie-Szenarien, bei dem man in funktionsübergreifenden Workshops gemeinsam über neue Forschungsfelder nachdenkt.

Bei der Suche nach **Forschungsideen** kann die strategische Marktforschung grundsätzlich keine konkreten Forschungsprojekte vorschlagen, aber sie kann Anregungen geben, aus denen sich dann Forschungsideen und -projekte entwickeln können. Beispielsweise kann sie bestimmte bedarfsrelevante Trends aufzeigen:
− Verschiebung der Altersstruktur,
− Veränderung des Freizeitverhaltens,
− Änderung von Familienstruktur und Haushaltsgröße,
− Änderung des Umweltbewußtseins oder
− Steigende Serviceanforderungen.

Ein interessantes Instrument der strategischen Konsumgüter-Marktforschung ist die *Kohorten-Analyse* mit der sich Altersstruktureffekte prognostizieren lassen. Darüber hinaus sollte die strategische Marktforschung Impulsgeber für die Anwendung moderner Innovationstechniken sein und das Markt-Screening von Forschungsideen (mit Hilfe von Punktbewertungsverfahren) organisieren.

Eine Kernaufgabe der strategischen Marktforschung im F+E-Prozeß ist die Beteiligung am Dialog zwischen Marketing, Produktion und Forschung, wenn es um den Einsatz und die Priorisierung der **F+E-Mittel** geht. Ein bewährtes Hilfsmittel sind dabei die Markt- und Technologie-Portfolios.

Das *Technologie-Portfolio* positioniert die Forschungsprojekte im Hinblick auf das Technologiepotential und die Technologieposition im Verhältnis zum Wettbewerb. Das Markt-Portfolio positioniert die entsprechenden Geschäftsfelder im Hinblick auf die Marktattraktivität und die Marktposition im Verhältnis zum Wettbewerb. Anhand der Verknüpfung und Gegenüberstellung beider Portfolios kann die Entscheidung darüber objektiviert werden, welche Forschungsprojekte mit welcher Priorität und welchem Budget bearbeitet werden sollen. Die strategische Marktforschung hat dabei neben der Methodenunterstützung eine Moderationsfunktion und kann helfen, gezielt Informationslücken bei der Beurteilung von Marktattraktivität und Marktposition zu schließen.

Als kritischer Erfolgsfaktor für F+E-Projekte wird heute zumeist das Kriterium *time-to-market* definiert. Eine wesentliche Ursache für lange Forschungs- und Entwicklungszeiten liegt häufig darin, daß man die Zielvorgaben korrigieren muß, weil von falschen Vorstellungen über die Kundenanforderungen – bezüglich der Preis- und Qualitätsziele – aus-

gegangen wurde. Die strategische Marktforschung trägt zu einer **Beschleunigung** der Erreichung der Marktreife bei, indem sie unnötige F+E-Schleifen durch konkrete Informationen über Kundenanforderungen und zu überwindende Markteintrittsbarrieren liefert. Das klassische Instrumentarium der Marktforschung reicht hierfür allerdings nicht aus, da Sekundärdaten (aus externen Marktdatenbanken) bei neuen Produkten gewöhnlich nicht vorhanden sind und traditionelle Befragungen an folgenden Problemen scheitern:
- Ein Produkt, mit dem man einen potentiellen Bedarfsträger konfrontieren könnte, liegt entweder noch überhaupt nicht oder nur als allererstes vorläufiges Muster vor.
- Die zukünftigen Produkteigenschaften sind in weitem Umfang noch offen.
- Kunden und potentielle Bedarfsträger sind noch nicht bekannt.
- Vorstellungen über Kosten und mögliche Preise existieren, wenn überhaupt, nur in groben Zügen.

Für solche Fälle wird in der Praxis das Instrument der **Opportunitäts-Analyse** eingesetzt, bei dem sich folgende Vorgehensweise bewährt hat:
1. Einrichten eines 2-Personenteams aus Marktforschung und Forschung,
2. Gemeinsame Suche nach unternehmensinternen und externen Fachexperten zur Ermittlung des grundsätzlichen Problemlösungspotentials des neuen Produkts oder der neuen Technologie,
3. Durchführung von Experteninterviews (Fachgesprächen) zur Identifizierung potentieller Anwendungen, Ermittlung potentieller Nutzer (*lead user*) und zur Beurteilung von Substitutions- und Anwendungschancen oder Barrieren,
4. Durchführung von Interviews (Marktgesprächen) mit potentiellen Anwendern. Bei konsumnahen Produkten empfehlen sich statt dessen Gruppendiskussionen (*focus groups*) mit potentiellen Anwendern und
5. Zusammenfassung und Bewertung der Ergebnisse, Hochschätzung des Marktpotentials und der zu erwartenden Marktpreise.

In einem nächsten Schritt können dann zusammen mit Innovationsführern (lead user) nochmals die detaillierten Kundenanforderungen im Sinne eines *Quality Function Deployment* eruiert werden.

Stellt sich bei der Opportunitäts-Analyse heraus, daß verschiedene Produkteigenschaften aus Sicht des Kunden unter Kosten-Nutzen-Aspekten stark miteinander konkurrieren, so empfiehlt es sich im Rahmen der Marktgespräche ein *Conjoint Measurement* durchzuführen. Bei dieser häufig mit Computerhilfe (Laptop) durchgeführten Befragungstechnik werden folgende Fragen beantwortet:
- Welche Produkteigenschaften beeinflussen die Kaufabsicht in besonderem Maße?
- Welche Zielkonflikte werden zwischen unterschiedlichen Produkteigenschaften und besonders hinsichtlich des Preis-Leistungsverhältnisses gesehen?
- Mit welcher Kombination von Produkteigenschaften, Preisen und sonstigen Leistungsmerkmalen wird die höchste Akzeptanz beim Kunden erreicht?

Besonders fortgeschrittene Verfahren rechnen dabei gleichzeitig auf Marktanteil und Gesamtdeckungsbeitrag hoch, so daß eine strategische Entscheidungsrechnung entsteht.

Spezialanwendung

3.5 Organisation und praktische Durchführung

Die Bedeutung der strategischen Marktforschung ist um so größer je stärker das strategische Management in einem Unternehmen verankert ist. Da strategische Führung unabhängig von Branchenzugehörigkeit und Unternehmensgröße notwendig ist, ergeben sich hieraus grundsätzlich auch keine Einschränkungen für die strategische Marktforschung. In der Praxis stellt man jedoch fest, daß betriebliche Marktforschungsabteilungen eher in Großunternehmen und in verbrauchernahen Branchen zu finden sind. Darüber hinaus gibt es einen Trend, Marktforschungsaufgaben auszugliedern (*Outsourcing*), da sie nicht zu den Kernkompetenzen gehören und als typische Spezialfunktion kostengünstiger extern eingekauft werden können. In mittelständigen Unternehmen ist der sporadische Zugriff auf mehr oder weniger spezialisierte Marktforschungsinstitute schon immer gang und gäbe. Bei der Marktforschung für die **Entwicklung von Marketingstrategien** bereitet der Einsatz externer Institute die geringsten Probleme, da Aufgaben wie Marktsegmentierung und Produktpositionierung spezielles Wissen und Erfahrung erfordern, die häufig bei Externen besser vorhanden sind. Man sollte jedoch beim Einsatz von Externen darauf achten, daß auch die Verbindung zu den unternehmensinternen Daten (Kundenergebnisrechnung) hergestellt wird. Dies ist zumeist bei Marketing- oder Unternehmensberatern statt bei reinen Marktforschungsinstituten gewährleistet. Bei der Marktforschung für das strategische Marketing bereitet vor allem die Ausgliederung kontinuierlicher Aufgaben, wie die Wettbewerbs- und Umweltbeobachtung besondere Probleme. Hier gibt es nur wenige geeignete externe Anbieter und die Verknüpfung zu einem auch intern akzeptierten Frühwarnsystem bleibt dann offen. In vielen Unternehmen werden solche Aufgaben deshalb entweder direkt in die Management-Verantwortung übernommen oder auf Assistenten der Geschäftsführung übertragen.

Die Unterstützung der **strategischen Planung** durch die Marktforschung hängt zum einen davon ab, wie stark die strategische Planung selbst im Unternehmen verankert ist. Zum anderen wird sie dadurch geprägt, ob eine Marktforschungsverantwortung im Bereich des Marketing existiert oder ob die Marktforschung zusammen mit der strategischen Planung in einer Stabsfunktion der Geschäftsführung zusammengefaßt ist. Eine Ausgliederung dieser Funktion ist hier insoweit möglich, daß man fallweise Unternehmensberater einsetzt, um Strategie-Werkzeuge einzuführen und um eine strategische Planung zu etablieren. Viele Unternehmen – vor allem auch aus dem Mittelstand – haben die Erfahrung gemacht, daß nach einem solchen Beratereinsatz viele interessante Konzepte wieder versanden und im Tagesgeschäft untergehen. Besonders kritisch sind dabei Versuche anzusehen, durch immer wieder neue Berater strategische Impulse in das Unternehmen hineinzutragen, da hierdurch häufig weniger Lerneffekt als vielmehr Verwirrungseffekte auftreten.

Eine systematische Marktforschung für das **strategische Management** ist heute noch in den wenigsten Unternehmen verbreitet. Marktdaten für Investitions-, Akquisitions- und F+E-Entscheidungen werden häufig ad hoc beschafft und ohne methodische Absicherung verwendet. Das Risiko strategischer Fehlentscheidungen aufgrund unzulänglicher Marktdaten wird häufig unterschätzt und zumeist erst im nachhinein deutlich.

Strategische Marktforschung

Dem Einsatz externer Unternehmensberater bei der Absicherung strategischer Entscheidungen sind natürliche Grenzen durch die Anzahl der Themen und die häufig extrem hohen Beraterhonorare gesetzt. Darüber hinaus darf der Aufwand bei der Auswahl und Steuerung dieser Unternehmensberater nicht unterschätzt werden. In größeren Unternehmen lohnt sich deshalb in jedem Fall die Verankerung einer strategischen Marktforschungsfunktion, sei es in einer eigenen Marktforschungsabteilung oder als Bestandteil der strategischen Planung, des Controlling oder einer sonstigen Stabsfunktion der Geschäftsführung. In mittelständischen und kleineren Unternehmen muß diese Funktion durch die Geschäftsführung selbst wahrgenommen werden. Dabei reicht es im Minimum aus dafür zu sorgen, daß sich alle an strategischen Entscheidungsprozessen beteiligten Mitarbeiter der Bedeutung methodisch abgesicherter Marktinformationen bewußt sind und entsprechende Ressourcen (Zeit, Personalkapazität, Budget) für diese Funktion zur Verfügung stellen.

In vielen Unternehmen ist jedoch festzustellen, daß der *Qualität* der für strategische Entscheidungen erforderlichen Informationen zu wenig Bedeutung beigemessen wird. Typische Schwachstellen sind:
- Übernahme von Einschätzungen des Außendienstes, die nicht selten subjektiv gefärbt sind,
- Ungeprüfte Akzeptanz von Prognosen der Marktforschungsinstitute oder Consultants, die häufig auf zweifelhaften Annahmen basieren,
- Verwendung von Daten aus Verbandsstatistiken, Notarerhebungen im Vertrauen auf die Fairneß der Beteiligten,
- Schließung von Informationslücken durch Extrapolation, Interpolation oder Plausibilitätsannahmen und
- Vertrauen auf einfache Top Down-Schätzungen statt mühsamer Bottom-up-Erhebungen.

Die Ursachen hierfür sind der immer weiter steigende Zeitdruck für strategische Entscheidungen, die Simplifizierung von Entscheidungsgrundlagen durch immer elegantere Präsentationsformen und die Suggestion von Genauigkeit durch EDV-Tabellen und Berechnungen mit Angaben von 3 Stellen hinter dem Komma.

Vielleicht ergibt sich hier zukünftig eine Trendumkehr durch die Anwendung der Prinzipien des *Knowledge Management* auch im strategischen Bereich und durch die Nutzung anspruchsvoller *Business Intelligence-Techniken*, wie *Data-Mining*.

In jedem Fall sind die Unternehmen gut beraten, die sich nicht ausschließlich auf das Internet verlassen, sondern auch in eigene Markt-Datenbanken investiert haben und die sich nicht völlig von Consultants und Marktforschungsinstituten abhängig machen, sondern zumindest noch über soviel Inhouse-Expertisen verfügen, daß ihnen ein wirkungsvolles Controlling der zugekauften Leistungen möglich ist.

4. Standortforschung im Handel

Wolfgang Oehme

Inhaltsübersicht

4.1 Standortforschung – Datenbasis für die Standortpolitik
4.1.1 Absatzregionen als unvollkommene Märkte mit Standorten unterschiedlicher Qualität
4.1.2 Mangelhafte Transparenz der Märkte als Problem der Standortpolitik
4.1.3 Risiken und Investitionen als verstärkendes Motiv
4.2 Untersuchungsgegenstände der Standortforschung
4.2.1 Absatz- und Beschaffungsmärkte
4.2.2 Wettbewerb
4.2.3 Quantität und Qualität der Standorte
4.3 Unterschiede in der Standortpolitik und Standortforschung
4.4 Anforderungen an einen Handelsstandort als Vorgaben für die Standortforschung
4.4.1 Anforderungen an einen Standort für ein Handelsunternehmen
4.4.2 Standortforschung und Vertriebsform
4.4.3 Standort-Kategorien
4.5 Methoden der Standortforschung und Entscheidungen der Standortpolitik des stationären Einzelhandels
4.5.1 Marktstrukturanalyse
4.5.2 Standort-Netzanalyse
4.5.3 Punktuelle Standortanalyse
4.6 Strategien des Standortmarketing
4.7 Literaturverzeichnis

Auf einen Blick

Das Besetzen neuer und das Erweitern bestehender Standorte zieht immer erhebliche Investitionen nach sich. Diese Investitionen sind mit hohen unternehmerischen Risiken verbunden, denn sie lassen sich nicht oder nur schwer unter Hinnahme beträchtlicher Verluste rückgängig machen. Um diese nicht zu vermeidenden Risiken möglichst niedrig zu halten, hat der Handel, besonders der Einzelhandel, ein Instrumentarium zur Suche und Bewertung von Standorten entwickelt, das heute auf einem hohen Niveau steht. Entscheidungen über Standorte werden nur aufgrund von Daten getroffen, die vom Absatzmarkt stammen. Diese Daten betreffen hauptsächlich das in einem Absatzgebiet vorhandene Kaufvolumen und die Wettbewerbsverhältnisse. Standortpolitik ist heute angewandte Marktforschung. Ohne Daten vom Markt kann Standortpolitik nicht erfolgreich sein.

4.1 Standortforschung – Datenbasis für die Standortpolitik

Die Standortforschung im Handel, die Teil des Standort-Marketing ist, wurde von den großen Unternehmen des Handels und den Handelsgruppen entwickelt. In der Praxis wird sie auch als Standortsicherung bezeichnet. Die Standortforschung ist aber auch für Handelsunternehmen, die keiner Handelsgruppe angehören, unentbehrlich. Ihre Methoden können durchaus auch von kleinen und mittleren Handelsunternehmen genutzt werden. Die Standortforschung ist angewandte Marktforschung. Sie ist nicht nur bei der Sicherung neuer Standorte unverzichtbar. Sie leistet auch bei der ständigen Überprüfung bestehender Standorte wertvolle Dienste. Die Standortforschung zwingt zu einer ständigen Beschäftigung mit dem Markt. Sie bindet die Handelsunternehmen an den Markt an. Die von ihr beschafften Daten können über die Standortsicherung hinaus allen Bereichen des Marketing eines Handelsunternehmens von großem Nutzen sein. Besonders die Zielsetzung – MbO – wird auf diese Daten zurückgreifen.

4.1.1 Absatzregionen als unvollkommene Märkte mit Standorten unterschiedlicher Qualität

Der vollkommene Markt ist ein Punktmarkt, der unvollkommene Markt ein Flächenmarkt, eine Absatzregion. Eine Absatzregion wird durch zwei Merkmale gekennzeichnet:
– Es gibt Standorte von unterschiedlicher Qualität. Es gibt gute und schlechte Standorte. Das gilt vor allem für den stationären Einzelhandel.
– Die Höhe des Anteils der eigenen Verkaufs- und Lagerfläche an der Gesamtfläche der vergleichbaren Unternehmen, die in der Absatzregion arbeiten, beeinflußt mit den Marktanteil. Man kann mit Hilfe einer Flächenexpansion den Marktanteil steigern. Diese Strategie stößt dann an ihre Grenzen, wenn eine weitere Flächenexpansion auf der einen Seite nur noch geringfügige Steigerungen des Marktanteils mit sich bringt, auf der anderen Seite die Flächenproduktivität drastisch sinkt. Auch das gilt wieder in erster Linie für den stationären Einzelhandel.

Daraus ergeben sich die Aufgaben und die Chancen für eine erfolgreiche Standortpolitik. Für den stationären Einzelhandel, für den der Standort ein lebenswichtiger Marketingfaktor ist, ist die Standortpolitik absatzorientiertes Standort-Marketing. Es müssen qualitativ gute Standorte in ausreichender Menge beschafft werden. Davon hängt die langfristige Sicherung der Marktstellung eines Handelsunternehmens, besonders eines Filialunternehmens oder einer Handelsgruppe, ab. Denn Unternehmen des stationären Einzelhandels können nicht an jedem beliebigen Ort Geschäfte errichten.

Der Schwerpunkt der folgenden Darstellung des Standort-Marketing und der Standortforschung als wichtigen Bestandteilen des Handels-Marketing liegt beim stationären Einzelhandel und den mehrstufigen Filialunternehmen, wie Tengelmann oder Karstadt und Kaufhof, und den Handelsgruppen, deren Basis der stationäre Einzelhandel ist, wie *Spar*, *Edeka*, *Rewe* im Lebensmittelhandel oder *Vedes* im Spielwarenhandel.

4.1.2 Mangelhafte Transparenz der Märkte als Problem der Standortpolitik

Man kann die Qualität eines Standortes nicht auf den ersten Blick erkennen. Zur Beurteilung eines Standortes braucht man Qualitätskriterien und für die Auswahl der besten Alternative jedes Kriteriums eine Vielzahl von Informationen vom Markt. Da Absatzregionen als unvollkommene Märkte über keine vollkommene Transparenz verfügen, muß die Standortforschung die Mängel an Transparenz ausgleichen und die erforderlichen Daten beschaffen. Je umfassender, genauer und schneller diese Daten für das Management der Handelsunternehmen verfügbar sind, um so sicherer können Standortentscheidungen getroffen werden. Standortforschung kann also wertvolle Wettbewerbsvorteile verschaffen. Diese Vorteile wiegen um so schwerer, als heute qualitativ gute Standorte sehr knapp sind.

4.1.3 Risiken und Investitionen als verstärkendes Motiv

Die Standortpolitik der Unternehmen des stationären Einzelhandels und des C&C-Großhandels, aber auch anderer Handelsunternehmen, wird durch zwei auffallende Merkmale gekennzeichnet, die den Zwang zum Einsatz der Standortforschung verstärken.

Das Standort-Marketing ist das Instrument im Handels-Marketing, dessen Anwendung mit den höchsten **Risiken** belastet ist. Denn Standortentscheidungen ziehen immer langfristige vertragliche Bindungen nach sich. Die langfristige Bindung ist sowohl beim Kauf eines Grundstückes, auf dem Verkaufs- und Lagerflächen errichtet werden sollen, als auch beim Anmieten der erforderlichen Flächen gegeben.

Wenn entschieden wird, an einem geeigneten Standort einen Lebensmittel-Supermarkt mit insgesamt 1800 qm Geschäftsfläche zu errichten, dann ergeben sich bei 25,– DM/qm Miete monatlich 45 000,– DM Monatsmiete und 540 000,– DM Jahresmiete. Hat der Mietvertrag eine Laufzeit von 10 Jahren, dann geht man bei der Unterzeichnung des Vertrages ein Mietobligo von 5,4 Millionen DM ein.

An **Investitionen** für Einrichtung und Ware fallen im Lebensmittelhandel pro Quadratmeter Verkaufsfläche etwa 1000,– DM an, rund 600,– DM für das Sachkapital und rund 400,– DM für die Ware. Bei 1800 qm Verkaufsfläche sind somit 1,8 Millionen DM zu investieren. Bei einem SB-Warenhaus mit 20 000 qm Verkaufsfläche sind die Zahlen wesentlich größer.

Eine falsche Standortentscheidung kann also für ein Handelsunternehmen verheerende Folgen haben. Zuverlässige Daten als Grundlage für Standortentscheidungen sind unverzichtbar. Das Standort-Marketing ist deshalb ein Schwerpunkt der Marktforschung im Handel, besonders im stationären Einzelhandel. Die Methoden wurden ständig weiter entwickelt und stehen auf einem hohen Niveau. Das kann angesichts der oben genannten Zahlen auch nicht überraschen. Die durch die Standortforschung beschafften Daten können sehr wirksam helfen, die nicht zu vermeidenden hohen unternehmerischen Risiken zu vermindern. Ein beträchtlicher Teil der Standortforschung ist primäre Marktforschung, die erhebliche Kosten verursacht. Sie ist für das Standort-Marketing aber unverzichtbar.

4.2 Untersuchungsgegenstände der Standortforschung

Für Standortentscheidungen braucht man Daten aus dem gesamten wirtschaftlichen, gesellschaftlichen und politischen Umfeld eines Handelsunternehmens. Die Standortforschung muß also sehr breit angelegt werden.

4.2.1 Absatz- und Beschaffungsmärkte

Die Beschaffung von Daten über den Absatzmarkt steht bei der Standortforschung im Vordergrund. Man muß über die Größe des Absatzgebietes, über seine Verkehrsinfrastruktur und die Zahl der Menschen, die in ihm wohnen, zuverlässige Daten haben. Bei der Realisierung neuer Standorte muß ermittelt werden, wo die Verbraucher bisher eingekauft haben. Bis hierher ist die Standortforschung primäre Marktforschung. Schließlich müssen noch aus den Statistischen Jahrbüchern des Bundes und der Länder und aus Veröffentlichungen von Verbänden Zahlen über die durchschnittlichen Einkaufsbeträge pro Einwohner und Jahr ermittelt werden. Hier ist die Standortforschung sekundäre Marktforschung.

Gegenüber dem Absatzmarkt treten bei der Standortforschung die Beschaffungsmärkte etwas in den Hintergrund, dürfen aber nicht übersehen werden. Da Sortimente zum Teil standortabhängig sind, muß auf Grund der Entscheidungen der Sortimentspolitik überlegt werden, wo die für den Umsatz erforderlichen Waren eingekauft werden können. Die Standortforschung muß Informationen über mögliche Lieferanten, die Qualität und Verkaufsfähigkeit ihrer Artikel, ihre Zuverlässigkeit und ihre Konditionen beschaffen. Für den Großhandel haben diese Daten eine größere Bedeutung als für die meisten Einzelhandelsunternehmen.

4.2.2 Wettbewerb

Die Standortforschung muß umfassende Daten für eine gründliche Wettbewerbsanalyse beschaffen. Es muß festgestellt werden, welche Standorte der Wettbewerb besetzt, wie die Qualität der Standorte zu bewerten ist und wie groß die Verkaufs- oder Lagerflächen sind. Zu ermitteln ist weiterhin, wie übersichtlich und attraktiv das Sortiment präsentiert wird, welche Sortimentsschwerpunkte erkennbar sind und wie im Einzelhandel die Atmosphäre der Verkaufsräume zu beurteilen ist. Weiterhin ist zu prüfen, in welcher Art und Weise Werbung betrieben wird und in welchem Zustand sich die Verkaufsräume hinsichtlich Ausstattung und Sauberkeit befinden. Schließlich muß auch, besonders bei Bedienungsgeschäften des Einzelhandels, die Qualifikation und Freundlichkeit der Mitarbeiterinnen und Mitarbeiter bewertet werden. Die Wettbwerbsanalyse sollte mit einer Schätzung der Umsätze der Wettbewerber und ihrer Marktanteile abgeschlossen werden. Je mehr man über den Wettbewerb weiß, um so besser. Der überwiegende Teil der Wettbewerbsanalyse ist primäre Marktforschung. Die Wettbwerbsanalyse kann durch Zahlen aus Betriebsvergleichen und Veröffentlichungen der Berufsverbände ergänzt werden.

Ein beträchtlicher Teil der zur Analyse von Absatz- und Beschaffungsmärkten und des Wettbewerbs erforderlichen Daten besteht aus qualitativen Daten, deren Beschaffung

Spezialanwendung

schwieriger und aufwendiger als die Beschaffung quantitativer Daten ist. Die Standortforschung muß diese Daten verbal erheben, also Befragungen durchführen, und dann mit geeigneten statistischen Methoden, z. B. der Skalierung, vergleichbar machen.

Die Ergebnisse der Analysen von Absatz- und Beschaffungsmärkten und des Wettbewerbs sind ständig zu überprüfen und zu aktualisieren.

4.2.3 Quantität und Qualität der Standorte

Standorte für Handelsunternehmen müssen nicht nur eine ausreichend große Fläche haben. Sie müssen auch besonderen qualitativen Anforderungen genügen. Die für die quantitative und qualitative Beurteilung eines Standortes erforderlichen Daten muß die Standortforschung beschaffen. Um beurteilen zu können, ob ein Standort den gestellten Anforderungen entspricht, müssen auch hier in beträchtlichem Umfang qualitative Daten beschafft werden. An die Standortforschung werden hohe Ansprüche gestellt.

4.3 Unterschiede in der Standortpolitik und Standortforschung

Die Standortpolitik hat für die einzelnen Arten von Handelsunternehmen eine unterschiedliche Bedeutung. Daraus ergeben sich für die Standortforschung verschiedenartige Schwerpunkte.

Die Unternehmen des **Zustellgroßhandels** bevorzugen verkehrsorientierte Standorte mit guten Anbindungen an das Straßen- und auch an das Schienennetz. Der Standort muß einen reibungslosen und wirtschaftlichen Warenfluß ermöglichen. Für Großhandelsunternehmen des Lebensmittelhandels mit 4 bis 6 Milliarden DM Jahresumsatz ist die Logistik ein gewichtiges Mengenproblem. Rationell kann man dieses Problem nur lösen, wenn man gute Anbindungen an die Verkehrsinfrastruktur hat und auf einer Ebene arbeiten kann. Entsprechend groß müssen die Grundstücke sein.

Für Unternehmen des Zustellgroßhandels ist der Standort nicht vorrangig ein Absatzinstrument. Man hat deshalb bei der Sicherung neuer Standorte meist mehrere Alternativen zur Auswahl.

Für **C & C-Großhandelsunternehmen** ist der Standort ein Absatzfaktor. Sie gleichen den Unternehmen des Einzelhandels.

Die **Außenhandelsunternehmen** lassen sich in der Regel an wichtigen Grenzübergängen, an Großmärkten in Grenznähe und in Hafenstädten nieder. Ihr Standort ist beschaffungs- und verkehrsorientiert.

Die **Versandhandelsunternehmen** ersetzen die Verkaufsfläche durch ihren Katalog. Der Unternehmensstandort ist kein Absatzinstrument und findet sich oft in der Nähe von Produzenten - *Wenz* Pforzheim ist aus dem Schmuckwarenhandel hervorgegangen und deshalb im Schmuckzentrum Pforzheim ansässig – oder in Ballungsgebieten mit guter Verkehrsanbindung – *Quelle* in Fürth oder *Otto*-Versand in Hamburg –.

Für den **stationären Einzelhandel** ist der Standort vorrangig ein Absatzinstrument, gleichwertig dem Sortiment, dem Preis und dem Unternehmensprofil. Der Standort muß auf den Punkt genau stimmen. Abweichungen von hundert Metern vom richtigen Standort können zum Mißerfolg und zum Ausscheiden aus dem Markt führen. An die Standortqualität werden höchste Anforderungen gestellt. Je mehr Mängel die Standortqualität aufweist, desto größer ist das unternehmerische Risiko, mit denen ein Handelsunternehmen und seine Investitionen belastet werden. Der stationäre Einzelhandel hat deshalb bei der Standortwahl in der Regel nur einen geringen Spielraum. Er kann nur selten zwischen mehreren gleichwertigen Alternativen auswählen. Die Entscheidungen über Standorte werden ausschließlich absatzorientiert getroffen, die Kosten sind sekundär. Ein billiger Standort mit hohen Risiken erweist sich meist nach kurzer Zeit teurer als ein teurer Standort mit niedrigen Risiken. An die Standortforschung stellt der stationäre Einzelhandel deshalb sehr hohe Anforderungen.

Der **ambulante Einzelhandel** hat eine mobile Verkaufsfläche, arbeitet mit wechselnden Standorten auf Wochen- und Jahrmärkten, auf Messen und mit Verkaufswagen in Wohngebieten. Der Standort ist ein Absatzfaktor. Auf die Wahl des Standortes hat der Händler nicht immer Einfluß. Er hat aber den großen Vorteil, Risiken ausgleichen zu können. Denn er besetzt einen Standort ja nur für eine begrenzte kurze Zeit. Einem schlechten Standort, den man nicht vermeiden konnte, können neun gute Standorte folgen. Wird mit Verkaufswagen gearbeitet, ist man in der Wahl der Haltepunkte weitestgehend frei.

Der ambulante Einzelhandel ersetzt systematische Standortforschung durch Erfahrung. Die Händler wissen, welche Märkte umsatzträchtig sind und besucht werden müssen. Trotzdem könnte Standortforschung gute Dienste leisten, indem sie einen Überblick über alle im Laufe eines Jahres stattfindenden Märkte verschafft, damit aus Absatz- und Kostengründen eine Auswahl getroffen werden kann, manche Märkte neu in die Planung aufgenommen, manche gestrichen werden könnten.

4.4 Anforderungen an einen Handelsstandort als Vorgaben für die Standortforschung

4.4.1 Anforderungen an einen Standort für ein Handelsunternehmen

Ein Standort für ein Handelsunternehmen muß einer Reihe von Kriterien genügen. Die quantitativen Kriterien sind weniger problematisch. Sind sie nicht zu erfüllen – ist die zur Verfügung stehende Fläche zu klein oder der Preis zu hoch –, dann muß der Standort abgelehnt oder aufgegeben werden. Schwieriger ist die Bewertung der qualitativen Kriterien. Bei ihnen kann man sich täuschen oder, was immer wieder vorkommt, man bewertet sie zu optimistisch und positiv. Wenn dann der Standort nicht hält, was man sich von ihm versprochen hat, ist es für eine Korrektur der getroffenen Entscheidung zu spät. Gerade bei der Beschaffung der qualitativen Daten muß deshalb die Standortforschung sehr sorgfältig und vorsichtig vorgehen.

Spezialanwendung

Ein für ein Handelsunternehmen, besonders für ein Einzelhandelsunternehmen, geeigneter Standort muß mit Hilfe der folgenden Kriterien, die mit unterschiedlichen Schwerpunkten auch für Unternehmen anderer Handelsstufen gelten, beurteilt werden.

Das zur Verfügung stehende **Grundstück** oder die zur **Miete** angebotene Verkaufs- oder Lagerfläche müssen ausreichend groß sein, so daß sich ein Handelsunternehmen in einer Größe errichten und betreiben läßt, die wirtschaftlich vertretbar ist und die auch nicht vom Wettbewerb her gefährdet werden kann. Die Mindestbetriebsgröße, die sehr unterschiedlich ist und von der Branche, der Vertriebsform und der Handelsstufe abhängt, darf nicht unterschritten werden. Zwischen den Mindestbetriebsgrößen für ein Juwelier- und Uhrengeschäft und ein Möbelhaus liegen Welten. Größere Verkaufs- und Lagerflächen sind im Wettbewerb meist den kleineren Flächen überlegen. Auf ihnen läßt sich der Warenfluß rationeller organisieren und im Großhandel ein Umsatz- und Einkaufspotential aufbauen, das gute Konditionen sichert. Im Einzelhandel kann man auf größeren Verkaufsflächen dem Verbraucher mit größeren Sortimenten eine größere Auswahl bieten. Durch die ständig größer werdenden Sortimente ist die Mindestbetriebsgröße fortlaufend gestiegen. Genügten für einen Lebensmittelsupermarkt 1980 noch 600 qm Verkaufsfläche, so sind heute 1000 qm bis 1500 qm erforderlich.

Grundstücks- und Baukosten oder die **Miete** müssen es erlauben, die Verkaufs- oder Lagerfläche mit einer vertretbaren Kostenbelastung zu betreiben. Welche Belastung betriebswirtschaftlich vertretbar ist, das hängt sehr stark von der Branche und der Vertriebsform ab. Lebensmittel-Discounter können vielleicht 3–4% vom Nettoumsatz als Mietbelastung akzeptieren. Der Lebensmittelsupermarkt kann bis 5% gehen, Fachgeschäfte in guten Lagen können 6% und mehr tragen. Manchmal wird bewußt eine höhere Kostenbelastung in Kauf genommen, wenn der Standort eine erstklassige Qualität hat, mehrere Wettbewerber sich um ihn bemühen und das eigene Unternehmen unbedingt an diesem Standort und in dieser Standortlage vertreten sein will. Dann wird aus dem ökonomischen ein politischer Standort.

Die **Standorte** der Handelsunternehmen müssen zwischen den Produktionsunternehmen und den Haushalten liegen. Die Standorte des Einzelhandels müssen sogar möglichst nahe bei den privaten Haushalten liegen und von den Verbrauchern leicht zu erreichen sein. Mit der Sicherung qualitativ guter Standorte erfüllt der Handel die Raumüberbrückungsfunktion. Je näher der Standort beim Verbraucher liegt, desto besser wird diese Handelsfunktion erfüllt, desto höher ist die Standortqualität. Mängel an Standortqualität müssen in der Regel durch eine aggressive Preispolitik kompensiert werden.

Die Forderung nach der Nähe zum Verbraucher muß je nach Handelsstufe und Vertriebsform unterschiedlich beurteilt werden. Ein Großhandelsunternehmen muß nicht vor der Haustür der Verbraucher liegen. Und ein SB-Warenhaus kann einen Teil der Nähe zum Verbraucher durch gute Verkehrsanbindungen und eine größere Auswahl kompensieren. Die Entfernung zwischen Wohnung und Standort eines Handelsunternehmens schätzt obendrein der Autokunde, der das SB-Warenhaus aufsucht, anders ein als der zu Fuß kommende Kunde eines Nachbarschaftssupermarktes. Je mehr Menschen in der Nähe eines Standortes wohnen, desto höher ist die Standortqualität.

Die Qualität eines Standortes wird aber auch von seinem Umfeld und der Wettbewerbssituation bestimmt. Zwei Varianten des Umfeldes finden sich in der Praxis.

Befinden sich in der Nachbarschaft eines zu untersuchenden Standorts bereits mehrere Einzelhandelsunternehmen anderer Branchen und zusätzlich Dienstleistungsunternehmen, so bezeichnet man dieses Umfeld als **branchenübergreifende Agglomeration**. Sie verstärkt die Anziehungskraft einer Standortlage – ihre Zentralität – ganz wesentlich und ist in der Regel positiv zu beurteilen. Voraussetzung ist allerdings, daß der Branchenmix ausgewogen ist, also unterschiedliche Branchen und Dienstleister ansässig sind. Die Untersuchung des Branchenmix darf die Standortforschung nicht übersehen.

In der Nachbarschaft eines zu untersuchenden Standortes befinden sich bereits mehrere Wettbewerber der gleichen Branche mit für das Einzugsgebiet ausreichend großen Verkaufsflächen. Dann kann bei Hinzukommen eines weiteren Wettbewerbers ein Verdrängungswettbewerb drohen. Es kann aber auch die Anziehungskraft der Standortlage gesteigert und in der Folge das Einzugsgebiet erweitert werden. Es flösse mehr Kaufkraft zu den Handelsunternehmen und alle fänden ihr Auskommen. Die Konzentration von Möbelgeschäften an der A 23 im Nordwesten von Hamburg – die Wohnmeile in Halstenbek – ist ein Beispiel für eine **branchengleiche Agglomeration**. Im Falle einer branchengleichen Agglomeration muß die Standortforschung die Sortimente der bereits ansässigen Handelsunternehmen und deren Schwerpunkte eingehend untersuchen. Die branchengleiche Agglomeration ist die Ausnahme.

4.4.2 Standortforschung und Vertriebsform

Die Anforderungen an einen Standort werden auch von der Vertriebsform, für die sich ein Handelsunternehmen entschieden hat, bestimmt. Damit die Standortforschung zielstrebig arbeiten und die für ein Handelsunternehmen relevanten Daten aus der großen Menge verfügbarer Daten auswählen kann, muß sie die Vertriebsform kennen. Die Standortforschung hat die Zusammenhänge zwischen Standort und Vertriebsform in den Standort-Kategorien systematisiert.

4.4.3 Standort-Kategorien

Integrierte Standorte befinden sich in Wohngebieten mittlerer und großer Städte oder in der Mitte kleinerer Gemeinden. Sie sind also in Wohngebiete eingebunden. Die Nähe zum Verbraucher ist ihr unverwechselbares Kennzeichen. Nähe heißt bei diesen Standorten 5 bis 10 Gehminuten. Die integrierten Standorte besetzen überwiegend der Lebensmittelhandel, das Nahrungsmittel-Handwerk, Kioske mit Tabakwaren und Zeitschriften, Blumenläden und Dienstleister, wie Bankfilialen, Friseure oder Reinigungsbetriebe.

Verkehrsorientierte Standorte werden auch als Standorte auf der grünen Wiese bezeichnet. SB-Warenhäuser, Fachmärkte, Möbelhäuser und Lebensmittel-Discounter bevorzugen diese Standorte. Vor dem Aufkommen dieser Vertriebsformen in den 60er Jahren des 20. Jahrhunderts hat man diese Standort-Kategorie überhaupt nicht gekannt. Für verkehrsorientierte Standorte sind gute Straßenanbindungen, gute Sichtbarkeit, ausreichend große Parkplätze und auch öffentliche Vekehrsmittel von großer Bedeutung. Wenn Wohngebiete oder Haltestellen öffentlicher Vekehrsmittel in der Nähe liegen, kommen auch fußläufige Kunden. Die verkehrsorientierten Standorte werden in der Regel in größeren Zeitabständen aufgesucht. Es werden Güter des mittel- und langfrstigen Bedarfs gekauft. Bei Lebensmitteln werden Vorratskäufe vorgenommen. *IKEA* und *METRO* sind für die Besetzung verkehrsorientierter Standorte typisch. Sie haben sich Standorte bester Qualität gesichert.

City-Standorte sind die Standorte in der Mitte mittlerer und großer Städte. In sehr großen Städten finden sich City-Standorte auch in Subzentren in einzelnen Stadtteilen. Diese Standorte sind die Domäne der traditionellen Warenhäuser *Karstadt*, *Kaufhof*, der Kaufhäuser wie *C & A*, *Brinkmann*, *Görtz* – und der Fachgeschäfte auf hohem Niveau. Lebensmittel-Supermärkte wird man an diesen Standorten nicht finden, ausgenommen die Lebensmittel-Abteilungen der Warenhäuser. Die aber sind als eigene Vertriebsform mit sehr hohem Sortimentsniveau anzusehen. Die Kosten für die Verkaufsflächen sind an den City-Standorten sehr hoch. Wegen der hohen Grundstückspreise wird in mehreren Ebenen – Stockwerken – gearbeitet. Nähe zum Verbraucher gewinnen die City-Standorte durch die Anbindung an ein dichtes und leistungsfähiges Netz öffentlicher Verkehrsmittel.

Das Vorhandensein ausreichend großer Parkhäuser ist für City-Standorte unverzichtbar. Nur dann werden diese Standorte auch von Auto-Kunden aufgesucht. Problematisch sind City-Standorte in Fußgängerzonen, wenn sich in der Nähe keine Parkplätze befinden.

4.5. Methoden der Standortforschung und Entscheidungen der Standortpolitik des stationären Einzelhandels

Neue Standorte werden systematisch gesucht. Es wird ein aktives Standort-Marketing betrieben. Eine passive Standort-Sicherung, die auf Angebote von Bauherren und Vermietern wartet, reicht heute nicht mehr aus.

Dem aktiven Standort-Marketing stehen die nachfolgend dargestellten Methoden zur Verfügung. Sie bestehen aus etwa 90% Standortforschung – Datenbeschaffung und Datenverarbeitung – und zu 10% aus absatzpolitischen Entscheidungen. Sie sind also ein Verbund von Standortforschung und Standortmarketing. Große Filialunternehmen und Handelsgruppen nutzen alle diese Methoden. Aber auch kleinere Handelsunternehmen können bei der Suche nach neuen Standorten oder zur Überprüfung bestehender Standorte Nutzen aus der Anwendung aller Methoden ziehen. Denn es ist ohne große Bedeutung, ob ein Standortnetz aus Geschäften mehrerer Filialunternehmen und Handelsgruppen besteht – wie das im Lebensmitteleinzelhandel meist der Fall ist – oder ob es aus Geschäften einzelner selbständiger Kaufleute besteht – was sich noch im Einzelhandel mit Schuhen oder Oberbekleidung findet – . Die kleineren mittelständischen Unternehmen bedienen sich freilich in der Regel nur der punktuellen Standort-Analyse und verzichten damit auf viele wertvolle Daten vom Markt.

4.5.1 Marktstrukturanalyse

Sie steht am Anfang der Standortsicherung und Standortüberprüfung und untersucht größere Einzugsgebiete. Das können das Absatzgebiet eines Großhandelsunternehmens einer Handelsgruppe, das Absatzgebiet eines Filialunternehmens oder ein Absatzgebiet, in dem eine Anzahl von Einzelunternehmen arbeiten, sein. Sind diese Unternehmen bundesweit tätig, so werden sie, unterteilt in mehrere Absatzregionen, das gesamte Bundesgebiet untersuchen. Seit Bestehen der Europäischen Wirtschaftsunion werden von großen Handelsunternehmen auch zunehmend der europäische Raum oder Teile vom ihm untersucht. Die Größe des Absatzgebietes und die Dichte des Standortnetzes sind von der Branche und von der Vertriebsform abhängig.

Für die Marktstrukturanalyse muß die Standortforschung die folgenden Daten ermitteln, um die Stellung eines Handelsunternehmens und seiner Wettbewerber am Markt beurteilen zu können:

Die Ermittlung des **Marktanteils** setzt die Kenntnis des Marktvolumens voraus. Man muß wissen, wieviel Kaufkraft für eine bestimmte Branche in einem Einzugsgebiet vorhanden ist. Die folgende Abbildung 1 gibt einen Überblick über die Einkaufsbeträge für einige Branchen und die entsprechende Kaufkraft für ein Einzugsgebiet mit 20 000 Einwohnern.

Ein in diesem Gebiet ansässiges Textil-Einzelhandelsgeschäft mit einem Jahresumsatz von 4,3 Mill. DM hätte einen Marktanteil von 13,9%, ein Lebensmittel-Supermarkt mit 8 Mill. DM Jahresumsatz hätte einen Marktanteil von 12,3%. Ihren Marktanteil kontrollieren viele Handelsunternehmen. Er erlaubt eine Beurteilung der gegenwärtigen Marktstellung des Unternehmens. Er sagt aber wenig über die Zukunft aus. Welche Möglichkeiten das Unternehmen hat und ob es im Wettbewerb gefährdet ist oder gefährdet werden könnte, kann man mit Hilfe des Marktanteils allein kaum erkennen. Es müssen weitere Daten ermittelt und beurteilt werden.

Branche	Einkaufsbetrag pro Kopf und Jahr in DM²	Kaufvolumen in DM für ein Einzugsgebiet mit 20 000 Einwohnern
Lebensmittel¹	3 243,–	64 860 000,–
Bekleidung	1 544,–	30 880 000,–
Schuhe	269,–	5 380 000,–
Tabakwaren	421,–	8 420 000,–
Bildung/Unterhaltung/Freizeit	2 430,–	48 600 000,–

1 In den neuen Bundesländern liegen die Beträge unter diesen Zahlen.
2 Vorläufige Zahlen für 1994.
3 Ohne Gaststättenverzehr, einschließlich eines Teils der Ausgaben für Körperpflege und Haushaltsführung, soweit sie für den Lebensmittelhandel relevant sind.

Quelle: Vademecum des Einzelhandels 1994, herausgegeben von der Bundesarbeitsgemeinschaft der Mittel- und Großbetriebe des Einzelhandels e. V. (BAG), Köln 1995.

Abb. 1: Kaufkraft in einem Absatzgebiet mit 20 000 Einwohnern

Spezialanwendung

Um die zukünftige Stellung am Markt einschätzen zu können, muß die **Struktur der Verkaufsflächengrößen** überprüft werden. Ob ein Filialunternehmen im Lebensmittel-Einzelhandel in seinem Absatzgebiet einen Jahresumsatz von 100 Mill. DM mit 50 kleinen Geschäften zu je 2 Mill. DM Jahresumsatz und etwa 250 qm Verkaufsfläche oder mit 10 Supermärkten zu je 10 Mill. DM Jahresumsatz und etwa 1250 qm Verkaufsfläche erwirtschaftet, ist ein großer Unterschied. Größere Verkaufsflächen lassen sich nicht nur kostengünstiger betreiben. Sie sind auch absatzpolitisch attraktiver. Es kann nicht überraschen, daß deshalb im Wettbewerb , besonders im Verdrängungswettbewerb, die große Fläche der kleinen überlegen ist. Mit großen Verkaufsflächen kann man kleine Verkaufsflächen vom Markt verdrängen. Für die zukünftige Marktstellung eines Unternehmens sind die Kenntnis der gegenwärtigen Verkaufsflächenstruktur und der Möglichkeiten zu ihrer Verbesserung von großer Bedeutung.

Auch ein einzelnes Handelsunternehmen – gleich welcher Branche und vielleicht von mittlerer oder kleiner Größe – sollte die Verkaufsflächenstruktur seines Wettbewerbsumfeldes kennen. Es werden dann rechtzeitig Gefahren sichtbar, die in Zukunft drohen könnten. Der Marktanteil allein läßt solche Gefahren nicht erkennen.

Ergänzt werden müssen die Kenntnisse über die Verkaufsflächenstruktur durch die Frage nach dem **Marktführer**. Ist in dem untersuchten Absatzgebiet ein Marktführer vorhanden oder nicht? Ein Marktführer weist in der Regel folgende Merkmale auf:
- Meist wird der Marktführer über die größte, zumindest eine große Verkaufsfläche verfügen.
- Der Marktführer besetzt einen qualitativ erstklassigen Standort. Auf zweitklassigen Standorten kann man nur sehr schwer Marktführer werden, selbst wenn die Flächenüberlegenheit sehr groß ist.
- Der Marktführer betreibt sein Geschäft professionell. Er führt ein aktuelles und marktgerechtes Sortiment, präsentiert die Ware übersichtlich und attraktiv, verfügt über kompetente und gewandt auftretende Mitarbeiter, betreibt eine interessante und kreative Werbung und hat einen Verkaufsraum mit einer unverwechselbaren Atmosphäre. Er erbringt eine einwandfreie Handelsleistung. Kundenorientierung ist für ihn eine Selbstverständlichkeit.
- Der Marktführer beachtet die Preisvorstellungen der Verbraucher und bietet zu marktgerechten Preisen an. Das Preis-Leistungs-Verhältnis stimmt. Er muß nicht der billigste Anbieter sein. Er kann vielmehr eine Politik der mittleren bis hohen Preise betreiben, in deren Windschatten seine Wettbewerber sehr bequem leben. Er kann aber auch eine aggressive Preispolitik betreiben, die den Wettbewerbern hart zusetzt.

Marktführer zu sein bedeutet also mehr als lediglich die Preisführerschaft zu besitzen. Marktführer muß man auch nicht unbedingt über das gesamte Sortiment hinweg sein. Stehen im Zentrum einer Großstadt mehrere Warenhäuser miteinander im Wettbewerb, so kann jedes Warenhaus in einem anderen Teilsortiment Marktführer sein.

Dem Marktführer billigen seine Wettbewerber eine Leitfunktion zu, sie ordnen sich ihm bis zu einem gewissen Grade unter.

Für die Beurteilung eines Absatzgebietes ist es von großer Bedeutung, ob ein Marktführer vorhanden ist oder nicht und ob man selbst der Marktführer ist oder ein Wettbewerber. Sich in ein Absatzgebiet zu begeben, in dem ein starker Konkurrent den Marktführer stellt, ist um vieles schwieriger und riskanter, als wenn man selbst der Marktführer oder noch gar kein Marktführer vorhanden ist.

Um einen Überblick über die Dringlichkeit zukünftiger Maßnahmen zur Standortsicherung zu gewinnen, werden die Dauer von Mietverträgen, das Alter der Kaufleute und die Möglichkeiten zur Vergrößerung bestehender Verkaufsflächen ermittelt.

Eine starke Marktstellung langfristig zu sichern erfordert mehr, als einen gegenwärtig hohen Marktanteil als Garantie für die Zukunft anzusehen und deshalb passiv zu bleiben. Am Beispiel zweier Entscheidungssituationen soll dies und damit der Wert einer Marktstrukturanalyse gezeigt werden. Die Abbildung 2 zeigt das Ergebnis einer Marktstrukturanalyse, die das Unternehmen A – eine Handelsgruppe – durchgeführt hat.

Wettbewerber	Marktanteil	Umsatz in Mill. DM	U/qm in DM	Verkaufsfläche qm	Anzahl der Geschäfte	durchschnittliche Größe der Verkaufsfläche pro Geschäft in qm
A (selbst)	40%	300,0	9 600	31 250	200	156
B	25%	187,5	9 000	20 833	20	1 042
C	35%	262,5	7 000	37 500	125	300
Gesamt	100%	750,0		89 583	345	

Abb. 2: Ergebnis einer Marktstrukturanalyse

Unternehmen A verfügt über den höchsten Marktanteil im Absatzgebiet. Trotzdem ist die Marktstellung auf längere Sicht gefährdet, weil:
- Der Umsatz an einer großen Anzahl von Standorten mit kleinen Verkaufsflächen erzielt wird, was in den Augen der Wettbewerber eine Schwäche ist.
- Marktführer mit Sicherheit das Unternehmen B ist, vorausgesetzt die Unternehmensführung weist keine schwerwiegenden Schwächen auf und die besetzten Standorte sind nicht zweitklassig.
- Die Untersuchung zusätzlich ergeben hat, daß viele Mietverträge von Mitgliedern in naher Zukunft auslaufen und zahlreiche Mitglieder demnächst in den Ruhestand treten.

Trotz eines hohen Marktanteils droht dem Unternehmen A große Gefahr. Es muß umgehend eine systematische Standortsicherung betreiben, aktiv nach neuen Standorten für größere Verkaufsflächen suchen und damit seine Verkaufsflächenstruktur verbessern. Der gefährlichste Wettbewerber ist das Unternehmen B. Es hat zwar – noch – den niedrigsten Marktanteil, verfügt aber über große und zukunftsträchtige Verkaufsflächen. Seine hohe Flächenproduktivität läßt erwarten, daß die Vergrößerung bestehender Flächen – wenn möglich – und die Eröffnung von Märkten an neuen Standorten geplant werden. Für A ergibt sich aus dieser Situation erheblicher Handlungsbedarf, was aus dem Marktanteil allein nicht abzulesen ist.

Für das Unternehmen B – ein Filialunternehmen – ist die Situation umgekehrt. Der Marktanteil ist zwar der niedrigste im Absatzgebiet. Die Marktstellung ist trotzdem nicht schlecht und vor allem in Zukunft ausbaufähig, weil:
- der Umsatz mit wenigen, aber großen Verkaufsflächen erwirtschaftet wird;
- das Unternehmen der Marktführer ist und damit den Fuß sicher in der Tür hat;
- die bestehenden Verkaufsflächen durch langfristige Mietverträge abgesichert sind.

Wäre Unternehmen B ebenfalls eine Handelsgruppe, so wäre es von großem Vorteil, wenn die bestehenden Standorte von jungen und kompetenten Kaufleuten betrieben würden, die in der Lage und bereit wären, einen zweiten und auch dritten Markt in dem Gebiet zu übernehmen.

Würde ein einzelnes mittleres Handelsunternehmen – z. B. ein Fachgeschäft für Damen- und Herren-Oberbekleidung – eine solche Marktstrukturanalyse durchführen, so umfaßte die Untersuchung eine größere Zahl von Wettbewerbern. Die Beurteilung der Situation anhand der Kriterien Marktanteil, eigene Verkaufsflächengröße im Vergleich zu den konkurrierenden Fachgeschäften und Marktführer erfolgte in gleicher Weise.

4.5.2 Standort-Netzanalyse

Die Marktstrukturanalyse gibt einen ersten Einblick in ein Absatzgebiet. Sie weist darauf hin, daß in der Standortsicherung etwas getan werden muß. Sie sagt aber noch nicht, wo in dem Absatzgebiet etwas getan werden kann und getan werden sollte. Hier setzt die Standort-Netzanalyse ein, die nunmehr ins Detail geht. Sie untersucht, wo in dem Gebiet Menschen wohnen und sich bereits Einzelhandel und Dienstleister niedergelassen haben. Es werden die folgenden Daten ermittelt:

Der Einzelhandel muß wissen, wo in einem **Einzugsgebiet** die Menschen wohnen oder wohnen werden und wie sich diese Wohnlagen über das Absatzgebiet verteilen. Es ist ein großer Unterschied, ob die 20 000 Einwohner eines Absatzgebietes – wie im Beispiel des vorhergehenden Abschnitt aufgeführt – geballt in der Trabantenstadt einer Großstadt oder in 20 Gemeinden in einem größeren dünnbesiedelten Gebiet leben.

Bei der Untersuchung des bereits in einem Absatzgebiet ansässigen Einzelhandels und der dort ansässigen Dienstleister wird man feststellen, daß diese Unternehmen nicht gleichmäßig über das gesamte Gebiet verstreut anzutreffen sind, sondern sich in bestimmten **Geschäftslagen** niedergelassen haben. Einzelhandelsunternehmen und Dienstleister sind sozial, sie suchen die Nähe anderer Unternehmen ihrer Art. Diese Geschäftslagen sind oft innerhalb von Wohnlagen anzutreffen. Eine Ausnahme machen nur Lebensmittelgeschäfte, die gelegentlich auch außerhalb von Geschäftslagen zu finden sind. Die Bildung von Geschäftslagen bezeichnet man als Agglomeration. Auf diesen Begriff wurde bereits eingegangen. Standorte innerhalb einer Geschäftslage mit einem ausgewogenen Branchenmix haben eine höhere Qualität als solche außerhalb. Denn die Geschäftslage übt durch ihre Zentralität eine Anziehungskraft auf die Verbraucher aus. Geschäftslagen können auch auf der grünen Wiese entstehen, wenn sich um ein großes SB-Warenhaus eine Reihe von Fachmärkten ansiedelt oder ein großes Einkaufszentrum errichtet wird.

Anhand der Bebauungspläne und **Flächennutzungspläne** der Gemeinden und Städte wird ermittelt, wo eventuell neue Wohngebiete zu welchem Zeitpunkt errichtet werden. Und es wird ermittelt, wo Straßenbauten geplant sind. Der Bau einer Umgehungsstraße kann eine bestehende in eine Stadt integrierte Geschäftslage aufwerten, weil störender Durchgangsverkehr abgezogen wird. Er kann sie aber auch abwerten, wenn durch ihn auf der grünen Wiese eine neue Geschäftslage entsteht.

Nach Durchführung einer Standort-Netzanalyse weiß man also genau, wo sich in einem Absatzgebiet Wohn- und Geschäftslagen befinden und welche Planungen für Wohn- und Gewerbegebiete und die Infrastruktur bestehen. Man kann nun zielstrebig nach Ansatzmöglichkeiten für neue Standorte suchen. Es kann eine langfristige Standortsicherung mit dem Ziel einer Vergrößerung der Verkaufsfläche und zumeist mit einer Verbesserung der Struktur des Standortnetzes betrieben werden.

Die Standort-Netzanalyse ist mit ihren durch die Standortforschung beschafften umfassenden Daten die Grundlage für eine aktive und systematische Suche nach Grundstücken, Bauherrn und Vermietern von Verkaufsflächen. Sie fördert das Denken in Standortnetzen und in Standortsystemen. Als Folge des Entstehens von unterschiedlichen Vertriebsformen hat sich in manchen Branchen, besonders im Lebensmittelhandel, eine eigene Arbeitsteilung zwischen den Vertriebsformen entwickelt, die sich vorrangig in der Sortimentsgestaltung und der Abstimmung der Sortimente widerspiegelt. Die großen Filialunternehmen und die Handelsgruppen haben ihre Standortenetze zu regelrechten Standortsystemen ausgebaut. *Tengelmann* hat mit seinen Vertriebsformen Plus als Discounter, *Tengelmann* und *Kaiser's* als traditionelle Supermärkte und *Grosso* und *Magnet* als SB-Warenhäuser ein solches Standortsystem mit einer Arbeitsteilung zwischen den Vertriebsformen geschaffen.

Bei der Ausarbeitung einer Standort-Netzanalyse und deren unerläßlicher ständigen Aktualisierung werden darüber hinaus gründliche, sehr ins Detail gehende Kenntnisse über das Absatzgebiet erworben. Sie sind für das gesamte Marketing und eine marktorientierte Unternehmensführung von unschätzbarem Wert. Besonders die Aktualisierung einer durchgeführten Standort-Netzanalyse zwingt zu einer ständigen Beschäftigung mit dem Absatzgebiet.

4.5.3 Punktuelle Standortanalyse

Sie untersucht und beurteilt einen ganz konkreten, mit Hilfe der Netzanalyse gefundenen Standort. Sie geht sehr ins Detail und hat eine Umsatzprognose zum Ziel. Sie leistet die Feinarbeit und läßt sich in folgende vier Schritte gliedern.

Erster Schritt: Untersuchung des Einzugsgebietes

Das Einzugsgebiet muß abgegrenzt und damit seine Größe festgelegt werden. Die Größe wird von Branche und Vertriebsform wesentlich beeinflußt. Ein Möbelhaus hat ein sehr großes Einzugsgebiet – bis zu 100 km Radius – , ein Nachbarschafts-Supermarkt in kleines

Einzugsgebiet – mit höchstens 1000 m Radius. Der Lebensmittel-Discounter dagegen kann mit einem Einzugsgebiet von 3 km bis 5 km Radius rechnen. Bei der Größe des Einzugsgebietes wird mit Geh- oder Fahrminuten gerechnet. Einzugsgebiete sind niemals exakte Kreise. Eine denkbare Kreisform wird immer durch topografische Eigenheiten, durch die Infrastruktur – Straßen, Bahnlinien, Gewässer – oder Bebauungsgrenzen deformiert.

Liegt die äußere Grenze des Einzugsgebietes fest, so muß es in marktanalytische Zonen gegliedert werden. Je weiter eine Zone vom untersuchten Standort entfernt liegt, desto niedriger wird in der Regel der Marktanteil sein, den man in dieser Zone erreichen kann. Denn mit zunehmender Entfernung vom Standort nehmen einerseits für die Verbraucher die Unbequemlichkeit eines langen Weges und andererseits die Störungen durch den Wettbewerb zu. Die Gliederung eines Einzugsgebietes in marktanalytische Zonen macht das Gebiet transparent und trägt wesentlich zur Genauigkeit der Umsatzprognose bei.

Es wird festgestellt, wie viele Menschen in den einzelnen Zonen des Einzugsgebietes wohnen. Diese Aufgabe kann mit Hilfe überall verfügbarer statistischer Unterlagen – externe sekundäre Marktforschung – oder durch eine Begehung des Gebietes und das Zählen der Wohneinheiten – primäre Marktforschung – sehr genau gelöst werden. Sehr schwierig ist es, sich einen Einblick in die soziale Struktur eines Einzugsgebietes und die Einkommensverhältnisse der Bewohner zu verschaffen.

Zweiter Schritt: Das Ermitteln des Kaufvolumens

Das Ermitteln des Kaufvolumens ist ein einfacher Schritt. Die Einwohnerzahl in den einzelnen Zonen des Einzugsgebietes wird mit dem durchschnittlichen Einkaufsbetrag pro Kopf und Jahr der jeweiligen Branche malgenommen. In der Praxis ergeben sich jedoch für die Standortforschung einige Probleme.

Den Jahrbüchern des Statistischen Bundesamtes kann man die Einkaufsbeträge für die wichtigsten Branchen des Einzelhandels entnehmen. Es sind die durchschnittlichen Einkaufsbeträge pro Einwohner und Jahr oder die monatlichen Einkaufsbeträge verschiedener Haushaltstypen. Problematisch ist, daß die Branchengliederung der amtlichen Statistik nicht vollständig mit der Branchengliederung des Einzelhandels übereinstimmt und nicht ausreichend detailliert ist.

Die Einkaufsbeträge werden vom Einkommensniveau beeinflußt. Und das ist regional unterschiedlich, in Ballungsgebieten höher als auf dem flachen Lande. Mit Hilfe der Kaufkraft-Kennziffern-Karte der *GfK – Gesellschaft für Konsumforschung* in Nürnberg kann man die für das gesamte Bundesgebiet geltenden Durchschnittswerte an die regionalen Verhältnisse anpassen. Der Einkaufsbetrag wird mit der Einwohnerzahl jeder Zone multipliziert. Das Ergebnis ist das in jeder Zone des Einzugsgebietes vorhandene Kaufvolumen der Branche, für die ein Standort untersucht wird.

Es kann Ab- und Zuflüsse von Kaufkraft durch Pendlerströme, außerhalb des Einzugsgebietes liegende überregionale Wettbewerber – SB-Warenhäuser und Einkaufszentren – und die Zentren großer und mittlerer Städte geben. Unter Umständen betreffen die Ab- und Zuflüsse nur einzelne Zonen des Einzugsgebietes. Seine Gliederung in marktanalytische Zonen ist also von Vorteil. Nach Berücksichtigung der Ab- und Zuflüsse erhält man das bereinigte Kaufvolumen.

Dritter Schritt: Die Untersuchung des Wettbewerbs

Bei der Untersuchung des Wettbewerbs stellen sich zwei Fragen. Es muß festgestellt werden, wie viele Quadratmeter Verkaufsfläche von den Wettbewerbern im Einzugsgebiet betrieben werden. Das ist die quantitative Frage, die sich sehr genau beantworten läßt. Schwieriger ist es, die qualitative Frage zu beantworten, nämlich wie diese Verkaufsflächen geführt werden, wie leistungsfähig die Wettbewerber sind. Zur Beantwortung der quantitativen Frage werden die Verkaufsflächen der Wettbewerber, ihre Standorte, ihre Sortimente und Sortimentsschwerpunkte und – besonders im Lebensmittelhandel – die Anzahl der Kassen ermittelt. Zur Beantwortung der qualitativen Frage werden die Standortqualität, das Niveau der Unternehmensführung, die Aktualität und Gestaltung der Werbung beurteilt.

Um einen Eindruck von der Stärke des im Einzugsgebiet herrschenden Wettbewerbs zu bekommen, kann man zwei Methoden anwenden:
- Wenn man die vorhandene Verkaufsfläche mit der durchschnittlichen Flächenproduktivität – Umsatz/Quadratmeter und Jahr – multipliziert, erhält man die Umsatzkapazität der gesamten Verkaufsfläche. Ist sie größer als das Kaufvolumen, herrscht starker Wettbewerb und bei Errichtung weiterer Verkaufsflächen ist mit Verdrängungswettbewerb zu rechnen. Ist sie kleiner als das Kaufvolumen, was heute kaum noch vorkommt, herrscht mäßiger Wettbewerb und es ist noch Platz für neue Flächen.
- Man teilt die Verkaufsfläche durch die Einwohnerzahl (in Tausend) und erhält die Verkaufsfläche pro 1000 Einwohner. Ist das Ergebnis größer als die Durchschnittszahl (die je nach Branche verschieden ist), muß mit Verdrängungswettbewerb gerechnet werden. Ist sie kleiner, wäre Platz für neue Verkaufsflächen.

Ganz genau wird man die Wettbewerbsintensität – ein qualitatives Datum – auch mit diesen beiden Methoden nicht ermitteln können. Unschwer ist zu erkennen, daß die Wettbewerbsanalyse innerhalb einer punktuellen Standortanalyse Elemente der Marktstruktur- und der Standort-Netzanalyse übernimmt.

Vierter Schritt: Die Schätzung der Umsatzerwartung

Für jede Zone des Einzugsgebietes wird unter Berücksichtigung der Wettbewerbsintensität geschätzt, welcher Marktanteil zu erreichen ist. Da das Kaufvolumen jeder einzelnen Zone bekannt ist, kann der Umsatz pro Zone ausgerechnet werden. Die Addition der Zonenumsätze ergibt die gesamte Umsatzerwartung für den untersuchten Standort. Die folgende Übersicht über ein Einzugsgebiet (vgl. Abbildungen 3 und 4) faßt den Ablauf einer punktuellen Standortanalyse mit einem Zahlenbeispiel zusammen.

Setzt man eine Flächenleistung von 8000,- DM/Quadratmeter und Jahr an, so kann an dem untersuchten Standort ein Lebensmittel-Supermarkt mit rund 1110 qm Verkaufsfläche zuzüglich 20% Nebenräume, das sind 220 qm, also insgesamt mit 1330 qm Geschäftsfläche errichtet werden.

Spezialanwendung

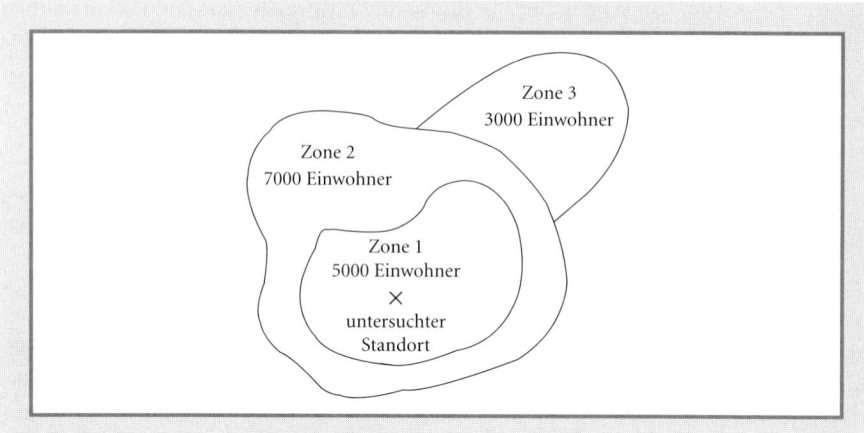

Abb. 3: Übersicht eines Einzugsgebiets

Zone	Kaufvolumen in Mill. DM	bereinigtes Kaufvolumen Mill. DM	Umsatz-erwartung in DM	Marktanteil in %
1	15,0	13,5	5 400 000,–	40
2	21,0	18,9	2 835 000,–	15
3	9,0	8,1	648 000,–	8
Gesamt	45,0	40,5	8 883 000,–	21,9

Abb. 4: Ermitteln der Umsatzerwartung

Die kritischen Stellen einer punktuellen Standortanalyse, bei denen oft Fehler gemacht werden, sind:
- Das Einzugsgebiet wird zu groß abgegrenzt.
- Die Stärke des Wettbewerbs wird unterschätzt.
- Die Marktanteile werden, vor allem in den Randzonen des Einzugsgebietes, zu optimistisch und damit zu hoch angesetzt.

4.6 Strategien des Standortmarketing

Das Standortmarketing muß zwei grundlegende Ziele verfolgen:
- Durch die Beschaffung qualitativ guter Standorte muß die Rentabilität des Handelsunternehmens langfristig gesichert werden. Die Standorte dürfen bei der Einführung und Durchsetzung am Markt keine zu hohen Anlaufverluste verursachen. Sie sollten am besten von Anfang an die Möglichkeit bieten, eine ausreichend hohe Handelsspanne zu erwirtschaften. Langfristige Sicherung der Rentabilität bedeutet, daß in der Anlaufphase auch einmal Verluste in Kauf genommen werden.

- Die Marktstellung des Handelsunternehmens oder der Handelsgruppe muß langfristig gesichert werden. Es müssen ein hoher Marktanteil gehalten oder ein unbefriedigender Marktanteil gesteigert werden. Will man dieses Ziel erreichen, dann muß verhindert werden, daß am Markt ein Wettbewerbs-Vakuum entsteht, weil eine Unterdeckung an Verkaufsfläche hingenommen wird. Ein solches Vakuum würde der Wettbewerb sofort ausfüllen. Im Verdrängungswettbewerb wird die Marktstellung gesichert, wenn man aktiv die Struktur eines Standortnetzes verbessert. Es müssen oft vorsorglich Standorte gesichert werden, um Wettbewerber von einem Markt fernzuhalten oder sie zu verdrängen. Denn sowohl Verkaufsflächenunterdeckung als auch eine schlechte Verkaufsflächenstruktur ziehen Wettbewerber an und veranlassen sie, in der Standortsicherung aktiv zu werden. Bei der vorsorglichen Sicherung von Standorten, die oft Anlaufverluste verursachen, haben die Filialunternehmen Wettbewerbsvorteile, weil sie aus den Erträgen gut verdienender Filialen die Anlaufverluste neuer Filialen finanzieren können. Ihnen bietet sich innerhalb ihres Filialnetzes ein Risikoausgleich.

Treibender Faktor bei der aktiven Standortsicherung zur Sicherung der Marktstellung sind die Beschaffungsmärkte. Verluste an Marktanteil schwächen das Beschaffungsvolumen und ziehen mit großer Sicherheit eine Verschlechterung der Konditionen nach sich.

Die Standortstrategie eines Handelsunternehmens oder einer Handelsgruppe wird von drei Faktoren maßgeblich beeinflußt:
- Branche: von ihr hängen in erster Linie die Dichte des Standortnetzes, die erforderlichen Standortkategorien und die Größe der einzelnen Verkaufsflächen ab.
- Vertriebsform: sie beeinflußt ebenfalls die Dichte des Standortnetzes und die Standortkategorie.
- Organisationsform: Einzelunternehmen, die einen einzigen Standort suchen oder sichern wollen, haben eine andere Strategie als Filialunternehmen und Handelsgruppen, die Standortsysteme aufbauen.

Das Standortmarketing hat mit diesen Strategien gute Chancen, in Flächenmärkten durch die Beschaffung besserer Standorte, als sie der Wettbewerb hat, wirksame und langfristige Wettbewerbsvorteile zu schaffen. Jeder gute Standort, den man sich sichert, geht dem Wettbewerb verloren. Da die Anzahl guter Standorte sehr begrenzt ist, hat der Wettbewerb nur geringe Möglichkeiten, diese Verluste auszugleichen.

Die Überlegungen zu den Standortstrategien lassen noch einmal erkennen, daß sich diese Strategien nur konzipieren und realisieren lassen, wenn ausreichendes und aktuelles Datenmaterial vom Markt zur Verfügung steht. Dieses Datenmaterial muß die Standortforschung beschaffen. Ohne Standortforschung ist kein aktives Standortmarketing und keine zuverlässige Kontrolle seiner Aktivitäten möglich.

4.7 Literaturverzeichnis

Lerchenmüller, Michael: Handelsbetriebslehre, Ludwigshafen 1992, S. 86 ff.
Oehme, Wolfgang: Handelsmarketing, 2. Auflage, München 1992, S. 78 ff.
Tietz, Bruno: Der Handelsbetrieb, München 1985, S. 200 ff.

5. Handelsmarktforschung

Jakob Wolf

Inhaltsübersicht

5.1 Einleitung
5.2 Begriff und Bedeutung der Handelsmarktforschung
5.3 Besonderheiten der Handelsmarktforschung
5.4 Beschaffungsmarktforschung
5.5 Absatzmarktforschung
5.6 Methoden der Handelsmarktforschung
5.6.1 Primärforschung (Field research)
5.6.2 Sekundärforschung (Desk research)
5.7 Literaturverzeichnis

Auf einen Blick

Ein eigenständiges Handelsmarketing erfordert eine spezielle Handelsmarktforschung. Die Handelsmarktforschung hat gegenüber der industriellen Marktforschung eine Reihe von Besonderheiten aufzuweisen, die sowohl dem professionellen Marktforscher als auch den Handelsunternehmen, die eine betriebseigene Handelsmarktforschung durchführen, bekannt sein sollten. Es liegen überschaubare regionale Teilmärkte vor, die Kundennähe dominiert, die Analyse des Firmenimage steht im Mittelpunkt, die Standortforschung unterscheidet sich grundlegend von der Standortforschung in der Industrie. Die unterschiedlichen Betriebstypen des Einzelhandels wie SB-Warenhäuser, klassische Warenhäuser, Fachmärkte, Fachhandelsunternehmen haben einen speziellen Informationsbedarf, der noch zusätzlich von Standort zu Standort variieren kann. Die Handelsmarktforschung muß diese Besonderheiten berücksichtigen und darf keine Marktforschungsergebnisse, die sie für einen bestimmten Betrieb erhoben hat, auf die übrigen Betriebe übertragen.

Das Handelsunternehmen sollte sich verstärkt der Beschaffungsmarktforschung zuwenden, die es ihr ermöglicht, die leistungsfähigsten Lieferanten auszuwählen. In der Absatzmarktforschung sollte das Handelsunternehmen die vielfältigen Möglichkeiten der Sekundärforschung in optimaler Weise nutzen. Dabei sollten sowohl die betriebsinternen Informationsquellen als auch die auf dem Markt erhältlichen externen Informationsquellen ausgeschöpft werden. Eine betriebseigene Handelsmarktforschung muß sich verstärkt der Primärforschung zuwenden und hier als Methoden vor allem die Befragung (persönliche Interviews), die Konkurrenzforschung und die Beobachtungsmethode einsetzen.

5.1 Einleitung

Die Handelsmarktforschung ist als ein eigenständiges Lehr- und Forschungsgebiet bisher nur von wenigen Handelswissenschaftlern aufgegriffen und fortentwickelt worden. Der Groß- oder Einzelhandelsunternehmer, der Handelsmarktforschungsleistungen nachfrägt und der professionelle Marktforscher, der Handelsmarktforschungsleistungen anbietet, sind daher in der Regel gezwungen, auf die allgemeine, meistens industriebezogene, Marktforschungsliteratur zurückzugreifen. Dies ist um so mehr zu bedauern, als ein spezifisches Handelsmarketing der Handelsbetriebe existiert, das in vielen Fällen auch die Anwendung spezieller Marktforschungsmethoden und Techniken erforderlich macht. In der Handelspraxis wird Handelsmarktforschung heute nicht in dem erforderlichen Umfang eingesetzt. Im Vergleich zur Industrie ergibt sich daher für die Handelsunternehmen in bezug auf die Anwendung der Marktforschung ein erheblicher Nachholbedarf.

5.2 Begriff und Bedeutung der Handelsmarktforschung

Die Handelsmarktforschung umfaßt die Beschaffung und die Auswertung von internen und externen Informationen zur Vorbereitung, Durchsetzung und Kontrolle von betrieblichen Entscheidungen, insbesondere Marketingentscheidungen, der Handelsbetriebe. Genau wie man innerhalb des Handelsmarketing ein Absatzmarketing und ein Beschaffungsmarketing unterscheidet, ist es auch sinnvoll und zweckmäßig, die Handelsmarktforschung in Absatzmarktforschung und Beschaffungsmarktforschung zu differenzieren.

Für die Handelsunternehmen ergibt sich zwingend ein ständig wachsender Bedarf an Informationen über die Marktpartner, mit denen sie es zu tun haben. Dazu zählen auf der Nachfrageseite vor allem die Konsumenten, die Kunden und die Nichtkunden und auf der Angebotsseite die Lieferanten und die Konkurrenten. Die Handelsmarktforschung muß sich besonders mit dem Einsatz und den Wirkungen des marketingpolitischen Instrumentariums sowohl des eigenen Handelsunternehmens als auch der wesentlichen Konkurrenten befassen. Nur auf der Basis der Ergebnisse der Marktforschung kann ein Handelsunternehmen eine optimale Marketingkonzeption (Retailing Mix) entwickeln und auch durchsetzen. Damit wird aber die Handelsmarktforschung zum wichtigen Informationsinstrument innerhalb eines Handelsunternehmens.

5.3 Besonderheiten der Handelsmarktforschung

Aus der Handelsleistung, d. h. dem Absatz von Handelswaren kombiniert mit Dienstleistungen, resultieren einige Besonderheiten der Handelsmarktforschung gegenüber der industriellen Marktforschung. Darüber hinaus erfordert ein Handelsmarketing, das die Handelsunternehmen als Subjekte eigener Marketingstrategien und -taktiken begreift und nicht als Distributionsorgan der Industrie in verstärktem Umfang auch eine adäquate, differenzierte Handelsmarktforschung.

Spezialanwendung

Die Besonderheiten der Handelsmarktforschung liegen vor allem im Folgenden:
- Das Absatzgebiet eines Großhandelsunternehmens oder das Einzugsgebiet eines Einzelhandelsunternehmens ist in der Regel regional oder sogar lokal beschränkt. Die Handelsmarktforschung hat es daher im allgemeinen mit relativ überschaubaren Teilmärkten zu tun, für die sich häufig sehr spezielle und tiefgehende Informationen gewinnen lassen. Es ergeben sich aber daraus auch Probleme in bezug auf die Regionalisierung bestimmter Informationen wie der Sekundärdaten aus der amtlichen Statistik.
- Das Charakteristikum eines Einzelhandelsunternehmens ist seine Kundennähe. Es bestehen zahlreiche persönliche Kontakte mit den Kunden und Besuchern eines Einzelhandelsbetriebes. Aus dieser Kundennähe resultiert die verstärkte Anwendung bestimmter Marktforschungsmethoden wie der Kundenbefragung, der Beobachtung der Kunden und Besucher in dem Laden und vor dem Laden, der experimentellen Kontrolle des Kundenverhaltens, insbesondere des Einkaufsverhaltens. Darüber hinaus können wegen dieser Kundennähe im Rahmen der Sekundärforschung zahlreiche interne Informationen, Informationen aus Kundendateien, Reparaturdateien, aus den Lieferscheinen, aus der Umsatzstatistik, gewonnen werden.
- Im Handel kommen zahlreiche horizontale Kooperationsformen vor wie Werbegemeinschaften, Kundendienstgemeinschaften, Ladengemeinschaften, Shopping-Centers, Fußgängerzonen, Großhandelszentren, deren Träger einen spezifischen Informationsbedarf haben, der durch spezielle Marktforschungsmethoden gedeckt werden kann. Es seien hier beispielhaft die Passantenbefragung, die Haushaltsbefragung, die Passantenzählungen, die Kundenlaufstudien als brauchbare Methoden angeführt.
- Im Rahmen der Handelsmarktforschung kommt der Erforschung des Firmenimage und der Subimages (Preisimage, Qualitätsimage, Sortimentsimage, Kundendienstimage, Verkäuferimage, Werbeimage, Kundentypenimage) eine zentrale Bedeutung zu, während in der industriellen Marktforschung eher das Produktimage im Mittelpunkt der Imageforschung steht.
- Im Handel existieren zahlreiche Betriebsformen (Fachgeschäft, Fachmarkt, Warenhaus, SB-Warenhaus, Supermarkt, Verbrauchermarkt), die mit, zum Teil völlig unterschiedlichen, Marketingkonzeptionen (Retailing Mix) ihre möglichen Kundengruppen bearbeiten. Es tritt daher bei jeder Betriebsform ein differenzierter Informationsbedarf auf, der zusätzlich noch von Standort zu Standort variieren kann. Für einen Einzelhandelsbetrieb erhobene Informationen im Rahmen der Handelsmarktforschung sind daher häufig für einen zweiten Betrieb nicht zu gebrauchen oder verleiten sogar zu unternehmerischen Fehlentscheidungen.
- Die Marketingerfolgskontrolle ist im Handel vor allem angesichts der Sortimentsdimensionen im Vergleich zur Industrie schwieriger und problematischer. Ein Großstadt-Warenhaus, das heute bis zu 250 000 Artikel im Sortiment führt, kann nur in begrenztem Umfang ökonomische Methoden der Marketingerfolgskontrolle praktizieren. Dies führt dazu, daß im Handel den nichtökonomischen Methoden der Marketingerfolgsmessung häufig Vorrang eingeräumt wird.
- Auch die Standortforschung unterscheidet sich, insbesondere bei Einzelhandelsbetrieben, grundlegend von der industriellen Standortforschung. Sie spielt für die Qualität eines Einzelhandelsstandorts neben den Umsatzpotentialfaktoren Bedarf, Kaufkraft,

Konkurrenz und Verkehr nur der Einsatzfaktor Betriebsraum eine zentrale Rolle, während die Einsatzfaktoren Personal und Handelsware (Produkte) im Gegensatz zur Industrie im Handel in der Regel nicht standortbestimmend sind.

Dem Handelsmanagement steht unter Berücksichtigung dieser Besonderheiten im Rahmen der Handelsmarktforschung ein umfangreiches Instrumentarium zur Verfügung, das es ihm ermöglicht, auf einer relativ abgesicherten Grundlage zielgruppenorientierte Marketingstrategien zu entwickeln.

5.4 Beschaffungsmarktforschung

Unter Beschaffungsmarktforschung als Teil der Handelsmarktforschung versteht man die systematische Informationsgewinnung und -auswertung über die Struktur und über die Entwicklung von Warenmärkten auf der Beschaffungsseite eines Handelsunternehmens. Arbeitsmärkte und Kapitalmärkte werden also ausgeklammert. Dabei befaßt sich die Be-

1. Absatzbedeutung (Absatz in % vom Gesamtumsatz) 2. Absatzenwicklung in den letzten 3 Jahren 3. Stückzahlenentwicklung 4. Durchschnitt Verkaufspreis in den letzten 3 Jahren 5. Lagerbedeutung (Bestand in % vom Gesamtbestand) 6. Lagerentwicklung in den letzten 3 Jahren 7. Lagerumschlag $$\frac{\text{Umsatz (VK)}}{\text{Ø – Lager (VK)}} \quad \text{oder} \quad \frac{\text{Umsatz (EK)}}{\text{Ø – Lager (EK)}}$$ 8. Erzielte Handelsspanne 9. Preisänderungen	quantitativ erfaßbare und bewertbare Faktoren
10. Lieferfähigkeit und -pünktlichkeit 11. Zusatzkonditionen (Valuten, Zahlungsmodalitäten, Incentives) 12. Abverkaufshilfen (Deko, Vorlagen, WKZ, Schulung) 13. Image/Vorverkauf 14. Design/Produktinnovation 15. Vertriebssystem (Exklusivität) 16. Menschliche Kontakte 17. Kooperationspartner	qualitativ zu bewertende Faktoren

Abb. 1: Lieferantenprofil

schaffungsmarktforschung mit den tatsächlichen und mit den potentiellen Beziehungen zwischen Handelsbetrieb, Warenlieferanten und Konkurrenten. Wegen der überragenden Bedeutung, die in einem Handelsbetrieb der Sortimentspolitik zukommt, erlangt die Beschaffungsmarktforschung einen immer höheren Stellenwert.
Ein Einzelhandelsunternehmen untersucht im Rahmen der Beschaffungsmarktforschung folgende Bereiche:
- Warenmarketing der Lieferanten (Kundenorientierung, Exklusivität, Herstellermarken, Handelsmarken),
- Wettbewerbspolitik der Lieferanten (Distributionspolitik, Einfluß auf die Letztverbraucherpreise, Sonderangebote),
- Lieferpolitik der Lieferanten (Liefermengen, Zuverlässigkeit, Schnelligkeit, Kontaktpolitik),
- Verkaufshilfen der Lieferanten (Anzeigenwerbung, Sales Promotion),
- Preispolitik und Konditionenpolitik der Lieferanten (Preislagen, Rabattarten, Nebenleistungen wie Zustellkosten).

Das Ergebnis der quantitativen und der qualitativen Seite der Beschaffungsmarktforschung eines Einzelhandelsunternehmens kann in einem Lieferantenprofil zusammengefaßt und dargestellt werden (vgl. Abbildung 1).

5.5 Absatzmarktforschung

Wegen der Kundennähe des Handels ist die Handelsmarktforschung primär als Absatzmarktforschung zu begreifen. Dabei ist allerdings der Begriff Absatzmarktforschung wiederum etwas zu eng, da es nicht alleine um die Analyse eines konkreten Teilmarktes geht, sondern auch interne Informationen aus den verschiedenen Leistungsbereichen des eigenen Unternehmens, aus dem Beschaffungsbereich, Lagerhaltungsbereich, Absatzbereich, Finanzierungsbereich, Personalbereich und Verwaltungsbereich für Marktforschungszwecke ausgewertet werden. Es ist aus terminologischen Gründen daher zweckmäßig, den Begriff Absatzmarktforschung überhaupt nicht zu gebrauchen, sondern nur von Marktforschung zu sprechen, die generell der Durchsetzung und Kontrolle von Marketingentscheidungen im Handel dient.

5.6 Methoden der Handelsmarktforschung

Handelsmarktforschung kann entweder als Sekundärforschung oder als Primärforschung betrieben werden. Sekundärforschung liegt vor, wenn bereits vorhandene statistische Daten und Unterlagen, die ursprünglich anderen Zwecken dienten, für Zwecke der Marktforschung ausgewertet und verwendet werden. Primärforschung beinhaltet demgegenüber Untersuchungen, bei denen Informationen speziell für Zwecke der Marktforschung durch neue statistische Erhebungen unmittelbar gewonnen werden. Wertet ein Handelsunternehmen die Ergebnisse der Haushaltsstatistik des statistischen Bundesamtes in Wiesbaden für Marktforschungszwecke aus, betreibt es Sekundärforschung, läßt es eine

Konsumentenbefragung innerhalb des Einzugsgebietes seines Handelsunternehmens durchführen, um sein Firmenimage zu analysieren, liegt Primärforschung vor.

Abbildung 2 gibt einen Überblick über die vom Handelsmanagement anwendbaren Methoden der Marktforschung.

```
                    Methoden der Handelsmarktforschung
                    ┌───────────────────┴───────────────────┐
            Sekundärforschung                       Primärforschung
             (desk research)                         (field research)
          ┌─────────┴─────────┐              ┌─────────────┼─────────────┐
       Interne            Externe         Befragung    Beobachtung    Experiment
    Informations-      Informations-
      quellen            quellen
```

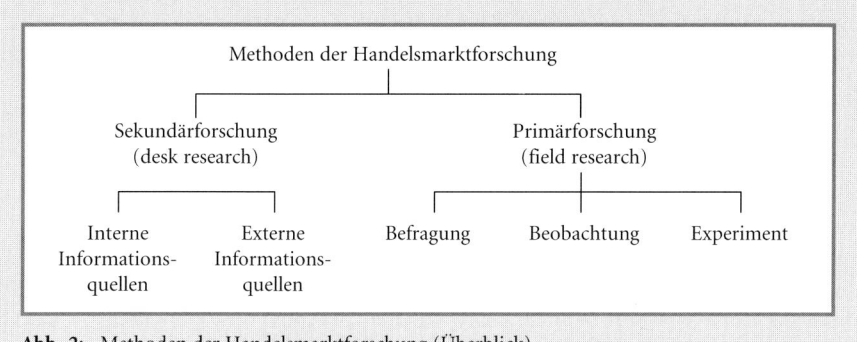

Abb. 2: Methoden der Handelsmarktforschung (Überblick)

5.6.1 Primärforschung (Field Research)

Primärforschung liegt vor, wenn neue statistische Erhebungen durchgeführt werden, um das benötigte Informationsmaterial zu gewinnen. Im Rahmen der Primärforschung werden demnach originäre Daten durch Befragung, Beobachtung oder Experiment direkt für den speziellen Untersuchungszweck erhoben. Dabei ergeben sich in bezug auf die Primärforschung als zentrale Frage das anzuwendende Auswahlverfahren und die einzusetzenden Erhebungs- und Auswertungsmethoden. Da Primärforschung stets Feldarbeit beinhaltet, wird sie auch als Feldforschung (Field Research) bezeichnet. Während Sekundärforschung von jedem Handelsunternehmer grundsätzlich selbst durchgeführt werden kann, muß das Handelsmanagement für Primärerhebungen häufig auf die Dienste professioneller Marktforscher zurückgreifen.

Im Rahmen der Handelsmarktforschung finden grundsätzlich die schriftliche, die telefonische und die mündliche **Befragung** (persönliche Interviews) Anwendung. In bezug auf den zu befragenden Personenkreis ergibt sich im Rahmen der Handelsmarktforschung die Besonderheit, daß der Verbraucher im Mittelpunkt des Befragungsinteresses steht. Dabei kann der Verbraucher sowohl Kunde als auch Nichtkunde eines bestimmten Handelsbetriebes sein. Die Verbraucher lassen sich aber für die Befragung auch nach Haushalten und nach Einzelpersonen differenzieren. Für ein Großhandelsunternehmen sind vor allem die Einzelhändler als zu befragender Personenkreis interessant. Im Hinblick auf den zu befragenden Personenkreis lassen sich demnach in der Handelsmarketingforschung die Kundenbefragung, die Passantenbefragung, die Haushaltsbefragung und die Händlerbefragung unterscheiden.

Spezialanwendung

Die **Beobachtung** stellt die zweite grundsätzliche Methode der Primärforschung dar. Sie hat das Verhalten der Marktsubjekte wie der Besucher und der Kunden eines Einzelhandelsbetriebes, der Passanten innerhalb eines innerstädtischen Geschäftszentrums z. B. in einer Fußgängerzone zum Gegenstand der Erhebung. Als Anwendungsgebiete der Beobachtungsmethode im Rahmen der Handelsmarktforschung kommen in Frage:

– Die Standortforschung: die Abgrenzung des Einzugsgebietes eines Einzelhandelsbetriebes mit Hilfe der Beobachtung der amtlichen Kennzeichen der Pkw-Besucher.
– Die Konkurrenzforschung: die Ermittlung der Betriebsgrößen der Mitbewerber mit Hilfe der Erhebung der Verkaufsfläche.
– Die Kundenforschung: die Erfassung der Kundenstruktur und des Kundenverhaltens im Laden mit Hilfe von Kundenfrequenz-, Kundenstrom- und Kundenlaufanalysen.
– Die Personaleinsatzplanung durch Beobachtung der Verkäufer mit Hilfe des Multimomentverfahrens.
– Die Passantenzählungen im Rahmen der regionalen Handelsforschung.

Die dritte grundsätzliche Methode der Primärforschung im Rahmen der Handelsmarktforschung stellt das **Experiment** dar. Unter einem Experiment versteht man in der Marktforschung den Test einer Hypothese, der zwei Faktoren in eine ursächliche Beziehung zueinander bringen will, indem er sie in unterschiedlichen und kontrollierten Situationen untersucht.

Die Testmarktforschung, die ein Feldexperiment darstellt, wird besonders häufig für Handelsunternehmen eingesetzt. Mit Hilfe der Testmarktforschung kann der ökonomische Erfolg der Sonderangebotspolitik von Einzelhandelsunternehmen gemessen werden. Man wählt hierzu zwei Einzelhandelsbetriebe aus, deren Betriebsstrukturen identisch sind und deren marktliche Einflußfaktoren sich ebenfalls weitgehend gleichen. In dem ersten Einzelhandelsbetrieb (Experimentierbetrieb) wird Sonderangebotspolitik betrieben, in dem zweiten Betrieb (Kontrollbetrieb) hingegen nicht. Nach Ablauf der Sonderangebotsdauer werden die Umsätze sowohl des Experimentierbetriebes als auch des Kontrollbetriebes festgehalten und einander gegenübergestellt. Auf diese Art und Weise kann der ökonomische Erfolg der Sonderangebotspolitik gemessen werden.

5.6.2 Sekundärforschung (Desk Research)

In vielen Fällen läßt sich der Informationsbedarf für notwendige unternehmerische Entscheidungen, die auf Ergebnisse der Marktforschung gegründet werden sollen, durch Rückgriff auf bereits vorhandenes Material decken, das für andere Zwecke als für die der Marktforschung angefallen ist. Jeder Handelsunternehmer, der das Instrument der Marktforschung einsetzt, sollte bestrebt sein, so oft wie irgend möglich, diese Methode der Sekundärforschung anzuwenden. Sekundärforschung ist in der Regel kostengünstiger als Primärforschung. Hinzu kommt, daß in vielen Fällen Sekundärmaterial relativ rasch ausgewertet werden kann, während die Ergebnisse von Primärerhebungen im Normalfall erst nach Ablauf eines längeren Zeitraumes zur Verfügung stehen. Dem in der Marktforschung unerfahrenen Handelsunternehmer passiert es nicht selten, daß er mit kostenintensiven Primärerhebungen Informationen beschafft oder beschaffen läßt, die ohne

Schwierigkeiten und praktisch ohne Kosten im Wege der Sekundärforschung hätten gewonnen werden können.

Sekundärmaterial fällt im eigenen Betrieb an. Die Sekundärforschung schöpft in diesem Falle **interne Informationsquellen** aus. Sekundärmaterial ist aber auch im Markt erhältlich. Die Sekundärforschung greift hier auf externe Informationsquellen zurück.

Im Handelsbetrieb fallen eine Fülle von innerbetrieblichen Daten und Informationen an, die im Wege der Sekundärforschung für Zwecke der Marktforschung nutzbar gemacht werden können. Hierzu zählen die Buchhaltung, die Betriebsstatistik, die Kostenrechnung, die kurzfristige Erfolgsrechnung, Außendienstberichte. Ein Einzelhandelsunternehmen, das eine tiefgegliederte Umsatzstatistik nach Verkaufsabteilungen und nach Warengruppen führt, verfügt damit über aufschlußreiche Basisinformationen zur Kundenstruktur und zum Kundenverhalten. Aus den Ergebnissen einer solchen Umsatzstatistik läßt sich ablesen, welche Sortimentsteile und welche Preisgruppen bevorzugt nachgefragt werden (Information zur Kundenstruktur), welche Verkaufsabteilungen überdurchschnittlich und welche unterdurchschnittlich von den Kunden aufgesucht werden (Information zum Kundenverhalten).

Wird von einem Einzelhandelsunternehmen, z. B. von einem Möbelhaus oder von einem Elektroeinzelhandelsunternehmen, die Ware frei Haus geliefert, können die dabei anfallenden Lieferscheine als wesentliche Informationen für die Abgrenzung des Einzugsgebietes und dessen Unterteilung in einen primären und in einen sekundären Einzugsbereich, verwendet werden.

Neben den innerbetrieblichen Informationsquellen stehen dem Handelsmanagement für Marktforschungszwecke zahlreiche **außerbetriebliche (externe) Informationsquellen** zur Verfügung. Hierzu zählen amtliche Statistiken, amtliche Veröffentlichungen, Informationen der Groß- und Einzelhandelsverbände, Informationen der Einkaufsvereinigungen, Informationen der Industrie- und Handelskammern und der wissenschaftlichen Institute. Die Probleme der Handelsmarktforschung, die im Wege der Sekundärforschung gelöst werden können, sind so vielfach, daß sie hier nicht im einzelnen dargestellt werden können. So kann man die Ergebnisse der Umsatzsteuerstatistik dazu verwenden, um den Marktanteil eines Handelsbetriebes am Gruppenumsatzpotential zu ermitteln. Die Ergebnisse der Umsatzsteuerstatistik kann man darüber hinaus für eine detaillierte Analyse des Standortfaktors Bedarf innerhalb eines bestimmten Einzugsgebietes heranziehen.

Wichtig ist es noch, darauf hinzuweisen, daß Sekundärforschung sowohl mit Hilfe von internen als auch von externen Informationsquellen in vielen Fällen die Primärerhebungen ergänzen kann. Die Sekundärforschung kann zur Formulierung der Untersuchungsziele im Rahmen der Primärforschung herangezogen werden und zur Aufstellung der Hypothesen im Rahmen der Marktforschungsaufgabe dienen. Häufig bilden die Informationen im Rahmen der Sekundärforschung die Basis für wirkungsvolle Primärerhebungen. So kann bei der Analyse des Standortfaktors Verkehr mit Hilfe der Primärforschung in bezug auf eine bestimmte Betriebsform des Einzelhandels auf die Ergebnisse der BAG-Untersuchung *Kundenverkehr* (Bundesarbeitsgemeinschat der Mittel- und Großbetriebe im Einzelhandel), auf die Informationen der öffentlichen Verkehrsbetriebe, auf die Ergebnisse der Verkehrsplanung bestimmter Gemeinden aufgebaut werden. Tabelle 1 enthält beispielhaft eine Auswahl externer Informationsquellen im Rahmen der Sekundärforschung im Handel:

Informationsquelle	Anwendungsbereich
Amtliche Statistiken — Statistisches Bundesamt, Wiesbaden * Statistisches Jahrbuch (jährlich) (Als Anhang des Statistischen Jahrbuchs Quellennachweise über die Veröffentlichungen des Statistischen Bundesamtes) * Wirtschaft und Statistik (Monatszeitschrift) * Fachserien (Fachveröffentlichungen) Fachserie 1: Bevölkerungs- und Erwerbstätigkeit Gebiet und Bevölkerung Bevölkerungsbewegung	Alle Bereiche der Absatzforschung und der Marktforschung (Absatzmarktforschung und Beschaffungsmarktforschung)
Haushalte und Familien Erwerbstätigkeit Fachserie 2: Unternehmen und Arbeitsstätten Kostenstruktur im Großhandel Kostenstruktur im Einzelhandel Arbeitsstättenzählung Fachserie 6: Handel, Gastgewerbe, Reiseverkehr Beschäftigte und Umsatz im Großhandel Wareneinkauf, Lagerbestand und Rohertrag im Großhandel	Standortforschung, Konsumentenforschung, z. B. Anzahl der Konsumenten, Konsumentendichte Anzahl der Haushalte, Struktur der Haushalte, Haushaltsgröße, Gliederung nach Berufen (Haushaltsvorstand)
Beschäftigte und Umsatz im Einzelhandel Wareneinkauf, Lagerbestand und Rohertrag im Einzelhandel Einzelveröffentlichungen, z. B. Handels- und Gaststättenzählung Fachserie 15: Wirtschaftsrechnungen Einzelveröffentlichung Einkommens- und Verbrauchsstichprobe Fachserie 16: Löhne und Gehälter Arbeitnehmerverdienste in Industrie und Handel Angestelltenverdienste in Industrie und Handel	Standortforschung, Konkurrenzforschung Standortforschung, Konkurrenzforschung
Fachserie 17: Preise z. B. Preise und Preisindizes für industrielle Produkte (Erzeugerpreise) Index der Großhandelsverkaufspreise Preise und Preisindizes für die Lebenshaltung	
— Statistische Landesämter (z. B. Bayer. Statistisches Landesamt, München) A: Bevölkerung und Erwerbstätigkeit D: Unternehmen und Arbeitsstätten G: Handel und Gastgewerbe Binnenhandel (Umsatz und Beschäftigte) M: Preise und Preisindizes Erzeuger- und Großhandelspreise	Konsumentenforschung, Faktor Kaufkraft

Informationsquelle	Anwendungsbereich
O: Verbrauch Wirtschaftsrechnungen Einkommens- und Verbrauchsstichprobe Ausstattung privater Haushalte Einnahmen und Ausgaben privater Haushalte – Kommunalstatistische Ämter * Größere Städte und Landkreise verfügen häufig über eigene statistische Ämter * In vielen Städten sind auch Stadtentwicklungsreferate eingerichtet, die in großem Umfang über statistisches Material verfügen und eigene Erhebungen durchführen – Ergebnisse der Umsatzsteuerstatistik * Die Statistischen Landesämter veröffentlichen die Umsätze des Groß- und Einzelhandels auf der Basis der Umsatzsteuerstatistik, getrennt nach kreisfreien Städten und Landkreisen * Auf Anforderung stellen die Statistischen Landesämter die Umsätze, getrennt nach den Branchen und Teilbranchen des Groß- und Einzelhandels, gemeindeweise zur Verfügung * Die Ergebnisse der amtlichen Umsatzsteuerstatistik sind nicht filialbereinigt. Die Umsätze von Filialunternehmen werden am jeweiligen Sitz der Geschäftsleitung dieser Unternehmen erfaßt	Standortforschung, Konkurrenzforschung Beschaffungsmarkforschung Konsumentenforschung Standortfaktor Bedarf, z. B. Bevölkerungsentwicklung nach Gemeinden Konkurrenzforschung, Standortforschung Beschaffungsmarktforschung Standortfaktor Kaufkraft, z. B. Verbrauchsausgaben nach Warenarten Standortforschung, Bevölkerungsentwicklung nach Stadtteilen, Haushaltsgrößen und Haushaltsstrukturen nach Stadtteilen. Standortforschung, Konkurrenzforschung, z. B. Marktanteilsberechnungen $\dfrac{\text{Betriebsumsatz}}{\text{Gruppenumsatz}} \times 100 = \text{Marktanteil}$

Tab 1: Externe Informationsquellen für den Handel im Rahmen der Sekundärforschung (Auswahl)

5.7 Literaturverzeichnis

Falk, Bernd/Wolf, Jakob: Handelsbetriebslehre, 11. Auflage, Landsberg am Lech
Wolf, Jakob: Marktforschung, Landsberg am Lech 1988

6. Scanning im Handel

Bernd Hallier

Inhaltsübersicht

6.1 Einleitung
6.2 Diffusion des Scanning
6.3 Datenanbieter
6.3.1 Centrale für Coorganisation (CCG)
6.3.2 Kommerzielle Institute
6.3.3 Handelsunternehmen
6.4 Aktuelle Anwendungen der Scannermarktforschung
6.5 Schnittstelle zu angrenzenden Bereichen
6.6 Ausblick
6.6.1 Operative Entwicklungen
6.6.2 Der nächste strategische Quantensprung
6.7 Literaturverzeichnis

Auf einen Blick

Das automatische Einlesen des Verkaufs eines Produkts anhand eines das Produkt identifizierenden Strichcodes ist für die Marktforschung von großer Faszination. Dennoch hat es in Deutschland von den ersten Anfängen bis heute beinahe 20 Jahre gedauert, bis von einer großflächigen Verbreitung der Scanner gesprochen werden kann. Um die beständige Penetration der Entscheidungsträger mit Scannerdaten haben sich in Deutschland die *CCG*, die *GfK* und *AC Nielsen* verdient gemacht. Erst jetzt beginnt aber im Handel in Deutschland das eigentliche Datamining, die intelligente Verknüpfung der erhobenen Daten im Rahmen von Managementinformationssystemen. Allerdings läßt sich schon heute erkennen, daß die Marketingführerschaft mittels der Scannerdaten von den Konsumgüterherstellern zum Handel wechselt.

6.1 Einleitung

Das Lesen eines Strichcodes an der Kasse mittels optischer Abtastung, das Scanning, ist unbestritten eines der interessantesten Marktforschungs-Tools. Dennoch muß einleitend darauf hingewiesen werden, daß über die rein handwerkliche Ebene hinaus Scanning auch handels- und industriepolitische Folgen hat, die für die Beziehungen zwischen Konsumgüterherstellern und dem Handel von ausschlaggebender Bedeutung sind.

Scanning hätte eine ganz andere Entwicklung weltweit genommen, wenn es bei den handelsindividuellen Price-look-up-Verfahren (PLU) geblieben wäre. Da das eigene manuelle Auszeichnen der Ware mit handelsindividuellen Strichcodes sehr kostenintensiv ist, hätten sich eine PLU im herkömmlichen Sinne nur sehr wenige Handelsunternehmen leisten können. Es ist daher durchaus eine Frage der mittelstandspolitischen Entscheidung gewesen, ein handelsübergreifendes System zu schaffen, an dem sich im Prinzip jeder Händler unabhängig von seiner Umsatzgröße beteiligen kann. Andererseits liegen die Vorteile für die Konsumgüterhersteller bei einem einheitlichen Strichcodesystem darin, daß sie nicht auf individuelle Wünsche einzelner Handelsunternehmen eingehen müssen, sondern daß sie bei herstellerseitiger Auszeichnung sich auf das beschränken können, was im Abstimmungsgremium zwischen Handel und Industrie allgemeingültig abgestimmt worden ist.

Trotz dieses Konsenses zwischen Handel und Industrie hat sich dennoch nicht der Status quo erhalten, sondern es ist zu einer Verschiebung des Marktgleichgewichts zwischen Handel und Industrie durch den Strichcode gekommen. Standen bis zu den 70er Jahren den in erster Linie lokal und regional agierenden Händlern insbesondere die Markenartikler mit großen Marken, gewaltiger Manpower und eines nationalen und häufig auch internationalen Informationsvorsprungs gegenüber, so hat sich ab Anfang der 80er Jahre die Informationsmacht in Richtung zum Handel verschoben. Dem rasanten Aufbau der Scannerkassen im Handel seit den 80er Jahren steht ein beständiger Abbau der Herstelleraußendienste (und damit auch an Marktinformanten) gegenüber. Informierten in den 70er Jahren wohlwollende Konsumgüterhersteller ihre Handelskunden anhand selektiver Informationen aus den Panels der bedeutenden Forschungsinstitute wie *GfK* und *AC Nielsen*, so müssen sich heute teilweise die Hersteller bei großen Handelsunternehmen vielfach die Handelsdaten für die Jahresgespräche bei ihrem jeweiligen Handelspartner kaufen. Der Handel verfügt durch seine Scannerkassen über sehr große Informations-Pools, die produktgruppen-übergreifend zum größten Teil heute erst kartographiert sind (Stichwort: Data Warehouse), die es jedoch erst mit Hilfe von Datamining zu bergen gilt.

Dies bedeutet auf der operativen Ebene, daß die Scannermarktforschung erst als Spitze eines Eisbergs genutzt wird, aber ein riesiges Potential sowohl an Daten als auch an Interdependenzen und Tools noch entwickelt werden muß.

Spezialanwendung

6.2 Diffusion des Scanning

Die Bedeutung des Scanning ist anfangs in den einzelnen Ländern sehr unterschiedlich gesehen worden. Daher hat sich Scanning auch mit einer sehr unterschiedlichen Geschwindigkeit in den verschiedenen Regionen der Welt durchgesetzt.

Allein schon die Begriffe Price-look-up und Scanning belegen, daß die Technologiediffusion der Erfassungs-Tools aus dem englischsprachigen Raum stammt. Scanning ist in der Tat eine amerikanische Entwicklung und ist in der **Bundesrepublik Deutschland** als Pilotinstallation 1977 zuerst bei der Firma *Doderer* in Augsburg eingesetzt worden.

Im Verhältnis zu den USA und Großbritannien hat sich das Rollout des Scannings nur langsam vollzogen. Hierfür gibt es sicherlich mehrere Beweggründe:

- Da die originären Entwicklungen aus dem englischsprachigen Raum kamen, ergibt sich automatisch in Deutschland ein Sprachdefizit.
- Auch mentalitätsmäßig sind zwischen Amerikanern und Engländern einerseits und den Deutschen andererseits erhebliche Unterschiede festzustellen, was auf die Kurzformel pragmatischer versus theoretischer Ansatz hinausläuft.
- In diesen Bereich der theoretischen Auseinandersetzung gehört auch die damalige Diskussion in Deutschland zur Frage, ob eher OCR oder der EAN-Strichcode eingesetzt werden sollte.
- Last but not least spielte in Deutschland aber sicher auch eine Rolle, daß die Schwergewichte der Handelsunternehmen in erster Linie auf nationale Distribution der eigenen Outlets und Fragen der Betriebstypenentwicklungen fokussiert waren.

Erst Mitte der 80er Jahre hat sich im deutschen Handel die Erkenntnis durchgesetzt, Scanning verstärkt sowohl im operativen als auch unter dem strategischen Aspekt einzusetzen. Wie üblich in der Praxis waren dies keine Entscheidungen, die sich allein auf Basis von Theorien ableiteten, sondern Beobachtungen und Erfahrungen von Unternehmern, die diese im Ausland gemacht haben. Konkret hat hierbei *Willi Leibbrand* durch seine amerikanische Beteiligung eine Brücke geschlagen, ebenso wie sich bei *Tengelmann* Technologie-Know-how durch das Engagement bei *A & P* niedergeschlagen hat.

Die **USA** und **Großbritannien** haben bislang von der Entwicklung des Scannings durch den Vorteil der gemeinsamen Sprache mit den bedeutenden internationalen Investitionsgüterherstellern im Informationswesen profitiert. Die intensive Kommunikation zwischen innovativer Technologieentwicklung (Silicon Valley, Chipproduktion), Computerherstellern (*IBM*, *NCR*) und innovationsfreudigen Handelsunternehmen spielt hierbei eine sehr große Rolle, wobei naturbedingt der Technologieentwickler sich in seinem Umfeld auch den Pilot-Anwender sucht.

Aber auch die Anwendungsausrichtung hebt sich in den USA und Großbritannien wesentlich von Deutschland ab. Deutschland ist ein Land der Kostentheoretiker, die USA und Großbritannien sind marketingorientiert. Belegen läßt sich diese These am Stellenwert der Regaloptimierung. Sie hat in Amerika und England eine wesentliche frühere Rolle gespielt als in der Bundesrepublik Deutschland. Die wesentlichen Tools der Regaloptimierung (Apollo, Spaceman) kommen aus diesen Ländern.

Eine unterschiedliche Entwicklung hat es auch im Vergleich zu **Frankreich** gegeben. Die Betreiber der Großflächen/Hypermarkets haben in dem Einsatz von Scannern in der Kassenzone eher Vorteile gesehen als der mehr an kleinen und mittleren Flächen orientierte deutsche Handel. Die Innovatoren der Betriebsform Großfläche wurden in Frankreich sehr schnell auch Innovatoren der Organisation.

In der Bewertung der anderen Länder ist das empirische Material der *EHI*-Handelsforschung zu gering, um generalisierende Aussagen zu treffen. Nach Erkenntnissen des *EHI* läßt sich anhand der Erfahrungen eher die Aussage formulieren, daß technologieorientierte Spitzenunternehmen des Handels aus unterschiedlichen Ländern gleichgerichtete Anwendungsstrategien verfolgen; dies aber nicht aufgrund nationaler Besonderheiten erfolgt.

Schon 1986 wurden in Florida erste Testversuche gefahren, bei denen der Kunde, nachdem er seinen Einkaufswagen am Ende der Kassenzone abgestellt hat, selbst jeden einzelnen Artikel zuerst zum Ablesen des Strichcodes über einen Flachbettscanner führt, um die Waren anschließend auf ein Förderband zu legen. Nachdem die eingekaufte Ware vom Kunden also selbst gescannt über das Band befördert und wieder in den Einkaufswagen gepackt worden ist, erfolgt die Bezahlung an einem zentralen Kassenplatz. In Europa wurde erstmalig auf der EuroShop 90 in Kooperation mit *Checkrobot* die erste voll funktionsfähige **Selfscanning-Anlage** vorgestellt. Zwischenzeitlich hat es immer wieder Versuche gegeben, diese technischen Möglichkeiten auch breitflächiger in der Praxis einzuführen. Außer in Testmärkten bei der holländischen Firma *Albert Heijn* sind diese Überlegungen jedoch nicht über das Versuchsstadium hinausgekommen.

Einen technisch noch interessanteren Ansatz hat das britische Unternehnen *ICL* mit dem Projekt *Supertag* auf der EuroShop 96 vorgestellt. Mit Supertag ausgezeichnete Artikel ermöglichen es, die Preise eines gesamten Warenkorbs in Sekundenschnelle zu erfassen. Der gefüllte Warenkorb muß vom Kunden lediglich durch ein elektronisches Meßtor geschoben werden. Das neue Erkennungssystem scannt die einzelnen Artikel, auch wenn sie im Einkaufskorb dicht beieinander liegen. Das Preisschild muß aber nicht mehr in Richtung des Lesestrahls gerichtet sein, wie es bei den herkömmlichen Scannersystemen mit Barcodes der Fall ist. Zur Zeit allerdings ist der Preis der Chips ein noch zu großes Hindernis für einen erfolgreichen Einsatz im Handel.

Grundlegend ist darüber hinaus festzuhalten, daß Selfscanning natürlich immer nur eine etwas andere Erfassungstechnologie oder ein anderer Prüfablauf ist als herkömmliches Scanning. In der Methodik der Scannermarktforschung ergeben sich keine Unterschiede.

6.3 Datenanbieter

In der Bundesrepublik Deutschland kann grundsätzlich zwischen drei sehr unterschiedlichen Arten von Datenanbietern unterschieden werden.

6.3.1 Centrale für Coorganisation (CCG)

Auf Basis der Arbeiten des ban-Zentrums innerhalb der *RGH* (heute *EHI*) wurde 1974 die *Centrale für Coorganisation* Gesellschaft zur Rationalisierung des Informationsaustausches zwischen Handel und Industrie mit beschränkter Haftung gegründet. Gegenstand des Unternehmens ist die Förderung eines rationellen und vereinheitlichten Informationsaustausches in der Wirtschaft, der Aufbau, die Unterhaltung und Weiterentwicklung einheitlicher Artikel- und Betriebsnummernsysteme. Die Gesellschaft fördert darüber hinaus Entwicklungen, die im Interesse einer für alle Wirtschaftspartner zweckmäßigen und wirtschaftlichen Gestaltung von Organisationsabläufen und -strukturen liegen.

Paritätische Gesellschafter sind der *Markenverband e. V.*, als Vertreter der Konsumgüterhersteller, und das *EHI*, vertreten durch seine *Unternehmensverwaltungs GmbH*. Die Gesellschaft hat einen von Industrie und Handel paritätisch besetzten Aufsichtsrat. Ihm obliegt die Festlegung der Grundsätze für die Arbeit der Gesellschaft unter Beachtung der Richtlinien gemäß des Gesellschaftsvertrags.

Kernthemen und Dienstleistungen der *CCG* sind:
- Nummern- und Codiersysteme wie ILN (Internationale Lokationsnummer), EAN (Internationale Artikelnummer), NVE (Nummer der Versandeinheit),
- Electronic Data Interchange/EDI (SEDAS-Standards/EAN Com-Standards),
- Stammdatendienste (SINFOS-Pool für Artikelstammdaten, ILN-Pool für logistische Informationen),
- logistische Dienstleistungen wie Efficient Consumer Response (ECR), SELOS (Ladehöhen, Warenannahme, Warenrückruf) und MTV/-Verbund (gebündelte Abholungen von Mehrweg-Transportverpackungen) und
- Marktdatenkommunikation (MADAKOM-POS-Scannerrohdaten/-Management-Reports/-Innovations-Reports).

Die *CCG* positioniert sich also einerseits (und in erster Linie) als ein deutscher Rationalisierungsverband, andererseits (in beschränktem Maße) über die *MADAKOM* auch als Datenanbieter im Rahmen der Scannermarktforschung.

6.2.2 Kommerzielle Institute

Es gibt sicherlich eine Reihe von Spezialinstituten, die sich mit Scannermarktforschung beschäftigen. Großflächig bieten jedoch allein *AC Nielsen* und die *GfK* Daten und Tools an, die national und international von Bedeutung sind.

Die **AC Nielsen Company** wurde im Jahre 1939 in den USA gegründet. Sie ist seit 1954 in der Bundesrepublik Deutschland tätig. Daten aufgrund der Scannermarktforschung bietet sie seit 1986 an.

Die in den ersten Jahren nur in geringer Anzahl zur Verfügung stehenden Scannermärkte wurden genutzt, um die Erfahrungen zu sammeln, wie diese Daten in die Panelforschung und das Testing integriert werden konnten. Intensive Kontakte zur Muttergesellschaft in den USA, wo das klassische Handelspanel bereits in 1987 durch Scan Track abgelöst wurde, erleichtern diese Phase.

In Deutschland bietet *AC Nielsen* seit 1989 einen Scan Track Service an, der es Kunden erlaubte, das Absatzgeschehen der ersten scannenden Handelsorganisationen wöchentlich zu verfolgen. Die Marktabdeckung des Scan Track Service wurde kontinuierlich erhöht. Seit 1992 war es möglich, erste repräsentative Preis-Promotion-Modelle zu rechnen, um die neue Informationsdimension in das Handelspanel zu integrieren. Seit dieser Zeit steigt die Zahl der auf Scanning basierenden Modellansätze ständig, in den letzten drei Jahren wurden damit besonders die ECR-Analysen unterstützt.

In 1998 und 1999 wird *AC Nielsen* in Deutschland die Konversion des klassischen Handelspanels zu einem im wesentlichen auf Scanning basierenden Panel – MarketTrack – vollenden.

Die **Gesellschaft für Konsum-, Markt- und Absatzforschung** (*GfK*) wurde 1934 in Nürnberg gegründet. Sie ist das größte in Europa beheimatete Marktforschungsinstitut.

Scannermarktforschung betreibt die *GfK* seit 1980, zwei Jahre vor dem Beginn der Zusammenarbeit mit dem amerikanischen Scannerpionier und aktuellen Technologieführer *Information Resources Inc.*, Chicago. Seit 1990 bieten *Information Resources* und *IRI/GfK Retail Services* Handelsforschung für FMCG-Märkte in den gemeinsamen Firmen *GfK Penal Services* und *IRI/GfK Retail Services* an.

Die repräsentativen Stichproben der *IRI/GfK* Spezialpanels stehen für eine Grundgesamtheit von 350 000 Verkaufsstellen. Die Panels erlauben differenzierte Segmentierungen, nach Regionen, Geschäftstypen, Verkaufsflächen, Umsatzgrößenklassen Organisationszugehörigkeit und Key Accounts. Ausgereifte Tools ermöglichen allein innerhalb des Handelspanels mehr als 30 individuell adaptierbare Analysen.

Das Hightech-Scannerpanel **InfoScan** liefert umfangreiche wochenaktuelle Daten aus mehr als 500 großen Lebensmittel- und Drogeriemärkten sowie Discountgeschäften. Daten sind erhältlich für jeden Artikel, der mit einem EAN-Codeversehen ist. Das EAN-Dictionary umfaßt zur Zeit mehr als 500 000 Codes.

InfoScan-Daten eignen sich zur Lösung folgender Aufgaben und Problemstellungen:
- optimale Preisinformationen,
- Category Management,
- Erhöhung der Distribution,
- Produktentwicklung,
- Promotion-Effizienz-Analysen und
- kundenspezifische Erhebungen.

GfK Panel Services Consumer Research ist der Pionier der Verbraucherforschung in Deutschland, das Instrument **ConsumerScan** das ausgereifteste Verbraucherpanel. Es liefert Daten über das Kaufverhalten der privaten Haushalte und Einzelpersonen in Deutschland. Das systematische Tracking umfaßt Marktstrukturen und Marktveränderungen, Konsumgewohnheiten und Nachfrageverhalten. Alle relevanten Märkte im Bereich der FMCG sind in die Berichterstattung eingeschlossen.

Die 12 000 Panelteilnehmer des großen Haushaltspanels ConsumerScan erfassen ihre Einkäufe an Verbrauchs- und Gebrauchsgütern mit Hilfe eines Handscanners. Auf diesem

Electronic Diary, eine Eigenentwicklung der *GfK*, sind die Daten für mehr als 500 000 Artikel bereits hinterlegt. Sie werden bei der elektronischen Abfrage durch die *GfK* regelmäßig aktualisiert. Das erleichtert die Eingabe der Daten enorm und eliminiert vorhandene Fehlerquellen.

6.3.3 Handelsunternehmen

Im Gegensatz zu Beobachtungen im Ausland hat es in der Bundesrepublik Deutschland nur ein Unternehmen gegeben, das eine Scannermarktforschung institutioniert hatte: Die *REWE* Bad Homburg.

In den Jahren 1987 bis 1992 wurde eine Scannermarktforschungsabteilung als Profitcenter aufgebaut, die in ihrer Endphase zirka 40 Personen umfaßte und neben der eigenen Dienstleistung für die *REWE* auch der Industrie Untersuchungen angeboten hat. Der Öffentlichkeit bekannt wurden in der Literatur Untersuchungen mit der Firma *MARS*.

Im Zuge der Integration der *REWE* Bad Homburg in die *REWE*-Zentrale nach Köln wurde dieses Profitcenter jedoch nicht weiter verfolgt.

6.4 Aktuelle Anwendungen der Scannermarktforschung

Insgesamt liegt das gegenwärtige Budget des Einzelhandels in Europa für Informations- und Kommunikationstechnologie zwischen 0,5 und 2 Prozent vom Umsatz – im Lebensmittelhandel im unteren Bereich, bei Unternehmen mit niedriger Lagerumschlagsgeschwindigkeit im oberen Bereich.

Geht man von dem Grundsatz aus, daß Information noch wichtiger als die Ware ist, so gilt durchaus, daß der Schnelle den Langsamen frißt! Aber natürlich zeigt sich auch am Beispiel von *Wal-Mart* durch die 0,5 Prozent von seinem Umsatz von gegenwärtig 105 Milliarden US $, daß Große (wenn sie schnell sind) natürlich viel mehr Kleine fressen können, als daß Kleine noch den Quantensprüngen der Potentiale der Informationstechnologie folgen können.

Das Volumen bei der Auswertung von Handelsdaten ist gewaltig. Allein die Speicherkapazität eines Filialunternehmens mit 20 SB-Warenhäusern benötigt 19 Gigabyte jährlich, um alle Informationen von den Scannerdaten zu speichern.

Gemäß eines *EHI*-Panels speichern gegenwärtig über 35 Prozent der im Scanning führenden Handelsunternehmen ihre Daten einjährig, 53 Prozent sogar zweijährig. Die Speicherung erfolgt zu 41 Prozent auf Ladenebene und zu 35 Prozent nach Vertriebsschiene.

Aus allen Forschungsprojekten des EuroHandelsinstitut zeigt sich, daß die Einstiegsphase des Scanning immer der **Sortimentsoptimierung** gewidmet ist. Sehr unterschiedlich sind dann allerdings die Parameter in bezug auf die Optimierung. Einige Unternehmen arbeiten mit sehr einfachen ABC-Analysen in bezug auf Umsatz oder Spanne. Andere, im englischsprachigen Raum, binden auch Daten über die vertriebsschienenspezifischen Distributionskosten in die Optimierungsprogramme mit ein.

Für das Managementinformationssystem heißt dies, daß in erster Linie mit repräsentativen Daten für die Regaloptimierung, die Auslistung, die Verfolgung neuer Artikel gearbeitet wird. Der Trend scheint zu sein, daß die zentrale Datenbank für jeden Standort die tagesaktuellen Bewegungsdaten jedes Artikels für den Online-Zugriff bereitstellt. Dabei werden in der Regel zur Beschleunigung der Zugriffszeiten gewisse Verdichtungsstufen und Vergleichswerte vorgegeben. Dazu zählen in der Regel Artikel- und Warengruppen, Regionen und Betriebstypen sowie Entwicklungen im Zeitverlauf als Vergleichswerte zu festgelegten Vorperioden. Darüber hinaus muß der Anwender dann aber die Möglichkeit haben, beliebige Detailinformationen über einzelne Artikel, Filialen und Tage abzurufen.

Erster Ansatz einer Mikroanalyse für den Handel ist die **standortspezifische Sortimentsanalyse**. Ausgehend von der Kaufkraft einer Region und der Abdeckung durch den Wettbewerb werden für eigene Märkte Umsatz und Ertrag sowohl für den gesamten Markt als auch für einzelne Sortimente festgelegt. Aufbauend auf einem Vertriebsschienenstandard kann im Rahmen der Mikroanalyse dann jedoch auf standortspezifische Abweichungen in den einzelnen Sortimenten eingegangen werden.

Vielversprechend sind die aktuellen Ansätze des Handels, die Disposition auf Ladenebene zu automatisieren. Nach einem *EHI*-Panel des Jahres 1997 sind bereits mehr als die Hälfte der Handelsunternehmen in aktiver Umsetzung des Leitgedankens der **Automatischen Disposition**, durch die computergestützte Prognose und Bestellmengenrechnung eine eng am tatsächlichen Absatz orientierte Bestandsführung zu erreichen. Damit rangieren die Ziele der Präsenzverbesserung und Präsenzlückenvermeidung deutlich vor der Maßgabe der Personalreduktion.

Absolut notwendige Grundlage der Automatisierung der Disposition ist eine artikel- und tagesgenaue Bestandsführung, die durch hohe Scanningquoten an der Kasse einer präzisen Wareneingangskontrolle und konsequenter Stichprobeninventur am Regal erreicht wird.

Der Hit der Mikroanalyse ist gegenwärtig die Auswertung der individuellen Einkäufe der Konsumenten (Bondatenanalyse). Mit Hilfe von Kundenkarten und der Verknüpfung zum Scanning werden **Kundenbindungsprogramme** aufgebaut.

Aufgrund der Besuchsrhythmen und der Einkaufshöhe lassen sich Kundentypen festlegen. Mit Hilfe von Kundenclubs und Direct Mail (vgl. Abbildung 1) können Kunden selektiv und damit effizient angesprochen werden. Im Verhältnis zu den USA und Großbritannien ist diese Form in Deutschland bisher jedoch noch nicht so ausgeprägt, da aufgrund des Rabattgesetzes die Spielmöglichkeiten für den Einzelhandel sehr begrenzt sind.

Auf Basis der Bondaten versucht der Handel, **Warenkorbanalysen** zu stellen. Grundsätzlich gilt, daß eine Analyse auf seiten der Markenartikelindustrie infolge des gegenüber dem Handel relativ engen Sortiments immer günstiger ist als beim Handel, der wegen der großen Sortimente und der Vielzahl der damit verbundenen Fragestellungen letztendlich bis heute noch keinen praktikablen Ansatz für eine regelmäßige Durchführung von Warenkorbanalysen gefunden hat.

Spezialanwendung

Eine Zwischenlösung sind sicher typische Einkaufsbons, die auf eine Konsumententypologie hinauslaufen könnten ähnlich der, wie sie die *GfK* anhand anderer Kriterien festmacht.

Das Ziel der **Preisanalyse** ist das Auffinden einer sinnvollen Preisstellung, das heißt der optimalen also profitabelsten Preisstrategie des Eigenproduktes gegenüber einem oder mehreren Wettbewerbsprodukten.

In der Praxis stößt diese einfache Überlegung jedoch auf die Schwierigkeit, daß die Parameter, unter denen vom Konsumenten entschieden wird, ob das Produkt preiswürdig ist, in ihrer Interdependenz mit anderen Einflüssen dermaßen viele Entscheidungen zu treffen sind, daß sich für die Vielzahl von Produkten bisher keine zufriedenstellende Lösung für automatische Preisentscheidungen gefunden hat. Bei einem ökonometrischen Modell ergeben sich allein bei drei unabhängigen und einer abhängigen Variablen bei je sechs Alternativen bereits $6^4 = 1296$ Operationalisierungsmöglichkeiten (*Heidel* 1990).

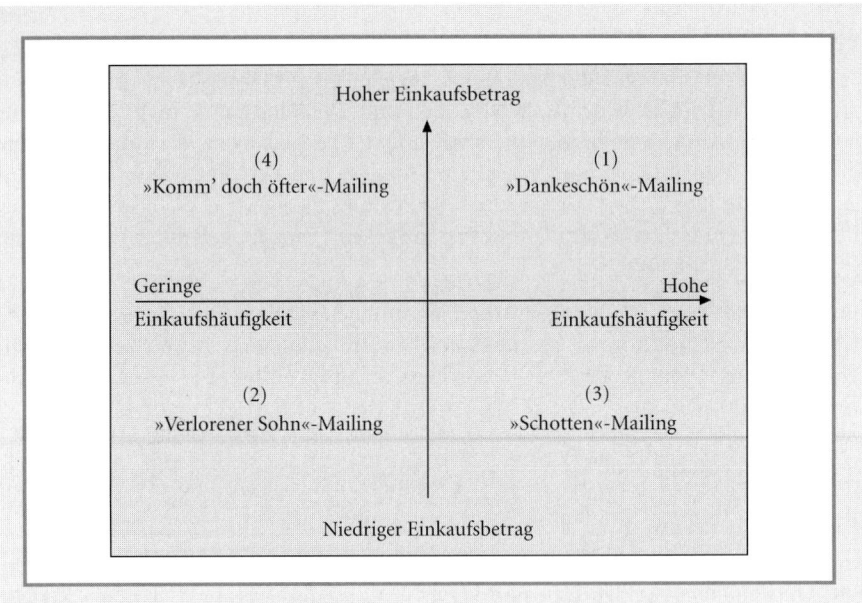

	Hoher Einkaufsbetrag	
	(4) »Komm' doch öfter«-Mailing	(1) »Dankeschön«-Mailing
Geringe Einkaufshäufigkeit		Hohe Einkaufshäufigkeit
	(2) »Verlorener Sohn«-Mailing	(3) »Schotten«-Mailing
	Niedriger Einkaufsbetrag	

Abb. 1: »Kunden-Quadranten« ermöglichen gezielte Direct-Mailings

6.5 Schnittstelle zu angrenzenden Bereichen

Scanning ist gegenüber Begriffen wie Category Management, ECR und DPR abzugrenzen. In der Regel bietet Scanning Schnittstellen zu den anderen Tools; vielfach ist Scanning sogar die Voraussetzung für einen Erfolg in den anderen Bereichen (vgl. Abbildung 1).

Nur im engsten Sinne bedeutet **Category Management** Warengruppenmanagement im Sinne der Optimierung eines Sortiments.

Im weiteren Sinne steht Category Management für:
- die Verschmelzung von Einkauf/Marketing und Verkauf,
- Total Systems Efficiency sowohl innerhalb der Einzelhandelsfirmen als auch in der gesamten Distributionskette zwischen Handel und Industrie,
- die gemeinsame Definition der Category als Ausgangspunkt der Gespräche zwischen Handel und Industrie,
- die strategische Positionierung der Warengruppen,
- exklusive Verkaufsförderungsmaßnahmen und
- die Entwicklung von Handelsmarken.

Modewort der letzten vier Jahre ist der Begriff **Efficient Consumer Response** (ECR). Bei ECR geht es darum, den Informations- und Warenfluß vom Lieferanten über die Verteiler und Filialen bis zum Verbraucher zu optimieren. Vorzeigeprojekt ist die Kooperation zwischen dem amerikanischen Handelsunternehmen *Wal-Mart* und *Procter & Gamble* (vgl. Abbildung 1).

Weltweit haben sich ECR-Boards gebildet, die folgende Schwerpunktaufgaben haben:
- Supply Chain Management:
  - Förderung des EDI-Einsatzes und
  - Optimierung der Logistik.
- Category Management:
  - Optimierung der Sortimente und
  - Optimierung der Verkaufsförderungsaktionen.

Interessant ist eine Befragung des *Progressive Grocer* aus dem September 1996. Die Frage, welcher Partner in besonderem Maße von ECR profitiert, wurde mit einer Benennung von 50 die Hersteller am häufigsten genannt. Vorletzte waren mit einem Häufigkeitswert von 8 die Verbraucher; an letzter Stelle liegt mit unter zwei Punkten der unabhängige Einzelhandel. Letztendlich ist der Begriff ECR vollkommen irreführend. Wesentlich richtungsführender wäre der Begriff Lean Management gewesen. Dies wird auch durch eine zweite Frage des *Progressive Grocer* deutlich: 53 Prozent der Hersteller sind der Ansicht, daß innerhalb von ECR Einsparungen bei der Nachschublogistik zu erzielen waren, 35 Prozent bei Aktionen, 34 Prozent bei der Sortimentsoptimierung und 30 Prozent bei Produkteinführungen (Doppelnennung war möglich). Der nächsthöhere Wert liegt mit 12 Prozent bei der Nachschublogistik des filialisierten Einzelhandels. Alle anderen Nennungen liegen auf noch weit niedrigerem Niveau. Dies belegt eindeutig, daß es weniger um das C innerhalb von ECR geht, sondern in erster Linie um Lean Management innerhalb der ganzheitlichen Distributionskette.

In Deutschland ist das ECR-Board in die *CCG* integriert. Basis bildet die Kooperation von Handel und Industrie, wobei sukzessive, ausgehend von der effizienten Standardvereinbarung über die effiziente Bestandsführung, die effiziente Verwaltung, die effiziente Sortimentsbestimmung, aufbauend in Richtung auf eine effiziente Verkaufsförderung und eine effiziente Produkteinführung, Tools der Zusammenarbeit entwickelt werden. Da die Ausgangslage der Marktbearbeitung in den USA und Deutschland stark differieren, sind die in Amerika beobachteten Rationalisierungspotentiale in Deutschland nicht zu erzielen. Die hervorragende Vorarbeit der *CCG* in den letzten 25 Jahren war ein wesentlicher Vorgriff auf das, was in den letzten Jahren als ECR in den Fokus rückte.

Eine wesentliche weitere Vorleistung der Handelsforschung im Hinblick auf ECR ist die seit Mitte der 80er Jahre in Deutschland geführte DPR-Diskussion (**Direkte Produkt-Rentabilität**). Ausgangspunkt der Überlegung war, daß bei der Gewinnermittlung einzelner Produkte, die Distributionskosten des Handels produktbezogen einfließen müssen.

Erste Überlegungen dieser Art hatte es schon in den USA Ende der 60er Jahre gegeben, Man war jedoch daran gescheitert, daß der Kostenrechnung keine preisgünstige EDV zur Verfügung stand, um eine produktbezogene Umrechnung vornehmen zu können. Aufgrund der Kostendegression in den 70er und den 80er Jahren wurde der alte Ansatz jedoch auf Basis moderner Technologie aktualisiert.

In Deutschland wurde vom damaligen *ISB*/heute *EHI* ein DPR-Standard-Modell entwickelt, das, ausgelegt auf Supermärkte, Drogeriemärkte und SB-Warenhäuser, weitgehend alle Varianten in der Distribution des Handels (in einem späteren Modell auch die Packstoffentsorgung) berücksichtigte. Diese Modellprämissen wurden sowohl innerhalb Europas als auch zwischen Europa und den USA mit Hilfe der *CIES* (The International Center for Companies of the Food Trade and Industry) in einem Steering Committee abgestimmt.

Im Gegensatz jedoch zu allen anderen Ländern der Welt gelang es dem *EHI*, in Deutschland das theoretische Modell auch mit Daten, die im Handel erhoben wurden, zu füttern. Diverse Anzeigen für neue Produkte belegen, wie intensiv die Konsumgüterhersteller bei der Optimierung ihrer Verpackungen das DPR-Modell des *EHI* benutzt haben.

Wurden in Deutschland überwiegend die Kenntnisse der DPR-Forschung für die Verpackungsoptimierung genutzt, haben in den USA und Großbritannien große Handelsunternehmen DPR als Schnittstelle zur Regaloptimierung eingesetzt. Die unterschiedliche Gewichtung des Einsatzes der DPR-Tools geht sicher auch auf die sehr unterschiedliche Nutzung von Scannern in jenen Ländern Mitte der 80er Jahre zurück.

6.6 Ausblick

In der Prognose über die zukünftigen Entwicklungen muß zwischen dem evolutionären Prozeß im operativen Bereich und den strategischen Quantensprüngen unterschieden werden.

6.6.1 Operative Entwicklungen

Fest steht, daß diejenigen Lebensmittelhandelsunternehmen, die heute auf der Einzelhandelsstufe noch keine Scanningerfahrungen gesammelt haben, schon mittelfristig nicht mehr den Markt überleben werden.

Für alle anderen Unternehmen gilt es, unabhängig von dem heute vorhandenen unterschiedlichen Niveau des Know-hows, das Datamining zu intensivieren. Hierbei gelten folgende Thesen:

- bestehende Anwendungen werden weiter vertieft,
- regionale und standortbezogene Daten gewinnen an Bedeutung,
- Mikromarketing in Verbindung mit Kundenkarten findet steigendes Interesse,
- Scan-Data-Worker werden ausgebildet, um die Know-how-Defizite zu beseitigen und Nutzenpotentiale der Scannerdaten zu erschließen,
- weitere Investitionen in die Datenverarbeitung zur Vereinfachung, Beschleunigung und Flexibilisierung des Datenzugangs werden erfolgen und
- die Zusammenarbeit mit den Lieferanten bei der Datennutzung wird verstärkt.

Durchaus möglich ist es, daß hierbei der Handel nicht nur eigene Teams weiterentwickelt, sondern daß zunehmend sowohl mit Herstellern als auch mit Third Parties kooperiert wird, um die Entwicklungskosten zu senken.

6.6.2 Der nächste strategische Quantensprung

Der nächste Quantensprung heißt Computer Integrated Trading (CIT). In diesem Fall geht es nicht mehr darum, durch einen repräsentativen Scannereinsatz das Sortiment zu optimieren, sondern mit Hilfe des Scannings an jedem Absatzort, den Informationsfluß sowohl zur automatischen Disposition innerhalb der eigenen Organisation als auch mit den Lieferanten zu nutzen. Möglich wird dies dadurch, daß das Kosten-Leistungsverhältnis der Hardware inzwischen so gesunken ist, daß auch auf Flächen von 400 Quadratmetern sich der Einsatz von Scannern rechnen läßt (vgl. Abbildung 1).

Die Befragung innerhalb des *EHI*-Panels zeigte, daß bereits jedes dritte Unternehmen das zentrale Bestellwesen teilweise an Lieferanten übergeben hat, jedes siebte Unternehmen steigt gegenwärtig in eine Testphase ein. Die Abläufe werden wie folgt optimiert:
- der Handel liefert Verkaufsdaten und zentrale Lagerbestände an die Hersteller,
- der Hersteller erstellt eine Absatzprognose und ermittelt den zentralen Bedarf,
- der Handel erhält einen Belieferungsvorschlag mit Avis vom Hersteller und
- der Handel bestätigt oder ändert den Belieferungsvorschlag und erhält anschließend die Ware.

Die Vorteile liegen darin, daß:
- die Bestände in der gesamten Distributionskette gesenkt werden,
- eine bessere Auslastung von Transport- und Produktionskapazitäten erfolgt und
- Lieferengpässe und Out-of-Stocks vermieden werden.

Nicht unerheblich beschleunigt wird dieses neue Denken dadurch, daß in letzter Zeit der Chip, die Schlüsseltechnologie der Scannermarktforschung, alle 18 Monate seine Kapazität verdoppelt.

Spezialanwendung

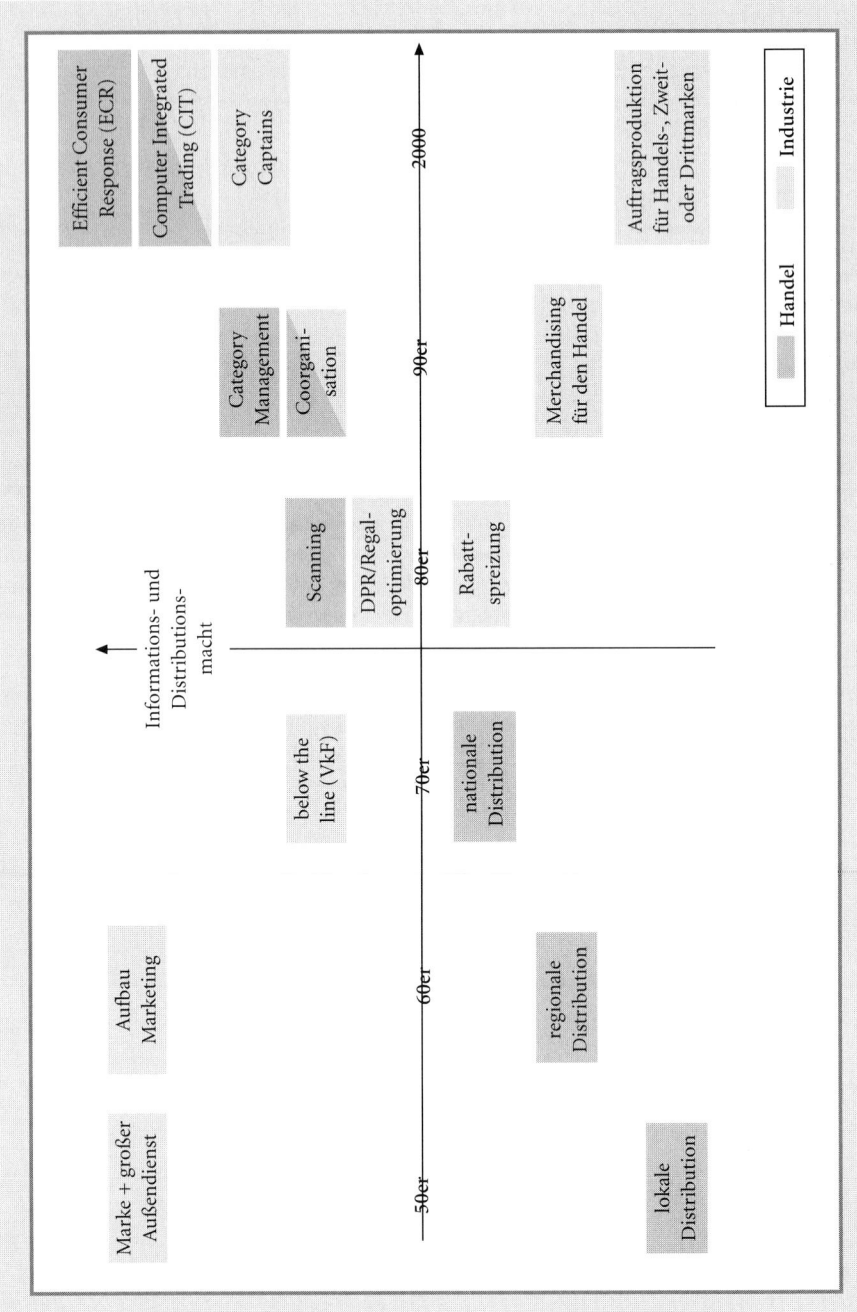

Abb. 1: Strategische Elemente der Marketingführerschaft (Quelle: *EHI*)

6.7 Literaturverzeichnis

Behrends, Chr.: Direkte Produkt-Rentabilität (DPR), in: Diller, H. (Hrsg), Vahlens Großes Marketinglexikon, München 1992
EHI (Hrsg.): Scannersysteme – Neue Impulse für Organisation und Marketing, Köln 1994
EHI (Hrsg.): Trendsetter USA, Köln 1994
EHI (Hrsg.): Kartengestützte Zahlungssysteme, Köln 1996
EHI (Hrsg.): Automatische Disposition, Köln 1997
EHI (Hrsg.): Flächenmanagement, Köln 1997
DHI (Hrsg.): Auf dem Weg zur Direkten Produkt-Rentabilität, Köln 1992
Hallier, B.: Wal Mart-Mythos führt zur falschen ECR-Positionierung, in: Dynamik im Handel, 4/1997
Hallier, B.: Sich ins Regal hineinrechnen, in: Absatzwirtschaft, Ausgabe 10/1987
Hallier, B.: DPR – Ein Weg der Verpackungsoptimierung, in: Verpackungs-Rundschau, Ausgabe 10/1987
Hallier, B.: Der Handel auf dem Weg zur Marketingführerschaft, in: Absatzwirtschaft, Ausgabe 3/1995
Hallier, B.: Direkte Produkt-Profitabilität, in: Tietz B. et al. (Hrsg.): Handwörterbuch des Marketing, Stuttgart 1995
Hallier, B.: Informationsmanagement im Handel, in: Trommsdorff, V. (Hrsg.): Handelsforschung 1995/96, Wiesbaden 1995
Heidel, B.: Scannerdaten im Einzelhandelsmarkting, Wiesbaden 1990

7. Werbekontaktanalysen

Jörg Koch

Inhaltsübersicht

7.1 Einleitung
7.2 Aufgaben und Funktionen von Copy-Tests
7.3 Wiedererkennungstest (Recognition)
7.4 Erinnerungstest (Recall)
7.5 Kombinierte Verfahren
7.6 Maskierungstest (Hidden Test)
7.7 AdVantage
7.8 Anbieter von Copytests
7.9 Literaturverzeichnis

Auf einen Blick

Der Leser wird über die verschiedenen Verfahren informiert, mit denen man die Wirkung von Werbemitteln (Anzeigen, Funk- und TV-Spots) überprüfen kann. Dargestellt werden die in der Praxis üblichen Copy-Test-Verfahren und andere häufig genutzte Analysen. Es wird der Nutzwert der Verfahren beschrieben sowie ihre Vor- und Nachteile für den Werbungtreibenden.

7.1 Einleitung

Werbekontaktanalysen sind solche Verfahren, mit denen die Wirkung von Werbemitteln auf ihre Zielpersonen überprüft werden soll. Typisch für solche Analysen ist, daß die Tests der Werbemittel möglichst im realen Umfeld stattfinden, also in einer Zeitschrift oder in einer Sendung mit Werbeblöcken. Der Werbeträger dient in diesem Zusammenhang lediglich als Transporteur des jeweiligen Werbemittels. Die Tests finden dann statt, wenn der Rezipient eine Kontaktchance mit dem zu testenden Werbemittel hatte. In der Praxis hat sich für diese Art von Kontaktanalysen die Sammelbezeichnung Copy-Tests durchgesetzt.

7.2 Aufgaben und Funktionen von Copy-Tests

Wie oben schon ausgeführt, haben Copy-Tests die Aufgabe, die Wirkung von Werbemitteln zu messen, und zwar anhand von Aufmerksamkeits-, Wiedererkennungs- und Erinnerungswerten und sonstiger Kriterien, die die kommunikative Wirkung der Werbung zum Ausdruck bringen.

Generell können Copy-Tests als Pre- wie auch als Posttests eingesetzt werden, das heißt vor oder nach Schaltung in den Medien. Voraussetzung ist aber, daß fertiggestaltete Werbemittel (Anzeigen/Spots) zur Verfügung stehen. Während die Pretests eine Aussage darüber liefern sollen, was die Werbemittel bewirken werden, hat der Posttest das Ziel festzustellen, was die Werbemittel bewirkt haben.

Obwohl unter dem Aspekt der frühzeitigen Werbemitteloptimierung in jedem Falle ein Pretest vorzuziehen ist, werden in der Praxis die **Copytests überwiegend als Posttests** durchgeführt, nachdem die Werbemittel in den Werbeträgern geschaltet wurden. Dies hängt auch damit zusammen, daß im Printbereich zahlreiche Verlage ihren Anzeigenkunden Copytests als kostenlose Serviceleistung bei Schaltung in ihren Zeitschriften anbieten.

Die Mehrzahl der angebotenen Copy-Tests basiert auf der Überprüfung und Messung von zwei wesentlichen Indikatoren:
- der Wiedererkennung (recognition) und
- der Erinnerung (recall).

Die Indikatoren sollen darlegen, ob die Werbemittel von den Rezipienten wahrgenommen wurden, welche Informationen sie registriert und im Gedächtnis gespeichert haben und welchen Einfluß dies auf ihre Einstellung hat. Im Folgenden werden die wichtigsten Verfahren näher beschrieben.

7.3 Wiedererkennungstest (Recognition)

Der Wiedererkennungstest beruht auf einer Entwicklung des amerikanischen Medienforschers Daniel Starch. Er nutzte dabei eine traditionelle Methode der Lernpsychologie, mit der man die Gedächtnisleistung mißt. Der Proband soll dabei erlerntes Material (z. B. Anzeigen) identifizieren und wiedererkennen (*Hess* 1976).

Beim klassischen Starch-Test wird die letzte Nummer einer Zeitschrift am Ende des Erscheinungsintervalls einer Stichprobe von Lesern dieser Ausgabe vorgelegt. Normalerweise sind dies 150 bis 200 Versuchspersonen. Der Interviewer geht das Heft Seite für Seite durch und fragt, ob die aufgeschlagene Anzeige gesehen wurde, ob die Marke bemerkt wurde und welche Anzeigenelemente wahrgenommen wurden. Durch den Test werden drei Meßgrößen ermittelt:

- noted score: Anteil der Personen, die angeben, die Anzeige gesehen zu haben (Beachtungswerte),
- seen associated score: Anteil der Personen, die angeben, vorher auch die Marke/den Hersteller beachtet zu haben und
- read most score: Anteil der Personen, die angeben, mehr als die Hälfte der jeweils beachteten Anzeige gelesen zu haben.

Der Recognition-Test findet in der Praxis eine breite Anwendung und ist das am häufigsten angewandte Verfahren. Überprüfungen haben ergeben, daß diese Methode zumindest in bezug auf die Kriterien Objektivität und Zuverlässigkeit (Reliabilität) äußerst genau ist.

Von verschiedenen Forschern (*Hess* 1976, *Rehorn* 1988) werden aber Zweifel an der Gültigkeit (Validität) des Recognition-Tests gehegt. Hauptkritikpunkt ist die Tatsache, daß die von den Probanden geäußerte Wiedererkennung ungeprüft in die Ergebnisse übernommen wird. Es stellt sich somit die Frage, ob der Test tatsächlich die Wiedererkennung mißt? Überprüfungen haben gezeigt, daß die Befragten Beachtungswerte für Anzeigen genannt haben, die sie unmöglich vorher gesehen haben konnten. Untersuchungen des *Gallup*-Institute in den USA und England haben nachgewiesen, daß der Recognition-Test nicht den physischen Kontakt mit der jeweiligen Anzeige mißt, sondern diejenigen Personen herausfiltert, für die die Anzeigen interessant/wichtig sind. Personen, bei denen eine Anzeige kein subjektives Interesse weckt, machen keine Angaben oder verneinen eine Wiedererkennung.

Damit rückt die Frage des **Marken- und Produktinteresses** in den Mittelpunkt der Diskussion. Es ist einleuchtend, daß Anzeigen von Personen, für die das Werbemittel gemacht wurde, eher beachtet werden als von anderen Personen, die nicht zur Zielgruppe zählen. Marken- oder Produktinteressierte haben ein höheres Involvement, was zu erhöhten Recognitionwerten führt (vgl. Tabelle 1).

Wichtig erscheint außerdem der Hinweis, daß die Ergebnisse des Recognition-Tests nur auf einem Einmal-Kontakt beruhen. Nicht meßbar sind die bereits in anderen Ausgaben oder anderen Werbeträgern erfolgten Kontakte. Die in der Realität auftretenden Mehrfachkontakte werden durch den Recognition-Test nicht erfaßt. Die bisherigen Erfahrungen aus zahlreichen Tests zeigen außerdem, daß intensiv beworbene Warengruppen höhere Recognitionwerte aufweisen als schwach beworbene Warengruppen. Dies würde den unzulässigen Schluß nahelegen, daß Waschmittelanzeigen aufmerksamkeitsstärker sind als z. B. Spielwarenanzeigen (*Rehorn* 1988, S. 317 ff.).

	Einflußfaktor *Produktinteresse*	
	Copytest-Wert: Anzeige gesehen	
Anzeige	*Stern*-Leser gesamt %	Produktinteressierte %
Schwarzkopf	44	55
Du darfst	45	66
Tesa	46	88
Schwäbisch Hall	47	56
Lufthansa	48	62
Fiat	55	60
Dimple	59	67
Marlboro	60	68
Adidas	61	66
König-Pilsener	62	76

Lesebeispiel:

44% der *Stern*-Leser gesamt haben die *Schwarzkopf*-Anzeige gesehen, dagegen 55% der produktinteressierten *Stern*-Leser.

Tab. 1: Einflußfaktor *Produktinteresse* (Quelle: *Stern*-Verlag, Hamburg: Argus)

Trotz dieser kritischen Anmerkungen bleibt festzuhalten, daß der Recognition-Test als Werbemitteltest durchaus Aussagekraft besitzt, da er die kommunizierte Wirkung der Anzeige zum Ausdruck bringt. Er weist nach, welche Anzeigen und Anzeigenelemente für bestimmte Zielgruppen im Werbeumfeld beachtenswert sind (Aufmerksamkeitswirkung).

7.4 Erinnerungstest (Recall)

Der Erinnerungstest oder Recalltest wurde 1948 in den USA von Gallup und Robinson entwickelt. Sie prägten für ihr Verfahren auch den Namen **Impact-Test**. Der Test beruht im wesentlichen auf der Überprüfung einer Lernleistung. Der Proband soll aus der Erinnerung reproduzieren, welche Werbemittel er wahrgenommen hat und an welche Elemente der Werbung er sich erinnern kann.

Bei dem Impact-Test nach Gallup wird dem Befragten die letzte Ausgabe einer Zeitschrift vorgelegt und gefragt, ob er diese Ausgabe gelesen hat. Der Proband gilt dann als Leser, wenn er sich an bestimmte Inhalte der Testausgabe konkret erinnern kann (proven recall). Anschließend werden der Versuchsperson Kärtchen mit Marken- und Herstellernamen vorgelegt, zu denen sie jeweils angeben soll, ob für die Marke/den Hersteller in der Ausgabe geworben wurde oder nicht. (Zur Kontrolle werden auch Marken aufgeführt, für die nicht in der Testausgabe geworben wurde.) Falls er sich an beworbene Marken erinnern kann, wird er gebeten, Einzelheiten aus der Anzeige zu nennen (Abbildungen, Text, Headline, Slogans). Abschließend wird erfaßt, welchen Eindruck/Anmutung die Anzeige hinterließ. Befragt werden beim Original-Impact-Test 300 Personen.

Spezialanwendung

Das von Gallup und Robinson entwickelte Verfahren wurde im Laufe der Zeit mehrfach modifiziert und geändert. Der wesentliche Unterschied zwischen den verschiedenen Recall-Tests liegt in ihrer Meßmethode und in den Erinnerungshilfen für den Befragten. Man unterscheidet danach die:
- ungestützte Erinnerung (unaided recall): Der Befragte erhält keinerlei Hilfen für die Erinnerung an die Werbemittel.
- gestützte Erinnerung (aided recall): Der Befragte erhält Erinnerungshilfen in Form von Produktlisten (produktgestützter Recall) oder Markenlisten (markengestützter Recall).

Es ist klar, daß jede Hilfe die Erinnerung erleichtert, somit zu besseren Recall-Werten führt.

In der Praxis werden zum Erinnerungs- und Recalltest zahlreiche Kritiken geäußert. So wird der Vorwurf erhoben, daß Marken mit hohem Bekanntheitsgrad generell besser erinnert werden als solche mit niedrigem Bekanntheitsgrad. Es werden Marken genannt, für die in der Testausgabe gar nicht geworben wurde. Des weiteren wird festgestellt, daß die Struktur der Stichprobe (Alter, Ausbildung, Beruf) die Recallwerte beeinflußt. Ähnlich wie beim Recognitiontest zeigt sich, daß Werbemittel bei ihren Zielpersonen bessere Werte erzielen als in der allgemeinen Leserschaft. Einen starken Einfluß auf die Ergebnisse des Recalltests hat auch der Zeitpunkt der Erhebung. Je länger der Zeitraum zwischen Werbemittelkontakt und Befragung wird, desto schlechter werden die Ergebnisse (Vergessenskurve). Alle genannten Aspekte haben Zweifel daran genährt, ob der Recalltest reliabel und valide ist?

Seine Bedeutung erhält der Recallwert allerdings dadurch, daß in der Praxis inzwischen tausende Anzeigen überprüft wurden, so daß zu jeder Art von Anzeige (Format, Farbigkeit, Branche) Vergleichswerte vorliegen, die als Interpretationshilfe genutzt werden können. Der ungestützte Recall ist ein wichtiger Indikator dafür, welche Marke/welcher Hersteller top of mind ist (*Pepels* 1996, S. 237). Der Recallwert gilt als die härtere Währung gegenüber dem Recognitionwert, was sich darin ausdrückt, daß Erinnerungswerte immer deutlich unter den Wiedererkennungswerten liegen (vgl. Abbildung 1).

In der Praxis sind neben dem klassischen Starch-Test die Day-After-Recall-Tests (DAR) bekannt geworden. Diese Tests werden von der Firma Infratest-Burke angeboten. Sie lassen sich sowohl für Anzeigen (Print) wie für Werbespots (TV) durchführen.

Der **Print-DAR-Test** wird mit einer Originalausgabe einer Zeitschrift durchgeführt, die den Probanden 2–3 Tage vor der Befragung zur Durchsicht übergeben wird. Der Sinn des Tests ist für die Probanden nicht erkennbar. Man geht davon aus, daß zwischen Nutzung des Heftes und Befragung mindestens ein Tag (24 Std.) liegen soll. Befragt werden 200 Personen, die Leser der jeweiligen Zeitschrift sind. Der Test findet in der Wohnung des Befragten statt. Erfragt werden die Erinnerungswerte für die geschalteten Anzeigen oder beworbene Marken.

Beim **TV-DAR-Test** wird die Erinnerung an Werbespots gemessen, die am Vortag gesendet wurden. In einer Auswahl-Phase (Screening) werden zunächst Personen per Telefon rekrutiert, die das Vorabendprogramm und einen bestimmten Werbeblock gesehen haben. Die so selektierten Personen werden dann nach ihrer Erinnerung an die gesendeten Spots und deren Inhalte befragt.

Anzeige	Format/Farbe	Recallwert in %	Recognitionwert in %
»Colgate«	1/1 4c	62	77
»Eckes Edelkirsch«	1/1 4c	56	74
»Blend-a-med«	1/1 4c	53	70
»Cointreau«	1/1 4c	50	64
»Scharlachberg«	1/1 4c	41	62
»Signal«	1/1 4c	38	47
»Bosch«	1/1 SF	37	43
»Sunlicht«	1/1 4c	37	57
»Coin«	1/1 4c	36	52
»Baumhüter«	3/4 4c	34	59
»Bio-Vital«	1/4 SF	31	36
»Bundesanleihe«	1/1 sw	31	43
»Doppelherz«	1/4 SF	23	27
»Wolf-Geräte«	1/2 sw	22	32
»Vileda«	2/1 4c	17	44

Abb. 1: Recall- und Recognitionwerte von getesteten Anzeigen (Quelle: *Stern*-Verlag Argus)

7.5 Kombinierte Verfahren

Die Mehrzahl der in der Praxis angebotenen Copy-Tests besteht aus einer Kombination von Recall- und Recognitiontests. Darüber hinaus können weitere Indikatoren geprüft werden, wie Produktinteresse, Anmutung, Unverwechselbarkeit, Likes und Dislikes. Die Kombination und Erweiterung der Verfahren soll eine tiefergehende Analyse der Werbewirkung ermöglichen.

Bei der Kombination von Recall- und Recognitiontest ist zu beachten, daß der üblicherweise zunächst durchgeführte Erinnerungstest direkten Einfluß auf die Ergebnisse des nachfolgenden Wiedererkennungstests hat. Durch den Lernprozeß steigen die Recognitionwerte auf ein höheres Niveau.

Sinnvoll ist auch die Überprüfung der Anmutung getesteter Anzeigen und Spots. Es soll die Frage beantwortet werden, welchen emotionalen Eindruck das Werbemittel auf den Rezipienten hinterlassen hat? In den meisten Fällen wird diese Frage durch den Einsatz eines Polaritätenprofils (gegensätzliche Eigenschaftspaare) beantwortet. Bekannt geworden ist die vom Amerikaner W. Wells entwickelte Eigenschaftsliste, die (adaptiert auf Deutschland) im bereits genannten *Stern*-Argus-Test verwendet wird. Anhand von 16 Items (Eigenschaften) werden sieben wesentliche Faktoren der Anzeigenanmutung über eine Skala (trifft zu/trifft nicht zu) gemessen: persönliche Relevanz, Originalität, Unpassendheit, Harmonie, Emotion, Lebendigkeit, Langeweile.

Spezialanwendung

Durch die Abfrage von Gefallen (Likes) und Mißfallen (Dislikes) soll die Einstellung des Befragten zum Werbemittel untersucht werden. Dies erfolgt überwiegend durch offene Fragestellungen (»Was hat Ihnen an der Anzeige/dem Spot gut, was weniger gut gefallen?«).

Wie oben schon angeführt, gehen die Institute immer mehr dazu über, die in den Copy-Tests erhobenen Ergebnisse in **Datenbanken** zu speichern. Da jährlich Tausende von Anzeigen und Spots getestet werden, kommt auf diese Weise eine große Zahl an Vergleichswerten zusammen. Die Daten können nach verschiedenen Kriterien strukturiert und analysiert werden. Dies ist wichtig, da die Wirkung von Werbemitteln (insbesondere Anzeigen) von verschiedenen Faktoren abhängig ist; dazu zählen: Format der Anzeige, Farbigkeit, Plazierung im redaktionellen Umfeld, beworbener Produktbereich, Umfang des Testheftes. Tabelle 2 zeigt, wie sich die verschiedenen Kriterien auf die Anzeigenwirkung (Recall und Recognition) auswirken.

STERN-Leser gesamt			
	Impact Starch Anzeige erinnert %	Anzeige gesehen %	getestete Anzeigen
Alle Anzeigen	28	45	3099
Format / Farbe			
1 /2 Seite sw	14	21	59
1 /2 Seite SF	18	28	38
1 /2 Seite 4 c	20	31	16
1/1 Seite sw	19	32	309
1/1 Seite SF	24	41	235
1/1 Seite 4 c	32	50	1591
2/1 Seite sw	28	46	147
2/1 Seite SF	30	52	152
2/1 Seite 4 c	35	58	222
Plazierung			
linke Seite	28	44	966
rechte Seite	27	44	1510
direktes Umfeld			
nur Text	29	46	341
überwiegend Text	26	43	1321
Hälfte Text, Hälfte Bild	28	44	375
überwiegend Bild	28	44	470
Anzahl aus dem Produktbereich			
1 Anzeige	28	45	1271
2 Anzeigen	28	46	637
3 Anzeigen und mehr	28	45	1191
Heftumfang			
unter 200 Seiten	30	46	441
über 200 Seiten	28	45	2658
Lesebeispiel: Durchschnittlich haben sich 28% der *STERN*-Leser an eine Anzeige auf der linken Seite erinnert, durchschnittlich 27% der *STERN*-Leser an eine Anzeige auf der rechten Seite.			

Tab. 2: *Stern*-Leser (Quelle: Copytest Argus, *Gruner & Jahr* Verlag)

Noch wichtiger ist der Vergleich von Anzeigen aus dem jeweiligen Produktfeld; das heißt Waschmittelanzeigen werden mit Waschmittelanzeigen, Spirituosen- mit Spirituosenanzeigen verglichen. Diese Vorgehensweise erlaubt es, zur Beurteilung von Test-Anzeigen Benchmarks zu verwenden. Beispiel: Es wird eine neue Bier-Anzeige (1/1 S. 4 c) getestet, dann wird man das Testergebnis dieser Anzeige an dem durchschnittlichen Recall und/ oder Recognitionwert aller bisher getesteten Bieranzeigen (1/1 S. 4 c) messen. Man wird feststellen, ob die neue Anzeige über oder unter dem Durchschnittsniveau aller getesteten Anzeigen der Warengruppe liegt. Eine sehr aussagefähige Analyse (vgl. Abbildung 2).

Gong Anzeigen-Meter 1998

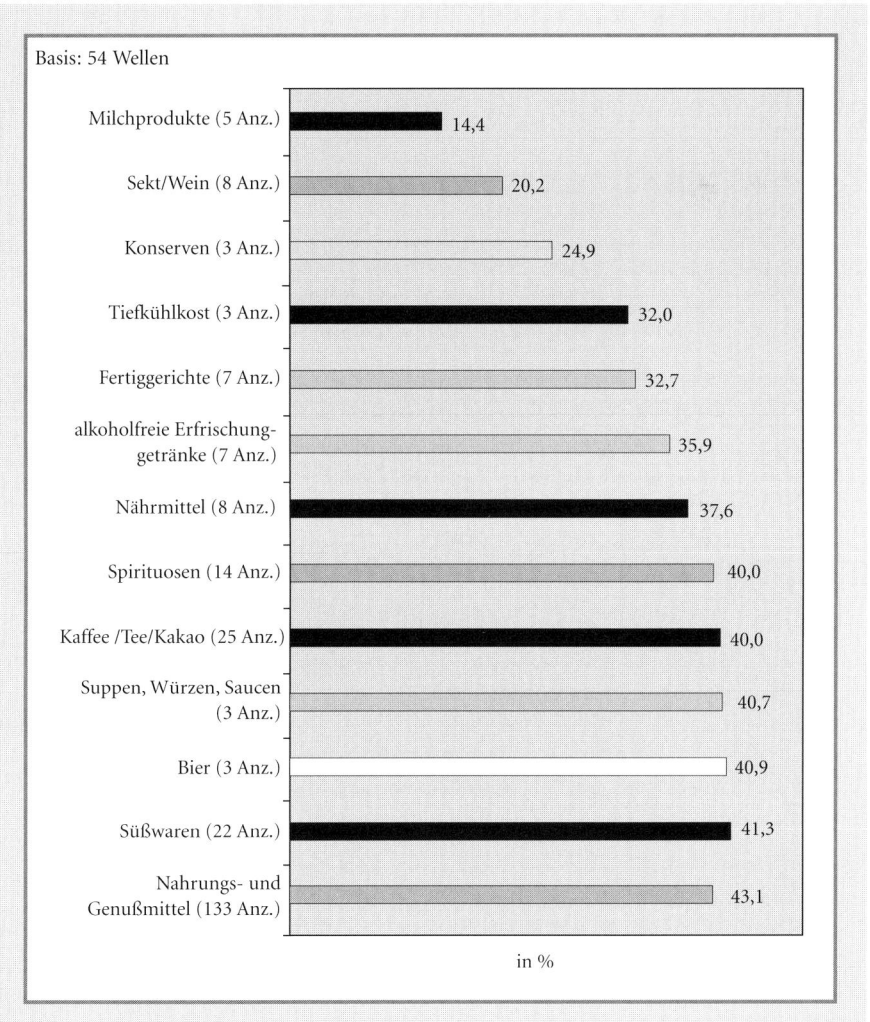

Basis: 54 Wellen

Warengruppe	Wert
Milchprodukte (5 Anz.)	14,4
Sekt/Wein (8 Anz.)	20,2
Konserven (3 Anz.)	24,9
Tiefkühlkost (3 Anz.)	32,0
Fertiggerichte (7 Anz.)	32,7
alkoholfreie Erfrischungsgetränke (7 Anz.)	35,9
Nährmittel (8 Anz.)	37,6
Spirituosen (14 Anz.)	40,0
Kaffee/Tee/Kakao (25 Anz.)	40,0
Suppen, Würzen, Saucen (3 Anz.)	40,7
Bier (3 Anz.)	40,9
Süßwaren (22 Anz.)	41,3
Nahrungs- und Genußmittel (133 Anz.)	43,1

in %

Abb. 2: Gong Anzeigen-Meter 1998 (produkt- und markengestützter Recall)

7.6 Maskierungstest (Hidden-Test)

Dieses Verfahren ist methodisch zwischen dem Recall- und Recognitiontest zu positionieren. Der Befragte soll bei diesem Test Werbemittel trotz Maskierung charakteristischer Elemente (Markenzeichen, Slogans) identifizieren. Seine Aufgabe besteht darin, die abgedeckten Elemente zu ergänzen und aus dem Gedächtnis nachzubilden. Maßstab für den Erinnerungswert ist die Anzahl der richtigen Ergänzungen (Rekordationszahl) Auf diese Weise läßt sich feststellen, ob eine Testperson beim originären Betrachten des Werbemittels das Produkt oder die Marke erkannt hat, und ob sie spezifische Botschaften der Werbung gelernt hat.

Der Nachteil dieses Verfahrens besteht darin, daß maskierte Elemente häufig geraten werden. Das kommt besonders bei bereits bekannten Marken vor. In der Praxis wird dieses Verfahren genutzt, um eventuelle Verwechslungen mit Anzeigen aus dem Wettbewerbsumfeld herauszufinden.

7.7 AdVantage

Neben der Messung von Recall und Recognition spielt die Überprüfung von Einstellungsänderungen durch Werbung eine wesentliche Rolle. Die Beeinflussung von Kaufverhalten erfolgt in der Regel durch Einwirkung auf die subjektiven Einstellungen des Rezipienten (vgl. den Beitrag von Fritz Unger: Einstellungsforschung, S. 609).

In der Praxis haben sich hierzu unterschiedliche Verfahren herausgebildet. Im Folgenden soll die Vorgehensweise exemplarisch am Test-System Ad-Vantage dargestellt werden, das von der GfK-Marktforschung, Nürnberg, zur Überprüfung der Werbewirkung aller wichtigen Werbemittel (TV, Print, Radio, Kino und Plakat) angeboten wird. Das Verfahren kann sowohl als Pre- wie als Posttest eingesetzt werden. Der Testablauf soll an dieser Stelle für TV-Spots und Anzeigen erläutert werden.

AdVantage/ACT (Advertising Control of Television) wurde in den USA entwickelt und 1985 von der *GfK*-Nürnberg in Europa eingeführt.

Es werden 125 Zielpersonen (Standard) der Testwerbung mit der Aufforderung in ein oder mehrere Studios eingeladen, an einem TV-Programmtest teilzunehmen. Den Testpersonen wird (ca. 1 1/2 Std.) ein unterhaltsames Fernsehprogramm angeboten. Die Testpersonen nehmen also in einer weitgehend realistischen Situation (quasi-biotisch) die Werbung auf. Vor Beginn der Vorführung werden die eingeladenen Personen nach ihren demografischen Daten und ihren Markenpräferenzen befragt (Pre-Choice).

Das Programm besteht methodisch aus 2 Teilen. Der erste, längere Teil des Programmes wird von einem Werbeblock unterbrochen, der aus 7 Spots besteht (4 Testspots und 3 Kontrollspots). Die Kontrollspots haben ein durchschnittliches Aufmerksamkeits-Niveau; sie sollen Überstrahleffekte der Spots untereinander verhindern. Nach Vorführung dieses Teils werden die Testpersonen (neben allgemeinen Fragen) nach ihrer Erinnerung zu den Testspots befragt (Marke/Produkt, Consumer Benefit, Slogan). Dieser Teil der

Untersuchung dient der Überprüfung der **Durchsetzungsfähigkeit** (awareness) der Testspots im Umfeld.

Danach wird das Programm fortgesetzt, unterbrochen von einem Werbeblock mit den 4 ausgewählten Testspots. In diesem Teil soll die Kommunikationswirkung vertieft werden (Mehrfachkontakt). Es wird wiederum der kurzfristige Recall erfragt, insbesondere, welche Inhalte durch die Testspots vermittelt wurden (**Kommunikationsleistung**). Darüber hinaus wird geprüft, welche Produkte/Marken man im Rahmen eines Gewinnspiels gewinnen möchte (Post-Choice). Durch den Wahlentscheid soll die **motivationale Schubkraft** der Testspots gemessen werden. Von Interesse ist dabei die Feststellung, ob Pre- und Post-Choice übereinstimmen oder ob durch die Werbung ein Produkt- oder Markenwechsel ausgelöst wurde (relative competitive preference).

Unter Verwendung der AdVantage/ACT-Datenbank, kann jeder Testspot in bezug auf seine Werbewirkung mit verschiedenen Benchmarks (Konkurrenzumfeld) verglichen werden. Überprüfungen der *GfK*-Nürnberg haben ergeben, daß die Ergebnisse dieses Verfahrens valide Indikatoren für die Einstellungen und das Verhalten der Zielgruppe sind.

Das oben geschilderte Verfahren wird für die Überprüfung von Anzeigen entsprechend umgestaltet. Die Testanzeigen werden in drei Originalhefte ausgewählter Publikumszeitschriften montiert, um ein reales Testumfeld anzubieten. Die Testpersonen (n = 120) werden um die Teilnahme an einem Zeitschriftentest gebeten. Jeder Proband erhält drei Test-

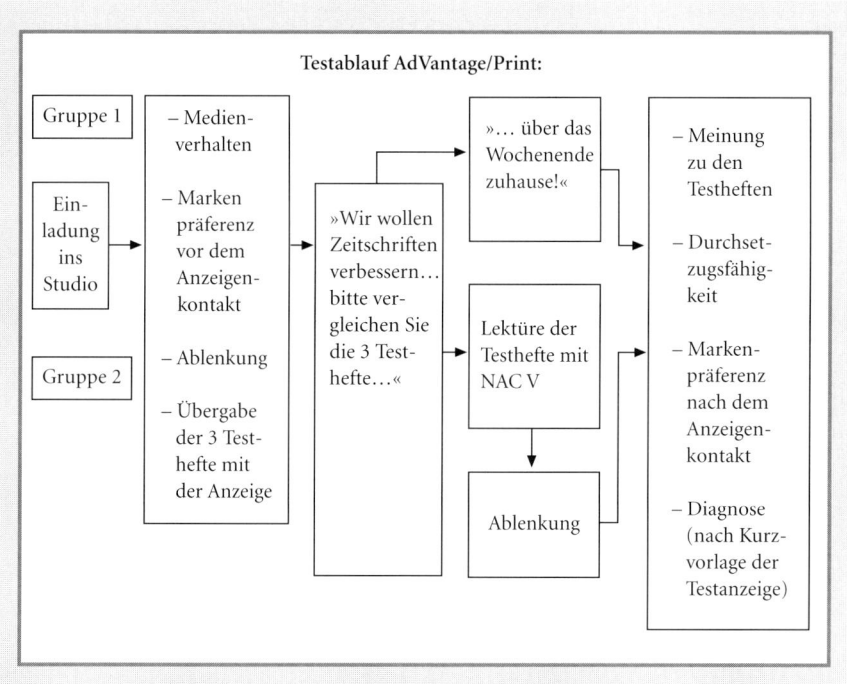

Abb. 3: Testablauf AdVantage/Print (Quelle: *GfK* Marktforschung)

hefte. Eine Hälfte der Testpersonen liest die Zeitschriften im Teststudio unter Verwendung einer NAC-Brille (vgl. den Beitrag von Peter Sauermann: Apparative Beobachtungsverfahren, S. 231). Die andere Hälfte bekommt die Möglichkeit, die Testhefte zuhause durchzublättern. Durch diese Vorgehensweise werden zwei methodische Bedingungen erreicht. Es wird erstens eine Low-Involvement-Situation geschaffen, in der zweitens Mehrfachkontakte ermöglicht werden. Es entsteht eine möglichst reale Lesesituation (vgl. Abbildung 3).

Durch diesen Test werden eine Vielzahl von Werbewirkungsgrößen gemessen:
- Durchsetzungsfähigkeit (awareness/recall)
- qualitative Kommunikationsleistung (copy- /claim-penetration)
- Einstellungsbeeinflussung (attitude shift)
- Akzeptanz (Likes/Dislikes)
- Anmutung (Profil)
- Blickverlauf (Fixationen)
- Betrachtungsdauer (Nutzung)

Auch bei diesem Test verfügt die *GfK*-Nürnberg über eine Datenbank, die einen Vergleich der Einzelergebnisse mit den Durchschnittswerten aller Tests (Benchmarks) erlaubt.

7.8 Anbieter von Copy-Tests

Anbieter von Copy-Tests sind einerseits verschiedene Institute, andererseits Verlage. Die Institute bieten Copy-Tests überwiegend standardisiert im Rahmen der Werbewirkungsforschung an. Die Verlage offerieren diesen Test (überwiegend kostenlos) ihren Anzeigenkunden. Hier eine Auswahl von Anbietern:

Institute:
Emnid-Institut, Bielefeld
GfK-Marktforschung, Nürnberg
GFM-GETAS, Hamburg
IFM, Frankfurt
Imas, München
Infratest-Burke, Kommunikationsforschung, München
Kehrmann Marktforschung, Hamburg
Keppler Konsumforschung GmbH, Stuttgart
Media Markt Analyse MMA, Frankfurt
RSG Marketing Research, Düsseldorf

Verlage:
Heinrich Bauer Verlag:	für *Fernsehwoche* und andere Titel
Burda Verlag:	für die Zeitschriften *Freundin, Bunte*
Gong Verlag:	für die Titel *Gong, die aktuelle*
Verlag *Gruner & Jahr*:	für die Zeitschriften *Stern, Capital, Brigitte*
Verlagsgruppe *Milchstraße*:	für *TV Spielfilm* und andere Titel
Axel Springer Verlag:	für die Zeitschriften *Hörzu, Bild am Sonntag*

7.9 Literaturverzeichnis

Heinrich Bauer Stiftung: Recognition Test, in: Vierteljahreshefte für Mediaplanung, Velbert 1971
Berekoven, L./Eckert, W./Ellenrieder, P.: Marktforschung, 7. Auflage, Wiesbaden 1996
von Bossiazky S.: Psychologische Marketingforschung, München 1992
Gruner + Jahr Verlag: Anzeigen Copytests, Erkenntnisse aus 10 Jahren Argus, Hamburg 1986
Hammann, P./Erichson, B.: Marktforschung, 2. Auflage, Stuttgart/New York 1990
Holm, K.-Fr.: Werbewirkungsforschung ex-ante und ex-post, Hamburg 1986
Hüttner, M.: Grundzüge der Marktforschung, 4. Auflage, Berlin/New York 1989
Koch, J.: Marktforschung, 2. Auflage, München/Wien 1997
Koeppler, K.: Werbewirkungen definiert und gemessen, Braunschweig/Velbert 1974
Koschnick, W. J.: Standard-Lexikon für Mediaplanung und Mediaforschung, München 1988
Mayer, H.: Werbepsychologie, 2. Auflage, Stuttgart 1993
Mayerhofer, W.: Werbemitteltests, Wien 1990
Pepels, W.: Werbeeffizienzmessung, Stuttgart 1996
Rehorn, J.: Werbetests, Neuwied 1988
Wells, W.: Recognition, Recall and Rating Scales, in: Journal of Marketing Research, Volume 28, No.3, 1974

8. Werbewirkungsforschung

Wolfgang J. Koschnick

Inhaltsübersicht

8.1   Einleitung
8.2   STAS-Formel
8.3   Advertising Response-Modell (ARM)
8.4   Werbewert
8.5   Werbewirkungskompaß
8.6   Fazit

Auf einen Blick

Kennzeichen der heutigen Märkte ist eine wachsende Individualisierung der Marken, der Marktprozesse und des Kommunikations-Mix. Wir müssen von dem Gedanken Abschied nehmen, es gäbe ein einheitliches Wirkungsmodell für die Werbung. Der Beitrag versteht sich als eine äußerst kritische Auseinandersetzung mit der derzeitigen Werbeforschung. Dem Praktiker vermittelt er die Botschaft, wissenschaftliche Modelle mit gesundem Menschenverstand zu prüfen.

8.1 Einleitung

Es ist noch gar nicht lange her, da gab es praktisch eine einzige Vorstellung darüber, wie Werbung und Massenmedien wirken, nämlich von oben nach unten. Man gibt oben die Werbung ein und unten, bei den Konsumenten, kommt die Wirkung heraus. Bis tief in die sechziger Jahre und sogar noch darüber hinaus hielt sich der Mythos von der Omnipotenz von Werbung und Massenmedien. Er unterstellt, wohldurchdachte und wohldosierte Stimuli in den Massenmedien könnten jedermann auf die gleiche Weise erreichen und beeinflussen. Folglich könnte allein der Inhalt der Kommunikation bei allen Menschen der Gesellschaft grundsätzlich gleichlaufende Reaktionen auslösen.

Die Massenmedien sind danach reine Transmissionsriemen. Deshalb nannte man die Modelle auch transmission belt theory oder hypodermic needle model, weil der Kommunikations-Stimulus einer Injektion vergleichbar ist, die dem wehrlosen Empfänger unvermittelt unter die Haut geht. Die Konsumenten stellen eine weitgehend homogene Masse dar, die den allmächtigen Massenmedien und der Werbung hilflos ausgeliefert ist. Mit ihren Stimuli zielen diese auf die einzelnen – sozial weitgehend isolierten – Verbraucher, um sie zu bestimmten Kaufhandlungen zu veranlassen. Dieses Modell der Massenkommunikation ist heute längst widerlegt, wiewohl seine Beliebtheit als Thema der Kulturkritik nach wie vor ungebrochen ist.

Die Aussagen der frühen Werbewirkungsforschung waren linear: Eine Werbebotschaft A in Werbeträger B hat beim Publikum C die Wirkung D. Die Aussagen der modernen Kommunikationstheorie sind ungemein differenzierter: Wenn ein Stimulus der Überredungskommunikation – Aussage, Kommunikator, Medium und Institution der Massenkommunikation – bestimmte Merkmale $K_1, K_2, \ldots K_n$ aufweist und von einem Rezipienten mit den Merkmalen $R_1, R_2, \ldots R_n$ in einer Situation $S_1, S_2, \ldots S_n$ empfangen wird, dann ist mit einer bestimmten Wahrscheinlichkeit $W_1, W_2, \ldots W_n$ die Wirkung $E_1, E_2, \ldots E_n$ auf die Einstellungen des Rezipienten zu erwarten.

Diesen entscheidenden Fortschritt verdankt die moderne Werbeforschung vor allem der **ökonometrischen Marketing- und Mediaforschung.** Praktisch alle Modelle der neueren Werbeforschung sind ökonometrische Modelle. Wer die Stärken und Schwächen der zeitgenössischen Werbewirkungsforschung erkennen will, muß die Grenzen und Möglichkeiten der Ökonometrie kennen.

Die Ökonometrie ist ein Bereich der Volkswirtschaftslehre, der sich 1930 als eigenständiger Wissenschaftszweig konstituierte. Der Begriff ist eine Wortbildung aus Ökonomie und Metrie (metron bedeutet Griechisch Maß oder Messung). Die Ökonometrie vereint die speziellen Fähigkeiten von Ökonomen, Statistikern und Mathematikern, um die Entwicklung empirisch gestützter ökonomischer Theorien voranzutreiben. Von ökonomischer Seite kommen die Hypothesen über den Zusammenhang zwischen bestimmten wirtschaftlichen Größen; die Statistiker stellen zu diesen Größen gesammelte Daten zur Verfügung; die Mathematiker bilden durch mathematische Verfahren die Verbindung zwischen beiden. Das Ziel der Ökonometrie ist doppelter Art:
1. Hypothesenschätzung: Ökonomische Hypothesen, die lediglich in Form einer allgemeinen Funktion vorgegeben sind, sollen numerisch bestimmt werden.

Spezialanwendung

2. Hypothesentest: Der Wahrheitsgehalt dieser Hypothese soll überprüft werden. Unter theoretischem Aspekt ist der Hypothesentest von größerer Bedeutung, da er über Annahme oder Ablehnung der Hypothese entscheidet. Aus wirtschaftspolitischen Erwägungen ist die Hypothesenschätzung bedeutsam, da sie die Grundlage für numerisch spezifizierte Simulationen oder Prognosen bildet; dies setzt die Annahme der Hypothese voraus.

Das **Prinzip** der ökonometrischen Marketingforschung besteht darin, einen Datenbestand über Marketingaktivitäten und die daraus resultierenden Marktanteilsveränderungen aller in Konkurrenzbeziehung stehenden Marken eines Produktfelds aufzubauen. Aus einem solchen Datenbestand über eine Vielzahl von Marketingaktivitäten lassen sich sodann mit Hilfe der multiplen Regressionsanalyse für jede Einzelaktivität Einflußgewichte errechnen. Einfach ausgedrückt: Man sammelt einen Bestand von Daten über komplexe Vorgänge wie zum Beispiel eine Vielzahl von Werbekampagnen. Dann rechnet man – mit Hilfe der Regressionsanalyse – aus, wie die einzelnen Faktoren in dieser Vielzahl von Kampagnen untereinander zusammenhängen. Dabei ergeben sich allerdings zwei grundsätzliche Probleme, die ganz entscheidend auch den Wert der moderneren Werbeforschung betreffen:

- Eine ökonometrische Analyse kann keinen Kausalbeweis liefern. Sie kann aber auch einen kausalen Zusammenhang nicht immer ausschließen. Kausale Zusammenhänge müssen auf andere Weise als durch eine ökonometrische Analyse nachgewiesen werden.
- Ökonometrische Untersuchungen stützen sich immer nur auf das ihnen zur Verfügung stehende Datenmaterial. Dieses kann jedoch fehlerhaft oder unvollständig sein, da es stets nur einen Ausschnitt der Realität widerspiegelt. Wenn eine ökonometrische Analyse von beispielsweise 20, 70 oder gar 180 Werbekampagnen bestimmte Regelmäßigkeiten aufzeigt, so gelten diese Regelmäßigkeiten für genau diese 20, 70 oder 180 Werbekampagnen. Welche Zusammenhänge in der 21., der 71. oder der 181. Werbekampagne bestehen, läßt sich daraus nicht ableiten.

Deshalb liegen oft widersprüchliche **ökonometrische Ergebnisse** zur selben Hypothese vor. Die Folge: Schätzung und Beurteilung von Hypothesen unterliegen einem ständigen Wandel. Günstigenfalls können Hypothesen mit zeitlich beschränkter Gültigkeit bestätigt werden. Entscheidend ist: Die Ökonometrie liefert niemals allgemeingültige Gesetze. Im allerbesten Fall liefert sie Quasi-Gesetze. Meistens liefert sie noch nicht einmal das.

Am Anfang aller ökonometrischen Studien steht das 1954 von J. M. Koyck entwickelte Modell der Wirkungsverzögerung beim Einsatz absatzpolitischer Instrumente, dem die Annahme zugrundeliegt, die Wirkung sinke im Zeitverlauf geometrisch ab. Das Modell wurde 1954 von J. M. Koyck in seinem Aufsatz *Distributed Lags and Investment Analysis* entwickelt.

Fast alle empirischen Ansätze der Werbeforschung beziehen sich heute auf diesen Ansatz. Ausgangspunkt ist die Annahme, daß auch weit zurückliegende Werbeaufwendungen stets am Zustandekommen des gegenwärtigen Umsatzes mitbeteiligt sind. Zu erwarten ist, daß der Einfluß des aktuellen Werbeeinsatzes am größten ist, die Einflußgewichte der weiter zurückliegenden Werbeeinsätze laufend abnehmen.

Weiterentwickelt wurde das Koyck-Modell dann 1957 von M. L. Vidale und H. B. Wolfe in ihrem Ansatz der Marketing- und Werbebudgetierung unter Berücksichtigung von Carryover-Effekten beim Einsatz des Marketinginstruments Werbung. Es handelt sich um ein dynamisches mathematisches Modell, das auf der Grundlage von empirischen Beobachtungen und Experimenten mit dem Ziel der Formulierung von Aussagen über die optimale Budgethöhe eine Beziehung zwischen Werbeausgaben und Umsatzentwicklung entwickelt wurde.

Die deutsche Forschung griff diese Ansätze mit der wegweisenden Grundlagenstudie *Werbedosis – Werbewirkung. Untersuchung der Response-Funktionen von Anzeigen-Kampagnen* des *Axel Springer* Verlags aus dem Jahre 1971 sowie dem ergänzenden *Atlas der Response-Funktionen* aus demselben Jahr auf. Vertieft und erweitert wurden die daraus gewonnenen Erkenntnisse in den vier Studien der Reihe *Markt-Mechanik*, die zwischen 1974 und 1981 erschienen. Sie untersuchten den Zusammenhang zwischen Marktanteil, Änderungen im Distributions-Mix, Werbeanteil und Media-Mix.

In der heutigen Werbewirkungsforschung spielen vor allem vier Denkmodelle eine Rolle, von denen praktisch alle in der Tradition der ökonometrischen Mediaforschung stehen. Das sind:
1. Die Short Term Advertising Strength-Formel oder auch STAS-Formel des aus Wales stammenden Professors John Philip Jones von der *Syracuse University* in New York.
2. Das Advertising Response-Modell (ARM), das die Nürnberger *Gesellschaft für Konsumforschung* (*GfK*) ebenfalls im Auftrag des *Gesamtverbands Werbeagenturen* (*GWA*) entwickelt hat und das unmittelbar an die STAS-Formel anknüpft.
3. Die Werbewert-Formel des *Verbands Deutscher Zeitschriften* (*VDZ*), die der deutsche Mediaforscher Peter Beike entwickelt hat.
4. Der Werbewirkungskompaß, den die deutsche Mediaforscherin Erna Engelsing für IP Deutschland zusammengestellt hat.

8.2 STAS-Formel

Keine einzige Studie hat in den letzten Jahren so viel Aufsehen erregt wie jene, die zur STAS-Formel des Professors John Philip Jones führte. Die Werbebranche kocht geradezu über vor Begeisterung. Und es ist die Rede von einer neuen Währung in der Werbeforschung. Selten ist ein primitives Hilfsmittel der Werbeforschung so grandios überschätzt worden.

Immer wieder streiten Werbepraktiker darüber, ob klassische Werbung oder Verkaufsförderung sinnvoller ist. Der allgemeine Konsens lautet: Klassische Werbung wirkt langfristig und dauernd. Verkaufsförderung dagegen wirkt sofort und fördert rasch den Absatz. Unter dem Einfluß dieses Paradigmas sind vor allem in den USA, aber auch in Europa erhebliche Geldsummen von der klassischen Werbung in die Verkaufsförderung umdirigiert worden. In Amerika gehen rund 60 Prozent der Kommunikationsinvestitionen in Below-the-line-Maßnahmen.

Dieser Denkansatz führt zu einem fundamentalen, ja peinlichen Denkfehler im Forschungsansatz. Denn bei der vergleichenden Untersuchung der Wirkung von Verkaufsförderung und klassischer Werbung wird vieles, was klassische Werbung leistet, von vornherein gar nicht untersucht: der Aufbau des dauerhaften Markenwerts, die langfristige Hege und Pflege eines Marken- oder eines Firmenimages. Gemessen wird, ob Werbung Verkäufe genauso fördert wie Verkaufsförderung.

Das ist ein absolut unseriöses Vorgehen: Man mißt einen ganz kleinen Ausschnitt aus der Gesamtheit der Werbewirkungen und man mißt alles, aber auch alles, was Verkaufsförderung nun einmal bewirken kann. Und siehe da: Die Verkaufsförderung schneidet im Vergleich zur klassischen Werbung ziemlich gut ab. Wer sich darüber wundert, hat noch nicht einmal kapiert, was jeder wissen sollte: Verkaufsförderung ist Verkaufsförderung und Werbung ist Werbung. Der Vergleich zwischen den verkaufsfördernden Wirkungen von Werbung und von Verkaufsförderung ist so geistreich wie der Vergleich der Flugeigenschaften eines Fahrrads und eines Flugzeugs. Nur würde sich unter Ingenieuren niemand wundern, wenn man ihnen mitteilt, daß Fahrräder auf schmalen Wegen besser fahren, dafür aber nicht so gut in der Luft liegen.

Viel dramatischer ist aber noch die Kurzatmigkeit des Denkansatzes. Dem erfolgreichen Aufbau ihres Images kann es eine Marke verdanken, daß sie zehn, zwanzig oder noch mehr Jahre länger lebt und fröhliche Verkäufe erzielt. Jeder Akt der Verkaufsförderung ist ja überhaupt nur auf kurzfristige Wirkung angelegt und kann über den Tag kaum Wirkungen auslösen.

Die Studien von John Philip Jones, einem aus Wales stammenden Professor an der Syracuse University in New York, erregten 1994 besonderes Aufsehen. Jones gelangte zu der Schlußfolgerung: Klassische Werbung wirkt genauso kurzfristig wie Verkaufsförderung. Der Tenor war klar: Die Gelder müssen wieder in Richtung klassische Werbung umgelenkt werden.

Um die kurzfristige Umsatzwirkung der klassischen Werbung zu messen, führte Jones das neue **Meßinstrument STAS** ein. Die Abkürzung STAS steht für Short-Term Advertising Strength – kurzfristige Werbestärke.
- Baseline STAS: Zunächst wird innerhalb eines Zeitraums von sieben Tagen erfaßt, wie Verbraucher einkaufen, die eine Fernsehwerbung für ein bestimmtes Produkt nicht gesehen haben. Der so ermittelte Wert heißt Baseline STAS. Er bezeichnet gewissermaßen die Ausgangs-Werbestärke. Die Bezeichnung ist irreführend. Denn Baseline STAS hat ja mit Werbewirkung gar nichts zu tun. Er bezeichnet vielmehr die von jeder Werbewirkung absolut freie Verkaufsstärke eines Produkts.
- Stimulated STAS: Diese Daten werden mit dem Einkaufsverhalten von Personen verglichen, die während derselben Zeit Kontakt mit der Fernsehwerbung für das Produkt hatten. Der so ermittelte Wert heißt Stimulated STAS – das ist also die durch Fernsehwerbung erzeugte höhere Verkaufsstärke eines Produkts.
- STAS-Differential: Der Unterschied zwischen beiden Werten oder ein daraus errechneter Indexwert, das STAS-Differential, stellt nach Jones ein einfaches und direktes Maß für kurzfristige Werbewirkung dar. Dabei kennzeichnen Indexwerte über 100 eine positive Wirkung, Werte unter 100 eine negative Entwicklung. Das STAS-Diffe-

rential für eine Marke sollte also möglichst weit über 100 liegen. Marken mit einem negativen STAS-Differential gelingt es nicht, sich gegen den Werbedruck der Konkurrenz durchzusetzen.

Die Ergebnisse der Jones-Studie basieren auf Daten aus einem nationalen Panel des amerikanischen Marktforschungskonzerns *A. C. Nielsen*. Die Messung erfolgte in 2000 Haushalten auf wöchentlicher Basis. In zwölf Konsumgüterkategorien hatten die Nielsenforscher insgesamt 142 Marken über einen Zeitraum von einem Jahr beobachtet. Für 80 dieser Marken wurde im Fernsehen geworben, 62 Marken wurden ohne jede Werbung verkauft. Dabei ergab sich: 70 Prozent der untersuchten Kampagnen erzielten kurzfristige Verkaufserfolge. 46 Prozent erzielten auch Langzeiterfolge. In Einzelfällen konnten kurzfristige Zuwächse von 60 Prozent erzielt werden. Mehr noch: 93 Prozent der kurzfristigen Verkaufserfolge (innerhalb einer Woche nach Ausstrahlung) wurden durch einen einzigen Werbekontakt erzielt.

Nachdem Jones 1994 den Erfolg von Kampagnen in den USA untersucht hatte, führte er in zwei Studien identische Analysen auch für 35 bzw. 28 Produktkampagnen in Deutschland durch. Die Ergebnisse wiesen grundsätzlich in dieselbe Richtung: Fernsehwerbung löste in Deutschland bei 65 bzw. 80 Prozent aller untersuchten Kampagnen innerhalb von sieben Tagen eine kurzfristige Absatzsteigerung aus. Bei über einem Drittel bis der Hälfte der Kampagnen war darüber hinaus auch eine langfristige positive Wirkung über einen Zeitraum von einem Jahr zu beobachten. Im Hinblick auf Unternehmensgewinne war Fernsehwerbung effektiver als Preispromotion, die Kombination beider Maßnahmen erzielte die beste Wirkung. Schließlich war auch in Deutschland kontinuierliche Werbung erfolgreicher als hohe Konzentrationen von Werbung auf sehr kurze Zeiträume.

Es handelt sich bei STAS um ein sehr einfaches, ja grobschlächtiges Instrument, das nicht viel mehr als eine Neuauflage des Netapps-Verfahrens darstellt, das der amerikanische Marktforscher Daniel Starch bereits in den dreißiger Jahren dieses Jahrhunderts eingesetzt hat. Es ist also ein ziemlich alter Hut, der da in etwas neuem Gewande so viel Begeisterung auslöst.

Netapps ist eine Abkürzung. Sie bezeichnet **net ad-produced purchases** - die unter dem Strich allein durch Werbung generierten Verkäufe. Zur Ermittlung des direkten Verhältnisses von Werbeaufwand und Verkaufserfolg wird dabei das Verhalten der Personen mit Werbekontakt mit dem der Personen ohne Werbekontakt verglichen, und zwar in Panelbefragungen. So ergibt sich die Ermittlung der ausschließlich auf den Einfluß der Werbung zurückführbaren Käufe – eine relativ einfache Rechnung. Bereits gegen dieses Verfahren lassen sich zwei grundsätzliche Einwände erheben:
1. Es wird nur jener Umsatzeffekt der Werbung erfaßt, der unmittelbar nach der Streuung der Werbemittel eintritt. Längerfristige Umsatzwirkungen, die die kurzfristigen Ergebnisse verstärken, schmälern, aufheben oder sogar überkompensieren, bleiben unbeachtet.
2. Bei Werbemitteln, die in sehr kurzen Intervallen gestreut werden, ist es höchst problematisch, die unmittelbar nach Erscheinen getätigten Mehrkäufe der Werbewahrnehmer kausal dem einzelnen Werbemittel zuzurechnen. Sehr häufig wird es so sein, daß vorangegangene Werbeaktivitäten, Erfahrungen mit dem Produkt und der Firma

Spezialanwendung

sowie bestehende Kaufabsichten die Aufmerksamkeit und das Interesse potentieller Abnehmer geweckt haben. Eine so gestimmte Abnehmerschaft beachtet entsprechende Werbemaßnahmen eher als bisher unmotivierte Personen.

Diese Einwände gelten auch für das Jones-Verfahren. Allerdings mit einer entscheidenden Variation: Während die alte Netapps-Technik sich der Methode der Panelbefragung bediente, greift die STAS-Studie auf **Single-source-Daten** zurück. Single source bedeutet, daß sowohl Daten über das Kaufverhalten von Konsumenten wie über deren Mediennutzung aus einer einzigen Quelle, das heißt, aus einem einzelnen Haushalt oder von einer einzelnen Person vorliegen. Kombiniert mit der Information darüber, welche Produkte in den von den Konsumenten gesehenen oder nicht gesehenen Fernsehspots beworben wurden, sind damit grundsätzlich kausale Schlüsse über die Beziehung zwischen Werbemaßnahme und Werbeerfolg möglich.

Die Single-source-Methode ist vor allem deshalb bedeutsam, weil sie kurzfristige Messungen überhaupt erst möglich gemacht hat. Technisch und methodisch wäre das zwar auch vorher ohne weiteres machbar gewesen. Es ist aber faktisch nicht getan worden. Die landläufigen Handelspanels messen Verkäufe stets nur in relativ langen Zeitabständen. Meistens alle zwei Monate. Durch diesen Raster sind die kurzfristigen Verkäufe stets durchgefallen. Dadurch entstand der irrige Eindruck, daß kurzfristige Veränderungen durch Mediawerbung überhaupt nicht zu bewirken sind.

Auf jeden Fall stellt der Jones'sche Ansatz einen Rückfall in die Meßmethoden längst vergangener Zeiten dar. Er ignoriert dabei die weit fortgeschrittenen Techniken der neueren Forschung. Ohne jede Not. Denn mit raffinierteren Meßmethoden ließen sich wesentlich differenzierte Erkenntnisse gewinnen.

Aus seinen Untersuchungen leitete Jones drei Hauptaussagen ab:
1. Mediawerbung wirkt genauso kurzfristig wie Verkaufsförderung. Das wird seither als die heißeste These von Jones gehandelt. Langfristig erfolgreiche Werbung muß bereits kurzfristig wirken. Die kurzfristige Werbewirkung ist eine unabdingbare Voraussetzung für ihren langfristig positiven Effekt auf die Verkaufszahlen. Ja, was denn sonst? Hat irgendwann schon einmal irgend jemand das Gegenteil behauptet? Gibt es irgendwo in der Welt eine einzige Untersuchung, die besagt: Werbung wirkt am Anfang überhaupt nicht oder nur ganz wenig, aber am Ende dreht sie mächtig auf? Es heißt immer, John Philip Jones räume mit dem Vorurteil auf, Mediawerbung wirke nur langfristig. Ja, hat denn jemals irgend jemand einen solchen hanebüchenen Unsinn behauptet? Nein. Response-Kurven sind immer schon von einem zunächst sehr schnellen Anstieg der Werbewirkung ausgegangen. Die generalisierte Kontaktbewertungskurve – die berühmte, ja legendäre KKK, die konvex-konkave Kontaktbewertungskurve heißt ja gerade so, weil sie konvex anfängt und dann konkav weitergeht. Das heißt: Es geht mit der Werbewirkung erst einmal – bei wachsender Kontaktzahl – rasant nach oben und dann flacht es allmählich ab. In dürren Worten: Werbung wirkt am Anfang und kurzfristig sehr stark und dann läßt sie ein wenig nach. Später kann sie nur noch mit ziemlich hohen Kontaktdosen – also mit großem Aufwand – zum Wirken gebracht werden. Diese Erkenntnis gehört zu den ältesten Hüten der Werbe- und Mediaforschung.

2. Die zweite große Erkenntnis des John Philip Jones lautet: Eine kontinuierlich verteilte Kampagne bringt wesentlich mehr Absatzzuwächse als Werbung in Intervallen. Die Studie erbrachte also den Nachweis, daß der massierte Einsatz von Mediawerbung – genauer gesagt: von Fernsehwerbung; denn nur diese hat Jones empirisch untersucht – in kurzen Zeiträumen deutlich weniger Absatzzuwächse bringt als kontinuierlich über das ganze Jahr verteilte TV-Spots. Zum Thema Kleckern oder Klotzen argumentiert Jones also wieder einmal für das Kleckern, genauer für das kontinuierliche Kleckern in geringen Kontaktdosen. Auch dieser Befund ist bereits in den ältesten Marketinglehrbüchern durchaus differenzierter nachzulesen: Die Entscheidung über die zeitliche Verteilung von Marketingausgaben hängt von den Marketingzielen ab, heißt es da meist.
3. Ergänzen Werbung und Verkaufsförderung einander gegenseitig, so kann der langfristige Verkaufserfolg bis zu achtmal größer sein als beim alleinigen Einsatz von Mediawerbung. Die größte Langzeitwirkung wird erzielt, wenn ein positiver STAS-Wert mit überdurchschnittlichen Werbeaufwendungen und überdurchschnittlichen Verkaufsförderungsmaßnahmen kombiniert wird. Dies ist also ein Argument für den virtuosen Einsatz des Marketing-Mixes und gegen Monokampagnen. Es ist ohne jeden Zweifel ein richtiges, aber eben auch kein originelles Argument. Mit der Erkenntnis, daß Mixkampagnen Monokampagnen überlegen sind, ist die Werbebranche seit Jahrzehnten bestens vertraut.

8.3 Advertising Response-Modell (ARM)

Das Advertising Response-Modell wurde 1997 von der Nürnberger *Gesellschaft für Konsumforschung* (*GfK*) im Auftrag des *Gesamtverbands Werbeagenturen* (*GWA*) entwickelt. Es soll die Wirkung von Marketingaktionen auf Marktanteile belegen und wurde wohl auch aus taktischen Notwendigkeiten geboren:
1. Zum einen sollte es die etwas dürren Daten der Jones-Studie aufwerten,
2. und zum anderen konnte es der *GWA* als Verband der Werbeagenturen, die stets so viel Wert darauf legen, daß sie Horte menschlicher Kreativität sind, auf Dauer nicht auf sich sitzen lassen, daß in den vorangegangenen Studien die werbliche Qualität von Kampagnen als quantité négligeable erschienen war.

Die Einführung des Modells im Juli dieses Jahres erfolgte wieder mit der branchenüblichen Präsentation. Der *GWA*-Vorstand proklamierte: „Das Neue und Spektakuläre ist, daß es erstmals gelungen ist, die Wirkung der Werbung im Vergleich zu allen wichtigen Faktoren des Marketingmix in der Praxis zu messen. Und zwar in harten Absatzzahlen." Das ist natürlich schamlos übertrieben.

Für das Advertising-Response-Modell (ARM) wurden die Aufmerksamkeitsstärke und die Vermittlung von Markenpräferenz durch TV-Spots in Werbemittel-Pretests erhoben. Damit soll nicht nur der Einfluß des Werbedrucks, sondern auch der Einfluß der Werbequalität auf den Marktanteil bestimmt werden. So ergibt sich, wie sich die Marktanteile einer Marke entwickeln können, wenn sich einzelne Einflußvariablen wie Werbedruck, Markenpräferenz oder Promotionintensität verändern.

Die zur Modellierung der Werbewirkung erforderlichen Inputvariablen wurden auf Größen beschränkt, über die ein werbungtreibendes Unternehmen in der Regel verfügt. Im einzelnen sind dies: Werbedruck, Aufmerksamkeitswirkung und Markenpräferenz (sie spiegeln die Werbequalität wider), Promotion- und Normalpreise, Anteil an Zweitplazierungen, Promotionsintensität und gewichtete Distribution für die eigene Marke und die Warengruppe).

Mit ARM wurden 17 bekannte starke und etablierte Marken aus Produktgruppen wie Kaffee, alkoholfreie Getränke, Süßwaren, Mundhygiene und Fertiggerichte über einen Zeitraum von zwei Jahren lang beobachtet, die hauptsächlich im Fernsehen beworben wurden.

Erstaunlichstes Ergebnis der Studie sei »der Nachweis der starken Wirkung der Werbequalität auf den Marktanteil«, sagt Siegfried Högl, Geschäftsführer der *GfK*-Marktforschung. Werbungtreibende könnten dagegen oft nur geringfügige Marktanteilseffekte erwarten, wenn sie den Werbedruck verdoppeln. Eine Preissenkung von beispielsweise 7,5 Prozent verspricht zwar ein Marktanteils-Plus von 14,2 Prozent. Doch neben sinkendem Gewinn könnten Preisaktionen langfristig auch den Markenwert schädigen.

- Die größte Steigerung des Marktanteils erzielen Werbedruck und Werbequalität. Sie erhöhen den Marktanteil in 12 Monaten auf einen Indexwert von circa 122, während eine Verdoppelung der Promotion-Intensität nur zu einem Indexwert von 117,5 führt.
- Sogar eine Verdoppelung von Promotion-Intensität und Werbedruck erzielt einen geringfügig kleineren Wert (121) als die Steigerung von Werbedruck und Werbequalität.
- Unter den drei Faktoren Werbedruck, Aufmerksamkeitsstärke der Kampagne und Vermittlung von Markenpräferenzen erzielte die Markenpräferenz das mit großem Abstand beste Ergebnis (Index 116).

Während eine Verdoppelung des Werbedrucks nur geringfügige Marktanteilseffekte erwarten läßt, kann durch eine 20 prozentige Steigerung der Aufmerksamkeitsstärke in Verbindung mit einer Verdoppelung der Vermittlung von Markenpräferenz und einer Verdoppelung des Werbedrucks eine Steigerung des Marktanteils erwartet werden, die über die Steigerung durch eine Verdoppelung der Promotionintensität hinausgeht. Die oft unterstellte Unterlegenheit der Verkaufswirkung von Werbung im Vergleich zu Promotions sei damit möglicherweise nur ein Problem bislang fehlender Meßmöglichkeiten: Neue Munition in der Auseinandersetzung des *Gesamtverbands Werbeagenturen* über die Rivalität zwischen Werbung und Verkaufsförderung.

8.4 Werbewert

Die von dem Mediaberater und -forscher Peter Beike für den *Verband Deutscher Zeitschriftenverleger (VDZ)* entwickelte Werbewert-Formel versucht, den Einfluß verschiedener Variablen auf den Werbeerfolg herauszuarbeiten. Die Werbewert-Formel steht in der langen Tradition ökonometrischer Werbewirkungsstudien. Sie untersucht den Zusammenhang zwischen Marktanteil, Änderungen im Distributions-Mix, Werbeanteil und

Media-Mix. Mit Hilfe der Werbewertformel soll beantwortet werden können, wieviel Geld in welchem Medium beziehungsweise im Mediamix aufgewendet werden muß, um den Marktanteil eines Produktes zu halten oder zu erweitern.

Die Werbewertformel wurde in Deutschland mit dem in der Branche üblichen Reklame-Aufwand eingeführt. Der *VDZ* verkündete stolz: »Erstmals kann jetzt die Wirkung von klassischer Werbung berechnet werden.« Doch ist das ernstzunehmen? Nein.

Die **Berechnung des Werbewerts** beruht auf der grundsätzlichen Überlegung, daß der Marktanteil der aktuellen Zeitperiode durch Marktanteil der Vorperiode, die Distributionsänderung, den Werbeanteil und den Media-Mix bestimmt wird. Dabei wurde der Marktanteil der Vorperiode seinerseits bereits durch Distributionsänderungen und Werbeinvestitionen beeinflußt.

Anders als die Jones-Studie ist die Werbewertformel für die Abschätzung des Werbeerfolgs von TV- und Printmaßnahmen bzw. deren Kombination angelegt. Dazu untersuchte Peter Beike zunächst 195 Kampagnen aus 81 Produktbereichen von alkoholfreiem Bier bis Zwieback über einen Zeitraum von zunächst 18 Doppelmonaten zwischen Mitte 1991 und Ende 1994 und dann für die 1997er Studie noch einmal 147 Marken aus 69 Produktbereichen. Dafür wurden die Werte für alle Doppelmonate zwischen Anfang 1991 und 1996 herangezogen. Die Produkte stammten durchweg aus der Kategorie der Fast Moving Consumer Goods (FMCG), der schnell umschlagenden Konsumgüter. Und die Werbewertformel kann folglich ihre begrenzte Gültigkeit vorwiegend für diesen Bereich beanspruchen.

Einbezogen wurden nur marketingübliche direkte Werbeaufwands- und Werbewirkungskriterien wie die von der *A. C. Nielsen* und *S+P* Werbeforschung gemessenen Werbeausgaben und Medienbelegungen sowie die vom *A. C. Nielsen* Handelspanel ermittelten Informationen über Marktanteile und Distributionsänderungen je Marke: Werbedosis ist der aktuelle Werbeaufwand, der Werbeerfolg ist die aktuelle Marktanteilsbewegung.

Zur Ermittlung von Abhängigkeiten wurden diese Daten dann einer ökonometrischen Analyse unterzogen. Über eine nonlineare multiple Regressionsanalyse wurden verrechnet: Die Marktanteile pro Doppelmonat und die Veränderungen je Marke nach Wert, die Werbeausgaben für Print und TV, jeweils als Anteil der Marke an den Gesamtwerbeaufwendungen pro Produktgruppe (Share of Advertising = SOA) und die umsatzgewichtete Distribution.

Verbal ausgedrückt besagt die Werbewert-Formel: Der Marktanteil in der aktuellen Periode beruht zu einem großen Teil auf dem Marktanteil der Vorperiode. Der Koeffizient von 0,98 besagt dabei, daß am Ende der aktuellen Periode noch 98 Prozent des vorherigen Marktanteils gehalten werden, wenn keine Werbung erfolgt. Allerdings geht der Einfluß des Vorperioden-Marktanteils mit steigender Marktanteilsgröße immer stärker zurück. Die Variable Distribution macht sich nur im Fall von Distributionsänderungen direkt proportional bemerkbar. Bei unveränderter Distribution hat sie den Wert eins und folglich keinen Einfluß. Der Einfluß der Werbeinvestitionen stellt sich als Summe der Werbeanteile der einzelnen Mediengattungen dar. Sie tragen mit 15 bis 19 Prozent des Werbeanteils zur Marktanteilsveränderung bei.

Aus der Werbewertstudie leitete *der deutsche Zeitschriftenverlegerverband* die folgenden **Erkenntnisse** ab:
- Werbung wirkt. Klassische Werbung leistet einen unverzichtbaren Beitrag zum Markterfolg. Werbeverzicht bedeutet daher umgekehrt Marktanteilsverlust. Ohne Werbung sanken die Marktanteile um durchschnittlich zwei Prozent pro Doppelmonat. Anders ausgedrückt: Ohne Werbung bleiben 98 Prozent des Marktanteils im Vordoppelmonat auch im nächsten Doppelmonat erhalten. Der Schwund von zwei Prozent muß durch Werbung oder Distribution ausgeglichen werden, wenn der Marktanteil gehalten werden soll.

  Wenn in den Jahren 1995 und 1997 eine Studie dazu herhalten muß, die Erkenntnis ans Licht zu graben, daß Werbung nicht ganz und gar überflüssig ist, dann kann es um die Werbeforschung nicht gut bestellt sein. Und daß sich die Werbebranche ohne Widerspruch einen solchen Bockmist präsentieren läßt, spricht nicht unbedingt für sie.
- Alle vier Werbeträgergattungen – Print, Fernsehen, Hörfunk und Plakat – weisen eine große Anfangs-Effektivität auf. Dabei waren die Steigerungsraten für Kampagnen in allen vier Gattungen – vergleichbare Werbeaufwendungen vorausgesetzt – ähnlich hoch.

  Hohe Marktanteile erfordern allein zu ihrer Stabilisierung überproportional hohe Werbeanteile. Deshalb benötigen große Marken überproportional große Werbeetats und einen überproportional höheren Werbedruck als kleine Marken, wenn sie ihre Marktanteile stabilisieren und ausweiten wollen. Da trifft es sich, daß große Marken in der Regel auch mit großen Etats ausgestattet sind. Und bisher hat auch noch niemand den Vorschlag unterbreitet, *Coca-Cola* solle seine weltweite Strategie nun mit einem ganz kleinen Werbeetat fortsetzen. Auch dies ist also eine Erkenntnis der Kategorie Binse. Es wäre natürlich absolut atemberaubend, wenn sich das Gegenteil ergeben hätte. Alles in allem gelang also der Nachweis, daß höhere Werbeaufwendungen einen positiven Einfluß auf Marktanteile haben oder haben können. Niedrigere Werbeaufwendungen haben das nicht unbedingt. Das ist einer der ältesten Hüte der Werbeforschung – eigentlich schon mehr eine logische als eine empirische Selbstverständlichkeit.
- Distributionsveränderungen wirken sich direkt auf den Marktanteil aus. Jeweils ein Prozent Werbeanteil Print, also der Anteil der Werbeausgaben der Marke an der Gesamtwerbung des Produktfelds, schafft einen durchschnittlichen Zuwachs von 0,21 Prozentpunkten an Marktanteil im gleichen Doppelmonat. Jeweils ein Prozent Werbeanteil TV schafft einen durchschnittlichen Zuwachs von 0,20 Prozentpunkten an Marktanteil im gleichen Doppelmonat.

  Das mag auf den ersten Blick ganz beeindruckend klingen, ist aber auch eine Nonsense-Erkenntnis, besagt sie doch nichts anderes als dies: Je besser die Distribution eines Produkts organisiert ist, desto höher wird sein Marktanteil. Mit anderen Worten: Wenn der Vertrieb einer Marke so schlecht organisiert ist, daß man sie nirgendwo kaufen kann, dann hat sie wohl auch überhaupt keinen Marktanteil. Wenn sich das bessert, wird der Marktanteil höher. Ja, was sonst?
- Der Einfluß der Konkurrenzwerbung ist unbedingt bei der Werbebudgetierung zu berücksichtigen. Zu geringe Werbeinvestitionen, aber auch Werbepausen führen zu

Marktanteilsverlusten. Werbekontinuität zahlt sich aus. Der positive Zusammenhang zwischen Werbedruck und Marktanteil ist jedoch nicht linear, das heißt, je höher die Ausgaben stiegen, desto geringer wurden die Zuwächse. Mit steigenden Werbeaufwendungen in Print und TV wächst deren marktanteilsbewegende Wirkung unterproportional.

Lauter seit Jahrzehnten bestens bekannte, in unzähligen Studien hundertfach erhärtete Befunde.

- Mediamix-Kampagnen sind gegenüber Mono-Kampagnen um 15 bis 20 Prozent effizienter. Auch das ist erfreulich zu hören. Allein: Dieses Nachweises bedurfte es nicht. Die Überlegenheit von Mix-Strategien ist bereits in grauer Vorzeit wesentlich detaillierter nachgewiesen worden als in der Werbewert-Studie. Dafür hat die Mediaforschung schon in der Mitte der achtziger Jahre den Terminus Media Multiplier Effect (MME) geprägt. Er bezeichnet die vielfältigen Kommunikationsvorteile, die eine werbliche Ansprache über mehrere Kanäle besitzen kann. Genauer: die multiplikative – und nicht bloß additive – Wirkung der mehrkanaligen werblichen Ansprache über gedruckte und elektronische Medien zugleich.

Die Werbewertformel ist so ausgelegt, daß damit 98,3 Prozent des Marktgeschehens erklärt werden können, und zwar zu 93,3 Prozent durch die Marktanteile im vorangegangenen Doppelmonat und die Distributionsveränderungen und zu fünf Prozent durch den Werbeeinsatz im aktuellen Doppelmonat. Nur 1,7 Prozent des Marktgeschehens können nicht durch die Werbewert-Formel erklärt werden.

Das ist jedoch ist alles andere als ermutigend. Bedeutet es doch, daß die Werbewert-Formel lediglich fünf Prozent der Marktveränderungen durch Werbung erklären und prognostizieren kann. Logische Konsequenz: Werbung wirkt danach nur ganz wenig – so wenig, daß man sich fragen müßte, ob man das schöne Geld nicht für etwas anderes ausgeben sollte, wenn man sich darauf verlassen könnte, daß die Formel stimmt.

Tatsächlich liegt jedoch der Verdacht nahe, daß ökonometrische Verfahren der Werbeerfolgsmessung nur sehr begrenzt in der Lage sind, den komplexen Kommunikationsprozeß der Werbung und die damit verbundenen Einfluß- und Wirkungsmechanismen angemessen abzubilden. Ökonometrische Modelle berücksichtigen in der Regel nur den Anfang (die Werbemaßnahme) und das Ende (den ökonomischen Erfolg) des Kommunikationsprozesses und klammern den wichtigsten Faktor dazwischen aus: den **Rezipienten**, auf den Werbung zunächst einmal im psychologischen Sinne wirkt und bei dem Wahrnehmungs-, Verarbeitungs- und Entscheidungsprozesse stattfinden, bevor ein Kaufakt erfolgt.

Überhaupt werden die Mitbewerber und ihre Aktivitäten bei der Prognoseformel weitgehend außer acht gelassen. Nur die Werbeanteile beziehen subjektiv prognostizierte Werbeaktivitäten mit ein. Basis der Formel sind ansonsten der eigene Marktanteil und die eigene Distribution. Was, wenn Mitbewerber mit intensiven Below-the-line-Aktivitäten starten und ihren Werbeanteil überproportional erhöhen? Kann dann die Formel für den eigenen Marktanteil noch richtig sein? Kann die Werbewert-Formel Below-the-line-Aktivitäten wirklich vollständig verrechnen? Zwar sind in der numerischen Distribution auch diese Aktivitäten erfaßt, aber was, wenn eine fast 100 prozentige Distribution besteht und der Absatz mit weiteren verkaufsfördernden Maßnahmen forciert wird? Sollten derartige Maßnahmen dann ohne Einfluß auf den Marktanteil bleiben? Die Formel basiert auf Durchschnittswerten über 81 Produktgruppen. Ihr Einsatz in der Alltagspraxis dürfte deshalb schwierig sein; denn es stellt sich die Frage, ob sie für alle Produktgruppen gleichermaßen gilt oder ob kategorienspezifische Anpassungen notwendig sind. Kann also die Formel für Hundefutter in gleicher Weise gelten wie für Videorecorder und WC-Reiniger? Für Marktanteile, Etats, Printanteile und Produktinteresse wird zwar danach differenziert, ob die jeweiligen Produktwerte über oder unter den Durchschnittswerten liegen. Aber reicht diese Differenzierung aus? Wie steht es mit Elementen wie dem Produkt-Image oder der Produkt-Ausstattung?

Für den Printbereich wurden zu allem Überfluß Publikumszeitschriften, Tageszeitungen und Fachzeitungen zu einer Kategorie zusammengemischt. Damit wurden überaus unterschiedliche Werbefunktionen und Wirkungsmechaniken völlig unzulässig in einen Topf geworfen. Schließlich dürfte die Praktikabilität der Formel auch dadurch erschwert werden, daß für die Ermittlung des Share of Advertising, der als Koeffizient in die Formel eingeht, genaue Kenntnisse über die Werbeaufwendungen der Marktkonkurrenten notwendig sind. Die liegen für viele Werbungtreibende einfach nicht vor. Und schließlich bleibt auch in der 1997er Werbewert-Studie der Wirkungsbeitrag der Verkaufsförderung vollends unberücksichtigt.

Man tut der Werbewert-Studie des *VDZ* kein Unrecht, wenn man sie als eine unmittelbare und im wesentlichen unveränderte – wiewohl unerträglich stark verkürzte – Reprise der Markt-Mechanik-Studie des *Axel-Springer*-Verlags bezeichnet. Sie knüpft in jedem Detail an die alte Studienreihe von 1974 bis 1981 an. Allerdings waren die vier Einzeluntersuchungen der Studienreihe Markt-Mechanik, an die der Werbewert anknüpft, wesentlich differenzierter. Man kann aufgrund der starken Anlehnung auch schon voraussagen, wie es mit der Werbewert-Studie in den kommenden Jahren weitergeht. Genau wie die ersten Markt-Mechanik-Untersuchungen hat die Werbewert-Studie von 1995 und dann 1997 zunächst die Einflüsse von Werbeanteil und Distribution bzw. Distributionsänderungen auf Marktanteile berechnet. Später kamen dann noch Konkurrenzdruck, Promotion (Verkaufsförderung), Preisstellung und Preisänderung und Einkaufsanteil beim Handel hinzu. Man braucht also nicht sonderlich gespannt darauf zu sein, welche zusätzlichen Einflußfaktoren die Werbewert-Studien des *VDZ* der Fachöffentlichkeit in den kommenden Jahren präsentieren werden.

8.5 Der Werbewirkungskompaß

Ein nützliches Instrument der Wirkungskontrolle ist der von Erna Engelsing für IP Deutschland entwickelte Werbewirkungskompaß.

Zweck des Werbewirkungskompaß ist die Kontrolle von Werbeinvestitionen. Er verfolgt zwei **Ziele:**
- die kontinuierliche Messung des Kommunikationserfolgs aller werberelevanten Marken aus ausgewählten Produktbereichen und

- die generelle Analyse der meßbaren Einflußfaktoren des Werbeerfolgs.

Seit September 1992 wurden – in Wellen von drei Monaten – jeweils 2000 Interviews durchgeführt, die sich auf elf Produktbereiche und 129 Marken beziehen. Ausgangspunkt der Überlegungen, die dem Werbewirkungskompaß zugrundeliegen, sind sechs Werbewirkungsfaktoren, deren Zusammenspiel den Werbeerfolg einer Marke bestimmt. Es sind dies:
- der Werbedruck,
- die Zielgruppenzugehörigkeit der angesprochenen Personen,
- die Branchenzugehörigkeit der jeweiligen Marken,
- der Werbedruck der Konkurrenzmarken,
- die Mediastrategie und die Kreation.

Erfragt wird der Werbeerfolg durch direkte und indirekte Werbewirkungsparameter.

Die **direkten Werbewirkungsparameter** sind:
- die spontane Werbeerinnerung und Werbeawareness,
- Erinnerung an Details der Werbung,
- Sympathie für die Kampagne und
- die Beurteilung der Werbung.

Indirekte Maße der Werbeeffizienz sind:
- die spontane Markenbekanntheit,
- die gestützte Markenbekanntheit,
- die Markensympathie,
- die Markenverwendung,
- die Kaufneigung und
- das Markenimage.

Die Wirkungsdaten werden mit MA-kompatiblen Angaben zur Mediennutzung (Fernsehen, Hörfunk, Publikumszeitschriften und überregionale Tageszeitungen) verknüpft. Über vier Auswertungsstufen wird der individuelle Werbedruck pro Person errechnet. Damit soll gewährleistet werden, daß unterschiedliche Mediengattungen und unterschiedliche Formate im gleichen Medium nicht ungewichtet addiert oder nach subjektiven Kriterien gewichtet werden. Die Verrechnung der tatsächlichen Mediakosten mit den erhobenen Nutzungswahrscheinlichkeiten führt zum investierten Geldbetrag pro Person.

Die Besonderheit des Werbewirkungskompasses besteht also darin, daß pro befragter Person auf der Grundlage der individuellen Mediennutzung sowie der Bruttowerbeaufwendungen pro Marke ein personenindividueller Werbedruck berechnet wird, der Auskunft über die tatsächlichen Kontaktkosten je Marke und erreichter Person gibt. Der Mediapfennig drückt den Werbedruck pro Person in Pfennig aus. Begründung: Die objektive Meßlatte für den Kommunikationserfolg ist allein der investierte Geldbetrag pro Person.

Der Datenbestand des Werbewirkungskompasses ermöglicht marken- und personenindividuelle Auswertungen über die Zusammenhänge zwischen Werbedruck und Werbewirkungsindikatoren. Darüber hinaus kann man mit seiner Hilfe generalisierende Befunde über den Kommunikationserfolg gewinnen, die Auskunft über Niveau und Verlauf von acht Werbewirkungsindikatoren in Abhängigkeit vom personenindividuellen Werbedruck geben.

Einige dieser **Hauptbefunde** lauten:
Es besteht ein positiver Zusammenhang zwischen Werbedruck und den erfaßten Wirkungsindikatoren, wobei die direkten Maße – vor allem Werbeerinnerung – stärker reagieren als die indirekten Werbewirkungsparameter. Entgegen der verbreiteten Auffassung besteht kein linearer Zusammenhang zwischen Werbeerinnerung und individuellem Werbedruck. Fünf Prozent der Personen, die in den zurückliegenden drei Monaten keinen Kontakt mit den Werbemitteln einer Kampagne hatten, konnten sich dennoch an sie erinnern. Der Depotwert aus der Vergangenheit beeinflußt die Werbeerinnerung in der Gegenwart. Bei der globalen Werbeerinnerung an eine Marke weist die Wirkungskurve bis zu einem Betrag von vier Pfennig pro Person progressive Wachstumsraten auf. Dann folgt ein kontinuierliches Wachstum bis zu einem Erinnerungswert von 30 Prozent bei einem Werbedruck bis zu 25 Pfennig. Auch in dieser Untersuchung ergab sich also ein nichtlinearer Zusammenhang zwischen Werbeaufwendungen und Werbeerfolg: Ab einem Werbedruck von fünf Pfennigen pro Person müssen überproportional hohe Werbeaufwendungen eingesetzt werden, um eine weitere Steigerung zu erzielen. Zielgruppenspezifische Analysen zeigten, daß sich die stärksten Effekte bei Markenverwendern, jüngeren Menschen, Produktinteressierten, Menschen mit positiver Einstellung zur Werbung und bei niedriger Gebildeten ergaben.

Der härtere Wirkungsparameter *Werbeerinnerung an Details* beginnt mit einem niedrigen Depotwert von drei Prozent und liegt bis zu einem Wert von 23 Prozent bei 25 Pfennig unter der Marge der globalen Werbeerinnerung. Die Kurve für *Kampagnensympathie* liegt bis etwa 15 Pfennig oberhalb der globalen Werbeerinnerung und nähert sich dieser dann an. Die indirekten Werbewirkungsparameter weisen einen höheren Depotwert und insgesamt höherprozentige Wirkungswerte aus. Ein Vergleich der relativen Zuwachsraten zeigt, daß mit steigendem Werbedruck die primär gedächtnisabhängigen Parameter wie die Erinnerung an die Werbung die höchsten Zuwachsraten zeigen. Kaufneigung und Markensympathie dagegen weisen die geringsten Veränderungen aus.

Bei der Untersuchung des Einflusses der Zielgruppen auf die Intensität der Werbewirkung standen folgende Fragen im Mittelpunkt:
- Welche Zielgruppenmerkmale beeinflussen bei identischem Werbedruck pro Person die Höhe der Werbewirkungswerte?
- Wie stark ist der Einfluß der einzelnen Zielgruppenmerkmale auf die Höhe der sieben Werbewirkungsparameter?
- Welche Beziehung besteht zwischen Werbedruckklassen und Stärke des Zielgruppeneinflusses?

Ergebnis: Das demographische Merkmal Alter beeinflußt die Werbeerinnerung am stärksten. Um die gleiche Werbeerinnerung wie bei Jüngeren zu erzeugen, brauchen Ältere einen mehrfachen Werbedruck. Für eine identische Erinnerungsquote von 23 Prozent ist bei 14- bis 29jährigen ein Werbedruck von nur vier Pfennig erforderlich, bei den über 60jährigen braucht man dafür 20 Pfennig. Je höher der Werbedruck, desto geringer der Alterseinfluß.

Personen mit weiterführender Schulbildung können sich bei identischem Werbedruck deutlich besser an Werbung erinnern als Personen mit Volksschulbildung. Allerdings ist der Einfluß der Schulbildung auf das Niveau der Wirkungskurve nur halb so groß wie der des Alters. Die Markensympathie wird von der Schulbildung nicht sonderlich tangiert.

Ein weiterer Faktor ist die Einstellung zur Werbung. Personen mit einer positiven Einstellung zur Werbung erzielen höhere Erinnerungswerte als Personen mit einer negativen Einstellung zur Werbung. Dabei wirkt sich die Einstellung zur Werbung in erster Linie und intensiv auf die Kampagnensympathie aus.

Auch das Merkmal Produktinteresse ist relevant. Personen, die sich sehr oder auch noch für die jeweilige Produktgattung interessieren, erzielen bei identischem Werbedruck deutlich höhere Erinnerungswerte als Personen mit geringerem oder mit gar keinem Produktinteresse. Das Produktinteresse beeinflußt vor allem die globale und detaillierte Erinnerung an Werbung. Das Kriterium Markenverwender/-nichtverwender beeinflußt das Erinnerungsniveau an Werbung ebenfalls gravierend. In der Studie zeigt sich, daß Markenverwender, die in der aktuellen Periode keinem Werbedruck ausgesetzt waren, noch beachtliche Erinnerungsquoten von 17 Prozent erzielen. Nichtverwender liegen hingegen bei vier Prozent. Während die Werbewirkungskurve bei den Markenverwendern ab fünf Pfennig kaum noch nennenswerte Zuwachsraten erbringt und nahezu auf diesem Niveau verharrt, ist das Gegenteil bei den Nichtverwendern der Fall. Sogar in den hohen Kontaktklassen sind noch beachtliche Zuwachsraten zu erzielen.

Die Wirkungsvoraussetzungen in den untersuchten elf Branchen unterscheiden sich stark. Die wichtigsten Unterschiede beziehen sich auf:
1. die Zahl der beworbenen Marken,
2. die Höhe des Markenetats einer Branche und
3. die Gesamtaufwendungen einer Branche.

Hinzu kommt, daß in den elf Branchen sehr unterschiedliche Mediastrategien verfolgt werden, insbesondere beim Mediamix. Schließlich ist das Produktinteresse in den verschiedenen Bereichen unterschiedlich stark ausgeprägt.

Die **Branche und die Struktur der Zielgruppe** haben einen erheblichen Einfluß auf die Werbewirkung. So weichen die Wirkungserfolge abhängig von der Branche teilweise gravierend vom Durchschnitt ab. Der Grund: Die verschiedenen Branchen werben unter unterschiedlich starkem Druck der Konkurrenz. Sie unterscheiden sich durch Höhe des Werbedrucks, durch die Mediastrategie und durch das Interesse des Konsumenten am jeweils angebotenen Produkt. Und weil die optimale Kontaktdosis für den Werbeerfolg je nach Zielgruppe variiert, entscheidet diese letztendlich, wie viele Media-Millionen fließen müssen, um die nötige Überzeugungsarbeit beim Rezipienten zu leisten.

Gerade weil die Zielgruppenstruktur erheblichen Einfluß auf die Werbewirkung ausübt, müsse sie vorher herausgerechnet werden, damit auf diese Weise die Leistung von Mono- und Mix-Kampagnen sich forscherisch sinnvoll vergleichen läßt. Erst dann ergebe sich der tatsächliche Wirkungsbeitrag unterschiedlicher Mediastrategien. Engelsing: »Der beachtliche Einfluß der Zielgruppen auf die Wirkung von Kampagnen wird häufig als Medieneffekt mißinterpretiert.« Der Vorteil des Werbewirkungskompasses liegt darin, daß zwischen unterschiedlichen Produkten, Märkten, Branchen und Zielgruppen differenziert werden kann. Allerdings erfaßt er, wie die meisten Verfahren der Werbewirkungsmessung, nicht das tatsächliche Konsumverhalten. Die ermittelten Daten zur Werbewirkung sind damit noch keine Garantie für die zweifelsfreie Abschätzung des Werbeerfolgs, denn selbst wenn Konsumenten sich an Spots erinnern, sie positiv bewerten und ihnen das vermittelte Image einer Marke gefällt, ist dies noch keine hinreichende Voraussetzung für eine tatsächliche Kaufentscheidung.

Ein anderes Manko von Untersuchungen wie dem Werbewirkungskompaß ist es, daß auch hier keine strukturierten und differenzierten Analysen des Zusammenhangs von Werbeinhalten und Werbewirkung vorgenommen werden. Die tatsächlichen Reaktionen der Rezipienten können daher nicht mit Sicherheit abgeschätzt werden.

8.6 Fazit

Alle ökonometrischen, sich der Regressionsanalyse bedienenden Untersuchungen sind geprägt von dem Glauben, daß Millionen Fliegen nicht irren können. Man untersucht 20, 70, 100, 150 oder noch mehr Marken und rechnet aus, wie die einzelnen Faktoren untereinander zusammenhängen. Doch von der Anlage her können diese Untersuchungen nichts als Aussagen über die konkret untersuchten Marken produzieren. Die daraus abgeleiteten Verallgemeinerungen wiederum sind geprägt von der Philosophie des arithmetischen Mittels: Wenn etwas für 199 Marken stimmt, dann wird das doch wohl auch für die 200. Marke nicht ganz und gar falsch sein. Aber bereits die Verallgemeinerungen für die 199 Marken sind das Resultat von Mittelwertbildungen. Das Kennzeichen der heutigen Märkte ist aber eine wachsende Individualisierung der Marken, der Marktprozesse und der Kommunikations-Mixe sowie eine schon immer bestehende Komplexität der Zusammenhänge. Sie erfordern individuelle Analysen und nicht Durchschnittslösungen. Als einen zentralen sozialtechnischen Leitsatz über die Sozialtechniken der beeinflussenden Kommunikation bezeichnet der verstorbene Werner Kroeber-Riel die Einsicht: „Die Werbung kann sich nicht an einem einheitlichen Wirkungsmodell orientieren. Es ist zwar bequem und ermöglicht die Anwendung von Faustregeln, wenn sich Gestaltung und Kontrolle der Werbung an einem einheitlichen und einfachen Wirkungsmodell orientieren. Dieses Vorgehen führt aber in die Irre: Es gibt nicht die Werbung, sondern verschiedene Bedingungen und Darbietungsformen der Werbung, die zu ganz unterschiedlichen Wirkungen führen.

Daran wird man sich gewöhnen müssen: Es gibt kein einheitliches Wirkungsmodell für die Werbung. Es wird auch nie eines geben. Die Kommunikationsforschung hat es mit komplexen Systemen zu tun. Deshalb kann es einfache Formeln für effiziente Werbung nicht geben. Sie sind bereits ein Fehler im Denkansatz.

9. Einstellungsforschung

Fritz Unger

Inhaltsübersicht

9.1 Begriffe Einstellung und Attitüde
9.2 Image, Wert und weitere verwandte Konzepte
9.3 Ausgewählte Methoden der Einstellungsmessung
9.4 Entstehung und Änderung von Einstellungen
9.5 Messung von Veränderungen im Zeitablauf
9.6 Einstellung und das Marktverhalten
9.7 Literaturverzeichnis

Auf einen Blick

Einführend werden die Konzepte Einstellung und Attitüde gegeneinander abgegrenzt. Einstellungen beziehen sich auf Erwartungshaltungen in der Wahrnehmung. Attitüden erklären Verhaltensweisen durch drei Komponenten, nämlich eine erkennende, eine bewertende und eine das Verhalten steuernde konative Komponente. Images werden als Einstellungen vieler Personen gegenüber einem Objekt dargestellt, Werte als für einzelne Personen besonders zentrale wichtige Einstellungen, die ihrerseits wiederum andere Einstellungen stark beeinflussen. Werte sind aus diesem Grund nur sehr schwer zu verändern.

Aus der Vielzahl bekannter Methoden zur Einstellungsmessung wurden die folgenden ausgewählt und in diesem Beitrag behandelt:

- Das eindimensionale Erwartungsmodell nach *Fishbein*, das sich gerade dadurch auszeichnet, daß es ausdrücklich als ein Erwartungsmodell bezeichnet wird und daher einen engen Bezug zu Einstellungen als Erwartungshaltungen in der Wahrnehmung aufweist.
- Das zweite behandelte Modell ist das Idealpunktmodell nach *Ginter* und *Trommsdorff*.
- Das dritte ausgewählte Modell ist das semantische Differential (auch als Polaritätenprofil bekannt).

In den beiden Schlußabschnitten wird aufgezeigt, wie Einstellungen entstehen, sich im Zeitablauf verändern und schließlich wie die Veränderung von Einstellungen im Zeitablauf gemessen werden kann.

9.1 Begriffe Einstellung und Attitüde

Das Einstellungskonzept wird zu den bedeutendsten Konstrukten der Sozialpsychologie gezählt (*Stahlberg/Frey* 1992, S. 144). Das liegt daran, daß die Sozialpsychologie eine der Wissenschaften ist, die versucht, Verhalten von Menschen zu erklären und vorherzusagen. Einstellungen werden als ein wichtiges psychologisches Korrelat von Verhaltensweisen angesehen. Man nimmt also an, durch die Messung von Einstellungen, Verhaltensweisen vorhersagen zu können. In der sozialpsychologischen und marktpsychologischen Diskussion geht es auch darum, welche genaue Definition von Einstellungen bessere Vorhersagewerte hinsichtlich des späteren Verhaltens ermöglicht.

Im Prinzip haben sich in der Diskussion zwei Einstellungskonzepte herausgeschält:
- eindimensionale und
- dreidimensionale Konzepte.

Ein wichtiges **eindimensionales Konzept** versteht Einstellungen als Erwartungshaltungen in der Wahrnehmung (*Irle* 1967). Ausgangspunkt dieses Einstellungskonzeptes ist die Erkenntnis, daß Menschen niemals dazu in der Lage sind, irgend etwas völlig unvoreingenommen wahrzunehmen. Es sind unsere Erwartungen, die in starkem Maße die Wahrnehmung der Realität beeinflussen. Das wird besonders deutlich, wenn wir an die Geschmackswahrnehmung von Bier, Zigaretten oder Kaffee denken. Diese werden in ganz starkem Maße durch Erwartungen, eben Markeneinstellungen, beeinflußt. Diese Erwartungen in der Wahrnehmung werden von *Irle* als Einstellung bezeichnet. Personen nehmen also die Welt nicht unvoreingenommen, sondern beeinflußt durch ihre eigenen Erwartungshaltungen, wahr. Selbstverständlich besteht auch die Möglichkeit, daß Wahrnehmungen die Erwartungshaltungen für spätere Zeitpunkte verändern. Menschen sind durchaus dazu in der Lage, aus der Realität zu lernen. Wir müssen also von einem Wechselspiel zwischen vorhandener Erwartungshaltung (Einstellung) und wahrgenommener Realität ausgehen.

Erwartungshaltungen führen dann zu individuellen Zuneigungen oder Abneigungen gegenüber allen wahrgenommenen Objekten wie beispielsweise auch Produkten. Das die Erwartungshaltungen in den Mittelpunkt stellende Einstellungskonzept ist die Grundlage der Thesen von *Fishbein* (1963, 1966) einerseits, sowie *Ginter* (1974) und *Trommsdorff* (1975, 1989) andererseits.

Dem Eindimensionalen, die Erwartungshaltungen in den Mittelpunkt stellenden Konzepten, steht das **Dreikomponentenmodell** der Einstellung gegenüber. Danach weisen Einstellungen:

A) eine erkennende (kognitive) Komponente,
B) eine bewertende (evaluative) Komponente und
C) eine das Verhalten steuernde (konative) Komponente auf.

Man kann sicher sagen, daß die Erwartungshaltungen im vorangehenden Konzept beim Dreikomponentenmodell in der erkennenden, wahrnehmenden Komponente enthalten sind. Das Element der Verhaltensbereitschaft hat enge Bezüge zur Motivation menschlichen Verhaltens, während das Element der Bewertung des Wahrgenommenen enge Bezüge zu emotionalen Aspekten menschlichen Verhaltens aufweist. So gesehen ist das Dreikomponentenmodell umfassender, hat sich aber in der empirischen Sozialforschung nicht immer bewährt, was sicherlich auch daran liegt, daß die drei Komponenten in der Forschung sehr schwer scharf von einander zu trennen sind und daher letztendlich eintretende Verhaltenseffekte oder aber auch das Ausbleiben von Verhaltenseffekten nicht eindeutig auf die drei Dimensionen zurückzuführen sind (*Stahlberg/Frey* 1992, S. 147).

Auf jeden Fall bedarf es bei der Messung von Einstellungen drei unterschiedlicher Methoden zur Messung von:
- Bewertungen,
- Wahrnehmungen/Erkennen und
- Verhaltensbereitschaften.

Man geht davon aus, daß die Bewertung und die emotionale Komponente durch Beobachtung der Mimik und durch verbale Aussagen gemessen werden können. Die Wahrnehmungskomponente und das Erkennen wird durch verbale Aussagen, aber auch durch experimentelle Verfahren wie die Blickaufzeichnung oder die Messung der elektrodermalen Reaktion (vgl. den Beitrag von Fritz Unger: Das Experiment: Die Frage nach den Ursachen, S. 246). Das Dreikomponentenmodell der Einstellung läßt sich entsprechend Abbildung 1 darstellen.

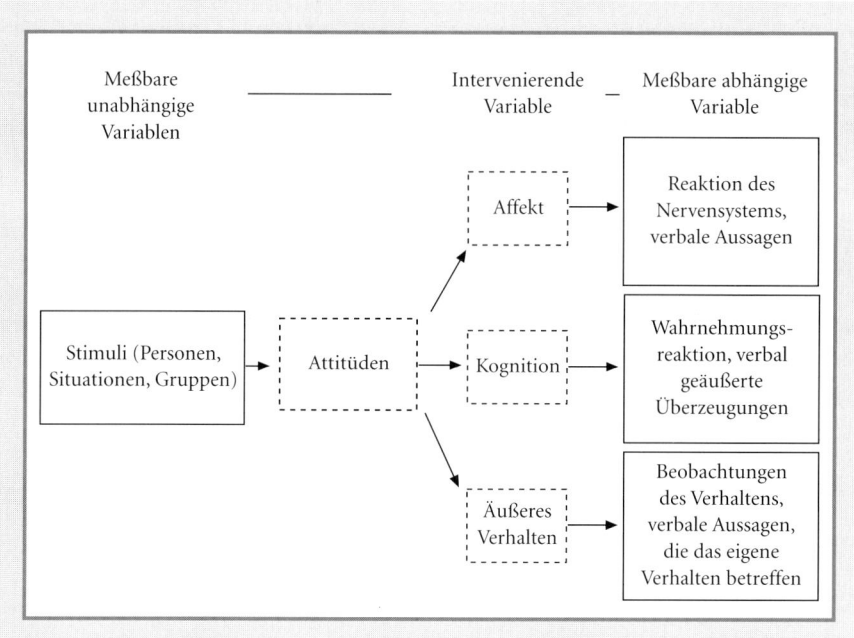

Meßbare unabhängige Variablen		Intervenierende Variable		Meßbare abhängige Variable
		Affekt	→	Reaktion des Nervensystems, verbale Aussagen
Stimuli (Personen, Situationen, Gruppen)	→ Attitüden →	Kognition	→	Wahrnehmungsreaktion, verbal geäußerte Überzeugungen
		Äußeres Verhalten	→	Beobachtungen des Verhaltens, verbale Aussagen, die das eigene Verhalten betreffen

Abb. 1: Schematische Darstellung des Dreikomponentenmodells der Einstellung (Quelle: abgewandelt nach *Rosenberg/Hovland* 1960, S. 3).

Im deutschen und US-amerikanischen Sprachraum werden die Begriffe nicht einheitlich verwendet. Im US-amerikanischen Sprachraum findet sich der Begriff attitude sowohl für das Einkomponentenmodell als auch für das Dreikomponentenmodell. Im deutschen Sprachraum wird von *Irle* (1967) scharf zwischen Einstellung (als Erwartungshaltung in der Wahrnehmung) und Attitüden (Dreikomponentenmodell) unterschieden. Andere Autoren verwenden die Begriffe Attitüde und Einstellung sowohl für das Ein- als auch für das Dreikomponentenmodell. In diesem Beitrag wird im folgenden der Begriff Einstellung für Erwartungshaltungen in der Wahrnehmung und der Begriff Attitüde für das Dreikomponentenmodell verwendet. Hier wir deutlich, daß Begriffsdefinitionen an sich nichts sind als sprachliche Festlegungen. Sie haben keinerlei eigenständigen Erkenntniswert.

9.2 Image, Wert und weitere verwandte Konzepte

Menschen verfügen unabhängig davon, wie wir jetzt Einstellung oder Attitüde definiert haben, über ein extrem komplexes System von Erwartungshaltungen, Bewertungen und Verhaltensbereitschaften. Wir sprechen deshalb von einem System, weil alle diese Dinge miteinander verknüpft sind. So kann beispielsweise die Wahrnehmung von Qualitätsmerkmalen unterschiedlicher Produkte durchaus miteinander in Beziehung gebracht werden. Die Wahrnehmung des Benzinverbrauches eines Kraftfahrzeuges, bestimmter Eigenschaften von Lebensmitteln oder auch die Wahrnehmung von Rohstoffen, aus denen Bekleidung hergestellt wird, können alle auf eine bestimmte Überzeugung hinsichtlich des Umweltschutzes zurückgeführt werden. Unterschiedlichste Produkte mögen gleichzeitig aufgrund ihrer Herkunft beurteilt werden. Andere Wahrnehmungen oder Verhaltensweisen wiederum mögen sehr wenige Beziehungen zueinander aufweisen. So mag die Wahl eines Geldinstitutes ausschließlich aufgrund persönlicher Beziehungen oder räumlicher Nähe erfolgt sein und nichts mit anderen Einstellungen zu tun haben.

Einstellungen einer Person, die gleichzeitig sehr viele andere Einstellungen in starkem Maße beeinflussen, spielen im Leben der Person eine zentrale Rolle. Diese Einstellungen werden als **Wert** bezeichnet. Werte sind also Einstellungen einer Person, die das Leben der Person in starkem Maße beeinflussen, weil sie sehr viele verschiedene Verhaltensweisen steuern. Werte sind wesentlich schwerer zu verändern als periphere Einstellungen. Das liegt daran, daß die Änderung eines Wertes gleichzeitig die Änderung sehr vieler anderer Einstellungen nach sich zieht, was der betroffenen Person naturgemäß schwerer fällt als die Änderung einer isolierten Einstellung. So mag unsere fiktive Person nach einem Umzug sehr leicht die Bankverbindung ändern, ohne daß deswegen auch nur eine einzige andere Einstellung geändert werden muß. Entdeckt aber eine Person, die bisher in keiner Weise über Umweltschutz nachgedacht hat, plötzlich den Naturschutz als zentrales Thema, so kann das erheblichen Einfluß auf eine Vielzahl unterschiedlicher Konsumhandlungen nach sich ziehen. Werte betreffen die grundsätzliche Einstellung zur Familie, zum Berufsleben, zur Gesundheit, zur Umwelt, generelle Einstellung zum Genuß oder zur Sparsamkeit, Religion oder ähnlichen Aspekten, den allgemein akzeptierten Lebensstil einer Person, Aspekte, die als Moral bezeichnet werden könnten, Gesundheit und politische

Einstellungen. Ganz allgemein kann man sagen, daß Werte immer diejenigen Einstellungen betreffen, die einer Person in ihrem Leben als besonders wichtig erscheinen. Für die Marketingpraxis bedeutet dies, daß Unternehmungen versuchen sollten, sich in ihren Konzepten an bestehenden Wertstrukturen auszurichten, periphere Einstellungen kann man versuchen, im Sinne des eigenen Marketing zu verändern. Die Veränderung von Wertstrukturen ist außerordentlich schwierig und daher aufwendig.

Werte sind für eine Person besonders wichtige, zentrale Einstellungen.

Mit dem Einstellungskonzept eng verbunden sind ferner **Images**. Images sind Einstellungen sehr ähnlich. Wie Einstellungen kann man sie eindimensional betrachten, als Erwartungshaltungen in der Wahrnehmung, aber auch dreidimensional, ähnlich wie das im ersten Abschnitt dargestellte Attitüdenkonzept. Sie bestimmen gleichermaßen die Wahrnehmung und Beurteilung von Objekten. Der Unterschied zu Einstellungen ist lediglich darin zu sehen, daß Images immer die Einstellung von vielen Personen, bezogen auf einen Meinungsgegenstand, ein Objekt beschreiben. Images sind also Einstellungen im Plural. Wenn wir das Image einer Marke innerhalb der Gesamtbevölkerung messen, dann messen wir nichts anderes als die Einstellung sehr vieler Personen. Wenn wir anschließend die Einstellungen von vielen Einzelpersonen zusammenführen, erhalten wir das Image des Objektes, das in der Markt- und Sozialforschung als Meinungsgegenstand bezeichnet wird.

Images sind Einstellungen im Plural.

Eng mit dem eindimensionalen Einstellungskonstrukt der Erwartungshaltung in der Wahrnehmung verbunden sind die **Voraburteile und Vorurteile**. Voraburteile sind Urteile, die vor der Wahrnehmung von Objekten bestehen, die jedoch bei widersprechenden Informationen korrigiert werden. Da solche Voraburteile selbstverständlich die Wahrnehmung selbst beeinflussen, sind Voraburteile im Prinzip mit Einstellungen identisch.

Sie werden jedoch den Vorurteilen gegenübergestellt. Unter Vorurteilen versteht man solche Voraburteile, die auch bei widersprechender Information konsequent beibehalten werden. Unsere Einstellungen und auch Voraburteile führen dazu, daß wir manche Dinge entsprechend unserer Einstellungen und Voraburteile wahrnehmen. Wir nehmen die Dinge also nicht so wahr, wie sie wirklich sind. Dennoch können wir natürlich Informationen wahrnehmen, die unseren Voraburteilen oder Einstellungen widersprechen. Das kann dazu führen, daß wir diese korrigieren. Bei einem Vorurteil werden sie trotz der Wahrnehmung offensichtlicher Widersprüche zu Voraburteilen (oder Einstellungen) beibehalten.

Eine männliche Führungskraft mag dem Vorurteil unterliegen, daß Frauen weniger qualifiziert für Führungskräfte seien. Sie würde dementsprechend die Leistung von Frauen in Führungspositionen schlechter beurteilen als eine Person, die von vornherein der Meinung ist, daß Frauen und Männer gleichermaßen für Führungspositionen geeignet seien. Eine Person, die nicht von grundsätzlich gleicher Leistungsfähigkeit männlicher und weiblicher Führungskräfte ausgeht, wird manche Leistungen von Frauen in Führungspositionen eher dem Glück oder weiblicher Attraktivität oder ähnlichen Dingen zuschreiben. Sie wird aber irgendwann, wenn sie bemerkt, daß Frauen doch zu gleichwertigen Leistungen fähig sind, ihr Voraburteil korrigieren.

Eine Person, die ein Vorurteil gegenüber Frauen in Führungspositionen hegt, wird selbst dann, wenn sie sich der Leistungsfähigkeit von Frauen in Führungspositionen offensichtlich nicht mehr entziehen kann, dieses Vorurteil dennoch aufrecht erhalten, sie wird die nicht mehr zu leugnenden Leistungen als die Ausnahmen erkennen, welche die Regel bestätigen. Der Satz: Ausnahme bestätigt die Regel ist so ziemlich das Dümmste, was Menschen einfallen kann. Er macht uns unfähig zum Lernen. Er ist eine These, mit der wir jede unserer Meinungen widersprechende Information überwinden können. Eine Ausnahme von einem Gesetz oder einer Regel widerlegt dieses Gesetz bzw. Regel und stellt somit einen erklärungsbedürftigen Tatbestand dar.

> Voraburteile sind identisch mit Einstellungen, während Vorurteile dadurch gekennzeichnet sind, daß sie auch bei offenkundig widersprechenden Informationen beibehalten werden.

Das letzte in diesem Zusammenhang zu behandelnde Konstrukt ist das der **Verhaltensabsicht**. Verhaltensabsichten sind Prädispositionen zu einstellungsrelevanten Verhaltensweisen. Sie beschreiben die Absicht einer Person, ein bestimmtes Verhalten auszuführen oder zu unterlassen. Verhaltensabsichten müssen aber nicht zwangsläufig realisiert werden. Situative Faktoren (fehlende Kaufkraft), andere normative Faktoren oder Werteinstellungen oder Werte oder einfach die fehlende Gelegenheit mögen der Umsetzung von Verhaltensabsichten in die Tat entgegenstehen.

Die Problematik von Verhaltensabsichten können wir sehr gut anhand der Politikforschung illustrieren: Auf die Frage: »Wenn am Sonntag Wahl wäre, welche Partei würden Sie dann wählen?« mögen Personen die eine oder andere Partei nennen. Immer wieder erfahren wir jedoch in der Wählerforschung, daß langfristige Überzeugung und Werte das tatsächliche Wahlverhalten beeinflussen. Die augenblickliche Stimmung gegenüber der einen oder anderen Partei ist das eine, das tatsächlich eintretende Wahlverhalten teilweise etwas anderes. Nur wer die überdauernden Grundeinstellungen von Personen berücksichtigt, kann tatsächliches Wahlverhalten tendenziell vorhersagen.

Um Verhaltensweisen von Menschen zu erklären, muß man sich ferner mit dem Konzept der **Stereotypisierung** vertraut machen. Wir alle nehmen unsere Umwelt nach Stereotypen wahr. Darunter ist zu verstehen, daß wir aufgrund einiger weniger Merkmale an einem Objekt auf das Ganze schließen. Menschen sind nicht dazu in der Lage, irgendwelche Objekte tatsächlich in ihrer ganzen Komplexität und vollständig wahrzunehmen und zu bewerten. Immer werden sie eine Auswahl von als relevant angesehener (!) Eigenschaftsdimensionen heranziehen, um das Ganze zu beurteilen. Diese stereotype Wahrnehmung betrifft natürlich auch Einstellungen. Menschen haben nur gegenüber ganz bestimmten Merkmalseigenschaften eine Erwartungshaltung, und nur einige wenige Merkmale eines Objektes betreffen die Wahrnehmung, Bewertung und Verhaltensabsicht (dreidimensionales Konzept) gegenüber einem Objekt. Diese Vereinfachung der Wahrnehmung ist eine biologische Notwendigkeit. Menschen wären völlig überfordert, würden sie alle möglichen Informationen zur Beurteilung eines Objektes heranziehen. Für das Marketing ist es wichtig zu wissen, welche Merkmalsdimensionen beispielsweise zur Produktbeurteilung vom Markt herangezogen werden. Stereotype Wahrnehmung bedeutet also eine Vereinfachung der Realität aus Sicht der wahrnehmenden Person.

9.3 Ausgewählte Methoden der Einstellungsmessung

Die Vorgehensweise nach *Fishbein* (1963, 1966) ist dem eindimensionalen Erwartungsmodell zuzuordnen. Einstellungen werden danach wie folgt gemessen:

$$E_{ij} = \sum_{k=1}^{n} \times B_{ijk} \times a_{ijk}$$

Dabei wird wie folgt definiert:
E_{ij}: die Einstellung einer Person E_i zur Marke j
B_{ijk}: die vermutete Wahrscheinlichkeit der Person E_i, daß die Marke j eine bestimmte Eigenschaft k aufweise.
a_{ijk}: die subjektive Bewertung des Vorhandenseins der Eigenschaft k bei Produkt j durch die Person E_i.

Das Modell kombiniert also die Vermutung des Vorhandenseins von Eigenschaften mit deren subjektiv eingeschätzter Bedeutung.

Das Fishbein-Modell mißt also ganz eindeutig die Wahrscheinlichkeit dafür, daß ein Produkt oder eine Marke eine bestimmte Eigenschaft aufweise. Die Ausprägung von Eigenschaften, also die Intensität von Eigenschaften, wird nicht abgefragt. In der praktischen Marktforschung wird das Modell häufig anders eingesetzt. Statt nach der Wahrscheinlichkeit des Vorhandenseins einer Eigenschaft wird nach der vermuteten Ausprägung gefragt.

Ein **Beispiel** entnehmen wir *Fishbein/Ajzen* (1980, S. 154):
Beschrieben wird die Beurteilung von Farbfernsehgeräten nach verschiedenen Eigenschaften, beispielsweise nach der Natürlichkeit der Farben. Die Bedeutung einer Eigenschaft wird auf einer Siebenerskala von 0 bis 6 und die Ausprägung jeweils auf einer Siebenerskala von -3 bis +3 gemessen. Es mögen sich folgende Ergebnisse gefunden haben:

1. für die Beurteilung eines Farbfernsehgerätes ist die Natürlichkeit der Farben

	0	1	2	3	4	5	6	
völlig unwichtig	☐	☐	☐	☐	☐	☐	☐	extrem wichtig

2. Hinsichtlich der Natürlichkeit der Farben ist ein Sony-Farbfernsehgerät

	+3	+2	+1	0	-1	-2	-3	
sehr zufriedenstellend	☐	☐	☐	☐	☐	☐	☐	nicht zufriedenstellend

Nehmen wir an, wir messen die Einstellung gegenüber einem Produkt mit 4 solchen Erwartungshaltungen, bei einem Farbfernsehgerät z. B. Farbqualität, Tonqualität, Bedienungskomfort und Design. Dann würde jeweils die Bedeutung der Eigenschaft bei einer Person erlangt und die vermutete Ausprägung. Im günstigsten Fall ergibt sich ein Punktewert von $4 \times 6 \times 3 = 72$.

Hier wird deutlich, wie sich die Gesamteinstellung einer Person aus der Multiplikation von Merkmalsausprägung und ihrer subjektiv eingeschätzten Bedeutung ergibt. Diese Vorgehensweise erscheint durchaus plausibel. *Fishbein/Ajzen* (1980, S. 67 f.) zeigen jedoch, daß die Methode zu falschen Einstellungswerten führt: Personen neigen dazu, die wahrgenommene Ausbringung als wichtig angesehene Eigenschaften extremer anzugeben als sie es selbst empfinden. So ergibt sich eine deutlich stärkere Polarisierung bei den als wichtig eingestuften Eigenschaften, die dann durch die Gewichtungsfaktoren auch noch verstärkt werden. Daher erweist es sich in der Tat als vorteilhaft, nicht nach der Ausprägung von Eigenschaften, sondern nach der Wahrscheinlichkeit des Vorhandenseins von Eigenschaften zu fragen. *Fishbein* und *Ajzen* gehen davon aus, mit diesem Verfahren, insbesondere bei wichtigen Produkten wie Farbfernsehgeräten, Videorekordern, Autos, genauere Schätzungen und Prognosen für zukünftiges Kaufverhalten zu erzielen.

Statt nach der vermuteten Ausprägung einer Eigenschaft fragen wir entsprechend des obigen Beispiels:
- »Vermuten Sie, daß das TV-Gerät über eine gute Farbqualität verfügt?«,
- »Vermuten Sie, daß das Gerät über eine gute Tonqualität verfügt?«,
- »Vermuten Sie, daß das Gerät der Marke x über ein gutes Design verfügt?« und
- »Vermuten Sie, daß dieses Gerät mit einem hohen Bedienungskomfort ausgestattet ist?«.

Die Vermutungen werden wie oben von +3 (starke Vermutung, daß die Eigenschaft vorhanden ist) bis -3 (starke Vermutung, daß die Eigenschaft nicht vorhanden ist) erhoben.

Es ist möglich, daß bestimmte Eigenschaften eine Idealausprägung aufweisen. Das berücksichtigt das Einstellungsmodell von *Ginter* (1974) oder *Trommsdorff* (1975), das wie folgt aufgebaut ist:

$$E_{ij} = \sum_{k=1}^{n} \mid B_{ijk} - I_{ik} \mid$$

Es bedeuten:
E_{ij} = Einstellung der Person i zu Objekt j
B_{ijk} von der Person i wahrgenommene Ausprägung des Merkmals k bei Objekt *j*
E_{ik} = von der Person i eingeschätzte Idealausprägung des Merkmals k bei dieser Objektklasse
$\mid B_{ijk} - I_{ik} \mid$ = gesamter Eindruckswert der Person i bei Merkmal k des Objektes j

Das bedeutet, daß jenes Produkt bevorzugt wird, das den kleinsten Wert erhält, da bei diesem Wert die Summe der Abweichungen von den jeweiligen Idealausbringungen minimal ist. Meßtechnisch sei das an einem **Beispiel** entnommen von *Trommsdorff/Schuster* (1981, S. 740) übernommen:

1. Wie sparsam ist der Opel Kadett?

	+3	+2	+1	0	-1	-2	-3	
überhaupt nicht sparsam	☐	☐	☐	☐	☐	☐	☐	sehr sparsam

2. Wie sparsam ist das ideale Auto dieser Klasse?

	+3	+2	+1	0	-1	-2	-3	
überhaupt nicht sparsam	☐	☐	☐	☐	☐	☐	☐	sehr sparsam

Hier werden also die Einschätzungen von Merkmalsausbringungen abgefragt und der ideal empfundenen Ausprägung gegenübergestellt. Gewichtungsfaktoren fehlen. Sie sind aber nicht notwendig. Die empirische Erfahrung zeigt, daß Versuchspersonen empfundene Abweichungen von der Idealausprägung bei wichtigen Eigenschaften höher angeben als sie diese tatsächlich empfinden. So wirken sich wichtige Eigenschaften stärker aus als unwichtige. Die Wichtigkeit bestimmt sich dabei natürlich ausschließlich aus Sicht der befragten Personen. Würden wir weitere Gewichtungsfaktoren tatsächlich einführen, würde das zu einer zu starken Betonung der sowieso bereits als wichtig angesehenen Eigenschaften führen.

Ein Verfahren, mit Hilfe dessen man eher mehrdimensionale Konzepte des Einstellungskonstruktes erfassen kann, ist das **semantische Differential**. Bei diesem Verfahren wird den Versuchspersonen eine Vielzahl von Gegensatzpaaren vorgelegt, die jeweils durch Intervallskalen getrennt sind. Intervallskalen bestehen aus mehreren als möglichst exakt gleich groß empfundenen Intervallen, und meistens bestehen diese Skalen aus fünf bis neun Abstufungen. Die Fragen, wie Intervallskalen konkret gestaltet werden (gerade oder ungerade Gesamtanzahl von Feldern, numerisch oder verbal beschrieben), können ausführlich bei *Unger* (1997, S. 63 ff.) nachgelesen werden. Wir gehen von einfachen Siebener- oder Neunerskalen aus ohne verbale und numerische oder grafische Gestaltung, wie sie sich in der empirischen Praxis als angemessen erwiesen haben. Bei jedem dieser Gegensatzpaare wird die Versuchsperson gebeten, das Untersuchungsobjekt anhand dieses Begriffspaares zu beurteilen. Wir wollen die Arbeit mit einem semantischen Differential am Beispiel einer Produktbeurteilung darstellen (vgl. Abbildung 2).

Zu beachten sind folgende Aspekte:
- Sind die genannten verbalen Gegensätze wirklich Gegensätze aus Sicht der Befragten?
- Werden durch das Eigenschaftsprofil wirklich alle Dimensionen in angemessener Gewichtung erfragt?
- Sind Erwartungshaltungen in der Wahrnehmung verschiedener Produktmerkmale, deren Bewertung und auch Verhaltensabsichten ausreichend in diesem semantischen Differential berücksichtigt?

Spezialanwendung

Das Arbeiten mit dem »XY«-Gerät ist meiner Meinung nach:

einfach		_	_	_	_	_	_	_	_	_		umständlich
wirkungslos		_	_	_	_	_	_	_	_	_		wirkungsvoll
hygienisch		_	_	_	_	_	_	_	_	_		unhygienisch
mühsam		_	_	_	_	_	_	_	_	_		mühelos
angenehm		_	_	_	_	_	_	_	_	_		unangenehm
zeitraubend		_	_	_	_	_	_	_	_	_		zeitsparend
leicht		_	_	_	_	_	_	_	_	_		schwer
unpraktisch		_	_	_	_	_	_	_	_	_		praktisch

Abb. 2: Semantisches Differential

Ein häufiger Fehler in der Praxis wird dadurch begangen, daß in einem solchen semantischen Differential alle positiven Statements auf einer Seite und alle negativen Statements auf einer anderen Seite präsentiert werden. Das führt in der Regel dazu, daß die Versuchspersonen die Statements gar nicht mehr genau lesen, sondern ihre Kreuze ohne wirkliche Bewertung der Gegensatzpaare eintragen. Dem kann dadurch entgegengewirkt werden, daß die positiven und negativen Statements relativ willkürlich gewechselt werden. Aus den Durchschnittswerten aller Personen kann man dann ein Eigenschaftsprofil für das Image einer Marke (beachte: Einstellungen im Plural) erstellen und Konkurrenzprodukten oder anderen Produktalternativen gegenüberstellen.

Zur Illustration greifen wir das obige Beispiel noch einmal auf, bei dem zwei Marken gegenübergestellt worden sind, und erhalten folgendes Resultat (vgl. Abbildung 3):

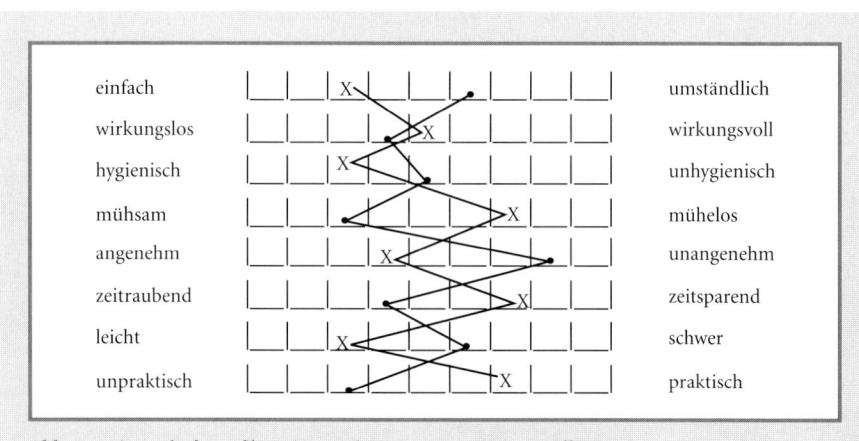

Abb. 3: Eigenschaftsprofil zweier Marken im semantischen Differential

Es ist leicht erkennbar, daß aufgrund des erforderlichen Wechsels von positiven und negativen Statements eine erhebliche Unübersichtlichkeit eingetreten ist. Zur Darstellung kann man daher das semantische Differential umpolen und zwar dergestalt, daß positive und negative Statements nun jeweils auf einer Seite erscheinen. Das gleiche Resultat wie in Abbildung 2 zeigt sich jetzt in der folgenden Abbildung wesentlich übersichtlicher (vgl. Abbildung 4):

einfach		umständlich
wirkungsvoll		wirkungslosl
hygienisch		unhygienisch
mühelos		mühsam
angenehm		unangenehm
zeitsparend		zeitraubend
leicht		schwer
unpraktisch		praktisch

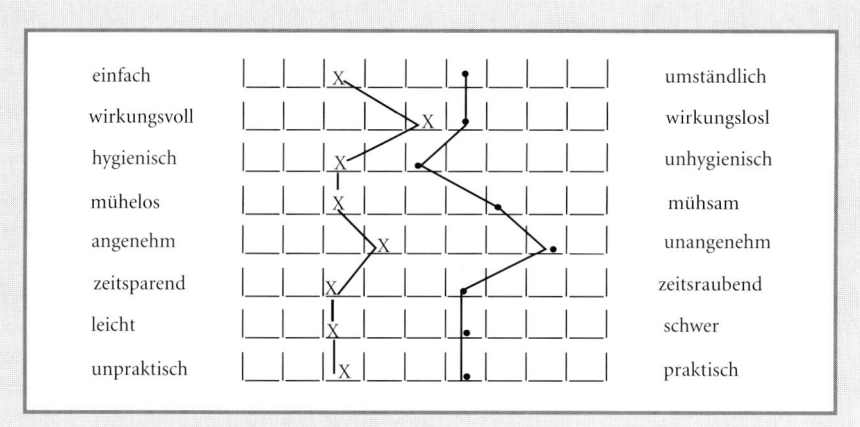

Abb. 4: Vereinfachte Darstellung von Eigenschaftsprofilen im semantischen Differential zweier verglichener Marken

Wir erkennen nun leicht, auf welchen Merkmalsdimensionen eine bestimmte Marke Vor- oder Nachteile aufweist. Es wäre nunmehr die Aufgabe **statistischer Auswertungen**, die gefundenen Differenzen auf ihre Zuverlässigkeit hin zu überprüfen. Es ist bekanntlich möglich, daß gefundene Unterschiede in einer Stichprobe noch keinen Rückschluß darauf zulassen, daß diese Unterschiede auch in der Grundgesamtheit vorgefunden werden. Erst wenn die Unterschiede statistisch signifikant sind, kann man von tatsächlichen Unterschieden ausgehen (zur Darstellung statistischer Auswertungen vgl. *Guckelsberger/Unger* 1998).

Das semantische Differential erlaubt es, auf eine sehr einfache Weise eine **Imagestudie** durchzuführen. Nehmen wir an, wir haben ein beliebiges Produkt und testen dies in zwei Testgruppen mit Hilfe eines semantischen Differentials. In der Testgruppe A erfahren die Versuchspersonen die Marke oder den Hersteller, in der Testgruppe B wird ohne Nennung von Marke oder Hersteller getestet, also anonym. Die dabei auftretenden Unterschiede im Vergleich beider Testgruppen zeigen, inwieweit die Markenkenntnis die Produktwahrnehmung verändert. Bei starken Marken sollte insgesamt davon ausgegangen werden, daß die Produktbeurteilung bei Nennung der Marke positiver ausfällt. Interessant ist dann, auf welchen Bereichen die Produktbeurteilung besonders deutlich positiver ausfällt oder wo es nur in geringem Maße oder gar nicht der Fall ist. So ist eine Stärken- und

Schwächenanalyse des Images einer Marke und der Einstellungen der verschiedenen Marktsegmente, bezogen auf die Marke, sehr leicht möglich.

Dieses Beispiel zeigt auch noch einmal das Grundkonzept der Einstellung auf. Erwartungen beeinflussen die Wahrnehmung. Die Nennung einer Marke oder eines Herstellers verändert die Erwartungshaltungen und damit auch die Produktwahrnehmung und Produktbeurteilung.

9.4 Entstehung und Änderung von Einstellungen

Einstellungen werden im Prinzip durch Produkterfahrung und durch Kommunikation begründet und verändert. Wenn Einstellungen Erwartungshaltungen wahrgenommener Objekte beinhalten (was auch auf das Dreikomponentenmodell zutrifft, wenn wir an die erkennende/wahrnehmende Komponente denken), dann erscheint es offensichtlich, daß das Erleben von Objekteigenschaften beispielsweise von Produkteigenschaften Einstellungen im Zeitablauf verändert. Nicht ohne weiteres zu erwarten ist ein Effekt, der sozialwissenschaftlich recht gut belegt ist, wonach allein die **Häufigkeit des Kontaktes mit Personen oder Objekten** die Einstellung in eine positive Richtung verändert. *Zajonc* (1968) konnte nachweisen, daß mit zunehmender Kontakthäufigkeit die Bewertung eines Meinungsgegenstandes mit der Häufigkeit des Kontaktes zunimmt. Häufiger Kontakt mit einem Produkt führt also offensichtlich nicht nur zu Konsumgewohnheiten, sondern auch zu einer Stabilisierung von Einstellungen, die den regelmäßigen Konsum des Produktes begünstigen.

Eine andere Form der Einstellungsänderung läßt sich durch das **Konditionieren** erklären. Wenn ein Produkt oder allgemein gesagt ein Meinungsgegenstand häufig mit positiv empfundenen anderen Dingen gemeinsam auftritt oder immer wieder in einer insgesamt als positiv zu bewertenden Umwelt auftritt, so kann sich gegenüber diesem Objekt eine positiv bewertete Erwartungshaltung entwickeln. Das entspricht tendenziell dem, was als klassisches Konditionieren bekannt ist. Es sei der Vollständigkeit halber darauf hingewiesen, daß das klassische Konditionieren nach *Pawlow* heute nicht mehr durch das Entstehen eines automatisch ablaufenden Reflexes erklärt wird. Man geht davon aus, daß selbst der berühmte »Pawlow'sche Hund« eine Erwartungshaltung entwickelt hat. Dieser Hund war, wie alle Hunde, aktiv an seinem Essen interessiert und hat gelernt, wenn die Glocke läutet, kommt das Essen. Das ist eine Erwartungshaltung und kein bedingter Reflex (*Riedl*, in: *Popper et al.* 1985, S. 54).

Dennoch bleibt die Annahme bestehen, daß durch Konditionieren Einstellungen verändert oder geschaffen werden können. Nichts anderes geschieht auch, wenn durch stark bild- oder erlebnisbetonte Werbung Einstellungen verändert werden sollen. Wir finden häufig in der Marktkommunikation kaum sachbezogene Argumente, die aufgrund der Informationsüberlastung auch nicht angemessen wären. Werbung ist zunehmend (wenn sie richtig gestaltet wird) bild- und erlebnisbetont (*Kroeber-Riel* 1993). Bei derartigen **bild- und erlebnisbetonten Werbestrategien** entstehen Einstellungen und Erwartungshaltungen auf Produkte, ohne daß deswegen sachbezogen mit Produkteigenschaften argumentiert wird. Auch diese Art der Kommunikation führt im Prinzip über das Konditionieren zu den (seitens des Marketing gewünschten) Einstellungsänderungen.

Auch eigenes Verhalten kann Einstellungen verändern. Man geht davon aus, daß je nach Produktkategorie, eine unterschiedliche Reihenfolge psychologischer Effekte auftritt. Bei Produkten von größerem Interesse (High Involvement Produkte) wird davon ausgegangen, daß durch Kommunikation Einstellungen geschaffen werden, daß sich Verbraucher aktiv um Informationen kümmern und ihre Einstellungen, bezogen auf ein Produkt, bilden, um anschließend möglichst einstellungskonformes Verhalten zu zeigen. Da das Verhalten nicht immer mit den Einstellungen deckungsgleich sein kann (ein zu hoher Kaufpreis mag ein Produkt, dem gegenüber eine sehr positive Einstellung besteht, ausschließen), erfolgt nach dem Kauf häufig eine Anpassung der Einstellungen an das tatsächlich gezeigte Verhalten. Dieser Mechanismus wird dissonanztheoretisch erklärt. Die Theorie der **kognitiven Dissonanz** besagt, daß Menschen darum bemüht sind, Verhalten und Einstellungen in Einklang zu bringen. Bei Produkten von geringem Interesse (Low Involvement Produkte) wird davon ausgegangen, daß zunächst über Kommunikation Bekanntheit und Sympathie ausgelöst wird. Dieses führt relativ direkt zum Kaufverhalten. Daran anschließend werden Kaufgewohnheiten und Einstellungen gebildet, die dieses Kaufverhalten nachträglich rechtfertigen. Vor dem Kauf sind die betroffenen Personen nicht dazu motiviert, in starkem Maße Einstellungen zu bilden. Erst nachträglich werden Einstellungen an das Verhalten angepaßt. Auch dieser Mechanismus wird dissonanztheoretisch erklärt.

Durch Kommunikation ausgelöste Einstellungsänderung ist Gegenstand vieler sozialpsychologischer und marktpsychologischer Theorien. Diese Theorie der kognitiven Dissonanz wurde bereits erwähnt. Sie besagt auch, daß neue Informationen im Lichte bestehender Einstellungen bewertet werden. Personen suchen tendenziell eher Bestätigung eigener Einstellungen als deren Widerlegung. Das hat zur Folge, daß eine Marktkommunikation, die scheinbar den bestehenden Einstellungen der Verbraucher entgegenkommt, erfolgversprechender erscheint.

Die Theorie der **psychologischen Reaktanz** wiederum besagt, daß Kommunikationen, die in starkem Maße als freiheitseinengend empfunden werden, also Vorschriften beinhalten oder mit Zwang drohen, Widerstand auslösen. Die Folge ist eine eher gegenteilige Einstellungsänderung. Für das Marketing ergibt sich daraus, daß Marketingkommunikation eher sanft zu erfolgen hat. Auch dies ist ein Argument für stark bildbetonte Kommunikation. Gegen schöne Bilder und Erlebnisse lassen sich kaum Argumente aufbringen. Sie unterlaufen die Kritik der Rezipienten.

Die **Cognitive Response-Forschung** besagt, daß langfristig stabile Einstellungsänderungen nur dann möglich sind, wenn die Rezipienten dazu motiviert sind, sich mit der Botschaft intensiv zu beschäftigen (davon ist im Fall der Werbung kaum auszugehen); ferner müssen sie dazu fähig sein, die Botschaft intensiv zu verarbeiten. Auch dies wird durch viele Medien (Fernsehen, Rundfunk) erschwert. Eine langfristig stabile Einstellungsänderung setzt ferner voraus, daß die betroffenen Personen in hohem Maße positive Assoziationen mit der Kommunikation verbinden und auch bereit sind, ihre Einstellung zu ändern. Da dieser zentrale Weg der Beeinflussung selten als realistisch angenommen werden kann, bleibt der periphere Weg der Beeinflussung. Nach der Cognitive Response-Theorie ist beim Fehlen von Motivation und der Fähigkeit zur Informationsverarbeitung nur ein kurzfristiger und oberflächlicher Beeinflussungserfolg möglich. Es kommt nun darauf an, relativ schnell, so lange der erste vorhandene Beeinflussungserfolg gedanklich noch präsent ist, bereits die nächste Beeinflussung zu veranlassen. Durch permanente, in kurzen Abständen erfolgte Beeinflussung, ist so eine dauerhafte Einstellungsänderung erreichbar. Wird die permanente Beeinflussung unterbrochen, so geht der einmal erreichte Beeinflussungserfolg relativ schnell wieder zurück. Ferner zeigt die Cognitive Response-Forschung, daß es in starkem Maße darauf ankommt, in der Marktkommunikation langfristig wiedererkennbar zu bleiben. Die Vielzahl der Kommunikationsmaßnahmen sollte unter einem einheitlichen Konzept vereinigt werden. Denn nur dann können weitere Maßnahmen den durch vorangehende Maßnahmen ausgelösten Beeinflussungserfolg aufgreifen. Die Rezipienten müssen ohne Schwierigkeiten Bezüge zwischen den verschiedenen Kommunikationsmaßnahmen der Werbung, der Öffentlichkeitsarbeit, der Verkaufsförderung oder anderer Kommunikationsinstrumente herstellen können. Gleichzeitig sollte durch die Vielzahl von Kommunikationsinstrumenten Redundanz (Langeweile) und damit negative Beeinflussungsfolgen vermieden werden.

9.5 Messung von Veränderungen im Zeitablauf

Zur laufenden Beobachtung der Kommunikationswirkung von Marketingmaßnahmen wäre die Messung von Einstellungsänderungen im Zeitablauf ein wichtiger Schritt. Letztendlich ist die Veränderung von Einstellungen als das wesentliche Ziel der Marketingkommunikation zu sehen. Konsumverhalten selber wird durch sehr viele Faktoren ausgelöst und nicht nur durch Einstellungen. Daher wäre es voreilig, aufgrund von Markterfolgen oder -mißerfolgen bereits die Wirksamkeit der Marktkommunikation hin beurteilen zu wollen und damit auch die Einstellungsänderungen. Man kann den Erfolg von Marketingmaßnahmen nicht nur an den eintretenden Verkaufszahlen messen, denn dann liegen keine Informationen darüber vor, welche Instrumente tatsächlich für Erfolg oder Mißerfolg maßgeblich sind. Nur die Kenntnis darüber erlaubt es aber, eigene Maßnahmen im Zeitablauf systematisch zu verbessern. Wir müssen wissen, warum Erfolg oder Mißerfolg eingetreten ist, um darauf angemessen reagieren zu können. Daher ist die **isolierte Messung von Kommunikationswirkungen** ein wichtiger Weg zur Optimierung des Marketingmix.

Möglich ist die Teilnahme an Omnibusbefragungen (vgl. den Beitrag von Werner Hagstotz/Karin Schmitt-Hagstotz: Omnibusbefragung, S. 204). Wenn in immer gleichen Abständen zufallsgestützte Stichproben von Verbrauchern befragt werden, so besteht kein Grund zu der Annahme, daß die Stichproben hinsichtlich ihrer Aussagen nicht vergleichbar wären. Wenn dann Änderungen im Zeitablauf gemessen werden, die sich auf die Einstellungen beziehen, dann läßt das schon Rückschlüsse auf die Kommunikationswirkung von Marketingmaßnahmen zu. Andererseits darf nicht übersehen werden, daß Einstellungen nicht nur durch Kommunikationsmaßnahmen, sondern auch durch Produkterfahrungen und letztendlich auch durch Kommunikationsmaßnahmen der Wettbewerber und des Handels bewirkt werden.

Dennoch bleibt die **laufende Kontrolle von Einstellungen** ein wichtiges Element zur effizienten Gestaltung eigener Kommunikationsmaßnahmen. Wir haben ausgeführt, daß es sinnvoll ist, eigene Kommunikationsmaßnahmen an den bestehenden Einstellungen auszurichten, um so glaubwürdiger und wirksamer erscheinen sie. Dazu ist aber die Kenntnis der aktuellen Einstellungsstrukturen auf Kundenseite notwendig.

Denkbar wäre der immer wiederkehrende Einsatz eines **semantischen Differentials**. Verschiebungen des Imageprofils sind bei diesem Instrument sehr schnell erkennbar. Entsprechende Gegenmaßnahmen oder unterstützende Maßnahmen, je nach Richtung der Einstellungsänderung, sind dann leicht realisierbar.

Ebenso ist es denkbar, in regelmäßigen Abständen Verbraucher danach zu befragen, welche Eigenschaften ihrer Meinung nach ein bestimmtes Produkt hat und wie wichtig ihnen diese Eigenschaften sind (Fishbein-Skala). Es sei darauf hingewiesen, daß die von Verbrauchern angenommene Wichtigkeit von Produkteigenschaften ebenfalls durch Kommunikationsmaßnahmen beeinflußt werden kann. Auch nach dem Prinzip der Trommsdorff-Skala sind laufende Kontrollen von Einstellungsänderungen leicht realisierbar. Mit wenigen Fragen ist die Idealausprägung von Eigenschaften und die vermutete Ausprägung von Eigenschaften über ein bestimmtes Produkt überprüfbar.

Für eine laufende Überprüfung von Einstellungen oder Images genügen Stichproben im Bereich von 200 bis 300 Personen. Man möge sich vor Augen halten, daß die *Forschungsgruppe Wahlen* in Mannheim in regelmäßigen Abständen ebenfalls nur gut 1.000 Wähler befragt und dann aber die voraussichtlichen Stimmenanteile der Parteien mit einer Fehlertoleranz von ± 1,4 Prozentpunkten (bei einem Parteianteil von 7%) oder ± 2,7 Prozentpunkten (bei einem Parteianteil von 40%) voraussagen kann. Für Zwecke der laufenden Kontrolle von Einstellungen im Rahmen der Marktforschung genügen, unserer Meinung nach, schon tendenzielle Aussagen. Diese sind mit Stichproben von wenigen hundert Personen durchaus realisierbar.

9.6 Einstellung und das Marktverhalten

Einstellungen werden allerdings in der Praxis häufig hinsichtlich ihres Prognosewertes auf späteres Marktverhalten überschätzt. Wir sollten Einstellungen auf jeden Fall messen, denn im Falle ungenügend ausgeprägter Einstellungen ist kaum mit ausreichendem Kaufverhalten auf Abnehmerseite zu rechnen. Positive Einstellungen sind aber noch kein Garant für entsprechendes Kaufverhalten. Zu viele situative Determinanten oder bestehende Konsumnormen, sozialer Druck im Familien- oder Freundeskreis beeinflussen das Konsumverhalten gleichermaßen. Das darf aber kein Anlaß dazu sein, Einstellungsmessungen zu unterlassen. Wer Marketing als marktorientierte Unternehmensführung verstehen will, muß zwangsläufig auch die Erwartungshaltungen, Wahrnehmungsmechanismen, Bewertungen und Verhaltensabsichten auf Abnehmerseite kennen. Wir müssen uns allerdings darüber im klaren sein, daß Einstellungen eben nur ein Aspekt sind neben anderen, der das Marktverhalten bestimmt.

9.7 Literaturverzeichnis

Fishbein, M.: An investigation of the relationships between beliefs about an object and the attitude toward that object. Human Relations, 1963, 16. Jahrgang, S. 233–240

Fishbein, M.: The relationship between beliefs, attitudes and behavior, in: Feldman, S. (Hrsg.): Cognitive consistency, New York 1966, S. 199–233

Fishbein, M. (Hrsg.): Understanding attitudes and predicting social behavior. Englewood Cliffs: 1980, S. 148–172

Fishbein, M./Ajzen, I.: Predicting and understanding consumer behavior: attitude-behavior correspondence, in: Ajzen, I./Ginter, J. L.: An experimental investigation of attitude change and choice of a new brand. Journal of Marketing Research, 1974, 11. Jahrgang, S. 30–40

Guckelsberger, U./Unger, F.: Statistik in der Betriebswirtschaftslehre, Wiesbaden 1998

Irle, M.: Entstehung und Änderung von sozialen Einstellungen (Attitüden), in: Merz, F. (Hrsg.): Bericht über den 25. Kongreß der Deutschen Gesellschaft für Psychologie, Münster 1966/ Göttingen 1967, S. 194–221

Kroeber-Riel, W.: Bildkommunikation, München 1993

Popper, K. R./Sexl, R./Riedl, R./Wallner, F./Weingartner, P.: Wissenschaft und Hypothese, in: Popper, K. R./Lorenz, K./Kreuzer, F. (Hrsg.): Die Zukunft ist offen, München/Zürich 1985, S. 47–73

Rosenberg, M. J./Hovland, C. J.: Cognitive affective, and behavioral components of attitudes, in: Rosenberg, M. J./Hovland, C. J./McGuire, W. Y. et al. (Hrsg.): Attitude organization and change, New Haven 1960, S. 1–14

Stahlberg, D./Frey, D.: Einstellungen I: Struktur, Messung und Funktionen, in: Stroebe, W./Hewstone, M./Codol, J.-P./Stephenson, G. M. (Hrsg.): Sozialpsychologie, 2. Auflage, Berlin/Heidelberg/New York 1992, S. 144–170

Trommsdorff, V.: Die Messung von Produktimages für das Marketing. Grundlagen und Operationalisierung, Köln/Berlin/Bonn/München 1975

Trommsdorff, V.: Konsumentenverhalten, Stuttgart/Berlin/Köln, 1989

Trommsdorff, V./Schuster, V.: Die Einstellungsforschung für die Werbung, in: Tietz, B. (Hrsg.): Die Werbung, Band 1, Landsberg am Lech 1981, S. 717–765

Unger, F.: Marktforschung, 2. Auflage, Heidelberg 1997

Zajonc, R. B.: Attitudinal effects of mere exposure. Journal of personaltiy and social psychology, 1968, 9. Jahrgang, S. 1–27

10. Zufriedenheitsforschung und -management

Ulla Meister/Holger Meister

Inhaltsübersicht

10.1 Einleitung
10.2 Zufriedene Kunden als Erfolgsfaktor
10.3 Verschiedene Verfahren der Zufriedenheitsforschung
10.3.1 Merkmalsorientierung
10.3.2 Varianten multiattributiver Verfahren
10.3.3 Ereignisorientierung
10.3.4 Konsequenzen erforschter Ergebnisse
10.4 Literaturverzeichnis

Auf einen Blick

Kundenzufriedenheit ist ein Schlüssel zum unternehmerischen Erfolg. Wichtig zu wissen ist deshalb, wie zufrieden die Kunden sind. Darüber hinaus muß man die Gründe kennen, warum Kunden wieder kommen oder nicht. Wie zufrieden Kunden mit einzelnen Leistungskriterien des Angebots sind, beantworten merkmalsorientierte Verfahren. Die ereignisorientierte Forschung dagegen macht nicht an vorgegebenen und vom Anbieter abgefragten Kriterien fest, sondern erhebt mittels subjektiver Eindrücke vor allem, warum Zufriedenheit oder Unzufriedenheit herrscht. Vorliegende Befragungsergebnisse sind dann mit gezielten Maßnahmen zu synchronisieren, um berichtete Schwächen zu eliminieren und erkannte Stärken als Wettbewerbsvorteil weiter auszubauen.

10.1 Einleitung

Zufriedenheit ist in der Marktforschung als Maßstab, nicht als absoluter Zustand zu sehen. Eine Zufriedenheitsskala kann, je nach Terminologie, vom unteren Ende mit stinksauer bis euphorisch als Spitzenwert reichen. Synonyme des Wortes Zufriedenheit sind Wunschlosigkeit und Bedürfnislosigkeit. Diese Interpretation wiederum hieße für ein Unternehmen Stillstand und kann im dynamischen Wettbewerb sogar in Rückschritt münden.

Durchweg ist der Zufriedenheitsbegriff indes positiv belegt. Hiernach sind Kunden immer dann zufrieden, wenn sie das erhalten, was sie erwarten. Werden ihre Wünsche übertroffen, werden sie höchstwahrscheinlich zufriedener, sprich begeistert sein.

10.2 Zufriedene Kunden als Erfolgsfaktor

Kundenzufriedenheit ist der Schlüssel zum unternehmerischen Erfolg, wenn sie dazu führt, daß die angebotenen Leistungen auf Dauer nachgefragt werden. Doch Vorsicht! Denn zufriedene Kunden müssen noch lange nicht (freiwillig) treu sein. Es besteht kein linearer Zusammenhang, daß zufriedene Kunden wieder kaufen. In der Automobilbranche erklären im Durchschnitt zwischen 85 und 95 Prozent der Wechselkunden, mit ihrem früheren Lieferanten durchaus zufrieden oder sogar sehr zufrieden gewesen zu sein. Die durchschnittliche Quote der Wiederkäufer beläuft sich dagegen nur auf rund 40 Prozent (*Reichheld* 1993, S. 112). Fest steht jedoch, daß bei begeisterten Kunden die Treue mit zunehmender Zufriedenheit überproportional steigen kann (*Müller* 1991, S. 786 f.) und damit auch der Unternehmenserfolg.

Mit zufriedenen Kunden allein sollte sich ein Anbieter allerdings nicht auf eine erfolgreiche Zukunft verlassen. Obwohl es wichtig zu wissen ist, »wie« zufrieden Kunden sind, vernachlässigt diese Frage für sich allein gestellt die dynamischen Kräfte des Wettbewerbs, die selbst (hoch)zufriedene Kunden zuweilen zu Konkurrenten wechseln lassen. Die Gründe zu kennen, »warum« Kunden wieder kommen oder nicht, ist deshalb darüber hinaus unerläßlich. Doch wie ist dieses »wie« und »warum« hinreichend und wirtschaftlich zu ermitteln und auf welche Weise mißt man den Grad der Kundenzufriedenheit als einen wesentlichen Erfolgsfaktor? Natürlich ist bei den Kunden anzusetzen. Sie entscheiden, ob die angebotenen Leistungen ihre Wünsche und Erwartungen erfüllen.

10.3 Verschiedene Verfahren der Zufriedenheitsforschung

Letztendlich ist Kundenzufriedenheit eine Funktion der Erwartungen in bezug auf die wahrgenommene Leistung (*La Barbera/Mazursky* 1983, S. 396) und hängt vom Grad der Bedürfnisbefriedigung ab. Diese Zufriedenheit sichern heißt im ersten Schritt, die ganze Wahrheit darüber zu erfahren. Zwei grundsätzlich verschiedene Ansätze lassen sich unterscheiden, wenn es um die Sichtweise geht: zum einen vom Anbieter aus gesehen, zum anderen aus Kundensicht.

10.3.1 Merkmalsorientierung

Zu den merkmalsorientierten Verfahren zählen (vgl. Abbildung 1):
- die Analyse des Globalurteils,
- die Frequenz-Relevanz-Analyse,
- die Conjoint-Analyse sowie
- das Multiattributverfahren.

Verfahren	Vorgehen	Kritik
Analyse des Globalurteils	Befragung der Kunden hinsichtlich ihrer generellen (Produkt-) Zufriedenheit anhand einer vorgegebenen Struktur	Man erhält nur undifferenzierte Anhaltspunkte, daher ist die Aussagekraft beschränkt
Frequenz-Relevanz-Analyse	Kunden beurteilen Problemfälle anhand einer Problemliste, wobei die Problemkategorien durch andere Verfahren erhoben werden	Methode muß in Zusammenhang mit anderen Verfahren gesehen werden; es werden nur negative Kunde-Dienstleiter-Kontakte erhoben; Kriterienvorgabe erfolgt durch den Anbieter
Conjoint-Analyse	Beurteilungsobjekte werden von den Kunden nach ihrer Qualität in eine Rangordnung gebracht, um dann die Qualitätsbeiträge einzelner Merkmale und Merkmalsausprägungen berechnen zu können	Kombinationsmöglichkeiten der einzelnen Merkmale und Merkmalsausprägungen sind beliebig; Aufstellung einer Rangordnung erlaubt keine konkrete Aussage über das Qualitätsurteil des Kunden
Multiattributverfahren	Mit Hilfe einer Liste werden Bedeutungs- und Eindruckswerte aus Kundensicht ermittelt, analysiert und zu Globalurteilen verdichtet	Es wird unterstellt, daß sich die wahrgenommene Servicequalität aus der Summe der bewerteten Einzelmerkmale ergibt; es ist das populärste Konzept

Abb. 1: Merkmalsorientierte Verfahren

Am häufigsten werden **Multiattributive Verfahren** eingesetzt, wenn es um die Erfassung der Kundenzufriedenheit geht. Wer kennt nicht die Fragebogen auf den Nachttischen der Hotels oder an den Ausgängen der Supermärkte? Sie setzen an mehreren (multi) Kennzeichen an, die der Anbieter zur Erfragung festlegt. Es sind solche, die er als zufriedenheitsrelevant erachtet. Aus ihnen soll sich zu guter letzt die Gesamtzufriedenheit zusammensetzen lassen (*Laberenz* 1988, S. 100, *Kroeber-Riel* 1992, S. 311). Für die Kunden können diese Merkmale aber vielleicht nur von untergeordneter Bedeutung sein. Die Gefahr besteht, daß hieraus ein trügerisches Bild höchstzufriedener Kunden entsteht, die trotzdem die Leistungen nicht mehr nachfragen, weil sie mit ganz anderen Merkmalen als den abgefragten unzufrieden sind.

Das heißt nun nicht, merkmalsorientierte, insbesondere multiattributive Verfahren seien generell problematisch oder gar untauglich. Sie sind immer dort geeignet, wo ein Anbieter seine Kunden über konkrete Sachverhalte befragt, über die er entscheiden möchte. Will zum Beispiel eine Fluggesellschaft wissen, ob das Outfit des Bordpersonals den Fluggästen noch gefällt oder die Uniformen geändert werden sollten, wird sie genau hiernach fragen.

Somit können merkmalsorientierte Erhebungen verläßliche Ergebnisse liefern, wenn sie einzelne Fragen und nicht die gesamte Kundenzufriedenheit betreffen. Multiattributive Verfahren liefern zudem schnell und kostengünstig Informationen, wenn man standardisierte und geschlossene Fragestellungen verwendet.

10.3.2 Varianten multiattributiver Verfahren

Multiattributive Verfahren lassen sich in einstellungs- und zufriedenheitsorientierte Varianten gliedern (*Hentschel* 1991, S. 320 ff.), die wiederum aufgrund der direkten und indirekten Messung in Abbildung 2 zu unterscheiden sind.

Verfahren	Vorgehen	Kritik
Einstellungsorientiert a) mit direkter Messung	Messung über die Eindruckskomponente durch eine »Gut-Schlecht-Skala« oder »Wichtig-Unwichtig-Skala«, oder über Aussagen, die vorgegeben werden	Kriterien werden vom Leistungserbringer vorgegeben
b) mit indirekter Messung	Aufspaltung der Eindruckskomponente in einer Aussage über den Ist-Zustand und den Soll-Zustand	Durch den Soll/Ist-Vergleich ist ein Rückschluß auf die tatsächliche Leistungsqualität möglich
Zufriedenheitsorientiert a) mit direkter Messung	Diskrepanz zwischen erwarteter und erlebter Leistung und die daraus resultierende Zufriedenheit wird anhand einer Skala »sehr zufrieden – gar nicht zufrieden« abgefragt	Evtl. auftretende Differenzierungsprobleme seitens der Probanden können auftreten. Im großen und ganzen ist es ein relativ unproblematisches Verfahren
b) mit indirekter Messung	Erwartungskomponente wird vor und die erlebte Erfüllung nach dem Leistungserlebnis erhoben	Praktische Anwendungsprobleme, da der Anbieter bekannt sein und bereits Erfahrungen mit den Qualitätsmerkmale haben muß

Abb. 2: Varianten multiattributiver Verfahren

Zudem kann man bei diesen Meßansätzen die Ein- und die Zweikomponentenvariante wählen, je nachdem, ob nur die Eindruckskomponente erhoben und den einzelnen Zufriedenheitsmerkmalen die gleiche Bedeutung beigemessen werden soll oder ob neben der Eindruckskomponente zusätzlich die zweite Komponente der relativen Wichtigkeit (Bedeutungskomponente) eines Zufriedenheitskriteriums zu erfassen ist.

Einstellungsorientierte Verfahren (*Trommsdorf* 1989, S. 136 ff.) gehen von der Überlegung aus, daß das Urteil der Kunden zur Qualität der angebotenen Leistungen das Ergebnis von Lernprozessen ist, sei es aufgrund selbst gemachter Erlebnisse oder mittelbarer Erfahrungen, die man durch andere Personen erlangt hat. Beide Male erheben diese Verfahren die Ablehnung oder Zustimmung zu vorgegebenen Aussagen.

Die Vorteile der **direkt-einstellungsorientierten Qualitätsmessung** liegen in der einfachen Erhebung, schnellen Durchführbarkeit und breiten Einsatzmöglichkeit. Die Befragung kann dabei aus vorgegebenen Gut-Schlecht-Skalen, Wichtig-Unwichtig-Skalen oder Zustimmungsskalen zu positiv formulierten Aussagen vorgegeben werden, wie: »Am Tikketschalter wird man rasch bedient.« Hierauf sollen die Kunden eine Wertung treffen, zum Beispiel mit Schulnoten, wobei Note 6 bedeutet, daß die Aussage überhaupt nicht zutrifft.

Die **indirekt-einstellungsorientierte Messung** spaltet die Eindruckskomponente zusätzlich in eine konstatierende Aussage über den Ist-Zustand und eine weitere Aussage über den gewünschten Soll-Zustand auf. Dadurch werden Diskrepanzen zwischen dem Zustand erforscht, den die Kunden zum einen wahrnehmen und zum anderen wünschen. Gegenüber der direkt einstellungsorientierten Messung bietet dies den Vorteil, daß man die vom Kunden wahrgenommenen Schwachstellen, die letztlich seine Zufriedenheit mindern, in Form der Soll-Ist-Abweichung erkennt. Das bleibt bei der alleinigen Angabe der konstatierten Sachverhalte verborgen. Wenn Kunden auf die Aussage »Am Ticketschalter wird man rasch bedient« die Wertung angeben, »triff nicht zu«, sagt dies nichts darüber aus, ob das zu lange ist und künftig geändert werden sollte. Dies läßt sich jedoch erkennen, wenn sie ihre Idealvorstellungen angeben, daß die Wartezeit nicht länger als drei Minuten betragen darf.

Mit einstellungsorientierten Verfahren (vgl. den Beitrag von Fritz Unger: Einstellungsforschung, S. 609) wird unter anderem die Leistungsqualität vorgegebener Merkmale erhoben. Sie dienen damit mittelbar der Erforschung und dem Management der Kundenzufriedenheit. Denn sehen Kunden Sach- und Dienstleistungen als mangelhaft an, werden sie damit nicht zufrieden sein.

Zufriedenheitsorientierte Verfahren kommen unmittelbar zum Kernpunkt. Anhand einzelner Leistungsmerkmale werden die Kunden gefragt, wie zufrieden sie damit sind. Diese Verfahren setzen an konkreten Konsumereignissen an, die die Kunden selbst erlebt haben und bewerten sollen. Ein Fragebogen kann das Merkmal »rasche Bedienung am Ticketschalter« enthalten und die Kunden bitten, den Grad ihrer Zufriedenheit auszudrücken, beispielsweise in einer Vier-Punkte-Skala, die von »sehr zufrieden« über »zufrieden«, »weniger zufrieden« bis zum negativsten Wert »gar nicht zufrieden« reicht.

Die **direkt-zufriedenheitsorientierte Variante** erhebt die Diskrepanz zwischen erwarteter und erhaltener, also subjektiv erlebter Leistung, und fragt nach der daraus resultierenden Zufriedenheit. Die Frage der Fluggesellschaft an ihre Passagiere nach der Abfertigung würde dann nach der Zweikomponenten-Version noch enthalten, wie wichtig ihnen das ist.

Bei der **indirekt-zufriedenheitsorientierten Variante** handelt es sich um eine Vorher-Nachher-Befragung. Sie vollzieht sich zweigeteilt, indem sie die Erwartungen vor und die erlebte Erfüllung nach dem Leistungsergebnis erhebt. Der Aufwand ist für diese Variante größer als für direkt-zufriedenheitsorientierte, da man die Kunden bereits vor der Leistungserbringung kennen und befragen muß, um sie danach nochmals zu kontaktieren.

Zusammengefaßt taugen merkmalsorientierte Befragungen im Regelfall nur wenig, wenn es um die umfassende Erforschung der Kundenzufriedenheit geht. (Kritische) Ereignisse, worüber sich Kunden ärgern, bestehende Wünsche oder enttäuschte Erwartungen, können höchst vielfältig sein. Folglich wird es niemals einen Katalog geben, der alle Kriterien enthält, um diese Vielfalt zu erheben. Antworten auf Fragen, wie »Sind mit diesem oder jenem zufrieden?« liefern nur einen Bruchteil der Informationen, die ein Anbieter braucht, um seine Kunden dauerhaft zu begeistern.

10.3.3 Ereignisorientierung

Zur Sicherung von Kundenzufriedenheit und -treue hat ein Anbieter sozusagen die ganze Wahrheit darüber zu erfahren, was seine Kunden schätzen und was nicht. Besonders wenn es um die »weichen« Faktoren der Prozeßqualität personenbezogener Dienstleistungen geht, welche die Kunden subjektiv empfinden, müssen sie von sich aus berichten und sich frei artikulieren können. Selbstgemachte Erfahrungen werden als Zwischenfälle wahrgenommen und als Episoden im Gedächtnis gespeichert. (Gesamt)Zufriedenheit bildet sich nicht etwa, indem einzelne Teile einer Leistung als abstrakte Merkmale und Teilqualitäten relativ gewichtet und aggregiert werden. Vielmehr sind derartige Erlebnisse häufig nur »Augenblicke der Wahrheit« (*Albrecht* 1988, S. 26), in denen sich Kunden ihren Eindruck über die Qualität des Anbieters verschaffen. Es sind dies Eindrücke von Teilqualitäten, die als repräsentativ für ein ganzes Leistungsbündel stehen und die Zufriedenheit bestimmen. So kann eine mißlungene Einzelheit die gesamte Leistung verderben. Wie ein einziges Haar in der Suppe den Genuß eines ganzen Menüs vergällen kann, tritt an die Stelle der rationalen Bewertung die subjektive Einschätzung.

Somit ist eine qualitative Messung der Zufriedenheit mit dem Erlebten angezeigt. Dafür gibt es verschiedene Verfahren, die Abbildung 3 kurz erläutert.

Nicht alle Verhaltenskategorien lassen sich durch eine **Beobachtung** untersuchen und aus dem beobachteten Verhalten kann man nur unzureichend auf die Zufriedenheit mit dem Situationserleben der Kunden schließen. Wie erleben Fluggäste eine Warteschlange am Counter? Über die Wartezeit sagt sie nichts aus. Zehn flugerfahrene Passagiere, die vor dem wartenden elften eine Schlange bilden, können durchaus schneller abgefertigt werden als nur ein einziger dort stehender Fluggast, der erstmals fliegt und tausend Fragen stellt. Wie wird in beiden Fällen die Qualität beurteilt? Ist es die Schlange vor dem Counter oder vielleicht die Wartezeit, die Unzufriedenheit mit der Abfertigung hervorruft?

Verfahren	Vorgehen	Kritik
Beobachtung	Offene oder verdeckte Beobachtung von Personen in der Kunden-Dienstleister-Interaktion	Hohe Kosten, Zeitaufwand und ein evtl. auftretender Beobachtungseffekt; wenig Aussagekraft, da kaum Informationen über das subjektive Kontakterleben des Kunden vorhanden
Lob- oder Beschwerdeanalyse	Kundeninitiierte Berichterstattung, daher keine spezifische Methode der Datenerhebung	Nur wenige Kunden geben i. d. R. von sich aus Informationen an das Unternehmen, daher eher begrenzter Aussagekraft sowie Probleme der Repräsentativität
Sequentielle Ereignistechnik	Basiert auf den Erkenntnissen des Blueprinting; Zerlegung der Leistung in Teilprozesse; Kunden memorieren Kontaktpunkte und schildern ihre Erlebnisse	Probanden müssen auf vorgegebene Kontaktpunkte antworten und beurteilen so möglicherweise Punkte, die für sie normalerweise unbedeutend sind
Kritische Ereignistechnik	Kunden schildern besonders positive oder negative Erlebnisse aus der Kunden-Dienstleister-Interaktion	Das individuelle Qualitätserlebnis wird am optimalsten ermittelt, aber die Durchführung ist zeitlich und monetär sehr aufwendig

Abb. 3: Ereignisorientierte Verfahren

Die **Lob- und Beschwerdeanalyse** gewinnt aus schriftlichen und verbalen Äußerungen der Kunden wesentliche Informationen über die »Augenblicke der Wahrheit«. Lob und Beschwerden geben Auskunft über gravierend positive oder negative Erlebnisse. Da aber nur ein Bruchteil der Kunden von sich aus über negative oder positive Ereignisse berichtet, sind die Informationen im Hinblick auf die Lob- oder Beschwerdeführer nicht repräsentativ. Hinzu kommt, daß im Durchschnitt zehn Beschwerdebriefen nur ein Dankesbrief gegenübersteht (*Horovitz* 1990, S. 35). Zudem beschweren sich Kunden erfahrungsgemäß selten über subjektiv beurteilbare Kriterien, wie es bei unfreundlichem Personal der Fall wäre.

Die **sequentielle Ereignismethode** basiert als phasenorientierte Befragung auf den Ergebnissen des **Blueprinting** (*Shostak* 1982, S. 49 ff.), einer Technik, die jene Punkte als »Line of Visibility« aufzeigt, an denen das Dienstleistungssystem eines Anbieters für seine Kunden sichtbar wird. Anhand der hierdurch definierten Kontaktpunkte werden die Kunden in persönlichen Interviews gebeten, den Ablauf ihres (Dienst)Leistungserlebens nochmals gedanklich nachzuvollziehen und die einzelnen »Augenblicke der Wahrheit« ausführlich zu schildern. Mit offenen strukturierten Fragen werden zudem bei jeder Kundenkontaktsituation der wahrgenommene Ablauf, die Empfindungen und Beurteilungen erfragt.

Während sich die Beschwerdeanalyse nur auf bestimmte Teilleistungen bezieht, befaßt sich die sequentielle Ereignismethode mit allen Interaktionen, auch wenn die Kunden zum Teil davon weder Positives noch Negatives zu sagen haben. Deshalb ist dieses Vorgehen mitunter problematisch, da die Kunden bei ihrer Befragung auf vorgegebene Kontaktpunkte antworten sollen, die ihnen vielleicht gar nicht aufgefallen sind. Das heißt, Sachverhalte werden bewertet und bekommen somit eine Bedeutung, die für die Kunden im Normalfall eher bedeutungslos sind.

Die **kritische Ereignistechnik** (*Flanagan* 1954, S. 327 ff.) erfaßt und wertet Interaktionen der Anbieter-Kunden-Beziehung aus, die als Erlebnisse bei den Kunden besondere Zufriedenheit oder Unzufriedenheit auslösen. Bemerkenswerte Kontakterlebnisse werden mit Hilfe offener Fragen in kurzen Geschichten erhoben, die Kunden einfallen, wenn sie ihre Erfahrungen mit einem Anbieter schildern. Dieser Erhebung der Erlebnisse folgt ein mehrstufiges Auswertungsverfahren, in dem aufgrund von Inhaltsanalysen typische Erlebniskategorien gebildet und die Häufigkeiten der berichteten Erlebnisse kategoriebezogen ermittelt werden.

Zusammengefaßt ist es mit der kritischen Ereignistechnik höchstwahrscheinlich, Informationen über alle Qualitätsmerkmale der von Kunden erlebten Dienstleistungsprozesse zu erhalten, da nicht nach vorgegebenen Merkmalen und ausgewählten Kontaktpunkten gefragt wird. Vielmehr besteht die Möglichkeit, sich frei von Vorgaben und Antwortkategorien zu äußern. Der Anbieter erfährt nicht lediglich, »wie« zufrieden seine Kunden mit ihm sind, sondern er erfährt das Entscheidende, nämlich die Ursachen »warum«. Darüber hinaus erhält er Informationen über Mindesterwartungen an das Angebotsniveau, die sich aus den Ereignisschilderungen ergeben.

Merkmals- und ereignisorientierte Befragungen schließen einander nicht aus, sondern sind als gegenseitige Ergänzung zu sehen, wenn es um die Erhebung der Kundenzufriedenheit geht. Der Informationswert und die daraus fließenden Erkenntnisse der unterschiedlichen Verfahren sind, je nach Fragestellung, unterschiedlich hoch. Eines ist diesen Verfahren jedoch gemeinsam: Sie führen für sich allein genommen noch zu keiner Sicherung der Kundenzufriedenheit. Denn lediglich mit dem Wissen um den Grad der Kundenzufriedenheit werden Leistungen noch nicht verbessert und Kunden nicht zufriedener gestellt. Die Zufriedenheitsforschung kann nur der erste Schritt sein. Mit ihr allein bleibt man auf halbem Wege stehen (*Meister* 1993, S. 62). Deshalb sind in weiteren Schritten die gewonnenen Erkenntnisse in Maßnahmen umzusetzen und der Erfolg daraus zu überwachen.

10.3.4 Konsequenzen erforschter Ergebnisse

Die Befragungsergebnisse legen den gegenwärtigen Leistungsstand eines Anbieters offen und lassen es gegebenenfalls geboten erscheinen, daraus die Planung für ein neues »Soll«

aus Kundensicht abzuleiten. Hierzu empfiehlt sich das wertanalytische Vorgehen (*Miles* 1961), mit dem die Hauptgeschäftsprozesse als Hauptfunktionen definiert und zunächst abwärtsschreitend in einzelne (Neben)Funktionen als Teilqualitäten aufgegliedert werden. Damit erhält man das »Ist«, mit dem ein Anbieter seinen Kunden bislang gegenübergetreten ist. Es wird mit den ausgewerteten und verdichteten Statements der Kunden verglichen. Wo signifkante Abweichungen der Kundenerwartungen mit den erbrachten Teilqualitäten bestehen, sollte ein neues Soll festgelegt werden, aber eben nicht aus Anbietersicht, sondern aufgrund der berichteten Kundenerlebnisse und -wünsche. Hier nun wird nicht von den Hauptfunktionen ausgegangen, indem der Anbieter die dazugehörigen Nebenfunktionen autonom ermittelt und darauf vertraut, daß diese den Erwartungen der Kunden entsprechen. Vielmehr ist von jenen konkreten Kundenaussagen auszugehen, die als die gewünschten kleinsten Teile der Gesamtqualität eines Leistungsbündels anzusehen sind. Hieraus sind jene Funktionen zu definieren, mit denen man letztlich seine Kunden zufriedenstellen kann.

Nicht allein neue Funktionen kommen dabei hinzu, an die bislang nicht gedacht worden ist. Ebenso werden unnötige, vom Kunden nicht wertgeschätzte Funktionen und die Kosten dafür eliminiert. Wo sich Synergien ergeben, sind Funktionen zusammenzulegen. Auf diese Weise entsteht ein Fahrplan, dessen Einhaltung zu einer kundenorientierten Organisation führt. Das funktionale Vorgehen ermöglicht es auch ohne weiteres, die Kosten für die Ist-Geschäftsprozesse zu analysieren sowie für das Soll entsprechend zu entwerfen (*Meister/Meister* 1996, S. 138 ff.).

Doch hiermit ist es noch nicht getan. Denn bis hierher stellt das Vorgehen nicht sicher, daß Kunden für alle Zukunft zufrieden sein werden. Dazu bedarf es der permanenten Überwachung der Kundenzufriedenheit.

Die von den Kunden als wichtig erachteten Sollfunktionen bilden das Pflichtenheft, das die Kundenzufriedenheit gewährleisten soll. Auf dieser Basis entsteht jetzt für eine quantitative Befragung ein multiattributiver Fragebogen, der jedoch die merkmalsorientierten Schwächen der sonst einseitigen Anbietersicht weitgehend ausschließt. Denn die nunmehr den Kunden vorzugebenden Fragen sind vorher von ihnen anläßlich der ereignisorientierten Erhebung gleichsam erarbeitet worden. Das heißt, jede der aufgrund ihrer Aussagen definierten Soll(neben)funktion ist mit einer Frage nach der Qualität oder Zufriedenheit mit den erbrachten Leistungen zu verknüpfen. Somit betrifft jede Antwort der befragten Kunden direkt eine vom Anbieter zu erfüllende Teilleistung, die nicht mehr weiter aufgegliedert werden soll oder kann.

Dieses Vorgehen synchronisiert das Instrument zur Offenlegung der Ursachen für Unzufriedenheit mit dem Vorgehen zu ihrer Eliminierung. Somit stellt man sicher, daß Probleme auf den Punkt gebracht werden und nur dort etwas verbessert wird, wo es wirklich notwendig ist, weil es die Kunden wünschen. Mittels dieser Kontrolle kann nicht allein das Ist überprüft, sondern darüber hinaus das Soll permanent fortgeschrieben und falls erforderlich, verbessert werden. Damit kann ein Anbieter seine Leistungen so entwickeln, damit seine Kunden mit ihm zufrieden sind und wieder kommen. Vom Timing her gesehen steht die ereignisorientierte Befragung eines repräsentativen Kundensamples am Anfang. Hier ist festzulegen, ob die relevante Grundgesamtheit neben den gegenwärtigen auch ehemalige und potentielle Kunden umfassen sollte. Da der zeitliche und kostenwirksame Umfang dieser Erhebung hoch ist, empfiehlt sich ihre Wiederholung nur in größeren Abständen, je nach Dynamik einer Branche. Dagegen verhalten sich Zeitaufwand und Kosten der darauf aufbauenden Fragebogenaktionen relativ niedrig, da weder qualifizierte Interviewer noch Auswertungsfachleute benötigt werden. Diese Befragung ist permanent oder je, nach Größe der Grundgesamtheit, in kürzeren Abständen durchzuführen.

Mit der merkmalsorientierten Kundenabfrage geht unmittelbar der Aspekt der permanenten Prozeßoptimierung einher. Da nur dort verbessert wird, wo es die Kunden für erforderlich erachten, werden Rundumschläge mit ungewissem Ausgang, wie Business Reengineering (*Hammer/Champy* 1994), weitgehend obsolet. Die funktionale Durchdringung der Geschäftsprozesse schafft Transparenz für die Mitarbeiter und entwickelt dadurch eine breite organisatorische Wissensbasis in Richtung lernende Organisation (*Senge* 1992). So werden Herrschaftswissen abgebaut und Kommunikationsbarrieren beseitigt. Informierte Mitarbeiter sind leichter motivierbar und mit ihrer Arbeit zufrieden. Letztlich ist Mitarbeiterzufriedenheit die wesentliche Voraussetzung für Kundenzufriedenheit.

10.4 Literaturverzeichnis

Albrecht, K.: At America's Service, How Corporations can Revolutionize the Way they Treat their Costumers, Homewood 1988
Flanagan, J. C.: The Critical Incident Technique, in: Psychological Bulletin, Volume 51, 1954, S. 327–358
Hammer, M./Champy, J.: Business Reengineering, Frankfurt 1994
Hentschel, B.: Multiattributive Messung von Dienstleistungsqualität, in: Bruhn, M./Stauss, B.: Dienstleistungsqualität, Wiesbaden 1991, S. 311 – 343
Horovitz, J.: Service entscheidet: Im Wettbewerb um den Kunden, Franfurt/New York 1990
Kroeber-Riel, W.: Konsumentenverhalten, 5. Auflage, München 1992
La Barbera, P. A./Mazursky, D.: A Longitudinal Assessment of Consumer Satisfaction/Dissatisfaction: The Dynamic Aspect of the Cognitive Process, in: Journal of Marketing Research, 11/1983, S. 393 – 404
Laberenz, H.: Die prognostische Relevanz multiattributiver Einstellungsmodelle für das Konsumenten-Verhalten, Hamburg 1988
Meister, H.: Marktstudien mit Wertanalyse koppeln, in: Der Markt, Nr. 125, 32. Jahrgang, 1993, S. 62 – 67
Meister U./Meister, H.: Kundenzufriedenheit im Dienstleistungsbereich, München 1996
Miles, L. D.: Techniques of Value Analysis and Engineering, McGraw Hill 1961
Müller, W.: Strategisches Marketing: Ein übersehenes Wettbewerbsinstrument in der Automobilindustrie, in: Die Betriebswirtschaft, 51. Jg. 1991, Heft 6, S. 781–799
Reichheld, F. F.: Treue Kunden müssen auch rentabel sein, in: Harvard Businessmanager, 15. Jahrgang, 1993, S. 106–114
Senge, P.: The Fifth Discipline – The Art and Practice of the Learning Organization, 3 rd edition, New York 1992
Shostak, G. L.: How to Design a Service, in: European Journal of Marketing, Heft 1, 1982, S. 49 – 63
Trommsdorf, V.: Konsumentenverhalten, Stuttgart/Berlin 1989

11. Motivforschung

Georg Felser

Inhaltsübersicht

11.1 Einleitung
11.2 Wann braucht man Motivforschung?
11.3 Zur Struktur von Motiven: Wie wird der motivierte Mensch handeln?
11.3.1 Unter welchen Umständen werden nachgewiesene Bedürfnisse nicht verhaltenswirksam?
11.3.2 Unbewußte Motive: Die wahren Bedürfnisse?
11.4 Methoden der Motivforschung
11.4.1 Direkte Verfahren
11.4.2 Indirekte Verfahren
11.4.3 Direkte und indirekte Verfahren im Vergleich
11.5 Literaturverzeichnis

Auf einen Blick

Wer wissen will, wie Konsumenten sich verhalten werden, braucht einen Einblick in die Bedürfnisstruktur der angesteuerten Zielgruppen. Oft hat man keine konkreten Ideen, welche Bedürfnisse der Konsumenten noch nicht ausreichend befriedigt wurden. Die Motivforschung ermöglicht hier mit traditionell qualitativen Verfahren der Befragung einen ersten Einblick. Wenn dann die eigenen Vorstellungen von den Konsumentenwünschen konkreter geworden sind, stehen weitere Methoden zur Verfügung, diese Annahmen wissenschaftlich zu prüfen. Eine so verstandene Motivforschung kombiniert also qualitative und quantitative Marktforschungsansätze.

11.1 Einleitung

Motivforschung fragt nach den Gründen, aus denen heraus Menschen handeln. Diese Gründe können rein äußerlich sein, zum Beispiel eine bestimmte Belohnung. Die Konsumentenforschung wendet sich jedoch meist weniger den Außen- als vielmehr den Innenaspekten eines motivierten Verhaltens zu. Hierunter fallen angeborene Triebe (z. B. Hunger), erlernte soziale Bedürfnisse (z. B. Geltungsbedürfnis), wie auch sehr individuelle Wünsche (z. B. einmal im Leben eine Weltreise machen). In der Praxis der Marktforschung interessieren vor allem die Bedürfnisse der Konsumenten. Daher ist Motivforschung in aller Regel eine Art Bedürfnisanalyse (*Salcher* 1995, S. 182).

Ganz ähnlich wie Einstellungen (vgl. den Beitrag von Fritz Unger: Einstellungsforschung, S. 609) regeln auch Motive unsere Bereitschaft zum Handeln. Sie tun dies, indem sie bereits bestehende Bedürfnisse aktivieren. Im Unterschied zu Einstellungen, die überdauernd bestehen, sind Motive auf einen Spannungszustand angewiesen. Sie treten zurück, sobald sie befriedigt sind. Normalerweise können sie aber immer wieder aktiviert werden.

11.2 Wann braucht man Motivforschung?

Motivforschung setzt typischerweise vor der Neuentwicklung oder Neugestaltung eines Produktes ein. Betrachten wir hierzu zwei Beispiele.

Beispiel 1: Monika, eine Marktleiterin, möchte ihren Supermarkt familienfreundlicher gestalten. Die Motivforschung soll Anregungen zu möglichen Umgestaltungen oder zu Dienstleistungsangeboten geben.

In diesem Beispiel weiß Monika noch nicht, welche Wünsche und Bedürfnisse die Konsumenten überhaupt haben. Sie sucht nach Bedürfnislücken (*Salcher* 1995, S. 184), die noch nicht befriedigt werden. Sie kann erwarten, daß sie manche tatsächlich bestehenden Wünsche nicht vorhergesagt hätte. Die Forschungsergebnisse können hier aus einer Sammlung von Vorschlägen der Konsumenten bestehen, von denen einige auch ungewöhnlich und originell sein können.

Beispiel 2: Jochen, Hersteller einer Joghurtmarke, möchte wissen, welche Rolle beim Kauf die Bedürfnisse nach gesunder Ernährung und Genuß spielen.

Jochen fragt hier nicht, wie im ersten Beispiel, welche Wünsche die Konsumenten überhaupt haben. Er kann voraussetzen, daß die Konsumenten die Bedürfnisse nach Gesundheit und Genuß befriedigen wollen. Ihn interessiert aber, welches relative Gewicht diese Bedürfnisse haben (in der Terminologie von *Salcher* 1995, S. 184, sucht er nach dominanten Bedürfnisrichtungen). Ein einfaches Ergebnis der Motivforschung könnte folgendes sein: Die Konsumenten kaufen die betreffende Joghurtmarke in erster Linie aus Gesundheitserwägungen, sie haben dagegen relativ geringe Erwartungen an den Genußwert des Produktes, so daß der Wunsch nach Genuß eine untergeordnete Rolle spielt.

Das erste Beispiel steht eher für eine explorative Forschungshaltung, das zweite für ein theoriegeleitetes Hypothesentesten. Beide Haltungen haben ihre eigenen Merkmale, die in Tabelle 1 angedeutet werden. Im optimalen Fall werden aber beide Strategien miteinander verknüpft. Zum Beispiel könnte Monika feststellen, daß einige wenige Kunden wünschen, daß ihnen hinter der Kasse des Supermarktes ein Mitarbeiter die Einkaufstaschen zum Wagen trägt. Es stellt sich nun die Frage, ob auch andere Konsumenten diese Dienstleistung begrüßen und beanspruchen würden. Diese Frage sollte sie in einer vertiefenden Untersuchung nach dem Muster des zweiten Beispiels klären.

explorativ	hypothesentestend
unkonkrete Frage	konkrete Frage, erfahrungs- und theoriegeleitete Vorannahmen
relevante Inhalte müssen erst noch gefunden werden	gegebene Inhalte werden gemessen und zueinander in Beziehung gesetzt
qualitative Methoden typisch	quantitative Methoden typisch
Stichprobe darf verzerrt sein (z. B. besonders kreative Probanden, Experten, Meinungsführer)	repräsentative und unverzerrte Stichprobe erforderlich
Ergebnisse in der Regel nicht verallgemeinerbar	Ergebnisse können verallgemeinert werden

Tab. 1: explorative und hypothesentestende Haltungen bei der Bedürfnisanalyse

11.3 Zur Struktur von Motiven: Wie wird der motivierte Mensch handeln?

Was ist davon zu halten, wenn eine Erhebung als Ergebnis eine Reihe von relevanten Motiven benennt? Zum Beispiel könnte Monika die Information erhalten, daß ihre Kundinnen am liebsten einkaufen würden, ohne dabei auf ihre Kinder achten zu müssen, und daß sie sich mehr Komfort beim Transport der Waren wünschen. Um dem erstgenannten Wunsch zu begegnen, richtet sie nun eine Kinderbetreuung in ihrem Markt ein, wo die Kleinen für die Zeit des Einkaufs unter Aufsicht betreut werden. Kann sie sich nun darauf verlassen, daß die Kundinnen dieses Angebot nutzen werden?

Leider gibt es eine ganze Reihe von Argumenten, die besagen, daß sie das nicht kann. Es genügt nicht, daß die Konsumenten sagen: »schön wär's«. Selbst wenn sich die Marktleiterin sicher sein kann, daß ihre Kunden das betreffende Bedürfnis wirklich haben, kann sie nicht sicher sagen, daß sich dieses Bedürfnis auch in Verhalten äußern wird. Dieses Problem hat die Motivforschung mit der Einstellungsforschung (vgl. den Beitrag von Fritz Unger: Einstellungsforschung, S. 609) gemeinsam.

11.3.1 Unter welchen Umständen werden nachgewiesene Bedürfnisse nicht verhaltenswirksam?

Zunächst einmal muß das Bedürfnis eine gewisse Realisierungschance (*Salcher* 1995, S. 190) besitzen. Zum Beispiel muß das in Frage stehende Verhalten überhaupt kontrollierbar sein. Dies ist nicht der Fall, wenn die Mittel für ein Konsumverhalten fehlen. Wer kein Geld für einen Porsche hat, der wird sich demnach auch bei starkem Motiv keinen Porsche kaufen. Allerdings kann man erwarten, daß jemand im Rahmen seiner Möglichkeiten sein Motiv mit Ersatzhandlungen befriedigt. So kann sich eine Porsche-Leidenschaft in vielen anderen Konsumhandlungen ausdrücken, etwa dem Abonnieren von Fachzeitschriften, Besuchen von Ausstellungen, Sammeln von Modellen oder dem Kauf eines Autos, das man subjektiv als Porsche-ähnlich erlebt. So findet sich hier durch die Hintertür doch noch eine Korrespondenz zwischen Bedürfnis und Konsumverhalten.

Die **zweite Bedingung** beruht auf der Hierarchie von Bedürfnissen: manche Bedürfnisse sind stärker als andere. Eine Person kann zum Beispiel eine Kinderbetreuung während des Einkaufens ausdrücklich begrüßen, und dann trotzdem aus Eile das Kind im Wagen behalten. Sie empfindet es als zeitraubend, das Kind bei der Betreuung abzuliefern und nach dem Einkauf wieder einen Umweg dorthin zu machen. Da sie den schnellen einem bequemen Einkauf vorzieht, wird sie das Angebot zwar begrüßen, aber nicht nutzen.

Unverträgliche Bedürfnisse von unterschiedlicher Stärke sind noch relativ leicht zu organisieren, es setzt sich das stärkere durch. Aufgabe der Motivforschung wäre es hier, nicht nur die Motive selbst, sondern auch ihre Stärke zu ermitteln.

Wenn jedoch gleich starke Bedürfnisse als unverträglich erlebt werden, haben wir eine **dritte Bedingung,** unter der Bedürfnisse nicht verhaltenswirksam werden: den Motivkonflikt. Es werden drei Arten von Motivkonflikten unterschieden:
- Bei einem Appetenz-Appetenz-Konflikt gibt es zwei gleich attraktive Optionen, von denen nur eine verwirklicht werden kann. Der Wunsch nach einem erholsamen und einem Abenteuerurlaub ist vermutlich nicht gleichzeitig zu erfüllen, daher wäre dies ein Motivkonflikt.
- Ein Aversions-Aversions-Konflikt liegt vor, wenn zwei gleich unattraktive Optionen gemieden werden sollen. Zum Beispiel zahle ich weniger Steuern, wenn ich sorgfältig Belege sammele und meine Steuererklärung regelmäßig und frühzeitig abgebe. Der Verzicht auf Geld, das ich eigentlich haben könnte, ist die eine unattraktive Option, die andere ist der lästige Aufwand des Sammelns und der Steuererklärung.
- Beim Appetenz-Aversions-Konflikt besitzt dasselbe Verhalten sowohl eine positive als auch eine negative Seite. Dieser Fall kommt im Konsumentenalltag regelmäßig vor, denn jeder Preis, der für ein Konsumverhalten gezahlt wird, kann als die negative Kehrseite des eigentlich positiv bewerteten Produktes angesehen werden.

Nicht nur finanzielle, sondern auch soziale Kosten einer Konsumhandlung können zu Motivkonflikten führen. Zum Beispiel würde ein schwerhöriger Jugendlicher zwar mit einem Hörgerät besser hören, er würde aber gleichzeitig unter seinesgleichen unangenehm auffallen. Hier steht das soziale Problem der Diskriminierung in Konflikt zu dem Bedürfnis, den Hörschaden auszugleichen.

Die Unverträglichkeit der Motive muß bloß subjektiv empfunden werden, das genügt für den Konflikt. So könnte es im Beispiel des Joghurtherstellers sein, daß Menschen von betont gesunden Produkten nicht erwarten, daß sie auch Genuß bereiten. Sie erwarten im Gegenteil, daß alles, was gut schmeckt, nicht wirklich gesund sein kann. In diesem Fall sind die Bedürfnisse wechselseitig voneinander abhängig (*Salcher* 1995, S. 187 spricht von der Interdependenz von Bedürfnissen). Was bedeutet das praktisch? Selbst wenn der Joghurthersteller sicher ist, daß seine Kunden sowohl Gesundheit als auch Genuß wünschen, kann er nicht beide Wünsche gleichzeitig ansprechen. Die Aktivierung des einen Wunsches dämpft bei den angesprochenen Personen automatisch die Erwartung, den anderen befriedigen zu können. Hier wäre es zielführend, die Unvereinbarkeit der Bedürfnisse in Frage zu stellen, etwa indem man in der Werbung vermeintlich gegensätzliche Begriffe zusammenbringt. Für den Joghurt würde sich zum Beispiel die Verbindung »leicht genießen« anbieten.

Auch die wechselseitige Abhängigkeit sollte von der Motivforschung untersucht und dargestellt werden. Eine Möglichkeit, die innere Struktur von Bedürfniskomplexen aufzuzeigen, bietet das Verfahren der Faktorenanalyse (vgl. den Beitrag von Hans-Dieter Hippmann: Multivariate Interpendenzanalyse, S. 355).

Die **vierte Bedingung** beruht auf der unterschiedlichen Spezifität oder Allgemeinheit von Wünschen und Bedürfnissen. Betrachten wir wieder unser erstes Beispiel. Eine allgemeine Erkenntnis der Motivforschung wäre: »Die Kunden wünschen einen bequemen Einkauf.« Auf diese Aussage wäre Monika allerdings auch ohne Motivforschung gekommen. Eine weitere Erkenntnis ist dagegen: »Die Kunden wünschen einen kinderfreundlichen Einkauf, denn gerade davon versprechen sie sich mehr Komfort.« Dieses Ergebnis ist schon wesentlich spezifischer. Trotzdem ist es noch immer ein großer Schritt zu der Erwartung: »Also wollen die Kunden, daß sich jemand während ihres Einkaufs um die Kinder kümmert.«

Ob diese Übersetzung von Bequemlichkeit und Kinderfreundlichkeit in Betreuungsangebot von den Konsumenten überhaupt nachvollzogen wird, muß noch eigens geprüft werden. Zur Prüfung bieten sich dann wieder Strategien nach dem Muster des zweiten Beispiels an, etwa eine Befragung oder auch ein Feldversuch mit anschließender Evaluation. Generell kann man folgern: Je spezifischer man Motive und Bedürfnisse erfaßt, desto eher kann man damit auch Verhalten vorhersagen.

Der vorangegangene Gedanke zeigt, daß Motive manchmal als Übersetzung anderer Motive verstanden werden können. Zum Beispiel läßt sich ein spezifischer Wunsch in aller Regel leicht auf ein allgemeineres Motiv oder Bedürfnis beziehen, so wie etwa die meisten unserer Handlungen auf unser Ziel verweisen, glücklich und zufrieden zu sein.

Unter Umständen lassen sich aber auch weniger triviale Beziehungen zwischen Motiven beschreiben, etwa die Beziehung zwischen oberflächlichen und tieferliegenden Bedürfnissen. Nach dieser Unterscheidung ist es möglich, daß hinter einem offen sichtbaren und berichteten Motiv ein anderes, eigentliches Motiv steht, dem die Handlung letztlich dient. Dieser Gedanke soll uns im Folgenden beschäftigen.

11.3.2 Unbewußte Motive: Die wahren Bedürfnisse?

Die Motivforschung hat sich in der Vergangenheit oft zum Ziel gesetzt, die wahren oder letzten Motive im Konsumentenverhalten zu beschreiben. Zum Beispiel wurde diskutiert, daß nahezu alle Konsumhandlungen letztendlich, wenngleich unbewußt, dem Geltungsstreben oder der Aufwertung der eigenen Person, einem Bedürfnis nach Einzigartigkeit oder nach Macht dienen. Solche Ideen sind in mehrfacher Hinsicht problematisch:

1. Die Annahme von unbewußten Motiven ist in vielen Fällen nicht begründet. Es ist nicht von vorneherein plausibel, daß es unbewußte Motive geben soll. Die Annahme, daß Personen aus Gründen handeln, über die sie selbst keine Auskunft geben können, sollte daher nur in Ausnahmefällen getroffen werden und stets eigens begründet werden.
2. Unbewußte Motive sind nicht automatisch auch die wahren Beweggründe. Selbst wenn die Annahme von unbewußten Motiven plausibel sein sollte, ist es noch immer fraglich, ob man bei Kenntnis der unbewußten Motive die besseren Verhaltensvorhersagen macht. Zum Beispiel ist leicht vorstellbar, daß die bewußten Beweggründe des Verhaltens zu genau denselben Verhaltenskonsequenzen führen, so daß es zur korrekten Beschreibung des Verhaltens genügt, die bewußten Motive zu kennen. Und selbst wenn unbewußte und bewußte Beweggründe miteinander im Widerstreit liegen, ist noch nicht gesagt, daß sich unbewußte Motive gegen die bewußten durchsetzen werden. Die Annahme, daß die eigentlichen oder wahren Beweggründe unseres Handelns unbewußt sind, muß mit einem großen Fragezeichen versehen werden.
3. Im ungünstigsten Fall sind unbewußte Motive eine Glaubensfrage. Unbewußte Motive sind oft schwierig zu messen. Wer den Aufwand scheut, wird keine verläßliche Auskunft darüber erhalten, ob er zu recht unbewußte Motive unterstellt. Bei ungenügender Datenlage gerät die Annahme, daß unbewußte Beweggründe beim Konsumentenverhalten ein Rolle gespielt haben, zu einem bloßen Bekenntnis. Man kann dran glauben oder auch nicht. Besonders problematisch sind allerdings Modellvorstellungen, nach denen nahezu alles Konsumhandeln in Wahrheit einem oder wenigen letzten Motiven dient. Annahmen von dieser Struktur lassen sich in Regel überhaupt nicht prüfen. Sie entsprechen eher einer Weltanschauung. Der Kunde kann sich gleichsam aussuchen, ob er daran glauben will oder nicht, Argumente gibt es hier kaum.

Auf dem Markt finden sich noch immer Forschungsinstitute, die ihre Vorstellungen von tieferliegenden Bedürfnisstrukturen wie eine Religion vertreten. Die Forschungsbemühungen, die sich hieraus ergeben, sind zwar wissenschaftlich nicht ernst zu nehmen, sie kosten aber trotzdem Geld.

Wann ist die Vorstellung von unbewußten Motiven gerechtfertigt? Betrachten wir hierzu ein vorangegangenes Beispiel: Es mag politisch korrekt sein, von einer gesunden Ernährung genauso viel Genuß zu erwarten wie von fetten, süßen und ballaststoffarmen Nahrungsmitteln. Auf die Frage, ob Gesundheit und Genuß vereinbar sind, werden dann womöglich viele Menschen antworten:»Auf jeden Fall«. Gleichzeitig können aber dieselben Personen uneingestandene Erwartungen hegen, die genau diese Behauptung in Frage stellen.

Die Tiefenpsychologie geht davon aus, daß unser Verhalten in vielen Fällen von unbewußten Bedürfnissen geleitet wird. Eine unkritische Anwendung dieses Grundgedankens

auf die Marktforschung hat in der Vergangenheit mitunter groteske Formen angenommen (*Ernest Dichter* 1964). Es ist daher zielführend, nach folgender **Faustregel** zu verfahren: Im allgemeinen kann man davon ausgehen, daß Menschen ihre eigenen Bedürfnisse kennen und darüber Auskunft geben können. Die Annahme von unbewußten Motiven und Beweggründen sollte man nur treffen, wenn man besondere Gründe dafür hat. Solche besonderen Gründe sind in drei Fällen gegeben:
- Ein Wunsch oder Beweggrund ist verdrängt, weil er unangenehm, vielleicht zu emotional, konfliktträchtig oder peinlich ist. Zum Beispiel ist man insgeheim durchaus neugierig und nicht abgeneigt beim Gedanken an Pornographie, man würde diesen Konsumwunsch aber nicht offen eingestehen.
- Ein Wunsch oder Beweggrund ist schlecht zu artikulieren. Zum Beispiel neigt man manchmal zu einem spontanen Urteil über ein Produkt, kann sich aber keine Rechenschaft darüber geben, wie dieses Urteil zustande gekommen ist.
- Ein Wunsch oder Beweggrund ist nur latent vorhanden. Man hätte ihn, wenn man wüßte, daß es bestimmte Möglichkeiten der Bedürfnisbefriedigung gibt. So hat man, solange man keine Kartoffelchips kennt, auch kein Bedürfnis danach.

11.4 Methoden der Motivforschung

Es liegt nahe, die Methoden der Motivforschung nach der traditionellen Unterscheidung von qualitativen und quantitativen Methoden einzuteilen. Auch die oben genannte Unterscheidung von explorativer und hypothesentestender Forschungshaltung bietet sich auf den ersten Blick zur Systematisierung an. Auf den zweiten Blick wird aber schnell deutlich, daß die meisten Methoden für verschiedene Zwecke offen sind. Obwohl Befragungen meist qualitativ angelegt sind, können sie leicht auch quantitative Elemente enthalten. Obwohl Gruppendiskussionen meist nur als Ideenbörse fungieren, können sie durchaus zum Testen von Hypothesen eingesetzt werden.
Diese Einsatzmöglichkeiten hängen von der Kreativität der Forscher ab. Ich möchte den Blick hierauf nicht durch eine allzu strenge Einteilung verstellen. Daher soll eine andere, für unsere Zwecke stringentere Einteilung gelten: Man kann psychologische Meßverfahren danach unterscheiden, ob sie ihr Kriterium direkt oder indirekt erfassen. Diese Unterscheidung wird im folgenden verwendet, wobei die indirekten Verfahren den größeren Raum einnehmen.

11.4.1 Direkte Verfahren

Bedürfnisse werden direkt erfaßt, wenn die Personen auf die ausdrückliche Frage nach ihren Wünschen antworten. Dies geschieht zum Beispiel im qualitativen Interview (z. B. Tiefeninterview) oder der Gruppendiskussion (vgl. den Beitrag von Peter Sauermann: Qualitative Befragungstechniken, S. 116).

Zur Erleichterung der Befragung läßt sich die konkrete Konsumsituation ebenfalls in die Erhebung einbeziehen. Hier werden oft Erkenntnisse gewonnen, die über die Befragung hinausgehen. So ist zum Beispiel die Benutzung eines Gewürzstreuers eine triviale Angelegenheit, über die Konsumenten oft auch nach intensivem Nachfragen nicht viel sagen können. Werden dieselben Konsumenten dagegen bei der konkreten Produkthandhabung beobachtet, fallen ihnen sehr viel schneller Probleme der Dosierung, der Verschlüsse oder der Ordnung innerhalb der Küche auf. *Titus/Everett* (1996) ließen ihre Probanden bestimmte Produktgruppen in einem Supermarkt suchen. Während der Suche wurden die Konsumenten von Beobachtern begleitet, die die Suchstrategien protokollierten. Zudem waren die Probanden instruiert, laut zu denken, so daß ein Einblick in das Orientierungsverhalten möglich wurde.

Monika dürfte also nicht nur von einer Gruppe kreativer Kundinnen und Kunden profitieren, die ihr in einer Gruppendiskussion eine Menge Anregungen für die Neugestaltung des Marktes geben. Sie könnte auch einige Personen beobachten und eventuell während des Einkaufs befragen. Die Motivforschung wird als ein Anwendungsgebiet der qualitativen, weniger der quantitativen Marktforschung gesehen. Daher wird man der Motivforschung in der Praxis meist in der weniger hypothesengeleiteten qualitativen Form des ersten Beispiels begegnen. Dies hat zu einem großen Teil mit dem Selbstverständnis der qualitativen Marktforschung zu tun, der es eher auf das Verstehen psychischer Vorgänge als auf deren Messung ankommt (*Kepper* 1996). Gerade wenn es um die Antriebskräfte menschlichen Handelns gehe, so die Argumentation, stehe die Frage nach dem Warum und Wie vor der Frage des Wieviel.

Es gehört jedoch ebenfalls zu den Aufgaben der Motivforschung, die Stärke von Bedürfnissen zu bestimmen. So wird der Joghurthersteller des zweiten Beispiels daran interessiert sein, wie stark die jeweiligen Bedürfnisse nach Gesundheit und Genuß jeweils sind. Hierzu werden ihm Befragungen nur insofern etwas nützen, als sie ihm erlauben zu sagen: »Dieses Motiv ist stärker als jenes.«

Der Einsatz von Schätzskalen (z. B. nach dem Likert-Prinzip) würde hier eine erste quantitative Annäherung an diese Frage erlauben. Theoretisch sind aber auch andere indirekte, aber quantifizierbare Größen geeignet, Aufschluß über Motivstärken zu geben. Hierunter fallen zum Beispiel Reaktionszeiten oder physiologische Maße (Hautwiderstand oder Pupillenreaktion).

11.4.2 Indirekte Verfahren

Bei einem indirekten Verfahren folgen die Probanden nicht der Instruktion etwas über ihre Wünsche zu sagen. Sie haben meist eine andere Aufgabe, bei der sie aber ein Verhalten zeigen, das Rückschlüsse auf ihre Bedürfnisse erlaubt. Zum Beispiel erwartet man bei den assoziativen Methoden im Rahmen der indirekten Befragung, daß die Gedanken, die eine Person spontan assoziiert, ihre Bedürfnisse widerspiegeln. Trotzdem folgen die Probanden nicht der Instruktion: »Nenne uns deine Bedürfnisse«, sondern: »Sag, was dir spontan in den Sinn kommt.«

Beim **projektiven Test** wird ein vieldeutiges Reizmaterial vorgelegt, auf das hin die Probanden assoziieren sollen. Man hofft dabei, daß die inneren Zustände der Befragten, ihre Gefühle, Stimmungen und Motive in diese Assoziationen hineinprojiziert werden. Beispiele für projektive Verfahren sind etwa folgende (vgl. den Beitrag von Peter Sauermann

Qualitative Befragungstechniken, S. 116; *Felser* 1997; *Kepper* 1996, S. 93 ff.; *Kotler/Bliemel* 1995, S. 199; *Salcher* 1995):

- Projektive Frage: Man beantwortet eine direkte Frage nach dem Produkt, nimmt dabei allerdings die Perspektive einer anderen Person ein. Etwa: »Zu welchen Anlässen trinken Ihre Kollegen ein Glas Sekt?« Man hofft dabei, daß den Probanden vorrangig jene Motive einfallen, die sie selbst auch hätten. Diese Absicht ist freilich noch immer recht einfach zu durchschauen.
- Ballon Test: Vorlage ist die Skizze eines Dialogs in Form eines Comics. Thema ist das Produkt. Die Probanden sollen den Dialog fortsetzen, indem sie eine der Sprechblasen ausfüllen. Zum Beispiel unterhalten sich zwei Reisende im Flugzeugsessel vor dem vollen Tablett. Der eine sagt, »Da ist ja unser Essen.« Die Antwort des anderen muß der Proband eintragen.
- Thematischer Apperzeptionstest (TAT): Den Befragten wird ein Bild vorgelegt, zu dem sie eine Geschichte assoziieren sollen.

Die Ergebnisse solcher Verfahren liegen in der Regel sprachlich, nicht in Form von Zahlen vor. Ein quantitativer Zugang ist aber im Prinzip möglich. Zum Beispiel wäre folgendes projektive Vorgehen quantitativ zu nennen: Der Joghurthersteller hat den Verdacht, daß ungesüßter Naturjoghurt ohne Fruchtzusatz ein bestimmtes Image hat, das viele potentielle Kunden vom Kauf abhält. In Anlehnung an ein Experiment von *Haire* (1950) könnte er folgendermaßen vorgehen: Zwei Probanden-Gruppen aus der angepeilten Zielgruppe werden gebildet. Beide Gruppen erhalten als mehrdeutige Reizvorlage eine Einkaufsliste, die sich nur in einem Punkt unterscheidet: Die eine enthält ungesüßten Naturjoghurt ohne Fruchtzusatz, die andere enthält an derselben Stelle Sahnejoghurt. Die Probanden sollen nun die Person beschreiben, die diesen Einkaufszettel geschrieben hat. Dies tun sie aber nicht in einem freien Antwortformat, sondern anhand von Schätzskalen. Eine ganze Reihe von Eigenschaften werden vorgegeben, von denen die Probanden nur noch die unterstellte Stärke angeben sollen (vgl. Abbildung 1).

Nun kann geprüft werden, welche dieser Einschätzungen unter der Sahne-Bedingung anders ausfällt als unter der Diät-Bedingung. Im optimalen Fall hat der Joghurthersteller schon eine bestimmte Hypothese, welche Eigenschaften besonders starke Unterschiede erwarten lassen, und in welcher Richtung die Unterschiede liegen dürften. Solche Erwartungen können auf frühere explorative Bedürfnisanalysen, etwa eine Gruppendiskussion, zurückgehen.

Dieses Beispiel zeigt, daß ein projektives Vorgehen nicht nur qualitative Daten liefern muß. Allerdings fehlt diesem Beispiel ein wesentlicher Vorteil projektiver Ansätze: Die Probanden können nicht mehr ihre eigenen Vorstellungen einbringen. Sie geben ihre Einschätzungen nur auf den vorgesehenen Merkmalsdimensionen ab. Optimal wäre, wenn es zuvor einen anderen Durchgang (mit einigen wenigen anderen Probanden) gegeben hat, in denen auch deren spontane Ideen gesammelt wurden.

Andere nicht-reaktive Verfahren richten sich auf **Körperreaktionen**. In der Marktforschung werden beispielsweise Pupillenreaktionen oder die elektrische Leitfähigkeit der Haut untersucht. Diese Reaktionen unseres Körpers haben wir nicht unter Kontrolle, daher leiden sie nicht unter Reaktivität (vgl. Kapitel 11.4.3).

Spezialanwendung

	Die Person, die diesen Einkaufszettel geschrieben hat, ist…	
	gar nicht	sehr
freigebig, großzügig	0 1 2 3 4 5 6 7 8	
intelligent	0 1 2 3 4 5 6 7 8	
genußfreudig	0 1 2 3 4 5 6 7 8	
freundlich	0 1 2 3 4 5 6 7 8	
gesundheitsbewußt	0 1 2 3 4 5 6 7 8	
humorvoll, heiter, lustig	0 1 2 3 4 5 6 7 8	
umweltfreundlich	0 1 2 3 4 5 6 7 8	
gutaussehend, attraktiv	0 1 2 3 4 5 6 7 8	

Abb. 1: Schätzskala zur projektiven Beschreibung einer fiktiven Zielperson

Schwer kontrollierbar sind auch unsere spontanen Blickbewegungen. Beim Betrachten macht das Auge sehr häufige und dabei sehr kleine Sprünge von einem Teil des Objekts zu anderen. Die Dauer, mit der bestimmte Teile fixiert werden, kann als Maß für die Aufmerksamkeit und in der Folge auch für die Bedürfnisstärke gesehen werden.

In der Grundlagenforschung sind Reaktionszeiten ein beliebtes Maß. Hierbei müssen die Probanden auf bestimmte Reize mit einem Tastendruck reagieren. Die Schnelligkeit der Reaktion kann ausdrücken, wie stark ein mit dem Reiz verbundenes Bedürfnis ist. Zum Beispiel könnte die Aufgabe sein, bei bestimmten Buchstabenfolgen zu entscheiden, ob sie ein sinnvolles Wort ergeben oder nicht. Jedes Wort soll mit der rechten Taste bestätigt werden, jede Unsinnsfolge mit der linken. Unter den sinnvollen Wörtern befinden sich Namen von Nahrungsmitteln, etwa Brot, Schinken oder Salat. Man kann davon ausgehen, daß hungrige Probanden dieses Begriffe besonders schnell bestätigen. Die Unterschiede zwischen interessierenden Reaktionszeiten und den Kontrollzeiten sind zwar zuverlässig (reliabel), sie bewegen sich aber im Rahmen von Millisekunden und sind deshalb willentlich nicht beeinflußbar.

Eine andere Möglichkeit, unbewußte oder schwer zu artikulierende Motive zu erforschen, führt über den Weg der **Negation**. Man bittet die Probanden, zu beantworten, was eine bestimmte Konsumhandlung nicht ist, oder was das Gegenteil von diesem oder jenem Produkt wäre. Stellen wir uns vor, wir wollten wissen, mit welchen Motiven Business-Flüge genutzt werden (*Durgee* 1985). In den Fragen wird nun jeweils die Konsumhandlung oder das Produkt negiert. Die Antworten geben Aufschluß darüber, welches Motiv in diesen Fällen frustriert würde. Tabelle 2 enthält einige Fragen mit ihren Antworten und möglichen Interpretationen (*Durgee* 1985, S. 36). Die Interpretationen lassen sich leicht in Empfehlungen zur Werbegestaltung übersetzen.

Frage	Antwort	Interpretation
Was würden Sie tun, wenn Sie nicht fliegen könnten?	Ich würde telefonieren oder Briefe schreiben.	Ein Flug schafft die Möglichkeit, in der Kommunikation direkt am Ort und physisch präsent zu sein.
Wer würde nie einen Business-Flug nutzen?	Jemand, der nicht wichtig ist.	Eine wichtige Geschäftsreise bedeutet eine persönliche Aufwertung.
Was ist das Gegenteil von einem Business-Flug?	Eine Ferien- und Vergnügungsreise	Ein Business-Flug wird als eine ernste und zielorientierte Angelegenheit erlebt.

Tab. 2: Frage nach dem Gegenteil von verschiedenen Aspekten eines Business-Fluges

11.4.3 Direkte und indirekte Verfahren im Vergleich

Wenn Personen wissen, daß sie beobachtet oder gemessen werden, verhalten sie sich anders, als wenn sie das nicht wissen. Diesen Verlust an Spontaneität bezeichnet man als Reaktivität. Nicht alle Messungen leiden darunter, wenn die Spontaneität der Probanden verloren geht. Aber in manchen Fällen kann die Reaktivität zu Verfälschungen der Daten führen. Von diesem Problem sind die indirekten Methoden weniger betroffen als die direkten.

Nicht-reaktive Verfahren sind solche, bei denen das Wissen, daß man gemessen wird, nicht zu einer Verfälschung führen kann. Zum Beispiel ist der Grundgedanke bei dem projektiven Verfahren, daß die Probanden nicht durchschauen, um was es geht, oder wie ihre Angaben später ausgewertet werden. Sie können ihre Antworten nicht in eine bestimmte oder höchstens in eine unbedeutende Richtung verfälschen. Die eigentlich interessierenden Daten bleiben von der Reaktivität unberührt. Darum sind indirekte Methoden auch gute Indikatoren für unbewußte Bedürfnisse. Dies ist ein zweiter Vorteil der indirekten Zugänge: Sie eignen sich zur Erforschung unbewußter Motive. Zwar sollte dies auch das Tiefeninterview leisten, aber bei dieser Art der Befragung bleibt es letztlich dabei, daß die Probanden wissen und kontrollieren können, welche Informationen sie preisgeben. Also dürften zum Beispiel unangenehme oder sehr affektbeladene Bedürfnisse auch im Tiefeninterview nur schwer offengelegt werden.

Ein Nachteil von indirekten Maßen liegt in ihrem manchmal etwas unklaren Bezug zum Alltag der Konsumenten. Hat zum Beispiel die Reaktionszeit wirklich etwas mit Motivstärke zu tun oder nicht? Wo findet sich der Unterschied zwischen verschiedenen Reaktionszeiten in der Lebenswirklichkeit der Probanden wieder? Ist das wirklich ein gutes Maß? Spiegeln die Geschichten, die Personen auf ein uneindeutiges Bild hin erzählen, wirklich die Bedürfnisse der Erzähler?

Man darf bei aller Faszination für indirekte Meßverfahren nicht aus dem Auge verlieren, daß die Gültigkeit und Verallgemeinerbarkeit dieser Ergebnisse fraglich ist. Sie muß theoretisch einleuchtend begründet werden. Dieses Problem haben direkte Verfahren nicht. Es ist keine gewagte Annahme, daß die Aussage »Ich will X« oder »Mir gefällt Y« etwas mit den Bedürfnissen nach X und Y zu tun hat. Diese Theorie ist einfach und einleuchtend und gerade deshalb praktisch.

Wann sollte man welchen Erhebungsansatz wählen? Am besten fährt man natürlich immer mehrgleisig. Wer es sich leisten kann ist gut bedient, wenn er mehrere Methoden gleichzeitig einsetzt.

Ansonsten sollten folgende **Faustregeln** gelten:

Ein direkter Zugang ist angezeigt:
- wenn die Bedürfnisse vermutlich einfach zu artikulieren und bewußt sind.
- wenn die Probanden gerne Auskunft geben und keinen besonderen Grund haben, etwas zu verheimlichen oder sich selbst in ein besonders positives Licht zu rücken.
- wenn die Datenerhebung nicht allzu lang ist.

Ein indirekter Zugang ist angezeigt:
- wenn die Bedürfnisse vermutlich unbewußt sind.
- wenn die Probanden eine zusätzliche Stimulation brauchen, um auf Ideen zu kommen.
- wenn die Probanden ungern Auskunft geben oder die Datenerhebung langweilig zu werden droht.
- wenn man selbst eine Theorie hat, wie die indirekten Maße mit den interessierenden Größen (Kaufbereitschaft, Bedürfnisse) zusammenhängt.

11.5 Literaturverzeichnis

Dichter, E.: Handbook of consumer motivations. New York 1964
Durgee, J.: Depth-interview techniques for creative advertising, in: Journal of Advertising Research, 1985, S. 29–37
Felser, G.: Werbe- und Konsumentenpsychologie. Eine Einführung, Stuttgart/Heidelberg 1997
Haire, M.: Projective techniques in marketing research, in: Journal of Marketing, 1950
Salcher, E. F.: Psychologische Marktforschung, 2. Auflage, Berlin 1995
Titus, P. A./Everett, P. B.: Consumer wayfinding tasks, strategies, and errors: An exploratory field study, in: Psychology and Marketing, 1996

12. Auslandsabsatzforschung

E. Georg Walldorf

Inhaltsübersicht

12.1 Einführung
12.2 Begriffliche Grundlagen und Abgrenzungen
12.2.1 Stellung der Absatzforschung im System der betrieblichen Informationswirtschaft
12.2.2 Auslandsabsatzforschung
12.2.3 Auslandsabsatzforschung (AAF) und Binnenabsatzforschung (BAF)
12.3 Ziele und Aufgaben der Auslandsabsatzforschung
12.4 Inhaltliche Schwerpunkte der Auslandsabsatzforschung
12.5 Informationsquellen/-möglichkeiten und -methoden der Auslandsabsatzforschung
12.5.1 Betriebsforschung
12.5.2 Auslandsabsatzmarktforschung
12.6 Bestimmungsfaktoren von Zielen, Aufgaben, Inhalten und Methoden (mit Informationsquellen) der Auslandsabsatzforschung
12.7 Prozeß der Auslandsabsatzforschung
12.8 Literaturverzeichnis

Auf einen Blick

Die Auslandsabsatzforschung (AAF), die sich aus Betriebsforschung (BF) und Auslandsabsatzmarktforschung (AAMF) zusammensetzt, stellt für Unternehmen, die sich auf Auslandsmärkten betätigen (wollen), ein unabdingbares Instrument dar, das eingesetzt werden kann, um:

- die Exportfähigkeit – im Hinblick auf einen konkreten Zielmarkt – zu überprüfen,
- Marktchancen, aber auch -bedrohungen, so frühzeitig zu erkennen, daß man rechtzeitig geeignete Maßnahmen einleiten kann,
- die Aktivitäten auf den einzelnen Märkten (Binnenmarkt und verschiedene Auslandsmärkte) sowie die davon betroffenen innerbetrieblichen Bereiche in ihren Wechselbeziehungen zu koordinieren,
- die für einzelne Auslandsmärkte optimale Erscheinungsform (vom indirekten/direkten Export über Kooperation bis zur Produktion durch eigene Tochtergesellschaft) zu bestimmen und
- unter risikopolitischen Aspekten – einen Ausgleich zu schaffen zwischen dem (mit jedem Auslandsmarkt weiter steigenden) Informationsbedarf und den ökonomisch vorgegebenen Möglichkeiten und Grenzen eines Unternehmens.

Der Beitrag Auslandsabsatzforschung versucht, zu den Problembereichen, denen eine große Praxisrelevanz zugemessen werden kann, geeignete Lösungsansätze aufzuzeigen. Dies geschieht einmal durch die Beschreibung der komplexen Zusammenhänge (Orientierungshilfe) und zum anderen in der Form einer Checkliste (vgl. Abbildung 3), die der Wahl geeigneter Schritte zur Informationsgewinnung auf einem Auslandsmarkt zugrunde gelegt werden kann.

12.1 Einführung

Ein Unternehmen sieht sich im Zuge seiner aktuellen und künftigen Aktivitäten auf Auslandsmärkten einem dynamischen Feld von exogenen und endogenen Einfluß- und Bestimmungsfaktoren gegenüber. Als Erschwernis fällt hierbei noch ins Gewicht, daß sich die Entscheidungssituationen mit jedem Auslandsmarkt in einer stark abgewandelten oder in einer völlig neuen Art und Weise präsentieren.

Das zu Planungs-, Entscheidungs-, Kontroll-, Anpassungs- und (Marketing-)Zwecken benötigte Informationsvolumen nimmt deshalb mit jedem neuen Auslandsmarkt (quantitativ und qualitativ) zu. Es wird hierdurch fortschreitend differenzierter und komplexer. Dem stehen nur äußerst begrenzte Möglichkeiten zur Standardisierung und damit zur Reduktion des Informationsbedarfs gegenüber.

Diesem mit wachsenden Auslandsaktivitäten und mit steigender Zahl der Zielmärkte zunehmenden Problem der Informationsbeschaffung kann ein Unternehmen (theoretisch) nur dadurch wirkungsvoll beggnen, indem es alle für die Betätigung auf einzelnen Auslandsmärkten relevanten Bestimmungsfaktoren systematisch fortschreibend erfaßt und im Hinblick auf die hieraus für aktuelle und/oder angestrebte Formen des Auslandsengagements zu ziehenden Konsequenzen laufend beurteilt.

Hierbei müssen sowohl innerbetriebliche als auch außerbetriebliche Informationsmöglichkeiten und -quellen problemorientiert gezielt vernetzt werden, um sie im Rahmen des jeweiligen Auslandsmarketing-Prozesses umfassend nutzen zu können. Die Zusammenhänge und das Zusammenspiel einzelner Informationsmöglichkeiten/-quellen und Methoden innerhalb der Auslandsabsatzforschung sollen im nachfolgenden kurz dargestellt werden. Im Anschluß wird dieses theoretische (Maximal-)Konzept – vor dem Hintergrund der maßgeblichen Begrenzungsfaktoren – im Ansatz so modifiziert, daß es in der Praxis dennoch anwendbar wird.

12.2 Begriffliche Grundlagen

12.2.1 Stellung der Auslandsabsatzforschung im System der betrieblichen Informationswirtschaft

Abbildung 1 vermittelt einen Gesamtüberblick über das System der betrieblichen Informationswirtschaft (Beschaffung, Verarbeitung und Verknüpfung/Vernetzung sowie Aufbereitung und Interpretation der benötigten Informationen).

Bei den nachfolgenden Ausführungen wird ausschließlich auf die auslandsmarktorientierte Absatzseite Bezug genommen, wodurch sich der aus Abbildung 2 zu entnehmende spezielle Ansatz ergibt (*Walldorf* 1987/1990, S. 186 f.).

Betriebsforschung (BF) und Auslandsabsatzmarktforschung (AAMF) bilden gemeinsam die Auslandsabsatzforschung (AAF), als die speziell auf aktuelle und auch potentielle Auslandsmärkte gerichtete Disziplin der betrieblichen Informationswirtschaft (*Schäfer* 1959, S. 26).

12.2.2 Auslandsabsatzforschung

Die (sekundäre und primäre) **Betriebsforschung** (BF) liefert (inner)betriebliche Informationsgrundlagen für Beurteilungs-, Planungs-, Entscheidungs-, Kontroll-, Steuerungs-/Anpassungs- und Koordinationsprozesse, die mit einem Auslandsengagement in Zusammenhang stehen.

Damit erfüllt man die Forderung nach Einbezug und Berücksichtigung (inner)betrieblicher Gegebenheiten und Entwicklungsmöglichkeiten, da Auslandsaktivitäten meist mit einer Erweiterung des bisherigen Aufgabenkatalogs sowie mit Veränderungen der betriebswirtschaftlichen Struktur und Situation in einzelnen Bereichen einhergehen (*Walldorf* 1987, 1990, S. 185 f.; *Walldorf* 1999 a, 1999 b).
Folgende Punkte können Gegenstand der BF sein (*Walldorf* 1987/1990, S. 196 ff.; *Walldorf* 1999 a, 1999 b):
a) Abklärung der aktuellen Gesamtsituation eines Unternehmens und einzelner Teilbereiche aus (inner)betrieblicher Sicht sowie der noch vorhandenen Entwicklungspotentiale – unter spezieller Berücksichtigung aktueller und künftig möglicher bzw. angestrebter Auslandsengagements,
b) Analyse der Exportfähigkeit eines Unternehmens – generell (vor dem Erstengagement auf Auslandsmärkten) und/oder im Hinblick auf konkrete Auslandsmärkte, die – nach vorheriger Selektion – im Rahmen eines Erstengagements oder im Falle einer Erschließung zusätzlicher Zielmärkte im Zentrum des Interesses stehen:
   – Vergleich: Eignungs-/Anforderungsprofil,
   – Definition von Schwachstellen und von Lücken (funktional, personell, Know-how, finanziell) und
   – Suche nach geeigneten Möglichkeiten zur Behebung der Schwachstellen und zur Überbrückung der Lücken,
c) Lieferung von (inner)betrieblichen Entscheidungsgrundlagen zur Wahl der geeigneten Erscheinungsform(en) für einen konkreten Auslandsmarkt (*Walldorf* 1992, S. 447 ff.),
d) Beitrag zur Koordination von Binnen- und Auslands(markt)aktivitäten sowie zur Entwicklung von länder(gruppen)spezifischen Standardisierungen im Zuge der Marktbearbeitung (standardized versus national versus global marketing),
e) Bereitstellung von (inner)betrieblichen Daten und Kennzahlen – im Vergleich mit Vergangenheitswerten und mit dem Branchen-Durchschnitt (Produkt-Lebenszyklus-Verläufe, Benchmarking-Ansätze), einschließlich Trendextrapolation und Abweichungs-/Ursachenanalyse,
f) In Zusammenhang mit (a)–(e): Fallweise oder sukzessive Herstellung eines konkreten Wechselbezugs zwischen den Ergebnissen der Binnen- und der auf einzelne Zielmärkte gerichteten Auslandsabsatzmarktforschung: Je nach Problemstellung ergeben sich Interdependenzen zwischen innen- und außerbetrieblicher Ebene sowie innerhalb der einzelnen außerbetrieblichen Untersuchungsfelder (Binnenabsatzmarkt und Auslandsabsatzmärkte).

Die (sekundäre und primäre) **Auslandsabsatzmarktforschung** (AAMF) beinhaltet, als Bestandteil der umfassenden Disziplin der Absatzmarktforschung (AMF) und als eine der

■ Spezialanwendung

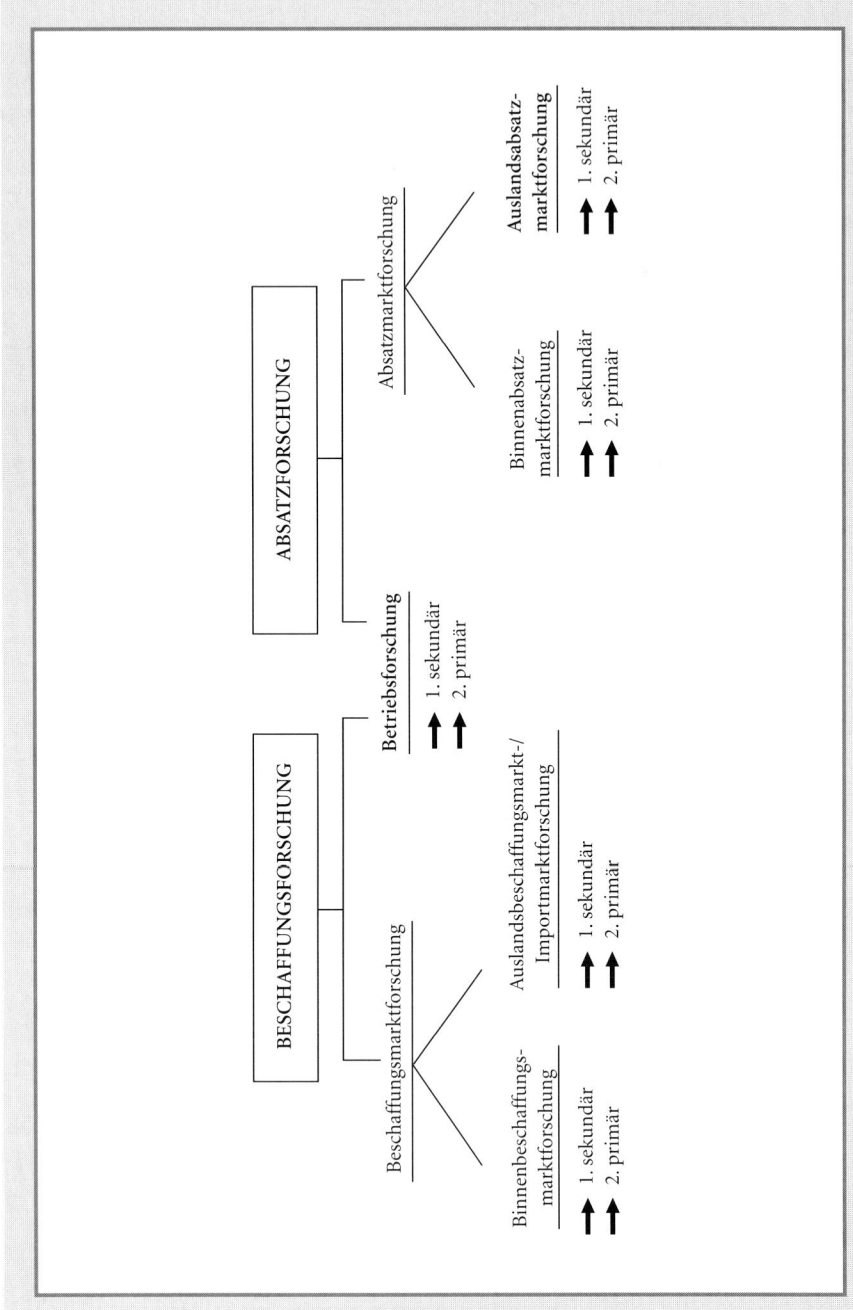

Abb. 1: System der betrieblichen Informationswirtschaft (Überblick)
(Quelle: Walldorf 1999 a+b, o. S.)

Auslandsabsatzforschung

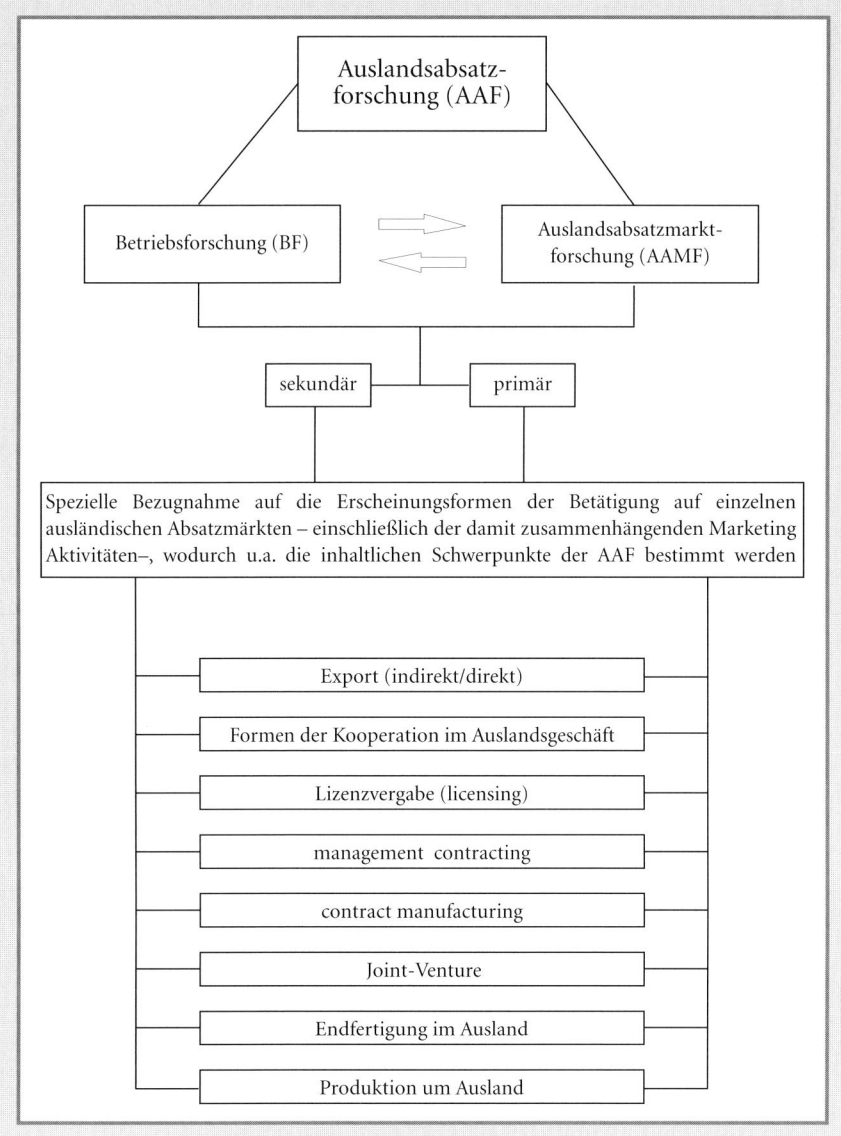

```
                    Auslandsabsatz-
                    forschung (AAF)


   Betriebsforschung (BF)   ⇄    Auslandsabsatzmarkt-
                                  forschung (AAMF)


              sekundär          primär


   ┌─────────────────────────────────────────────────────────┐
   │ Spezielle Bezugnahme auf die Erscheinungsformen der Betätigung auf einzelnen
   │ ausländischen Absatzmärkten – einschließlich der damit zusammenhängenden Marketing
   │ Aktivitäten–, wodurch u.a. die inhaltlichen Schwerpunkte der AAF bestimmt werden
   └─────────────────────────────────────────────────────────┘

              Export (indirekt/direkt)
              Formen der Kooperation im Auslandsgeschäft
              Lizenzvergabe (licensing)
              management contracting
              contract manufacturing
              Joint-Venture
              Endfertigung im Ausland
              Produktion um Ausland
```

Abb. 2: Die Zusammenhänge zwischen Betriebsforschung (BF) und Auslandsabsatzmarktforschung (AAMF) im Rahmen der Auslandsabsatzforschung (AAF) innerhalb des Systems der betrieblichen Informationswirtschaft

beiden Komponenten der Auslandsabsatzforschung (AAF), die systematische Suche, Sammlung, Aufbereitung und Interpretation von Informationen, die sich aus den Marketingproblemen eines Unternehmens auf aktuellen und potentiellen ausländischen Zielmärkten ergeben und die für deren Lösung relevant sind (*Meffert/Althans* 1982, S. 36; *Walldorf* 1987/1990, S. 187).

12.2.3 Auslandsabsatzforschung (AAF) und Binnenabsatzforschung (BAF)

Im Vergleich zur BAF (BAF = Betriebsforschung/BF + Binnenabsatzmarktforschung/BAMF) kommt der AAF (AAF = Betriebsforschung/BF + Auslandsabsatzmarktforschung/AAMF) eine besondere Rolle zu, die sich wie folgt charakterisieren läßt (*Walldorf* 1987, 1990, S. 261 ff.):

- Die AAF muß sich (primär über die AAMF) meist mit mehreren heterogenen Auslandsmärkten befassen und kann hierbei auf besondere Schwierigkeiten stoßen, die sich begründen lassen durch Sprache, Mentalität, Zugänglichkeit von Datenquellen, andersartige Wirtschaftsstrukturen und Gepflogenheiten. Wechselnde »Umweltsituationen, in denen die Gewinnung und Auswertung erfolgt, bedingen eine Variation des Informationsbedarfs (unterschiedliche Relevanz von Informationen in verschiedenen Ländern) und machen Anpassungen im Methodeneinsatz und der Durchführung des Erhebungsprozesses erforderlich« (*Meffert/Althans* 1982, S. 37). Problemkreise werden von der AAMF untersucht und berührt, die für die BAMF überhaupt nicht existieren, da sie zu Selbstverständlichkeiten und Gewohnheiten des Inländers gehören (wirtschaftsgeographische, infrastrukturelle, rechtliche sowie sonstige Besonderheiten und Abweichungen eines Auslandsmarktes). Lösung von Fragestellungen stehen im Zentrum der AAMF, die rein mentalitätsbedingt und anthropologisch ausgerichtet sind und von Land zu Land eine Veränderung aufzeigen (*Ringel* 1963, S. 9 und S. 19).
- Budgetgründe und Kosten-/ Ertragsüberlegungen führen im Zuge der AAMF zwangsläufig zur Anwendung modifizierter, weniger aufwendiger Methoden der Informationsgewinnung oder sogar dazu, daß besonders kostenintensive Untersuchungsschritte entfallen müssen (*Hüttner* 1977, S. 261; *Kapferer* 1963, S. 79; *Walldorf* 1987/1990, S. 261 f.). Das Kostenmoment spielt bei der AAMF eine viel größere Rolle als bei der BAMF, da sich der Auslandsanteil am Gesamtumsatz eines Unternehmens meist auf mehrere Länder mit den unterschiedlichsten Gegebenheiten und Marktbedingungen verteilt, und die Aufwendungen für die Untersuchung dieser speziellen Daten auf mehreren Auslandsmärkten - zu dem zu erwartenden Ertrag in Relation gesetzt – in der Regel ein weitaus ungünstigeres Verhältnis ergeben, als dies für die Relation Kosten der BAMF und Ertrag auf dem Binnenmarkt der Fall ist. Eine Unternehmung sieht sich deshalb, mit Ausnahme weniger Fälle, dazu gezwungen, eine direkte Untersuchung spezieller Marktfaktoren auf einzelnen Auslandsmärkten (z. B. Motivforschung) zu unterlassen, da die Aufwendungen hierfür in keinem Verhältnis zum erwarteten Umsatz stehen. »Daher können in den meisten Fällen auch keine ausgedehnten Umfragen vorgenommen werden. Daraus entstand das Bedürfnis nach kürzeren, weniger erschöpfenden, aber auch weniger kostspieligen Sondierungen, welche bei bescheidenem Aufwand trotzdem zuverlässige Hinweise auf bestehende Absatzchancen vermitteln« (*Kapferer* 1963, S. 79).

- Unterschiedliche Verfügbarkeit von aktuellen, zuverlässigen und möglichst aussagekräftigen Statistiken und wichtigen Informationsgrundlagen mit einem ausreichend hohen Grad der Vergleichbarkeit. Entwicklungsstand und Niveau der Marktforschung sind in einzelnen Ländern sehr unterschiedlich. Mit zunehmendem Spezialisierungsgrad der Aufgaben, die von der AAMF abgedeckt werden sollen und/oder sinkendem allgemeinen Wissensstand einer Nation nimmt auch die Wahrscheinlichkeit ab, daß benötigte Daten bereits erhoben und frei zugänglich sind.»Tendenziell gilt letztes als vor allem für die direkt produktmarktbezogenen Informationen, während gesamtwirtschaftliche und politische Sachverhalte häufig ja bekannt (gemacht) werden, also im Wege der Sekundärforschung eruierbar sind. Dabei ist zu bedenken, daß die genauesten Markterhebungen allerdings wenig nutzen, wenn unvollständiges und ungenaues Sekundärmaterial falsche Vorstellungen über Zugang und/oder Aktionsmöglichkeiten in einem Land vermitteln. Denn oft sind dort nicht Nachfrage- und Konkurrenzverhältnisse das Problem, sondern die Hürden, die der ausländischen Ware oder ausländischen Unternehmung gegenüber errichtet werden« (*Berekoven* 1978, S. 112; *Walldorf* 1987, 1990, S. 261). Im Gegensatz zur BAMF wird es im Rahmen der AAMF zudem nicht möglich sein, daß sich ein Unternehmen auf bestimmte Verfahren festlegt. Die von Land zu Land variierenden Verhältnisse verlangen oftmals, daß von Auslandsmarkt zu Auslandsmarkt eine neue Kombination der möglichen Verfahren vorgenommen wird (*Kapferer* 1963, S. 79; *Walldorf* 1987, 1990, S. 262).
- Einem hohen Informationsbedürfnis, dessen Umfang bestimmt wird von Zahl und Art der Auslandsmärkte, Erscheinungsformen der Betätigung auf einzelnen Auslandsmärkten, Absatzsituation/-phase, Ländereigenarten/-besonderheiten und Risikosituation, können aus Gründen nur schwache AAMF-Grundlagen gegenübergestellt werden, die durch spezielle Techniken kompensiert werden müssen, um Entscheidungsrisiken zu reduzieren (*Walldorf* 1987, 1990, S. 262 f.).
- Die AAMF dringt in den Bereich einer anderen Wirtschaftsmentalität ein, mit der sie sich eingehend befassen muß. Denn »dieser Bereich der andersartigen Mentalität ist wesentlich schwerer zu begreifen als der Bereich der Motivationen und Verhaltensweisen im Inland« (*Ringel* 1963, S. 9). Damit geht die AAMF weit über den Aufgabenbereich der BAMF hinaus und erfährt eine eigene Prägung, »die gründlicher Durchdenkung und Entwicklung geeigneter Forschungsmethoden bedarf« (*Ringel* 1963, S. 19). Dies bedingt letztlich den Einsatz interdisziplinärer Methoden im Rahmen der AAMF. Außerdem ist die AAMF Kommunikations-, Verständnis- und Interpretationsschwierigkeiten ausgesetzt, die von Land zu Land und von Kulturkreise zu Kulturkreis variieren (*Meissner* 1959, S. 18 f.; *Ringel* 1963, S. 81; *Walldorf* 1987, 1990, S. 262 f.): Die AAMF verlangt wegen der differenten Problemkreise die Zusammenarbeit verschiedener wissenschaftlicher Richtungen, um ihrer Aufgabe gerecht zu werden und um ein möglichst genaues Bild von einem Auslandsmarkt zu vermitteln. Der mit der Untersuchung von Auslandsmärkten beauftragte gebietsfremde Marktforscher muß sich hierbei den Gegebenheiten des für ihn neuen und fremden Betätigungsfeldes anpassen, indem er die entsprechenden Forschungsmethoden wählt. Dabei erwachsen besondere Schwierigkeiten aus dem ingroup-outgroup-Verhältnis und durch den Palmen-Effekt, der einen Gesinnungswandel und eine Umstrukturierung der Anschauung durch den Einfluß der fremden Umgebung charakterisiert. Außer-

dem besteht die Gefahr der Überschätzung der auf dem Auslandsmarkt vorhandenen Korrelationen. Gerade aus diesem Grund werden Marktforschungs-Agenturen mit länderspezifischen Erfahrungen bei der Feldforschung bevorzugt.
- Wie die BAMF, so soll auch die AAMF einem Unternehmen helfen, einwirkende Markteinflüsse frühzeitig festzustellen, zu überwachen und über alle wesentlichen Faktoren konzeptionell relevante Informationen zu gewinnen. Zweckmäßigerweise sollte hierbei die spezielle Ebene der Betriebsforschung (BF) mit hinzugezogen werden. Erst hierdurch wird die Auslandsabsatzmarktforschung zu einem wichtigen Element der Unternehmensplanung, das dazu beiträgt, Risiken auszugleichen und rechtzeitig zu begegnen. Unter Risiko werden hierbei alle außerhalb der Willenssphäre des Unternehmens liegenden Möglichkeiten« verstanden, »deren Eintritt die Leistung seiner Wirtschaft und damit das Erreichen des wirtschaftlichen Zwecks zu vereiteln geneigt sind« (*Oberparleiter* 1925, S. 105). »Diese Risiken entstehend bei der (Weiter)- Entwicklung eines neuen (alten) Produkts, die mit hohen Forschungs- und Entwicklungskosten verbunden ist, ohne daß man genau weiß, ob das Produkt vom Markt (weiter) akzeptiert wird. Hinzu kommen noch die Risiken der Markterschließung und der Lebenserwartungen eines Erzeugnisses, die ja eng mit den Maßnahmen der Konkurrenz zusammenhängen« (*Walldorf* 1987, 1990, S. 263). Diese ökonomischen Risiken können durch eine Betätigung auf Auslandsmärkten sowohl eine Reduktion als auch eine Verstärkung erfahren. Im Auslandsgeschäft werden darüber hinaus – neben dem politischen Risiko – noch verschiedene spezielle wirtschaftliche Risiken unterschieden, wie:
  – übertragbare (versicherbare) Risiken im Auslandsgeschäft, insbesondere Transportrisiko, Wechselkursrisiko sowie Kredit-, Finanzierungs- und Transferrisiko,
  – nicht übertragbare (nicht versicherbare) Risiken im Auslandsgeschäft, insbesondere Erfüllungsrisiko (Abnahme der Ware), Marktrisiko, Zollrisiko, Standortrisiko sowie Preisrisiko und -gefahr,
  – Risiken bei Auslandsniederlassungen, -beteiligungen und -kooperationen, die zum Teil übertragbar und zum Teil nicht übertragbar sind und
  – Die AAMF erfährt damit – im Zusammenspiel mit der BF – eine sehr wichtige Aufgabe im Rahmen der Risikopolitik eines Unternehmens (*Walldorf* 1987, 1990, S. 263).

12.3 Ziele und Aufgaben der Auslandsabsatzforschung

Die AMF hat zur Aufgabe, relevante Einflüsse auf ausländischen Zielmärkten frühzeitig festzustellen und in ihren (positiven/ negativen) Auswirkungen richtig einzuschätzen sowie deren Überwachung zu gewährleisten. Dadurch, daß über möglichst alle wesentlichen Einflußfaktoren Informationen gewonnen werden (können), wird die AMF zu einer wichtigen Grundlage der Planung, Kontrolle, Überwachung und Steuerung aller auslandsmarktbezogenen Prozesse eines Unternehmens – mit entsprechender gesamtbetrieblicher Vernetzung und Integration über die Betriebsforschung (BF).
Andererseits kann sich die AMF speziell mit Problemen befassen, die sich aus einzelnen Erscheinungsformen der Betätigung auf Auslandsmärkten ergeben, wie:

- Standortsuche und -beurteilung (Auslandsniederlassung, Joint-Venture),
- Partnersuche und -beurteilung (indirekter Export, Exportkooperation, contract manufacturing, Joint Venture, licensing) und
- Erstellung von market assessments sowie von pilot, feasibility und preinvestment studies.

Zusammenfassend kann gesagt werden, daß die Auslandsabsatzforschung die folgenden Ziele verfolgt und Aufgaben/Funktionen abdeckt:
- Informationsgewinnung (stufenweise) zur Beurteilung alter/ aktueller und potentieller Auslandsmärkte,
- »Abklärung der betriebsintern gegebenen Situation und diesbezüglicher Entwicklungs- und Anpassungsmöglichkeiten (einschließlich Auslandsniederlassungen, -beteiligungen und -kooperationen),
- Gewinnung von Informationen für die Prozesse der Ziel- und Maßnahmenentscheidungen
- Kontrolle der Umsetzung (qualitativ und quantitativ),
- Ursachenanalyse bei Soll-/Ist-Abweichungen,
- Frühzeitige Hinweise auf Verbesserungsmöglichkeiten, auf Lücken und Schwachstellen sowie auf Marktchancen und Marktbedrohungen (Risiken) und
- Entscheidungshilfen bei speziellen Erscheinungsformen der Betätigung auf Auslandsmärkten mit Partner-, Standort- und Projektbezug« (*Walldorf* 1987, 1990, S. 200).

12.4 Inhaltliche Schwerpunkte der Auslandsabsatzforschung

Den Zielsetzungen und Aufgabenstellungen gemäß kann sich die **Betriebsforschung** auf die folgenden Problembereiche beziehen:
- Produktionstechnische Grundlagen (einschließlich Kapazitäts- und Kostenaspekte),
- Produktanalyse (Verbesserungs-, Anpassungs- und Rationalisierungsmöglichkeiten sowie die damit verbundenen Kosten),
- technisches Entwicklungspotential – speziell im Hinblick auf Möglichkeiten der Produktvariation und der Produktion eines neuen Produkts,
- finanzielle Situation und Möglichkeiten,
- personelles Potential und Entwicklungs-/Anpassungsmöglichkeiten an breitere und tiefere Anforderungen,
- Organisationsstruktur und -effizienz, hinsichtlich: Abwicklung von Exportaufträgen, Behandlung von Auslandsanfragen, Bearbeitung von Ausschreibungen, Reklamationen und
- Funktionsanalyse in bezug auf die Bewältigung einzelner aus der Auslandsbetätigung resultierender Aufgaben (Schwachstellenanalyse) – unter Berücksichtigung alternativer Kosten-/Deckungsbeitragssituationen (*Walldorf* 1987, 1990, S. 201).

Die **Auslandsabsatzmarktforschung** (AAMF) kann – je nach Produkt, Erscheinungsform des Auslandsgeschäfts und speziellen Ländereigenarten – folgende inhaltliche Schwerpunkte haben (*Walldorf* 1987, 1990, S. 201 ff. und S. 375):

Bei inter-/supranationalen Zusammenhängen handelt es sich um Informationen, die von Relevanz sind, die aber den nationalen Rahmen (des betreffenden ausländischen Zielmarktes) übersteigen, wie gesamtgeographische Lage, Zugehörigkeit zu bestimmten Wirtschaftszusammenschlüssen (*Quack* 1995, S. 15).

Exogene Marktfaktoren eines Auslandsmarktes untergliedern sich wie folgt:
1) primär-exogene Marktfaktoren: Es handelt sich um Länderinformationen mit bereits eindeutigem Bezug auf Produkt, Erscheinungsformen – mit den Schwerpunkten:
- allgemeine Verhältnisse und Landeseigenarten, die sich wie folgt untergliedern:
  – geographische und wirtschaftsgeographische Tatbestände,
  – klimatische Verhältnisse,
  – infrastrukturelle Gegebenheiten (Verkehrsnetz, Transportmöglichkeiten und -mittel, Kommunikationsmöglichkeiten, Energieversorgung),
  – Verhältnisse auf dem Arbeitsmarkt,
  – demographische Situation und Entscheidungstendenzen und
  – kulturelle Grundlagen,
- Staats- und gesellschaftspolitische Tatbestände (rechtliche Verhältnisse, Wirtschafts- und Sozialstruktur, Wirtschaftsordnung und politischer Aufbau).

2) sekundär-exogene Marktfaktoren: die AAMF liefert in diesem Bereich Informationen über:
- Bedarfsstrukturen,
- Nachfragegewohnheiten und
- Wettbewerbsverhältnisse.

3) Detaillierte Analyse der Voraussetzungen für einzelne Erscheinungsformen des Auslandsgeschäfts und für den Einsatz der Marketing-Instrumente auf einem konkreten Auslandsmarkt.

12.5 Informationsquellen/-möglichkeiten und -methoden der Auslandsabsatzforschung

12.5.1 Betriebsforschung

Informationen im Rahmen der **sekundären Betriebsforschung** (BF) auf der Basis der durch das Rechnungswesen verfügbaren Daten:
1) Regelmäßiges Erstellen von möglichst differenzierten Statistiken über: Umsatz, Absatz, Lagerhaltung, Produktion, Kosten (gesamt sowie nach Kostenarten), Deckungsbeiträge.
2) Eine weitergehende Erfassung und Aufbereitung der für die Bereiche zur Verfügung stehenden Zahlen könnte nach den folgenden Kriterien vorgenommen werden:
- Produktgruppe – Produkt (einschließlich Variationen)
- Binnenmarkt – Auslandsmärkte (gesamt) und
- Auslandsmärkte nach Ländergruppen, Einzelländern, Regionen
- Verkaufsgebiete, Außendienst-Mitarbeiter (ADM), eingeschaltete Zwischenstufen,

Auslandsabsatzforschung

- Kunden-/Abnehmerkreise (Zielgruppen/ZG),
- Verkaufs-/Geschäftsart bzw. Art des Auftrages (nach angewandten Distributionsmethoden wie direkter/indirekter Vertrieb, Verkauf aufgrund von Anfragen, Teilnahme an Ausschreibungen, Messeteilnahme, ADM-Einsatz) und
- Auftragsgrößenklassen und Konditionengruppen.

Informationen im Rahmen der sekundären BF auf der Basis innerbetrieblicher Statistiken und Datenquellen. Es kann sich hierbei um die folgenden Informationsquellen handeln:
1) Anfragen- und Angebotsstatistik,
2) Auftragseingangs- und -erledigungsstatistik,
3) Reklamationsstatistik,
4) Statistik über nicht lieferbare Waren, die im Zentrum von Aufträgen und Anfragen standen,
5) Reise-/ADM-Berichtswesen (systematische Auswertung),
6) Kundenkartei mit fortlaufender Datenerfassung – Erfassung und Auswertung nach:
   - Stammdaten: Firmensitz(e), Branche, Betriebsgröße(n), Ansprechpartner (Initiator, Bedarfs-/Beschaffungsberater, Entscheider),
   - Umsätze, Gliederung: zeitlich, nach Produktgruppen oder Einzelprodukt, nach Bestellart/Art der Auftragserteilung, nach Versandart, nach Sonderleistungen,
   - Ausschöpfungsgrad/Lieferanteil (Steigerungsmöglichkeiten),
   - Konditionen (Rabatt und Bonusstaffel, Regalservice),
   - Kundenwünsche spezieller Art: Auftragsbestätigungen, Rechnungsstellung, Lieferfristen und -partien, bevorzugte Spedition, Versandpapiere,
   - bevorzugte Absatzmethode(n) und
   - sonstige Informationen (Messebesuche, Hauskontakte).
7) Interessentenkartei, aufgrund von: Anfragen, Messegesprächen und -kontakten, Kundenempfehlungen,
8) ADM-Kartei – mit möglichst vollständigen Daten über:
   - Person des ADM,
   - vertragliche Vereinbarungen: Entlohnung, Aufwands-/Spesenabrechnung, Sortiment, Verkaufsbezirk, Kunden-Ausschlüsse (key-accounts), Abdeckung von Sonderfunktionen, Berichtswesen,
   - Definition des Marktverantwortungsgebietes (Verkaufsgebiet): geographisch, vom Kunden- und Nachfragepotential her, im Hinblick auf aktuelle Kundenstruktur und Ausschöpfungsgrade, unter Einbezug von Mitbewerbern und deren Bedeutung,
   - Tätigkeitsinformationen (Zahl der Arbeitstage und Besuchstage, Zahl der Kundenbesuche) und
   - Leistungsbeurteilung, nach Kennzahlen: Kosten je Auftrag, Kosten je Besuch, Rentabilitäts- und Marktausschöpfungs-Kennziffern, Deckungsbeitrag.
9) Personalakten der Mitarbeiter – gezielte Suche nach über-/unterqualifizierten Mitarbeitern, nach Mitarbeitern, die in der Verwendungsbreite und -tiefe gesteigert werden könnten,
10) Auswertung von Berichten über Besuche von Messen, Tagungen, Seminaren,
11) Unternehmenseigenes Archiv:

- bereits abgerufene und aufbereitete Daten aus externen Sekundärquellen, auf denen im Zuge einer Fortschreibung (sekundäre AAMF) aufgebaut werden kann,
- Ergebnissen vorangegangener Primärforschungen,
- Presseberichte und Info-Material (Unternehmens-Dokumentation von eigenen Marketing-Aktivitäten und denen der Konkurrenz).

Aus einem Vergleich der Zahlenentwicklungen in einem Auslandsmarkt durch Daten aus dem Rechnungswesen, Statistiken sowie von schwachen Signalen – in Form von »Verbreitung von neuartigen Meinungen/Ideen in den Medien«, »Meinungen und Stellungnahmen von Schlüsselpersonen aus unterschiedlichen Bereichen des öffentlichen Lebens« sowie »von (internationalen) Organisationen und Verbänden« und von »Tendenzen in der Rechtsprechung und Gesetzgebung« (*Krystek/Walldorf* 1992, S. 352, *Krystek/Walldorf* 1997, S. 452 f.) – mit entsprechenden Kommentierungen können zum Zwecke der Beurteilung und Kontrolle (erste) wichtige Hinweise gewonnen werden.

Je nach Relevanz des betreffenden Auslandsmarktes können beim Erreichen oder Überschreiten eines vorgegebenen Höchst- oder Mindestniveaus bestimmter Kennzahlen, die Indikatorenfunktion haben müssen (*Walldorf* 1987/1990, S. 274 ff.; *Walldorf* 1999 a), und bei bedeutsamen Signalen, aus denen sich für künftige Aktivitäten mit hinreichender Sicherheit bereits stärkere (positive/negative) Einflüsse ableiten lassen, geeignete intensivere Schritte im Rahmen der AAF (insbesondere der AAMF) eingeleitet werden.

Durch diese Art und Weise des Vorgehens (bedarfsorientierte und gezielte **task force-Funktion** der AAMF) kann den Begrenzungsfaktoren Kosten und Budget entsprechend besser Rechnung getragen werden.

Zur **primären Betriebsforschung** werden an dieser Stelle auf einige Möglichkeiten hingewiesen:
- Befragung von Mitarbeitern:
  - Verbesserungsvorschläge (Abwicklung, Produkt, Absatzmethoden) und
  - breitere und speziellere Einsatzmöglichkeiten.
- Beobachtung von:
  - Abwicklungsvorgängen und
  - Verhaltensmustern und -gewohnheiten.

12.5.2 Auslandsabsatzmarktforschung

Im nachfolgenden beschränken wir uns – unter Verweis auf die sehr umfangreichen und detaillierten Darstellungen in der einschlägigen Fachliteratur (*Walldorf* 1987/1990, S. 228 ff.) – auf einen Überblick über den Bereich mit **AAMF-relevanten Sekundärquellen**:
- Offizielle und halboffizielle Statistiken in- und ausländischer Institutionen (Veröffentlichungen des *Statistischen Bundesamtes* der *BR Deutschland* sowie anderer Länder, *BfAI – Bundesstelle für Auslandsinformationen, Bundesministerium für Wirtschaft* (*BMWi*), *Auswärtiges Amt*, *Bundesministerium für Wirtschaftliche Zusammenarbeit* (*BMZ*), *Wirtschaftsministerien der Bundesländer, Bundesanzeiger, Deutsche Bundesbank, BAFA – Bundesausfuhramt*),

Auslandsabsatzforschung

- Publikationen inter- und supranationaler Organisationen (*UN, OECD, EU, IMF, Weltbank, EIB*),
- Veröffentlichungen und abrufbares Archiv-Material und kommerzielle Informationen von wissenschaftlichen Instituten (*HWWA, ifo, IW, DIW, RWI* sowie die Länderratings von *BERI, Institutional Investor, Euromoney, Moody's, Standard & Poors*),
- Publikationen, Archiv-Material und Informationsdienste von:
  - Industrie- und Handelskammern (IHK), Auslandshandelskammern (AHK) und ausländischen Handelskammern in der BRD,
  - Ländervereine,
  - Wirtschaftsverbände,
  - Banken und Sparkasse,
  - Botschaften und Konsulate (BRD im Ausland/Ausland in der BRD) und
  - Presse (national und international),
- Kataloge und Berichte von internationalen Fach-Messen und -Ausstellungen (In- und Ausland) – z. B. von der *AUMA* (*Ausstellungs- und Messeausschuß der Deutschen Wirtschaft*),
- Unternehmens-Publikationen,
- Nachschlagewerke (*KuM – Konsulats- und Mustervorschriften der Handelskammer Hamburg*, Publikationen von Banken/Sparkasse),
- privatwirtschaftliche Service-Institute, Informations-, Beratungs- und Marktforschungsgewerbe, Agenturen mit internationalem Betätigungsfeld (*CMA – Centrale Marketinggesellschaft der Deutschen Agrarwirtschaft, GfK – Gesellschaft für Konsum-, Markt- und Absatzforschung und Nielsen*, beide sowohl mit Strukturdaten als auch mit Informationen aus laufenden und speziellen Panelerhebungen *IFAA – Institut zur Förderung von Auslandsgeschäften und Auslandsprojekten e. V., RKW – Rationalisierungskuratorium der Deutschen Wirtschaft e. V., GTZ – Deutsche Gesellschaft für Techn. Zusammenarbeit*) und
- Internet-Nutzung: Der Abruf von Länderinformationen und -analysen kann mit Hilfe von Suchmaschinen erfolgen (*Lycos, Aladin, Yahoo*), in die man das betreffende Land als Suchbegriff eingibt, sowie über folgende, als Beispiele angeführte Adressen:
  - *AHK/Außenhandelskammern*: www.ahk.de
  - *BfAi/Bundesstelle für Auslandsinformationen*: www.bfai.com
  - *United Nations*: www.un.org
  - *Auswärtiges Amt*: www.auswaertiges-amt.government.de
  - http://www.ebna.com/secured/reports/countryratings/CountryRatingsCommentary.htm
  - http://www.moodys.com/fis/proddesc.htm
  - http://www.businessmachine.com/show/hermes/index.htm
  - http://www.gerling-konzern.de/gk167000.htm
  - http://www.muenchen.ihk.de/aussenwi/awi/1996/06/laender.htm
  - http://www.gf.de.msn.com/maerkte/europa/laender/laender.htm
  - http://www.genois.de/navigator/LAND.HTM
  - http://www.ihk-nuernberg.de/htm/aussen/akt0797/7 rubrik2.htm
  - http://www.bn.shuttle.de/essente-eoi/gindger.htm
  - http://www.indiaserver.com/biz/iebo/

Die **primäre AAMF** zielt – als unmittelbare Erhebung im betreffenden Auslandsmarkt – »auf die Gewinnung von gänzlich neuen, auf die Lösung eines betriebsspezifischen Problems bezogenen Marktinformationen« ab (*Walldorf* 1987/1990, S. 243). Die als Entscheidungsgrundlage benötigten Informationen können nur zu einem bestimmten Anteil oder gar nicht sekundär beschafft werden.

Die wichtigsten Methoden der primären AAMF sind:
- Befragungen,
- Tests,
- Experimente,
- Betrachtungen und
- direkte Panelerhebungen.

Eine eingehendere Darstellung der einzelnen Primärmethoden würde den Rahmen dieses Beitrags sprengen. Wir verweisen deshalb auf die entsprechenden Beiträge in diesem Handwörterbuch sowie auf ausgewählte Beispiele aus der einschlägigen Literatur (*Baur* 1995; *Behrens* 1974; *Berekoven/Eckert/Ellenrieder* 1996; *Hüttner* 1977; *Kennessy* 1961; *Ringel* 1963; *Schäfer* 1959; *Walldorf* 1987/1990; *Weis/Steinmetz* 1995).

Bei der Entscheidung über Art und Umfang der im Zuge der primären AAMF einzusetzenden Methoden »muß stets die Kosten-/Nutzen-Relation im Vordergrund stehen. Hierbei ist weniger der kurzfristige Nutzen ausschlaggebend, sondern der längerfristig erreichbare – unter Beachtung aller relevanten Begrenzungsfaktoren. Nachfolgend einige grundsätzliche Stichpunkte (zur primärem AAMF):
- Die Ergebnisse der desk research und das hierdurch gebildete Teil-Mosaik sollen durch die primäre AAMF eine wesentliche Ergänzung und Modifizierung sowie Vertiefung und Detaillierung und Operationalisierung erfahren.
- Der Stellenwert der field research-Arbeit nimmt in dem Maße zu, wie sich die Notwendigkeit zur Erforschung fremder Mentalitäten und Verhaltensweisen präsentiert.
- Der Entwicklungsstand und der Grad der kulturellen und anthropologischen Parallelität oder gar Konkurrenz eines Landes sind sehr ausschlaggebend bei der Auswahl und Ansetzung von Primärmethoden.

Die wichtigsten Fragen, die beantwortet werden müssen, sind:
- Welche Primärmethode(n) ist (sind) in welchem Umfang einsetzbar?
- Wer führt die primäre AAMF durch?
- Wie lassen sich die primär gewonnenen Ergebnisse am sinnvollsten mit den Sekundär-Informationen zu einem Gesamtbild vereinigen, das dem gesetzten Informations-Ziel entspricht?

Einsatz sowie Anwendungsbreite und -tiefe der im Rahmen der AAMF anwendbaren primären Methoden werden bestimmt durch:
- Art, Form und Umfang des (angestrebten) Auslandsengagements,
- die jeweils zu lösenden Problemstellungen,
- bereits verfügbares und zugreifbares Datenmaterial,
- Kosten-/Nutzen-Überlegungen,
- sonstige Einflußgrößen (vgl. Abbildung 3).

Mit der Durchführung kann ein ausländisches oder inländisches Marktforschungsinstitut beauftragt werden. Denkbar wäre auch ein international tätiges Beratungsunternehmen (*Walldorf* 1987/1990, S. 244).

12.6 Bestimmungsfaktoren von Zielen, Aufgaben, Inhalten und Methoden (plus Informationsquellen) der Auslandsabsatzforschung (AAF)

In Abbildung 3 werden den inhaltlichen Alternativen der AAF (BF + AAMF) die Auswahlkriterien/Bestimmungsfaktoren gegenübergestellt, die im Zuge einer systematischen Auswahl der in bezug auf einen konkreten Auslandsmarkt geeignetsten Schritte zur Informationsgewinnung herangezogen werden können.

Eine detaillierte Beschreibung der 12 Selektionskriterien erfolgt bei *Walldorf* (1987/1990, S. 193 ff.). Durch dieses Modell soll die morphologisch-selektive Vorgehensweise bei der Entscheidungsfindung in bezug auf das richtige Mix der einzelnen Schritte zur Informationsgewinnung veranschaulicht werden. Dieser Ansatz gewinnt mit zunehmend differenzierter und detaillierter Definition der einbezogenen Größen an Aussagekraft sowie an Praxisbezug und Operationalität: Infolge einer (sukzessiv) gesteigerten Differenzierung innerhalb der einzelnen input-Variablen (mögliche Schritte im Rahmen der AAF) und der Selektivfaktoren (Bestimmungsfaktoren der konkreten AAF-Inhalte) wird im Hinblick auf einzelne (Detail-)Alternativen der Informationsgewinnung für einen bestimmten Auslandsmarkt zwangsläufig eine Erhöhung der Selektivität erzielt.

12.7 Prozeß der Auslandsabsatzforschung

Der oben umrissene Rahmen, in den die AAF gestellt ist, verlangt den Einsatz genau festgelegter und kontrollierbarer Untersuchungsmethoden, die sowohl den Informationsbedürfnissen eines Unternehmens und den einzubeziehenden ökonomischen Kostenkriterien als auch den Besonderheiten eines Auslandsmarktes gerecht werden. Somit kommt dem Prozeß der AAF eine wichtige Bedeutung zu, da hierdurch die Voraussetzungen erfüllt werden können (*Walldorf* 1987/1990, S. 264):

Die **Anregungsphase** kann kommen durch Umsatzeinbuße, Wunsch, sich auf (weiteren) Auslandsmärkten zu betätigen oder Notwendigkeit zur Rationalisierung/Umstellung der bisherigen Erscheinungsform einer Auslandsbetätigung.

Zielvorgabe und genaue Definition des durch die AAF zu lösenden Problemkomplexes. Hierzu einige Beispiele:
- Überprüfung der unternehmensinternen Möglichkeiten zur Übernahme von (zusätzlichen) Exportaufgaben – und in der Folge: Selektion von (weiteren) Ländern, die für eine (intensivere) Auslandsbetätigung in Frage kämen.

Spezialanwendung

Auswahlkriterien / Bestimmungsfaktoren

(1) Situation und Zielsetzung (Absichten) eines Unternehmens in bezug auf eine Auslandsbetätigung
  (1.1) Erstengagement auf Auslandsmarkt
  (1.2) Rationellere bzw. effizientere Bearbeitung eines aktuellen Auslandsmarktes
  (1.3) Expansion auf aktuellem Auslandsmarkt
  (1.4) Erschließung eines zusätzlichen Auslandsmarktes
  (1.5) Geplante Dauer eines Markteintritts/-engagements

(2) Aktuelle und vor allem künftige Bedeutung der Auslandsbetätigung für ein Unternehmen (■ generell ■ in Land X)

(3) Wettbewerbssituation und -trends (Binnen-und Auslandsmarkt)

(4) Verfügbare bzw. nutzbare Grundlagen und Möglichkeiten zur Informationsgewinnung (Know how und Informationsquellen) einschließlich »facilitators« und eigene man power

(5) Unternehmensgröße und -struktur

(6) Unternehmensorientierung bzw. –philosophie, Führungsstruktur und -stil, Machtverteilung

(7) Marktforschungs-Budget (Höhe und Aufteilung) sowie verfügbare eigene man power

(8) Produktart und -eigenschaften sowie der Stand des eigenen und des Branchen-Lebenszyklus auf den relevanten Märkten

(9) Relevante Ländereigenarten

(10) Markttyp (K-, W-, P-, D-, O-Markt), der im Zentrum der Auslandsabsatzforschung stehen soll

(11) Aktuelle bzw. angestrebte Art und Form der Betätigung auf einem Auslandsmarkt/Distributionssystem

(12) Möglichkeiten der Inanspruchnahme der Förderung von offiziellen und halboffiziellen Organisationen, deren Qualität und betriebs-individuelle Anwend-/Umsetzbarkeit

---

Theoretisch gegebene Möglichkeiten der Auslandsabsatzforschung (AAF)

■ Betriebsforschung (BF)
  1. sekundär
  2. primär
■ Auslandsabsatzmarktforschung (AAMF)
  1. sekundär
  2. primär

Konkrete Ziele, Aufgaben und Inhalte (Umfang, Richtung und Schwerpunkte) der für einen Zielmarkt realisierten Auslandsabsatzforschung (AAMF)

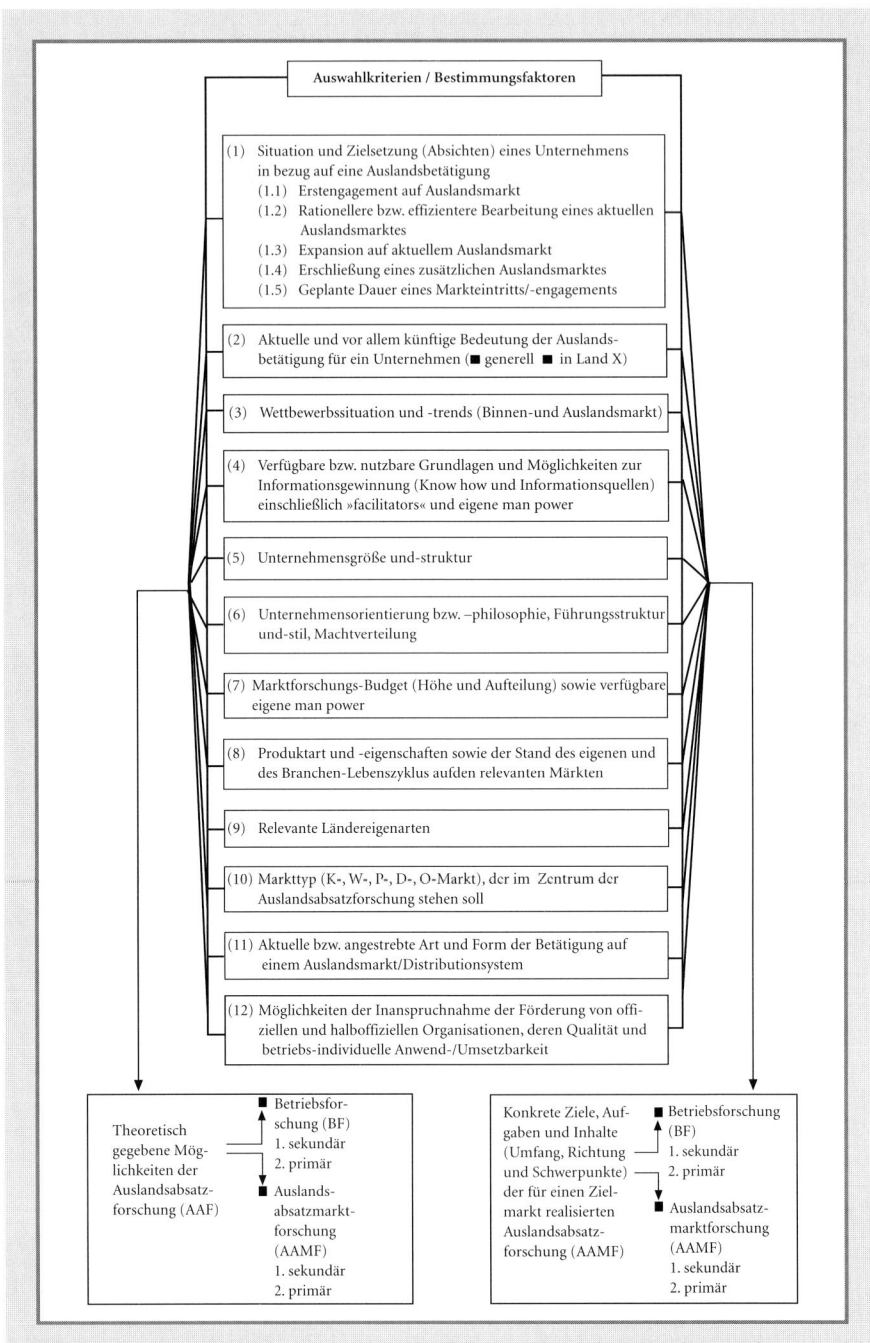

■ Betriebsforschung (BF)
  1. sekundär
  2. primär
■ Auslandsabsatzmarktforschung (AAMF)
  1. sekundär
  2. primär

Abb. 3: Bestimmungsfaktoren von Zielen, Aufgaben und Inhalten (Umfang, Richtung und Schwerpunkte) der Auslandsabsatzforschung (AAF = BF + AAMF)

- Untersuchung von Expansions- oder Rationalisierungsmöglichkeiten auf konkreten Auslandsmärkten – unter Einbezug der im Stammland und/ oder im Gastland (in Drittländern) gegebenen Grundlagen und Entwicklungspotentialen.

Feststellung des Informationsbedarfs:
- Definition des Brutto-Informationsbedarfs: Welche Informationen werden insgesamt benötigt?
- Ermittlung des Netto-Informationsbedarfs: Welche Informationen liegen noch nicht oder nicht in der erforderlichen Aktualität/Qualität vor und müßten deshalb (noch) beschafft werden?

Wesentlich ist, daß sich der endgültige Bedarf an Informationen erst im Verlauf der Untersuchung konkretisiert (*Rogge* 1981, S. 52). Dies kann sich wie folgt vollziehen:

1) Sammlung der benötigten Grundinformationen: Es handelt sich hierbei in der Regel um bereits vorhandene Daten sowie um größtenteils unternehmensexternes Informationsmaterial, das schnell und ohne große Schwierigkeiten beschafft werden kann. Die aufbereiteten Grundinformationen bilden die Ausgangsbasis für den nachfolgenden Schritt im Rahmen der AAF, indem sich hierdurch bereits Grobkonturen des zu untersuchenden Gegenstandes erkennen lassen und somit das zu bearbeitende Problemfeld eine operationale Größe wird. Es lassen sich für die nächste AAF-Phase, die dadurch gezielter, systematischer und geplanter wird, genauere Hinweise ableiten in bezug auf Inhalt, Richtung und Schwerpunkte.

2) Gewinnung zusätzlicher Daten im Hinblick auf eine ausreichende Vorab-Information: Die auf dieser Stufe der AAF angestrebten Ergebnisse haben in den meisten Fällen den Charakter einer Leitstudie (pilot study). Die hierzu benötigten Informationen können gewonnen werden durch:
- weiterführende, gezielte Suche nach Sekundär-Material oder zumindest nach zusätzlich möglichen Quellen und
- Einschaltung weniger kostenintensiver Primärmethoden:
  – Marktumschau zwecks Vraborientierung,
  – Kurzbefragung von Experten (Enquête),
  – Befragung aktueller und potentieller Nachfrager, wenn sich hierzu beispielsweise während einer Messeteilnahme oder durch einen eigenen Außendienst die Gelegenheit eröffnet und
  – Analyse bestimmter Abwicklungsvorgänge (z. B. im Versand).

Die Ergebnisse dieser Leitstudie legen für die kommenden AAF-Aktivitäten fest:
- zusätzlicher Informationsbedarf, der abgedeckt werden muß und
- Methoden, die zum Einsatz kommen sollen – einschließlich der Einschaltung eines Marktforschungsinstituts.

3) Weiterführende Schritte im Rahmen der Auslandsabsatzforschung (AAF) – insbesondere der Auslandsabsatzmarktforschung (AAMF): Die Informationswiderstände nehmen sichtlich zu, wenn zusätzliches Sekundärmaterial von hoher Aktualität, Exklusivität und Originalität (Panelerhebungen, Studien) beschafft werden muß. Dieser Informationswiderstand kann sich einmal darin ausdrücken, daß man Mühe hat, die Quelle ausfindig zu machen. Anderseits kann der Widerstand von der Informations-

quelle (staatliche Stellen) selbst ausgehen, indem der Zugriff erschwert, nur über Hintertürchen oder unter Einschaltung bundesdeutscher (halb)offizieller Stellen erfolgen kann. Hierunter fallen auch die sich aus dem Quasi-(Beratungs-)Monopol automatisch ableitenden Informationsvorteile bestimmter Institutionen (*RKW, IHK, AHK*). Des Weiteren kann sich der Informationswiderstand auch – neben den bereits oben erwähnten Formen – in zunehmend steigenden Preisen (Info-Kosten) ausdrücken, die man hierfür zahlen muß. Die im Rahmen der Feldarbeiten – wie durch Befragung, Beobachtung – abzudeckenden, zusätzlich benötigten Spezial-Informationen schließen die nach dem letzten Schritt im Rahmen der Sekundärforschung (Desk Research) noch vorhandene Lücke.

- **Planung der AAF:**
  1) vgl. Festellung des Informationsbedarfs
  2) Entwicklung eines Stufen- und Netzplanes für die Realisierung der Gesamtaufgabe der AAF – mit den unter Feststellung des Informationsbedarfs bereits gekennzeichneten Knoten-Punkten, bei deren Erreichung – unter Kosten-/Nutzen-Aspekten – über die weitere Art und Weise der Fortführung der AAF, speziell der AAMF, entschieden wird.
  3) Im Zuge der stufenweisen AAF-Realisierung kann es infolge des sukzessive verbesserten Informationsstandes und -niveaus auch zu einer Korrektur oder Umformulierung des Untersuchungszieles kommen.

- **Durchführung der AAF gemäß vorgegebener Planung**

- **Auswertung und Interpretation der Ergebnisse** und zwar sukzessive, um den Grundsätzen zu genügen

12.8 Literaturverzeichnis

Behrens, K. Chr.: Handbuch der Marktforschung, 1. und 2. Halbband, Wiesbaden 1974
Baur, E.: Internationale Marketingforschung, München 1995
Berekoven, L./Eckert, W./Ellenrieder, P.: Marktforschung, 7. Auflage, Wiesbaden 1996
Hüttner, M.: Grundzüge der Marktforschung, Wiesbaden 1977
Kapferer, C.: Marktforschung in Europa, Hamburg/Berlin/Düsseldorf 1963
Kennessy, V.: Die Exportmarktforschung, Winterthur 1961
Krystek, U./Walldorf, E. G.: Früherkennungssysteme (FES) in bezug auf Marktchancen und Marktbedrohungen auf Auslandsmärkten, in: Kumar, B. N./Haussmann, H. (Hrsg.): Handbuch der Internationalen Unternehmenstätigkeit – Erfolgs- und Risikofaktoren, Märkte, Export-, Kooperations- und Niederlassungs-Management, München 1992, S. 341–366
Krystek, U./Walldorf, E. G.: Frühaufklärung länderspezifischer Chancen und Bedrohungen, in: Krystek, U./Zur, E. (Hrsg.): Internationalisierung: Eine Herausforderung für die Unternehmensführung, Berlin/Heidelberg 1997, S. 443–463
Meffert, H./Althans, J.: Internationales Marketing, Stuttgart 1982
Meissner, H. G.: Anthropologische Grundlagen der Exportmarktforschung, in: Schmölders, G. (Hrsg.): Beiträge zur Verhaltensforschung, Berlin 1959
Oberparleiter, U.: Zur Risikolehre des Warenverkehrs, in ZfB 1925
Quack, H.: Internationales Marketing, München 1995
Ringel, K. R.: Die Exportmarktforschung als Informationsaufgabe, Köln/Opladen 1963
Rogge, H.-J.: Marktforschung, München/Wien 1981

Schäfer, E.: Exportabsatzforschung und Exportmarktforschung, in: Der Marktforscher, Wiesbaden/Berlin, Mai 1959
Walldorf, E. G.: Auslandsmarketing – Theorie und Praxis des Auslandsgeschäfts, 1. Auflage, Wiesbaden 1987
Walldorf, E. G.: Auslandsmarketing – Theorie und Praxis des Auslandsgeschäfts, 1. Auflage, Wiesbaden/Berlin 1990
Walldorf, E. G.: Die Wahl zwischen unterschiedlichen Formen der internationalen Unternehmeraktivität, in: Kumar, B. N./Haussmann, H. (Hrsg.): Handbuch der Internationalen Unternehmenstätigkeit – Erfolgs- und Risikofaktoren, Märkte, Export-, Kooperations- und Niederlassungs-Management, München 1992, S. 447–470
Weis, H. Chr./Steinmetz, P.: Marktforschung, 2. Auflage, Ludwigshafen 1995

13. Beschaffungsmarktforschung

Frank Blom

Inhaltsübersicht

13.1 Einführung
13.2 Ziele
13.3 Anlässe
13.4 Methoden der Datensammlung
13.5 Grundsätze der Durchführung
13.6 Informationsspektrum
13.6.1 Produktspezifischer Informationsbedarf
13.6.2 Lieferantenspezifischer Informationsbedarf
13.6.3 Branchen- und länderspezifischer Informationsbedarf
13.7 Informationsquellen der Beschaffungsmarktforschung
13.7.1 Informationsquellen lieferantenspezifischer Informationen
13.7.2 Beispiel: Ermittlung lieferantenspezifischer Informationen
13.7.3 Informationsquellen für Brancheninformationen
13.8 Organisationsformen der Beschaffungsmarktforschung
13.8.1 Institutionalisierte Beschaffungsmarktforschung
13.8.2 Eingekaufte Beschaffungsmarktforschung
13.8.3 Kooperative Beschaffungsmarktforschung
13.9 Literaturverzeichnis

Auf einen Blick

Globalisierung und zunehmende Bedeutung der Beschaffung in einem Unternehmen machen eine systematische und professionelle Beschaffungsmarktforschung unerläßlich. Basierend auf den Instrumenten der Beschaffungsmarktforschung werden die unterschiedlichen Anlässe diskutiert. Erfolgreiche Beschaffungsmarktforschung jedoch lebt von der Qualität der im Rahmen der Erhebungsmethoden erfaßten Daten. Ausführlich wird dargestellt, wie Beschaffungsmarktforschung auch vor dem Hintergrund anfallender Kosten optimal zur Durchführung kommen kann. Dazu ist es erforderlich, das Informationsspektrum in die Bereiche Produktinformationen, Lieferanteninformationen, Branchen- und Länderinformationen zu unterteilen, für die jeweils unterschiedliche Informationsquellen existieren. Den Abschluß bilden Vorschläge zur Organisation der Beschaffungsmarktforschung.

13.1 Einführung

Bereits mit Beginn der 80er Jahre wird der industrielle Einkauf mit neuen Aufgaben konfrontiert. Er entwickelte sich in den davorliegenden Jahren rasch vom relativ bedeutungslosen Bestellausführungsorgan zu einer der wesentlichen Komponenten der Unternehmensstruktur. Damit wuchsen jedoch auch die Anforderungen an den Einkauf.

Beschaffungsstrategien wie global sourcing, single and multiple sourcing sowie modular sourcing haben zudem die Bedeutung der Beschaffungsmarktforschung immens erhöht. Die weltweite Suche (global sourcing) und in Kombination die Suche nach dem einen besten Lieferanten (single sourcing) stellen die Verantwortung der Beschaffungsmarktforschung heraus. Fehler, die zu einer falschen Lieferantenwahl in der geschilderten Dimension führen, haben eine existentielle Bedeutung für ein Unternehmen.

Unübersehbar ist damit der Zwang zu einer systematischen Erforschung der Beschaffungsmärkte. Sporadische Markterkundung erweist sich in zunehmendem Maße für eine optimale Beschaffung als unzureichend. Systematische Beschaffungsmarktforschung dagegen reift immer mehr zu einem die Anforderungen an die Beschaffung erfüllenden Instrumentarium heran.

Als **Definitionen** der Beschaffungsmarktforschung versteht man die systematische, methodische Tätigkeit der Informationssuche, -gewinnung und -aufbereitung zur Versorgung einer Unternehmung mit bedarfsbezogenen Informationen (*Lohrberg* 1978).

Eine planmäßige, methodische Tätigkeit der Informationssuche, -gewinnung und -aufbereitung zwingt zur Verwendung praktikabler Methoden bei der Datenerhebung und -aufbereitung.

Gegenstand der Beschaffungsmarktforschung ist die Beschaffung von Verbrauchsfaktoren und Potentialfaktoren. Verbrauchsfaktoren sind Roh-, Hilfs- und Betriebsstoffe, Potentialfaktoren umfassen den Bereich der Anlagen.

Beschaffungsmarktforschung ist ein Teilaspekt des Beschaffungsmarketing und stellt dessen Informationsfunktion dar. Beschaffungsmarketing beinhaltet die **Instrumente** zur systematischen Bearbeitung des Beschaffungsmarktes, Beschaffungsmarktforschung stellt die Instrumente der Marktvorbereitung. Im Rahmen der Subjektanalyse erfolgt die Beschaffungsmarktforschung demoskopisch, im Zusammenhang mit der Objektanalyse ökoskopisch. Ohne eine funktionsfähige Beschaffungsmarktforschung aber können die Instrumente des Beschaffungsmarketing:

- Quantitätspolitik,
- Qualitätspolitik,
- Preispolitik,
- Selektionspolitik und
- Kommunikationspolitik

nicht zu einem optimalen Einsatz kommen.

13.2 Ziele

Die Ziele der Beschaffungsmarktforschung sind aus dem gesamten Zielsystem des Unternehmens abzuleiten. Wird als Ziel einer Unternehmung die Gewinnmaximierung definiert, so existieren zum Erreichen dieses Zieles eine Reihe operationaler, untergeordneter Teilziele, die im Hinblick auf das Firmenziel festgelegt werden müssen. Als Subziele sind wiederum die Vorgaben der untergeordneten Instanzen zu interpretieren, zu denen auch die Beschaffungsmarktforschung gehört. Solche Ziele sind:
- Verbesserung der Markttransparenz,
- Versorgung der Entscheidungsträger mit Informationen,
- Erkennen des zukünftigen Marktgeschehens und
- Schaffung einer Basis für optimale Beschaffung.

13.3 Anlässe

Beschaffungsmarktforschung kann generell bedarfsabhängig oder kontinuierlich betrieben werden. Bedarfsabhängige Beschaffungsmarktforschung kommt immer dann zur Anwendung, wenn außergewöhnliche Änderungen eine **spezielle Erforschung des Beschaffungsmarktes** geraten erscheinen lassen. Diese Änderungen basieren gewöhnlich auf externen Gründen:
- Nachlassender Lieferantenwettbewerb, beispielsweise durch Unternehmensfusionen oder das Ausscheiden von Anbietern,
- Änderung der nachfragebezogenen Angebotsmenge,
- Mangelnde Lieferantenzuverlässigkeit in Form sinkender Liefertreue und Terminzuverlässigkeit,
- Unbefriedigende Stellung des Beschaffungsmarktforschung betreibenden Unternehmens am Beschaffungsmarkt,
- Preissteigerungstendenzen und
- Verknappung von Lieferquellen.

Interne Gründe können sein:
- Make-or-buy-Entscheidungen,
- Neue Investitionsvorhaben,
- Produktinnovationen unter Verwendung neuer Produktionsverfahren,
- Neue Beschaffungsstrategien,
- Kooperationsabsichten und
- Diversifikationsabsichten.

Der Nutzen einer solchen Beschaffungsmarktforschung stellt sich in einer gestiegenen Markttransparenz eines ansich durch außergewöhnliche Ereignisse unübersichtlich gewordenen Marktes dar. Die anfallenden Kosten sind durch die auftretende Entscheidungsunsicherheit gerechtfertigt.

Beschaffungsmarktforschung

Im einzelnen gilt dabei folgender Zusammenhang (*Duschek*):
Je größer die Zahl der Beschaffungsgüter, ein um so größerer Aufwand ist für die Beschaffungsmarktforschung gerechtfertigt, denn mit steigender Zahl der Beschaffungsgüter steigt auch der Erfolg der Beschaffungsmarktforschung.

Die **kontinuierliche Beschaffungsmarktforschung** darf nicht für alle zu beschaffenden Teile durchgeführt werden. Die entsprechenden Kosten würden durch den erhaltenen Nutzen nicht gerechtfertigt. Für eine kontinuierliche Beschaffungsmarktforschung ist daher eine Auswahl der erforderlichen Produktionsfaktoren erforderlich, für die eine ständige Beschaffungsmarktforschung betrieben werden soll. So kann der Aufwand für Beschaffungsmarktforschung bei maximaler Effizienz relativ gering gehalten werden. Für die Auswahl der für die kontinuierliche Beschaffungsmarktforschung geeigneten Produktionsfaktoren bieten sich gemäß Abbildung 1 zwei Phasen an (*Blom 1982*).

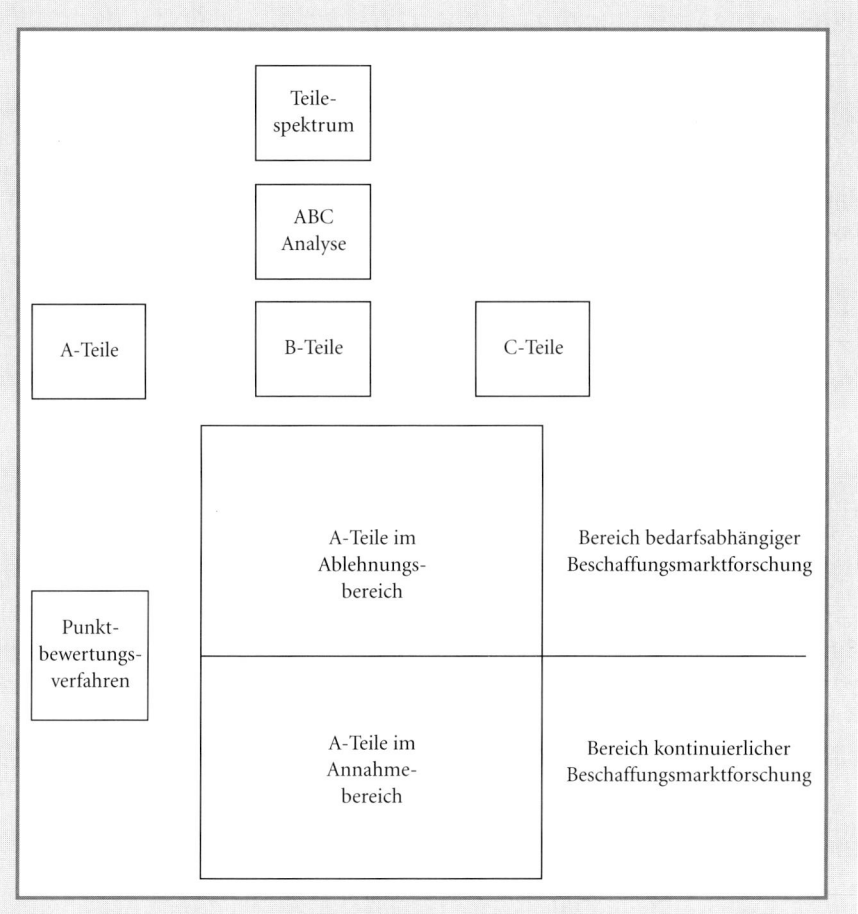

Abb. 1: Phasenschema zur Auswahl der Produktionsfaktoren für die Beschaffungsmarktforschung

In einem ersten Schritt erfolgt eine ABC-Analyse für alle laufend zu beschaffenden Produktionsfaktoren. In einem zweiten Schritt erfolgt die Konzentration auf die für die Beschaffungsmarktforschung wesentlichen A-Teile mittels eines Punktbewertungsverfahrens.

13.4 Methoden der Datensammlung

Beschaffungsmarktforschung wird primär der ökoskopischen Marktforschung zugeordnet (*Hüttner, Harlander, Behrens*), obwohl die Beschaffungsmarktforschung die demoskopischen Elemente der Beobachtung und Befragung auch beinhaltet. Größere Bedeutung hat jedoch der ökoskopische Bereich der Beschaffungsmarktforschung. Tendenziell gilt dabei die ökoskopische Marktforschung als sekundäre, die demoskopische Marktforschung als primäre Marktforschung. Bei speziellen Anlässen kann die ökoskopische Marktforschung jedoch durchaus primären, die demoskopische Marktforschung demoskopischen Charakter haben.

Handelt es sich bei der Primärerhebung um das Sammeln von eigens für den Untersuchungszweck erforderlichen Materials, bedeutet Sekundärerhebung das Zusammenstellen von bereits vorhandenen Informationen aus externen Quellen, zu denen ergänzend interne Quellen hinzukommen. Sekundärerhebungen sind häufig vorhanden und daher relativ kostengünstig. Die daraus gewonnenen Informationen sind jedoch nicht für den anstehenden Untersuchungsanlaß erhoben worden. Dadurch wird ihre Aussagekraft geschwächt.

Die ökoskopische und demoskopische Erhebung lassen sich für die kontinuierliche und bedarfsabhängige Beschaffungsmarktforschung anwenden. Für beide Methoden geeignet sind auch die Verfahren des Befragens und Beobachtens, weniger die des Experiments.

Beim Befragen einer großen Grundgesamtheit (viele Anbieter) erfolgt die Auswahl der zu befragenden Anbieter nach bestimmten statistischen Verfahren wie dem Random-Verfahren oder Quoten-Verfahren.

Hinsichtlich der **Befragungsform** unterscheidet man die persönliche, telefonische und schriftliche Befragung. Bei der persönlichen und telefonischen Form ist der direkte Kontakt zum Gesprächspartner und somit ein unmittelbarer Rückkopplungseffekt gegeben. Zu dieser flexiblen Befragungsform kann jeder Facheinkäufer herangezogen werden. Im Gespräch mit dem Lieferanten wird er zum Beobachter des Beschaffungsmarktes und kann durch stetiges Fragen wertvolle Kenntnisse gewinnen.

Reichen für einen **speziellen Fall der Datensammlung** sekundärstatistische Daten nicht aus, ist auf Primärquellen zurückzugreifen. Der Umfang der dann erforderlichen Datenerhebung ist dann von drei Variablen abhängig:
- der Neuartigkeit der Problemdefinition,
- dem damit verbundenen organisationalen Wandel und
- dem Wert des Objektes.

Beim reinen Wiederholungskauf sind alle drei Variablen mit minimaler Intensität vorhanden. Das Problem ist bekannt und führt nur zu einem geringen organisationalen Wandel mit einem geringen Investitionswert. Es handelt sich um eine programmierte Kaufentscheidung, die durch Lösungsroutine beherrscht wird. Falls es sich um ein A-Produkt aus der oben erwähnten ABC-Analyse handelt, tritt hier die kontinuierliche Beschaffungsmarktforschung in Kraft.

Beim modifizierten Wiederholungskauf sind alle drei Variablen mit mittlerer Intensität vorhanden. Verbunden mit einem mittleren organisationalen Wandel und mittlerem Investitionswert erfolgt eine fallweise, bedarfsabhängige Beschaffungsmarktforschung.

Der Erstkauf mit einem hohen organisationalen Wandel und einem großen Investitionswert stellt einen komplexen Kaufentscheidungsprozeß dar. Hier ist auf jeden Fall eine umfangreiche Beschaffungsmarktforschung erforderlich.

13.5 Grundsätze der Durchführung

Folgende Grundsätze der technischen Durchführung der Beschaffungsmarktforschung, insbesondere auf dem Sektor der Datenerhebung, lassen sich aufstellen (*Hüttner*):

- Das Heranziehen und Ausnutzen aller verfügbaren sekundären Quellen sollte am Anfang jeder Beschaffungsmarktforschung stehen.
- Primärerhebungen sollten erst nach Ausschöpfung aller sekundären Quellen in Erwägung gezogen werden.
- Im Interesse der Steigerung der Arbeitseffizienz empfiehlt sich eine Arbeitsteilung, das heißt die Spezialisierung von Mitarbeitern eigens auf die Aufgabe der Datensammlung.
- Eine umfassende Kenntnis der in Betracht kommenden Quellen unter Einschluß der modernen Kommunikationsmittel wie Datenbanken und Internet und der Möglichkeit ihrer Ausnutzung ist die Voraussetzung einer erfolgreichen Arbeit.
- Das rationelle Auffinden und Ausnutzen der Quellen erfordert eine gute Orientierung über die potentiellen Informationsquellen.
- Jede sekundäre Quelle sollte zunächst sorgfältig auf ihre Brauchbarkeit hin geprüft werden.

13.6 Informationsspektrum

Die wesentlichen Quellen der Beschaffungsmarktforschung sind das eigene oder zukünftig zu beschaffende Produkt, die Lieferanten sowie die Branche und der Markt (länder- oder weltmarktspezifisch).

13.6.1 Produktspezifischer Informationsbedarf

Um Alternativen aufzeigen und Entwicklungstendenzen erkennen zu können, werden die folgenden Informationsaspekte berücksichtigt:

- Unternehmensinterne Verwendung des Produktes und deren Problematik,
- Produktbestandteile und -eigenschaften,
- Besonderheiten und
- Herstellungsverfahren.

Das Postulat zielgruppenorientierter, auf die Bedürfnisbefriedigung der Kunden des Unternehmens ausgerichteter Beschaffungsmarktforschung macht es unumgänglich, auch Informationen über den Verwendungszweck des zu beschaffenden Produktes zu sammeln. Erst die Kenntnis des Endproduktes, in das das Vorprodukt eingeht, ermöglicht eine problemspezifische Beschaffungsmarktforschung. Die Kenntnis der Absatzprognosen für das Endprodukt erlaubt über Stücklisten und Rezepturen die Ermittlung des voraussichtlichen Bedarfs und der Bedarfsdynamik der Vorprodukte.

Eine enge Kooperation zwischen der Absatzmarktforschung und Beschaffungsmarktforschung führt zu einer optimalen Informationsversorgung des Entscheidungssektors. Ein ständiger Informationsaustausch zwischen Vertrieb und Beschaffung erlaubt eine Synthese aus Einkaufsnotwendigkeit und Einkaufsmöglichkeit. Probleme der Verkaufs- und Einkaufsseite werden so beizeiten erkannt und erlauben eine rechtzeitige ausgewogene Reaktion.

Sowohl unter Eigenmarkt- als auch Vormarktaspekten ist für eine erfolgreiche Beschaffungsmarktforschung die Kenntnis der Hauptproduktbestandteile sowie der Grundstoffe und der technischen, chemischen und physikalischen Eigenschaften erforderlich. Die Kenntnis beispielsweise der Grundstoffe eines Produktes ermöglicht eine genaue Vormarktanalyse hinsichtlich Marktstruktur und Marktdynamik für eben diese Grundstoffe.

Produktbesonderheiten resultieren aus Lagerfähigkeit sowie Lager- und Transportempfindlichkeiten. Produkte, die einem funktions- oder qualitätsmindernden Alterungsprozeß unterliegen, stellen an die Beschaffungsmarktforschung ebenso wie an die Beschaffung besondere Anforderungen.

Hinweise auf das Herstellungsverfahren können zu einer Begrenzung führen. Damit ist dann von vornherein eine selektive Bearbeitung des Spektrums potentieller Anbieter erforderlich. Solche Hinweise gestatten neben der Kenntnis technologischer Eigenheiten des Herstellungsverfahrens die Suche nach alternativen Verfahren (Substitution).

13.6.2 Lieferantenspezifischer Informationsbedarf

Bei der Behandlung der erforderlichen Lieferanteninformationen bietet sich nachstehende Dreiteilung an:
- Generelle Unternehmensinformationen,
- Informationen zum Marketing-Mix des Lieferanten und
- Informationen zur bilateralen Unternehmensbeziehung.

Zu den **generellen Unternehmensinformationen** zählen:
- Anschrift, Telefon, Fax, Email, Nation Bundesland, Hauptsprache, Hauptwährung, Kontaktpersonen, Gesellschaftsform und Konzernzugehörigkeit, Besitzverhältnisse,

Tochtergesellschaften, Unternehmensgröße, Umsatzentwicklung, Organisationstyp, Tarifgebiet und -bereich, finanzielle Lage und Gewinnsituation.

Neben generellen Informationen gilt das Hauptinteresse dem **Marketing-Mix des Lieferanten**. Der Beschaffungsmarkt eines Unternehmens und der Absatzmarkt der Lieferanten sind der Treffpunkt der optimalen Absatzmarketing- und Beschaffungsmarketing-Mixe. Erst die Kenntnis des Marketing:

- Mix der Lieferanten – Produktmix – Kommunikationsmix – Kontrahierungsmix und Distributionsmix

gestattet es der Unternehmung, spezifische, beschaffungspolitische Strategien basierend auf ihrem Beschaffungsmarketing-Mix zu entwickeln.

Außerdem sind Informationen erforderlich, die Auskunft über die **bilaterale Beziehung** zwischen Lieferant und Abnehmer geben. Betroffen hiervon sind folgende Informationsbereiche:

- Bilaterale Abhängigkeit von Anbieter und Nachfrager,
- Multilaterale Abhängigkeit von Anbieter und Konkurrenz,
- Konkurrenzbeziehung des Anbieters,
- Dauer der bilateralen Geschäftsbeziehung und
- Kommunikationswert des Anbieters.

Die bilaterale Abhängigkeit von Anbieter und Nachfrager ist einmal aus der spezifischen Sicht des Nachfragers, zum anderen aus der Perspektive des Anbieters zu sehen. Aus der Sicht des Nachfragers ergeben sich Aspekte der Anbieterstruktur und der potentieller Gegengeschäfte. Bei monopolistischer Angebotsstruktur ist eine direkte Abhängigkeit des Nachfragers gegeben, die ihn in seiner strategischen Beschaffungsmarktpolitik erheblich einschränkt. Die Abhängigkeit vom Anbieter schränkt die Machtposition des Nachfragers auf geradezu Null ein. Lediglich der Anteil am Lieferantenumsatz stellt ein Äquivalent dar, da ein großer Umsatzanteil einen gewissen Einflußspielraum schafft.

Gegengeschäfte können eine objektiv gegebene Unabhängigkeit auf dem Beschaffungsmarkt bei entsprechender Marktstruktur in eine direkte Abhängigkeit verwandeln.

Die mulitlaterale Abhängigkeit von Anbieter und Konkurrenz ist entscheidend für die Bezugssituation eines Anbieters in Engpaßsituationen. Ein Lieferant, der durch Gegengeschäfte oder längerfristige Liefervereinbarungen einseitig an die Beschaffungskonkurrenz gebunden ist, stellt in Zeiten von Versorgungsschwierigkeiten einen Risikofaktor dar.

Konkurrenzbeziehungen des Anbieters tangieren einen eventuellen technisch bedingten Marktvorsprung. Durch Belieferung der Beschaffungskonkurrenz können technisches Know-how oder Anregungen zu Produktverbesserungen an die Konkurrenz gelangen, die hierdurch wiederum ihrerseits einen Marktvorsprung erreichen kann.

Die Dauer der Geschäftsbeziehungen verweist auf das Problem der Stammlieferanten. Einerseits sind diese von Vorteil, da durch langjährige Kontakte ein gewisses Vertrauensverhältnis entwickelt wird. Andererseits bedingen Stammlieferanten die Gefahr einer gewissen unbemerkt entstandenen Abhängigkeit des Abnehmers.

Der Kommunikationswert eines Lieferanten bezieht sich auf seinen Werbewert für die Endprodukte des Abnehmers. Viele Unternehmen sind dazu übergegangen, für ihre Endprodukte mit den darin enthaltenen Vorprodukten zu werben.

13.6.3 Branchen- und länderspezifischer Informationsbedarf

Vor dem Hintergrund produktspezifischer Informationen folgt die Analyse des Marktes bestehend aus Branche und Bezugsland. Mit Hilfe branchenspezifischer Informationen wird dabei zunächst die Struktur des spezifischen Beschaffungsmarktes untersucht.

Durch eine **Marktstrukturanalyse** wird eine zeitpunktbezogene, statische Analyse des speziellen Beschaffungsmarktes ausgeführt. Marktstrukturanalysen befassen sich dabei primär mit der Untersuchung der Aufgabenumwelt, die aus Hersteller, Konkurrenz, Serviceanbietern, Beeinflussern, Absatzmittlern und Absatzhelfern besteht.

Die **Länderstrukturanalyse** ermittelt die eine Volkswirtschaft in ihrer Gesamtheit kennzeichnenden Daten. In erster Linien handelt es sich dabei um Informationen, die die konjunkturelle Lage eines Landes wiedergeben. Hinzukommen Strukturdaten, die aber auch aus der Sicht der Branchenkonjunktur in Abhängigkeit ihres Anteils am gesamten Wirtschaftsaufkommen Einfluß auf die gesamtwirtschaftliche Konjunkturlage haben.

Die **Marktdynamikanalyse** ist eine dynamische zeitraumbezogene Analyse. Basierend auf den Ergebnissen und Interpretationen der Marktstrukturanalyse und Länderstrukturanalyse werden im Zuge einer Prozeßanalyse dynamische Verhaltensvorgänge im Markt analysiert. Dabei können sich Marktsysteme durch exogene, endogenen und autonome Veränderungen entwickeln. Exogene Veränderungen entstehen durch Einflüsse, die der Makroumwelt des Marktsystems entstammen. Zu nennen sind hier Inflation und Arbeitslosigkeit. Endogene Veränderungen dagegen entstammen aus der Aufgabenumwelt. Dies sind Änderungen im Handelsverhalten, alternative Konkurrenzbeziehungen. Informationen über endogene Veränderungen gehören zum Bereich der branchenspezifischen Informationen. Ebenfalls diesem Bereich entstammen Informationen über autonome Veränderungen. Hierzu gehören taktische und strategische Verhaltensänderungen von Marktteilnehmern.

In der Marktdynamikanalyse sollen bei der Ermittlung branchenspezifischer Informationen zunächst die Einflüsse saisonaler Schwankungen beobachtet werden. Konjunkturelle Schwankungen dagegen können sowohl branchen- und marktspezifisch als auch länderspezifisch betrachtet werden. Kurzfristige exogene Schwankungen sowie langfristige Trends der Angebots- und Nachfragestruktur, Streiktendenzen und wirtschaftspolitische Einflüsse sind primär unter Marktgesichtspunkten zu sehen. Die Transportinfrastruktur eines Landes ist wiederum vor dem Hintergrund des speziellen Bezugslandes zu sehen.

Von essentieller Bedeutung sind zudem **Konjunkturdaten**. In Zeiten eines konjunkturellen Aufschwungs und der Hochkonjunktur ist der Beschaffungsmarkt tendenziell ein Verkäufermarkt. Die Marktmacht liegt beim Anbieter, die Nachfrage übersteigt das Angebot. Für den Beschaffungsmarkt hat dies folgende Konsequenzen.

In einer Aufschwungphase liegt die Gefahr der Angebotsverknappung. Eine oligopolistische Nachfragestruktur birgt die Gefahr eines Verdrängungswettbewerbs in sich. Mit der Angebotsverknappung ist eine Ausdehnung der Lieferfristen verbunden. Die Anbieter können aufgrund der für sie günstigen konjunkturellen Lage gewissermaßen aussuchen, an wen sie verkaufen wollen. Ursprünglich ausgehandelte und in Bedarfsprognosen eingebrachte Lieferzeiten müssen revidiert werden.

Mit sich verknappendem Angebot und steigenden Lieferfristen geht oftmals auch eine abnehmende Liefertreue einher. Zudem kann die Qualität der bezogenen teile sinken. Die Kapazitäten sind voll ausgelastet, die Lagerbestände auf ein Minimum gesunken.

Die Entwicklung mit umgekehrtem Vorzeichen ergibt sich in Zeiten konjunkturellen Abschwungs und der Rezession. Das Angebot übersteigt die Nachfrage, die Marktmacht geht tendenziell vom Anbieter auf den Nachfrager über. Man spricht von einem Käufermarkt. Dieser ist im Gegensatz zum Verkäufermarkt gekennzeichnet durch verkürzte Lieferfristen, hohen Lieferservice, ein die Nachfrage übersteigendes Angebot, zunehmende Liefertreue und Qualitätswettbewerb. Bei steigenden Überkapazitäten und zunehmendem Lagerbestand führt die Käufermacht zu einer steigenden Preiselastizität durch die Lieferanten.

Die für die Marktanalyse erforderlichen Konjunkturindikatoren haben die Aufgabe, Anzeichen über die mögliche Konjunkturentwicklung und -beurteilung zu liefern. In Abhängigkeit von der jeweiligen Reichweite der Betrachtung, lassen sich für Weltwirtschaft, Binnenwirtschaft und Branche die nachstehend angeführten Konjunkturindikatoren nennen:

- Industrieumsatz,
- Außenhandelsvolumen,
- Zahlungsbilanz,
- Produktionshöhe,
- Auftragseingang,
- Arbeitsmarkt,
- Lohn- und Gehaltsentwicklung,
- Außenhandelsstruktur,
- Preisindex und
- Handelsumsatz.

13.7 Informationsquellen der Beschaffungsmarktforschung

Beschaffungsmarktforschung beinhaltet sowohl demoskopische als auch ökoskopische Elemente der Marktforschung. Da Beschaffungsmarktforschung jedoch primär an sekundärstatistischem Material ausgerichtete Marktforschung ist, liegt hier das Hauptproblem im Auffinden der geeigneten Informationsquellen.

13.7.1 Informationsquellen lieferantenspezifischer Informationen

Einer empirischen Untersuchung zufolge ergeben sich nachstehende Informationsquellen:

- Firmenangebote,
- Gespräche mit Fachkollegen,
- Betriebsbesichtigungen,
- Messebesuche,
- Fachzeitschriften (redaktioneller Teil),
- Werbemittel der Anbieter,
- Firmen- und Branchenverzeichnisse,
- Tageszeitungen (redaktioneller Teil),
- Geschäftsberichte der Lieferanten,
- Fachbücher, Handbücher, Nachschlagewerke,
- Internet,
- Datenbanken,
- Veröffentlichungen von Instituten,
- Fachzeitschriften (Anzeigenteile),
- Messekataloge,
- Veröffentlichungen von Banken,
- Amtliche Statistiken,
- Kontakte zu Verbänden, Kammern und sonstigen Instituten,
- Geschäftsberichte der Beschaffungskonkurrenz und
- Fachtagungen.

13.7.2 Beispiel: Ermittlung lieferantenspezifischer Informationen

Lieferantenspezifische Informationen werden primär durch Beobachtung und Befragung ermittelt. Die Beobachtung ermöglicht bei größeren und/oder zu Veröffentlichungen verpflichteten Firmen generelle Informationen aus Presseveröffentlichungen, Public-Relation-Informationen, Jahresabschlüssen und Geschäftsberichten. Abnehmerspezifische Informationen werden durch konkrete Befragungen von Lieferanten beschafft. Dazu bieten sich standardisierte Fragebögen an.

13.7.3 Informationsquellen für Brancheninformationen

Die für die branchenspezifische Marktstrukturanalysen erforderlichen Informationen lassen sich aus sekundärstatistischem und primärstatistischem Material zusammenstellen. Sekundärstatistisches Material sind Informationen aus der Presse, Informationen der Verbände, Marktanalysen der wirtschaftswissenschaftlichen Forschungsinstitute sowie Fachbücher. Einen wesentlichen Teil des Materials stellen Statistiken dar, die das Erkennen von Trendentwicklungen erleichtern.

Ergänzend kann primärstatistisches Material durch Befragungen ermittelt werden.

13.8 Organisationsformen der Beschaffungsmarktforschung

Grundsätzlich gibt es drei Formen der Organisation der Beschaffungsmarktforschung, die bis zu einem gewissen Grade von der Organisationsphilosophie des Gesamtunternehmens abhängig sind.

13.8.1 Institutionalisierte Beschaffungsmarktforschung

Hierbei wird die Beschaffungsmarktforschung organisatorisch ins Unternehmen integriert. Dies kann erfolgen als Stabsstelle, im Rahmen des Facheinkaufs oder als eigene Abteilung (vgl. Abbildung 2).

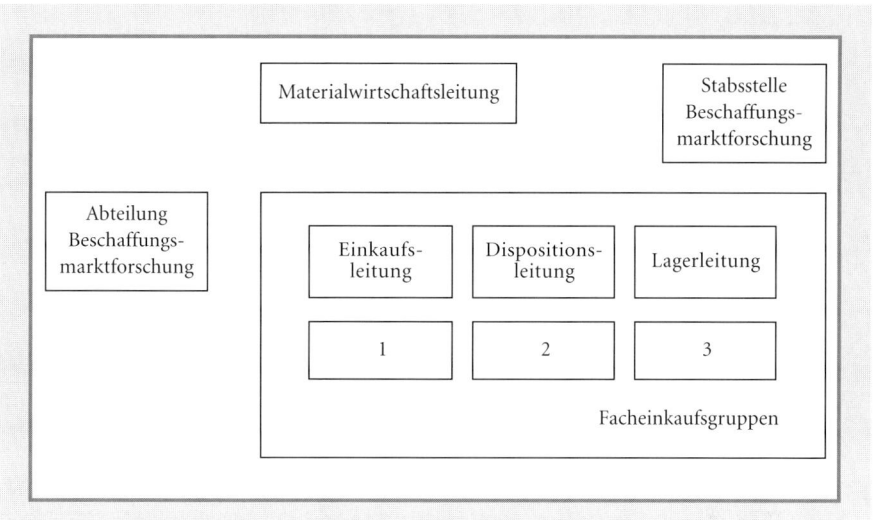

Abb. 2: Möglichkeiten institutionalisierter Beschaffungsmarktforschung

13.8.2 Eingekaufte Beschaffungsmarktforschung

Als Ersatz oder zur Ergänzung der eigenen Arbeit kann Beschaffungsmarktforschung auch eingekauft werden. In einem solchen Falle kann man sich Informationsbrokern oder Marktforschungsinstituten bedienen.

13.8.3 Kooperative Beschaffungsmarktforschung

Bei der kooperativen Beschaffungsmarktforschung bedient man sich einer externen oder internen Kooperation. Die externe kooperative Beschaffungsmarktforschung existiert in Form der Kooperation mit anderen Beschaffungsmarktforschung betreibenden Unternehmen oder in der Kooperation mit der Absatzmarktforschung führender Lieferanten Ersteres setzt ein vergleichbares Teilespektrum voraus.

Die interne Kooperation zielt auf eine enge Zusammenarbeit mit der unternehmensinternen Absatzmarktforschung ab.

13.9 Literaturverzeichnis

Behrens, K. Ch.: Demoskopische Marktforschung, Studienreihe Betrieb und Markt, Wiesbaden 1972
Blom, F.: Beschaffungsmarktfoschung Warum? Wo? Wie?, 1982
Duschek, E.: IfB, Emmdingen, Seminarunterlagen
Harlander/, N. A./Blom, F.: Beschaffungsmarketing, 1996
Hüttner, M.: Grundzüge der Marktforschung – ein Leitfaden für Studium und Praxis mit 107 Beispielen, Wiesbaden 1972
Lohrberg, W.: Grundprobleme der Beschaffungsmarktforschung, Bochum 1978

14. Trend- und Zukunftsforschung

Marcus Pradel

Inhaltsübersicht

14.1   Der Zukunft auf der Spur – die Gefahren der Beschleunigungs- und Innovationsfalle
14.2   Trend, Moden, Szenen und Milieus
14.3   Trendindikatoren und -deskriptoren
14.4   Verfahren und Methoden der Trend- und Zukunftsforschung
14.4.1 Scanning und Monitoring
14.4.2 Diskontinuitätenanalyse
14.4.3 Trendlebenszyklus-Analyse
14.4.4 Delphi-Methode
14.4.5 Szenario-Methode
14.4.6 Trendscouting
14.5   Trendforschung und Trendscouting in und mit neuen Medien
14.6   Literaturverzeichnis

Auf einen Blick

Das Thema Trend- und Zukunftsforschung wird in der einschlägigen Fachliteratur zuweilen sehr unterschiedlich behandelt. Einerseits findet man eine Vielzahl von quantitativ-mathematisch orientierten Verfahren (Trendexplorationen, funktionale Gleichungen und Simulationsrechnungen), mit denen man zukünftige Entwicklungen anhand von Regressionsgraden, Intervallen oder Simulationen berechnen kann. Andererseits kann man sich qualitativ-prognostischer Verfahren (Scanning, Diskontinuitätsanalyse, Delphi, Szenario) bedienen. Die Trend- und Zukunftsforschung selbst scheint seit geraumer Zeit im Trend zu liegen. Zumindest liegt eine solche Schlußfolgerung nahe, wenn man sich die in den letzten Jahren zunehmende Zahl an (Fach-)Publikationen dieses Genres ansieht. Begleitend hierzu konnte sich eine umfassende Gilde von mehr oder weniger erfolgreichen Zukunftsforschern etablieren, die sich der einleitend genannten aber auch anderer Verfahren zur Ermittlung möglicher Zukünfte bedient. Nicht selten verfolgen deren publizistische Werke die Stile einer impressionistischen Futurologie (*Rust* 1996, S. 16).

Obgleich die Trend- und Zukunftsforschung – aufgrund dieser Entwicklungen – zuweilen schnell in den Bereich von Weissagung, Prophezeiung oder auch Scharlatanerie abzurutschen droht, erkennen immer mehr Unternehmen die grundsätzliche Notwendigkeit, sich mit dem Thema zukünftige Entwicklungsperspektiven auseinanderzusetzen.

Vielleicht liegt es aber auch daran, daß Managern folgendes bewußt wird: »Die Märkte sind globaler und schneller geworden und die Lebenswelten der Menschen damit dynamischer und bunter. Das bedeutet keineswegs, daß sich damit nur noch alles im Fluß oder Spiel befindet, ..., wohl aber, daß wir uns Veränderungen im marktlichen und gesellschaftlichen Umfeld gegenübersehen, welche die Ausgestaltung unternehmerischer Entscheidungen wesentlich beeinflussen und beeinflussen müssen.« (*Buck et al.* 1998, S. 40) Dementsprechend werden unternehmensseitig sehr unterschiedliche Aufgaben an die Trend- und Zukunftsforschung gestellt. Im Rahmen dieses Beitrages möchte ich Ihnen eine Auswahl von qualitativen Verfahren und Methoden der Trend- und Zukunftsforschung vorstellen. Denn gerade die qualitativen Verfahren ermöglichen es den Unternehmen, die im Rahmen der Zukunftsforschung so überaus wichtigen Soft Factors in die Betrachtungen einzubeziehen, die in aller Regel nur schwer quantifizierbar sind.

Es sollen Hinweise dazu gegeben werden, die Ihnen helfen können, die Frage zu umreißen, inwieweit die Trend- und Zukunftsforschung mit unternehmensinternen und ergänzenden externen Ressourcen bestritten werden könnte, und ob dies überhaupt sinnvoll ist. Einleitend wird hierzu auf das Thema Beschleunigungs- und Innovationsfalle eingegangen, anhand dessen die Erwartungshaltungen reflektiert werden können. Hieran anschließend wird die Notwendigkeit von Trendindikatoren und -deskriptoren beschrieben, die es als Bewertungsgrundlage für die individuelle Ausgangs- und Entwicklungssituation sowie zur Eingrenzung zu definieren gilt. Darauf aufbauend werden Ihnen einige qualitative Verfahren der Zukunftsforschung vorgestellt. Zum Abschluß möchte ich Ihnen noch einige neue und interessante Möglichkeiten der Zukunftsforschung im Kontext der neuen Medien aufzeigen.

14.1 Der Zukunft auf der Spur – die Gefahren der Beschleunigungs- und Innovationsfalle

Land auf Land ab wird schon seit geraumer Zeit der Epochenbeginn der Informations- und Kommunikationsgesellschaft proklamiert. Informationen und Kommunikation erhalten demnach einen immer wichtiger werdenden Stellenwert innerhalb der wirtschaftlichen Leistungserstellung und der Wertschöpfungskette.

Unternehmen können sich mittels der Trend- und Zukunftsforschung und der darüber gewonnenen Erkenntnisse in die Lage versetzen, an den Märkten konkrete Wettbewerbsvorteile zu realisieren.

Allerdings birgt das scheinbare – und belegbare – Wissen um die zukünftigen Entwicklungen auch große Gefahren in sich. Gestandene Manager verfallen plötzlich in euphorisches und unreflektiertes Handeln. Im Vorgriff auf die in der Entstehung befindliche Zukunft werden neue Produkte/Dienstleistungen kreiert, oder die von anderen angebotenen innovativen Lösungen werden als die für das eigene Unternehmen richtigen Ansätze (zu) schnell angenommen. Mit der Zeit etabliert sich ein schier wachsender Zukunftsglauben, so daß nur noch innovative und/oder dem Trend entsprechende Produkte/Dienstleistungen angeboten werden sollen. Hierbei läuft man aber Gefahr, in eine Innovationsfalle zu geraten.

Im Zeitalter eines zunehmenden **Geschwindigkeitswettbewerbes** – der vielen Unternehmen tagtäglich vorgelebt wird – spielen Innovatoren (Zukunftsorientierte) eine wesentliche Rolle. Eine unter Umständen systemimmanente Innovationsbeschleunigung kann dazu führen, daß die Innovatoren selbst einem Geschwindigkeitsrausch verfallen.

Wird eine fast zeitgleiche Implementierung der neuesten Entwicklungen und das marktliche Angebot trendgerechter Produkte/Dienstleistungen angestrebt, so können sich sehr schnell erhebliche Probleme ergeben. Diese Entwicklung kann auch anhand folgender Metapher beschrieben werden:

Ein flexibles Unternehmen entwickelt sich durch eine zu starke unreflektierte Trend- und Zukunftsorientierung vom Segler oder Motorboot zum Rennboot. Für einige Unternehmen scheint dies auf den ersten Blick sicherlich erstrebenswert. Das Problem liegt allerdings auf der Hand. Ein nicht ganz so schnelles Boot ist eher in der Lage, sein Umfeld genauer wahrzunehmen (Scanning/Monitoring der Kontextentwicklungen) und kurzfristige Ausweichmanöver einzuleiten. Ein Boot, welches mit hoher Geschwindigkeit über das Wasser (den Markt) rast, unterliegt einer enormen Beschleunigung, die in aller Regel zu mangelnder Manövrier- und Wahrnehmungsfähigkeit auf kurzen Strecken führt (Der Markt bewegt sich ebenfalls, aber die Richtung ist entscheidend). Ein ähnliches Phänomen läßt sich auch bei Supertankern erkennen. Supertanker gelten gemeinhin als schwerfällig und auf kurzer Distanz kaum manövrierfähig, obwohl sie sich mit relativ geringer Geschwindigkeit fortbewegen. Hier ist weniger die Geschwindigkeit entscheidend als vielmehr die enorme Masse, die bewegt wird.

Überträgt man nun diesen Ansatz auf die Trend- und Zukunftsforschung sowie deren Bedeutung für die Unternehmen, so heißt das: Unternehmen, die sich stetig über ihren

Kontext informieren und aus den gewonnenen Erkenntnissen Handlungsoptionen und -empfehlungen formulieren bzw. Szenarien oder Projektionen ableiten, können die Manövrierfähigkeit kleiner Boote oder die eines Seglers erlangen, der die Einflüsse der Umgebung (Wind, Wasser, Strömung = Marktbegebenheiten und -veränderungen) nutzt. Unternehmen, die durch eine zu starre und standardisierte Vorgehensweise bzw. durch eine zu große Adaptionsgeschwindigkeit bei der Implementierung von Innovationen oder der Forcierung von vermeintlichen Trends geprägt sind, können eher mit einem Supertanker oder einem Rennboot verglichen werden (*Pradel* 1997, S. 266 f).

Es gilt somit, einen Mittelweg zu finden, bei dem die Marktentwicklungen verfolgt, aber gleichzeitig den Weg vom Heute in die Zukunft nicht außer Acht läßt. Es gilt, eine zukunftsfähige Unternehmensentwicklung (Sustainable Development) einzuschlagen, die nicht nur kurz-, sondern vor allem mittel- und langfristig durchhaltbar ist (*Bergmann* 1996, 1998). Die Trend- und Zukunftsforschung kann dabei helfen, die kommenden Entwicklungen absehbarer und handhabbarer zu machen. Dem Management obliegt es, die derart ermittelten Ergebnisse und Informationen stetig weiterzuverfolgen, kritisch zu prüfen und diese immer wieder zu reflektieren. Zukunftsforschung darf nicht als einmalige Aufgabe, sondern als fortlaufender Prozeß verstanden werden (*Pradel* 1996 a und 1996 b).

Ein solches Grundverständnis vorausgesetzt, kann die gesamte Marktforschung einschließlich der Trend- und Zukunftsforschung die Etablierung prozeßorientierter Lernzyklen innerhalb der Unternehmen fördern (vgl. den Beitrag von Gustav Bergmann und Marcus Pradel: Marktforschung als Beitrag für ein lernendes Unternehmen, S. 749). Unabhängig hiervon sollten sich die Unternehmen unter anderem folgende Fragen stellen:

- Welche konkreten Erwartungen werden an die Trend- und Zukunftsforschung gestellt und kann sie das leisten?
- Welchen Stellenwert soll sie innerhalb der Management-, Planungs-, und Controllingprozesse haben?
- Können genügend finanzielle und personelle Ressourcen bereitgestellt werden, so daß die definierten Aufgaben mittel- bis langfristig wahrgenommen werden können?
- Bedarf es der Einbindung externer Berater oder Institute zur Bewältigung der Aufgaben?
- Wie kann sichergestellt werden, daß die gewonnenen Informationen entsprechend weiterverarbeitet, diskutiert und reflektiert werden können, um handhabare Handlungsoptionen/-empfehlungen formulieren zu können?

Die vorstehenden Fragen stellen nur einen Ausschnitt der individuell zu formulierenden Fragen dar. Sofern die Zukunftsforschung innerhalb der Unternehmung als strategische und nicht als Alibi Aufgabe verstanden wird, dürfte klar werden, daß sie der Unterstützung des Managements bedarf. Denn nur so können die benötigten Ressourcen auf Dauer bereitgestellt und die notwendige Auseinandersetzung mit den Erkenntnissen ernsthaft geführt werden.

14.2 Trend, Moden, Szenen und Milieus

Viele Unternehmen werden sich nun sicherlich die Frage stellen, inwieweit:
- Trends,
- Moden,
- Szenen und Milieus

unterschieden werden können, und ob dies überhaupt von Bedeutung ist.

Obgleich alle Begriffe scheinbar Ähnliches umschreiben, ist eine Abgrenzung dennoch sinnvoll. Trends und Moden sind vorrangig durch ihre Aktualität und Kurzlebigkeit geprägt. Szenen und soziale Milieus sind demgegenüber zeitstabiler und weisen auf universellere Zusammenhänge und Muster hin.

Betrachtet man den Begriff **Trend** genauer so ergibt sich folgendes: »Der Ausdruck Trend hat seinen Ursprung in der Statistik und bezeichnet dort die Komponente einer Zeitreihe, von der angenommen wird, daß sie evolutionär, längerfristig und nachhaltig wirkt. Spricht man jedoch von einem gesellschaftlichen, wirtschaftlichen, politischen oder technologischen Trend, ist dabei ein komplexes, mehrdimensionales Phänomen sowie die Grundausrichtung bestimmter Entwicklungen und Entwicklungstendenzen in den jeweiligen Bereichen gemeint« (*Bergmann 1996, S. 143*).

Darüber hinaus weisen Trends trotz ihrer fortschreitenden Entwicklung und teilweise gegenläufigen Ausprägungen (Diskontinuitäten) eine gewisse Konstanz und Nachhaltigkeit bezüglich ihrer Merkmale auf. Ansonsten wären diese auch nicht als Trend zu identifizieren. In der Literatur werden Begriffe wie Wertewandel, Bedeutungswandel, Paradigmenwechsel als auch Moden im engen Zusammenhang zum Trendbegriff und sogar als Synonyme hierzu verwendet.

Es erscheint daher sinnvoll, den Trend-Begriff hinsichtlich seines Zeitbezugs in kurzzeitige und langfristige Trends sowie als Mega- oder Metatrends zu systematisieren:
- Kurzzeitige Trends beziehen sich auf einen Zeitraum von bis zu 5 Jahren. Sie betreffen meistens die Bereiche der Alltagskultur, wie Bekleidung, Wohnen, Musik, Kunst, Literatur, Design, Elektronik, Essen und Trinken, Sport. Unterstützt werden diese auch durch ihre massenmediale Proklamierung via TV, Internet und über diverse In- und Out-Listen. Sie sind der Spiegel unseres Zeitgeistes und beeinflussen je nach Intensität die längerfristigen Trends in ihrer Ausprägung und Entwicklungsrichtung, oder werden selbst zu einem langfristigen Trend.
- Der amerikanische Trendforscher John Naisbitt (*Naisbitt 1990*), formulierte den Megatrend. Ihm zu Folge umschreiben Megatrends große gesellschaftliche, ökonomische, politische und technologische Veränderungen, die sich nur langsam entfalten, aber wenn sie erst einmal richtig zum Tragen kommen, ihr Einfluß entscheidende Auswirkungen hat. Diesen Ansatz aufgreifend formulierte der deutsche Zukunftsforscher Gerd Gerken eine Reihe von Metatrends. Diese entstehen aus der Verdichtung vieler einzelner gegenwärtiger Megatrends in der Gesellschaft, welche wiederum Metatrends ausprägen, die als komplexe Trendkombinationen, Grundsätzliches in der Sozio-Sphäre oder im Business verändern oder innovieren (*Bergmann 1996, S. 145*).

Spezialanwendung

Im Rahmen der Zukunftsforschung stößt man immer wieder einmal auf kaum erkennbare **Entwicklungstendenzen**. Es handelt sich bei diesen Phänomenen von ihrer Häufigkeit und Intensität noch nicht um einen Trend. Es sind vielmehr schwache Signale, die sich unter Umständen zu einem Trend weiterentwickeln. Grundgedanke des von Ansoff entwickelten Konzeptes der schwachen Signale ist es, daß sich Entwicklungsphänomene nicht schlagartig durchsetzen, sondern einen Zeitverlauf aufweisen. Entsprechend den diffusionstheoretischen Modellen (Diffusions-/Adopterklassen) wird davon ausgegangen, daß die anfänglichen Signale erst schwach sind, dann immer stärker werden und wieder abnehmen. Trendentwicklungen gehen demzufolge immer schwache Signale voraus, die das Neuauftretende schon vor der Trendwerdung erkennbar werden lassen. Zur Identifizierung der schwachen Signale bedarf es einer umfassenden Sensibilisierung gegenüber dem Beobachtungsfeld. Und hierbei hindern uns oft eine Reihe von Informationspathologien daran, diese richtig aufzunehmen und bewerten zu können.»Gerade für Praktiker ist es deshalb sehr schwer, diese schwachen Signale herauszufinden. Die Schwierigkeit liegt hier weniger in der Frage, wo man sie findet, sondern daß man sie an der Fundstelle wahrnimmt« (*Schub von Bossiazky* 1992, S. 126 f.).

Neben den schwachen Signalen haben in der Trend- und Zukunftsforschung auch die **Diskontinuitäten** eine wichtige Bedeutung. Nicht jedes schwache Signal oder jeder Trend kann und wird sich kontinuierlich weiterentwickeln. Allzu häufig lassen sich auch gegenläufige Entwicklungen (Diskontinuitäten) feststellen. Dies will heißen, daß die scheinbar festgelegte Entwicklungsrichtung verlassen und ein geänderter oder neuer Kurs eingeschlagen wird, bis hin zur Verwässerung und Auflösung (*Pradel* 1992).

Der Begriff **Moden** wird ebenfalls häufig im Zusammenhang mit Trends oder sogar als Synonym zu kurzzeitigen Trends verwendet. Aussagen wie »In Mode sein« oder »Im Trend liegen« umschreiben sehr gut, wie diese Begriffe im alltäglichen Sprachgebrauch genutzt werden. Das heißt, daß man sich einer aktuellen, meist sehr kurzzeitigen Strömung anpaßt, um dem Zeitgeist zu entsprechen.
Genauer betrachtet umschreibt Mode einen Brauch oder eine Sitte zu einem bestimmten Zeitpunkt, womit sich diese bereits vom Trend deutlich abgrenzt. Bergmann führt dazu aus:
- »Moden beziehen sich ausschließlich auf Handlungen und Handlungsmaximen, meist bezogen auf den Gebrauch oder die Anwendung bestimmter Dinge (zum Beispiel die Art, sich zu kleiden, seine Wohnung einzurichten, zu essen und zu trinken), während Trends hauptsächlich das betreffen, was diese Handlungen und Handlungsmaximen verursachten (wie beispielsweise Wertvorstellungen).
- Moden sind zeitpunkt- und damit gegenwartsbezogen und daher rasch wechselnd, Trends dagegen erstrecken sich auf einen in die Zukunft gerichteten Zeitraum. Moden sind unter anderem Inhalt des Zeitgeistes, mit dem Flüchtigkeit, Oberflächlichkeit und Äußerlichkeit assoziiert wird« (*Bergmann* 1996, S. 144).

Szenen und Milieus weisen gegenüber Trends eine wesentliche zeitstabilere Orientierung auf, welche sich nur langsam verändern, bilden und ausprägen. Szenen stehen für Gruppen von Menschen, die sich ähnlichen Denk-/Handlungsmustern oder auch emotionalen Einstellungen zuordnen lassen. Innerhalb der Szenen finden sich Personengruppen zusammen, die bestimmte Lebensorientierungen gemeinsam inszenieren, projizieren und an diesen partizipieren möchten. Frei dem Motto, daran zu glauben, daß jeder meint, daß der andere an ähnliches glaubt wie man selbst. Szenen haftet daher oftmals auch etwas freakiges an, was soviel heißt, daß hier bestimmte Kults entwickelt oder vorgelebt werden. Beispiele hierfür sind die Inline-Skater-, Mountainbiker-, Golf-Spieler- oder auch die Motorrad-Fahrer-Szenen.

Das interessante hierbei ist, daß man an diesen Szenen bestimmte Leitbilder, Moden, Lebensstile und auch sozial-psychologische Trends verfolgen kann, die von diesen entwickelt oder zumindest von ihnen vorgelebt werden. Den Szenen kommt daher eine besondere Bedeutung als Trendindikator zu. Szenen lassen sich wiederum bestimmten Milieus zurechnen oder mit diesen kombinieren. Milieus können nach dem Sozialforscher Schulze anhand ihrer Offenheit für Veränderungen und dem Konsum- und Lebensstilniveau differenziert werden (*Schulze* 1993).

Die vorstehenden Ausführungen verdeutlichen, wie wichtig es ist, die unternehmenseitigen Aufgabenstellungen an die Trend- und Zukunftsforschung klar zu umreißen. In den wenigsten Fällen wird eine allgemeine und globale Formulierung der Ziele erfolgversprechend sein. Daher ist es ratsam, eine ressourcenabhängige Eingrenzung der Untersuchungsfelder festzulegen. Sollen globale Entwicklungstendenzen (übergreifend), allgemeine/spezielle gesellschaftliche, technologische oder wirtschaftliche Trends oder spezielle Teilmärkte bestimmter Produktbereiche auf ihre Veränderungstendenzen hin untersucht werden. Eine allumfassende Betrachtung und Analyse dürfte wohl kaum zu realisieren sein.

14.3 Trendindikatoren und -deskriptoren

Im Vorfeld der Bestimmung von Trendindikatoren und -deskriptoren ist von Vorteil, daß Untersuchungsfeld einzugrenzen oder klar zu umschreiben. Die **Aufgabenstellung** der Trend- und Zukunftsforschung könnte wie folgt lauten:
- Allgemeine gesellschaftliche, technologische und/oder wirtschaftliche Entwicklungen sowie deren Auswirkungen auf das Unternehmen,
- den gesamten Unternehmenskontext oder Teilbereiche (Märkte, Konkurrenten, Partner, Kunden),
- die lokalen, regionalen oder globalen Marktentwicklungen,
- eine brancheninterne/-übergreifende Betrachtung,
- bestimmte Marktsegmente/Produktbereiche oder
- Szenen und Milieus zu untersuchen.

Nachdem man nun den Untersuchungsbereich genauer umschrieben hat, kann man sich der grundlegenden Aufgabe widmen, spezifische Trendindikatoren und -deskriptoren festzulegen.

Trends beeinflussen sowohl das Innere einer Gesellschaft, das heißt, sowohl das Werte- und Bedeutungssystem, die Verhaltensweisen und Denkmuster als auch das Äußere (Kunst, Literatur, Design, Lebensstile). Demzufolge wirken Trends auf die selben Faktoren ein, anhand derer man sie erkennt. Aus diesem Grund sind Trendindikatoren auch gleichzeitig zur Beschreibung der Trends geeignet, also im Sinne von Trenddeskriptoren. **Beispiele** für geeignete Trendindikatoren und -deskriptoren sind die nachfolgenden Konstrukte, mit denen Trends angezeigt und beschrieben werden können (*Bergmann* 1996, 146 f.):

- Wertvorstellungen (Einstellungen),
- Konsum- und Medienverhalten (Konsumgewohnheiten),
- Literatur, Musik, Theater (Bücher, Tonträger, Bühnenstücke),
- Kunst, Design, Medien (Kunst- und Designgegenstände, Formate),
- Wirtschaftliche Eckdaten (Bruttosozialprodukt, Import-/Export) oder
- Markt- und Branchenstrukturdaten (Umsatz, Größe).

Erst auf Basis dieser Beschreibungsgrößen lassen sich etwaige Marktveränderungen, neue Strömungen oder auch gegenläufige Entwicklungen beobachten, erkennen und an ihnen festmachen. Sicherlich gibt es neben diesen individuell festzulegenden Trendindikatoren und -deskriptoren Hinweise und scheinbar plötzlich auftretende Entwicklungen, die nicht beobachtet wurden, aber dieses Phänomen wird niemals eliminiert werden können. Es soll hierbei auch nicht der Eindruck erweckt werden, daß eine strukturierte Festlegung der Beschreibungsgrößen alle Veränderungen – zumindest die des Untersuchungsfeldes – sichtbar machen können. Denn es wird immer eine Reihe von relevanten Indikatoren/Deskriptoren geben, die man übersehen oder außen vor gelassen hat. Im Ergebnis wird die Trend- und Zukunftsforschung auch nur ein annähernd 100%iges Bild der Entwicklungstendenzen und deren Fortkommen erstellen können. Allerdings sollte hierbei nicht in Vergessenheit geraten, daß es nur aufgrund der stetigen Auseinandersetzung mit den (Kontext-)Entwicklungen letztlich möglich sein dürfte, Chancen früher als andere aufzuspüren und diese für sich nutzbar zu machen sowie auftretenden Gefahren frühzeitig entgegenwirken zu können.

14.4 Verfahren und Methoden der Trend- und Zukunftsforschung

Nachdem nun das Untersuchungsumfeld anhand aufgabenadäquater und möglichst zeitstabiler Trendindikatoren und -deskriptoren umschrieben wurde, sollte es mit einem oder mehreren Instrumenten der Trend- und Zukunftsforschung genauer untersucht werden. Ziel ist es, die zu ermittelnden Informationen (Kontextmuster) möglichst als schwache Signale, Trends, Diskontinuitäten, Moden. in ihrer Entwicklung zu verfolgen. Sodann können diese im Rahmen projizierbarer Zukunftsentwicklungen näher beleuchtet und hierüber eine erhöhte Planungssicherheit auf Basis eines entschleunigten Vorgehens erzeugt werden (*Pradel* 1996, 1997).

Bei der Wahl eines geeigneten Instrumentes der Trend- und Zukunftsforschung beschränken wir uns auf den Bereich der qualitativen Verfahren. »Denn ökonometrische Modelle basieren immer auf einer Datenbasis der Vergangenheit« (*Bergmann* 1996, S. 142). Zur Auswahl stehen folgende qualitative Verfahren:

- Scanning (abtasten, rastern) und Monitoring (überwachen, ermahnen)

- Expertenbefragung (Fragebogenaktion, Hearings)
- Diskontinuitätsbefragung (Expertenbewertung von möglichen Trendveränderungen und deren Auswirkungen mittels Fragebogen)
- Trend-Lebenszyklusanalyse (Diffusionstheoretische Betrachtung von Trendentwicklungen)
- Unschärfe-Positionierung (Ermittlung von schwachen Signalen auf Basis eines geänderten Portfolio-Ansatzes)
- Delphi-Methode (mehrstufiges, schriftliches Befragungs- und Berichtsverfahren)
- Szenario-Technik

14.4.1 Scanning und Monitoring

Die bisherigen Gedankengänge aufgreifend ist es vor allem für markt- und dienstleistungsorientierte Unternehmen wichtig, branchenübergreifende Informationen zu erfassen und diese innerhalb des Unternehmens zur Verfügung zu stellen. Aufgrund von personellen Engpässen oder auch im Zuge eines hektisch werdenden Tagesgeschäftes wird das Zusammentragen und Analysieren wichtiger Informationen und Trenddaten oft unbewußt vernachlässigt. So werden mögliche Chancen und Risiken oft zu spät oder gar nicht wahrgenommen.

Dem kann entgegengewirkt werden, indem man ein auf das Unternehmen speziell zugeschnittenes Scanning- und Monitoring-System aufbaut, innerhalb dessen regelmäßig alle verwertbaren Kontextinformationen gesammelt, analysiert und in Abgleich zu den Trendindikatoren und -deskriptoren gebracht werden:

- Das Monitoring verfolgt hierbei die konkrete Aufgabe, Schwache Signale permanent und gezielt aufzuspüren, zu sammeln und zu verfolgen.
- Der Scanning-Prozeß hingegen fokussiert eingeschränkte Teilbereiche und ist dementsprechend noch wesentlich gezielter.

Die im Rahmen des Monitoring aufgespürten Phänomene können auf thematische und/oder kausale Zusammenhänge hin geprüft und etwaige Trends abgeleitet bzw. verfolgt werden.

Als **Informationsquellen** können alle relevanten und verfügbaren, regel- und unregelmäßig erscheinenden:
- (Fach-)Publikationen,
- Studien,
- TV- und Hörfunkberichte,
- Beiträge in den Neuen Medien (Internet und CD-ROM) sowie
- aus Fachinformationsdiensten und Datenbanken herangezogen werden.

Darüber hinaus sollten auch alle innerhalb des Unternehmens zur Verfügung stehenden Informationen, wie:
- interne Arbeitspapiere,
- Analysen und
- Verbandsmitteilungen berücksichtigt werden.

■ Spezialanwendung

Die gewonnenen Informationen werden dann in Trends, schwache Signale, Diskontinuitäten. unterteilt. Diese **Kategorisierung** bedarf einiger Erfahrung im Umgang mit Soft Factors. Aus diesem Grund sollte man dem Scanning- und Monitoring-Team eine umfassende Übungszeit zugestehen oder auf externe Unterstützung zum Aufbau zurückgreifen. Mit der Zeit wird so eine umfassende Datensammlung aufgebaut, die eine fortlaufende und transparentere Analyse der Kontextentwicklungen ermöglicht.

Die mittels des Trendscanning- und Monitoring-Verfahrens erhaltenen Erkenntnisse sollten innerhalb festbestimmter Zeitperioden (Quartal, Halbjahr) im Rahmen einer interdisziplinären Arbeitsgruppe auf ihre Bedeutung für das Unternehmen hin erörtert werden. Die Teilnehmer der Arbeitsgruppe sollten sich aus Mitarbeitern verschiedener Abteilungen und ergänzt um externe Berater oder Vertreter von Verbänden und Interessensgruppen zusammensetzen. Die jeweils erarbeiteten Ergebnisse können dann in Form eines Trendletters zusammengefaßt und dem Management zur Verfügung gestellt werden.

Der vorstehend beschriebene Ablauf kann auch als Grundlage (**Synergiewirkung**) für weitere Aktivitäten, wie die Durchführung der Szenario- oder Delphi-Methode herangezogen werden. Diese ermöglichen es, die gewonnenen Erkenntnisse im Zeitablauf als Handlungsoptionen und -empfehlungen auszuformulieren und stetig zu überprüfen. Die Entwicklung von Zukunftsoptionen muß als dynamischer Prozeß verstanden werden, der kontinuierlich fortgeführt werden sollte. Denn nur so kann auf Dauer die Sustainability der Entscheidungen geprüft und an neue Marktbegebenheiten angepaßt werden.

Ferner ist es denkbar, daß das Scanning- und Monitoringsystem datenbankgestützt ausgebaut wird. Die regelmäßig selektierten, kategorisierten und analysierten Informationen könnten dann in Form einer Online-Datenbank oder eines **Intranet**-Informationssystems allen Beteiligten zur Verfügung gestellt werden.

14.4.2 Diskontinuitätenanalyse

Das Modell der Diskontinuitätenanalyse geht davon aus, daß man Trenddiskontinuitäten analytisch vorausberechnen kann. Im Rahmen einer Diskontinuitätsbefragung werden Experten alle verfügbaren Ausprägungselemente eines Trends bereitgestellt, die sie dann auf ihre Eintrittswahrscheinlichkeit und ihrer Auswirkungen auf das Unternehmen hin bewerten sollen. »Ähnlich wie das Delphi-Verfahren geht die Diskontinuitätsbefragung von der Erfassung der Meinung von Experten mit Hilfe eines Fragebogens aus.« (*Schub von Bossiazky* 1992, S. 133) Die Durchführung der Befragung erfolgt meist in Form von geschlossenen und skalierten Fragen. Die seitens der Experten geschätzten Eintrittswahrscheinlichkeiten und Auswirkungen auf das Unternehmen können dann als Wahrscheinlichkeitsellipsen und -rechtecke in einem Koordinatensystem abgebildet werden.

Von Vorteil ist, daß die Diskontinuitätsanalyse auch Außenseitermeinungen berücksichtigt, da sie nicht auf einer Konsens- oder Mittelwertbildung beruht. Die zum Teil breite Streuung der Einzelwerte vermittelt so einen guten Eindruck der Meinungsverteilung sowie des Diffusionsgrades der Entwicklungen. Allerdings erfordert dieses Verfahren einen erheblichen Nachbearbeitungs- und Analyseaufwand zur Ableitung von Konsequenzen.

14.4.3 Trendlebenszyklus-Analyse

Trends können ähnlich materiellen und immateriellen Produkten, trotz teilweiser Turbulenz und Komplexität, Gleichmäßigkeiten aufweisen, die einem Lebenszyklus entsprechen. Trendlebenszyklen basieren auf der Diffusionstheorie. Diese geht davon aus, daß sich Phänomene innerhalb der Gesellschaft/Märkte schrittweise durchsetzen. Kennzeichnend hierfür sind die verschiedenen Adopter-Klassen (Früh-Adopter, Frühe Mehrheit, Späte Mehrheit, Nachzügler).

Trends setzen sich demzufolge phasenweise und im Zeitablauf in ihrem Umfeld (Gesellschaft/Markt) durch, bis sie nicht mehr als solche erkennbar oder verschwunden sind.

Die implizierte Linearität des Verlaufs basiert auf einer möglichen Selbstverstärkung von Trends bis zu ihrem Höhepunkt. Alte Trends werden durch neue Trends/Impulse abgelöst oder verdrängt. Die verschiedenen Diffusionsphasen kann man als **Trendlebensphasen** interpretieren. Ähnlich der Normalverteilung des Produktlebenszyklusses lassen sich damit Trends bezüglich ihrer Signifikanz, Intensität und Einflußpotentiale prognostizieren. Anders ausgedrückt kann das Diffusionsmodell auch entsprechend des Gesetzes des natürlichen Wachstums aufgefaßt werden. Demnach kann man es unmittelbar sehen, wie sich Ideen, Gerüchte, Trends ja sogar Seuchen nach dem Wachstumsgesetz verbreiten. Die Zunahmerate des betrachteten Objektes erscheint immer proportional zu der Anzahl an Personen, die es schon haben, und derer, die es nicht haben (*Modis* 1994, S. 24 f.) (vgl. Abbildung 1).

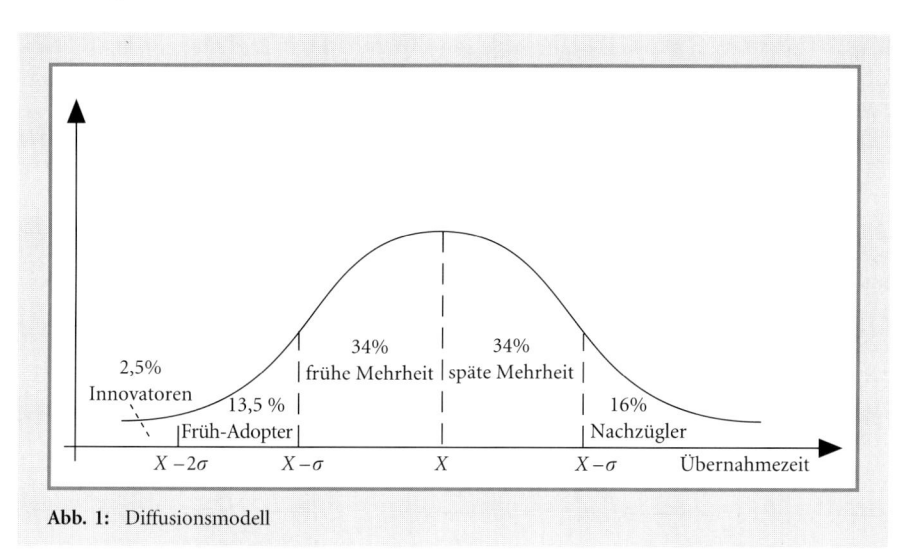

Abb. 1: Diffusionsmodell

Mit der Trendlebenszyklus-Analyse lassen sich allerdings nur grobe Voraussagen treffen, da die theoretischen Trendverläufe häufig durch eine spezifische Dynamik geändert werden oder zu Diskontinuitäten werden, bevor sie sich durchsetzen konnten (*Bergmann* 1996, S. 154).

14.4.4 Delphi-Methode

Im Mittelpunkt der nachfolgenden Betrachtungen stehen die komplexeren und diskursiven Verfahren der Delphi- und der Szenario-Analyse. An Durchführungs- und Planungsprozessen beteiligte Personen können sich unter Zuhilfenahme eines dieser Verfahren sehr intensiv mit den Einflußparametern, Entwicklungstendenzen und Wechselwirkungen von Ereignissen auseinandersetzen, die bei konventionellen und vergangenheitsorientierten Planungsmodellen nur bedingt oder gar nicht zum Tragen kommen.

Kleinere Unternehmen dürften nur selten in der Lage sein, ein Delphi zu Branchenentwicklungen oder zu technologischen Innovationen durchzuführen. Hingegen sind die meisten Kleinbetriebe aber sehr wohl in der Lage, unternehmensbezogene Entwicklungsszenarien auszuarbeiten. Vorausgesetzt die entsprechenden Informationen sind über einschlägige Quellen beschaffbar oder besser noch mittels der Scanning- und Monitoring-Methode aufbereitet. Entsprechende Methodenkenntnisse sind unabdingbar. Im Einzelfall sollte daher geprüft werden, welches Verfahren für den Untersuchungsgegenstand nutzbar ist, und ob die erforderlichen Ressourcen (Manpower, Methodenkenntnis, Finanzmittel) zur Verfügung stehen. Sollte einer dieser Faktoren nicht in ausreichendem Maße vorhanden sein, so gilt zu prüfen, inwieweit das Untersuchungsfeld begrenzt werden kann, oder ob man nicht in Kooperation mit anderen Marktpartnern oder durch die Hinzunahme von Interessensverbänden die entsprechenden Ressourcen bereitstellen kann.

Das Delphi-Verfahren wurde in den 50er Jahren in den Vereinigten Staaten von der RAND-Corporation entwickelt und hatte zum Ziel, die Interaktion innerhalb von Forschungsgruppen besser zu nutzen. Als Medium der Gruppeninteraktion werden Fragebögen eingesetzt (*Bundesministerium für Forschung und Technologie* 1993, S. XIV).

Der **Ablauf des Delphi-Verfahrens** läßt sich im einzelnen wie folgt charakterisieren: Eine ausgewählte Anzahl von Experten eines bestimmten Themen- oder Fachgebietes erhalten in einer ersten Befragungsrunde einen Fragebogen. Dieser ist in offene, halboffene und geschlossene Fragen eingeteilt. Zudem muß jede Antwort begründet werden. Die ausgefüllten Bögen werden zur Auswertung an den Leiter der Delphi-Befragung zurückgesandt. Die Auswertung wird zusammen mit den angeführten Begründungen eines jeden Experten und einem zusätzlich zweiten Fragebogen ergänzt wiederum an den Expertenkreis verteilt. Auch der zweite Fragebogen wird ausgewertet und die Ergebnisse zusammen mit einem dritten Fragebogen an die Experten verschickt. Dieses Vorgehen kann mehrmals wiederholt werden.

Von **Vorteil** ist, daß die involvierten Experten an einem indirekten Meinungsaustausch teilnehmen. Sie werden dabei weder namentlich genannt noch treten sie persönlich in Erscheinung. Mittels der Bereitstellung aller Antwortbegründungen kann innerhalb der verschiedenen Befragungsrunden eine Konsensbildung erfolgen. Aus Sicht der Experten können so gewisse Strömungen, wie schwache Signale, Diskontinuitäten, Trends oder Mega-Trends besser herausgefiltert werden. Anderseits ist diese Art der Konsensbildung aber auch gefährlich. Es kann sich eine pseudo exakte Perspektive herausbilden, da sich die Expertenmeinungen zu sehr angenähert und nichts mehr mit der Wirklichkeit zu tun haben. Mögliche Pseudo-Entwicklungen vollziehen sich nur noch in den Köpfen der Experten und nicht in der Realität.

Es besteht die **Gefahr**, daß der Sinn für die Unsicherheit und die Bandbreite der Erwartungen verloren geht. Bei der Durchführung von Delphi-Befragungen muß diesen potentiellen Fehlerquellen daher entgegengewirkt werden. Eine Möglichkeit hierfür besteht darin, die Experten nicht nur entsprechend ihrer Fachgebiete auszusuchen, sondern den Kreis auch anhand ihrer Persönlichkeitsbilder zusammenzustellen. Untersuchungen zeigen, daß jedes vergleichbare Verfahren, das Gruppeninteraktion zuläßt, der Einzelbewertung von kenntnisreichen Persönlichkeiten überlegen ist. Es trifft aber nicht zu, daß der Konsens über gewisse Einschätzungen allein dem Verfügbarmachen entsprechender Informationen an die Befragten zuzurechnen ist, vielmehr spielen Gruppendruck im Hinblick auf Konformität und letztlich Einstellungsänderungen eine entscheidende Rolle. Die publizierten Untersuchungen und Überlegungen zeigen, daß neben der Fachexpertise beim Zustandekommen eines Delphi-Ergebnisses allgemeine Persönlichkeitsmerkmale zusätzlich zu berücksichtigen und zu kontrollieren sind (*Bundesministerium für Forschung und Technologie* 1993, S. XIV).

Im weiteren sollte die Konsensbildung kritisch hinterfragt werden. Hierzu können Kontrollfragen oder gegenläufige Meinungen gezielt in die Befragungen eingebaut werden.

Die Durchführung des Delphi-Verfahren erfordert umfassende **Vorarbeiten** zur Erstellung der Fragenkataloge und der Auswahl der Experten. Ebenfalls sollte Aufwand für die Auswertung der Ergebnisse und die notwendigen finanziellen und zeitlichen Ressourcen nicht unterschätzt werden. Ferner ist diese Methode nur sinnvoll, wenn sie langfristig durchgeführt werden kann, da mit brauchbaren Ergebnissen erst nach einigen erfolgreich durchgeführten Delphi-Runden zu rechnen ist (*Pradel* 1996 a, 1996 b).

Abschließend kann festgehalten werden, daß »die Delphi-Methode eine effektive Erhebungsmethode (ist), weil sie in räumlicher und zeitlicher Unabhängigkeit die Zusammenschaltung von geballtem Expertenwissen ermöglicht« (*Horx et al.* 1996, S. 93).

14.4.5 Szenario-Methode

Gemeinhin wird das Themenfeld der Zukunftsforschung primär mit dem prognostischen also dem in die Zukunft reichendem und spekulativen verbunden. Hierbei wird in aller Regel übersehen, daß Verfahren wie die Szenario-Methode, zuerst umfassende gegenwartsbezogene Informationen recherchiert und analysiert und anschließend zukunftsgerichtete Szenarien formuliert werden.

Historisch betrachtet tauchte der Szenario-Begriff als solcher bereits Anfang der 50er Jahre im Rahmen von strategischen Militär-Planspielen auf. Aber erst Anfang der 70er Jahre wurde die Szenario-Technik, unter anderem von der *Shell*-Gruppe und dem *Club of Rome*, als alternative Planungstechnik wiederentdeckt (*Pradel* 1996 a und 1996 b, S. 157 ff.; *Reibnitz* 1992, S. 11 ff.).

Ein Szenario besteht aus Aufzeichnungen über **mehrere denkbare Zukunftsentwicklungen** im Wege einer logischen Entwicklung von der Gegenwart zur Zukunft unter Berücksichtigung kritischer Punkte, an denen alternative Entscheidungen zu fällen sind (*Westermann* 1979, S. 41). Bei der Aufzeichnung handelt es sich um skizzenhafte – verbale, tabellarische und/oder grafische – Darstellungen von Zukunftsalternativen. Szenarien beziehen sich zumeist auf komplexe soziotechnische Systeme und deren Umwelt.

Eine allgemeingültige Definition des Begriffes Szenario-Technik gibt es in der betriebswirtschaftlichen Literatur nicht (*Schub von Bossiazky* 1992, S. 128 ff.). Es werden vielmehr eine ganze Reihe von unterschiedlichen Vorgehensweisen und Methoden zur Erstellung von alternativen Zukunftsbildern subsumiert.

Die eigentliche Szenario-Analyse kann an einem achtstufigen **Ablaufplan** durchlaufen werden und gestaltet sich wie folgt:
1) Beschreibung und Definition der Ausgangssituation,
2) Analyse der Kontextmuster (segmentierte Umfelder und Einflußparameter) und Festlegung der Projektionsfelder,
3) Ermittlung von Deskriptoren und Trendprojektionen,
4) Konsistente Annahmenbündelung,
5) Szenarienauswahl und Interpretation,
6) Identifikation und Wirkungsprüfung von Störereignissen,
7) Konsequenzanalyse und
8) Ergebnistransfer.

Die Kontextmuster sollten für die Durchführung der Szenario-Analyse in bestimmte **Projektionsfelder** aufgeteilt werden. Die Anzahl der notwendigen Projektionsfelder kann je Muster variieren. Die so umschriebenen Projektionsfelder können nun mittels Deskriptoren (beschreibender Kenngrößen) detaillierter charakterisiert werden. Unbestimmte Attraktoren lassen sich so in zuverlässige Deskriptoren transformieren. Hierzu werden diese projektionsfeldspezifisch definiert, auf ihren Ist-Zustand hin untersucht und die sich abzeichnenden Entwicklungstendenzen für die Dauer des Betrachtungszeitraumes (zwei, fünf oder zehn Jahre) projiziert. Im Rahmen der sich anschließenden konsistenten Annahmenbündelung werden die Entwicklungsprämissen der einzelnen Projektionsfelder auf ihre Aussagefähigkeit und Richtigkeit hin geprüft. Diese Phase abschließend können die Annahmen über die zukünftige Entwicklung gebündelt werden.

Auf Basis der ermittelten Ergebnisse der Konsistenzanalyse sollten nun **Szenarien formuliert und ausgewählt** werden, die den konkretesten Bezug zur Problemstellung aufweisen. Bei der Auswahl sollten zwischen zwei und maximal fünf Szenarien in Betracht gezogen werden. Es empfiehlt sich, diese dann nochmals genauer auf Konsistenz und Plausibilität zu prüfen. Nachdem dies geschehen ist, werden die zwei bis fünf ausgesuchten Alternativszenarien auf ihr Verhalten im Zusammenhang mit möglicherweise auftretenden Störereignissen hin untersucht. Störereignisse müssen nicht notwendigerweise negative Veränderungen verursachen, sondern sie können gleichfalls auch einen überaus positiven Effekt erzeugen. Wichtig hierbei ist, daß punktuell auftretende Störereignisse durchaus Trendcharakter bekommen können, so daß sich ein nachhaltiger Einfluß auf die Szenarien ergibt. In der nun folgenden Konsequenzanalyse werden die Phasen eins bis drei rückwärts durchlaufen. Man ermittelt die Vorhersagen zu den Einflußfaktoren sowie Chancen und Risiken auf Basis der Szenarien. Aufgrund der Tatsache, daß man an dieser

Stelle über ein sensibilisiertes Problemverständnis verfügt, können neue Aspekte, Problemfelder und insbesondere Kernkompetenzen erkannt werden, die zuvor unberücksichtigt blieben. Ferner können szenarioabhängige Prioritäten festgelegt werden, die helfen, ein informationsbezogenes Frühwarnsystem zu entwickeln. Die ermittelten Ergebnisse sollten auf jeden Fall in einem umfassenden Berichtsband erfaßt werden. Dieser dient dann auch als Grundlage für die Ausgestaltung einer Leitstrategie, die im Rahmen des Ergebnistransfers formuliert werden soll.

Der hier in Kurzform vorgestellte Szenarioprozeß sollte nicht als einmaliges und statisches Planungsmodell betrachtet werden. Vielmehr ist er als **dynamisches** evolutives Instrument der strategischen Planung zu verstehen. Um diesem Anspruch gerecht zu werden, empfiehlt es sich, die einzelnen Phasen innerhalb gewisser Zeitabstände neu zu durchlaufen, wobei die Einzelschritte zueinander in Beziehung gesetzt und auf Plausibilität quer geprüft werden müssen.

Neben der Beachtung formaler Kriterien ist besonders wichtig, daß alle notwendigen Informationen sowie die innerhalb der Phasen ermittelten Ergebnisse im Rahmen umfassender Dialoge und Gruppengespräche diskutiert werden. Der Fokus dieser Gespräche sollte aber nicht nur auf die spezifischen Szenarien gelenkt werden, sondern den Gesamtkontext der Betrachtung mit einschließen. Denn nur allzu schnell verlieren die am Erstellungsprozeß beteiligten Personen den Blick für übergeordnete Prämissen. Daher kann der kommunikative Dialog mit externen Beobachtern (nicht direkt involvierte Mitarbeiter oder auch Berater) eine wichtige Unterstützung bei der Formulierung der zukünftigen Entwicklungstendenzen der Kontextmuster sein. Der Zukunftsforscher Alvin Tofler formulierte dies folgendermaßen: »Man kann die Zukunft nicht vorhersagen. Man kann sie allenfalls in Szenarios fassen und gemeinsam darauf hinarbeiten, daß das Schlimmste verhütet und das Beste realisiert wird« (*Rust* 1996, S. 24).

14.4.6 Trendscouting

Aus der Phantasie heraus werden Trendsouts häufig als junge, smarte, modebewußte Menschen verstanden, die weltweit durch Clubs und Diskotheken streunen und die neusten Trends aufspüren. Ähnlich den Pfadfindern vergangener Zeiten rechnet man ihnen herausragende Kenntnisse über ihre Umfelder zu. Doch dies erscheint bei einer genaueren Betrachtung eher als Irrglaube. Clubs und Diskotheken spiegeln heute eher bereits etablierte Markenbilder wider oder stehen stellvertretend für deren Vermarktungsorte. Selbst wenn man Trendscouts als **Szenekundschafter** bezeichnen würde, so wäre zu hinterfragen, ob diese Personen wirklich in der Lage sind, kulturelle Strömungen, schwache Signale zu identifizieren und zu interpretieren. »Trendscouts protegieren zunächst einmal ihre eigenen Vorlieben – sie neigen dazu, ihren Musikstil und ihre Kleidungsvorlieben als besonders angesagt zu verkaufen. Dies kann zu bizarren Verfälschungen führen, bei denen am Ende irgendwelche Abstrusitäten als Trend ausgerufen werden« (*Horx et al.* 1996, S. 86).

Unternehmen sollten sich darüber hinaus die Frage stellen, inwieweit ein notwendigerweise flächendeckendes und permanent im Einsatz befindliches Netz von Trendscouts etablier- und finanzierbar ist. Gleiches gilt für die diversen Trendagenturen. Es soll nicht in Abrede gestellt werden, daß es eine Vielzahl von begabten Personen gibt, die ein Gefühl für Szenen, kulturelle Ausprägungen und neue Strömungen haben. Doch hierdurch werden sie nicht automatisch zu Trend- und Zukunftsforschern. Die Konsequenz hiervon sollte sein, entsprechend der Aufgabenstellung durchaus Personen (Trendscouts/Szenekundschafter) einzubeziehen, diese aber nur als singuläre Informationsquellen zu verstehen. Den Koordinatoren (Trend-/Zukunftsforschern) obliegt es dann, die Informationen aus dieser als auch anderen Quellen (Scanning, Monitoring) sinnvoll zu verdichten und auszuwerten.

Auf Basis eines solchen Verständnisses können Trendscouts sehr wohl als junge oder junggebliebene Avantgardisten, die bestimmte Szenen gut kennen, als Bindeglied zwischen Szenegeschehen oder Subkulturen und der Trendforschung fungieren. Damit kann man sie in Kombination mit anderen Instrumenten als Trendindikator für die Erfassung von Subkulturen, Szenen, Moden oder auch Lebensstilen nutzen (*Bergmann* 1996, S. 150 f.).

14.4 Trendforschung und Trendscouting in und mit neuen Medien

Der größer werdenden Bedeutung moderner Informations- und Kommunikationstechnologien wird mittlerweile auch in der Trend- und Zukunftsforschung Rechnung getragen. Die zunehmende Verbreitung dieser Technologien, die ein wichtiger Grundpfeiler moderner Wirtschaftsunternehmen geworden sind, erfährt nicht zuletzt durch ihre Multimedialisierung und Online-Orientierung eine noch stärkere Bedeutung. Diese Formen werden auch als neue Medien bezeichnet (CD-ROMs, Online-Dienste, Internet).

An dieser Stelle sollen kurz einige interessante Verknüpfungsansätze zwischen den neuen Medien und den bisherigen Ausführungen aufgezeigt werden.

Eine relativ einfach und schnell zu realisierende Möglichkeit ist die Durchführung **onlinegestützter Scanning-Untersuchungen.** Hierunter ist nichts anderes zu verstehen, als daß Online-Dienste und vor allem das Internet regelmäßig nach schwachen Signalen durchsucht werden. Darüber hinaus ist von Vorteil, daß die entsprechenden Internetseiten oder Dokumente bereits als elektronische Daten vorliegen und direkt weiterverarbeitet werden können. Je nachdem, welche Inhalte gesucht werden, dürfte sich allerdings das Problem einer schier unerschöpflichen Informationsflut ergeben. Daher sollte der Online-Scout, über entsprechende Themenkenntnisse verfügen, um selektiv arbeiten zu können.

Im Rahmen des Scanning- und Monitoring-Verfahrens wurde bereits auf eine weitere Anwendungsmöglichkeit hingewiesen, Scanning- und Monitoring-Systeme als Intranet-Anwendung umzusetzen. Hierbei können die gesammelten Informationen in ein datenbankgestütztes System überführt werden. Oder man stellt nur eine jederzeit abrufbare Eingabemaske zur Verfügung, die universell nutzbar ist. Mit der Zeit kann daraus ein umfassendes Trend-Informationssystem werden, welches nicht nur der Scanning- und Monitoring-Arbeitsgruppe (Future-Task-Force) zugänglich ist, sondern auch abteilungs- und/oder unternehmensübergreifend nutzbar wäre. Auf diese Art und Weise ließen sich auch größere Personenkreise in die Analyse- und Bewertungsprozesse einbinden, da der Zugang einfach regelbar ist.

Das sehr aufwendige **Delphi-Verfahren** kann ebenfalls durch die neuen Medien vereinfacht werden. Die verschiedenen Befragungsrunden werden nicht mehr in Papierform, sondern als Online-Befragung via Internet durchgeführt. Die ermittelten Ergebnisse der geschlossenen und halboffenen Fragen können so schneller (quasi auf Knopfdruck) analysiert werden. Insgesamt fallen eine Reihe lästiger Zwischenschritte bei der Verarbeitung weg. Neben den Vorteilen einer schnelleren und auch globaleren Durchführung des Delphis, gibt es aber auch Probleme. Nicht jeder potentielle Experte verfügt über einen Online- oder Internet-Zugang. Gleichfalls ergeben sich für diese, entsprechend des Umfanges, auch erhebliche Online-Kosten. Freilich lassen sich diese mittels geeigneter Download-Funktionen reduzieren, aber auch dies erfordert auf Nutzerseite gewisse Kenntnisse. Darüber hinaus sollte der Aufwand für die Erstellung und Pflege der Anwendung und den damit verbundenen Kosten nicht vernachlässigt werden, zumal diese nicht unerheblich sind.

Sofern eine nicht so stark strukturierte Form gefordert ist, kann man auch auf die Möglichkeit zur Einrichtung spezieller **Diskussions-Foren und News-Gruppen** im Internet zurückgreifen. Mittels derer können Experten, aber auch Kunden und Mitarbeiter, über bestimmte Themen diskutieren oder Meinungen austauschen. Auch hiermit lassen sich durchaus interessante Informationen ermitteln. Daneben ist es durchaus möglich, spezielle Communities im Netz aufzubauen oder für diese ein Meeting-Point zu werden. Foren und Chats verzeichnen generell eine zunehmende Nutzungsintention bei den Netznutzern, die man sich zunutze machen kann (*Pradel* 1997, S. 161).

Ausgehend von der Tatsache, daß die neuen Medien und primär das **Internet** in ihrer Bedeutung noch zunehmen werden, wird klar, daß man sich diesem Bereich innerhalb der Trend- und Zukunftsforschung nicht verschließen sollte. Die Einbindung ist bereits heute leicht möglich, sei es dadurch, daß man die erweiterten Funktionalitäten der neuen Medien einsetzt, oder daß man diese als umfassende Informationsquelle nutzt.

14.5 Literaturverzeichnis

Bergmann, G.: Zukunftsfähige Unternehmensentwicklung, München 1996
Bergmann, G.: Die Kunst des Gelingens- Lernen- Lösen- Leben- in der Vitalen Organisation, Berlin 1999
Buck, A./Herrmann, C./Lubkowitz, D.: Handbuch Trend-Management, Frankfurt am Main 1998
Bundesministerium für Forschung und Technologie: Deutscher Delphi-Bericht zur Entwicklung und Technologie von Wissenschaft und Technik, Bonn 1993
Horx, M./Wippermann, P.: Was ist Trendforschung, Düsseldorf 1996
Modis, T.: Die Berechenbarkeit der Zukunft – warum wir Vorhersagen machen können, Basel 1994
Naisbitt, J.: Megatrends – 10 Perspektiven, die unser Leben verändern werden, Düsseldorf 1990
Pradel, M.: Aufbau und Einsatz von Datenbanken in der Kommunikation, Düsseldorf 1992
Pradel, M.: Zukunftsforschung, Studie des Köln Institutes, Köln 1996 a
Pradel, M.: Ganzheitliche Verfahren der Zukunftsforschung, in: Bergmann, G.: Zukunftsfähige Unternehmensentwicklung, München 1996 b

Spezialanwendung

Pradel, M.: Marketingkommunikation mit neuen Medien, München 1997
Reibnitz U. v.: Szenario-Technik – Instrumente für die unternehmerische und persönliche Erfolgsplanung, Wiesbaden 1992
Rust, H.: Trendforschung – Das Geschäft mit der Zukunft, Reinbeck 1996
Schub von Bossiazky, G.: Qualitative Methoden der Marketingforschung, München 1992
Schulze, G.: Die Erlebnisgesellschaft, Frankfurt 1993
Westermann, H.: Marketing 2000 – Prognosemethoden und Prognosen der Zukunftsforschung in der Absatzwirtschaft, Berlin 1979

15. Makroökonomische Konsumprognosen mit Fehlerkorrekturmodellen

Thomas Siebe

Inhaltsübersicht

15.1 Konsumprognosen in der empirischen Wirtschaftsforschung
15.2 Keynes'sche Konsumfunktion als Ausgangspunkt
15.3 Stationarität, Kointegration und Fehlerkorrekturdarstellung
15.4 Prognoseeigenschaften
15.5 Fazit
15.6 Literaturverzeichnis

Auf einen Blick

Aufgrund der zuletzt schwachen Einkommenszuwächse können Prognosen der Konsumnachfrage mit Hilfe von Vergangenheitsdaten zu erheblichen Ungenauigkeiten führen. Daher stellt sich die Frage, welchen Beitrag Fehlerkorrekturmodelle zur Verbesserung derartiger Prognosen leisten können. Anders als traditionelle Verfahren erlaubt die Fehlerkorrektur quantitativ wohldefinierte Zuschläge, wenn eine stabile Beziehung zwischen Konsumnachfrage und Realeinkommen unterschritten wird. Umgekehrt führt ein temporäres Überschreiten dieser Beziehung zu entsprechenden Abschlägen.

Der vorliegende Beitrag stellt Voraussetzungen, Möglichkeiten und Grenzen von Fehlerkorrekturmodellen vor. Dabei steht die empirische Anwendung am Beispiel der gesamtwirtschaftlichen Konsumnachfrage im Vordergrund. Die zugrunde liegende statistische Theorie wird nur soweit unbedingt notwendig erläutert – entsprechende Verweise erlauben aber einen Einstieg in die einschlägige Literatur. Unter den darzustellenden Bedingungen sind Fehlerkorrekturmodelle auch für Nachfrageprognosen auf einzelnen Märkten oder für einzelne Unternehmen zu spezifizieren. Die Datenbasis im Anhang erlaubt es, die folgenden Berechnungen schrittweise nachzuvollziehen.

15.1 Konsumprognosen in der empirischen Wirtschaftsforschung

Die Marktforschung kennt eine Reihe von Möglichkeiten, künftige Marktentwicklungen abzuschätzen. Unter den quantitativen Methoden sind zum einen Querschnittsverfahren – etwa zur Auswertung von Befragungen – zu nennen. Dabei wird bekanntermaßen von einer (möglichst repräsentativen) Stichprobe auf eine Grundgesamtheit geschlossen. Andererseits erlauben Zeitreihenverfahren Prognosen anhand von Vergangenheitsdaten. Als ein Vorteil dieser Methode gilt, daß die benötigten Daten im Unternehmen oft schon vorhanden oder zumindest günstig zu beschaffen sind. Ein weiteres Argument für Zeitreihenverfahren ist, daß die Auswertung der Daten oftmals weniger aufwendig ist.

Allerdings erschweren die zuletzt schwachen Realeinkommenszuwächse Längsschnitt-Prognosen der künftigen Nachfrageentwicklung: Als einfachster Ansatz im Rahmen der Zeitreihenverfahren bestimmen **autoregressive Modelle** die künftig zu erwartenden Werte einer Variablen lediglich aus vergangenen Realisationen eben dieser Größe – die zu prognostizierende Nachfrageänderung ergibt sich als gewichteter Durchschnitt früherer Nachfragezuwächse. Dagegen beziehen sich **strukturelle Modelle** auf theoretisch fundierte Beziehungen zwischen ökonomischen Variablen – also etwa zwischen Konsumnachfrage und Realeinkommensentwicklung. Für viele Märkte mit einer einkommensabhängigen Nachfrageentwicklung können beide Prognosemodelle zu Ungenauigkeiten führen: Im ersten Fall bleiben die stagnierenden Einkommen gänzlich unberücksichtigt, so daß die künftige Konsumentwicklung vermutlich überschätzt wird. Im Falle der strukturellen Modelle könnte sich dagegen vergangenheitsbasierte Verhaltensparameter wie etwa die Konsumneigung verändert haben. Vor diesem Hintergrund stellt sich die Frage, welchen Beitrag neuere Verfahren zur Verbesserung von Konsumprognosen leisten.

Fehlerkorrekturmodelle, die in der makroökonometrischen Forschung zuletzt stark an Bedeutung gewonnen haben, können vereinfacht als Mischung autoregressiver und struktureller Elemente interpretiert werden. Als Fehlerkorrektur wird dabei ein Mechanismus bezeichnet, der beim Unterschreiten einer längerfristig als stabil geltenden Relation zwischen ökonomischen Größen für eine Rückkehr zu eben dieser Beziehung sorgt. Umgekehrt zieht ein Überschreiten einer solchen Beziehung wohldefinierte Abschläge bei der Prognose der kurzfristigen Veränderungen nach sich. *Davidson et al.* (1978) haben diesen Modelltyp erstmals in einer britischen Konsumstudie angewendet.

Der vorliegende Beitrag stellt Voraussetzungen, Möglichkeiten und Grenzen von Fehlerkorrekturmodellen vor. Dabei steht die empirische Anwendung am Beispiel der gesamtwirtschaftlichen Konsumnachfrage im Vordergrund. Die dem Verfahren zugrunde liegende Kointegrationstheorie wird nur am Rande erläutert. Die exemplarisch vorgeführten Berechnungen beschränken sich auf die gesamtwirtschaftliche Konsumnachfrage. Sofern die Anforderungen erfüllt sind, die Fehlerkorrekturmodelle an jeweiligen Kausalbeziehungen stellen, ist die Anwendung dieses Modelltyps jedoch auch für die Prognosen auf einzelnen Märkten oder für einzelne Unternehmen denkbar (*Siebe* 1996).

15.2 Keynes'sche Konsumfunktion als Ausgangspunkt

Als einfacher struktureller Ansatz stellt die keynes'sche Konsumfunktion eine lineare Beziehung zwischen der Konsumnachfrage C und dem verfügbaren Einkommen der privaten Haushalte Y her:

$$(1) \quad C = a_0 + a_1 Y$$

Der Parameter a_1 erfaßt die marginale Konsumquote – das heißt den Mehrkonsum, der sich aus einer zusätzlichen Einkommenseinheit ergibt. Der Basiskonsum a_0 ist als einkommensunabhängiger Teil der Konsumnachfrage zu deuten.

Ausgehend von dieser absoluten Einkommenshypothese wurde die makroökonomische Konsumtheorie in vielerlei Weise erweitert. Modernen Konsumtheorien folgend dürften auch das erwartete Einkommen und das Vermögen die Konsumnachfrage beeinflussen. Einen Überblick über alternative konsumtheoretische Hypothesen gibt beispielsweise das Lehrbuch von *Mankiw* (1998, S. 447 ff.). *Wolters* (1992) nutzt einige dieser Ansätze zur empirischen Analyse anhand deutscher Konsumdaten. Im Kern stellen aber auch moderne makroökonomische Konsumtheorien Beziehungen zwischen der Konsumnachfrage und einer weiten Abgrenzung des Einkommens her.

Um die Darstellung einfach zu halten, unterbleiben Analysen der Strukturbrüche durch die deutsche Vereinigung. Der Beobachtungszeitraum erstreckt sich somit auf die alten Bundesländer zwischen 1975 und 1994 – mit dem Berichtsjahr 1995 wurde die Volkswirtschaftliche Gesamtrechnung für Westdeutschland eingestellt (Statistisches Bundesamt lfd. Jg.). Für diesen Zeitraum führt der keynes'sche Ansatz mit Hilfe des Kleinste-Quadrate-Verfahrens zu dem Ergebnis, daß durchschnittlich gut 85 vH des verfügbaren Einkommens konsumiert werden – für die Sparquote ergibt sich mit 15 vH also ein vernünftiger Schätzwert (vgl. Tabelle 1).

	Koeffizient	T-Statistik
a_1 – Konsumquote	0,851	111,4
a_0 – Basiskonsum	3,76	1,4
Saisonkomponenten nicht dargestellt		
80 Beobachtungen	Bestimmtheitsmaß	0,994

Tab. 1: Eine Regression zwischen Konsum und Einkommen, Gleichung (1); 1. Quartal 1975 bis 4. Quartal 1994 (Westdeutschland)

Ohne an dieser Stelle auf Testverfahren im Regressionsmodell einzugehen, läßt sich folgende Faustregel formulieren: Signifikante Einflüsse von Variablen sind erst ab einer t-Statistik von (absolut) größer als 2 zu erwarten. Entsprechend ist die Konsumquote hoch gegen einen Wert von Null gesichert, während vom Basiskonsum kein signifikanter Einfluß ausgeht.

Spezialanwendung

Diese oder ähnliche Spezifikationen finden sich in makroökonomischen Prognosemodellen regelmäßig (*RWI* 1991). Sie sind in der letzten Zeit jedoch in die Kritik geraten – die Literatur bezeichnet sie unter später zu erläuternden Bedingungen als spurious regressions (Scheinregressionen). Abbildung 1 erläutert diese Position: Sie zeigt, daß die Konsumnachfrage und das verfügbare Einkommen im Stützzeitraum deutlich angestiegen sind. Damit haben beide Variablen einen gemeinsamen Trend, der aber keine ökonomisch sinnvolle Kausalität widerspiegeln muß. Da die meisten ökonomischen Variablen einem derartigen Muster folgen, gilt diese Kritik für eine Vielzahl von Regressionen zwischen diesen Größen.

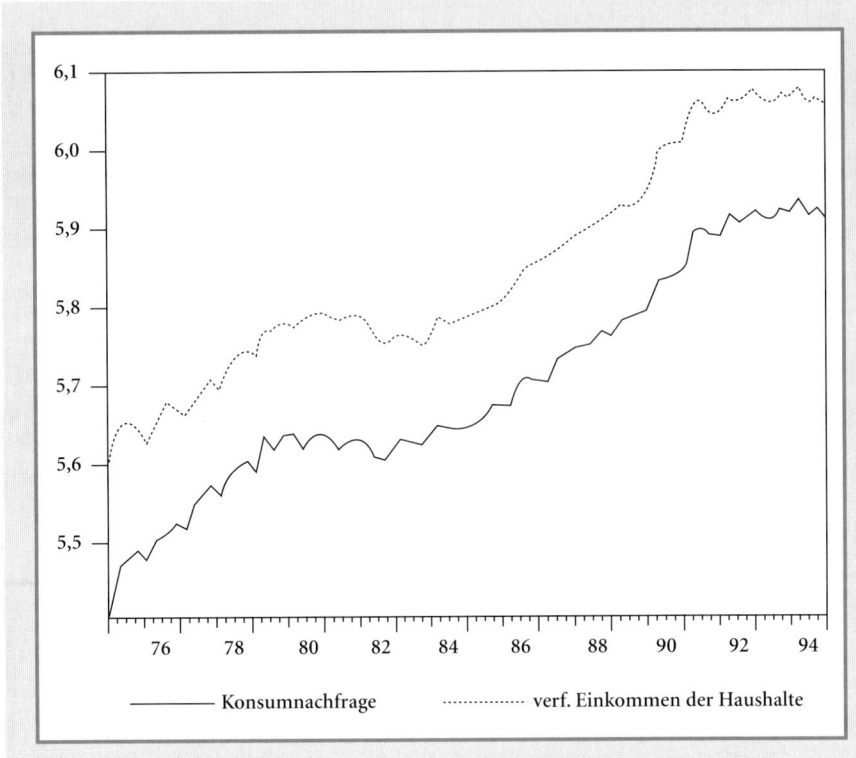

Abb. 1: Konsum und verfügbares Einkommen der privaten Haushalte in Westdeutschland 1975–1994 in Preisen von 1991; saisonbereinigte Quartalswerte in Logarithmen

Dies legt die Verwendung von Variablen nahe, deren Mittelwerte und Varianzen sich nicht systematisch mit dem jeweiligen Stützzeitraum verändern. Solche Größen heißen stationär. Oftmals läßt sich Stationarität durch Bildung von Differenzen herstellen: Ist die Konsumnachfrage wie gesehen nicht stationär, dann könnten ihre ersten Differenzen diese Eigenschaften besitzen. Anknüpfend an Abbildung 1 ergeben sich die Differenzen der logarithmierten Einkommens- und Konsumentwicklung als Veränderungsraten:

$$(2) \quad \Delta \ln C = b_0 + b_1 \, \Delta \ln Y$$

In dieser Formulierung ändert sich zum einen die Interpretation der Parameter. Das Absolutglied b_0 ist diejenige Wachstumsrate der Konsumnachfrage, die sich unabhängig von Zuwächsen des realen Einkommens ergibt (autonomer Konsumzuwachs). Entsprechend ist der Parameter b_1 als Elastizität anzusehen – er gibt an, daß ein Anstieg des realen Einkommens um 1% im Stützzeitraum mit einem Wachstum der Konsumnachfrage um 0,88 % verbunden war (Tabelle 2). Ein einkommensunabhängiger Konsumzuwachs existiert diesen Ergebnissen zufolge wiederum nicht.

	Koeffizient	T-Statistik
b_1 – Einkommenselastizität der Konsumnachfrage	0,877	11,1
b_0 – autonomer Konsumzuwachs	0,1	1,0
79 Beobachtungen	Bestimmtheitsmaß	0,617

Tab. 2: Eine Regression zwischen Konsum- und Einkommenswachstum, Gleichung (2); 2. Quartal 1975 bis 4. Quartal 1994 (Westdeutschland)

Der Vergleich dieser Ergebnisse mit Tabelle 1 zeigt, daß die Qualität des abgebildeten Zusammenhangs gemessen an den t-Statistiken und am Bestimmtheitsmaß abnimmt. Zwar ist der Einkommenseinfluß weiterhin signifikant. Das Bestimmtheitsmaß gibt an, daß die Streuung der Einkommensänderungen nur noch 62 vH statt 99 vH der Varianz des Konsumwachstums erklärt. Dieses Ergebnis stützt das Mißtrauen in Regressionen auf Basis nichtstationärer Daten und zeigt, daß der gemeinsame Trend auch in diesem Fall die Stärke der Beziehung überzeichnet.

15.3 Stationarität, Kointegration und Fehlerkorrekturdarstellung

Wie aus Abbildung 1 hervorgeht, unterliegen Einkommen und Konsumnachfrage einem stetigen Wachstum und weisen daher vom Stützzeitraum abhängige Mittelwerte auf. Dies könnte jedoch auch auf einen trendstationären Prozeß zurückzuführen sein: Vereinfacht ausgedrückt ist dies der Fall, wenn eine Variable mit unveränderter Varianz um einen Trend streut (*Hassler* 1994). In diesem Fall müßte eine Bereinigung um den Trend stattfinden. Fraglich ist ferner, ob durch Bildung erster Differenzen für beide Größen Stationarität herzustellen ist. Dies kann mit Hilfe des DF-Tests (*Dickey/Fuller* 1979) als einem geläufigen Verfahren geprüft werden. Dieser Test unterstellt, daß eine Ursprungsreihe Y_t einem autoregressiven Prozeß erster Ordnung $Y_t = q + r\, Y_{t-1} + u_t$ mit der Störvariablen u_t folgt. Durch Subtraktion von Y_{t-1} folgt:

$$(3) \quad \Delta Y_t = q + (r-1)Y_{t-1} + u_t$$

Die Existenz einer Einheitswurzel ($r = 1$) kann abgelehnt werden, falls $(r-1)$ signifikant kleiner als null ist. Als Testgröße dient eine modifizierte t-Statistik (*McKinnon* 1991). Kommen weitere Verzögerungen als Regressoren in der Form $\Delta Y_t = q + (r-1)Y_{t-1} + s\,\Delta Y_{t-1} + u_t$ hinzu, dann handelt es sich um den erweiterten

Test (ADF), der bezüglich des erzeugenden Prozesses beliebige autoregressive Prozesse unterstellt. Generell heißt ein Prozeß von der Ordnung Eins integriert (I1), wenn der Test für Y_t auf eine Einheitswurzel hinweist, und die Ablehnung einer Einheitswurzel für $\Delta^2 Y_t = q + (r-1)\Delta Y_{t-1} + u_t$ möglich ist.

Für den Konsum und das verfügbare Einkommen kommt die Testfolge zu folgendem Ergebnis: Beim zunächst durchgeführten Test auf Trendstationarität ($ADF_{t,1}$) liegen die ermittelten t-Statistiken unter den von McKinnon tabellierten kritischen Werten – hier kann eine Einheitswurzel also nicht verworfen werden. Für die Wachstumsraten als ersten Differenzen der Logarithmen gilt dies nicht: Sowohl in der ursprünglichen DF-Version als auch bei einer Erweiterung um ein und zwei Verzögerungen kann die Stationaritätshypothese nicht abgelehnt werden – die t-Statistiken liegen deutlich über den kritischen Werten (vgl. Tabelle 3):

		Konsum	Einkommen
in Logarithmen	$ADF_{t,1}$	− 1,5	−1,7
in Wachstumsraten	DF	−12,3	−8,7
	ADF_1	− 7,9	−8,3
	ADF_2	− 6,9	−5,6

Tab. 3: Die Stationaritätsstests, Gleichung (3); 1. Quartal 1975 bis 4. Quartal 1994 (Westdeutschland)

Sofern – wie im vorliegenden Fall – beide Variablen vom Grad Eins integriert sind, können sie unter Umständen eine weitere gemeinsame Eigenschaft aufweisen. Dies ist der Fall, wenn zwischen beiden eine stabile langfristige Beziehung besteht. Solche Variablen heißen kointegriert. Von der **Kointegrationsbeziehung** sind allenfalls in einer kurzen Frist Abweichungen möglich. Somit besteht eine Tendenz zur Rückkehr zu dieser Relation. Dies impliziert in der kurzen Frist einen besonderen Anpassungsmechanismus: Wird eine langfristige Beziehung unterschritten, dann kommt zur normalen Reaktion auf Datenänderungen ein Fehlerkorrekturterm hinzu, der die Annäherung an diese Gleichgewichts-Beziehung herbeiführt.

Diese Eigenschaften lassen sich wiederum am Beispiel der makroökonomischen Konsumfunktion verdeutlichen. Zu prüfen ist in diesem Fall, ob eine Kointegrationsbeziehung zwischen Konsumnachfrage und Einkommen besteht. In Logarithmen transformiert wird Gleichung (1) zu:

$$(4) \quad \ln C_t - c_0 - c_1 \ln Y_t = f\, k_t$$

	Koeffizient	T-Statistik
c_1 – langfristige Einkommens-elastizität der Konsumnachfrage	0,992	100,9
80 Beobachtungen	Bestimmtheitsmaß	0,992

Tab. 4: Die Langfristbeziehung, Gleichung (4); 1. Quartal 1975 bis 4. Quartal 1994 (Westdeutschland)

Den Schätzungen zufolge ergibt sich eine Einkommenselastizität der Konsumnachfrage von Eins. Einkommenswachstum und Konsumwachstum entsprechen sich demnach; die Konsumquote erweist sich als stabil (vgl. Tabelle 4).

Sind beide Variablen kointegriert und stellt Gleichung (4) eine langfristige Gleichgewichtsbeziehung dar, dann müssen die Residuen e_t stationär sein. Als einfacher Test auf Kointegration gilt daher die Prüfung auf Stationarität der Residuen. Ein entsprechender ADF-Test führt zu dem Ergebnis, daß die Stationaritätshypothese auf dem 1%-Signifikanzniveau nicht verworfen werden kann – ein alternativer Test nach *Johansen* (1991) kommt ebenfalls zu dem Ergebnis, daß die Existenz einer Kointegrationsbeziehung nicht abzulehnen ist. Kointegrationsbeziehungen lassen sich in der Fehlerkorrekturdarstellung ausdrücken (*Engle/Granger* 1987). Diese Gleichung wird hier der Einfachheit halber auf eine Verzögerung beschränkt:

(5) $\quad \Delta \ln C_t = \lambda \, \Delta \ln Y_t + \gamma \, \Delta \ln C_{t-1} - \mu f \, k_{t-1} + v_t.$

Da Gleichung (4) im vorliegenden Fall eine Kointegrationsbeziehung ist, sind sowohl die Fehlerkorrektur als auch die Veränderungsraten von Konsum und Einkommen stationär. Bei der Fehlerkorrekturdarstellung einer Kointegrationsbeziehung handelt es sich also um eine Regression mit ausschließlich stationären Daten. Der Fehlerkorrekturterm $\mu \cdot fk_{t-1}$ wirkt dabei in folgender Weise: Überzeichnet die Langfristbeziehung die beobachteten Werte am aktuellen Rand, dann liegt Gleichung (4) entsprechend ein negatives Residuum fk_{t-1} vor. Damit es zu einer Tendenz zur Gleichgewichtsbeziehung kommt, muß der Anpassungsparameter ein negatives Vorzeichen haben. Dies ist in Gleichung (5) entsprechend vermerkt.

Abbildung 2 zeigt dies am Beispiel der Konsumnachfrage: Eine gemessen an der Einkommensentwicklung ungewöhnliche Konsumzurückhaltung gab es in Westdeutschland während der Rezessionen 1975 und 1981/82 sowie im Vereinigungsjahr 1990 – dort allerdings hinkte die Konsumnachfrage dem stürmischen Einkommenswachstum zeitweise nach. In den Folgeperioden impliziert dies Korrekturen des Konsumwachstums nach oben. Im umgekehrten Fall eines überdurchschnittlichen temporären Konsumanstiegs ergibt sich die Annäherung an die Langfristbeziehung durch eine Dämpfung der Zuwächse.

Tabelle 5 zeigt die geschätzten Parameter des Fehlerkorrekturmodells zwischen 1975 und 1994. Die langfristigen Modelleigenschaften werden durch den Parameter c_1 in Gleichung (4) bestimmt, während die Dynamik von den Parametern λ und μ in (5) abhängt. Langfristig reagiert die Konsumnachfrage mit einer Elastizität von Eins auf Einkommensänderungen, und kurzfristig liegt sie mit 0,878 etwas darunter. Diese Differenz fällt jedoch nicht so groß aus, als daß grundsätzliche andere Charakteristika des Fehlerkorrekturmodells im Vergleich zu alternativen Spezifikationen zu erwarten wären. Die t-Statistik des Fehlerkorrekturparameters μ weist auf Signifikanz der Fehlerkorrektur hin – im übrigen ist dies eine weitere Möglichkeit zum Testen der Kointegration. Insofern würde ein fehlender Fehlerkorrekturterm eine Fehlspezifikation bedeuten.

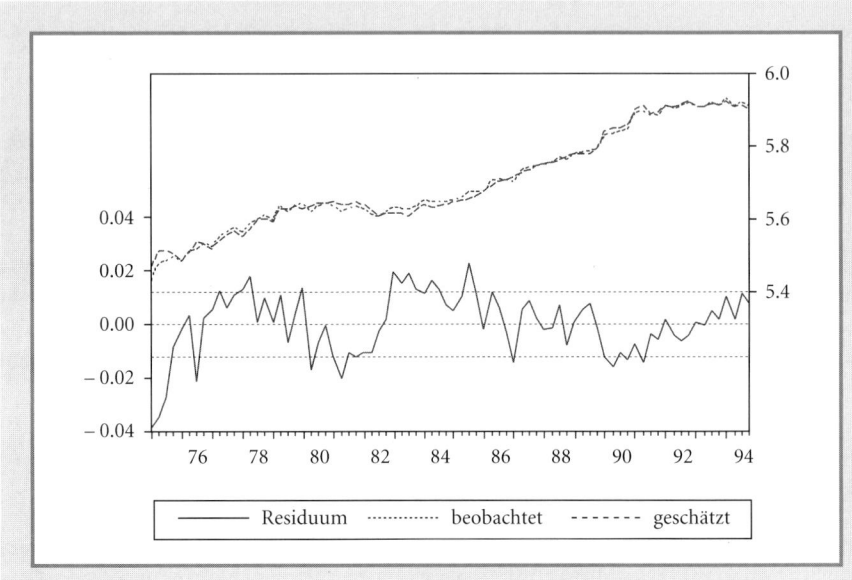

Abb. 2: Konsum und Einkommen, Die Residuen der Langfristbeziehung 1975–1994

	Koeffizient	T-Statistik
λ – kurzfristige Einkommenselastizität der Konsumnachfrage	0,878	12,5
γ – verzögerte Endogene	– 0,183	– 3,0
μ – Fehlerkorrektur	– 0,400	– 4,8
78 Beobachtungen	Bestimmtheitsmaß	0,721

Tab. 5: Das Fehlerkorrekturmodell, Gleichung (5); 3. Quartal 1975 bis 4. Quartal 1994 (Westdeutschland)

Im allgemeinen erfordern Prognosen eine hinreichende Stabilität der geschätzten Parameter und die Abwesenheit von Autokorrelation. Die Forderung nach stabilen Parametern leuchtet intuitiv ein: Waren die Parameter in der Vergangenheit größeren Brüchen unterworfen, dann sind derartige Veränderungen auch künftig zu erwarten. Der Informationsgehalt von Prognosen auf der Basis dieser empfindlichen Schätzungen ist daher gering. Alternative Tests auf Strukturbrüche stellt *Kramer* (1991, S. 292) relativ kompakt dar. Einen optischen Eindruck von der Stabilität der Parameter gibt Abbildung 3, bei der die Parameter λ und μ als Ergebnis rekursiver Regressionen dargestellt sind: Jeweils ausgehend vom Beginn des Stützzeitraumes werden sukzessive Schätzungen der Ausgangsgleichung mit den Endzeitpunkten 3/1976 bis 4/1994 dargestellt. Leichte Stabilitätsprobleme sind demnach allenfalls während der Rezession 1981/82 zu konstatieren Als Standardtest auf Stabilität der Regression gibt der CUSUM-Test am aktuellen Rand keine Hinweise auf strukturelle Brüche.

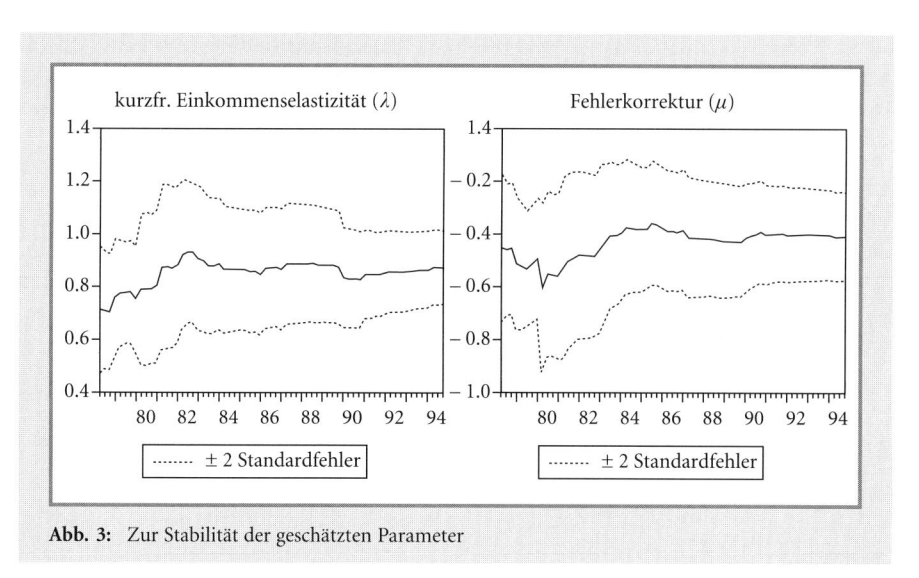

Abb. 3: Zur Stabilität der geschätzten Parameter

Mit **Autokorrelation** wird die Korrelation der Störvariablen untereinander bezeichnet. Dies führt generell zu ineffizienten, unter Umständen sogar zu verzerrten Schätzungen der Parameter. Einige Beispiele finden sich in *Pindyck/Rubinfeld* (1991, S. 137 ff.). Autokorrelation erster Ordnung liegt vor, wenn die Kovarianz aufeinanderfolgender Störvariablen $E(v_t \, v_{t-1})$ nicht null ist. Einen Überblick über Tests auf Autokorrelation gibt *Hansen* (1993, S. 97 ff.). Für die hier vorliegende Gleichung (5) kann Autokorrelation erster Ordnung anhand einer Durbin-Watson-Statistik von 2,08 ausgeschlossen werden. Der ebenfalls durchgeführte Ljung-Box-Test auf Autokorrelation bis zur achten Ordnung weist ebenfalls auf keine signifikante Autokorrelation hin: Bei einer Wahrscheinlichkeit von 5% und acht Freiheitsgraden ergibt sich ein Wert der χ^2-Verteilung von 15,5, der durch den empirischen Wert von 13,4 unterschritten wird.

15.4 Prognoseeigenschaften

Abschließend stellt sich die Frage nach der Prognosefähigkeit des Fehlerkorrekturmodells. Im Vergleich sind alternative Spezifikationen auf ihre Genauigkeit bei der Prognose der Veränderungsraten des Konsums zu prüfen. Als ein Kandidat gilt die in Gleichung (2) dargestellte strukturelle Spezifikation, bei der sich die Konsumprognose ausschließlich aus der Einkommensvorgabe ergibt. Als weitere einfache Vergleichsspezifikation wird eine autoregressive Gleichung der Form:

$$\Delta \ln C_t = \gamma_1 \Delta \ln C_{t-1} + \ldots + \gamma_4 \Delta \ln C_{t-4} + v_t.$$

zugrundegelegt. Dabei wird unterstellt, daß Erwartungen über künftige Veränderungsraten der Konsumnachfrage anhand der jeweils letzten vier beobachteten Wachstumsraten gebildet werden. Eine dritte Alternative ist schließlich eine Mischung aus beiden – eine strukturelle Gleichung für die Veränderungsrate der Konsumnachfrage mit einer Abhängigkeit von Einkommensänderungen unter zusätzlicher Berücksichtigung früherer Konsumänderungen. Diese Spezifikation ergibt sich, wenn in Gleichung (5) die Fehlerkorrektur entfällt.

Ex post-Simulationen – grob umrissen als das Nachzeichnen der beobachteten Daten im Stützzeitraum – geben einen Eindruck von der jeweiligen Anpassungsgüte. Abbildung 4 zeigt die Differenzen zwischen berechneten und tatsächlichen Werten für die letzten 40 Quartale. Auf die Darstellung der Ergebnisse mit der rein strukturellen Spezifikation wird verzichtet, weil ihre Ergebnissen stark denen der um lags erweiterten Gleichung ähneln.

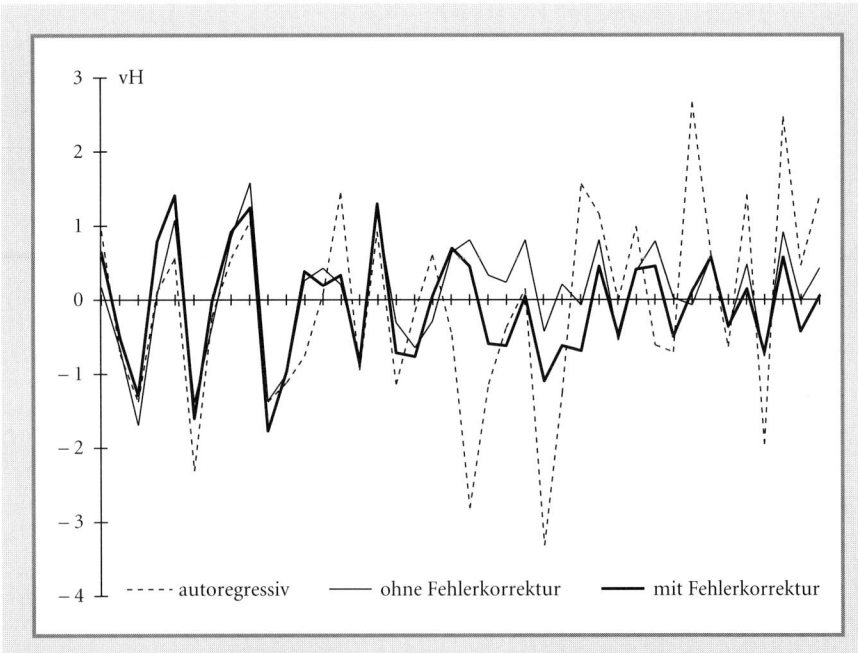

Abb. 4: Ex post-Simulationen mit alternativen Spezifikationen, Differenzen zu den beobachteten Wachstumsraten (1/1985 bis 4/1994)

Konsumprognosen

Am Anfang des dargestellten Zeitraums fallen mit dem autoregressiven Verfahren Unterschätzungen von bis zu 2 vH-Punkten ins Auge – sie dürften auf die fehlende Berücksichtigung der mit der Steuerreform verbundenen Einkommenseffekte zurückzuführen sein. Noch größere Fehler treten während der deutschen Vereinigung auf. Aufgrund der fehlenden Berücksichtigung des Einkommens führt das autoregressive Verfahren zu nicht akzeptablen Ergebnissen, wenn sich das Einkommen außergewöhnlich verändert. In Zeiten mit normaler Einkommensentwicklung ist es den anderen Verfahren nicht generell unterlegen.

Dieses Problem wird entschärft, wenn neben den endogenen Verzögerungen zusätzlich Einkommenssteigerungen berücksichtigt werden. In 29 von 40 Quartalen führt diese erweiterte Spezifikation zu besseren Ergebnissen als das autoregressive Verfahren – in den verbleibenden elf Fällen liegt der Zuwachs an Genauigkeit acht Mal unter einem halben vH-Punkt. In einem weiteren Schritt zeigt sich, daß die Abbildungsqualität durch die Berücksichtigung der Fehlerkorrektur nochmals steigt: In 26 der betrachteten 40 Quartale ist die Anpassung mit Fehlerkorrektur genauer als ohne. Dabei ist die Verbesserung aber nur in drei Quartalen größer als ein halber vH-Punkt – umgekehrt ist das Modell ohne Fehlerkorrektur nur einmal deutlich besser als das Fehlerkorrekturmodell.

Dieser generelle Eindruck von der Anpassungsqualität der einzelnen Spezifikationen wird durch die mittlere absolute Abweichung in der ex post-Simulation bestätigt (Tabelle 7): Während die autoregressive Gleichung zu einem absoluten Durchschnittsfehler von fast einem vH-Punkt führt, erweist sich das Fehlerkorrekturmodell als doppelt so genau. Der einfache strukturelle Ansatz liegt in der Mitte zwischen beiden, und der strukturelle Ansatz mit Verzögerungen aber ohne Fehlerkorrektur erweist sich als etwas besser.

	Bestimmtheitsmaß	Ex post-Simulation Mittlere absolute Abweichungen (1/1985–4/1994)	Ex post-Prognose Mittlere absolute Abweichungen (1/1994–4/1994)
autoregressiv	0,30	0,99	1,53
strukturell	0,62	0,70	0,90
ohne Fehlerkorrektur	0,67	0,62	0,54
mit Fehlerkorrektur	0,72	0,54	0,44

Tab. 6: Ex post-Eigenschaften alternativer Spezifikationen

Ex post-Simulationen sind ein notwendiges, aber keineswegs hinreichendes Kriterium zur Analyse der Prognosequalität unterschiedlich spezifizierter Gleichungen. Eine härtere Prüfung stellen entsprechende Berechnungen außerhalb des Stützzeitraums dar – dabei sind neben den eigentlichen Prognosen **backcasts und ex post-Prognosen** zu unterscheiden (*Pindyck/Rubinfeld* 1993, S.180 ff.): Die beiden letzen Prozeduren lassen sich dadurch charakterisieren, daß Stützzeitraum und Beobachtungszeitraum nicht identisch sind. Im ersten Fall werden verfügbare Daten vor dem Stützzeitraum prognostiziert und mit den tatsächlich realisierten verglichen. Eine ex post-Prognose beruht demgegenüber auf einem Vergleich der berechneten und der beobachteten Daten im Anschluß an den Stützzeitraum.

Im Gegensatz zur tatsächlichen Prognosesituation sind bei der ex post-Prognose die exogenen Rahmendaten bekannt – entsprechend entfällt eine bedeutsame Fehlerquelle von echten Prognosen. Dennoch läßt sich damit die Qualität der gewählten Spezifikation prüfen. Mit den durchgeführten Ein-Schritt-Prognosen wird eine kurzfristige Prognosesituation nachgestellt. Den Vorausschätzungen liegen jeweils rekursive Regressionen zugrunde: Wird das 1. Quartal des Jahres 1994 prognostiziert, dann basiert dies auf einer Schätzung bis zum 4. Quartal 1993. Die Prognose liegt damit immer um genau ein Quartal außerhalb des Stützzeitraums.

Diese Prozedur wird für die vier Quartale des Jahres 1994 durchgeführt. Die Ein-Schritt-Prognosen bestätigen das durch die ex post-Simulationen gewonnene Bild – während des Jahres 1994 sind die Spezifikationen mit und ohne Fehlerkorrektur den beiden einfacheren Verfahren offensichtlich noch stärker überlegen (Tabelle 6): Das autoregressive Verfahren führt trotz der Beschränkung auf eine Periode voraus zu erheblichen Abweichungen – dies dürfte auf die 1994 durchweg fallenden Realeinkommen zurückzuführen sein. Die rein strukturelle Spezifikation verschlechtert sich auf einen mittleren absoluten Prognosefehler von knapp einem vH-Punkt. Dagegen schneiden die aufwendigeren Modelle sogar etwas besser als innerhalb des Stützzeitraums ab.

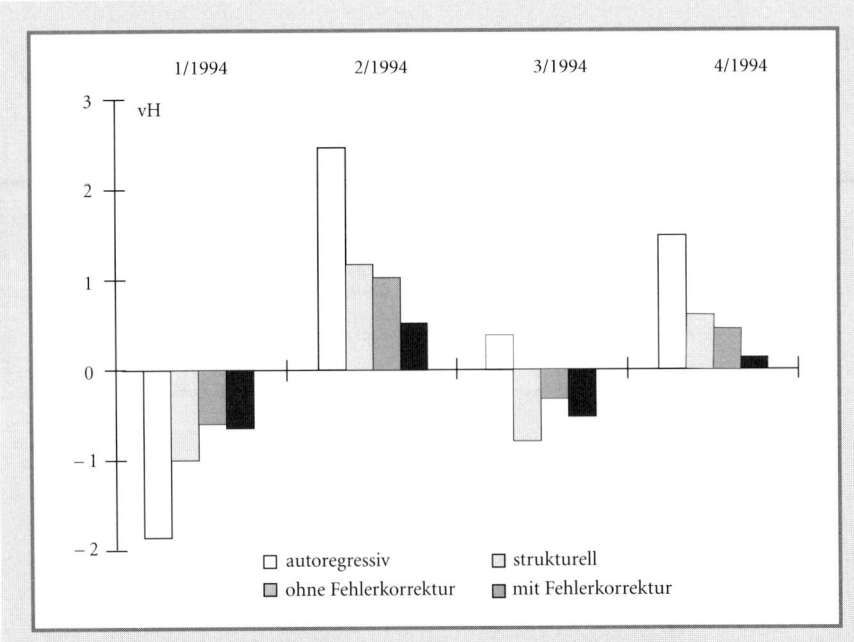

Abb. 5: Ein-Schritt-Prognosen mit alternativen Spezifikationen, Differenzen zu den beobachteten Wachstumsraten (1 bis 4/1994)

Abbildung 5 stellt die Ergebnisse für das Jahr 1994 im Detail dar: Während die autoregressive Gleichung nur im dritten Quartal eine Fehlermarge von unter einem vH-Punkt ermöglicht, liegt die strukturelle Gleichung (2) nur im zweiten Quartal darüber. Sowohl die erweiterte strukturelle Spezifikation als auch das Fehlerkorrekturmodell unterschreiten die ein-Prozent-Marge in allen vier Quartalen. Dabei stellen sie jeweils zweimal die beste ex post-Prognose, wobei sich das Fehlerkorrekturmodell insgesamt wiederum als etwas treffsicherer erweist.

15.5 Fazit

Das Beispiel makroökonomischer Konsumprognosen für die alten Bundesländer zeigt, daß sich eine erhöhte Aufmerksamkeit bei der Spezifikation der zugrunde liegenden Gleichung lohnt. Bei der Anpassung an die beobachteten Daten in Stützzeitraum und bei der Prognose schneiden Fehlerkorrekturmodelle erheblich besser ab als die vorgestellten Alternativen. Gegenüber naiven Ansätzen können die auf der Gleichung beruhenden Prognosefehler jeweils halbiert werden.

Autoregressive Modelle dürften nur dann vorzuziehen sein, wenn die zu prognostizierende Größe keinen systematischen Einflüssen unterliegt. Im vorliegenden Fall müßte keine Abhängigkeit des Konsums vom Einkommen nachzuweisen sein. Auch für den Fall, daß künftige Einkommenszuwächse schwer abzuschätzen sind, dürften die Nachteile dieses naiven Verfahrens geringer werden, weil es diese a priori-Information zur Prognose nicht benötigt.

Die Überlegenheit des Fehlerkorrekturmodells gegenüber den strukturellen Verfahren nimmt mit der Stärke der Kointegrationsbeziehung zu. Mit der Stabilität der Langfristbeziehung gewinnt die im Fehlerkorrekturmodell implementierte Rückkehr zum Gleichgewicht immer stärker an Relevanz. Da die Stabilität der Beziehung zwischen Konsum und Einkommen den dargestellten Tests zufolge am aktuellen Rand abnimmt, unterscheiden sich die Eigenschaften des Fehlerkorrekturmodells und des um Verzögerungen erweiterten strukturellen Modells dort nicht allzu deutlich. Dies gilt auch für die ökonomische Interpretation der Parameterschätzungen: Während das Fehlerkorrekturmodell die Einkommenselastizität der gesamtwirtschaftlichen Konsumnachfrage zwischen 1975 und 1994 kurzfristig mit 0,88 und langfristig mit 1 beziffert, erhält man im erweiterten strukturellen Modell ähnliche Schätzwerte.

Sämtliche Berechnungen wurden mit dem Softwarepaket *econometric views* auf Basis der folgenden Daten durchgeführt:

	Konsumnachfrage in Preisen von 1991				Verfügbares Einkommen der privaten Haushalte in Preisen von 1991			
	I	II	II	IV	I	II	II	IV
75	5,42232	5,46954	5,47944	5,48960	5,60750	5,65099	5,65340	5,64488
76	5,47589	5,50404	5,50977	5,52659	5,62389	5,64773	5,67797	5,67139
77	5,51585	5,54744	5,55732	5,57279	5,65751	5,68179	5,69850	5,70905
78	5,55862	5,58224	5,59247	5,60564	5,69299	5,71191	5,73954	5,74329
79	5,58869	5,63319	5,61389	5,63368	5,73555	5,77008	5,76881	5,77772
80	5,63718	5,61323	5,63143	5,63914	5,77159	5,77830	5,78631	5,78770
81	5,63035	5,61327	5,62468	5,62892	5,79007	5,78171	5,78350	5,78900
82	5,62378	5,60643	5,60059	5,61342	5,78241	5,76492	5,75080	5,75941
83	5,62878	5,62360	5,62034	5,62960	5,75728	5,75652	5,74923	5,76459
84	5,64698	5,64121	5,64328	5,64248	5,78332	5,77265	5,77841	5,78312
85	5,64628	5,65470	5,67073	5,66916	5,78948	5,79223	5,79631	5,80611
86	5,67020	5,70048	5,70529	5,70099	5,82067	5,83690	5,84760	5,85248
87	5,69801	5,73032	5,73815	5,74377	5,86089	5,87327	5,87811	5,89023
88	5,74503	5,74996	5,76577	5,75961	5,89576	5,90035	5,90791	5,91681
89	5,77667	5,78081	5,78446	5,79016	5,92526	5,92424	5,92596	5,94086
90	5,82685	5,83279	5,83861	5,84308	5,98904	5,99847	5,99888	6,00615
91	5,89313	5,89696	5,88539	5,88575	6,05081	6,06180	6,03929	6,04142
92	5,91319	5,90214	5,90936	5,92026	6,06153	6,05670	6,06624	6,07454
93	5,90850	5,90624	5,92219	5,91390	6,05820	6,05682	6,06767	6,06246
94	5,93344	5,90962	5,92311	5,90972	6,07330	6,05831	6,06198	6,05247
beide Reihen saisonbereinigt und in Logarithmen								

Abb. 6: Daten (Quelle: Statistisches Bundesamt, eigene Berechnungen)

15.6 Literaturverzeichnis

Davidson, J. E. H./Hendry, D. F./Srba, F./Yeo J. S.: Econometric Modelling of the Aggregate Time Series Relationship Between Consumers' Expenditure and Income, in: Economic Journal, 88/1978, S. 661 ff.

Dickey, D. A./Fuller, W. A.: Distribution of the Estimators for Autoregressive Time Series with a Unit Root, in: Journal of the American Statistical Association, 74/1979, S. 427 ff.

Engle, R. F./Granger, C. W. J.: Co-Integration and Error Correction: Representation, Estimation and Testing, in: Econometrica, 55/1987, S. 251 ff.

Hansen, G.: Quantitative Wirtschaftsforschung, München 1993

Hassler, U.: Einheitswurzeltests – Ein Überblick, in: Allgemeines Statistisches Archiv, 78/1994, S. 207 ff.

Johansen, S.: Estimation and Hypothesis Testing of Cointegration Vectors in Gaussian Vector Autoregressive Models, in: Econometrica, 59/1991, S. 1551 ff.

Kramer, W.: Modellspezifikationstests in der Ökonometrie, in: RWI-Mitteilungen, 42/1991, S. 285 ff.

McKinnon, J.: Critical Values for Cointegration Tests, in: Engle, R. F./Granger, C. W. J. (Hrsg): Long-Run Economic Relationships. Readings in Cointegration, Oxford 1991, S. 267 ff.

Mankiw, N. G.: Makroökonomik, 3. Auflage, Stuttgart 1998

Pindyck, R. S./Rubinfeld, D. L.: Econometric Modells and Economic Forecasts, 3. Auflage, New York 1991

RWI – Rheinisch Westfälisches Institut für Wirtschaftsforschung (Hrsg.): Arbeiten mit ökonometrischen Modellen, Essen 1991

Siebe, Th.: Kurzfristige Branchenprognosen mit Fehlerkorrekturmodellen, in: RWI-Mitteilungen, 47/1996, S. 191 ff.

Statistisches Bundesamt (StaBuA), Fachserie 18 (Volkswirtschaftliche Gesamtrechnungen), Reihe 1.3 (Konten und Standardtabellen), laufende Jahrgänge, Stuttgart/Mainz

Wolters, J.: Der Zusammenhang zwischen Konsum und Einkommen: Alternative ökonometrische Ansätze, in: RWI-Mitteilungen, 43/1992, S. 115 ff.

Kapitel VIII
Sonderformen der Marktforschung

Werner Hagstotz/Karin Schmitt-Hagstotz
1. **Car Clinic** 715

Susanne Stark
2. **Marktforschung im Handwerk** 725

Rötger Noetzel
3. **Spezifische Kunden- und Besucherbefragungen** 738

Gustav Bergmann/Marcus Pradel
4. **Marktforschung als Beitrag für ein lernendes Unternehmen** 749

Thomas Baaken
5. **Simultane Marktforschung** 770

1. Car Clinic

Werner Hagstotz/Karin Schmitt-Hagstotz

Inhaltsübersicht

1.1   Grundsätzliche Charakterisierung
1.2   Möglichkeiten der Produktpräsentation
1.3   Anwendungsbedingungen im Mittelstand
1.4   Der Methoden-Mix als Grundlage der Car Clinic sowie der Product Clinic allgemein
1.5   Durchführungsschritte einer Car Clinic
1.6   Die Übertragung auf mittelstandsbezogene Fragestellungen: eine (fiktive) Fallstudie
1.7   Low-Budget-Ansätze: geht das?
1.8   Ausblick
1.9   Literaturverzeichnis

Auf einen Blick

Bei Car Clinics handelt es sich um eine spezielle Form von Produkttests, die aus den Erfordernissen der Automobilindustrie erwachsen ist. Die Ursprünge gehen zurück auf US-amerikanische Forschungskonzepte der 50er Jahre.

Das Ziel: den Markterfolg eines neuen Fahrzeugs zu optimieren, indem die Sicht der Endverbraucher bereits in den Entwicklungsprozeß mit einbezogen wird. Bereits vor der Markteinführung lassen sich so Anhaltspunkte für die Akzeptanz neuer Modelle gewinnen.

Das Grundprinzip: In der Regel werden zwischen 50 und 150 potentielle Kunden aus der anvisierten Zielgruppe unter strengen Geheimhaltungsauflagen an festgelegte Orten (Studios, Hallen, Hotels) eingeladen, sich mit dem geplanten neuen Fahrzeugmodell auseinanderzusetzen. Diese stationäre (an einen Ort gebundene), intensive und zeitaufwendige Beschäftigung mit dem Produkt war Grundlage für die Namensgebung Clinic. Mittlerweile findet sich diese Untersuchungsform auch in anderen Produktbereichen als Clinic für technische Geräte und Verkehrsmittel. Je nach Stadium der Produktentwicklung unterscheiden sich Ablauf der Clinic und eingesetzte Methoden. Nach Möglichkeit sollte das untersuchte Produkt stets im Umfeld der wichtigsten Wettbewerber analysiert werden.

In jedem Fall treffen wir bei Clinics auf einen Mix von standardisierten und qualitativen Erhebungsinstrumenten. Um die individuelle Auseinandersetzung der Zielpersonen mit den Modellen möglichst tief ausloten zu können, haben die qualitativen Methoden ein stärkeres Gewicht.

Die aufwendige methodische und organisatorische Gestaltung der Car Clinics macht sie zu einem der kostenintensivsten Instrumente der Marktforschung, insbesondere dann, wenn die Tests international durchgeführt werden.

1.1 Grundsätzliche Charakterisierung

Car Clinics gehören zu den anspruchsvollsten Instrumenten der Marktforschung. Der Begriff beinhaltet vereinfachend gesagt das Testen eines neuen oder verbesserten Automobils in den verschiedenen potentiellen Käufersegmenten. Vergleichbar ist die Car Clinic mit einem intensiven Konzept- oder Produkttest (vgl. den Beitrag von Werner Hagstotz/Karin Schmitt-Hagstotz: Konzepttest, S. 261) im Studio. In Anbetracht der enormen Entwicklungs- und Produktionskosten im Automobilsektor verläuft dieser Test methodisch sehr viel differenzierter und ausgefeilter. Dabei kommt, wie noch im Detail besprochen wird, eine Kombination verschiedener Erhebungsmethoden zum Einsatz. Die Clinics beginnen zwei bis drei Jahre vor Markteinführung und können die gesamte Entwicklungszeit begleiten, angefangen von der CAD-Präsentation am Bildschirm über Prototyp-Studien, Innenraumbewertungen bis hin zum Test des Werbematerials zum Verkaufsstart. Während dieser Zeit ist absolute **Geheimhaltung** unerläßlich. Nicht nur die Auswahl der Veranstaltungsorte muß eine Abschirmung von der Öffentlichkeit zulassen, sondern auch bei der Auswahl der Zielpersonen sollte durch Vorbefragungen sichergestellt werden, daß weder Personen aus journalistischen Berufen noch Mitarbeiter aus der Automobilbranche oder deren Angehörige unter den eingeladenen Testpersonen zu finden sind (*Wyss* 1991, S. 130 f.).

Die Stichprobe sollte sich an einer möglichst **weitgefaßten Zielgruppenbeschreibung** orientieren. Dadurch können auch Randsegmente der potentiellen Kunden berücksichtigt werden. Bei nationalen Studien sollte ein absolutes Minimum von 50 Testpersonen nicht unterschritten werden. Besser sind Stichprobengrößen zwischen 100 und 250 Personen, um auch nach einzelnen Merkmalen der Zielgruppen differenzieren zu können. Bei internationalen Studien müssen diese Zahlen pro teilnehmendem Land angesetzt werden.

Zusammenfassend lassen sich für Car Clinics folgende Forschungsschwerpunkte aufzeigen (*Häussler* 1996):
- Welchen Gesamteindruck vermittelt das Design? Dieser läßt sich unterscheiden sowohl nach der äußeren Formgebung des neuen Modells als auch nach der Gestaltung des Innenraums (Anmutungstest, welche Botschaften übermittelt das Design, welche Assoziationen werden geweckt).
- Wie wird das Erscheinungsbild im Konkurrenzfeld möglicher Mitbewerber beurteilt?
- Wie läßt sich das neue Modell unter den Wettbewerbern einordnen? (Positionierung)
- Welche Bedeutung haben technische Detaillösungen und einzelne Designideen für das (erwartete) Erleben des neuen Produkts?
- Wie sehen Vorstellungen und Erwartungen zum Gebrauchsnutzen aus?

Bei so umfassender Fragestellung läßt es sich leicht vorstellen, daß Car Clinics zeitlich sehr umfangreich sind: die Untersuchungsdauer kann pro Testperson durchaus einen halben Tag betragen. Eine entsprechende Honorierung der eingeladenen Testpersonen ist deshalb selbstverständlich.

1.2 Möglichkeiten der Produktpräsentation

Entscheidend für die Form, in der ein Produkt in der Clinic präsentiert wird, sind **Budget und Entwicklungsphase**. Modelle, die den potentiellen Kunden zu Forschungszwecken präsentiert werden, orientieren sich zwangsläufig am technischen Entwicklungsstand des neuen Produkts. Bezogen auf Car Clinics unterscheiden wir in erster Linie die unten aufgeführten Möglichkeiten der Produktpräsentation (J. *Häussler* 1996); auch hier ist es möglich, die vorgestellten Methoden auf andere Produktbereiche zu übertragen.

Die Darstellung folgt der zeitlichen Entwicklungsschiene eines Produkts, in diesem Fall dem Ablauf der Fahrzeugentwicklung:

- Die **computergestützte oder virtuelle Car Clinic**: diese Form der Untersuchung hat bislang vor allem den Vorteil, daß sie bereits ganz zu Anfang eingesetzt werden kann, wenn erst Zeichnungen und Entwürfe zu einem neuen Fahrzeug vorhanden sind. Getestet werden soll damit die Akzeptanz unterschiedlicher Design-Entwürfe, um so die Entwicklungsrichtung endgültig festzulegen. Mit fortschreitender Entwicklung von Computertechnik und virtuellen Realitäten (VR) geht heute die Bedeutung der computergestützten Car Clinic über die Einsatzmöglichkeiten zu Beginn des Produktlebenszyklus hinaus. Erste Forschungsergebnisse (*Erdmann* 1998; *Context* 10/98) zeigen, daß VR-gestützte Car Clinics die Herstellung aufwendiger Prototypen zu diesem Zweck durchaus ersetzen können. Nachteile virtueller Clinics haben vor allem zwei Aspekte: zum einen können Wettbewerbsmodelle nur unzureichend in die Untersuchung mit einbezogen werden, da zu ihrer virtuellen Darstellung meist das notwendige CAD-Material fehlt; zum anderen fehlen bislang in virtuellen Darstellungen noch Wahrnehmungsdimensionen wie (be-)fühlen, hören und riechen.
- Die **Video Clinic**: die Filmwelt hat es uns längst gezeigt: realitätsgetreue Abbildungen im Film können auch mit verkleinerten Modellen erzielt werden. So werden in Car Clinics Videosequenzen dazu benutzt, einen tatsächlichen Prototypen zu ersetzen. Dies ist besonders dann von Vorteil, wenn Transportschwierigkeiten auftreten, oder der Test an mehreren unterschiedlichen Orten stattfinden muß (bei internationalen Studien). Ein weiterer Pluspunkt für dieses Vorgehen: auch vertonte Videos, die mit Hilfe von Modellen aufgenommen wurden, sind immer noch kostengünstiger als die Herstellung eines Prototyps.
- Die **Car Clinic am Produkt** (meist Prototyp) selbst: hierbei handelt es sich um den klassischen Fall der Car Clinic. Das neue Fahrzeug kann in seiner ganzheitlichen Form erfahren und erlebt werden. Der Gesamteindruck von Produkt und Design, die Bedienung, die gesamte Anmutung (anfassen, fühlen, hören und riechen) lassen sich immer noch am besten anhand eines real anwesenden Produkts besprechen.
- Seltener, aber mit noch intensiverer Produkterfahrung findet die Fahr-Clinic oder auch **dynamische Car Clinic** statt. Die Modellentwicklung ist fast bis zur Serienreife abgeschlossen. Um die letzten Hinweise auf Verbesserungsmöglichkeiten in den Bereichen Komfort, Bedienelemente und Handling zu erlangen, dürfen potentielle Kunden das neu entwickelte Fahrzeug auf einer sorgfältig abgesperrten Teststrecke fahren. Dieser Test eines neuen Automobils und seiner Fahreigenschaften ist nicht nur für die Teilnehmer, sondern auch für Forscher und Hersteller ein spannendes Unterfangen,

das ein Höchstmaß an professioneller Organisation verlangt. Hierbei geht es nicht um motorsportliche Höchstleistungen, sondern um praxisnahe Kundenerfahrungen in Alltagssituationen mit dem neuen Modell und seinen Wettbewerbern.

Die so gefundenen Verbesserungsvorschläge der potentiellen Käufer werden nach Möglichkeit bis zur Markteinführung des Fahrzeugs in die Produktion umgesetzt.

Produktphasen	Marktforschung
• Vorüberlegungen: Gesamtmarkt und Marktsegmente derzeit und zukünftig	→ Desk Research, ev. Szenariotechnik
• Grundkonzept des neuen Fahrzeugs entsteht und konkretisiert sich. Parallel dazu Überlegungen zu Zielgruppen, Positionierung und Wettbewerbern	→ Konzepttest (unter größter Geheimhaltung) evtl. als computergestützte Car Clinic und/oder Expertenbefragung (evtl. nach Delphi-Methode)
• Erste Prototypen entstehen in Handarbeit	→ **Car Clinic(s)**, evtl. international. Absatzpotential-Schätzung durch größere quantitative Befragung
• Fahrbereite Nullserie entsteht; evtl. Vorstellung auf Automobil-Messen	→ Evtl. »**Fahr-Clinic**«. Auf jeden Fall Fahrerprobung durch Mitarbeiter und Vertrieb. Auf Messe Resonanzmessung.
• Pressevorstellung, danach offizieller Verkaufsstart	→ Meinungsbilder-Befragung auf Pressevorstellung. Bei Verkaufsstart Befragung von Öffentlichkeit und Händlern/Verkäufern. Ab jetzt kontinuierliche Probefahrer-Befragung, nach Auslieferungstermin Start der Erstkäuferbefragung.
• Die Produktlebenszyklus-Kurve wird durchlaufen	→ Kontinuierliche Messung der Kundenzufriedenheit mit Produkt, Service und Umfeld. Optimal: als »Frühwarnsystem«
• Produktverbesserung (Face-Lifting) und Modellpflege; evtl. Bau von Derivaten	→ Bei größeren Änderungen Resonanzmessung, evtl. wiederum als **Car Clinic**

Abb. 1: Die Einbettung der Car Clinics in die Automobil-Marktforschung:

1.3 Anwendungsbedingungen im Mittelstand

Nahezu alle größeren Automobilhersteller arbeiten weltweit in der Fahrzeugerprobung und -optimierung mit Car Clinics. Im Rahmen der zunehmenden Internationalisierung und Globalisierung der Unternehmen wird es immer wichtiger, diese auch in allen wichtigen Absatzmärkten durchzuführen. Schon in den europäischen Kernländern finden sich beispielsweise unterschiedliche Assoziationen zu dem Begriff Fahrkomfort, und die Erfahrung zeigt, daß ein für den französischen Markt optimiertes Fahrzeug nicht zwangsläufig auch in Deutschland gut ankommt. Die hohen Kosten von mehreren hunderttausend DM pro Clinic und Land werden akzeptiert, da sie nur einen Bruchteil des Investitionsvolumens ausmachen, um das es bei der Frage des Markterfolges geht. Hinzu kommen weitgehend positive Erfahrungen mit Car Clinics: **Endverbraucher** haben eine andere Sichtweise als Entwicklungsingenieure, Marketingleute und Designer, und sie sind es, die letztlich über den Markterfolg entscheiden.

Die Frage stellt sich nun zwangsläufig, warum ein Marktforschungsinstrument, das im Regelfall Hunderttausende von DM kostet, in einem Marktforschungshandbuch für den Mittelstand Erwähnung findet. Die Antwort ist einfach: weil sich etliche Elemente der methodischen Vorgehensweise einer Car Clinic auch für ganz andere Branchen und Produktbereiche analog einsetzen lassen. Die damit einhergehenden Kosten belaufen sich dann nicht mehr auf mehrere Hunderttausend DM, sondern auf vier- bis fünfstellige Summen. Die Ausführungen dieses Abschnitts zur Car Clinic sollten deshalb stets im übertragenen Sinne gesehen werden: es geht darum, die beschriebenen Vorgehensweisen auf die eigene Branche und das eigene Produkt zu übertragen. Wir können also den Begriff Car Clinic durch den der **Product Clinic** ersetzen. Dies dürfte zumindest dann sinnvoll sein, wenn es um Herstellung oder Vertrieb erklärungsbedürftiger und/oder designorientierter technischer Gebrauchsgüter geht, für die potentielle Käufer zumindest einige hundert DM investieren. Wenn wir in diesem Zusammenhang vom methodischen Konzept der Clinic sprechen, ist damit gemeint:

- die intensive Auseinandersetzung von Verbrauchern mit Produkten, die sich noch im Stadium der Entwicklung befinden,
- das Einbringen dieses Produkts als ganzheitliches Erleben in den Untersuchungsaufbau (optisch, sensorisch, akustisch),
- die vergleichende Analyse des Produkts in seinem Wettbewerbsumfeld und
- ein differenzierter Methoden-Mix als Untersuchungsaufbau.

1.4 Der Methoden-Mix als Grundlage der Car Clinic sowie der Product Clinic allgemein

Wie bereits erwähnt ist die Durchführung einer professionellen Car Clinic die hohe Schule der Marktforschung. Zum Einsatz kommen sowohl standardisierte als auch offene Befragungstechniken und alle Formen der Beobachtung:
- Standardisiert abgefragt wird beispielsweise bei jedem Teilnehmer der Clinic die automobile Vorgeschichte (welche Autos welcher Marke bisher besessen?), offen erfaßt die Stärken und Schwächen dieser bisherigen Autos oder Assoziationen zu Automarken. Darüber hinaus werden auch Einstellungstests durchgeführt und Fragen zum soziokulturellen Hintergrund der Testpersonen gestellt.
- In explorativen Einzelgesprächen schildern die Zielpersonen ihre persönlichen Eindrücke und Meinungen zum vorgestellten Produkt. Bei einer Fahr-Clinic könnte auch per Tonbandaufzeichnung der im Testfahrzeug mitfahrende Interviewer die spontanen Eindrücke aufnehmen, die die Versuchsperson beim Befahren einer Teststrecke

mit zuvor definierten Fahrübungen von sich gibt (Beschleunigen, Bremsen, Handling, Einparken).
- Durch verdeckte Beobachtung und Video-Aufzeichnung wird ermittelt, auf welche Weise sich die Testperson mit dem zu testenden Produkt auseinandersetzt. Gestik und Mimik können hier sehr aufschlußreich sein. Wie werden Bedienelemente verstanden? Wie lange benötigt eine Testperson, bis die Sitzverstellung im Fahrzeug gefunden ist und eine angenehme Sitzposition eingenommen werden kann?
- Eine weitere Erhebungssituation der psychologischen Marktforschung, die bei Product Clinics zum Einsatz kommen kann, sind die erweiterten Focus-Groups mit erfahrenen Moderatoren. Sie eignen sich zur Erhebung emotionaler Aspekte gestützt durch projektive Verfahren, Analogiebildungen oder auch Rollenspiele (*Häussler* 1996)

Daß ein so aufwendiges Vorgehen tiefreichende Erkenntnisse über die Auseinandersetzung der Testpersonen mit dem Fahrzeug mit sich bringt, liegt auf der Hand. Kehrseite des aufwendigen Methoden-Mix ist die **Auswertung**: hat beispielsweise Testperson Anton Müller nach zwei bis drei Stunden die Car Clinic absolviert und wird nach Entgegennahme eines angemessenen Honorars verabschiedet, dann liegen sowohl ausgefüllte Fragebogen als auch bespielte Videocassetten und besprochene Tonbandprotokolle in einer nummerierten Klarsicht-Folie bereit für die spätere Auswertung. Aus so unterschiedlichem Material eine zusammenfassende einheitliche Ergebnisberichterstattung zu machen, und zwar auf Basis aller fünfzig bis zweihundertfünfzig Teilnehmer an der Car Clinic, erfordert ein eingespieltes Auswertungsteam und zwei bis drei Wochen Zeit. Kommt dann noch der internationale Aspekt hinzu, wird die Clinic also in mehreren Ländern durchgeführt, dann steigt der Auswertungsaufwand nochmals an.

1.5 Durchführungsschritte einer Car Clinic

In diesem Abschnitt werden die wichtigsten Schritte einer internationalen Car Clinic kurz beschrieben, um dieses Marktforschungsinstrument in seinen Grundzügen vollständig darzustellen. Der Transfer auf mittelstandsbezogene Anwendungen folgt als Fallstudie im nächsten Abschnitt. Hier nun also der typische Ablauf einer Car Clinic am Beispiel eines neuartigen Stadtfahrzeugs:
1) Ein international erfolgreiches Automobilunternehmen stellt aufgrund von Marktanalysen zunehmenden Bedarf nach einem designorientierten und komfortablen Stadtfahrzeug fest, das zunächst mit verbrauchsoptimierten Verbrennungsmotoren und später mit alternativen Antriebskonzepten ausgestattet würde.
2) Einige Jahre später hat das Entwicklungsteam des Unternehmens in Handarbeit einige Prototypen des zukünftigen Stadtfahrzeugs auf die Räder gestellt. Ein renommiertes, international tätiges Marktforschungsinstitut wird mit der Durchführung eines ersten **Akzeptanztests** in Form einer Car Clinic beauftragt. Diese soll in den wichtigsten Absatzmärkten Deutschland, Frankreich und Italien durchgeführt werden und jeweils mindestens 50 bis 250 potentielle Käufer verschiedener Zielgruppen-Segmente umfassen.

3) Das vom Institut vorgelegte detaillierte Ablaufkonzept für die Car Clinic wird mit dem Auftraggeber inhaltlich und zeitlich abgestimmt. Die französischen und italienischen Übersetzungen werden vorgenommen, per Rückübersetzung geprüft und einem Pretest unterzogen.

4) Parallel dazu werden die zur Durchführung benötigten **Räumlichkeiten** angemietet: meist Hotels in etwas separierter Lage, manchmal auch Teststrecken; stets handelt es sich dabei um streng bewachte Testorte. Zeitgleich wird mit der Rekrutierung der Zielpersonen in den drei Ländern begonnen.

5) Die drei Car Clinics werden möglichst zeitlich versetzt durchgeführt, um Lerneffekte aus der ersten Clinic in die folgenden übernehmen zu können. Dabei kommen die im vorhergehenden Abschnitt vorgestellten unterschiedlichen Methoden der Datenerhebung zum Einsatz.

6) Die **Auswertung** der umfangreichen Materialien vom Fragebogen über die Video-Aufzeichnung bis zum Tonband-Protokoll beginnt nach Durchführung der ersten Clinic. Sie konzentriert sich sowohl auf mögliche nationale Bewertungsunterschiede des neuen Fahrzeugs als auch auf Differenzen innerhalb der verschiedenen Zielgruppen. Da sie auf sehr unterschiedlichen Materialien basiert und von der Globalbewertung des Fahrzeugs im Konkurrenzumfeld bis zu Details wie der Sitzverstellung oder den gewünschten Ausstattungspaketen geht, erstreckt sie sich über Wochen. In dieser Flut von Daten und Informationen das Wichtige vom nicht so Wichtigen trennen zu können und dabei noch eine anschauliche und übersichtliche Ergebnisdarstellung zu finden ist kein leichter Job.

7) Die **Präsentation** der Ergebnisse beim Auftraggeber ist meist zeitlich mit wichtigen Entscheidungen von Vorstand oder Aufsichtsrat verknüpft. Aus den Befunden der Car Clinics ergeben sich wichtige Hinweise für die technische Weiterentwicklung des Fahrzeugs, das Marketing und die Kommunikation.

1.6 Die Übertragung auf mittelstandsbezogene Fragestellungen: eine (fiktive)Fallstudie

Einmal angenommen, ein mittelständischer Hersteller von Hochdruck-Reinigern, bisher erfolgreich im Profi-Segment, plane europaweit die Einführung eines kleineren universell für den Privatgebrauch einsetzbaren Geräts. Da zwar fundierte Erfahrungen mit Geschäftskunden wie Werkstätten oder Tankstellen vorliegen, das Marktsegment privater Endkunden aber noch nicht bearbeitet wurde, sind die Risiken im neuen Geschäftsfeld hoch. Immerhin stehen Investitionen in Millionenhöhe auf dem Spiel, und deshalb stellt die Geschäftsleitung entgegen sonstigen Gepflogenheiten ein Marktforschungs-Budget in der Größenordnung von DM 50 000 zur Verfügung. Was könnte man in Kenntnis der Vorgehensweise aus der Automobil-Industrie analog zu Car Clinics damit anfangen?

Nachdem mittels **Sekundärforschung** Informationen sowohl über die Marktsituation als auch über die neue Zielgruppe privater Endkunden gesammelt und ausgewertet wurden, könnte man entsprechend der Vorgehensweise bei Car Clinics die potentiellen Käufer an einen Testort einladen, der sowohl die Kaufsimulation des Hochdruckreinigers erlaubt als auch das konkrete Produkthandling so realistisch wie möglich erproben läßt. Wichtig wäre eine möglichst breit gestreute Rekrutierung der Versuchspersonen, wobei pro potentiellem Kundensegment mindestens zwanzig Personen herangezogen werden sollten. Bei Unterschieden bezüglich Kaufverhalten, Produktnutzung oder -bewertung lassen sich ab dieser Segmentgröße einigermaßen verläßliche Aussagen treffen.

Beim **ersten Untersuchungsschritt** der Kaufsimulation würde es vor allem darum gehen, Ausgabebereitschaft und Erwartungen an das Produkt zu erfragen. Falls der Name unseres mittelständischen Herstellers einen gewissen Bekanntheitsgrad hat, spielt auch sein auf das Produkt überstrahlendes Image eine nicht zu unterschätzende Rolle. Die Produktnutzung könnte im **zweiten Untersuchungsschritt** mit der Inbetriebnahme des Hochdruck-Reinigers beginnen: wie lange brauchen Testpersonen, um das im Karton eingepackte Gerät zusammenzusetzen und sich mit den wichtigsten Funktionen vertraut zu machen? Und wie hilfreich ist dabei die Bedienungsanleitung? Anschließen sollte sich der konkrete Einsatz des Gerätes anhand klar definierter und in jedem Testfall gleicher Reinigungsprobleme: ein verdrecktes Fahrzeug oder ein verschmutzter Raum könnten hier herangezogen werden. Es sollten auf jeden Fall Einsatzbedingungen sein, die den wichtigsten Nutzenerwartungen der potentiellen Käufer entsprechen. Falls es bereits Konkurrenzprodukte in diesem Marktsegment gibt, sollten zumindest die wichtigsten Wettbewerber in die Tests einbezogen werden. Zum Einsatz kommende Marktforschungsinstrumente wären hier sowohl die Beobachtung (dokumentiert per Videoaufzeichnung) als auch die Befragung.

Insgesamt betrachtet lassen sich selbst dann wertvolle Erkenntnisse für den Hersteller erhalten, wenn aus Kostengründen nur an einem Testort untersucht wurde, mögliche regionale Unterschiede also nicht überprüfbar sind, und die Stichprobe lediglich drei potentielle Kundensegmente mit jeweils 20 Versuchspersonen umfaßte. Sorgfältige Durchführung und Analyse vorausgesetzt wird man nicht nur die wichtigsten Stärken und Schwächen des neuen Produkts aus Verbrauchersicht kennenlernen, sondern auch wertvolle Anregungen für die weitere Vermarktung erhalten. Das Marktforschungs-Budget von größenordnungsmäßig etwa 50 000 DM wird sich als gute Investition in die Zukunft erweisen.

1.7 Low-Budget-Ansätze: geht das?

Verglichen mit den am Anfang dieses Beitrags erwähnten Aufwendungen für Car Clinics ist bereits das Beispiel im vorhergehenden Abschnitt ein großer Schritt in Richtung Low Budget. Falls die Herstellungskosten eines Testprodukts hoch sein sollten, läßt sich mit einer **virtuellen Produkt Clinic** noch mehr Geld sparen. Dabei wird das Produkt den Testpersonen dreidimensional per Bildschirm gezeigt, beispielsweise in Form einer Demonstration auf dem Laptop des Interviewers. Per Maus-Click kann der Interviewer oder die Testperson den Betrachtungswinkel ändern oder besonders interessante Details näher betrachten, so daß praktisch eine vom potentiellen Kunden gesteuerte Produktdemonstration vorliegt. Solche virtuellen Clinics sind keineswegs Zukunftsmusik, sondern werden seit einigen Jahren bereits in verschiedenen Bereichen eingesetzt.

Wie bereits angeführt wurden Branchenberichten zufolge im Jahr 1998 sogar Car Clinics eines großen Automobilherstellers erfolgreich einem Methodenexperiment unterzogen und sowohl virtuell als auch in der beschriebenen bisherigen Vorgehensweise durchgeführt (*Context* 10/98). Konsequent weitergedacht tut sich ein Zukunftsszenario auf: solche virtuellen Produkttests könnten bei weiterem Anstieg der Anschlußzahlen ans Internet nicht mehr als Clinic, sondern als In-Home-Test stattfinden (ein entsprechend geschützter Zugang zu den Videos natürlich vorausgesetzt!). Internationale Studien wären damit kostengünstig zu realisieren. Allerdings dürfen auch hier die Herstellung von tongestützten Videosequenzen und Programmierkosten nicht unterschätzt werden.

1.8 Ausblick

Wie schon im Beitrag über Konzepttests in diesem Handbuch ausgeführt wurde, sollten auf Konzepttests oder die hier in Analogie zur Car Clinic abgeleiteten Produkttests stets weitere Schritte folgen. Wichtig ist dabei die ständige **Vernetzung von Marktforschung und Ergebnisumsetzung**, wobei die Produktherstellung ebenso zu beteiligen wäre wie Marketing, Werbung und Vertrieb. In der Praxis kann zu oft beobachtet werden, daß nach Präsentation der Marktforschungsergebnisse eines Untersuchungsschrittes die Umsetzung nur schleppend vorangeht oder überhaupt nicht in Angriff genommen wird. Die Ursachen sind oft mehrdimensional.

Zum einen kommt es häufig vor, daß Konzepttests und mehr noch Produkttests auch Schwachstellen aufzeigen, die man nun eigentlich ändern müßte. Dieser Änderungsprozeß tangiert aber die bisherige Arbeit von Menschen, die Investition beträchtlicher Summen und möglicherweise auch Machtkonstellationen und Karrierechancen in Unternehmen. Die Versuchung ist deshalb groß, alles beim Alten zu lassen, den Marktforschungsbericht zu den Akten zu legen und darauf zu hoffen, daß sich auch weniger gute Produkte zufriedenstellend verkaufen lassen.

Zum anderen gibt es auch durchaus ernst zu nehmende **Kritikpunkte an Product Clinics**. Die wichtigsten davon:
- Product Clinics sind zu teuer und aufwendig im Vergleich zu dem Nutzen, den man damit erzielen kann.
- Die Geheimhaltung ist nur sehr schwierig sicherzustellen (vor allem im Automobilbereich).
- Es ist nicht immer einfach, den richtigen Zeitpunkt für eine Product Clinic zu treffen. Einerseits möchte man in kostenintensiven Untersuchungen mit Prototypen dem zukünftigen Produkt so nah wie möglich kommen. Andererseits sollte noch genügend Spielraum sein, Änderungen, die sich aufgrund der Clinic ergeben, auch noch umzusetzen.
- Sehr innovative oder auch exotische Konzepte fallen in Product Clinics leicht durch, obwohl sie sich hinterher am Markt behaupten. Ein typisches Beispiel, das in diesem Zusammenhang gerne angeführt wird, ist der *Renault Twingo*.
- Innovative Produkte werden in Clinics häufig mit Wettbewerbern verglichen, die bereits auf dem Markt sind. Die Innovationen der Konkurrenz sind jedoch nicht abzuschätzen.

Diese Kritikpunkt sind durchaus fundiert und müssen ernst genommen werden. Sie belegen aber nur, worauf auch in diesem Text schon wiederholt hingewiesen wurde: sowohl Product Clinics im allgemeinen als auch Car Clinics im besonderen erfordern hochprofessionelle, branchenerfahrene Marktforscher, die die Schwachstellen des Instruments kennen und entsprechende Korrekturmaßnahmen mit einplanen. Nur wenige Institute erfüllen die notwendigen strengen Qualitätskriterien und kommen für derartige Untersuchungen in Frage. Dazu kommt: auch international Forschung anbieten zu können ist zumindest bei Car Clinics ein absolutes Muß.

1.9 Literaturverzeichnis

Bauer, Hans/Dichtl, Erwin/Herrmann, Andreas: Automobilmarktforschung – Nutzenorientierung von Pkw-Herstellern, München 1996

Context: Thomas Marcotty (Hrsg.): Context-Informationsdienst, Leostraße 73A, D-40545 Düsseldorf, Tel. 0211/ 57 60 12

Erdmann, Andreas: Neue Chancen durch Virtual-Reality-unterstützte Konzepttests – dargestellt am Beispiel der V-R-Car-Clinic, Vortrag gehalten auf dem 33. Kongress der deutschen Marktforschung, Mai 1998 in Köln, Veröffentlichung erfogt im Kongress-Band

Häussler, Jürgen (Impulse-Institut, Heidelberg): Die Car Clinic als Instrument zur Entscheidungshilfe für Automobilhersteller, BVM-Vortrag, 24. 4. 1996, Stuttgart, veröffentlicht: Context 9/96

Herrmann, Andreas: Produktwahlverhalten: Erläuterung und Weiterentwicklung von Modellen zur Analyse des Produktwahlverhaltens aus marketingtheoretischer Sicht, Stuttgart 1992

Kastin, Klaus S. von: Marktforschung mit einfachen Mitteln, Daten und Informationen beschaffen, auswerten und interpretieren, München 1995

Meffert, Heribert: Marketing, Grundlagen Marktorientierter Unternehmensführung, Konzepte – Instrumente – Praxisbeispiele, 8. Auflage, Wiesbaden 1998

Nowak, Horst: Die Rolle der Autokoliniken bei der Produktgestaltung, in: Dichtl, Erwin/Raffée, Hans/ Potucek, Vladimir: Marktforschung im Automobilsektor, Mannheim 1982, S. 74–87

Spiegel, Bernt (Spiegel Institut Mannheim Brühl b. Mannheim): Das Automobil – ein ganzheitliches Produkterlebnis, Vortrag anläßlich der Verleihung des Paul-Pietsch-Preises und der Siegerehrung »Die besten Autos 1998« von auto motor und sport, 4. Februar 1998, Stuttgart

Wyss, Werner: Marktforschung von A-Z, Adlingenswil, Schweiz 1991

2. Marktforschung im Handwerk

Susanne Stark

Inhaltsübersicht

2.1 Marketingorientierung im Handwerk
2.1.1 Ausgangspunkt: Das Handwerk im Umbruch
2.1.2 Marktforschung im Handwerk: Situation und Voraussetzungen
2.2 Ansätze für Marktforschungsaktivitäten von Handwerksbetrieben
2.2.1 Marktforschungsziele: Wer und was ist Forschungsgegenstand?
2.2.2 Marktforschungsmethoden
2.3 Kundenanalyse
2.3.1 Aktueller Kundenstamm: Intelligente Kundenkartei und Kundenzufriedenheitsanalyse
2.3.2 Potentielle Kunden
2.4 Konkurrenzanalyse
2.4.1 Identifizierung der relevanten Konkurrenz
2.4.2 Wettbewerbsvorsprung als Ziel der Konkurrenzanalyse
2.5 Analyse von Marktreaktionen auf Marketingaktivitäten
2.6 Fazit: Marktforschung als Chance
2.7 Literaturverzeichnis

Auf einen Blick

Das Handwerk befindet sich in einer Umbruchsituation: geänderte Anforderungen führen zur Notwendigkeit gezielter Marktorientierung im Handwerk. Grundlage ist der Einsatz von Marktforschung, um Marktkenntnis zu schaffen. Derzeit werden aufgrund fehlenden Know-hows nur wenig Marktforschungsaktivitäten im Handwerk entwickelt.

Marktforschung ist jedoch – trotz der geringen personellen und finanziellen Ressourcen – auch für (Klein-)Betriebe des Handwerks notwendig und möglich. Zentrale Marktforschungsaufgaben sind die Durchführung von Kunden- und die Konkurrenzanalysen sowie die Messung von Marktreaktionen auf betriebliche Aktivitäten. Sie können von den eigenen Mitarbeitern oder von dem Betriebsleiter durchgeführt werden. Zentrale Methoden sind die Aufbereitung vorliegender interner Daten und die Durchführung begrenzter Befragungen beim Kunden. Ergänzend sind Sekundärmaterialien zu sammeln, um langfristige Trends im Auge zu behalten.

2.1 Marketingorientierung im Handwerk

Das Handwerk ist unbestritten ein bedeutender Pfeiler der deutschen Wirtschaft: Ca. 6 Millionen Beschäftigte sind in annähernd 600.000 Handwerksbetrieben tätig (Ergebnisse der Handwerkszählung 1995). Das Handwerk ist der Ausbilder der Nation. Ihm werden Wachstumspotentiale durch Neugründungen nachgesagt. In Regionen, die in der Vergangenheit durch die Großindustrie bestimmt waren, soll ein Strukturwandel zu klein- und mittelständischen Betrieben greifen, wobei das Handwerk eine maßgebliche Rolle spielt (*Ax* 1997, S. 24). Seit Jahren allerdings kommen bedenkliche Stimmen aus dem Handwerkssektor: Ein Anstieg der Konkurse wird gemeldet, Klagen über sinkende Preise und Margen werden laut. Ähnlich wie in anderen Wirtschaftssektoren ändern sich auch für das Handwerk die Märkte und die gesamten Umfeldbedingungen mit steigender Dynamik.

2.1.1 Ausgangspunkt: Das Handwerk im Umbruch

Welche Faktoren bestimmen nun die aktuelle Situation des Handwerks? Folgende Entwicklungen können als zentral bestimmend eingeschätzt werden:

- **Wettbewerbsverschärfung** durch **EU-Konkurrenz**: durch die Öffnung der EU-Grenzen sehen sich die deutschen Handwerksbetriebe neuen Mitwerbern aus dem Ausland gegenübergestellt. Diese arbeiten zum Teil mit erheblich günstigeren Lohnstrukturen und bieten entsprechend ihre Leistungen zu günstigeren Preisen an.
- **Wettbewerbsverschärfung** durch neue **inländische Konkurrenz**: zunehmend brechen Großanbieter in traditionell dem Handwerk vorbehaltene Aufgabengebiete ein. Industrieunternehmen betreiben Outsourcing, gründen Profitcenter mit (ehemaligen) Mitarbeitern, die als direkte Konkurrenz des Handwerks auftreten. (Beispielsweise gründen die großen Elektroversorgungsunternehmen eigene Handwerkskolonnen, die Wartungs- und Installationsaufgaben übernehmen, die bis dato an freie Handwerker übergeben wurden.)
- Änderung der **Handwerksordnung**: ehemals stark voneinander abgegrenzte Gewerbe mit klar definierten Aufgabengebieten verzahnen sich zunehmend. Unter dem Stichwort Gebäudetechnik wünschen Kunden Komplettlösungen aus einer Hand und nicht Einzellösungen von x unterschiedlichen Handwerksbetrieben. Die Handwerksordnung, die traditionell die Arbeitsbereiche der einzelnen Gewerbe vor Übergriffen untereinander schützte, greift durch Änderung ihrer Bestimmungen diesen Trend auf, um zeitgemäßes Anbieten möglich zu machen. Für die einzelnen Betriebe bedeutet dies sowohl neue Absatzmöglichkeiten als auch neue Konkurrenz und gestiegene Ansprüche an ihre Fähigkeiten.
- Generell **gestiegene Kundenforderungen**: der Kunde – aus dem privaten wie aus dem gewerblichen Bereich – ist zunehmend kritischer und anspruchsvoller. Er wünscht sachkundige Beratung und individuelle, genau auf ihn zugeschnittene Angebote. Die Erfüllung handwerklicher Tugenden wie Sauberkeit, Pünktlichkeit und technisch gute Leistung allein reicht nicht mehr aus. (Wobei die Handwerksleistungen oftmals selbst bei Erfüllung dieser elementaren Anforderungen zu wünschen übrig lassen!)
- Steigende **Serviceforderung** des Kunden: wie auf verschiedenen anderen Sektoren ist auch im Handwerk ein Trend zu gestiegenen Serviceleistungen zu verzeichnen. Dies

gilt für Handwerksbetriebe, die zusätzlich zu einer Kerndienstleistung begleitenden Service anbieten müssen, ebenso für Handwerksbetriebe, die Waren produzieren und produktbezogene Servicepakete offerieren.
- Strengere **Normierungsvorschriften**: eine Vielzahl verschärfter und neuer Vorschriften aus Bereichen der Arbeitssicherheit, Umweltbestimmungen schaffen weitere Anforderungen.
- neue **Technologien**: wie in vielen anderen Bereichen auch, wird der Handwerkssektor mit sich ändernden und neuen Technologien konfrontiert. Lebenslanges Lernen wird auch für die Mitarbeiter des Handwerks zur Aufgabe.
- Integration von **Managementwissen**: die sich ändernden Strukturen verlangen eine Integration kaufmännischen Denkens, gezielter Personalführung und Marktorientierung in die Leitung eines Handwerksbetriebs. Neben technischer Fortbildung wird auch die steigende Professionalität der Betriebsführung in diesen Bereichen von entscheidender Bedeutung sein.
- **Generationswechsel** in den Betriebsleitungen: bis zu 50% der Handwerksbetriebe werden bis zum Jahre 2000 einen neuen Chef haben (aus Sicht von 1995). Damit kommt eine neue Generation an die Spitze des Handwerkssektors – bzw. sind eine Vielzahl von Übernahmen bereits erfolgt. Dies ist einer der Hoffnungsfaktoren für das Handwerk. Die Nachfolger verfügen zu einem großen Teil über ein höheres Bildungsniveau als die traditionellen Betriebsleiter. Zudem versprechen sie Aufgeschlossenheit gegenüber neuen Ansätzen – sei es für die Integration betriebswirtschaftlichen Denkens oder beispielsweise für den Einsatz neuer Medien.

Um den neuen Herausforderungen gerecht zu werden, muß das Handwerk zu einer **Marketingorientierung** gelangen, denn dies bedeutet die Orientierung des Betriebs an Umfeldgegebenheiten. Eine Integration von Marketing würde zwangsläufig eine Integration von Marktforschung als betriebliche Aktivität bedeuten.

2.1.2 Marktforschung im Handwerk: Situation und Voraussetzungen

Marktforschung schafft die Basis für Marktkenntnis und ist damit Ausgangspunkt des Marketing. Inwieweit wird der Bereich Marktforschung bereits im Handwerk einbezogen? Zur Beantwortung dieser Fragen können Ergebnisse einer Handwerksstudie aus Nordrhein-Westfalen herangezogen werden (Hrsg. *Fachverband Elektrotechnische Handwerke Nordrhein-Westfalen* 1998).

Auf die Frage, ob die Betriebe schon mal eine Kundenanalyse durchgeführt haben, antworten 72% mit »noch nie«. Also kennen die meisten Betriebe ihre Kunden eher aus dem Bauch heraus und nicht auf Basis systematischer Beobachtung und Erfassung. Ähnliches gilt für den Bereich Konkurrenz: 85% der Befragten haben »noch nie« eine Konkurrenzanalyse durchgeführt. Auf die Frage, durch welche Eigenschaft/Leistung sich der Betrieb von seinen Konkurrenzbetrieben unterscheide, können knapp 50% der Betriebe keine betriebliche Eigenschaft benennen. Diese Befragungsergebnisse zeigen den äußerst geringen Stellenwert, den Marktforschung bei den Betrieben derzeit innehat. Dabei fehlt es im allgemeinen nicht an Offenheit für Marketing: 38% der Befragten sehen Marketing als »ein Muß« und 32% als »eine große Chance« für das Handwerk. Es fehlt vor allem an

Sonderformen

Kenntnis, wie Marktforschung als Grundlage des Marketing für einen durchschnittlichen Handwerksbetrieb mit vielleicht 10 oder 11 Mitarbeitern möglich und sinnvoll ist.

Mit welchen handwerksspezifischen **Rahmenbedingungen** sieht sich ein Handwerksbetrieb konfrontiert, wenn Marktforschungsaktivitäten geplant und umgesetzt werden sollen? Folgende charakteristische Merkmale eines Handwerksbetrieb als Prototyp von klein- bis mittelständischen Unternehmen müssen berücksichtigt werden (*Blümelhuber* 1995, S. 74):

- Flache Organisationsstruktur: als Folge der geringen Betriebsgröße besitzen Handwerksbetriebe eine flache Organisationsstruktur. Es stehen weniger Fachkräfte für spezifische Aufgaben aus dem betriebswirtschaftlichen Bereich zur Verfügung. Der Handwerksunternehmer besitzt eine zentrale Funktion als Initiator und All-Rounder auf vielfältigen Gebieten.
- Geringe Finanzdecke: Handwerksbetriebe besitzen zumeist nur einen engen finanziellen Spielraum. Gezielt Fachkräfte für Marktforschung (und Marketingaufgaben) einzustellen, wird kaum möglich sein – ebensowenig wie Marktforschungsaufträge extern an Berater oder Marktforschungsinstitute zu vergeben. Marktforschung muß quasi nebenbei, zusätzlich zur bestehenden Arbeit, von den vorhandenen Kräften im Betrieb durchgeführt werden.
- Regionale Begrenztheit: Handwerksbetriebe sind zumeist mehr oder weniger eng regional begrenzt tätig, was sich erleichternd auf die Marktforschung auswirkt.
- Persönliche Kundenbindung: der Kundenkontakt beruht vielfach auf direkter, persönlicher Beziehung. Marktforschung sollte als weiteres Instrument zur Unterstützung der persönlichen Kundenbeziehung eingesetzt werden.

Für den Betriebsleiter eines Handwerksunternehmens ergeben sich aus diesen Besonderheiten folgende Punkte zur **Vorbereitung von Marktforschungsaktivitäten**:

- Marktforschung muß von den bereits vorhandenen Mitarbeitern durchgeführt werden. Der Unternehmer muß diese Fragen klären: Welche Mitarbeiter eignen sich aufgrund ihrer Qualifikation und Motivation besonders, Marktforschungsaufgaben zentral zu übernehmen? Inwieweit können die anderen Mitarbeiter unterstützend für die Durchführung der Marktforschung eingesetzt werden?
- Der Unternehmer muß Initiator und Motivator für Marktforschung sein: der Unternehmer erstellt – nach Möglichkeit in Zusammenarbeit mit dem/n Mitarbeiter(n) für Marktforschung – ein Marktforschungskonzept mit fester Vorgabe von Arbeitsschritten und Zeiten zur Erledigung. Anschließend sollte allen Mitarbeitern des Betriebs die Zielsetzung und der Nutzen der geplanten Marktforschung erläutert werden. Mitarbeiter, die durch Marktforschungsaufgaben zusätzlich belastet werden, brauchen eine entsprechende Entlastung an anderer Stelle, oder die neuen Aufgaben sind durch entsprechende Anerkennung zu honorieren. Marktforschung wird nur dann ernst genommen, wenn der Betriebsleiter sie ernst nimmt und dies durch Maßnahmen deutlich macht (Umverteilung von Aufgaben, verbale Anerkennung, finanzieller oder zeitlicher Ausgleich für Mehrarbeit).
- Nicht das Rad aufs Neue erfinden! Mit Blick auf den knappen finanziellen Rahmen sollte zunächst recherchiert werden, inwieweit die gewünschten Marktdaten bereits vorliegen. Es gibt eine Vielzahl von Organisationen, die regelmäßig Marktforschung

betreiben und die Ergebnisse veröffentlichen. Diese allgemein zugänglichen Quellen liefern zum Teil wichtige generelle Daten.

2.2 Ansätze für Marktforschungsaktivitäten von Handwerksbetrieben

Nach Beherzigung dieser generellen Eckpunkte sollte ein Unternehmer bei der Planung seiner Marktforschung das genaue Forschungsziel und die Forschungsmethode festlegen.

2.2.1 Marktforschungsziele: Wer und was ist Forschungsgegenstand?

Marktforschungsziele ergeben sich durch den Informationsbedarf: Worüber sollte ein Handwerksbetrieb Kenntnisse besitzen? Über wen und über was? Welche Umfeldbedingungen sind heute und in Zukunft bestimmend für die Entwicklung des Betriebs?

Informationsbedarf kann über das **weite Umfeld des Unternehmens** bestehen. Generelle Trends können aus der technologischen Entwicklung kommen. Hier sind etwa folgende Fragen von Interesse: Welche neuen Technologien gewinnen an Bedeutung? Welche Reglements bezüglich des technischen Fortschritts werden von staatlicher Seite angestrebt (Normierungen, Gesetze, Wirtschaftsförderung/Subventionen)? Welche Akzeptanz besitzen Technologien in der Bevölkerung? Die Identifizierung von Entwicklungsströmungen in diesen Umfeldbereichen ist wichtig für die langfristige Unternehmensführung (vgl. Abbildung 1).

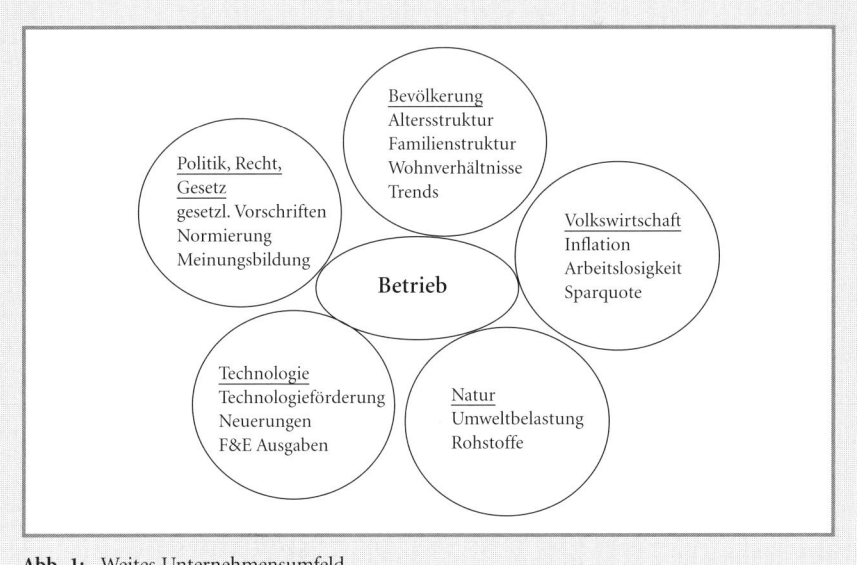

Abb. 1: Weites Unternehmensumfeld

Sonderformen

Neben diesem weiten Unternehmensumfeld ist das **direkte Marktumfeld eines Betriebs** zentrales Forschungsfeld. Herausragende Bedeutung haben hier die Konkurrenz und die Kunden. Aber auch Lieferanten oder andere Interessengruppen wie Banken oder spezielle Vereinigungen (z. B. Sachverständigenausschüsse) können direkt die Entwicklung eines Betriebs beeinflussen. Gleiches gilt für Absatzhelfer – für einen Betrieb, der im Bereich Gebäudetechnik arbeitet, können Architekten, Bauträger oder Baustoffhändler bis hin zu Heimwerkermärkten Absatzhelfer sein.

Abbildung 2 zeigt beispielhaft eine Übersicht zum Marktumfeld eines Handwerksbetriebs. Jeder Unternehmer sollte die für ihn relevanten Bezugsgruppen genau bezeichnen und seinen betriebs-individuellen Kreis vom Marktumfeld zeichnen. Dieser Marktkreis sollte den Mitarbeitern erläutert werden, um ihr Bewußtsein dafür zu schärfen, in welchem differenzierten Umfeld ein Unternehmen heute tätig ist.

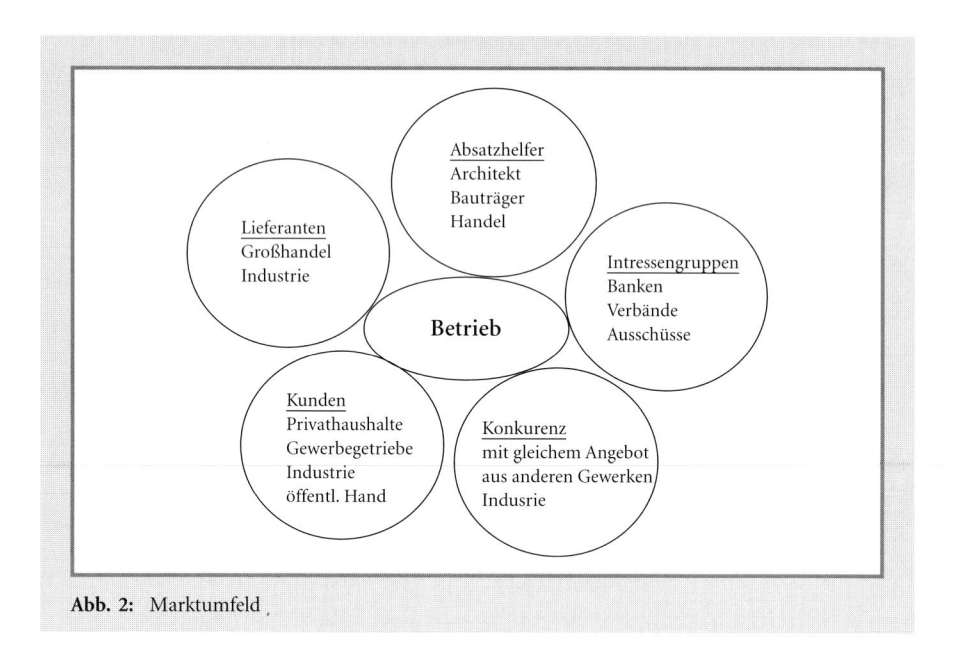

Abb. 2: Marktumfeld

Alle Bereiche des Unternehmensumfelds – sowohl in weiter als auch in enger Betrachtung – können Gegenstand der Marktforschung werden. Nach der Definition des Forschungsfelds werden die Forschungsfragen genau formuliert: Was will man bei einer Konkurrenzanalyse wissen? Vielleicht sind es Angaben über die Größe der Konkurrenzbetriebe nach Mitarbeiterzahl, Angaben über zentral eingesetzte Be-/Verarbeitungstechniken oder Informationen, inwieweit die Konkurrenz eine bestimmte neue Technologie anbietet – oder welches Image die Konkurrenz im Markt hat?

2.2.2 Marktforschungsmethoden

Generell sind auch für den Handwerkssektor zwei Marktforschungsmethoden zu unterscheiden: die Primär- und die Sekundärforschung (*Chmielewski* 1996, S. 119):
- Primärforschung bedeutet die eigenständige Erhebung von Daten.
- Bei der Sekundärforschung greift man auf bereits vorhandene Daten (*Statistischen Bundesamts*) zurück und wertet sie für die eigenen Forschungsfragen aus.

Informationen über die Entwicklungen des weiten Umfelds eines Handwerksbetriebs (vgl. Abbildung 1) werden sinnvoll durch **Sekundärforschung** erfaßt. Viele Organisationen widmen sich Forschungsfragen und veröffentlichen die Ergebnisse in Mitteilungsblättern, Dokumentationen, Fachzeitschriften oder verteilen auf Messen und Ausstellungen entsprechendes Material. Diese Institutionen sind:
- Handwerkskammern,
- Branchenverbände,
- Gewerkschaften und
- Arbeitgebervereinigungen.

Zunehmend wird auch das Internet als Informationsbörse genutzt, wobei das Handwerk sich diesem neuen Medium mehr und mehr öffnet. Viele Informationen erreichen die Unternehmer des Handwerks als Sekundärmaterial also direkt. Oft gehen sie allerdings in der täglichen Arbeit unter.

Es empfiehlt sich, einen Sammelordner anzulegen. Es sollten gesammelt werden:
- Statistiken,
- Aufsätze,
- Fotos und
- Fallbeispiele.

Die hier angesprochenen Trends wirken sich eher langfristig auf das Marktgeschehen aus, deshalb sind kurzfristige, direkte Reaktionen in der Betriebsführung zumeist nicht erforderlich. Aber man sollte diese Entwicklungen im Auge behalten – vor allem wenn Informationen über ein bestimmtes Thema, zum Beispiel über ein neues Bearbeitungsverfahren oder Diskussionen über verschärfte Umweltbestimmungen, gehäuft auftauchen. Die Sammlung dieses Sekundärmaterials kann zunächst ruhig unsystematisch erfolgen. In Abständen von einigen Monaten sollte dann eine Sichtung erfolgen. Einzelne Informationen können vielleicht bereits aussortiert werden, wenn sich vermeintliche Trends etwa als Eintagsfliegen herausgestellt haben. Die anderen Informationen können nach Stichworten wie:
- Bevölkerung/mögliche Privatkundentrends,
- Technologie,
- Gesetzgebung/Normierung und
- Internationalisierung/EU archiviert werden.

Mit der Zeit entsteht ein Fundus für Geschäftsideen der Zukunft, und die Betriebsleiter haben die großen Entwicklungslinien im weiten Umfeld im Blick. Das ermöglicht ein rechtzeitiges Reagieren auf Neuerungen, die das Geschäft der Zukunft bestimmen können.

Neben diesen externen Datenquellen können auch **betriebsinterne Daten** zu Marktforschungszwecken genutzt werden. Zum Teil sind hochinteressante Daten in den Betrieben archiviert, die nur auf die Auswertung unter einer spezifischen Fragestellung warten! Mögliche Datenquellen sind die:
- Buchführung,
- Auftragsbücher,
- Reklamationsstatistiken und
- Besuchsberichte.

Die Erforschung des direkten Marktumfelds kann nur zu einem (geringen) Teil durch Sekundärforschung erfolgen. Gerade die regionale Begrenztheit von Handwerksbetrieben führt dazu, daß die großen Erhebungen von Dachorganisationen oft nicht verwertbar für spezifische Fragen eines einzelnen Betriebs sind. Für einen Handwerker, der im westlichen Ruhrgebiet tätig ist, können Sekundärerhebungen etwa über das Nachfrageniveau in ganz Nordrhein-Westfalen nicht aussagefähig sein. Deshalb wird die Marktforschung bezogen auf Kunden, Konkurrenz, Lieferanten zumeist über Primärforschung erfolgen. Die entsprechende Methode ist in der Regel die Befragung, wobei die Befragung der Kunden im Vordergrund steht – schließlich sind die Kunden die wichtigste Bezugsgruppe der Unternehmen.

2.3 Kundenanalyse

2.3.1 Aktueller Kundenstamm: Intelligente Kundenkartei und Kundenzufriedenheitsanalyse

Über den Kunden sollten möglichst viele Informationen vorliegen, um seine Wünsche exakt und nicht nur in etwa zu erfüllen. Basis sollte eine intelligente Kundenkartei sein. Eine Kundenkartei, die ein bloßes Adressenarchiv darstellt, ist wenig sinnvoll. Je nach Handwerkszweig sind unterschiedliche Daten zwingend notwendiger Bestandteil der Kundenkartei. Für Gewerbe, die im Bereich der Gebäudetechnik tätig sind, gilt, daß:
- Art und Alter der Gebäude,
- Art und Alter der installierten Anlagen,
- Art und Umfang des letzten Auftrags,
- Wartungstermine,
- Erweiterungsmöglichkeiten der Anlagen,
- Status des Auftraggebers (privater, öffentlicher, gewerblicher Kunde),
- Rechtsform,
- Umsatz pro Kunde oder pro Auftrag und
- persönliche Angaben zum Kunden (Einstellung zu Fragen der Sicherheits- oder Umwelttechnik, Offenheit für technische Neuerungen)

erfaßt sein sollten (*Stark/Kahnert* 1998).

Standard sollte sein, daß eine **Kundenkartei auf EDV-Basis** besteht. Die Betriebe müssen in der Lage sein, ihren Kundenstamm problemlos nach bestimmten Kriterien zu ordnen, um so bestimmte Zielgruppen herauszufiltern. Das Alter der installierten Anlagen könnte ein Suchkriterium sein, um eine Kundengruppe zu identifizieren, der mit Direkt-Werbebriefen das Angebot zur Modernisierung ihrer Anlagen gemacht wird.

Der eigene Mitarbeiterstamm wird zu einem wichtigen Instrument der Marktforschung bei der Erstellung einer intelligenten Kundenkartei. Die Mitarbeiter sind Auge und Ohr des Unternehmens. Nach jedem Kundenbesuch sollten Informationen über den Kunden schriftlich festgehalten und zum Aufbau oder zur Ergänzung der Kundenkartei weitergegeben werden. Diese Marktforschungsaufgabe des Mitarbeiters muß institutionalisiert werden. Die bloße Aufforderung »notieren Sie, was beim Kunden auffällt, und geben Sie es ans Büro weiter!« wird im Sande verlaufen.

Eine **Institutionalisierung** der Sammlung von Kundeninformationen kann über ein Formblatt – oder eine entsprechende Rubrik im Besuchsbericht – erreicht werden. Auch wenn das Handwerk Formblätter eher scheut – richtig angewendet, erfüllen sie sinnvolle Funktionen. Durch ein Formblatt oder durch eine Rubrik »Marktforschungsinfos« im Besuchsbericht wird der Mitarbeiter beständig darin erinnert doch mal nachzudenken, ob ihm nicht die eine oder andere interessante Information für die Kundenkartei aufgefallen ist.

Ein weiteres wesentliches Marktforschungsinstrument bezüglich der Kunden ist die **Kundenzufriedenheitsanalyse**. Der Betrieb sollte sich einen Überblick verschaffen, wie seine Leistungen vom Kunden eingeschätzt werden. Nach jedem Kundenauftrag sollte ein Mitarbeiter dem Kunden einen Fragebogen übergeben – oder er kann nach Abschluß des Auftrags mit der Rechnung zugeschickt werden. Der Fragebogen sollte nicht nur die Gesamt-Zufriedenheit des Kunden erfassen, sondern detailliert verschiedene Teilaspekte der erbrachten Leistungen abfragen. Regelmäßige Auswertungen der Fragebögen geben direkten Aufschluß über Verbesserungspotential eines Betriebs. Gemäß Abbildung 3 könnte ein Fragebogen zur Kundenzufriedenheitsanalyse so aussehen (*Stark/Kahnert* 1998):

Kunden-Fragebogen

Bitte beantworten Sie die folgenden Fragen, indem Sie jede Zeile ankreuzen.
Die Bewertung reicht von   F = trifft voll zu   K = trifft einigermaßen zu
L = trifft gar nicht zu

Bitte ankreuzen

Entsprach die Auftragsabwicklung Ihren Erwartungen hinsichtlich:

- Fachliche Beratung ☺ ☻ ☹
- Schnelligkeit ☺ ☻ ☹
- Pünktlichkeit ☺ ☻ ☹
- Qualität ☺ ☻ ☹
- Sonstiges: _____ ☺ ☻ ☹

Wurden Sie nach Abschluß der Arbeiten ausreichend informiert? ☺ ☻ ☹
Ist der Rechnungsbetrag angemessen für die ausgeführte Arbeit? ☺ ☻ ☹
Ist die Rechnung aussagefähig und nachvollziehbar? ☺ ☻ ☹
Wurde der Arbeitsplatz sauber verlassen? ☺ ☻ ☹

Waren Sie mit einem unserer Mitarbeiter besonders zufrieden?
_____ (Name)

Waren Sie mit einem unserer Mitarbeiter weniger zufrieden?
_____ (Name)

Worauf legen Sie in unserem Geschäftsbereich besonderen Wert?
_____

Welche Anregungen und Verbesserungsvorschläge haben Sie für uns?
_____

Herzlichen Dank für Ihre Beantwortung der Fragen.

Abb. 3: Kundenfragebogen

Neben den wertvollen Informationen zur Verbesserung der betrieblichen Leistungen, die man gewinnt, zeigt die Befragung dem Kunden das Interesse des Betriebs an seiner Meinung und seiner Zufriedenheit. Allein dies bringt Pluspunkte!

2.3.2 Potentielle Kunden

Neben den aktuellen, bereits gewonnenen Kunden ist zusätzlich der Neukunde von Interesse. Wie kann Marktforschung helfen, neue Kundenpotentiale aufzudecken? Ausgangspunkt ist wiederum die Kundenkartei. Einzelne Kundengruppen, die laut Kartei besonders umsatz- und gewinnträchtig sind, werden als A-Kunden bezeichnet. Die intelligente Kundenkartei gibt viele Beschreibungsmerkmale dieser guten Kunden. Diese Charakteristika können als Profil für potentielle Neukunden dienen und direkt als Suchanleitung verwendet werden.

Beispiel: Angebot von Komfort- und Sicherheitstechnik für private Eigenheime, potentielle Zielgruppe Eigenheimbesitzer, zumeist Senioren, Baujahr der Gebäude vor 1960. Diese Angaben bieten konkrete Suchhilfen für die Analyse von Stadtteilen und Straßenzüge, um Adressenmaterial als Grundlage für die Verteilung von Direkt-Werbebriefen oder Handzetteln zu gewinnen.

2.4 Konkurrenzanalyse

Neben den Kunden sind die Konkurrenten die Akteure auf dem Markt, auf die ein Handwerksbetrieb sein Augenmerk richten sollte. Aktionen der Konkurrenz können Chancen und Risiken bergen. Kenntnisse über das Konkurrenzverhalten schaffen Vorsprung und Möglichkeiten zur rechtzeitigen Reaktion.

2.4.1 Identifizierung der relevanten Konkurrenz

Erster Schritt zur Konkurrenzanalyse ist die Feststellung, wer überhaupt zur Konkurrenz zu zählen ist. Das mag sich sehr einfach anhören – ist jedoch nicht immer so klar. Ähnlich wie beim Kunden können wir auch zwischen der **aktuellen und der potentiellen Konkurrenz** unterscheiden. In die Konkurrenzbetrachtung sollten nicht nur die Betriebe einbezogen werden, die heute bereits Konkurrenten sind, sondern auch die berücksichtigt werden, die in Zukunft Konkurrenz werden können.

Zu Anfang wurde im Abschnitt Handwerk im Umbruch darauf hingewiesen, daß neuerdings (und verstärkt in Zukunft) auch Industrieunternehmen als Konkurrenten von Handwerksbetrieben auftreten. (Trotz einschlägiger Pressenotizen ist dies, wie eine Befragung zeigt, jedoch noch nicht ins Bewußtsein der Handwerksunternehmer gedrungen (Hrsg. *Fachverband Elektrotechnische Handwerke Nordrhein-Westfalen* 1998).)

Relativ einfach ist es, die direkte aktuelle Konkurrenz zu identifizieren und eine entsprechende Liste zu erstellen. Ein Blick ins **Branchenbuch** zeigt die Konkurrenzbetriebe, die ein gleiches oder ähnliches Angebot in der bearbeiteten Region haben. Unter dem Aspekt potentielle Konkurrenz der Zukunft sollte diese Liste von Konkurrenzbetrieben noch erweitert werden durch Betriebe aus anderen, verwandten Gewerben, durch Abspaltungen von Industrie oder Großhandel sowie durch Betriebe aus anderen Regionen, die Erweiterungspotential besitzen.

Wiederum fällt den Mitarbeitern bei der Konkurrenzanalyse eine wichtige Aufgabe zu. Sie sind aufgefordert, Material zu sammeln. Immer wenn sie irgend etwas Interessantes über die Konkurrenz hören oder sehen, sollten sie es festhalten und weitergeben. Ein interner Mitarbeiter oder der Unternehmer selbst sollte diese Informationen systematisieren und auswerten. Wichtig ist, möglichst viele Informationen zu sammeln.

2.4.2 Wettbewerbsvorsprung als Ziel der Konkurrenzanalyse

Wettbewerb läuft heute dominant über Preise ab. Doch der Preiswettbewerb ist für die Unternehmen wenig attraktiv. Er bedeutet immer eine Schmälerung der Gewinnspannen – bis hin zu ruinös wirkenden Preiskämpfen. Der Unternehmer muß danach trachten, auf Nicht-Preis-Wettbewerb auszuweichen. Nicht der Preis, sondern Qualität, Service, technische Neuerung, umweltfreundliche Verarbeitungstechnik, Kundenfreundlichkeit, Notdienst am Wochenende sollte Wettbewerbsargument sein (*Brüßel* 1995, S. 50). Je mehr ein Handwerksmeister über die Eigenschaften und die Angebote seiner Konkurrenzbetriebe weiß, je eher kann er ein Wettbewerbsargument finden, das seine Konkurrenz nicht besetzt hat.

2.5 Analyse von Marktreaktionen auf Marketingaktivitäten

Die Marktforschung befaßt sich auch mit der Frage, zu welchen Ergebnissen der Einsatz von Marketinginstrumenten auf dem Markt führt. Das heißt, ein Betrieb will wissen, inwieweit seine Produktpolitik (Gestaltung seines Angebots an Produkten und Dienstleistungen) den Kundenwünschen entspricht. Oder es kann Ziel sein, die Wirksamkeit verschiedener Kommunikationsmaßnahmen des Betriebs zu erforschen. Zum Teil können bereits sehr einfache Marktforschungsaktivitäten Aufschluß über die Reaktion des Marktes und der Kunden liefern.

Beispielsweise **Effizienzprüfung von Werbemaßnahmen**: Werbung wirkt durch Kontinuität über eine gewisse Zeitspanne hinweg. Der Unternehmer sollte sich eine Liste aller Werbemaßnahmen anlegen, die er im Laufe eines Geschäftsjahres durchführt. Bei jeder Kundenanfrage wird nun festgehalten, wie der Kontakt zustande gekommen ist. War es der Eintrag ins Branchenbuch, die Anzeige in der Stadtteil-Zeitung, der Direkt-Werbebrief, der gute Kontakt von der letzten gemeinsamen Baustelle, der Tip vom Nachbarn oder Architekten? Diese Beobachtung sollte über Monate durchgeführt werden. Erst nach mindestens einem – besser zwei – Jahren können Rückschlüsse auf die Effizienz einer Werbemaßnahme gezogen werden.

Wertvolle Anhaltspunkte zur Effizienz der Produktpolitik eines Betriebs als zentrales Marketinginstrument gibt im übrigen die systematische Führung und Auswertung einer Reklamationsstatistik.

2.6 Fazit: Marktforschung als Chance

Die hier skizzierten Ansätze haben aufgezeigt, daß Marktforschung auch für klein- und mittelständische Betriebe des Handwerks möglich und sinnvoll ist. Auch mit wenig Marketing-Know-how und geringen finanziellen und personellen Kapazitäten ist es möglich, einen Grundstock an Marktforschung zu realisieren, der betriebliche Entscheidungen auf eine fundierte Basis stellt. Führungsentscheidungen müssen nicht mehr nach Gefühl, sondern können nach Abwägen objektiver Tatsachen gefällt werden.

Wie immer ist der erste Schritt schwierig – ein Blick auf die Chancen gezielter Marktbearbeitung, die durch Marktforschung eröffnet werden, sollte Mut zu diesem Schritt machen.

2.7 Literaturverzeichnis

Ax, Christine: Das Handwerk der Zukunft, Leitbilder für nachhaltiges Wirtschaften, Basel 1997

Blümelhuber, Christian: Grundlagen der Marketing-Kommunikation, in: Dornach, Bernd W. (Hrsg.): Handwerksmarketing, Band 2: Außen-Marketing, Bad Wörishofen 1995

Brüßel, Angelika M.: Qualität als Wettbewerbsfaktor, in: Dornach, Bernd W. (Hrsg.): Handwerksmarketing, Band 3: Beziehungsmarketing, Bad Wörishofen 1995

Chmielewski, Gabriele: Marketing für Handwerksbetriebe, 4. Auflage, Bad Wörishofen 1996

Dornach, Bernd W. (Hrsg.): Handwerksmarketing, Band 1: Innen-Marketing, Bad Wörishofen 1995 a

Dornach, Bernd W. (Hrsg.): Handwerksmarketing, Band 2: Außen-Marketing, Bad Wörishofen 1995 b

Dornach, Bernd W. (Hrsg.): Handwerksmarketing, Band 3: Beziehungs-Marketing, Bad Wörishofen 1995 c

Dornach, Bernd W.: Service-Offensive als Überlebensstrategie, Marketing im Handwerk, in: Absatzwirtschaft, 1995 d, Sondernummer Oktober, S. 64–68

Fachverband Elektrotechnische Handwerke Nordrhein-Westfalen (Hrsg.): Prof. Dr. Susanne Stark: Welche Rolle spielt Marketing in Betrieben der Elektrohandwerke? Dortmund 1998

Heckner, Ulrich C.: Marketing-Handbuch, Hrsg. Institut für Handwerkswirtschaft, München 1996

Lutz, Hans R./Strecker, Dieter: Vom Handwerker zum Unternehmer – Ein Leitfaden zum Erfolg, Sindelfingen 1996

Stark, Susanne/Kahnert, Simone: Marketing-Unternehmerinfo Nr. 1, in: Strom und Welle, Hrsg. Fachverband Elektrotechnische Handwerke Nordrhein-Westfalen, Heft Nr. 5, 1998, S. 45–48

3. Spezifische Kunden- und Besucherbefragungen

Rötger Nötzel

Inhaltsübersicht

3.1 Repräsentative Stichproben
3.2 Befragung von Veranstaltungsbesuchern
3.2.1 Notwenigkeit von Kundenbefragungen
3.2.2 Befragungsform des Einreißfragebogens
3.2.3 Stichprobenziehung und Auswertungsprobleme
3.2.4 Einzelne Erkenntnisse aus Publikumsuntersuchungen
3.3 Zum richtigen Einsatz von Passanteninterviews
3.3.1 Vor- und Nachteile
3.3.2 Passanten als Grundgesamtheit
3.3.3 Auswahlbasis
3.3.4 Passantenauswahl
3.3.5 Einsatz von Passanteninterviews
3.4 Ausblick
3.5 Literaturverzeichnis

Auf einen Blick

In bestimmten Fällen sind punktuelle Befragungen nicht nur kostengünstiger, sondern auch geeigneter als Flächen- oder Adreßstichproben. Das gilt bei Besucherbefragungen (Veranstaltungen). Hier eignet sich ein Einreißfragebogen. In dieser Sonderform der schriftlichen Umfrage können sehr hohe Antwortquoten erzielt werden. Die Methode ist außerdem sehr preiswert.

Auch Passanteninterviews können, wenn eine Reihe von Voraussetzungen vorliegen, eine preiswerte und repräsentative Alternative zu anderen Befragungen sein.

3.1 Repräsentative Stichproben

In der herkömmlichen Marktforschung, wie sie für die Konsumgüter entwickelt wurde, geht man meist von einer Flächenstichprobe aus. Theoretisch ist dann die Zielgruppe tatsächlich oder zumindest potentiell gleichmäßig unter den Bewohnern verteilt. Falls es mehr oder weniger vollständige Adressen der Zielgruppe gibt, kann man die Zielgruppenstichprobe auch aus den Adressen direkt gewinnen.

Problematisch wird dieses Vorgehen, wenn der Meinungsgegenstand z. B. ein Geschäft, nur ein Punkt in der Fläche ist und die potentiellen Kunden sich nicht gleichmäßig in einer definierten Fläche befinden. Würde dann die Fläche zu groß bemessen, ergeben sich sehr viele Fehlkontakte und damit zu hohe Kosten bei einer Befragung. Wird die Fläche zu klein bemessen, wird ein Teil der potentiellen Kunden ausgeschlossen und somit die Information und das Ergebnis unvollständig. Unter der Annahme, daß die potentiellen Kunden zumindest in die Nähe des Punktes (des Meinungsgegenstandes) kommen, um überhaupt als potentielle Käufer angesehen werden zu können, bekommen wir dort eine Verdichtung der Grundgesamtheit und können in der Nähe (Fußgängerzone) Stichproben durchführen.

Problematischer wird dies, wenn auch die Grundgesamtheit nur zeitlich punktuell, das heißt nur für einen sehr kurzen Zeitpunkt zur Verfügung steht, wie es bei Veranstaltungen der Fall ist. Hier müssen dann zusätzlich zur Problematik der Stichprobe noch zusätzliche Befragungstechniken angewandt werden, um dieser zeitlichen Einschränkung Rechnung zu tragen. Bei Befragungen in diesem Veranstaltungsbereich, insbesondere für Theater, zeigt sich im übrigen ein weiteres Problem, daß gegen die übliche Flächenstichprobe spricht: Wenn man nämlich telefonisch oder mündlich in einer repräsentativen Flächenstichprobe nach Theaterbesuchen befragt, zeigt sich aus Prestigegründen eine hohe Tendenz zum Over-Reporting, das heißt viele Befragte geben Theaterbesuche an, die schon länger zurückliegen oder die erst für die Zukunft geplant werden. Die wirklichen Theaterbesucher sind zwar darunter, aber eine ganze Anzahl von Nicht-Besuchern auch. In einer Kontrolluntersuchung verdoppelte sich die Zahl der Theaterbesucher fast.

3.2 Befragung von Veranstaltungsbesuchern

3.2.1 Notwendigkeit von Kundenbefragungen

Trotz der hohen Subventionen im Veranstaltungsbereich (im Theater sehr oft deutlich über 80%) wird selten der Versuch gemacht, Publikumsuntersuchungen durchzuführen. Dies wäre erforderlich, um Non-Profit-Ziele zu rechtfertigen, oder aufgrund der Analyse des gegenwärtigen Publikums dessen Zufriedenheit und Ausschöpfung festzustellen, um daraus eine verbesserte und zielgerichtete Marketingkonzeption sowie Auslastung abzuleiten (z. B. keine Subventionierung von elitären Zielgruppen). Aber weder das Interesse noch die Vorbildung der Theaterintendanten, die in künstlerischen Dimensionen denken, sich an die Subventionsgeber wenden und am Beifall der Pressekritik und Kollegen interessiert sind, lenken den Blick auf diesen Aspekt. Wirtschaftlich ist das Publikum eine marginale Größe.

Die Kostensituation und Unkenntnis des vorgestellten Vorgehens tun ein übriges, um keine Untersuchungen durchzuführen. Auch für die kommerziellen Institute ist das geringe Auftragsvolumen und der nötige Beratungsaufwand (um den Künstlern den Nutzen zu verdeutlichen) nicht verlockend genug, um viele kleine regional verteilte Auftraggeber zu gewinnen.

Für Marketingüberlegungen und Untersuchungen muß immer die vorhandene Zielgruppe Ausgangspunkt sein. Wenn die vorhandenen Besucher zufrieden sind, werden sie wiederkommen und auch Freunde mitbringen. Die seltenen Besucher stellen ein weiteres Potential für häufigere Nutzung dar. Die Nichtbesucher haben viele Gründe nicht zu kommen und sind durch einfache Maßnahmen selten als Besucher zu gewinnen, weil sie nicht einmal die notwendigen Informationen wahrnehmen. Nichtbesucher werden über Freunde gewonnen, die bereits in das Theater gehen, also durch zufriedenes Publikum.

3.2.2 Befragungsform des Einreißfragebogens

Die bereits erwähnte Problematik für Befragungen als Flächenstichprobe ist ein Hindernis. Eine zweite Problematik besteht darin, daß man Theaterabonnenten aufgrund von Adressen befragen könnte, aber alle anderen Besucher kann man nur im Theater oder in den Veranstaltungshäusern treffen. Auch beim Kartenkauf ist eine Befragung schlecht möglich, weil die Karten teilweise durch Dritte besorgt werden oder eine Person mehrere Karten erwirbt. Die Zufriedenheit mit der Veranstaltung könnte auf diesem Weg nicht erfaßt werden.

Eine Stichprobe mit mündlichen Interviews vor Beginn oder nach Abschluß einer Veranstaltung ist aus organisatorischen Gründen ebenfalls nicht möglich. Unter den zuerst eintreffenden Besuchern könnte man noch Interviewpartner finden. Dann gibt es einen Zeitraum, in dem sehr viele Besucher gleichzeitig kommen, hier wäre eine Zufallsstichprobe nur mit großem Aufwand, das heißt vielen Interviewern denkbar, aber kaum ohne größere Probleme machbar. Die zuletzt eintreffenden Besucher sind dann aber nicht mehr befragbar, weil die Zeit bis zum Vorstellungsbeginn zu kurz ist und auch diese Besucher kaum die Ruhe für ein Interview aufbringen würden. Es kommt deshalb darauf an, systematische Fehler zu vermeiden und den Zufallsfehler in einer erträglichen Höhe zu halten.

Aus dieser Problematik wurde folgendes Verfahren als eine **Sonderform der schriftlichen Befragung** entwickelt: Jedem ankommenden Besucher wird ein Fragebogen in die Hand gedrückt. Alle Erläuterungen sind verzeichnet. Es gibt nur geschlossene Fragen. Die Antworten werden durch Einreißen markiert. Ein solcher Fragebogen kann natürlich nur einseitig bedruckt sein und für die Antworten stehen nur 4 Ränder zur Verfügung (vgl. Abbildung 1) Die Größe ist allerdings auch auf maximal DIN A 3 begrenzt. Dies Vorgehen hat zusätzlich den Vorteil, daß die Besucher:

- kein Schreibgerät und
- keine Schreibunterlage zum Ausfüllen benötigen.

Außerdem spricht es einen gewissen Spieltrieb an. Experimente, das Problem mit dem Schreibgerät dadurch lösen, daß jedem Besucher zusätzlich ein Kugelschreiber geschenkt wird, führen zu einer deutlich (25%) niedrigeren Antwortquote. Wenn man darüber hinaus durch zahlreiche deutlich gekennzeichnete Urnen auch das Erinnern an das Ausfüllen und Einwerfen der beantworteten Fragebögen unterstützt, kann man mit hohen Antwortquoten rechnen (teilweise deutlich über 80%). Die Zahl, Auffälligkeit und strategische Plazierung der Urnen und die übersichtliche Gestaltung des Fragebogens sind für den Erfolg des Rücklaufs verantwortlich. Damit ist der systematische Fehler sehr stark eingegrenzt. Gleichzeitig stellt dieses Vorgehen auch ein relativ kostengünstiges Vorgehen dar, bei der zahlreiche (Unter-)Zielgruppen mit genügender Stichprobengröße befragt werden können.

In Veranstaltungshäusern mit fester Bestuhlung kann eine Stichprobe auch erfolgreich sein, wenn die Fragebögen auf jedem dritten oder vierten Platz ausgelegt sind. Hier kann man dadurch die Belästigung des Publikums reduzieren, vor allem wenn man dabei zusätzlich berücksichtigt, daß man bei sehr großen Veranstaltungen durch eine Erhöhung der Stichprobe zur Totalerhebung im Verhältnis zum Aufwand (Auswertung) keinen entsprechenden Informationszuwachs erhält. Die Fragebögen auf nicht verkauften Plätzen müssen bei der Grundgesamtheit und der Antwortquote entsprechend berücksichtigt werden.

Bei Klappbestuhlung (Theater) ist nur die persönliche Verteilung an alle möglich. Falls über diese quantitative Befragung hinaus qualitative Fragen offenbleiben, kann aufgrund der repräsentativen Befragung eine ergänzende Quotenuntersuchung mit qualitativen Fragen durchgeführt werden, da die Zusammensetzung der Zielgruppe nach der repräsentativen Einreißbefragung feststeht.

3.2.3 Stichprobenziehung und Auswertungsprobleme

Wenn man ein Veranstaltungshaus oder Theater mit einem solchen Einreißfragebogen untersucht, ergibt sich für die Stichprobenziehung, daß sie normalerweise mehrstufig erfolgt. Zunächst sind die Besucher der verschiedenen Abonnements und Veranstaltungsarten:
- Opern,
- Operetten und
- Schauspiel

unterschiedliche Zielgruppen.

Die entsprechenden Veranstaltungsarten teilen die Grundgesamtheit deshalb in einzelne Schichten. Das Grundprinzip der Stichprobe ist also eine **Schichtenstichprobe**, die sowohl proportional als auch disproportional ausgestaltet sein kann. Bei Gesamtauswertungen ist das entsprechend durch Gewichtungen zu berücksichtigen. Die einzelne Aufführung stellt dann einen Klumpen dar. Es ist also eine **Klumpenauswahl**. Innerhalb des Klumpens erfolgt dann entweder eine Totalerhebung oder eine reine Zufallsstichprobe.

Dabei ist immer noch ein zusätzliche Problem zu berücksichtigen: Die Besucherstatistiken geben in Wirklichkeit nur die Besuche von einer unbekannten Zahl von Besuchern an,

Sonderformen

Stadttheater

INSTITUT FÜR BETRIEBLICHE
FORSCHUNG UND PRAXIS E.V.

Liebe Theaterbesucher!

Ihre Meinungen und Anregungen zur Gestaltung des Programms sind für uns von wesentlicher Bedeutung. Damit der Spielplan für Sie noch interessanter wird, werden wir in diesen Wochen eine wissenschaftliche Untersuchung durchführen.

Diese Erhebung ist sehr einfach, und wird nur etwa 2 Minuten in Anspruch nehmen.

Zur Beantwortung der Fragen reißen Sie bitte die für Sie zutreffende Aussage **deutlich** ein.

Wahlweise können die Antworten auch angekreuzt werden.

Falls Sie noch weitere Anmerkungen haben, benutzen Sie bitte die Rückseite.

Bitte werfen Sie den Fragebogen in der Pause oder am Ende der Veranstaltung in einen der bereits aufgestellten Kästen.

---

1. Wie oft haben sie in den letzten 12 Monaten die STÄDTISCHEN BÜHNEN (Stadttheater) besucht?

→ heute das 1. Mal	1
→ 2- bis 3mal	2
→ 4- bis 6mal	3
→ 7- bis 10mal	4
→ öfter	5

2. Besuchen Sie noch andere Theateraufführungen?

→ emma-theater der Städt. Bühnen Osnabrück	6
→ Lagerhalle, Osnabrück	7
→ Probebühne, Osnabrück	8
→ Stadthalle, Osnabrück	9
→ Theater in anderen Orten	10
→ Laienbühne in Osnabrück	11

3. Welche Aufführungen der STÄDTISCHEN BÜHNEN haben Sie in den letzten 12 Monaten besucht?

→ Oper	12
→ Operette	13
→ Musical	14
→ Tanztheater	15
→ Schauspiel	16
→ Kinder- und Jugendtheater	17
→ Konzerte	18
→ Konzerte in der Stadthalle	19

4. Welche Aufführungen sehen Sie besonders gern?

→ Oper	20
→ Operette	21
→ Musical	22
→ Tanztheater	23
→ modernes Schauspiel	24
→ klassisches Schauspiel	25
→ Konzerte	26

9. Wie haben Sie ihre Eintrittskarte erworben?

1	Abendkasse	←
2	Vorverkauf/Vorbestellung	
3	Organisierte Gruppenkarte	←
4	Abonnement/Besucherorganisation	
5	Sonstiges (z. B. Wahlabonnement)	←

10. Falls Sie ein Abonnement haben, wie lange haben Sie dieses bereits?

1	seit dieser Spielzeit	←
2	2 Spielzeiten	←
3	3 bis 6 Spielzeiten	←
4	länger	←

11. Wie sind Sie zu den STÄDTISCHEN BÜHNEN gekommen?

1	PKW	←
2	öffentliche Verkehrsmittel	←
3	organisierte Busfahrt	
4	Sonstiges (z. B. zu Fuß/Fahrrad)	

12. Wo wohnen Sie?

1	Stadt Osnabrück	←
2	Georgsmarienhütte	←
3	Wallenhorst/Belm/Bissendorf	←
4	Hasbergen/Hagen	←
5	Lotte/Westerkappeln	←
6	Bramsche	←
7	Bohmte/Bad Essen/Ostercappeln	
8	Melle	←
9	Bad Ilburg/Bad Laer/Dissen/Bad Rothenfelde	←
10	Mettingen/Ibbenbüren	←
11	Tecklenburg/Lengerich	←
12	übriger Landkreis Osnab.	

Abb. 1: Einreißfragebogen (im Original DIN A3)

Kunden- und Besucherbefragungen

5. Was gefällt Ihnen generell an den Aufführungen der STÄDTISCHEN BÜHNEN besonders gut?

→ Inszenierung	1
→ Bühnenbild/Kostüme	2
→ künstlerische Einzelleistung	3
→ musikalische Interpretation	4

6. Was gefällt Ihnen bisher (bis zur Pause) an der **heutigen** Aufführung besonders gut?

→ Inszenierung	1
→ Bühnenbild/Kostüme	2
→ künstlerische Einzelleistung	3
→ musikalische Interpretation	4

7. Warum gehen Ihrer Meinung nach Leute ins Theater? (Bitte nicht mehr als drei Antworten einreißen)

→ Freude am Erlebnis	1
→ Interesse an der Kunst	2
→ Atmosphäre einer Theateraufführung/Festlichkeit	3
→ Alternativen zu and. Veranstaltungen (z. B. Kino)	4
→ Geistige Auseinandersetzung mit einem Problem	5
→ Kontakt mit anderen Menschen	6
→ mit Freunden ausgehen	7
→ Abwechslung	8
→ Gewohnheit	9
→ um sich zu informieren	10
→ um einen bestimmten Künstler zu sehen	11

8. Wie beurteilen Sie den Spielplan der letzten drei Jahre?

→ Schulnote	1	1
→	2	2
→	3	3
→	4	4
→	5	5
→	6	6

Sollten Sie den gleichen Fragebogen hier im Stadttheater bereits beantwortet haben, so werfen Sie in bitte uneingerissen ein.

Wichtig ist, daß **alle** antworten.

Bitte: MACHEN SIE MIT!!!

Vielen Dank!

N. Hilchenbach   N. Kronisch   Prof. R. Nötzel

STÄDT. BÜHNEN OSNABRÜCK GMBH und das Forschungsteam

13	übriger Landkreis Steinfurt ←
14	Kreis Vechta/Diepholz ←
15	Kreis Emsland ←
16	Kreis Warendorf/Gütersloh ←
17	Kreis Midden-Lübbecker/Herford ←
18	Sonstiges ←

13. Arbeiten/Studieren Sie in Osnabrück

1	Ja	←
2	Nein	←

14. Ihre berufliche Tätigkeit

1	Angestellter/Beamter	
2	Arbeiter	
3	in der Ausbildung/Schule/Studium	
4	Selbständig	←
5	Hausfrau	
6	nicht berufstätig/Sonstiges	←

15. Ihr bisheriger Schulabschluß?

1	Hauptschulabschluß	←
2	Realschulabschluß	←
3	Abitur	
4	Hochschule	

16. Wie alt sind Sie?

1	bis 19 Jahre	←
2	20 bis 34 Jahre	
3	35 bis 49 Jahre	←
4	50 bis 64 Jahre	←
5	65 Jahre und älter	←

17. Ihr Geschlecht?

1	Weiblich	←
2	Männlich	←

Abb. 1: Einreißfragebogen (im Original DIN A3) – Fortsetzung

da die einzelnen Personen, sowohl verschiedene Veranstaltungsarten als auch Veranstaltungen einer Veranstaltungsart, ja sogar mehrere Aufführungen desselben Stücks besuchen können. Bei einer Befragung der Besucher eines Theaters oder eines anderen Veranstaltungshauses haben die einzelnen Befragten deshalb eine unterschiedliche Wahrscheinlichkeit, befragt zu werden. Diese Wahrscheinlichkeit ist (nachträglich) annähernd berechenbar, wenn man die Besucher nach der Häufigkeit des Besuchs in einem bestimmten Zeitraum befragt. Man erhält deshalb in der Auswertung eine zusätzliche Schichtung nach der Häufigkeit des Besuchs und kann daraus nicht nur die durchschnittliche Zusammensetzung des Publikums an einem durchschnittlichen Abend feststellen (Besuche), sondern auch wie sich das Publikum insgesamt zusammensetzt. Die seltenen Besucher gewinnen dann als Potential einen deutlich größeren Stellenwert als die Abonnenten. Man kann auch die unterschiedlichen Nutzungsstrukturen feststellen.

3.2.4 Einzelne Erkenntnisse aus Publikumsuntersuchungen

In einer **Clusteranalyse** konnte festgestellt werden, daß die traditionellen Abonnenten, die klassische Oper und Schauspiel liebten und relativ alt waren, nur 19% der Besucher insgesamt darstellten, aber 45% der Besuche ausmachten. Die seltenen Besucher (vom Lande, mit geringerer Bildung), die gern in die Operette gingen oder auch in ein Lustspiel, bildeten zwar 47% aller Besucher, aber nur 28% der Besuche (mehr gab das Programm wohl auch nicht her). Da diese aber den vollen Preis zahlten, war ihr Finanzierungsbeitrag jedoch höher, das heißt sie wurden weniger subventioniert als die Abonnenten. Eine dritte Zielgruppe war hochgebildet, jung und interessierte sich für moderne Problemstücke. Sie bildeten 34% der Besucher und machten 27% der Besuche aus. Auch hier waren weniger Subventionen zu verzeichnen.

Weitere Erkenntnisse aus den Untersuchungen waren:
- die Zufriedenheit mit einzelnen Stücken,
- die Zufriedenheit mit verschiedenen Leistungsaspekten (Künstler, Ausstattung, Bühnenbild, Service),
- die Zufriedenheit mit dem Programm (bei so heterogenem Publikum naturgemäß durchschnittlich!),
- der Einzugsbereich (Grundlage für Kommunikation und gezielte Marketingmaßnahmen und Verhandlung mit benachbarten Gebietskörperschaften bezüglich der Subventionierung der Leistungen entsprechend der Nutzung der betreffenden Bewohner),
- weitere soziodemografische Merkmale zur Zielgruppenbestimmung und
- die Motivation der Besucher.

3.3 Zum richtigen Einsatz von Passanteninterviews

3.3.1 Vor- und Nachteile

Passanteninterviews werden von Laien und auch gedankenlosen Marktforschern immer wieder gern eingesetzt. Wenn man die vielen Passanten in Innenstädten sieht, dann liegt der Gedanke nahe, daß durch die Vielzahl der potentiellen Interviewpartner – wenn man noch zusätzlich mit Quotenvorgaben die Interviews steuert – mehr oder weniger eine gewisse Repräsentativität gewährleistet ist. Manchmal wird das dann sogar noch als Zufallsstichprobe bezeichnet, weil man aus zufälligen Passanten eine zufällige Stichprobe ausgewählt hat. Die Ergebnisse einer solchen Stichprobe können auch zufällig richtig sein. Methodisch ist dieses Vorgehen eine bessere Alternative zum einfachen Putzfrauentest und nichts anderes als eine Auswahl auf das Geratewohl.

Eine Zufallsstichprobe ist es sicherlich nicht, denn die Passanten sind im Sinne der Wahrscheinlichkeitsrechnung keineswegs zufällig in der Fußgängerzone und repräsentieren auf keinen Fall die Bevölkerung, sondern nur die Passanten.

Solche Passanteninterviews haben unbestritten einige Vorteile:
- wenige Verweigerungen und damit auch weniger Frustration für ungeübte Interviewer,
- wenige Fehlzeiten zwischen den Interviews,
- geringe Kosten und
- anonyme Situation für den Befragten.

Aber es gibt auch weniger Möglichkeiten den Interviewer zu kontrollieren. Um eine repräsentative Stichprobe durchzuführen, sind folgende Probleme zu lösen:
- klar definierte Grundgesamtheit,
- Auswahlbasis muß gesichert sein und
- das Auswahlprinzip muß den Bedingungen der Zufallsstichprobe genügen.

3.3.2 Passanten als Grundgesamtheit

Eine richtige Stichprobe mit Passanten ist immer dann gegeben:
- wenn die Passanten die Grundgesamtheit bilden, z. B. wenn es um die Beachtung und Erinnerung einer Plakatwand oder eines Schaufensters geht und
- wenn die eigentliche Grundgesamtheit in der jeweiligen Passantengruppe vollständig enthalten ist, z. B. die Käufer eines Geschäftes in der Innenstadt müssen zwangsläufig – wie oft auch immer – in der Nähe des Geschäftes Passanten sein.

Daraus ergibt sich, daß Passanten nur bei mehr oder weniger punktuellen Stichproben Grundgesamtheit sein können.

Passantenbefragungen können besonders vorteilhaft sein, wenn es um die zeitliche Nähe zu dem zu befragenden Problem geht, z. B. nach dem Passieren der Plakatwand oder Einkauf. Zu Befragungen über Rundfunk oder Politik eignet sich die Passantenbefragung nicht, da bestimmte Zielgruppen einfach nicht erreicht werden, z. B. Bewohner von Altersheimen oder Landbevölkerung. Die Grundgesamtheit ist einfach zu bestimmen, wenn es sich um ein einmaliges Ereignis handelt, z. B. bei einem Straßentheater.

Bei den meisten Meinungsgegenständen handelt es sich jedoch um länger andauernde Institutionen oder Ereignisse (eine Schaufensterdekoration) und in diesen Fällen spielt es eine Rolle, wie oft der Befragte an der Stelle der Befragung vorbeikommt, denn bei der echten Zufallsstichprobe muß eine berechenbare Chance, befragt zu werden, vorliegen. Wenn dieser Tatbestand nicht berücksichtigt wird, haben bestimmte Passanten eine höhere Chance befragt zu werden, und sie haben das zu untersuchende Schaufenster auch

häufiger gesehen. Folglich werden die Ergebnisse bezogen auf die Gesamtheit aller Passanten verzerrt. Man muß also unterscheiden:
- bei den ungewichteten Daten einer solchen Befragung stellt man einen zeitpunktbezogenen Zustand dar und
- bei einer Gewichtung nach der gesamten Zielgruppe erhalten die selteneren Passanten, die eine geringere Chance hatten, befragt zu werden, ein größeres Gewicht. Man erhält hier ein zeitraumbezogenes Bild der gesamten Zielgruppe: die Reichweite insgesamt.

Die Grundgesamtheit wird deshalb in Schichten gleicher Passagehäufigkeit aufgeteilt (jedenfalls nachträglich).

3.3.3 Auswahlbasis

Wenn sich Passanten für die Grundgesamtheit einer Untersuchung eignen, müssen folgende Probleme gelöst werden:
- Der Passantenstrom wechselt tageszeitlich und an den einzelnen Wochentagen sowohl quantitativ als auch nach der soziodemografischen Zusammensetzung. Es ist deshalb sicherzustellen, daß die Interviews proportional zu diesem Passantenstrom durchgeführt werden.
- Die Auswahl zu einem bestimmten Zeitpunkt entspricht einem zeitlichen Klumpen und kann damit das Ergebnis als systematischen Fehler beeinflussen, wenn z. B. nach Schulschluß befragt wird.
- Bei Befragungen an mehreren Ausgängen eines Marktplatzes handelt es sich analog ebenfalls um Schichten, die normalerweise proportional zu befragen sind.

Vor den einzelnen Befragungen sollten deshalb Zählungen durchgeführt werden, die die Stärke des Passantenstroms repräsentativ erfassen, wobei unterstellt werden muß, daß zum eigentlichen Befragungszeitpunkt bei gleichen Witterungsverhältnissen die gleichen Passanten-/Zielgruppen-Verhältnisse gegeben sind. Für die Planung des Interviewereinsatzes ist es ein erster Anhaltspunkt.

Um Abweichungen in Gewichtungen festzustellen, empfiehlt es sich, während der eigentlichen Befragung den Passantenstrom stichprobenhaft zu kontrollieren, z. B. in dem man jeweils zur vollen Stunde (oder alle halbe Stunde) für 5 Minuten die Passanten zählt. Aus dieser Stichprobe kann der tatsächliche Passantenstrom hochgerechnet werden.

Da die Zusammensetzung des Passantenstroms an jedem Punkt einer Fußgängerzone – wie auch die Passantenzählungen zeigen – unterschiedlich ist, ist die Wahl der Befragungspunkte von entscheidender Bedeutung. Bei Interviews deren Befragungspunkte 1 km auseinanderlagen, zeigten sich hinsichtlich bestimmter Geschäfte schon deutlich verschiedene Bekanntheitsgrade. Wenn man die Käufer eines bestimmten Geschäftes befragen will, kann dies nur in der Nähe dieses Geschäftes erfolgen, aber möglichst außerhalb der Sicht. Dabei sind Passanten in beiden Richtungen zu erfassen.

Bei Zielgruppen, wo es um einen etwas größeren Raum geht, z. B. Leuchtwerbung auf einem Platz, müssen die Interviews an allen Ausgängen dieses Platzes (auch hier so, daß die einzelnen Leuchtwerbungen nicht mehr sichtbar sind) erfolgen, so daß jeder Befragte kurz vorher mindestens eine Kontaktchance hatte und daß jeder, der zur Zielgruppe gehört, eine Chance hat, befragt zu werden.

3.3.4 Passantenauswahl

Die eigentliche Auswahl der Befragten kann dem idealen Zufallsprozeß weitgehend angenähert werden, indem man zu einem gegebenen Startzeitpunkt an einem vorgegebenen Punkt die erste sich nähernde Person interviewt und jeweils nach Abschluß eines Interviews die nächste sich nähernde Person anspricht. Dabei wird nach bestimmten Zeitpunkten der Standort gewechselt, damit nicht immer die Mitte oder die am Rand laufenden Passanten angesprochen werden. Dabei sind auch die Richtungen zu wechseln (stadteinwärts, stadtauswärts). Die Verteilung der Interviewer und der Interviews richtet sich nach den Zählungen.

Der genaue Zufallsprozeß ist in einer Intervieweranweisung genau festzuhalten und zu kontrollieren, z. B. durch Beobachtung durch dem Interviewer unbekannte Vertrauenspersonen.

3.3.5 Einsatz von Passanteninterviews

Wie dargestellt, eignet sich das durchaus repräsentative Passanteninterview, wenn die Passanten auch die Grundgesamtheit bilden. In allen anderen Fällen kann sie nur eine Auswahl auf das Geratewohl darstellen, auch wenn man durch Quotenvorgaben scheinbar eine Quotenstichprobe daraus macht. Das nichtzufällige Merkmal Passant kann damit auf die Ergebnisse unterschiedlichen – aber unbekannten – Einfluß haben. Dabei soll nicht verkannt werden, daß es keine günstige Alternative gibt, wenn man z. B. Studiotests durchführt. Bei anderen Fragestellungen sollte man aber besser auf repräsentativere Methoden zurückgreifen.

3.4 Ausblick

Mit den Ausführungen konnte gezeigt werden, daß neben der üblichen traditionellen Flächenstichprobe in besonderen Fällen auch punktuelle Stichproben repräsentativ angelegt werden können, wenn die Zielgruppe ebenfalls punktuell erfaßt werden kann. Eine Betrachtung, die in den meisten Lehrbüchern vernachlässigt ist und auch von Instituten, die ihre Stichproben und Interviewerstäbe flächenmäßig ausgerichtet haben, ebenfalls selten so gehandhabt wird. Viele Passanteninterviews, die eigentlich eine Auswahl auf das Geratewohl darstellen, können damit zumindest problematische Ergebnisse erbringen. Besonders bedenklich wird das dann, wenn diese Ergebnisse intensiv statistisch ausgewertet werden und aufgrund der multivariaten Verfahren scheinbar wissenschaftlich wirken. Aber das Ganze bleibt doch Gigo (Garbage In Garbage Out).

3.5 Literaturverzeichnis

Nötzel, Rötger: Erfahrungen mit der schriftlichen Umfrage, in: Planmung und Analyse 4/1987, S. 151 ff.
ders.: Schriftliche Besucherbefragungen im Veranstaltungswesen, in: Planung und Analyse 5/1987, S. 192 ff.
ders.: Anmerkungen zum »richtigen« Einsatz von Passanteninterviews, in: Planung und Analyse 7/1989, S. 250 ff.

4. Marktforschung als Beitrag für ein lernendes Unternehmen

Gustav Bergmann/Marcus Pradel

Inhaltsübersicht

4.1   Marktforschung als Beitrag zum organisationalen Lernen
4.2   Kreislauf der Erkenntnis
4.3   Orientierungsgrundlagen
4.4   Mustererkennung und Marktforschung
4.5   Lernzyklus des Gelingens: Informationsgewinnung im Dialog
4.6   Methodenorientierte Anwendung des Lernzyklus
4.6.1 Universelle Umsetzungsmethoden
4.6.2 Spezielle Marktforschungsmethoden
4.7   Synopse
4.8   Literaturverzeichnis

Auf einen Blick

In Zeiten turbulenter werdender Märkte wird es für die Unternehmen wichtiger denn je, innerhalb der Marketingprozesse auf qualifizierte Marktinformationen zurückgreifen zu können. Dies ist um so bedeutender, als die Entwicklungen der Märkte auch durch eine stetig wachsende Vernetzung und Komplexität gekennzeichnet sind.

Zur Ermittlung relevanter Kontextinformationen kann innerhalb der Unternehmen ein ganzheitliches Marktforschungssystem installiert werden. Ergänzend zu der klassischen Hauptaufgabe der Marktforschung, Informationen zu erheben und auszuwerten, sollte sie als wichtiges Instrument zum organisationalen Lernen ausgebaut werden. Dementsprechend ist sie ein wichtiger Bestandteil der unternehmensimmanenten Planungs- und Controllingprozesse.

Darüber hinaus sollte man berücksichtigen, daß neuere Theorien davon ausgehen, daß die Funktionsweise moderner Unternehmen mit sozialen Systemen und mit lebenden Organismen verglichen werden können.

Dies aufgreifend, möchten wir Ihnen nachfolgend einen Marktforschungsansatz vorstellen, in dem die verschiedenen Aufgaben der Informationsgewinnung, der Systematisierung von Erkenntnissen und die Anbindung an die Kontroll- und Planungsaufgaben einbezogen werden. Insofern müßten wir eigentlich von Marketingforschung als dem umfassenderen Ansatz sprechen. Wir wollen die Begriffe aber der Einfachheit halber synonym verwenden.

Dazu gehen wir zunächst auf Erkenntnisquellen ein, erläutern verschiedene Stufen der Orientierung aus normativer, strategischer und operativer Sicht und diskutieren dann ein stimmiges Gestaltungs- und Prozeßmodell der Marktforschung am Beispiel des Lernzyklus.

4.1 Marktforschung als Beitrag zum organisationalen Lernen

Einige Leser werden sich an dieser Stelle vielleicht fragen, inwieweit organisationales Lernen mit Marktforschung in Verbindung gebracht werden kann und welchen Zweck dies erfüllt. Ein entscheidender Aspekt bei dieser Betrachtungsweise ist es, daß sich soziale Systeme (Gesellschaften, Unternehmen) nur zur Blüte und Hochkultur entwickeln können, wenn sie sich weiterentwickeln. Derartige Entwicklungsprozesse bedingen auf die eine oder andere Art und Weise, daß Unternehmen neues Wissen hinzulernen, vorhandenes Wissen an die sich ändernden Voraussetzungen anpassen oder gemachte Erfahrungen bei Entscheidungen einbeziehen müssen. So erfordert das Re-Design einer Produktverpackung, die Etablierung neuer Produkte oder auch der Aufbau neuer Geschäftsfelder eine Reihe von mehr oder weniger umfassenden Lösungs-, Lern- und Erkenntnisprozessen. Das Grundverständnis lernender Organisationen aufgreifend können die zu durchlaufenden Planungs-, Realisations- und Kontrollphasen als Elemente eines Lernsystems aufgefaßt werden. Hierbei ist aber wichtig, daß sich die Planungsprozesse nicht nur auf umfassende Analysephasen beschränken, die dann lediglich mit Kontrollaktivitäten beendet werden. Zur Ausprägung lernorientierter Prozesse ist es vielmehr notwendig, über den gesamten Planungspozeß hinweg und in allen Aufgabenbereichen, Informationen einzuholen und Zwischenkontrollen vorzunehmen.

Die Marktforschung sollte bereits frühzeitig mit der **Ideenfindung** für ein neues Produkt oder auch der Reflexion durchlaufender Prozesse einsetzen. Darüber hinaus kann ein permanentes Monitoring der Marktgeschehnisse zusätzliche Informationen und Anstöße liefern.

Eine moderne und lernorientierte Marktforschung muß sich daher als systematische Innovationsforschung verstehen, die sich auf alle Bereiche erstreckt und an diesen partizipiert: vom ersten Anstoß über die Problemdefinition bis zur Ausarbeitung und Evaluierung. Effektive Marktforschung verfügt über eine stimmige Mischung aus kreativer Informationssammlung an ungewohnten und wenig übersichtlichen Bereichen und der filternden Systematisierung. Die Informationsflut kann auf diesem Wege verwesentlicht werden, ohne die Bewußtheit über die Marktentwicklungen zu beeinträchtigen. Deshalb wird die Marktforschung sinnvollerweise ergänzt durch ein **lernorientiertes Controlling**, daß Erfahrungen sammelt, ordnet und reflektiert, um sie dann in einem langfristigen Lernprozeß allen Unternehmensteilen zugänglich zu machen.

Dies ist umso wichtiger, da bereits in der Reflexionsphase wichtige Anregungen, Gedanken, Trends und Visionen formuliert werden, die es innerhalb der Marketingprozesse aufzunehmen und weiterzuentwickeln gilt. Die Informationswertanalyse kann dabei zur Systematisierung und Nutzbarmachung der verstreuten Erkenntnisse herangezogen werden.

4.2 Kreislauf der Erkenntnis

Ein wesentlicher Bestandteil der lernorientierten Marktforschung, ist der Kreislauf der Erkenntnis. Innerhalb dieses Kreislaufes wird die Zukunftsforschung und Früherkennung (Erwartungsbildung) mit der Erfolgsfaktorenforschung und dem lernorientierten Controlling (Mustererkennung) verbunden.

Informations- und reflektierende Kontrollprozesse dienen dabei der Erkenntnisgewinnung. Informationen werden aus Antizipationen oder Erfahrungen gebildet und können zunächst systematisch erfaßt und verarbeitet werden. Dazu ist es notwendig, eine geeignete Datenorganisation zu entwickeln, in der die täglich anfallenden Informationen automatisch gespeichert (innerhalb einer Datenbank), ausgewertet (mit Hilfe einer Methodenbank) und angewendet werden (mit Hilfe von Theorien- und Hypothesenbänken). Ein solches Verfahren ermöglicht es, systematisches Lernen durch Erfahrung zu implementieren (lernorientiertes Controlling). Daneben gilt es, genügend Freiräume für die kreative Gewinnung von Informationen (Antizipation) zu schaffen. Auf diese Weise können neue Erkenntnisse außerhalb des angestammten Geschäftes gewonnen und die angewandten Verfahren kritisch hinterfragt werden (Erwartungen). Gemeinsam ist allen Informationsphasen, die Durchführung sowohl einer externen als auch einer internen Diagnose. Eine ganzheitliche Beschreibung der Kontextentwicklung bildet sich aus alternativen internen und externen Informationsquellen. Sie wird in das Lernsystem eingespeist, um so für weitere Anwendungsfelder nutzbar zu sein.

Die **Informationsquellen** sind in Abbildung 1 veranschaulicht. Die Erfolgsfaktorenforschung (*Bergmann* 1996; *Bergmann/Pradel/Meurer* 1998), aber auch generelle Trendforschungen (*Pradel* 1995, 1996, 1997 und 1998) sind als externe Quellen mit besonderer Vorsicht zu nutzen, da sie zunächst wenig über die spezifische Eignung aussagen. Solche Erkenntnisse sollten als allgemeine metasystemische Hinweise dienen und zur Suchfelderweiterung beitragen.

Die **interne Früherkennung** greift Entwicklungen (Trends und Diskontinuitäten) auf und prüft die Relevanz. Das Lernsystem dient der Erfahrungsbildung auf einem vornehmlich abstrakt-strukturellen Niveau, das heißt, es werden eher erfolgreiche Vorgehensweisen und Methoden als konkrete situationsspezifische Maßnahmen gelernt. Systemwissen ist wichtiger als Faktenwissen. Es kommt vorrangig auf die universellen Zusammenhänge an, die im Einzelfall konkretisiert werden können. Dies ist vor allem im Zuge der zunehmenden Komplexität der Märkte von besonderer Bedeutung. Der Erkenntnisprozeß soll im folgenden genauer beschrieben werden. Erkenntnis entwickelt sich aus dem Wechselspiel von Planung, Erwartungsbildung sowie Kontrolle und Erfahrungsbildung.

Planung erhält durch die **reflektierende Kontrolle** erst ihre volle Wirksamkeit und ihren Sinn. Kontrolle wiederum ist ohne Planung unmöglich. Die Kontrolle dient der systematischen und korrigierenden Erfahrungsbildung und ergänzt, sachlogisch gesprochen, die Planung als Erwartungsgenerator. Erfahrungen sind sowohl als persönlich sensuale Eindrücke, wie auch – mittels Wahrnehmung, Beobachtung und Experiment – als verstandesmäßig geordnete Systeme denkbar. Besondere Beachtung gilt dabei der systematischen

Sonderformen

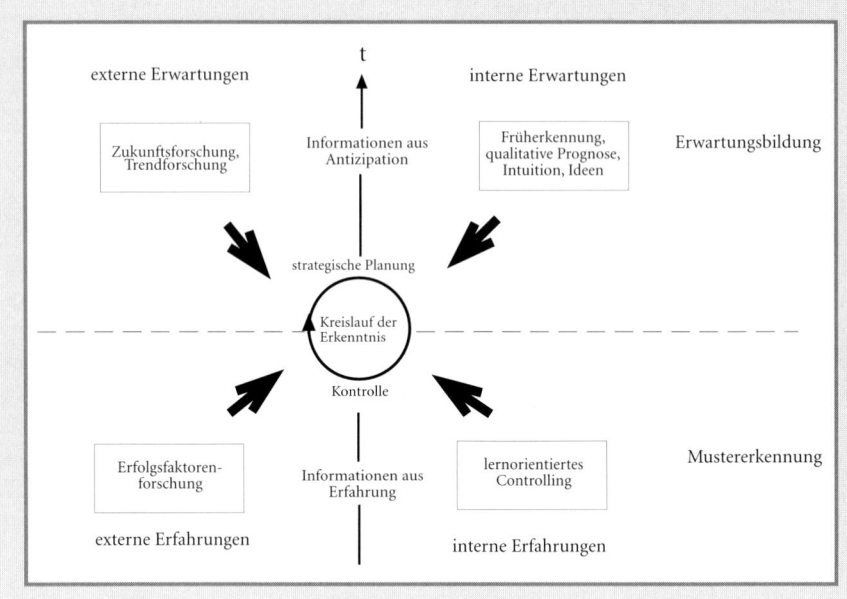

```
externe Erwartungen          t            interne Erwartungen

  Zukunftsforschung,   Informationen aus    Früherkennung,         Erwartungsbildung
  Trendforschung       Antizipation         qualitative Prognose,
                                            Intuition, Ideen

                       strategische Planung

                         Kreislauf der
                         Erkenntnis

                         Kontrolle

  Erfolgsfaktoren-     Informationen aus    lernorientiertes       Mustererkennung
  forschung            Erfahrung            Controlling

externe Erfahrungen                         interne Erfahrungen
```

Abb. 1: Informationsquellen im Kreislauf der Erkenntnis (Quelle: in Anlehnung an *Riedel* 1981)

und experimentell gewonnenen Erfahrung aus täglichen Austauschprozessen mit den Märkten. Aus dem Zusammenspiel von Erwartung und Erfahrung entwickelt sich Erkenntnis. Es werden Verknüpfungen geschaffen und neue Beziehungen entwickelt. Diese Erkenntnis ist nach *Gregory Bateson* als Lernen Stufe 1 zu bezeichnen. Reines Wissen gilt dagegen als Lernen Stufe 0: Weil Wissen das Lernen behindert. Die Reflexion und Supervision der Lernprozesse gilt als Lernen Stufe 2. Hier wird Lernen verbessert und Muster erkannt (*Bateson* 1985, S. 379 ff.). Erkenntnis bedeutet insofern, Erfahrenes in einem neuen Kontext wiederzuerkennen.

Die Erwartungen äußern sich in Voraus-Urteilen, Hypothesen, Prognosen und Zielsetzungen, die sich im Kreislauf der Erkenntnis (*Riedl* 1981, S. 71) bewähren müssen. In erfahrungsfreien Situationen werden zunächst versuchsweise Konzepte und Programme (Aktionsparameter-Konstellationen) ermittelt, die anfangs als abweichende Muster rein stochastischen Charakter aufweisen und nach und nach experimentell überprüft werden können. Der Zweck der Vorurteile liegt in dem Aufforderungscharakter zur Entscheidungsfindung (*Riedl* 1981, S. 71). Durch die Fokussierung auf wesentliche Ausschnitte des Objektsystems (Märkte, Zielgruppen) können die relevanten Phänomene zur Herausbildung plausibler Hypothesen zu den Zusammenhängen im Kontext beitragen. Die Verrechnung von Erwartung und Erfahrung führt sukzessive zu höheren Eintrittwahrscheinlichkeiten und damit zum Erkenntnisgewinn.

Die ermittelten **Erkenntnisse** können in ähnlichen Kontextsituationen die Planungen und Entscheidungen verbessern und beschleunigen, da bewährte Verhaltensprogramme

(Handlungsmuster) vorliegen. Es ist also zweckmäßig, angesichts der Unmöglichkeit vollkommener Gewißheit vorläufige Hypothesen aufzustellen, um im Kreislauf von Erwartung und Erfahrung zur schrittweisen Optimierung zu gelangen. Je länger und intensiver an einem Problemfeld operiert wird, desto besser kann auf die Umweltanforderung reagiert werden. Dabei sind immer wieder öffnende, bewußt anders konzipierte Untersuchungen vorzusehen, damit nicht Erfolgsmuster zu eingefahrenen, aber unangemessenen Mustern (Stereotypen) degenerieren. Es ist zu vermuten, daß Entscheidungen in erster Linie auf zurückliegende Handlungen und weniger aus bewußten Zielen erklärbar sind. Soziale Systeme tendieren zur Selbstverstärkung, zur Wiederholung bewährter Aktivitäten, weil sie sich dadurch erhalten wollen. Nur durch Störung im Sinne von Variationen und Interventionen sind sie letztlich zu verändern (*Bergmann* 1998). Und diese Aufgabe kann vor allem die Marktforschung wahrnehmen, die mit ihrer Vielzahl von qualitativen und quantitativen Untersuchungsverfahren unterschiedlichste Möglichkeiten bietet. Scheinbar gesicherte Erkenntnisse lassen sich am besten durch einen Fokuswechsel oder andere Untersuchungsverfahren hinterfragen. So führen zahlreiche stereotype Studiobefragungen über verschiedene Variationen eines neuen Produktdesigns sicherlich zu quantitativen Ergebnissen. Doch wie oft haben diese Produkte, dann bei der Markteinführung kläglich versagt. Eine stärkere qualitative Orientierung in Verbindung mit verschiedenen Marktforschungsmethoden wäre sinnvoller, zumal dies verschiedene Betrachtungs-/Orientierungsmöglichkeiten eröffnet, die zwar nur eine kleinere Stichprobe zuläßt, dafür aber qualifizierte Ergebnisse liefern kann.

Im folgenden wollen wir die Orientierungsgrundlagen genauer beschreiben und differenzieren, die durch Marketingforschung und Controlling ermittelt werden können.

4.3 Orientierungsgrundlagen

Unternehmens- oder auch Organisationsübergreifendes Lernen erfordert ein System operativer, strategischer und normativer Orientierungsgrundlagen, die den Handlungsrahmen abstecken. Eine lernorientierte Marktforschung kann vor allem auf der strategischen und normativen Ebene einen wichtigen Beitrag leisten. Daher wollen wir nachfolgend kurz auf das Thema Orientierungsgrundlagen eingehen. Bisher werden in der Praxis vornehmlich kurzfristige und rational erfaßbare Aspekte berücksichtigt. Kurzfristige Erfolgsrechnungen geben nur Auskunft über die aktuelle Liquiditäts- und Ertragslage. Wenn zumindest die Marktposition erforscht wird, können Aussagen zur aktuellen Erfolgsposition geleistet werden. Wer Trends und Kundenbedürfnisse als typische **Soft Factors** in die Betrachtung integriert, kann neue Erfolgspotentiale ermitteln (vgl. Abbildung 2).

Erst wenn die sehr ungenauen aber höchst relevanten Kulturaspekte und die diskutierten Erfolgsspielregeln als Orientierungsgrundlage genommen werden, können Aussagen zur ganzheitlichen Erfolgsposition und damit zur Zukunftsfähigkeit ermittelt werden. Im Zentrum der Analyse sollten insofern ganzheitliche Bewertungen stehen, die aus der Theorie der Unternehmensbewertung bekannt sind. Die normative Orientierung ermöglicht die Einschätzung der Legitimität, also nicht der Berechtigung, dauerhaft am Markt

Sonderformen

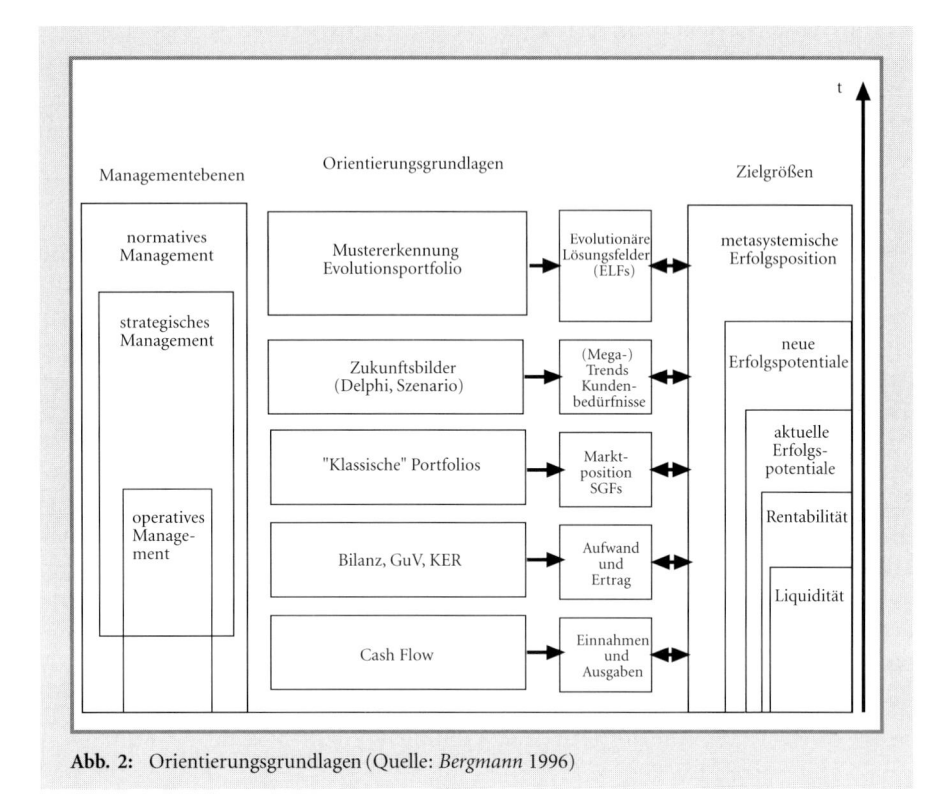

Managementebenen	Orientierungsgrundlagen		Zielgrößen
normatives Management	Mustererkennung Evolutionsportfolio	Evolutionäre Lösungsfelder (ELFs)	metasystemische Erfolgsposition
strategisches Management	Zukunftsbilder (Delphi, Szenario)	(Mega-) Trends Kundenbedürfnisse	neue Erfolgspotentiale
	"Klassische" Portfolios	Marktposition SGFs	aktuelle Erfolgspotentiale
operatives Management	Bilanz, GuV, KER	Aufwand und Ertrag	Rentabilität
			Liquidität
	Cash Flow	Einnahmen und Ausgaben	

Abb. 2: Orientierungsgrundlagen (Quelle: *Bergmann* 1996)

bestehen zu können. Auf der strategischen Ebene wird die Effektivität bestimmt und auf der operativen lediglich die Effizienz.

Im folgenden haben wir die wesentlichen Orientierungsgrundlagen nochmals zusammengefaßt. Dabei sind aufsteigend von der operativen Ebene über die strategische auch normative Aspekte integriert. Erst die Integration normativer Aspekte in das Vorteilhaftigkeitskalkül sichert die ganzheitliche metasystemische Erfolgsposition. Es werden nicht nur aktuelle Erfolge, die Marktposition und neuere Entwicklungstrends analysiert, sondern auch die Evolutionsfähigkeit des Systems an sich. Es wird untersucht, ob ein Unternehmen in der Lage ist, die Aktivitäten in ökonomischer (Rentabilität/Finanzierung), ökologischer und sozialpsychologischer (Vertrauen, Image) Hinsicht durchzuhalten (Grundsatz der Sustainability) (*Bergmann* 1996). Jegliche Art von Strukturbilanzen, Kennzahlen und herkunftsorientierten Aufstellungen sollten lediglich als Basis dienen. Alle Bewertungen müssen prozessual, langfristig und unter Einbezug von Soft Factors vorgenommen werden. Das heißt, das organisatorische Bewußtsein muß erweitert und in Fluß gebracht werden. Es ist die Innen- und Außenperspektive zu wählen, alles ist auf seine langfristige Durchhaltbarkeit zu prüfen und es sollten dabei die Persönlichkeitsbilder der Akteure anhand der Brain map berücksichtigt werden.

Die **Brain map** wird zur Veranschaulichung unterschiedlichster Denkweisen und Spezialisierungen benutzt. Sie kann als eine Art Landkarte der Charakterspezialisierung verstanden werden. Innerhalb der Brain map wird das Gehirn in rechte und linke Hemisphäre sowie Vorderhirn und Hinterhirn unterteilt. Rechtshemisphärisch denkende Menschen gelten als emotional, intuitiv und ganzheitlich, wohingegen linkshemisphärisch Denkende betont logisch-analytisch vorgehen (*Lynch/Kordis* 1991, S. 257 ff.; *Bergmann* 1996, S. 198 ff.; *Pradel* 1997, S. 256 ff.). So sind:

- Kundenbeziehungen,
- Optionen,
- Qualifikationen der Mitarbeiter,
- strategische Allianzen,
- Image,
- Marken,
- Marktchancen,
- gute interne und externe Kommunikation sowie
- flexible und einfache Strukturen zusätzlich zu berücksichtigen.

Es erfolgt eine Bewertung nach Maßgabe der Spielregeln (Erfolgsmuster) und der Übereinstimmung mit Trends und Entwicklungen des Kontextes. Es wird die Zukunftsfähigkeit überprüft. Dabei ist wie in den klassischen Verfahren eine Abweichung zwischen der Einschätzung (Analyse/Plan) und dem tatsächlichen Verlauf möglich und sehr wahrscheinlich. Werden die Ausgangspunkte falsch eingeschätzt, nehmen die gewählten Strategien nicht den geplanten Verlauf, die Realität verschiebt sich. Deshalb sprechen wir auch weniger von Strategien, wie sie im konventionellen Management im Mittelpunkt stehen, sondern von **metasystemischen Regeln**, die die Wahrscheinlichkeit erhöhen, in Turbulenz bestehen zu können und sinnvolle Ziele zu erreichen (*Bergmann* 1996 und 1998).

Ohne an dieser Stelle vertiefend auf die ebenfalls wichtigen finanzwirtschaftlichen Aspekte wie Cash Flow, Bilanz, GuV sowie klassische und neuere Portfolio-Konzepte eingehen zu wollen, soll folgendes angemerkt werden. Die Bewertung der Zukunftsfähigkeit eines Unternehmens, kann nur durch die Anwendung **neuer Bewertungsverfahren** wie das von *Kaplan* und *Norton* entwickelte *Balanced Scorecard System* (*Schmidt* 1998, S. 29 ff. in: ZOE 2/98; *Horvath/Kaufmann* 1998, S. 39 ff.; *Harvard Business Manager* 5/98) erfolgen. Ebenso gilt es, folgende Aspekte in die Betrachtung der Orientierungsgrundlagen einfließen zu lassen:

- Beziehungsanalyse und -bewertung aus der Kundenperspektive,
- Kunden- und Mitarbeiterzufriedenheit,
- Ganzheitliche Erfolgsbetrachtungen,
- finanzwirtschaftliche Cash-flow-, Entwicklungs- und Shareholdervalue-Betrachtung,
- Innovationsbetrachtung mit der Neuerungsrate,
- Analyse der Lernprozesse und
- Stärke der Kernkompetenzen (Domänen) und der Kreativität sowie die interne Perspektive mit der Überprüfung der Leistungsprozesse (Teamarbeit, Organisationsentwicklung, Audits).

Neben diesen Punkten gilt es, die ökologische Perspektive zu eröffnen und alle Prozesse nach den entsprechenden Kriterien zu überprüfen. Konsequenzen haben diese dynamisch komplexen Betrachtungen also auf Innovationsentscheidungen, die Marketingstrategien sowie alle weiteren Unternehmensstrategien.

Ein wesentlicher Aspekt dieses Ansatzes liegt darin, zukünftige Entwicklungsperspektiven sowie die sich hieraus abzuleitenden Erfolgspotentiale zu betrachten. Der Marktforschung kommt somit eine wichtige Rolle bei der Findung möglicher Zukunftsbilder und der Mustererkennung zu, die für sich wiederum ein wesentlicher Bestandteil der Zukunftsfähigkeit eines Unternehmens sind.

Nachfolgend möchten wir daher den Bereich der Mustererkennung näher beleuchten.

4.4 Mustererkennung und Marktforschung

Bei der Mustererkennung liegt der Schwerpunkt auf der **Unterscheidung von erfolgreichen und weniger erfolgreichen Vorgehensweisen**. Der dahinter liegende Differenzierungsprozeß kann am effektivsten durchlaufen werden, wenn man lösungsorientiert vorgeht. Es nützt wenig, bis ins Detail zu analysieren/erklären, warum etwas funktioniert hat oder mißlungen ist. Wichtiger ist die Erkenntnis zwischen erfolgreich und weniger erfolgreich unterscheiden zu können. Erkenntnis stammt nicht von Erklären, sondern von Erkennen, ansonsten müßte es Erklärnis heißen. Insofern gilt es, nach einer Problembeschreibung direkt nach Situationen und Lösungen zu suchen, die andere schon gefunden haben oder die schon einmal erfahren wurden. Es werden beispielsweise erfolgreiche Marketingkonzepte der Wettbewerber oder der eigenen Erfahrungen beschrieben und dann diagnostiziert, wie sich diese Vorgehensweisen von mißlungenen Prozessen unterscheiden. Es werden Unterschiede gesucht, die Unterschiede machen. Dabei werden nicht konkrete Inhalte kopiert, sondern der allgemeine Gehalt erfolgreichen Vorgehens als Orientierungsmuster beschrieben. Diese Vorgehensweise nennen wir das Finden von Dauerhaften Kurzzeitlösungen (DaKuZel) (*Bergmann* 1997 und 1998), da hierbei relativ schnell Lösungen gefunden werden können, die sich schon bewährt haben. Wir haben beispielhaft ein System erfolgreicher Spielregeln (Orientierungsmuster) zusammengestellt (*Bergmann* 1996), das bezogen auf unterschiedliche Bereiche wie Orientierung, Gestaltung, Interaktion allgemein gelingende Prozesse umfaßt (vgl. Abbildung 3).

Sukzessive werden diese Muster ergänzt und konkretisiert. In einem Unternehmen ist es Aufgabe der Marktforschung, diese Muster zu erkennen, zu bilden und anzuwenden. Ein **Erfolgsmuster** ist beispielsweise die hier kurz beschriebene Vorgehensweise der lösungsorientierten Mustererkennung. Ein weiteres Muster ist die in Folge aufgezeigte Vorgehensweise in Projekten (Lernzyklus) oder auch die win/win Strategie (vgl. den Beitrag von Gustav Bergmann: Ethik in der Marktforschung, S. 840).

Wir nutzen diese Muster, um Unternehmen Konzepte, Strategien und Produkte in einem zeitstabilen Rahmen zu bewerten. Die nach Persönlichkeitsbildern und Wahrnehmungsarten differenzierten Bedürfnisebenen (*Maslow* 1981) bilden den dreidimensionalen Bezugsrahmen zur Entwicklung und Formulierung von **Kontextmustern**. Mit Hilfe der

Lernorientierte Marktforschung

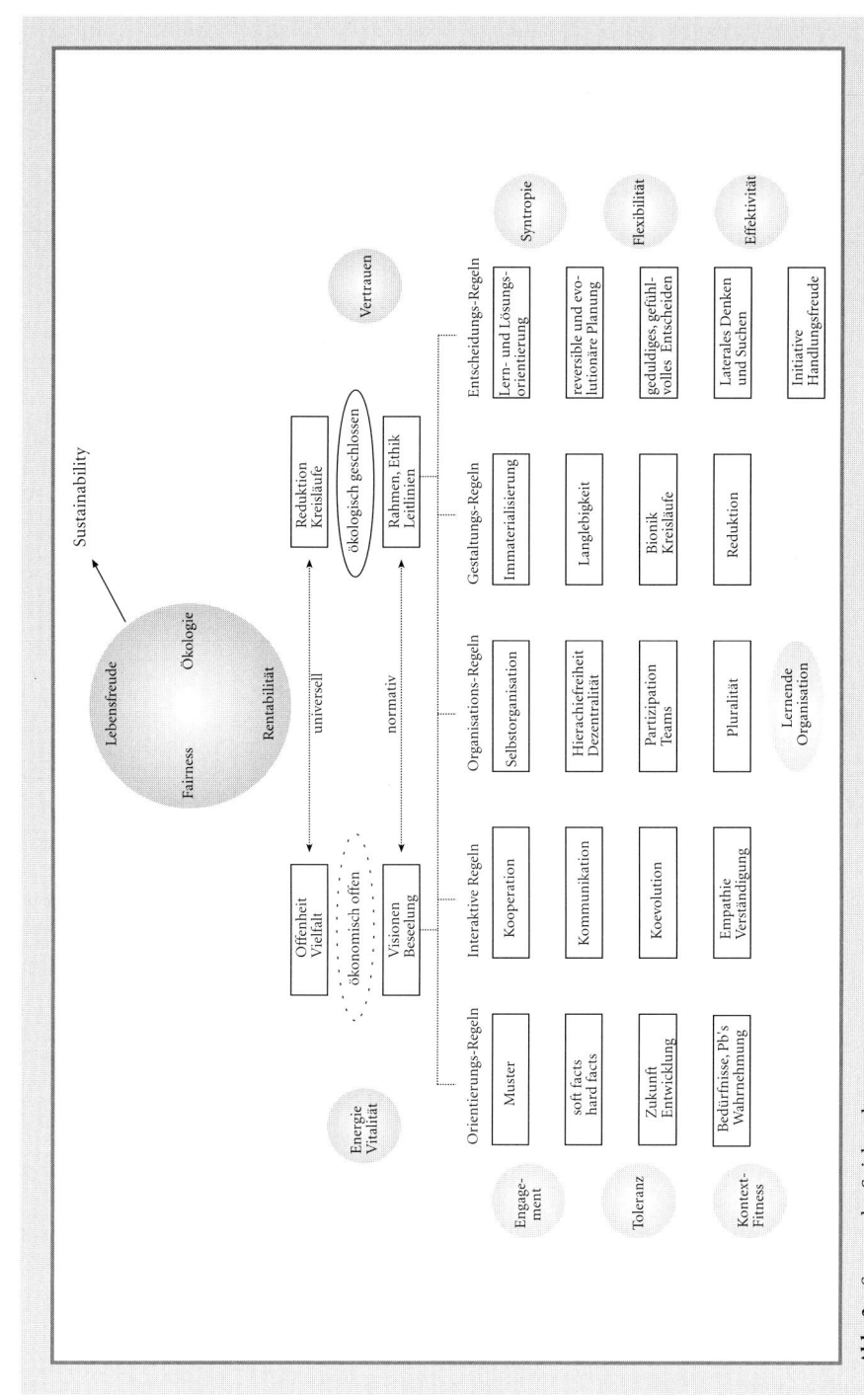

Abb. 3: System der Spielregeln

Sonderformen

Kontextmuster wird versucht, das Umfeld (Kontext) des Unternehmens zielgruppenadäquat und möglichst zeitstabil zu segmentieren.

Um die Komplexität sinnvoll zu reduzieren, werden aus dem räumlichen Bezugsrahmen, der 270 potentielle Muster bietet, unternehmensspezifische Kontextmuster definiert und handhabbar gemacht (vgl. Abbildung 4).

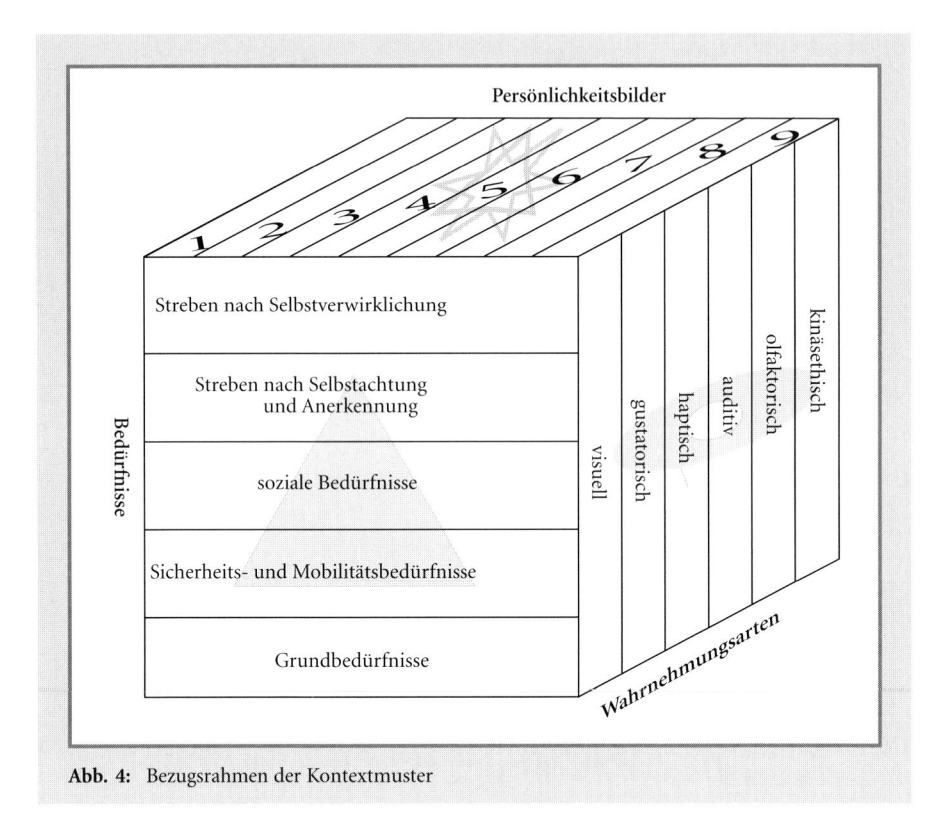

Abb. 4: Bezugsrahmen der Kontextmuster

Die klassischen Grundsätze der Marktsegmentierung dienen dabei als sinnfälliger Hintergrund (*Freter* 1983, S. 16 ff.). Vor allem verhaltensorientierte Clusterungen bieten eine gute Basis zur Verwesentlichung. In vielen praktischen Fällen können dominante Kundengruppen, die als Opinion leader oder wichtige Buying groups fungieren, speziell analysiert und angesprochen werden. Im **Evolutionsportfolio** (*Bergmann* 1996) werden Muster des Kontextes (wie Persönlichkeitsbilder, Bedürfnisebenen) den Erfolgsmustern der Unternehmen gegenübergestellt. Insofern orientiert sich dieses Portfolio an klassischen Konzepten mit dem Unterschied, daß die Dimensionen nicht durch situative Größen, sondern zeit- und kontextstabile Muster beschrieben werden (vgl. Abbildung 5). Bewertet werden evolutionäre Lösungsfelder zwischen den Dimensionen Kontextattraktivität (Kaufkraft der Zielgruppen) und Evolutionsfähigkeit. Der große Vorteil besteht darin,

Abb. 5: Evolutions-Portfolio

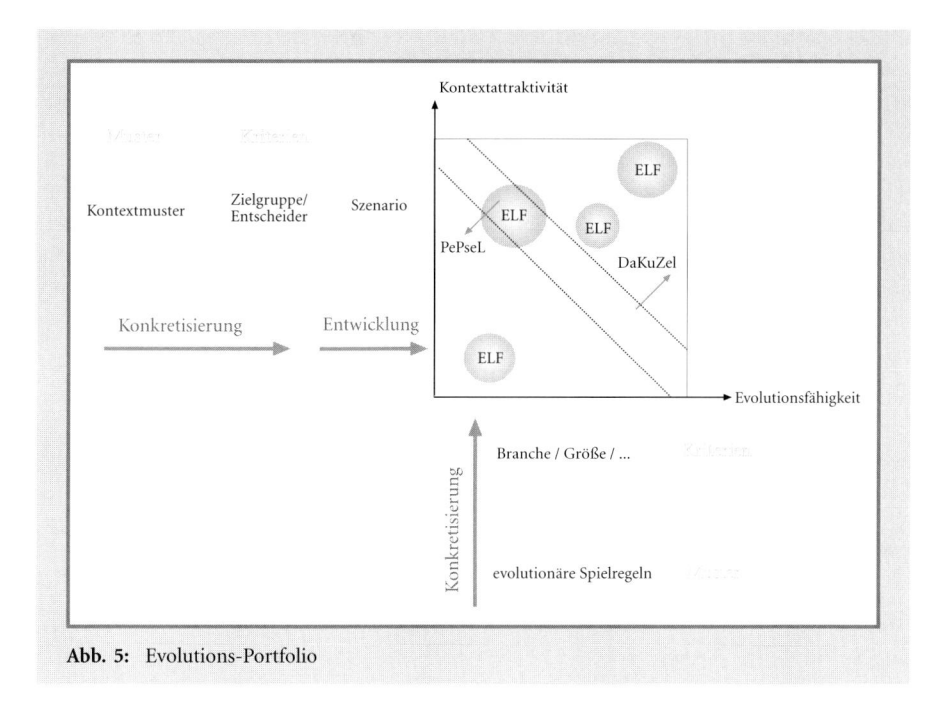

die komplexen und dynamischen Einflußgrößen auf überschaubare Muster zu begrenzen (*Bergmann* 1996; *Bergmann/Meurer/Pradel* 1998).

Die Marktforschung konzentriert sich dabei auf die Ermittlung und Beschreibung von Orientierungsmustern für den Kontext und die jeweilige Organisation (Unternehmen, Projektgruppen), z. B. wird der relevante Markt nach Charaktertypen geclustert oder aber die Musteranwendung im Produkt- und Angebotsbereich überprüft.

Unter den vorstehenden Punkten wurden bisher die Erkenntnis- und Lernbereiche erläutert. Nachfolgend wollen wir Ihnen anhand des Lern- und Lösungszyklus erläutern, wie die Marktforschung ihren Beitrag zum organisationalen Lernen leisten kann und wie sich dies in den einzelnen Schritten erfolgreich organisieren und realisieren läßt.

4.5 Lernzyklus des Gelingens: Informationsgewinnung im Dialog

Es gibt zahlreiche Projektmanagement-Modelle, die versuchen, die wesentlichen Schritte eines Problemlösungsablaufes zu charakterisieren und so einen erfolgreichen Projektablauf überschaubar und kontrollierbar zu machen. Trotz dieser sehr hilfreichen Werkzeuge geschieht es dennoch, daß solche Projekte nicht nachhaltig positive Veränderungen bewirken können. Was in diesen eher technoiden Modellen fehlt, ist die menschliche, persönliche Komponente, die den positiven Verlauf eines Projektes ermöglicht. Ein intensiver Blick über die in der Literatur und Praxis angebotenen Problemlösungszyklen, läßt viele Gemeinsamkeiten erkennen (*Bergmann* 1996 und 1998). Uns liegen mehrere Problemlösungszyklen von namhaften und erfolgreichen Firmen vor, die im Prinzip nur wenig differieren. Dieser Projektzyklus läßt sich auf alle Entscheidungsprozesse von wirtschaftlichen Akteuren übertragen: Designentwicklung, Kommunikations- und Strategische-Planung, Kaufentscheidung aber auch Marktforschung. Im Schrifttum werden Entscheidungs- und Problemlösungsprozesse in mannigfachen Spielarten diskutiert. Es kommt aber nicht so sehr auf die inhaltliche Abgrenzung der Phasen als vielmehr auf die Anwendungsweise an.

Wir haben erfolgreiche Prozeßabläufe untersucht und daraus den **Lern- und Lösungszyklus** entwickelt, also ein Orientierungsmuster gebildet. In der Marktforschung können mit diesem Modell die Abläufe ganzer Forschungsvorhaben, bis hin zu einzelnen Beobachtungen und Befragungen (Abläufe eines Interviews) gestaltet werden. Die einzelnen Lernzyklen ergänzen sich somit auf unterschiedlicher Ebene. Die Vorgehensweisen werden damit aber auch methodisch integriert, sind also vom gleichen Geiste getränkt (vgl. Abbildung 6).

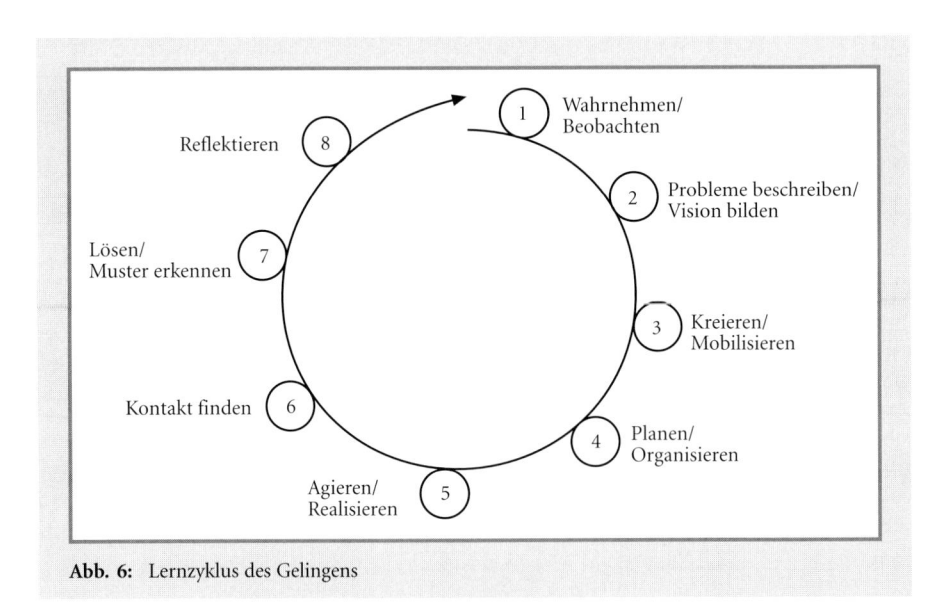

Abb. 6: Lernzyklus des Gelingens

Der Lösungs- und Lernprozeß vollzieht sich in wechselnden Phasen der Öffnung und Schließung. Chaos und Ordnung ergänzen sich zu einem pulsierenden Verlauf. Der Teamkoordinator und Moderator hat die schwierige Aufgabe, den Ablauf so zu steuern, daß alle Teilnehmer sich einbringen können, daß immer das angemessene Energielevel herrscht und die Phasen sinnvoll durchschritten werden. Es werden Probleme gelöst, Lernen gelernt und Langlebigkeit erzeugt.

In der **1. Phase** »Wahrnehmen, Beobachten« werden erste Symptome und Mängel (vermehrte Kundenreklamationen, Marktveränderungen) aus der Reflexion bisheriger Abläufe (Marktprozesse) wahrgenommen. Zu den Informationen, die aufgenommen werden, gehören auch Emotionen und intuitive Einschätzungen der Betroffenen (Kunden). Bei jedem Akteur werden andere Assoziationen ausgelöst, verschiedene Perspektiven gewählt, so daß es ratsam erscheint, sehr behutsam auf die differenten Realitätssichten und Gefühle einzugehen. Unterschiedliche Bedürfnisse werden eruiert und gemeinsam wird die Gesamtsituation beobachtet. Da die meisten Lösungen und Probleme sowieso schon existent sind, braucht man diese Orientierungsmuster oder Stereotype (im negativen Fall) nur zu erkennen und später anzuerkennen. Zuweilen gibt es auch spontane Anstöße zum Handeln (Reklamationen). Die einzelnen Schritte möchten wir zusätzlich anhand des folgenden Brücken-Beispiels versinnbildlichen: Zuweilen wird berichtet, daß von A nach B ein beschwerlicher Weg durch ein Tal führt, der durch eine Lösung (Brücke) erleichtert werden könnte (vom Bedürfnis zur Zufriedenheit der Kunden).

Um Problembewußtsein und Visionen zu entwickeln (**2. Phase**) wird das Problemfeld aus verschiedenen Blickwinkeln mit heterogenen Personen im Dialog beschrieben. Eine ganzheitliche Feldanalyse soll ermöglichen, Untersuchungsbereiche im hermeneutischen Sinne zu verstehen, mit dem Kontext regelrecht zu verschmelzen und sich das System intensiv zu veranschaulichen (*Burgheim* 1996, S. 55 ff.). Uneinigkeiten, Mythen und Konflikte, Legenden und Tabuthemen werden identifiziert. Aus der Gesamtheit der Daten wird ein Gesamtbild der systemischen Situation (Figur) gebildet, das zusätzliche Informationen liefert. Es wird eine gemeinsame Realität aus den individuellen Wirklichkeiten geschaffen. Alle Ideen und Sichtweisen werden angemessen gewürdigt. Eine realistische Vision wird auf dieser Basis geformt. Das Problemfeld und die Lösungsmöglichkeiten werden deutlich sichtbar für alle Beteiligten. Die Mühen und Erlebnisse des Weges durch das Tal werden so anschaulich wie die Ziele.

Im **dritten Schritt** gilt es, Sinn und Engagement zu entfalten, Interesse und Eintreten für das Projekt (Commitment) bei den Teilnehmern zu erreichen, Ideen zu sammeln (Brainstorming) und den Nutzen für alle Beteiligten zu klären. Es werden heterogene Teams (Brain Map) für das Projekt gebildet. Hier werden Personen gesucht, die Ideen erzeugen und engagiert mitgestalten. Es werden neben einer aufwendigen Brückenkonstruktion und Patentlösungen auch andere Lösungen gesucht und im Prozeß darauf geachtet, welche Bedürfnisse und Rollenerwartungen die Teilnehmer im Laufe des Prozesses haben. Durch die Integration der Akteure in die Entscheidungsprozesse wird wörtlich Interesse geweckt. Engagement resultiert aus dem Dazwischen-Sein. Alle überlegen, wie eine mögliche Brücke über das Tal aussehen könnte und machen sich diese Vorstellung zu eigen.

»Dem Anwenden muß das Erkennen vorausgehen«, sagte schon Max Planck. In der **vierten Stufe** sind Prioritäten zu setzen, ist zu organisieren, erste Konzepte und Pläne zu schmieden und Vorbereitungen für angemessene Aktionen zu treffen. Es erscheint als ratsames Orientierungsmuster, mit anderen (kritischen Sympathisanten) mehrere Ansätze durchzuspielen, zu reflektieren, versuchsweise in die Konsequenzen hineinzuspüren, bis sich ein Impuls (der oft auch körperlich spürbar ist) ergibt, den wahrscheinlich stimmigen Weg zu beschreiten. Die Entscheidung ergibt sich dann fast von selbst. Das

Forschungsdesign wird konkret formuliert und erste Maßnahmenpläne entwickelt. Alle Planungsmethoden wie:
- Investitionsrechnungen,
- Portfolioplanungen,
- Marktforschungspläne und
- Kommunikationskonzepte finden hier selbstverständlich ihre Anwendung.

Sie werden als Basismaterial verwendet. Kurz gesagt: Hier wird an der neuen Brücke geplant, gezeichnet und probiert.

Verwirklichung, Umsetzung, Implementierung, Realisation und Arbeitsvorbereitung sind hier die typischen Begriffe (**5. Phase**). Es geht um das handelnde Verwirklichen, die sichtbare Aktivität zur Veränderung. Zum Beispiel werden Produkte, Befragungen oder Beobachtungen und Tests konkret verwirklicht. Hier wird die Brücke gebaut, die später begangen werden soll.

In der **6. Phase** werden die Ziele erreicht (Zufriedenheit des Kunden), hier geschieht die spürbare Veränderung: Aha-Effekt, leuchtende Gesichter, deutliche Veränderung der Projektumstände. Wenn die bisher beschriebenen Phasen berücksichtigt wurden, werden die Beteiligten und Betroffenen Kontakt aufnehmen und das Projekt als ihre Sache verstehen. Insofern ist der Kontakt weniger als Aufgabe oder Phase, sondern vielmehr als Ereignis des Gelingens aufzufassen. Es wird der Grad der Zufriedenheit ermittelt. Entweder die Befragung oder die auf der Marktforschung basierenden Produkt- oder Kommunikationspolitik zeigt gute Ergebnisse. Die Brücke wird als neue Möglichkeit angenommen und genutzt.

Hier (**7. Phase**) werden die dauerhaften Kurzzeitlösungen (DaKuZel) realisiert. In dieser Phase sammelt die Organisation die vielfältigen metasystemischen Lösungen im Sinne von Orientierungsmustern und legt damit die Basis für einen Erkenntnisprozeß. Die Organisation lernt in allen Schritten, versucht aber hier den übergreifenden Gehalt zu destillieren. Die Erfahrungen in Form von Mustern und Regeln werden hier erkannt und systematisiert. Gelungene Marktforschungsprojekte werden von weniger erfolgreichen unterschieden. Die Brücke wird geprüft und genehmigt. Dabei sind nicht die Baupläne und Konstruktionszeichnungen als metasystemische Regeln zu verstehen, sondern die Beschreibung der gelungenen Prozesse und Tätigkeiten, die dazu geführt haben, daß die Brücke eine angemessene und anerkannte Lösung darstellt.

Dann sollte der Erfolg genossen werden (**8. Phase**). Es entsteht Freude am Erreichten. Die letzte Phase mündet in die Reflexion und Ruhe. Die Brücke und der Erstellungsprozeß werden als Mustermodell und Vorbild gewürdigt. Es besteht bezüglich der Fragestellung zunächst kein Handlungsbedarf mehr, das Projekt ist zu einem guten Ende gekommen und die Beteiligten können sich dem nächsten Projekt zuwenden.

Widerstand während der Lösungsarbeit von Beteiligten kann sich in Form von Ausstieg, Störung, Unaufmerksamkeit, Energielosigkeit äußern. Meistens weisen die Widerständigen auf Mängel hin. Störer erzeugen Krisen, die Anlaß und Gelegenheit zur Veränderung bieten. So erweisen sich reaktante oder reklamierende Kunden als Impulsgeber für neue Lösungen. Es werden neue Ideen, Inspirationen und Lösungen evoziert oder notwendige

Brüche provoziert. Der Widerstand ist ein guter Indikator für Defizite, die später zu problemerzeugenden Pseudolösungen (PePseL) mutieren. Vielleicht muß noch einmal zurückgegangen werden auf eine zurückliegende Stufe. Zu glatte Durchläufe sind oft Anzeichen für suboptimale Lösungen (Machteingriff, Tabus, unzulässige Vereinfachung). Dabei werden dann Kritiker, Ent- und Beschleuniger sowie Andersdenkende mit ihren eigenständigen Vorstellungen und Bedürfnissen mißachtet. Es gilt also den Widerstand von Akteuren zu nutzen, um nachher guten Kontakt zur Lösung aufzubauen und Dauerhaftigkeit zu erzielen.

Mögliche PePseL können sein:
- Nach einer einseitigen Analyse direkt in Aktionismus zu verfallen.
- Unzulässige oder bedenkliche Verkürzung und Vereinfachung der Schritte, besonders in den Phasen der Problembeschreibung und Reflexion.
- Einlenken in alt bekannte Verhaltens- und Verfahrensmuster.
- Einzelne Schritte zu überspringen oder nur nebensächlich zu behandeln. Wobei jederzeit eine zurückliegende Phase nochmals aufgegriffen werden darf, um fehlende oder neue Aspekte zu integrieren.
- Erzeugung von Utopien, die nicht verwirklicht werden können.
- Beteiligte und Betroffene werden zuwenig/gar nicht in den Entwicklungsprozeß integriert, so daß sie keine Beziehung und kein Vertrauen zu der Lösung aufbauen können.

Die Konsequenz hiervon dürfte in den meisten Fällen sein, daß die Brücke nicht angenommen wird. Die Akteure ziehen es vor, die gewohnte und vertraute Route durch das Tal zu nehmen. Damit derartige PePsel vermieden werden können und zugleich Zeit und Ressourcen gespart werden, sind alle Phasen zu würdigen. Insbesondere am Anfang sollte ein behutsamer Einstieg gefunden werden. Hier entstehen die guten Beziehungen, die später zum Kontakt führen. Es dürfen keine Phasen übersprungen werden, eher ist der Prozeß zu verlangsamen, als Akteure und wichtige Aspekte zu übergehen. Die Moderatoren haben die Aufgabe, die Atmosphäre stimmig zu gestalten und wenige wichtige Regeln zu beachten, die wir als **8 Regeln des Gelingens** zusammengestellt haben (in Anlehnung an *Scala/ Grossmann* 1997, S. 114 ff.):

1. Commitment und Spannung erzeugen sowie Unter- und Übersteuerung vermeiden.
2. Passende Atmosphäre gestalten, Struktur und Öffnung anbieten.
3. Visions- und Problemfeldklärung im Dialog ermöglichen.
4. Raum für unterschiedliche Wahrnehmungen und Sichtweisen schaffen.
5. Unterschiede klar machen, weniger Schuldige und Ursachen suchen und mehr Lösungen finden.
6. Viele Methoden dezent einsetzen.
7. Dem Klienten nicht auf den Leim gehen, keine unzulässigen Vereinfachungen zulassen und unabhängig agieren.
8. Emotionalen Ausgleich schaffen, Machteingriffe vermeiden.

In systemischer Sicht sind an effektives Lernen verschiedene Bedingungen geknüpft. Insbesondere geht es um das geeignete Learning Environment. Es ist in großem Maße abhängig von der Lernatmosphäre, ob Inhalte von Lernenden aufgenommen werden. Lernende Akteure sind keine Wissensspeicher ohne eigene Vorstellungen und Selektionsmechanismen. Zudem ist »Erkennen immer Handeln, und Handeln immer ein Erkennen« (*Maturana/Varela* 1987). Soziale Systeme können insofern nur im Agieren lernen. Die Teilnehmer müssen sich das jeweilige Projekt zu eigen machen. In Räumen des Lernens werden Spielräume zu Selbstverantwortung gegeben und Widerstände bearbeitet. Das Management muß deutlich machen, daß das Lernen gewollt ist und unterstützt wird (*Bain* 1998, S. 30).

4.6 Methodenorientierte Anwendung des Lernzyklus

Die methodenorientierte Betrachtung des Lernzyklus ist aus zweierlei Blickwinkeln möglich. Auf der einen Seite kann man den Lernzyklus mit allgemein nutzbaren Umsetzungsmethoden hinterlegen, die universell einsetzbar sind. Sie können somit aufgaben- und inhalteübergreifend im Rahmen der organisationalen Lernprozesse angewendet werden. Auf der anderen Seite kann man den verhaltensorientierten Lern- und Lösungsphasen (vgl. die Phasen 1–8) begleitende Marktforschungsmethoden zuordnen, anhand derer die Prozeßschritte durchlaufen werden. Als erstes möchten wir Ihnen nachfolgend die universell einsetzbaren Methoden kurz vorstellen. Diese sind durchaus auch in Verbindung und Ergänzung zu den hiernach speziell aufgeführten Marktforschungsmethoden zu verstehen.

4.6.1 Universelle Umsetzungsmethoden

In der praktischen Anwendung des Lernzyklus hat sich gezeigt, daß innerhalb der einzelnen Phasen eine Reihe von unterstützenden Umsetzungsmethoden sehr hilfreich sein können. Dies haben wir in der nachfolgenden Abbildung 7 veranschaulicht:

Die innerhalb des Lern- und Lösungszyklus zu durchlaufenden Phasen sind als kontinuierlicher und sich gegenseitig ergänzender Prozeß zu verstehen. Im Zuge des Wahrnehmens und Beobachtens (**1. Phase**) ist es sehr wichtig, ein besonderes Augenmerk im Rahmen der Informationsbeschaffung den Soft Factors zu widmen. Ergänzend bietet es sich auch an, aufgabenbezogene Workshops als Start up zu nutzen.

In der **2. Phase** »Problembeschreibung und Visionsbildung« kann man mit der Mind Mapping Methode und der Metaphorik (Bilder, Metaphern, Figuren, Aufstellungen) gute Ergebnisse erzielen, die vor allem im Dialog mit mehreren Beteiligten/Akteuren eine genauere Beschreibung der Probleme und der Visionsbildung ermöglichen.

Innerhalb der **3. Phase** des Kreierens und des Mobilisierens können neben den allgemein bekannten Kreativitätsmethoden, Brainstorming und Brain Mapping, auch die Collage eingesetzt werden. Bei dieser werden Bilder über Stile, Formensprachen und Atmosphären erstellt, die es besser ermöglichen, Geschmäcker, Lifestyles zu beschreiben.

Mittels der Maßnahmen- oder Investitionsplanung kann die **4. Phase** abgedeckt werden. Je nach Aufgabenstellung können in diesem Bereich die Verfahren und Methoden der Portfolioforschung zum Einsatz kommen.

Lernorientierte Marktforschung

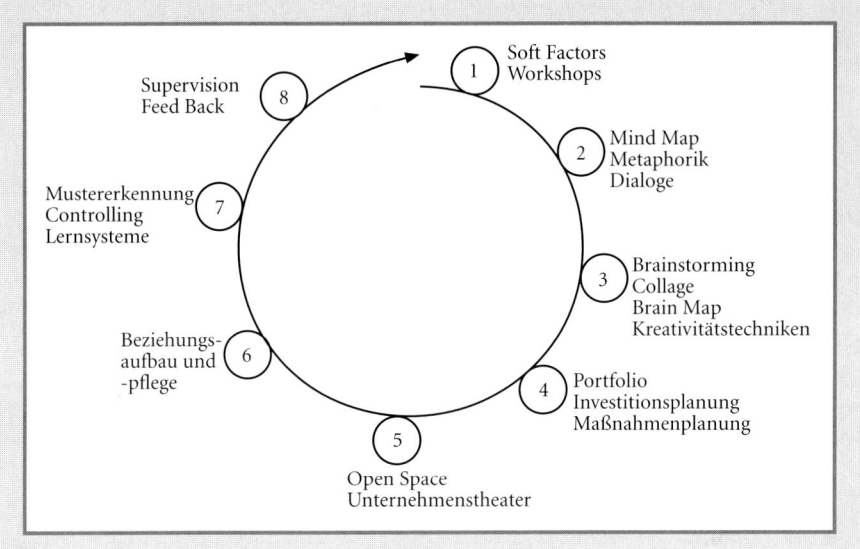

Abb. 7: Lernzyklus mit Methoden

(1) Soft Factors / Workshops
(2) Mind Map / Metaphorik / Dialoge
(3) Brainstorming / Collage / Brain Map / Kreativitätstechniken
(4) Portfolio / Investitionsplanung / Maßnahmenplanung
(5) Open Space / Unternehmenstheater
(6) Beziehungsaufbau und -pflege
(7) Mustererkennung / Controlling / Lernsysteme
(8) Supervision / Feed Back

Die von Harrison Owen entwickelte und seit einigen Jahren in den USA bereits erfolgreich zum Einsatz kommende Open Space Methode findet zwischenzeitlich auch in Deutschland zunehmendes Interesse. Mit dieser einfachen und eleganten Workshop- und Konferenzmethode lassen sich in kleineren und größeren Teilnehmergruppen ohne konkret vorgegebene Tagesordnungen auf Basis spontaner und selbstorganisierter Ordnung problemorientierte Lösungsergebnisse erarbeiten (*Bonsen* 1998, S. 19 ff.). Eine weitere interessante Methode im Rahmen des Agieren und Realisieren (**5. Phase**) ist das Unternehmenstheater. Dieses direkt und unmittelbar erlebbare Kommunikationsinstrument kann dazu herangezogen werden, Verhaltensweisen, Geschäftsabläufe oder sonstige unternehmensimmanenten Aspekte über alle Ebenen hinweg zu versinnbildlichen. So lassen sich bevorstehende Neueinführungen von Produkten, Dienstleistungen, neuen Informationstechnologien oder notwendigen Unternehmens- und Verhaltensänderungen interessant thematisieren (*Hafemann* 1998, S. 26).

Innerhalb der **6. Phase** »Kontaktfindung«, gilt es, Beziehungen aufzubauen und zu pflegen. Partner, Mitarbeiter und Auftraggeber sollten vertrauensvoll über die bisherigen Ergebnisse informiert und in das weitere Vorgehen einbezogen werden.

Unter Einbeziehung aller bisher gewonnenen Erkenntnisse, können nun erfolgversprechende Lösungen innerhalb des Kontextes etabliert werden (**7. Phase**). Umfassende Controlling-Aktivitäten helfen dabei, den Entwicklungsprozeß sowie die dahinterliegenden Muster zu dokumentieren. Diese Dokumentation liefert ferner einen wichtigen Beitrag für die Lernsysteme, die das Gelernte unternehmensweit nutzbar und adaptierbar machen.

Zum Abschluß des Kreislaufes, kann man sich in der **8. Phase** der Feed Back oder auch Supervisions-Methode bedienen. Mit diesen kann der Prozeß nochmals für alle Beteiligten reflektiert und der Erfolg kenntlich gemacht werden.

4.6.2 Spezielle Marktforschungsmethoden

Zur Ermittlung der benötigten Kontextinformationen können entsprechend der jeweiligen Aufgabenstellung verschiedenste Methoden der Marketingforschung (Mafo) herangezogen werden. Die Marketingforschung fördert auf der einen Seite durch die Bereitstellung der entsprechenden Methoden die Ausprägung des evolutionären Lernsystems und partizipiert auf der anderen Seite von dem Lernzyklus des Gelingens. Hierdurch kann die Marketingforschung – wie bereits ausgeführt – einen wichtigen Beitrag für das erfolgreiche Fortkommen des Unternehmens leisten. Nicht zuletzt kann sie hierdurch den zum Teil klassisch vorherrschenden Positionierungsproblemen innerhalb der Unternehmens- und Marketing-Planungsprozesse entgegenwirken (vgl. Abbildung 8).

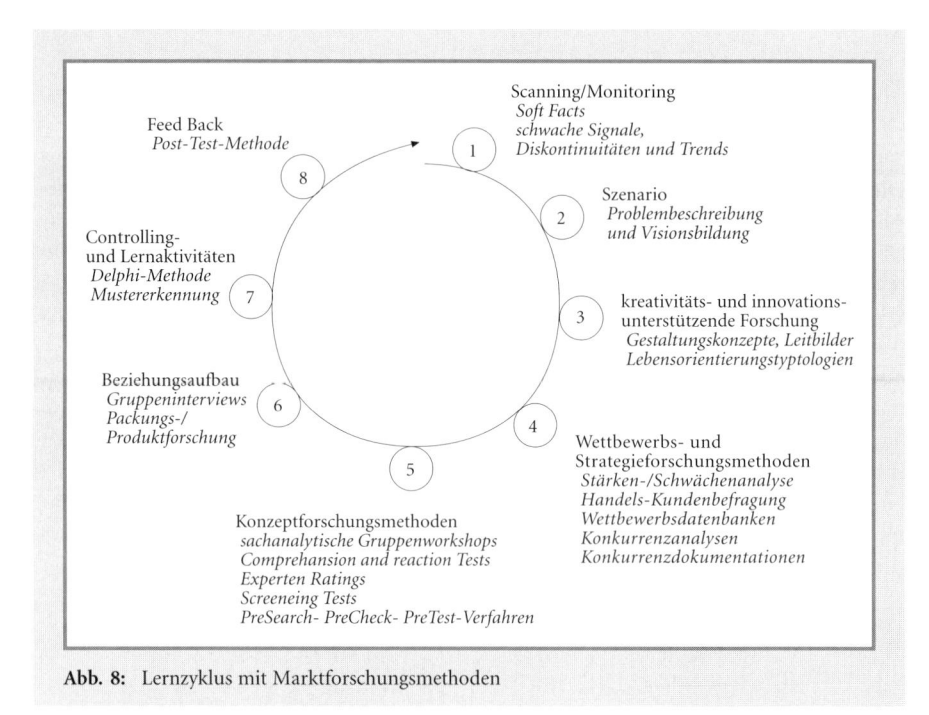

Abb. 8: Lernzyklus mit Marktforschungsmethoden

Gerade das Wechselspiel zwischen den speziellen Methoden der Marketingforschung und den universellen Umsetzungsmethoden des Lernzyklusses können zu einen kreativen und problemlösungsorientierten Vorgehen führen. Vorausgesetzt, daß diese entsprechend angewendet und die Ergebnisse akzeptiert werden. So ist es förderlich, auch die marktseitig schwer zugänglichen Soft Factors ins Planungskalkül einzubeziehen und zu systematisieren. Dies kann in der **1. Phase** mittels fortlaufender Scanning- und Monitoring-Untersuchungen erreicht werden. Gleichzeitig ließe sich hierüber eine kontinuierliche Informationsgewinnung etablieren. Denn nur mittels eines solchen Instrumentes lassen sich die Kontextentwicklungen auf schwache Signale, Diskontinuitäten und Trends dauerhaft beobachten.

Innerhalb der Problembeschreibungs- und Visionsbildungsphase (**2. Phase**) kann die Szenario-Methode (*Pradel* 1996 a und 1996 b, S. 157 ff.) sehr gut zum Einsatz kommen. Sie erfordert mit dem ihrerseits mehrstufigen Vorgehen eine umfassende Auseinandersetzung mit der Aufgabenstellung. Ebenfalls ermöglicht sie eine konkrete Problembeschreibung, die gleichzeitig anhand der aufzuzeigenden Entwicklungstendenzen die Visionsbildung (realistische Vision) unterstützt.

In der **3. Phase** »Kreieren und Mobilisieren« kann man sich der kreativitäts- und innovationsunterstützenden Forschung bedienen. Hierüber lassen sich Gestaltungskonzepte entwickeln, Leitbilder formulieren und abprüfen und Lebensorientierungstypologien identifizieren. Andererseits lassen sich aber auch Innovationsfelder festlegen und Ansätze für echte Innovationen suchen.

Je nach Aufgabenstellung können in der **4. Phase** Wettbewerbs- und Strategieforschungsmethoden zum Einsatz kommen. Wettbewerbsaktivitäten, die für die eigene Planung durchaus von entscheidender Bedeutung sein können, lassen sich mittels Stärken-/Schwächen-Analysen, Handels-/Kundenbefragungen, Wettbewerbsdatenbanken, Konkurrenzanalysen oder auch Konkurrenzdokumentationen erheben. Parallel hierzu kann man den Planungs- und Organisationsprozeß anhand verschiedener Strategieforschungsmethoden unterstützen. Beispiele hierfür sind Segmentative Positionierungs-Analysen (SEPIA), Horizont-Prognosen, Motivations-Struktur-Analysen (MSA) oder auch Psychologisch-diagnostische Workshops (PSYWORKS).

Während des Agierens und Realisierens (**5. Phase**) empfiehlt es sich, begleitend auf Konzeptforschungsmethoden zurückzugreifen. So können ausgearbeitete Werbekonzepte auf ihre Kommunikations- oder Überzeugungswirkung hin geprüft werden. Generell kann die Konzeptforschung diagnostisch (bezogen auf das inhaltliche Verständnis) oder evaluativ (vergleichende Bewertung verschiedener Konzepte) eingesetzt werden. Aber auch eine Verbindung beider Ansätze ist möglich. Methoden in diesem Zusammenhang sind sachanalytische Gruppenworkshops, Comprehension and Reaction Tests, Experten Ratings, Screening Test oder auch PreSearch, PreCheck und Pre-Test Verfahren.

In der **6. Phase** gilt es, den Beziehungsaufbau zu Partnern, Mitarbeitern, Auftraggebern oder zu Kunden und den Märkten zu forcieren. Dementsprechend könnte es darum gehen, Meinungsbildner für die formulierten Ideen, Konzepte oder Testprodukte als Fürsprecher oder auch Kritiker (Störer) zu finden. Dies kann im Rahmen von Gruppeninterviews oder auch mittels umfassender Packungs- und Produktforschungen erfolgen. An dieser Stelle lassen sich durch die gewonnenen Erkenntnisse einerseits noch etwaige Einwände oder Verbesserungsvorschläge berücksichtigen und andererseits wichtige Kontakte zu den Zielgruppen aufbauen. So können die Reaktionen auf das neue

Produkt dazu genutzt werden, konkrete Anforderungen an die Werbestrategie zu formulieren.

Im Rahmen der Mustererkennung (**7. Phase**) wird den Informations-, Controlling- und Lernaktivitäten eine entscheidende Rolle zuteil. Das Erkennen und Dokumentieren der Muster ist ein wichtiger Bestandteil der organisationalen Lernsysteme. Dieser Prozeß kann über die Zeit hinweg mit dem qualitativ prognostischen Verfahren der Delphi-Methode unterstützt werden. Sie ermöglicht es, auf der einen Seite die Begebenheiten der Unternehmenskontexte aus Sicht von Experten zu analysieren und auf der anderen Seite Erfolgsmuster aufgrund der Kontinuität herauszufiltern.

In der **8. Phase** kann das marktgerichtete Feed Back mittels der Post-Test Methode reflektiert werden. Die gewonnenen Erkenntnisse fließen ihrerseits wiederum in das Lernsystem der Marktforschung ein.

4.7 Synopse

Effektive Marketingforschung kann auf allen Ebenen des Managements und Marketingprozessen wesentliche Informationen zum Erkenntnisprozeß und damit zum organisationalen Lernen beitragen. Auf operativer Ebene werden die täglichen Austauschprozesse mit den Märkten aufgezeichnet und systematisiert (Umsätze, DB). In strategischer Hinsicht werden über Trends und Prognosen aber auch Suchfelderweiterungen, Marktpositionen und -entwicklungen abgeschätzt und damit die informatorische Grundlage für die Ziel- und Strategieentwicklung gelegt. Auf normativer Ebene werden metasystemische Erfolgsmuster ermittelt, die zur sukzessiven Herausbildung einer ganzheitlichen Erfolgsposition dienen.

Die diskutierten Aufgaben der lernorientierten Marktforschung haben wir nochmals zusammengefaßt:
- Fortentwicklung und Betreuung des organisationalen Lernsystems mit Informations-, Planungs- und Kontrollprozessen
- Organisation und Realisation der Informationsgewinnung, insbesondere der Früherkennung und der internen Erfahrungsbildung, ganzheitliche Wahrnehmung
- Anregung und Überprüfung der Anwendung technischer Systeme, sozialer und psychologischer Marktforschungsverfahren
- Mitwirkung bei der normativen, strategischen und operativen Diagnose
- Mitwirkung bei der normativen, strategischen und operativen Planung zur Aufstellung kontrollfähiger Größen
- Mustererkennung und -bildung
- Mustererkennung und -anwendung

4.8 Literaturverzeichnis

Argyris, C.: Wenn Experten wieder lernen müssen, in: Harvard Business Manager 4/91, S. 95 ff.
Bain, A.: Reformen gegen die Angst, in: Die Zeit, 35/98, S. 30
Bateson, G.: Ökologie des Geistes, Frankfurt 1985
Bergmann, G.: Zukunftsfähige Unternehmensentwicklung, München 1996
Bergmann, G.: Die Kunst des Gelingens – Lernen – Lösen – Leben – in der Vitalen Organisation, Berlin 1998
Bergmann, G./Meurer, G./Pradel, M.: Evolutionäre Planung – ein Beitrag zur Lernenden Organisation, Arbeitspapier Uni Siegen/Köln Institut 1998
Bonsen: Mit der Konferenzmethode Open Space zu neuen Ideen, in: Harvard Business Manager 3/98, S. 19 ff.
Burgheim, W.: Acht Lernpfade für das lernende Unternehmen, in: Harvard Business Manager 3/96, S. 53 ff.
Drösser, C.: Fuzzy Logic – Methodische Einführung in krauses Denken, Reinbek 1994
Freter, H.: Marktsegmentierung, Stuttgart 1983
Gouillart, F. J./Kelly, J. N.: Transforming the Organization, New York 1995
Hafemann, M.: Bühnenreif, in: management berater, August 1998, 2. Ausgabe, S. 25 ff.
Handy, C.: The Empty Raincoat – Making Sense of Future, Arrow 1995
Horváth, P./Kaufmann, L., in: Harvard Business Manager 5/98, S. 39 ff.
Horváth P. und Partner: Das Controlling-Konzept, München 1995
Lynch, D./Kordis, P.: Delphinstrategien – Managementstrategien in chaotischen Systemen, Fulda 1991
Maslow, A.: Motivation und Persönlichkeit, Reinbek 1981
Maturana, H./Varela, F.: Der Baum der Erkenntnis, Bern 1987
Pradel, M.: Absehbare Entwicklungen in der Kommunikationswirtschaft – Ein Szenario, in: Rektor der FH Düsseldorf (Hrsg.): Kommunikationsperspektiven, FHD Schriftenreihe, Düsseldorf 1995
Pradel, M.: Zukunftsforschung, Studie des Köln Institutes, Köln 1996 a
Pradel, M.: Ganzheitliche Verfahren der Zukunftsforschung, in: Bergmann, G.: Zukunftsfähige Unternehmensentwicklung, München 1996 b
Pradel, M.: Marketing-Kommunikation mit neuen Medien, München 1997
Riedl, R.: Biologie der Erkenntnis, Berlin/Hamburg 1981
Scala, K./Grossmann, R.: Supervision in Organisationen, Paderborn 1997
Schmidt, U.: in ZOE 2/98, S. 29 ff.
Schub von Bossiazky, G.: Qualitative Methoden der Marketingforschung, München 1992
Simon, F. B.: Die Kunst nicht zu lernen, Heidelberg 1997
Weis, H. C.: Marketing, Ludwigshafen 1993

5. Simultane Marktforschung

Thomas Baaken

Inhaltsübersicht

5.1 Zeitnahe Bereitstellung entscheidungsrelevanter Informationen
5.2 Abnehmende Berechenbarkeit und Planbarkeit von Strategie und Instrumenten
5.3 Künftige Herausforderungen: schnelle Lösungen in hochkomplexen Systemen
5.3.1 Umsetzungsforschung
5.3.2 Prozeßsimulator
5.3.3 Simultane Marktforschung
5.4 Geeignete Geschäftstypen
5.5 Ausgewählte Instrumente der Realisierung einer simultanen Marktforschung
5.5.1 Integrationserfordernis von Verkaufsgespräch und Interview
5.5.2 User-Circle oder Kundenparlament
5.6 Konsequenzen für Marktforscher und Informationsnutzer
5.7 Literaturverzeichnis

Auf einen Blick

Prozesse gestalten sich zunehmend dynamischer, da Unternehmen nicht nur permanent auf sich schnell wandelnde, nicht vorhersehbare Bedingungen reagieren, sondern sie mit initiieren und beeinflussen müssen. Die künftige Herausforderung der Marktforschung besteht deshalb darin, nicht nur zeitnahe und aktuelle Informationen bereitzustellen, sondern sich stets wandelnde Ausgangssituationen zu erfassen und permanent in dynamische Prozesse einzusteuern.

Zur Bewältigung des schnellen Wandels werden drei Methoden unter den Begriffen der Umsetzungsforschung, des Prozeßsimulators und der simultanen Marktforschung skizziert.

Jedoch nicht jede Methode eignet sich für jeden Geschäftstyp. Besonderen Sinn macht die ständige Einspeisung relevanter Marktdaten und -informationen für Geschäftstypen, deren Geschäftsgegenstand gleichsam reagibel, also schnell agierend, flexibel und anpassungsfähig ist. Insbesondere der Dienstleistungs- und Servicebereich bietet einen Einsatzbereich für eine prozeßbegleitende Marktforschung.

Der Beitrag nennt anschließend zwei operationale Instrumente einer permanenten Informationseinsteuerung; die Integrationserfordernis von Verkaufsgespräch und Interview sowie das Kundenparlament. Im letzten Teil wird auf die Konsequenzen für Marktforscher und Informationsnutzer hingewiesen.

5.1 Zeitnahe Bereitstellung entscheidungsrelevanter Informationen

Die Bewältigung der marktforscherischer Aufgabenstellungen basiert auf einem grundsätzlichen, bisher seit langem unangetasteten sequentiellen Ablauf (vgl. Abbildung 1):

Analyse ⇨	Konzept ⇨	Umsetzung ⇨	Kontrolle ⇨

Abb. 1: Der akzeptierte Marktforschungsprozeß

Auch ein stärker differenzierter Marktforschungsprozeß sieht in seiner Grundstruktur nicht anders aus (vgl. Abbildung 2):

Design ⇨	Analyse ⇨	Interpretation ⇨	Konzept ⇨	Maßnahme ⇨	Umsetzung ⇨	Kontrolle ⇨

Abb. 2: Der differenzierte Marktforschungsprozeß

Der Marktforschung kommt dabei, und viele der Marktforschungstreibenden ziehen sich bewußt auf diese Position zurück, die Aufgabe zu, eine Informationsbasis zu schaffen und zu liefern, die dem Entscheidungsträger als Grundlage dient. Dabei formuliert der Marktforscher den Anspruch, sichere Daten zu generieren. Diese Sicherheit der Aussagen und die damit verbundenen Wahrscheinlichkeiten, die statistischen Fehler und die Mathematik des Zufalls bilden den Mittelpunkt vieler wissenschaftlicher Marktforschungsdiskussionen. Daneben arbeitet die Marktforschung an der Weiterentwicklung von Methoden im Feld und Erhebungsinstrumenten sowie der Verbesserung des Datenanalyse-Prozesses mittels des Einsatzes leistungsfähiger Hard- und Software-Systeme.

Parallel zu diesem Prozeß der methodischen und auswertetechnischen Perfektionierung der Marktforschung stellt sich das Erfordernis, Daten schneller, ja zeitnah an Entscheidungen, bereitzustellen.

In diesem Zusammenhang bildet sich jedoch eine weitere damit einhergehende, jedoch diesem Erfordernis kontraproduktiv begegnende Entwicklung heraus. Es bleibt unbestritten, daß sich **Produktlebenszyklen** deutlich verkürzen, daß die Entscheidungszeit- und -spielräume für die Entscheidungsträger dramatisch abnehmen, daß ein zunehmender

Wettbewerbsdruck und eine zunehmend dynamische Umwelt zu immer schnellerem Handeln zwingt.

Die künftige Herausforderung der Marktforschung besteht deshalb darin, nicht nur zeitnah und aktuelle Informationen, sondern permanent sich wandelnde Ausgangssituationen zu erfassen und in den dynamischen Prozeß der **Unternehmensentwicklung** einzusteuern. Diese Prozesse gestalten sich zunehmend dynamischer, da das Unternehmen permanent auf sich schnell wandelnde, nicht vorhersehbare Bedingungen reagieren, ja sie mit initiieren und beeinflussen muß. Die Wissenschaft formuliert dafür den Begriff der nicht-linearen, chaotischen Umwelten.

Dies bedeutet, daß zukünftige Ereignisse durch den Ausgang heutiger Ereignisse beeinflußt werden. Tatsächlich sind nicht-lineare Systeme die tragenden Systeme unserer Umwelt. Die Bevölkerungsentwicklung einer Mückenkolonie wird durch ihre eigenes Wachstum bestimmt. Sie wird solange Wachsen bis die Folgen dieses Wachstums, die Übervölkerung, die Wachstumsrate wieder schwinden lassen. Diese Feststellung hat sich im Bereich der Wirtschaft als Gesetz der erst steigenden dann fallenden Grenzerträge durchgesetzt.

Eine erfolgreiche Strategie wäre demnach, ein Gleichgewicht des Firmenoutputs mit den sich ständig ändernden Einflußfaktoren zu erreichen. Die genaue Erforschung der Einflußfaktoren (rationelle Management-Modelle) oder die maximale Erhöhung des Outputs (organische Management-Modelle) waren danach die optimale strategische Vorgangsweise. Künftig jedoch wird das richtige Einstellen der Parameter, mit denen sich Umwelt und Organisation gegenseitig beeinflussen, demnach zur entscheidenden Aufgabe des Managements.

Die Erforschung einfachster, **nicht-linearer Systeme** hat sich in besonderem Maße mit dem Tuning eben dieser Parameter beschäftigt. Dabei wurde festgestellt, daß einfachste Grundregeln hochkomplexe Systeme generieren können. Bei einer geringen Zahl von Parametern verhält sich das System vollkommen vorhersehbar. Auch große Änderungen der Parameter innerhalb dieses Intervalls bewirken Vorgänge, die vollkommen vorhersehbar oder berechenbar sind. Ein bestimmter Zustand läßt sich so durch genaue Einstellung der Parameters erreichen. Überschreitet die Anzahlung der Parameter einen bestimmten Grenzwert werden unendlich viele Zustände hervorgerufen. Das System wird unübersichtlich und chaotisch.

An der Schwelle dieser beiden Zustände verhält sich das System teilweise chaotisch. Kleinste Veränderungen des Parameters bewirken entweder Zustände absoluter Ordnung oder des totalen Chaos. Gleiche Verhaltensmuster des Systems sind zwar erkennbar, können aber nicht vorhergesagt werden. Dieses Muster entdeckte auch Lorenz (*Lorenz* 1963) bei der Erforschung des Wetters. Wetter verläuft immer innerhalb bestimmter Bahnen. Schneestürme in der Sahara und Hitzewellen am Nordpol sind ausgeschlossenen, aber innerhalb dieser Bandbreite sind sämtliche Variationen möglich und bereits mittelfristig unvorhersehbar.

Tatsächlich bezeichnet die Wissenschaft die beiden erstgenannten Intervalle als elementare Gleichgewichtszustände. Sie sind vollkommen vorhersehbar in dem Sinn, daß sie entweder vollkommen ordentliche oder vollkommen chaotische Situationen hervorrufen. An der Schwelle dieser Gleichgewichte wechseln sich ordentliche und chaotische Zustande innerhalb bestimmter Muster ab. Die Untersuchung dieser Schwelle hat folgende Erkenntnisse erbracht:

- Kleinste Änderungen des Parameters bewirken, daß das Umfeld einer Veränderungen entweder vollkommen chaotisch oder ordentlich wird. Wie bei Einstein hängt hier die Observation der Zustande vom Standpunkt des Betrachters ab.
- Je weiter man sich der Schwelle nähert, desto unmöglicher wird es, zu berechnen, ob eine gewisse Parametereinstellung ordentliche oder chaotische Zustande hervorrufen wird.
- In diesem Schwellenbereich können sich Systeme spontan, das heißt zu einem nicht bestimmbaren Zeitpunkt, eigenständig neuorganisieren. Beispielsweise gilt dies bei der Umwandlung von Wasser in Dampf. Dies bedeutet, daß sich ein System unter entsprechenden Bedingungen (Hitze) selbst wieder einrenken kann.

Das Verhalten von Märkten und die Entwicklung von Technologien im heutigen Geschäftsgeschehen vollziehen sich oftmals genau unter diesen oder vergleichbaren Rahmenbedingungen und sind damit auch ihren Gesetzen und Mechanismen unterworfen. Darin, und im Umgang mit sich schnell wandelnden Umgebungen, die mit hohen Unsicherheiten in der Planung versehen sind, besteht die größte Herausforderung der Entscheidungsträger und Marketingtreibenden in Unternehmen von heute und in besonderem Maße von morgen.

5.2 Abnehmende Berechenbarkeit und Planbarkeit von Strategie und Instrumenten

Die Kritik der vorhandenen Managementinstrumentarien soll sich im folgenden auf die Diskussion der ihnen zugrunde liegenden Herangehensweise zur Analyse und Lösung von Problemen beschränken. Dies entspricht der Arbeitsweise eines Analytikers, der erst die Sicherung überprüft, bevor er die Glühbirne wechselt.

Zunächst liegt der grundsätzliche Kritikpunkt an den vorherrschenden beiden oben angeführten Managementmodellen in ihrer Suche nach dem Einklang.

Ordentliche Systeme wie unser Sonnensystem werden immer nur eine Wiederholung gleicher Zustände hervorrufen. Sie sind zwar in hohem Maße planbar, bewirken aber keine Entwicklung im eigentlichen Sinn. Mit dem Anstreben einer solchen Ordnung verbinden sich jedoch vielfältige Gefahren:

- In Zeiten, in denen die Innovationskraft eines Unternehmens als wichtigster Konkurrenzvorteil gesehen wird, kann diese Sichtweise nicht als Strategieansatz gesehen werden.
- Eine ständige Beschränkung auf die bestmöglichen Lösungen der rationellen Instrumente entspricht letztlich einer ständigen Minimierung der Parameter. Sie schraubt die Flexibilität der Organisation so sehr herunter, daß die zukünftige Entwicklung nur deswegen bestimmbar und planbar ist, weil die Organisation selbst zunehmend in sich erstarrt.

- Eine perfekt geplante Strategie kann insofern nicht erfolgreich sein, als daß sie sich in ihrer Suche nach Ordnung automatisch von den dynamischen Geschäftsfeldern entfernt. Derartige Organisationen können sich auch kleinen Veränderungen nicht mehr anpassen.
- Unvorhergesehene Ereignisse können nicht geplant werden. Da Antworten auf diese Ereignisse ebenfalls nicht geplant sind, können derartige geordnete Organisationen Märkte und Entwicklungen regelrecht verschlafen.

Die künftige Aufgabe des Marktforschers besteht somit in der steten und permanenten Bereitstellung von relevanten Informationen für schnelle Lösungen in komplexen Systemen.

5.3 Künftige Herausforderungen: schnelle Lösungen in hochkomplexen Systemen

Um diesen Herausforderungen zu begegnen und zur Bewältigung eines schnellen Wandels bieten sich drei Vorgehensweisen resp. methodische Wege an. Alle drei sind in der Praxis beobachtbar; werden meist von Analytikern und der Wissenschaft kritisiert, beweisen jedoch häufig in ihrem Erfolg ihre Richtigkeit und Daseinsberechtigung. Im Kontext der Aufgaben im Chaos-Management und unbestimmbarer Zukünfte sind Denkgrenzen und tradierte Vorgehensweisen zu sprengen und zu überspringen.

Diese drei Methoden werden unter den Begriffen:
- der Umsetzungsforschung,
- des Prozeßsimulators und
- der simultanen Marktforschung

im folgenden skizziert.

5.3.1 Umsetzungsforschung

Eine sich mehr und mehr herauskristallisierende Methode des Umgangs mit dynamischen Umwelten besteht in der intendierten Gleichzeitigkeit von Umsetzung und Analyse (Reihenfolge). Die Theorie subsumiert dieses Vorgehen unter den Begriffen der Trial and Error-Verfahren oder der empirischen Geschäfte. Zu eigen ist diesem Weg ein risikofreudiges Probieren und Erfahren auf der einen, aber eben (und nur dann ist es Methode) einer steten analytischen und stringenten Evaluation der Prozesse auf der anderen Seite. Erst die bewußte Reflexion des Erfahrenen an jeder Stelle des Vorgehens führt zu nutzbaren Lernkurven, die sich jedoch aufgrund der sich wandelnden Umwelten permanent wieder erneuern.

Für dieses Vorgehen wird hier der Begriff der Umsetzungsforschung eingeführt. Sie beinhaltet die stetige Anpassung der Inhalte einer Marktforschung und die stetige Anpassung der Angebote (Services/Produkte/Auftritt/Kommunikation) und Leistungen eines am Markt operierenden Unternehmens.

Nur durch diese Interaktion bei der Gestaltung von Prozessen kann man agieren, lassen sich Märkte aktiv etablieren, kann man aber auch schnell auf Trends und künftige Neuerungen reagieren.

5.3.2 Prozeßsimulator

Es ist jedoch möglich, Ergebnisse in ihren Wirkungen für Strategien und Maßnahmenableitung vorzudenken, quasi im Vorfeld des Feldes zu simulieren. Man kann versuchen, das Verhalten und die Sensitivität von Systemen experimentell durch Simulation testen. Ziel ist das Verstehen und Bewältigen der späteren Realität oder, konkreter formuliert, Erkennen der Strukturen und Verstellen des Verhaltens von Realsystemen einerseits sowie Erklären von Problemursachen und Entwerfen von Strategien zur Lösung von aktuellen Problemen in diesen Systemen andererseits. Die Simulation soll dabei nicht als Prognoseinstrument, sondern als Methode zur Erklärung des Systemverhaltens dienen. So kann ein Entscheider in der Simulation erkennen, welche direkten Folgen und Wirkungen zu erwarten sind. Rückkopplungen, Grenzwerte oder zeitliche Verzögerungen im System können in das Untersuchungsdesign von vornherein einbezogen werden.

Erst wenn im Vorfeld einer Analyseaufgabe jedes potentielle Ergebnis auf seine Folgen hin konsequent vorgedacht, respektive jedes Ergebnis in seine Rolle innerhalb einer Entscheidung antizipiert wird, ist die Entwicklung des Untersuchungsdesigns abgeschlossen. Erst dann werden auch Informationskategorien identifiziert, die zur Entscheidungsbildung noch fehlen.

Sobald ein System jedoch einen gewissen Komplexitätsgrad überschreitet, wird es unübersichtlich. Die Vielzahl der Faktoren und ihre gegenseitigen Wirkungen in Teilsystemen sind kaum noch zu überblicken. Komplexe Systeme mit konventionellen Herangehensweisen zu verstehen wird schnell unmöglich. In sehr komplexen und unübersichtlichen Systemen können sich besonders computergestützte Simulationen zur Entscheidungsfindung eignen (vgl. Abbildung 3).

Der Nutzen einer Simulation besteht darin, daß der Entscheider unmittelbar die Konsequenzen bestimmter Analyseergebnisse sieht. Stellschrauben im System können simulativ erprobt werden, so daß unterschiedliche, auf das gleiche Ziel gerichtete Maßnahmen und Strategien vergleichbar werden. Aufgrund der simulierten Wirkungen kann man sich für die geeignetsten entscheiden. Vor allem aber werden die Parameter selbst in ihrer Wirkungsstärke bestimmbar und damit eine Entscheidung getroffen, welche zum Gegenstand in Marktuntersuchungen werden müssen.

5.3.3 Simultane Marktforschung

Gerade in sich besonders schnell wandelnden Märkten, wie High-Tech-, Telekommunikations- und Software- oder stark modischen Veränderungen unterworfenen Märkten, besteht oft ein hoher Leidensdruck an fehlender Verfügbarkeit von schnellen und validen Informationen zur Entscheidungsfindung. Es ist keine Seltenheit, daß innerhalb weniger Tage eine komplette Marktuntersuchung durchzuführen ist. Letztlich jedoch bleibt es bei

Abb. 3: Der Prozeßsimulator

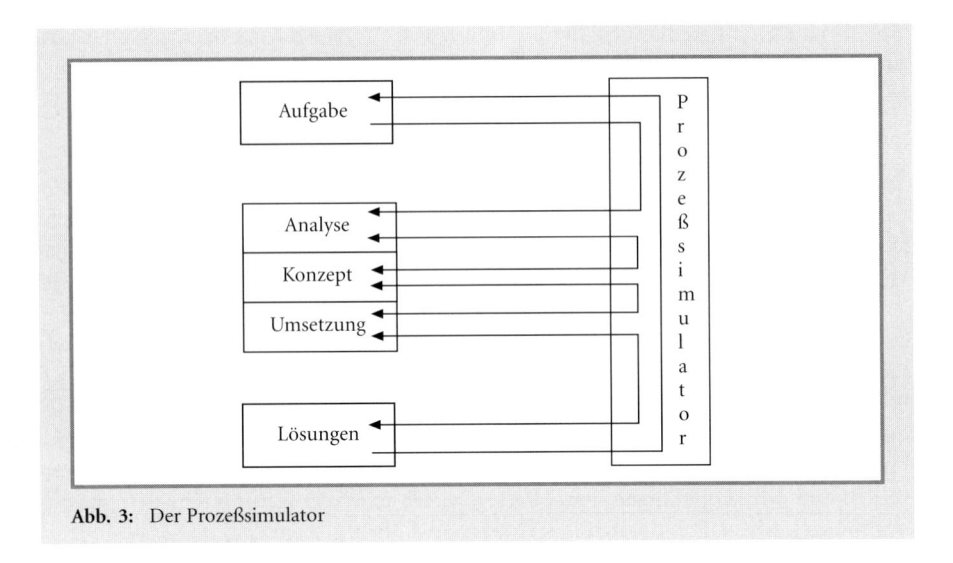

der tradierten Vorgehensweise der sequentiellen Arbeit Analyse-Konzept-Umsetzung-Kontrolle.

Nun erheben bereits viele Marktforscher den Anspruch, die Analyse nicht nur schnell, vielmehr auch unmittelbar am Entscheidungsbedarf ausgerichtet zu betreiben. Der Rückzug auf die reine Auftragsarbeit, bei der vom Auftraggeber genau vorgegeben wird, was, wo, und in welchen Stichprobengrößen erhoben wird, wird an vielen Stellen aufgegeben. Marktforscher sehen häufig ihr künftiges Geschäftsfeld in einem mitwirkenden als nur liefernden Prozeß. Deutlich wird dies auch in der zunehmend beobachtbaren Übernahme von marktanalytischen Aufgaben durch Unternehmensberatungen. Die zur Beratung notwendigen Informationen aus dem Markt beschaffen sich diese Dienstleister oftmals bereits selbst, mit mehr oder weniger hoher Qualität der Empirie. Nicht zuletzt der Einbruch vieler Beratungsunternehmen in die bisherige Domäne der Marktforschungsinstitute macht einen umfassenderen Anspruch der Marktforschung deutlich (vgl. Abbildung 4).

Hiermit steht die Integration von Prozessen im Mittelpunkt der Betrachtung und nicht mehr eine vielleicht regelmäßige, jedoch nach wie vor punktuelle Einspeisung von Marktforschungsdaten in einen Prozeß.

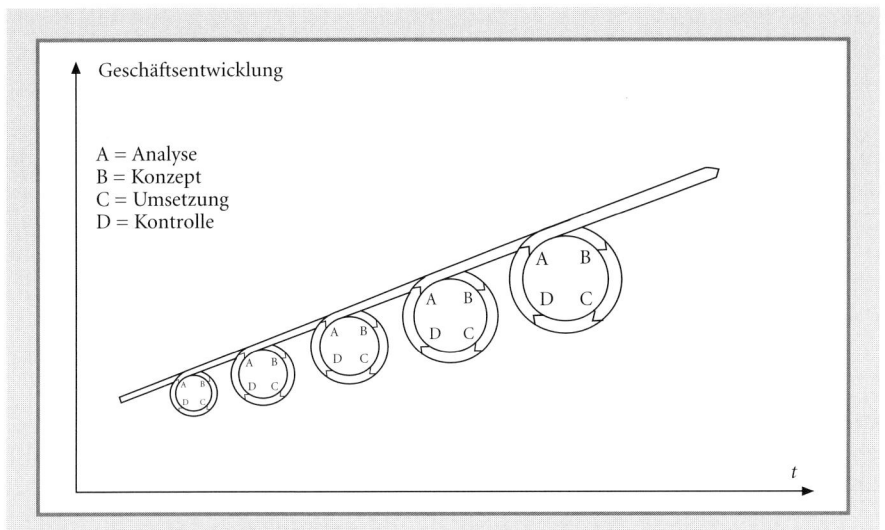

Abb. 4: Integration des Marktforschungsprozesses in den Geschäftsentwicklungsprozeß

5.4 Geeignete Geschäftstypen

Grundsätzlich bedarf jede Art von Geschäftstypus der permanenten Einsteuerung von Informationen. Besonderen Sinn jedoch macht die ständige Einspeisung relevanter Marktdaten und -informationen für Geschäftstypen, deren Geschäftsgegenstand gleichsam reagibel, also schnell, flexibel und anpassungsfähig ist. Die Umstellung ganzer Produktionsprozesse bedarf meist eines längeren Vorlaufs. Auch erhalten die Begriffe lang- und mittelfristig neue Dimensionen; eine Orientierung an bisherigen Wert- und Zeitvorstellungen birgt erhebliche Gefahren. Alle Zeiträume verringern sich sehr schnell und dynamisch.

Eher geeignet für eine Nutzung simultan erhobener Marktdaten sind daher Geschäftstypen, die über veränderbare Anteile am Geschäft verfügen. Hierzu zählen sicher zunächst die Dienstleistungen, da sie überwiegend individuell beim Kunden gleichsam kundenspezifisch erstellt werden.

Es bieten sich innerhalb der Geschäftstypen als strategische Handlungsfelder, die für den Einsatz simultaner Markforschung geeignet oder sogar erforderlich sind, drei Bereiche an:
- Strategisches Feld der Produkte mit Produktfunktionen und -qualität,
- Strategisches Feld des Image und Marketing und
- Strategisches Feld des Service.

Daß das Produkt und seine Qualität die solide Basis für geschäftlichen Erfolg ist, wird auch durch die ständige Einführung neuer **Qualitätsmaßstäbe und -verordnungen** in Betrieben deutlich. Immer wichtiger werden darüber hinaus die produktbegleitenden Dienstleistungen (Value added services). Seit einiger Zeit zählt die Sicherstellung eines

Kundennutzens durch Services zu den zentralen Managementaufgaben; sie wird sogar als eine der wenigen Erfolgsstrategien zur Wettbewerbsdifferenzierung und Zukunftssicherung eines Unternehmens angesehen.

Es ist ungleich schwerer, einen Standard für Services als für Güter aufzustellen und umzusetzen. Für Dienstleistungen lassen sich keine Normen entwickeln, deren Einhaltung durch eine Endkontrolle bestätigen läßt, wie es in einem Produktionsbetrieb üblich ist. Dienstleistungen sind abhängig von jedem einzelnen Dienstleister. Die gleiche Leistung kann von einem zum anderen Dienstleister sehr unterschiedlich erbracht werden. Das heißt, der größte Bewertungsfaktor bei der Beurteilung von Servicequalität ist der Kunde. Dabei hat jeder Kunde andere Bewertungskriterien und andere Erwartungen. Letztendlich ist nur bedeutend, wie er die geleistete Servicequalität bewertet (*Zeithaml* 1992 S. 28 f.).

Damit bietet der Dienstleistungs- und Servicebereich einen augenfälligen Einsatzbereich für eine permanent zu installierende prozeßbegleitende Marktforschung (vgl. Abbildung 5).

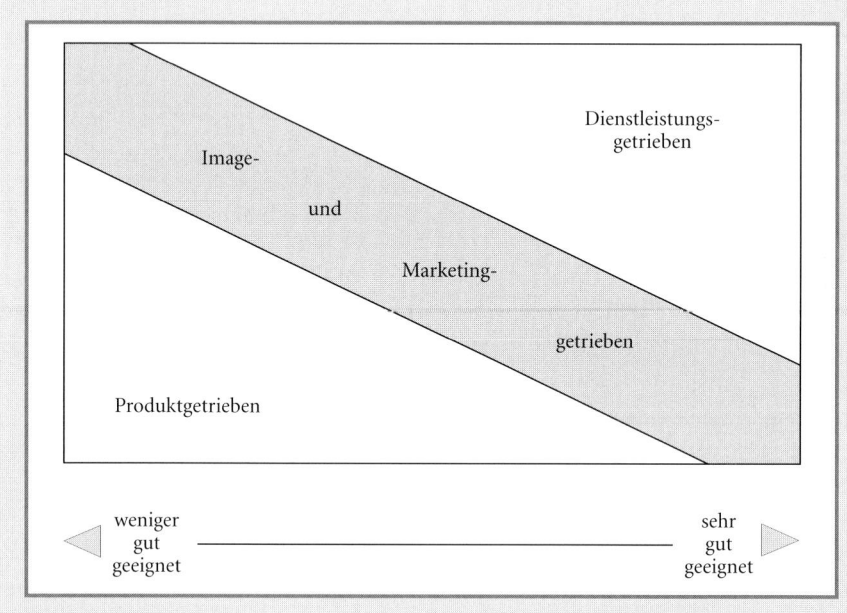

Abb. 5: Eignung verschiedener Geschäftstypen für eine simultane Marktforschung

5.5 Ausgewählte Instrumente der Realisierung einer simultanen Marktforschung

Gelingen kann die Integration einer permanenten Informationseinsteuerung über die Nutzung und den Einsatz einer ganzen Reihe von Instrumenten. Neben einer Online-Marktforschung im Internet (nur sinnvoll bei Heavy-Usern), Beilage von Kurzfragebögen zu Rechnungen und Geschäftsschreiben, ständigen Einsatzes von Call Centern und Telefoninterviewern und anderen, werden hier zwei bedeutende Instrumente herausgegriffen. Die Verschmelzung von:
- Verkaufsgespräch und Interview sowie
- der User-Circle oder das Kundenparlament.

5.5.1 Integrationserfordernis von Verkaufsgespräch und Interview

Bereits in der Vergangenheit wurde zwischen verkaufs- und informationspolitischen strategischen Inhalten eines Verkaufsgespräches unterschieden, aber beide Bereiche zu den originären Aufgaben der Verkäufers gezählt. Die aus den zunächst konträren (weil zwei Intentionen für zwei verschiedene Nutzer), ja konfliktären Feldern resultierende Anforderung an die Gesprächsführung und den Verkaufsproßeß mündet zwangsläufig in eine zunehmende Integration mehrerer Aufgaben.

Eine stärkere Integration und Verschmelzung beider Bereiche ist insofern notwendig, weil der Verkäufer eine hohe Kundennähe inne hat. Gleiches gilt entsprechend auch für andere kundennah eingesetzte Mitarbeiter, wie etwa Servicetechniker und Wartungsmitarbeiter. Die Integration von der Verkaufs- und Informationsfunktionen setzt auf der einen Seite zwar eine konsequente Spezialisierung voraus, erfordert auf der anderen einen um so höheren Aufwand für die Integration, je weiter die spezialisierten Funktionen sich entwickelt haben. Die konsequente permanente Erhebung von Marktbedarfen, Nutzenerwartungen und Herausforderungen für die Zukunft macht es dann möglich, frühzeitig zu agieren und Märkte aktiv zu gestalten.

5.5.2 User-Circle oder Kundenparlament

Der User Circle oder das Kundenparlament – gelegentlich auch Kundenbeirat oder Customer Advisory Board – ist eine Dialogplattform, auf der eine überschaubare Zahl von Käufern eines Produktes oder einer Dienstleistung durch das Anbieterunternehmen zusammengeführt wird, um gemeinsam über die Stärken und Schwächen des Angebotes und über Verbesserungspotentiale zu diskutieren.

Im Ursprung konstituierten sich User Circle aus der negativ besetzten Notwendigkeit heraus, von Kundenseite eine Marktmacht in Form eines Nachfragerkonsortiums gegenüber Herstellern zu etablieren. Oft ließen sich diese nur durch das gemeinsame starke Auftreten von Kunden dazu drängen, bestimmte Schwächen oder Fehler von Systemen zu eliminieren (*Baaken* 1990, S. 303).

Zwischenzeitlich sind einige wenige Unternehmen dazu übergegangen, User-Circle aktiv zu initiieren und zu etablieren. Sie nutzen diese regelmäßigen Zusammenkünfte bisheriger Nutzer zur Information, zum Austausch und zum Abbau von Dissonanzen. Durch die Einrichtung solcher Nutzerzirkel wird zum einen das Feld für Nachkäufe bereitet. Zum anderen bieten sie ein exzellentes **Kommunikationsforum**, um potentielle Kunden von den Stärken und Schwächen des Systems umfassend in Kenntnis zu setzen. Diese Form neuer Offenheit wird vom Technologienutzer honoriert.

Gerade in innovativen Unternehmen in einem sich stark wandelnden Wettbewerbsumfeld hilft eine einmalige Kundenbefragung nicht aus dem Dilemma. Ein Kundenparlament bietet den Vorteil, daß es Produkt- und Leistungsmodifikationen über längere Zeit begleiten kann. So lassen sich der Aufbau von Erwartungshaltungen, die Reaktion bei der ersten Begegnung mit der Neuheit, der Umgang mit Kinderkrankheiten und die Entstehung weiterer Verbesserungsvorschläge weit besser studieren. Als besonders wertvoll erweist sich ein solches Forum darüber hinaus für solche Unternehmen, die sehr viele Kunden haben, in denen die Unternehmensspitze aber wenig persönlichen Kontakt zum Käufer hat.

Die Ergebnisse eines Kundenparlamentes können allerdings nur so gut sein wie die Inputs der Teilnehmer. Der Zusammenstellung des Gremiums kommt deshalb eine hohe Bedeutung zu (*Biermann* 1997, S. 3). Als vorteilhaft erweist sich erfahrungsgemäß ein heterogenes Mix von Kunden unterschiedlicher Größe und Prägung.

5.6 Konsequenzen für Marktforscher und Informationsnutzer

Über viele Jahre hinweg hat sich der Marktforscher als Ausführer von Marktforschungsstudien und als Datenlieferant verstanden. Er sah seine Hauptaufgabe darin, Studien methodisch sauber durchzuführen und die Ergebnisse dieser Studien in Form von Tabellenbändern abzuliefern.

Eine zielgerichtete Entscheidungshilfe wurde von ihm nicht verlangt und oft wurden die Studien nur zur Bestätigung bereits getroffener Marketingentscheidungen benutzt. Der Marktforscher muß aber über seine Rolle als Präsentator von Befunden und Erhebungsergebnissen hinauswachsen und darf das Interesse an dem betreuten Projekt und an den Aufgabenstellungen innerhalb der Geschäftsprozesse auch nach Beendigung der Studie nicht verlieren.

Von der Marktforschung von morgen wird eine ganzheitliche Vorgehensweise verlangt. Sie muß in der Lage sein, unterschiedliche Quellen zu koordinieren, denn isolierte und atomistisch ausgerichtete Marktforschung kann keinen adäquaten Beitrag zum Verständnis des Markenerfolgs leisten. Durch die Technologie, die diese Vernetzung erst möglich macht, kann die Marktforschung eine neue Art der Entscheidungshilfe geben. Wächst die Beraterfunktion der Marktforschung, kann sie also als interner oder externer Consultant (vgl. Abbildung 6).

Simultane Marktforschung

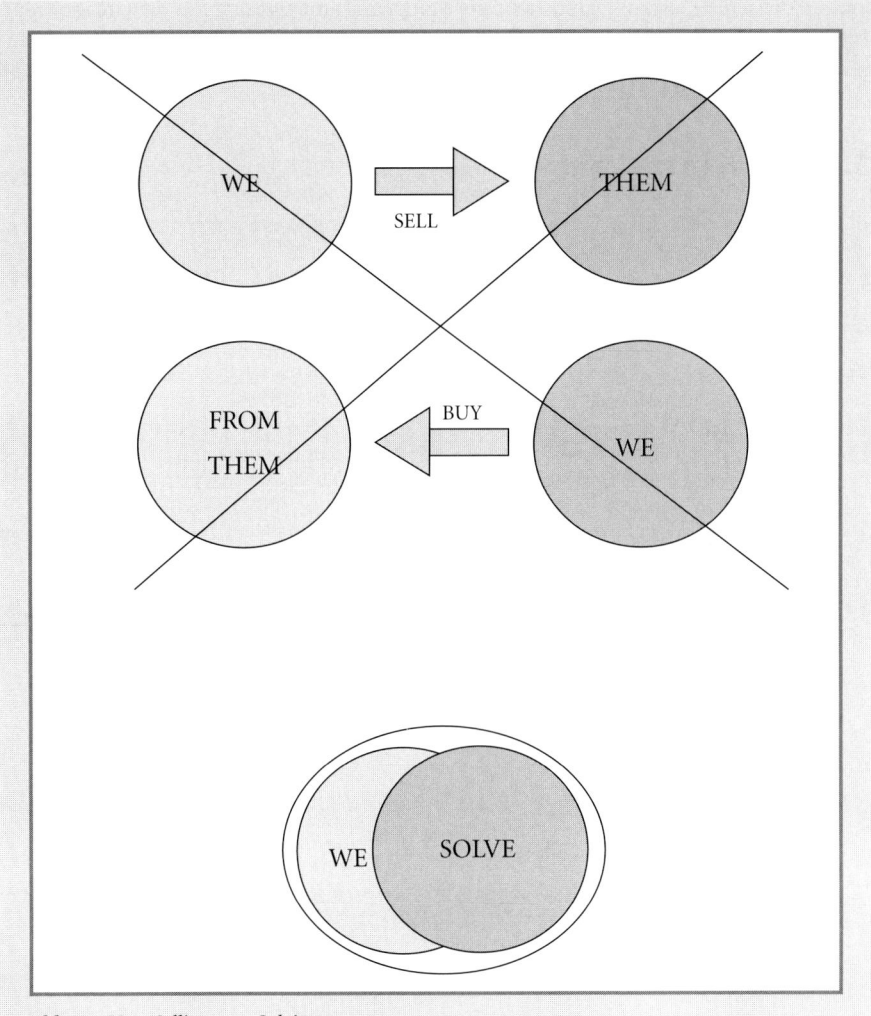

Abb. 6: Vom Selling zum Solving

Diese Aufgaben können externe Marktforscher nicht mehr erfüllen, firmeninterne eher, jedoch auch nicht umfassend. Notwendig ist eine stärkere Integration der Marktforschungsprozesse in die Unternehmensprozesse. Erst eine stärkere Bündelung und das Polen von verschiedenen komplementären Kompetenzen ermöglichen einen merklichen Fortschritt des Geschäftsprozesses.

Letztlich wird es jedoch auf ein Marktforschungs-Coaching durch den Kompetenzträger der Marktanalyseaufgaben beim Geschäftspartner hinauslaufen. Wesentliche Arbeitsanteile wird das Unternehmen selbst unter Anleitung und Überwachung möglicherweise eines Externen erledigen. Damit steht die Marktforschung künftig vor der Aufgabe, eine Insourcing-Entwicklung zugestalten. Wenn die Marktforscher sich dieser Entwicklung nicht stellen, werden andere diese Aufgaben übernehmen.

5.7 Literaturverzeichnis

Allesch, J./Klasmann, G. (Hrsg.): Produktinnovationsmanagement in technologieintensiven kleinen und mittleren Unternehmen – 18 Fallstudien, TÜV Rheinland, Köln 1989

Baaken, Th.: Technologie-Marketing, in: Kliche, M./Baaken, Th./Pörner, R. (Hrsg.): Investitionsgütermarketing – Positionsbestimmung und Perspektiven, Wiesbaden 1990, S. 289–309

Biermann, Th.: Das Kundenparlament – so gelingt der Dialog mit König Kunde, in: Service Management Praxis, Berlin 1997, S. 1–6

Kleinaltenkamp, M./Fließ, S./Jacob, F.: Customer Integration – Ein Management-Konzept für erfolgreiches Business-to-Business-Marketing, Wiesbaden 1996

Kroy, W.: Die Zukunft wird anders sein, in: technologie & management, Volume 45,1996, S. 57–65

Lorenz, E.: Deterministic non periodic flow, Journal of Athmoshric Science, Ex. 20, 1963

Trommsdorf, V.: Professionelle Marktforschung in der Zukunft für die Zukunft, in: planung und analyse, 3/93, S. 27–34

Trommsdorf, V./Weber, G.: Innovation braucht Marktforschung – Marktforschung braucht Innovation, in: Tomczak, T./Reinecke, S. (Hrsg.): Marktforschung, St. Gallen 1994, S. 56–70.

Nowacki, I.: Die Renaissance der einfachen Lösungen, in: planung und analyse, 3/93, S. 52–55

Steinhausen, D.: Simulationstechniken, München 1994

Strothmann, K.-H.: Innovationsmarketing, Markterschließung für Systeme der Bürokommunikation und Fertigungsautomation, Wiesbaden 1989, S. 49–64

Zeithaml, V. A./Parasuraman, A./Berry, L.: Qualitätsservice – Was Ihre Kunden erwarten – was Sie leisten müssen (Originaltitel: Delivering Quality Service), Frankfurt/Main 1992

Kapitel IX Organisation der Marktforschung

Jörg Koch
1. Instituts- und Fremdmarktforschung 785

Jörg Koch
2. Betriebliche Marktforschung 796

1. Instituts- und Fremdmarktforschung

Jörg Koch

Inhaltsübersicht

1.1 Voraussetzungen für Institutsmarktforschung
1.2 Definition des Informationsbedarfes
1.3 Selektion geeigneter Institute
1.4 Angebotsaufforderung
1.5 Auftragserteilung
1.6 Kosten für Fremdmarktforschung
1.7 Beispiele für Low-Budget-Marktforschung
1.8 Vor- und Nachteile der Institutsmarktforschung
1.9 Literaturverzeichnis

Auf einen Blick

Es werden die Gründe dargelegt, die für eine Vergabe von Marktforschungsprojekten an Fremdinstitute sprechen. Beantwortet wird die Frage, wie man bei der Auswahl von Instituten vorgeht und was man bei der Auftragsvergabe zu beachten hat?

1.1 Voraussetzungen für Institutsmarktforschung

Es gibt zahlreiche Gründe, die dazu führen, daß Unternehmen Marktforschungsaufgaben außer Haus (von Fremdfirmen) durchführen lassen. Entweder sie haben keine eigene Stelle oder Abteilung, die Marktforschungsprojekte übernehmen kann oder es sprechen personelle und sachliche Gründe gegen Eigenmarktforschung. Folgende Überlegungen können zu einer Fremdvergabe von Marktforschungsaufträgen führen:
- Die eigenen Mitarbeiter sind aufgrund ihres Wissens und ihrer Erfahrung mit bestimmten Projekten überfordert (fehlendes Fachwissen und Methoden-Know-how).
- Zur Durchführung bestimmter Projekte fehlen die sachlichen Voraussetzungen (apparative Einrichtungen zur Überprüfung der Werbewirkung, Räumlichkeiten zur Durchführung von Tests und Gruppendiskussionen).
- Umfragen auf einer breiten Basis (große Stichproben) sind nicht möglich, da man nicht über entsprechende Interviewer verfügt (fehlende Feldorganisation).
- Die Anwendung bestimmter Erhebungsmethoden überfordert die betriebliche Marktforschung (Durchführung von Verbraucher- und Handelspanels, Organisation von Testmärkten).
- Man wünscht eine möglichst große Objektivität der Informationen (bei gutachterlichen Stellungnahmen).
- Marktforschungsprojekte lassen sich im Rahmen der Fremdvergabe kostengünstiger durchführen als Eigenmarktforschung (günstigeres Kosten-Nutzen-Verhältnis).

Jedes Unternehmen muß aufgrund seiner spezifischen Situation entscheiden, ob die Inanspruchnahme externer Institute und Berater sachlich und wirtschaftlich sinnvoll ist.

1.2 Definition des Informationsbedarfes

Bevor ein Marktforschungsauftrag an ein Fremdinstitut vergeben wird, ist exakt zu definieren, welchen **Informationsbedarf** das Unternehmen hat? Darüber hinaus sollte definiert werden, welche **Zielsetzung** man mit dem anstehenden Projekt verfolgt (Verbesserung der Kundenzufriedenheit, Optimierung der Gestaltung von Werbemitteln, Test eines neuen Produktes). In der Praxis zeigt sich, daß der Definition des Informationsbedarfes und der Zielsetzung häufig zu wenig Beachtung geschenkt wird. Das führt einerseits dazu, daß die mit der Marktforschung beauftragten Institute keine klare Aufgabenstellung (Briefing) bekommen; andererseits, daß die Ergebnisse der Forschung unbefriedigend sind, weil noch Informationen fehlen oder überflüssigerweise zu viel erhoben wurde. In dieser Phase der Projektplanung muß das Motto deshalb lauten: Je exakter die Festlegung des Informationsbedarfes, desto besser die Forschung! Nach Meinung von Böhler ist dieser Arbeitsschritt der wichtigste im gesamten Marktforschungsprozeß (*Böhler* 1992, S. 25).

Speziell bei kleineren und mittleren Firmen, die über keine erfahrenen Marktforscher verfügen, empfiehlt es sich, nach folgender **Checkliste** vorzugehen:
1. Ausgangslage beschreiben.
2. Zielsetzung/Aufgabenstellung des Projektes erklären.

3. Zielmarkt (Zielgruppe/n) der Forschung festlegen.
4. Benötigte Informationen nach Art, Umfang und Qualität definieren.
5. Welche Informationen können intern, welche sollten extern beschafft werden.
6. Welche externen Informationen sind durch Sekundärforschung, welche durch Primärforschung zu erheben?
7. Wann sollen die benötigten Informationen zur Verfügung stehen?
8. Welcher Kostenrahmen steht für die Beschaffung der Informationen zur Verfügung?

Die Anwendung der Checkliste soll sicherstellen, daß:
- der Informationsbedarf exakt definiert wird,
- erkennbar wird, welche Informationen von Fremdfirmen zu beschaffen sind,
- die beauftragten Fremdinstitute eine klare Aufgabenstellung erhalten und
- das Prinzip der Wirtschaftlichkeit bei der Informationsbeschaffung gewahrt bleibt.

1.3 Selektion geeigneter Institute

Ist der Umfang der Fremdforschung definiert, erfolgt als nächster Schritt die Auswahl eines geeigneten Institutes oder Beraters. Um eine sinnvolle Selektion vornehmen zu können, ist zunächst zu klären, welche Institute es gibt, über welches Leistungsspektrum sie verfügen und wie sie in ihrer Leistungsfähigkeit zu beurteilen sind.

In der Bundesrepublik Deutschland gibt es über 500 Firmen und Institutionen, die sich mit Marktforschung beschäftigen. Einen guten Überblick über das derzeitige Angebot gibt das »**Handbuch der Marktforschungsunternehmen**« (Ausgabe 1998), das vom *Berufsverband Deutscher Markt- und Sozialforscher e. V.* in Zusammenarbeit mit der Fachzeitschrift *planung und analyse* herausgegeben wird (erscheint im *Deutschen Fachverlag*, Frankfurt). Daneben veröffentlicht der Fachinformationsdienst *Context*, Düsseldorf, Aufstellungen über die deutschen Marktforschungsunternehmen.

Die Struktur der Anbieter von Marktforschungsleistungen ist sehr heterogen. Dies gilt sowohl für ihre Größe wie für ihr Leistungsspektrum. Neben wenigen Groß-Instituten (wie *GfK*-Nürnberg, *A. C. Nielsen*, *Infratest-Burke*, *IMS*), die jährlich über 100 Mio. DM Umsatz tätigen, gibt es gut ein Dutzend Institute zwischen 10 und 80 Mio. DM Umsatz sowie zahlreiche Firmen zwischen 1 und 3 Mio. DM Umsatz (vgl. Tabelle 1):

	Umsatz 1998
1. *GfK*-Nürnberg	535,0 Mio. DM
2. *Infratest Burke*, München	285,0 Mio. DM
3. *Nielsen*, Frankfurt	159,0 Mio. DM
4. *IMS*, Frankfurt	126,0 Mio. DM
5. *Inra*, Mölln	87,5 Mio. DM
6. *Icon*, Nürnberg	65,2 Mio. DM

Organisation

	Umsatz 1998
7. *GFM-Getas*, Hamburg	55,4 Mio. DM
8. *IVE*, Hamburg	50,5 Mio. DM
9. *Emnid*, Bielefeld	50,0 Mio. DM
10. *Kehrmann*, Hamburg	24,0 Mio. DM

Tab. 1: Die 10 größten Marktforschungsinstitute in Deutschland (Quelle: *Context*)

Die verschiedenen Institute lassen sich in folgende **Kategorien** gliedern:
- Vollservice-Institute: sind Unternehmen, die Marktforschungsstudien von der Planung bis zur Ergebnispräsentation durchführen.
- Feldorganisationen: sind Spezialinstitute, die über große Interviewerstäbe verfügen, mit denen sie im Auftrag von Marktforschungsinstituten oder anderen Unternehmen Befragungen durchführen. Ihr Angebot besteht also in der Durchführung der Feldarbeit.
- Marktforschungsberater: sind selbständig tätige Personen, die sich primär mit der Konzeption, Betreuung und Interpretation von Marktforschungsstudien beschäftigen. Speziell für kleine und mittlere Unternehmen, die über keine eigene Marktforschungsabteilung verfügen, können diese Spezialisten eine große Hilfe bei der Anlage und Durchführung von Studien sein.
- Teststudios: sind Unternehmen, die Räumlichkeiten und technisches Equipment für die Durchführung spezieller Untersuchungen anbieten (Gruppendiskussionen, apparative Tests).
- Informationsbroker: sind Spezialisten, die gegen Honorar Informationen beschaffen und auswerten. Dies geschieht unter Nutzung externer Datenbanken.
- EDV-Service: Spezialfirmen, die gegen Entgelt die EDV-technische Bearbeitung von Daten (Datenspeicherung, Auswertung, Analyse) übernehmen.
- Forschungsinstitute: die spezielle Aufgabenstellungen der Marktforschung übernehmen (Langzeitprognosen, Bedarfsanalysen). Dazu zählen Institute wie *Ifo*, *Prognos*, *BBE* und *DIW*.
- sonstige Anbieter: Forschungseinrichtungen der Universitäten und Fachhochschulen, Marketing-Service-Bereiche der Großverlage sowie Einrichtungen der Verbände und Standesvertretungen.

Die Aufzählung macht deutlich, daß die **Auswahl eines geeigneten Institutes** nicht ganz einfach ist. Um sich hier weiterzuhelfen, kann man auf die Empfehlung befreundeter Unternehmen bauen oder einen Marktforschungsberater engagieren. In jedem Falle sollte man aber eine Reihe von Auswahlkriterien beachten:
- Leistungsspektrum des Institutes in bezug auf angewandte Methoden und Verfahren,
- Erfahrungen in bestimmten Märkten,
- Spezialkenntnisse in der Auswahl bestimmter Verfahren (Panels, Testverfahren),

Instituts- und Fremdmarktforschung

- Mitgliedschaft in Organisationen und Verbänden (ADM = Arbeitskreis Deutscher Markt- und Sozialforschungsinstitute, BVM = Berufsverband Deutscher Markt- und Sozialforscher e. V., ESOMAR = European Society for Opinion and Marketing Research, WAPOR = World Association for Public Opinion Research, IMF = International Marketing Federation),
- personelle Ausstattung (Zahl der Mitarbeiter und ihre Qualifikation),
- Kundenkreis nach Art und Umfang,
- nachgewiesene Referenzen, Ruf/Image des Institutes (Seriosität, Zuverlässigkeit, Arbeitsweise),
- Einhaltung von Qualitätsnormen (ISO 9.003),
- Datenschutzmanagement,
- Konkurrenzausschluß und
- Gründungsjahr des Institutes.

Die hier genannten Kriterien sollten es ermöglichen, zumindestens den Kreis der in Frage kommenden Institute einzugrenzen. Es empfiehlt sich nämlich, nicht nur ein Institut zur Angebotsabgabe aufzufordern, sondern mehrere, um einen echten **Leistungsvergleich** zu ermöglichen (vgl. Tabelle 2):

Alpha, Mainz	*Inra*, Mölln
AMR, Düsseldorf	*Institut für Demoskopie*, Allensbach
ASK, Hamburg	*Institut für Marktforschung*, Leipzig
Basisresearch, Frankfurt	*Intermarket*, Düsseldorf
Roland Berger, München	*Ires*, Düsseldorf
BIK, Hamburg	*IVE*, Hamburg
Bonner Institut, Bonn	*Dr. von Keitz GmbH*, Hamburg
Compagnon, Stuttgart	*Link + Partner*, Frankfurt
Czaia, Bremen	*Mafo-Institut*, Schwalbach
Emnid, Bielefeld	*Marplan*, Offenbach
Enigma, Wiesbaden	*mc markt-consult*, Hamburg
facit, München	*MMA*, Frankfurt
Forsa, Berlin	*A. C. Nielsen*, Frankfurt
GfK, Nürnberg	*polis*, München
GFM-Getas/WBA, Hamburg	*psyma*, Rückersdorf
IFAK, Taunusstein	*RMM*, Hamburg
Impulse, Heidelberg	*Schaefer Marktforschung*, Hamburg
IMW, Hamburg	*Sinus*, Heidelberg
Infratest Burke, München	*USUMA*, Berlin

Tab. 2: Institute im Arbeitskreis Deutsche Markt- und Sozialforschungsinstitute (ADM), (Stand: 1998, die genannten Institute unterwerfen sich den Berufsgrundsätzen und Richtlinien der ADM-Satzung.)

Organisation

1.4 Angebotsaufforderung

Die Aufforderung zur Angebotsabgabe kann entweder auf schriftlichem Wege erfolgen oder durch ein mündliches Gespräch mit den ausgewählten Instituten. Die Institute legen üblicherweise Wert darauf, eine exakte Aufgabenstellung und Zielsetzung zu erhalten. Diese sind bei professioneller Vorgehensweise bereits im Briefing-Papier niedergelegt (vgl. Abschnitt: Definition des Informationsbedarfes), so daß die prospektiven Auftragnehmer über alle notwendigen Informationen verfügen. Teilen Sie den Instituten mit, bis wann Sie deren Offerten erwarten. Bitten Sie um ein kurzes Firmenprofil und Referenzen.

Ein fundiertes Angebot sollte folgende Punkte beinhalten:
- Wiederholung der Aufgabenstellung und Zielsetzung, um zu erkennen, ob die Problemstellung richtig erfaßt wurde,
- methodisches Vorgehen in bezug auf Grundgesamtheit, Stichprobenumfang /-struktur, Auswahlverfahren, Erhebungsverfahren oder Testanlage,
- Darlegung der wichtigsten Themenkomplexe der geplanten Untersuchung,
- Terminierung der Feldarbeit, Auswertung und Berichtslegung bis hin zum Präsentationstermin
- Datenprüfung, Plausibilitätskontrolle,
- Form der Berichterstattung,
- anfallende Kosten, detailliert nach Arbeitsschritten,
- Zahlungsweise, Geheimhaltung und Geschäftsbedingungen und
- Ansprechpartner und Kontaktpersonen

Nach Vorlage der angeforderten Angebote, erfolgt die endgültige Auswahl des Institutes. Dabei sollten qualitative Aspekte im Vordergrund stehen; das heißt welches Institut erscheint aufgrund seines Methoden- und Markt-Know-hows am besten geeignet, die anstehende Aufgabe zu lösen? Bei der Beantwortung dieser Fragen kann die folgende **Checkliste** nützlich sein (*Kastin* 1995, S. 165) (vgl. Tabelle 3):

	Checkliste für die Institutsauswahl			
Auswahlkriterien (1)	Gewichtungsfaktor (2)	Punktezahl (3)	Institut A Bewert.-ziffer (4) (= 2 x3)	Institut B, C usw.
Institut allgemein Bekanntheit Techn. Ausstattung Mitarbeiter, Qualifikation ...				
Zwischensumme				

Instituts- und Fremdmarktforschung

Checkliste für die Institutsauswahl				
Auswahlkriterien (1)	Gewichtungsfaktor (2)	Punktezahl (3)	Institut A Bewert.-ziffer (4) (= 2 x 3)	Institut B, C usw.
Angebot Methodenkenntnisse Erfahrungen in bestimmten Branchen Zeitbedarf Interviewerstab ...				
Zwischensumme				
Vorgehensweise vorgeschlagene Methode Flexibilität Datenverarbeitung ...				
Zwischensumme				
Angebotspreis DM				
Gesamtsumme		(5)		
Arbeitsschritte (1) Sie formulieren Ihre Anforderungen an das jeweilige Institut unter Verwendung der vorgenannten Kriterien (2) Sie legen fest, welche Bedeutung diese Kriterien für Sie generell haben – durch Gewichtungsfaktoren von z. B. 1 bis 5 (= hohe Bedeutung) (3) Sie vergeben pro Kriterium und pro Institut eine Punktzahl von 1 bis 5 (= bester Erfüllungsgrad) (4) Sie multiplizieren den Gewichtungsfaktor mit der Punktzahl und erhalten eine Bewertungsziffer, die Sie nun addieren können (5) Sie addieren die Bewertungsziffern und erhalten Zwischensummen und eine Gesamtsumme je Institut. Damit können Sie jetzt die Institute A–C miteinander vergleichen				

Tab. 3: Checkliste für die Institutsauswahl

Wichtig ist der Hinweis, daß nicht der Preis der allein ausschlaggebende Faktor für die Auftragserteilung sein sollte. In der Praxis zeigt sich, daß die Preise der Institute (trotz gleichen Briefings) erheblich differieren. Aus diesem Grund ist eine exakte Prüfung des Leistungsumfanges und der qualitativen Aspekte notwendig.

1.5 Auftragserteilung

Die Auftragserteilung an das ausgewählte Institut sollte schriftlich erfolgen. Grundlage ist das vom Institut formulierte Angebot. Die Auftragsvergabe sollte unter ausdrücklichem bezug auf die wesentlichen Punkte des Angebotes erfolgen, das heißt:

- Grundgesamtheit,
- Auswahlverfahren,
- Stichprobe,
- Erhebungsmethode,
- Kosten und
- Timing.

Es sollte geklärt werden, ob für eine mündliche Präsentation der Ergebnisse Extra-Kosten anfallen. Ähnliches gilt für Übersetzungsarbeiten, Produktion von Berichtsbänden und Testvorlagen. Die Zahlungsbedingungen sind ebenfalls vorab zu klären (siehe Angebot und Allgemeine Geschäftsbedingungen). Sich wiederholende Befragungen und die Vergabe von Langzeitprojekten sollten zu einer entsprechenden Rabattierung der Preise führen.

1.6 Kosten für Fremdmarktforschung

Gerade für kleinere und mittlere Unternehmen, die nicht regelmäßig Marktforschung betreiben, ist es häufig schwierig, die Kosten für Fremdmarktforschung zu beurteilen. Mit welchen Kosten muß man bei bestimmten Studien rechnen; was ist teuer, was ist preiswert?

Grundsätzlich läßt sich festhalten, daß die Institute den Kunden keine Preislisten offerieren, sondern jedes Projekt individuell kalkulieren (wenn man von Standarderhebungen, wie Omnibus-Befragungen absieht). Die Preisbildung der Institute hängt von verschiedenen Faktoren ab, dazu zählen die internen und externen Kosten, die Untersuchungsanforderungen (Schwierigkeitsgrad, Komplexität, Qualitätsniveau) und die aktuelle Wettbewerbssituation. Insofern kann die folgende Aufstellung nur Anhaltspunkte für die Kalkulation der Budgets bieten:

○	Berater-Honorare	Tagessatz	1500,– bis 2000,– DM
○	Gruppendiskussionen	pro Gruppe	5000,– bis 8000,– DM
○	Mehrthemenbefragungen (n = 1000)	geschlossene Fragen (10 Codes)	1800,– bis 2000,– DM
		offene Fragen (10 Codes)	2300,– bis 2800,– DM
○	qualitative Studien	Einzelexplorationen	200,– bis 250,– DM pro Fall
		Tiefeninterviews	300,– bis 400,– DM pro Fall
○	quantitative Studien	telefonische Befragung	30,– bis 80,– DM pro Fall
		schriftliche Befragung	30,– bis 80,– DM pro Fall
		mündliche Befragung	80,– bis 200,– DM pro Fall
		Expertenbefragung	200,– bis 500,– DM pro Fall

Tab. 4: Kosten der Fremdmarktforschung (Stand: Mitte 1998, ermittelt aus Angaben verschiedener Institute, Kosten für Berichterstattung, Reisekosten werden häufig separat berechnet)

Die Erfahrungen aus der Praxis zeigen, daß mittelständische Unternehmen die Aufwendungen für Marktforschung sehr häufig ad hoc berechnen. Sofern Marktforschungsetats geplant sind, belaufen sie sich auf 0,25 bis 1,00% vom Umsatz. Auch diese Angabe ist ein grober Richtwert. Letztlich hängt die Höhe des Etats vom Informationsbedarf und den Anforderungen der Unternehmen an die Marktforschung ab.

1.7 Beispiele für Low-Budget-Marktforschung

Fremdmarktforschung hat den Ruf, teuer zu sein. Dies hängt damit zusammen, daß ihre Durchführung in den meisten Fällen sehr personalintensiv ist. Dennoch gibt es eine Reihe von Ansatzpunkten, wie man Marktforschung preiswert gestalten kann, um auch mit kleinen Etats zu den gewünschten Informationen zu kommen.

Ein wesentlicher Punkt, der die Kosten der Marktforschung beeinflußt, sind die Anforderungen und das Anspruchsniveau der Auftraggeber. In der Praxis zeigt sich, daß häufig zu hohe Anforderungen an die Qualität der Ergebnisse gestellt werden. Nicht in jedem Falle ist es notwendig, daß Ergebnisse repräsentativ sein müssen. Oft genügt es, wenn die Ergebnisse die Schwerpunkte und Tendenzen der zu erforschenden Sachverhalte aufzeigen. Das heißt man sollte prüfen, welche Anforderungen man an die Qualität der Ergebnisse stellt (Vertrauensbereich bei gegebenem Signifikanzniveau), da dies den **Umfang der Stichproben** bestimmt (vgl. den Beitrag Heinrich Holland: Stichprobengüte, S. 61).

Ein zweiter Aspekt betrifft die **Anforderungen an die Erhebungsmethode**. Auch hier ist zu prüfen, ob Befragungen in Form von face-to-face-Interviews ablaufen müssen oder ob preiswertere Telefoninterviews den gleichen Zweck erfüllen. Der Einsatz von Interviewern ist in jedem Falle kostentreibend. Läßt sich ihr Einsatz nicht vermeiden, so sollte man sicherstellen, daß diese mit modernen Erfassungssystemen ausgestattet sind (CAPI-System = computeraided personal-interviews).

Bei kleineren Untersuchungen mit vorgegebenen Adressen ist zu klären, ob man diese nicht in Eigenregie, z. B. in Form einer **schriftlichen Befragung,** durchführen kann.

Selbst Umfragen, bei denen man auf Repräsentanz der Ergebnisse Wert legt, lassen sich preiswert durchführen. Eine Vielzahl von Instituten bietet **Mehrthemen-** oder **Omnibusbefragungen** an. In diesem Falle haben mehrere Auftraggeber die Möglichkeit, die sie interessierenden Fragen an eine bereitgestellte Stichprobe zu stellen (vgl. den Beitrag von Werner Hagstotz/Karin Schmitt-Hagstotz: Omnibusbefragungen/Mehrthemenbefragung, S. 204). Es können sowohl offene wie geschlossene Fragen gestellt werden, deren Kosten sich aus der Preisliste für Omnibusbefragungen entnehmen lassen. Die Ergebnisse seiner Fragen stehen jedem Auftraggeber exklusiv zu. Die Kosten einer Omnibusbefragung bewegen sich in einem überschaubaren Rahmen (vgl. Abschnitt: Kosten für Fremdmarktforschung).

Besonders günstig lassen sich Untersuchungen zur Werbewirkung von Anzeigen durchführen. Die großen Verlage bieten ihren Anzeigenkunden die Möglichkeit, geschaltete Anzeigen in den von ihnen publizierten Zeitschriften zu testen. Im Rahmen solcher **Co-**

pytests wird die Werbewirkung von Anzeigen anhand von Recall- (Erinnerung) und Recognition-Werten (Wiedererkennung) gemessen (vgl. den Beitrag von Jörg Koch: Werbekontaktanalsysen, S. 580). Solche Tests werden vom Verlag *Gruner & Jahr* für die Zeitschrift *Stern* oder vom *Gong* Verlag für die Zeitschrift *Gong* angeboten.

In der Praxis zeigt sich oftmals, daß kleinere und mittlere Unternehmen mit der Durchführung von großen Studien überfordert sind. In diesem Falle ist zu prüfen, ob sich nicht mehrere Firmen (einer Branche oder eines Wirtschaftsverbandes) zu einer Gemeinschaftsstudie (**Multi-Client-Studie**) zusammenfinden. Notwendige Informationen werden gemeinsam erhoben und finanziert, so daß sich der Kostenbeitrag des einzelnen Unternehmens reduziert.

In jedem Falle sollte man bei der Vergabe von Fremdaufträgen vorab prüfen, ob nicht bestimmte Teile einer geplanten Untersuchung vom eigenen Unternehmen kostengünstiger durchgeführt werden können. Dies ist natürlich nur dann sinnvoll, wenn darunter nicht die Qualität der Untersuchung leidet.

1.8 Vor- und Nachteile der Institutsmarktforschung

Die **Vorteile** der Institutsmarktforschung gegenüber der Eigenmarktforschung liegen in erster Linie im methodischen Bereich. Die Institute verfügen in der Regel über ein breiteres methodisches Wissen, das sie in adäquaten Erhebungs- und Test-Verfahren um- und einsetzen können. Im Gegensatz zur betrieblichen Marktforschung haben die meisten Institute eine professionelle Feldorganisation, die es ihnen erlaubt, die richtigen Interviewer zur richtigen Zeit an fast jedem Ort einzusetzen. Bei der Durchführung von Studien kann man davon ausgehen, daß bei Fremdmarktforschung ein hohes Maß an Objektivität gewährleistet wird (vgl. Tabelle 5).

Die **Nachteile** der Institutsmarktforschung liegen vor allem in den hohen Kosten. Daneben können kommunikative Probleme in der Zusammenarbeit auftauchen (vgl. Tabelle 5):

Vorteile	Nachteile
* größere Objektivität	* Einarbeitung erforderlich
* im Prinzip alle Erhebungsmethoden	* höhere Kosten
* schnelle Durchführung	* Geheimhaltung eher gefährdet
* keine Betriebsblindheit	* mangelnde Branchenkenntnisse
* Einsatz von Experten	* Kommunikationsprobleme
* höhere Fachkenntnis im Hinblick auf Erhebungsmöglichkeiten	

Tab. 5: Vor- und Nachteile der Fremdmarktforschung (Quelle: *Weis/Steinmetz* 1991)

Abschließend ist festzustellen, daß die betriebliche Marktforschung und die Instituts-marktforschung nicht als gegensätzliche Alternativen gesehen werden. »Je nach Art und Umfang des Informationsproblems und je nach internen und externen Problemlösungs-möglichkeiten kommt es zu verschiedenen Formen der Zusammenarbeit.« (*Meffert* 1992, S. 373)

1.9 Literaturverzeichnis

Berekoven L. et al.: Marktforschung, 7. Aufage., Wiesbaden 1996
Böhler, H.: Marktforschung, 2. Auflage, Stuttgart 1992
Erichson, B./Hammann P.: Marktforschung, 2. Auflage, Stuttgart 1990
Hüttner, M.: Grundzüge der Marktforschung, 4. Auflage, Berlin/New York 1989
Kamenz, U.: Marktforschung, Stuttgart 1997
Kastin, K. S.: Marktforschung mit einfachen Mitteln, München 1995
Kiss, Th./Tesch, H.: Einsatz und Instrumente der Marktforschung, Freiburg 1995
Koch, J.: Marktforschung, 2. Auflage, München/Wien 1997
Meffert, H.: Marketingforschung und Kaufverhalten, 2. Auflage, Wiesbaden 1992
Weis, M.Chr./Steinmetz. P.: Marktforschung, 3. Auflage, Ludwigshafen 1998

2. Betriebliche Marktforschung

Jörg Koch

Inhaltsübersicht

2.1 Einleitung
2.2 Voraussetzungen für Eigenmarktforschung
2.3 Situation der betrieblichen Marktforschung in der BRD
2.4 Implementierung und Organisation betrieblicher Marktforschung
2.5 Aufgaben der betrieblichen Marktforschung
2.6 Beispiele für Low-Budget-Marktforschung
2.7 Marketing-Informationssysteme
2.8 Kosten der Eigenmarktforschung
2.9 Vor- und Nachteile der Eigenmarktforschung
2.10 Literaturverzeichnis

Auf einen Blick

Die Ausführungen beschäftigen sich schwerpunktmäßig mit der Organisation und Durchführung betrieblicher Marktforschung. Das heißt wie läßt sich eine eigene betriebliche Marktforschung implementieren, wo soll sie angesiedelt sein, welche Aufgaben hat sie zu erfüllen?

Ergänzend wird auf die Vor- und Nachteile einer eigenen betrieblichen Marktforschung eingegangen.

2.1 Einleitung

Um Marktforschung und Marktforschungsprojekte konkret durchzuführen, muß zunächst die Frage geklärt werden: Wer soll Marktforschung betreiben? Oder anders ausgedrückt: Wer soll Träger der Marktforschung sein? Es geht also um ein organisatorisches Problem, das auf folgende Weise gelöst werden kann:

- Das Unternehmen selbst führt Marktforschung durch bzw. eine dafür eingerichtete Abteilung oder eine dafür bestimmte Person (interne Marktforschung/**Eigenmarktforschung**).
- Das Unternehmen bedient sich externer Institute oder Berater, die in seinem Auftrag Marktforschung durchführen (externe Marktforschung/**Fremdmarktforschung**).
- Das Unternehmen wird teilweise selbst aktiv (im Bereich der Sekundärmarktforschung und bei kleineren Projekten), teilweise vergibt es Aufträge an Institute (bei größeren Projekten mit umfassender Interviewertätigkeit) (**Kombination aus Eigen- und Fremdmarktforschung**).

Welche Organisation der Marktforschung sinnvoll und effizient ist, muß unternehmensspezifisch entschieden werden, da Bedarf, Umfang und Anforderungen an die Marktforschung von Unternehmen zu Unternehmen unterschiedlich sind.

2.2 Voraussetzungen für Eigenmarktforschung

Marktforschung im eigenen Unternehmen zu betreiben, durchzuführen und zu institutionalisieren, hängt von den betrieblichen Notwendigkeiten ab. Eigenmarktforschung lohnt sich nur dann und ist wirtschaftlich vertretbar, wenn folgende Voraussetzungen erfüllt werden:

- Umfang: Nur wenn Marktforschungsaufgaben **regelmäßig und in größerem Umfange** anstehen, erscheint eine innerbetriebliche Lösung sinnvoll. Dies hängt ursächlich davon ab, inwieweit und in welcher Qualität Geschäftsführung, Marketing, Vertrieb regelmäßige Informationen benötigen, um objektive und sichere Entscheidungen zu fällen. Diese Frage kann in mittleren und kleinen Unternehmen dadurch geklärt werden, daß in einer Checkliste systematisch erfaßt wird, welche Informationen, in welchem Umfang, in welchen zeitlichen Abständen, von welchem Funktionsbereich gebraucht werden (Bedarfsanalyse).
- Personal: Je nach Art und Qualität der Marktforschungsaufgaben ist die Frage nach der personellen Ausstattung zu stellen. Marktforschung ist nur dann durchführbar, wenn **notwendiges Fachwissen** im Mitarbeiterstamm vorhanden ist oder zur Verfügung gestellt werden kann. Die Durchführung von Marktforschungsprojekten erfordert spezifisches Wissen und Erfahrung; nur so sind die qualitativen Standards der Marktforschung einzuhalten. Es ist deshalb zu klären, ob die personellen Voraussetzungen für eine Eigenmarktforschung gegeben sind oder nicht (Anforderungsprofil).
- Budgets: Marktforschung ist teuer, da sie personalintensiv ist. Es muß die Frage beantwortet werden, in welchem Umfang finanzielle Mittel für Marktforschung zur Verfügung stehen und ob das **Kosten-Nutzen-Verhältnis** bei Eigen- oder Fremdmarkt-

forschung günstiger ist? Die Einrichtung einer innerbetrieblichen Marktforschung verursacht erhebliche Fixkosten und bindet personelle Kapazitäten. Es ist deshalb zu untersuchen, ob unter Berücksichtigung der oben genannten Punkte eine Fremdvergabe von Marktforschungsaufgaben (Outsourcing) nicht kostengünstiger ist (Alternativkosten-Analyse).
- Geheimhaltung: In vielen Unternehmen hat aufgrund der Konkurrenzsituation die Geheimhaltung von Daten und Informationen eine besonders hohe Priorität. Beim Testen neuer Produkte und Überprüfen des Marketing-Mix spielt dieser Faktor eine große Rolle. Eigenmarktforschung bietet ein hohes Maß an Sicherheit, daß wichtige Marktforschungsdaten nicht nach außen dringen und in falsche Hände geraten. Es ist im Einzelfall zu klären, welche Sicherheitsbedürfnisse in bezug auf Marktforschungsdaten im Unternehmen bestehen?

2.3 Situation der betrieblichen Marktforschung in der BRD

Informationen darüber, wieviele Unternehmen in der BRD Eigenmarktforschung betreiben, sind kaum zu erhalten. Es liegen zwar entsprechende Untersuchungen vor (*RKW* 1962; *Universität Bremen* 1988), diese sind aber nicht aktuell oder weisen Repräsentanzprobleme auf. Dennoch läßt sich aufgrund bisheriger Veröffentlichungen folgendes feststellen (*Hüttner* 1989, S. 338 f.): Die Zahl der Unternehmen, die über eine spezielle Marktforschungsabteilung oder Stellen verfügen, hängt maßgeblich von der Betriebsgröße ab. In Betrieben mit mehr als 1000 Beschäftigten liegt der Anteil zwischen 45% und 50%. Er steigt mit wachsender Beschäftigtenzahl kontinuierlich an. In Klein- und Mittelbetrieben wird Eigenmarktforschung von ca. 10%–20% durchgeführt. Kastin schätzt den Anteil mittelständischer Betriebe mit einer eigenen Marktforschung auf ca. 20% (*Kastin* 1995, S. 14). Diese Zahl scheint als Durchschnittswert noch relativ hoch gegriffen.

Die Bedeutung der Marktforschung im jeweiligen Unternehmen hängt von einigen wesentlichen Faktoren ab. Das ist zunächst die **organisatorische Stellung** der Marktforschung, das heißt ihre Einordnung in die hierarchische Struktur. Während in Klein- und Mittelbetrieben die Marktforschung überwiegend direkt der Geschäftsführung zugeordnet ist (häufig als Stabsstelle), wird sie in Großbetrieben entweder als Serviceabteilung im Marketing-/Vertriebsbereich angesiedelt oder verselbständigt sich als eigenständiger Funktionsbereich. Die Art der Zuordnung und Einbindung dokumentiert häufig schon den Stellenwert der Marktforschung.

Ein zweiter Faktor ist die Art und der **Umfang von Marktforschungsaufgaben**. So kann die betriebliche Marktforschung ausschließlich nur mit Sekundärforschung beschäftigt werden, sie kann aber auch Primärforschung betreiben sowie eigene Studien konzipieren und durchführen. Je anspruchsvoller die Aufgaben der Marktforschung werden, desto höher ihr Stellenwert im Unternehmen. In der Praxis zeigt sich, daß die Marktforschung überwiegend fallweise eingesetzt wird; ihre Aufgabe ist eher taktisch-operativ angesiedelt. Eine langfristig angelegte Marktforschung, die strategisch orientiert ist, wird man speziell in mittelständischen Betrieben nur selten finden.

Ein dritter Faktor, der die Bedeutung der betrieblichen Marktforschung bestimmt, ist die Person des Marktforschers selbst, also sein **berufliches Selbstverständnis**. Abwertende Bezeichnungen wie »Erbsenzähler« oder »Zahlenlieferant« belegen, daß es in den Unternehmen häufig Probleme mit dem Berufsbild des Marktforschers gibt. Dies rührt daher, daß Marktforscher nicht in den Managemententscheidungsprozeß eingebunden sind und man sie eher als Statistiker oder Datenverwalter sieht. Solange Marktforscher nicht als notwendige Informationsmanager verstanden werden, wird sich die Akzeptanz der Marktforschung nicht ändern.

Der *Berufsverband Deutscher Markt- und Sozialforscher* (BVM) bemüht sich, durch Aufnahme fachlich qualifizierter Mitglieder und entsprechender Öffentlichkeitsarbeit das Berufsbild des Marktforschers zu verbessern. Die betrieblichen Marktforscher sind aufgefordert, ihren Beitrag zu einer höheren Akzeptanz durch entsprechendes Fachwissen und Auftreten zu leisten!

2.4 Implementierung und Organisation betriebliche Marktforschung

Ist die Entscheidung für eine eigene Marktforschung im Unternehmen gefallen, so ist die Frage zu klären, wie und wo die Marktforschung in die Unternehmenshierarchie eingegliedert werden soll? Dazu bieten sich grundsätzlich drei alternative Lösungen an (*Meffert* 1992, S. 372 ff.; *Berekoven/Eckert/Ellenrieder* 1996, S. 32 f.; *Hammann/Erichson* 1990, S. 33 ff.; *Koch* 1997, S. 23 f.):
1. Einrichtung einer Stabsstelle, die der Geschäftsleitung oder der Marketingleitung zugeordnet ist
2. Einrichtung einer selbständigen Abteilung im Marketing- oder Vertriebsbereich
3. Einrichtung eines zentralen Funktionsbereiches Information mit darunter angesiedelter Marktforschung

Bezogen auf den Bereich der mittelständischen Unternehmen bieten sich die beiden erstgenannten Lösungen an. Die dritte Lösung eines Zentralbereiches Information hat nur für Großunternehmen eine Bedeutung.

In der Praxis ist die Organisation der Marktforschung in Form einer **Stabsstelle** die häufigste Lösung. Sie dokumentiert, daß die Marktforschung eine Serviceabteilung ist, die bestimmten Funktionsträgern zuarbeitet. Sie ist beratend tätig und hat keine Weisungsbefugnis. Diese Lösung ist vor allem dann praktikabel, wenn die Marktforschungstätigkeit nur einen begrenzten Umfang annimmt. Die Frage, wo die Stabsstelle zugeordnet wird, muß firmenspezifisch beantwortet werden. Soll die Marktforschung primär Daten für die Geschäftsleitung aufbereiten und zur Verfügung stellen, so ist sie auch dort anzusiedeln. Liegt der Schwerpunkt der marktforscherischen Aufgaben in der Überprüfung der Märkte und des Marketing-Mix, so kann eine Angliederung an die Marketingabteilung oder den Vertrieb sinnvoll sein. Eine Bedarfsanalyse kann klären, wo die organisatorische Einordnung am optimalsten ist (vgl. Tabelle 1):

Organisation

Bedarfsanalyse: Marktforschung			
Stelle \ Bedarf		Informationsbedarf regelmäßig (Art/Umfang)	Informationsbedarf sporadisch (Art/Umfang)
Geschäftsleitung			
Marketing			
Vertrieb			
sonst. Stellen			

Tab. 1: Bedarfsanalyse: Marktforschung

Die Einrichtung einer **selbständigen Marktforschungsabteilung** kann dann in Erwägung gezogen werden, wenn fortlaufend Marktforschungsarbeiten in großem Umfange anfallen. In diesem Falle wird die Marktforschungsabteilung den gesamten Informationsbedarf des Unternehmens decken. Dies setzt im Regelfall eine entsprechende Qualifikation der Mitarbeiter voraus, die Übernahme von Kompetenzen und Etatverantwortung. Eine solche Abteilung ist auch der Auftraggeber für externe Institute und Koordinator für die verschiedenen Marktforschungsprojekte.

Empirische Untersuchungen im Markt zeigen, daß kleinere Unternehmen zur Stabsstellenlösung mit Angliederung an die Geschäftsleitung tendieren, während größere Unternehmen eine selbständige Marktforschungsabteilung bevorzugen, die dem Marketing zugeordnet ist.

Auf die dritte Lösung eines zentralen **Funktionsbereiches Information** wird hier nicht näher eingegangen. Sie ist nur dann sinnvoll, wenn Marktforschung in sehr unterschiedlichen Sparten und Märkten erfolgen muß und verschiedenen Funktionen zu dienen hat, wie dem Informations-, Planungs- und Kontrollbereich.

Jani hat einige wichtige Grundsätze bezüglich der Stellung einer Marktforschungsabteilung formuliert (*Hüttner* 1989, S. 344):

- »Die Marktforschungs-Abteilung muß möglichst frei sein von dem direkten Einfluß derjenigen, deren Arbeit mit Hilfe der Marktforschung auf ihre Wirksamkeit hin untersucht werden soll oder deren Arbeit überhaupt durch Marktforschungsdaten beeinflußt wird...«
- »Der Platz der Marktforschungs-Abteilung in der Organisation des Unternehmens muß ein Maximum an Spielraum und Beweglichkeit in der Handhabung der Marktforschungs-Methoden gewährleisten...«
- »Die Instanzen-Ordnung muß so eindeutig sein, daß möglichst nur einer leitenden Stelle gegenüber Rechenschaft abzulegen ist...«
- »Das Unterstellungsverhältnis muß so geregelt sein, daß diejenige leitende Stelle, der die Marktforschungs-Abteilung zu berichten hat, auch selbst Entscheidungen fällen kann, also Exekutiv-Vollmacht besitzt...«

- »Die Eingliederung muß so sein, daß der Marktforschungs-Abteilung unter Wahrung der Selbständigkeit ihrer Arbeit ein enger Kontakt mit anderen Fach- und Stabsabteilungen möglich ist...«
- »Die Marktforschungsabteilung muß eine Vertrauensstellung gewinnen, die von allen akzeptiert wird und die es ermöglicht, auch für die Unternehmung negative und unangenehme Tatbestände berichten zu können ...«

2.5 Aufgaben der betrieblichen Marktforschung

Ein traditionelles Feld der betrieblichen Marktforschung ist die **Sekundärforschung** (vgl. den Beitrag von Hans-Jürgen Rogge: Erhebungsverfahren, S. 44). Für viele klein- und mittelständische Unternehmen ist es oft die einzige Form der Marktforschung. Dies liegt daran, daß:
- die Daten direkt verfügbar sind und nur der Zielsetzung entsprechend analysiert und interpretiert werden müssen,
- die Kosten der Schreibtisch-Forschung (Desk Research) relativ gering sind und
- für diese Untersuchungen und Analysen keine Feld-Organisation (Interviewerstab) notwendig ist.

Aus ökonomischen Gründen sollte deshalb immer zuerst geprüft werden, ob Daten und Informationen auf dem Weg der Sekundärforschung beschafft werden können. In der Praxis zeigt sich nämlich, daß eine Vielzahl von Informationen bereits in sekundären Datenquellen vorliegen. Für den betrieblichen Marktforscher stellt sich deshalb die Frage: Welche Sekundärquellen stehen zur Verfügung (intern und extern) und welche Informationen können aus diesen Quellen geschöpft werden? Seine wesentliche Aufgabe liegt also darin, in umfassender Weise alle bekannten und zugänglichen Sekundärquellen zu durchforsten. Die Kenntnis aller relevanten Datenquellen ist somit Voraussetzung für eine erfolgreiche Sekundär-Recherche.

Wie läuft eine Sekundär-Recherche ab? Empfehlenswert ist ein schrittweises Vorgehen:
1. Schritt: Liegen die benötigten Daten in unternehmensinternen Datenquellen vor? (Rechnungswesen, Vertriebsstatistiken, Berichtswesen).
2. Schritt: Welche externen Datenquellen sind dem Marktforscher direkt zugänglich? (öffentliche Statistiken, Dateien der Wirtschaftsverbände)
3. Schritt: Welche weiteren Datenquellen können durch Vermittlung von Informationsbrokern, Online-Diensten und Instituten erschlossen werden?

Durch die immer größere Verbreitung von externen Datenbanken erschließt sich dem betrieblichen Marktforscher ein weites Feld von Recherchemöglichkeiten.

Ist der definierte Informationsbedarf nicht durch Sekundärforschung zu decken, so stellt sich die Frage nach der **Primärforschung**. Es muß geklärt werden, ob durch eine spezielle Untersuchung die fehlenden Informationen gezielt erhoben werden sollen. Entweder die Marktforschung führt die Untersuchung selbst durch oder vergibt einen entsprechenden Auftrag an ein Marktforschungsinstitut. Inwieweit Studien in Eigenregie durchgeführt werden, hängt von den jeweiligen Gegebenheiten im Unternehmen ab. Sind ausreichend

Organisation

qualifizierte Mitarbeiter vorhanden? Stehen die methodischen und apparativen Einrichtungen zur Durchführung von Befragungen, Beobachtungen oder Tests zur Verfügung? Werden qualifizierte Interviewer gebraucht? Alles Fragen und Probleme, die entweder eine interne oder externe Lösung sinnvoll erscheinen lassen.

In kleineren und mittleren Unternehmen sind im Rahmen der Primärforschung:
- schriftliche Umfragen bei gewerblichen Abnehmern, Kunden und Lieferanten,
- telefonische Befragungen von wichtigen Kunden (key accounts) und Lieferanten,
- Befragungen von Experten, Spezialisten und Meinungsbildnern,
- kleinere Befragungen unter Einsatz des Außendienstes, von Praktikanten oder anderer Mitarbeiter und
- kleinere Umfragen anhand von Telefoninterviews üblich.

Alles Erhebungstechniken, die einfach und schnell anwendbar sind, kein spezifisches Methoden-Know-how erfordern und nicht viel kosten. Jedes Unternehmen muß selbst entscheiden, in welchem Umfange es solche Primäruntersuchungen durchführen kann. In diesem Zusammenhang ist darauf hinzuweisen, daß die Zusammenarbeit mit anderen Firmen und Wirtschaftsverbänden im Rahmen von **Gemeinschaftsuntersuchungen** sinnvoll sein kann. Das heißt Bündelung von finanziellen Mitteln, um gemeinsam größere Marktforschungsprojekte durchzuführen.

Im Rahmen der Eigenmarktforschung ist des weiteren zu klären, ob es sich bei den anstehenden Arbeiten:
- um ständig fortlaufende Analysen handelt (Marktbeobachtung) oder
- um fallweise Untersuchungen, die aktuell je nach Bedarf durchzuführen sind (Marktanalyse).

Bei der **Marktbeobachtung** handelt es sich um Zeitreihenanalysen, die die Entwicklung von Märkten, Bedarfen und Verbrauchereinstellungen darstellen sollen. Es geht also um eine dynamische Betrachtung der jeweiligen Entwicklung mit dem Ziel einer Prognose (Trendextrapolation). Die Daten für solche Untersuchungen können aus sekundären Datenquellen stammen (Marktstatistiken) oder aus Primäruntersuchungen (Verbraucher- oder Handelspanels). Die Erfordernisse der Marktbeobachtung sprechen für die Einrichtung einer eigenständigen Marktforschungsabteilung im Unternehmen.

Sind Marktforschungsuntersuchungen lediglich fallweise im Rahmen einer statischen **Marktanalyse** (ad hoc-Forschung) durchzuführen, so ist zu überprüfen, ob die Einrichtung einer ständigen Marktforschungsabteilung überhaupt sinnvoll ist.

2.6 Beispiele für Low-Budget-Marktforschung

Im Folgenden sollen zwei Beispiele verdeutlichen, wie man mit beschränktem finanziellen Aufwand Marktforschung betreiben kann. Diese Projekte lassen sich gut von klein- und mittelständischen Unternehmen umsetzen. Das erste Beispiel betrifft die Sekundärmarktforschung, das zweite die Primärmarktforschung.

1. Beispiel: Datenbankenrecherche

Die Tatsache, daß es einerseits ein immer breiteres Angebot an Online-Datenbanken gibt und andererseits viele klein- und mittelständische Betriebe über Personalcomputer verfügen, schafft neue Voraussetzungen für die Sekundärmarktforschung. Konkret: Viele interessante Wirtschaftsdaten über Märkte, Konkurrenten, Verbrauchsentwicklungen lassen sich in Form von Datenbankenrecherchen beschaffen. Nach einer Erhebung der *Consultingfirma Schulte-Hillen* (Handbuch der Wirtschaftsdatenbanken 1997, S. VI) gab es Anfang 1997 weltweit über 4000 Wirtschaftsdatenbanken, davon allein 303 mit speziellen Marketing- und Marktforschungsdaten. Bisher werden diese Datenbanken überwiegend von Banken und Versicherungen genutzt, obwohl sich hier gerade für die mittelständische Industrie neue Chancen ergeben. Tabelle 2 zeigt die Anwendungsgebiete externer Datenbanken in der Marktforschung.

Anwendungsgebiete	Datenbank-Einsatz	Datenbank-Beispiele
1. Primärforschung	• Adreßdatenbank • Unternehmensverzeichnisse	PAN-Adress DUN's, KOMPASS
2. Sekundärforschung		
Wettbewerbsbeobachtung und -analysen	• Wirtschafts-Pressedatenbanken • Unternehmensverzeichnisse • Markt-Abstracts • Paneldatenbanken • Techn. Datenbanken • Patent-Datenbanken	Textline DUN's, KOMPASS IAC PROMT INMARKT, INF*ACT FIZ-Technik-DB STN-Datenbanken
Markt-/Branchenbeobachtung und -analysen	• Markt-Abstracts • Wirtschafts-Pressedatenbanken • Statistik-Datenbanken • Marktstudien-Verzeichnisse • Paneldatenbanken	IAC PROMT Textline DRI/WEFA-DB MARKETFULL INMARKT INF*ACT
Konjunkturbeobachtung und Länderanalysen	• Volkswirtschaftliche Datenbanken • Länder-Datenbanken	DRI/WEFA-DB BfAI (sheets)
Umfeldbeobachtung und -analyse	• Wirtschafts-Pressedatenbanken • Sozialwiss. Datenbanken • Jurist. Datenbanken • Techn. Datenbanken	Textline Solis, Foris Juris, FIZ-Technik-DB

Tab. 2: Externe Datenbanken (Quelle: *Heinzelbecker* 1997)

Um eine Datenbankenrecherche durchzuführen, werden ein handelsüblicher Personalcomputer (CD-ROM-Laufwerk, Drucker, Modem/ISDN-Karte, Datenübertragungssoftware) und ein Anschluß an eines der Datenübertragungsnetze (analoges Telefonnetz, ISDN-Netz, Datex-Netz) benötigt.

Aufgabenstellung/Informationsbedarf:
Ermittlung der Umsätze der Automobilproduzenten und ihre PKW Zulassungszahlen 1996 in Deutschland (ohne Zulieferer und Werkstätten).

Vorgehensweise:
Die Aufgabenstellung wird zunächst mit dem Verfahren der Komponentenzerlegung in Themenblöcken zerlegt. Daraus ergibt sich folgende Suchmatrix, die sich ausschließlich auf die BRD und das Jahr 1996 beschränkt (vgl. Tabelle 3):

	Detaillierung und Synonyme	Erweiterung	Einengung	Fremdwörter
Personenkraftwagen	Wagen; Auto; Kraftfahrzeug, Fahrzeug, Automobil; Pkw	Autobranche, Autoindustrie	Neuwagen, Gebrauchtwagen, Cabrio, Kabriolet, Kombi, Limousine	car, vehicle, automotive, automobile
Umsatz	**nach Stückzahlen:** Absatz, Verkauf Verkauf, Ausstoß **nach Einnahmen:** Umsatz, Einkommen			Revenue, turnover
Neuzulassung	Erstanmeldung			
Automobilproduzent	Automobilhersteller; -anbieter	Hersteller, Anbieter	Zulieferer, Werkstatt, Zulieferbetriebe	Manufactor, enterprise company

Tab. 3: Suchmatrix

Der Datenbankführer weist aus, daß für die Recherche die Datenbank *GENIOS-WebSearch* zur Verfügung steht. Innerhalb dieses Datenbank-Pools wird die Datenbank *FAKT* von *Infratest Burke* für die Recherche ausgewählt. Nach Einwahl in die Datenbank und Eingabe der Suchanfrage lassen sich die relevanten Dokumente sichten und anschließend entsprechend ausdrucken. Nach Konvertierung in das Tabellenverarbeitungsprogramm *Excel* ergibt sich folgende Marktinformation (vgl. Tabelle 4):

FAKT – Markt- und Wirtschaftsinformationen / Quelle: Financial Times; 15. 01. 1997; S. 2
International: Neuzulassungen von Pkw 1996
International: Registrations of New Passenger Cars 1996
Tabelle/n:

Neuzulassungen von Pkw 1996

Hersteller	Volumen in Einheiten	Veränderung in %	Anteil 1996
Volkswagengruppe *	2 203 670	9,3	17,2
davon:			
Volkswagen	1 425 047	10,8	11,1
Audi	410 790	9,0	3,2
Seat	286 537	−0,4	2,2
Skoda	81 296	26,1	0,6
General Motors **	1 602 222	1,9	12,5
davon:			
Opel, Vauxhall	1 535 236	2,2	12,0
Saab	56 405	−2,2	0,4
PSA Peugeot Citroen	1 528 534	6,1	11,9
davon:			
Peugeot	905 973	5,3	7,1
Citroen	621 561	7,3	4,8
FordGruppe***	1 484 870	4,2	11,6
davon:			
Ford	1 470 560	4,3	11,5
Jaguar	14 310	−4,5	0,1
FiatGruppe****	1 438 765	7,6	11,2
davon:			
Fiat	1 159 036	11,1	9,0
Lancia	159 995	−1,5	1,2
Alfa Romeo	118 075	−9,4	0,9
Renault	1 289 677	3,9	10,1
BMW Gruppe	804 907	5,3	6,3
davon:			

Organisation

FAKT – Markt- und Wirtschaftsinformationen / Quelle: Financial Times; 15. 01. 1997; S. 2
International: Neuzulassungen von Pkw 1996
International: Registrations of New Passenger Cars 1996
Tabelle/n:

Neuzulassungen von Pkw 1996

Hersteller	Volumen in Einheiten	Veränderung in %	Anteil 1996
BMW	428 167	9,1	3,3
Rover	376 740	1,3	2,9
Mercedes-Benz	461 939	14,2	3,6
Volvo	206 111	-5,5	1,6
Nissan	366 587	0,2	2,9
Toyota	330 677	8,5	2,6
Honda	192 676	8,9	1,5
Mazda	169 239	4,8	1,3
Mitsubishi	148 010	16,2	1,2
Japan gesamt	1 371 405	7,2	10,7
Korea gesamt	248 509	38,0	1,9
Deutschland	3 508 300	5,9	27,4
Frankreich	2 132 100	10,4	16,6
Großbritannien	2 025 500	4,1	15,8
Italien	1 737 300	0,3	13,6
Spanien	900 400	8,9	7,1
Gesamtmarkt	12 818 700	6,6	100,0

Tab. 4: Westeuropa: Marktanteile der PKW-Marken und Neuzulassungen 1995–1996

Die Durchführung der Recherche hatte eine Dauer von 9 Minuten ab Anwahl des Online-Dienstes *T-Online* bis zur Abwahl. Die Recherche kostete (Mai 1998) insgesamt 15,18 DM.

2. Beispiel: Kundenzufriedenheits-Untersuchung

Für die Unternehmen ist es wichtig zu wissen, ob ihre Kunden mit den angebotenen Leistungen zufrieden sind. Kundenzufriedenheit schafft Kundenbindung.

Aufgabenstellung/Informationsbedarf:
Überprüfung der Kundenzufriedenheit bei den 1500 Kunden eines mittelständischen Unternehmens.

Vorgehensweise:
Alle Kunden sollen im Rahmen einer Vollerhebung angeschrieben werden. Die Befragung erfolgt durch Aussendung eines schriftlichen Fragebogens mit Rückkuvert. Um die Rücklaufquote zu fördern, nehmen alle Rücksender an einer Verlosung mit Sachpreisen teil. Der Fragebogen beinhaltet alle wesentlichen Leistungskriterien des Unternehmens. Die Befragten haben die Leistungskriterien anhand einer Skala zu benoten und zu bewerten, ob diese Leistung besser, gleich oder schlechter als die der Konkurrenz ist. Der Rücklauf liegt bei 30%. Durch telefonische Nachbearbeitung bei A-Kunden wird er auf 37% gesteigert. Die Kosten der Untersuchung betreffen in erster Linie Porti, den Fragebogendruck, die Sachpreise und die Fremdauswertung mit SPSS. Die Kosten der Untersuchung beliefen sich auf DM 6500,– (ohne eigenen Personalaufwand).

Die beiden Beispiele sollen zeigen, daß Marktforschung auch von kleineren Unternehmen erfolgreich betrieben werden kann, auch dann, wenn keine großen Mafo-Budgets zur Verfügung stehen. In vielen Fällen führt Kreativität und ein sachgerechtes Anspruchsniveau an die erhobenen Daten zu brauchbaren Marktinformationen.

2.7 Marketing-Informationssysteme

In Großunternehmen ist es inzwischen üblich geworden, den Informationsfluß über Management-Informations-Systeme (MIS) zu steuern und zu koordinieren (*Meffert* 1992, S. 37 ff.; *Mülder/Weis* 1996, S. 168 ff.). Alle notwendigen Informationen werden über ein computergestütztes System erfaßt, gespeichert, aufbereitet und sind jederzeit abrufbar (vgl. den Beitrag von Wilhelm Mülder: Marketing-Informationssystem, S. 95). Diese Lösung war in der Vergangenheit aufgrund der großen Datenmengen und der Komplexität der Informationsaufbereitung großen Unternehmen vorbehalten. Inzwischen bieten sich aufgrund der Entwicklungen im Bereich der Personalcomputer (größere Speicherkapazitäten, bessere Vernetzung, anwendungsfreundlichere Nutzersoftware), aber auch Lösungen für kleinere und mittlere Betriebe an. Im Prinzip geht es darum, Informationen, die ständig gebraucht werden, in einer internen Datenbank zu speichern, um sie für die relevanten Mitarbeiter zugänglich und dialogfähig zu machen (*Hammann/Erichson* 1990, S. 36 f.).

Auf diese Weise werden die Vorteile eines solchen Systems vielen Unternehmen zugänglich gemacht werden:
- Abbau von Archiven (Vermeidung von Datenfriedhöfen),
- Direktzugriff auf gespeicherte Informationen (Dialogbetrieb) und
- Verfügbarkeit über aktuelle und fortgeschriebene Daten (besserer Informationsgrad).

Auf den betrieblichen Marktforscher kommen in diesem Zusammenhang eine Reihe wichtiger Aufgaben zu. Er muß zunächst mit der Geschäftsführung klären, welche Daten gespeichert werden sollen und für wen sie zugänglich sein sollen (Datenschutz). Auf diese Weise ist zu vermeiden, daß nicht sachdienliche Informationen Eingang in die Datenbank finden und das System belasten. Des weiteren ist mit einem Systemanalytiker zu klären, nach welcher Systematik und mit welchen Suchbegriffen (Thesauri) die Dateien angelegt werden sollen? Schließlich muß er sicherstellen, daß die Daten ständig gepflegt und aktualisiert werden.

Das Problem eines solchen Systems für kleine und mittlere Betriebe liegt in der Beschränkung der Datenmenge. Nur durch konsequente Vorprüfung und Selektion der Daten können der Arbeitsaufwand und der Umfang der Datenbank begrenzt werden.

2.8 Kosten der Eigenmarktforschung

Ist im Unternehmen eine eigene Marktforschungsstelle oder -abteilung installiert, so entstehen zunächst fixe Kosten in Form von Personalaufwendungen, Raummieten und Abschreibungen auf Anlagegüter (wie Büroeinrichtung, technische Geräte). Der Umfang dieser Kosten hängt primär von der Zahl der Mitarbeiter und ihrer Folgekosten ab.

Des weiteren ergeben sich variable Kosten, die weitgehend von der Zahl und dem Umfang der durchgeführten Projekte abhängig sind. Dazu zählen: Materialkosten, Reisekosten, Porti, Druckkosten, Fremdkosten (Inanspruchnahme von Feldorganisation oder Auswertungsfirmen).

Es empfiehlt sich, die anfallenden Kosten **projektbezogen** zu erfassen und umzulegen. Auf diese Weise wird deutlich, welche Kosten im Rahmen der Eigenmarktforschung entstehen. Vergleiche mit Angeboten von Fremdfirmen sind auf diese Weise jederzeit möglich. In einem Projektblatt sollten folgende Kosten erfaßt werden:
- Projektbezogene Einzelkosten: Personalkosten nach jeweiligem Zeitaufwand, Materialkosten für Papier, Druck/Kopien, Reisekosten, Porti, zurechenbare Fremdkosten und
- Projektbezogene Umlagekosten: allgemeine Verwaltungskosten, Nutzung von Räumen, Büroeinrichtung, technische Geräte.

2.9 Vor- und Nachteile der Eigenmarktforschung

Die Vorteile der Eigenmarktforschung liegen in der besseren Vertrautheit der betrieblichen Marktforscher mit den spezifischen Problemen des eigenen Unternehmens. Es entstehen weniger Kommunikationsprobleme zwischen den internen Auftraggebern und der eigenen Marktforschung als zwischen Auftraggeber und Fremdinstituten. Hinzu kommt, daß die Gefahr von Indiskretionen minimiert wird.

Die wesentlichen Nachteile der Eigenmarktforschung sind erhebliche fixe Kosten (Personalkosten) und mangelnde Qualifikation der Mitarbeiter (fehlende Methodenkenntnis). Tabelle 5 zeigt die Vor- und Nachteile im Überblick:

Vorteile	Nachteile
• Keine Einarbeitungszeit • Mit Problematik vertraut • In der Regel geringere Kosten • Datenschutz eher gewährleistet	• Eigene Erhebung in der Regel nicht möglich (z. B. bei Panels) • Betriebsblindheit • Self-fullfilling prophecy • Subjektiv geprägt • Kommunikationsprobleme • Fehlen von Experten und Mitarbeitern • Flächendeckende Großerhebungen in der Regel nicht möglich • Lange Bearbeitungszeit

Tab. 5: Eigenmarktforschung (Quelle: *Weis/Steinmetz* 1998, S. 28)

2.10 Literaturverzeichnis

Berekoven, L. et al.: Marktforschung, 7. Auflage, Wiesbaden 1996
Hammann, P./Erichson, B.: Marktforschung, 2. Auflage, Stuttgart 1990
Heinzelbecker, K.: Anwendungsgebiete und Einsatzmöglichkeiten externer Datenbanken in der Marktforschung; in: 17. Online-Tagung der DGD 1997
Hüttner, M.: Grundzüge der Marktforschung, 4. Auflage, Berlin/New York 1989
Kamenz, U.: Marktforschung, Stuttgart 1997
Kastin, K. S.: Marktforschung mit einfachen Mitteln, München 1995
Koch, J.: Marktforschung, 2. Auflage, München/Wien 1997
Meffert, H.: Marketingforschung und Kaufverhalten, 2. Auflage, Wiesbaden 1992
Mülder, W./Weis, Chr.: Computerintegriertes Marketing, Ludwigshafen 1996
Schulte-Hillen, C.: Handbuch der Wirtschaftsdatenbanken, Köln 1997
Unger, F.: Marktforschung, 2. Auflage, Heidelberg 1997

Kapitel X Rahmenbedingungen der Marktforschung

Brunhilde Steckler
1. Datenschutzrechtliche Aspekte der Marktforschung 813

Brunhilde Steckler
2. Wettbewerbsrechtliche Aspekte der Marktforschung 829

Gustav Bergmann
3. Ethik in der Marktforschung 840

1. Datenschutzrechtliche Aspekte der Marktforschung

Brunhilde Steckler

Inhaltsübersicht

1.1 Systematik des Datenschutzrechts
1.2 Informationelles Selbstbestimmungsrecht
1.2.1 Personenbezogene Daten
1.2.2 Akten, Dateien und Datenbanken
1.2.3 Datengeheimnis
1.3 Datenschutzrechtlich relevante Vorgänge
1.3.1 Erhebung personenbezogener Daten
1.3.2 Verarbeitung personenbezogener Daten
1.3.3 Nutzung personenbezogener Daten
1.4 Verbot mit Erlaubnisvorbehalt
1.4.1 Vorbehalt des Gesetzes
1.4.2 Informierte Einwilligung
1.4.3 Forschungsprivileg
1.4.4 Medienprivileg
1.5 Verantwortung und Kontrolle
1.5.1 Auftragsdatenverarbeitung
1.5.2 Markt- und Meinungsforschung
1.5.3 Datenschutzrelevante Rechte Betroffener
1.5.4 Überwachung des Datenschutzes
1.5.5 Maßnahmen der Datensicherung
1.6 Informations- und Kommunikationsdienste
1.6.1 Teledienste und Internet
1.6.2 Telekommunikation und Mediendienste
1.7 Literaturverzeichnis

Auf einen Blick

Die datenschutzrechtlichen Aspekte der Marktforschung sind verschiedenen Rechtsquellen zu entnehmen. In den Grundzügen regelt das Bundesdatenschutzgesetz die Zulässigkeit der Verarbeitung personenbezogener Daten in Dateien. Die Marktforschungsinstitute können – sofern es sich um unabhängige wissenschaftliche Einrichtungen handelt – dem Forschungsprivileg des § 40 BDSG unterfallen. Andernfalls gilt für die geschäftsmäßige Marktforschung die Sondervorschrift des § 30 BDSG. Danach ist vor der Übermittlung an das auftraggebende Unternehmen eine Anonymisierung der Daten vorzunehmen. Das Marktforschungsinstitut ist für die Einhaltung des Datenschutzes und der Datensicherheit verantwortlich.

Sofern ein Unternehmen die Marktforschung – z. B. von der eigenen Marketing-Abteilung – selbst durchführt, sind die allgemeinen Datenschutzregeln zu beachten. In diesem

Fall liegt die rechtliche Verantwortlichkeit bei dem Unternehmen und bleibt auch dort, wenn eine Auftragsdatenverarbeitung erfolgt.

Die Datenverarbeitung zum Zweck der Markt- und Meinungsforschung erfordert eine informierte Einwilligung der Betroffenen. Die schriftliche Erteilung der Einwilligung ist nicht erforderlich, sofern die Freiwilligkeit offenkundig ist. Daten können ohne weiteres aus allgemein zugänglichen Quellen gewonnen werden, z. B. aus dem Internet oder aus dem Telefonbuch. Aber auch hier sind einzelne Maßnahmen unzulässig. Es ist das allgemeine Persönlichkeitsrecht zu beachten, so daß weder eine versteckte Beobachtung der Nutzer im Internet noch die Herstellung eines Nutzerprofils erfolgen darf.

Es ist umstritten, inwieweit Telekommunikationsunternehmen die Daten ihrer Telefonkunden zu Marktforschungszwecken verwenden dürfen. Die Marktforschung kann aber die Veröffentlichungen der *Deutschen Telekom AG* – Telefon- und Branchenverzeichnisse – für ihre Zwecke nutzen. Ebenso können auch die Mediendienste für die Markt- und Meinungsforschung eingesetzt werden. Sowohl im Bereich der Teledienste als auch der Mediendienste ist ausschließlich die Übermittlung anonymisierter Nutzungsdaten für Zwecke der Marktforschung zulässig.

Datenschutz

1.1 Systematik des Datenschutzrechts

Die Markt- und Meinungsforschung kommt ohne die Erhebung und Verarbeitung personenbezogener Daten nicht aus. Dabei kann es sich um Kunden- und Abnehmerdaten handeln, aber auch um Daten möglicher Interessenten für das angebotene Produkt oder die Dienstleistung. Sofern die Marktforschung sich ausschließlich auf die Erhebung anonymer Daten beschränkt, erübrigen sich datenschutzrelevante Überlegungen.

> Anonym sind Daten aber nur, wenn ein Bezug zu natürlichen Personen weder besteht noch hergestellt werden kann. Die Marktforschungsmethode müßte von vornherein auf die Erfassung von Namen, Anschriften, Telefonnummer, Lebensalter, Geschlecht der befragten Personen verzichten.

In aller Regel wird dies vermutlich nicht möglich sein, wenn eine erfolgreiche wirtschaftliche Analyse der Daten angestrebt wird. Die spätere Anonymisierung der erhobenen Daten durch Löschung oder Trennung und gesonderte Aufbewahrung der personenbezogenen Angaben schließt die Anwendung der Datenschutzgesetze aber keineswegs aus. Im folgenden erhalten Sie daher einen kurzen Überblick über die datenschutzrechtlichen Aspekte der Marktforschung.

Das Datenschutzrecht gehört zum Bereich des öffentlichen Rechts. Es ist sowohl im Bundesdatenschutzgesetz als auch in Landesdatenschutzgesetzen, in den Datenschutzgesetzen der Kirchen und in zahlreichen bereichsspezifischen Gesetzen niedergelegt. Solche bereichsspezifischen Regelungen bestehen im Telekommunikations- und Medienrecht, im Steuerrecht, im Bankrecht, im Arbeitsrecht, im Sozialrecht und in vielen anderen Bereichen.

Es gilt der Subsidiaritätsgrundsatz, wonach das speziellere Gesetz Vorrang vor dem allgemeinen Gesetz hat. Insofern hat das Teledienstedatenschutzgesetz mit den bereichsspezifischen Datenschutzregelungen für Teledienste in der Anwendung Vorrang vor den allgemeinen Regelungen in den Landesdatenschutzgesetzen und im Bundesdatenschutzgesetz.

Die Grundprinzipien des Datenschutzrechtes werden für den Bereich der Marktforschung an den Strukturen des Bundesdatenschutzgesetzes (BDSG), des Telekommunikationsgesetzes (TKG), des Teledienstedatenschutzgesetzes (TDDSG) und der Telekommunikationsdiensteunternehmen-Datenschutzverordnung (TDSV) dargelegt.

1.2 Informationelles Selbstbestimmungsrecht

Das Bundesdatenschutzgesetz (BDSG) dient der Wahrung des informationellen Selbstbestimmungsrechtes als Bestandteil des allgemeinen Persönlichkeitsrechtes. Es betrifft personenbezogene Daten, die in Dateien öffentlich-rechtlicher und privater Stellen verarbeitet werden. Das allgemeine Recht auf Wahrung der Privatsphäre ist nach Art. 2 des

Grundgesetzes anerkannt. Der einzelne soll selbst darüber entscheiden dürfen, welche Teile seiner Privatsphäre – personenbezogene Daten – er einer bestimmten Person, einer Institution, einer Behörde oder der Öffentlichkeit preisgibt.

> Während unter dem Begriff Datenschutz das informationelle Selbstbestimmungsrecht des einzelnen verstanden wird, ist die Datensicherheit eine technisch-organisatorische Aufgabe zur Sicherung der Datenbestände und der Abläufe der Datenverarbeitung.

Der Zweck des Datenschutzes besteht darin, den einzelnen davor zu schützen, daß er durch den Umgang mit seinen personenbezogenen Daten in seinem Persönlichkeitsrecht beeinträchtigt wird, vgl. § 1 Abs. 1 BDSG. Der Datenschutz betrifft das informationelle Selbstbestimmungsrecht. Die Datensicherheit bezieht sich dagegen auf den Schutz der Daten gegen den unbefugten Zugriff, die Veränderung oder die Zerstörung der Datenbestände (*Tinnefeld/Ehmann*, S. 16).

1.2.1 Personenbezogene Daten

Was sind personenbezogene Daten? Nach der Legaldefinition in § 3 BDSG handelt es sich dabei um Einzelangaben über persönliche und sachliche Verhältnisse einer bestimmten oder bestimmbaren natürlichen Person.

> Alle Einzelangaben, die auf eine natürliche Person zurückzuführen sind, gelten als personenbezogene Daten im Sinne des Bundesdatenschutzgesetzes.

Dies sind die Firma, die Prokura, geschäftliche Funktionen, die Personalnummer, die betriebliche oder private Telefon- oder Fax-Nummer, die Anschrift, die e-mail, Eingabe- oder Benutzerzeichen für den EDV-Zugriff vom Bankschließfach über den Computer am Arbeitsplatz, Abrechnungsdaten für Telefonnutzung, Kantinennutzung, Geburtsdatum, Staatsangehörigkeit, Konfession, Beruf, Eigenschaften und Aussehen, Gesundheitszustand, Überzeugungen und Werturteile, Schriftproben, Fingerabdrücke, Röntgenbilder, Fotografien und vieles mehr.

Aber auch Einzelangaben über sachliche Verhältnisse des Betroffenen gelten als personenbezogene Daten. Hierzu gehören der Grundbesitz und die Bauplanung, vertragliche und andere Rechtsverhältnisse wie Arbeitsverträge, Lieferverträge, aber auch das Führen eines Telefongesprächs, ein Arztbesuch, die Nutzung bestimmter Computerprogramme und ähnliche sachliche Angaben zu einer bestimmten Person.

> Daten ohne Personenbezug – anonymisierte Daten – unterliegen nicht den Regeln des Datenschutzes.

Auch hierfür enthält das Bundesdatenschutzgesetz eine Definition: »Anonymisieren ist das Verändern personenbezogener Daten derart, daß die Einzelangaben über persönliche oder sachliche Verhältnisse nicht mehr oder nur mit einem unverhältnismäßig großen Aufwand an Zeit, Kosten und Arbeitskraft einer bestimmten oder bestimmbaren natürlichen Person zugeordnet werden können«, vgl. § 3 Abs. 7 BDSG. Danach sind Daten nur dann anonym, wenn der Personenbezug nachträglich unter normalen Bedingungen nicht mehr herstellbar ist. Die Reanonymisierung ist noch möglich, wenn die Verschlüsselung der Daten aufgehoben werden kann. In diesem Fall handelt es sich immer noch um Daten mit Personenbezug.

Es bleibt also festzuhalten, daß die Erhebung anonymer Angaben von Anfang an nicht dem Datenschutzrecht unterliegt. Die nachträgliche Anonymisierung personenbezogener Daten entzieht sich der Anwendung des Datenschutzrechts nur dann, wenn sie nicht mehr rückgängig gemacht werden kann.

1.2.2 Akten, Dateien und Datenbanken

Datensammlungen der Marktforschung unterliegen nur dann dem Datenschutz, wenn sie in einer Datei enthalten sind. Akten und Aktensammlungen privatwirtschaftlicher Unternehmen werden nicht als Dateien angesehen, es sei denn, daß sie durch automatisierte Verfahren umgeordnet und ausgewertet werden können.

> Als Datei gilt eine gleichartig aufgebaute Sammlung von Daten, die nach bestimmten Merkmalen erfaßt und geordnet, umgeordnet und ausgewertet werden können, vgl. § 3 Abs. 2 BDSG.

Das bei diesen Vorgängen der Erfassung, Ordnung, Umordnung und Auswertung von Daten angewandte Verfahren ist für die Definition des Dateibegriffs nicht relevant. Sowohl automatisierte als auch nicht-automatisierte Dateien unterliegen daher dem Datenschutzrecht.

Datenbanken sind ebenfalls Dateien im Sinne des Bundesdatenschutzgesetzes. Sie unterliegen aber auch dem Urheberrechtsschutz, so daß ihre Nutzung für Zwecke der Markt- und Meinungsforschung insoweit eingeschränkt sein kann. Die Nutzung einer urheberrechtlich geschützten Datenbank bedarf einer Lizenz. Dies gilt auch für Datenbanken, welche im Internet verfügbar sind. In aller Regel werden Datenbanken daher durch Paßwort geschützt und erst durch Zahlung von Lizenzgebühren zur Nutzung freigegeben. Die Verwendung der im Internet frei verfügbaren Daten und Dateien können ohne weiteres zu Marktforschungszwecken verwandt werden, soweit die Privatsphäre einzelner Personen nicht verletzt wird.

1.2.3 Datengeheimnis

Sofern im Bereich der Marktforschung personenbezogene Daten in Dateien erfaßt und bearbeitet werden, unterliegen die in der Datenverarbeitung beschäftigten Personen dem Datengeheimnis. Jede unbefugte Verwendung personenbezogener Daten bedeutet eine Verletzung des Datengeheimnisses. Die allgemeine Regelung des § 5 BDSG besteht neben speziellen Geheimhaltungspflichten aus dem Arbeitsrecht, dem Bankrecht, dem Wettbewerbsrecht.

> Den bei der Datenverarbeitung beschäftigten Personen ist untersagt, personenbezogene Daten unbefugt zu verarbeiten oder zu nutzen (Datengeheimnis), vgl. § 5 BDSG.

Nach dieser gesetzlichen Regelung besteht eine Verpflichtung der privatrechtlichen Stellen, die Beschäftigten bei der Aufnahme ihrer Tätigkeit auf das Datengeheimnis zu verpflichten. Marktforschungsinstitute und Unternehmen, welche Marktforschung betreiben und dabei personenbezogene Daten in Dateien bearbeiten, haben die Mitarbeiterinnen und Mitarbeiter besonders auf ihre Verpflichtung zur Wahrung des Datenschutzes hinzuweisen. Diese Verpflichtung auf das Datengeheimnis sollte zu Beweiszwecken von den Beschäftigten durch Unterschrift bestätigt werden (*Ordemann/Schomerus*, BDSG, § 5 Anm. 3.2).

1.3 Datenschutzrechtlich relevante Vorgänge

Das Bundesdatenschutzgesetz unterscheidet die folgenden Phasen der Datenverarbeitung:
- Erheben ist das Beschaffen von Daten über den Betroffenen.
- Verarbeiten ist das Speichern, Verändern, Übermitteln, Sperren und Löschen personenbezogener Daten.
- Nutzen ist jede Veränderung personenbezogener Daten, soweit es sich nicht um Verarbeitung handelt.

Es ist von Bedeutung, ob die Datenverarbeitung durch öffentliche oder nicht-öffentliche Stellen erfolgt, denn das Bundesdatenschutzgesetz enthält unterschiedliche Zulässigkeitsvoraussetzungen. Auch die Kontrolle der Datenverarbeitung orientiert sich an der Rechtsnatur der beteiligten Stellen. Als öffentliche Stellen gelten Behörden des Bundes, der Länder und Gemeinden sowie Gemeindeverbände und juristische Personen des öffentlichen Rechts (Hochschulen, öffentliche Forschungseinrichtungen). Die nicht-öffentlichen Stellen sind natürliche und juristische Personen des privaten Rechts und öffentlich-rechtliche Wettbewerbsunternehmen.

1.3.1 Erhebung personenbezogener Daten

Die Datenerhebung ist nur für den öffentlichen Bereich geregelt. Nach Maßgabe von § 13 BDSG ist das Erheben personenbezogener Daten zulässig, wenn ihre Kenntnis zur Erfüllung der Aufgaben der erhebenden Stelle erforderlich ist. Die Aufgaben der jeweiligen Behörden und anderer öffentlich-rechtlicher Stellen sind in Verwaltungsvorschriften niedergelegt.

1.3.2 Verarbeitung personenbezogener Daten

Diese Phase der Datenverarbeitung wird weiter unterteilt in das Speichern, Verändern, Übermitteln, Sperren und Löschen personenbezogener Daten. Auch hierfür enthält das Bundesdatenschutzgesetz Begriffsdefinitionen:

- Speichern ist das Erfassen, Aufnehmen oder Aufbewahren von Daten auf einem Datenträger zur weiteren Verarbeitung oder zur Nutzung.
- Verändern ist das inhaltliche Umgestalten gespeicherter personenbezogener Daten.
- Übermitteln ist das Bekanntgeben gespeicherter oder durch Datenverarbeitung gewonnener Daten an einen Dritten.
- Sperren ist das Kennzeichnen gespeicherter personenbezogener Daten, um ihre weitere Verarbeitung oder Nutzung einzuschränken.
- Löschen ist das Unkenntlichmachen gespeicherter personenbezogener Daten.

Im Bereich der **Datenverarbeitung der öffentlichen Stellen** gilt folgender Grundsatz: »Das Speichern, Verändern und Nutzen personenbezogener Daten ist zulässig, wenn es zur Erfüllung der in der Zuständigkeit der speichernden Stelle liegenden Aufgaben erforderlich ist und es für die Zwecke erfolgt, für die die Daten erhoben worden sind«, vgl. § 14 BDSG. Hiernach ist für die Zulässigkeit der Datenverarbeitung im öffentlichen Bereich der Zweckbindungsgrundsatz vorgeschrieben. Soweit die Marktforschung nicht zu den Aufgaben der öffentlichen Stelle gehört, dürfen personenbezogene Daten weder erhoben noch bearbeitet werden. Vorhandene Datenbestände öffentlicher Stellen können für Zwecke der Markt- und Meinungsforschung auch nicht übermittelt werden.

Anders verhält es sich im Bereich der **Datenverarbeitung nicht-öffentlicher Stellen**. Ein Unternehmen kann daher personenbezogene Daten zum Zweck der Marktforschung im eigenen Interesse speichern, verändern oder übermitteln, sofern folgende Voraussetzungen gegeben sind, vgl. § 28 BDSG:
- Die Marktforschung liegt im Rahmen der Zweckbestimmung eines Vertrags oder eines vertragsähnlichen Vertrauensverhältnisses mit den betroffenen Personen: Dann müßten die Daten mit Einwilligung des Betroffenen für Zwecke der Markt- und Meinungsforschung erhoben worden sein. Sie dürften also nicht aus anderen Kundenbeziehungen stammen, z. B. aus einem Kauf- oder Werklieferungsvertrag. Auch im Vorfeld der Vertragsanbahnung entsteht bereits ein vertragsähnliches Vertrauensverhältnis. Daher dürfen auch personenbezogene Daten von Interessenten, die aus der Werbung stammen (Werbeantwort, Preisausschreiben) nicht ohne Einwilligung des Betroffenen für Marktforschungszwecke verwendet werden.
- Die Marktforschung ist zur Wahrnehmung berechtigter Interessen der speichernden Stelle erforderlich und schutzwürdige Interessen des Betroffenen werden nicht berührt: In diesem Fall könnten die Daten auch aus vorhandenen Geschäftsbeziehungen gewonnen werden. Ihre Nutzung zur Marktforschung dient dem wirtschaftlichen Erfolg des Unternehmens und liegt insoweit in dessen Interesse. Doch dürfen schutzwürdige Interessen der Kunden nicht entgegenstehen. Der Datenverarbeitung widersprechende Belange können sich aus der Art der Daten ergeben (Gesundheitsdaten oder Sozialdaten), aus dem Zweck der Datenerhebung (Teilnahme an einem Wettbewerb, an einer Sport- oder Kulturveranstaltung) oder aus dem Widerspruch des Betroffenen.
- Die Marktforschung ist ohne weiteres zulässig, wenn personenbezogene Daten aus allgemein zugänglichen Quellen entnommen werden: Dies ist der Fall, wenn die Daten aus Telefon- oder Branchenverzeichnissen, aus Adreßbüchern oder sonstigen Veröffentlichungen stammen, z. B. aus den Vorlesungsverzeichnissen von Hochschulen

oder aus Werbebroschüren der Unternehmen. Auch aus dem Internet können personenbezogene Daten für die Marktforschung entnommen werden.
- Die Marktforschung ist auch dann zulässig, wenn die Datenverarbeitung im Interesse der speichernden Stelle zur Durchführung wissenschaftlicher Forschung erforderlich ist: Da privatrechtliche Unternehmen gewerbliche Ziele verfolgen, kommt diese Regelung nur für unabhängige Forschungseinrichtungen zur Anwendung.

Die Daten der Markt- und Meinungsforschung müssen nicht zwangsläufig von dem Wirtschaftsunternehmen, sondern können auch von anderen Stellen erhoben werden. Infolgedessen sind für die zulässige Datenverarbeitung die Übermittlungsvorschriften von Bedeutung, vgl. §§ 28 ff. BDSG. Danach ist die Übermittlung personenbezogener Daten zulässig, sofern die Daten zum Zweck der Marktforschung erhoben wurden und den Betroffenen die Datenübermittlung bekannt ist. Auch listenmäßig zusammengefaßte Daten können übermittelt werden, vgl. § 28 Abs. 2 BDSG.

> Sofern der Betroffene der Weitergabe seiner Daten für Zwecke der Werbung oder der Marktforschung widerspricht, ist eine Nutzung oder Übermittlung für diese Zwecke unzulässig, vgl. § 28 Abs. 3 BDSG.

Dementsprechend sollten die durchgeführten Umfragen gestaltet werden. Ein Fragebogen, mit dem personenbezogene Daten für Marktforschungszwecke ermittelt werden, müßte einen Hinweis darüber enthalten, welche Daten an wen weitergegeben werden. Dieser Hinweis ist allerdings entbehrlich, wenn die personenbezogenen Daten vor der Übermittlung anonymisiert werden. Eine Datenübermittlung liegt auch dann vor, wenn die Daten in einer Datenbank online zum Abruf bereitgehalten werden oder ein automatisiertes Abrufverfahren erfolgt.

Im Bereich der Markt- und Meinungsforschungsinstitute erfolgt regelmäßig eine geschäftsmäßige Datenspeicherung zum Zweck der Übermittlung in anonymisierter Form gem. § 30 BDSG. Nach dieser speziellen Vorschrift sind die speichernden Stellen verpflichtet, die Merkmale gesondert zu speichern, mit denen Einzelangaben über persönliche oder sachliche Verhältnisse einer bestimmten oder bestimmbaren natürlichen Person zugeordnet werden können. Diese Merkmale dürfen mit Einzelangaben nur zusammengeführt werden, soweit dies zur Markt- oder Meinungsforschung oder zu wissenschaftlichen Zwecken erforderlich ist.

1.3.3 Nutzung personenbezogener Daten

Die Nutzung personenbezogener Daten unterliegt dem Zweckbindungsgrundsatz. Die Maßnahmen der Datenverarbeitung dürfen nicht weitergehen, als es zur Verfolgung des jeweiligen Zwecks unbedingt erforderlich ist. Damit dürfen personenbezogene Daten nur im Rahmen des Vertragsverhältnisses genutzt werden, zu dessen Erfüllung sie erhoben wurden.

Sofern ein Marktforschungsinstitut personenbezogene Daten erhebt, dienen diese ausschließlich den Zwecken der Markt- und Meinungsforschung. Die personenbezogenen

Daten könnten also nicht an das Unternehmen weitergegeben werden, welches die Marktforschung in Auftrag gegeben hat. Lediglich anonymisierte Daten oder listenmäßig zusammengefaßte Daten von Personengruppen dürfen übermittelt werden. Der Adressenhandel ist unzulässig, weil der Zweckbindungsgrundsatz entgegensteht. Daher können die gewonnenen personenbezogenen Daten auch nur für den Zweck der Marktforschung genutzt werden.

1.4 Verbot mit Erlaubnisvorbehalt

Das Bundesdatenschutzgesetz soll den einzelnen davor schützen, daß er durch den Umgang mit seinen Daten in seinem Persönlichkeitsrecht verletzt wird. Dadurch wird ein Verbot mit Erlaubnisvorbehalt normiert. Die Verarbeitung personenbezogener Daten ist grundsätzlich unzulässig, wenn nicht ausnahmsweise ein Erlaubnistatbestand vorliegt (*Tinnefeld/Ehmann*, S. 55 f.). Die Datenverarbeitung kann durch verschiedene Erlaubnistatbestände gerechtfertigt sein.

1.4.1 Vorbehalt des Gesetzes

Die Verarbeitung personenbezogener Daten ist zulässig, wenn ein Gesetz oder eine andere Rechtsvorschrift sie erlaubt. Für die Marktforschung relevante Gesetze sind das Telekommunikationsgesetz (TKG), die Telekommunikationsdienstunternehmen-Datenschutzverordnung (TDSV), das Teledienstegesetz (TDG) und das Teledienstedatenschutzgesetz (TDDSG) zu nennen, ferner bereichsspezifische Vorschriften des öffentlichen und privaten Rechts (Steuerrecht, Bankrecht, Arbeitsrecht, Sozialrecht).

1.4.2 Informierte Einwilligung

Die Verarbeitung personenbezogener Daten ist auch dann zulässig, wenn der Betroffene eingewilligt hat, vgl. § 4 BDSG. Der Betroffene ist auf den Zweck der Speicherung und auf eine vorgesehene Übermittlung besonders hinzuweisen. Daher darf die Einwilligung nicht pauschal und auch nicht zusammen mit anderen Erklärungen erfolgen. Es wird insofern von einer **informierten Einwilligung** gesprochen. Auch bedarf die Einwilligung grundsätzlich der Schriftform.

Die Marktforschung ist regelmäßig durch die Einwilligung des Betroffenen gerechtfertigt.

Im Bereich der Markt- und Meinungsforschung besteht eine spezialgesetzliche Vorschrift in § 30 BDSG. Danach ist auch bei der Datenerhebung und -verarbeitung zu Zwecken der Marktforschung die Einwilligung des Betroffenen erforderlich. Aber es kann auf die Schriftform verzichtet werden, weil die Freiwilligkeit der Datenerhebung offenkundig ist.

1.4.3 Forschungsprivileg

Das **Forschungsprivileg** des § 40 BDSG betrifft ausschließlich unabhängige wissenschaftliche Forschungseinrichtungen. Wenn die Marketing-Abteilung eines Unternehmens oder ein von diesem beauftragtes Marktforschungsinstitut tätig wird, stehen regelmäßig kommerzielle Interessen im Vordergrund.

Sofern die Marktanalyse dagegen als Auftragsforschung an eine unabhängige Wissenschaftseinrichtung vergeben wird, treten die kommerziellen Interessen zurück. Die personenbezogenen Daten sind zu anonymisieren, sobald dies nach dem Forschungszweck möglich ist. Bis dahin sind personenbezogene Einzelangaben gesondert zu speichern. Die Veröffentlichung ist nur mit Einwilligung des Betroffenen oder aus Gründen der Darstellung von Ereignissen der Zeitgeschichte zulässig (*Ordemann/Schomerus*, § 40 Anm. 1.6).

1.4.4 Medienprivileg

Die **Medien** haben infolge der verfassungsrechtlich garantierten Meinungs- und Informationsfreiheit eine Sonderstellung. Soweit personenbezogene Daten von Unternehmen der Presse, des Rundfunks oder des Films zu journalistisch-redaktionellen Zwecken verarbeitet werden, gelten nur das Datengeheimnis und die Vorschriften über Datensicherheit. Die Berichterstattung in den Medien unterliegt nicht dem allgemeinen Datenschutzrecht und ist somit privilegiert. Der Betroffene hat jedoch ein Recht zur Berichtigung unrichtiger personenbezogener Daten gem. § 41 BDSG und ein presserechtlich garantiertes Recht auf Gegendarstellung.

1.5 Verantwortung und Kontrolle

Die speichernde Stelle ist verantwortlich für die Einhaltung datenschutzrechtlicher Vorschriften. In den Fällen der Marktforschung ist das Unternehmen, welches diese Maßnahmen selbst durchführt, für den Datenschutz und für die Datensicherheit verantwortlich. Das Unternehmen trägt aber auch dann die volle Verantwortung, wenn es die Marktforschung in Auftrag gibt. Denn bei der Auftragsdatenverarbeitung liegt die rechtliche Verantwortung bei dem Auftraggeber, vgl. § 11 BDSG.

1.5.1 Auftragsdatenverarbeitung

Das Unternehmen hat das Marktforschungsinstitut unter besonderer Berücksichtigung der Eignung der technischen und organisatorischen Datensicherungsmaßnahmen auszuwählen. Der Auftrag ist schriftlich zu erteilen, wobei die Datenverarbeitung und -nutzung sowie die technischen und organisatorischen Datensicherungsmaßnahmen festzuhalten sind. Das Marktforschungsinstitut ist als Auftragnehmer weisungsgebunden, vgl. § 11 Abs. 2 und 3 BDSG.

In diesem Zusammenhang ist eine Abgrenzung der **Auftragsdatenverarbeitung** zur Funktionsverlagerung vorzunehmen. Wenn ein Marktforschungsinstitut mit der Durchführung einer Meinungsumfrage beauftragt wird, liegt eine Datenübermittlung an Dritte und keine Auftragsdatenverarbeitung vor (*Ordemann/Schomerus*, § 11 Anm. 2.4). Erfolgt die Datenverarbeitung durch Rechenzentren im Ausland, sind diese als andere Stellen der

Datenverarbeitung anzusehen, so daß auch in diesem Fall die Übermittlungsvorschriften zu beachten sind.

1.5.2 Markt- und Meinungsforschung

Im Bereich der **geschäftsmäßigen Datenspeicherung** zum Zweck der Übermittlung in anonymisierter Form ist als Spezialregelung § 30 BDSG vorrangig. Normadressaten sind gewerblich tätige Markt- und Meinungsforschungsinstitute. Dagegen gilt für wissenschaftliche Einrichtungen das Forschungsprivileg in § 40 BDSG.

> Die Übermittlung personenbezogener Daten, welche zum Zweck der Markt- und Meinungsforschung erhoben und verarbeitet wurden, darf ausschließlich in anonymisierter Form erfolgen.

Das Marktforschungsinstitut erhebt die Daten und nimmt auch die Anonymisierung vor. Die Merkmale, welche Aufschluß über persönliche und sachliche Verhältnisse bestimmter oder bestimmbarer Personen geben, sind gesondert zu speichern. Die personenbezogenen Angaben dürfen mit den Einzelangaben nur zusammengeführt werden, soweit dies für die Speicherung oder für wissenschaftliche Zwecke erforderlich ist.

Erst nach der Anonymisierung werden die Daten an das auftraggebende Unternehmen übermittelt. Sofern eine weitere Verwertung der erhobenen personenbezogenen Daten erforderlich wird, könnte das Marktforschungsinstitut als speichernde Stelle die Daten wieder zusammenführen, nicht dagegen das auftraggebende Unternehmen. Die gewonnenen Ergebnisse werden wiederum in anonymisierter Form durch das Marktforschungsinstitut an das Wirtschaftsunternehmen übermittelt.

1.5.3 Datenschutzrelevante Rechte Betroffener

Nach dem Bundesdatenschutzgesetz hat jeder **Betroffene** hinsichtlich der über ihn gespeicherten personenbezogenen Daten folgende Rechte, vgl. §§ 33 ff. BDSG:
- Auskunftsanspruch über die zu seiner Person gespeicherten Daten, ihrer Herkunft, den Zweck der Speicherung und die Stellen, an welche die Daten regelmäßig übermittelt werden,
- Berichtigungsanspruch, sofern die personenbezogenen Daten unrichtig sind,
- Löschungsanspruch, wenn die Speicherung unzulässig war oder der Zweck der Speicherung entfallen ist,
- Sperrungsanspruch, wenn der Löschung Aufbewahrungsfristen entgegenstehen, oder wenn sich die Richtigkeit oder Unrichtigkeit der Daten nicht feststellen läßt,
- Schadensersatzanspruch, sofern aus der unzulässigen Datenverarbeitung ein Schaden entstanden ist und
- Anrufung des Datenschutzbeauftragten.

Der Auskunftsanspruch hat in der Praxis eine erhebliche Bedeutung. Der Betroffene kann nicht nur Auskunft darüber verlangen, welche personenbezogenen Daten über ihn erhoben und verarbeitet werden, sondern auch darüber, an welche anderen Stellen diese Daten regelmäßig übermittelt werden. Dies gilt für die automatisierte Datenverarbeitung.

In aller Regel ist der Auskunftsanspruch unentgeltlich. Ausnahmsweise kann von privaten Einrichtungen ein Entgelt erhoben werden, wenn der Betroffene die Auskunft zu wirtschaftlichen Zwecken nutzen kann.

1.5.4 Überwachung des Datenschutzes

Im Bereich der Markt- und Meinungsforschung sind die Rechte der Betroffenen auf Auskunft und auf Berichtigung ausgeschlossen, soweit die Datenverarbeitung durch ein Marktforschungsinstitut erfolgt, vgl. § 30 Abs. 4 BDSG. Diese Ansprüche hat der Betroffene daher nur gegenüber den Unternehmen, welche Marktforschungsmaßnahmen durch ihre eigene Marketing-Abteilung durchführen.

Soweit in der Datenverarbeitung mindestens 20 Arbeitnehmer beschäftigt werden, ist ein **betrieblicher Datenschutzbeauftragter** zu bestellen, vgl. § 36 BDSG. Dieser ist dem Unternehmensinhaber unmittelbar unterstellt. Er verfügt über Rechtskenntnisse des Datenschutzes und der einschlägigen bereichsspezifischen Datenschutzregelungen. Ferner besitzt er das erforderliche technische Wissen über die eingesetzten Datenverarbeitungsanlagen und Datensicherungstechniken und Kenntnisse über die Organisation des Unternehmens. Er ist auf dem Gebiet des Datenschutzes weisungsfrei und unterliegt einer besonderen Verschwiegenheitspflicht.

> Markt- und Meinungsforschungsinstitute unterliegen einer besonderen Meldepflicht und der Aufsicht durch die entsprechenden Landesaufsichtsbehörden für den Datenschutz, vgl. § 32 BDSG.

Die Aufsichtsbehörde kann Anordnungen zur Datensicherung treffen und diese durch Festsetzung von Zwangsgeld oder Verbote durchsetzen. In regelmäßigen Abständen veröffentlichen die Aufsichtsbehörden Tätigkeitsberichte, welche über ihre Aktivitäten im Berichtszeitraum Rechenschaft ablegen.

1.5.5 Maßnahmen der Datensicherung

Alle Stellen, welche selbst oder im Auftrag personenbezogene Daten verarbeiten, haben die erforderlichen technischen und organisatorischen **Maßnahmen der Datensicherung** zu treffen. Hierzu gehören im einzelnen die folgenden in § 9 BDSG aufgelisteten Maßnahmen:

- Zugangskontrolle,
- Datenträgerkontrolle,
- Speicherkontrolle,
- Benutzerkontrolle,
- Zugriffskontrolle,
- Übermittlungskontrolle,
- Eingabekontrolle,

- Auftragskontrolle,
- Transportkontrolle und
- Organisationskontrolle.

Im Bereich der Marktforschung sind die genannten Datensicherungsmaßnahmen zu berücksichtigen, unabhängig davon, ob die Datenverarbeitung durch Marktforschungsinstitute oder durch das Unternehmen selbst erfolgt. Da die Marktforschungsinstitute als speichernde Stellen im Sinne des Bundesdatenschutzgesetzes gelten, haben sie die Datensicherungsmaßnahmen zu gewährleisten.

1.6 Informations- und Kommunikationsdienste

Ein besonderer Datenschutz hat sich im Bereich der Telekommunikation und Teledienste sowie der Medien und Mediendienste herausgebildet. Als Teledienste gelten u. a.:
- Angebote der Information und Kommunikation,
- Angebote zur Nutzung von Netzen und
- Angebote von Waren und Dienstleistungen in elektronisch abrufbaren Datenbanken mit interaktivem Zugriff.

Nicht zu den Telediensten im Sinne des Teledienstegesetzes gehören:
- die gewerbliche Telekommunikation (z. B. *Deutsche Telekom AG*),
- Rundfunk und Fernsehen sowie
- die Abrufdienste der Medien,

weil für den Bereich der Mediendienste spezialgesetzliche Regelungen bestehen.

Sofern daher Unternehmen Internet-Präsentationen unterhalten, welche einen interaktiven Zugriff von Interessenten und Kunden zum Abruf von Waren oder Dienstleitungen gestatten, gelten die Vorschriften des Teledienstegesetzes und des Teledienstedatenschutzgesetzes.

Der Mediendienste-Staatsvertrag regelt das Angebot und die Nutzung elektronischer Informations- und Kommunikationsdienste, welche an die Allgemeinheit gerichtet sind. Hierzu gehören auch die Abrufdienste der Medien (*Hochstein*, NJW 1997, 2977).

1.6.1 Teledienste und Internet

Das Teledienstedatenschutzgesetz (TDDSG) regelt Grundsätze für die Verarbeitung personenbezogener Daten. Es geht wie das Bundesdatenschutzgesetz von einem grundsätzlichen Verbot mit Erlaubnisvorbehalt aus. Die Verarbeitung personenbezogener Daten ist nur auf der Grundlage eines Gesetzes oder mit Einwilligung des Betroffenen zulässig. Im Rahmen eines Vertragsverhältnisses kann von der grundsätzlichen Einwilligung des Kunden ausgegangen werden, der seine Daten – Name, Anschrift, Lieferanschrift – freiwillig mitteilt. Allerdings ist der Zweckübertragungsgrundsatz zu beachten, das heißt die personenbezogenen Daten dürfen nur zur Erfüllung des Vertrages herangezogen werden.

Unternehmen, welche Teledienste betreiben, haben die technischen Einrichtungen in der Weise zu gestalten, daß so wenige personenbezogene Daten wir möglich erhoben, verarbeitet und genutzt werden, vgl. § 3 Abs. 4 TDDSG. Mit diesem Grundsatz wäre es unvereinbar, Cookies mit der Internet-Seite zu verknüpfen, welche personenbezogene Daten der Nutzer und die Bewegungen des Cursors auf dem Bildschirm erfassen und auswerten. Diese Programme zum Zweck der Beobachtung der Nutzer müssen entweder anonymisierte Daten erfassen oder sich zu erkennen geben und dem Nutzer gestatten, die Datenerhebung technisch auszuschalten bzw. seine Daten freiwillig zur Verfügung zu stellen (*Strömer*, S. 194).

> Das Teledienstedatenschutzgesetz enthält die Regelung, daß der Nutzer vor der Erhebung über Art, Umfang, Ort und Zweck der Erhebung, Verarbeitung und Nutzung personenbezogener Daten zu unterrichten ist. Bei automatisierten Verfahren, die eine spätere Identifizierung des Nutzers ermöglichen, muß die Unterrichtung vor Beginn des Verfahrens erfolgen.

Eine Internet-Seite ist unter Berücksichtigung dieser Grundsätze des Teledienstedatenschutzes zu gestalten, wenn personenbezogene Daten erhoben, verarbeitet und genutzt werden. Der Nutzer ist daher schon mit dem Aufruf der Internet-Seite über die Verarbeitung seiner personenbezogenen Daten zu informieren. Bei der Einholung seiner Einwilligung zur Nutzung seiner Daten ist er auf sein Recht zum jederzeitigen Widerruf hinzuweisen.

Sofern die Einwilligung zur Verarbeitung personenbezogener Daten elektronisch erklärt wird, muß der Anbieter von Telediensten durch entsprechende Programmierung folgendes sicherstellen:
- Die Einwilligung muß durch eine eindeutige und bewußte Handlung des Nutzers erfolgen,
- Die Einwilligung darf nicht unerkennbar gemacht oder verändert werden können,
- Der Urheber der Einwilligung muß erkannt werden,
- Die Einwilligung muß protokolliert werden und
- Der Inhalt der Einwilligung muß jederzeit vom Nutzer abgerufen werden können.

Teledienstanbieter sollen dem Nutzer die Inanspruchnahme ihrer Angebote sowie die Bezahlung auch anonym oder unter Pseudonym ermöglichen, soweit dies technisch möglich und zumutbar ist. Ferner hat der Diensteanbieter durch technische und organisatorische Vorkehrungen sicherzustellen, daß die anfallenden personenbezogenen Daten über den Ablauf des Abrufs oder Zugriffs unmittelbar nach Beendigung gelöscht werden. Die Löschung kann aufgehoben werden, wenn die Daten für Abrechnungszwecke noch über einen längeren Zeitraum gespeichert werden müssen. Nutzungsprofile sind nur bei Verwendung von Pseudonymen zulässig.

Das Teledienstedatenschutzgesetz enthält spezielle Regelungen für Bestands-, Nutzungs- und Abrechnungsdaten:
- Bestandsdaten sind personenbezogene Daten eines Nutzers, die für die Begründung, Ausgestaltung und Änderung eines Vertragsverhältnisses erforderlich sind. Der Tele-

Datenschutz

diensteanbieter darf Bestandsdaten nur für die Zwecke dieses Vertrags erheben, verarbeiten und nutzen.

- Nutzungsdaten über die Inanspruchnahme von Telediensten darf der Telediensteanbieter nur erheben, verarbeiten und nutzen, soweit sie zum Zweck der Nutzung erforderlich sind.
- Abrechnungsdaten darf der Telediensteanbieter nur erheben, verarbeiten und nutzen, soweit sie zum Zweck der Abrechnung erforderlich sind.

Diese Daten sind zu löschen, sobald sie für die Zwecke, für welche sie erhoben wurden, nicht mehr erforderlich sind. Die Übermittlung von Nutzungs- und Abrechnungsdaten an andere Unternehmen ist unzulässig. Die Übermittlung anonymisierter Nutzungsdaten zum Zweck der Marktforschung ist hiervon ausgenommen. Daher können anonymisierte Daten an Marktforschungsinstitute übermittelt werden, vgl. § 6 Abs. 3 Nr. 1 TDDSG.

1.6.2 Telekommunikation und Mediendienste

Das Telekommunikationsgesetz (TKG) findet Anwendung auf Unternehmen, welche geschäftsmäßig Telekommunikationsdienste erbringen oder daran mitwirken. Diensteanbieter ist z. B. die *Deutsche Telekom AG*. Die Rechtsnorm des § 89 Abs. 7 TKG besagt, daß Telekommunikationsunternehmen die personenbezogenen Daten, welche sie für die Begründung, inhaltliche Ausgestaltung oder Änderung eines Vertragsverhältnisses erworben haben, verarbeiten und nutzen dürfen. Es handelt sich dabei um Bestandsdaten der Fernmeldekunden.

Der Datenschutz im Fernmeldeverkehr wird durch die Telekommunikationsdienste-Datenschutzverordnung (TDSV) geregelt. Nach § 4 Abs. 2 TDSV darf der Diensteanbieter Bestandsdaten seiner Kunden verarbeiten und nutzen:

- soweit dies zur Beratung der Kunden, zur Werbung und zur Marktforschung für eigene erforderlich ist und
- der Kunde nicht widersprochen hat.

Die Bestandsdaten dürfen danach auch für Zwecke der Kundenberatung, der Werbung oder der Marktforschung durch Telekommunikationsunternehmen genutzt werden. Dies gilt allerdings nicht für Verbindungsdaten, darunter die Rufnummer oder Kennung des anrufenden und des angerufenen Anschlusses, Beginn und Ende der Telefonverbindung mit Datum, Uhrzeit und Datenmengen sowie die vom Kunden in Anspruch genommene Telekommunikationsdienstleistung.

Aus den Verbindungsdaten läßt sich leicht ein Kommunikationsprofil von Anschlußinhabern erstellen. Denn es ist technisch möglich, festzustellen, mit welchen Gesprächspartnern der Telefonkunde telefoniert und wo sich diese Gesprächspartner befinden, um diese Daten für Marktforschungszwecke weiterzugeben. Wo aber liegt die Grenze zwischen Bestands- und Verbindungsdaten?

Telekommunikations-Bestandsdaten sind leicht verfügbar und maschinell verwendbar. Die Angaben über mehr als 26 Mio. Telefonanschlußinhaber und über 1 Mio. Unternehmen und Institutionen stellen eine Sammlung personenbezogener Daten dar. Soweit die Betroffenen nicht widersprechen, können diese Bestandsdaten auch für andere als Telekommunikationszwecke genutzt werden. Auf das Widerspruchsrecht werden die Telefonkunden im Kleingedruckten ihres Telefonbuches hingewiesen.

Die Regelung in § 89 TKG hat in der Rechtslehre bereits eine lebhafte Diskussion ausgelöst, zumal keine gesetzliche Definition von Bestands- und Verbindungsdaten vorliegt (*Billig*, NJW 1998, 1286; *Scherer*, NJW 1998, 1607, 1614; *Weichert*, Datenschutz in: *Kilian-Heussen (Hrsg.)*, Kap. 135 Rn. 18 ff.). Die Telekommunikationsdienste-Datenschutzverordnung (TDSV) schützt den Kunden nur insoweit, als eine frühestmögliche Löschung der Verbindungsdaten vorgesehen ist, eine Teilanonymisierung durch Verkürzung der Zielrufnummer und weitere Regelungen. Die weitere Rechtsentwicklung insbesondere in der *Europäischen Union* bleibt abzuwarten.

Im Bereich der Mediendienste enthalten die §§ 12 ff. des Mediendienste-Staatsvertrages besondere Grundsätze des Datenschutzes. Danach ist die Datenübermittlung für Zwecke der Marktforschung nur hinsichtlich anonymisierter Nutzungsdaten zulässig, vgl. § 15 Abs. 3 Nr. 1 Mediendienste-Staatsvertrag (*Hochstein*, NJW 1997, 2978).

1.7 Literaturverzeichnis

Billig: Verarbeitung und Nutzung von personenbezogenen Daten für Zwecke der Werbung, Kundenberatung oder Marktforschung, NJW 1998, S. 1286
Geis: Internet und Datenschutz, NJW 1997, S. 288
Hochstein: Teledienste, Mediendienste und Rundfunkbegriff – Anmerkungen zur praktischen Abgrenzung multimedialer Erscheinungsformen, NJW 1997, S. 2977
Ordemann/Schomerus: Bundesdatenschutzgesetz mit Erläuterungen, 4. Auflage, München 1988
Scherer: Die Entwicklung des Telekommunikationsrechts in den Jahren 1996 und 1997, NJW 1998, S. 1607
Strömer: Online§Recht – Rechtsfragen im Internet und in Mailboxnetzen, Heidelberg 1997
Tinnefeld/Ehmann: Einführung in das Datenschutzrecht, 3. Auflage, München/Wien 1997
Weichert: Datenschutz, in: Kilian-Heussen (Hrsg.): Computerrechts-Handbuch, Loseblatt-Sammlung, München, Stand: Mai 1998, Kapitel 135

2. Wettbewerbsrechtliche Aspekte der Marktforschung

Brunhilde Steckler

Inhaltsübersicht

2.1 Regelungsbereich des Wettbewerbsrechts
2.2 Generalklausel unlauteren Wettbewerbs
2.3 Irreführende Werbung
2.4 Interessenkollisionen im Wettbewerb
2.5 Rechtsprechung zum Direktmarketing
2.6 Besondere Formen der Marktforschung
2.7 Möglichkeiten der Internet-Präsentation
2.8 Literaturverzeichnis

Auf einen Blick

Die wettbewerbsrechtlichen Aspekte der Marktforschung erfordern eine Betrachtung und Analyse einzelner Wettbewerbshandlungen. Sofern die Marktforschung im öffentlichen Interesse erfolgt, ergeben sich regelmäßig keine wettbewerbsrechtlichen Beanstandungen. Erst der Zusammenhang mit der Werbung und Verkaufsförderung eines Wirtschaftsunternehmens führt im Einzelfall dazu, daß der Tatbestand des unlauteren Wettbewerbs erfüllt ist. Dies ist der Fall bei der unaufgeforderten Inanspruchnahme von Telekommunikationsanlagen der Zielpersonen, bei der Vortäuschung einer wissenschaftlichen Marktbefragung zur Verwendung der gewonnenen Informationen für Werbezwecken, bei der Nichtbeachtung des Trennungsgebotes, bei irreführenden Marktforschungspreisausschreiben, bei Adressenhandel ohne Einverständnis der Betroffenen und bei der versteckten Erstellung von Nutzerprofilen im Internet.

Nach den Grundsätzen des Wettbewerbsrechts ist die schriftliche Befragung durch die Briefpost und durch Postwurfsendungen ebenso unbedenklich wie telefonische Kundenbefragungen.

2.1 Regelungsbereich des Wettbewerbsrechts

Der freie Leistungswettbewerb ist das Leitbild der Gesetzgebung und Rechtsprechung im Bereich des Wettbewerbsrechts. Demgemäß dient die normative Regelung des Wettbewerbsrechts der Erhaltung der Wettbewerbsfreiheit. Denn auch das Recht auf freie wirtschaftliche und gewerbliche Betätigung gilt als Bestandteil des allgemeinen Persönlichkeitsrechts gem. Art. 2 GG. Allerdings ergeben sich im Bereich der Wirtschaftsfreiheit Kollisionen, denn das Persönlichkeitsrecht kann grundsätzlich jeder für sich in Anspruch nehmen. Im Kollisionsfall muß daher eine Interessenabwägung vorgenommen werden.

Zunächst ist davon auszugehen, daß es jedem Wirtschaftssubjekt freisteht, am Marktverkehr als Anbieter oder als Nachfrager teilzunehmen. Nur im Einzelfall kann das gewerbliche Verhalten durch das Recht des unlauteren Wettbewerbs eingeschränkt sein. Der Begriff der Unlauterkeit hat sich in seiner sprachlichen Bedeutung gewandelt. Ein Verstoß gegen die guten Sitten im Wettbewerb ist in der Weise zu verstehen, daß eine Wettbewerbshandlung die Grenze dessen überschreitet, was als verkehrs- und handelsübliches Verhalten allgemein akzeptiert und toleriert ist. Die zeitgemäße Verkehrsauffassung bestimmt daher maßgeblich den Rahmen des lauteren Verhaltens im Wettbewerb.

2.2 Generalklausel unlauteren Wettbewerbs

Nach dem Wortlaut der Generalklausel kann auf Unterlassung und Schadensersatz in Anspruch genommen werden, wer im geschäftlichen Verkehr zu Zwecken des Wettbewerbs Handlungen vornimmt, die gegen die guten Sitten verstoßen, vgl. § 1 UWG. Die Einzelfallbetrachtung erfordert daher eine Überprüfung der folgenden Voraussetzungen:
- Handeln im geschäftlichen Verkehr,
- zu Zwecken des Wettbewerbs und
- gegen die guten Sitten.

Die Handlung muß im geschäftlichen Verkehr erfolgen, darf also nicht privater oder fiskalischer Natur sein. Bei Gewerbetreibenden wird vermutet, daß sie im geschäftlichen Verkehr handeln. Ein Unternehmen, welches im Bereich der Marktforschung tätig wird, handelt selbstverständlich im geschäftlichen Verkehr. Aber auch das Marktforschungsinstitut, welches im Auftrag eines Unternehmens die Umfrage durchführt, erfüllt diese Voraussetzung. Denn es reicht die Förderung eines beliebigen – auch fremden – Geschäftszwecks aus. Wettbewerbsrechtlich sind daher sowohl das auftraggebende Unternehmen als auch die Agentur, welche die Marktforschung tatsächlich durchführt, verantwortlich.

Als zweites Merkmal der wettbewerbsrechtlich relevanten Handlung ist erforderlich, daß die konkrete Maßnahme zu Zwecken des Wettbewerbs erfolgt. Bei Wirtschaftsunternehmen besteht eine Vermutung der Wettbewerbsförderungsabsicht. Es ist unerheblich, ob der eigene oder ein fremder Wettbewerb gefördert werden soll und ob dieses Ziel tatsächlich erreicht wird. Infolgedessen spielt es auch keine Rolle, ob zwischen dem begünstigten und dem benachteiligten Unternehmen tatsächlich ein Wettbewerbsverhältnis besteht.

Ebensowenig kommt es auf die Gewinnerzielungsabsicht an. Denn auch ein Unternehmen der Medienwirtschaft kann fremden Wettbewerb fördern, durch Veröffentlichung eines Berichts oder einer Meinungsäußerung. Daher kann auch eine Werbeagentur oder ein Meinungsforschungsinstitut zu Zwecken des Wettbewerbs handeln. Lediglich zugunsten einer unabhängigen wissenschaftlichen Einrichtung besteht keine Vermutung der Wettbewerbsförderungsabsicht. Dies schließt aber nicht aus, daß eine einzelne Handlung dennoch wettbewerbswidrig sein könnte.

Das Handeln gegen die guten Sitten bildet deshalb das schwierige Abgrenzungsmerkmal der lauteren von den unlauteren Verhaltensweisen. Die Sittenwidrigkeit ist nur durch die konkrete Darstellung eines Einzelfalles nachzuvollziehen. Im rechtswissenschaftlichen Schrifttum sind Fallgruppen gebildet worden, um den Begriff der guten Sitten im Wettbewerb zu bestimmten.

Zahlreiche Wettbewerbshandlungen sind darauf ausgerichtet, den Kundenstamm zu erhalten und zu erweitern. Die Beeinflussung der Kunden zum Kauf eines Produktes oder zur Inanspruchnahme einer Dienstleistung gehört zu den Wesensmerkmalen des Wettbewerbs. Allerdings gilt die Einwirkung auf den Kunden durch Irreführung, die Ausübung eines – auch psychischen – Zwanges, die Belästigung, das Ausnutzen von Gefühlen oder die Verlockung durch aleatorische Reizmittel als **unlauteren Kundenfang**. Denn der Kunde wird durch leistungsfremde Maßnahmen in seiner freien Willensentschließung beeinträchtigt.

Maßnahmen der Marktforschung werden nur unter besonderen Umständen die Merkmale der Fallgruppe unlauteren Kundenfangs erfüllen. Denn es wird sich bei den Umfragen regelmäßig um die Ermittlung von Kundenwünschen, Kundeninteressen oder Kundenverhalten handeln. Eine unlautere Kundenbeeinflussung könnte allenfalls dadurch gegeben sein, daß die Umfrageergebnisse durch Täuschung über den Werbecharakter der Befragung gewonnen werden. Auch die Verwendung von ohne Einverständnis der Befragten erhaltenen personenbezogenen Informationen in der Werbung oder Verkaufsförderung wäre wettbewerbswidrig. Die Marktforschung darf daher keinesfalls suggestive Fragen einschließen. Insbesondere muß der im Wettbewerbs- und Presserecht geltende Grundsatz des Trennungsgebots berücksichtigt werden. Daher ist ein ausdrücklicher Hinweis auf den Werbecharakter der Umfrage erforderlich, wenn die gewonnenen Informationen für diese Zwecke erhoben und verarbeitet werden sollen (*Baumbach/Hefermehl*, § 1 UWG Rn. 29 a).

Die Markt- und Meinungsforschung muß entweder von der Werbung und Verkaufsförderung getrennt werden oder diese Zwecke gegenüber den Befragten zu erkennen geben.

Es ist danach unlauter, unter Vortäuschen wissenschaftlicher Zwecke eine Meinungsumfrage oder Marktbefragung durchzuführen, um sich Adressen zu beschaffen, welche der Anbahnung von Verträgen oder der Durchführung von Werbeaktionen dienen (OLG Frankfurt, GRUR 1989, 845). Der Tatbestand unlauteren Kundenfangs ist auch gegeben, wenn ein gewerbliches Unternehmen unter Vortäuschung einer wissenschaftlich fundierten Marktforschung Verbraucherwünsche ermittelt, um diese gezielt in der Werbung zu verwenden. Hierdurch verschafft sich das Unternehmen einen unlauteren Wettbewerbsvorsprung. Die Marktforschung wäre dagegen zulässig, wenn für die Befragten eindeutig erkennbar ist, daß die Umfrage der Werbung dient (BGH, GRUR 1973, 268). Denn die Zielpersonen unterliegen in diesem Fall keinem psychologischen Kaufzwang, weil sie auf die Werbemaßnahme vorbereitet sind.

Die Fallgruppe **unlautere Behinderung** betrifft die gezielte Absatz-, Werbe-, Lizenz- und Bezugsbehinderung, ferner Verdrängungs- oder Vernichtungsunterbietung, Boykott und Diskriminierung sowie unlautere vergleichende Werbung. Unter diesen Umständen wäre nicht die Marktforschung selbst, möglicherweise aber die Werbung mit unrichtigen oder irreführenden Testergebnissen als unlauterer Wettbewerb anzusehen (*Baumbach/Hefermehl*, § 1 UWG Rn. 403 ff).

In der Fallgruppe **unlautere Ausbeutung** wird die Nachahmung fremder Leistung oder fremder Kennzeichnungen erfaßt, ferner auch die vermeidbare Herkunftstäuschung oder die unmittelbare Übernahme fremder Leistungen, ebenso wie die Ausnutzung fremder Werbung oder besondere Formen der Abwerbung von Kunden oder Beschäftigten. Maßnahmen der Markt- und Meinungsforschung dürften diesen Tatbestand regelmäßig nicht berühren.

Die Verletzung gesetzlicher Normen oder vertraglicher Bindungen kann ebenso wie der Verstoß gegen Berufs- und Standesordnungen als unlauterer Wettbewerb untersagt werden (**unlauterer Rechtsbruch**). Im Einzelfall gehören Verstöße gegen Preisbindungsvereinbarungen, gegen Wettbewerbs- und Werbeverbote und der Vertrauensbruch dazu. Die Empfehlungen des Deutschen Werberates sind zwar unverbindlich, sollten jedoch beachtet werden, weil sie auf einer Analyse der wettbewerbsrechtlichen Situation beruhen. Umfragen für Zwecke der Marktforschung können bei Verletzung des Datenschutzrechts gleichzeitig auch wettbewerbswidrig sein (LG Mannheim, RDV 1996, 140 – rechtswidriger Vertrieb von Telefondaten mittels CD-ROM).

Im Grenzbereich zwischen dem Recht des unlauteren Wettbewerbs und dem Kartellrecht wird der Mißbrauch einer marktbeherrschenden Stellung oder eine unbillige Behinderung des Wettbewerbers als sittenwidrig angesehen (**unlautere Marktstörung**). Zu den herausragenden Fällen gehört die Massenverteilung von Originalware, die Umsonstlieferung von Presseerzeugnisssen oder besondere Preiskampfmethoden. Diese Fallgruppe betrifft nicht die Marktforschung selbst, sondern im Einzelfall nachfolgende Werbemaßnahmen.

2.3 Irreführende Werbung

Einen besonderen Stellenwert im Recht des unlauteren Wettbewerbs hat die irreführende Werbung gem. § 3 UWG. Dies liegt daran, daß irreführende Werbung im Unterschied zum unlauteren Wettbewerb strafbar ist, sofern die Irreführungsabsicht nachgewiesen werden kann, vgl. § 4 UWG. Da es zur Ermittlung zahlreicher Wettbewerbsumstände auf die Verkehrsauffassung ankommt, ist der Beweiswert von Markt- und Meinungsumfragen von erheblicher Bedeutung. Infolgedessen haben sich in der Rechtsprechung Grundsätze darüber herausgebildet, welchen Anforderungen Meinungsumfragen zu genügen haben, damit sich vor Gericht als Beweismittel anerkannt werden (*Baumbach/ Hefermehl*, § 3 UWG Rn. 117 ff.).

Auskünfte von Industrie- und Handelskammern sowie von Wirtschaftsverbänden können zur Ermittlung der Verkehrsauffassung herangezogen werden. In aller Regel wird aber nur die Auffassung bestimmter Fachkreise, des Handels oder eines Industrie- oder Dienstleistungszweiges ermittelt werden. In jedem Fall beschränken sich diese Umfragen auf die den Kammern oder Verbänden angehörenden Unternehmen.

Meinungsforschungsinstitute haben bestimmte Grundregeln zu berücksichtigen, wenn die Befragung gerichtlich verwertbar sein soll. Es kommt auf das klar umrissene Beweisthema sowie auf die Auswahl der Testpersonen an. Unzulässig sind Suggestivfragen, die den befragen Personen die Antworten in den Mund legen (BGH, GRUR 1972, 550 – Spezialsalz II; BGH, GRUR 1989, 440, 442 – Dresdner Stollen I). Daher sollen die Fragen die Möglichkeit ungezwungener Antworten offenlassen und dürfen den Befragten keine bestimmte Richtung vorgeben. Dennoch müssen die Fragen präzis gestellt sein, weil der Beweiswert eigenständig formulierter Antworten, die gedankliche Überlegungen einschließen, fraglich ist (BGH, GRUR 1965, 320 – Kölnisch Wasser; BGH, GRUR 1972, 360 – Kunststoffglas). In der Beweiswürdigung von Meinungsumfragen sind die Gerichte frei und nicht an Parteiauffassungen gebunden.

2.4 Interessenkollisionen im Wettbewerb

Es ist eine Besonderheit des Wettbewerbsrechts, daß verschiedene Interessen aufeinandertreffen, die von der Rechtsprechung gegeneinander abgewogen werden. Dies wird an den Fallgruppen deutlich, welche sich zu der Generalklausel des unlauteren Wettbewerbs gem. § 1 UWG herausgebildet haben. Während die Fallgruppe des Kundenfangs den Verbraucherschutz und die freie Kaufentscheidung des Kunden in den Vordergrund stellt, geht es bei den Fallgruppen der Behinderung und der Ausbeutung um das Verhältnis der Wettbewerber untereinander. Dagegen werden mit den Tatbeständen des Rechtsbruchs und der Marktstörung Interessen der Allgemeinheit an einem fairen und freien Wettbewerb geschützt.

Vom Grundgesetz geschützt ist das Recht auf freie Meinungsäußerung gem. Art. 5 GG. Darin ist auch das Interesse der Allgemeinheit an dem Schutz der Informationsfreiheit enthalten. Dieses **allgemeine Informationsbedürfnis** wird nicht nur durch die Medien – Presse und Rundfunk – befriedigt, sondern auch durch die Werbung und weitere Formen der Präsentation von Waren und Dienstleistungen. Die Öffentlichkeit hat ein berechtigtes und anerkanntes Interesse daran, über die auf dem Markt befindlichen Produkte und Leistungen informiert zu werden.

Marketing, Werbung und Verkaufsförderung sind dagegen dem **Geschäftsinteresse der Unternehmen** zuzurechnen, welche Waren und Dienstleistungen anbieten. Auch die Marktforschung gehört zu den Interessen der Unternehmen, welche die entsprechenden

Maßnahmen selbst durchführen oder an Marktforschungsinstitute bzw. Forschungseinrichtungen in Auftrag geben. Die Geschäftsinteressen der Unternehmen sind Bestandteil der Gewerbefreiheit, die dem Schutzbereich des Art. 2 GG unterfällt. Denn das Recht zur freien gewerblichen Betätigung gehört zum allgemeinen Persönlichkeitsrecht. Insofern ist der Schutz des freien Leistungswettbewerbs gegen unlautere Einflüsse von Bedeutung. Die Unternehmen sollen mit den Vorteilen ihrer eigenen Leistung werben anstatt andere Marktteilnehmer zu behindern oder auszubeuten.

Das **Recht des unlauteren Wettbewerbs schützt den Verbraucher** vor allem gegen Irreführung und unsachgemäße Beeinflussung seiner Kaufentscheidung. Der Verbraucher soll die Möglichkeit erhalten, sich ungehindert zu informieren und für eine Ware oder Dienstleistung zu entscheiden. Dabei sollte er nicht in unlauterer Weise beeinflußt werden, durch Täuschung, Drohung, psychologischen Kaufzwang oder Ausnutzung seiner Gefühle, seiner Spiellust, seines sozialen Engagements. Sofern durch unlautere Belästigung ein Eingriff in die Privatsphäre erfolgt, kann der Verbraucher sich auf den Schutz des allgemeinen Persönlichkeitsrechts gem. Art. 2 GG berufen.

2.5 Rechtsprechung zum Direktmarketing

Die Auseinandersetzung mit den unterschiedlichen Interessen erfolgt auf der Ebene der Grundrechte im Wege der Interessenabwägung. Dies wird in der Rechtsprechung zum Direktmarketing bei der Werbung mittels Telefon, Telex, Telefax, Bildschirmtext (Btx) und im Internet deutlich. Dabei steht der Schutz der Privatsphäre des einzelnen dem wirtschaftlichen Gewinnstreben der Unternehmen gegenüber. Die Markt- und Meinungsforschung mittels moderner Kommunikationsmedien sollte diese Grundsätze berücksichtigen (*Steckler*, GRUR 1995, 865 ff.).

Die Anschlußinhaber von Telefon- und Telefaxgeräten, ISDN u. a. verfolgt mit der Einrichtung der Telekommunikationsanlagen bestimmte Zwecke. Sie wollen für Freunde und Verwandte erreichbar sein, aber auch mit Behörden, Wirtschaftsunternehmen und sonstigen Einrichtungen kommunizieren und nutzen die Anlagen zur Informationsbeschaffung im Internet und für viele andere geschäftliche, berufliche und private Ziele. Dieser Interessenlage widerspricht der unaufgeforderte Anruf eines Gewerbetreibenden zu Werbezwecken (cold call). Unaufgeforderte Telefonanrufe oder Faxe gelten daher als unlautere Werbung.

> Nur das – ausdrückliche oder konkludente – Einverständnis der Zielperson vermag die Nutzung seines Telefonanschlusses für Zwecke des Direktmarketings zu rechtfertigen (warm call).

Dies gilt auch für den geschäftlichen Bereich, wobei das Einverständnis vermutet werden darf, wenn die eine Geschäftsverbindung besteht oder die beworbenen Waren oder Dienstleistungen mit dem Geschäftsgegenstand übereinstimmen (BGHZ 54, 188 – Telefonwerbung I; BGH GRUR 1989, 753 – Telefonwerbung II; BGH GRUR 1990, 280 –

Telefonwerbung III; BGHZ 113, 282 – Telefonwerbung IV; BGH GRUR 1995, 220 – Telefonwerbung V).

Die Grundsätze der Telefonwerbung gelten auch für die Werbung mittels Telex, Teletex und Telefax. Ein besonderer Aspekt der Telefaxwerbung besteht darin, daß die Kommunikationseinrichtungen der Zielperson für die gewerblichen Zwecke des Anrufers blockiert werden. Dies widerspricht dem Interesse des privaten oder geschäftlichen Anschlußinhabers (BGHZ 59, 317 – Telefaxwerbung). Das Argument der **Blockierung der teletechnischen Anlagen** trifft bei neueren Geräten mit Speicherempfang nur noch teilweise zu, dafür gilt nach wie vor die stärkere Inanspruchnahme der Anlagen für Zwecke des werbetreibenden oder marktforschenden Unternehmens. Die Telekommunikationsanlagen stehen nicht mehr uneingeschränkt für die Zwecke der Anschlußinhaber zur Verfügung.

Während gegenüber der privaten Zielperson die Verletzung der Privatsphäre gem. Art. 2 GG im Vordergrund steht, bedeutet ein Anruf oder Fax zu Zwecken der Werbung im geschäftlichen Bereich einen erhöhten **Arbeits- und Zeitaufwand**. Auch im geschäftlichen Bereich kann die Werbung und Marktforschung mittels Briefpost in zulässiger Weise erfolgen. Im Posteingang werden die Angebote an die zuständigen Abteilungen weitergegeben und mit dem Tagesgeschäft bearbeitet. Dagegen kommen Telefonate und Faxe zu jeder Zeit und in unterschiedlichen betrieblichen Bereichen außerhalb des regelmäßigen Posteingangs an. Es handelt sich um einen aufgezwungenen Arbeits- und Zeitaufwand, weil fremde Werbezwecke verfolgt werden. Nur ein sachbezogenes Angebot im Hinblick auf den Geschäftsgegenstand des angerufenen Unternehmens, die wirtschaftliche Bedeutung des Angebots oder eine besondere Eilbedürftigkeit vermögen den Anruf zu rechtfertigen (BGHZ 59, 317 – Telefaxwerbung). In diesem Sinne wird auch die Btx-Werbung als unlautere Belästigung angesehen, soweit sie nicht gekennzeichnet ist und aus technischen Gründen nicht von der Inhaltsseite gelöscht werden kann (BGHZ 103, 203 – Btx-Werbung).

In den Entscheidungen zur Telefaxwerbung hat die Rechtsprechung neben dem Zeit- und Arbeitsaufwand der Zielperson auch die Kostenverlagerung berücksichtigt. Denn im Unterschied zu der zulässigen Briefwerbung erfolgt Nutzung des Telefaxgerätes auf **Kosten des Werbeadressaten**, welcher Papier und Druck der Werbung und Marktforschung finanzieren und zusätzliche Speicherkapazitäten bereitstellen muß. Im Einzelfall könnten daher Investitionen für die Erweiterung der Telekommunikationsanlage erforderlich werden. Aus den genannten Gründen wurde die Telefon- und Faxwerbung grundsätzlich als eine Form unlauterer Werbung angesehen, die nur ausnahmsweise durch das Einverständnis der Zielperson gerechtfertigt ist (*Steckler*, GRUR 1995, 865 ff.). Diese Grundsätze lassen sich auf die Markt- und Meinungsforschung ohne weiteres übertragen, soweit sie den gewerblichen Interessen eines Wirtschaftsunternehmens dient.

2.6 Besondere Formen der Marktforschung

Im folgenden sollen einige Formen der Kundenbefragung und Marktforschung auf ihre wettbewerbsrechtliche Bedeutung hin untersucht werden:
- Ansprechen auf öffentlichen Straßen und Plätzen,
- Befragung durch Hausbesuche,
- Schriftliche Befragung per Post,
- Nutzung der Telekommunikation,
- Marktforschungspreisausschreiben,
- Kundenbefragung und Adressenhandel und
- Möglichkeiten der Internet-Präsentation.

Diese Maßnahmen sind rechtlich unbedenklich, wenn es sich um eine reine Befragung zu Marktforschungszwecken handelt und dies für die Angesprochenen erkennbar wird. Dagegen wäre das **Ansprechen von Passanten auf öffentlichen Straßen und Plätzen** wettbewerbswidrig, wenn ein Vertragsabschluß angebahnt werden soll. Diese Form des Direktmarketings fällt unter die Fallgruppe der Belästigung im Sinne vom § 1 UWG. Denn die freie Entschließung des Kunden wird dadurch beeinträchtigt, daß der höfliche Durchschnittskunde in einen Begründungs- oder Entschuldigungszwang gerät, um den gewünschten Vertragsabschluß abzulehnen.

Die Form der **Befragung durch Hausbesuche** ist wettbewerbsrechtlich zulässig. Selbst wenn diese Marktforschung zur Vorbereitung von Vertragsabschlüssen genutzt wird, handelt es sich um traditionelle Verkaufsformen, die einen Besitzstandsschutz genießen (*Baumbach/Hefermehl*, § 1 UWG Rn. 75 a). Lediglich in Einzelfällen der Kundenbeeinflussung durch unlautere und irreführende Praktiken ist mit einer wettbewerbsrechtlichen Unterlassungsklage zu rechnen. Die Durchführung von Maßnahmen der Marktforschung ohne Bezug zur Werbung und ohne Verbindung zum Direktmarketing ist dagegen unbedenklich.

Die Marktforschung mittels **postalischer Umfrage**n oder durch Postwurfsendungen ist wettbewerbsrechtlich zulässig und deshalb besonders zu empfehlen. Denn die wettbewerbsrechtliche Akzeptanz liegt selbst dann vor, wenn die Befragung der Verkaufsförderung dient. Die Kunden können sich ohne äußere Einwirkung auf ihre Willensbildung frei entscheiden, ob sie eine Bestellung vornehmen wollen. Sogar die getarnte Werbung – wobei an der Postsendung äußerlich der Werbecharakter nicht erkennbar wird – ruft keine Wettbewerbshüter auf den Plan. Denn es ist den Verbrauchern durchaus zuzumuten, eine Werbung als solche erst nach dem Öffnen des Briefes wahrzunehmen, weil ihre Kaufentscheidung nicht beeinflußt wird. In der Rechtsprechung ist anerkannt, daß die Marktforschung durch Briefumfragen selbst dann keinen psychologischen Kaufzwang hervorruft, wenn die Umfrage erkennbar den Absatz eines Wirtschaftsunternehmens fördern soll (BGH GRUR 1973, 268 – Verbraucher-Briefumfrage).

Die Verwendung **teletechnischer Kommunikationsmittel** für das Direktmarketing – Telefon, Telefax – wird grundsätzlich aus den oben genannten Gründen als unlauterer Wettbewerb angesehen. Eine andere rechtliche Bewertung hat die Verwendung des Btx-Dienstes erfahren, soweit die Werbung gekennzeichnet wird und nachdem durch die technische Fortentwicklung eine Löschung aus der Inhaltsübersicht ohne Kenntnisnahme von dem eigentlichen Inhalt möglich war. Insofern ist die Nutzung dieser Kommunikationsform mit der Kontaktaufnahme durch Briefpost vergleichbar. Der Kunde entscheidet frei darüber, ob er die Werbung näher zur Kenntnis nehmen und einen Vertrag abschließen will.

Es handelt sich bei **Marktforschungspreisausschreiben** um zulässige Wettbewerbsaktivitäten, wobei der Zweck der Marktforschung gegenüber dem der Werbung zurücktritt. Die Teilnehmer dürfen allerdings nicht irregeführt werden, die Teilnahme muß von einem Warenbezug unabhängig sein, und es darf kein psychologischer Kaufzwang ausgeübt werden (*Baumbach/Hefermehl*, § 1 UWG Rn. 170).

Die Verwertung der gefundenen Marktanalyse durch **Adressenhandel** steht dem marktforschenden Unternehmen frei, soweit nicht datenschutzrechtliche Belange der betroffenen Personen verletzt werden. Durch entsprechende Auswertung des gewonnenen Datenmaterials können die Adressen der Kunden – sortiert nach jeweiliger Fragestellung – auch für Unternehmen anderer Branchen interessant sein. Da die datentechnische Zuordnung der Adressen zu den nachgefragten Verbraucherinteressen ohne weiteres möglich ist, hat sich der Adressenhandel in der Praxis als wirtschaftlich vorteilhafter Nebenaspekt der Marktbefragung erwiesen. Die Adressenbeschaffung zur Anbahnung von Vertragsbeziehungen unter Vorspiegeln einer anonymen Marktumfrage ist wettbewerbswidrig. Der Verstoß gegen § 1 UWG ist unter dem Aspekt des unlauteren Kundenfangs gegeben (OLG Frankfurt, GRUR 1989, 845).

Es widerspricht den anerkannten Regeln der Markt- und Sozialforschung, eine Werbeaktion nicht zu kennzeichnen. Sofern die Befragten darauf hingewiesen werden, daß ihre Adressen für Werbezwecke verwendet werden und ihr Einverständnis vorliegt, ist kein Wettbewerbsverstoß gegeben (BGH GRUR 1973, 286 – Verbraucher-Briefumfrage). Das in zulässiger Weise gewonnene Datenmaterial darf aus datenschutzrechtlichen Gründen ausschließlich für Zwecke der Marktforschung verarbeitet werden. Eine Weitergabe personenbezogener Daten ist von der vorherigen – informierten – Einwilligung der Betroffenen abhängig. Hierzu wird auf den Beitrag zu den datenschutzrechtlichen Aspekten der Marktforschung in diesem Handbuch verwiesen (vgl. den Beitrag von Brunhilde Steckler: Datenschutzrechtliche Aspekte der Marktforschung, S. 813).

2.7 Möglichkeiten der Internet-Präsentation

Das **Internet** bietet ideale Möglichkeiten für die Marktforschung. Zwar gilt das Cyberspace allgemein als ein rechtsfreier Raum, doch sind im Hinblick auf die kommerzielle Nutzung und die weltweite Verfügbarkeit der Informationen die Aspekte des internationalen Wettbewerbskollisionsrechts zu berücksichtigen (*Dethloff*, NJW 1998, 1596, 1598). Denn Verhaltensweisen, welche dem generellen Verständnis kaufmännischer Sitten und Gebräuche widersprechen, können sich auf den guten Ruf eines Unternehmens nachteilig auswirken. Das Internet ist ein globaler Marktplatz, auf dem alle Nutzer unbehelligt ihre legitimen Ziele verfolgen wollen. Daher wird Werbung in öffentlich zugänglichen Newsgroups oder über Bulletin Boards nach den allgemeinen Internet-Regeln der Netiquette nicht akzeptiert (*Hoeren*, S. 114).

Markt- und Meinungsforschungsinstitute sowie Unternehmen aller Branchen können das Internet für eine offene Befragung frei benutzen. Es bestehen insofern keinerlei Beschränkungen, weil das Internet nur als Übermittler der Umfragen dient.

Im Einzelfall kommt es aber darauf an, in welcher Weise das Internet für die Marktforschung eingesetzt wird. Denn es ist ohne weiteres zulässig, eine Umfrage von der eigenen Homepage aus durchzuführen. Auch in diesem Fall ist die Teilnahme an der Umfrage für den Internet-Nutzer freiwillig, vergleichbar mit der Briefumfrage.

Die Nutzung der e-mail-Adressen sollte allerdings zurückhaltend sein. Zur e-mail-Werbung liegt bereits eine Gerichtsentscheidung vor, wonach die unverlangte Versendung von Werbung an private e-mail-Anschlüsse wettbewerbswidrig ist (LG Traunstein, NJW 1998, 1648). Diese Auffassung wird auch von der Rechtslehre geteilt (*Ernst*, VuR 1997, 262). Wenn die Befragung zu Zwecken der Marktforschung daher nicht von der Werbung getrennt werden kann, wäre die Zustellung per Briefpost vorzuziehen.

Die technische Gestaltung verschiedener Programme ermöglicht eine Datenerhebung zur Ermittlung des Kundenverhaltens innerhalb der eigenen Internet-Präsentation, z. B. Häufigkeit des Aufrufs der Homepage, geordnet nach Stunden, Tagen und Wochen, Tages- und Jahreszeit, Herkunft der Interessenten, Verweildauer auf der Homepage. Diese Programme – Cookies – sind zur Füllung von Warenkörben entwickelt worden und rechtlich unbedenklich, soweit es um die Erhebung nicht personenbezogener Daten geht. Vielfach bieten die Programme zusätzliche Möglichkeiten einer verdeckten Marktforschung, z. B. durch die Beobachtung der Cursor-Bewegungen auf der Homepage mit der Verknüpfung weiterer Informationen bis hin zur Identifizierung des Internet-Surfers und seiner e-mail-Adresse. Die Erstellung detaillierter Nutzerprofile der Kunden und Interessenten widerspricht dem deutschen Datenschutzrecht (*Strömer*, S. 194 f.).

Die datenschutzrechtlichen Aspekte der Marktforschung erfordern die Unterrichtung des Betroffenen über die erhobenen und gespeicherten Daten, den Zweck einer vorgesehenen Übermittlung und den Datenempfänger.

Sofern Cookies in der Weise programmiert werden, daß die Erhebung personenbezogener Daten vom Nutzer ausgeschaltet werden kann, ist dem Grundsatz der Freiwilligkeit der Datenerhebung und -verwertung genügt. Eine Weitergabe der gewonnenen personenbezogenen Daten bedarf in jedem Fall noch einer gesonderten Zustimmung der betroffenen Person. Im Bereich der Marktforschung sind personenbezogene Daten vor der Übermittlung zu anonymisieren. Die unbefugte Verschaffung von Daten, die gegen unberechtigten Zugriff gesichert sind – z. B. durch ein Paßwort – stellt einen Straftatbestand dar, vgl. § 202 a StGB. Durch den Rechtsbruch ist ein wettbewerbsrechtlicher Verstoß gegen § 1 UWG gegeben.

2.7 Literaturverzeichnis

Baumbach/Hefermehl: Wettbewerbsrecht, 19. Auflage, München 1996
Dethloff: Marketing im Internet und Internationales Wettbewerbsrecht, NJW 1998, S. 1569
Ernst: Verbraucherschutzrechtliche Aspekte des Internets, VuR 1997, S. 259
Hoeren: Werberecht im Internet am Beispiel der ICC Guidelines on Interactive Marketing Communications, in: Lehmann (Hrsg.): Internet- und Multimediarecht, München 1997, S. 111 ff.
Steckler: Die wettbewerbsrechtlichen Unlauterkeitskriterien bei Verwendung teletechnischer Kommunikationsmedien im Direktmarketing, GRUR 1995, S. 865–87
Strömer: Online§Recht, Rechtsfragen im Internet und in Mailboxnetzen, Heidelberg 1997
Waltl: Online-Netzwerke und Multimedia, in: Lehmann (Hrsg.): Internet- und Multimediarecht, München 1997, S. 185 ff.

3. Ethik in der Marktforschung

Gustav Bergmann

Inhaltsübersicht
3.1 Marktforschung – kultiviert und erfolgreich
3.2 Chancen und Probleme einer Ethik in der Marktforschung
3.2.1 Ethik als Chance zur praktischen Orientierung
3.2.2 Allgemeine Probleme bei der Entwicklung einer Unternehmensethik
3.2.3 Konkrete Marktforschungs-Probleme
3.2.4 Eckpunkte einer kommunikativen Ethik
3.3 Grundformen der Systemethik
3.3.1 Klassische Konzeptionen
3.3.2 Neuere Ansätze der Systemethik
3.4 Kommunikative Ethik: Dialoge, Partizipation und Spielräume
3.5 Win/Win-Prinzip: Kooperative Lösungen
3.6 Ethik als Lernprozeß: Integratives Vorgehen
3.7 Kultivierte Marktforschung als Erfolgsfaktor
3.8 Literaturverzeichnis

Auf einen Blick

In diesem Beitrag wird erkundet, wie ethische Maßstäbe in der Marktforschung Sinn machen können; soll heißen: auf welche Weise sich verantwortliches Handeln auch für die ausführenden Akteure wirtschaftlich lohnen kann. Nach der Diskussion von Chancen und Problemen normativer Orientierung in der Marktforschung wird eine vielschichtige Grundlage für eine kommunikative Ethik skizziert. Vier Lösungsansätze werden dazu angeboten: Das Konzept der Sustainability (langfristige Durchhaltbarkeit), eine dialogorientierte Ethik, kooperatives Vorgehen zum allseitigen Vorteil, sowie die permanente Erneuerung der Ethik durch Lernprozesse. Marktforschung wird damit verantwortlich und langfristig erfolgreich durchführbar.

3.1 Marktforschung – kultiviert und erfolgreich

Viele Leser dieses Handbuchs werden über den Zusammenhang von Ethik und Marktforschung eher erstaunt sein. Was hat Marktforschung mit Ethik und Moral zu tun...? Oder was soll an Marktforschung eigentlich unmoralisch sein...? Wenn man die Marktforschung in den Marketingzusammenhang stellt, wird die Problematik schon deutlicher. Marketing wird oft mit manipulativen und aggressiven Methoden in Zusammenhang gebracht. Marktforschung kann dann dazu führen, individuelle Daten öffentlich zu machen, Persönlichkeitsrechte zu verletzen und Menschen zu bedrängen.

In diesem Aufsatz werden konventionelle und moderne Ansätze vorgestellt und das Modell einer **dialogischen Ethik** skizziert, die auf Durchhaltbarkeit ausgerichtet ist und damit zum langfristigen Erfolg. Diskutiert wird eine Wirtschaftsethik, die nach dem Philosophen Peck durch Kultiviertheit und Bewußtheit geprägt ist (*Peck* 1995). Kultiviertheit bedeutet hier mehr als Höflichkeit, sie beschreibt einen achtsamen Umgang und hat den Aufbau guter zwischenmenschlicher Beziehungen zum Inhalt. Effektives Marketing dient im Kerne dem Aufbau guter Beziehungen. Es werden Kontakte aufgebaut und gepflegt, Marken und Images entwickelt, die den Unternehmenswert steigern. Die Bewußtheit beschreibt die innere und äußere Wahrnehmung und Sensitivität, gerichtet auf alle sachlichen, emotionalen, intuitiven und kognitiven Aspekte. Marktforschung soll ja gerade dazu dienen, die Bewußtheit über den relevanten Kontext zu erhöhen und ein stimmiges Abbild der Realität zu liefern.

3.2 Chancen und Probleme einer Ethik in der Marktforschung

Zunächst wollen wir die zentralen Chancen und Probleme einer ethischen Orientierung allgemein in der Wirtschaft als auch bezogen auf die Marktforschung deutlich machen, und dann mit dem Grundriß einer Kommunikativen oder Dialogischen Ethik (die beiden Bezeichnungen werden zusammen mit dem Begriff Diskursethik synonym verwendet) auf die konkrete Ausgestaltung überleiten.

3.2.1 Ethik als Chance zur praktischen Orientierung

Management ist in systemischer Hinsicht als sinnvolle Rahmengestaltung zu sehen. Effektive ManagerInnen geben Impulse, schaffen eine Atmosphäre für Entwicklung und Lernen und setzen einen klaren Rahmen, innerhalb dessen Spielräume zur Selbstentfaltung und -organisation gelassen werden (*Bergmann* 1999). Der vom Management geschaffene Rahmen beinhaltet normative Regeln, die handlungsleitend für alle Beteiligten sind. Die normative Planung prägt somit die strategische und operative Arbeit. Zu unterscheiden sind:
- die Unternehmensphilosophie,
- die Unternehmenskultur und
- die spezielle Unternehmensethik.

Die Philosophie umfaßt allgemeine Werte und Leitlinien, die die existierende Kultur im Unternehmen positiv beeinflussen soll. Ethik wird als Lehre vom sittlichen Wollen des Menschen in verschiedenen Lebenssituationen, die sich aus der sozialen und ökologischen Verantwortung herleitet, verstanden und hat neben der Ursprungsbedeutung im Sinne von Gewohnheit (griech. ethos) damit einen über das Faktische weit hinausgehenden Sinngehalt. Demgegenüber wird die Moral mehr im Sinne von Brauch oder Sitte interpretiert, und gilt als vorgegebener Kodex herkömmlicher Werte (*Rich* 1987, S. 15 ff.).

Wirtschaftsethik bezieht sich auf die Anwendung sozialethischer Betrachtungen ökonomischer Sachverhalte (*Rich* 1987, S. 67). Die Unternehmensethik gilt als praktische Philosophie, in der die Leitlinien ausformuliert werden. Es geht also darum, die Werte und die Regeln im Unternehmen in konkretes Handeln zu überführen. Die normativen Überlegungen ergänzen die strategischen und operativen Aspekte im Unternehmen. Operative Betrachtungen dienen vornehmlich der Entwicklung effizienter Abläufe im Rahmen einer Zielsetzung. Strategische Planungen zielen auf die Effektivität des Handelns. Es werden übergreifende und eher langfristige Ziele und Strategien entwickelt. Erst die normativen Planungen zielen auf Legitimität. Hier wird versucht, eine Basis für dauerhafte Unternehmenswertentwicklung zu legen, in dem ein Ausgleich mit dem Kontext gesucht wird (vgl. Abbildung 1).

Normative (ethische) Aussagen erhalten einen Vorteilhaftigkeitscharakter, in dem auf den Nutzen der Kooperation und Verständigung für den egoistischen Akteur hingewiesen wird. Ethik kann so strategischen Charakter erlangen. Ethisches Verhalten ist nicht durchhaltbar, wenn es sich auf reinen Altruismus (Uneigennützigkeit) gründet. Auch Tugendhaftigkeit reicht nicht aus, es kommt vielmehr auf die Wirkungen an. Wir halten eine Heinzelmenschen-Regel für angemessen und durchhaltbar: »Verlasse jeden Ort ein wenig besser, schlauer, schöner, als Du ihn vorgefunden hast.« (*Bergmann* 1997 und 1999). Das führt in der Anwendung auf organisationale Bereiche (Teams, Unternehmen) zu sukzessiven und dauerhaften Verbesserungen für alle Beteiligten, insbesondere für den nützlichen Akteur. So werden Transaktionskosten durch den vereinfachten, weil vertrauensvollen und verläßlichen Umgang gespart. Wenn mehr Akteure Einblick in die Rückbezüglichkeit ihres Handelns gewinnen, werden nicht nur ethische Grundsätze populärer, sondern auch Wirtschaften einfacher. Soll heißen: die Lösungen werden auf lange Sicht so angelegt werden, daß die Wirkungen im Sinne von responseable durchgehalten werden können. Das ist das grundsätzliche Prinzip der **Sustainability** (Durchhaltbarkeit).

Die Durchhaltbarkeit von Verhaltensweisen ist in sozialer, psychischer, ökonomischer und ökologischer Hinsicht zu klären. Alle Maßnahmen werden danach so gewählt, daß das Image und der Ruf keinen Schaden erleiden, rentabel gearbeitet, sowie der Ausgleich und Einklang mit der sozialen und natürlichen Mitwelt gesucht wird. Dahinter steht keine Lehre oder Moral, sondern der Gedanke, daß auf lange Sicht nur Verhaltensweisen erfolgreich sind, die sich als Win/Win-Lösungen für alle Betroffenen und die natürlichen Systeme herausstellen. Notwendig ist keine Imageethik, sondern eher eine Charakterethik, die eine überzeugte Haltung und Prinzipien deutlich werden läßt (*Covey* 1992). Die reine Imageethik läßt sich nicht dauerhaft durchhalten, denn auch Marktforscher sind auf dauerhafte Beziehungen und einen verläßlichen Ruf angewiesen.

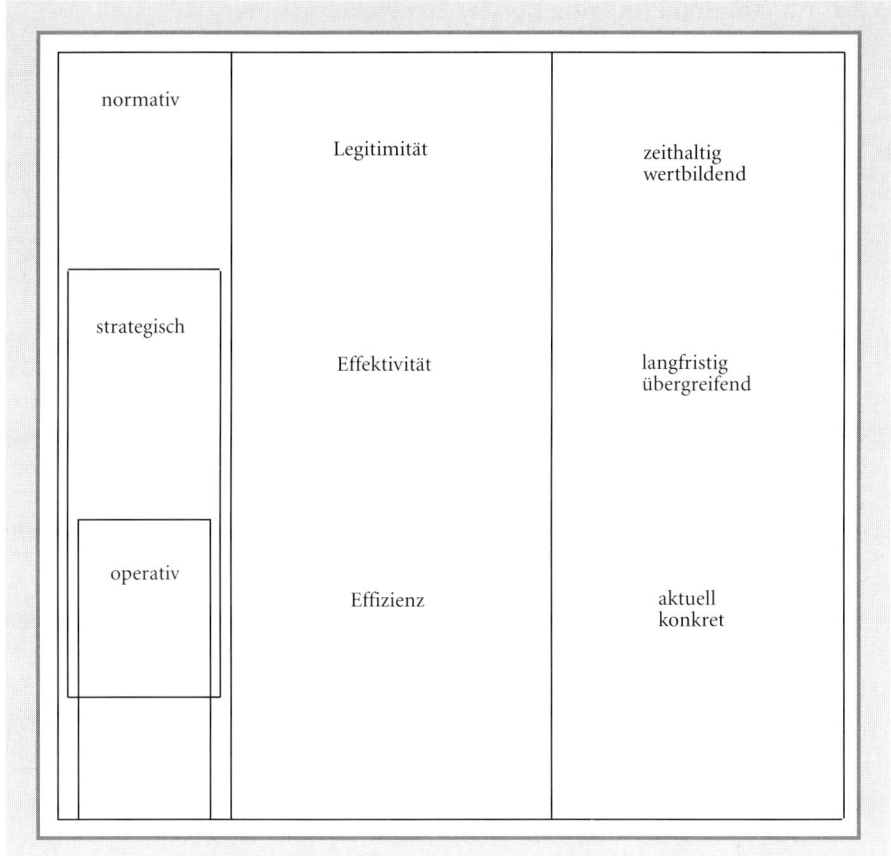

normativ	Legitimität	zeithaltig wertbildend
strategisch	Effektivität	langfristig übergreifend
operativ	Effizienz	aktuell konkret

Abb. 1: Ebenen des Managements

Ethik in der Marktforschung kann die Chance bieten:
- eine qualitativ bessere Vorausschau zu ermöglichen und damit das Risiko für Unternehmen zu senken,
- durch wesentlichere Informationen und eine höhere Bewußtheit über die komplexen Umfelder, einen klaren Blick sowie bessere Orientierung und Halt im turbulenten Kontext zu erhalten,
- die originären Bedürfnisse zu erforschen,
- auf dieser Basis, nützlichere Produkte und stimmige Werbung zu entwickeln und
- durch einen kooperativen und verständigungsorientierten Umgang mit allen Beteiligten eine Vertrauenskultur erwachsen zu lassen, die wiederum Kontroll- und Abstimmungskosten sparen läßt und die Koevolution mit den Marktpartnern ermöglicht.

Es fragt sich nur, warum diese einsichtigen Vorteile nicht immer gesehen und genutzt werden...?

3.2.2 Allgemeine Probleme bei der Entwicklung einer Unternehmensethik

»Warum leben wir nicht im Paradies...?« fragte H. Markl (*Markl* 1983, S. 11). Dafür gibt es (leider) mehrere schwerwiegende Ursachen, die im folgenden näher erläutert werden sollen.

- Als bedeutendste Hürde auf dem Weg zu einem moralischen Umgang fungiert die **eingeschränkte Rationalität** des Menschen. Wir denken und agieren weder logisch rational, noch sind wir in der Lage, unseren Nutzen steigender Alternativen immer klar zu entwickeln. Aus Untersuchungen zum Problemlöseverhalten ist hinlänglich bekannt, welche negativen Folgen menschliche Handlungen haben können (*Dörner* 1989). »Wer alles was er tut, zwar vernünftig und gut tut, aber niemals fragt, ob er dann das Gute und Vernünftige tut – den wird man nicht vernünftig nennen.« (*Lübbe* 1973, S. 97). Intendiertes Handeln, auch gut gemeintes, führt nicht immer zu voraussagbaren Ergebnissen. Einige problemerzeugende Pseudolösungsstrategien (PePseL) (*Bergmann* 1997) werden immer wieder praktiziert. Es wird zu wenig aus den bisherigen Vorgängen und Erfahrungen gelernt. Inhalte einer Wirtschaftsethik müssen insofern auch Hinweise und gegebenenfalls Regeln sein, die dem sozialen Akteur Hilfestellung leisten, die Auswirkungen seiner Handlungen besser abzuschätzen und vorsichtiger agieren zu können.

- Besonders im Management werden Erfolg oder Mißerfolg relativ unreflektiert und schnell bestimmten Ursachen zugeordnet, obwohl eher Kausalvernetzungen und **zirkuläre Kausalität** vorliegen und die wirklichen Ursachen, je nach Interessenlage und Position der Beurteilenden, sehr unterschiedlich gesehen werden können. Im Sinne einer vielfältigen Zuschreibung von Ursachen und Wirkungen (Multiattribuierung) sollte deshalb versucht werden, etwaige Widersprüche und Meinungsdivergenzen für eine ganzheitliche Diagnose im Dialog zu nutzen.

- Allein durch **Gesetze** (kodifizierte Normen) kann sich ein verantwortlicher Umgang, eine kooperative Kultur kaum erhalten. Schon Lao-tse sagte: »In einem Staat gibt es um so mehr Räuber und Diebe, je mehr Gesetze und Vorschriften es in ihm gibt.« Die Gesetzesorientierung (Legitimismus) fordert geradezu zur Umgehung und zur Lückensuche auf, wobei diese Unmoral sukzessive eskaliert, indem der Gesetzestreue geradezu als einfältig und blauäugig verächtlich gemacht wird. Tietzel spricht hierbei von einem Erosionsprozeß, der zur Umwertung oder gar Nichtbeachtung aller bisher vereinbarten Normen führen kann (*Tietzel* 1985, S. 164). Es ist insofern wichtig, die legitimierten Verhaltensregelungen immer im Einklang mit allgemeinen Wertorientierungen weiterzuentwickeln, um sie nicht als leblose Hülse künstlich aufrechterhalten zu müssen. Ähnlich wie in Gesetzen zunächst eine Generalnorm vorangestellt wird, um den Grundsatz zu verdeutlichen und Hilfestellung in bisher ungeklärten Einzelfällen zu geben, ist besonders in ethischen Fragen ein reflektierender Umgang mit den herrschenden Sitten und Gesetzen auf höherer Stufe notwendig (*Rich* 1987, S. 19). Ethik kann keinen universalen Anspruch anmelden. Sie hat immer nur lokale und temporäre Bedeutung (*Baecker* 1994, S. 148). Ähnlich dem Wechselspiel von Erwartung und Erfahrung, von Planung und Kontrolle in der betrieblichen Praxis, kann der Kreislauf der Erkenntnis auch auf die Herausbildung der Ethik angewendet wer-

den (vgl. den Beitrag von Gustav Bergmann und Marcus Pradel: Lernorientierte Marktforschung, S. 749).
- Ein wesentlicher und unverzichtbarer Anspruch an ein Normensystem ist die **Gerechtigkeit**. Normen und Gesetze müssen für alle Beteiligten gleichermaßen gültig sein, und die Durchsetzung und die Kontrolle sind unabdingbare Voraussetzungen für die Stabilität des Gerechtigkeitsempfindens. Das größte Problem beruht jedoch in der Festlegung und in der Kontrolle von Maßstäben für gerechtes Handeln. Diesbezügliche Vorschläge reichen von der Forderung nach Gleichbehandlung (wobei die Begriffe Gerechtigkeit und Gleichheit oft synonym verwandt werden), über die Formel »Jedem das Seine« (lat. suum cuique) bis hin zum **Kategorischen Imperativ** (*Kant* 1965), der umgangssprachlich oft vereinfacht übersetzt wird: »Was Du nicht willst, das man Dir tu, das füg' auch keinem anderen zu« (Goldene Regel). Das persönliche Handeln soll zu einem allgemeinen Gesetz erhoben werden können. Leider können diese in sich widersprüchlichen Regeln nicht miteinander in Einklang gebracht werden und weisen zudem im Einzelfall geringe Operationalität auf.
- Die klassische Wirtschaftswissenschaft konzentriert sich auf eine rationale Erörterung effizienten Mitteleinsatzes bei gegebener Zielsetzung. »Die Rationalität reduziert sich auf die Fähigkeit, Wahrscheinlichkeiten zu berechnen und dadurch einem gegebenen Zweck die richtigen Mittel zuzuordnen« (*Horkheimer* 1974, S. 17). Grundlage für eine solche rationale Vorgehensweise müßten allerdings eindeutige Informationen über die aktuelle und zukünftige Realität bilden. Aus der Kognitionswissenschaft und Chaostheorie können wir aber lernen, daß so etwas wie Objektivität, Wahrheit und Vorausschau nicht existiert. **Subjektive Wahrnehmungen** und **Konstruktionen der Wirklichkeit** sollten vielmehr ausgetauscht werden und zu einem stimmigen Gesamtbild vordringen, um wahrscheinlich sinnvolle Aktionen daraus abzuleiten. Wie sagte Nietzsche schon: »Mit Zweien fängt die Wahrheit an«. Nur eine breite und intensive Partizipation von Mitarbeitern und Kunden kann zu einem vernünftigeren Verhalten führen. Vorgegebene Maßregeln (Policies) werden zumeist wirkungslos bleiben, wenn sie nicht vorher durch offenen Dialog unter Mitwirkung der Betroffenen entwickelt wurden. Zudem sind alle Interpretationen intersubjektiv nachprüfbar zu gestalten, damit sie sinnvoll kritisiert und ergänzt werden können.

Die zahlreichen ungelösten Fragen haben dazu geführt, daß ethisch-moralische Aspekte immer mehr in den Hintergrund gedrängt wurden und werden. So entstand im praktischen ökonomischen Handeln ein **ethisches Vakuum** (vgl. *Brautl* 1986). Das Verhalten wird vom technisch Machbaren bestimmt und von moralischen Floskeln geschmückt und verdeckt. »Der Marktwirtschaft…(haben diese Sichtweisen)… den Ruf eingetragen, sie sei vornehmlich für Spitzbuben geeignet, und wer in ihr Erfolg haben wolle, dürfe es mit der Moral nicht so genau nehmen.« (*Birner* 1992, S. 25).

Aus diesen allgemeinen Ethik Problemen leiten sich konkrete Probleme in der Marktforschung ab.

3.2.3 Konkrete Marktforschungs-Probleme

Marktforschung umfaßt die Lieferung von Informationen über die Märkte (Aufgabenumwelt) eines Unternehmens. Unabhängig von der Art des Marktes gibt es – wie bei jeder Art empirischer Forschung – auch im Rahmen der Marktforschung unmoralische Handlungen. Kay-Enders hat anschaulich die grundlegenden Probleme dargelegt. Sie diskutiert ethische Probleme und Lösungsansätze im Gesamtrahmen des Marketing (*Kay-Enders* 1996, S. 64 ff.).

Im folgenden sollen einige wichtige Aspekte genannt werden:
- Datenmanipulation,
- Vorgaukelung von Gewißheit und Genauigkeit (Besitz der Wahrheit),
- Vermischung von Wahrnehmung und Interpretation,
- Verletzung der Privatsphäre von Probanden und
- Mißachtung der Anonymität von Probanden.

Marktforscher handeln unmoralisch gegenüber der Öffentlichkeit, wenn sie die gewonnenen Daten unangemessen verwerten und damit unterschiedliche Interessengruppen täuschen. Marktforscher können **Daten manipulieren**, indem sie ein unangemessenes Aggregationskriterium verwenden oder lediglich solche Daten selektieren, die ihre Hypothesen stützen. Sie können außerdem statistische Verfahren mißbrauchen, indem sie etwa Daten einseitig verdichten. Ferner können sie statistische Verfahren anwenden, ohne daß die dafür notwendigen Voraussetzungen erfüllt sind. – Marktforscher handeln unmoralisch gegenüber ihren Auftraggebern, wenn sie in einer Auftragsstudie gewonnene Informationen zurückhalten, eine zu geringe Grundgesamtheit verwenden, die pseudo-repräsentativ aufbereitet wird, Forschungsergebnisse verfälschen und retuschieren oder mit Sperrvermerk versehene Resultate auch an andere Unternehmen weitergeben. Andererseits handeln Unternehmen gegenüber Marktforschern unmoralisch, falls sie Forschungsangebote mehrerer Institute lediglich zur Ideengenerierung einholen und die Studie unter Rückgriff auf die von den Instituten gelieferten Konzepte konstruieren.

In einigen Marktforschungsunternehmen werden die oft auch nur fallweise angestellten Mitarbeiter entweder nicht angemessen geführt oder kontrolliert bzw. honoriert oder aber geradezu zur Datenmanipulation veranlaßt. Oft sind Dumpingangebote nur unter sehr restriktiven Bedingungen und mit ungelernten Aushilfskräften durchführbar. Wenig aussagekräftige Ergebnisse werden dann wahrscheinlich.

Marktforscher neigen berufsbedingt dazu, eine Aura des Wissens zu verbreiten und andere in den Glauben zu versetzen, sie seien im **Besitz der Wahrheit.** Doch aus der Bewußtseinsforschung und Philosophie wissen wir, daß es die Wahrheit gar nicht gibt. Vielmehr müssen wir davon ausgehen, daß viele subjektive Sichtweisen existieren, die bestenfalls angeglichen werden können. Insofern ist es nur redlich, die eigenen Beobachtungen und Wahrnehmungen als subjektiv zu bezeichnen und sie intersubjektiv nachprüfbar zu gestalten. Bei der empirischen Sozialforschung ist also höchste Vorsicht geboten, die Wirklichkeit durch Abbilder nicht unzulässig zu verkürzen.

Eng mit dem vorgenannten Phänomen hängt die **Vermischung von Wahrnehmung und Interpretation** zusammen. Aus dem Journalismus ist die notwendige – wenn auch leider immer weniger praktizierte – Trennung von Information und Kommentar bekannt. Auch in der Marktforschung sollte die ermittelte Information getrennt von der Interpretation wahrnehmbar sein. Eine sofortige Verdichtung kann sinnvoll sein, um die Komplexität bewältigen zu können. Dem Nutzer muß aber die Möglichkeit gegeben werden, originales Untersuchungsmaterial einzusehen, um daraufhin seine eigene Einschätzung entwickeln zu können. Wir halten es zudem für sinnvoll, vor allem allgemeine Muster zu destillieren. Es können zum Beispiel Unterschiede zwischen Konzepten, Strategien und Unternehmen festgestellt werden, die einen abweichenden Performancegrad aufweisen. Aus der Differenz ergeben sich Orientierungsmuster auf metasystemischem Niveau. Der Vorteil liegt darin, nicht bestimmte Ursachen für Erfolg und Mißerfolg zuordnen zu müssen, die immer streitbar sind, sondern sich auf Unterschiede zu konzentrieren, die Unterschiede machen.

Die unmoralischen Handlungen von Marktforschern gegenüber Probanden – meistens Verbrauchern – bedürfen besonderer Erwähnung, da sie relativ häufig auftreten.

Marktforscher können Verbraucher, die sich als **Probanden** zur Verfügung stellen, **irreführen**, indem als Vertreter getarnte Marktforscher noch nicht existierende oder geprüfte Produkte anbieten und damit unerfüllbare Erwartungen erzeugen oder gar Bestellungen entgegennehmen, um so die Produktnachfrage zu ermitteln. Zuweilen wird auch über die Untersuchungsziele nicht korrekt Auskunft gegeben.

Marktforscher handeln nicht nur unmoralisch, wenn sie potentielle oder tatsächliche Probanden irreführen, sondern auch wenn sie deren **Privatsphäre verletzen**. Die Versuchspersonen sollten deshalb über die Teilnahme an einer Untersuchung, über die geäußerten Gedanken, Gefühle sowie Einstellungen und über den Zeitpunkt des Abbruchs frei entscheiden können. Problematisch ist dabei, daß nicht alle Konsumenten ihr Recht auf Teilnahmeverweigerung und -abbruch kennen. Sie stimmen einer Teilnahme zudem oft nur aufgrund einer vagen Beschreibung des Untersuchungsinhalts und -zwecks, sowie Geldzahlungen zu, so daß sie nicht autonom entscheiden. In der Regel ist ein solches Vorgehen der Marktforscher allerdings notwendig, um den Zweck der Studie zu gewährleisten. In diesen Fällen sollten die Probanden aber nach der Untersuchung über deren Sinn aufgeklärt werden.

Marktforscher verletzen die Privatsphäre von Probanden auch, wenn sie anhand psychologisch basierter Methoden Dinge freilegen, die die Versuchsperson für sich behalten wollte.

Entsprechendes gilt auch für Beobachtungs- und Aufzeichnungsverfahren, über die die Versuchsperson nicht informiert wurde. Dazu gehört etwa der Einsatz von versteckten Tonbändern, Kameras oder Einwegspiegeln ohne vorherige Zustimmung der Beobachteten. Auch die Beobachtung des Einkaufsverhaltens kann in überschaubaren Milieus (Dorf, Stadtteil) zu problematischen Situationen führen.

Die **Mißachtung der Anonymität von Probanden** ist der dritte Bereich unmoralischer Handlungen von Marktforschern gegenüber Verbrauchern. In vielen empirischen Untersuchungen – insbesondere Befragungen – sagen die Interviewer ihren Probanden Anonymität zu. Den Gebrauch versteckter Codiersysteme zur Aufhebung der Anonymität bezeichnen Marktforscher als gängige Praxis, obwohl die Anwendung solcher Techniken überwiegend als unmoralisch angesehen wird (*Kay-Enders* 1996, S. 67).

Marktforscher verstoßen ferner gegen das Anonymitätsversprechen, falls sie Daten nicht vertraulich behandeln und die Bestimmungen der Datenschutzverordnung mißachten.

3.2.4 Eckpunkte einer kommunikativen Ethik

Zur Lösung der skizzierten Probleme stelle ich einige Ansatzpunkte vor. Die wesentlichen Bedingungen einer kommunikativen und durchhaltbaren Wirtschaftsethik werden kurz zusammengefaßt. Diese Ethik sollte:

- kommunikativ angelegt sein, da ethische Regeln aus verschiedenen Sichtweisen betrachtet und unter Berücksichtigung unterschiedlicher Interessen formuliert werden müssen,
- sich an metasystemischen Regeln orientieren,
- nicht idealistisch, sondern nachhaltig und erhaltend angelegt sein. Der Idealist und Altruist schadet der Ethik, wenn er seine Selbst- und Fremdausbeutung zuläßt,
- Grenzen setzen, Klarheit und Transparenz schaffen, also organisiert werden, verankert sein im System, um das verantwortliche Verhalten wahrscheinlicher werden zu lassen. So ist zum Beispiel an die Belohnung ethischen Verhaltens zu denken (Prämien),
- universell angelegt und damit auf allen Ebenen, individuell, organisatorisch und gesellschaftlich einsetzbar sein und
- menschliche Unzulänglichkeiten, Defekte, Irrationales berücksichtigen und deshalb wandlungsfähige, fehlerfreundliche und reversible Entscheidungsabläufe beinhalten.

3.3 Grundformen der Systemethik

Kurz sollen einige moderne Grundformen der Ethik beschreibend diskutiert werden, um anschließend eine eigene Konzeption zu skizzieren.

3.3.1 Klassische Konzeptionen

Die Hauptgestalten klassischer normativer Ethik reichen von einer situativen Moral über die ideologieverdächtige Gesinnungsethik, die utilaristische Erfolgsethik bis hin zur anspruchsvollen Verantwortungsethik (*Rich* 1987, S. 24 ff.).

Die **Situationsethiker** versuchen im Extrem eine Moral ohne Normen, also ein Handlungs- und Entscheidungskonzept zu entwerfen, mit dem sich der Akteur unter konkreten Umständen selbstverantwortlich entscheiden kann. Damit diese Gelegenheitsvernunft nicht vollends in Willkür abgleitet, werden implizit jedoch Prinzipien eingehalten, die der Erhellung der Situation dienen sollen.

Die reine **Erfolgsethik** erhebt das Faktische zur Norm, da vom Seienden auf das Sollen geschlossen wird. Es wird nicht nur davon ausgegangen, daß Wirtschaftssubjekte egoistisch ihrer persönlichen Nutzenmaximierung nachstreben, sondern es wird auch gesagt, daß dieses Verhalten zum Wohle aller ist. Der (ökonomische) Eigennutz wird etwas verklausuliert zum moralischen Wert erhoben.

Von **Gesinnungsethik** kann gesprochen werden, wenn nicht nur die Ergebnisse, sondern besonders die inneren Beweggründe des Handelns, die Intention, zur Beurteilung herangezogen werden. Damit wird aber die Problematik äußerst subjektiver und wohl kaum gesellschaftlich konsensfähiger Normenregulierung offensichtlich.

Eine **Verantwortungsethik** stellt auf die Folgen und Nebenwirkungen von Entscheidungen und Handlungen ab. Jonas hat den durch Kant formulierten Kategorischen Imperativ für die Nebenwirkungen des Handelns in einer dynamischen Perspektive erweitert. Jonas formuliert hier die Ethik der Zukunftsverantwortung: »Handle so, daß die Wirkungen deiner Handlungen verträglich sind mit der Permanenz echten menschlichen Lebens auf Erden« (*Jonas* 1984, S. 36).

3.3.2 Neuere Ansätze der Systemethik

Als neuere Ansätze sind systemtheoretische, kommunikative und kooperative Ansätze zu diskutieren. Im folgenden sollen Elemente dieser Ansätze zu einem Gesamtkonzept verbunden werden:

- Soziale Systeme konstituieren sich aus systemischer Sicht aus Kommunikation. Immer wenn mindestens zwei Personen interagieren, entsteht ein soziales System, in dem diese Akteure nur Beeinflusser nicht Elemente sind. Der Charakter, die Identität erwachsen aus spezifischen Formen der Interaktion. Sie bilden Beziehungen ab und sammeln Information. Die Elemente des Systems sind also Identität, Beziehungen und Informationen, die sich durch Kommunikation verändern und gegenseitig beeinflussen. So wird Marktforschung (als Informationsgewinnung) erheblich verbessert durch Identität und Identifizierbares sowie gute Beziehungen. Die gute Kommunikation wird durch eine stimmige Atmosphäre – und Rahmengestaltung verbessernd verändert. Insofern gibt die systemische Sichtweise Hinweise auf die Möglichkeiten der Systemerhaltung und -entwicklung. Marktforschung kann nützlichere Informationen anbieten, wenn gute interne und externe Beziehungen bestehen, und die Akteure eine klare Identität erleben. Gerade bezüglich der Marktforschung erscheint es wichtig, zu erwähnen, daß es keine vom Beobachter unabhängige Realität gibt (sie ist immer subjektiv). Die Beobachtung allein beeinflußt schon das soziale System. Der Wahrheit rückt man immer näher, indem viele Sichtweisen berücksichtigt werden. Beobachtungen verändern den Charakter von Gesprächen, wenn man sich vergegenwärtigt, daß Menschen nicht kommunizieren können, also immer Beeinflusser des Systems sind.
- Luhmann hat versucht, eine Ethik aus **systemtheoretischer Sichtweise** zu formulieren, die als moralfreie Moral die humanistischen Vernunfttheorien verwirft. Moral wird weniger Bindungskraft zugesprochen als vielmehr ein Störpotential bei der Konfliktbehebung. (*Luhmann* 1984, S. 318). Für Interaktionen ist keinesfalls gegenseitige Empathie und Sympathie notwendig; die Unsicherheit im Umgang sozialer Systeme miteinander, wird durch stabilisierte Erwartungen reduziert, die in gegenseitiger Achtung münden können. Moral entsteht durch wechselseitige Achtung und Respekt

in Interaktionsprozessen. Die systemtheoretische Ethik streift die Konzeption des normativen Sollens vollends ab und vermeidet dadurch die Tendenz zur Normierung des Verhaltens. Zudem wird das Ausmaß notwendigen Konsenses offengelassen, das heißt, Übereinstimmung nicht für unabdingbar gehalten.»Der Planer wird sich mit seinen Beobachtern nie ganz über Wertordnungen der Ziele, wahrscheinliche Folgen, noch akzeptable Risiken einigen.« (*Luhmann* 1985, S. 64). Über die Verwendung des gleichen Schemas der Informationsgewinnung können Konflikte kanalisiert werden. Partizipative Strukturen, die sich durch fortlaufende Interaktionen selbstregulativ fortentwickeln, ermöglichen eine quasi-automatische Koordination. Das soziale System kann zur Selbsterhaltung beitragen, indem es Verständigung schafft. Es kommt nicht so sehr darauf an, daß bestimmte ethische Ziele vereinbart, sondern das Orientierungsmuster des Dialogs verwendet werden.

- Habermas versucht mit seinem **Ansatz des kommunikativen Handelns** (*Habermas* 1981, Band 1, S. 384), diese systemische Sichtweise zu ergänzen, indem er eine individualistische Handlungstheorie, eine kommunikative Rationalität, zugrunde legt. Kommunikatives Handeln beschreibt Koordinationsmechanismen, die sich vornehmlich auf zwischenmenschliches Einverständnis gründen.»Im kommunikativen Handeln sind die Beteiligten nicht primär am eigenen Erfolg orientiert; sie verfolgen ihre individuellen Ziele unter der Bedingung, daß sie ihre Handlungspläne auf der Grundlage gemeinsamer Situationsdefinitionen aufeinander abstimmen können.« (*Habermas* 1981, S. 385).
- Eng mit diesen Überlegungen verbunden, sind aus der Spieltheorie abgeleitete Kalküle, wonach sich **kooperative Lösungen** auf lange Sicht positiv für alle Akteure auswirken.

Im folgenden wollen wir die systemische Vorgehensweise mit dem kommunikativen Handeln verbinden und zudem Ansätze der Win/Win-Strategie integrieren.

3.4 Kommunikative Ethik: Dialoge, Partizipation und Spielräume

Der Ansatz einer kommunikativen Verständigung geht davon aus, das alle Beteiligten und Betroffenen gemeinsam ethische Regeln vereinbaren müssen. Dies geschieht methodisch in gleichberechtigten Dialogen, in die alle einbezogen, und die möglichst dezentral organisiert werden. Auch wenn verständigungsorientiertes Handeln nicht möglich erscheint, kann durch den praktischen Dialog immer noch eine Einigung über Normen und Werte erfolgen.»Das Medium, in dem hypothetisch geprüft werden kann, ob eine Handlungsnorm, sei sie nun faktisch anerkannt oder nicht, unparteiisch gerechtfertigt werden kann, ist der praktische Diskurs, also die Form der Argumentation, in der Ansprüche auf normative Richtigkeit zum Thema gemacht werden.« (*Habermas* 1981, Band 1, S. 39) Jeder, der sich auf eine Kommunikation einläßt, akzeptiert ein Minimum an Regeln (*Habermas* 1983, S. 96 ff. und S. 100 f.).

Die Dialogethik wird erst mit zwei sehr wesentlichen Moralprinzipien vollständig. Zum einen muß jede Norm unter Beachtung der Neben- und Folgewirkungen gefaßt werden. Das heißt, es müssen die Interessen eines jeden Einzelnen befriedigt werden, und die

Norm muß von allen Betroffenen akzeptiert werden können. Zum anderen darf eine Norm nur dann gelten, «...wenn alle von ihr möglicherweise Betroffenen als Teilnehmer eines praktischen Diskurses Einverständnis darüber erzielen würden, daß diese Norm gilt.« (*Habermas* 1983, S. 75 f.)

Die Akzeptanz und die soziale Wirksamkeit von Normen sind damit abhängig von der umfassenden Partizipation aller Betroffenen. Habermas formuliert den Kategorischen Imperativ Kants deshalb auch zweckentsprechend um:»Statt allen anderen eine Maxime, von der ich will, daß sie allgemeines Gesetz sei, als gültig vorzuschreiben, muß ich meine Maxime zum Zweck der diskursiven Prüfung ihres Universalitätsanspruchs allen anderen vorlegen. Das Gewicht verschiebt sich von dem, was jeder (einzelne) ohne Widerspruch als allgemeines Gesetz wollen kann, auf das, was alle in Übereinstimmung als universale Norm anerkennen wollen.« (*Habermas* 1983, S. 76) »Was alle angeht, können nur alle lösen«, so hat es Dürrenmatt einmal sehr kurz beschrieben.

Für die Konsensfindung zwischen wirtschaftlichen Gruppen haben die Forderungen des kommunikativen Handelns weitreichende Konsequenzen: Es müssen alle von Verhaltensregeln Betroffenen in den Dialog integriert werden, und es gilt, die Regeln des fairen Argumentierens einzuhalten (*Habermas* 1983, S. 77; *Buber* 1994, S. 293 ff.; *Leisinger* 1997).

Die **Diskurs- oder Dialogethik** ermöglicht eine interaktive Generierung von situations- und personenübergreifenden Normen und Werten. Es werden vernünftige Vorgehensweisen und nicht Inhalte abgeleitet. Sie ist somit formal und undogmatisch angelegt. Die Dialogethik setzt am menschlichen Dasein an und versucht, Hinweise zu geben, wie zu begründbaren Vereinbarungen vorgedrungen werden kann, die die Geltungsansprüche aller Beteiligten und Betroffenen in Einklang bringt. Die Diskurs- oder Dialogethik ist damit kommunikativ und fordert zur argumentativen Verständigung auf. Der Grundsatz dieser Ethik lautet dann:
Eine Handlung ist dann ethisch fundiert, wenn sie im guten Glauben an die Unschädlichkeit für Dritte und/oder die Natur (auch in langfristiger Perspektive) durchgeführt wird, und alle Betroffenen und Beteiligten in ausreichendem Umfang Geltungsansprüche im Entscheidungsprozeß anmelden konnten.

In ökonomischen Handlungssituationen ist es nun oft so, daß **unmittelbarer Aktionsdruck** vorliegt, so daß bei fortgeführtem Dialog alle Beteiligten Schaden oder zumindest Nutzeneinbußen erleiden würden. Da ein Dialog nicht immer bis zum einvernehmlichen Konsens geführt werden kann, sind zweckmäßige Zäsuren einzubauen, so daß kein Akteur systematisch benachteiligt wird (*Steinmann/Löhr* 1992, S. 77 ff.; *Priddat* 1994).

Es spricht nichts dagegen, sich in ruhigeren Phasen auf die **Fire Fighting Policy** vorzubereiten. Wenn akute Handlungssituationen vorliegen, kann dann auf der Basis der kommunikativ entwickelten Spielregeln und Leitlinien entschieden und gehandelt werden. Die Integration der Beteiligten vollzieht sich beispielsweise in Open Space Workshops und Zukunftswerkstätten optimal (*Bergmann* 1997 und 1999), in denen weite Spielräume gegeben sind, die zur Selbstverantwortung anregen. Alle erleben die Regelentstehung mit.

3.5 Win/Win- Prinzip: Kooperative Lösungen

Der wahre Egoist kooperiert und nützt. Er schafft durch sein Verhalten gute, dauerhafte Beziehungen. Die Kenntnis der menschlichen Natur kann nicht die Inhalte moralischen Verhaltens vorschreiben, aber wertvolle Hinweise auf eine sinnvolle Ausgestaltung ethischer Regeln geben. Wenn man davon ausgeht, daß Menschen von Natur aus egoistisch sind (Selbsterhaltungsethik), folgert daraus noch lange nicht, daß darin ein ethisches Prinzip begründet liegt. Vielmehr liegt in dieser Erkenntnis die Chance, den Egoismus zum Wohle aller einzusetzen (*Markl* 1983, S. 48). In spieltheoretischen Untersuchungen ließ sich nachweisen, daß Gewinner/Gewinner-Strategien (*Patzig* 1984, S. 679; *Bierhoff* 1984, S. 310 ff. und 321 ff.) überwiegend positiven Erfolg erbrachten. Dabei bietet der Akteur (ego) in Austauschsituationen kooperatives Verhalten deutlich an und bestätigt sein Vorhaben durch Vorleistungen, die alter (der andere Akteur) nicht in die Lage versetzen, eine irreversible günstigere Position zu erreichen. Falls alter mit konfliktärem Verhalten antwortet oder in Form einer Provokation schon begonnen hat, wird diese von ego angemessen negativ sanktioniert, aber gleichzeitig ein neuer Versuch zur Kooperation eingeleitet. Auch wenn alter nachhaltig konfliktär handelt, entsteht ego daraus kein größerer Schaden, als wenn er immer konfliktär handelt (*Axelrod* 1984, S. 31 ff.). Es bestehen insofern Chancen, die Einsicht in die Notwendigkeit einer kollektiven Rationalität zu schärfen. Müller hat die Vorteilhaftigkeit kooperativer Strategien anschaulich skizziert (*Müller* 1997, S. 140 ff.). Harris konnte uns bildhaft die evolutiven Vorteile vorausschauenden und kooperativen Handelns skizzieren (*Harris* 1990). Aus der Sozialpsychologie sind konkrete Vorschläge zur Spannungsreduktion bekannt, welche Vertrauen zwischen den Austauschpartnern fördern und zugleich die Entschlossenheit und Überzeugung der Teilnehmer verdeutlichen (Reziprozität). Empirische Analysen sind immer auf die Kooperation der Beteiligten (Probanden/Auftraggeber) angewiesen (*Bierhoff* 1984, S. 227 f.).

Eine Eskalation, ein gegenseitiges Hochschaukeln ist in jedem Falle zu vermeiden und eine angenehme Atmosphäre zu fördern. Vielleicht hilft hier das oben erwähnte Heinzelmenschen Prinzip. Die Win/Win-Strategien beinhalten somit einige Verhaltensempfehlungen für Akteure, die Transaktionskosten durch verantwortliches Verhalten sparen wollen, und ergänzen damit die kommunikative Ethik in praktischer Hinsicht.

3.6 Ethik als Lernprozeß: Integratives Vorgehen

Neben den individuellen Ansatzpunkten bieten sich auf der Ebene des Management Möglichkeiten, wie die Gestaltung der Organisationsstruktur, des Führungsstils und des Problemlöseverhaltens.

Konkret erscheint notwendig, Moral Education für Manager durchzuführen, hierarchiefreie und offene Dialoge im Unternehmen zuzulassen, um dadurch erste Schritte in Richtung auf eine breit akzeptierte Identität (Unternehmenskultur, CI) einzuleiten. In einem interaktiven Lernprozeß kann eine **methodische Integration** gelingen, indem man sich weniger auf konkrete Inhalte, als vielmehr auf bestimmte Regeln der Vorgehensweise einigt. Zudem sind leitbildadäquate Maßstäbe der Beurteilung zu diskutieren. Es sind Anreizsysteme und Verhaltensvorschriften beispielsweise für die Interviewer zu kreieren, die erstens ein Verhalten gemäß der Leitorientierung der Unternehmung ermöglichen und zweitens ethisches Handeln positiv sanktionieren. In der Praxis lassen sich leider noch oft Anreizsysteme beobachten, die rein umsatz- oder mengenorientiert sind, den Mitarbeiter im verantwortlichen Handeln überfordern oder ihn geradezu zum unmoralischen Verhalten veranlassen.

Zu betonen ist in diesem Zusammenhang, daß in Untersuchungen zur Verhaltensforschung vor allem die positive Wirkung von persönlichen Interaktionen und **Rollentausch** zur Förderung des gegenseitigen Verständnisses und zum Abbau von Spannungen hervorgehoben wird (*Eibl-Eibesfeldt* 1975, S. 268 ff.). Konkret vorstellbar wäre, die Rollen der Interviewer, Auswerter, Analysten, Präsentatoren rochieren zu lassen und die Aufgabenspektren durch eine ganzheitliche Verantwortlichkeit zu erweitern. Die bewährten Konzepte der Gruppenarbeit können auch in der Marktforschung Anwendung finden. Selbstverantwortung und -organisation führen hier zu höherem Engagement und zur Selbstkontrolle.

Letztlich ist eine kultivierte und bewußte Unternehmung denkbar, in der kooperatives Verhalten belohnt wird, und eine langfristige Politik mit toleranten und pluralen Wesensmerkmalen etabliert ist.

Konkret können Marktforscher ihr Verhalten verantwortlich gestalten, wenn sie mit den Beteiligten und Betroffenen Regeln interaktiv entwickeln. Dazu bietet es sich an, eine auch aus anderen Bereichen bekannte und sehr bewährte Methode zu verwenden, die sich am **Lern- und Lösungszyklus** orientiert (*Bergmann* 1999 und 1997). Sowohl die Planung von empirischen Analysen und Diagnosen wie auch die eigentliche Durchführung sollte entsprechend des Lösungszyklus aufgebaut sein. So ist gewährleistet, daß alle Beteiligten mit Ihren Ansprüchen gewürdigt werden und kooperative Win/Win-Lösungen entstehen. Letztlich wird der Marktforscher mit dieser Vorgehensweise auch einen genaueren und stimmigen Blick über das Untersuchungsfeld bekommen. Die Ergebnisse von Beobachtungen, Befragungen und Tests werden wirkungsvoller und lassen die wesentlichen Aspekte erkennen. Zugleich wird eine dauerhafte Strategie praktiziert, die zudem eine stetige Verbesserung durch systematische Lernerfahrungen erfährt.

Der Lernzyklus der Marktforschung ist in diesem Beitrag schon vorgestellt worden (vgl. Abschnitt: Kommunikative Ethik, S. 850). Hier soll die Vorgehensweise am **Beispiel** der normativen Planung (Ethik) konkretisiert werden (vgl. Abbildung 2, S. 854).

Sinnvollerweise werden in Dialogen der Marktforscher die unterschiedlichen Sichtweisen angeglichen. Zum Beispiel können einige Einwände gegen bestimmte Methoden oder Auftraggeber eingebracht werden. Sodann wird das Marktforschungsprojekt durchleuch-

Rahmenbedingungen

Normativer Lernzyklus der Marktforschung

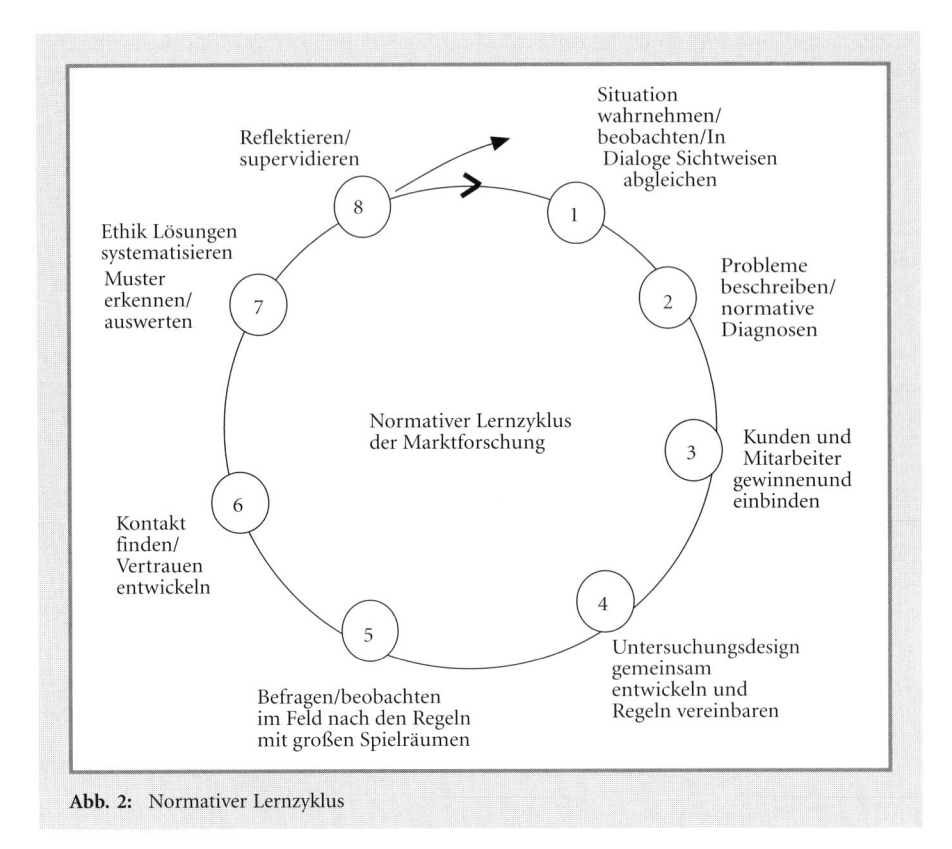

1. Situation wahrnehmen/ beobachten/In Dialoge Sichtweisen abgleichen
2. Probleme beschreiben/ normative Diagnosen
3. Kunden und Mitarbeiter gewinnen und einbinden
4. Untersuchungsdesign gemeinsam entwickeln und Regeln vereinbaren
5. Befragen/beobachten im Feld nach den Regeln mit großen Spielräumen
6. Kontakt finden/ Vertrauen entwickeln
7. Ethik Lösungen systematisieren Muster erkennen/ auswerten
8. Reflektieren/ supervidieren

Abb. 2: Normativer Lernzyklus

tet, und das Problemfeld näher beschrieben. Auch findet hier ein Diagnosemodell Anwendung, worin die normativen, strategischen und operativen Ziele und Praktiken auf Übereinstimmung geprüft werden.

Aus der normativen Planung ergeben sich Hinweise und Grenzen für die strategische und operative Ebene. Marktforschung äußert sich zum Beispiel in einer bestimmten Befragungsmethodik. Das Auftreten eines Marktforschungsinstitutes muß also übereinstimmen mit den Zielvorstellungen des Auftraggebers und der Agentur. Treten hier Diskrepanzen auf, kann das Hinweise auf notwendige Anpassungen der Unternehmenspolitik, vor allem aber Hinweise auf Verbesserungs- und Schulungsnotwendigkeiten ergeben. Wenn ein Marktforschungsunternehmen bestimmte normative und strategische Ziele erreichen will, sollte es auf den Einklang der Ebenen und Bereiche achten.

Im dritten Schritt wird unter Beteiligung aller Mitarbeiter und der Auftraggeber ein Briefing und erste Lösungsansätze interaktiv entwickelt. So ist gewährleistet, daß sich alle integriert fühlen, und ein wohl koordiniertes Konzept im vierten Schritt geplant werden kann.

In der Durchführungsphase (5. Phase) werden klar definierte, aber weite Spielräume gegeben und eine Vertrauenskultur entwickelt, deren Ergebnisse sich dann im sechsten Schritt zeigen. Im positiven Fall sind alle Beteiligten mit dem Projekt zufrieden. Es wird ein positiver Beitrag zum Image geliefert. In dieser Phase wird der Erfolg, die Veränderung und der Kontakt registriert und erlebt.

Im siebten Schritt werden die Lösungen systematisiert, gute von weniger guten Vorgehensweisen unterschieden und damit systematisch gelernt. (*Bergmann* 1996 und 1999; *Steinle et al.* 1995) Die letzte Phase dient dem Loslösen, Feiern aber auch der Reflexion und Supervision des Projektes. Auf diese Weise ist eine sukzessive verbesserte Marktforschung möglich.

Die angedeuteten Ethikprobleme in der Marktforschung sind mit dieser behutsamen, partizipativen und dialogorientierten Vorgehensweise zu lösen. Alle Beteiligten vereinbaren sich auf eine verständigungsorientierte und kooperative Kommunikation und versuchen die skizzierten Regeln anzuwenden. Marktforscher haben dann kaum die Veranlassung, Auftraggeber oder Untersuchungspersonen zu täuschen. Auftraggeber werden zufrieden sein mit den erkenntnisreichen Recherchen. Sukzessive bildet sich eine Vertrauenskultur heraus. Insbesondere könnte Marktforschung dann auch einen Beitrag liefern, die gesamte Marketingpolitik besser auf die Kundenwünsche auszurichten, nützlichere Produkte zu entwickeln und informative Werbung zu realisieren. Dies wäre dann eine auf allseitigem Vorteil ausgerichtete und damit sehr durchhaltbare Politik, die gerade in langfristiger Sicht ökonomische Vorteile zeitigt.

3.7 Kultivierte Marktforschung als Erfolgsfaktor

Marktforschung wird mit der Verwendung moderner Ethikgrundsätze langfristig erfolgreicher.
Drei wesentliche Grundsätze stehen im Vordergrund:
- Sustainability (Durchhaltbarkeit): Alle Aktivitäten sollten dem Grundsatz der **Durchhaltbarkeit** in ökonomischer, ökologischer, sozialer und individueller Hinsicht folgen. Nur dann kann sich ein Marktforscher (oder Marktforschungs-Institut) auf lange Sicht positiv mit einem gutem Namen im Markt verankern. Es geht dabei um die Systemerhaltung durch Verständigung. Es wird ökologisch valide gehandelt und gedacht (*von Schlippe/Schweitzer* 1997, S. 273).
- Dialogorientierung: Alle ethischen Grundsätze sollten im **Dialog** vereinbart werden. Befragte, Auftraggeber und Marktforscher können einvernehmlich Grundsätze entwickeln, die eine vertrauensvolle und damit transaktionskostensparende Atmosphäre schaffen. Es wird behutsam und intersubjektiv nachprüfbar vorgegangen. Jede Aktion hat unbestimmte Konsequenzen und alles kann auch anders gesehen werden. Im Lichte neuerer Erkenntnisse können die Regeln immer wieder neu vereinbart und angepaßt werden.
- Win/Win-Lösungen: **Kooperative Strategien** und Verhaltensweisen sind besonders stabil und erkenntnisreich. Alle Seiten sollten mit den Lösungen leben können, um

auf dieser Basis gute Beziehungen zu entwickeln. Sieger/Verlierer-Spiele erzeugen nur Widerstand und Reaktanz.

- Lernorientierung: Diese Grundsätze sind sinnvollerweise mit der **Lernzyklus-Methode** zu kombinieren. Dieser Lern- und Lösungszyklus gibt Hinweise auf die notwendigen Aktivitäten und Verhaltensweisen bei der Entwicklung von Marktforschungsdesigns und der konkreten Durchführung von Befragungen und Beobachtungen. Das Vorgehen erweitert das Bewußtsein (Sensitivität) über unterschiedliche Sichtweisen der Wirklichkeit und verbessert die Problemlösefähigkeit.

Normative Rahmenplanungen ermöglichen so die Erneuerung und Beziehungsentwicklung im Markt. Verantwortliches Verhalten lohnt sich dann auch in der Marktforschung. Sukzessive entwickelt sich ein kultivierter Umgang und die Bewußtheit für Phänomene im Kontext wird erhöht. Marktforscher nützen sich und den Auftraggebern durch kooperatives und lösungsorientiertes Vorgehen.

3.8 Literaturverzeichnis

Axelrod, R.: The Evolution of Cooperation, New York 1984
Baecker, D.: Postheroisches Management – Grundlagen, Determinanten, Handlungsempfehlungen, Berlin 1994
Bergmann, G: Zukunftsfähige Unternehmensentwicklung, München 1996
Bergmann, G.: Die Kunst des Gelingens – Dauerhafte Kurzzeitlösungen in der Lernenden Organisation, Studie des Köln-Institut, Köln 1997
Bergmann, G.: Die Kunst des Gelingens – 8 Wege zur Vitalen Organisation, Berlin 1999
Bierhoff, H. W.: Sozialpsychologie, Stuttgart 1984
Birner, J.: Wa(h)re Ethik im Ladenregal, in: Innovatio 7/1992, S. 24 ff.
Buber, M.: Das Dialogische Prinzip, 7. Auflage, Gerlingen 1994
Brantl, S.: Management und Ethik, München 1986
Covey, S.: Die sieben Wege zur Effektivität, Frankfurt 1992
Dörner, D.: Die Logik des Mißlingens, Reinbek 1989
Eibl-Eibesfeld: Krieg und Frieden aus der Sicht der Verhaltensforschung, München 1975
Habermas, J.: Theorie des kommunikativen Handelns, 2 Bände, Frankfurt/M. 1981
Habermas, J.: Diskursethik – Notizen zu einem Begründungsprogramm, J. Habermas, Moralbewußtsein und kommunikatives Handeln, Frankfurt/M. 1983
Harris, M.: Kannibalen und Könige, Stuttgart 1990
Horkheimer, M.: Zur Kritik der instrumentellen Vernunft, Frankfurt 1974
Jonas, H.: Das Prinzip der Verantwortung – Versuch einer Ethik für die technologische Zivilisation, Frankfurt/M. 1984
Kant, I.: Grundlegung zur Metaphysik der Sitten, Hamburg 1965
Kay-Enders, B.: Marketing und Ethik, Wiesbaden 1996
Laotse Tao Te King, Frankfurt/Berlin 1980
Leisinger, K. M.: Unternehmensethik – Globale Verantwortung und modernes Management, München 1997
Lübbe, H.: Bemerkungen zur aktuellen Technokratiediskussion, in: H. Lenk (Hrsg.): Technokratie als Ideologie, Stuttgart 1973
Luhmann, N.: Soziologische Aspekte des Entscheidungsverhaltens, in: DBW 4/1984
Luhmann, N.: Soziale Systeme – Grundriß einer allgemeinen Theorie, Frankfurt 1985
Markl, H.: Wie unfrei ist der Mensch...? Von der Natur in der Geschichte, in: Natur und Geschichte, München/Wien 1983, S. 10 ff.
Müller, U. R.: Machtwechsel im Management, Freiburg 1997

Patzig, G.: Verhaltensforschung und Ethik, in: Neue deutsche Hefte 31/1984
Peck, M. S.: Eine neue Ethik für die Welt, München 1995
Priddat, B.: Moderne Organisationsentwicklung oder die Rückseite der Moral, in: Forum Wirtschaftsethik 3/1994, S. 6 f.
Rich, A.: Wirtschaftsethik, Gütersloh 1987
Schlippe, A. v./Schweitzer, J.: Lehrbuch der systemischen Therapie und Beratung, Göttingen 1997
Steinmann, H./Löhr, A.: Grundlagen der Unternehmensethik, München 1992
Steinle, C./Schmidt, C./Lawa, D.: Erfolgsfaktorenkonzepte und ihre Relevanz für Planungssysteme, in: WISU 4/95, S. 311 ff.
Tietzel, M.: Wirtschaftstheorie und Unwissen, Überlegungen zur Wirtschaftstheorie jenseits von Risiko und Unsicherheit, Tübingen 1985

Kapitel XI Service

1. Autorenverzeichnis 861
2. Stichwortverzeichnis 869

Autorenverzeichnis

Thomas Baaken absolvierte eine Lehre zum Maschinenschlosser und studierte Maschinenbau und Betriebswirtschaftslehre in Aachen und Berlin. Er promovierte 1986 an der FU Berlin, wurde Niederlassungsleiter und Consultant der VDI/VDE-Technologiezentrum GmbH für Technologie-Marketing. In der DG XIII F der Europäischen Kommission war er Mitglied der Ausschüsse ACE/SIAP (Advanced Communication Experiments/Service integrated Application Projekts). Heute ist er Professor für Allgemeine Betriebswirtschaftslehre, insbesondere Marketing (Schwerpunkte: Investitionsgüter-, Technologie- und Softwaremarketing) im European Business Programme (EBP) an der Fachhochschule Münster und Mitglied des Rektorates als Prorektor für Forschung und Entwicklung.

Gustav Bergmann, geboren 1957, promovierte nach dem Studium der Betriebswirtschaftslehre und Politikwissenschaft an der Universität Münster. Er lehrt an der Universität Siegen Management und Marketing. Er ist Partner und Berater im Köln-Institut für zukunftsfähige Unternehmensentwicklung. Seine Forschungs- und Beratungsfelder sind interne und externe Kommunikation, lernendes, vitales Unternehmen sowie Innovations- und Designmanagment.

Frank Blom, Diplom-Kaufmann, war nach dem Studium der Wirtschaftswissenschaften an der Westfälischen-Wilhelms-Universität 15 Jahre in Führungspositionen der Bereiche, Materialwirtschaft, Beschaffungsmarketing und Logistik in Unternehmen tätig. Parallel arbeitete er als Dozent an Wirtschafts- und Fachhochschulen. Seit 1991 ist er selbständig als Berater, Dozent und Leiter des Instituts für ganzheitliche Logistik. Schwerpunkt der Tätigkeit ist der Aufbau von internationalen und nationalen Beschaffungs- und Distributionslogistiksystemen.

Jürgen Bruns studierte Volkswirtschaftslehre mit Diplomabschluß in Münster. Anschließend war er 25 Jahre lang als Marketingleiter, Exportleiter, teilweise im Ausland, bei Henkel, Thyssen und Prym tätig. 1989 erfolgte seine Berufung als Professor für Internationales Marketing und Statistik an die FH Niederrhein/Mönchengladbach. Er ist in zahlreichen Beratungs- und Seminarprojekten engagiert, u. a. in Georgien, Lettland und Rußland. Außerdem ist er als Gastdozent an den Universitäten Leon/Spanien, Galway/Irland und Valenciennes/Frankreich tätig. Hinzu kommen freiberufliche Beratertätigkeiten vor allem auf den Gebieten Marktforschung und Werbung. Er ist durch zahlreiche Veröffentlichungen ausgewiesen, u. a. durch das Lehrbuch »Direktmarketing«.

Karin Christof, Jahrgang 1959, studierte Mathematik und Informatik an der Technischen Universität München. Dort schloß sie als Diplom-Mathematikerin ab. Dann arbeitete sie als wissenschaftliche Mitarbeiterin am Lehrstuhl für Angewandte Mathematik an der Universität Augsburg und promovierte dort auch zum Dr. rer. nat. Während ihrer Berufspraxis war sie verantwortlich für die statistische Datenanalyse im Forschungsprojekt »Qualitätssicherung in der Herzchirurgie« der Deutschen Gesellschaft für Thorax-, Herz- und Gefäßchirurgie und Mitarbeiterin bei der SPSS Software GmbH, wo sie 1994 Leiterin des Geschäftsbereichs Training, Consulting und Anwendersupport sowie Mitglied der Geschäftsleitung wurde. 1997 erfolgte ihre Berufung als Professorin für Statistik und Wirtschaftsmathematik an die Fachhochschule Gelsenkirchen.

Harald Ehrmann ist Professor für Betriebswirtschaftslehre an der Fachhochschule Bielefeld mit den Lehrschwerpunkten ABWL und Controlling. Außerdem ist er in der Unternehmensberatung, in Vortragstätigkeiten und in der Veröffentlichung von Fachbüchern, Beiträgen in Sammelwerken und Fachzeitschriften engagiert (z. B. Kostenrechnung, Marketing-Controlling, Unternehmensplanung, Logistik).

Georg Felser, Jahrgang 1965, studierte Psychologie, Philosophie, Italianistik und Germanistik an der Universität Trier. Nach seiner Diplomprüfung (1991) schloß sich seine Promotion (1998), ebenfalls in Trier, an. Er arbeitet an verschiedenen empirischen Forschungsprojekten und als freier Mitarbeiter in der Exploration und Gruppenbehandlung. Außerdem ist er als Lehrbeauftragter bei verschiedenen Trägern tätig, an der Universität Trier und der Fachhochschule Trier.

Werner Hagstotz, Jahrgang 1951, studierte Volkswirtschaftslehre an der Universität Mannheim mit anschließender Promotion. Nach Assistenzzeit und ersten Erfahrungen in der Markt- und Meinungsforschung arbeitete er fünf Jahre lang als Projektleiter am Zentrum für Umfragen, Methoden und Analysen (ZUMA), danach sieben Jahre im Motor-Presse-Verlag als Leiter der Marktforschung. Seit September 1992 ist er Professor für Markt- und Meinungsforschung an der Fachhochschule Pforzheim.

Bernd Hallier studierte Volkswirtschaftslehre an der Universität Hamburg. Seine Promotion befaßte sich mit Veränderungen in einem mittelständisch strukturierten Markt durch Einsatz moderner Technologien. Nach zehnjähriger Tätigkeit im Management eines internationalen Zigarettenkonzerns wechselte er zum damaligen ISB (heute EHI), dessen Leitung er 1985 übernahm. Er vertritt den Handel in zahlreichen nationalen und internationalen Gremien, so als Vorsitzender des Beirats der EuroShop, als Aufsichtsratsvorsitzender der ORGAINVENT und als Präsident des internationalen Verbunds der Handelsforschungsinstitute.

Klaus Heinzelbecker studierte 1972 an der Universität Mannheim, wurde Diplom-Kaufmann und promovierte 1976 an der RWTH-Aachen. Ein Jahr später arbeitete er bei der Marketingberatung BBC in Mannheim/Zürich. Seit 1982 ist er bei BASF in Ludwigshafen beschäftigt und ab 1992 dortiger Leiter für Marketingforschung und Strategische Planung. Neben einer großen Zahl von Fachaufsätzen hält er viele Vorträge zu EDV- und Marketingthemen. Seit 1998 ist er Vice President der Vereinigung europäischer Planer in der Chemie (ECMRA).

Hans-Dieter Hippmann studierte Volkswirtschaftslehre mit anschließender Promotion. Seit 1991 lehrt er Wirtschaftsmathematik und Statistik an der Fachochschule Mainz. Sein Forschungsschwerpunkt liegt auf dem Gebiet der regionalen Marktforschung. Vor 1991 war er am Institut für Ökonometrie und Statistik, Fachbereich Recht und Wirtschaft der Johannes Gutenberg Universität, und anschließend beim Statistischen Bundesamt in Wiesbaden, Abteilung Volkswirtschaftliche Gesamtrechnungen, tätig.

Heinrich Holland studierte Betriebswirtschaftslehre und schloß seine Studien mit Diplom und Promotion ab. Danach arbeitete er in der Marketingabteilung eines Großversenders. Seit 1987 ist er Professor für Direkt- und Handelsmarketing, Statistik und Wirtschaftsmathematik an der Fachhochschule Mainz. Er hat mehrere Bücher und zahllose Aufsätze vor allem zum Direktmarketing, zur Statistik und Wirtschaftsmathematik veröffentlicht. Außerdem ist er als Vorsitzender des Prüfungsausschusses und Dozent an der Deutschen Direktmarketing Akademie tätig.

Jörg Koch studierte Betriebswirtschaftslehre an der Universität Köln (Diplom-Kaufmann/1960) und promovierte zum Dr. rer. soc. vec. an den Universitäten Nürnberg/Erlangen und Linz (1970). Bis 1972 arbeitete er als Projektleiter bei der GfK-Marktforschung, bis 1974 als Kundenberater bei der Werbeagentur FCB, bis 1982 als Leiter Produktmanagement bei TS-Henkel, bis 1985 als Geschäftsführer Roland Berger Forschungsinstitut und bis 1989 als Fachbereichsleiter Marketing Services und Elektronische Medien im Gong Verlag. 1989 wurde er zum Professor für ABWL und Marketing an die Georg-Simon-Ohm-Fachhochschule Nürnberg berufen. Er ist Fachautor und Gastdozent der Bayerischen Akademie der Werbung.

Wolfgang J. Koschnick studierte Volkswirtschaftslehre und Politikwissenschaften in Kiel, West-Berlin und Houston (Texas). Er ist Autor von rund 40 wissenschaftlichen Nachschlagewerken. Nachdem er als Journalist in den USA gearbeitet hatte, war er leitender Mitarbeiter am Institut für Demoskopie in Allensbach am Bodensee. Später war er Chefredakteur der Fachzeitschriften »Horizont Advertising Age«, »ZV + ZV« und »Copy«. Heute arbeitet er als freier Journalist und Medienberater in Allensbach.

Holger Meister studierte nach einer Lehre als Industriekaufmann Betriebs- und Volkswirtschaftslehre an der Universität Erlangen-Nürnberg. Dort promovierte er auch und forschte am Volkswirtschaftlichen Institut der Fakultät auf dem Gebiet der Effizienz in Markt und Staat. Ab 1983 war er kaufmännischer Leiter bei einem marktführenden Unternehmen der Maschinenbau-Industrie und wechselte 1987 in die Unternehmensberatung, wo er zuletzt als Geschäftsführer tätig war. Seit 1991 lehrt er als Professor für Betriebswirtschaftslehre an der Fachhochschule Landshut und ist Mitinhaber des Instituts für Managementfragen Meister & Meister in Altdorf/Nürnberg. Der Schwerpunkt seiner zahlreichen Veröffentlichungen liegt auf dem Gebiet des Dienstleistungsmanagement und der Effizienzsteigerung im privaten und öffentlichen Sektor.

Ulla Meister studierte Sozialwissenschaft an der Universität Erlangen-Nürnberg und promovierte dort zum Dr. rer. pol. Anschließend engagierte sie sich als wissenschaftliche Mitarbeiterin in zahlreichen Projekten des Forschungszentrums der Universität. Danach wechselte sie als Chef vom Dienst in einen Fachverlag und war dort verantwortlich für zwei Zeitschriften. 1985 trat sie in ein Großunternehmen der Lebensmittel-Industrie ein, wo sie zunächst als Abteilungsleiterin, dann Prokuristin und zuletzt Direktorin tätig war. Seit 1994 lehrt sie als Professorin für Betriebswirtschaftslehre an der Hochschule für Technik und Wirtschaft (FH) Mittweida und ist Mitinhaberin des Instituts für Managementfragen Meister & Meister in Altdorf/Nürnberg. Ihre Veröffentlichungen beziehen sich auf die Massen- und Individualkommunikation sowie auf das Gebiet der Kundenzufriedenheit.

Wilhelm Mülder ist als Professor für Wirtschaftsinformatik an der Fachhochschule Niederrhein/Mönchengladbach tätig. Seine wichtigsten Lehr- und Forschungsschwerpunkte liegen in den Bereichen computergestützte Personalinformationssysteme, Auswahlstrategien für Standard-Software, Management-Informationssysteme und Electronic Commerce. Er ist durch zahlreiche Veröffentlichungen ausgewiesen, darunter als Co-Autor von »Computerintegriertes Marketing« sowie »Grundkurs Wirtschaftsinformatik«.

Rötger Nötzel, Jahrgang 1937, studierte nach dem Wehrdienst Sozialwissenschaften in Bonn, Wilhelmshaven, Münster und Göttingen. Dort schloß er als Diplom-Sozialwirt ab. Von 1965–1972 war er in Marktforschung, Marketing-Controlling und Geschäftsleitung in Gütersloh, Wilhelmshaven, Düsseldorf und Hamburg tätig. 1972 wurde er als Professor für Marketing und Wirtschaftspsychologie an die Fachhochschule Osnabrück berufen. Er ist durch zahlreiche Veröffentlichungen in Fachzeitschriften und Sammelwerken ausgewiesen.

Wolfgang Oehme studierte Volkswirtschaftslehre an der Universität Erlangen. Nach dem Studium war er einige Jahre Assistent und Geschäftsführer am Forschungsinstitut für Genossenschaftswesen, während dieser Zeit promovierte er zum Dr. rer. pol. Anschließend trat er in die Dienste einer genossenschaftlichen Verbundgruppe des Lebensmitteleinzelhandels ein, wo er lange Jahre Leiter des Bildungswesens und zum Schluß Geschäftsführer des gruppeneigenen Verlags war. Er verfügt über langjährige Handelserfahrung und ist durch zahlreiche Veröffentlichungen zum Marketing (Handels-Marketing/w. Auflage, Handelsmanagement) hervorgetreten.

Werner Pepels startete nach Industriekaufmanns-Lehre und Ökonomie-Studium (Diplom-Kaufmann, Diplom-Betriebswirt) als Trainee in einer internationalen Werbeagentur und blieb dieser Branche 12 Jahre lang treu. Als Marketingberater betreute er renommierte Markenartikler. Während dieser Zeit stieg er bis zum Geschäftsführenden Gesellschafter einer der seinerzeit größten rein deutschen Werbeagenturgruppen auf. Seit 1989 ist er als Professor für Betriebswirtschaftslehre, mit Schwerpunkt Marketing, zunächst an der Fachhochschule Pforzheim, zur Zeit an der Fachhochschule Gelsenkirchen tätig. Er ist Autor zahlreicher Fachpublikationen aus den Bereichen Marketing, Werbung, Dienstleistungs- und Qualitätsmanagement sowie Referent an in- und ausländischen Aus- und Weiterbildungseinrichtungen.

Marcus Pradel, geboren 1967, arbeitete nach dem Studium der Betriebswirtschaft am NRW Forschungsschwerpunkt Kommunikation und am Institut für Kommunikation und Marketing in Düsseldorf. Seit 1996 ist er Lehrbeauftragter für Multimediales Marketing und Kommunikationsmanagement an der Universität GH Siegen. Ferner ist er Mitbegründer und Geschäftsführer des Köln-Instituts für zukunftsfähige Unternehmensentwicklung. Seine Beratungs- und Forschungsschwerpunkte liegen in den Bereichen Management, Organisation, Kommunikation und Marketing.

Hans-Jürgen Rogge, Jahrgang 1944, studierte Betriebswirtschaftslehre an den Universitäten Göttingen und Münster (Abschluß: Diplom-Kaufmann, 1968). Anschließend war er wissenschaftlicher Mitarbeiter/Assistent an den Universitäten Göttingen und Mannheim, wo er 1971 zum Dr. rer. pol. promovierte. Von 1973–1980 war er als Dozent an der

Fachhochschule Osnabrück tätig, an die er 1980 als Professor für Marketing berufen wurde. Hans-Jürgen Rogge nimmt verschiedene Lehraufträge wahr und ist durch zahlreiche Veröffentlichungen, teilweise Standardliteratur, ausgewiesen. Hinzu kommen zahlreiche Beiträge in wissenschaftlichen Zeitschriften und Handbüchern sowie Mitgliedschaften in akademischen und praxisbezogenen Verbänden.

Peter Sauermann studierte Psychologie mit Diplomabschluß (1969) und Promotion (1973), jeweils in München. 1976 erfolgte seine Berufung als Professor für Wirtschaftspsychologie und Marktforschung an die Fachhochschule Bielefeld. Dort ist er Leiter des Psychotechnischen Labors (experimentelle Werbewirkungsforschung). Davor arbeitete er vier Jahre als Studienleiter in einem Marktforschungsinstitut und drei Jahre als Projektleiter in einer Unternehmensberatung. Er hat mehrere Fachbücher sowie zahlreiche Beiträge in Handbüchern und Zeitschriften veröffentlicht, hinzu kommen Vortrags- und Seminartätigkeiten vor allem für mittelständische Unternehmen, Verbände und IHK's.

Karin Schmitt-Hagstotz, Jahrgang 1957, studierte Soziologie, Sozialpsychologie und Volkswirtschaftslehre an der Universität Mannheim (Abschluß: Diplom-Soziologin). Danach arbeitete sie an Projekten der Deutschen Forschungsgemeinschaft (DFG) und beim Zentrum für Umfragen, Methoden und Analysen (ZUMA). Seit 1993 ist sie freiberuflich in den Bereichen Marktforschung, Unternehmensberatung und Seminarwesen tätig.

Gerhard Schub von Bossiazky ist Leiter des Instituts für Kommunikation und Marketing e. V. an der Fachhochschule Düsseldorf.

Thomas Siebe studierte Volkswirtschaftslehre und promovierte über ökonometrische Simulationsmodelle. Anschließend war er bei einem der führenden Wirtschaftsforschungsinstitute tätig. Seit 1995 lehrt er Volkswirtschaftslehre an der Fachhochschule Gelsenkirchen. Er ist durch zahlreiche Veröffentlichungen in Sammelbänden und Zeitschriften zu Themen der empirischen Wirtschaftsforschung und Umweltökonomik ausgewiesen.

Susanne Stark, Jahrgang 1959, arbeitete nach ihrem Studium mehrere Jahre im Marketingbereich eines Großunternehmens der Lebensmittelbranche in Süddeutschland. Während ihrer anschließenden Tätigkeit am Institut für Konsum- und Verhaltensforschung in Saarbrücken, promovierte sie zum Dr. rer. oec. Seit 1993 ist sie Professorin für das Fachgebiet Marketing an der Fachochschule Bochum. Zu ihren Forschungsschwerpunkten zählt das Handwerksmarketing.

Brunhilde Steckler studierte Rechtswissenschaften in Gießen/Marburg und absolvierte ihr Referendariat im OLG-Bezirk Frankfurt a. M. Sie begann danach als akademische Rätin an der Universität Bayreuth und promovierte dort zu einem wettbewerbsrechtlichen Thema. Danach war sie als Rechtsanwältin für Wirtschaftssachen in einer Kanzlei am Bundesgerichtshof in Karlsruhe tätig. Seit 1987 ist sie Professorin für Zivil- und Wirtschaftsrecht, seit 1991 an der Fachhochschule Bielefeld. Ihr Lehrschwerpunkt liegt im Wirtschaftsprivatrecht, besonders EDV-Recht. Sie hat verschiedene vom BMBF geförderte Projekte der angewandten Forschung durchgeführt (z. B. Vertragsrecht im Internet, Urheberrechtsschutz multimedialer Präsentationen virtueller Unternehmen). Zu Kurzaufenthalten mit Vorträgen/Vorlesungen und zu Forschungszwecken besuchte sie renommierte ausländische Universitäten in Hongkong, Cambridge, Berkeley, Harvard. Sie hat ihr Wissen in zahlreichen anspruchsvollen Veröffentlichungen zum europäischen Zivil- und Wirtschaftsrecht dokumentiert, z. B. im Standardwerk »Wirtschaftsrecht« (Kiehl-Verlag, 4. Auflage).

Peter Steinmetz studierte Physik an der Technischen Hochschule Aachen zum Diplom-Physiker und absolvierte ein Zusatzstudium mit dem Abschluß Diplom-Wirtschaftsphysiker. Er promovierte zum Dr. rer. nat. und wurde wissenschaftlicher Mitarbeiter am Institut für Physikalische Chemie. Später wechselte er in den Bereich der Prozeß- und Qualitätsanalyse bei der Produktion elektronischer Bauelemente. Heute ist er Professor an der Fachhochschule Niederrhein, Mönchengladbach, mit den Schwerpunkten Wirtschaft sowie Textil- und Bekleidungstechnik.

Fritz Unger studierte Betriebswirtschaftslehre an der Universität Mannheim, dort promovierte er auch zu einem Thema aus dem Vertriebsbereich. Danach war er zehn Jahre lang im Marketing des Konsumgütermanagements tätig. 1985 bis 1991 war er als Professor für BWL und Marketing-Kommunikation an der Fachhochschule Stuttgart tätig. Anschließend wurde er zum Professor für BWL und Marketing an die Fachhochschule Ludwigshafen im Berufsintegrierenden Studiengang (BIS) berufen. Er ist Autor und Mitautor zahlreicher Veröffentlichungen, z. B. »Integriertes Marketing« (2. Auflage), »Marktforschung« (2. Auflage), »Statistik in der Betriebswirtschaftslehre« sowie Herausgeber von Fachbüchern.

E. Georg Walldorf studierte nach seiner Bundeswehrzeit Betriebswirtschaft an der Universität Mannheim und schloß dort als Diplom-Kaufmann ab. Parallel zu seiner praktischen Tätigkeit im Groß-, Außen- und Versandhandel bzw. Konsumgüterindustrie und Unternehmensberatung sowie einem soziologischen Ergänzungsstudium promovierte er zum Dr. rer. soc. oec. Seine Arbeitsschwerpunkte liegen im Bereich Auslandsabsatz und Regionalforschung. 1981 wurde er zum Professor für Internationales Marketing an die FH Worms berufen. Außerdem nahm er Gastprofessuren an der Universität Straßburg und der Handelshochschule Leipzig wahr. Er ist durch zahlreiche Fachveröffentlichungen, auch im Bereich Internet/Online-Systeme ausgewiesen und in den Hochschulgremien engagiert. 1980 war er Mitbegründer und Gesellschafter des Instituts für Handelsmarketing, 1986 Mitbegründer (als stellv. Vors./Direktor) und seit 1993 Vorsitzender des Instituts zur Förderung von Auslandsgeschäften und Auslandsprojekten bei der FH Worms. Er ist als Redner und Organisator zahlreicher Fachvorträge und Symposien aktiv.

Rolf Wöller studierte Betriebswirtschaftslehre an der Universität Hamburg und schloß dort als Dr. rer. pol. ab. Danach übernahm er acht Jahre lang leitende Tätigkeiten in der Exportabteilung eines Industriebetriebs und der Zentrale einer Handelsgruppe. 1970 wurde er als Professor für Außenwirtschaft, Handelsbetriebslehre und mathematische/statistische Verfahren an die Fachhochschule Bielefeld berufen. Er ist durch zahlreiche Veröffentlichungen in Buch- und Aufsatzform ausgewiesen. Außerdem arbeitete er an verschiedenen Gutachten zu Problemen des Handels mit.

Jakob Wolf ist Professor für Marketing und Marktforschung an der Fachhochschule Regensburg. In seinen Forschungsgebieten ist er seit vielen Jahren als Unternehmensberater tätig und führt Unternehmerseminare durch. Jakob Wolf ist durch zahlreiche Veröffentlichungen ausgewiesen, vor allem im Bereich der Handelsforschung.

Thomas R. A. Wolf studierte Informatik an der Technischen Universität München und schloß dort als Diplom-Informatiker ab. Danach war er in der Softwareentwicklung und Projektleitung für zahlreiche namhafte Auftraggeber tätig. Er veröffentlichte verschiedene Beiträge zur Marktforschungs-Software und ist Autor mehrerer Fachartikel zum Thema PC-Einsatz im Management.

Stichwortverzeichnis

A

α-Fehler 377
AAMF-relevante Sekundärquelle 658
Abbruch- oder Zurückweisungsquellen 161
ABC-Analyse 670
Abfragen 106
Abgabedatum 160
Abgrenzungsmerkmal 305
Ablaufordnungsfragen 154
Absatz- und Umsatzprognose 445
Absatzforschung 6, 650
Absatzmarkt 541
Absatzmarktforschung (AMF) 560, 649 f.
Absatzprognose
–, adaptive 442
–, autoadaptive 442
Absatzregion 539 f.
Abschneideverfahren 59
AC Nielsen Company 570
Ad-hoc-Auswertung 421
ADM 789
Adreßbücher 42, 49, 54, 87
Adreßfehler 54
Adressen 41
Adressenhandel 837
Adressenlisten 41, 53, 93
ADVANTAGE 271, 588
Advertising Response-Modell (ARM) 595, 599
Agglomeration 550
–, branchengleiche 545
–, branchenübergreifende 545
agglomeratives hierarchisches Verfahren 368
AIO-Ansatz 490
Akquisition von Unternehmen 531
Akquisitions-Portfolio 531
Aktionsfelder 13
aktives Standort-Marketing 546
Aktualgenese 234
aktualgenetisches Verfahren 234
Aktualität 54, 89, 93
Alternativen 15
Alternativhypothese 376
Alternativkosten-Analyse 798
Analogie 452

Analogieschlüsse 83
Analyse des Globalurteils 627
analytische Fragen 153
Anbieterstruktur 673
Anforderungsprofil 797
Angebots- und Nachfrageprognose 445
Angebotsaufforderung 790
Angebotsverknappung 675
Animatic 272 f.
anonymisierte Daten 816
Anonymität der Auskunftspersonen 158
Anpassungstestverfahren 376
Anregungsphase 17
Ansatz, datenorientierter 21
Anschreibengestaltung 163
Ansprechen von Passanten 836
Anteilswert 376, 388
Antwortbereitschaft 172
Antwortfälschungen 158
Antwortquote 173, 181, 741
Antwortverhalten 212, 266
Anwendungssituationen 157
Anzeigenanmutung 585
apparative Beobachtungsverfahren 231
apparative Verfahren 266
apparative Werbewirkungsforschung 253 f.
Arbeitsphasen 9
arithmetischer Mittelwert 379
Art der Frageformulierung 136
assoziatives Verfahren 122
Attitüde 610, 612
Außendienst 448
Außenhandelsunternehmen 542
Aufbereitungsmethode 91
Auftraggebereffekt 142
Auftragsdatenverarbeitung 822
Auftragserteilung 791
Ausgleichsrechnung 467
Auskunftsanspruch 823
Auskunftsperson 159 f.
Auslandsabsatzforschung (AAF) 647 ff., 655 f., 661
Auslandsabsatzforschung, Aufgaben der 654
Auslandsabsatzmarktforschung (AAMF) 647 ff., 651, 655, 658

Auslandsbeschaffungsmarkt/Importmarktforschung 650
Auslandsgeschäft 654
Ausreißer 446
Aussagen-Gültigkeit 279
Ausschöpfung 53 ff.
Ausschöpfungsquote 54 f.
Auswahl, bewußte 55
Auswahl von Befragten 141
Auswahlanweisung 56
Auswahlbasis 745 f.
Auswahlcluster 51
Auswahlmechanismus 57
Auswahlprinzipien 46, 53, 745
Auswahlproblem 49
Auswahlprozeß 53 f., 56
–, gestufter 35
Auswahlprozedur 53
Auswahlsatz 49 f., 59
Auswahlverfahren 46, 48 f., 52 f., 60, 62
Auswertung 266, 422, 720
Auswertung, computerunterstützte 432, 434
Auswertungen 106
Auswertungsbeispiele 423
Auswirkungsanalyse 453
Autokorrelation 705
automatische Disposition 573
autoregressives Modell 698

B
β-Fehler 377
Baggern 265
Balanced Scorecard System 755
Balken 410
Ballon Test 122, 643
band heritage 272
Banner 193 f.
Baseline STAS 596
BASES 286
Beamer 409
Bebauungsplan 551
Bedarf 563
Bedarfsanalyse 797
Bedürfnisanalyse 636
Bedürfnislücke 636
Befragtenanzahl 139
Befragtenauswahl 140
Befragtenkreise 140

Befragung 38 ff., 59, 129, 131, 448, 561, 641, 664
–, computergestützte 182
–, merkmals- und ereignisorientierte 632
–, punktuelle 738
Befragung per E-Mail 158
Befragungsdauer 205
Befragungsform 670
Befragungshäufigkeit 138
Befragungsmethode 449
Befragungssituation 175
Befragungsstrategie 132, 135
Befragungstaktik 136
Befragungstechnik 719
–, qualitative 116
Befragungsthemen 157
Befragungsumfang 137
Befragungszeitraum 160
Befragungszweck 161
Below-the-line-Maßnahme 595
Benchmark 528, 587
Benefit-Segmentierung 481
Benutzergruppen 102
Benutzungsschnittstelle 102
Beobachtung 266, 562, 630, 664, 719
Beobachtungsverfahren 273
bereinigtes Kaufvolumen 553
Bericht 24, 423
Berichterstattung 266, 407, 409, 412
Berichtigungsanspruch 823
Berufsverband Deutscher Markt- und Sozialforscher (BVM) 789, 799
Beschaffungsforschung 650
Beschaffungsmarketing 667
Beschaffungsmarkt 541, 555
Beschaffungsmarktforschung 559, 650, 666 ff., 670 ff., 675, 677
–, bedarfsabhängige 668
–, eingekaufte 677
–, kontinuierliche 669
–, kooperative 677
Beschaffungsstrategien 667
Beschäftigungsprognose 445
Beschreibungsmerkmale von Grundgesamtheiten 37
Besetzungszahl der i. Klasse 319
Bestands- und Bewegungsmasse 305
Bestimmungsfaktoren 661
Besucherbefragung 738

Stichwortverzeichnis

betriebliche Informationswirtschaft 648
Betriebsforschung (BF) 647 ff., 654 f.
betriebsinterne Daten 732
Beurteilung der Qualität 85, 89
Beurteilungsprozeß 89
Bevölkerungsprognose 445
Bevorratungslücke 223
Bevorratungszeit 224
bewußte Auswahl 63
Bezirksleiter 448
bilaterale Beziehung 673
Bilddiagramm 404
Bildererzähltest 122
Bildschirmbefragung 183
Binnenabsatzforschung (BAF) 652
Binnenabsatzmarktforschung 650
Binnenbeschaffungsforschung 650
biotischer Realmarkt-Test 283
biotischer Versuchsaufbau 250
Blickregistrierungsverfahren 239
Blickverlauf 268
Blueprinting 631
Brain map 755
Brainstorming 451
Branche 544, 551, 555
branchen- und länderspezifischer Informationsbedarf 674
Branchenmix 545, 550
Breite der i. Klasse 319
Briefing 786
Buchstabenverfahren 49, 51
bundesweite Bevölkerungsbefragung 206
Bürgerbefragung 157
Business Intelligence-Technik 537
Business Research 530
Business-to-Business-Bereich 206
Buy-Test 274

C

C&C-Großhandelsunternehmen 542
Car Clinic 715 ff., 721 ff.
–, computergestützte/virtuelle 717
–, Durchführungsschritte einer 720
–, dynamische 717
Caravan-Befragung 167
Carry Over-Effekt 297, 595
Category Management 574
Computer Aided Personal Interviewing (CAPI) 204, 207 f., 793

Computer Aided/Assisted Telephone Interviewing (CATI) 145 f., 182, 204, 206, 208
Centrale für Coorganisation (CCG) 570
chaotische Umwelt 772
Checkliste 20, 786 f.
Chi-Quadrat-Unabhängigkeits-Test 344
City-Standort 546
Club of Rome 453
Cluster 51
Clusteranalyse 366, 486, 744
Clusterverfahren 368
Coaching 781
Cognitive Response-Forschung 621
Cognitive Response-Theorie 622
Compagnon-Verfahren 239
Competitiveness 272
Comprehensiveness 272
Computer Aided Selling (CAS) 98
Computer Integrated Trading (CIT) 577
Computerbefragung 185
Conjoint Measurement 535
Conjoint-Analyse 258, 263, 372, 627
Consultant 780
ConsumerScan 571
Context-Informationsdienst 207
Controlling, strategisches 528
Cookie 107, 838
Copy-Test 581, 585, 590, 793

D

Data Mart 109
Data Warehouse 108 ff., 112, 567
Data-Mining 110, 537, 566 f., 576
Database Marketing 98
Dateien 446
Daten
–, qualitative 409, 541 f.
–, quantitative 87, 409, 542
Datenanbieter 569
Datenaufbereitung 84
Datenauswertung mit SPSS 416
Datenbanken 41 f., 53, 83, 86 f., 104, 446, 573, 586, 817
Datenbankenrecherche 804
Datenbasis 40 ff., 53 ff., 57, 83
Datenbasisstichprobe 53
Datendefinition 93
Dateneingabe 419

Datenerhebung 156
Datengeheimnis 817
Datengewinnung 130 f.
Datenimport 419
Datenklassifikation 93
Datenlieferant 86 f.
Datenmanagement 418
Datenmanipulation 846
Datenqualität 89
Datenquellen 79, 83, 85, 89, 407
Datensammlungen 39
Datenschutz 160, 816
Datenschutz im Fernmeldeverkehr 827
Datenschutzrecht 815
datenschutzrechtliche Aspekte 813
Datensicherheit 816
Datensicherung 824
Datenübermittlung 820
Datenverarbeitung 48, 87
Datenverwender 42, 89
Day After Recall 271
Day-After-Recall-Tests (DAR) 584
Deadline 161
Definitionsmerkmal 34, 45
Delphi-Methode (DM) 449, 450, 687, 690, 718
Delphi-Studie 534
Delphi-Verfahren 695
Dendrogramm 368
Dependenzanalyse 418
dependenzanalytisches Verfahren 341
Depotwert 606
derivative Informationen 19
Designor 283
Desk-Research 80, 664, 718
deskriptive Forschung 247
deskriptive Statistik 418
Determiniertheit 447
Deutsche Markt- und Sozialforschungsinstitute (ADM) 789
diagnostische Erkenntnis 271
diagnostisches Verfahren 274
Diagramm 410, 418
Diagrammtypen 397
Dialogprogramme 106
Dienstleistung 777
differenziertes Marketing 478
Differenziertheit der Daten 89
Dimensionen 10

Direkte Produkt-Rentabilität (DPR) 576
direktes Verfahren 645
Direktmarketing 834, 836
Disc by Mail-Variante 158
Diskontinuitätenanalyse 688
Diskontinuitätsbefragung 687
Diskriminanzanalyse 350, 486
Diskriminanzfunktion 350 f.
Diskussions-Foren und News-Gruppen 695
Distanz- oder Ähnlichkeitsmatrix 368
Distanz- und Ähnlichkeitsmaße 367
Distinctiveness 272
Distributionspolitik 107
Distributionsveränderung 602
Doppelarbeiten 86
Doppelbefragung 58
Dreikomponentenmodell 610
due diligence 532
Durchschnitt 459
Durchsetzungsfähigkeit (awareness) 589

E
E-Mail 192
e-mail-Werbung 838
EAN-gestützte Panel-Forschung 258
EAN-Strichcode 568
Early Adopter 264
EDV für Prognosen 472
EDV-Organisation 267
EDV-Service 788
Effektivitätskriterien 36
Efficient Consumer Response (ECR) 570, 575
Effizienzprüfung 736
EHI 576
EHI-Handelsforschung 569
Eigenmarktforschung 797, 808
Ein-Schritt-Prognose 708
Ein-Themenbefragung 137
eindimensionale Häufigkeitsverteilung 312
eindimensionales Konzept 610
einfache Häufigkeit 316 f.
einfache Regression 467
einfaches arithmetisches Mittel 459
Einkaufslistentest 122
Einkommenselastizität der Konsumnachfrage 703
Einreißfragebogen 738, 740

einseitige Abgrenzung (Obergrenze) 383
einseitige Abgrenzung (Untergrenze) 384
Einstellung 610 ff., 614 f., 620 ff., 636
Einstellungsänderung 620 ff.
Einverständnis der Zielperson 834
Einwegspiegel 238
Einzelhandel
–, ambulanter 543
–, stationärer 543
Einzelinformationen 87
Einzelinterview 139, 273
Einzugsgebiet 550 f., 553, 563
Electronic Data Interchange (EDI) 570
elektronische Medien 87
elektronischer Mikromarkttest 282
Emotional Appeal 272
empirische Standardabweichung 330
empirische Varianz 329
Endlichkeitskorrekturfaktor 66 f.
endogene Einflußfaktoren 445
Endpräsentation 408, 413
Endverbraucher 719
Endverbraucherpanel (Haushaltspanel) 215
Entscheider-Informations-System 59
Entscheidung bei Risiko 27
Entscheidung bei Sicherheit 25
Entscheidung bei Unsicherheit 25
Entscheidungsarten 16
Entscheidungsfeld 13
Entscheidungshilfen 27
entscheidungsorientierter Ansatz 22
Entscheidungsprozeß 14, 16 f., 446 f.
Entscheidungsregeln 25
Entscheidungssituationen 24
Entscheidungsträger 13, 15 f., 18
Entwicklungsprognose 445
Ereignisorientierung 630
Ereignistechnik, kritische 632
Erfolgsethik 848
Ergebnisdarstellung 414
Ergebnispräsentation 210, 410, 435
Ergebnisumsetzung 268
Erhebungsinstrumente
–, qualitative 715
–, standardisierte 715
Erhebungsmethode 39, 83, 90 f., 267, 716
Erhebungsobjekt 80
Erhebungsstichtag 160
Erhebungstechniken 38 ff., 55

Erhebungsumfeld 90
Erhebungsumstände 90
Erhebungsunterlagen 160
Erhebungszeitraum 89 f.
Erhebungszweck 80, 90
Erinnerung (recall) 581
Erinnerungstest (Recall) 583
Erinnerungsverfahren 157
erklärende Variable 457
Erlaubnisvorbehalt 821
Ersatzinformationen 82
Erstinformationen 82
Erstkäuferbefragung 156
ESOMAR 789
Ethik in der Marktforschung 841, 843
Ethikgrundsätze 41
Euro Socio Styles 499
Euro Socio Styles-Typologie 499
evaluativer Wert 271
evaluatives Verfahren 274
Executive Information Systems (EIS) 109
exogene Einflußfaktoren 445
Experiment 246, 562
experimenteller Aufbau 248
experimentelle Forschung 247
experimentelle Preisforschung 258
experimentelle Produktforschung 254
experimentelle Vertriebsforschung 255
experimentelle Werbewirkungsforschung 253
experimenteller Micro-Testmarkt 259
Experte 449
Expertenbefragung 687
Experteneffekt 143
Expertengespräch 449
Expertenpanel 449
Expertensysteme 276
Exploration 119, 125 ff.
explorative Marktforschung 247
exploratives Einzelgespräch 719
Exponentialfunktion 457
exponentielle Glättung 463
–, 1. Ordnung 463 f.
–, 2. Ordnung 465
externe Berater 167
externe Datenbank 531
externe Datenquellen 732
externe Informationsquellen 24
externe Marketingdaten 96

873

externe Marktdatenbank 535
externe Quellen 84, 86
externe Stimuli 159
Eye-mark recorder 239

F
F-Test 350
face-to-face 274
face-to-face-Interview 204, 207
face-to-face-Kommunikation 194 f.
Faktorenanalyse 361, 365, 484
Fallpreis 264
Fallzahlen 158
Falschauswahl 59
Fast Moving Consumer Goods (FMCG) 601
Fax-Umfrage 181
Fechnersche Lageregel 332
Feedback 161
Fehlentscheidung 377
Fehler
–, 1. Art 377
–, 2. Art 377
–, systematischer 740 f., 746
Fehlerkorrekturdarstellung 701
Fehlerkorrekturmodell 697 f., 703, 705, 709
Fehlertoleranz 73
Feldarbeit 664
Feldexperiment 250, 282
Feldforschung (Field Research) 561
Feldorganisation 788
Fernsehspot 296
Filter 166, 421
Filterfrage 206, 211
Final Pretest 271, 274, 276
Fishbein-Modell 615
Fishbein-Skala 623
Flächenanteil 379
Flächendiagramm 399
Flächenexpansion 539
Flächenmarkt 539, 555
Flächennutzungsplan 551
Flächenproduktivität 539
flächenproportionale Darstellung 321
Flächenstichprobe 51, 53, 739
Flipchart 413
Focus-Group 720
Folder 266
Formparameter 326
Formulareingabe 195

Forschung und Entwicklung 533
Forschungsbudget 157
Forschungsgegenstand 157
Forschungsinstitut 788
Forschungsprivileg 821
Fragebogen 266
Fragebogengestaltung 162
Fragebogenlayout 157, 159
Fragebogentaktik 159
Fragefunktionen 153
Fragestrategie 149
Fragetaktik 150
Fragetypen 152
Fremdforschung 787
Fremdmarktforschung 785, 792, 794, 797
Frequenz-Relevanz-Analyse 627
Frühaufklärungssystem 527
Frühwarnsystem 529, 536
Funktion, mathematische 446
Funktionen 8
Funktionsbereich Information 800

G
Gain and Loss-Analyse 220
Gegengeschäft 673
Gegenhypothese 376
Gemeinschaftsgutachten der Arbeitsgemeinschaft deutscher wirtschaftswissenschaftlicher Forschungsinstitute 443 f.
Gemeinschaftsuntersuchung 802
Generalklausel unlauteren Wettbewerbs 830
geometrisches Mittel 338
Gesamtquote 56
Gesamtstichprobe 49, 51
Gesamtverband Werbeagenturen (GWA) 599
Gesamtwerbeaufwendungen pro Produktgruppe 601
gesamtwirtschaftliche Konsumnachfrage 698
Geschäfts- oder Finanzbuchhaltung 22
Geschäftsforschung 530
Geschäftslage 550
Geschäftstypus 777
geschlossene Fragen 150 f.
Gesellschaft für Konsum-, Markt- und Absatzforschung (GfK) 571, 599
Gesetzesvorbehalt 821
Gesinnungsethik 849
Gestaltung des Fragebogens 136

Stichwortverzeichnis

gestützte Erinnerung (aided recall) 584
Gewichtung 456
Gewinnspiel 167
gewogenes arithmetisches Mittel 328, 335, 459
GfK-Behaviorscan 259, 294, 297
GfK-Fernsehforschung 230
Glaubwürdigkeit 89
Gleichartigkeit 37
gleitender Durchschnitt 459
graphisches Grundmuster 410
Grundausfallquote 160
Grundgesamtheit 34 ff., 45 ff., 91, 376, 379, 432, 745
Grundinformationsbedarf 80
Gruppendiskussion 118, 139 f., 168, 262, 269, 273, 409, 414, 641
Gruppenexploration 140
Gruppeninterview 139, 273

H

halb-direktive Technik 121
Handelsmarketing 556
Handelsmarktforschung 556 ff., 560 f.
Handelspanel 214, 221 f.
Handelsstandort 543
Handelsstufe 544
Händlerbefragung 561
harmonisches Mittel 338
häufbares Merkmal 309
Häufigkeit
–, absolute 311
–, relative 311
Häufigkeitsdichte
–, absolute 321
–, relative 322
Häufigkeitsverteilung 310 ff.
Hauptkomponentenanalyse 361, 363
Hauptproduktbestandteile 672
Hauptstudie 414
Hausbesuch 836
Haushaltsbefragung 561
Haushaltspanel-Forschung 213, 217, 219
Hautwiderstandsmeßgerät 237
Heft-Dummy 268
Herstellungsverfahren 672
Histogramm 322, 399
hochkomplexes System 772
höhenproportionale Darstellung 321

Home-Use-Test 254 f.
Homogenität 51
Hyperbel 457
hypodermic needle model 593
Hypothesen 83, 91, 376
Hypothesenschätzung 593
Hypothesentest 594

I

ICQ 196
idealer Testaufbau 251
Ideenfindung 750
Identifikationsmerkmal 56, 305
Identitätsproblem 159
Image 612 f., 620, 777
Image-Shift 272
Imagestudie 619
IMF 789
immaterielles Gut 263
Impact-Test 583
In-Home-Test 723
Indikatorprognose 445
indirektes Meßverfahren 642, 645 f.
Individual-Panel 215
informationelles Selbstbestimmungsrecht 815
Informationen, qualitative 87
Informations- und Kommunikationsdienst 825
Informations- und Kommunikationstechnologie 572
Informationsangebot 20
Informationsarten 18, 84
Informationsbedarf 20, 34, 80, 82 ff., 93, 786
Informationsbedarfsermittlung 20
Informationsbedarfskatalog 84
Informationsbedürfnis 833
Informationsbeschaffung 84
Informationsbroker 87, 788
Informationsdienst Context 209
Informationsgewinnung für das Marketing-Informationssystem 107
Informationsgewinnung im Dialog 759
Informationskontrollprozesse 751
Informationsmethoden 656
Informationsmöglichkeiten 656
Informationsnachfrage 20
Informationsquellen 19, 22, 675, 751
–, externe (außerbetriebliche) 563 f.

–, interne 563
Informationsquellen lieferantenspezifischer Informationen 676
Informationsstand 20
Informationsvermittler 87
Informationswert 23
informierte Einwilligung 821
InfoScan 571
Infrastruktur 551 f.
Inhome-Interview 264 f.
Inhome-Test 264
innerbetriebliche Berichtswesen 86
institutionalisierte Beschaffungsmarktforschung 677
Institutsmarktforschung 786, 794
Institutspräsentation 210
Institutswahl 209
Instrumente 773
integrierter Standort 545
Interdependenzanalyse 341, 418
interdisziplinärer Workshop 415
Interessenkollision 833
interne Früherkennung 751
interne Informationsquellen 22
interne Marketingdaten 96
interne Quellen 86
Internet 420, 537, 695, 723, 731, 825, 837
Interpretation der Ergebnisse 42
Intervall (Klasse) 310
Intervallprognose 445
Intervallschätzung 64
Interview 141 f., 273, 779
Interviewer 171 f., 719
Interviewerschulung 143 f., 209
Intranet 420
Investitionen 540
Investitionsentscheidung 529
irreführende Werbung 832
Issue Monitoring 527

J
Jahresgutachten des Sachverständigenrates 443 f.

K
Kampagnensympathie 606
kanonischer Korrelationskoeffizient 358
Kardinalskala 307
Kartogramm 400, 411

Kaufdaten 481
Käuferbefragung 157
Käufermarkt 675
Käufertypologie 490
kausal-analytische Forschung 247
keynes'sche Konsumfunktion 699
Kino-Test 274
KKK 598
Klasse (Intervall) 308, 318
Klassenbesetzungszahl 320 f.
Klassenbreite 321 f.
Klassenobergrenze 319
Klassenunterteilung 318
Klassenzimmerbefragung (In Hall-Befragung) 166
Klassische Werbung 595
kleine und mittelständische Unternehmen (KMU) 442, 445 f., 448 f., 454
Kleinststichprobe 48
Klumpen 51 f.
Klumpenauswahl 50 f., 59, 741
Klumpeneffekt 51
Klumpenverfahren 52
Knowledge Management 537
kognitiv bedingte Verzerrungen 158
kognitiver Anteil 159
kognitive Dissonanz 621
Kohorten-Analyse 534
Kointegration 701
Kointegrationsbeziehung 702
kombiniert-schriftliche Befragungsformen 166
kombinierter Pretest 276
Kommunikations-Test 197, 270 f., 279 f.
Kommunikationspolitik 107
kommunikative Ethik 848, 850, 852
Komplexität 447
Konditionieren 620
Konfidenzintervall 65
–, für Anteilswerte 64
–, für Mittelwerte 67
Konjunkturdaten 674
konjunkturelle Schwankung 456
Konjunkturprognose 445
Konkurrenzanalyse 727, 735 f.
Konkurrenzbeziehung 673
Konsistenzprüfung 453
Konstante 457
konstante Klassenbreite 320

Stichwortverzeichnis

Konsumprognose 697 f., 706, 709
Kontingenzanalyse 341
Kontingenzkoeffizient 343
Kontrolle, reflektierende 751
Kontrollfragen 159
Kontrollgruppe 249
Kontrollinformationen 82
Kontrollprozesse, reflektierende 751
konvex-konkave Kontaktbewertungskurve 598
Konzentration
–, absolute 333
–, relative 333
Konzentrationsauswahl 50
Konzentrationskurve 333
Konzentrationsmaß 326, 332
konzentriertes Marketing 479
Konzeptionstest 272
Konzepttest 261 ff., 288, 723
Koordinatensystem 457
Korrekturfaktor 65
Korrelationsanalyse 356, 467
Korrelationsmatrix 361
Korrelogramm 410
Kosten-Nutzen-Bewertung 244
Kosten-Nutzen-Verhältnis 127
Kostenprognose 445
Kostenrechnung 23
Koyck-Modell 595
kreativitätsunterstützende Forschung 198
Kriterien
–, qualitative 543
–, quantitative 543
kultivierte Marktforschung 855
kumulierte Häufigkeit
–, absolute 314
–, relative 314
kumulierte Häufigkeitsverteilung 312, 323
Kunde 448
Kunden-Fragebogen 734
Kundenanalyse 727, 732
Kundenbefragung 561, 738 f.
Kundenbindungsprogramm 573
Kundendatenbank 98
Kundendienstmitarbeiter 448
Kundenkartei 732
Kundenparlament 779
Kundenstamm 732
Kundenzufriedenheit 528, 626, 718

Kundenzufriedenheits-Forschung 409
Kundenzufriedenheitsanalyse 732 f.
Kundenzufriedenheitsmessung 527
Kurve 410

L

Laborbeobachtung 232
Länderstrukturanalyse 674
langfristige Prognose 454
Längsschnitt-Analyse 410
Las Vegas-Effekt 168
Layout 403
Lean Management 575
Lebenszyklus eines Produkts oder einer Dienstleistung 268
Lebenszykluskurve 452
Lern- und Lösungszyklus 760
lernorientierte Marktforschung 768
Lesekurve/Blickverlauf 166
Leserbefragung 167 f.
Liefertreue 675
Lifestyle-Segmentierung 483
Lifestyle-Typologie 488, 491
lineare Einfachregression 345
lineare Funktion 457
linearer Trend 461
Liniendiagramm 399
Lob- und Beschwerdeanalyse 631
logarithmischer Maßstab 404
Löschungsanspruch 823
Low-Budget-Ansatz 722
Low-Budget-Marktforschung 793, 802

M

Maßskala 306
Maßzahl 327
Mail-Omnibus 208
Management, strategisches 528, 536
Management Summary 210, 408
Management-Informationssystem (MIS) 446, 573, 807
Manipulationsmöglichkeiten von Graphiken 403
Marken- und Produktinteresse 582
Markenpräferenz 599
Marketing
–, strategisches 526
–, im Internet 106
Marketing-Datenbank, Inhalt einer 104

Stichwortverzeichnis

Marketing-Informationssystem (MAIS) 95, 807
–, Aufbau von 102
–, computergestütztes 95
–, Entwicklungsstand von 98
–, erfolgreiche Einführung eines 112
Marketing-Mix des Lieferanten 673
Marketingerfolgskontrolle 558
Marketingforschung 6, 526
Marketingführerschaft 566
Marketingmix 622
Marketingstrategie 526, 536
Markforschung, simultane 777
Marktanalyse 268, 802
marktanalytische Zone 552
Marktanteil 539, 547, 549, 552
Marktbeobachtung 802
Marktdynamikanalyse 674
Markterfolg 602
Marktfaktoren, exogene 656
Marktforschung 4
–, besondere Formen 836
–, betriebliche 796, 798 f., 801
–, lernorientierte 751
–, ökoskopische 670
–, primäre 540 f.
–, qualitative 118
–, sekundäre 541, 552
–, simultane 779
–, strategische 525
Marktforschung im Handwerk 725
Marktforschung, computerunterstützte 430 f.
Marktforschungsabteilung 800
Marktforschungsaktivitäten von Handwerksbetrieben 729
Marktforschungsberater 267, 788
Marktforschungsbericht 412
Marktforschungsinstitut 267, 788
Marktforschungsinstrument 720
Marktforschungskonzept 728
Marktforschungsmethoden 731
–, spezielle 766
Marktforschungspräsentation 406
Marktforschungspreisausschreiben 837
Marktforschungsprozeß 771
Marktforschungs - Probleme 846
Marktführer 548
Marktpotential 530
Marktpreisprognose 530

Marktreaktionen 736
Marktsegment 479
Marktsegmentierung 477 ff., 526
–, geographische 479
–, mikrogeographische 480
–, nach Verhaltenskriterien 480
–, soziodemographische 480
Marktstellung 539
Marktstrukturanalyse 547, 674
Marktstudie 210
–, computerunterstützte 433
Markttest 258, 282
Marktumfeld 730
Marktverhalten 623
Marktvolumen 530
maschinelle Auswertung 163
Maskierungstest (Hidden-Test) 588
Massenkommunikation 593
Massenmarketing 478
mathematische oder statistische Methoden 442
Meßfehler 92
Meßniveau 91
mechanische Verfahren 238
Media Multiplier Effect (MME) 603
Media-Mix 600
Media-Studien 167
Mediamix-Kampagne 603
Median 328
Mediapfennig 605
Mediawerbung 598
Mediendienst 827
Medienprivileg 822
Mehr-Themenbefragung 137
mehrdimensionale Häufigkeitsverteilung 312
Mehrfacheintragung 54
mehrstufige Auswahl 52
Mehrthemenbefragung 204 f., 793
Meinungs- und Einstellungsfragen 157
Meldepflicht 824
Merkmal 304
–, qualitatives 307, 388
–, quantitatives 307
Merkmalsausprägung 304, 388
Merkmalskombination 49, 55, 58
Merkmalskriterien 46
Merkmalsorientierung 627
Merkmalsträger 304
Merkmalstransformation 379

Stichwortverzeichnis

Merkmalsverteilung 51
Messung von Kundenzufriedenheit 162
metasystemische Regeln 755
Methode 451, 635
–, der Einstellungsmessung 615
–, der Kleinsten Quadrate 459
–, der Motivforschung 641
–, der primären AAMF 660
–, qualitative 641
–, quantitative 641
Methoden- und Modellbank 105
Methoden-Mix 719
Methodenbank 105
Methodenersatz 82
Methodenteil 40, 89
methodische Fragen 154
metrische Skala 307
Mißachtung der Anonymität 847
Microtest 287
Mikromarkttest 291, 294, 298
Milieu 683 f.
Mindestbetriebsgröße 544
Mini-Markttest 282, 293
Mitgliederbefragung 157
Mittel, arithmetisches 327
mittelstandsbezogene Fragestellungen 721
Mittelwert 326 f., 376
Mix-Kampagne 607
mobiles Datenerfassungssystem (Bildschirmbefragung) 182
Mode 683 f.
Modell 35, 45, 51, 91
Modellbank 105
Modellfall
–, mit Zurücklegen 65
–, ohne Zurücklegen 65, 71
Moderator 451
Modus 328, 335
Monitoring 686 ff.
Monitoring-Systeme 694
Mono-Kampagne 603, 607
Moodboard 272 f.
morphologisches Vorgehen 452
Motiv 636 f.
motivationale Schubkraft 589
Motivforschung 118, 635 f., 638
Motivkonflikt 638
MSM – Marktstudienmanager 431
Multi-Client-Studie 794

Multiattributverfahren 627
multidimensionale Skalierung 370, 487
multimediale Technik 263
multiple Regression 469
multiple Regressionsanalyse 344, 594
Multiplikator 264
multivariates statistisches Verfahren 484
multivariates Verfahren 341
mündliche Befragung (Interview) 132, 141
Mustererkennung 756

N
NAC eye mark recorder 266
NAC-Brille 590
Nachfaßaktionen 159, 161
net ad-produced purchase 597
Netapps-Verfahren 597
neue Arbeitsgebiete 534
neue Medien 694 f.
neue Technologien 436
nicht-häufbares Merkmal 312
nicht-linearer Trend 462
nicht-lineares System 772
Nicht-Preis-Wettbewerb 736
nicht-standardisierte Befragung 135
nicht-standardisiertes Interview 134
nicht-durchschaubare Versuchssituation 250
Nominalskala 307
non-direktive Gesprächstechnik 119
Normalverteilung 63, 379
notwendiger Stichprobenumfang 74
Null-Nummer 269
Nullhypothese 376 f., 384
Nutzenmatrix 25
Nutzerbefragung 197
Nutzerprofil 838
Nutzung personenbezogener Daten 820

O
Obergrenze 319
Objektivität 91 f.
OCR 568
offene Fragen 150
Ökonometrie 593
ökonometrische Marketing- und Mediaforschung 593
Online-Analytical Processing (OLAP) 109
Omnibus-Befragung 137 f., 204 f., 792 f.

Online Transaction Processing (OLTP) 109
Online-Befragung 188, 191 f.
Online-Delphi 198
Online-Fragebogen 107
Online-Zugriff 573
onlinegestützte Scanning-Untersuchung 694
Opener 163
Opportunitäts-Analyse 535
Optimierungsphase 18
Ordinalskala (Rangskala) 307
Organigramm 411
organisationales Lernen 750
Organisationsform 555
organisationsübergreifendes Lernen 753
Outsourcing 267
Over-Reporting 739

P
Palmen-Effekt 653
Panel 214
Panel-Effekt 214
Panel-Forschung 213 f., 216 f.
Panel-Erhebung 139
Parallelinformationen 83
Parametertestverfahren 376
Parfitt-Collins-Ansatz 284, 286
Passanten 745 f.
Passantenauswahl 747
Passantenbefragung 561
Passanteninterview 738, 744, 747
personenbezogene Daten 816, 818
persönliche Interviews 561
persönliche Kundenbindung 728
Persönlichkeitsrecht 815
Persuasiveness 272
Perzentil 336
Photomatic 272 f.
physiologische Maße 642
physiologische Verfahren 237
Piktogramm 411
Pilotstudie 82
Pivot-Tabelle 419, 422 f.
Planung, strategische 536
Plausibilität 82
Polygonzug 324
Polynom 2. oder höheren Grades 457
Portfolioanalyse 528
POS-Befragung (Shop Survey) 167
Positionierung 528

Post-Choice 589
Post-Test 278, 581
postalische Umfrage 170 f., 836
Präsentation 721
–, der Ergebnisse 413
Pre-Choice 588
Preisanalyse 574
Preisprognose 445
Presearch 271
Pretest 263, 273, 278, 433, 581, 599
Price-look-up-Verfahren (PLU) 567 f.
Primäranalyse 80, 82
primäre AAMF 660
primäre Betriebsforschung 658
primäre Informationen 18
Primärerhebung 79 f., 82 f., 670
primärforscherische Datengewinnung 129
Primärforschung 79 f., 83, 86, 407, 561, 731 f., 798, 801 f.
Prinzip der Ausprägungs- und Gruppenbildung 432
Privatsphäre 815
–, verletzen 847
Proband 847
probing (Putzfrauentest) 280
Problemanalyse 453
Problemsituation 35, 42, 89, 91 f.
Product Clinic 719, 723 f.
Produkt- und Markenpositionierung 526
Produkt-Test 197
produktbegleitende Dienstleistung (Value added service) 777
produktbegleitende Fragekarte 162
Produktbeilage 162
Produktbesonderheiten 672
Produktdemonstration 722
Produktentwicklung 240
Produkthandhabung 642
Produkthandling 266
Produktionsprognose 445
Produktpolitik 106
Produktpräsentation 717
produktspezifischer Informationsbedarf 671
Produkttest 262, 723
Prognose 442 ff., 448, 453
–, kurzfristige 442
–, langfristige 442
–, mittelfristige 442
–, säkulare 442

–, statische 442
Prognosebericht 473
Prognoseergebnisse 473
Prognosefunktion 457
Prognoseintervall 446
Prognosemethode 449
Prognosemodell 446
Prognoseobjekt 445
Prognoseraum 445
Prognosevariablen 441, 457
Prognoseverfahren 453
projektive Frage 643
projektive Verfahren 121
projektiver Test 642
Promotionintensität 599
Prozeß der Auslandsabsatzforschung 661
Prozeßsimulator 775
Psychogalvanometer 237
psychographische Marktsegmentierung 482
psychologische Merkmale (Life Style) 216
psychologische Reaktanz 621
Publikumsuntersuchung 744
Punktdiagramm 398, 410
Punktmarkt 539
Punktprognose 445
punktuelle Standortanalyse 551
Pupillometrie 238

Q

quadratische Kontingenz 343
qualitative Prognose 441
qualitative Techniken 28
Quality Function Deployment 535
quantitative Prognose 455 f.
quantitative Techniken 28
Quartz 289
Quasi-Gesetz 594
quasibiotische Beobachtung 232
Quellen 39, 41 f., 79, 82, 84, 86 ff.
Quellenerschließung 85
Quellenverzeichnis 85
Querschnittsanalyse 83, 410
Quote 63
Quotenanweisung 56
Quotenauswahl 55, 57, 69
Quotenerfüllung 56
Quotenmodell 57
Quotenstichprobe 56, 59
Quotenverfahren 55, 59

R

Random-Verfahren 68
Rangkorrelationskoeffizient nach Spearman 359
Raumüberbrückungsfunktion 544
Reaktionszeit 642, 644
Reaktivität 645
Realisierbarkeit 38 f.
Recall 588
Recall- und Recognitiontest 585
Rechnungswesen 446
–, allgemeines 22
Recht des unlauteren Wettbewerbs 834
Recognition 588
Recognition-Test 582
Regaloptimierung 568
Regressionsanalyse 344, 467, 608
–, schrittweise 345
Reisender 448
Rekordationszahl 588
Rekrutierung der Zielpersonen 265
relative Häufigkeit 388
Reliabilität 91 f., 279
Repräsentanz 35, 38 f., 45, 91
–, der Antworten 159
Repräsentationsschluß 63
Repräsentativität 35, 45 f., 52, 55, 58 ff., 62, 91, 214, 279 f.
Research Institute on Social Change 501
Response-Kurve 598
Restkombination 57
RISC-Eurotrends-Typologie 501
Risiken 448
Rohdaten 93
Rücklaufproblem 55, 160 f.
Rücklaufquote 159, 414
Rücklaufzeiten 157
Rücksendefrist 168
Rücksendequote 173 f.

S

Sachverständigenrat 445
saisonale Schwankung 456
Sample 53
Säulendiagramm 410
Scanner 566
Scanner-Technologie 222
Scannerdaten 566
scannergestützte Panel-Forschung 229

Scannermarktforschung 571 f.
Scanning 567 f., 571 f., 686 ff.
–, im Handel 566
Scanning-Systeme 694
Scanning-Verfahren 199, 202
Scheinregression 700
Schichtenstichprobe 741
Schichtung 50
–, disproportional 50
Schichtungs- oder Stufungsprozeß 54
Schiefemaß nach Pearson 331
Schlußziffernverfahren 48 f.
Schneeballsystem 59
Schnellgreifbühne 236
Schnupper-Marktforschung 157
Schreibstil 166
Schreibtischforschung 80
schriftliche Befragung 156 f., 158, 162, 740
Scoring-Modell 481
Segmentbildung 37
Sekundär-Recherche 801
Sekundäranalyse 39 f., 43, 80, 82 ff., 86, 94
Sekundärdaten 82, 86, 89 ff.
–, Qualität von 91
sekundäre Betriebsforschung (BF) 656
Sekundärerhebung 82, 89, 91, 670
Sekundärforschung (Desk Research) 79 f., 82 f., 85, 407, 560, 562, 664, 721, 731, 798, 801
Sekundärmaterial 89 f., 731
Sekundärquellen 82, 88 f., 93
Selfscanning-Anlage 569
semantisches Differential 617 f.
sequentielle Ereignismethode 631
Service 777
Servicequalität 778
Share of Advertising (SOA) 601
Short Term Advertising Strength-Formel 595
Sicherheit und Genauigkeit der Daten 89
Sicherheitsgrad 63
Signifikanz 91
Simulation 266
simultane Marktforschung 775
simultane Mehrpersonenbefragung 182
Single-Source-Mikromarkttest 295
Single-Source-Daten 598
Situationsethiker 848
Skalierung 326
Soft Factor 753

Software für Sonderaufgaben 436
Software-Ergonomie 102
Sonderangebotspolitik 562
Sonderfragen 155
Sortimentsoptimierung 572
soziodemographische Merkmale 211, 215 f.
Spannweite 330
Special-Interest-Zeitschrift 268
Spezialpanel 229
Spezialstichprobe 204
Spill Over-Effekt 297
Spontanbewertung 267
Spontanreaktionen 159, 175
SPSS 417
–, für Windows 416
–, Funktionen 418
Stabsstelle 799
Standardabweichung 379
standardisierte Befragung 133, 135
standardisiertes Interview 133
Standardisierung der Meßsituation 265
Standardnormalverteilung 379
Standort-Kategorien 545
Standort-Marketing 539 f.
Standort-Netzanalyse 550
Standortanalyse, punktuelle 554
Standortentscheidung 540
Standortforschung 538 f., 541, 558
Standortnetz 551
Standortpolitik 539 f., 546
Standortqualität 543 f.
Standortsystem 551
Starch-Test 582
STAS 597 f.
STAS-Differential 596
STAS-Formel 595
stationärer Einzelhandel 539 f., 546
Stationarität 701
Statistik 23
–, amtliche 446
Statistikteil 205
statistische Abhängigkeit 342
statistische Grundbegriffe 304
statistische Masse 304
statistisches Schaubild 401
Stereotypisierung 614
stetiges Merkmal 307 f.
Stichprobe 207, 264
–, geschichtete 49

Stichwortverzeichnis

–, punktuelle 745
–, repräsentative 739
–, systematische 59
Stichprobenausschöpfung 57
Stichprobenauswahlverfahren 55
Stichprobenbildung 36, 38 f., 53 f., 56, 60
Stichprobenelement 53, 55
Stichprobenfehler 64
Stichprobengröße 46, 50, 55, 57
Stichprobenmittelwert 377, 379
Stichprobenproblem 37
Stichprobenschichtung 51
Stichprobenumfang 47, 69
–, für Anteilswerte 69
–, für Mittelwerte 71
Stichprobenziehung 68, 741
Stimulated STAS 596
Storetest 282, 293
Störfallanalyse 453
Storyboard 263, 272 f.
Strategie 773
Strategieforschungsmethode 767
Strategien des Standortmarketing 554
Streuung 330, 337
Streuungsmaß 326, 329
Strichcode 566 f.
Struktur der Verkaufsflächengrößen 548
Strukturbruch 446, 704
strukturelles Modell 698
Studio-Test 254, 264 f., 274, 747
Suchphase 17
Sukzessionseffekte 211 f.
Summen(häufigkeits-)polygon 324
Summenhäufigkeit 312
Summenhäufigkeitsverteilung 312
Summenlinie 324
Summentreppe 315
Sustainability (Durchhaltbarkeit) 842, 855
Synektik 451
Synergieeffekt 256
Synergiewirkung 688
Synopse 768
systematische Datenspeicherung 86
systematische Fehler 173
Systemethik 848 f.
Systemprogramme 106
Szenario 453 f., 692
Szenario-Methode 691
Szenario-Technik 453, 687, 718

Szenario-Analyse 528 f.
Szene 683 f.

T

Tabelle 410, 419, 422 f.
Tabellenband 210, 409
Tabelleninhalt 397
Tabellentechnik 396
Tabuthemen 160
Tachistoskop 234
tachistoskopische Explorationsverläufe 243
tachistoskopische Untersuchungen zur Werbewirkung 244
Technologie-Portfolio 534
Technologiediffusion 568
Teilerhebung 62
Teilgesamtheit 37, 51 f.
Teilgruppe 409
Teledienst 825
Teledienstedatenschutz 826
Teledienstedatenschutzgesetz (TDDSG) 825
Telefaxwerbung 835
Telefonbücher 42, 49, 54
Telefoninterview 207 f.
telefonische Befragung 145
Telefonwerbung 835
Telekommunikationsgesetz (TKG) 827
teletechnisches Kommunikationsmittel 836
TESI 285
Testmarkt 274
Testmarktersatzverfahren 282, 292
Testmarktsimulation 274, 281, 283, 290, 292
Testmarktverfahren 292
Testmobil 264
Testpanel 229
Testpersonen-Pool 265
Teststudio 264, 788
thematischer Apperzeptionstest (TAT) 643
Themen-Leitfaden 266
Tiefeninterview 641, 645
Torten- oder Kreisdiagramm 410
Totalerhebung 45
Tracking-Verfahren 278
Transformation 19
Translation 19
Transmission 19
transmission belt theory 593
Transparenz 540
Trend 461, 683 ff., 689

883

Trend-Lebenszyklusanalyse 687
Trendannahmen 453
Trenddeskriptoren 685 f.
Trendforschung 679, 681 f., 685, 694
Trendindikatoren 685 f.
Trendlebensphasen 689
Trendlebenszyklus-Analyse 689
Trendscouting 693 f.
Trommsdorff-Skala 623
typische Auswahl 59
Typologie 489 f.
Typologie Sozialer Milieus 493

U

Übermittlung personenbezogener Daten 820
Überredungskommunikation 593
Überrepräsentation 58
Überwachung des Datenschutzes 824
Umfeldanalyse 453
Umfeldbedingungen 726, 729
Umfeldeinflüsse 159
Umfrage
–, schriftliche 170 f.
–, postalische 181
Umsatzeffekt der Werbung 597
Umsatzerwartung 553
Umsetzung der Ergebnisse 414
Umsetzungsforschung 774
Umsetzungsphase 453
Umstände der Datenerhebung 89
Umwelt 13
Umweltbedingungen 448
Umweltbeobachtung 526
Umweltfaktoren 13
unabhängige Mehrpersonenbefragung 182
Unabhängigkeitstestverfahren 376
unbewußtes Motiv 640
undifferenziertes Marketing 479
ungestützte Erinnerung (unaided recall) 584
univariate Häufigkeitsverteilung 326
univariates Verfahren 341
unlautere Ausbeutung 832
unlautere Behinderung 832
unlautere Marktstörung 832
unlauterer Kundenfang 831
unlauterer Rechtsbruch 832
Unschärfe-Positionierung 687
Untergrenze 319 f.
Unterhalten im Internet (IRC) 196

Unternehmensakquisition 531
Unternehmensberater 267, 537
Unternehmensethik 844
Unternehmensinformationen, generelle 672
Unternehmenslernen 753
Unternehmensumfeld 730
unterschiedliche Klassenbreite 320
Unterstichprobe 52
Untersuchungsbericht 412
Untersuchungsgegenstand 40 f., 53, 59, 80, 92
Untersuchungszweck 35 f., 38
unvollkommener Markt 539
Urnenmodell ohne Zurücklegen 70
User-Circle 779

V

Validität 91, 279, 297
Varianzanalyse 425
Variationskoeffizient 330
Verantwortungsethik 849
Verarbeitungsmethodik 89
Verband Deutscher Zeitschriftenverleger (VDZ) 600
Verbraucherbefragung 197
Vercodung 408
Verdrängungswettbewerb 548, 555
Verfahren
–, direktes 641
–, einstellungsorientiertes 629
–, multiattributives 627 f.
–, multivariates 418
Verfahren und Methoden der Trend- und Zukunftsforschung 686
Verhaltensabsicht 614
Verkäufermarkt 675
Verkehrsinfrastruktur 542
verkehrsorientierter Standort 542, 545
Verpackungsgestaltung 242
Versandhandelsunternehmen 542
Vertrauensbereich 65
Vertriebsform 544 f., 551, 555
Vertriebsinformationssystem (VIS) 97, 110
Verwendungsdefinition 92
Verwendungshäufigkeit 90
Verwendungsqualität 90
Verwendungszweck 90, 672
Verzerrung 159 f.
Verzerrungsgefahr 158

Verzerrungsmöglichkeit 90
Video Clinic 717
Video-Aufzeichnung 267, 273, 409
virtuelles Produkt Clinic 722
Visualisierung 263
–, von Ergebnissen 410
Vollausschöpfung 57
Vollerhebung 39, 45, 62
vollkommener Markt 539
Vollservice-Institut 788
Vollständigkeit des Datenmaterials 93
Voraburteil 613 f.
Vorstudie, qualitative 414
Vorurteil 613 f.

W

Wachstumsprognose 445
Wahrscheinlichkeitswert 47
WAPOR 789
Warenkorbanalyse 573
Warenwirtschaftssystem 446
Web-Traffic-Analyse 107
Wegwerfstopper 163
Weiterverarbeitung von Sekundärdaten 92
Weiterverwendung von Ergebnissen 420
Werbeanteile 603
Werbestrategie, bild- und erlebnisbetonte 620
Werbedosis 601
Werbedruck 599, 605
Werbeerfolgsmessung 603
Werbeerinnerung 606
Werbeinvestition 604
Werbekontaktanalyse 581
Werbemitteloptimierung 581
Werbewert 600
Werbewert-Formel 595
Werbewert-Studie 604
Werbewirkungsfaktoren 235
Werbewirkungsforschung 592 f.
Werbewirkungskompaß 595, 604, 607 f.
Werbewirkungsmessung 242, 608
Wert 612 f.
wertanalytisches Vorgehen 633
Wettbewerb 553
Wettbewerbs-Vakuum 555
Wettbewerbsanalyse 541
Wettbewerbsbeobachtung 526
Wettbewerbsforschungsmethode 767
Wettbewerbshandlung 831

Wettbewerbsintensität 553
Wettbewerbsrecht 830
Wettbewerbsvorsprung 736
Wiedererkennbarkeit 38
Wiedererkennung (recognition) 581
Wiedererkennungstest (Recognition) 581
Wiederholungsbesuch 57
Win/Win-Prinzip 852
Wirkungsprognose 445
wirtschaftliche Risiken 654
Wirtschaftsethik 842
Wirtschaftsmentalität 653
wissenschaftliche Forschungsinstitute 445
Workshop 268 f.
worst case 73

Y

Yahoo 192

Z

Zahl der Faktoren 363
Zeitanalyse 83
Zeitaufwand 57
zeitliche Klumpen 746
Zeitreihe 456
Zentralität 550
Zielausmaß 14
Ziele 14
–, der Auslandsabsatzforschung 654
–, der Beschaffungsmarktforschung 668
Zielgewichtung 15
Zielgruppe 157, 268, 732
Zielgruppen-Segment 720
Zielgruppenabgrenzung 37
Zielgruppenüberlegungen 49
Zielhierarchien 15
Zielinhalt 14
Zielperiode 14
Zielrealisierungs-Umfang 271
Zufallsanspruch 49
Zufallsauswahl 34, 46, 48 f., 53, 55, 62
–, geschichtete 50
–, uneingeschränkte 46
Zufallsfehler 49, 64, 740
Zufallsmechanismen 46
Zufallsprinzip 48 f., 52 f., 55, 68
Zufallsprozeß 747
Zufallsstichprobe 745
Zufallszahl 47

885

Zufallszahlentabelle 47 f.
Zufriedenheitsforschung 625 f.
Zufriedenheitsmanagement 625
Zukunftsforschung 198, 679, 681 f., 684 f.
Zuordnungsverfahren 122
Zusatzinformationen 82

Zustellgroßhandel 542
Zuverlässigkeit 91
Zweckbestimmung 819
Zweckbindungsgrundsatz 819 f.
zweiseitig 376
zweiseitige Abgrenzung 382

Pflichtlektüre für Manager

Je höher das Einkommen, desto wichtiger ist ein wirksames Ergänzen der Vorsorge für Alter, Berufsunfähigkeit und Tod. Betrieblich und privat! Der Ratgeber gibt hierzu eine fachkundige Anleitung.
Er erklärt und bewertet die verschiedenen Formen betrieblicher Altersversorgung. Deferred Compensation und privater Vorsorge.

Peter A. Doetsch
Altersvorsorge für Manager
1998, 299 Seiten, gebunden
98,– DM/714,– ÖS/98,– SFR
ISBN 3-472-02641-3

Für Geschäftsführer, Manager und Vorstände ein systematischer Ratgeber mit Verhaltensempfehlungen und Tips

Die Kernthemen

- Vorsorge-Check Versorgungslücken identifizieren
- Lebensphasenorientierte Vorsorgeplanung
- Betriebliche Altersversorgung
- Deferred Compensation – betriebliche Zusatzversorgung statt Barvergütung
- Private Vorsorge mit Aktien, Bankeinlagen, Fondsprodukten, Lebensversicherungen
- Wichtige Rechts- und Steuervorschriften

Empfohlen in:
- managermagazin März 1999
- Personal 3/1999

Bestellen Sie direkt bei Ihrem Buchhändler oder faxen Sie an 0800/8018018

[X] Ja, ich bestelle
Altersvorsorge für Manager
1998, 299 Seiten, gebunden, 98,– DM/714,– ÖS/98,– SFR
ISBN 3-472-02641-3

Hermann Luchterhand Verlag
VON PROFI ZU PROFI

Postfach 2352 · 56513 Neuwied
Tel.: 02631/801-0 · Fax:/801-204
info@luchterhand.de
http://www.luchterhand.de

Name	
Vorname	
Straße/Postfach	
PLZ/Ort	4604

Sichern Sie sich Ihren Vorsprung im E-Commerce

Viele wollen mit Electronic Commerce schon heute gutes Geld verdienen. Über das wie und wann herrscht jedoch oft Unsicherheit. Nach der Devise »die Schnellen fressen die Langsamen« müssen Entscheidungsträger der Wirtschaft möglichst rasch das Geschäft verstehen lernen. **Das praxisorientierte Fachbuch ist Entscheidungs-Ratgeber zu allen wichtigen Fragen des »Elektronischen Marktplatzes«.**

Gerhard Andreas Schreiber
***Electronic Commerce–
Business in digitalen Medien***
*Geschäftsmodelle. Strategien.
Umsetzung*
1998, 214 Seiten, gebunden
78,– DM/569,– ÖS/78,– SFR
ISBN 3-472-03407-6

Die Kernthemen
- Technische Grundbegriffe und Zusammenhänge
- Märkte, Produkte, Strategien, Businessmodelle
- Nutzerprofile
- Erfolgsfaktoren
- Best Practices im E-Commerce (Access Providing, Content-Providing, Electronic Malls)
- Digitaler Hörfunk und digitales Fernsehen
- Checklisten zum Markteintritt in den E-Commerce
- Trends und Entwicklungen

Der Autor

Gerhard Andreas Schreiber ist Geschäftsführer der Multimedia-Tochter einer großen deutschen Verlagsgruppe, deren erfolgreichen Internet-Dienst er als „driving engine" zum Laufen gebracht hat.

Das Fachbuch informiert gezielt alle, die sich im Electronic Commerce auskennen wollen. Dem Techniker baut das Buch die Brücke zu betriebswirtschaftlichen Aufgaben, dem Betriebswirt zur Technologie.

»Es hilft Ihnen, eine Welt gedanklich zu ordnen und die einzelnen Bäume darin besser zu verstehen, die alle in dem Wald wachsen, der sich gerade weltweit neu formiert.«
Hermann-Wolf Richter,
Member of the Board der artificial life inc., Boston

Empfohlen in:
- absatzwirtschaft 12/98
- Direkt Marketing 12/98

Bestellen Sie direkt bei Ihrem Buchhändler oder faxen Sie an 0800/8018018

[X] **Ja**, ich bestelle
Electronic Commerce – Business in digitalen Medien
Geschäftsmodelle. Strategien. Umsetzung
1998, 214 Seiten, gebunden 78,– DM/569,– ÖS/78,– SFR
ISBN 3-472-03407-6

L Hermann Luchterhand Verlag
VON PROFI ZU PROFI

Postfach 2352 · 56513 Neuwied
Tel.: 02631/801-0·Fax:/801-204
info@luchterhand.de
http://www.luchterhand.de

| Name |
| Vorname |
| Straße/Postfach |
| PLZ/Ort |

4603